中原学术文库 · 文集

崔大华全集

（全七卷 · 第四卷）

崔大华　著

社会科学文献出版社
SOCIAL SCIENCES ACADEMIC PRESS (CHINA)

1993年10月，"纪念侯外庐先生诞辰九十周年学术讨论会"在太原召开，侯门部分弟子与侯外庐大女儿侯寓初合影。从左至右分别是：冒怀辛、卢钟锋、林英、侯寓初（女）、黄宣民、孟祥才、孙开泰、崔大华

1993年10月，崔大华（右一）与王俊义（左一）、朱维铮（左二）在太原合影

1996年7月，
崔大华（左）应邀赴中国台湾
参加"刘宗周学术研讨会"时
与吴光（右）合影

1998年12月，
崔大华赴中国香港参加"中华文化
与二十一世纪学术研讨会"

（上图）1999年9月，崔大华赴加拿大做学术交流

（下图）1999年9月，河南省社会科学院建院20周年，崔大华与哲学所同事合影。前排左起：刘勇、崔大华、王中江、安继民、孙岭（女）、高秀昌，后排左起：徐治立、牛苏林、周全德、王景全

1999年10月12日,
崔大华参加"孔子诞辰2550年研讨会"
时与蔡方鹿（左）合影

2001年9月,
《儒学引论》由人民出版社出版并收
入"哲学史家文库"

《崔大华全集》编纂委员会

出版说明

　　崔大华，字实之，1938 年 12 月 3 日（农历十月十二）① 出生于安徽省六安县南岳庙区分路口乡莲花庵村（今安徽省六安市裕安区分路口镇莲花庵村）。1961 年 8 月毕业于中国人民大学哲学系。1961 年 9 月至 1978 年 9 月，先后任教于河南省医学院、商丘第一高中、商丘师范学校、商丘大学、商丘师范学院。1978 年 10 月考入中国社会科学院研究生院攻读中国思想史专业硕士学位，师从我国著名马克思主义历史学家、思想家、教育家侯外庐先生（1903～1987）。1981 年 10 月分配到中国社会科学院历史研究所中国思想史研究室工作。1982 年 9 月调入河南省社会科学院哲学研究所，1983 年任副所长，1987 年晋升为副研究员，同年加入中国共产党，1992 年晋升为研究员，1993 年任所长，1998 年退休（随即返聘，2001 年 2 月正式退休）。2013 年 11 月 25 日于广州逝世，享年 75 岁。

　　崔大华先生曾被聘为河南大学中国哲学专业硕士研究生导师、南京大学中国思想家研究中心兼职教授，曾担任中国哲学史学会理事、国际儒学联合会顾问、河南省儒学文化促进会副会长兼学术顾问、《道家文化研究》编辑委员会编委、"元典文化丛书"编辑委员会编委、《中华道藏》顾问委员会学术顾问，是河南省优秀专家、河南省劳动模范、国家有突出贡献专家、享受国务院政府特殊津贴专家。

---

① 崔大华的出生日期有两种说法：1938 年农历十月十二（生母所说）和 1938 年农历十月十一（乳母所说）。他采用后一个说法，又向后推一个月，通常写为 1938 年 11 月 11 日。经崔大华夫人李正平老师确认，他的出生日期是 1938 年 12 月 3 日（农历十月十二）。

崔大华先生是当代中国著名哲学史家，其学术成果受到海内外学术界的充分重视与肯定。崔先生毕生从事中国哲学思想史研究，其代表性著作主要有：专著《南宋陆学》《庄子歧解》《庄学研究——中国哲学一个观念渊源的历史考察》《儒学引论》《儒学的现代命运——儒家传统的现代阐释》，合著《宋明理学史》《道家与中国文化精神》。此外，还在《中国社会科学》《哲学研究》《文史哲》《中国哲学史》《中州学刊》等刊物上发表学术论文70余篇。其中《宋明理学史》获第一届郭沫若中国历史学奖荣誉奖，《庄子歧解》获河南省社会科学优秀成果一等奖、全国首届古籍整理图书二等奖，《南宋陆学》《庄学研究——中国哲学一个观念渊源的历史考察》《儒学引论》《儒学的现代命运——儒家传统的现代阐释》四部专著及合著《道家与中国文化精神》获河南省社会科学优秀成果一等奖。

崔大华先生的学术成果具有很强的创新性，其理论深度为当代中国哲学界公认。崔先生读研究生前，学术兴趣主要集中在庄子道家；读研究生后，在指导老师的建议下，他把宋明理学特别是南宋陆学作为自己研究的重点。他的硕士学位论文《南宋陆学》将南宋陆学作为一个整体进行研究，资料翔实，论断新颖，拓展了中国思想史研究领域。为此，张岱年先生曾评价该成果"超过了近年来有关宋代思想论著的水平"，"是对于宋代思想史研究的一个重要贡献"。其后，崔先生又参与了集体项目《宋明理学史》的撰写，这为他后来系统的儒学研究奠定了坚实的基础。20世纪80年代初至90年代初，崔先生回到庄子研究，先后出版《庄子歧解》和《庄学研究——中国哲学一个观念渊源的历史考察》两部大著。《庄子歧解》是他为撰写《庄学研究》所做文献准备的成果。以往注解《庄子》的方法大体有两种：集解法与孤解法。前者长于搜集，失之于冗；后者长于有见，失之于偏。崔先生兼取两者之长而避其短，在前人注释《庄子》的基础上活用歧解法，显化分歧产生的原因，从注解的分歧进入问题的研究。因此可以说，《庄子歧解》不是一般的《庄子》注释、集注性著作，而是以对中国哲学史历代思潮、学术派别的全面把握为基础进行的深入、系统解析的研究性专著。该书已成为学人读通和理解《庄子》的一部案头必备书。《庄学研究》在历史考证上系统地归纳并正确地解答了历史遗留的有关庄子其人其书及其与先秦诸子关系上的存疑问题，廓清了重重迷雾；在思想研究中视野广阔，在整个中国哲学和思想文化的发展背景下，系统地分析研究了庄学理论体系及其基本范畴，并在世界哲学背景下，彰显庄子哲学的特质与价值；具体考察了庄子思想在儒学理论更新和消化异质文化方面的突出作用。曾经被认为只有思维教训的庄子哲学，通过崔先生的研究，展现出了真实的面貌与可贵的价值。该书受到学术界的高度评价，称其为"道家思想研究方面的一流学术成果"（吴光先生语），"20世纪最有新意和理论深度的一部道家思想研究专著"（方克立先生语）。崔先生因《庄学研究》而成名，但鉴于中国传统思想文化的主流是儒学，自20世纪90年代起，他的研究重心逐步从庄学转向儒学，这反映了他终极的治学目标和学术旨趣。他先后主持两项国家社科基金项目，结项成果以《儒学引论》和《儒学的现代命运——儒家传统的现代阐释》为书名，由人民出版社列入"哲学史家文库"出版。《儒学引论》运用结构的方法，将孔子创立的儒学解析为三个理论层面，即心性的（仁）、社会的（礼）、超越的（命），表达自己对于孔子儒学的核心究竟是"仁"还是"礼"这类问题的回应，并以这个理论结构的稳定与更新，考察儒学理论形态的变化，将方法自觉与理论创新圆满结合起来；运用历史的方法呈现儒学的理论面貌，即以经学为基础的儒学形态，包括汉代天人之学、魏晋自然之学（玄学）、宋明性理之学（理学）；运用比较的方法突出儒学的伦理道德的理论特质，并在与古希腊和古印度思想的比较中彰显其特色。《儒学的现代命运——儒家传统的现代阐释》承续《儒学引论》而又高屋建瓴、视野宏阔，不仅有高度的方法自觉，还有明确的问题意识。针对儒学在现时代社会生活中究竟是已经退隐而成为一种历史记忆，还是仍在显现功能而仍然活跃的生命这一重大问题，他以翔实严密的论证，彰显了作为中国人的一种生活方式的儒学，在推进中国现代化进程和应对现代性问题中的积极作用和从容姿态，由此说明儒学具有超越具体历史情境的久远价值，古老的儒学并不是博物馆里的死物，它所蕴涵的对人类文明发展具有普适性价值的思想资源，在现代社会依然具有鲜活的生命力。这两部儒学专著，其理论创新所确立的全新视角与学术考察所拥有的开放内涵，为儒学的历史与现实的有效衔接提示了内在的逻辑理路，并为儒学未来的发扬光大和影响世界的命运进程提供了可能的范式。

崔大华先生一生淡泊名利，潜心治学，学养深厚，对于中国哲学、马克思主义哲学、西方哲学、印度哲学，皆精研有得。崔先生将学术研究与延续中华文化慧命结合起来，表现出高度的文化自觉与历史使命感。他在道家与儒学的学术研究中所取得的创新性成果，对于深化道家和儒学研究乃至中国传统文化研究，都有重要的学术价值；对于传承和弘扬中国优秀传统文化，增强中国人的文化自信，具有重要的理论价值和现实意义。

作为当代中国哲学界著名的哲学史家，崔大华先生是河南省社会科学院和河南哲学界的一面旗帜。如今先生虽已仙逝，但他高尚的学术品格和宝贵的思想遗产，永远值得后人学习、研究与传承。2019年3月，河南省社会科学院启动《崔大华全集》的编纂出版工作，并成立《崔大华全集》编纂委员会。《崔大华全集》不仅收录了崔先生已出版的全部论著，包括专著、合著、论文以及早年发表的哲理短文、崔大华先生学行简谱，还收录了他未发表的随笔、短文、日记、部分书信及不同时期照片。《崔大华全集》以保证论著的完整呈现为原则，按照时间与类别相结合的方式编排，共分为七卷：第一卷收录《南宋陆学》和《宋明理学史》《道家与中国文化精神》中崔先生撰写的章节，第二卷收录《庄子歧解》，第三卷收录《庄学研究——中国哲学一个观念渊源的历史考察》，第四卷收录《儒学引论》，第五卷收录《儒学的现代命运——儒家传统的现代阐释》，第六卷收录《中国传统社会思想的理路及当代价值》①，第七卷收录崔先生已发表但未收入《中国传统社会思想的理路及当代价值》的论文，以及随笔、短文、日记、书信、崔大华先生学行简谱。《崔大华全集》计400余万字。《庄子歧解》《庄学研究——中国哲学一个观念渊源的历史考察》经过崔先生修订后曾在中华书局和人民出版社再版和重印，《崔大华全集》根据再版和重印本校勘。其余发表过的作品根据原版原文校勘。未发表过的作品，在整理中尽量保留原貌，底稿中明显的讹误之处以"编者注"的形式予以说明。

---

① 崔大华先生仙逝后，河南省社会科学院哲学与宗教研究所曾组织科研人员搜集崔先生发表的学术论文，进行分类、校对，编成《中国传统社会思想的理路及当代价值》一书，于2016年10月由社会科学文献出版社出版。

《崔大华全集》由河南省社会科学院创新工程项目资助，作为河南省社会科学院创新工程成果出版发行。

　　以"全集"的形式为专家学者出版作品集，在河南省社会科学院尚属首次。我们在编纂过程中虽然尽心竭力，但是由于学术水平和编纂经验所限，难免会有不足之处，希望得到学界同仁与读者的批评指正。

《崔大华全集》编纂委员会

2021 年 7 月

编辑凡例

一、已发表作品的版本、出处见各卷"卷前说明"。

二、以繁体字发表的论文改为简体，竖排改为横排。

三、原印刷中的错误和作者行文中明显的文字、标点错误均予校改。异体字改动而无损原意者，一般改为通用字。

四、标点符号按照最新的标准执行。

五、原有随文注一般不改动，文末注释均改为页下注；注释中有明显错误的，予以订正。

六、编者注释均注明"编者注"字样。

卷前说明

本卷收录《儒学引论》。该书 2001 年 9 月由人民出版社出版，并收入"哲学史家文库"。本卷根据 2001 年版校勘。

儒学引论

丙篇

丁篇

自　序

1. 正像多数学者所共识的那样，我也认为儒家思想是中国传统思想和文化中的主体部分；认为儒家思想的这种地位，是由多种因素历史地形成的。由春秋末期孔子确立，此后一直绵延不断地流变发展着的儒家学说，就其本身而言，是一个以伦理道德思想为核心、且有多个理论层面的观念体系。但是在中国历史上，儒学并不是以一个单纯的伦理道德思想体系的学术面貌出现和显示功能的，而是，第一，儒家提出的君臣、父子、夫妇、长幼、朋友五伦之序的伦理思想及仁、义、忠、孝等道德规范，能充分满足以家庭为单位的农业社会和君主专制政治制度的社会生活需要，战国时期，就开始获得社会的认同。① 汉代"独尊儒术"以后，更被历代国家政权自觉地用来作为整合社会人际关系、稳定社会秩序的基本工具。儒学实际上是中国历史上的具有国家意识形态性质的观念体系。第二，儒学的此种性质的转变，带来了功能的扩展。儒学不仅表现为人们提供仁、义、忠、孝等价值取向和规范的道德功能，而且也增益了某种法律的、宗教性的社会功能。中国古代法律思想的一个基本观点"礼刑相为表里"②，

---

① 《庄子》虚拟魏文侯之口曰："始吾以圣知之言、仁义之行为至矣。"（《田子方》）述所见时势之归趋曰："天下莫不奔命于仁义。"（《骈拇》）又虚拟孔子之自谓曰："丘将引天下而从之。"（《德充符》）述世人尊敬孔子之态度曰："闻少仲尼之闻轻伯夷之义而弗信也。"（《秋水》）凡此皆映现，其时孔子已被奉为师表，以仁义为主旨的孔子儒学已渐获社会认同。
② 《后汉书·陈宠列传》有谓："礼之所去，刑之所取，失礼则入刑，相为表里者也。"（卷四十六）

正表现儒家的道德规范成为立法、量刑的主要法理依据；所谓"名教罪人"正是以叛离或违背儒家教条而受到诛伐的①。如果我们在比较宽泛的意义上，把对某种神圣对象的信仰并从中获得生活的意义，视为宗教的特征和功能，那么，作为君主专制国家意识形态性质的儒学也具备这样的特征与功能。在儒学里，超越的但非人格的"天"（"天命"），人格性的而非超越的祖宗、鬼神，还有作为儒学创始人的孔子，都具有被崇拜的"神圣对象"的性质，儒家三大祭——祭天（天地山川之神）、祭祖、祭孔，形式上也显现为、可界定为宗教性表征，虽然实际上其精神内涵是一种伦理性的道德感情，而不是信仰性的宗教感情。然而，儒家从这种道德感情中能孕育出一种道德觉醒，自觉到"人禽之辨"与"义利之辨"②，感悟到生活的意义和终极追求，能"杀身成仁""舍生取义"③，从道德实践中实现安身立命，这又是一种具有宗教性的情怀。第三，由于儒学是一种国家意识形态性质的观念体系，且具有多种社会功能，所以在中国历史上，特别是在南宋以后，程朱理学强化了儒学的意识形态性质，在国家"教化"政策推动下，通过从科举考试国家颁布之经义，到民间载道之艺文、启蒙之读物的多种渠道，儒学浸润了士、农、工、商的各个社会群体，从而也渗透到作为一种文化结构的诸如制度、器物、风俗等各个层面，并且在有决定意义的程度上塑造了它们的形态。在世界文化背景下，儒学凝聚成一种具有独特的，即有自己的特征和内涵的文化类型，一种生活方式。儒学在中国传统思想文化中的主体地位就是这样确立的。完全可以说，儒学是中华民族生命之所在，中华民族的兴衰荣辱，都能从不同角

---

① 《晋书·乐广传》记曰："是时王澄、胡母辅之等皆亦任放为达，或至裸体者。广闻而笑曰：'名教内自有乐地，何必乃尔？'"（卷四十三）此见魏晋时始习以恪守儒学礼义为"名教"。《四库提要》评断李贽曰："赞非圣无法，敢为异论……故其人可诛，其书可毁。而仍存其目，以明正其为名教之罪人、诬民之邪说。"（《四库全书总目提要》卷一七八别集类存目五《李温陵集》）此为历史上"名教罪人"之最显者。

② 孔子曰："君子喻于义，小人喻于利。"（《论语·里仁》）孟子曰："人之所以异于禽兽者几希，庶民去之，君子存之。"（《孟子·离娄下》）

③ 孔子曰："志士仁人，无求生以害仁，有杀身以成仁。"（《论语·卫灵公》）孟子曰："生亦我所欲也，义亦我所欲也，二者不可兼得，舍生而取义者也。"（《孟子·告子上》）

度上显示出与儒学不同程度的犀通。这样，近代以来，当中华民族国势衰危，在西方工业文明的挑战面前遭到严重挫折的时候，儒学被视为酿成这种厄运的精神的、观念的根源，而受到严厉的责难和否定性批判，就是很自然的了。但是，二十世纪以来，当中国的社会制度发生了巨大变迁，中华民族迈上了复兴之路，儒学有了新的定位时，即儒学蜕去了它的国家意识形态性质，而以其固有的伦理道德思想特质或一种传统精神的基本内涵来表现功能时，我们发现，儒学仍是珍贵的，儒学于精神之根柢处，仍在支撑着中华民族作为一种有悠久历史的文化类型和独立的生活方式的存在。同时，新的历史情境下的儒学，也迫切感到需要有适应现代社会进步的观念转换和理论发展。这样，思考、求索以儒学为核心的中国传统文化如何融入并能发力于中国走向现代化的事业，也客观地成为中国近现代思想运动中的一个突出的主题，一个重要的理论构成。"五四"以后，已有许多中国思想史学者、服膺儒家学说的学者为此做出了努力，贡献了智慧。他们的工作主要是藉援近现代西方的哲学和科学思想来重新诠释传统儒学，尤其是宋明理学，试图发掘出其中具有长久或永恒性质的观念因素，所谓"人性之常，自然之常"，以确立中华文化的生命之根①；探寻出其中可以生长发育出现代生活的思想成分，能与现代生活衔接的榫面，以实现传统儒家文化向现代化的转轨。他们的努力是否成功姑且不论，但无疑地，可以将他们的工作视为对中国近现代思想运动中涌现的那个理论主题的回应。应该说，这一时代的理论主题仍然在困扰着我们，也在激励着我们，召唤更多的学人从不同方面去从事自己的理论创造。我也以这本《儒学引论》，厕身于这个行列和进行了这样的努力。当然，在这里我没有援依某一特定的哲学观念或理论立场去直接、深入地解证那个巨大的理论主题，只是试图能从总体上较完整地审视儒学的历史面貌、理论面貌及其现代处境，从一个具体的浅薄的方面来显示这一理论主题，响应这一理论召唤。

  2. 我对儒学历史面貌、理论面貌的总体观察是，儒学的基本思想特

---

① 如1958年牟宗三、徐复观、张君劢、唐君毅四学者联名发表《为中国文化敬告世界人士宣言》，宣称中华文化能追寻至"宇宙生生之原"，即其"所以能长久所根之智慧"（封祖盛编《当代新儒家》，生活·读书·新知三联书店1989年版，第47页）。

质和理论结构在原始儒学（先秦儒学）中就已形成；汉代以后的儒学，基本上是沿着对儒家经典之训解，和援引儒外观念对儒家思想学说作增益、扩展的阐释这两个学术内容有所区别的走向发展，前者是儒学的学术基础——经学，后者是儒学的理论形态——儒家哲学。当然，这种划分是相对的，宽泛地说，经学也是儒学的一种理论形态，而且，作为儒学的理论形态的儒家哲学观点，往往也是以经学著作为载体而表现出来的。但是，就其学术品性、意蕴而论，儒学中的这种界限还是存在的。汉代、宋代、清代的经学，各有其训解经典的原则和方法，形成了明显不同的学术特色和历史发展阶段。汉代、魏晋、宋明时期的儒家，分别融摄了儒家之外的阴阳五行观念、道家思想以及经过中国哲学消化的佛学思想，使得这三个时期儒家学说的阐释，各自以"天人相应""自然""理"的观念为核心，形成了三个学术内容、规模、功能皆有差别的儒学理论形态——汉代天人之学、魏晋自然之学和宋明性理之学。

儒学的理论面貌，除了在流变中的历史的呈现外，还有相对稳定的结构的存在。就解析儒学而言，重要而又较清晰地显示出的理论结构有二。一是在原始儒学时期的孔子思想中就开始形成的，以"仁"、"礼"、"命"（"天命"）三个基本范畴所体现的心性的、社会的、超越的三个理论层面构成的儒学思想结构。这是贯穿儒学始终的理论架构，是可以纳入和描述儒学全部内容及其发展的理论架构。二是在作为传统儒学理论形态最高发展的宋明理学中为朱熹所明确表述的，"以本体言之"和"以流行言之"的分析儒学（理学）形上对象（"理""太极"）的观念层次结构。① 这是对同一对象作本体论和宇宙论不同理论层面的观察，因而是在理论分析的意义上可作出的区分，在实际的、事实的意义上却不可作出的区分。理学观念层次或理论层面的如此区分和如此解读此区分，对于准确诠释观念纷纭如"牛毛茧丝"② 的理学，都是十分必要的。从朱熹以后的理学历史中

---

① 理学中的"本体"与"流行"两理论层面之别，是朱熹在论及"太极"（"理"）之动静时明确界分的。他说："盖谓太极含动静则可（自注：以本体而言也），谓太极有动静则可（自注：以流行而言也），若谓太极便是动静，则是形而上下者不分。"（《朱文公文集》卷四十五《答杨子直一》）

② 黄宗羲《明儒学案发凡》形容明代理学之繁细曰："牛毛茧丝，无不辨析，真能发先儒之所未发。"

和现代新儒学对理学的诠释中，可以看到无视这种区分和绝对化这种区分，皆会发生对理学的误释。

对于揭示儒学的理论面貌，特别是其思想特质，在历史的和结构的分析之外，比较的分析也是需要的。很显然，只有在比较汉、宋、清经学对经典训解的原则与方法间的差异中，才能显示经学的发展；只有在比较汉、魏晋、宋明儒者对"性""礼""命"等儒学基本观念的不同界说、诠释中，才可以看出儒学理论形态的变迁。也很显然，儒家"仁爱"与"五常"的伦理性内涵，是在与墨家之"兼爱"、佛家之"慈悲"、道家之"四大"、法家之"四维"的对勘中凸显①；而儒学作为一种文化类型，其伦理性的道德思想之特质，没有世界文化背景的映衬，也是显现不出来的。即是说，儒家德行观念之以践"礼"为内容，和尊卑观念之本质是一种伦理秩序，以及在此观念基础上而建构的儒家生活方式，只有在与古希腊哲学家的"美德即知识"的思想，与古希腊奴隶制的人格不平等和古印度种姓制度的人性贵贱不可逾越的观念相区别中，方可显现出其特色。

3. 历史的、结构的和比较的分析，是我在这里用以审视儒学的三个基本的论述角度。从这样平凡的视角做出的观察，虽然很难说对儒学底蕴能有多么深邃的洞见，但于儒学真实面目却也不会有太大的谬爽，因而也就可以证成这样的事实与理念：在迄今人类文明已经创造出的观念体系或文化类型中，儒学无疑应是属于最悠久的一种；在人类未来可能的生活方式中，儒学也会是有生命力的一种。儒学有伟大的明智，从不企望超越人性，超越生命；但一直努力于完善人性，完美人生。这正是本书写在最后的结论和期待的收获。

---

① 佛家有"大慈与一切众生乐，大悲拔一切众生苦"之愿（《智度论》二十七），《墨子》有《兼爱》之篇，《老子》以道、天、地、人为"域中四大"（《老子·二十五章》），《管子》以礼、义、廉、耻为"国之四维"（《管子·牧民》）。

甲
篇

先秦儒学

一 儒学的形成

（一）界定：儒学的范围与起点

从先秦和两汉的典籍中可以看出，对"儒"的训释和使用中存在着歧义。这样，对于作为中国传统思想主体的儒学，在论述它的形成和发展，分析它表现为一种生活方式所具有的文化结构和考察它的社会功能之前，首先确定其内涵，界定其范围是很必要的。

在先秦儒家以外的典籍里，"儒者"或"儒"一词常是在含义广狭不同的两种意义上使用的，对儒学的范围可以做出广狭不同的两种界定。《庄子》写道："儒者，冠圆冠者知天时，履句屦者知地形，缓佩玦者事至而断"（《田子方》）。这是在一种广泛的意义上把"儒者"理解为通晓天文地理人事的博学多术之人。汉代学者在这个意义上给儒学做出一个宽泛的界定，"儒，术士之称"（许慎《说文》），"通天地人曰儒"（扬雄《法言·君子》）。先秦时，在一种较狭隘的然而却是确定的意义上，"儒"则被理解为特指为孔子所开创的以尊崇尧舜提倡仁义为特色的一个思想学术派别。如韩非说，"儒之所至，孔丘也，孔子之后，儒分为八"（《韩非子·显学》）；"或问儒者曰'然则仲尼之圣尧奈何'"（《韩非子·难一》）；"儒者以为害义故不博也，不弋也，不鼓也"（《韩非子·外储说左下》）。正是在这个意义上，汉代学者较严格地将儒学界定为孔子之学。《淮南子·要略训》说："孔子修成康之道，述周公之训，以教七十子，使服其衣冠，修其篇籍，故儒者之学生焉。"高诱说，"儒，孔子道也"（《淮南子·俶真训》注），并且称之为"儒家"。刘歆《七略》说，"儒家者流……留意于仁义之际，祖述尧舜，宪章文武，宗师仲尼"（《汉书·艺文志》）。

汉代学者根据先秦典籍对儒学的这种界定①，用先秦儒家自己的话来印证，后一种界定是符合实际的，如孟子说"乃所愿则学孔子也"（《孟子·公孙丑上》），荀子说"法先王隆礼义，谨乎臣子而致贵其上者也"（《荀子·儒效》）。也就是说，儒学是以孔子为开创者的、以阐发和践履社会伦理道德为其思想学说核心或特色的学术派别。但是，在其以后的历史长河中，孔子之学实际上经历了巨大的发展和变化，并且远远超越了一个单纯的学术派别，而是一种广泛的社会实践，一种生活方式，成了中国传统思想的主体，中国文化的主要特征。这也就是本书所用以界定的"儒学"的双重内涵和论述的范围。

然而，作为儒学的开创者孔子却说自己是"述而不作"（《论语·述而》），说"周监于二代，郁郁乎文哉，吾从周"（《论语·八佾》）。这表明孔子儒学形成以前，中华民族的精神进程已经有了相当的历史积累。孔子儒学思想的精神根源是生长在、孕育于周人的思想观念之中，而周人的思想观念又可以追溯到夏、商二代。

根据先秦典籍的记载，似乎可以说夏代已经有了铜的冶炼和文字的使用。如《墨子》记述说，"昔者夏后开，使蜚廉折金于山川，而陶铸于昆吾……鼎成三足而方"（《耕柱》），"故尚者夏书，其次商周之书"（《明鬼下》）。《左传》《国语》中也有夏代"铸鼎"及"夏书""夏训""夏令"的

---

① 二十世纪初（1909 年），章炳麟在《原儒》（初发表在《国粹学报》第 59 期，后收入《国故论衡》）一文中，将"儒者"（儒学）界定、划分为达名、类名、私名三种（《墨子·经上》"名，达、类、私"）。达名为"术士之称"，类名为"六艺之人"，私名为"师氏之守"，即孔子之学。章氏此文周延地概括了"儒"（儒者、儒学）的涵义及其历史变化。它的不足在于"六艺之人"的类名立据不够坚强。先秦无"六艺"之称，以礼、乐、射、御、书、数的"六艺"（如《周礼·地官》）或以礼、乐、书、诗、易、春秋为"六艺"（如《史记·滑稽列传》），皆汉人之说。胡适《说儒》（1934 年）对章氏此文曾提出这样的批评。

记述。① 然而，体现夏代文化内涵丰富程度和发展水平的这两项标志，并没有得到考古学田野发掘的证明。夏代文化属于仰韶文化或龙山文化、二里头文化三种考古学文化的哪一种，我国考古学和历史学界还没有一致意见。② 仰韶和龙山文化遗址中毫无铜器和文字的痕迹，二里头遗址的第三期出现铜镞、铜鱼钩等青铜器，但有学者认为这是商的早期文化。二里头遗址出土的陶器上发现有刻画符号，但还难以断定这就是文字。特别是尚无发现夏代的作为思想观念载体的文字，先秦典籍所引《夏书》逸文就不能断定是夏人的作品，夏代真实的思想观念也就难以追寻。

商代文化则具有比较清晰的面貌了。自从十九世纪末年甲骨文被发现以来，一千多个甲骨文字被隶定释读③，这些卜辞不仅证实了商代具有和《史记·殷本纪》那样确定记述基本吻合的历史过程，而且，不同程度地展示了商代生活的方方面面④，特别是殷人的最基本的思想观念——属于

---

① 如"昔夏之方有德也，远方图物，贡金九牧，铸鼎象物……"（《左传·宣公三年》），"故《夏书》曰，辰不集于房，瞽奏鼓，嗇夫驰，庶人走"（《左传·昭公十七年》），"《夏训》有之曰，有穷后羿……"（《左传·襄公四年》），"故《夏令》曰，九月除道，十月成梁"（《国语·周语中》）。有学者统计，《左传》中引《夏书》《夏训》有15条，《国语》中引《夏书》《夏令》有4条。（参见罗根泽《战国前无私家著作说》，载《古史辨》第四册）

② 1931年徐中舒在《再论小屯与仰韶》一文中，认为仰韶是虞夏民族的遗迹。1947年范文澜在《中国通史简编》提出龙山文化是夏文化。1964年许顺堪在《夏文化探索》一文中提出二里头的早、中期遗存是夏文化。近些年来，考古学者在不断增多的出土实物资料基础上又提出许多新的见解。1988年出版的郑杰祥《夏史初探》归纳为十一种意见。

③ 陈梦家《殷虚卜辞综述》统计："甲骨上的文字总数约有3000～5000字，前人已经审绎的不超过1000字，现在还不曾认出的约有2000字。"（中华书局1988年版，第63页）胡厚宣说："已发掘的甲骨（按：中外著录收藏约为15万片，《甲骨文合集》精选41506片），不重复的单字有5000个左右，被辨识的字有1500个左右，被诸家公认的也只有1000个字多一点。"（见孙心一《访甲骨学专家胡厚宣教授》，《中州学刊》1985年第1期）

④ 卜辞内容有多种划分，如罗振玉《殷书契考释》中分为八项（祭、告、亯、出入、田猎、征伐、年、风、雨），王襄《簠室殷契征文》分为十二项（天象、地望、帝系、人名、岁时、干支、贞类、典礼、征伐、游田、杂事、文字），董作宾《殷历谱》分为二十项（祭祀、征伐、田狩、游、亯、行止、旬、夕、告、匄、求年、受年、日月食、有子、娩、梦、疾、死、求雨、求啓），胡厚宣《战后南北所见甲骨录》和《战后京津新获甲骨集》分为二十四项（来源、气象、农产、祭祀、神明、征伐、田猎、刍鱼、行止、卜占、营建、梦幻、疾病、死亡、吉凶、灾害、诸妇、多子、家族、臣庶、命唤、成语、纪数、杂项）。

原始宗教性质的上帝崇拜、祖宗崇拜，有最为鲜明的显示，正是在这种宗教观念中蜕变出儒学赖以生长的精神土壤——周人的道德观念。因此，我们对儒学的考察分析就从这里开始。

（二）殷周之际的观念变迁

道德观念从宗教观念中蜕出　从殷墟甲骨卜辞的记事来看，殷人思想观念的主要成分、主要特色是对某种超人的异己力量——天神（帝、日、云、风、雨）、地示（社、山、川）、人鬼（先王、先公）的依赖、恐惧而产生的崇拜，这是一种宗教性质的观念。殷人无事不卜、无日不祭，用频繁的占卜求知神帝和祖先对自己作为的态度，用频繁的祭祀求得神帝和祖先对自己的保佑。例如：

> 帝令雨足年——帝令雨弗其足年？（罗振玉《殷虚书契前编》1.50.1）
>
> 贞卯，帝弗其降祸。（商承祚《殷契佚存》36）
>
> 伐吾方帝受我又（佑）。（郭沫若《卜辞通纂》369）
>
> 己卯卜，㱿，贞王乍邑帝若，我从之唐。（董作宾《殷虚文字乙编》570）

可见，在殷人的观念中，帝是自然风雨、人间祸福的主宰，所以，殷人在有重要的行动时，如征战、筑城都要祈求帝的佑护，卜问上帝是否允诺。

殷人还相信死去的先祖是和"帝"在一起的，也在保佑或降灾害于活着的人们（今王），例如武丁时的卜辞有：

> 贞咸（按：似可隶定为"咸"[①]，即《尚书》中的成汤）宾于帝，贞咸不宾于帝。（《殷虚文字乙编》2293）

---

① 陈梦家谓："卜辞之'咸'从戌从口，与从戌从丁之'成'字极易混淆，而实有分别。后者成唐之成，乃是大乙。"（《殷虚卜辞综述》，第365页）殷遗宋人《叔尸铸》曰："就成唐有严才帝所。"胡厚宣、张政烺皆释此"咸"为"成"。（《殷卜辞中的上帝和王帝》，《历史研究》1959年第9～10期）

丁未卜，宾，贞咸受又（佑）。（同上，2471）

贞且乙（按：即《竹书纪年》的祖乙滕）弗其尊王。（同上，5395）

以帝神崇拜和祖先崇拜为主要内涵的宗教观念，弥漫着、填满了殷人的精神世界，殷人的精神完全慑服、膜拜于一种超越的异己力量之下。在这种沉重而厚密的宗教意识阴霾中，人对属于自己的力量的感受和觉醒是很微弱和困难的。也就是说，殷人难以产生、事实上也没有关于人的道德品行的意识。卜辞中有两件事实可以证明这一点。一是卜辞中的先王庙号无道德内涵。陈梦家在详细考释了从上甲到帝辛37个殷王庙号后总结说：

> 卜辞中的庙号……乃是致祭的次序；而此次序是依了世次、长幼、即位先后、死亡先后，顺着天干排下去的。（《殷虚卜辞综述》，第405页）

并将庙号区别字的含义归纳为四类：

> 一、表示庙主之为物或所在的：囗，匸，示，帝，宗，家，中宗；
> 二、表示庙主之先后次第的：上、下，大（夫）、中、小，高，后，亚，内，外，南，二，三，四；
> 三、王号或美称：文，武，文武，康；
> 四、生称或王号：邕，戋，羌，彖，般。（《殷虚卜辞综述》，第439页）

卜辞中的这一情况表明，虽然殷人崇拜祖先，一年之中，每天要供奉，隆重祭祀（周祭）[①]，但这种崇拜或祭祀，就其精神内容而言，只是为了求

[①] 卜辞中出现的祭祀祖先的典仪有十多种，其中主要的有五种：彡（伐鼓而祭）、翌（舞羽而祭）、祭（以肉为祭）、壹（以食品为祭）、彡（几种祀典一并举行）。（参见董作宾《殷历谱》）

得某种佑助，排除自己心中对某一行动、某一事物的恐惧和惶惑，而没有其他更多的观念成分。换言之，在殷人思想观念中，先公先王，乃至帝与诸神，只是具有某种"令雨""足年""降孽""受佑"的功能性的人格品性，而从没有显现某种道德性的人格品性。

二是卜辞中的"德"字无精神性内容。卜辞中出现若干次"德"字①，皆作 𢔨 或 𢔪，从"彳"（行）、"直"（目），而无"心"符。甲骨文字学家对卜辞中的"德"有四种不同的解释：罗振玉说"……德，得也，故卜辞中皆借为得失字，视而有所得也"（《增订殷虚书契考释》中）；孙诒让解释为"直，正见也"（《契文举例》下）；商承祚说"𢔪"，释为直，直从'彳'者，行而正之义"（《殷契佚存考释》）；叶玉森认为卜辞中的 𢔨 字即"循"字，同"巡"（《殷虚书契前编集释》卷四）。可见，卜辞中的"德"字无论作哪种解释，都是指一种动作、一种状态，而无"心"的精神性的内容，即无"道德"之"德"的内容。

完全可以说，在殷人的精神生活乃至全部社会生活中，崇拜帝神和祖先的宗教意识起着主导的决定性的作用；这一观念既是殷代社会的深层意识，也构成它的外貌特征，故《礼记·表记》在比较和概括夏商周三代各自的社会特色时说"殷人尊神，率民以事神"。

从具有典型意义的印度宗教形态来看，古代宗教思想意识和具体实践的演进过程，是由祭祀到皈依的过程。始终是在《吠陀》原始教义基础上滋长着的印度宗教，在其《梵书》时代的婆罗门教中，"祭祀万能"是三大纲领之一②，但在《奥义书》中就在相对的意义上破除了对外在祭仪的信仰，而发展了通过直观而了悟"自我即大梵"，实现"解

---

① 中国科学院考古研究所编《甲骨文编》录入十九次（卷二、二四）。
② 婆罗门教的祭祀非常繁多，大体上可分为天启祭和家庭祭两类。天启祭又分为供养祭和苏摩祭。家庭祭是人的一生从坐胎到死葬生命重要关节和生活重要活动皆要举行的祭祀。（参见吕大吉主编《宗教学通论》，中国社会科学出版社1989年版，第二编第三章第四节）完全可以说，公元前11～前8世纪的印度婆罗门教与卜辞中所反映的公元前16～前11世纪的我国商代社会神帝、祖先崇拜宗教一样，是无日不祭、无事不祭。

脱"的途径①。在被新婆罗门教（印度教）奉为经典的《薄伽梵歌》中，虔诚的信仰和皈依那种绝对的、超越的存在，则更被视为解脱最基本的不可或缺的条件。② 但是在中国古代，由殷人的那种相当发达的崇拜帝神、祖先的祭祀宗教，进一步向对某种绝对的、超越的存在的虔诚信仰的皈依宗教的发展并没有发生，一个巨大的政治变迁——殷被周灭亡，阻止、破坏了这一古代宗教思想和实践发展的一般进程。一种十分独特的社会政治原因，使中国古代思想发展主潮由宗教性质的转折向道德性质的。

从先秦典籍的记载中可以看出，殷是一个"邦畿千里"的宗主大国，周只是一个"方百里"的从属小国。③ 1977 年陕西岐山县凤雏村出土的周原甲骨上的刻辞也证实了这一点。④ 周人以一个属国小邦，战胜、取代了一个"有册有典""多士"的大国⑤，对于这一巨大胜利所带来的政治统治权和其他种种利益，以周公（姬旦）为代表的西周初期的统治者既感

① 例如《奥义书》写道："当观照大梵为真智乐，自我不二者也，当观照自我为真智乐大梵也，奥义书如是。"（《五十奥义书·金刚针奥义书》，中国社会科学出版社1984 年版，第 365 页）"心念既止寂，遂有极乐观。自体即明证，此即是大梵。"（《五十奥义书·弥勒奥义书》，第 467 页）

② 例如《薄伽梵歌》中写道："无论向火中投放祭品，还是苦行和布施，无信仰则被称为非萨多（按：sat，表示梵的绝对实在性），它无益于今生和来世。""至高无上的布鲁舍（按：purusa，神我），唯靠虔诚的信仰才能获得。"（中国社会科学出版社 1989 年版，第 185、99 页）

③ 《诗经·商颂·玄鸟》说："古帝命武汤，正域彼四方……邦畿千里，维民所止。"《孟子·公孙丑上》说："以德行仁者王，王不待大，汤以七十里，文王以百里。"此殷大而周小。《古本竹书纪年》谓："武乙即位，居殷，三十四年，周王季历来朝。"《易·未济》有言："震用伐鬼方，三年，有赏于大国。"《左传·襄公四年》谓："文王率殷之叛国以事纣。"《论语·泰伯》记孔子曰："三分天下有其二，以服事殷，周之德，可谓至德也已矣。"此殷为宗主，周为隶属。

④ 凤雏甲骨第 1 号刻辞隶定为："癸子（巳）彝文武帝乙宗，贞王其邵祭成唐……"徐中舒审释曰："文武乃殷后期帝王通用的美称，颇似后世帝王的徽号。宗与庙同，甲骨文凡称殷先公先王庙皆称为宗。此周原文武帝乙宗，乃文王所以崇祀殷先王，示为殷之属国。"第 84 号刻辞为"贞王其皋又（佑），大甲，𢼸周方白（伯），不（丕）于受，又（有）又（佑）"，徐中舒说此辞"是文王为周方伯往殷王宗庙拜受新命之事"（《周原甲骨初论》，《四川大学学报丛刊》第十辑）。当然，对这两片甲骨刻辞还有另外的审释，但都认为此可证实周之受封于殷的隶属关系。

⑤ 《尚书·周书》中多次称殷为"大邦殷"（《召诰》《顾命》），而称己为"小邦周"（《大诰》），说"惟殷先人，有册有典"（《多士》），表现了对殷的尊崇。

到无限欣喜，又感到十分忧虑：

> 惟王受命，无疆惟休，亦无疆惟恤。（《周书·召诰》）
>
> 我受命无疆惟休，亦大惟艰。（《周书·君奭》）

应该说，周人的这一观念表现着一种历史的觉醒，蕴含着相当成熟的政治经验。西周统治者一开始就担心衰亡，担心殷人的命运又降临到自己身上，"我亦不敢知曰，其终出于不祥"（《周书·君奭》）；这种担心、忧虑，使西周统治者极为严肃认真地去思考、总结殷商灭亡的经验教训。对于殷周之际这种小者胜利而大者败亡的政治权力变迁的原因，西周统治者除了用"天命不僭"（《周书·大诰》）——天命不会有差错——这种具有宿命性质的一般的解释外，还发觉在"天命"这个人力无法左右的超越的力量之外，有某种人自身的因素在社会政治变迁过程中起着作用：

> 非天庸释有夏，非天庸释有殷，乃惟尔辟（君），以尔多方，大淫图（鄙）天之命。（《周书·多方》）
>
> 故天降丧于殷，罔爱于殷，惟逸。天非虐，惟民自速辜。（《周书·酒诰》）
>
> 咨女殷商，匪上帝不时，殷不用旧。（《大雅·荡》）

也就是说，西周统治者认为殷的灭亡，并不是被"天命"或"上帝"所抛弃，而是他的统治者自己放逸无度、不循旧章，违背了"天命"或"上帝"，是咎由自取。这样，西周统治者就在总结、吸收夏、商覆灭的经验教训的历史意识中，在传统的原始宗教观念（"天命"或"上帝"）基础上，产生出一种具有新的理论性质的观念——道德观念："敬德"。《周书》写道：

> 我不可不监于有夏，亦不可不监于有殷……服天命，惟有历年；不其延，惟不敬厥德，乃早坠厥命。（《召诰》）
>
> 皇天既付中国民越（与）厥疆土于先王，肆王惟德用，和怿

（悦）先后迷民，用怿（绎）先王受命。（《梓材》）

这是西周统治者最重要的精神觉醒：只有"敬德"，才能长久维系自己家国的命运。

道德实践高于宗教实践　　"德"字在金文中作"德"①，与卜辞相比，增加"心"符，具有精神性的含义。从《周书》和《周诗》中看，这种精神性的内涵，主要有二：一是指个人内在的品性修养方面的，如"无逸"（《无逸》）、"天不畀（助）允（佞）、罔（诬）、固（蔽）、乱（惑）"（《多士》），"元恶大憝，矧惟不孝不友"（《康诰》），"永言孝思，孝思维则"（《大雅·下武》），"惠于朋友"（《大雅·抑》）；一是指对人的外在的行为规范，"敬慎威仪，以近有德"（《大雅·民劳》），"抑抑威仪，维德之隅"（《大雅·抑》）。这里，"德"显然包含着礼仪、典章、制度的意蕴。《左传》界定"德"时说："夫德，俭而有度，登降有数，文物以纪之，声明以发之，以临照百官，百官于是乎戒惧，而不敢易纪律。"（桓公二年）从《左传》的界定来看，周人之"德"在行为或典章制度方面的内涵，也就是"礼"。"礼"在卜辞中，根据王国维的考释，是"象二玉在器之形，古者行礼以玉"（《观堂集林》卷六《释礼》），是指祭奠或奉献的仪式行为②，《尚书》中的"殷礼"也主要是指祭典仪式。如《洛诰》"王肇称殷礼，祀于新邑"，意即成周落成典礼，是在洛邑这个地方，按照殷礼的仪式进行的。但周礼的内容却是广泛得多，《鄘风·相鼠》咏曰："相鼠有皮，人而无仪；人而无仪，不死何为……相鼠有体，人而无礼；人而无礼，胡不遄死。"显然，周礼是指人的全部行为的规范，其社会作用或功能，按照《左传》的概括是"礼，经国家、定社稷、序民人、利后嗣也"（隐公十一年），"无礼必亡"（昭公二十五年）。应该说，汉唐以来的学者都是这样从"心"与"行"这两个方面来诠释

---

① 中国科学院考古研究所编《金文编》录入 21 件。周金，"德"字形体不一，但皆有"𢛳"（心）形符（卷第十一～十五）。

② 今人有将卜辞中的"豐"作会意字解释，认为是"在鼓乐声中行礼以玉之意"（见郑杰祥《夏史初探》，中州古籍出版社 1988 年版，第 234 页）。

"德"的①。周人的"德"的观念，周延地涵盖了个人在社会生活中的各个方面，"德"的践履实际上就是全部社会生活的实现。它从社会生活中排挤了或者至少说不再迫切需要道德以外的如殷人那样的宗教活动笼罩一切的生活实践。"德"作为是一种人的而不是"帝"的品性，周人十分自然地把"德"的典范投射、凝聚在自己先王先公的身上。这样，在周人的社会生活中，在其维护政治统治的实践中，对自己祖先的德性的追恭、效法，比起对"帝"或"天"的崇拜、祭祀就更加重要，更为实际。《周彝》《周书》《周诗》都留下了从殷到周这种精神观念的和生活实践的转变的痕迹：

> 番生不敢弗帅型皇祖考丕丕元德，用绾缪大命，屏王位。虔夙夜敦求不僭德，用谏四方，柔远能迩。（《番生簋》）
>
> 余小子嗣朕皇考，肇帅型先文祖（按：文王），共明德，秉威仪，用绾缪奠保我邦我家。（《叔向父簋》）
>
> 天不可信，我道惟宁王（按：文王）德延，天不庸释于文王受命。（《周书·君奭》）
>
> 上天之载，无声无臭，仪刑文王，万邦作孚。（《大雅·文王》）

西周统治者在历史意识中的精神觉醒，主要之点就是认为统治者的政治命运是由他自己的道德表现决定的。作为统治者，道德修养不仅是德化个性品质，更重要的是德化自己的政治行为。殷商灭亡前夕，小民"如蜩如螗，如沸如羹"（《诗经·大雅·荡》）的情景，牧野之战"纣卒易乡"（《荀子·儒效》）的事件，西周统治者是很清楚的，深深地感悟到"民情大可见"（《周书·康诰》），"人无于水监，当于民监"（《周书·酒

---

① 如汉代郑玄注《周礼·地官·师氏》"以三德教国子"说："德行内外之称，在心为德，施之为行。"唐孔颖达疏《左传·桓公二年》"将昭德塞违"说："德者，得也，谓内得于心，而外得于物，在心为德，施之为行。德是行之未发者也，而德在于心不可闻见，故圣王设法以外物表之。"今人郭沫若在《先秦天道观之进展》一文中说："德字照字面上看来是从值（古直字）从心，意思是把心思放端正，便是《大学》上所说的'欲修其身者先正其心'。但从《周书》和《周彝》看来，德字不仅包括主观方面的修养，同时也包括客观方面的规范——后人所谓'礼'。"

诰》)。在这个严峻的历史经验的基础上，和"敬德"道德观念产生的同时，西周统治者还产生了"保民"的政治观念，提出"先知稼穑之艰难，……则知小民之依……保惠庶民"（《周书·无逸》），"别求闻由古先哲王，用康保民，……若保赤子，惟民其康乂"（《周书·康诰》），"民亦劳止，汔可小康，惠此中国，以绥四方……式遏寇虐，无俾民忧"（《大雅·民劳》）。可见，周人的道德观念把道德行为和政治行为看作是同一的。非常明显，这种道德主要是作为贵族统治者的道德。

当然，不能因此就说周人的道德的思想观念已经冲出、摆脱了宗教的樊篱，相反，周人的思想观念中仍有很浓厚的宗教色彩。其有两点重要表现，第一，西周统治者始终认为殷周之际的政治变迁，即自己统治地位的获得是出于"天命"。这一西周最基本的统治思想，周公曾有明确的表述："已！予惟小子，不敢替上帝命。天休于宁王（按：文王），兴我小邦周。宁王惟卜，用克绥受兹命。"（《周书·大诰》）"天乃大命文王殪戎殷，诞受厥命越厥邦厥民。"（《周书·康诰》）第二，宗教虔诚是周人道德修养中的重要内容之一。武王伐纣，檄文中列举殷纣王的三条罪状之一就是"昏弃厥肆祀"（《周书·牧誓》），即不祭祀上帝、祖先。鼎革以后，周公也一再训诫"监于殷丧大否，肆念我天威"，"我亦不敢宁于上帝命，弗永远念天威"（《周书·君奭》），要求子子孙孙永远保持对"上帝"或"天"的虔诚礼拜。《周诗》咏曰："皇矣上帝，临下有赫，监观四方，求民之莫……"（《大雅·皇矣》）对某种超越力量的存在的信仰，仍然是周人的基本思想观念之一。但是，周人的宗教观念和殷人相比，是有变化或区别的。这种变化或区别，从形式上看，可能不太显著，但可以指出一点的是，那种超越性存在的最高主宰，由殷人的"帝"，变为周人的"天"。《周书》《诗经》《易经》乃至《周彝》都显示周人的"天"的观念常有两种含义：一是指广袤的表现为种种自然现象的"天"，如"天大雷电以风……天乃雨，反风"（《金縢》），"迨天之未阴雨"（《豳风·鸱鸮》），"宛彼鸣鸠，翰飞戾天"（《小雅·小宛》），"翰音登于天，贞凶"（《易·中孚·上九》）；一是指超验性的作为人间祸福的主宰的"天"或"天命"这一观念在《周书》中随处可见，如"天既遐终大邦殷之命"（《召诰》），"天休于宁王，兴我小邦周"（《大诰》），《诗》中"天降滔德

（《大雅·荡》）和《易》中"何天之衢"（《大畜·上九》），还有康王时代的《大盂鼎》中"丕显文王，受天有大命"，都也正是一种以"天"为主宰的思想观念。周人将一种自然性的"天"，升华为超验的超越性存在，等同或代替殷人的"帝"，淡化殷人宗教思想中最高主宰的人格特征，实际上也是削弱了它的宗教性质。当然，殷周宗教思想在"天"和"帝"这个形式上的区别是有限的①。但殷周宗教思想在深层观念上，在近乎相同的形式下却有着某种实质性的变化，其主要之点就是祭祀对象的品质由殷人眼中的"力"的功能，变为周人心中的"善"的价值。《礼记·表记》描述殷人尊神事鬼的特点是"尊而不亲"。殷墟甲骨常有帝"降莫""降祸"及先公先王"祟王""孽王""它王"的刻辞②。可见，在殷人的宗教观念和祭祀行为中，对人世之外的某种超越的力量（帝或先王）的恐惧是个重要因素，这正是原始宗教观念的基本特征。但在周人的宗教观念中，却逐渐补充、增生了道德的内容，即认为祭祀对象都有某种"善"的品质。后来，鲁国大夫展禽对这一新的宗教观念有一段完整的表述："夫圣王之制祀也，法施于民则祀之，以死勤事则祀之，以劳定国则祀之，能御大灾则祀之，能扞大患则祀之，非是族也，不在祀典……加之以社稷山川之神，皆有功烈于民者也；及前哲令德之人，所以为明质也；及天之三辰，民之所瞻仰也；及地之五行，所以生殖也；及九州名山川泽，所以出财用也。非是，不在祀典。"（《国语·鲁语上》）这表明殷人对超自然的非人力量的恐惧崇拜，逐渐被周人的道德观念，即认为以宗教形式被崇拜的对象皆对人具有某种善的道德价值的理性观念所改造、所代替。周人的这一理性观念，在其后的进一步的发展中，祭祀行为就被明确归属于一种现世的伦理道德目标之下。如《礼记·祭统》说："凡治人之道，莫急于礼；礼有五经，莫重于祭……崇事宗庙社稷，则子孙顺孝，故曰祭者，教之本也。"楚国大夫观射父也说："祀所以昭孝息民，抚国家，

---

① 《诗》《书》中既有"天监在下"（《大雅·大明》），又有"上帝监民"（《吕刑》）；既有"上帝既命"（《大雅·文王》），又有"惟天降命"（《酒诰》），更直接有"皇天上帝改厥元子，兹大国殷之命"（《召诰》），都表明周人的"天"概念在其超越的宗教属性上与"帝"的概念是相同的，可以不作严格区分的。

② 参见胡厚宣《殷卜辞中的上帝和王帝》，《历史研究》1959 年第 9～10 期。

定百姓也"（《国语·楚语下》）。显然，在周人这里，祭祀之信仰的、宗教的功能，转变为一种教育的、道德的功能。不同于古代印度思想发展，中国古代思想沿着殷人的祭祀宗教向对某种超越性实在的虔诚信仰的皈依宗教发展的路线被遏制、阻止了，而转向一种新的伦理道德的方向。这样，周的统治者和殷人不同，在意识形态方面发挥最重要作用的不是宗教的，而是伦理道德的思想观念和生活行为。《礼记·表记》很准确地将其与夏、商两代比较而概括为"周人尊礼而尚施，事鬼敬神而远之"。

总之，殷周之际，原来是处于殷的属国地位的弱小的周氏族，竟然战胜、取代了比它强大得多的宗主国殷氏族的浩大的统治权！殷周之际的这种政治变迁，给周人造成了一种深刻的反思契机，即对这一异乎寻常的政权鼎革的原因和教训的思考、探寻。正是这一理论思维和观念的运动，使中国古代思想理论形态在从殷人的宗教观念的进一步发展中，对人的特别是统治者的道德行为和与人的道德实践密切相连的伦理关系的认识和观念被突出起来，在周人社会生活中，伦理道德思想逐渐地"换位"了殷人宗教意识所具有的地位和作用。此后，伦理道德思想就逐渐成为中国文化和思想中的主导成分，而宗教思想只是作为伦理道德思想的补充和附庸。殷周之际由氏族国家的原始宗教观念到氏族贵族道德意识觉醒的观念变迁所形成的中国古代思想这一思想理论特色和方向，由于孔子所开创的儒学的出现，得到了进一步的发展并巩固了下来，成了标志中国文化特色的传统思想。

（三）孔子：儒学的确立

1. 背景

孔子，名丘，字仲尼。据《史记》记载，孔子生于鲁襄公二十二年[1]，卒于鲁哀公十六年（前551～前479），鲁国昌平乡陬邑人，是大约一百年前从宋国逃迁来的殷遗贵族的后裔（见《史记》卷四十九《孔子世家》）。这个简短的生平介绍显示，孔子的身世及其所处的那个时代，生活于其中的那个国家的文化环境，都潜存着殷周之际萌芽发生的道德观

---

[1] 《公羊传》《穀梁传》记载生于鲁襄公二十一年。

念，进一步酝酿成熟为儒家思想的契因。

春秋时代　历史上把《春秋》记事的二百四十二年，即鲁隐公元年至鲁哀公十四年（前722～前480），称为"春秋"时代。孔子的生平活动正是处于这个时代的末期。这个时代最显著的社会特征，是政治统治权力从周王室向诸侯公室再向家大夫的下移过程。但是，这种政治权力的转移，与夏商、殷周之际的"汤武革命"那种急剧的暴力形式不同，它是通过较缓慢地、和平地对原来权力界限及其他行为规范——"礼"的"僭越"来实现的。《左传》《国语》中生动具体地记述了许多这样的历史事实。例如，按照《周礼》的规定，"天子六军，诸侯大国三军"（《国语·鲁语下》韦昭注），但是，晋国在景公十二年时也"作六军"（《左传·成公三年》）；按照古制，祭祀时的舞乐队人数，"天子用八（佾）①，诸侯用六，大夫四，士二"（《左传·隐公五年》），但是，作为鲁国卿大夫的季氏②却也"八佾舞于庭"（《论语·八佾》）。《左传》中还曾记载了一位公侯和一位卿大夫对这种权势变迁趋势的慨叹：

　　郑伯（按：郑庄公寤生）曰："……王室而既卑矣，周之子孙日失其序！"（隐公十一年）

　　叔向（按：晋大夫羊舌肸）曰："……虽吾公室，今亦季世也……栾、郤、胥、原、狐、续、庆、伯降在皂隶，政在家门，民无所依，……公室之卑，其何日之有！"（昭公三年）

孔子就是生活在这样"周室微而礼乐废"的时代。这个礼乐崩坏，即旧有的社会伦理秩序解体的社会现实，是当时有文化的士大夫阶层都能普遍、强烈地感受到的，他们都曾思索过这是什么缘故，这一时代最高的哲学理性，就是对于这个问题的回答，并形成了一种关于这一社会变化的根源于人自身的一般逻辑过程的观念：

---

　① 《白虎通·礼乐篇》："八佾者何谓也？佾，列也，以八人为行列。"
　② 这个"季氏"，马融《论语》注以为是季桓子，据《韩诗外传》似为季康子。而杨伯峻《论语译注》则以为是季平子，甚是。《左传·昭公二十五年》"将禘于襄公，万者二人，其众万于季氏"，此正是季平子执政时。

礼，国之干也；敬，礼之舆也。不敬，则礼不行；礼不行，则上下昏，何以长世？（《左传·僖公十一年》）

"敬"就是道德修养，《左传》说："敬，德之聚也，能敬必有德。"（僖公三十三年）。可见，春秋时的士大夫们的理论智慧认为，丧失道德修养，就要违背礼制，最终导致王室微、公室卑的社会伦理秩序破坏。应该说，这是那个时代居于主导地位的社会意识。"立德""复礼"也就成了那个时代对社会紊乱感到忧虑的有文化的士大夫阶层最强烈的呼唤。这在《左传》中显得极为鲜明：

非德，民不和，神不享。（僖公五年）

无礼必亡！（昭公二十五年）

这一时代思潮具有一种甚为清晰的理论导向，就是要在崩溃的礼乐中寻找出某种超越那个时代的合理性、永恒性的内容或价值。孔子思想就是在这个理论方向上产生的。从《论语》的记载中可以看出，周礼所规定的伦理秩序被破坏是孔子所反对的，他斥责当时"礼乐征伐自诸侯出"的现实是"天下无道"（《季氏》，本节以下引用《论语》，只标篇名），愤慨于季氏八佾舞于庭"是可忍孰不可忍"（《八佾》）。孔子一生的奋斗，在于试图挽狂澜于既倒，遏止住这种"礼"崩溃的趋势。他表示"天下有道，丘不与易也"（《微子》），"如有用我者，吾其为东周乎"（《阳货》）。但是，如历史所昭示的那样，东周最后灭亡了，孔子一生的奋斗是失败的，时人评论他是"知其不可而为之者"（《宪问》）。虽然孔子说自己的为人是"乐以忘忧"（《述而》），实际上，孔子一生比同时代的其他任何人都更时时感受着"天下无道""道穷"的精神痛苦，无可奈何地归之"道之将废，命也"（《宪问》）。这表明他发现和追求的是"周礼"中某种属于具有超越性质的，蕴含着合理的、永久性的东西，而不是正在死亡的、崩溃的东西。儒学正是在这些内容上确立，因而具有较久远的生命力。

鲁国文化环境　儒学在孔子那里确立，与孔子所诞生、成长的鲁国的社会环境也有密切关系。在春秋时代的诸侯列国中，鲁国的国势一直比较衰弱，它是以被周人的"礼"文化浸染最深和保存这种文化典籍最多为其优势，为其特色。从《左传》和《史记》的记载来看，这一特色的形成也是有其历史原因的。第一，由于鲁国的始祖周公（姬旦）对于西周王朝的建立和巩固有特殊的贡献，周天子（成王）对于作为周公封邑的鲁国的赏赐就特别优厚，特别是还赐予了其他公侯国家所不能得到的天子专用的礼器、典册和文化官吏。这就是《左传》所说，成王为使鲁国能"昭周公之明德，分之土田陪敦、祝宗、卜史、备物典策、官司彝器"（定公四年）。按照周的礼制，"诸侯不敢祖天子"（《礼记·郊特牲》），不得有天子的礼乐。但是，如《史记》所说"成王乃命鲁得郊祭文王。鲁有天子礼乐者，以褒周公之德也"（卷三十三《鲁周公世家》）。这样，鲁国从一开始就从西周王朝那里获得一种周礼的文化优势。第二，由于鲁国的开国君主（伯禽）利用鲁国一开始就具有的这种周礼的文化优势，在鲁地推行了比较彻底的"变其俗，革其礼"（同上）的文化改造，伯禽在位时间较长（46年），鲁国的礼化是相当深广的。从春秋时代的全部历史来看，与齐国的"简其礼，从其俗"（同上）的文化策略相比，鲁国的这一文化策略，虽没有带来强盛或霸业，但却始终保持着较为完备的周礼的文化传统，并在一定意义上构成了鲁国独有的政治优势。《左传》曾三次明显地记述了这种情况：

　　仲孙（按：齐大夫仲孙湫）归，曰："不去庆父，鲁难未已。"公（按：齐桓公小白）曰："若之，何而去之？"对曰："难不已将自毙，君其待之！"公曰："鲁可取乎？"对曰："不可，犹秉周礼，周礼所以本也……鲁不弃周礼，未可动也……"（闵公元年）

　　吴公子札（按：季札）来聘……请观于周乐。使工为之歌周南、召南……为之歌邶、鄘、卫……为之歌王……为之歌郑……为之歌齐……为之歌豳……为之歌秦……为之歌魏……为之歌唐……为之歌陈，自郐以下无讥焉。为之歌小雅……为之歌大雅……为之歌颂……见舞象箾、南籥者……见舞大武者……见舞韶濩者……见舞大夏者……见舞韶箾者……曰："观止矣！若有他乐，吾不敢请已。"（襄公二十九年）

春，晋侯（按：晋平公）使韩宣子（按：晋卿韩起）来聘，观书于太史氏，见《易象》①与《鲁春秋》，曰："周礼尽在鲁矣。吾乃今知周公之德与周之所以王也。"（昭公二年）

《左传》这些记述表明，鲁国对于周礼——包括伦理制度、观念形态、礼器典籍的保存都是比较完整、丰富的。鲁国的这种文化环境陶冶了孔子对周的文化传统无限景仰的感情，他说，"周之德可谓至德也已矣"（《泰伯》），"周监于二代，郁郁乎文哉，吾从周"（《八佾》）；同时，也形成了孔子维护、继承周的文化传统的那种志向，他自信地说："文王既没，文不在兹乎。"（《子罕》）孔子说自己是"好古，敏以求之者"（《述而》），通过鲁国保存的丰富的文化历史典籍，孔子获得一种极为清晰的历史感，一种历史眼光，他说："殷因于夏礼，所损益可知也；周因于殷礼，所损益可知也。其或继周者，虽百世可知也。"（《为政》）总之，鲁国的文化环境孕育的孔子思想，或者说儒学，是延续着殷周以来由宗教而道德的华夏民族精神发展逻辑线路前进的，是具有深远的精神根源的，这或许是它最终成为中国传统思想的主体，而为中国古代任何其他思想体系所不能替代的根本原因。

孔子身世　孔子个人的身世遭际也隐藏着一种鲜为人所注意的使儒学作为承续殷周之际伦理道德观念进一步发展而又呈现出某种新的理论特色的精神因素。根据《左传》的记载，孔子先祖弗父何（推算起来当为九世）是宋湣公的世子，但他没有继承君位，而让国于其弟鲋祀，是为宋厉公，所以《左传》称孔子为"圣人之后也"（昭公七年）。孔子的七世祖正考父辅佐宋国戴公、武公、宣公三代君主，他是一位具有高度文化修养的贵族，《国语》记载他"校商之名颂十二篇于周太师，以《那》为首"（《鲁语下》）。他还以礼让谦逊闻名于当世，《左传·昭公七年》和《庄子·列御寇》都记述他"一命而偻，再命而伛，三命而俯"。此后，在宋的内乱中，孔子的六代祖孔父嘉被杀，五代祖木金父逃奔到鲁国②，

---

① 王应麟读为《易》《象》（《困学纪闻》卷六）。
② 此据《左传·昭公七年》杜预注。据《世本》孔子的三世祖防叔时方迁鲁。

家世就衰落下来。可以说，孔子是没落贵族的后裔。一方面，悠远辉煌的家世，使幼年的孔子就受到传统的"礼"的熏陶，《史记》记"孔子为儿嬉戏，常陈俎豆，设礼容"（《孔子世家》）；另一方面，衰微中落的家道，使孔子从很早也就开始经受困苦的磨炼，他说："吾少也贱，故多能鄙事。"（《子罕》）青年以后，孔子的仕途也多蹇，从未有过持久而显耀的升迁，故他说"吾不试，故艺"（同上）。孔子一生除了五十岁后二三年内，曾任鲁国的中都宰、司空、司寇，有过短暂的执政士大夫经历，更多更长的时间是一个从事着"有教无类"的教师和供咨询的"博物君子"。①孔子在五十四岁以后周游列国为自己政治理想的努力，招来的也是失败，甚至是凌辱。"再逐于吾，削迹于卫，伐树于宋，穷于商周，围于陈、蔡，杀夫子者无罪，藉夫子者无禁。"（《庄子·让王》）待到六十八岁他返回鲁国时，已是风烛残年，他只好把最后的精力投放到平静的古籍整理上了。孔子的一生，充满坎坷挫折，只是在博学广识上从未停止过进步，时人评价他是"博于诗书，察于礼乐，详于万物"（《墨子·公孟》）；在精神境界上也从未停止过提高，他曾自述："吾十有五而志于学，三十而立，四十而不惑，五十而知天命，六十而耳顺，七十而从心所欲不逾矩。"（《为政》）

　　孔子的身世，特别是他那充满困厄的个人经历，使他观察、体验到贵族生活樊篱之外的那些更广大的人民的生活情景和思想感情，这就拓宽了他的精神世界。在他那"为国以礼"（《先进》）、"为政以德"（《为政》）以复兴东周为己任的属于贵族性质的政治理想之外，又产生了一种更宽广的"老者安之，朋友信之，少者怀之"（《公冶长》）的作为一般人的生活感受和生活理想。建立在这种更加广阔的超出了贵族性质的精神世界基础上的孔子思想或儒学，在两个方面推进了殷周以来从突破原始宗教观念而发展形成的伦理道德思想。第一，儒学对这种以"礼"为主要内容的伦理道德观念进行了适当的改造和充实，从原来主要是贵族阶级的行为规范向全体的平民阶级中扩散开来。第二，孔子思想或儒学使这些道德规范获

---

　　① 例如，《国语》中有孔子对季氏、吴子、陈侯提出的关于"土怪""大骨""楛矢"疑问的解答（《鲁语下》），《左传》记载了孔子关于十二月出现螽的解释和对一种稀有动物（麟）的识别（哀公十二年、十四年）。

得了一种以共同的、一般的"人"为根源的统一基础，在儒学中被称为"仁"。这样，中国传统思想主体的理论形态——儒学就在孔子这里形成了。

2. 三个理论层面

对孔子思想，或者说儒学的最初形态稍作深入的分辨就可发现，它是由三个既相互联系但又有所区别的层面构成的，这就是超越的层面、社会的层面和心性的层面，其主要的思想范畴分别是天命（天、命）、礼、仁。在这三个层面上的孔子思想，都是殷周之际的思想观念的继承和发展。

超越的层面：天命 在孔子思想中，"天"有两种含义。孔子说，"天何言哉，四时行焉，百物生焉，天何言哉"（《阳货》）。这是自然性质的、具体感性的存在。在孔子思想中，或者一般地说，在正统的而非发生了某种变异的儒学思想中，"天"的这种自然性质不具有重要的理论意义。在孔子思想中，"天"的另一含义是指某种超越社会、个人之上的，而又是人的生活内在因素的一种实在，有时也被称为"天命"或"命"的哲学范畴。孔子说：

> 天生德于予，桓魋其如予何？（《述而》）
> 道之将行也与，命也，道之将废也与，命也，公伯寮其如命何？（《宪问》）
> 五十而知天命。（《为政》）

孔子这里的"天"或"天命"，与周人的"天命"观既有观念联系，也有重要的区别。从《周书》中可以看出，周人"天命"观的宗教神学性质是很明显的，"天休于宁王，兴我小邦周"（《大诰》），"天乃大命文王，殪戎殷"（《康诰》）。显然，周人把殷的灭亡看成"天"的意志，自己的统治地位的确立是"天"所赐予。周人的"天"是某种具有人格神特征的实在。孔子认为自己的"德"是"天"所予的，一生的穷达遭际也是"命"定的。《论语》还记述，有一次，当孔子被匡人围困时，他说："天之将丧斯文也，后死者不得于斯文也。天之未丧斯文也，匡人其如予何?"（《子罕》）子夏说"商闻之矣，死生有命，富贵在天"（《颜渊》），表述的也正是孔子的观点。应该说，孔子"天命"观的这些内容，是承认有某种超越的能决定人世命运的客观力量存在。这显然与周人的宗教思想有某种观念上的联系。周人对"天"或"天命"基本上是抱着出于虔诚信仰的崇拜态度，"我亦不敢宁于上帝命，弗永远念天威"（《周书·君奭》）。所以，周人的"天"只是一种宗教信仰的对象，还不是人的理性认识对象。孔子的"天命"观正是在这重要之点上，表现了和周人的不同。孔子说：

> 不知命，无以为君子也。（《尧曰》）
> 小人不知天命。（《季氏》）
> 吾十有五而志于学，三十而立，四十而不惑，五十而知天命。（《为政》）

显然，在孔子这里，"知天命"是一个有道德的人所必须有的精神条件，并且从孔子所表述的他自己的精神成长经历可以看出，"知天命"是一个人通过长时间的知识学习、生活经验积累，才能产生一种对决定人生命运的那种客观必然性的觉悟。这种必然性是盲目的，无意志的，它在"道之将行"与"道之将废"之间也做不出选择，因而是非人格的，所以孔子的天命观与周人不同，"天命"不再是对某种具有人格神性质的实在的虔诚的信仰对象，而是一种虽为人的力量无法驾驭改变，但却可理性地认识、体悟的对象。

孔子对"天命"的理性主义立场，还表现在他对"鬼神"的十分独特的态度上——"祭如在，祭神如神在"（《八佾》）。这表明，孔子虽然没有完全否定这种异己的超自然的人格力量的存在，但是对鬼神也确乎没有真诚的信仰。在孔子那里，对鬼神、祖先的祭祀，完全是出于一种"慎终追远，民德归厚矣"（《学而》）的道德情感和道德目标的要求，完全不同于信仰某种超越的实体而顶礼膜拜的那种宗教感情和行为。《论语》记述："季路问事鬼神。子曰：未能事人，焉能事鬼？曰：敢问死？曰：未知生，焉知死？"（《先进》）孔子对这种异己的超自然的实体所表现出的回避的态度，实际上就是一种深刻的怀疑的态度。正如，在宗教思想领域内怀疑主义一般总是蕴含着理性主义特质的那样，孔子的这种对鬼神的回避、怀疑的态度，也是理性主义的。所以，孔子说："敬鬼神而远之，可谓知（智）矣。"（《雍也》）可见，在孔子的思想里，"鬼神"这一在殷周时期被信仰或迷信支撑着的荒诞神秘的事物，逐渐变为一种可用智慧、理性来消化的对象。

孔子在他的"天命"观中注入的这种理性主义因素，是对中国传统思想在其形成时期就开始显露的理性观念，即周人用道德观念改造殷人宗教观念的那种理性精神的继承和发展，对儒学或中国传统思想以后的发展及其所呈现的面貌，有极重要的意义。一方面，"天命"的超越性质使中国思想始终保持或潜存着对某种高远的精神追求，不会枯竭在现实的、世俗的层面上；另一方面，"知天命"的理性主义特质又阻止了这种追求驰进宗教的樊篱，使儒学或中国思想至极的发展，即在其终极的关怀中，也总是葆有非信仰的理性性质。

社会的层面：礼　孔子对"礼"没有做明确的界说和具体的解释，但据《左传》记载，孔子在评论卫侯将曲悬繁缨赏赐给大夫仲叔于奚时说，"惜也，不如多与之邑，唯器与名不可以假人，……若以假人，与人政也。政亡，则国家从之，弗可止也已"①（成公二年），评论晋范宣子（士匄）铸刑书时说："晋其亡乎，失其度矣……贵贱不愆所谓度也。今弃是度而为刑鼎，民在鼎矣，何以尊贵？贵贱无序，何以为国？"（昭公二十九年）这里的"名""器""度"正是"礼"的具体内容。《论语》中还记录了孔子对颜渊说"非礼勿视，非礼勿听，非礼勿言，非礼勿动"（《颜渊》），"约之以礼"（《雍也》）。可见，在孔子思想中，社会层面上的最主要的思想范畴是"礼"。孔子说：

> 为国以礼。（《先进》）
>
> 不知礼无以立也。（《尧曰》）

---

① 据《周礼》，天子宫室内四面悬挂乐器（宫悬），诸侯去南面，三面悬挂（曲悬），大夫两面悬挂（判悬），士仅于东面悬挂（特悬）。仲叔于奚请用曲悬，是以大夫僭越用诸侯之礼。（见《周礼·春官·小胥》）

孔子所谓的"礼"，涵盖是相当广泛的，但其主要是指国家的政治伦理制度和社会成员的行为规范。从《左传》中所记述的关于"礼"的界定及其社会功能的观点来看，如"礼，经国家，定社稷，序民人，利后嗣者也"（隐公十一年），"礼，政之舆也"（襄公二十一年），"夫礼，所以整民也"（庄公二十三年），"以礼防民"（哀公十五年），孔子的"礼"的观念和西周以来的传统的"礼"的观念基本上是一致的。但是，孔子的"礼"，比起西周以至春秋时代一般的"礼"的观念，有几点重要的理论观念上的发展。

第一，"礼"的实质。春秋时代，一个异于原来贵族阶级的新的社会阶级的兴起，周礼规定的伦理秩序被突破了，"礼"的实践呈现着形式化和约束力松弛的趋势。孔子"礼"的思想观念就是在这样的背景下形成的。孔子说："礼云礼云，玉帛云乎哉？乐云乐云，钟鼓云乎哉？"（《阳货》）显然，他认为"礼"绝不是献祭奏乐、礼物乐器这些形式和器物；可是当子贡要废止已流于形式的"告朔之饩羊"时，他又表示反对，说："尔爱其羊，我爱其礼"（《八佾》）。可见，孔子认识到和追求的是在礼的形式之内蕴含着的某种精神实质。从《论语》的记载可以看出，这是指"礼"的调谐和稳定社会伦理秩序的功能及其属于人性的根源。孔子说，"上好礼，则民易使"（《宪问》），"君使臣以礼，臣事君以忠"（《八佾》）。"礼"是要在玉帛钟鼓、揖让周旋中实现一种和谐的、等级的人际关系，没有这种伦理秩序的实现，"礼"就是一种形式，或者如略早于孔子的一位晋国大夫女叔齐所说"是仪也，不可谓礼"（《左传·昭公五年》）。根据《左传》的记载，与孔子同时的子产曾把"礼"定义为"天之经也，地之义也，民之行也"（昭公二十五年），把"礼"的最后根源归之于某种外在的最高的客观存在。孔子与此不同，他主要是从人自身来寻找这种根源。孔子回答宰予何以有"三年之丧"的怀疑时说："君子之居丧，食旨不甘，闻乐不乐，居处不安，故不为也。"（《阳货》）礼的行为植根于人的内心感情之中。《论语》还记述孔子回答林放"礼之本"的问题时说："礼，与其奢也，宁俭；丧，与其易也，宁戚。"（《八佾》）孔子把人的真挚的感情当作"礼"的根本，他认为即使是充分的、十分周到的玉帛钟鼓、揖让周旋都是次要的，"为礼不敬，吾何以观之哉"（同上），没有诚挚的感情，"礼"只是一种无生命的躯壳。《论语》还记述孔子和他的弟子子夏（卜商）一段意味隽永的对话：

> 子夏问曰："'巧笑倩兮，美目盼兮，素以为绚兮'何谓也？"子曰："绘事后素。"曰："礼后乎？"子曰："起予者，商也！始可与言诗已矣。"（《八佾》）

显然，孔子十分赞赏、完全肯定子夏由"绘事后素"而触发的"礼后"的观点，认为"礼"就像是在白素的绢绸上画画，是对人性的美化、提高。① 在回答子路如何是"成人"的问题时孔子还说："文之以礼乐，亦可以为成人矣。"（《宪问》）在孔子看来，人性的完善或人的道德完成，也需要"礼"的实践。总之，在孔子那里，"礼"的内涵丰富得多了，并获得了一个内在的根源，礼根源于人的所固有的某种感情和道德成长的要求，具有调谐和稳定伦理秩序的社会功能。

第二，"礼"的范围。前面已经论及，殷周之际，周人的从宗教观念中产生的道德觉醒，主要是指周人认识到统治者的政治命运是由他自己的道德表现决定的。显然，这种道德是贵族统治者的道德；因而，"敬慎威仪，以近有德"（《诗经·大雅·民劳》），作为"德"的一个主要内涵的"礼"也只是贵族阶级的行为要求。而对于民众，西周统治者主要还是用法律强制来予以规范的，即所谓"折民惟刑"（《周书·吕刑》）。《墨子》说，"古者圣王为五刑，请以治其民"（《尚同上》），《荀子》说，"持手而食者，不得立宗庙"（《礼论》），《周礼》说，"凡命夫命妇不躬坐狱讼"（《秋官·小司寇》），《礼记》说，"礼不下庶人，刑不上大夫"（《曲礼上》），先秦典籍的这些记述表明，对士大夫以上的阶级强调礼化的道德自觉，对一般民众则实施刑罚治理。故如荀子所说"由士以上则必以礼乐节之，众庶百姓则必法术制之"（《荀子·富国》），应该是西周时代贵族统治的社会实际情况。孔

---

① "绘事后素"有两种训解：郑玄谓："绘，画文也。凡绘画，先布众色，然后以素分布其间，以成其文，喻美女虽有倩盼美质，亦须礼以成之。"（《十三经注疏·论语注疏》）朱熹曰："后素，后于素也。谓先以粉地为质，而后施五采，犹人有美质，然后可加文饰。"（《四书集注·论语集注》）郑玄解符合古代绘画操作程序，朱熹解便于"性善"之义理阐说，此处用朱熹解。

子的观点与此有所不同，他把"礼"的实施范围扩大了，他说："道之以政，齐之以刑，民免而无耻；道之以德，齐之以礼，有耻且格。"（《为政》）"礼"不仅是贵族阶级的，同时也是平民的行为规范。孔子还说"礼乐不兴，则刑罚不中"（《子路》），没有"礼"的辅助，没有道德的社会环境，法律也不能真正发挥有效的作用。孔子把"礼"所具有的那种属于人性的道德自觉赋予了每个人，并把这种道德自觉作为全部社会生活的基础，"不知礼无以立也"（《尧曰》）。所以，在孔子这里，"礼"已开始了从贵族走向平民、从单纯的道德规范走向和法制融合的过程。

第三，"礼"的实践标准。从《左传》记事中可以看出，"礼"涵盖着春秋时代社会生活的各个方面，"唯礼是从"（襄公九年），"唯礼是事"（定公八年），但是对这种"礼"的实践，一直还没有形成一个比较明确的判定标准。孔子儒学的出现改变了这种状况，可以说，孔子的"中庸"和"仁"的思想是从外在形式和实质内容两个方面确定了"礼"的实践标准。"礼"是人的全部的社会生活行为的规范，怎样的行为才算合于"礼"呢？孔子说，"君子之行也，度于礼：施取其厚，事举其中，敛从其薄"（《左传·哀公十一年》），"君子之中庸也，君子而时中"（《礼记·中庸》），"夫礼，所以制中也"（《礼记·仲尼燕居》）。孔子的学生有子也说："礼之用，和为贵。"（《学而》）也就是说，孔子儒学认为，只有"中庸"（"中""和"）的"无偏无颇，遵王之义"（《尚书·洪范》）的行为才是符合"礼"的规范的。《论语》记述"子绝四：毋意、毋必、毋固、毋我"（《子罕》），正是孔子努力追求"中庸"、避免极端的表现。当然，在实践中，人的行为不偏不颇地符合"礼"的规范要求，往往并不是很容易的，特别是在孔子所处的春秋末期，在"礼"的规范约束作用十分微弱，而形式化倾向日益显著的情况下，更是如此。孔子慨叹说："中庸之为德也，其至矣乎，民鲜久矣！"（《雍也》）并且，不得不求其次："不得中行而与之，必也狂狷乎，狂者进取，狷者有所不为。"（《子路》）这也表明孔子是把"中庸"（"中行"）作为实践"礼"的，或者说衡量人的社会行为的理想的标准。当然，在孔子以后的儒学发展中，"中庸"概念或范畴的内涵有重要变化，它从作为规范人的社会行为、"礼"的实践标准，逐渐升华为一种世界观，用以描述概括世界内在的、最后的本质，即如《中庸》

所说："喜怒哀乐未发谓之中，发而皆中节谓之和。中也者，天下之大本也，和也者，天下之达道也。致中和，天地位焉，万物育焉。"

心性的层面：仁　对于"礼"的实践，孔子不仅提出"中庸"这一标准用来衡量人的社会生活行为，而且还用"仁"的标准，从内在的精神品性上来裁定一个人对"礼"的践履程度。孔子把"礼"的可适用范畴扩大到所有人，把"礼"的内在根源归结于人的某种诚挚的内心感情。这样，在孔子那里，"礼"的实践就不具有社会强制的性质，而是一种对社会伦理的自觉履行，是一种道德实践。这个精神性的实践标准，孔子称之为"仁"。孔子说："人而不仁如礼何，人而不仁如乐何。"（《八佾》）离开了人的道德自觉，或者说"仁"，"礼"就只能是徒具形式的玉帛钟鼓。人的道德自觉是全部社会生活的基础，这是孔子思想最具特色的一个基本观点。孔子提出的这个"礼"的实践的标准，是春秋时代"礼"的观念的重要发展。然而，什么是"仁"？这是孔子学说中的一个核心的、内涵十分丰富的思想观念。

粗略统计，《论语》中论及"仁"的地方有一百多处。① 可见，"仁"在孔子儒家思想中占有多么重要的位置。"仁"的概念出现甚早，并不是孔子所创或孔子时方有。例如《尚书》中有"予仁若考"② （《金縢》），《诗经》中有"其人美且仁"（《齐风·卢令》），而且也很明显，"仁"是一个道德概念，是指人的某些美好的、善的道德品性。"仁"的思想观念在孔子思想中获得了新的重要的发展，概括言之，有三点。

第一，"仁"由殊德演变为一种总德。从《左传》《国语》的记述中可以看出，西周至春秋，在"皇天无亲，唯德是辅"（《左传·僖公五年》），"进退周旋，唯道是从"（《楚语上》）的敬德思想的笼罩下，道德观念处于十分有利的发育生长环境之中，道德概念或范畴不断地形成和丰

---

① 宋人史绳祖谓"鲁论二十篇问答，言仁凡五十三条"（《学斋占毕》卷一）；今人赵纪彬谓"《论语》言仁者凡五十有八章，仁字凡百有五见"（《仁礼解故》，《新建设》1962 年第 2 期）。

② 《尚书·金縢》"予仁若考能多材多艺"句，有两种句读："予仁若考，能多材多艺"，此为孔传读；"予仁若考能，多材多艺"，此为司马迁读。孙星衍以为史迁是，孔传非（见《尚书今古文注疏·周书四·金縢第十三》）。两读皆无碍"仁"字之义，姑不论。

富着。《左传》记述范文子（士燮，晋厉公卿士）的话出现了四个道德概念："君子……不背本，仁也；不忘旧，信也；无私，忠也；尊君，敏也。仁以接事，信以守之，忠以成之，敏以行之，事虽大，必济。"（成公九年）《国语》记述单襄公（单朝，周定王卿士）的话，更集中地提出了十一个道德概念："其行也文，能文则得天地……夫敬，文之恭也；忠，文之实也；信，文之孚也；仁，文之爱也；义，文之制也；智，文之舆也；勇，文之帅也；教，文之施也；孝，文之本也；惠，文之慈也；让，文之材也。象天能敬，帅意能忠，思身能信，爱人能仁，利制能义，事建能智，帅义能勇，施辩能教，昭神能孝，慈和能惠，推敌能让。"（《周语下》）单朝和士燮是同时代的而略早于孔子的人，他们的话表明，在孔子之前，规范个人行为的各个方面的实践原则都已升华、凝结出具有理论色彩的道德概念，"仁"也是其中之一。但是，那个时代的道德意识还没有深化发展到这样程度，即形成一种关于这些道德规范或道德范畴之间的相互关系或统一的、共同的基础的理论观念。这种道德意识的进一步发展，这一理论观念的形成，正是孔子思想的主要内容、主要特色。从《论语》中可以看出，孔子首先从当时已有的众多的道德规范、概念中突出智、仁、勇三种，用以描述和规范一个人的全部生活和精神品性。孔子说："君子道者三：仁者不忧，知者不惑，勇者不惧。"（《宪问》）有时，孔子更直接地用"仁""智"这两个方面、两种品性来归纳、划分人的道德状况或精神状况："知者乐水，仁者乐山。知者动，仁者静。知者乐，仁者寿。"（《雍也》）在不太严格的意义上可以说，孔子选择的这三个道德概念及其反映的三种精神品性，与现代心理学所描述的人的三种基本的心理现象——智、情、意是吻合的，而山水、动静、乐寿则是人的生活环境、生活方式和生活目标的基本的方面，因而，孔子这样界定的道德概念，也就能够较周延地涵盖住了一个人的全部道德行为。这也表明孔子将西周以来的道德意识加以深化发展的理论思路，是他总是在人所固有的本性中、在人本身追寻道德规范的根源。这样，进一步，孔子就把春秋时代已形成的众多的道德规范皆归束于"仁"。孔子说：

> 能行五者于天下为仁矣……恭、宽、信、敏、惠。恭则不侮，宽

则得众，信则人任焉，敏则有功焉，惠则足以使人。(《阳货》)

　　仁者，……居处恭，执事敬，与人忠。(《子路》)

　　刚、毅、木、讷近仁。(同上)

　　仁者必有勇，勇者不必有仁。(《宪问》)

从孔子的这些言论中可以看出，孔子认为"仁"是一种道德品性，同时也贯穿、充盈于其他各种德性之中，每一种道德行为，都内在地表现着"仁"的精神，正如子夏所说："博学而笃志，切问而近思，仁在其中矣。"(《子张》)"仁"是其他各种道德行为、精神品性的基础。这样，在孔子这里，"仁"就由西周以来作为精神道德规范之一的殊德演变为涵蕴、孕育各种道德行为的总德，"仁"实际上也就升华为一种世界观，一种精神境界，故孔子说："道二，仁与不仁而已矣。"(《孟子·离娄上》)在儒家思想中，"仁以为己任"(《泰伯》)，"仁"成了最高的道德标准，甚至是高于人的生命的一种精神追求，亦如孔子所说，"君子无终食之间违仁，造次必于是，颠沛必于是"(《里仁》)，"志士仁人，无求生以害仁，有杀身以成仁"(《卫灵公》)。

　　第二，"仁"的本质内涵被确定。从《左传》《国语》中可以看出，春秋时代社会生活中的很多行为都用"仁"来加以描述或界定，如"以君成礼，弗纳于淫，仁也"(庄公二十二年)，"度功而行，仁也"(昭公二十年)，"出门如宾，承事如祭，仁之则也"(僖公三十三年)，"大所以保小，仁也"(哀公七年)，"乘人之约非仁也"(定公四年)，"幸灾不仁"(僖公十四年)，"畜义丰功谓之仁"(《国语中》)，"仁者讲功"(《鲁语上》)，"爱亲之谓仁"(《晋语一》)，"仁不怨君"(《晋语二》)，"仁人不党"(《晋语六》)。这些情况既表明"仁"的意蕴确是丰富，涵盖广泛，但也说明当时"仁"这一概念的内涵尚属模糊，还没有明确的界说。所以，孔子的弟子们多次向他提出这个问题，请求解释①。从《论语》的记述中可以看出，孔子不仅把"仁"从当时

① 《颜渊》记录有"颜渊问仁""仲弓问仁""司马牛问仁""樊迟问仁"，其他篇还有"子贡问为仁"(《卫灵公》)，"子张问仁"(《阳货》)，孔子都从不同角度予以回答。

众多的道德规范、道德概念中升华为诸种道德规范的共同基础，统束诸种道德规范的总德（"道"），而且，还从当时众多的关于"仁"的界说中，确定了一个最基本的、作为产生一切道德行为的精神源泉的内涵：爱人。

> 樊迟问仁。子曰："爱人。"（《颜渊》）

孔子还说"弟子入则孝，出则弟，谨而信，泛爱众，而亲仁"（《学而》），这表明孔子用以界定的"仁"的"爱人"，展开来看，实际上包含着"爱亲"与"爱众"这两个方面的内容，儒家的诚挚的道德感情，崇高的道德理想都是建立在此基础之上的。孔子儒家的"仁"之"爱人"，首先表现为对建立在血缘关系上的父母兄弟之爱，即孝与悌的"亲亲"的道德感情与道德行为。孔子的学生有子（有若）说："君子务本，本立而道生，孝弟也者，其为仁之本与！"（同上）后来，子思、孟子更明确地说"仁者，人也，亲亲为大"（《中庸》），"仁之实，事亲是也"（《孟子·离娄上》）。孔子及其学生以亲亲之情、"孝"与"悌"的道德规范为"仁""之本"、"之大"、"之实"，就使得儒家的全部的道德理想和实践获得了一个比较稳固的、属于人的自然本性的基础。《论语》记载，一次孔子在回答有人问他"子奚不为政"时说，"《书》云'孝乎惟孝，友于兄弟，施于有政'，是亦为政，奚其为为政"（《为政》）。所以，孔子儒家"爱人"之"仁"的道德规范的进一步实践，就是把这种亲亲的血缘伦理，推向社会生活去践履、完成一种尊尊长长和"杀身成仁"的社会政治伦理。孔子不止一次说，"迩之事父，远之事君"（《阳货》），"出则事公卿，入则事父兄"（《子罕》）。他的学生子夏说，"事父母，能竭其力；事君，能致其身"（《学而》）。有子说，"其为人也孝弟，而好犯上者，鲜矣"（同上）。后来，《礼记》概括说，"亲亲尊尊长长，人道之大者也"（《丧服小记》）。可见，孔子儒家认为，"事父""亲亲"会十分自然地衍生、孕育出"事君""尊尊"的道德感情和道德行为。在儒家看来，这也就是尊祖宗、重国家的道德感情和道德行为。《礼记》中将这一具有宗法色彩的道德感情的滋生过程做了个简明的表述："亲亲故尊祖，尊祖故敬宗，敬宗故收族，收族故宗庙严，宗庙严故重社稷……"（《大传》）为君主、国家贡献力量，如同孝敬父母，是一个人义不容辞的义务。孔子的学生子路在批评一个隐者的观点和行为时说："不仕无义，长幼之节不可废也；君臣之义，如之何其废之？欲洁其身而乱大伦，君子之仕也，行其义也。"（《微子》）这种道德感情和行为，其最高的和最后的表现就是为了国家或别的任何一个伦理目标而捐躯献身的牺牲精神，孔子称之为"杀身以成仁"（《卫灵公》），"见危授命……可以为成人矣"（《宪问》）。如果说孔子"仁"的"爱亲"或"亲亲"的内涵是建立在血缘关系上的道德观念，是儒家道德规范中的伦理原则的基础；那么，孔子"仁"的"泛爱众"的内涵则是建立在群类的关系上的道德观念，是儒家道德规范中的功利原则的基础。孔子对人类有一种深切的同情和理性的自觉，他曾对长沮、桀溺这些独善其身、鼓吹"避世"的隐者的言行表示慨叹说："鸟兽不可与同群，吾非斯人之徒与而谁与？"（《微子》）他的人生目标，他的似乎平淡而实际上极为崇高的志愿，就是希望能使"老者安之，朋友信之，少者怀之"（《公冶长》）。所以，为民众谋取功利，在孔子看来，也是实现"仁"的重要标志，也是"仁"的重要内容。孔子对于略早于他的郑国卿大夫子产十分尊重①，子产死时，孔子称他为"古之遗爱"（《左传·昭公二十年》）。子产执政二十二年，实行了一些强国富民的改革②，自然也受到了一些人的攻击，孔子却说："人谓子产不仁，吾不信也。"（《左传·襄公三十一年》）《论语》记载了孔子对子产的一个较完整的全面的评论："子谓子产，有君子之道四焉：其行己也恭，其事上也敬，其养民也惠，其使民也义。"（《公冶长》）显然，子产为郑国民众创造了某种功利，是孔子给予他以"君子""仁"的评价的主要根据之一。孔子也是用这个标准、原则来评价管子。从《论语》中可以看出，孔子对管子有所批评，他在回答有人问他"管仲俭乎""管仲知礼乎"的问题时说："管氏有三归，官事不摄，焉得俭？""邦君树塞门，管氏亦树塞门，邦君为两君之好，有反坫，管氏亦有反坫，管氏而知礼，孰不知礼？"

---

① 子产于郑简公二十三年（鲁襄公三十年）始执政郑国，是年孔子八岁。

② 《左传》记述，子产执政，"使都鄙有章，上下有服，田有封洫，庐井有伍"（襄公三十年）。

（《八佾》）也就是说，孔子认为管子收受"三归"，吏属众多，不节俭；管子有僭越行为，不知礼。用"仁"的伦理原则来衡量，也可以说是"不仁"。但是，当子路和子贡都认为管子原来辅助公子纠，公子纠被其弟齐桓公（公子小白）所杀，管子不但未能殉职，反而效力齐桓公，这是一种"未仁""非仁"的表现时，孔子立即予以纠正说："桓公九合诸侯，不以兵车，管仲之力也，如其仁，如其仁。""管仲相桓公，霸诸侯，一匡天下，民到于今受其赐。微管仲，吾其被发左衽矣。岂若匹夫匹妇之为谅也，自经于沟渎而莫之知也?"（《宪问》）十分显然，孔子认为管仲有巨大的事功，带给民众巨大的利益，这就是"仁"。孔子在回答子贡"如有博施于民而能济众，可谓仁乎"的问题时说："何事于仁，必也圣乎，尧舜其犹病诸。"（《雍也》）可见，惠民事功，在孔子看来，具有极高的道德价值。至此，十分清晰地显示出孔子"仁"的"爱人"的内涵实质上包含着两个既相互联系而又有所区别的原则：孕育在血缘的"亲亲""尊尊"道德感的伦理原则和根源于群类的"泛爱众"的道德理性基础上的功利原则。在儒家的道德实践中，前者产生道德义务，它是指自觉地去履行的一种被理解为是本有的、自然性质的（固然的）行为（"行其义也"）；后者产生道德责任，它是指自觉地去履行一种被理解为应该的具有高尚性质的（应然的）行为（"仁为己任"）。在孔子看来，只要真正地践履了这两个原则中的任何一个，都可以说是达到了"仁"的标准。在孔子的眼光里，管子在伦理原则的实践上可能算是有所欠缺，但他在功利原则上的实践成功，使他仍不失为一位"仁者"；殷末，在帝辛（纣王）朝廷中，有三位举足轻重的重臣：微子、箕子、比干。在危亡之期，"微子去之，箕子为之奴，比干谏而死"，他们皆未能挽救殷商的衰亡，可以说是无所事功，但表现了礼让爱亲和"见危授命"的伦理道德精神，孔子仍赞许说"殷有三仁焉"（《微子》）。总之，在孔子这里，西周以来就已形成的道德概念"仁"，有了十分明确的内涵——"爱人"；"爱人"也有了十分具体的道德规定——"亲亲尊尊"的伦理原则和"博施济众"的功利原则。这两项原则实际上周延地涵盖了人的全部道德行为。这样，"仁"既是儒家道德实践中的最高道德标准，也是儒家学说中的一个核心的最重要的道德范畴。在儒家思想以后的发展中，"仁"甚至成为最高的哲学范畴。

第三，"仁"的实践方法。虽然"仁"的道德观念在西周时就已形成，并在春秋时的社会生活中有广泛的运用，但"为仁之方"，或者说"仁"的实践方法从《左传》《国语》这些记载了大量的春秋时代人物言论的典籍中却鲜有论及，道德实践还停留在缺乏方法的自觉，即充分的理性自觉的阶段。从《论语》的记载中可以看出，如何践履"仁"，达到"仁"的境界，是孔子和他的学生频繁地讨论的一个中心问题；"为仁之方"已经作为一个完全明确的被充分意识到的问题提了出来，道德实践完全具有了理性自觉的性质。孔子认为，"为仁由己，而由人乎哉"（《颜渊》），"仁远乎哉，我欲仁，斯仁至矣"（《述而》），一个人道德意识的觉醒是"仁"的道德行为的精神基础，是"仁"的道德实践的基本前提。孔子关于"仁"的实践方法，或者说达到"仁"的道德标准的方法，都是在这种道德自觉的基础上提出的，并且大致可以划分为修己与待人两个方面。孔子一向总是非常严格要求自己，"躬自厚而薄责于人"（《卫灵公》）。在他看来，能否严格要求自己，是君子、小人之分的重要标志，他说，"君子求诸己，小人求诸人"（《卫灵公》），"古之学者为己，今之学者为人"（《宪问》）。但是，他又认为，君子严格要求自己应该有个客观的标准，就是必须"约之以礼"（《雍也》），任何行为，"不以礼节之，亦不可行也"（《学而》）。这样，"仁"的实现自然应该是最充分、最自觉地对"礼"的规范的践履，所以，孔子在回答颜渊如何实践"仁"的问题时，十分明确地说："克己复礼为仁……非礼勿视，非礼勿听，非礼勿言，非礼勿动"（《颜渊》）。显然，孔子的"克己复礼"的"仁"的实践方法，就是要以"礼"约束、规范自己的行为，以"礼"修己①。孔子的践履"仁"的道德标准的方法，要求一个人一方面严于律己、以礼修己，另一方面则是宽厚待人，以忠恕之道处之。孔子在回答子贡如何达到"仁"的境地的问题时说："夫仁者，己欲立而立人，己欲达而达人；能近取譬，可谓

---

① 对于"克己"，中国历史上的儒家学者有两种不同的解释，汉、唐、宋学者如扬雄、刘炫、朱熹释"克"为"胜"，"己"为"私欲"，"克己"即克制个人嗜欲。清代学者如毛奇龄、惠栋、阮元，训"克"为"能"，"肩""任"，"己"为"自己"，"克己复礼"即以己肩任礼也，仁以为己任。本书采用清儒的训释，"克己复礼"即以礼修己也。

仁之方也已。"（《雍也》）这就是说，每个人都追求着自己的生存、发展，但"仁"的实践则要求不仅自己生存、发展，也要帮助他人生存、发展。孔子认为，这也是"君子""小人"之间一条十分清晰的道德界线："君子成人之美，不成人之恶，小人反是。"（《颜渊》）曾子每天要反省的三个问题的第一个就是"为人谋而不忠乎？"（《学而》）可见，儒家"仁"的道德实现要求一个人对人生、对他人表现出极大的热情和忠诚。孔子在回答仲弓如何践履"仁"的问题时说"己所不欲，勿施于人"（《颜渊》），在回答子贡"有一言可以终身行之者乎"的问题时也说"其恕乎，己所不欲，勿施于人"（《卫灵公》）。可见，恕道，对他人宽容、谅解，也是实践了"仁"的一种具体表现。《论语》中有则记事："子曰：'参乎！吾道一以贯之。'曾子曰：'唯。'子出，门人问曰：'何谓也？'曾子曰：'夫子之道，忠恕而已矣。'"（《里仁》）孔子的"一以贯之"之"道"，是否即是曾子所理解的"忠恕而已矣"？从孔子儒学思想的全部内容来看，似乎也还可以作出另外的理解和回答，但从道德实践的角度来看，曾子的概括完全符合历史实际，突出了孔子的道德观念在那个时代显得最有特色的创造性的内容——一种跨越了西周贵族"敬德保民"道德范围的更为广泛普遍的"仁"的道德。这种道德观念认为"为仁由己"，人皆可为仁，因而要求实践"己欲立而立人，己欲达而达人"，"己所不欲，勿施于人"。

以上，我们简略地概述了孔子思想或孔子儒学的天命、礼、仁三个层面，这是原始儒学的基本内容。可以看出，这三个层面构成了一个十分周延的人生范围和哲学领域。儒学在其以后的发展中，只是不断地丰富、更新着而从未破坏、逾越过这个范围或领域，孔子作为儒学奠基者、创始人的学术地位从未动摇过。同时，儒学理论的这种周延的品质，汉代以后当它逐渐占据思想理论领域的统治地位后，也就表现和发挥出它的原始理论形态所具有的道德功能以外的更多的意识形态的社会功能，儒学成为中国传统思想的主体，并由一种思想观念体系、意识形态转变为一种体现、代表中国文化特征的生活方式。孔子作为一种文化、一种生活方式的精神源泉的开拓者，也在中国历史上占据了一个没有其他任何历史人物可以替代的特殊的历史地位。

二　儒学在先秦的发展

（一）孔子儒学的最初传授

儒学门庭确立　司马迁说："孔子以诗、书、礼、乐教，弟子盖三千焉，身通六艺①者七十有二人②。"（《史记》卷四十七《孔子世家》）最早传播儒学的就是孔子的及门弟子。孔子弟子三千，是秦汉时人们夸大了的概约之说③，从战国时的学者如孟子、韩非的作品中可以看出，真正是问学、师事于孔子的学生恐怕只有六七十人④，而出现在《论语》中的，据崔述考证，只有二十七人。⑤ 在《论语》中，按其才能特长分属于德行、言语、政事、文学四科的有十人：

> 德行：颜渊、闵子骞、冉伯牛、仲弓；言语：宰我、子贡；政事：冉有、季路；文学：子游、子夏。（《先进》）

无疑的，这是孔子最著名的及门弟子。但是，就对孔子儒学的传播和发展所起作用而言，仲由（子路）、端木赐（子贡）、冉求（冉有）、卜商（子夏）、言偃（子游）、曾参（曾子）六人是更为重要的。子路、子贡、冉求都是孔子早年的弟子，三人很有政治活动能力，孔子称许他们三人"于从政乎何有"（《论语·雍也》）。根据《左传》和《史记》的记述，子路、冉有、子贡都曾仕于鲁、卫⑥，在当时的社会生活中是很活跃的，孔子声名的传播，儒家学派门庭的确立，正是这些弟子努力的结果，特别

---

① 崔述谓："汉人所称'六艺'，即今'六经'，非《周官》'礼乐射御书数'之六艺也。"（《洙泗考信录》卷四《遗型》）
② 《史记》卷六十七《仲尼弟子列传》作七十七人。
③ 《吕氏春秋》说："孔子周流海内……委质为弟子者三千人，达徒七十人。"（卷十四《遇合》）《淮南子》说："孔子弟子七十，养徒三千。"（卷二十《泰族训》）
④ 孟子说："以德服人者，中心悦而诚服也，如七十子之服孔子也。"（《孟子·公孙丑上》）韩非说："仲尼，天下圣人也……服役者七十人。"（《韩非子·五蠹》）
⑤ 见《洙泗考信余录》卷三《孔门弟子通考》。
⑥ 《史记·仲尼弟子列传》："子路为季氏宰"，"子路为蒲大夫"，"子路为卫大夫孔悝之邑宰"，"子贡常相鲁、卫"，"冉求为季氏宰"。

是子贡，《史记》写道：

> 子赣既学于仲尼，退而仕于卫，废著鬻财于曹、鲁之间，七十子之徒赐最为饶益……子贡结驷连骑，束帛之币以聘享诸侯，所至，国君无不分庭与之抗礼。夫使孔子名布扬于天下者，子贡先后之也。（卷一百二十九《货殖列传》）

如果如司马迁所说，是子贡以其成功的商业活动和广泛的政治外交活动支持、实现了孔子儒学的最初传播，那么，子路在卫国内乱中，在"利其禄，必救其患"的"义"的道德原则指导下，临危赴难，并以践履"君子死，冠不免"的"礼"的规范，"结缨而死"（《左传·哀公十五年》），则是最早的以生命对孔子儒家"见利思义，见危授命"（《论语·宪问》）、"约之以礼"（《论语·雍也》）、"杀身以成仁"（《论语·卫灵公》）的崇高道德精神的实践。

不同学术倾向出现　子夏、子游、曾子是孔子晚年的弟子，年龄都比孔子小四十多岁。他们对儒学的贡献则是在于最早地继承、传递了孔子的学说思想。从秦汉典籍对孔子弟子的记述中可以看出，子夏、子游这两位孔子的"文学"之士，对孔子衣钵的承继有所不同，子夏偏重于典籍的记诵、诠解和传授，而子游对"礼"的仪式和内蕴均有较深刻、准确的体会和掌握。子夏与作为儒家经典的《诗》《书》《春秋》都有某种关系：

> 子夏问曰："'巧笑倩兮，美目盼兮，素以为绚兮'，何谓也？"子曰："绘事后素"。曰："礼后乎？"子曰："起予者，商也！始可与言《诗》已矣。"（《论语·八佾》）
>
> 子夏读《书》① 已毕，夫子问曰："尔亦可言于《书》矣。"子夏对曰："《书》之于事也，昭昭乎若日月之光明，燎燎乎如星辰之错行，上有尧舜之道，下有三王之义……"（《韩诗外传》卷二）
>
> 子夏曰："《春秋》之记臣杀君、子杀父者，以十数矣，皆非一

---

① 此"书"字据乾隆五十五年赵怀玉校本。他本多作"诗"字。

日之积也，有渐而以至矣。"（《韩非子·外储说右上》）

这些记述表明子夏对儒家经典是比较熟悉的。子夏曾为鲁国莒父宰（《论语·子路》），但在孔子死后，子夏就回到故国（卫国）教授学生，直至终老。① 所以后世的学者常把儒家经典的阐发、传授之始追溯到子夏。宋代洪迈在《容斋随笔》中总括地说：

> 孔子弟子，惟子夏于诸经独有书。虽传记杂言未可尽信，然要为与他人不同矣。于《易》则有《易传》②，于《诗》则有《序》③。而《毛诗》之学，一云子夏授高行子，四传而至小毛公④；一云子夏传曾申，五传而至大毛公⑤。于《礼》则有《仪礼·丧服》一篇⑥，马融、王肃诸儒多为之训说。于《春秋》所云不能赞一辞⑦，盖亦尝从事于斯矣。公羊高实受之于子夏⑧，谷梁赤者，《风俗通》亦云子夏门人。于《论语》，则郑康成以为仲弓、子夏等所撰定也⑨。后汉徐防上疏曰"诗书礼乐，定自孔子；发明章句，始于子夏"⑩，斯其证云。（《容斋随笔》卷十四《子夏经学》）

诚然，如洪迈所言，子夏为诸经传授之首、为发明章句之始的这些传言，

---

① 《礼记·檀弓上》记述子夏因丧子悲伤而失明，曾子吊之曰："……吾与汝事夫子于洙泗之间，退而老于西河之上……"《史记·仲尼弟子列传》亦记述："孔子既殁，子夏居西河教授，为魏之经师。"
② 子夏《易传》，始见于《隋书·经籍志》，或以为此书系汉初韩婴著，非子夏作。
③ 《四库全书总目提要》："以为《大序》子夏作，《小序》子夏合作者，郑玄《诗谱》也；以为子夏所序《诗》，即今《毛诗序》者，王肃《家语注》也。"（卷十五《经部·诗类》）
④ 此据陆德明《经典释文·序录》所引徐整语。
⑤ 此据陆玑《毛诗草木虫鱼疏》所言。
⑥ 此据贾公彦《仪礼正义·丧服》所言。
⑦ 《史记·孔子世家》："至于孔子为《春秋》，笔则笔，削则削，子夏之徒不能赞一辞。"
⑧ 此据徐彦《春秋公羊传疏》所引戴宏《序》语。
⑨ 此据陆德明《经典释文·序录》所言。
⑩ 引语见《后汉书》卷四十四《徐防列传》。

虽然因证据湮灭，未可尽信，但是，这些传言本身还是可以证明这样的推断：在孔子的及门弟子中，子夏较多地承担和完成了承传儒家经典的事业。

孔子说"不学礼无以立"（《论语·季氏》），无疑的，礼是孔子教学的重要内容。《论语》记载说："子所雅言：《诗》、《书》、执礼，皆雅言也。"（《述而》）可以推想，在孔子那里，礼的教学和《诗》《书》的教学方式有所不同。《诗》《书》已著诸典册，可以诵读、记忆，作为社会制度、行为规范的礼，还没形成可供记诵的典籍文字①，礼的学习只能是对各种场合下的举手投足之礼仪动作的模仿训练，正如《史记》所记"孔子去曹适宋，与弟子习礼大树下"（卷四十七《孔子世家》）。如前所论，孔子还说"礼云礼云，玉帛云乎"（《论语·阳货》），十分强调对礼的内在的精神实质的认识，"不知礼无以立也"（《论语·尧曰》）。一方面要熟悉各种礼仪规定，直至它的细枝末节；另一方面也要理解这些礼仪的内在意蕴。从《礼记》等典籍对孔子的及门弟子的事迹的记述中可以看出，子游是孔子这一学术传统的最好的继承人。子游似乎比子夏、曾子对各种礼仪的规定更熟悉，履行得更准确：

> 曾子袭裘而吊，子游裼裘而吊。曾子指子游而示人曰："夫夫也，为习于礼者，如之何其裼裘而吊也？"主人既小敛，袒，括发。子游趋而出，袭裘带绖而入。曾子曰："我过矣，我过矣，夫夫是也。"（《檀弓上》）

> 卫司徒敬子死，子夏吊焉，主人未小敛，绖而往。子游吊焉，主人既小敛，子游出绖反哭。子夏曰："闻之也与？"曰："闻诸夫子，主人未改服则不绖。"（《檀弓下》）

这两则记事说明吊唁时如何着服的礼仪，子游比子夏、曾子知道得清楚，做得正确。《礼记》中还记述了子游和曾子、子夏在其他几项礼仪上发生

---

① 《礼记》记述曰，"恤由之丧，哀公使孺悲之孔子学士丧礼，《士丧礼》于是乎书"（《杂记下》），由此可以推测《仪礼》等三《礼》成书是孔子的弟子或更后的儒者所为。

分歧以及子游对当时已模糊不清的某些礼仪作出肯定答复的故事，当时有人说："汰哉叔氏（子游别字），专以礼许人！"（《檀弓上》）子游俨然是位礼仪权威。子游不仅熟悉礼仪的形式规定，而且对礼仪的内在意蕴有十分独到的理解：

> 有子与子游立，见孺子慕者。有子谓子游曰："予一不知夫丧之踊也，予欲去之久矣，情在于斯，其是也夫？"子游曰："礼，有微情者，有以故兴物者也。有直情而径行者，戎狄之道也。礼道则不然，人喜则斯陶，陶斯咏，咏斯犹，犹斯舞，舞斯愠，愠斯戚，戚斯叹，叹斯辟，辟斯踊矣，品节斯，斯之谓礼……"（《檀弓下》）

此文下面还记述了子游更具体地把丧礼各个环节的仪式规定找出它的心理的、感情的因素。子游这里以丧礼为例，说明礼既充盈和表现着一种人的内心的感情，又节制和修饰着人的这种自然的感情。子游对"礼"的这种理解，和《礼记》中记述孔子的"君子礼以饰情"（《曾子问》）的观点是完全一致的；与前面已论述的《论语》中孔子对"礼"的人之内在根源的解释也是应合的。总之，和子夏是较多、较好地承接了孔子《诗》《书》典籍的学术传统相比，子游是较多、较好地承继了孔子"执礼"或礼教方面的传统。

孔子不仅以熟悉古代典籍被当时誉为博学君子[1]，以善以雅言执礼被当世视为"能礼者"[2]，而且，正如孔子临终前所歌："泰山其颓乎，梁木其坏乎，哲人其萎乎！"（《礼记·檀弓上》）孔子也是一位哲人，一位思想家，他把由殷周之际宗教观念演变而来的西周道德观念，改造、发展成为具有三个层面的、完整的以伦理道德哲学为核心的儒学思想体系。在孔子的及门弟子中，对孔子学术传统这个最重要方面有所继承的是曾子。曾子少孔子四十六岁，孔子似乎未发现这个年轻学生有何出众之处，甚至觉

---

[1] 《论语》记当时世人称赞孔子"大哉孔子，博学而无所成名"（《子罕》）。《国语·鲁语》数记当时鲁、吴、陈等国执政者为典章文物或国家时政咨询于孔子。

[2] 《左传》记述，孟僖子自疚不能相礼，乃从"能礼者"讲学之，临终又嘱咐儿子跟随孔子学礼（昭公七年）。

得他有点迟钝，说"参也鲁"（《论语·先进》）。可以说，曾子有何特出才具，至少在孔子生时还未显露，孔门"十哲"的行列中没有他。但今天从《论语》《大戴礼记》《礼记》的记述中可以看出，曾子和众同窗显得不同之处，是他比较笃实深沉，具有负重致远的品性，他曾说："士不可不弘毅，任重而道远。仁以为己任，不亦重乎，死而后已，不亦远乎？"并表示："可以托六尺之孤，可以寄百里之命，临大节而不可夺也。"（《论语·泰伯》）更重要的是，他对孔子思想有两点十分独特的认识和发挥。第一，曾子用"忠恕"来贯穿孔子的全部道德思想：

> 子曰："参乎，吾道一以贯之。"曾子曰："唯。"子出，门人问曰："何谓也？"曾子曰："夫子之道，忠恕而已矣。"（《论语·里仁》）

可以肯定，存在着一个贯穿孔子全部思想的中心的、核心的观念。《论语》中记载的孔子和子贡的一次谈话也可证实这一点："子曰：'赐也，女以予为多学而识之者与？'对曰：'然，非与？'曰：'非也，予一以贯之'。"（《卫灵公》）但是，这个中心的、核心的思想观念是什么，孔子没有明确地说出来。曾子的回答无疑是对孔子思想的一种阐发，它基本上还是周延地概括了孔子"为仁之方"的两个方面——"己欲立而立人，己欲达而达人"（《论语·雍也》），"己所不欲，勿施于人"（《论语·卫灵公》）。当然，后来的儒家学者对曾子的这一解释所持态度并不相同①。第二，用"孝"来贯穿一个人的全部道德实践。应该说，在孔子那里，涵盖人的全部道德实践的是"仁"。如孔子曾说"能行五者于天下为仁矣——恭宽信敏惠"（《论语·阳货》），而孝只是在具有血缘性质的人伦关系之父子中的一种道德原则和实践。"子曰：父在观其志，父没观其行，三年无改于父之道，可谓孝矣"（《论语·学而》），"孟懿子问孝……子曰：生事之以礼；死葬之以礼，祭之以礼"，"孟武伯问孝，子曰：父

---

① 秦汉时的儒家学者接受了曾子的这一解释，如《中庸》说，"忠恕违道不远"；宋明理学家则提出有异于曾子的诠释，如朱熹说："圣人之心浑然一理，而泛应曲当，用各不同。"（《四书集注·论语·里仁》）

母唯其疾之忧"(《论语·为政》)。可见，《论语》中记载的孔子对"孝"的界定或解释都是十分明确地围绕着这个特定的人伦关系的。在孔子的弟子那里，这种理论观念有所改变。有子（有若）说："孝弟也者，其为仁之本与!"（《论语·学而》）"孝"，这种特定范围内的人伦道德实践，开始被提高为全部道德实践的基础。曾子则更进一步，他说：

> 身也者，父母之遗体也，行父母之遗体，敢不敬乎？居处不庄非
> 孝也，事君不忠非孝也，莅官不敬非孝也，朋友不信非孝也，战阵无
> 勇非孝也。五者不遂，灾及于亲，敢不敬乎!（《礼记·祭义》）
> 孝有三：小孝用力，中孝用劳，大孝不匮。思慈爱忘劳，可谓用
> 力矣；尊仁安义，可谓用劳矣；博施备物，可谓不匮矣。（《礼记·
> 祭义》《大戴记·曾子大孝》）

显然，在曾子这里，"孝"从一种以血缘关系为基础的家庭伦理原则变成一种笼罩全部社会人伦关系的道德原则，从基本上是一种伦理性的道德标准（"小孝"）扩展为涵盖伦理之外的一切对人的生存具有价值的行为标准。曾子把"孝"的这种道德原则作用的广阔性、永恒性概括为：

> 夫孝，置之而塞乎天地，溥之而横乎四海，施诸后世而无朝夕。
> （《礼记·祭义》《大戴记·曾子大孝》）

可以看出，在孔子的及门弟子中，曾子主要是从思想上、从学术的理论观念上来承继孔子儒学的，并且开始显示出某种变化和发展。但是，曾子只是把孔子思想中"孝""忠恕"的观念加以强调，更显突出，并没有为儒学三个理论层面上的基本观念增添新的理论内涵，所以这种发展就是极为有限的。先秦儒学在孟子、荀子和秦汉之际儒家学者的《易传》和《礼记》中才得到真正的发展。

（二）先秦儒学的理论发展

孔子思想包蕴着以"天命""礼""仁"三个基本范畴为核心或标志

的超越的、社会的和心性的三个理论层面，这构成了儒学的基本理论结构。儒学的发展过程，从一定意义上说，也就是这三个范畴被丰富、深化的过程。在先秦，从战国中晚期的《孟子》《荀子》和稍后的《易传》《礼记》中可以看出，孔子思想中的这三个范畴，其理论内涵都发生了更新或变异，这是孔子以后儒学最初的理论发展。

1. 孟子之贡献

孔子之后，第一个真正推进儒学理论发展的是孟子。孟子名轲，生长在与孔子家乡鲁国毗邻的邹国，生活于距孔子之死已有百多年的时候①，未能亲炙于孔子。但据《史记》记述，曾"受业子思之门人"（卷七十三《孟子荀卿列传》），所以他说："予未得为孔子徒也，予私淑诸人也。"（《孟子·离娄下》）（本节以下所引《孟子》，只标篇名）孔子儒学的流风余泽濡染自然是很深的，他曾表示"乃所愿，则学孔子也"（《公孙丑上》）；并无限感慨地说"由孔子而来至于今百有余岁，去圣人之世若此其未远也，近圣人之居若此其甚也，然而无有乎尔，则亦无有乎尔"（《尽心下》），显然是要以孔子儒学思想继承人自任的。事实上，思想学说的继承，必然要求和表现为理论内容上的增益、发展，否则，只能是一种因袭，在新的社会、文化环境中，被因袭的没有新的理论内容的思想学说就要逐渐衰亡消失。在中国传统思想中，先秦墨家、道家和法家都遭到了这样的命运；而儒家却避免了这样的命运，孟子是第一个对儒学的久远存在贡献新的理论活力的人。

道德根源的追溯与修养实践的转变　孟子对孔子儒学理论发展的最主要之点，就是他对作为儒学道德实践主体的个人的内在精神世界做了深入的发掘，深化和扩展了孔子思想学说中心性层面上的"仁"的观念或范畴。如前所述，在孔子思想中，"仁"已由西周以来作为众多道德规范之一的殊德，演变为蕴涵着诸种道德行为的总德，是各种道德品性的精神基

---

① 　孟子的生卒年代尚难以确定，具有代表性的三种意见是元代程复心《孟子年谱》、明代陈士元《孟子杂记》、清代周广业《孟子四考》。依据稍有不同的论据，分别推定孟子的生卒年代为周烈王四年至周赧王二十六年（前372～前289），周安王初年至周赧王初年（前401～前314），周安王十七年至周赧王十三年（前385～前302）。

础，被升华为一种世界观，一种精神境界。孟子进一步为人的这一总德探索和论证了某种永恒的根源。孟子说：

> 仁义礼智根于心。（《尽心上》）
> 仁义礼智非由外铄我也，我固有之也。（《告子上》）

显然，在孟子看来，人的道德行为的根源就存在于人自身之中，就是人心。孟子的这一思想观念，十分自然地要导引出性善的道德信念，孟子说：

> 人性之善，犹水之就下也。人无有不善，水无有不下。（《告子上》）

从《孟子》中可以看出，对于"人之性善""仁义礼智根于心"这个与孔子儒学"性相近""克己复礼为仁"的思想既有联系也有区别的新的思想观点，孟子主要是用一种心理现象的事实和人心皆同的"类"的逻辑推断来论证的。孟子说：

> 人皆有不忍人之心……所以谓人皆有不忍人之心者，今人乍见孺子将入于井，皆有怵惕恻隐之心，非所以内交于孺子之父母也，非所以要誉于乡党朋友也，非恶其声而然也。由是观之，无恻隐之心，非人也；无羞恶之心，非人也；无辞让之心，非人也；无是非之心，非人也。恻隐之心，仁之端也；羞恶之心，义之端也；辞让之心，礼之端也；是非之心，智之端也。人之有四端也，犹其有四体也……（《公孙丑上》）
>
> 人之所不学而能者，其良能也；所不虑而知者，其良知也。孩提之童无不知爱其亲者，及其长也，无不知敬其兄也。亲亲，仁也，敬长，义也；无他，达之天下也。（《尽心上》）

这就是孟子的第一种论证方法，即将人的道德行为追溯到、还原为人的某种固有的心理现象，显示具有不学而能的自然本能的性质，具有不为某个外在目的而存在的绝对的性质。孟子又说：

　　圣人，与我同类者……口之于味也，有同耆焉；耳之于声也，有同听焉；目之于色也，有同美焉。至于心，独无所同然乎？心之所同然者，何也？谓理也、义也。圣人先得我心之所同然耳。（《告子上》）

孟子认为，义理是作为人的"类"的共有的。"人之所以异于禽兽者几希"（《离娄下》），义理是将人与动物区别开来的"类"标志。圣人与众人的差别，只是在他对"义理"有更早、更多的觉悟和实践。孟子的逻辑是：只要是人，就有"义理"，皆有仁义礼智之心；不具有"义理"，也就不能作为"人"的存在了，"无恻隐之心，非人也；无羞恶之心，非人也；无辞让之心，非人也；无是非之心，非人也"（《公孙丑上》）。孟子对人的道德行为的人性根源的论证，从逻辑上看是很脆弱的，他把人生活中的道德的社会现象与生理、心理的自然现象完全混同起来。这个弱点，就当时的理论思维和科学水平来看，并不突出，并不显著，但还是很快就被敏锐的荀子发现了，所以荀子批评孟子"甚僻而无类"（《荀子·非十二子》）。然而，在历史上，一个深刻的哲学思想或道德信念，往往都有超越逻辑的内容，既不是逻辑所能完全证明的，又不是逻辑所能彻底驳倒的，它发挥某种精神作用的历史远远大于、重要于它是如何被证明的历史。孟子的"人性善""仁义礼智根于心"，正是这样的哲学思想、道德信念。它从来没有被科学地和逻辑地证明过，但一直在儒家的理论发展和道德实践中表现着积极的作用。首先，孟子的"性善"论是对人的存在的价值最充分的肯定，赋予以"仁"的道德理想和实践为根本内容的孔子儒学一个绝对的前提。"仁者爱人""人皆可为尧舜"（《告子下》）。儒学关怀、信赖着一个善的存在，儒学的道德理想是合理的、崇高的；而它的亲亲尊尊、博施济众的道德规范也是一定可被实践的，因为在孟子看来，这些道德情感、行为"非由外铄"，是人所固有的。其次，孟子"仁义礼智根于心"的思想也启动了儒家道德实践中的一个重要转变，这就是儒家的道德完成，更多地借重于自我的精神反思，这是一种自我完善的过程，孟子称之为"养心""尽心""求放心"。本来，在孔子的儒学思想里，道德的完成或"仁"的实践，是以"礼"的践履为主要方法、方式的。例如，孔子曾对他的学生说明"仁"的主要实践内容是"克己复礼"，要求他们"非礼勿视，非礼勿听，非礼勿言，非礼勿动"（《论语·颜渊》）（本节以下所引《论语》，只标篇名），对他们"约之以礼"（《雍也》）。当然，孔子的弟子子夏说"博学而笃志，切问而近思，仁在其中矣"（《子张》），曾子"吾日三省吾身"（《学而》），原始儒学在道德完成中也认识并运用了内心的自我修持的方法。但是，只是到孟子时，这一方法才获得了某种理论的基础和理性自觉，成为儒学道德修养中的一个主要方面。孟子在"仁义礼智根于心"这一观念基础上提出的道德修养方法，从正面、主动方面的表述是"养心"和"尽心"。孟子的"养心"是指培养、保持"人心"固有的善性，屏除外来的邪恶的侵蚀，这就是孟子所说"配义与道""养吾浩然之气"（《公孙丑上》），"养心莫善于寡欲"（《尽心下》）；孟子的"尽心"是把扩充"人心"所固有的"四端"，表现出道德行为，最后实现道德的完成。孟子说，"人皆有所不忍，达之于其忍，仁也"（《尽心下》），也就是说，在孟子看来，仁义礼智的四种道德行为，就是恻隐、羞耻、辞让、是非四种心理情态的行为表现，是"四端"的扩展、充实。"四端"的扩充、发扬，就是"尽心"，就能有一种彻底的自我认识，就是道德的完成。孟子说，"凡有四端于我者，知者扩而充之矣……苟能充之，足以保四海"（《公孙丑上》），"尽其心者，知其性也。知其性，则知天矣"（《尽心上》）。在这里，"保四海""知天"是孟子对道德完成的一种描述，是安身立命的完全自觉的人生境界。孟子自我反思的道德修养方法从反面的、被动方面的表述是"求放心"。孟子认为，"苟失其养，无物不消"（《告子上》），人心虽善，在诸如"万钟则不辨礼义而受之"（《告子上》）的外在的物欲侵蚀下，而不知养护，就要如同树木被斧斤砍伐也会放逸、丧失的，他称之为"失其本心"（《告子上》）。道德修养就是要追寻、养护这已放逸的"本心"，如孟子所说："学问之道无他，求其放心而已矣。"（《告子上》）孟子的"求放心"，要求深化和强化对仁、义这些道德规范的理性自觉，克制、屏除物欲，亦如他所说："耳目之官不思而蔽于物，心之官则思，思则得之。"（《告子上》）十分明显，这是一个自我反思的精神过程。如前所述，原始儒家"仁"的道德实践（社会实践）标准，除了社会伦理的内容外，还有某种社会功利的内容，孔子就是以此来判定管仲、子产也是"仁"的。孟子认为，人的道德情感和行为是人心所固有的、本能的，具有某种非外在目的的、绝对的性质。这样，在孟子的道德实践中，十分自然地要把自我反思，把内在精神的发掘当作主要的甚至是唯一的，而且也要十分自然地对外在的、功利的目的和行为之道德价值表示轻蔑和否定。在孟子看来，利与善（仁义）是绝对对立的，"欲知舜与跖之分，无他，利与善之间也"（《尽心上》），利没有任何道德价值。相反，利只能带来社会破坏，如孟子说，"上下交征利而国危矣"（《梁惠王上》），"君臣父子兄弟终去仁义怀利以相接，然而不亡者，未之有也"（《告子下》）。所以他反对梁惠王以"利"的原则施政，反对宋轻以"利"的宗旨去游说秦楚罢兵，轻蔑管仲"功烈如彼其卑也"，表示不屑与之比肩（《公孙丑上》）。孟子说："由仁义行，非行仁义也。"（《离娄下》）也就是说，在孟子看来，即使是"仁义"的实践，也只是把"仁义"当作目的本身，而不是当作为实现某种功利目的手段时，这样的实践才是有道德价值的；由这种实践自然和必然地要产生某种具有功利性的社会后果，才是有善的价值，才是可被接受和肯定的。孟子说，"未有仁而遗其亲者，未有义而后其君者也"（《梁惠王上》），"君臣、父子、兄弟去利怀仁义以相接也，然而不王者，未之有也，何必曰利"（《告子下》）。在孟子思想里，功利实践被驱逐出了道德实践的范围而作为一种与之相对立的社会实践而存在的，与孔子不同，功利不再具有"仁"的道德价值，功利只能作为人的道德实践的自然结果被享受，不能是人的道德实践自觉目标去追求。孔子儒学把人的道德实践从殷、周时代以宗教实践为主的社会生活中换位、提升为主要的社会实践；孔子儒学以"仁"为核心的道德实践还包括甚为广泛的社会生活内容，虽然以伦理道德的践履为基本，但也尊崇和争取社会功利；虽有指向个性自我的内在精神反思，但毕竟以"礼"的生活实践为主。孟子在人性自身中发掘了某种绝对的、独立的道德根源，在人的道德实践中把对伦理道德规范（孟子称之为"心"）自我反省、自我体认的道德修养方法凸显、提升为道德完成的首要途径；同时也强化突出了原始儒学道德实践中具有非目的性的、义务的或者说自然性的伦理的因素，使儒家道德净化为一种伦理道德，一种没有外在目的的义务道德。这样，相对于原始儒家思想，孟子思想表现出了自己新的特色、新的方向，我们将会看到，在以后儒学思想的存在和发展中，在相当程度上这个特色逐渐成为儒学的基本特色；修正、摆脱这个方向或者坚持并深化这个方向，在不太严格的意义上说，也正是儒学思想发展的一种内在动力和理论表现。

"行法俟命"　　在孟子思想的超越的和社会的层面上，可以明显地看出，他在心性层面上对发掘人的内在精神所得出的理论观点或结论，在这里得到进一步的贯彻和运用，表现出和孔子原始儒学的某种差别或发展，这就是由"知天命"到"行法俟命"，由"礼治"到"仁政"的变化。孔子提出"知天命"，这表明在孔子思想中，至少在理论上，"天命"成了一个理性认识的对象；孔子儒学对于超越的对象采取了与从中发展、摆脱出来的殷周宗教有所不同的理性主义的立场。但孔子对"知天命"的内涵没有更多、更明确的说明。孟子从一种异于孔子的新的道德实践的立场来回答和解决这个问题。孟子说："莫之为而为者，天也；莫之致而至者，命也。"（《万章上》）"求则得之，舍则失之，是求有益于得也，求在我者也。求之有道，得之有命，是求无益于得也，求在外者也。"（《尽心上》）所以，在孟子思想中，"天""命"都指一种独立于人的主观努力之外的、超越于人之本性固有的外在客观必然性。① 在这里，"天"与"命"难有或者说没有本质的区别，仔细分辨，"天"意指这种客观必然性的实在，"命"是这种客观必然性的表现。这些，与孔子的天命思想基本上还是相同的。但是，进而在孟子这里就出现了歧异，他赋予了"天"以某种"善"的但又并非人格的道德属性。孟子说，"有天爵者，有人爵者。仁义忠信，乐善不倦，此天爵也；公卿大夫，此人爵也"（《告子上》），"诚者，天之道也；思诚者，人之道也"（《离娄上》）。显然，孟子认为，固有各种善的那种状态、那种存在是"天"，践履实现着各种善的是"人"。这样，在孟子这里，"知天命"就不再是单纯理性的认识过程和结果，而成为一种道德实践的过程和结果。孟子说："尽其心者，知其性也；知其性，则知天矣。存其心，养其性，所以事天也。夭寿不二，修身以俟之，所以立命也。"（《尽心上》）也就是说，努力扩充、表现本心固有之

---

① 在孟子思想里，也有自然性质的感性的"天"，如孟子说"天油然作云，沛然下雨"（《梁惠王上》）。这种性质的"天"，在孟子思想中如同孔子思想中一样，没有表现出什么重要的理论意义。

善，就是"知性""知天"；本质上，这是一种对各种道德规范的践履过程，所以"知天"实际上也就是"事天"，也就是"修身以俟之"，或者说"行法以俟命"（《尽心下》）。孔子儒学的"知天命"思想，在对某种超越的追求中，保持着或潜存着理性主义的特质；孟子"事天""修身俟命"的思想，又在这种超越的追求中增加在理性自觉基础上的世俗道德实践的特质，儒学的非信仰的宗教性和非宗教的伦理道德色彩都同时更加巩固和鲜明起来。对超越的存在作理性的诠解和以道德实践来回应，是儒学最重要、最本质内涵和特征，在人类的文明史上，这是有效地、较好地解决引起人类最深刻的精神困惑或危机的方式或观念体系之一，是儒学对人类的重大贡献。

"仁政"的原则　在孔子思想的社会的层面上，主张"礼治"是主要特色。孔子说"为国以礼"（《先进》），这不仅指对百姓民众来说要"齐之以礼"（《为政》），"不知礼无以立"（《尧曰》），而且也要求贵族统治者遵守"礼"的规范，从而创造和保持稳定的社会秩序，"上好礼则民莫敢不敬"（《子路》），"上好礼则民易使"（《宪问》）。质言之，在社会层面上，孔子十分看重"礼"对社会全体，特别是对于社会构成中"居下流者"（《阳货》）的规范约束作用。这种规范作用，在孔子那里主要是指一种区别于刑律强制的道德自觉，从宽容的、历史的意义上理解，表现了孔子对"礼不下庶人"的殷周氏族贵族统治的政治观念的突破，表现了某种对人的尊重。孟子思想的社会层面呈现出另一番特色。孟子说，"人皆有不忍人之心，先王有不忍人之心，斯有不忍人之政矣。以不忍人之心，行不忍人之政，治天下可运之掌上"（《公孙丑上》），"吾行仁政，斯民亲其上，死其长矣"（《梁惠王下》），"王如施仁政于民……可使制梃以挞秦楚之坚甲利兵矣……故曰仁者无敌"（《梁惠王上》），"国君好仁，天下无敌"（《离娄上》）。可见，孟子认为并强调的是对于一个社会面貌状态具有决定意义的不是"居下流者"对"礼"的遵守，而是统治者对发源自自己的"不忍之心"的"不忍人之政"或"仁政"的贯彻施行。孟子援引历史经验说明，如果统治者丧失了这种"仁心"的"仁政"，他的统治地位就要受到挑战，就要崩溃，孟子说："三代之得天下也以仁，其失天下也以不仁。国之所以废兴存亡亦然。天子不仁，不保四海，诸侯不仁，不保社稷。"（《离娄上》）孟子并且认为，由此而带来的统治地位和政治权力的转移也是正义的、合理的。他在回答齐宣王问他像"汤放桀、武王伐纣"这种实际上是"臣弑其君，可乎"的问题时说："贼仁者谓贼，贼义者谓之残，残贼之人谓之一夫，闻诛一夫纣矣，未闻弑君也。"（《梁惠王下》）也就是说，在孟子看来，丧失了"仁心"的君主、诸侯或天子，就不再是拥天下或社稷的"天子"或"君"了，只是失去了民众的"一夫"罢了。"汤武革命"（《周易·革·象》）是完全正当的。显然，孟子的这个"仁政"思想蕴含着某种具有批判的和民本的精神的内容。从《孟子》中可以看出，孟子对居统治地位者提出的道德要求（可称之为定位原则）、关于变置社会统治权力的道义条件（可称之为变位原则）以及不同社会地位的人之间的义务原则（可称之为异位关系原则）的思想观点，都更鲜明地表现了这种精神。第一，定位原则——在位者当有仁。孟子说："惟仁者宜在高位，不仁而在高位，是播其恶于众也。"（《离娄上》）"乐以天下，忧以天下，然而不王者，未之有也。"（《梁惠王下》）具有"仁"的道德修养，在孟子看来，是天子、国君必须具备的。在孟子这里，居于统治地位者，不但要如孔子所说"好礼"（《子路》）、"使臣以礼"（《八佾》），履行外在"礼"的规范，而且更重要的是要以"不忍"之"仁"来作道德的自我约束。第二，变位原则——失职者则变位。孟子说："民为贵，社稷次之，君为轻。是故得乎丘民而为天子，得乎天子为诸侯，得乎诸侯为大夫。诸侯危社稷，则变置。牺牲既成，粢盛既絜，祭祀以时，然而旱干水溢，则变置社稷。"（《尽心下》）天子失去民众，成为一夫，则可诛之；诸侯国君，危及国家社稷，则可换掉，社稷土谷之神，不能保护民众免除灾害，也要改立。凡居高位而失职者，皆可更换变故。在这里，孟子赋予"居下流"的民众的社会批判、革命以一种道义上的合理性。第三，异位关系原则——义务对等。孟子说，"人不得，则非其上矣。不得而非其上者，非也；为民上而不与民同乐者，亦非也"（《梁惠王下》），"君之视臣如手足，则臣视君如腹心；君之视臣如犬马，则臣视君如国人；君之视臣如土芥，则臣视君如寇仇"（《离娄下》）。在孟子看来，具有不同社会政治地位之间的人（如君臣、官民之间）的道德义务、责任不是单方面的，而是双向的、对等的。为君者，为"民上者"不履行对臣民应有的责任、义务，那么，为臣者、"居下流"的民众，也就解除了对他们的义务、责任。应该说，孟子思想在社会层面上的这些思想观点，是儒家思想中最富有批判性和民主性色彩的理论观点，并且也是以后在儒家思想指导下的中国社会政治实现成长变迁和自我调节机制的理论原点。① 儒家思想的生命力和实践范围都从孟子这里得到进一步的开拓。

2. 荀子之变异

先秦，又一位深化和发展了孔子儒学思想的儒家学者是荀子。荀子名况（时人尊之曰荀卿，汉时或一音之转称孙卿），生活在孟子死后一百年左右的时代②。荀子是赵国人，但生平较多的时间是活动在齐国和楚国。与孟子思想显示的主要是邹鲁儒学的学术背景相比较来说，荀子思想感染、吸收了战国时代更多地区的更多学派的思想观念和知识经验，学术内容和背景都显得更为丰富、宽广。荀子曾说："今夫仁人也，将何务哉？

---

① 明太祖洪武二十七年曾下诏修《孟子节文》，从《孟子》全书二百六十一章中删去涉有诸如"民贵君轻"（《尽心下》）的对君主专制作道德限制的、具有民本思想色彩的八十五章。但在明末清初和清代末年的社会变革之际，领导当时思想潮流的人物，标举的诸如"天下为主君为客"（黄宗羲《明夷待访录·原君》）、"民主君客"（康有为《孟子微》卷一）旗帜，正是源自孟子的民本色彩的思想。

② 荀子的生卒年代亦难以确切判定，汉代学者提供的重要判据是：1. 生年判据：①"方齐宣王、威王之时，聚天下贤士于稷下，尊宠之……号曰列大夫……是时孙卿有秀才，年五十始来游学，至齐襄时，孙卿最为老师"（刘向《孙卿叙录》）；②"齐威宣之时，孙卿有秀才，年十五始来游学，至襄王时，孙卿最为老师"（《风俗通·穷通》）。2. 卒年判据：①"春申君死而荀卿废，因家兰陵……著数万言而卒，因葬兰陵"（《史记·孟子荀卿列传》）（按：春申君卒于前238年）；②"李斯之相秦也，始皇任之，人臣无二，然而孙卿为之不食，睹其罹不测之祸也"（《盐铁论·毁学》）（按：秦始皇三十四年，即前213年李斯为秦相）。齐威王之卒、宣王之立在前320年，若此时荀子为五十岁，则当生于前370年，至春申君之卒年，已有一百三十岁，似乎不可能。若此时荀子为十五岁，则当生于前335年。至春申君之卒年，亦近百岁，亦似乎不太可能。若将荀子卒年确定在李斯为秦相之时，则荀子享年更长，显然更不可能。

对于汉代学者提供的、多有牴牾的判据，晚近学者有三点重要选择与考定：①荀子年十五始游齐（见钱穆《先秦诸子系年考辨·荀卿年十五之齐考》）；②考齐置列大夫在宣王之世，刘向"方齐宣王威王之时"，此"威王"二字疑衍，或"威"为"湣"字之误（梁启雄《荀子简释·年表》）；③《盐铁论》云云或因李斯述荀卿"物禁太盛"一语而增益附会之（梁启超《荀卿及〈荀子〉》，载《古史辨》第四册）。按照这样的考定，并据齐湣王于前301年即位，当判定荀子生于前316年左右，卒于前238年左右。

上则法舜禹之制，下则法仲尼子弓之义，以务息十二子之说①，如是则天下之害除，仁人之事毕，圣王之迹著矣。"（《荀子·非十二子》）（本节以下所引《荀子》，只标篇名）孔子说："巍巍乎舜禹之有天下也。"（《泰伯》）舜禹是儒家推崇的圣王，最高的理想人格。孔子是儒学的创始人，子弓即冉雍（字仲弓），在孔子最著名的十二位及门弟子中，属"四科"的"德行"科（《先进》），即以品德高尚见推；又被孔子称许为"雍也可使南面"（《雍也》），具有治理国家社会的才能，荀子无疑是把孔子及门弟子中的兼有德与能的仲弓视为儒者的典范②。荀子的这番话表明，他是一位十分自觉的以继承儒家事业和孔子思想为己任的儒家学者。他把本来在任何意义上也是儒家的孟子列入为要与斗争之、"务息"之的"十二子"之内，排斥于"仲尼子弓"的儒家之外，正说明他是从与孟子不同的和对立的方面来发展孔子儒学的。

礼之人性根源及功能　与孟子不同，作为儒家学者的荀子，对孔子思想社会层面上的"礼"的思想观点有深化性的又有修正性的发展。这种发展的主要之点，就像孟子在儒学的心性层面上意识到并发掘了人的道德行为的内在根源一样，是荀子明确地提出并相当充分地回答了儒学社会层面上"礼"的产生根源的问题。

> 礼起于何也？曰：人生而有欲，欲而不得，则不能无求，求而无度量分界，则不能不争，争则乱，乱则穷。先王恶其乱也，故制礼义以分之，以养人之欲，给人之求。使欲必不穷乎物，物必不屈于欲，两者相持而长，是礼之所起也。（《礼论》）

> 水火有气而无生，草木有生而无知，禽兽有知而无义，人有气有生有知亦且有义，故为天下贵也。力不若牛，走不若马，而牛马为

---

① 《荀子·非十二子》批判的六派十二人是它嚣、魏牟，陈仲、史𫘤，墨翟、宋钘，慎到、田骈，惠施、邓析和子思、孟轲。

② 子弓，唐杨倞《荀子注》认为是《论语》中的仲弓，而必非《汉书·儒林传》传《易》之馯臂子弓。后来学者多从之。唯晚近学者郭沫若认为是馯臂子弓，并判定荀子是馯臂子弓的私淑弟子（《十批判书·儒家八派批判》）。郭氏之论在史实证据和思想逻辑上皆不够坚强。荀子说："论德而定次，量能而授官。"（《荀子·君道》）可见，荀子正是以"德"与"能"来评价人物的。

用，何也？曰：人能群，彼不能群也。人何以能群？曰：分。分何以能行？曰：义。故义以分则和，和则一，一则多力，多力则强，强则胜物……故人生不能无群，群而无分则争，争则乱，乱则离，离则弱，弱则不能胜物，故宫室不可得而居也，不可少顷舍礼义之谓也。（《王制》）

人之所以为人者，非特以其二足而无毛也，以其有辨也。夫禽兽有父子而无父子之亲，有牝牡而无男女之别，故人道莫不有辨。辨莫大于分，分莫大于礼。（《非相》）

显然，荀子是从人的自然本性（人性）和人的社会特性（人类）两个不同的层次或方面探索了"礼"的根源。荀子的观点可以归纳为三点：（1）人性所固有的"欲"，将人类与一般动物区别开来的那种以"群"（社会组织）与"别"（政治的、伦理的地位差别）为特征的社会生活，是"礼"产生的最终根源。（2）这种人性固有之"欲"和人类必需之"群"与"别"，都需要用"分"（名分）来加以限定、规范、标识，否则就要发生纷争、混乱，所以"礼"或"礼义"的本质的内涵就是"分"。"礼者，贵贱有等，长幼有差，贫富轻重皆有称者也。"（《富国》）"礼"的主要的社会功能就是调谐稳定全部的社会秩序、社会生活，"人无礼则不生，事无礼则不成，国家无礼则不宁"（《修身》）。（3）"礼"或"礼义"是先王、圣人为了上述目的而制定的，是人为的。"凡礼义者，是生于圣人之伪。"（《性恶》）

荀子关于"礼"的这些思想观点，使从殷周之际观念变迁中形成和在孔子儒学中丰富发展起来的思想观念，获得了新的理性自觉内容。荀子曾说："凡礼……百王之所同，古今之所一也，未有知其由来者也。"（《礼论》）这是符合事实的。虽然"礼"的社会行为早已存在，但只有荀子才如此清醒自觉地把"礼"本身升华为一种独立的理论论题来予以考察；虽然孔子已明确提出"为国以礼""不知礼无以立"，曾努力在人本身中追寻"礼"的实质，但只有荀子才从十分广阔的而且又是唯一地属于人的背景中——人的本性、人的类特性、人的存在历史——比较确切地判定了"礼"的根源及本质、功能。完全可以说，荀子"礼"的理论，是对孔子思想社会层面上的"礼"的思想观念的一种深化。

但是，再作深入的辨析，不难发现，荀子"礼"的理论观点在根本之点上修正、变更了孔子儒学的"礼"的思想观点，使荀子思想在社会层面上具有了新的理论内容，显示出新的理论特色和方向。如前所述，孔子曾说，"礼，与其奢也，宁俭；丧，与其易也，宁戚"，"为礼不敬，吾何以观之哉"（《八佾》），这些都表明，孔子儒学虽然还不是充分理论自觉地，然而却是完全确定地把"礼"的真实内涵、根源，归纳为人的某种具有道德色彩的感情。所以，在孔子儒学那里，"人而不仁如礼何，人而不仁如乐何"（《八佾》），"礼"的履行、实现，实际上就是人的道德实践，而且主要是伦理道德实践。"礼"如同"绘事后素"（《八佾》），是某种道德感情的表现，是人性的美化、提高。孟子也还是这样的观点，他说，"恭敬之心，礼也"（《告子上》），"仁之实，事亲是也；义之实，从兄是也……礼之实节文斯二者是也"（《离娄上》）。荀子与此不同，他把"礼"的最后根源追溯到人的物质欲望。在荀子看来，人的欲望无穷，而可满足人的欲望的物质利益却有限，为缓解、调谐由此而引起的冲突纷争，必须节制、限定人的欲望，必须有等级有区别地分享物质利益，也就是先王制"礼义"以分之。荀子曾界定"礼""义"说，"程者，物之准也；礼者，节之准也。程以立数，礼以定伦"（《致士》），"夫义者，所以限禁人之为恶与奸者也……夫义者，内节于人而外节于万物者也"（《强国》）。可见，在荀子这里，"礼""义"的本质内容和功能是确定人伦秩序，节制人的欲望本性。荀子"礼"的观点在根本之点上与孔子儒学的歧异，导引了荀子思想如下两个对于孔子儒学来说是很显著的、重要的转变。第一，孔子说"不学礼，无以立"（《季氏》），在孔子儒学那里，"礼"是被作为每个人应有的道德实践提出来的，"君君臣臣父父子子"，"礼"所规定的那种社会政治、伦理秩序的实现，是作为每个人"约之以礼"的道德实践而自然的和必然产生的一种道德效应。在荀子这里，在本质上"礼"是被作为统治者（"先王""人主"）治理国家天下的一种手段提出来的，荀子曾十分明确地说，"礼者，人主之所以为群臣寸尺寻丈检式也"（《儒效》），"礼之所以正国也，譬之犹衡之于轻重也，犹绳墨之于曲直也，犹规矩之于方圆也"（《王霸》）。"礼"实现的价值追求不再主要是一种伦理道德性质的，而是一种功利性质的了。正是在这个意义上，荀子又把"礼"界定为"礼者，治辨之极也，强固之本也，威行之道也，功名之总也"（《议兵》）。第二，荀子把"礼"视为一种"正国"的工具，这样，在荀子思想里，另一种治理国家社会的手段、工具——"法"就突出并与"礼"接近起来。荀子说，"由士以上则必以礼乐节之，众庶百姓则必以法数制之"（《富国》），"凝士以礼，凝民以政"（《议兵》）。显然，荀子是把全体社会成员分为"士人君子""众庶百姓"两类，"礼""法"分别规范、制节着这两类不同的社会成员，是治理天下国家不可或缺的、同等重要的手段、工具。荀子总结说："治之经，礼与刑，君子以修百姓宁，明德慎罚，国家既治四海平。"（《成相》）荀子的这一思想与孔子儒学思想有明显的差异。孔子说，"道之以政，齐之以刑，民免而无耻；道之以德，齐之以礼，有耻且格"（《为政》），"礼乐不兴，则刑罚不中"（《子路》）。可见，孔子儒学把"礼"的实践范围扩大到全体社会成员中，认为"礼"是所具有的调谐、稳定社会秩序的社会功能要高于、优越于"法"，没有"礼"的自觉践履，"法"也不能发挥作用。在理性自觉基础上的伦理道德实践是孔子儒学最基本的社会实践和理论方向，荀子思想在社会层面上的"礼"的观点，具有明显的功利主义、法治主义倾向，离开了孔子儒学的这个实践和方向，而走近了法家的樊篱，稍后于荀子的韩非说，"二柄者，刑德也。何谓刑德？曰：杀戮之谓刑，庆赏之谓德"（《韩非子·二柄》），荀子的"治之经，礼与刑"，再迈进一步就是法家的"二柄"。应该说，荀子还没有迈出这一步。在"礼"与"法"、"义"与"利"、"人治"与"法治"这些区分儒法的基本界线面前，荀子还是认为"人君者，隆礼尊贤而王，重法爱民而霸"（《强国》），认为"有治人，无治法，法不能独立，类不能自行，得其人则存，失其人则亡"（《君道》），认为"义胜利者为治世，利克义者为乱世"（《大略》），而与主张"唯法唯治"（《韩非子·心度》）、主张"明主举实事，去无用，不道仁义"（《韩非子·显学》）的法家有所区别。荀子思想在社会层面上的"礼"的理论观点，在性质上不是孔子儒学思想在原有的理论方向上的发展，而是其在一种较为复杂的、异己的学术思想影响下所发生的变异。这种学术思想最大的可能就是来自汇聚在齐国稷下学宫代表着战国时儒、法、道、阴阳等不同思想派别的不治而议的"稷下学士"。荀子于稷下学宫，"十五始来游学"（《史记》《别录》作"五十始来游学"），后来又"最为老师""三为祭酒"，可以说荀子思想的孕育、酝酿成熟，荀子学术活动的展开，都是在这个战国时代唯一的最集中典型地表现着不同思想派别交流和冲突的学术环境中进行的。荀子"非十二子"，表明了他在众多的派别中追随"仲尼子弓"的儒家立场，但他的思想中融进儒家以外的学派的思想观点也是很自然的。从现存的为刘向所编定的汇集了稷下学士各派思想观点的《管子》中可以看出，其中关于"礼"的观点，可能正是导引荀子变异孔子儒学"礼"的观点的理论因素。如《枢言》说："人故（固）相憎也，人之心悍，故为之法。法出于礼，礼出于名。名礼道也，万物待名礼而后定。"① 显然，《管子》是主张采取礼、法并用的统治方法的，并且把礼、法产生的根源最后追溯到、归结于人心之欲念。《五辅》把人的社会的、伦理的关系概括为"上下有义、贵贱有分、长幼有等、贫富有度，凡此八者，礼之经也"，荀子所定义的"礼"的内涵，也正由这四对关系的伦理原则构成。此外，在孔子和孟子的思想里，与"仁义"或"礼义"相比，廉耻这对属于外在行为而不具有伦理内涵特质的道德标准，还没有很重要的地位，也还没有以任何内涵上的关系而逻辑地联结在一起，在荀子思想里，"廉耻"已成为重要的行为规范较频繁地一起出现②，这一变化，也可以从《管子》中寻觅到它的根由，《牧民》写道："四维不张，国乃灭亡……何谓四维？一曰礼，二曰义，三曰廉，四曰耻。礼不逾节，义不自进，廉不蔽恶，耻不从枉，故不逾节则上位安，不自进则民无巧诈，不蔽恶则行自全，不从枉则邪声不生。"显然，这是与以血缘伦理原则为基础、生长在鲁国的原始儒学不同的以社会功利原则为基础的齐国文化传统的道德规范体系。与鲁国

---

① 此数句中"名"字通行本作"治"。何如璋《管子析疑》谓："'治'乃'名'字，以形近而误。观上有'治者以其名'句，下有'故先王贵名'句，足证。"甚是。

② 荀子说，"……无廉耻而嗜乎饮食，则可谓恶少者矣"（《修身》），"……无廉耻而忍谋诟，是学者之鬼也"（《非十二子》），"今是人之口腹，安知礼义，安知辞让，安知廉耻隅积？"（《荣辱》）

相比，齐国是一个宗法传统比较薄弱的国家①，在鲁国土壤上成长起来的孔孟儒学以"亲亲"之"仁"为全部道德实践的起点，孝、悌的伦理感情是根本；在齐国环境里形成的这种道德系统，却把确定各种名分等级（"节"）的"礼"放在首位，着重对一个人在一般的人际关系中（而不是在伦理生活中）提出廉、耻的正直不枉的行为要求（而不是道德感悟的要求）。荀子思想社会层面上的"礼"的观念相对于孔子儒学而发生的变异，就是在这种齐国文化影响下，或者说是在稷下学士中的属于管子学派的思想影响下发生的②。我们将看到，在荀子思想中，孔孟儒学心性内在层面和"天"之超越层面的观念也发生了巨大的变异，并且也是在稷下学士的思想——虽不一定是管子学派的思想影响下发生的。

人性之自然根源与修养实践　荀子思想在心性层面上显示出的也是属于儒家性质的特色；荀子对个人的伦理道德实践与孟子一样，表现出极大的热情和坚定的信念。如荀子说，"君子者，治礼义者也"（《不苟》），"士君子不为贫穷怠乎道"（《修身》），"涂之人百姓，积善而全尽谓之圣人"（《儒效》）。荀子还说，"今夫仁也，将何务哉？上则法舜禹之制，下则法仲尼子弓之义"（《非十二子》），完全自觉、热诚地以儒家理想人格、儒家创始人为追随对象。但是，荀子道德实践"始乎为士，终乎为圣人"（《劝学》）的过程和目标却是建立在与孟子并不相同甚至是对立的对人的内在精神世界的观察和分析的基础之上的。这个观察分析的基本结论是"人性本恶""人心如水"。

从《荀子》中可以看出，按照道德状况，荀子将人分为"君子""小人"两类，"今之人化师法，积文学，道礼义者为君子；纵情性，安恣睢，而违礼义者为小人"（《性恶》）；按照道德实践的水平，荀子一般地

---

① 《史记》中有段记述可以确证这种差别，并表明这种差别是源头久远而逐渐形成的："鲁公伯禽之受封之鲁，三年而后报政周公。周公曰：何迟也。伯禽曰：变其俗，革其礼，丧三年然后除之故迟。太公亦封于齐，五月而报政周公。周公曰：何疾也。曰：吾简其君臣礼从其俗也。"（卷三十三《鲁周公世家》）

② 韩非说，"今境内之民皆言治，藏商、管之法者家有之"（《韩非子·五蠹》），贾谊说，"……管子曰'礼义廉耻，是谓四维，四维不张，国乃灭亡'……"（《汉书》卷四十八《贾谊传》）可见：①在刘向汇集稷下学士各家言论的今本《管子》出现以前，已有《管子》书；②这里援引的今本《管子》中论述"礼"的特别是"四维"的篇幅，可以肯定是属于管子学派的。

又将"君子"分为三个层次：士、君子、圣人。"彼学者，行之，士也；敦慕焉，君子也；知之，圣人也。"（《儒效》）"君子""小人"两类不同道德状况的人，也因此有不同的社会生活和政治地位："由士以上则必以礼乐节之，众庶百姓则必以法数制之"（《富国》），"君子以德，小人以力"（同上）。荀子认为，君子、小人，或者说士、君子、圣人与众庶百姓尽管表现出和生活于不同的道德状况中，但是作为人，他们的本性却是完全相同的。"材性知能，君子小人一也；好荣恶辱，好利恶害，是君子小人之所同也。"（《荣辱》）那么，什么是人之本性？荀子说，"性者，本始才朴也"（《礼论》），"性者，天之就之，不可学不可事"（《性恶》）。可见，荀子所理解、界定的人的本性是指人的初始的自然性质的本能。无疑地，人的生理欲望（情）是这种本能最显著的表现，所以荀子说："情者，性之质也。"（《正名》）这样，荀子就十分自然地用人之情、欲来进一步说明、定义人性：

> 今人之性，饥而欲饱，寒而欲暖，劳而欲休，此人之情性也。（《性恶》）
>
> 人之情，食欲有刍豢，衣欲有文绣，行欲有舆马，又欲夫余财蓄积之富也，然而穷年累世不知足，是人之情也。（《荣辱》）

在荀子看来，人的欲望是发展着的，难以满足的，"从人之欲，则势不能容，物不能赡也"（《荣辱》），人欲潜伏着某种能引起社会冲突的因素。正是从一种具有破坏性的社会后果的意义上，荀子判定"人之性恶"：

> 今人之性，生而有好利焉，顺是，故争夺生而辞亡焉；生而有疾恶焉，顺是，故残贼生而忠信亡焉；生而有耳目之欲好声色焉，顺是，故淫乱生而礼义文理亡焉。然则从人之性，必出于争夺，合于犯分乱理而归于暴……用此观之，然则人之性恶明矣。（《性恶》）

显然，荀子和孟子一样，也是在心理的层次对人性作出观察的，但他们的结论却截然相反。荀子的"性恶"论较之孟子的"性善"论，在经验基础和逻辑论证上都要确实些、坚强些。如果说，荀子曾批评孟子的"性善"论"僻而无类"，混淆了心理的与伦理的、自然的，与社会的现象或事实之间的界限，那么，荀子的"性恶"论的缺陷似乎是"曲而不全"。他把人性在初始的、自然的、生理性的一些表现当作人性的全部内容。人类在不同的历史阶段、文化环境中，这种初始的、自然的表现会有不同的内涵与样态；人在自己生长的不同阶段，会出现不同于初始阶段的超越或高于生理性的精神表现，这些就人类来说是进化着的，就个人来说是生长着的内容，也是人性的固有成分。荀子在论证"性恶"时，没有观察到或者说漠视了这样的经验事实，但当他认为"涂之人百姓，积善而全尽谓之圣人"时，他是观察到了、不自觉地承认了人性中存在着某种非"性恶"的因素，否则，人就不会有任何"善"的道德实践。

在个人的道德实践上，荀子的"性恶"论也十分自然地指向与孟子"性善"论相反的方向。在荀子看来，人之性恶，所以人的道德实践，或者说善的实现过程，就是对人性进行人为的改造的过程，"无伪则性不能自美"（《礼论》）。荀子称之为"化性而起伪"（《性恶》），这种人为或"伪"就是指礼义等社会伦理道德规范。荀子说："古者圣王以人之性恶，以为偏险而不正，悖乱而不治，是以为之起礼义制法度，以矫饰人之情性而正之，以扰化人之情性而导之也，使皆出于治、合于道者也。"（《性恶》）这样，在荀子这里，道德实践或善的实现的方法途径，就不像孟子那样去"扩充四端"与"求放心"，即一种通过内向的精神反思，而是通过"问学"来认识仁义道德规范，以"师法"即君、亲、师①等伦理力量来制约、化育自己的心性言行。荀子说，"凡治气养心之术，莫径由礼，莫要得师，莫神一好"（《修身》），"人无师法，则隆性矣，有师法则隆积矣"（《儒效》），"人知谨注错，慎习俗，大积靡，则为君子矣，纵性情而不足问学则为小人矣"（同上）。荀子不是从人的内在"本心"，而是从道德规范（礼义）和社会生活实践（注错、习俗）这些具有某种外在的"物"的性质的社会存在，找到了改造人性之"恶"，实现善（"合于

---

① 荀子说："上事天、下事地、尊先祖而隆君师，是礼之三本也。"（《礼论》）

道")的力量和途径。应该说，与孟子的"学问之道无他，求其放心而已矣"（《告子上》），即认为伦理道德是人性所固有或人的生活所应有的那种理性自觉相比，荀子的"君子生性非异也，善假于物也"（《劝学》），也是一种道德的理性自觉，它认为将人从屈从于原始情欲的自然性格的人改造、升华为一种具有道德目标的社会性格的人，是人的生活中所迫切需要的和能够实现的。在人性这个问题上，较之于孔子儒学的"性相近、习相远"（《阳货》）这个起点，荀子和孟子的距离相等，但方向相反，孟子要"养其性"（《尽心上》），荀子要"化性"（《性恶》）；孟子努力于"求放心"，把放逸的"仁心"追回来，荀子则提倡"长迁而不反其初"（《不苟》），离开人之本性愈远愈好。

在荀子思想的心性层面上，对"人心"也有不同于孟子的新的观察和分析。孟子说，"耳目之官不思……心之官则思"（《告子上》），"既竭心思焉"（《离娄上》），在这里，"心"显然是指具有思维功能的生理器官。孟子又说，"仁，人心也"（《告子上》），"仁义礼智根于心"（《尽心上》）。在孟子那里，"人心"正是主要地和经常地被作为这种有善的道德属性的精神实体来看待的。当然，正如前面已指出的那样，这种道德属性是孟子用他的特殊的逻辑，将恻隐、辞让、是非、羞恶这些属于知、情、意的心理现象加以升华而来。荀子似乎是把孟子的观察颠倒了过来。在荀子看来，人心之中的道德情感、道德因素是通过道德实践的锻炼、积累而后天逐渐形成的，"积善成德，而神明自得，圣心备焉"（《劝学》），道德属性不是人心所固有的。"心生而有知"（《解蔽》），知觉能力才是人心所固有的属性。荀子进而对"心"的知觉性质和状态——他称之为"心容"（《解蔽》）作了更深一步的观察和描述。归纳起来，有三点主要的结论。第一，"心"为"天君"。荀子说，"耳目鼻口形能各有接而不相能也，夫是之谓天官；心居中虚，以治五官，夫是之谓天君"（《天论》），"心者，形之君也而神明之主也，出令而无所受令，自禁也，自使也，自夺也，自取也，自行也，自止也"（《解蔽》）。荀子认为，在人的认识系统中，"心"的知觉能力是处于主导的、主宰的地位，故他形容之为"君"。应该说，荀子的这一观察是完全符合经验事实的。第二，"心"如"盘水"。荀子说："人心譬如盘水，正错而勿动，则湛浊在下，而清明在上，则足以见须眉而察理矣。微风过之，湛浊动乎下，清明乱于上，则不可以得大①形之正也。心亦如是矣。故导之以理，养之以清，物莫之倾，则足以定是非、决嫌疑矣。小物引之，则其正外易，其心内倾，则不足以决庶理矣。"（《解蔽》）这表明荀子认为"心"的知觉能力只有保持在自然宁静、不受外界物念干扰的情况下，才能正常地发挥出来，他比喻之如水。从经验的、心理学的角度看，荀子的这一观察无疑也是符合事实的，但从哲学的、现代认识论的立场看，人的"心"在"五官"感觉基础上形成的知觉或判断都具有综合的性质，都是由一个复杂的观念背景和知识内容构成的，如水如镜的自然状态的心是不能建构任何知觉和判断的。第三，"心有征知"与"心"可知"道"。荀子说："心有征知。征知则缘耳而知声可也，缘目而知形可也，然而征知必将待天官之当簿其类然后可也。"（《正名》）这是说"心"具有根据感觉对具体事物作出判断的能力。从现代认识论的理论立场上看，这是一种感性认识的能力。在荀子思想中，还有一种超越具体事物之上的"兼万物而中县衡"（《解蔽》）的认识对象，也就是万物共同具有的那种本质属性，荀子称之为"道"："夫道者，体常而尽变，一隅不足以举之。"（《解蔽》）这当然是"各有接而不相能"（《天论》）的"天官"（五官）所不能认识的，而只有治五官的"天君"（心）才能认识。荀子说："人何以知道？曰：心。心何以知？曰：虚一而静……虚一而静，谓之大清明。万物莫形而不见，莫见而不论，莫论而失位。坐于室而见四海，处于今而论久远，疏观万物而知其情，参稽治乱而通其度，经纬天地而材官万物、制割大理，而宇宙里（理）矣。"（《解蔽》）也就是说，荀子认为只要使心保持如同"盘水"那样的无成见、专一、宁静状态，就能超越感官的时间、空间的限制，认识作为万物之"衡"的"道"。用现代认识论的理论来判断，这是一种理性（知性）认识的能力。总之，荀子对人心观察所发现的，不是一个道德属性的实体，而是一个知觉属性的实体。这样，知觉或智慧的深度和广度，在荀子这里也就成了体现、衡量人格发展和成熟的程度的尺度。荀子

---

① "大"字误。王先谦谓"大形"疑当为"本形"（《荀子集解》），梁启超谓"大，疑当作夫，夫，彼也"（梁启雄《荀子简释》），皆可通。

说，"乡是而务，士也；类是而几，君子也；知之，圣人也"（《解蔽》），"好法而行，士也；笃志而体，君子也；齐明而不竭，圣人也"（《修身》）。可见，在荀子思想中，对于作为理想的、最高的人格"圣人"，他也正是以其认识事物的"知"和其智慧程度的"明"为其主要品性或标准的。

荀子对"心"的观察和结论，特别是由此而形成的以"知"来界定"圣人"的观点，再一次偏离了孔孟儒学的立场，与孟子更是对立的。如前所述，孔孟儒学的"仁人"或"圣人"，是以伦理道德的完成和社会功利的实现为其内涵、为其标志的，在孟子的"圣人，人伦之至也"（《离娄上》）的定义中，伦理道德的践履与完成，显然是儒家最高人格的主要的甚至是唯一的标准。当然，荀子也并没有否定礼义道德的完成是一个人精神发展达到最高阶段的应有的品格和表现，他曾说："学也者，固学止之也。恶乎止之？曰：止诸至足。曷诸至足？曰：圣也。圣也者，尽伦者也。"（《解蔽》）但是，在荀子思想中，一方面，他认为"凡礼义者，是生于圣人之伪，非故生于人之性也"（《性恶》），"礼义法度者，是圣人之所生也"（《性恶》），伦理道德的情感和行为并不是人性所固有，应以道德规范的制定者而不是以对它的完全践履者来界定圣人；另一方面，他又认为"知"却是人性所固有，"凡以知，人之性也"（《解蔽》），最高的"知"，才是最高的人格，"学至于行而止矣，行之明也，明之为圣人"（《儒效》），对伦理道德的理性觉知，高于对伦理道德的践履。这样，在荀子思想中，"圣人"实际上是最高的智慧人格，而不是最高的道德人格，故当荀子在最广阔的背景中来为"圣人"确定一个特征时，他说，"天地为大矣，圣人为知矣"（《不苟》）。

对于孔孟儒学的理论方向来说，荀子这些发生了偏离、变异的思想观点，显然是在两个基本观念上感受了道家思想影响的结果。第一，"心"的本然、自然的性质。《老子》说，"涤除玄鉴，能无疵乎"（第10章），《庄子》说，"水静犹明，而况精神！圣人之心静乎！天地之鉴也，万物之镜也"（《天道》）。道家是从本然的、自然状态来观察人心的。荀子"人心如盘水"的观念渊源于此。第二，"心"的最高认识对象。《老子》说，"譬道之在天下，犹川谷之于江海"（第32章），"道者，万物之奥"

（第62章），《庄子》说"道通为一"（《齐物论》），"道覆载万物者也"（《天地》），道家把"道"视为宇宙最高的实在的这个具有极深邃的理性抽象的观念，被荀子理解和吸收了，他提出"心不可以不知道……心何以知（道）？曰：虚一而静"，"知道……明参日月，大满八极，夫是之谓大人"（《解蔽》），也就是说，荀子认为"道"是人心所能认识的和能够认识的最高对象，而只有"知道"才是最高人格的精神境界。荀子思想的心性层面上，或者说荀子思想的个性道德修养观点，深深地染上了道家的思想观念的色彩。《荀子》中有对老子、庄子十分准确的批评①，现存的《管子》中还残留着若干具有道家思想的篇幅②，这表明荀子很熟悉老子、庄子的思想，在他"三为祭酒"的稷下学士中，道家思想也是很活跃的③，这些都可能是荀子的本是儒学思想的心性层面上受到道家思想的影响而发生较大变异的缘由。

  "天命"之消解 对于孔孟儒学来说，荀子思想在超越层面上的变异是更大的，在这里发生的是将孔子儒学思想中的超越层面——天命完全消解掉的变革。如前所述，在孔孟儒学里，"天"有两种含义，一是指感性、自然的"天"，这种"天"没有什么重要的理论意义。另一含义是指超越于个人和社会之上的、能决定人世命运的某种客观必然性，或称之为"天命"，这是儒学思想中最高的理论层面。孔子儒学的"天命"观念与殷周"帝"或"天"的宗教观念有某种联系，或者说由此蜕变而来，它不再具有人格的特质，不再是信仰的对象，孔子说"五十而知天命"，所以孔子儒学的"天命"成了可以体认的对象，它表示一种既有理性认识成分，又有人生体验的超理性因素，是对决定人生命运的那种客观必然性

---

① 荀子批评老子"有见于诎，无见于信"（《天论》），批评庄子"蔽于天而不知人"（《解蔽》）。

② 现存《管子》中的《枢言》、《心术》（上、下）、《白心》、《内业》等篇都有明显的道家思想。其中"心也者，智之舍也"，"心之在体，君之位也；九窍之有职，官之分也"（《心术上》），"修心静音，道乃可得"（《内业》）等观点与荀子思想心性层面上的观点最为接近。

③ 《庄子·天下》将先秦道家划分为三派：彭蒙、田骈、慎到，关尹、老聃，庄子。其中田骈、慎到都是稷下学宫的活跃人物，如《史记》记述曰："宣王喜文学游说之士，自如邹衍、淳于髡、田骈、接舆、慎到、环渊之流七十六人，皆赐列第，为上大夫，不治而议论。是以稷下学士复盛，且数百千人。"（《田敬仲完世家》）

的觉悟。但是，"天命"毕竟是超越的存在，具有超验的性质，"知天命"是儒学理论和实践上的最大疑难点和空白点。儒学的历史表明，怀疑和创造都在这里滋生。孟子"知性则知天，养性以事天"（《尽心上》），他是用天人合一的理论、道德实践的方法来填补这个空白，解决这个疑难的。荀子站在这个问题前，似乎是寻找了一条既是彻底解决这个问题，也是实际上取消了这个问题的途径。荀子说：

> 列星随旋，日月递炤，四时代御，阴阳大化，风雨博施，万物各得其和以生，各得其养以成。不见其事而见其功，夫是之谓神。皆知其所以成，莫知其无形，夫是之谓天。（《天论》）
>
> 天行有常，不为尧存，不为桀亡，应之以治则吉，应之以乱则凶。强本而节用，则天不能贫。养备而动时，则天不能病。修道而不二，则天不能祸。故水旱不能使之饥，寒暑不能使之疾，妖怪不能使之凶。本荒而用侈，则天不能使之富。养略而动罕，则天不能使之全。倍道而妄行，则天不能使之吉。故水旱未至而饥，寒暑未薄而疾，妖怪未至而凶。受时与治世同，而殃祸与治世异，不可以怨天，其道然也。故明于天人之分，则可谓至人矣。（同上）

荀子的这些论述，清晰地显示出他是从两个基本点上变异、修改了原始儒学的"天命"或"天"的观点。第一，以自然性的"天"，代替了超越性的"天命"。本来，在孔孟儒学里，已有了自然性的"天"的观念，但那只是一种经验的、感性直观的存在。然而在荀子这里，"天"的自然性获得了一种理性抽象的内涵，不再是日月风雨阴阳万物这些经验的、感性的表象实体，而是指宇宙间万事万物各自生成、运动变化的机制、功能。也就是说，"天"的自然性在荀子这里得到了理性升华，获得了一种高于感性的普遍性的品质。荀子正是用这种在人的具体感性之上的（超验的）、体现为普遍地存在于万事万物中的（非超越性）机制和功能的自然性之"天"，代替既是超验的又是超越性的"天命"。第二，以可被经验科学认识和利用的"天"的规律性（"常"或"道"）代替作为哲学理性和道德实践对象的不可驾驭的"天命"之必然性。在孔子那里，"五十而知天命"，虽然是十分明确地表明"天"或"天命"是可知的理性的认识对象，但这里的"知"并不仅仅是指一种概念的逻辑推理的那种纯粹的理性认识形态，实际上也包含着人生体验的超理性因素。孟子的"知天"和"事天"，更显然包含着道德实践的内容。作为这种理性的思考、人生的体验和道德实践终点的"知天命"，是一种精神境界，这种境界提供了一种理性自觉和一种精神超越，即将自己全部遭际、全部存在归宿于一种在自己之上的那种最高的存在——"天"或"命"。所谓"死生有命，富贵在天"（《颜渊》），"莫非命也"（《尽心上》），这是一种对人生最困难处境的理性自觉，和一种从最深刻的困惑中的超越，即当一个人的本质上是高于现实生活的追求和全部努力得不到合乎逻辑的当然的结果，甚至却得到相反的结果的那种处境、那种困惑。孔孟儒学的"天命"似乎是在理性地观察和诠释人生这一处境后面的深刻本质。显然，这种理性观察所能达到的深度，是把人的存在理解为"天"的一种表现，十分模糊地、超理性地用天人合一的观念来诠释这一切，理智地、超感情地用"天"或"命"来填充人的生存中的匮乏和空缺。荀子明确地把人与天区分开，天行有常，人生有道，人的生平遭际是自己行为的结果，"修道而不二，则天不能祸"，"倍道而妄行，则天不能使之吉"，人不会有脱离这样逻辑轨道的另外的处境。在天人关系上，荀子还用他的哲学理性为人争得一种更伟大的力量，即他认为人可以制天。他说："大天而思之，孰与物畜而制之？从天而颂之，孰与制天命而用之？望时而待之，孰与应时而使之？因物而多之，孰与骋能而化之？"（《天论》）也就是说，人可以运用自己的智慧（"能"），根据"天"或"物"的规律（"常"）来改造之、利用之。这样，荀子就从人的生活中排除了一切非人的因素，"天命"作为人的生活中的一种不可驾驭、不可摆脱的客观必然性被消除掉了，孔孟儒学中的那个在个人和社会之上的超越的层面在荀子思想中就不再存在。

荀子思想的"天"的观念对于孔孟儒学的这种变异，如同"心"的观念一样，无疑也是在道家思想影响下发生的。荀子说："万物为道一偏。"（同上）显然，荀子正是从道家思想中获得一种世界最高本质或根源的理性观念。应该说，这一观念在理性的抽象程度上，在普遍性的品格上，与孔孟儒学的"天"或"天命"的观念是在同一个理性思维的层面上。但其内涵却有所不同，"道者，体常而尽变"（《解蔽》），"天行有常"（《天论》），因此在荀子思想中，"道"的主要内涵是"常"，即规律性，是已经被或可以被人观察到、把握住的事物固有的秩序性，是人可以用来建设自己的生活的认识成果。孔孟儒学的"天"或"天命"虽已在理性的视野之内，但仍是模糊不清、不可驾驭的而又制约着人的生活的外在必然性。荀子因此有了这样的理论条件，有了这样的可能，用一种异于孔孟儒学的"天"的理论观念来代替、变革它的"天命"观。正如上面所叙述的那样，事实也正是这样发生的。

荀子"天"的理论或天人关系的思想，是对人的伟大的礼赞，是对人的理性最充分的肯定。在人与自然的关系这个论题的范围内，荀子的论证和论断所显示的精彩而深刻的智慧实在令人神往、折腰。荀子对这个问题彻底而周延的回答，是后人未能超越的，启迪、哺育了历代具有不同学术倾向或理论立场的人。完全可以说，在中国传统思想中，荀子"天人之分"的思想是一个独立的、健康的发挥了积极作用的理论因素。但是，对于以伦理道德为理论和实践的核心的儒学来说，荀子的"天"的理论，还有他的"性""心"理论，是得不到肯定的评价的，特别是宋代理学家对荀子表示了深深的不满，朱熹说，"荀卿不惟说性不是，从头到底皆不识"（《朱子语类》卷一百三十七），陆九渊也认为"荀子于理有蔽"（《象山全集》卷三十五《语录》）。这是十分自然的，因为荀子思想的确深刻地动摇、破坏着儒学。第一，一般说来，保有一种高于现实生活的追求，是人的生存的基本的精神条件。这种追求产生一种向往、动力，填充着现实生活中的匮缺，使生活具有意义，能够存在。当然，这种追求无论就一个人来说，或就不同的人来说，在不同的生活层次、精神层次上具有十分不同的内容。就儒学来说，它的理性所认识到的那种超越在个人和社会之上的、体现着最广漠的客观必然性——"天"或"天命"，就具有终极的、最高的精神追求的性质。荀子"天"的理论，消解了孔孟儒学的"天命"观念，排除了儒学思想中在个人、社会之上的超越的层面，儒学最高的精神目标和不竭的追求不存在了。儒学不能提供具有深厚渊源的精神动力时，它就要消亡。第二，荀子的明天人之分思想将人生的最高精神层面由儒学的人与超越的实在的关系，转移到人与自然的关系上来，它的人生实践，它的理性自觉，主要指向对事物的内在秩序性、规律性的认识和运用，这与孔子"知天命"或孟子"修身以俟命"所体现的那种始终把伦理道德的意识深化和自觉践履放在人生首要位置的儒家的生活方式，存在着对立与冲突。

二程说，"……圣人之道，至卿不传"（《河南程氏外书》第十），朱熹说，"荀卿无所顾藉，敢为异论"（《朱子语类》卷一百三十七），从孔孟儒学的立场上看，情况确是这样。荀子虽然宣称自己是仲尼子弓的追随者，并且实际上也确实是儒家经典最重要的传递者①，但在活跃于稷下学宫中的与儒家思想并立争鸣的其他学派思想浸染下，他的思想之深层观念却发生了偏离孔子儒学的变异②。

3. 《易传》的思想

在先秦，于孟子、荀子之外，孔子儒学的理论内容在《易传》和《礼记》中又得到了一次重要的发展或者说变化。

《易传》是《易经》最早的注释，因由《彖》（上下）、《象》（上

---

① 在《荀子》中，荀子明确地把儒家经典称为"经"（见《劝学》），并给《诗》《书》《礼》《乐》《春秋》五种儒家经典以简洁的界定和内容归纳（见《劝学》《儒效》）。荀子还经常征引或诠解《诗》（八十多次）、《书》（十三次）、《春秋》（二则）、《易》（三则）中的文字。《荀子》中论礼、论乐的文字，是《礼记》中许多相关的篇章之源出。这些都表明，汉代刘向所称"孙卿善为《诗》《礼》《易》《春秋》"（《荀子书录》），清人汪中所说"汉诸儒未兴，中更战国暴秦之乱，六艺之传赖以不绝者，荀卿也"（《述学·荀子通论》），是符合实际的。

② 在中国思想史上，从比较严格的儒学立场上（具有三个完整理论层面的儒学），自韩愈称荀子"大醇小疵"（《昌黎先生集》卷十一《读荀》），到宋明理学家视荀子为"异说"，荀子思想一直处于被排斥的位置。然而，从比较宽泛的学术立场上（以儒学为授受儒家经典、认同"礼义"的伦理道德规范），荀子在汉唐和晚清以来，则每以与孟子同为儒家重镇受到尊崇。汉时之论如司马迁说："自孔子卒后……孟子、荀卿之列，咸遵夫子之业而润色之，以学显于当世。"（《史记·儒林列传》）唐人之论如与韩愈同时之杨倞说："……陵夷至于战国，孔氏之道，几乎息矣，有志之士，所为痛心疾首也，故孟轲阐其前，荀卿振其后……"（《荀子注·序》）晚清之人亦多有此见，如凌廷堪说："……降而七雄并争，六籍皆缺，守圣人之道者，孟、荀二子而已。"（《校礼堂文集》卷十《荀卿颂》）严可均等甚至拟上疏请准以荀子从祀孔庙（见《铁桥漫稿》卷三《荀子当从祀议》）。

下）、《系辞》（上下）、《说卦》、《文言》、《序卦》、《杂卦》十篇组成，又被称为"十翼"。① 汉代以来的正统观点认为，《易传》是孔子所作②，自宋代欧阳修对《系辞》以下八篇提出怀疑后③，迄至晚近，多数学者虽能根据《易传》的基本思想（用阴阳刚柔解释世界万物的形成和变化）是《论语》中或孔子时代所没有的，先秦典籍没有孔子与《易》发生关系的确切记载④，共同地确认《易传》十篇皆不是孔子所作，但对其创作的时代和作者，仍然未能形成一致的看法，或谓在战国中晚期，或谓在秦汉之际，或谓在汉兴之后⑤。在这里，我们不准备对这一问题作详细的考

---

① "十翼"之称始见于《易纬·乾凿度》："仲尼五十究《易》，作十翼。"

② 汉代除《易纬》明确认为孔子作十翼外，《汉书》也说得明确："宓戏氏始作八卦，文王重易六爻作上下篇，孔氏为之彖象系辞文言序卦之属十篇。"（《汉书》卷三十《艺文志》）《史记》说得较含糊："孔子晚而喜易，序彖系象说卦、文言。"（《史记》卷四十七《孔子世家》）此外，《史记·仲尼弟子列传》还出现一个传《易》系统："孔子传《易》于商瞿，瞿传楚人矸臂子弘……"云云（《汉书·儒林传》在孔子传商瞿以下稍异）。对此，宋叶梦得《石林燕语》、清崔适《史记探源》、今人钱穆《先秦诸子系年考辨》皆有致疑之辨。

③ 欧阳修说："系辞……文言、说卦而下，皆非圣人之作，而众说混乱，亦非一人之言也。"（《易童子问》卷三）

④ 今本《论语》有一次孔子"学易"的记载，"子曰，加我数年，五十以学易，可以无大过矣"（《述而》）。据《汉书·艺文志》，《论语》在汉代时有三种传本：《鲁论》《齐论》《古文论语》。据《经典释文》在"学易"二字下的出注"鲁读易为亦，今从古"。可知，此是《古文论语》句读，《鲁论》句读则为"加我数年，五十以学，亦可以无大过矣"，亦通顺。

⑤ 在晚近学者的诸多考论中，可以分别代表这三种论断的是：①1930 年李镜池在《易传探源》一文中认为，《彖》《象》二传多附着明显的儒家思想，可能是秦汉间齐鲁儒者藉尚未被秦皇焚书之火殃及的卜筮之书保存儒家思想；《系辞》《文言》赞叹《易》道"神""通""广"，恐怕是《易经》成为六经之首以后的事，当在汉武之后；《说卦》《序卦》《杂卦》有卦位思想和广泛的取象，不能在焦延寿、京房之前，当在昭宣之后。②郭沫若 1935 年在《周易之制作年代》一文中依据《象传·咸》的内容与《荀子·大略》中荀子论《易·咸》有某种意义上的相同，《象传》《文言》中"时乘六龙以御天"是南方思想系统的色彩，荀子为仕并客死兰陵，刘向称"兰陵多善为学，盖以孙卿也"等判据，判定《易传》大部分（《彖》《文言》《系辞》）是秦时代荀子的楚国门徒们所著。③1981 年张岱年在《论易大传的著作年代与哲学思想》一文中认为《荀子·大略》中"易之咸"云云，正是引述《象传》的文句而加以发挥；《系辞》中的"天尊地卑""易有太极"等正是在《庄子》中出现的惠子的命题"天与地卑"和"在太极之先而不为高"的庄子思想的反命题，所以《象传》在荀子之前，《系辞》在惠子、庄子之前。《文言》与《系辞》相类，《象传》与《彖传》相类，《易大传》的基本部分是战国中期至战国晚期的著作。

论。但根据，第一，先秦典籍引证或称述《周易》或《易》时，皆为《易经》的词语（卦辞和爻辞），而未有《易传》的文句。① 汉初学者的著作中才有称引《易传》文句的情况。② 第二，从出土文物的情况看，晋太康二年（281 年）发掘的魏襄王（前 318～前 296 年在位）或安厘王（前 276～前 242 年在位）墓中，有《易经》，其与今本《周易》上下经同，还有可能是注解、阐发《易经》的《卦下易经》《易繇阴阳卦》《公孙段》，但与今本《易传》不同。③ 1972 年出土的长沙马王堆帛书中也有一幅内容是《周易》的卷子，其可分为三部分，一是《六十四卦》，与今本《易经》除了卦名有通假字的不同和排列次序不同外，卦爻辞基本相同。二是卷后佚书，共五篇，假托孔子和其门徒问答，讨论卦、爻辞的含义，其中出现"黔首"一词，这个词最早见于《战国策·魏策二》，是战国晚期的词语。三是《系辞》分上下两篇，字数多于今本《系辞》，且包含通行本《说卦》的前三节，但却没有今本《系辞上》相当重要的第八

---

① 据统计，先秦典籍中引述《易经》卦辞、爻辞的有：《左传》十九次（《左传》中称之为"繇辞"，见庄公二十二年，闵公元年、二年，僖公十五年、二十五年，宣公六年、十二年，成公十六年，襄公九年、二十五年、二十八年，昭公元年、五年、七年、十二年、二十九年、三十三年，哀公九年），《国语》二次（见《周语下》《晋语四》），《战国策》一次（见《秦策四》），《荀子》二次（见《非相》《大略》），《吕氏春秋》三次（见《务本》《慎大》《召类》）。其中，《荀子》引述《周易》二次是明确标明"易曰"者。《荀子》还有一处曰，"《易》之《咸》，见夫妇，夫妇之道不可不正也，君臣父子之本也。咸，感也，以高下下，以男下女，柔上而刚下"（《大略》），似乎是他自己对《咸》卦的解释，今本《彖·咸》曰："咸，感也，柔上而刚下。二气感应以相与止而说，男下女，是以亨。……天地咸而万物化生，圣人感人心而天下和平，观其所感而天地万物之情可见矣。"似乎是《荀子·大略》中的思想的进一步发挥、扩展。

② 如汉高帝时的太中大夫陆贾《新语》中有"易曰：二人同心，其利断金"（《辨惑》），"易曰：天垂象，见吉凶，圣人则之"（《明诚》），此即是《系辞上》的第六章、第十一章中的文句。汉文帝时的博士韩婴的《韩诗外传》中有"传曰：易简而天下之理得矣"（卷三），此乃《系辞上》第一章文句。此后，更有《淮南子·缪称训》引述《序卦》、《春秋繁露·基义》引述《文言》语句。

③ 《晋书·束晳传》："初太康二年汲郡人不准盗发魏襄王墓或言魏安厘王冢，得竹书数十车……其《易经》二篇与《周易》上下经同，《易繇阴阳卦》二篇与《周易》略同，繇辞则异，《卦下易经》一篇似《说卦》而异，《公孙段》二篇，公孙段与邵涉论《易》……"（《晋书》卷五一）杜预《左氏经解集后序》也说："汲郡汲县有发其界内旧冢者，大得古书……《周易》上下篇与今正同，别有《阴阳说》，而无《彖》《象》《文言》《系辞》。"

章（"大衍之数五十章"）。① 考古学和文字学的专家考订，从字体上观察，帛书《周易》当书写于汉文帝初年（前180～前170）②。综合先秦和汉初学者援引《周易》的情况以及两次出土的《周易》的情况，大体上可以说，解说、阐发《易经》的著作，在战国中晚期就已经出现，但流传下来的今本"十翼"《易传》是秦汉之际的作品。因此，在这里我们可以把《易传》的思想作为是在荀子以后才形成的儒学思潮来加以考察。

宇宙图景 在儒学的思想体系或理论构成中，《易传》最显著的特色和价值，是它为儒学提供了一个比较周延的自然哲学的宇宙图景，弥补了孔子儒学的学术内容上的主要缺陷。《易传》的宇宙图景是通过解说八卦或六十四卦这个独特的逻辑框架而表述出来的，并且显然是感受了道家思想的影响，其内容大体上可以归纳为这样三点。

其一，宇宙本源。《易传》中具有世界万物最后本源意义的范畴或概念，称为"太极"：

> 故易有太极，是生两仪，两仪生四象，四象生八卦。（《系辞上》）

按照距离《易传》创作时代最近的汉代学者的解释，"太极"就是"气"，是世界万物尚未形成前的原始浑一状态，如郑玄说"极中之道，淳和未分之气也"（王应麟《周易郑注》卷七），虞翻说"太极，太一也。分为天地，故生两仪也。四象，四时也。两仪谓乾坤也"（李鼎祚《周易集解》卷十七）。这种原始浑一的状态，《易传》形容之为"元"：

> 大哉乾元，万物资始，乃统天。（《彖·乾》）
> 至哉坤元，万物资生，乃顺承天。（《彖·坤》）

《九家易》注："元者，气之始也。"（李鼎祚《周易集解》卷一）根据

---

① 于豪亮：《帛书周易》，《文物》1984年第3期。
② 张政烺：《帛书六十四卦跋》，《文物》1984年第3期。

《易传》在确定乾、坤性质时所说"乾，阳物也，坤，阴物也，阴阳合德而刚柔有体"（《系辞下》），又在解释《咸》卦（☳☷阴上阳下）的卦义时所说"咸，感也，柔上而刚下，二气感应而相应"（《彖上》），可以推断"乾元"就是阳气之始，"坤元"就是阴气之始。总之，《易传》认为"太极"（气）是宇宙的本源（元），世界的一切，空间、时间、物质（天地、四时、八卦）由此而发生①。在先秦，最先完全摆脱宗教观念而形成自然主义的宇宙本源观念的是道家，道家称之为"道"②，形容之为"一"或"太一"③，"太极"一词最早也是出现在道家的著作中④。十分显然，《易传》的宇宙本源观念是由道家的思想种子孕育而成。汉儒用"太一"解释"太极"，用"气"解释"元"，与道家思想也是吻合的。⑤

其二，万物的生成与变化。《易传》认为万物是由"天""地"这两种最基本的自然实体发生某种交感作用而生。《易传》说：

> 天地交而万物通也。（《彖·泰》）
>
> 天地感而万物化生。（《彖·咸》）
>
> 天地不交而万物不通也。（《彖·否》）

---

① 在以后的儒学发展中，①对"太极"或另有解释，即宋代理学认为"太极"是"理"，但理学并未否认"太极"作为宇宙本源的哲学性质，如朱熹说"所谓太极，乃天地万物本然之理"（《朱文公文集》卷三十六《答陆子静》），"圣人谓太极者，所以指天地万物之根也"（同上书卷四十五《答杨子直》）。②对"易有太极，是生两仪，两仪生四象，四象生八卦"四句或另有解释，即不是如汉儒那样把四句理解为自然或世界生成的过程，而是理解为画卦的次序（见朱熹《周易本义》卷三），或揲蓍的次序（见李塨《周易传注》卷五）。汉儒距离《易传》的创作时代最近，解释的可能比较符合原初的含义。

② 如《老子》说，"道者，万物之奥"（第62章），"为天下母"（第25章），"天地根"（第6章）。《庄子》说，"道者，万物之所由也"（《渔父》），"道，覆载万物者也"（《天地》），等等。

③ 如《老子》说，"昔之得一者：天得一以清，地得一以宁，神得一以灵，谷得一以生，侯王得一以为天下正"（第39章），《庄子》说，"至矣，道之所一者"（《徐无鬼》），"关尹老聃……主之以太一"（《天下》）。

④ 《庄子》说："夫道，……在太极之先而不为高……"（《大宗师》）。

⑤ 《庄子·天下》概括关尹、老聃思想宗旨曰："建之以常无有，而主之以太一。"《庄子·知北游》有谓"通天下一气耳"，《庄子·则阳》有谓"阴阳者，气之大者也"。

天地不交而万物不兴。（《彖·归妹》）

天地絪缊，万物化醇，男女构精，万物化生。（《系辞下》）

如前所述，在《易传》中，天地体现为乾坤两卦，也就是在宇宙的发生过程中最初形成的阴阳二气。所以《易传》的"天地交感而万物化生"实际上是认为阴阳二气交互作用产生万物，并且，从《彖传》对《泰》（䷊）、《咸》（䷞）、《否》（䷋）、《归妹》（䷵）等卦的解释可以看出，《易传》主要是把卦象的阴阳错位（阴上阳下）视为"交感"的表现。《易传》的这些思想观念几乎完全应和着《庄子》中的这样一段话："至阴肃肃，至阳赫赫。肃肃出乎天，赫赫发乎地，两者交通成和，而物生焉。"（《田子方》）《易传》对变化有很深刻而全面的观察。《易传》说，"在天成象，在地成形，变化见矣"，"日新之谓盛德，生生之谓易"（《系辞上》）。《易传》所揭示的世界存在状态最显著的特色，就是处处、时时皆有变化；《易传》深刻地观察到变化是世界得以永久存在的契因，正如《系辞下》所说"易穷则变，变则通，通则久"；最后，《易传》进一步认为产生变化的根由是两种对立的性质——刚柔相互作用的结果，《系辞》说"刚柔相推而生变化"，"刚柔相推，变在其中"。《易传》对刚柔没有更多的具体的解释，但从《系辞》所说"刚柔者，昼夜之象也""阴阳合德，而刚柔有体"来看，刚柔就是阴阳表现为具体事物的性质。《庄子》说"万物皆化"（《至乐》），"物……固将自化"（《秋水》），《易传》的变化的思想观念与道家思想也有某种观念上的联系，《易传》更明确、具体地把道家所说的"万化"和"自化"归结为"刚柔相推"。

其三，宇宙的构成或结构。《易传》认为宇宙由天、人、地"三才"组成，八卦的六爻就象征或体现着这种构成。故《系辞》说，"《易》之为书也，广大悉备，有天道焉，有人道焉，有地道焉，兼三才而两之，故六。六者非它，三才之道也"（《系辞下》），"六爻之动，三极之道也"（《系辞上》）。按照易学家的解释，"两爻为一才，六爻为三才"（《周易集解》卷十六），上两爻象天，下两爻象地，《易传》这天人地的"三极"结构中蕴含着宇宙的全部内容，"昔者圣人之作《易》也，将以立天之道曰阴与阳，立地之道曰柔与刚，立人之道曰仁与义"（《说卦》）。《易传》

中对宇宙结构或构成的另一种表述是："形而上者谓之道，形而下者谓之器。"（《系辞上》）这是从形态特征上将世界描述为具有感性特征和超越感性的道、器"两极"结构。① 追溯《易传》这两种宇宙构成的观点的渊源，似乎仍然应是道家。《老子》说："故道大、天大、地大、人亦大。域中有四大，而人居其一焉。"（第25章）显然，如果说在老子思想中，"道"是某种超验的宇宙最后根源，那么，天、地、人就是构成宇宙全部的、具体的内容。从形态特征上说，也就是《易传》的"形上"与"形下"。也许，还可以说《易传》对宇宙结构或构成还有一种独特的观察，"天道亏盈而益谦，地道变盈而流谦，鬼神害盈而福谦，人道恶盈而好谦"（《彖·谦》），"天地盈虚，与时消息，而况于人乎，况于鬼神乎"（《彖·丰》）。按照这种观察，宇宙是由四种"实体"——天、地、人、鬼神构成的"四极"结构。"鬼神"为何物？《易传》没有十分明确的说明，但从《系辞》"原始反终，故知死生之说，精气为物，游魂为变，是故知鬼神之情状"（《系辞上》）的简单界定，可以推断《易传》中的"鬼神"也是"气"的一种存在状态或形式。② 从《老子》所说"飘风不终朝，骤雨不终日，天地尚不能久，而况于人乎"（第23章），"天之道，损有余而补不足；人之道则不然，损不足以奉有余"（第77章），以及《庄子》所谓"徇耳目内通，而外于心知，鬼神将来舍，而况人乎"（《人间世》），可以依稀看出，在《易传》这个"四极"的宇宙结构观念中，也有道家思想的痕迹。

在道家思想影响下而形成的《易传》的宇宙图景，改变了孔子儒家自然哲学思想十分薄弱的状况，无疑地，这是先秦儒家思想的重要发展。不仅如此，儒家的观念背景也因此被拓宽了，孔子儒家三个理论层面上的

---

① 当然，在《易学》历史上对"形上""形下"还有另外的诠释，主要是：①形质与妙用说，如唐代崔憬的"凡天地万物皆有形质，就形质之中有体有用，体者即形质也，用者即形态上之妙用"（见《周易集解》卷十四引）；②本源与派生说，如朱熹说，"卦爻阴阳皆形而下者，其理则道也"（《周易本义》卷三）。

② 宋儒于此解释得甚为明确。朱震说："气聚为精，精聚为物。反终则魂升魄降散而为变，鬼归，神伸。"（《汉上易传》卷七）朱熹也说，"阴精阳气，聚而成物，神之伸也；魂游魄降，散而为变，鬼之归也"（《周易本义》卷二），"以二气言，则鬼者，阴之灵也，神者，阳之灵也。以一气言，则至而伸者为神，反而归者为鬼，其实一物而已"。（朱熹《中庸章句》第十六章）

固有内容——心性道德修养、社会伦理政治秩序和"天命"，在《易传》中也获得了具有新的理论观念内容的解释。

心性修养论　与孔子儒学和孟子儒学相比，《易传》在心性层面上的德性修养的理论观点，有两点比较显著的和重要的不同。其一，是关于道德根源和道德成长的观点。如前所述，孔孟儒学是在人自身中，在人的"不忍"等心理感情中追寻人的道德行为"仁"或"仁义"根源；并且，这种心性道德的核心是指以宗族血缘关系为基础的社会伦理规范的践履——"君君，臣臣，父父，子子"（《论语·颜渊》）。但是，《易传》则是在一种宽广得多的宇宙背景中追寻着德性根源和推演出道德行为，《大象传》①的全部内容都体现着这种理论意图。例如：

> 山上有水，《蹇》，君子以反身修德。（《象·蹇》）
> 地中有水，《师》，君子以容民畜众。（《象·师》）
> 山下有泽，《损》，君子以惩忿窒欲。（《象·损》）
> 雷在天上，《大壮》，君子以非礼弗履。（《象·大壮》）

可见，在《大象》作者看来，一个人道德行为的方方面面，由己及他、由内及外，都可以从宇宙的自然实在中获得一种解释、一种理解。这种解释或理解，从思维性质和方法上看，正如《系辞》说明八卦是如何创作的那样，是"仰则观象于天，俯则观法于地，观鸟兽之文与地之宜，近取诸身，远取诸物……以通神明之德，以类万物之情"（《系辞下》），显然主要是经验直观和类比推理，并没有超过孔孟儒学已经达到的理论思维水平。但从理论的内涵上看，却是儒学的巨大变化，它具有新的在人的社会生活之外的自然的、天地的视野，在这个更加广阔的背景中，人的精神品质之重心或核心似乎会有某种变化；直接与"天""地"的自然意蕴相累联的德性品质，在儒学固有的践履社会伦常之道德情操外，更增益了对全部人生的进取态度和全体事物的宽容精神。《大象》曰：

---

① 解释卦辞的象辞称为"大象"，解释爻辞的象辞称为"小象"。孔颖达说："总象一卦，故谓之大象……释六爻之象辞谓之小象。"（《周易正义》卷一）

> 天行健，君子以自强不息。（《象·乾》）
>
> 地势坤，君子以厚德载物。（《象·坤》）

天，运动不息，地，负载万物。被这最伟大的自然景象启迪和孕育出的人的根本德性就应是奋勉不已，宽容待物。虽然这与孔孟儒学的"仁者爱人"（《孟子·离娄下》）、"不知老之将至"（《论语·述而》）的仁的道德精神没有矛盾冲突，但它们的观念根源和逻辑思路毕竟是迥然有别的。这是一种涵蕴着更宽广前景的道德精神。

《易传》对人的道德成长有一个十分深入而独到的观察，即认为忧患意识在道德的形成中有重要意义。《系辞》说：

> 《易》之兴也，其于中古乎？作《易》者，其有忧患乎？是故《履》，德之基也，《谦》，德之柄也。《复》，德之本也，《恒》，德之固也。《损》，德之修也。《益》，德之裕也。《困》，德之辨也。《井》，德之地①地。《巽》，德之制也。……（《系辞下》）

这就是《周易》中著名的"九德卦"。古今学者对于"九德卦"的含义的诠释纷纭不一②。应该说，《系辞》作者在这里的思想表述得甚为明白，他显然是将人的道德实践分解为九个因素或成分，即要有原则（执礼）、方法（谦卑）、目标（返本），要能持之以恒，不断去疵，不止进善，分辨善恶，广施影响，裁断是非，并选取九个相应的卦名来象征或体现这些。从《易经》中可以看出，这九个卦中（实际上在几乎所有的六十四卦中）都充满了险象、灾难，这就意味着《易传》作者认为，正是在一

---

① 从《系辞下》文"井，居其所而迁"的进一步解释中，可知此"德之地"当为"德之施"之误。高亨亦推断："地疑当作施，形似而误。《系辞》认为井是以水养人，似人以德施人，故井为德之施。"（《周易大传今注》卷五）

② 对九德卦的含义的诠释，大体上亦可划分为两类：一是象数派的解释，如汉儒虞翻用"卦变""旁通"之说，曲折为解（见李鼎祚《周易集解》卷十六），清儒《周易图说述》援依《易传·序卦》次序，阐发陈抟九卦之义为河图、洛书之说（见蒋维乔《周易三陈九卦释义》）；二是义理派的解释，如王弼、朱熹皆依文释义，其中朱熹说"九卦皆反身修德以处忧患之事也，而有序焉"（《周易本义》卷三），甚有见地，可能比较符合《系辞》作者的思想实际。

种艰难的处境中，在一种忧患的意识中，人的道德观念才能觉醒，人的道德行为才能完成。《易传》在另外的地方更明确表述了忧患、恐惧在人的道德修养中具有积极意义的这一思想观点：

> 洊雷，震，君子以恐惧修省。（《象传·震》）
>
> 《易》之为书……其出入以度，外内使知惧，又明于忧患与故，无有师保，如临父母。（《系辞下》）
>
> 《易》之兴也，其当殷之末世、周之盛德邪？当文王与纣之事邪？是故其辞危，危者使平，易者使倾，其道甚大，百物不废，惧以终始，其要无咎，此之谓《易》之道也。（《系辞下》）

应该说，从《易经》中所记录的史实和社会生活风俗①来看，《易传》对《易经》可能最早形成于殷末周初的推断在一定程度上是符合历史事实的（至于《易经》的写成，当然是更在其后），因而，《易传》对《易经》中内蕴着的一种精神运动，即一种深沉的忧患意识，及在这种意识中形成的道德观念和道德行为的观察，与中国古代思想在殷周之际所发生的观念变迁也是吻合的。如前所述，这正是西周氏族统治者在以一个弱小的属国代替了比自己强大得多的宗主国殷氏族的浩大的统治权后，从原先的宗教观念中蜕变出新的道德观念的那个精神历程。还应该说，忧患、痛苦的感情对道德观念和行为的形成具有某种触引、促进的作用，这是每个人的精神经历中都会发生的经验事实。孔子慨叹说"天下有道，丘不与易也"（《论语·微子》），孟子伤感于"民之憔悴于虐政，未有甚于此时者也"（《孟子·公孙丑上》），可见，在孔子、孟子身上，在他们的一生的实践中，包括他们的道德日臻完善的过程中，也涌动着忧患意识这种精神因素。当然，孔子也说过"知者不惑，仁者不忧，勇者不惧"（《论语·子

---

① 《易经》中的某些社会生活风俗极为古朴（如掠婚，用贝），在周代以后的汉民族生活中逐渐消失。《易经》中出现的最晚的历史人物，据顾颉刚的考证，是周武王之弟康侯（见其《周易卦爻辞的故事》一文）；据郭沫若考证是中行氏，即春秋时晋国的荀林父（见其《周易之制作时代》一文）。郭氏之论不够坚强，似难以确立。（见李镜池《论周易的著作年代——答郭沫若同志》，《华南师院学报》1982 年第 4 期）

罕》），孟子认为"大丈夫"是"富贵不能淫，贫贱不能移，威武不能屈"（《孟子·滕文公下》），都把不忧不惧视为道德境界极高的表现。这里似乎存在着矛盾，其实不然。因为这是关于心性道德修养的两个性质有所区别的问题，一个是就最高道德境界本身的特质来说的，一个是就其形成过程来说的；一个是发生在起点上的问题，一个是到达了终点后的问题。

总之，《易传》在孔孟儒学的人之外的自然天地中发掘道德根源，在与人的"不忍"等心理感情有区别的忧患意识中观察到道德发生、成长过程，这是对儒学道德思想及其实践的一个有深远影响的发展。

其二，是关于最高道德境界的观点。在孔孟儒学中达到最高精神境界的理想人格称为"圣人"，《孟子》中有时或称之为"大人"①，并且从孔子和孟子的言论中可以看出"圣人"的内涵或标准有二：一是完全地践履了人伦道德规范，如孟子说"圣人，人伦之至也"（《离娄上》）；一是创造了不朽的社会功利，如孔子在回答子贡"如有博施于民，而能济众，可谓仁乎"之问时说"何事于仁，必也圣乎"（《论语·雍也》）。显然，孔孟儒学是在人的现世社会生活的背景下，主要以道德实践为根本内容来建构理想人格的。《易传》说"夫《易》，圣人所以崇德而广业也"（《系辞上》），这与孔孟儒学一样，也是把道德、功业作为具有最高精神境界的理想人格的特征。但是，《易传》在较为广阔的观念背景下，对理想人格还作了这样的描述：

> 夫大人者，与天地合其德，与日月合其明，与四时合其序，与鬼神合其吉凶，先天而天弗违，后天而奉天时……知进退存亡而不失其正者，其唯圣人乎。（《文言·乾》）
>
> 圣人设卦、观象、系辞焉，而明吉凶……夫《易》，圣人之所以极深而研几也。唯深也，故能通天下之志，唯几也，故能成天下之务，唯神也，故不疾而速，不行而至。（《系辞上》）

---

① 如《孟子》中说，"大人者，不失其赤子之心者也"（《离娄下》），"先立乎其大者，则其小者不能夺也，此为大人而已矣"（《告子上》），"有大人者，正己而物正者也"（《尽心上》），"居仁由义，大人之事备矣"（《尽心上》），等等。

可见，《易传》的理想人格（"大人""圣人"）具有了某种根源于宇宙自然因而是高出人的社会生活的精神品质；这种理想人格与其说是人伦的典型，不如说更多地表现出的是智慧的化身。与孔孟儒学相比，《易传》最高精神境界或者说理想人格的思想观念的这种变化，契因在于《易传》具有一种新的来源于道家自然观的哲学视野。在这个以宇宙自然为背景的视野中，即使是人间最伟大的创造也是暂短和渺小的，人的精神必然要向往和追求同那宇宙间最壮丽、神圣、永恒甚或有某种神秘的存在——天地、日月、鬼神联系在一起，必然会以这些宇宙中的伟大存在来描述或界定某种理想人格及其精神境界，如《庄子》中说，"与天地为合，是谓玄德"（《天地》），"吾与日月参光，吾与天地为常"（《在宥》），"真人喜怒通四时，与物有宜而莫知其极"（《大宗师》），"阴阳和静，鬼神不扰，四时得节，万物不伤"（《缮性》），这些似乎就是《易传》中这段总括的描述的雏形。应该说，《庄子》和《易传》中的这种从宇宙自然内容来界定的理想人格或精神境界，虽然呈现某种幻想的色彩，但在观念性质上，并不是宗教或神话，而是一种具有理性特质的哲学思想，蕴含着一种人的自觉——人性最高发展的自觉。

伦理观与宗教观　就像在心性层面上《易传》努力在宇宙、自然的背景中追寻德性根源一样，在社会层面上，《易传》也总是把群体的一切社会行为溯源于"天地之道"，这与先前主要在人自身（人的心理或人的本性）来发掘礼、法社会行为的孔孟儒学或荀子儒学是很不相同的。《易传》说：

> 有天地然后有万物，有万物然后有男女，有男女然后有夫妇，有夫妇然后有父子，有父子然后有君臣，有君臣然后有上下，有上下然后礼义有所错。（《序卦》）
>
> 《家人》，女正位乎内，男正位乎外①。男女正，天地之大义也。（《象·家人》）

_____

① 《象传》此以卦位解《经》：下卦为内，上卦为外，二爻为阴位，下卦之正位，五爻为阳位，上卦之正位。故《家人》卦（䷤离下巽上）皆得其正。

可见，《易传》是以一种万物生成论和宇宙结构论的自然哲学观点来考察人类社会的。在这个观念背景下，人类的伦理关系、政治制度所表现出的形态和最初源头，都可追溯到"天地"，因而具有某种自然性质的必然性和合理性。对于在孔子、荀子儒学中具体地用来实现和巩固这种伦理关系、政治制度的"礼"（德治）、"法"（刑罚），《易传》也利用八卦的逻辑在宇宙背景中所能发现的事物间关系，来解释它的合理性、必然性。例如《易传》说：

> 山下有风，《蛊》，君子以振民育德。（《象·蛊》）
> 泽上有水，《节》，君子以制数度，议德行。（《象·节》）
> 雷电，《噬嗑》，先王以明罚敕法。（《象·噬嗑》）
> 雷电皆至，《丰》，君子以折狱致刑。（《象·丰》）

显然，《易传》以风（巽）的吹拂能披靡山下草木，水（坎）泛滥出泽需筑堤防范，显示礼教德治的化育人们的精神、节制人们的行为的社会功能；以雷（震）之震响、电（离）之光明，来比拟法必须威严和治狱应有明察是"法治"的必备条件。《易传》的这些观察、类推都具有十分明显的经验的、直观的性质，在理论的思维水平上没有高出于孔子儒学，甚至还低于荀子儒学。但是，《易传》认为社会事实与某个宇宙自然事态具有必然性联系，具有某种自然根源的思想观念，却是一种在此以前的儒学都没有的新的思想观念。

在儒学理论的社会层面上，《易传》还有一个和先前儒学不同的思想观点，即在"礼""法"之外，《易传》还明确、突出地提出了另一个维持、巩固社会伦理秩序和政治制度的手段——宗教，《易传》称之为"以神道设教"：

> 雷出地奋，《豫》，先王以作乐崇德，殷荐之上帝，以配祖考。（《象·豫》）
> 风行水上，《涣》，先王以享于帝，立庙。（《象·涣》）
> 观天之神道，而四时不忒。圣人以神道设教，而天下服矣。（《象·观》）

《易传》的这些解说表明，是一种以鬼神、祖先与上帝崇拜祭祀为内容，而以稳定社会伦理政治秩序为目标的宗教。《易传》的这种宗教观念，完全肯定鬼神的存在，与孔子儒学对鬼神表示存疑态度是很不相同的。实际上，在像孔子儒学这样一个理性主义的但又缺乏自然哲学观念的思想体系里，鬼神是不能存在的。一方面，它既不能得到来自某种自然观的实在的说明；另一方面，理性的排斥也使它不可能作为一种信仰的对象而存在。这种情况在《易传》中有所改变。如前所述，《易传》引进"气"的观念，"精气为物，游魂为变，故知鬼神之情状"（《系辞上》），把鬼神视为"气"的一种存在形态。但是，十分显然，《易传》在肯定鬼神是一种自然性质的存在的同时，也就否定了鬼神具有超越的神圣的性质，鬼神与天地、人是同一层面上的"气"的不同表现或存在样式。《彖传》说"鬼神害盈而福谦"（《彖·谦》），《文言·乾》说"与鬼神合其吉凶"，据《易传》所说"立天之道曰阴与阳，立地之道曰柔与刚，立人之道曰仁与义"，可以推演说"鬼神之道"是"吉与凶"。可见，《易传》对鬼神的崇拜与祭祀，是出于一种恐惧的心理感情和为获得"吉福""天下服"的功利目标，这与孔子儒学中的那种"祭如在，祭神如神在"（《八佾》）、"慎终追远，民德归厚"（《学而》），根于某种道德感情和目的的祭祀行为亦有所区别。总之，《易传》宗教观念的特色，就是它以一种非超越的崇拜、祭祀对象和主要是功利性质的宗教目标，既与非宗教的孔子儒学不同，又与以对某种超越的信仰为特征的典型宗教有区别。《易传》的宗教观念的特色，也就是此后在中国文化中所表现的宗教实践的特色。

"天命"新说 《易传》对儒学真正具有创造意义的发展，是它完全自觉地力图为认识孔子儒学超越层面上的"天命"提供一种逻辑方法或工具——《易》。前面已经叙述，在孔子思想中，认为存在着某种能决定人世命运遭际的力量，它不同于殷周宗教中的人格神或人格的"天"，而是在个人、社会之上的总体的客观必然性，他称之为"命"或"天命"。孔子还说，"不知命无以为君子"（《尧曰》），自己是"五十而知天命"（《为政》）。所以，在孔子儒学中，"天命"不是信仰的对象，而是可以通过学习知识和生活体验而最后被理性认知、觉悟的对象。但孔子并没有明确、确切地说明这个理性过程。无疑地，"知天命"是孔子儒学中的一个最深刻、困难的问题。孟子说，"尽其心者，知其性也；知其性，则知天矣"（《尽心上》），"行法以俟命"（《尽心下》）。实际上这是一种通过道德实践来达到对"天"或"命"的体认的超理性的方法。在荀子思想中，"天行有常，不为尧存，不为桀亡，应之以治则吉，应之以乱则凶"（《天论》），超越性的"天命"及其客观必然性，被自然性的"天"及其规律性代替。应该说，就其理论内涵的性质和体现的精神境界的性质来说，"天命"皆不同于"天"，不是"天"，荀子只是取消了这个问题，并没有回答这个问题。现在，《易传》接过了这个问题，并且试图用《易》这个逻辑推演的工具，从和孟子不同的角度来解决它。

毫无疑义的，《易》（《周易》《易经》）原是一种筮占决疑工具。从《周书》《诗经》的记载可以看出，筮占至少在周初就已经出现①，而用《周易》进行筮占，根据《左传》上的记载，似乎在春秋中期，也就是说在孔子以前就已经开始②，但是，据《论语》记载，孔子在援引《周易·恒》卦爻辞"不恒其德，或承之羞"两句时曾说"不占而已矣"，荀子也曾说"善为《易》者不占，其心同也"（《大略》）。可见，儒家学者从孔子到荀子，虽然注意到了《周易》中的某些生活经验具有指导意义，然而并不认为《周易》对世界有整体的把握，或认为是多么重要的洞察和预知世界的认识工具。所以，《周易》直到荀子时也还没有获得"经"的学术地位③。

《易传》的作者对《易》作了与先前儒者完全不同的解析和评价："《易》何为者也？夫易开物成务，冒天下之道，如斯而已者也。"（《系辞上》）在《易传》的作者看来，《易》并不只是个别的、零碎的生活经验

---

① 《周书》有"若卜筮罔不是孚"（《君奭》）、"立卜筮人"（《洪范》）。《诗经》有"卜筮偕止，会言近止，征夫尔止"（《小雅·杕杜》），"尔卜尔筮，体无咎言"（《卫风·氓》）。

② 《左传》中最早出现以"周易筮之"者是庄公二十二年（前671）："周史有以《周易》见陈侯者，陈侯使筮之……"（庄公二十二年）

③ 《荀子》中两次严谨概括儒家诸经典要旨时，只举出五经——《诗》《书》《礼》《乐》《春秋》，而没有《易》（见《劝学》《儒效》），只是在《大略》篇出现一次将《易》与《诗》《礼》并列："善为《诗》者不说，善为《易》者不占，善为《礼》者不相。"此荀子弟子所录。《诗》《书》《礼》《乐》《易》《春秋》六经并列始见于《庄子·天运》，此庄子后学所作。

的记录，而是包容了全部的天下之事，天地之道。《系辞》反复称道说，"夫《易》广矣大矣……以言乎天地之间则备矣"（《系辞上》），"《易》之为书也，广大悉备，有天道焉，有人道焉，有地道焉"（《系辞下》）。《易传》的作者认为，《易》中这种广泛、周延的天地之道、天下之事是镶嵌在一种"八卦"的逻辑结构内，蕴藏在六十四卦、三百八十四爻的变动之中的，即《系辞》所谓"八卦而小成，引而伸之，触类而长之，天下之能事毕矣"（《系辞上》），"六爻之动，三极之道也"（《系辞下》），并且通过《易》中的象（卦象）、义（爻、卦辞）和数（卦变）三种理论要素而显示出来。《系辞》说：

> 圣人有以见天下之赜，而拟诸其形容，象其物宜，是故谓之象。（《系辞上》）
> 圣人有以见天下之动，而观其会通，以行其典礼，系辞焉，以断其吉凶，是故谓之爻。（《系辞上》）
> 凡天地之数五十有五①，此所以成变化而行鬼神也。（《系辞上》）
> 参伍以变，错综其数，通其变，遂成天下之文，极其数，遂成天下之象。（《系辞上》）

也就是说，《易传》作者认为，《易》中每卦每爻皆有所象征、比拟，每卦每爻皆有辞以论断吉凶事理，通过数的变化，卦爻发生运动，就能不断地推演、显现出宇宙中的万种事物和义理。这种义理或"天地之道"，按照《易传》的解释是：

> 昔者圣人之作《易》也，将以顺性命之理，是以立天之道曰阴与阳，立地之道曰柔与刚，立人之道曰仁与义。（《说卦》）

这样，《易传》作者就认为，世界的总体的存在状态和规律性，世界的一

---

① 《易传·系辞》把一、三、五、七、九五奇数属天，二、四、六、八、十五偶数属地，十数之和为五十五，并以为一切数的变化皆由此十个基数衍生而来。

切可能性和必然性，是可以通过《易》来认识和掌握的，在《易传》作者看来，也就是"知命"：

> 《易》与天地准，故能弥纶天地之道，仰以观于天文，俯以察于地理，是故知幽明之故，原始反终，故知死生之说。精气为物，游魂为变，是故知鬼神之情状。与天地相似，故不违；知周乎万物，而道济天下，故不过；旁行而不流，乐天知命，故不忧；安土敦乎仁，故能爱。（《系辞上》）

> 昔者圣人之作《易》也，幽赞于神明而生蓍，参天两地而倚数，观变于阴阳而立卦，发挥于刚柔而生爻，和顺于道德而理于义，穷理尽性以至于命。（《说卦》）

《易传》的这些论述表明，在若干主要之点上，《易传》充实发展了孔子儒学的"天命"观。第一，《易传》的"命"（"天命"）乃是一种包容阴阳（天道）、刚柔（地道）、仁义（人道）的世界总体的存在，因而也是在任何个体之上的超越性质的存在。《易传》还说："无妄之往何之矣？天之不祐，行矣哉。"（《彖·无妄》）"天命"也是一种无法改变的必然性力量，这与孔子儒学的"天命"的观念性质是相同的。但《易传》填入了较清晰的、可作分析的观念内容。第二，《易传》的"知命"或"至于命"，是指一种"不违""不过""不忧"的极高的智慧程度和精神境界。这不仅是对孔子"五十而知天命"这个特殊的孔子个人的精神现象的内涵十分确切的揭示，而且也可以一般地说是对作为儒学精神修养最高境界的"知天命"的一个极为准确的界定。第三，《易传》的最为特出之处，是在于将孔子儒学"知天命"的理性过程具体化了，甚至可以说是程序化、术数化了。《易传》说："是故君子所居而安者，易之象也①，所乐而玩者，爻之辞也，是故君子居则观其象而玩其辞，动则观其变而玩其占，是以自天祐之，吉无不利。"（《系辞上》）也就是说，

---

① "象"，今本作"序"，《经典释文》引虞翻本作"象"，《周易集解》本亦作"象"。"安"，高亨读为"按"或"案"，观察也（《周易大传今注》卷五）。甚是。

《易传》自信地认为用《易》的方法——观象、揣辞（吉凶义理）、演卦，就能够洞察天文、地理、鬼神之状、人间之争，把握世界总体状况，达到"知命""天祐"。《易传》对儒学中"天命"这一超越性质的存在的内涵的解释和提出的认识方法，在很大程度上影响了此后儒学思想的发展和儒学基本形态的确立。一方面，它使儒学对超越的追求始终保持着可在逻辑和智慧中实现的理性特质，因而不同于宗教；另一方面，在这种追求中也有超理性的个人道德实践所产生的体验的因素，所以儒学最终表现为或者说物化为一种以伦理道德的理性自觉为主要基础和内容的生活实践、生活方式。这正是以儒学思想为主体的中国传统思想和文化的根本特色。

4.《礼记》的思想

《礼记》的写作时代和作者也还没有形成十分明确、一致的看法。在这里，我们也不准备去作详细的考论，但根据，第一，晋代以来历代学者已比较有根据地判定，《礼记》是汉宣帝时儒家学者戴圣删裁汉初方发现的"古礼"和"七十子后学者"之《记》等而成①。第二，《礼记》四十九篇中的许多篇章显然是采录或援引了荀子以后的著作中的内容。例如

---

① 《汉书·艺文志》《书》类云："武帝末，鲁共王坏孔子宅……得古文《尚书》及《礼记》《论语》《孝经》凡数十篇。"《礼》类有"《记》百三十一篇，七十子后学所记也"。汉末郑玄《六艺论》始言"戴德《传记》八十五篇，则《大戴礼》是也；戴圣《传记》四十九篇，则此《礼记》也"（孔颖达《礼记正义》解题引）。晋陈邵《周礼论序》谓"戴德删古礼二百四篇为八十五篇，谓之《大戴礼》，圣删《大戴礼》为四十九篇，是为《小戴礼》……即今《礼记》是也"（陆德明《经典释文·叙录》）。《隋书·经籍志》谓："汉初，河间献王又得仲尼弟子及后学者所记一百三十一篇献之……又得《明堂阴阳记》三十三篇，《孔子三朝记》七篇，《王氏史氏记》二十一篇，《乐记》二十三篇，凡五种，合二百十五篇。戴德删其烦重，合而记之，为八十五篇，谓之《大戴记》，而戴圣又删《大戴》之书为四十六篇，谓之《小戴记》。汉末，马融……又足《月令》一篇，《明堂位》一篇，《乐记》一篇，合四十九篇。"清代学者则进一步判定：马融增益三篇之说不确（《戴东原集·大戴礼记目录后序》），《小戴记》为删《大戴记》而成之说亦不确（钱大昕《二十二史考异·汉书考异》），大小《戴记》乃是戴德戴圣对于《汉志》所说百三十一篇之《记》或《隋志》所说五种二百十五篇各以己意选取，故互有异同（陈寿祺《左海经辨》）。显然，大小《戴记》是时代和理论性质都相同的两部文集。今《大戴记》多残缺（仅存四十篇），流传不广，《小戴记》完整，且学术地位更高。本书主要考察了《小戴记》，偶而亦援用《大戴记》。

《礼记·三年问》《乐记》《乡饮酒义》《聘义》《经解》等篇中皆有全部或部分出于《荀子》中的文句①，《月令》实际上是由《吕氏春秋》十二纪之首章组成②，《深衣》中更有援引《易传》的文句③。第三，南朝学者沈约曾判定《礼记》中的《坊记》《中庸》《表记》《缁衣》《乐记》五篇，分别取自《子思子》和《公孙尼子》④，根据先秦或汉典籍记载，子思是孔子之孙，公孙尼子是孔子再传弟子⑤。这样，此五篇自然应是在荀子之前的战国初期的作品。但是，稍作深入的观察，即可发现今存《乐记》中用来阐述乐的理论的基本概念——"阴阳"、"五常"（"五行"）、"刚柔"等，在孔子和其及门弟子的思想中，皆尚未见其痕迹，而显然是来源自战国以后才出现的道家、阴阳五行家解释世界和万物形成的思想观念，《乐记·乐言》写道："是故先王本之情性，稽之度数，合生气之和，道五常之行，使之阳而不散，阴而不密，刚气不怒，柔气不慑，四畅交于中而发作于外，皆安其位而不相夺也，故曰乐观其深矣。"在这里，《乐记》的作者用"情性""度数""礼义""生气之和""五常之行""阴阳""刚柔"等众多的概念对"乐"的内涵作了十分细密的揭示，比起《荀子·乐论》"故乐者，天下之大齐，中和之纪也，

---

① 《礼记》文句出于《荀子》的情况已为学者所举出的有：《三年问》全出《礼记》篇，《乐记》《乡饮酒义》所引，俱出《乐论》篇。《聘义》子贡问贵玉贱珉，亦与《法行》篇大同（谢墉《荀子笺释序》）。《经解》"礼之于正国家也"一节取自《王霸》，"故衡诚县不可欺以轻重"一节取于《礼论》（钟肇鹏《孔子研究》）。此外还有如钱穆曾举八项例证，谓"《缁衣篇》文多类《荀子》"（《先秦诸子系年考辨》卷四《诸子拾逸·公孙尼子》），兹不赘。

② 此为郑玄首先指出。孔颖达《礼记正义·月令》引郑玄《目录》曰："月令者，本吕氏春秋十二月纪之首章，以礼家好事钞合之，后人因题之，名曰'礼记'，言周公时作。"

③ 《深衣》"故《易》曰：《坤》六二之动，直以方也"，此乃《坤》卦六二《象》之文。

④ 《隋书·音乐志》援引沈约奏答梁武帝弘扬古乐诏文说："……《乐记》二十三篇……《中庸》《表记》《坊记》《缁衣》皆取《子思子》，《乐记》取《公孙尼子》……"（《隋书》卷十三）

⑤ 子思事迹最早在《孟子》中出现。后来《史记·孔子世家》说："伯鱼生伋，字子思，年六十二，尝困于宋，子思作《中庸》。"公孙尼子的事迹先秦典籍中没有记载。《汉书·艺文志》有《公孙尼子》二十八篇列在儒家，注云"七十子之弟子"。又有《公孙尼》一篇，列在杂家。

人情之所不能免也"对乐的内涵的规定，显然要具体、丰富得多了。从思想发展的逻辑上判断，《乐记》只能产生在《荀子·乐论》之后①。《韩非子·显学》记述孔子死后，儒分为八，其中有"子思之儒"，可见先秦确有子思学派。但是，先前的学者已经发现，《中庸》中有"今天下车同轨，书同文"，"载华岳而不重"之语，表明此是秦汉时人伪托子思之作②。《礼记》中的《坊记》《表记》《缁衣》三篇论述的主题接近，文体相同，先前学者如王夫之都判定为一人所作③。但三篇的作者或时代，根据《坊记》中有"《论语》曰'三年无改于父之道，可谓孝矣'"之语，可以推断不可能是战国或其前的人物所作。因为"论语"之名出现甚晚，先秦典籍似乎没有称引"《论语》曰"的④。故此三篇也可能是秦汉时人伪托子思之作。总之，由以上三点根据，大体上可以把《礼记》确定为秦汉之际和汉代初期的儒家学者的著述，如同对待《易传》一样，把《礼记》作为荀子以后形成的儒学思潮来加以考察是完全符合历史实际的⑤。

---

① 今人或有认为《乐记》是汉武帝初年的作品。（见张岱年《试谈〈文子〉的年代与思想》，《道家文化研究》第五辑）

② 清代袁枚曾有一答友人书牍述及："来札云……孔孟皆山东人，故论事就眼前指点。孔子曰'曾谓泰山不如林放乎'，曰'泰山其颓'，孟子曰'登泰山而小天下'，'挟泰山以超北海'，就所居之地，指所有之山，人之情也。汉都长安，华山在焉，《中庸》引山称'载华岳而不重'，明明是长安之人，引长安之山。此伪托子思之明验……"（《小仓山房尺牍》卷八《答叶书山庶子》）今人蒋伯潜曰："《中庸》第二十八章有曰'今天下车同轨，书同文，行同伦'，此全国统一之盛事也。《琅邪刻石》曰'器械一量，同书文字'，'是维皇帝，匡饬异俗'，是秦始皇统一之后，度量衡始划一，车始同轨，书始同文，行始同伦，明矣……故疑此段直当成于秦始皇统一六国之后。"（《诸子通考·诸子著述考》）

③ 王夫之说："《坊记》以下至此三篇，本末相资，脉络相因，文义相肖，盖共为一书。而杂《中庸》于《坊记》之后，则传者乱之尔。"（《礼记章句》卷三十三《缁衣》）

④ 王充《论衡·正说》："初孔子孙孔安国，以教鲁人扶卿，官至荆州刺史，始曰《论语》。"如王充之言，似《论语》之名始于汉武帝时。

⑤ 此论断和在此基础上展开论述，似乎要受到近年来的一项考古发现的质疑。1993年10月在湖北省荆门市郭店考古发掘了一座古墓。考古专家根据墓葬型制和明器等显示的楚墓特征，判定此墓葬年代为前四世纪中期至前三世纪初（见湖北省荆门市博物馆《荆门郭店一号楚墓》，《文物》1997年第7期）。一古文字专家整理了出土的八百零四枚竹简，隶定释读为道家著作两种四篇，儒家著作十一种十四篇 （转下页注）

《礼记》四十九篇内容比较芜杂，刘向《别录》分为八类，近人梁启超细分为十类①。但是，对"礼"的阐述无疑是共同的主题。围绕这个主题，《礼记》的题材或内容可分为三个方面：一是诠释《仪礼》和考证古礼，这些礼仪制度是此后儒家文化中的生活习俗的源头；二是孔门弟子的言行杂事，在一定程度上反映了儒家的"礼"的生活实践；三是对"礼"的理论性论述。从理学的理论结构之角度观察，《礼记》中的这些内容，首先是在社会的层面上，同时也在心性的层面上（人性）和超越的层面上（天命）都有与孔子儒学及孟子、荀子儒学思想不同的变化、发展。

礼之宇宙背景中的根源　　《礼记》在儒学理论结构的社会层面上，对"礼"的产生的根源和社会功能的观点与先前的儒学思想相比，有某种变化。《礼记》与把"礼"的行为植根于人的内心感情中的孔子儒学以及在人的本性中发掘"礼"的根源的荀子儒学不同，而与《易传》相同，在人之外的更广阔的背景里去追寻"礼"的缘起，《礼记》写道：

> 凡礼之大体，体天地，法四时，则阴阳，顺人情，故谓之礼。
> （《丧服四制》）

在《礼记》中，"礼"的产生最后被归属于"天之道"或"大一"：

> 是故夫礼，必本于大一，分而为天地，转而为阴阳，变而为四

（接上页注⑤）（见荆门市博物馆《郭店楚墓竹简》，文物出版社1998年版）。其中，由四十七支简缀成的一篇文字，大体与今本《礼记·缁衣》相同。由此可以推定，如果考古专家判定的郭店楚墓的墓葬年代是正确的，那么，《礼记·缁衣》当是在孟子之前——当然更是在荀子之前的作品，这就对我们这里论断构成否定。但实际上，这只能说在作为"七十子后学所记"的《礼记》中，某些章节可能形成较早，并不足以否定《礼记》篇章在经历删修、损益到最后编定皆在荀子之后。所以，即使这一考古论断正确，仍不能动摇我们在这里按照实际发生的历史——儒学是在《礼记》而不是在"十四篇"影响下发展——所选定的论述角度。

① 刘向分《礼记》内容为八类：通论、制度、丧服、吉礼（吉事）、祭祀、世子法（子法）、乐记、明堂阴阳（见《礼记正义》引郑玄《目录》）。梁启超分《礼记》内容为十类：记述礼节、记述政令，解释礼经、专记孔子言论、记孔门及时人杂事、杂记制度、考证制度礼节、通论礼意、杂记格言、专记掌故（见《要籍解题及其读法》）。

时，列而为鬼神。（《礼运》）

夫礼，先王以承天之道，以治人之情，故失之者死，得之者生。
（同上）

《礼记》这里的"天之道""大一"，显然具有在人之外、之上的作为万物
最后根源的某种最高存在的性质。《礼记》将"礼"的根源从人自身移迁
出来而客体化。如果说孔子将"礼"的行为的最后动因置放在人的内心
道德感情里，是要唤醒人在"礼"的实践中的自觉主动性，荀子认为节
制人所固有的欲望是先王制"礼"缘由，从而证明"礼"的必要性，那
么，《礼记》在这里将"礼"的最后根源归于"大一"或"天之道"的
客体化过程，同时也就是完成对"礼"的神圣性、合理性的论证过程。
先秦儒学关于"礼"的产生根源的这种思想变化，反映了"礼"作为一
种道德规范或行为规范在当时的社会生活中逐渐被强化的历史过程。与此
相连，《礼记》观察到的"礼"的社会功能，与孔子儒学也有所不同。孔
子把"礼"视如"绘事后素"（《八佾》），认为"礼乐成人"（《宪问》），
特别强调作为社会规范的"礼"所具有的那种提高人性的道德功能。孔
子还说，"人而不仁如礼何，人而不仁如乐何"，"为礼不敬，吾何以观之
哉"（《八佾》）。也就是说，在孔子看来，"礼"的真正实践是应以道德
自觉为基础、内容的。《礼记》不是没有观察到，更没有否定"礼"的这
种"成人"的道德功能，如《礼记》也认为"凡人所以为人者，礼义也"
（《冠义》），"礼，所以制中也"（《仲尼燕居》），"圣人作，为礼以教人，
使人以有礼，知自别于禽兽"（《曲礼上》）。但是，在《礼记》中显然更
加鲜明、突出的是：

礼也者，合于天时，设于地财，顺于鬼神，合于人心，理万物者
也。（《礼器》）

故礼义者，人之大端也，所以讲信修睦，而固人肌肤之会，筋骸
之束也；所以养生送死，事鬼神之大端也；所以达天道，顺人情之大
窦也。故坏国、丧家、亡人，必先去其礼。（《礼运》）

安上治民，莫善于礼……礼禁乱之所由生，犹坊止水之所自来

也。（《经解》）

　　礼者，因人之情而为之节文，以为民坊者也。（《坊记》）

　　礼者，君之大柄也，所以别嫌明微，傧鬼神，考制度，别仁义，所以治政安君也。（《礼运》）

《礼记》中的这些论述表明，《礼记》中的"礼"，第一，具有比"成人"更多的社会功能，是社会生活方方面面从天道人情、仁义制度，到养生送死、事鬼敬神的共同原则，是"理万物者也"；第二，但其最主要的社会功能是维持、保护社会伦理、政治制度的稳定，是"安上治民""治政安君"，无之，则"坏国、丧家、亡人"；第三，这种社会功能具有某种工具性质，是"君之大柄"。清人孙希旦《礼记集解》注解《礼运》"君之大柄也"说："柄者，所以执以治物者也。人君执礼以治国，犹匠人执斧斤之柄以治器也。"在这种"礼"的实践中，主动的和自觉的精神，和孔子儒学所要求的那样相比，即使不能说是消失了，也是处在并不重要的地位，"礼"逐渐物化为一种生活习俗，凝聚成一种思想传统，使那种和"法"既有联系又有区别的、具有强制性束缚性的被动和服从，在"礼"的实践中上升为主要因素，最终形成一种儒家文化的"礼"的生活方式的特征——似法而非法，无法而有法。

　　比起孔子儒学和荀子儒学，《礼记》对"礼"的社会生活实践观察得更为全面，概括得甚为周延。第一，《礼记》以一个和"礼"既相互对立又相互补充的人的生活行为、意识形态——"乐"，构筑了一个完全周延的人的社会生活实践领域。《礼记》写道：

　　　　乐者，天地之和也；礼者，天地之序也……天高地下，万物散殊，而礼制行矣；流而不息，合同而化，而乐兴焉。（《乐记》）

这是《礼记》对礼、乐根本性质的界定：即"乐"体现着天地万事万物的和合融一，"礼"体现着它们的秩序分别。无疑地，这两个方面从一种基本而原始的立场上十分周延地概括了一切事物间的相互关系、存在状态，从而也就使表明"礼""乐"所涵盖的人的生活实践内容也是周延、完整的。《礼记》还写道：

> 乐由天作，礼由地制……乐者敦和，率神以从天；礼者别宜，居鬼而从地。故圣人作乐以应天，制礼以配地，礼乐明备，天地官矣。（《乐记》）
>
> 乐由阳来者也，礼由阴作者也，阴阳和而万物得。（《郊特牲》）
>
> 乐者为同，礼者为异，同则相亲，异则相敬。（《乐记》）
>
> 乐由中出，礼由外作……乐也者，动于内者也；礼也者，动于外也者。（同上）
>
> 乐也者，情之不可变者也；礼也者，理之不可易者也。乐统同，礼辨异。（同上）

这是《礼记》进一步从自然世界（天与地、阴与阳）、人的心境（内与外、爱与敬）、理性的抽象形式（情与理、同与异）等不同观察角度表述了礼、乐所构成的人的生活领域是周延、完整的。孔子说，"礼乐不兴，则刑罚不中"（《子路》），"天下有道，则礼乐征伐自天子出；天下无道，则礼乐征伐自诸侯出"（《季氏》）。可见，在孔子儒学中，礼乐还没有清晰的界定和构成周延性互补的那种界限，而常是作为一类社会行为与另外的社会行为（如"刑罚""征伐"）而构成某一观察角度上的周延的社会生活。第二，在《礼记》中，"礼"作为人的一种社会行为方式、规范，与"乐"构成一个周延的人的社会生活范围，而作为"治政安君"的工具，须与乐、政、刑等一起，才能构成完备的周延的治理系统，发挥有效的治理社会的功能。《礼记》写道：

> 礼以道其志，乐以和其声，政以一其行，刑以防其奸。礼乐刑政，其极一也，所以同民心而出治道也。（《乐记》）
>
> 礼节民心，乐和民声，政以行之，刑以防之，礼乐刑政，四达而不悖，则王道备矣。（同上）

《礼记》认为，礼、乐、政、刑（法）四种治理手段是相辅相成的，既与孔子儒学的先礼德而后政刑有区别①，也与荀子儒学的礼刑并重而分治有区别②。这在一定程度上反映了《礼记》所产生的那个时代的特色，这是一个法家思想和黄老思想都很活跃和有影响的时代③。第三，《礼记》在血缘的、宗法的人伦关系之外又摄入某种非血缘的人伦关系和超社会的人与自然的关系，建筑了一个更宽广的、"礼"的伦理关系范围。《礼记》写道：

> 民之所由生，礼为大。非礼无以节事天地之神也，非礼无以辨君臣、上下、长幼之位也，非礼无以别男女、父子、兄弟之亲，昏姻疏数之交也。（《哀公问》）
>
> 故天生时而地生财，人其父生而师教之，四者，君以正用之，故君者立于无过之地也。（《礼运》）
>
> 礼有三本：天地者，性之本也；先祖者，类之本也；君师者，治之本也。（《大戴记·礼三本》）

这样，《礼记》就拓宽了孔子儒学"君君、臣臣、父父、子子"的主要以血缘和宗法为基础的人伦关系范围，非血缘的"师"，超社会的"天"与"地"也进入人的伦理生活中，成为需要人对其承担如同对君、父一样的道德义务和责任的伦理对象，所以《礼记》说，"师无当于五服④，五服弗得不亲"（《学记》），"仁人之事亲也如事天，事天也如事亲"（《哀公问》），天、地、君、师、亲，儒家的伦理范围至此就完全确定了⑤，"君

---

① 孔子说："道之以政，齐之以刑，民免而无耻；道之以德，齐之以礼，有耻且格。"（《为政》）
② 荀子说："治之经，礼与刑。"（《成相》）"士以上则必以礼乐节之，众庶百姓则必以法数制之。"（《富国》）
③ 《管子》中《枢言》《心术》《白心》《内业》等篇最早反映出调和儒、法、道的黄老思想。如《枢言》写道："法出于礼，礼出于治，治礼道也。万物待治礼而后定。"
④ 郑玄注："五服，斩衰至缌麻之亲。"孔颖达疏："夫五服之亲，骨肉也。"（按：丧服分斩衰、齐衰、大功、小功、缌麻五等）
⑤ 这种伦理范围最早为荀子所提出。荀子说："故礼，上事天，下事地，尊先祖而隆君师，是礼之三本也。"（《礼论》）

子之道，造端乎夫妇，及其至也，察乎天地"（《中庸》），《礼记》确定的伦理范围，使儒家的以伦理道德实践为主要内容的社会生活也具有某种向人自身以外开放、发展的内在因素。

人类的历史图景　在社会层面上，《礼记》除了对"礼"的产生根源和社会功能的观点，以及对"礼"的社会生活实践观察描述与先前儒学有所不同外，《礼记》中出现的一个历史发展图景也与先前儒学迥然有别。《礼记》写道：

> 大道之行也，天下为公，选贤与能，讲信修睦，故人不独亲其亲，不独子其子，使老有所终，壮有所用，幼有所长，矜寡孤独废疾者皆有所养，男有分，女有归。货恶其弃于地也，不必藏于己；力恶其不出于身也，不必为己。是故谋闭而不兴，盗窃乱贼而不作，故外户而不闭，是谓大同。
>
> 今大道既隐，天下为家，各亲其亲，各子其子，货力为己，大人世及以为礼，城郭沟池以为固，礼义以为纪……故谋用是作，而兵由此起，禹、汤、文、武、成王、周公，由此其选也。此六君子者，未有不谨于礼者也。以著其义，以考其信，著有过，刑仁讲让，示民有常。……是谓小康。（《礼运》）

显然，《礼运》的"大道既隐，天下为家"的"小康"时代是指"三代"（夏商周），而"大道之行，天下为公"的"大同"时代是指"三代"以前的"五帝"① 时代。《礼记》所描述的这个历史图景，在两个基本点上不同于先前的孔子、孟子、荀子的儒学观点。第一，《礼记》明确地以"天下为公"与"天下为家"，或者说从禅让制（选举制）或传子制（世袭制）作为一种标志，将"三代"与"五帝"俨然划分为两个完全不同

---

① 在《礼记》中，《礼运》篇只出现"三代"一词而没有出现"五帝"一词，但《内则》《乐记》篇中都数次出现"五帝"一词。另外，《祭法》篇谓"有虞氏禘黄帝而郊喾，祖颛顼而宗尧"。由此可以断定《礼记》的"五帝"是指黄帝、颛顼、帝喾、尧、舜。进而也可以断定《礼记》"大道之行"的时代即是指此"五帝"，与"大道既隐"的"三代"时代的"六君子"对应。

的时代、不同的社会，但《礼记》以前的儒学没有这样的思想观念，从孔子到荀子，一般都没有将三代圣王（禹、汤、文王）与其前的传说中的圣王（"五帝"如尧舜）作区分，而是将他们视为同一道德和功业高度上的圣贤加以崇拜的，如孔子说"巍巍乎，舜禹之有天下也，而不与焉"（《泰伯》），荀子也说"上则法舜禹之制，下则法仲尼子弓之义"（《非十二子》）。尧舜禅让，三代传子之间有无区别？孟子、荀子都专门论述了这个问题。孟子在叙述了传说中的尧舜、舜禹、禹启之间传位情况后说："匹夫而有天下者，德必若舜禹而又有天子荐之者……孔子曰：'唐虞禅，夏后殷周继，其义一也。'"（《万章上》）荀子则着重从逻辑概念辨析圣王相传都是"以尧继尧"，无所谓"禅让"与"传子"之分（《正论》）。总之，孔子、孟子、荀子以一种道德的眼光来观察五帝三代圣王都是以贤传贤，不存在"天下为公""天下为家"的区别。第二，《礼记》明显地是将有无礼法规范制度、有无私人财产作为区分"大道之行"与"大道既隐"两个不同时代社会的两个实际标准。但这一思想观念也是《礼记》以前的儒家所没有的。孟子认为"仁义礼智根于心"（《尽心上》），荀子认为"人生而有欲，欲而不得，则不能无求，求而无度量分界，则不能不争，争则乱，乱则穷。先王恶其乱也，故制礼义以分之，以养人之欲，给人之求"（《礼论》）。可见，孟子、荀子都认为礼义道德规范有深刻的人心或人性的根源，是人的生活所固有的内容，当然不是"三代"以后才形成的。《礼记·礼运》的作者显然是向往"货恶其弃于地，不必藏于己；力恶其不出于身也，不必为己"那种似乎是财产公有、政治平等的社会，《礼记》以前的儒家没有产生过这样的憧憬，他们的理想社会是均产、恒产。如孔子说"有国有家者，不患寡而患不均，不患贫而患不安"（《季氏》），孟子认为"民之为道也，有恒产者有恒心，无恒产者无恒心，苟无恒心，放辟邪侈，无不为己"（《滕文公上》），荀子也认为"农分田而耕，贾分货而贩，百工分事而劝……是百王之所同也"（《王霸》）。在这种家庭小私有制基础上产生的伦理道德等级和政治经济的不平等，在他们看来是完全正当、合理的。如孟子说"或劳心，或劳力，劳心者治人，劳力者治于人。治于人者食人，治人者食于人，天下之通义也"（《滕文公上》），荀子也说"少事长，贱事贵，是天下之通义也"（《仲尼》）。

孔子说自己"信而好古",说自己"非生而知之者,好古敏以求之者"（《述而》）。可见,历史感、历史眼光从一开始就是儒家的一个理论支点或观察角度,从孔子到荀子都观察到和描述了某些显著的世态或社会的古今历史变化。如孔子知道"殷因于夏礼,所损益可知也;周因于殷礼,所损益可知也"（《为政》）,并认为人们的道德状况变化是"古之学者为己,今之学者为人"（《宪问》）。孟子概括三代赋税、教育制度的变化说:"夏后氏五十而贡,殷人七十而助,周人百亩而彻,其实皆什一也……夏曰校,殷曰序,周曰庠,学则三代共之。"（《滕文公上》）荀子则曾概述国家交往间的变化是"诰誓不及五帝,盟诅不及三王,交质子不及五伯"（《大略》）等。显然,《礼记》以前的儒学历史眼光所观察到的只是宽泛意义上的"礼"本身（制度、道德状况）的变化,而不能观察到从无"礼"到有"礼"的社会历史变化。实际上在他们的理论观念和历史视野中,没有"礼"的社会状态是不能存在的。正是在这个意义上荀子说"古今一度",并且斥"古今异情"之说为"妄人"（《非相》）之论。从现代文化人类学的观点来看,人类早期的确存在过、经历过没有"礼义"的蒙昧阶段和没有私有财产的氏族公社时期。《礼记》在这里显示出的比先前儒学更加开阔远大的历史眼光是从哪里来的?考察起来,《礼记》由"道"到"礼"的社会图景和历史发展路线,似乎是相似于道家的,特别是《庄子》的历史视野中出现的景象:

> 古之人,在混芒之中,与一世而淡漠焉。当是时也,阴阳和静,鬼神不扰,四时得节,万物不伤,群生不夭,人虽有知,无所用之,此之谓至一,当是世也,莫之为而常自然。逮德下衰,及燧人、伏羲始为天下,是故顺而不一。德又下衰,及神农、黄帝始为天下,是故安而不顺。德又下衰,及唐、虞始为天下,兴治化之流,浇淳散朴,离道以善,险德以行,然后去性而从于心。心与心识知而不足以定天下,然后附之以文,益之以博。文灭质,博溺心,然后民始惑乱,无以反其性情而复其初。（《缮性》）

> 古者……民知其母,不知其父,与麋鹿共处,耕而食,织而衣,无有相害之心,此至德之隆也。然而黄帝不能致德,与蚩尤战于涿鹿

之野，流血百里。尧舜作，立群臣，荡放其主，武王杀纣，自是之后，以强凌弱，以众暴寡。（《盗跖》）

《庄子》中的这两段描述表明，第一，《庄子》认为在三代以前，甚至在五帝以前，人类的生活才真正是美好的时光，《庄子》慨叹"自三代以下者，天下何其嚣嚣也"（《骈拇》）。第二，《庄子》认为，自古至今最显著的社会变化，正是礼义法治规范的出现、不耕不织者出现、战争和暴力出现。因此，在不太严格的意义上，可以确认《礼记·礼运》中的历史图景与庄子的这种思想观念有某种犀通，并且，"大同"一词最早也是在《庄子》中出现①的。当然，二者毕竟还是有根本的区别：站在道家自然主义立场上的《庄子》基本上是否定五帝、三代圣王的，而《礼记》则是从寻求儒家伦理道德（"礼"）的源头和典范的意义上真诚地推崇他们。《礼记》只是在道家历史观念影响下，试图描述五帝三王的区别，揭示存在于他们之间的历史发展。后来的儒家是能够接受这一观点的。

人性的原点与修养路线 《礼记》在心性层面上对人性的观察和精神修养的观点与孟子、荀子儒学也甚有不同。如前所述，孟子认为，仁、义、礼、智等道德感情"根于心"，人之"性善"；荀子认为，人生而有好利、疾恶、好声色等情与欲，人之"性恶"。由这个人性的出发点，在精神的或道德的修养上，孟子主张"养心""求放心"，强调一种对道德规范的反思体认；荀子主张"化性起伪"，用礼义制度来节制、改造自然欲望，强调"心"的认知能力，所谓"积善成德，而神明自得，圣心备焉"（《劝学》）。《礼记》在先秦儒学这两个基本的人性原点、修养路线之外，确定了另外一个原点，另外一条修养路线。《礼记》写道：

> 饮食男女，人之大欲存焉；死亡贫苦，人之大恶存焉。故欲恶者，心之大端也。（《礼运》）
>
> 喜怒哀乐之未发，谓之中；发而皆中节，谓之和。中也者，天下之本也；和也者，天下之达道也。（《中庸》）

---

① 《庄子·在宥》："堕尔形体，吐尔聪明，伦与物忘，大同乎涬溟。"

人生而静，天之性也，感于物而动，性之欲也。物至知知，然后好恶形焉。好恶无节于内，知诱于外，不能反躬，天理灭矣。（《乐记》）

显然，分别被孟子和荀子所观察到的构成人性的情感和欲望的因素或成分，《礼记》都观察到了，不同在于，《礼记》没有像孟子和荀子那样因此分别就道德情感表现而作出"性善"和就欲望发泄而作出"性恶"的价值性判断，而是作出一种完全是中性的存在状态的描述：是"静""中"。也就是说，在《礼记》看来，处于"未发""静止"状态的情感、欲望是人性所固有的，无所谓"善"或"恶"，因事而发的喜怒哀乐之情，感物而动的好恶之欲，如果合于规范（"中节"），就是正当的、可以实现的①，反之，越出规范，驰骋物欲（"无节于内，知诱于外"），就会悖理，招致有害的后果。《管子》写道："凡人之生也，必以正平。所以失之者，必以喜乐哀怒，节怒莫若乐，节乐莫若礼，故守礼莫若敬，外敬而内静者，必反其性。"（《内业》《心术下》）《礼记》"人生而静"的观点不是先前儒家思想所固有，而显然与早期黄老的这个思想观念是犀通的②。

《礼记》提出的精神道德修养的方法途径，与孟子、荀子相比，较为显著的不同或发展是，第一，如果说在完成道德修养中，孟子强调对道德感情的培养、触发，荀子强调知的认识能力的运用，那么，《礼记》则强调一种信心或信念的确立——"诚"。《礼记·中庸》阐述曰：

诚者，天之道也；诚之者，人之道也。诚者不勉而中，不思而得，从容中道，圣人也。诚之者，择善而固执之者也。

---

① "和也者，天下之达道也"，孔颖达疏，"情欲虽发而能和合道理，可通达流行"（《礼记正义》），朱熹注："达道者，循性之谓，天下古今之所共由，道之用也。"（《中庸章句》）此据孔疏。

② "人生而静"的观点当然还可以追溯到老子、庄子思想。《老子》曰："夫物芸芸，各复归其根。归根曰静，静曰复命。"（第16章）《庄子·天道》曰："虚静恬淡寂漠无为者，万物之本也。"虚静为万物之本、之根的道家思想，在最早反映黄老思想的《管子》《心术》《内业》等篇中，首先演变为"天之道虚，地之道静……虚者无物之始"（《心术上》）的自然哲学观点，进而又推演出"人之生必以正平……外敬而内静者必反其性"的人性论观点。

诚者非自成己而已也，所以成物也。成己，仁也；成物，知也。性之德也，合外内之道也，故时措之宜也。

唯天下至诚，为能尽其性，能尽其性，则能尽人之性；能尽人之性，则能尽物之性；能尽物之性，则可以赞天地之化育；可以赞天地之化育，则可以与天地参矣。

《礼记》对"诚"作了双重的、两面的诠释。一是就"天道"（客观面）言，"诚"是事物之本然，"不诚无物"（《中庸》），是"中道"的圣人境界；一是就"人道"（主观面）言，"诚"是对这种本然境界的执着追求，是在某种既定的道德观念（"成己"之"仁"）和一定的智慧程度（"成物"之"知"）的基础上形成的对这个道德观念系统中最高道德目标（"中道""尽性"）的真诚的信念、信心。所以《礼记》中的"诚"既不同于孟子的作为仁义礼智之端的恻隐、羞恶、辞让、是非的"心之情"（见《公孙丑上》），也不同于荀子"疏观万物而知其情，参稽治乱而通其度"的"心之知"（《解蔽》）。如果说，在孟子那里，"凡有四端于我者，皆知扩而充之"（《公孙丑上》），即由道德感情的发扬、实践，最后就可以成为"人伦之至"的"圣人"（《离娄上》）；在荀子那里，"齐明而不竭，圣人也"（《修身》），"天地为大矣，圣人为知矣"（《不苟》），具有成熟、广大的智慧就是最高的道德境界；那么，在《礼记》这里，却是通过"成己""成物"的"诚"而达到"与天地参"的"圣人"境界。《礼记》此种"圣人"境界观念变异了孟子的"天之生此民""天视自我民视"（《万章上》）的天人合一观念与荀子的"明天人之分""制天命而用之"（《天论》）的天人分立思想①。"参天地"在大小《戴记》中有不同的解释。《礼记·孔子闲居》记述孔子答子夏问曰："子夏曰：'三王之德，参于天地，敢问何如斯可谓参于天地矣？'孔子曰：'奉三无私以劳天下。'子夏曰：'敢问三无私？'孔子曰：'天无私覆，地无私载，日月

---

① 《荀子》中也有"参天地"的观念，但那是对"君子"的功业或"圣人"的智慧的比拟之词。如"君子者，天地之参也，万物之总也，民之父母也"（《王制》），"积善不息，则通于神明而参于天地矣"（《劝学》），"并一而不二，则通于神明，参于天地矣"（《儒效》）。

无私照，奉斯三者以劳天下，此之谓三无私……是汤之德也。'"《大戴记·四代》记述孔子答鲁哀公问曰："公曰：'所谓民与天地相参者，何谓也？'子曰：'天道以视，地道以履，人道以稽，废一曰失统，恐不长飨国。'"显然，按照《礼记》的解释，"参天地"是指像汤那样的三代君王的德性修养极为高尚，达到了可以比拟匹配天地那样无私仁厚的地步；按照《大戴记》的解释，人具有和天、地不同而又相互辅助、补充的性质、能力，因而组成一个三者相依并立的生存结构环境，所以是"参天地"。《礼记》的解释所显示的天人观念已不同于孟子、荀子，但仍保持着儒家思想的特色；《大戴记》的解释则完全摆脱了先前的儒家思想，而吸取了明显的是属于黄老天、地、人三个主体各有其能而和谐共存的思想观念①。比较而言，《中庸》之"尽性"的"与天地参"与《孔子闲居》具有儒学意蕴的解释可能更接近，但也内蕴有感受黄老思想影响和变异荀子思想而来的观念因素。第二，《礼记》的精神道德修养方法途径与先前儒学相比的另一个显著不同或发展之处，是它更周延地提出或者说规划了完成道德实践或提高精神修养——修身的阶段或过程。《论语》曾记载孔子在总结自己的一生精神成长经历时说："吾十有五而志于学，三十而立，四十而不惑，五十而知天命，六十而耳顺，七十而从心所欲不逾矩。"（《为政》）又曾记载孔子和子路的一次谈话："子路问君子，子曰：'修己以敬。'曰：'如斯而已乎？'曰：'修己以安人。'曰：'如斯而已乎？'曰：'修己以安百姓。修己以安百姓，尧舜其犹病诸。'"（《宪问》）可见，在孔子儒学中是可以从个人精神境界的渐次达到的高度和个人道德影响或功利润泽渐次被及的范围来观察、划分修身的过程或阶段的。孟子所说"尽其心者，知其性也；知其性，则知天矣"（《尽心上》），"天下之本在国，国之本在家，家之本在身"（《离娄上》），以及荀子所说"好法而行，士也；笃志而体，君子也；齐明而不竭，圣人也"（《修身》），"人

---

① 例如在最早反映兴起于齐国稷下的黄老思想的《管子》中的《枢言》《内业》《白心》等篇中曾明确表述了这一思想"天以时使，地以材使，人以德使"（《枢言》），"天主正，地主平，人主安静"（《内业》），"天或维之，地或载之，人有治之"（《白心》）。荀子曾游学稷下，似乎也受到这一黄老思想观念的影响，如他在那著名的主张"明天人之分"的《天论》中也说："天有其时，地有其财，人有其治，夫是谓之能参。"

主用俗人，则万乘之国亡；用俗儒则万乘之国存，用雅儒则千乘之国安，用大儒则百里之地久，而后三年，天下为一，诸侯为臣"（《儒效》），在不太严格的意义上，都可以看作是在运用这两个方面的修身判定原则。《礼记》中综合了先前儒学的这些思想观念，明确而周延地把修身的过程、阶段表述出来：

> 古之欲明明德于天下者，先治其国；欲治其国者，先齐其家；欲齐其家者，先修其身；欲修其身者，先正其心；欲正其心者，先诚其意；欲诚其意者，先致其知；致知在格物。物格而后知至，知至而后意诚，意诚而后心正，心正而后身修，身修而后家齐，家齐而后国治，国治而后天下平。自天子以至于庶人，一是皆以修身为本。（《大学》）
>
> ……君子不可以不修身；思修身，不可以不事亲；思事亲，不可以不知人；思知人，不可以不知天。（《中庸》）

不难看出，《礼记》所确定的修身——道德实践或精神修养历程具有这样的三个基本特色。一是理性的特色。《礼记》的修身的起点是"格物致知"，是对事物的理性认识。"格物"，汉儒、宋儒、明儒、清儒有不同的解释①，本质上这是他们对达到"致知"这一理性认识的途径持有不同的理论立场和实践方法的反映。因此，越过这种分歧，《礼记》的"格物致知""诚意正心"可以宽泛地解释为，通过不同方法而形成对事物的认识、理解，进而形成坚定的道德信念。《礼记》的修身进程正是在这样的理性认识、理性的道德自觉的基础上展开的。二是功利的特色。《礼记》的修身进程并没有中止在个性品质修养完成上，而是在此基础上指向具有功利性质的目标：齐家、治国、平天下。儒家的"安人""安百姓"的积极入世的人生态度被更清晰地表现出来。三是开放的特色。《中庸》说"君子之道，辟如行远必自迩，辟如登高必自卑"，《礼记》表述的道德实

---

① 颜元说："按格物之格，王门训正，朱门训至，汉儒训来，似皆未稳……元谓当如史书'手格猛兽'之格，'手格杀之'之格。乃犯手捶打搓之义，即孔门六艺之教是也。"（《习斋记余》卷六）

践进程就是这样的如同行远、登高的由内及外、由己及人、由近及远的展开的过程，而在精神境界上则是由个性修养（"修身事亲"——"格物致知""诚意正心""齐家"）、社会功德（"知人"——"治国""平天下"）而指向超越的追求（"知天"）的不断升华的过程。因而《礼记》中确定的修身进程是一个开放的过程。儒家的生活实践中的精神动力就是在这个过程中产生的。

总之，《礼记》开拓、丰富了儒学心性层面上的理论内容。《乐记》所界说的人性中性与情（欲）的区别与联系，《大学》中提出的心性修养方法和过程，《中庸》中表述的"诚"的精神境界等，构成了此后儒学心性理论的主要论题。

命之观念内涵的变化　孔子儒学和孟子儒学中超越层面上的"天命"（或"天"或"命"）的思想观念，在《礼记》中有某种重要的变化。如前所述，在孔子、孟子思想中，在一般的语言意义上，"天"与"命"的涵义是不同的。"天"是自然，"命"是政令①。《礼记》中也有这种情况②，这不是我们这里论述的范围。但是在超越的层面上，孔子、孟子思想中的"天"与"命"是同义的，都是指在人与社会之上、之外的某种客观必然③，某种超越性的存在。《礼记》对孔子儒学和孟子儒学中这种超越层面上的"天命"（或"命"）作了一些新的解释或界定：

　　大凡生于天地之间者皆曰命。（《祭法》）
　　命降于社之谓殽地，降于祖庙之谓仁义，降于山川之谓兴作，降

---

① 如孔子说，"天何言哉，四时行焉，百物生焉"（《阳货》），孟子说，"天油然作云，沛然下雨"（《梁惠王上》），都是指自然之"天"；孔子说，"行己有耻，使于四方，不辱君命，可谓士矣"（《子路》），孟子说，"……德之流行速于置邮而传命"（《公孙丑上》），都是指政令之"命"。

② 《礼记》中，也多有非超越性的自然涵义的"天"，如"天有四时""天降时雨"（《孔子闲居》）；也多有非超越性的政令涵义的"命"，如"受命于君前则书于笏"（《玉藻》），"君子礼以坊德，刑以坊淫，命以坊欲"（《坊记》）。

③ 如孔子说，"天生德于予，桓魋其如予何"（《述而》），"道之将行也与，命也，道之将废也与，命也，公伯寮其如命何"（《宪问》）。孟子说："莫之为而为者，天也；莫之致而至者，命也。"（《万章上》）在这里，"天""命"的涵义显然是相同的。

于五祀之谓制度。（《礼运》）

天命之谓性，率性之谓道，修道之谓教。（《中庸》）

分于道，谓之命；形于一，谓之性；化于阴阳，象形而发，谓之生；化穷数尽，谓之死。（《大戴记·本命》）

按照《礼记》的这些解释，"命"似乎是一种事物所固有的之所以成为那一事物的本性、本分。孔子、孟子儒学中那种"道之将行也与，命也；道之将废也与，命也"（《宪问》），"莫之致而至者，命也"（《万章上》）的在人和社会自然之上、之外的某种客观必然性，转变为人、事、物本身的本质实在性，也就是说，"命"（"天命"）的超越的性质似乎是削弱了、消失了，这是在《礼记》中发生的一个重要的深层观念上的变异。"命"之观念的这一变异在宋明儒学中有进一步的发展，获得了完全的内在性内涵。

但是，《礼记》对"天"的尊崇、祭祀，仍然表现出对某种崇高、超越的存在的追求。如《礼记》写道：

郊之祭，大报天而主日，配以月。（《祭义》）

天子有善，让德于天……易抱龟南面，天子卷冕北面，虽有明知之心，必进断其志焉，示不敢专，以尊天地也。（同上）

在《礼记》中有郊、禘、祖、宗四种祭祀，禘、祖、宗是祭祀先祖、先贤，郊是祀天①。按照《礼记》的观点，"众生必死，死必归土，此之谓鬼，骨肉毙于下，阴为野土，其气发扬于上为昭明"，"气也者，神之盛也；魄也者，鬼之盛也"（《祭义》）。死去的先祖、先贤，为鬼为神皆是气的变现，不具有超越的性质，先祖先贤何以受到禘、祖、宗的祭祀，《礼记》解释说：

夫圣王之制祭祀也，法施于民则祀之，以死勤事则祀之，以劳定国则祀之，能御大灾则祀之，能捍大患则祀之……此皆有功烈于民者

---

① 清代孙希旦《礼记集解》引杨复曰："禘、郊、祖、宗，乃宗庙之大祭。禘者，禘其祖之所自出；郊者，祀天；祖者，祖有功；宗者，宗有德。"（《礼记集解》卷四十五《祭法第二十三》）

也。及夫日月星辰，民所瞻仰也，山林、川谷、丘陵，民所取用也，非此族也，不在祀典。（《祭法》）

也就是说，《礼记》是认为先祖先贤的德行、功业所显示的那种精神，从他们个体存在中升华出来，获得了某种超越的性质而被崇拜、祭祀的。《礼记》的这个思想观念显然是来源自《国语》①。但是，《礼记》对"天"的超越性质的解释却超出了《国语》所概括的"民所瞻仰""民所取用"的经验的、功利的品质，《礼记》写道：

地载万物，天垂象取财于地，取法于天，是以尊天而亲地也。（《郊特牲》）

万物本乎天，人本乎祖，此所以配上帝也。（同上）

公曰："敢问君子何贵乎天道也？"孔子对曰："贵其不已。如日月东西相从而不已也，是天道也。不闭而能久，是天道也。无为而物成，是天道也。已成而明，是天道也。"（《哀公问》）

博厚，所以载物也；高明，所以覆物也；悠久，所以成物也。博厚配地，高明配天，悠久无疆。如此者，不见而章，不动而变，无为而成。天地之道，可一言而尽也：其为物不二，则其生物不测。天地之道，博也，厚也，高也，明也，悠也，久也。（《中庸》）

无疑地，天地是万物生成和存在最基本的条件、因素，"万物本乎天"，天在空间上无限广袤，在时间上永恒不已，"博厚而悠久"。天具有不同于、高出于任何事物的存在、表现方式："不见而章，不动而变，无为而成"。天的这些伟大的性质是万物个体所不可能具有的，它是在万物之上、之外的一种神圣、实在的性质。这就是一种超越的存在。可见，如果说，在《国语》中先祖先贤的被祭祀的超越性质是他们的社会政治行为得到一种升华，成为不朽的道德精神，那么，在《礼记》这里，"天"的

---

① 《礼记》此段文字与《国语》所记展禽对臧文仲祀爰居一事所作评论中的语言雷同。（见《国语·鲁语上》）

超越性质则是来自对天的自然性质的理性的、同时也具有道德感情色彩的升华，成为一切事物产生根源和存在依据的那种神圣的实在。这样，"天""命""天命"这个属于儒家的思想中超越层面上的思想观念，在《礼记》这里既是发生了变异，也是发生了增益，它不仅是指从人的社会经历中升华出来的某种非人力所能左右的客观必然性，也是从人的生存自然环境中升华出来非人格的永恒的根源。

如前所述，孔子说"五十而知天命"（《为政》），孟子说"修身以俟命"（《尽心上》），理性的认识，或在理性认识基础上的道德实践，是《礼记》以前儒学对超越的追求的基本态度。《礼记》对超越的存在（"天"）也正是这样的态度，未能超出这个范围。《礼记》一方面说"君子……不可以不知天"，另一方面也说"君子……上不怨天，下不尤人，居易以俟命"（《中庸》）。但是《礼记》的特出之处，在于用"诚"把这两方面网纳起来。亦如前引《中庸》所阐述，"诚"自其"天道"客观而言，是事物之本然（"不诚无物"），是事物之性（"自诚明谓之性"），亦是"天命"（"天命之谓性"）；自其"人道"主观而言，"诚"是对这种本然、境界的追执。人由"成己"（仁）、"成物"（知），即能"尽性""至诚"达到"中道"。在这里，也可以说就是实现了"知命""立命"。这又是对先前儒学思想的一种发展。

以上我们论述了在孔子以后，从战国到秦汉之际以孟子、荀子、《易传》和《礼记》等主要人物和典籍为代表的儒学发展情况。这一阶段在儒学理论发展中的意义是，第一，孔子儒学三个理论层面上的问题都得到了具有新的理论深度、新的理论内容的探讨。孟子、荀子都明确提出了人的伦理道德感情、社会伦理规范的根源的问题，一般说来，孟子、荀子是在人自身之中，而《易传》和《礼记》则是在人之外的自然中发掘了这种根源。儒学超越的理论层面上的观念内涵，从孔子、孟子的"命"到《礼记》《易传》的"天""天道"，也有客观必然性与根源神圣性的差异或变化。而先秦儒学对超越的追求，孔子的"知天命"的理性，孟子的"修身俟命"的道德实践，《易传》的"易"的逻辑，《礼记》的"诚"的方法，都是既有联系又有区别的。荀子则比较特殊，他是从一个否定的方面来解决这个问题的：他只承认"天"的自然实在性。第二，原始儒学的理论空缺得到填充。应该说，社会伦理和心性道德占据了原始儒学理论中的绝大部分，而自然哲学是比较薄弱、贫乏的。《易传》有明确的宇宙根源、万物生成、宇宙结构的思想观念，为儒学提供了一个比较周延的自然哲学图景，弥补了原始儒学中的主要理论缺陷，儒学在以后的发展中有了更广阔的基础。第三，显示儒学理论的三个发展方向。孟子认为"仁义礼智根于心"，他对人本身具有深刻的信心，努力在人自身中发掘道德的潜能，荀子以"礼"的理论为中心，把人本身的问题、人与人的问题和人与自然的问题都吸附到社会层面来加以分析和解决，《易传》则突出地向"天道"追溯，在宇宙的、自然的背景下观察人性、观察社会。《礼记》比较驳杂，先秦儒家内部不同学术倾向或派别的观点，似乎都能在此见其踪影①。儒学的理论思维向人本身（人心、人性）深入，向社会深入，向超越（"天道""天命"）深入，这是孟子、荀子和《易传》《礼记》所显示出的理论走向。这一走向与孔子儒学所固有的三个理论层面是吻合的，共同地结合成一个比较周延的有充实内容的原始儒学（先秦儒学）理论体系，为以后的儒学发展奠定了基础。

这阶段儒学的思想观念变化之处，特别是在《荀子》《易传》《礼记》中那些思想观念变异比较显著的地方，受到那个时代的具有较高思维水平和较丰富理论内容的道家（老子、庄子、稷下道家）的思想影响是十分明显的。这表明，儒学思想的发展不是在孤立的思想体系内部发生的，不是儒学固有思想观念的自我变异或翻新，而总是在吸收异己的思想观念或增进了新的观念内容的情况下发生的。在以后的儒学发展中，我们还会不断地看到并分析到这种情况。

① 大体上，可以将《礼记》中显示的儒学内部的学术倾向差异或理论分歧，就其历史进程区分为两个阶段。第一，在孔子及门弟子中，基本的学术倾向的差别已如前述，表现在"礼"之理论与践行（子游）、经典传授（子夏）和心性修养与道德实践（曾子）之间。第二，在七十子后学中的理论分歧，主要是在承接子游、子夏的荀子（以关于"礼的理论和传授经典"为特色），和承接曾子的子思、孟子（以"忠恕""命性情""五行"——五种德行三组观念为标志）之间。"忠恕""性命"可见于《礼记》中的《中庸》《大学》；郭店楚简中与《缁衣》等篇一同出土的《五行》，则将子思的"五行"思想凸显得十分清晰。

乙篇

经学：儒学的学术基础

先秦儒学——相对于儒学此后的历史发展，我们称之为原始儒学。从春秋时的孔子儒学，经由战国时的孟子、荀子，到秦汉之际儒家学者的发展，基本的学术内容、理论结构都已确定。原始儒学虽然是脱胎于殷周的宗教观念、西周的《诗》《书》文献和"礼"的行为规范，并且感受了春秋战国时某种异己的思想影响，是渊源有自的。但是，原始儒学的理论内涵在本质上是独立于、不同于在它先前的殷周以来的思想观念的，在儒家思想乃至在整个中国传统思想文化的形成和发展中，都具有轴心的原生或源头的性质。原始儒学遗留下的文献资料和创造的理论观念，构成了此后儒学发展的经典基础。采摘、吸收某一新的、异己的理论观念对儒学经典或原始儒家的基本思想作出新的解释，从而形成相对独立的具有新的理论形态的儒学思想体系，是儒学在先秦以后的发展的基本模式，这就是在共同的经学基础上出现在我国两汉、魏晋和宋明时期的三个主要儒学思潮——天人之学、自然之学、性理之学。可以说，经学——对儒家经典不同层次、不同方面的诠释，是儒学的初始形态和贯穿始终的基本的学术内容；是儒家区别于中国传统思想中其他思想派别，诸如道家思想、佛家思想的儒学本色。

一　经学的历史发展

（一）儒家经典的确立：从"六经"到"十三经"

儒家经典，世称"十三经"——《周易》、《尚书》（《书经》）、《毛诗》（《诗经》）、《周礼》、《仪礼》、《礼记》、《春秋左传》、《春秋公羊传》、《春秋穀梁传》、《论语》、《孝经》、《尔雅》、《孟子》。就其内容说，儒家这十三部典籍大体上可以分为三类：①基本上是属于记述或反映春秋以前的中国古代社会的哲学、历史、诗歌和典章制度的文献材料：《易经》（《周易》中卦辞、爻辞）、《尚书》、《诗经》、《周礼》、《仪礼》、《春秋》；②基本上是属于对这些典籍的解说：《易传》（《周易》中彖、象、文言、系辞、说卦、序卦、杂卦）、《礼记》、《孝经》①、《左传》、《公羊传》、《穀梁传》、《尔雅》②；③记录原始儒学两个最主要人物孔子、孟子的言行：《论语》《孟子》③。

儒家对这十三部典籍的经典地位的确立有一个过程。最早被儒家尊奉为经典的是在孔子以前就已形成的古代典籍"六经"④ ——《诗》、

① 清代学者认为《孝经》近于《礼记》，甚是。如毛奇龄《孝经问》说："此是春秋战国间七十子之徒所作，稍后于《论语》，而与《大学》《中庸》《孔子闲居》《仲尼燕居》《坊记》《表记》诸篇同时，如出一手。故每说一章，必有引经数语以为证，此篇例也。"纪昀等《四库提要》："今观其文，去二戴所录为近，要为七十子之徒之遗书。使河间献王采入一百三十一篇中，则亦《礼记》一篇，与《儒行》《缁衣》转从其类。"

② 汉、宋学者多以《尔雅》为五经或《诗》之训诂。如汉代王充说："《尔雅》之书，五经之训诂。"（《论衡·是应篇》）郑玄说："《尔雅》者，孔子门人所以释六艺之文言。"（《周官·大宗伯疏》引郑玄《驳五经异义》）宋欧阳修说："《尔雅》……考其文理乃是秦汉之间学诗者纂集说《诗》博士解诂之言尔。"（《诗本义》卷十《文王》）高承说："《尔雅》……大抵解诂诗人之旨。"（《事物纪原》卷四）清代学者则认为《尔雅》"非专为五经作，今观其书，大抵采诸书训诂名物之同异，以广见闻实自为一书，不附经义"（《四库提要》），此说甚是。然这里就组成"十三经"的经典之间比较而言，《尔雅》显然具有训诂、解经的性质。

③ 汉代学者亦把《论语》《孟子》视为解经的传记。如《汉书·扬雄传》赞曰，"传莫大于《论语》"，《后汉书·赵咨传》引"《记》曰'丧与其易也宁戚'"（按：此语出《论语·八佾》）。王充《论衡·对作》"杨墨之学不乱传义，则孟子之传不造"，《汉书·刘向传》引"《传》曰'圣人者出，其间必有名世者'"（按：此语出《孟子·公孙丑下》）。此就实而言，《论语》《孟子》非为解经，乃是实录。

④ "六经"自汉代或称"六艺"（始见贾谊《新书·六术》《史记·滑稽列传》）。"六经"中无《乐经》，实为五经。其说有二：①《乐经》亡佚，如唐徐坚说，"古者以《易》《书》《礼》《诗》《乐》《春秋》为六经。至秦焚书，《乐经》亡，今以《易》《书》《礼》《诗》《春秋》为五经"（《初学记》卷二十一）。历代经学中的古文学派持此说。②"乐"本无经，"乐"在《诗》与《礼》中，如清邵懿辰说："乐本无经也……乐之原在《诗》三百篇之中，乐之用在《礼》十七篇之中。"（《礼经通论·论乐本无经》）历代经学中的今文学派如是说。

《书》、《礼》(《仪礼》)、《乐》、《易》(《易经》)、《春秋》①。孔子及其弟子曾概括"六经"对社会和个人的教育功能说,"兴于《诗》,立于《礼》,成于《乐》"(《论语·泰伯》),"入其国,其教可知也,其为人也温柔敦厚,《诗》教也;疏通知远,《书》教也;广博易良,《乐》教也;洁静精微,《易》教也;恭俭庄敬,《礼》教也;属辞比事,《春秋》教也"(《礼记·经解》)。从《论语》《孟子》《荀子》中对"六经"的援引可以看出②,"六经"是儒家政治活动和教育活动的依据和内容。尽管"六经"作为远古旧典,亦为先秦其他学派的诸子著作所援引③,但自战国始,"六经"还是唯一地成为儒家的经典或学术标志,如《庄子·天运》:"孔子谓老聃曰:丘治《诗》《书》《礼》《乐》《易》《春秋》六经。"根据汉代历史的记载,汉文帝时"六经"中《诗》最先置立博士④,汉景帝时已有《春秋》博士⑤,武帝时五经皆立博士⑥,也就是说,西汉时随着儒术独尊地位的形成,"六经"(五经)的经典地位也受到官方的确认。

在正史中,"七经"之称始见于《后汉书·赵典传》注和《蜀志·

---

① "六经"的次第排列,先秦至西汉是《诗》《书》《礼》《乐》《易》《春秋》,东汉以后是《易》《书》《诗》《礼》《乐》《春秋》。在经学史上,前者是今文学家的排列,后者是古文学家的排列。其间的差异,以今人的眼光看,"古文学的排列次序是依六经产生时代的早晚,今文学却是按六经内容程度的浅深"(周予同《群经概论·导论》)。

② 罗根泽《战国前无私家著作说》(1931年)对此有所统计。

③ 《墨子》引《诗》十二,引《书》三十二,引各国《春秋》四(据罗根泽《战国前无私家著作说》一文统计)。《管子·戒》"泽其四经",戴望注"四经,谓《诗》《书》《礼》《乐》"也。

④ 后汉翟酺曰:"文帝始置一经博士。"(《后汉书》卷七十八《翟酺传》)王应麟考证说:"考之汉史,文帝时,申公、韩婴以《诗》为博士,五经列于学官者,唯《诗》而已。"(《困学纪闻》卷八)

⑤ 《史记》卷一百二十一《儒林列传》:"董仲舒,广川人也,以治《春秋》孝景时为博士……胡毋生,齐人也,孝景时为博士,以老归教授,齐之言《春秋》者,多受胡毋生。"

⑥ 《汉书》卷八十八《儒林传赞》:"武帝立五经博士……《书》唯有欧阳,《礼》后,《易》杨,《春秋》公羊而已。"王应麟考之曰:"立五经而独举其四,盖《诗》已立于文帝时,今并《诗》为五也。"(《困学纪闻》卷八)

秦宓传》①，"九经"之名始见于《新唐书·儒学传·谷那律传》②，但对于"七经""九经"为何，说法不一。清代学者全祖望认为，"'七经'者，盖'六经'之外加《论语》，东汉则加《孝经》而去《乐》"（《经史问答》），柴绍炳则说："有称七经者，五经之外，兼《周礼》《仪礼》也。"（《考古类编》卷四《经学考》）关于"九经"，柴绍炳说："有称'九经'者，'七经'之外，兼《论语》《孝经》也。"（同上）皮锡瑞则认为："唐分三礼、三传，合《易》《书》《诗》为九。"（《经学历史·经学统一时代》）唐文宗时，郑覃奏请刻石九经③，世称"开成石经"。根据宋王应麟《玉海》"唐立石九经并《孝经》《论语》《尔雅》"（卷四十三），知"开成石经"是《易》《书》《诗》《周礼》《仪礼》《礼记》《左传》《公羊传》《榖梁传》《论语》《孝经》《尔雅》十二经。"开成石经"表明，儒家经籍中除《孟子》之外的"十二经"的经典地位，在唐代已确立。儒家典籍被刻石立于国学，正是其经典地位确立的一个确凿的标志。东汉熹平石经、魏正始石经，镌刻《易》《书》《诗》《仪礼》《公羊》《论语》六经都是这样④。

"十三经"中，《孟子》的经典地位是最后确立的。历史上，《孟子》在汉时曾一度立博士⑤，后蜀主孟昶所刻十一经亦有《孟子》（无《孝经》《尔雅》），《孟子》的学术地位一直是很高的，故自汉以来，诸儒说经论事，每引之以为证⑥。但《孟子》作为儒家经典的地位的真正确立却是在南宋时。南宋孝宗时朱熹合《论语》《孟子》《大学》《中庸》称为"四书"，升《孟子》配《论语》，并撰《四书集注》。明代取士"四书"

---

① 《后汉书》卷五十七《赵典传》注："谢承书曰：典学孔子七经。"《三国志·蜀志》卷八《秦宓传》："蜀本无学士，文翁遣相如东授七经，还授吏民。"

② 《新唐书》卷一百九十八《儒学传·谷那律》："谷那律淹识群书，褚遂良尝称为九经库。"

③ 见《旧唐书》卷一百七十三《郑覃传》。

④ 《后汉书》卷九十《蔡邕传》："熹平四年，奏求正定六经文字，灵帝许之，邕乃自书丹于碑，使工镌刻，立于太学门外。"宋洪适《隶释》据残碑考定熹平石经为《易》、鲁《诗》、小夏侯《尚书》、《仪礼》、《公羊》、鲁《论语》。《晋书》卷三十六《卫恒传》："正始中立三字石经。"正始石经残余不可详考。

⑤ 后汉赵岐《孟子题辞》："孝文皇帝欲广游学之路，《论语》《孝经》《孟子》《尔雅》皆置博士，后罢传记博士，独立五经而已。"

⑥ 焦循《孟子正义·孟子题辞》举例甚多，不具录。

文义以此为准，包括《孟子》在内的儒家十三经的经典地位于此方全部确立。至于十三经刻石立于太学，则是清代乾隆年间①。十三经的确立过程，明顾炎武曾简要概括说："自汉以来儒者相传，但言五经，而唐时立之学官，则云九经者，《三礼》《三传》分而习之，故云九也……宋时程、朱诸大儒出，始取《礼记》中之《大学》《中庸》，及进《孟子》以配《论语》，谓之四书。本朝因之，而十三经之名始立。"（《日知录》卷十八）

儒家经典确立以后，历代儒家学者围绕经典所作出的汪洋浩瀚的诠释（传注、注疏、考论等），就构成了中国传统学术中一个独立的基本的内容——经学。历代经学由于其主要学术内容和方法的不同，在中国全部的学术史中所显现出的历史发展阶段或学派更迭演进是最为清晰的。大体而言，可分为汉学、宋学和清学三个阶段②。

（二）今古文经学

今古文经学的主要差异　从汉代到唐代几个朝代的历史时期中的经学，始终保持着汉代今古文经学的基本学术论题和特征，可以称之为经学的汉学阶段。汉代今文、古文经的区别，最早是指分别以古文（古籀文）、今文（隶书）两种文字书写的，并且字句、篇章或有所不同的两种经典。到了东汉，许慎撰《五经异义》，引述有古《尚书》说，今《尚书》夏侯、欧阳说，古《毛诗》说，今《诗》韩、鲁说，古《周礼》说，今《礼》戴说，古《春秋左氏》说，今《春秋公羊》说，古《孝经》说，今《孝经》说，皆分别言之，这一情况就正如皮锡瑞所说，"非惟文字不同，而说解亦异矣"（《经学历史·经学昌明时代》）。现代学者

---

① （清）冯登府《石经补考》卷十一《国朝石经考异》："高宗纯皇帝于乾隆五十八年诏刊十三经于太学。"
② 清代以来，学者对经学发展阶段或派别由于观察的角度或强调的重点有所不同，仁仁智智，约有三说。一是两派说，以《四库全书总目提要》为代表，"自汉宋以后，垂二千年……要其为宿，则不过汉学、宋学两家互为胜负"（卷一《经部总叙》）。二是四派说，见近人刘师培《经学教科书·序例》："大抵两汉为一派，三国至隋唐为一派，宋元明为一派，近儒别为一派。"三是三派说，今人周予同为皮锡瑞《经学历史》注释本撰作《序言》谓："中国经学可以归纳为三大派：西汉今文学、东汉古文学、宋学。"

在十分广泛的范围内将汉代古、今文经学加以比较，指出若干重要方面的差异①。

今文经学	古文经学
1. 尊孔子为"受命"的"素王"，"托古改制"。 2. 以"六经"为孔子作，其次序由浅至深为：《诗》《书》《礼》《乐》《易》《春秋》。 3. 今存《仪礼》《公羊》《穀梁》《礼记》《韩诗外传》，以《公羊传》为主。 4. 信纬书，多讲阴阳灾异，大义微言。 5. 斥古文经传是刘歆伪造。 6. 经的传授多可考，西汉时盛行②，皆立于学官	1. 尊孔子为先师，"信而好古，述而不作"。 2. 以"六经"为古代史料，其次序由古至今为：《易》《书》《诗》《礼》《乐》《春秋》。 3. 今存《周礼》《毛诗》《左传》，以《周礼》为主。 4. 斥纬书、灾异为妖妄，多讲名物训诂。 5. 斥今文经传是秦火残缺之余。 6. 经的传授不太可考，西汉时在民间流传，东汉时盛行③

在具体的名物制度训释方面，古今文经学也有所差异，以对《尚书》的训释举例。

类别	经言 解说	今文经之解说	古文经之解说
词义	尧典（《尧典》）	尧者，高也，饶也（《风俗通·皇霸》引《尚书大传》）	尧，谥也，翼善传圣曰尧。（《经典释文》引马融说）
名物	以亲九族（《尧典》）	九族者，父族四，母族三，妻族二，皆异姓（许慎《五经异义》引夏侯、欧阳说）	九族者，从高祖至玄孙凡九，皆同姓（《经典释文》引马融说）

① 参见周予同《经今古文学》。
② 西汉经今文学者有所谓"五经十四博士"，据《汉书·儒林传》为：《诗》申培、辕固、韩婴三家，《书》欧阳生、夏侯胜、夏侯建三家，《礼》戴德、戴圣二家，《易》施仇、孟喜、梁丘贺、京房四家，《公羊》严彭祖、颜安乐二家。据《汉书·艺文志》，十四博士中有《礼》之庆普一家，无《易》之京房一家。
③ 皮锡瑞《经学历史·经学昌明时代》谓"至刘歆始增置《古文尚书》《毛诗》《周官》《左氏春秋》，既立学官，必创说解。后汉卫宏、贾逵、马融又递为增补，以行于世，遂与今文分道扬镳"。

类别 \ 经言 \ 解说		今文经之解说	古文经之解说
制度	象以典刑(《尧典》)	唐虞之象刑,上刑赭衣不纯,中刑杂屦,下刑墨幪,以居州里,而反于礼(《公羊传·襄公二十九年》疏引《尚书大传》)	言咎繇制五常之刑,无犯之者,但有其象,无其人也(《史记集解·五帝纪》引马融说)
史实	周公居东二年,则罪人斯得(《金縢》)	管蔡武庚等,果率淮夷而反,周公乃奉成王命,兴师东伐,作《大诰》,遂诛管叔,杀武庚,放蔡叔(《史记·鲁周公世家》)①	罪人,周公之属党,与知居摄者。周公出,皆奔,今二年尽为成王所得,谓之罪人(《毛诗正义·鸱鸮》疏引郑玄说)

今古文经学界线的消失 经学的汉学阶段在东汉后期到魏晋时期,表现出一种新的学术特色,即经今古文混淆,郑玄、王肃是其代表。郑玄注经,兼采今古文字,兼援今古文义。最为典型的是其《仪礼注》和《毛诗笺》。郑玄《仪礼注》常常是文为今文之字,而注出古文之字;或注用古义,而补足今文之义;甚或同时兼用古今文。例如,《士冠礼》"眉寿万年,永受胡福",郑注曰"古文眉作麋";《士昏礼》"大羹湆在爨",郑注曰"大羹湆,煮肉汁也……今文湆皆作汁";《聘礼》"管人布幕于寝门外",郑注曰"古文管作官,今文布作敷"。郑玄《毛诗笺》以古文《毛传》为主,但也时有援用三家诗说者。例如《商颂·玄鸟》"天命玄鸟降而生商",毛传曰:"玄鸟,鳦鴤也。春分,玄鸟降。汤之先祖有娀氏女简狄,配高辛氏帝,帝率与之祈于郊禖而生契,故本其为天所命,以玄鸟至而生焉。"此为古文说,以简狄于春分燕至时,与帝祈于郊禖,因而生契。郑笺却曰:"降,下也,天使鳦下而生商者谓鳦遗卵,有娀氏之女

---

① 清代学者如孙星衍,据《汉书·儒林传》"孔氏有古文尚书,孔安国以今文读之……而司马迁亦从安国问故",以《史记》为古文家说(《尚书今古文注疏·凡例》)。晚近学者如崔适,认为《太史公自序》有"太史公受《易》于杨何","昔孔子何为而作《春秋》?余闻董生"云云,故司马迁属今文经学统。其"从安国问故"未见《太史公自序》,亦未见《汉书·司马迁传》,故不足信,且"孔安国以今文读之",是谓古字经,非古文说也(《史记探原》卷一《序证·古文尚书》)。本书依近人之说。《尧典》"璿玑玉衡",伏胜训释为"北极"(《尚书大传》)。马融、郑玄解说为"浑天仪"(《尚书正义》疏引)。《史记·天官书》称引为"北斗七星",此亦是司马迁《书》说,属今文经说之一证。

简狄吞之，而生契"。此今文说，以简狄吞燕卵而生契。显然，郑笺此训未从毛传之古文说，而采用三家诗之今文说。清代学者考证，在三家诗说中，郑笺援用韩诗说尤多。如毛诗《齐风·敝笱》"其鱼唯唯"，郑笺曰"唯唯，行相随顺之貌"。韩诗作"遗遗"，据《玉篇》"潏潏，鱼行相随"。郑笺训为"行相随顺"，即采韩诗"遗遗"之义。

魏晋时之王肃解经，也是兼采、混和今古文，但王肃的兼采今古文似乎是出于某种学术成见，经常出现这种情况：在郑玄采用古文解处，王肃采用今文解；反之，郑玄援引今文义时，王肃则取古文义。如在《诗经》注中，《魏风·陟岵》郑笺同毛传，训"岵屺"为"山无草木曰岵，山有草木曰屺"。王注则援鲁诗说，训曰"多草木岵，无草木屺"①，《唐风·蟋蟀》"职思其外"，郑笺曰，"外谓国外至四境"，此采今文诗说②。而王注则曰，"其外言无越于礼乐也"，显然，这是依据《毛传》"外，礼乐之外"而作的驳郑的训释。王肃甚至还援引《孔子家语》《孔丛子》中的孔子语言来攻驳郑玄而印证自己的经解观点，如《礼记·祭法》"相近于坎坛"，郑注"相近读为禳祈"（《经典释文》卷十三），即"相近"因音近而误为"禳祈"，其注义甚精。但王肃注作"祖迎"（《经典释文》卷十三），其注无汉代传注根据，但《孔丛子·书论》却有"祖迎于坎坛，所以祭寒暑也"，与王肃同。《尚书·尧典》"禋于六宗"，郑注认为"六者皆天神，谓星、辰、司中、司禽、风伯、雨师也"（孔颖达《尚书注疏》引），王肃则援引《家语》驳郑曰"《家语》：四时也，寒暑也，日也，月也，水旱也，为六宗"（《圣证论》）③，先儒由此怀疑托名为孔安国之《孔子家语》、孔鲋之《孔丛子》可能是王肃伪作④。从经学史上看，魏晋时期的郑学与王学的对立十分特殊，它是在混和今古文中显示的对

① 《尔雅·释山》："多草木岵，无草木屺。"（《尔雅》为鲁诗之学，见陈乔枞《鲁诗遗说考·序》）
② 陈奂《郑氏笺考征·唐风·蟋蟀》："《列女传·仁智篇》周共王灭密，君子谓密母能识微，即引此诗。笺"用《鲁诗》义。"（按：陈乔枞《鲁诗遗说考·序》称，刘向父子世习《鲁诗》……《说苑》《新序》《列女传》诸书，其所称述，出《鲁诗》无疑矣）
③ 王肃《圣证论》十二卷见《隋书·经籍志》，今佚。清马国翰《玉函山房辑佚书》辑为一卷。
④ 参见清儒孙志祖《家语疏证》。

立，所以它不是今古文的对立，但却根源于今古文的对立。同样，南北朝时期的南学与北学的对立也具有这样的性质。南学北学的各自学术特色，《隋书·儒林传》有简要的概括："江左，《周易》则王辅嗣，《尚书》则孔安国，《左传》则杜元凯；河洛，《左传》则服子慎，《尚书》《周易》则郑康成，《诗》则并主于毛公，《礼》则遵于郑氏。大抵南人约简，得其英华；北学深芜，穷其枝叶。"（《隋书》卷七十五）总体上说，北学的特色为明经，多保留汉学的名物训诂的朴实学风，而南学的特色是义疏，重在发挥经典的义理，是汉学中的微言大义的传统。

唐代是经学的汉学阶段的最后时期，其特色是经学的今古文对立和南北学对立渐趋消失而归于统一。其主要表现为，第一，唐代的《五经正义》，其经注，《诗经》用毛亨传、郑玄笺之《毛诗》，《尚书》用魏晋时出现的孔安国传，《周易》用魏晋王弼、韩康伯注，《礼记》用郑玄注，《春秋》用杜预集解之《春秋左传》，实际上是将今文与古文、南学与北学传注与义疏熔为一炉。第二，在《五经正义》或九经的唐人义疏中，多有融会或客观公允地评断今古文经说歧异之处。例如，《尚书·多士》"天邑商"，《尚书正义》孔颖达疏①引述郑玄、王肃之说②后曰："郑王二者其言虽异，皆以天邑商为殷之旧都。"对于《君奭》"公曰：君奭天寿平格保义有殷，有殷嗣天灭威，今汝永念则有固命，厥乱，明我新造邦"数语，孔疏在引述郑玄注、王肃注、孔安国传③后评断说："孔传之意，此经专言君之善恶，言不及臣，王肃以为兼言君臣，郑注以为专言臣事。"《礼记·礼运》"其居人也曰养"，郑注据《孝经说》认为"养"字

---

① 《五经正义》实是由诸儒共成，标题孔颖达一人之名者，以其总揽大纲，且年辈在先，名位独重。其分治《尚书》者为王德昭、李子云。（见《尚书正义·序》）

② 《尚书·多士》"天邑商"，郑玄注曰"言天邑商者，亦本天之所建"，王肃注曰"言商今为我之天邑"（《尚书正义》疏引）。现代古文字或古史学者读"天邑商"为"大邑商"，如于省吾谓："甲骨文'大邑商'与'天邑商'互见，'天''大'古通，《大豐殷》'王祀于天室'，'天室，即'大室'。"（《双剑誃尚书新证》卷三《多士》）杨筠如谓："'天邑'当为'大邑'之伪，古'天''大'通用，《庄子·德充符》'独成其天'，《释文》'崔本作大'是其例证。"（《尚书覈诂·多士》）

③ 《尚书·君奭》中此数语，郑玄注曰"专言臣事"，王肃注"殷君臣有德，故安治有殷，言是者不可不法殷家有良臣"，伪孔安国传曰"有平至之君，故安治有殷，有殷嗣子纣不能平至，天灭亡加之以威"。

当是"义"字之误；王肃注据《孔子家语》训为"养食"。孔疏①评断曰"养当为义也"。凡此，皆表现出《五经正义》兼收并蓄和在歧异中作出裁断的学术立场或风格。唐代其他儒家学者的经疏，诸如贾公彦《周礼注疏》《仪礼注疏》，陆淳《春秋纂例》，李鼎祚《周易集解》，也具有这样的特色。皮锡瑞在《经学历史》中分别评价《春秋纂例》和《周易集解》具有总结性的学术价值说，"三传自古各自为说，无兼采三传以成一书者；是开通学之途，背专门之法矣"，"多存古义，后人得以窥汉《易》之大略"（《经学历史·经学统一时代》）。在贾公彦的经传注疏中不时可以见到对先前经说分歧论点的裁断。例如评判郑众（郑司农）、郑玄二人对《周礼·地官·稻人》"以列舍水，以浍写水"的不同训释曰："先郑以舍为舍去之舍，后郑以为止舍之舍，以浍是写去水，以列为止水于其中，故不从先郑也。"②评判二郑对《考工记》"以饬五材"的不同训释说："先郑引《春秋传》'天生五材，民并用之'者，《左传·襄二十七年》宋子罕语引以证五材之义，云谓金木水火土也者，《左传》杜注，亦用先郑义。然此经说百工饬材，而有水火，于义未允，故后郑不从。"③

总之，可以认为，汉至唐，经学虽有发展变迁，基本上没有逾越汉代今古文经说的学术范围。

（三）宋学

宋学的基本特色 宋学是经学历史发展中与汉学具有不同学术特色的、宋元明时期的经学。作为经学的宋学，其基本的学术特色是，第一，宋学中弥漫着对儒家经典本身的神圣性及汉儒经说的权威性表示怀疑的思

---

① 《五经正义》中分治《礼记》者为朱子奢、李善信、贾公彦、柳士宣、范义頵、张权。（见《礼记正义·序》）
② 《周礼·地官·稻人》"以列舍水，以浍写水，以涉扬其芟作田"，郑玄注曰："郑司农说：'以列舍水，列者，非一道以去水也，以涉扬其芟，以其水写，故得行其田中，举其芟钩也。'玄谓：遂，田首受水小沟也，列，田之畦畛，开遂舍水于列中，因涉之扬去前年所芟之草而治田种稻。"
③ 《考工记》"审曲面势，以饬五材，以辨民器，谓之百工"，郑玄注："郑司农云，《春秋传》曰天生五材，民并用之，谓金木水火土也。'玄谓此五材金木皮玉土。"

潮。对此，那个时代的学者就曾有深切的感受和明确的记述，如南宋王应麟在《困学纪闻》中说，"自汉儒至于庆历①间，谈经者守训故而不凿，《七经小传》② 出而稍尚新奇矣，至《三经义》③ 行，视汉儒之学若土梗"（卷八《经说》），并援引陆游对宋代经学变迁更具体的观察说："唐及国初，学者不敢议孔安国、郑康成，况圣人乎！自庆历后，诸儒发明经旨，非前人所及，然排《系辞》，毁《周礼》，疑《孟子》，讥《书》之《胤征》《顾命》，黜《诗》之序，不难于议经，况传注乎？"（同上）④ 宋学的疑经思潮进一步发展，则表现为改经、删经，例如朱熹，于《大学章句》中移易旧文的节次，将其划分为经一章、传十章，并补写了第五章"格物致知"的传文一百三十四字⑤，撰《孝经刊误》，分为经一章，传十四章，删去旧文二百二十三字⑥，其三传弟子王柏著《书疑》九卷，托辞于错简，于《尚书》全经加以割裂、移易、补缀；又著《诗疑》二卷，删削经文三十二篇。陆九渊弟子俞廷椿著《周礼复古编》割取《周礼》

---

① 庆历，宋仁宗年号（1042～1048）。

② 宋刘敞撰，七经为《尚书》《毛诗》《周礼》《仪礼》《礼记》《公羊传》《论语》。《四库提要》评其"好以己意改经，变先儒淳朴之风"。（《四库全书总目》卷三十三）

③ 宋王安石撰，三经为《书》《诗》《周礼》。《毛诗义》《尚书义》已佚，《周官新义》清初从《永乐大典》中辑出。

④ 陆游所论，"排《系辞》"谓欧阳修，其《易童子问》辨《系辞》《文言》以下为非孔子之言。"毁《周礼》"谓欧阳修与苏辙。欧阳修《问进士策》论《周礼》之制甚有可疑（《欧阳文忠公全集》卷四十八）。二苏疑《周礼》之论，分别见《天子六军之制》（《东坡续集》卷九）与《历代论·周公》（《栾城后集》卷七）。"疑《孟子》"谓李觏、司马光。李觏《常语》中多非孟子之言（《盱江集》卷三十二），司马光撰《疑孟》一卷，凡十一篇（《司马温公文集》卷七十四）。"讥《书》"谓苏轼，苏轼《书传》以《胤征》为羿篡位时事（卷六），以《康王之诰》（今文《尚书》中此篇与《顾命》合为一篇）为失实。凡此，皆与《书序》及先前经说不同。"黜《诗序》"谓晁说之，其《诗序论》四篇每谓"序诗非也"（《景迂生集》卷十一）。欧阳修《毛诗本义》、苏辙《诗集传》也对《诗序》为孔子、子夏作之旧说及其内容提出批驳。

⑤ 朱熹在《记〈大学〉后》一文中说，《大学》"简编散脱，传文颇失其次，子程子盖尝正之"（《朱文公全集》卷八十一）。今《二程全书》卷五《程氏经说》有程颢的《改正大学》，又有程颐的《改正大学》，可见在朱熹之前二程就已改易《大学》。

⑥ 朱熹《孝经刊误》附记曾述其致疑《孝经》之原委，从中可见朱熹删改《孝经》旧文，实本胡宏及汪应辰。（见《朱文公全集》卷六十六）

五官（天、地、春、夏、秋五官）六十以外之属，用来补亡佚之冬官，以证其"冬官不亡"之说。元代吴澄《礼记纂言》大旨以《礼记》经文庞杂，疑多错简，故将四十九篇颠倒割裂，作了新的分类排定①，显示出的也正是宋学的勇于疑古，但却多有臆断的特色。第二，宋学经说中的义理充斥着极度强化了的伦理观念。作为经学的宋学始终是在理学②思潮风靡的学术环境中生长发育的，完全可以说，主要的经学家也都是理学家。诸如"君臣父子夫妇昆弟朋友，当然之实理也"（朱熹《论语或问》卷四）、"天理人欲，不容并立"（朱熹《孟子集注》卷三《滕文公上》）等理学的基本观念，必然要渗进对经典的解说中而形成宋学的独特的伦理和道德的义理特色。宋学的这一特色，特别在两个地方表现得比较突出。一是在对《尚书》中记述殷商之际和西周初年历史的若干篇章的解释中，离异汉儒旧说而另出新解。如谓文王不称王③，周公惟摄政，末代王④，从理学家的伦理观念看来，旧说以西伯为殷臣而称王，周公摄政而践王位，皆是"反经非圣，不可为训"（唐·梁肃《受命称王议》）。理学家甚至认为，历史上某些犯伦僭越的政治行为的发生，也是由这种漠视伦理规范的训解导引的，"王莽居摄，几倾汉鼎，皆儒者有以启之，是不可以不辨"（蔡沈《书集传·洛诰》）。皮锡瑞曾批评说："宋儒乃以义理悬断数

---

① 吴澄《礼记纂言》将四十九篇中的三十六篇分属《通礼》（九篇）、《表礼》（十一篇）、《祭礼》（四篇）、《通论》（十二篇）；《大学》《中庸》独立一书；《投壶》《奔丧》归于《仪礼》；《冠义》等六篇别辑为《仪礼传》，其始终先后，皆非《礼记》之旧。

② 理学是宋明时代儒家思想中融入了佛家、道家思想而形成的一种儒学理论形态，后面将专题论述。

③ 《尚书大传·西伯戡黎》"文王……六年伐崇则称王"。《史记·周本纪》"诗人道西伯盖受命之年称王而断虞、芮之讼"，可见，汉代经说以为文王受命称王。宋欧阳修《泰誓论》、胡宏《皇王大纪》、李舜臣《群经议》、蔡沈《书集传》皆斥以为非，谓文王未尝称王。

④ 《尚书大传·金縢》"武王死，成王幼，周公盛养成王，使召公奭为傅。周公身居位，听天下为政"，《史记·鲁周公世家》"周公恐天下闻武王崩而畔，周公乃践阼，代成王摄行政当国"。《洛诰》"周公拜手稽首曰'朕复子明辟'"，伪孔《传》曰"周公还明君之政于成王"。可见，自汉代以来，旧说以为周公摄政践位。宋蔡沈《书集传·大诰》云"武王崩，成王立，周公相之"，《洛诰》云"武王崩，成王立，未尝一日不居君位，何复之有哉"，可见，蔡《传》以为周公唯相成王，未代成王为王。

千年以前之事实……皆变乱事实之甚者"（《经学历史·经学变古时代》），甚是。二是在对《诗经》中情诗①的诠释中，表现了与汉学旧解有很大差异的理论立场和态度。如朱熹《诗集传》《诗序辨说》，将《邶风·静女》《鄘风·桑中》《卫风·木瓜》《王风·采葛》《郑风·将仲子》《齐风·东方之日》《陈风·东门之池》等二十四首②抒发男女情思之诗判为"淫诗"（"淫奔期会之诗""淫女之辞"），采取了一种严厉谴责的态度，"但知思念男女之欲，是不能自守其贞信之节，而不知天理之正"（《诗集传·鄘风·蝃蝀》）。这与《诗序》《毛传》《郑笺》《正义》等以前的《诗》说，常据《左传》《国语》的史实或从教化（美刺）的角度所作出训释甚有不同③。王柏《诗疑》更在"存天理灭人欲"的理学观念驱使下，从三百零五篇中削去"淫诗"三十二篇，并认为这正是被孔子删去而又被汉儒窜入的那些诗，他说："愚尝疑今日三百五篇者岂果为圣人之三百五篇乎？秦法严密，诗无独全之理。窃意夫子已删去之诗，容有存于间巷浮薄者之口。盖雅奥难识，淫俚易传，汉儒病其亡逸，妄取而撺杂，以足三百篇之数。"（《诗疑》卷一）

宋学根源 作为经学之宋学的这两个基本的学术特色，实际上是来源于宋代理学这个共同的根源。理学是理性程度很高的学术思潮，宋学因此获得了对传统经学（汉学）中非历史、非科学的内容的发现和批判的能

---

① 《诗经》的分类，先前学者从《诗》的体裁、表现手法及与音乐的关系等不同角度，有三分（风、雅、颂）、四分（南、风、雅、颂）、六分（风、赋、比、兴、雅、颂）等不同的划分。晚近学者或据《诗》的内容，将其分为祭祀诗、宴饮诗、史诗、农事诗、战争诗、怨刺诗、情诗等。

② 皮锡瑞《经学历史·经学变大时代》云"今以文公《诗传》考之，其为男女淫佚而自作者，凡二十有四"，兼《诗序辨说》言，则其数或有出入。

③ 例如《邶风·静女》，《诗序》据《左传·桓公十六年》卫宣公淫庶母子妻之事，训其诗旨为"刺时也，卫君无道，夫人无德"。诗中"静女其娈，贻我彤管"，毛《传》谓"古者后夫人必有女史，彤管之法，史不记过，其罪杀之"。郑《笺》谓"彤管，笔赤管也"，是毛、郑皆以"彤管"喻规范。朱熹《诗集传》则谓："此淫奔期会之诗也，彤管，未详何物，盖相赠以结殷勤之意耳。"又如《郑风·子衿》，《诗序》据《左传·襄公三十一年》郑人与子产论毁乡校的记载，释其旨为"刺学校废也，乱世则学校不修焉"，诗中"挑兮达兮，在城阙兮"，毛《传》"挑达，往来貌，乘城而见也"。郑《笺》"国乱，人废学业，但好登高见于城阙，以候望为乐"。朱熹《集传》亦反其说："此亦淫奔之诗……挑，轻儇跳跃之貌，达，放姿也。"

力。理学也是伦理道德观念极强的儒学思潮，这又使宋学经说的义理内容中伦理（理学之"理"）的色彩分外鲜明。正如皮锡瑞在《经学通论》中批评宋儒的《书》义所云，"专持一理字，臆断唐虞三代之事，凡古事与其理合者即以为是，与其理不合者，即以为非"（《经学通论·书经·论尚书义凡三变》）。实际上，在宋学的《诗》《书》以外的《经》义中也存在着这种以"理"贯《经》的情况。例如，在宋学中，《易》义的代表是程颐《伊川易传》，而程颐解《易》以"理"为出发点则是很明确的，"有理而后有象，有象而后有数。《易》因象以知数，得其义，则象数在其中矣。必欲穷象之隐微，尽数之毫忽，乃寻流逐末，术家所尚，非儒者之务也"（《河南程氏文集》卷九《答张闳中书》）。《春秋》义的代表是胡安国《春秋传》，其《序》曰："《春秋》之作，遏人欲于横流，存天理于既灭，为后世虑至深远也……奉承诏旨，辄不自揆，谨述所闻为之说以献。虽微辞奥义或未贯通，然尊君父，讨乱贼，闲邪说，正人心，用夏变夷，大法略具，庶几圣王经世之志，小有补云。"可见，胡《传》亦以于《春秋》史实中注入伦理观点为其特色。宋学的三《礼》经说，除集结先儒旧说外①，真正显示其特色的，仍是追索、发明"礼"之根源——"理"，如张载说"礼之原在心，五常出于凡人之常情，……天之生物便有大小尊卑之象，礼本天之自然"（《经学理窟·礼乐》），朱熹亦说"礼乐者皆天理之自然……所谓礼乐，只要合得天理之自然，则无不可行也"（《朱子语类》卷八十七）。

　　元、明两代也有自己的经学家和经学著作，但在理学思想笼罩下，其经学完全丧失了创造力，未能跨越出宋学的范围之一步②。

---

① 如北宋陈祥道《礼书》一百五十卷，贯通经传，南宋李如圭《仪礼集释》三十卷，亦出入经传，卫湜《礼记集说》一百六十卷，所取凡一百四十四家，采撷宏富，《四库提要》誉为"礼家之渊海"。朱熹《仪礼经传通解》也有某种集结礼论的性质。

② 皮锡瑞曾评元人之学云："若元人则株守宋儒之书，而于注疏所得甚浅。"（《经学历史·经学积衰时代》）顾炎武尝论明人之学曰："若有明一代之人，其所著书，无非窃盗而已。"（《日知录》卷十八《窃书》）

（四）清学

清学风格的基本内涵　清学是经学历史发展中的一个新的繁荣阶段；从经学作为一种古代文化的意义上说，清学也是一个空前绝后的最后阶段。清学的主要特色，表现为其在对儒家经典训释时具有两点可与汉学、宋学相区别的新的学术内涵或风格。第一，经疏中博引广证，务求实据。学者多评断顾炎武为清学第一人①。《四库提要》在总括《日知录》内容时论及顾炎武的治学风格："炎武学有本原，博赡而能贯通，每一事必详其始末，参以证佐，而后笔之于书，故引据浩繁，而牴牾者少。"（《四库全书总目》卷一一九）顾氏这一学术风格，蔚然成为清代经疏共同的学术特色。于《书》，如孙星衍《尚书今古文注疏·序》称"遍采古文传记之涉书义者"。陈乔枞《今文尚书经说考·自序》云："凡所采摭经史传注及诸子百家之说，实事求是，必溯师承，沿流以讨源。"王鸣盛《尚书后案》虽为发挥郑玄一家之说，其抄撮群书经史子集亦达一百三十一部。于《诗》，如陈启源《毛诗稽古编》曰："古今为诗学者无虑数十家，其说灿乎备矣。今日论诗不必师心以逞，惟当择善而从……折衷众说，必引据古书，择其义优者以决所从，不敢凭臆为断。"（《毛诗稽古编·叙例》）马瑞辰《毛诗传笺通释》标其例则曰："是书先列毛郑说于首，而唐宋元明诸儒及国初以来经师之说有较胜汉儒者，亦皆采取，以辟门户之见。"（《毛诗传笺通释·例言》）于《礼》，胡培翚《仪礼正义》，自谓其例凡四，"曰补注，补郑君注之未备也；曰申注，申郑君注义也；曰附注，近儒所说虽异郑恉，义可旁通，附而存之，广异闻，佚专己也；曰订注，郑君义偶有违失，详为辨正，别是非，明折衷也"（《仪礼正义》罗惇衍《序》引②）。孙诒让《周礼正义》极尽其浩博，诚如《自序》所云："博采汉唐宋以来迄于乾嘉诸经儒旧诂，参互证绎，以发郑注之渊奥，补贾疏之遗缺。"凡此，皆显示清代经学的博证的特色。清代经学家在为疏解经

---

① 如梁启超在《清代学术概论》中称顾炎武为"一代开派宗师"（《清代学术概论·四》），在《中国近三百年学术史》中谓："论清学开山之祖，舍亭林没有第二个人。"（《中国近三百年学术史·清代经学之建设》）

② 此语初见于胡培翚《研六室文抄》卷首《族兄竹村先生事状》引。

传而取证先前典籍时，态度十分严肃，一般说来，他们不援引已确证的伪书或小说家言，援引宋代以后的经说也很谨慎。如孙星衍《尚书今古文注疏》中，虽博采古文传记，但"惟《家语》《孔丛子》《小尔雅》《神异经》《搜神记》等或系伪书，或同小说，不敢取以说经，贻误后学"（《尚书今古文注疏·凡例》）。陈启源《毛诗稽古编》虽采历代《诗》说数十家言，但于"宋元迄今，去古益远，又多凿空之论，讹记之书，非所取信。然其援据详明，议论典确，鄙见赖以触发者，亦百有一二焉"（《毛诗稽古编·叙例》）。这里似乎是显示清代经学具有一种实证的科学精神。第二，经疏中以文字学，特别是以音韵学为基础。清代经学的殿军孙诒让①，在论及清代经解何以能超越汉宋经说时说："大抵以旧刊精校为据依而究其微旨，通其大例，精研博约，不参成见。其是正文字讹舛，或求之于本书，或旁证之它籍，及援引之类书，而以声类通转之馆键，故能发疑正读，奄若合符。"（《札迻·序》）由孙氏之论可见，清代经学不仅是以博证为它的特色或成功之处，而且以声转为关键、在音韵的基础上来进行名物训诂，也是其新的特色和成就。清学中，在孙诒让之前，戴震、王念孙已明确提出这一由文字、音韵入而疏经方法。如戴震说，"经之至者，道也，所以明道者，其词也，所以成词者，字也。由字而通其词，由词而通其道"（《戴东原集》卷九《与是仲明论学书》），其著《转语》二十章（已佚），《序》曰"同位则同声，同声则可以通乎其义"（《戴东原集》卷四），专由声音以究训诂。此后王念孙亦说："窃以诂训之旨，本于声音……就古音以求古义，引申触类，不限形体。"（《广雅疏证·序》）从训诂学的立场上看，清学以音求义的训诂方法是对汉学以形求义的训诂方法的重大发展②。清代经学家马瑞辰在其《毛诗传笺通释》中，"以三家辨其异同，以全经明其义例；以

---

① 梁启超在《清代学术概论》中论及清代经学发展至孙诒让时说："诒让则有醇无疵，得此后殿，清学有光矣。"（《清代学术概论·二》）甚是。

② 东汉许慎《说文解字·序》云："盖文字者，经艺之本，王政之始，前人所以垂后，后人所以识古，故曰本立而道生，知天下之至赜而不可乱也。今叙篆文，合以古籀，博采通人，至于小大，信而有证，稽撰其说，将以理群类，解谬误，晓神旨，分别部居，不相杂厕也。万物咸睹，靡不兼载，厥谊不昭，爰明以谕。"此即以字形为依据而阐明本义的训诂主张，并在汉代和唐代的经说中有所运用。

古音古义证其讹互，以双声叠韵别其通借"（《毛诗传笺通释·自序》）。这是清代经学中将经疏奠立于文字音韵学基础上的典型代表。此外，王引之在《经义述闻》中运用"以声求义同声假借"的清学训诂原则，破释了两千余条汉代以来的经文和传注中的疑难①，阮元评之为"数千年误解，之今得明矣"（《经义述闻》阮元《序》），堪为清代经学最重要的收获。

清学三变 皮锡瑞在《经学历史》中将清代经学划分为"国初为汉宋兼采之学"、"乾隆以后为专门汉学"和"嘉道以后为西汉今文之学"三个阶段（《经学历史·经学复盛时代》）。在严格的意义上，正如前面所说，清学有自己的特色，其学术内容和方法都不能视为汉学、宋学的再现。但是，若以清学在学术倾向上与汉学、宋学的或远或近为一坐标，来显示清学的演变，皮氏所揭橥的"国朝经学凡三变"，一般来说，也是与历史实际相吻合的。清学初期的学术重心似在考证或辨伪，阎若璩《古文尚书疏证》考证晋出二十五篇古文之伪，胡渭《易图明辨》追溯宋《易》中"河图""洛书"之源，都是继承了宋学中疑经的理性精神。乾嘉时期经学家的经解，无疑地应是清学的中坚，正如许多学者已发觉并指出的那样，乾嘉经学中以惠栋为首的吴派和以戴震为首的皖派，其学术内容和倾向的差异，亦是很明显的②。大体而言，吴派以博证信古为特色，经解中唯以多广引罗列古籍先儒之论为务，尤以汉儒经说为先；皖派多为在文字、音韵学基础上援据古论断下己论，予以确解。试以两派对《尚书》首篇首句"曰若稽古帝尧"的不同特色的训释为例证：

---

① 《经义述闻》共二千四十五条，其中有若干条目的考辨不属于经学范围，亦有部分条目的训释运用了文字音韵以外的训诂原则或方法，此是大体言之。

② 如梁启超在《清代学术概论》中判别说："惠派之治经也，如不通欧语之人读欧书，视译人为神圣，汉儒则其译人也，故信凭之不敢有所出入；戴派不然，对于译人不轻信，必求原文之正确然后即安。惠派所得，则断章零句，援古正后而已。戴派每发明一义例，则通诸群书而皆得其读。"（《清代学术概论·三》）又在《中国近三百年学术史》中界别说："汉学派中也可以分出两个支派：一曰吴派，二曰皖派。吴派以惠定宇为中心，以信古为标帜；皖派以戴东原为中心，以求是为标帜。"（《中国近三百年学术史·清代学术变迁与政治的影响（中）》）

经文	惠栋疏解	戴震疏解
曰若稽古帝尧（《尚书·尧典》）	"曰若稽古帝尧"，郑康成曰："稽，同也。古，天也。言能顺天而行，与之同功。"孔安国曰："若，顺。稽，考也。能顺考古道而行之者，帝尧。"此说本贾侍中（安国传，晋人所撰，托诸孔氏者）。高贵乡公幸太学，命讲《尚书》，帝问曰："郑玄云，稽古同天，言尧同于天也。王肃云，尧顺考古道而行之，二义不同，何者为是？"博士庾峻对曰："先儒所执，各有乖异，臣不足以定之。然《洪范》称'三人占，从二人之言'，贾、马及肃，皆以为顺考古道，以《洪范》言之，肃义为长。"帝曰："仲尼云，'唯天为大，唯尧则之'，尧之大美，在乎则天，顺考古道，非其至也。今发篇开义，以明圣德，而舍其大，更称其细，岂作者之意邪？"桓谭《新论》曰："秦延君能说《尧典》，篇目二字之说，至十余万言，但说'曰若稽古'三万言。"当时《尧典》发篇聚讼若此，宜后世异说之纷纭矣（《尚书古义上》）	"曰"，发端之辞，或言"于"，或言"爰"，或言"粤"，声义相近。据《说文》，"粤"本字作"越"，或作"曰"，并六书之假借。《尔雅·释言》"若，惠顺也"，"若"与"如"一声之转，"惠"与"顺"一声之转。《说文》"如，从随也"，从随之义，引而伸之为顺。"稽古"犹言考之昔者。前史所注记，后史从而删取成篇，故发端言"粤若稽古"，犹后人言"谨按"云尔，不敢以臆见，爽失其实也。自汉迄今并误读"粤若稽古帝尧"为句。汉唐诸儒以"稽古"属尧，郑康成训"稽古"为同天，于字义全非，贾逵、马融、王肃皆为尧考古道，而梅颐奏上之古文尚书，孔安国传亦同。宋儒以"稽古"属史官，而未明于"粤若稽古"四字句绝（《尚书义考》卷一）

十分显然，对于《尧典》"曰若稽古帝尧"这句经文，惠栋之疏解只是详尽地记载了历史上对这一经典语句两种不同训释的分歧状况，甚至还有发生争论的那种独特的历史场面的记述，但至于孰是孰非，作者则未置可否。戴震则从文字、音韵的理论角度，给予全新的确解，并纠正了汉唐诸儒在断句、义解方面的错误。吴、皖两派的经疏中学术重心、学术倾向上的这种差异，在这里表现得最为典型、鲜明，在其他地方也普遍地存在着。

嘉庆、道光以后，以庄存与、刘逢禄、陈乔枞等为代表的清代经学者从三个方面显示出一种新的与西汉今文学相接近的学术特色或倾向。第一，经疏的重心由名物训诂转向大义微言。最早表现这种新的学术方向的是庄存与《春秋正辞》。从下面列举的庄存与《春秋正辞》与惠栋《公羊古义》训释《春秋》之差异的两例中可以看出这种新的学术特色：

经文	惠栋疏解	庄存与疏解	简评
九月，考仲子之宫，初献六羽①（《春秋·隐公六年》）	《经》“初献六羽”，《注》云：“羽者，鸿也。所以象文德之风化疾也。”《五经异义》云“公羊说乐万舞以鸿羽，取其劲轻，一举千里”，《诗》毛说万以翟羽，《韩诗》说以夷狄大鸟羽。谨按：《诗》云“右手秉翟”，《尔雅》说翟，鸟名，鸩属也，知翟羽舞也②（《公羊古义上》）	“初献六羽”，何以书？讥。何讥尔？用诸侯之盛乐也。曰考仲子之宫且献六羽，于惠宫将何以献？周公之庙、鲁公之室又将何以献矣？献六羽可言也，以妾僭君不可言也。不可言而言之，且目之曰初，以鲁之用乐为所有大不可言者矣，僭天子也，讳之而不书矣（《春秋正辞·内辞第三》）	惠氏之解，重在“羽”为何物，是为名物训诂。庄氏之解注重“初献六羽”的政治伦理含义，是为大义微言
夏，成周宣榭火（《春秋·宣公十六年》）	十有六年《经》“成周宣榭灾”，《释文》云“左氏作宣榭火”，栋按《左氏》古文，“榭”本作“射”。《邪敦铭》曰：“王格于宣射是也。”刘逵引《国语》云：“射不过讲军实。”今本作“榭”，《说文》无“榭”字，经传通作“谢”。《荀卿子》曰：“台谢甚高。”《泰誓》云“惟宫室台榭”，《释文》云“本又作谢”。“吴射慈”，亦作“谢慈”，是“射”与“谢”通（《公羊古义下》）	公羊子曰：“宣榭者何？宣宫之榭也。何以书？记灾也。”穀梁子曰：“其曰宣榭何也？以乐器之所藏目之也。”《左氏》曰：“凡火，人火曰火，无火曰灾。”董仲舒、刘向以为十五年王札子杀召伯、毛伯，天子不能诛，天戒若曰：“不能行政令，何以礼乐为而藏之？”按：成周者，天子之下都也（《春秋正辞·奉天辞第一》）	惠氏之解，惟明榭、射、谢三字之通假，亦属名物之训诂。庄氏之解，明书法及天人相与之义，是为发挥微言大义

第二，在诸经典、经说中，特别推奉《公羊传》和两汉《公羊》学家。如刘逢禄在其《公羊何氏释例·序》中说：“圣人之道备乎五经，而《春秋》者，五经之筦钥也。先汉师儒略皆亡阙，惟《诗》毛氏，《礼》郑氏，《易》虞氏有义例可说，而拨乱反正，莫近《春秋》。董、何之言，

① 仲子，惠公（隐公之父）之妾。惠公以仲子手有“夫人”之文，娶之且意欲立为夫人。于礼，诸侯不再娶，无二嫡。孟子（惠公夫人）入惠公之庙，仲子无享祭之所，隐公成父之志，为仲子别立宫，宫成设祭，且用诸侯之乐舞（六羽，执羽人数为六列、每列六人，共三十六人），于礼亦为僭越。

② 惠栋此段疏解节引自《公羊传》何休注和《诗经·邶风·简兮》孔颖达《疏》。

受命如响，然则求观圣人之志，七十子之所传，舍是奚适焉？"在其《公羊何氏解诂笺·序》中又说："世之言经者于先汉则古《诗》毛氏，于后汉则今《易》虞氏，文辞稍为完具，然毛公详故训而略微言，虞君精象变而罕大义。求其知类通达，微显阐出，则《公羊传》。在先汉有董仲舒氏，后汉有何邵公氏，子夏传有郑康成氏而已。"并援依《公羊》义训释其他经典。如龚自珍以"三世"说①解释《大雅》和《周颂》中记述周人开国历史的几篇诗曰："若夫征之《诗》，后稷春揄肇祀，据乱者也；公刘筵几而立宗，升平也；《周颂》有《般》、有《我将》，《般》主封禅，《我将》言宗祀，太平也。"（《五经大义终始答问二》）第三，辑佚西汉今文经遗说，如陈寿祺、陈乔枞父子之《三家诗遗说考》《今文尚书经说考》《齐诗翼氏学疏记》。并进而力辨古文经为伪或可疑，如刘逢禄之《左氏春秋考证》，考论谓《左氏春秋》犹《晏子春秋》《吕氏春秋》，本自为书，是刘歆强以为传《春秋》，且多增附益②；魏源《诗古微》论《毛诗》晚出，其传授深为可疑，"毛公"何人，无以据信③；邵懿辰

---

① 公羊学家将《春秋》所记述十二公分为三世。《公羊传·隐公元年》"所见异辞，所闻异辞，所传闻异辞"，何休注曰："所见谓昭、定、哀，己与父时事也；所闻者谓文、宣、成、襄，王父时事也；所传闻者谓隐、桓、庄、闵、僖，高祖曾祖时事也；……于所传闻之世，见治起于衰乱之中；于所闻之世，见治升平；至所见之世，著治太平。"此先，董仲舒在《春秋繁露·楚庄王》中，据《公羊传》所见、所闻、所传闻之别，亦将《春秋》十二公分为三等。

② 刘逢禄《左氏春秋考证》提出《左传》为伪作的论据大体有两类。一是《左传》文字多有增益改窜，如谓"左氏为战国时人，故其书终三家分晋，而续经乃刘歆妄作"，"凡'书曰'之文，皆歆所增益，或以前已有之"，"左氏后于圣人，未能尽见列国宝书，又未闻口授微言大义，惟取所见载籍，如晋《乘》、楚《梼杌》等，相错编年为之，本不必比附夫子之经，故往往比年阙事。刘歆强以为传《春秋》或缘经饰说，或缘《左氏》本文前后事，或兼采他书以实其年"。二是《左传》自公羊学家看来，多有乖义理。如《左传·庄公十九年》"鬻拳可谓爱君矣"，刘氏《考证》曰："爱君以兵，是非君子之言。"（《左氏春秋考证》卷一）

③ 魏源引《汉志》"又有毛公之学，自言子夏所传"曰："'自言'云者，人不取信之词也。"又引《释文》所载三国吴人徐整和陆玑对《毛诗》传授的不同记述后曰："夫同一《毛诗》传授源流，而姓名无一同。且一以为出荀卿，一以为不出荀卿；一以为河间人，一以为鲁人；展转傅会，安所据依？岂非《汉书》'自言子夏所传'一语，已发其覆乎？"（《诗古微》二十卷本《齐鲁韩毛异同论上》）

《礼经通论》谓古文《逸礼》三十九篇出刘歆伪造①。凡此，皆显示出与清代经学前期、中期有所不同的学术内容和特色。

在近现代的中国，随着儒学作为国家意识形态之统治地位的丧失，经学也衰落下来。近代经学的最后代表人物无疑是康有为和章太炎。他俩不仅在政治上，而且在学术上都是对立的。就经学而言，第一，他俩对峙的经学论题，都没有越出传统经学的今古文经之争的范围；第二，但他俩的经学中所蕴藏的对立的政治意旨，却都不是传统经学的纯粹学术思想所能笼罩的。例如，在《春秋》学中，康有为藉《公羊传》，证"孔子改制"，为戊戌变法立据；章炳麟则依《左传》，标"夷夏之辨"，替辛亥革命张目。由此可见，近现代经学的基本状况是，在汉学、宋学和清学之外的新的独立开拓尚未出现，攀缘传统经学的各种学术问题却孳生起来。

二 经学的基本学术内容

在整个中国传统的思想文化学术阵营内，经学——对儒学十三经的训诂、诠释所构成的学术体系，具有最大的规模。以清代乾隆年间采录历代尚存古籍最多的《四库全书》为例，在总数三千五百零三部（七万九千三百三十七卷）古籍中，经部竟有一千七百七十三部（二万零四百二十七卷），为二分之一强。如此众多的经学典籍，《四库全书》将其分为十类，但就其学术内容的层次结构而言，仍可简约分为十三经本经、本经之传注、传注之疏解、经传衍生之附属等四层或四类。其中影响最大的是至宋代就已形成的世称"十三经注疏"。

---

① 刘歆《移博士书》曰："鲁共王坏孔子宅，得古文于坏壁之中，《逸礼》有三十九篇……"（《汉书》卷三十六《楚元王传》）又《汉志》据刘歆《七略》载有"《礼古经》五十六卷"，述称"《礼古经》者出于鲁淹中，及孔氏学十七篇，文相似，多三十九篇，是亦谓《逸礼》三十九篇。邵懿辰则认为，《礼经》（《仪礼》）十七篇本无阙佚，所谓"《逸礼》三十九篇"，乃"刘歆之奸言也"。邵氏立论主要之点是，《仪礼》中之礼仪凡八——冠昏丧祭朝聘乡射，从《礼记》中可寻得证据，此为周延完备之全部礼制，无有缺遗。如《昏义》曰："夫礼，始于冠，本于昏，重于丧祭，尊于朝聘，和于乡射。"故邵氏曰"证之所附之记焉，无一篇之义出乎十七篇之外，是冠昏丧祭朝聘乡射八者，约十七篇而言之也"，"证之《礼运》，凡两举八者"。（《礼经通论·礼十七篇当从大戴之次，本无阙佚》）

十三经本经		传（注）	疏（正义）
五经	传（记）		
易经	易传	魏王弼、晋韩伯注	唐孔颖达等正义
尚书		汉孔安国传	唐孔颖达等正义
诗经		汉毛亨传、汉郑玄笺	唐孔颖达等正义
礼	周礼	汉郑玄注	唐贾公彦疏
	仪礼	汉郑玄注	唐贾公彦疏
	礼记	汉郑玄注	唐孔颖达等正义
春秋	左传	晋杜预注	唐孔颖达等正义
	公羊传	汉何休解诂	唐徐彦疏
	穀梁传	晋范宁集解	唐杨士勋疏
	论语	魏何晏集解	宋邢昺疏
	孝经	唐玄宗注	宋邢昺疏
	尔雅	晋郭璞注	宋邢昺疏
	孟子	汉赵岐注	宋孙奭疏

此后，清代经学复兴，其收入《皇清经解》《续皇清经解》的清代经学家的著述，内容之广之精、数量之多，可谓空前绝后。①

儒家十三经之间，虽有共同的儒家"仁""礼""天命"等伦理道德思想相联系、相沟通，但毕竟各经也还是有自己独特的理论宗旨和内容②，这样，主要是由训诂、诠释十三经而生长发育起来的有两千年历史的经学，其各自的学术内容都十分宏富，而相互之间则又甚有不同。在这里，我们不准备对十三经各专经的学术内容和历史发展作具体的论述，而只是在不同专经的历史发展中所表现出的共同的学术内容的基础上，概括描述作为全部儒学初始形态的经学的总体学术形态，观察分析经学中存在的儒学理论生长点。在浩瀚的经学著述海洋中所显现出来的经学共同学术

① 《皇清经解》（《学海堂经解》）道光年间阮元刻，选清代经学名著一百八十种一千四百余卷、七十余家。《续皇清经解》光绪年间王先谦刻，采乾嘉以后之经学名著及乾嘉前阮刻《经解》所遗者二百九部一千四百三十卷。

② 先秦和汉代典籍对此都有论断。如《庄子·天下》说："《诗》以道志，《书》以道事，《礼》以道行，《乐》以道和，《易》以道阴阳，《春秋》以道义。"《史记·太史公自序》曰："《易》著天地阴阳五行，故长于变；《礼》经纪人伦，故长于行；《书》记先王之事，故长于政；《诗》记山川溪谷禽兽草木牝牡雌雄，故长于风；《乐》所以立，故长于和；《春秋》辨是非，故长于治人。"

内容，前人已有所观察，宋代朱熹曾说，"汉魏诸儒，正音读，通训诂，考制度，辨名物，其功博矣"（《朱文公文集》卷七十五《语孟集义序》）。清代经学家邵懿辰曾更具体地就《礼记》说"礼"而立论说："记者，记其仪节，如《大记》《小记》《杂记》之类。传者，解其文义，如《大传》《间传》之类。义者，释其意，如《昏义》《冠义》《乡饮酒义》之类。问者，反复辩论，设或问而已答之，如《问丧》《服问》之类。故记、传、问、义四者，为说《礼》之通例。汉人说经，或曰故、曰通、曰微、曰章句、曰注、曰说义、曰训诂、曰训旨、曰解诂、曰笺、曰内传、曰外传，皆四者之支流余裔也。"（《礼经通论·论记传义问四例》）先前的学者对经学的主要的、基本的学术内容的观察是正确的。这里，在不太严格的意义上我们将之归纳为三方面：训诂、诠释、考辨。

（一）经学之训诂

顾炎武在《述古》诗中咏道"六艺之所传，训诂为之祖"（《顾亭林诗文全集》卷四）。可以说，传统经学最明显的学术特色就是训诂。就训诂的现代语言学意义上的界定来说，"训诂"是"以语言解释语言"①。我们这里所说的经学之"训诂"，意义比较宽泛，如孔颖达在《诗经·周南·关雎》疏中定义"训诂"说："诂者，古也，古今异言，通之使人知也。训者，道也，道物之貌以告人也……然则诂训者，通古今之异辞，辨物之形貌，则解释之义尽于此。"它不只是指对儒家经典中的古代字词的语言学意义上的音义解释，还包括对其中名物、制度的训解。儒家经典多为先秦旧籍，千百年的社会变迁，使得昔时清晰明白的事物语言，今日却变得模糊难晓，扫除这些障碍，是经学的一个基本的学术目标。

1. 字词训解

经学对经典中字词的训诂，主要是注其音，训其义，辨其误。经学家都十分注意对经典的正确音读，如东汉郑玄说，"读先王典法，必正言其

---

① 晚近训诂学家黄侃说："训诂者，以语言解释语言之谓。"见黄侃述、黄焯编《文字声韵训诂笔记》，上海古籍出版社 1983 年版，第 187 页。

音，然后义全"（《论语·述而》邢昺注引）。从郑玄的经注中，还可以看出经学的注音体例是：①用"读如"（读若）比拟其音。如《周礼·冬官·矢人》"欲生而拊"，郑注："拊，读如拊黍之拊，谓圜也。"《仪礼·士丧礼》"螟目用缁"，郑注："帽，读若诗曰'葛藟萦之'之萦。"②用"读为"（读曰）破其假借，如《诗经·卫风·氓》"淇则有岸，隰则有泮"，郑笺"泮读为畔"，"畔"是本字，"泮"是假借字。《礼记·曲礼》"国君则平衡，大夫则绥之，士则提之"，郑注"绥读曰妥"，"妥"是本字，"绥"是假借字。③用"当为"（当作）定其形音之误。如《礼记·缁衣》"尹吉曰：惟尹躬天"，郑注："吉当为告，告，故诰字之误，天当为先字之误。"《礼记·问丧》"亲始死，鸡斯徒跣"，郑注："亲，父母也。鸡斯当为笄纚，声之误也。"经典中的语言声误，有时是属于方言、方音的语言现象，这一点也为经学家所破释。如《礼记·缁衣》"资冬祁寒，小民亦惟曰怨"，郑注："资当为至，齐鲁之语，声之误也。祁之言是也，齐西偏之语也。"《公羊传·隐公五年》"公曷为远而观鱼，登来之也"，何休注："登来，读言'得来'，'得来'之者，齐人语也。"

训释字词之义，是经学中数量最多的内容，如有学者统计，《毛传》共四千八百多条，其中解释词义的就有三千九百余条①。经学训释词义之方法，可以归纳为形训、音训、义训三种。郑玄注《周礼·大司徒》"六德"（知、仁、圣、义、忠、和）中之"仁""忠"曰"仁，爱人以及物"，"忠，言以中心"，孔颖达疏《诗经·皇皇者华》笺"中和谓忠信也"曰"于文，中心为忠，人言为信"，都是典型的因形求义的形训方法。《诗经·关雎》毛传"关雎，王雎，鸟挚而有别"，郑笺："挚之言至也，谓王雎之鸟雌雄情意至然而有别。"《左传·隐公元年》"故不书爵"，服虔注"爵者，醮也，所以醮尽其材也"，这里郑玄、服虔对"挚""爵"的解释，都是运用了以声见义的音训方法。经学中对经典字词含义的解释，更多、更经常采用的是义训的方法。经学中的义训方式主要为互训

---

① 见赵振铎《训诂学史略》，中州古籍出版社1988年版，第43页。

（直训）、义界①经学家对经典中的某个字词的含义，常常用单个的同义词予以直接训释，这就是直训或互训。如《诗经》第一首"关关雎鸠，在河之洲，窈窕淑女，君子好逑。参差荇菜，左右流之，窈窕淑女，寤寐求之，求之不得，寤寐思服，悠哉悠哉，辗转反侧"。毛传"淑，善"，"逑，匹也"，"荇，接余也"，"寤，觉也"，"寐，寝也"，"悠，思也"。《周礼》第一句"惟王建国，辨方正位，体国经野，设官分职，以为民极，乃立天官冢宰，使帅其属而掌邦治，以佐王均邦国"，郑玄注"建，立也"，"辨，别也"，"极，中也"，"掌，主也"，"佐，犹助也"。经学中的另一种广泛运用的义训方式是阐述确定经典中字词的含义之界限。例如，《尚书·皋陶谟》"俊乂在官"，马融注："千人曰俊，百人曰乂。"《礼记·乐记》"君子乐得其道，小人乐得其欲"，郑玄注："道谓仁义也，欲谓邪淫也。"《左传·庄公二十二年》"是谓凤皇于飞，和鸣锵锵"，杜预注："雄曰凤，雌曰皇。"凡此，皆属从不同方面对经典中的词义予以界定的训释。

2. 名物、制度训释

儒家经典中直接记载的或内蕴着的古代名物、制度和历史事件，由于年代久远，许多已模糊不清。经学家对此进行训释，也是经学训诂的重要内容。名物是含有特定内容的事物名号，制度是具有制约性的各种社会生活规范、规则，从语言学的意义上说，名物、制度也可能就是一个词。《尚书·尧典》"禋于六宗"，"禋"是祭名，也是一种祭祀制度，"六宗"是一种特定内容的宗法名物，也是一个词。但经学解释名物制度不同于互训或义界的解释词义，它是解析确指出这些名物、制度的内涵。经学家对儒学经典中名物典制训释内容十分广泛，但就其作出训释的根据而言，却可简约为三。第一，儒家先师先儒之言。如《尚书·无逸》"高宗亮阴，三年不言"，伏胜《尚书大传》在对这一久远的殷代第十一位君王武丁的历史事件和名物"亮阴"（《尚书大传》作"梁闇"）训释时说："高宗居

---

① 黄侃说："训诂者，论其方式有三：一曰互训，二曰义界，三曰推因。"（见黄侃述、黄焯编《文字声韵训诂笔记》）。推因是在音、义近同的基础上推究语源。从训诂学的理论本身看，这是一个独立的训诂学理论范畴，很重要。但就考察经学的训诂的学术内容而言，可简约化入音训、形训，故省略不论。

倚庐，三年不言，百官总己以听于冢宰而莫之违，此之谓梁闇。子张曰：何谓也？孔子曰：古者君薨，王世子听于冢宰，三年不敢服先王之服，履先王之位而听焉。"（《尚书大传》卷二《毋逸》）伏胜援引孔子之言，这无疑是最有权威的了。①《春秋·隐公五年》"初献六羽"，《穀梁传》训释曰："初，始也。穀梁子曰：舞夏，天子八佾，诸公六佾，诸侯四佾，初献六羽，始僭乐矣。尸子曰：舞夏，自天子至诸侯皆用八佾，初献六佾，始厉乐矣。"可见，《穀梁传》的作者对周之舞乐礼制的考释是据先师穀梁子、尸子之言来立论的。《公羊传》中出现"子沈子曰""子公羊子曰""鲁子曰""司马子曰""子女子曰""子高子曰""子北宫子曰"，表明《公羊传》作者也正是根据先儒的论述来解释《春秋》中的书法、名物和典制。同样地，汉代经学家的立论，也成为此后历代经学家对儒家经典作更深入的训释时的根据。第二，古代典籍。经学家训释经典中的名物制度，另一个经常援用的根据就是古代典籍。以郑玄为例，他注《尚书·禹贡》"和夷底绩"曰"和夷，和夷所居之地。和读曰桓。《地理志》曰：桓水出蜀郡蜀山，西南行羌中者也"（《水经注》卷三十六），即援引《地理志》来训释"和"（"桓水"）的。《周礼·小司徒》"井邑丘甸县都贡赋税敛之事"，郑玄注引《司马法》曰"六尺为步，步百为亩，亩百为夫，夫三为屋，屋三为井，井十为通。通为匹马，三十家，士一人，徒二人，通十为成。成百井，三百家，革车一乘，士十人，徒二十人，十成为终。终千井，三千家，革车十乘，士百人，徒二百人，十终为同。同方百里，万井，三万家，革车百乘，士千人，徒二千人"，《周礼》所设计的社会制度图景中的军赋制度于此得到明确具体的训释。《诗经·卷阿》"凤皇鸣矣，于彼高岗；梧桐生焉，于彼朝阳"，郑玄笺曰"……凤皇之性，非梧桐不栖，非竹实不食"，孔颖达《毛诗正义》指出，"'非梧桐不栖，非竹实不食'，《庄子》文也"②。经学家还时常直接援引儒家经典来训释名物典制，仍以郑玄为例，《周礼·庖人》"庖人掌共六畜六兽六禽，

---

① 《礼记·檀弓下》："子张问曰：'《书》云高宗三年不言，言乃谨，有诸？'仲尼曰：'胡为其不然也，古者天子崩，世子听于冢宰三年。'"

② 《庄子·秋水》："鹓鶵发于南海而飞于北海，非梧桐不止，非练实不食，非醴泉不饮。"

辨其名物"，郑众训释"六兽"为麋、鹿、熊、麋、野豕、兔，"六禽"为雁、鹑、鹦、雉、鸠、鸽。据孔颖达疏，"此先郑意取《尔雅》文'四足而毛谓之兽，两足而羽谓之禽'，故为此解"，郑玄不同意此训释，他说："《兽人》'冬献狼，夏献麋'，又《内则》无熊①，则六兽当有狼，而熊不属。六禽于'禽献'及'六挚'②，宜为羔、豚、犊、麛、雉、雁。"也就是说，郑玄综合《周官·兽人》《大宗伯》等更多篇章及《礼记·内则》的记述，对"六兽""六禽"作了另外的训释。《周礼·甸师》"王之同姓有辠，则死刑焉"，郑玄注曰："郑司农云'王同姓有罪当刑者，断其狱于甸师之官也'，《文王世子》曰'公族有死罪，则磬于甸人'。"显然，在这里郑玄不仅是同意先郑这一训释，并且援引《礼记》进一步证实这一训释。史称"郑玄囊括大典，网罗众家，删裁繁芜，刊改漏失，自是学者略知所归"（《后汉书》卷三十五《郑玄列传》）。郑玄是汉代经学的集大成者，他的这种博引典籍的训释方法是经学训诂的典范。

第三，时制世俗。经典中的古代名物典制，经学家有时也征引当时仍流行的典章制度、风俗习惯予以训释。经学的这一训诂方式，郑玄《仪礼注》表现得最为突出，这是因为《仪礼》中记载的许多古代礼仪名物，至东汉时已发生了很大变迁，郑玄不得不常引今制、今语加以解释。例如，郑玄于《仪礼·乡饮酒礼》注称："是礼三年正月一行也，诸侯之乡大夫，贡士于其君……今郡国十月行此饮酒礼，以党正每岁邦索鬼神而祭祀，则以礼属民而饮酒于序，以正齿位之说。"于《仪礼·乡射礼》注称："今郡国行此礼以季春。"于《仪礼·燕礼》注曰："今辟雍十月行此燕礼。"于《仪礼·聘礼》"又释币于行"注曰："告将行也……今时民春秋祭祀有行神，古之遗礼乎。"郑玄对《仪礼》中出现的古代名物，也常以今名训释之。如《士冠礼》"筮人执筴，抽上韇"，郑注曰："韇，藏筴之器，今时藏弓矢者谓之韇丸也。"《士昏礼》"姆纚笄宵衣在其右"，郑注曰：

---

① 《礼记·内则》有"不食，雏鳖，狼去肠……""小切狼臅膏，以与稻米为酏"，此古人食狼之证。
② 《周官·庖人》"凡用禽献，春行羔豚膳膏香，夏行腒鱐膳膏臊，秋行犊麛膳膏腥，冬行鲜羽膳膏膻"，《周官·大宗伯》"以禽作六挚，以等诸臣，孤执皮帛，卿执羔，大夫执雁，士执雉，庶人执鹜，工商执鸡"。

"姆，妇人年五十无子出而不复嫁，能以妇道教人者，若今时乳母。"《聘礼》"夫人使下大夫劳以二竹簋方"，郑玄注曰："竹簋方者，器名也，以竹为之，状如簋而方，如今寒具筥。筥者圆，此方耳。"《周礼》的制度设置具有理想的成分，自然与汉代时制不合，郑玄也常以今制今语训释，例如《周礼·天官》"大府"，郑玄注："大府，为王治藏之长，若今司农矣。"《周礼·司市》"凡通货贿，以玺节出入之"，郑玄注："玺节，印章，如今斗检封矣。"这种以今制世俗来注释经典中的名物制度的训诂方式，在郑玄以前和以后的经学家也都采用。如《周礼·乡大夫》"考其德行道艺，而兴贤、能者"，郑众注曰："兴贤者，谓若今举孝廉；兴能者，谓若今举茂才。"《周礼·司市》"以质剂结信而止讼"，郑玄注："质剂，谓两书一札而别之也，若今下手书。"唐贾公彦疏："汉时下手书即今画指券，与古质剂同也。"总之，援用今制世俗也是经学家训释经典中的已经模糊了的名物制度的一种方法或立论依据。

经学家在对经典中的名物、制度训诂时，经常会遇到两种特殊的疑难情况。第一，儒家经典中的某种名物制度，因为时代的久远或记述的简略，其渊源、情状在先儒师说、典籍文献、今制今语中皆无踪影，无法训释。对此，经学家只好作出绝训，称之为"未闻"。例如，郑玄注《周礼·卜师》"卜师掌开龟之四兆，一曰方兆，二曰功兆，三曰义兆，四曰弓兆"曰："经兆百二十体，言此四兆者，分为四部，若《易》之二篇。《书·金縢》曰'开籥见书'是谓与？其云方、功、义、弓之名未闻。"注《周礼·槁人》"弓六物为三等，弩四物亦如之"曰："三等者，上、中、下人各有所宜。"《弓人》职曰："弓长六尺六寸，谓之上制，上士服之；弓长六尺三寸，谓之中制，中士服之；弓长六尺，谓之下制，下士服之。弩及矢箙长短之制未闻。"注《周礼·校人》"夏祭先牧"曰："先牧，始养马者，其人未闻。"第二，不同儒家经典中对某项制度的记述不一，甚至矛盾。在此情况下，经学家就要对这种歧异作出解释，消解矛盾。比较儒家经典的记述可以看出，其中最为明显而重要的歧异有三。①封国之制。据《礼记·王制》和《孟子·万章下》的记述，周代封国之制是"天子之田方千里，公侯田方百里，伯七十里，子男五十里"，但《周礼·大司徒》与《职方氏》却记述为"王国方千里，公方五百里，侯方四百里，伯方三百里，子二百里，男百里"。对于儒家经典中记述封国之制的歧异，郑玄解释为"周武王初定天下，犹因殷之地，以九州之界尚狭也。周公摄政，致太平，斥大九州之界，制礼成武王之意，封王者之后为公及有功之诸侯，大者地方五百里，其次侯四百里，其次伯三百里，其次子二百里，其次男百里。所因殷之诸侯，亦以功黜陟之，其不合者皆益地为百里焉"，郑玄注《周礼·职方氏》也说此封疆之域之里数规模为"周公变殷汤之制"。也就是说，汉代经学家认为，《王制》所记或孟子所言为周初因袭之殷制，《周礼》所记为成王以后之周制。① 后代的经学家，从宋代的王安石、陈祥道，至清代江永等，于此歧异处作进一步的调谐，认为"此《周礼》与《孟子》《王制》所以不同，《周礼》就其虚宽者言之，《孟子》《王制》惟举土田实封耳"（孙诒让《周礼正义》卷十九）。

②畿服之制。儒家经典中对畿服制度记述亦有不同。《尚书·禹贡》记述为五服"五百里甸服，五百里侯服，五百里绥服，五百里要服，五百里荒服"，《周礼·职方氏》却说"乃辨九服之邦国，方千里曰王畿，其外方五百里曰侯服，又其外方五百里曰甸服，又其外方五百里曰男服，又其外方五百里曰采服，又其外方五百里曰卫服，又其外方五百里曰蛮服，又其外方五百里曰夷服，又其外方五百里曰镇服，又其外方五百里曰藩服"（《周礼·大司马》称为"九畿"）。可见，《尚书》和《周礼》所记服名不同，服数多寡与里数也不同。在儒家经典中的这个歧异点上，经学家有两种看法或解释。一种看法认为《禹贡》与《职方氏》所述畿服之制，名异而实同。如《诗·齐谱》疏引郑玄说："周公致太平，敷定九畿，复夏禹之旧制……甸服比周为王畿，其弼当侯服；侯服比周为甸服，其弼当男服；绥服于周为采服，其弼当卫服；要服于周为蛮服，其弼当夷服；荒服于周为镇服，其弼当藩服。"也就是说，郑玄根据《尚书·皋陶谟》禹"荒度土功，弼成五服，至于五千"所作的解释认为，于尧时五服方五千里，禹开拓疆土，每服各增五百里为万里。周有天下，地亦方万里，与禹时同，不同之处只是周分禹时五服为九服。后来有经学家对五服、九服里

---

① 汉代另一些经学家（今文经学家）根本否认《周礼》，消解《王制》与《周礼》的歧异的问题，对于他们来说也就不存在。但对于站在这个经学立场之外的人来说，这毕竟还是一个否定不了的历史上真实存在过的经学问题。

数的计算方法作进一步巧妙的解释，如元代金履祥认为《禹贡》每服五百里者，以一面计之，《职方氏》"外方五百里"，举两面通计之也，"是则《禹贡》所谓五百里甸服者乃千里，而《周官》所谓外方五百里者，乃二百五十里也"（《尚书表注》卷一）。按照这种解释，《禹贡》五服与《周礼》九服，东西或南北相距均为五千里，实际相同。另一种看法认为，《禹贡》五服与《职方氏》九服所述为不同时代之疆域，故确有所不同。如清代孙诒让说："窃谓自禹至周，更历三代，户口日增，疆宇渐阔，故禹之九州五服为五千里，周之九州王畿并六服为七千里，每面益地千里，差较无多，理所宜有。至于藩国三服，地既荒远，不过因中土畿服之制，约为区别，王会所及，盖有不能尽以道里限者矣。要之《禹贡》《职方》，服数既异，不宜强为比傅。"（《周礼正义》卷五十五）即《周礼》的九服疆域大于《禹贡》之五服疆域。③庙制。庙制之歧异出现在同一部儒家经典《礼记》中。《礼记·王制》曰"天子七庙，三昭三穆，与大祖之庙而七"；《礼记·祭法》则曰"王立七庙，一坛一墠。曰考庙，曰王考庙，曰皇考庙，曰显考庙，曰祖考庙，皆月祭之。远庙为祧，有二祧，享尝乃止"。对于这一歧异，经学家也有两种不同的解释方式：一是郑玄在回答赵商之问时将其加以区别，认为"《祭法》周礼，《王制》之云，或以夏殷杂，不合周制"（孔颖达《礼记正义·王制》疏引《郑志》）；一是王肃在《孔子家语·庙制解》中说："天子立七庙，三昭三穆，与太祖之庙而七，曰太庙，有一坛一墠。曰考庙，曰王考庙，曰皇考庙，曰显考庙，曰祖考庙，皆月祭之，远庙为祧，有二祧，享尝乃止。"这是将两制不作区分，混合为一说，正如皮锡瑞所评："郑君以为《祭法》周礼，《王制》夏殷礼，尚有踪迹可寻，至肃乃尽扶其藩篱，荡然无复门户。"（《经学通论·三礼·论王肃有意难郑》）

3. 训诂进展之表现

经学作为儒学的一种基本学术形态，在从汉代至清代的很长的历史时期中，其学术内容一直是不断发展着的。在经学的训诂领域内，歧解、盈解、确解三种学术现象体现着这种发展。

歧解　在经学家对儒家经典的传笺注疏中，不断出现分歧性的结论，这是经学训诂所能体现出的经学学术发展的最初表现。经学训诂中的歧解

现象，可以归纳为四种情况或四种形成原因。①句读。经学家对经典中某些疑难语句断句不同，因而训释也就不同。例如《周礼·宫正》记载："春、秋，以木铎修火，禁凡邦之事跸，宫中、庙中则执烛。"从郑玄的注中可知这是郑众的句读。按照这种句读，修火、王出行掌跸事、宫中庙中执烛，皆为宫正所职。郑玄不同意这种句读，他在"禁"字下断句，则读为"凡邦之事跸，宫中、庙中则执烛"，并注解说："事，祭事也，邦之祭社稷七祀于宫中，祭先公、先王于庙中，隶仆掌跸止行者，宫正则执烛以为明。"也就是说，宫正不掌跸事，只是在祭祀时执烛。后来，贾公彦在《周礼注疏》和孙诒让在《周礼正义》中都评判郑玄的句读和训释较正确，但郑众的句读、训释也有汉代礼仪的根据。②读音。由于经学家对经典中某些字的音读法不同，也会导致对其义的解释或名物的训释的不同。例如《周礼·草人》"粪种"，郑玄注曰"凡所以粪种者，皆谓煮取汁也"，郑玄并援引郑众之说"以牛骨汁渍其种也，谓之粪种"，可见，两郑训释"粪种"虽有所不同，但都是认为此是在播种前对种子施以某种改良品性的处理。江永不同意此训释。他说："'种'字当读去声，凡粪种，谓粪其地以种禾也。后郑谓煮取汁，先郑谓用汁渍其种，是读'种'为上声。"（《周礼疑义举要》卷三）显然，"种"字的音读不同，"粪种"的训释也就迥异。孙诒让评判说："江说于义近是，但二郑渍种之法，自是古农家遗法，今虽不承用，未敢轻破也。"（《周礼正义》卷三十）③歧义。经学训诂中的歧解，由句读、读音的差异而引起的还不是很多，由字义、词义的训释不同而引起的，则是随处可见，俯拾皆是。《尚书·尧典》"纳于大麓"，马融、郑玄注曰"山足曰麓"，此是形训，据此训，句意则是如《史记·五帝本纪》所说"尧使舜入山林川泽"；孔安国传或王肃注曰"麓，录也。尧纳舜于尊显之官，使大录于天下万机之政"，此是音训，句意亦如桓谭《新论》所说："昔试舜于大麓者，领录天下事，如今尚书官矣。"（刘昭《续汉书·百官志》注引）《诗经·我将》"惟天其右之"，郑笺曰"言神飨其德而右助之"，朱熹《诗集传》则解为"右，尊也。神坐东向，在馔之右，所以尊之也"。"右"字一词多义，郑玄、朱熹各有所据，于诗义亦皆可通。经学训诂中，名物制度的歧解，也多由词义异训而引起。例如，《礼记·曲礼上》"国君不乘奇车"，对于"奇车"，孔颖达《疏》曰"国君出入，不可乘奇邪不正之车"（《礼记正义》卷三）。王夫之则曰"奇，偏也。君乘车必有右偶"（《礼记章句》卷一）。显然，孔、王对"奇车"这一名物的歧解，是由对"奇"字的异训而生成。《禹贡》"二百里蔡"，马融注："蔡，法也。受王者刑法而已。"（《史记集解·五帝本纪》）郑玄则注曰："蔡之言杀，减杀其赋。"（孔颖达《尚书正义》疏引）可见，马、郑对"蔡"字取义不同，故对《禹贡》中"二百里蔡"这一古制的训释也就歧异甚大。④异据。经学训诂中的歧解，除了句读、读音、义训等分歧而造成的情况外，所据典籍、师传的不同，也是一个因素。例如《尚书·尧典》"禋于六宗"，《尚书大传》曰："万物非天不生，非地不载，非春不动，非夏不长，非秋不收，非冬不藏，故《书》曰禋于六宗，此之谓也。"（孔颖达《尚书正义》疏引谓为马融说）郑注《尚书大传》引马融说："六宗谓日、月、星、辰、泰山、河海也。"（孔颖达《尚书正义》疏引谓为贾逵说）而他自己则认为"六宗言禋与祭天同名，则六者皆天神，谓星、辰、司中、司命、风伯、雨师也"。后来，王肃则认为"埋少牢于泰昭，祭时也；相近于坎坛，祭寒暑也；王宫祭日也；夜明祭月也；幽禜祭星，雩禜祭水旱也。禋于六宗此之谓也"（孔颖达《尚书正义》疏引，《孔丛子·论书》）。这样，经学训诂中对于"六宗"就有源于汉魏经师的多种解释。《尧典》"以亲九族"，前汉经师夏侯、欧阳等根据《仪礼·丧服》中异姓有服的礼制，训释曰"九族者，父族四，母族三，妻族二"；后汉经师马融、郑玄则根据《礼记·丧服小记》"亲亲以三为五，以五为九"训释曰："上至高祖，下及玄孙，是为九族。"这样，经学训诂中对于"九族"就有源于不同经典的二种解释。

盈解　在自汉至清的经学的历史过程中，后代的经学家总是不断地要在先前经学家对经典中字词、名物、制度等的训释中，增益进新的更丰富的内涵。这一学术现象无疑也是经学学术发展的表现。例如《诗经·关雎》"君子好逑"，《毛传》训"逑"为"匹"（仇），郑笺进一步训释曰"怨耦曰仇"。又如《周礼·占人》"凡卜筮，君占体……"，郑玄注曰"体，兆象也"，贾公彦则具体疏解曰："体，兆象也者，谓金木水火土五种之兆。言体言象者，谓兆之墨纵横其形体象以金木水火土也。凡卜欲作龟之时，灼龟之四足，依四时而灼之，其兆直上向背者为木兆，直下向足者为水兆，邪向背者为火兆，邪向下者为金兆，横者为土兆，是兆象也。"与郑注相比，贾疏把龟兆之"体"（"象"）的内涵揭示得很丰满。从经学历史上看，经学训诂中的盈解，经常在经学家能运用更广泛的文献典籍材料或更细密的文字音韵理论这样的学术基础上产生。例如，《礼记·文王世子》"兑命曰"，郑注："兑当为说，《说命》，《书》篇名。"清代陈乔枞进一步疏考说："《易·彖传》《说卦传》并云'兑，说也'，《序卦传》'兑者，说也'，是兑、说义通，故说字古即省借作兑。如《经诗·緜》'昆夷駾矣'，《孟子·梁惠王下》注引作'昆夷兑矣'，亦省借为駾。"（《礼记郑读考》）陈乔枞运用通假的训诂理论，援引《易传》《诗经》《孟子》等典籍，周全地发挥和证实了郑玄"兑当为说"之解。又如《周礼·遂师》记天子大丧出殡时，遂师有"抱磨"之职责。郑玄注："磨者，适历执绋者名也。遂入主陈之，而遂师以名行校之。"唐贾公彦在《周礼注疏》中逐句疏解说："'适历执绋者名也'者，谓天子千人分布于六绋之上，谓之适历者，分布稀疏得所，名为适历也。云'遂人主陈之'者，案上文《遂人》云'及窆陈役'是也。云'而遂以名行校之'者，但执绋之人背碑负引而退行，遂师抱持版之名字，巡行而校录之，以知在否，故云抱磨也。"至此，"遂师抱磨"——天子出殡时遂师需负责校点分布于六条牵引棺枢绋绳之上的由千人组成的行列之人数，已解释得十分清楚。但是，至清时，孙诒让《周礼正义》更进一步援引唐代以后的经学家的训释，王应麟云："《史记》乐毅书'故鼎反磨室'，徐广注'磨，历也'，《战国策·燕策》《新序·杂事》作'历室'，盖古字通用。"惠士奇云："磨为作秝，《说文》：'秝，稀疏适秝也，从二禾，读若'历'，《吕览·辩士篇》曰'稼穑而不适'，谓分布不均，故二禾相比，稀疏乃适也。然则执绋者千人，分布于六绋，如禾稼有行，勿使疏密，正其行，齐其力，巡行校录，遂师执书数之，名曰抱秝，秝借为磨，历磨皆以秝得声。"孔广森云："《魏书·蒋济传》云'船本历适数百里中'，历适犹适历，疏密均布之谓。磨者，执绋人名籍，取适历之义以为称也。古者发大役，必籍其名而稽数之。师则拱稽，丧则抱磨。"最后孙诒让总结说："孔说是也。此经云抱磨，与《大史》'大师抱天时''大迁国抱法'义同，并谓抱持图籍之书磨者，即校次执缚者之名籍。《周书·世俘篇》云：馘磨亿有十万七千七百七十有九，馘磨亦即校数俘馘之籍，可与此经互证。"显然，比起贾公彦之疏，孙诒让《正义》对"抱磨"的训释，具有更广阔的文字学、音韵学、典籍学诸多方面的学术基础，因而是十分充分的。在经学训诂中，内涵不断增益的盈解，都在不同程度上显现这一特色。

确解　经学学术内容的发展，在经学训诂领域内最明显的表现是先前经学家的误解和"未闻"的绝训，在后代经学家那里被纠正，被破释，得到确解。经学中的训诂误解被纠正，在字音、词义、名物制度训释的各个训诂层次上都有许多例证。例如，《周礼·太卜》"掌三梦之法，一曰致梦，二曰觭梦，三曰咸陟，其经运十"。郑注曰"运或为辉，当为辉，是视祲所掌十辉也"①。在《太卜》这一节中，此句之前有"太卜掌三兆之法……其经兆之体皆百有二十。掌三易之法……其经卦皆八"，就行文语意的连续性看，郑玄之注显然是错出不合的误解，关键之点在于"运"字如何训释。俞樾说："上文经兆，即以三卜兆言，经卦即以三易言，此文经运，宜亦以三梦言。乃以视祲之十辉当之，失其义矣。运当读为员，《庄子》'天运'，《释文》曰：司马本作'天员'，是其证也。古'运、员'声近。《说文·见部》'觊从见、员，声读若运'，然则运之通作员，犹觊之读若运矣。《说文·员部》云：'员，物数也。'《汉书·高惠高后孝文功臣表》师古注曰：'员，数也。''其经运十'者，其经数有十也。三梦以员言，犹三卜以兆言、三易以卦言。"（《群经平议》卷十三）俞樾通过音读、字义的考释，并援引儒家经典之外的典籍为证，纠正郑注之误，予"运"以确解。孙诒让在《周礼正义》中评判说："俞读运为员，近是。"（卷四十七）《周礼·载师》"凡宅不毛者有里布"，郑注曰"宅不毛者罚以一里二十五之泉"。清代经学家一致认为，郑玄误释了《周礼》中的这一古代制度。惠士奇曰："罚一家而使出二十五家之布，势必不能，宅之所处为里，里者，居也，故宅不毛者出一家之里布，里布者，一家之里也。"（《礼说》卷四）江永也说："里字之义有三，一为三百步

---

① 《周礼·视祲》："视祲掌十辉之法，以观妖祥，辨吉凶，一曰祲，二曰象，三曰镌，四曰监，五曰闇，六曰瞢，七曰弥，八曰叙，九曰隮，十曰想。"

之里，一为二十五家之里，一为里居之里，里布者，里居之里。"（《周礼疑义举要》卷二）孙诒让认同惠、江之论，并说："《孟子》赵注，说里布亦训里为居，则汉儒已有此说矣。里与宅同，里布即廛布，盖当依其宅占地之多少而差其征，大约五亩之宅，以廛征二十而一之率征之，则所征里布，与田征四分亩之一数，当略相等，其所征当甚少。而郑谓不论其宅之大小，概令出二十五家之布，无此理也。"（《周礼正义》卷二十四）可以认为，清代经学家援引诸多文献典籍对"凡宅不毛者有里布"所作的训释是正确的。体现经学学术发展的经学训诂中的确解，除了是指先前经学训释中的误解被纠正外，还指先前经学家训释中的"未闻"，即因不同原因不能作出训释的字词、音义、名物制度等被破解，获得了确定性的解释。例如，《诗经·酌》"我龙受之"，《毛传》："龙，和也。"孔疏云："龙之为和，其训未闻。"这一绝训，被俞樾用以音求义的训诂方法实现了破释："龙之言同也。龙字本从童省声，古音盖读如同……'龙，和也'，犹曰'龙，同也'。古训多存乎声，以声求之，义斯在矣。"（《群经平议》卷十一）《考工记·弓人》"弓人为弓，取六材必以其时"，郑玄注曰："取干以冬，取角以秋，丝漆以夏，筋胶未闻。"贾公彦疏解说："郑知'取干以冬'者，见《山虞》云'仲冬斩阳木，仲夏斩阴木'，二时俱得斩，但冬时尤善，故《月令》仲冬云'日短至伐木取竹箭'，注云'坚成之极时'，是知冬善于夏，故指冬而言也。云'取角以秋'者，下云'秋杀者厚'，故知用秋也。'丝漆以夏'者，夏时丝熟，夏漆尤良，故知也。筋胶未闻。"可见，到了唐时，贾公彦对《考工记》中取干、角、丝、漆四材之时虽有进一步的训释，但取筋胶之时仍未获得训诂意义上的破释。清时，孙诒让在《周礼正义》中疏解曰："云筋胶未闻者，二者取时，经无见文。《齐民要术》有煮胶法云，'煮胶用二月三月十月，余月则不成。热则不凝无饼，寒则冻瘃白胶不黏'。然则取胶以春与?"（卷八十六）至此，这个自汉代以来一直屹立在经学训诂道路上的"未闻"古典名物难题，方在一定程度上被经学家援用儒家经典以外的典籍破解掉。与此相似，《周礼·士师》记载一项典制曰"以五戒先后刑罚，毋使罪丽于民，一曰誓，用之于军旅，二曰诰，用之会同，三曰禁，用诸田役，四曰纠，用诸国中，五曰宪，用诸都鄙"，郑玄注于誓、诰、禁皆有所释，但于纠、宪则曰"未有闻焉"。对此，孙诒让在《周礼正义》中解说曰"纠、宪未有闻者，以《书》《礼》诸经，纠、宪并无见文也"。接着节引惠士奇综述先秦典籍中论"宪"之论："《战国策·魏策四》安陵君曰：'吾先君成侯，受诏襄王以守此地也，手受大府之宪，宪之上篇曰，子弑父，臣弑君，有常不赦，国虽大赦，降城亡子不得与焉。'所谓大府之宪，即《士师》之宪用诸都鄙者。"《管子·立政》"正月之朔，布宪于国，宪既布，有不行宪者，谓之不从令"，《墨子·非命上》曰"先王之书，出国家，布施百姓者，宪也"。据此，孙诒让结论说："纠、宪皆戒令之文，以其可表悬则谓之宪，以其主纠察则谓纠，皆以所用异名。《国策》《管子》《墨子》诸文，虽非专用之都鄙者，然义可互证。"（卷六十七）可见，这一为汉代经学家绝训了的古典制度，也是直到清代才被经学家援引儒家经典以外的文献典籍破释掉的。

经学训诂是经学主要的成绩辉煌的学术内容，以上所述只是一个大体的轮廓、基本的方面。实际上，不同时代和对不同儒家经典的训诂中，都有许多各自独特的内容和方法。正是在这些内容和方法的基础上，中国学术中的文字学、音韵学、训诂学成长起来了。

（二）经典之义理诠释

经学第二方面的内容是揭示、发挥儒家经典中所内含的义理，即所谓"大义微言"。儒家经典的义理诠释有共同的模式，但对于不同的经典也各有其独特内容。

1. 经典义释之基本模式

儒家经典义理诠释的基本模式，或者说共通的内容，大体上可以归约为三点：指示宗旨，发明条例，注入义理。

指示宗旨 经学的义理诠释，首先是揭示出儒家经典的宗旨，即概括六经或五经基本的学术内容、理论目标及由此而产生的社会功能等。经学的这一学术传统可以追溯到很远，追溯到最早的经传和儒家学者，如《礼记·经解》说："孔子曰，入其国，其教可知也：其为人也，温柔敦厚，《诗》教也；疏通致远，《书》教也；广博易良，《乐》教也；洁静精微，《易》教也；恭俭庄敬，《礼》教也；属辞比事，《春秋》教也。"《荀子·劝学》说："《礼》之敬文也，《乐》之中和也，《诗》《书》之博也，

《春秋》之微也，在天地之间者毕矣。"《儒效》说："《诗》言是其志也，《书》言是其事也，《礼》言是其行也，《乐》言是其和也，《春秋》言是其微也。"一般皆是从学术内容和功能的两个侧面对六经（或五经）作总体性的，也可以视为宗旨的概括①。汉代以后的经学家所理解和阐发的五经宗旨也基本上是如此。试以解析唐代孔颖达《五经正义·序》为例：

五经正义序　　　　五经宗旨之解析	经之内涵	经之功能
周易正义·序	易者，象也，爻者，效也。圣人有以仰观俯察，象天地而育群品；云行雨施，效四时以生万物	若用之以顺，则两仪序而百物和，若行之以逆，则六位倾而五行乱……
尚书正义·序	夫书者，人君辞诰之典，右史记言之策。古者王者事总万机，发号出令，义非一揆，或设教以驭下，或展礼以事上，或宣威以肃震曜，或敷和而散风雨，得之则百度惟贞，失之则千里斯谬……	斯乃前言往行，足以垂法将来者也
毛诗正义·序	夫诗者，论功颂德之歌，止僻防邪之训，虽无为而自发，乃有益于生灵。六情静于中，百物盈于外，情缘物动，物感情迁。若政遇醇和，则欢娱被于朝野，时当惨黩，亦怨刺形于咏歌	作之者所以畅怀舒愤，闻之者足以塞违从正，发诸情性，谐于律吕，故曰感天地动鬼神，莫近于诗。此乃诗之为用，其利大矣
礼记正义·序	夫礼者，经天纬地，本之则大一之初；原始要终，体之乃人情之欲。夫人上资六气，下乘四序，赋清浊以醇醨，感阴阳而变迁，故曰人生而静，天之性也，感物而动，性之欲也。喜怒哀乐之志于是乎生，动静爱恶之心于是乎在。精粹者虽复凝然不动，浮躁者实亦无所不为，是以古先圣王鉴其若此欲保之以正直，纳之于德义，犹襄陵之浸，修堤防以制之，乏驾之马，设衔策以驱之，故乃上法圆象，下参方载，道之以德，齐之以礼……	礼者，体也、履也。郁郁乎文哉，三百三千于斯为盛，纲纪万物，雕琢六情。非彼日月，照大明于寰宇；类此松筠，负贞心于霜雪，顺之则宗祏固，社稷宁，君臣序，朝廷正；逆之则纪纲废，政教烦。阴阳错于上，人神怨于下。故曰人之所生礼为大也，非礼无以事天地之神，辩君臣长幼之位，是礼之时义大矣

①　《庄子·天下》说："《诗》以道志，《书》以道事，《礼》以道行，《乐》以道和，《易》以道阴阳，《春秋》以道名分。"《庄子》中何以也有这一对六经宗旨的甚为准确的概括？有两种解释：一是《庄子·天下》是受到儒学影响的庄子后学所作，一是此概括为后代注《庄》者语窜入（见马叙伦《庄子义证》）。

续表

五经正义序＼五经宗旨之解析	经之内涵	经之功能
春秋正义·序	夫春秋者，纪人君动作之务，是左氏所职之书……国之大事在祀与戎，祀则必尽其敬，戎则不加无罪，盟会协于礼，兴动顺其节，失则贬其恶，得则褒其善，此春秋之大旨……	夫子既不救于已往，冀垂训于后昆，因鲁史之有得失，据周经以正褒贬，一字所嘉，有同华衮之赠，一言所黜，无异萧斧之诛，所谓不怒而人威，不赏而人勤，永世而作则，历百王而不朽者也

《史记·太史公自序》概述六经要旨曰："《易》著天地阴阳四时五行，故长于变，《礼》经纪人伦，故长于行，《书》记先王之事，故长于政，《诗》记山川溪谷禽兽草木牝牡雌雄，故长于风，《乐》乐所以立，故长于和，《春秋》辩是非，故长于治人。是故，《礼》以节人，《乐》以发和，《书》以道事，《诗》以达意，《易》以道化，《春秋》以道义。"（《史记》卷一百三十）可见，唐代经学家对六经宗旨的概括与汉代学者的认识基本上是一致的。宋代经学在具体的经文训释方面发疑、变古甚多，但于六经宗旨并未逾越汉唐经学家的论述中所界定的范围。

发明条例 条例是指对经典内容的一种义类划分，或是由经典内容中归纳出的具有规律性、普适性的范式、原则。援依条例解说经典，是经学的一个十分独特的诠释方法或方式。

三《传》之条例 在经学中，《春秋》学的条例和以条例解《春秋》皆最为发达和典型。诚如宋儒洪兴祖所说："《春秋》本无例，学者因行事之迹以求例，犹天本无度，治历者因周天之数以为度也。"（《春秋本旨·序》，见朱彝尊《经义考》卷一百八十六）以例说《春秋》，始自汉儒，此后，注疏《春秋》三传的经学家皆归纳并援依各自不同的条例。何休在《春秋公羊传解诂·序》中谓"往者略依胡毋生条例，多得其正"，在《春秋文谥例》提出公羊学的"三科九旨"（"所见异辞，所闻异辞，所传闻异辞""新周、故宋、以春秋当新王""内其国外诸夏，内诸夏而外夷狄")① 及"五始"（元年春王正月公即位）、"六辅"（公辅天子，卿辅公，大夫辅卿，士辅大夫，京师辅君，诸夏辅京师）、"七等"（州、国、氏、人、名、字、子）、"二类"（人事、灾异）等"条例"（《春秋公羊传解诂·隐公第一》疏引）。这些条例，也就是何休在《公羊解诂》里诠释《春秋》书法或《公羊传》的原则，其中最重要的无疑是"三科九旨"。这一条例确定了解释记述以鲁国为历史本位、鲁国历史为主体的《春秋》书法的三项原则：①记载年代远近不同的历史事件的原则。例如，《春秋》记载鲁国几个重要的卿大夫之死时，详略有所不同，或有月有日，或但有月而无日。对此，何休援用所见所闻以及所传闻异辞的条例予以诠释曰："所见者，谓昭、定、哀，己与父时事也；所闻者，谓文、宣、成、襄，王父时事也；所传闻者，谓隐、桓、庄、闵、僖，高祖曾祖时事也。异辞者，见恩有厚薄，义有深浅，时恩衰义缺，将以理人伦、序人类、因制治乱之法。故于所见之世，恩己与父之臣尤深，大夫卒有罪无罪皆日录之，丙申季孙隐如卒是也②；于所闻之世，王父之臣恩少杀，大夫卒无罪者日录，有罪者不日略之，叔孙得臣卒是也③；于所传闻之世，高祖曾祖之臣恩浅，大夫有罪无罪皆不日，略之也，公子益师，无骇卒是也。"④ （《春秋公羊传解诂》隐元年）②记述已经灭亡的王国（殷、夏）后代杞宋和正在衰亡中的宗主国周王朝史实的本位主从原则，这就是故宋、新周、王鲁。例如，《春秋·襄公九年》"春，宋灾"，《公羊传》曰"外灾不书，此何以书，为王者之后记灾也"。《春秋·宣公十六年》"夏，成周宣榭火"，何休注曰："宣宫，周宣王之庙，至此不毁，有中兴之功……天灾中兴之乐器，示周不复兴，故系宣榭于成周，使若国文，黜而新之，从为王者后记灾也。"《春秋·隐公八年》"夏六月辛亥宿

① 此后，（三国·魏）宋均解释"三科九旨"为存三统、张三世、异外内（三科），时、月、日、王、天王、天子、讥、贬、绝（九旨）〔（唐）徐彦《春秋公羊传解诂疏》解题引"宋氏之注《春秋说》"云云〕。
② 《春秋·定公五年》："六月丙申季孙意如卒。"（《春秋公羊传》"意"作"隐"）
③ 《春秋·宣公五年》："秋九月……叔孙得臣卒。"得臣卒不书日，胡安国《春秋传》据何休说，以为得臣不能止仲遂逆谋，是为有罪者，故削去其日。黄震则认为"未必其然，或云阙文者，恐近之也"。（《黄氏日抄》卷十《读春秋四》）
④ 《春秋·隐公元年》"冬十有二月……公子益师卒"，隐八年"冬十有二月无骇卒"。

男卒"，何休注："宿本小国，不当卒，所以卒而日之者，春秋王鲁，以隐公为始受命王，宿男先与隐公交，故卒褒之也。"可见，公羊学认为《春秋》记事属辞于夏、商亡国之后，自有某种尊崇性的区别于其他诸侯国的对待；于宗主国周王朝，则"黜而新之"，视为一个新国，正如徐彦疏曰"使周成为国，与宋齐之属相似"，自视鲁国则为一中心王国。③记述当时尚存的封建列国历史事件的亲疏尊卑的区别原则，并且这一内外、亲疏界限处在逐渐消融之中。例如何休说："于所传闻之世，见治起于衰乱之中，用心尚粗糙，故内其国而诸夏，先详内而后治外，录大略小①，内小恶书，外小恶不书，大国有大夫，小国略称人，内离会书，外离会不书是也②。于所闻之世，见治升平，内诸夏而外夷狄，书外离会，小国有大夫。宣十一年秋晋侯会狄于攒函，襄二十三年邾娄鼻我来奔是也。至所见之世，著治太平，夷狄进至于爵③天下远近大小若一，用心尤深而详，故崇仁义，讥二名，晋魏曼多、仲孙何忌是也④。"（《春秋公羊传解诂》隐元年）总之，从《春秋》和《春秋公羊传》发掘具有普遍性、规律性的记述方式或原则，归纳出条例，进而用之诠释、疏解《春秋》经传，是公羊学的一个十分显著的学术特色。

同样，穀梁春秋学与左氏春秋学也有自己的条例。《左传》诠释《春秋》的条例原则，杜预在《春秋左传·序》中概括为"发传之体有三而为例之情有五"，所谓"发传之体有三"是杜预对《左传》解释《春秋》时所出现的义例或诠释方式的划分。杜预说："其发凡以言例，皆经国之常制，周公之垂法，史书之旧章，仲尼从而修之，以成一经之通体。其显

---

① 徐彦疏："录大国卒葬，小国卒葬不录。"

② 徐彦疏："内离会书，隐二年春公会戎于潜，桓元年春公会郑伯于垂是也。外离会不书者，桓五年齐侯郑伯如纪，《传》云：外相如不书，此何以书？离不言会也。何氏云：时纪不与会，故略言如也。"

③ 徐彦疏："哀四年夏，晋人执戎曼子赤归于楚，哀十三年夏，公会齐侯及吴子于黄池，此即是夷狄（楚、吴）进至于爵。"

④ 《春秋·定公六年》先记载有"夏仲孙何忌如晋"，后又记载"冬仲孙忌帅师围运"。仲孙何忌与仲孙忌是一人，同一人名由两个字改为一个字，记述方式上的变化，《公羊传》认为是一种循"礼"的表现（"讥二名，二名非礼也"）。《春秋·襄公七年》有"晋魏曼多帅师侵卫"，哀公十三年则出现为"晋魏多帅师侵卫"。《公羊传》认为魏多之名由哀公七年时二字到十三年时为一字之变化，与定公六年仲孙忌的名字变化显示了同样的书法原则，表明至此晋也具有了鲁的仁义礼法。

微阐幽、裁成义类者，皆据旧例而发义，指行事以正褒贬，诸称'书''不书''先书''故书''不言''不称''书曰'之类，皆所以起新旧、发大义，故谓之变例。然亦有史所不书，即以为义者，此盖《春秋》新意，故传不言'凡'，曲而畅之也。其经无义例，因行事而言，则传直言其归趣而已，非例也。"也就是说，杜预认为，《左传》释经之例，可归纳为三。一是发凡正例，诸称"凡"者皆是，如"凡师一宿为舍，再宿为信，过信为次"（《左传·庄公三年》），"凡弑君，称君，君无道也；称臣，臣之罪也"（《左传·宣公四年》）等，这种凡例据孔颖达《春秋左传正义》谓"发凡五十"，合计约五十条。这是普适性最大的一种义例，故杜预称之为"通体""周公之垂法"。二是"新意变例"，诸称"书"（不书）、"书曰"、"言"（不言）、"称"（不称）之类皆是，如隐元年《传》曰"不书即位，摄也"（《左传·隐公元年》）。襄公二十七年《经》曰"夏叔孙豹会晋赵武、楚屈建、蔡公孙归生、卫石恶、陈孔奂、郑良霄、许人、曹人于宋"，《传》释之曰"书先晋，晋有信也"，宣公十年《经》曰"齐崔氏出奔卫"，《传》曰"书曰崔氏，非其罪也，且告以族，不以名"，等等，这是对《春秋》的某一记述作出具体的特殊的书法的解释，此一记述的内容不在发凡正例的笼罩范围之内，但仍有其内在的书法原则，所以这一解释就是"新意变例"。三是归趣非例。《春秋》中某一记述，既非"凡例"所能笼络，又归纳不出自己内在的书法原则，杜预称之为"经无义例"，《左传》于此径自给予疏解，"传直言其归趣而已"。如隐元年《经》曰"九月，及宋人盟于宿"，《传》曰"始通也"，杜注曰"经无义例，故传直言其归趣而已，他皆仿此"。应该说，"非例"在《左传》中毕竟是最多的。所谓"为例之情有五"，是杜预归纳《左传》解释《春秋》时所显示出的五个修辞特色或书法类型："微而显""志而晦""婉而成章""尽而不汙""惩恶而劝善"。杜预还一一举例说明这五种书法。可以说，杜预所归纳出的《左氏春秋》条例是比较周延的。杜预说"推此五体以寻经传，触类而长之，附于二百四十二年行事，王道之正，人伦之纪备矣"（《春秋左传·序》）。即杜预认为"三体五情"可涵盖、诠释全部《春秋》经传。《穀梁传》诠释《春秋》的条例最早由范宁作出归纳，范宁在其《春秋穀梁传集解·序》称，此前解注《穀梁传》

诸家皆肤浅末学，无所可观，"于是乃商略名例，敷陈凝滞"，即从《穀梁传》中归纳出具有普适性的书法原则、模式，用以训释《春秋》。据唐杨士勋《疏》称，"范氏别为略例百余条"。从散见于今存《穀梁传》注疏中的二十余条"传例曰"可以看出，范宁总结的《穀梁传》"略例"可划分为两个方面的内容。一是诠释《春秋》中的日、月、时的书法原则。如隐公三年《经》"冬十有二月，齐侯郑伯盟于石门"，范《集解》："传例曰，外盟不日。"桓元《经》"三月，公会郑伯于垂"，范《集解》："传例曰，往月，危往也。桓大恶之人，故会皆月以危之。"僖四年《经》"春王正月，公会齐侯、宋公、陈侯、卫侯、郑伯、许男、曹伯侵蔡，蔡溃"，范《集解》："传例曰，侵时，而此月，盖为溃。"成公七年《经》"冬大雩"，杨《疏》："传例云，月雩正也，时雩非正也。"等等。注重揭示条例《春秋》日、月、时所内蕴的书法原则，是《穀梁传》的一个突出的学术内容，故范宁《集解》说："穀梁皆以日月为例"（隐元年"三月公及邾仪父盟于眛"传注），杨《疏》说："《左氏》惟大夫卒及日食以日月为例，自余皆否。此传凡是书经皆有日月之例。"二是界说《春秋》中其他常用词的书法内涵。如隐公二年《经》"秋八月庚辰，公及戎盟于唐"，范《集解》"传例曰：及者，内为志焉尔"；庄公四年《经》"夏，齐侯、陈侯、郑伯遇于垂"，范《集解》"传例曰：不期而曰遇，遇者，志相得也"。桓公十五年《经》"夏五月……郑世子忽复归于郑。许叔入于许"，范《集解》"传例曰：大夫出奔反以好曰归，以恶曰入"。僖公三年《经》"冬，公子季友如齐莅盟"，范《集解》"传例曰：莅，位也。内之前定之盟谓之莅，外之前定之盟谓之来"，等等。

《礼》凡例　从《经》中归纳出普适性的条例，再用之剖析经文这一诠释方法，在《仪礼》的注疏中表现得也很突出。最早注解《仪礼》的郑玄，就归纳、发明了许多仪礼凡例，如在《仪礼》十七篇的首篇《士冠礼》注中，就有"凡奠爵将举者于右，不举者于左"，"凡醴事，质者用糟，文者用清"等六条。清代凌廷堪在《礼经释例·序》中说："《仪礼》十七篇，礼之本经也，其节文威仪，委曲繁重，骤阅之，如治丝而棼；细绎之皆有经纬……经纬涂径之谓何？例而已矣。"他"仿杜氏之于春秋"，将礼经凡例归纳条理为八类二百四十六条。这是对《仪礼》的一种特殊而完备的诠释。

《诗》义类　经学用条例诠释经典的另一方式，是对经典内容进行义类的划分、发明。实际上，是对其内容结构的一种解析。在《诗》经学中，经学家提出的义类有"六义"和"四始"。《诗·大序》说："诗有六义焉，一曰风，二曰赋，三曰比，四曰兴，五曰雅，六曰颂。"这似乎是对《诗经》内容和表现手法的一种归纳。经学中，对《诗》之风雅颂兴比赋"六义"界说、解释多有歧异，但最大、最重要的差异，是在将"六义"解释为《诗》之三体三用与将"六义"解释为"六诗"，即六诗皆体之间。《周礼·春官》有谓"大师教六诗，曰风，曰赋，曰比，曰兴，曰雅，曰颂"，郑玄注曰："风言贤圣治道之遗化也；赋之言铺，直铺陈今之政教善恶；比见今之失，不敢斥言，取比类以言之；兴见今之美，嫌于媚谀，取善事以喻劝之；雅，正也，言今之正者以为后世法；颂之言诵也，容也，诵今之德广以美之。"按郑玄的解释，风雅颂兴比赋是六种不同内容、风格的诗体，是对全部古诗的分类。孔颖达与此不同，他在疏解《大序》"六义"时说："风、雅、颂者，诗篇之异体；赋、比、兴者，诗文之异辞耳。大小不同，而得并为六义者，赋比兴是诗之所用，风雅颂是诗之成形，用彼三事，成此三事，是故同称为义，非别有篇卷也。"按孔颖达的解释，风雅颂是诗之体，诗之内容；兴比赋是诗之用，作诗之方法。此三种诗体中容有彼三种方法，所以"六义"是不可分的，但并不存在六种诗。后代经学家对"六义"的纷纭解释，基本上没有超出郑注、孔疏之差异的范围。"四始"也是经学家对《诗》的义类的一种划分。《诗·大序》曰："是以一国之事，系一人之本，谓之风。言天下之事，形四方之风，谓之雅，雅者，正也，言王政之所由废兴也。政有大小，故有小雅焉，有大雅焉。颂者，美盛德之形容，以其成功，告于神明者也。是谓四始，诗之至也。"郑玄《笺》曰："始者，王道兴衰之由。"在《郑志》中，郑玄更明确地说："风也，小雅也，大雅也，颂也，此四者，人君行之则可兴，废之则为衰。"可见，《诗序》之"四始"，是从某一角度划分、界定《诗》的风、小雅、大雅、颂四类体裁，并确定各自作为社会不同方面之基始的教化功能。《郑笺》则进一步解释这正是王道兴衰之始，故谓之"四始"。这是毛诗的"四始"之说。司马迁在《史记

·孔子世家》中说："古者诗三千余篇，及至孔子去其重，取可施于礼义，上采契、后稷，中述殷周之盛，至幽厉之缺，始于衽席，故曰《关雎》之乱以为风始，《鹿鸣》为小雅始，《文王》为大雅始，《清庙》为颂始。"（卷四十七）《史记》此论"四始"，虽然仍言及《诗》的教化之功能，但主意是说孔子删诗，确定了《关雎》《鹿鸣》《文王》《清庙》四诗为《诗》之风、小雅、大雅、颂四体的始篇，是为"四始"。司马迁论《诗》，本《鲁诗》①，故《史记》之论"四始"，是鲁诗的"四始"之说。《韩诗外传》记述："子夏问曰：'《关雎》何以为国风之始也？'孔子曰：'《关雎》至矣乎……天地之间，生民之属，王道之原，不外此矣。'"（《韩诗外传》卷五）由此看来，《韩诗》之"四始"论，似乎兼有《毛诗》和《鲁诗》的内容，即既以"关雎"等四篇为《诗》风、小雅、大雅、颂四体之始篇，同时，也以此四篇之内容为体现不同方面的人伦、人道之原②。《齐诗》的"四始"说则比较独特。孔颖达《诗疏》引《诗纬·氾历枢》，谓诗有"四始五际"，其"四始"者，"《大明》在亥，水始也；《四牡》在寅，木始也；《嘉鱼》在巳，火始也；《鸿雁》在申，金始也"。《汉书·翼奉传》云："奉窃学齐诗，闻五际之要。"可见，《齐诗》"四始"之说，即为《诗纬》"四始"之说，与《毛诗》《鲁诗》《韩诗》皆迥然不同。此已超越经学的范围，后面还将论及。

《书》义类　经学家在诠释《尚书》时，也从不同方面对其进行了义类的划分。主要有：①"三科五家"说。郑玄《书赞》有云："三科之条，五家之教。"这是对《尚书》篇目所属时代的划分。伏生《尚书大传》③将全部《尚书》归属五家：唐一家，虞一家，夏一家，商一家，周一家。即以《尧典》为《唐书》，《皋陶谟》为《虞书》，《禹贡》以下为

① 《汉书·儒林传》："司马迁亦从孔安国问故。"孔安国为汉初传《鲁诗》经师申培之弟子，故司马迁《诗》论本《鲁诗》。

② 清代学者魏源对"四始"作另外的解释，他在《诗古微》中考证谓，《诗》皆三篇连奏，每始者合三篇言之，《史记》但举首篇者，举一以概三，故《鲁诗》"四始"实为十二篇，皆周公述文王之德者。又考证谓《韩诗》是以四诗涉文武者为始，故有《关雎》以下《周南》十一篇为风颂，自小雅《鹿鸣》以下十六篇、自大雅《文王》以下十四篇为大小雅之始，自《清庙》以下颂文武之功德者皆颂始。

③ 据郑玄《尚书大传·序》称，《尚书大传》为伏生弟子张生、欧阳生撰（见《四库提要·尚书大传》注引《玉海》所载《中兴馆阁书目》）。

《夏书》，《汤誓》以下为《商书》，《牧誓》以下为《周书》。马融、郑玄等则将《尚书》所载区别为虞夏一科，商一科，周一科。②"十例"。此是孔颖达《疏》中对《尚书》体裁的划分："典书草创，以义而录，但致言有本，名随其事，检其此体，为例有十：一曰典，二曰谟，三曰贡，四曰歌，五曰誓，六曰诰，七曰训，八曰命，九曰征，十曰范。"③"七观四始"。伏生《尚书大传》谓"六《誓》可以观治，五《诰》可以观仁，《甫刑》可以观戒，《洪范》可以观度，《禹贡》可以观事，《皋陶谟》可以观治，《尧典》可以观美"（《困学纪闻》卷二）。宋儒薛季宣《书古文训·序》中谓"通斯七者，《书》之大义举矣"，可见，"七观"是经学家对《尚书》义理内容的归纳概括。此外，宋儒有谓"《仲虺之诰》，言仁之始也；《汤诰》，言性之始也；《太甲》，言诚之始也；《说命》，言学之始也"（《困学纪闻》卷二）。显然，此"四始"之说，也是经学家对《书》义的一种概括。

注入理论观念　经学的义理诠释，除了从经典的总体上指示宗旨、发明条例外，还更多地在经文的传注疏解中，注入并阐发儒家经典所固有的基本理论观念。这些观念归纳起来有三：①在孔子以前已经形成，但其理论内涵经过孔子丰富、提高的心性层面上"仁"的道德修养，社会层面上"礼"的伦理纲常制度和超越层面上的"天命"；②在孔子以后形成的属于自然层面上的阴阳五行观念①；③沟通自然层面与人之社会层面的天人相应的观念②。

道德义理　从现今尚存的儒家经典注疏中可以清晰地看出，经学家在训释经文中的名物制度时，每每都注入了伦理道德观念，或者追溯了它的伦理道德的观念根源。例如，《诗经·卫风·芄兰》，毛《传》曰："兴

---

① 阴阳五行的思想，在儒家经典《易传》《尚书·洪范》中始有表述。如《易传》谓"立天之道曰阴与阳"（《说卦》），"阴阳合德，而刚柔有体，以体天地之撰，以通神明之德"（《系辞下》）。《洪范》九畴，其一即是"五行"。如前所论，《易传》是战国中晚期产生，荀子以后流传的著作；据晚近学者考证，《洪范》是墨子以后、孟子以前的作品（参见蒋善国《尚书综述》第五编《洪范的著作时代》）。

② 《洪范》九畴之八"庶征"，《易传》"河出图，洛出书，圣人则之"（《系辞上》），即含有天人相应的观念因素；诸如《公羊传》"上变古易常，应是而有天灾"（宣公十五年），将这一观念表述得十分明确。

也。芄兰，草也。君子之德当柔润温良。"《秦风·蒹葭》，欧阳修《诗本义》曰："蒹葭，水草苍苍然，茂盛必待霜降以成其质，然后坚实而可用。以此秦虽强盛，必用周礼以变其夷狄之俗，然后可列于诸侯。"《论语》称孔子之德有"温良恭俭让"（《学而》），《礼记》谓"礼之于正国也，犹衡之于轻重也，绳墨之于曲直也，规矩之于方圆也"（《经解》）。显然，在这里经学家训释《诗经》起兴之物时所注入的正是这种道德伦理观念。《仪礼·士相见礼》"挚用雉"，郑玄注曰："士挚用雉者，取其耿介交有时，别有伦也。"《士昏礼》"纳采用雁"，《白虎通》解释说："用雁者，取其随时南北，不失其节，明不夺女子之时。又取飞成行，止成列，明嫁娶之礼，长幼有序，不相逾越也。"（卷九《嫁娶》）儒家经典中论述曰："夫礼者，所以定亲疏，决嫌疑，别同异，明是非也。"（《礼记·曲礼上》）"礼者，天地之序也……序故群物皆别。"（《礼记·乐记》）这正是经学家所诠释的和追溯到的古代礼仪制度的理论观念根源。

此外，经学家甚至在对经文中某些字词的训释中也注入了某种义理的内容。例如，《尚书·盘庚下》"懋建大命"，王肃《注》谓"勉立大教，建性命致之五福"（孔颖达《尚书正义》疏引）；《尚书·微子》"凡有辜罪乃罔恒获"，孔安国《传》[1] 曰"皆有辜罪，无秉常得中者"。在此二句中的"命""恒"两字，若从一般语言学意义上解释，即是"教令""经常"之意，郑玄的《尚书注》正是这样训释的[2]。《礼记·中庸》曰"天命之谓性，率性之谓道，修道之谓教"，"喜怒哀乐之未发谓之中……中也者，天下之大本也"。王肃、孔《传》以"性"释"命"、以"中"释"恒"，就是在此处注入了这种儒家经典中所固有的道德哲学的理论观念。

阴阳五行 经学的另一个重要义理内容，是经学家用"阴阳""五行"的理论观念诠释经典中出现的名物制度、伦理关系、自然现象。《仪

---

① 宋代以来，学者即怀疑《古文尚书》孔安国《传》非孔安国作。明儒（如梅鷟）谓为皇甫谧作，清儒（如惠栋、丁晏）谓为王肃作，晚近有学者（蒋善国）谓为孔晏作。众说纷纭，但大体皆是在两晋间（参见蒋善国《尚书综述》第五编）。

② 郑玄注《盘庚下》"懋建大命"曰："勉立我大命，使心识教令常行之。"（见《尚书正义》）注《微子》"凡有辜罪，乃罔恒获"曰："获，得也，群臣皆有辜罪，其爵禄又无常得之者。言屡相攻夺。"（见《史记·宋世家》注）

礼·士昏礼》"纳征，玄纁束帛俪皮"①，郑玄注曰："征，成也。使使者纳币以成昏礼。用玄纁者，象阴阳备也。"《考工记》谓"三入为纁，五人为缬，七人为缁"，郑玄注曰："染纁者，三入而成，……凡玄色者在缬缁之间，六入者与。"玄是染六次的布，纁是染三次的布，偶阴奇阳，所以是"阴阳备"②。显然，郑玄在这里不是以义界"玄纁"为何种颜色的字词训诂方式，而是援用、注入"阴阳"的理论观念来诠释"玄纁"。郑玄训释"士昏礼"曰"士娶妻之礼，以昏为期，因而名焉。必以昏者，取其阳往而阴来，日入三商为昏"；训释《士昏礼》"纳采用雁"曰"纳其采择之礼用雁为挚者，取其顺阴阳往来"，都是援用和注入了"阴阳"的理论观念。又如《丧服传》述丧杖制度"苴杖竹也，削杖桐也"，《白虎通》解释曰："所以杖竹桐何？取其名也。竹者，蹙也，桐者，痛也。父以竹，母以桐何？竹者，阳也，桐者，阴也。竹何以为阳？竹断而用之，质，故为阳；桐削而用之，加人功，文，故为阴也。"（《白虎通》卷十《丧服》）《乡饮酒礼》"其牲狗也，享于堂东北"，明代经学家郝敬曰："《易》象艮为狗，东北艮方，阳气所发生，饮以养主，故牲用狗，享于东北，象阳也。"（《仪礼节解》卷四）凡此，亦皆是用阴阳的理论观念来诠释儒家经典中的名物制度。不仅如此，经学家还用"阴阳"的观念更广泛地训释经典中出现的人伦关系和自然现象，例如，《周南·螽斯》一诗，祝福子孙众多，《韩诗》《齐诗》分别以"阳以博施为德，阴以不专为义""阳性纯而能施，阴礼顺而能化"③来训释其旨，显然这是以"阴、阳"观念的理论内涵来显现、概括男女、夫妇之间的伦理关系。《礼记·少仪》"军尚左，卒尚右"，郑玄注曰："军尚左，左，阳也，阳主生，将军有庙胜之策，左将军为上，贵不败绩。卒尚右，右，阴也，阴

---

① 《士昏礼》记古婚礼全过程有六：一曰纳采，二曰问名，三曰纳吉，四曰纳征，五曰请期，六曰亲迎。

② 贾公彦在《仪礼注疏》中以"三玄二纁"疏解"阴阳备"，亦可通。

③ 《御览》一百三十七引《续汉书》顺烈梁皇后曰："阳以博施为德，阴以不专为义，盖诗人'螽斯'之福，则百斯男之祚所由兴也。"《后汉书·后纪·顺烈梁皇后》曰"后治《韩诗》，大义略举"（《后汉书》卷十下）。《后汉书·荀爽列传》载其对策略云"……阳性纯而能施，阴礼顺而能化，以礼济乐，节宣其气，故能丰子孙之祥，致老寿之福"（《后汉书》卷六十二）。荀爽师事陈寔，据《经典释文·序言》"后汉陈元方（按：陈寔之子）亦传《齐诗》"，故可推断荀爽亦治《齐诗》。

主杀，卒之行伍以右为上，亦有死志。"《礼记·乐记》"春作夏长，仁也；秋收冬藏，义也。仁近于乐，义近于礼"，郑玄注曰："乐法阳而生，礼法阴而成。"《春秋·隐公九年》"三月癸酉大雨震电，庚辰大雨雪"，宋代经学家胡安国《春秋传》解释："震电者，阳精之发，雨雪者，阴气之凝。"《春秋·庄公二十五年》"六月辛未，朔，日有食"，唐代经学家徐彦《公羊传注疏》曰"日食者，阴气侵阳"，等等。可见，儒家经典中在极为广泛的社会层面上和自然层面上出现的许多事物，均被经学家援用阴阳的理论观念予以诠释。儒家经典中所固有的也是属自然层面上的"五行"的理论观念，在经学中有两次重要的阐发与运用：一是在伏胜《洪范五行传》① 中以"五事"（貌、言、视、听、思）为中心，将其与五庶征（雨、旸、燠、寒、风），并进而与五行（木、金、火、水、土）、月纪（十二个月）对应地联系起来；二是在此后的经学家根据《礼记·月令》将"五行"与更广泛的人的生理、心理、社会文化政治生活及自然秩序等联系起来②。例如郑玄在《洪范五行传注》中将五行分别对应于春秋夏冬四时，皇侃疏《论语·阳货》"钻燧改火"说："改火之木，随五行之色而变也。榆柳色青，故春用榆柳。枣杏色赤，夏是火，火色赤，故夏用枣杏也。桑柘色黄，季夏是土，土色黄，故季夏用桑柘也。柞楢色白，秋是金，金色白，故秋用柞槽也。槐檀色黑，冬是水，水色黑，故冬用槐檀也。"孔颖达《礼记正义·月令》疏引谓"今文尚书欧阳说肝木

----

① 今传陈寿祺辑伏胜《尚书大传》卷二有《洪范五行传》。《汉书·艺文志》《尚书》类有"《传》四十一篇"，郑玄诠次为八十三篇，并注，序谓出自伏生（见《玉海》卷三十七）。《晋书·五行志》谓"文帝时宓生创纪《大传》，其言五行庶征备矣"，《宋书·五行志》亦谓"伏生创纪《大传》，五行之体始详"。皆以《五行传》之作或汉初始为五行之说者为伏胜（伏生）。此为传统之见。晚近学者据《汉书·眭两夏侯京翼李传赞》"汉兴推阴阳言灾异者，孝武时有董仲舒、夏侯始昌"，《五行志》"孝武时夏侯始昌通《五经》，善推《五行传》，传族子夏侯胜"，谓汉初始言五行者，或作《五行传》者为夏侯始昌，不是伏胜（参见蒋善国《尚书综述》，上海古籍出版社1988年版，第113页注）。此两见孰是孰非，皆不影响本书所论，故不予深论。

② 《礼记正义》引郑玄《目录》说："《月令》者，以其纪十二月政之所行也，本《吕氏春秋》十二月之首章也。以礼家好事抄合之，后人因题之曰《礼记》，言周公所作，其中官名时事，多不合周法。"《月令》的内容虽然来自儒家之外，但自进入儒家经典后，慢慢地就融入儒学思想体系中了。

也，心火也，脾土也，肺金也，肾水也。古文尚书说，脾，木也，肺，火也，心，土也，肝，金也，肾，水也”等。这样，“五行”就从《左传》所谓“天生五材，民并用之，废一不可”（襄公二十七年）的五种基本生活物质，变为同时具有人的、社会的、自然的多重性质内涵的理论观念。阴阳五行观念这种超出经学固有内容的增益发展，使其获得了某种新的有别于经学的理论性质。如后面将要论述的，此种阴阳五行观念，正是原始儒学以后第一个儒学理论形态——汉代天人之学（纬学）的主要内容。

天人相应　经学家还援用天人相应的观念来诠释经典中记述的某些制度、历史事件。例如《周礼·天官·小宰》记古之官制，谓有天、地、春、夏、秋、冬六官，其属各有六十，共三百六十①。郑玄注曰：“六官之属三百六十，象天地四时，日月星辰之度数，天道备焉。”《地官·媒氏》“令男三十而娶，女二十而嫁”，《白虎通》说：“男三十而娶，女二十而嫁何？……合为五十，应大衍之数生万物也。”（卷九《嫁娶》）《春秋·庄公二十九年》“秋有蜚”，范宁《榖梁传集解》曰：“蜚者，南方臭恶之气所生也，象君臣淫佚有臭恶之行。”《春秋·成公七年》“春正月鼷鼠食郊牛角”，何休《公羊传解诂》曰：“鼷鼠者，鼠中之微者，角生上指，逆之象。《易》京房《传》曰：‘祭天不慎，鼷鼠食郊牛角。’”十分显然，经学家对这些典制、事件的诠释，其核心的思想观念正是天人合一、天人相应。但此种经学的天人相应观念，亦如后面将论述的，因在儒学中获得了一种理论解释，实际上已超出经学范围而成为汉代天人之学的理论核心。

经学家在对儒家经典的诠释中所注入的伦理道德、阴阳五行、天人相应的理论观念是儒家经典中所固有的；经学家的援用，将其显化、凸显出来，同时也构成作为儒学基本学术形态的经学的主要理论内容。正是在这里，经学和以后我们将要分析到的儒学其他理论形态，诸如纬学、玄学、理学，也显示出可以作出区分的界限。第一，儒学的经学以外理论形态虽然也攀缘着儒家经典，但其用以诠释儒家经典的理论观念不完全是儒家经

---

① 《周礼》之《冬官》已亡佚，天官之属六十二，地官之属七十六，春官之属六十八，夏官之属六十六，秋官之属六十三，皆超过六十，《小宰》所言，盖举成数而言之。

典中所固有的，其主要理论观念是由儒家以外的某种思想体系中援引或演变而来的。第二，经学只是援依这些基本理论观念来解释、阐发经文，而对这些理论观念本身没有作出新的诠释。儒学的经学以外的理论形态，其主要的理论内容，恰是吸纳儒学以外的理论思想给儒学经典所固有的基本理论观念以新的诠释。

对于全部的儒家经典经学的义理诠释，就其具有共通的方式方法而言，都可以归约为指示宗旨、发明条例、注入理论观念三种。但是，在不同的经典那里，经学家的义理诠释的理论立场并不相同，甚至是对立的，这就使得经学的义理诠释在不同的经典之间或同一经典内部具有不同的义理内容或特色，使得经学的理论内容丰富和复杂起来。这一情况在《诗经》《春秋》《周易》这三部儒家经典的诠释中表现得比较典型。

2.《诗经》之义释模式

汉代以来，经学家解说《诗经》的理论立场或者说学术倾向的差异还是比较清晰的。这种差异在不太严格的意义上可以概括为三：伦理的、历史的、文学的。

伦理义蕴与历史追寻　在汉代，从《汉书·艺文志》的记载可以看出，当时训释《诗经》的经师有鲁、齐、韩、毛四家。[①] 鲁、齐、韩三家立于学官，其解《诗》的共同特点是"或取《春秋》，采杂说，咸非其本义，与不得已，鲁为最近之"（《汉书》卷三十），即三家解《诗》，往往要于诗文中、诗旨中贯注或追溯到一种历史的内容，而其中以《鲁诗》为最。《毛诗》当时没有立于学官，其《诗序》云："先王以是经夫妇、成孝敬、厚人伦、美教化、移风俗"，所以《毛诗》偏重于对《诗》作伦理道德的诠释。《毛诗》与三家《诗》的这种诠释的理论立场上的差异是不乏例证的。例如，《诗经》首篇《关雎》的主题，《鲁诗》以一个十分具体的历史事实来解释："周之康王夫人晏出朝。《关雎》豫见，思得淑

---

① 《汉书·艺文志》录有《鲁故》二十五卷，《鲁说》二十八卷，《齐后氏故》二十卷，《齐孙氏故》二十七卷，《齐后氏传》三十九卷，《齐孙氏传》十八卷，《齐杂记》十八卷，《韩故》三十六卷，《韩内传》四卷，《韩外传》六卷，《毛诗故训传》三十卷。1977 年出土的安徽阜阳双古堆一号汉墓中的竹简《诗经》（墓主是西汉第二代汉阴侯夏侯灶，卒于汉文帝十五年），文字与四家诗皆异。由此推断《汉志》可能没有将汉初治《诗经》各家全部囊括。

女以配君子。"（刘向《列女传》卷三《曲沃负传》）①《毛诗》则从一般道德意义上解释说："《关雎》后妃之德也……乐得淑女以配君子，忧在进贤，不淫其色，哀窈窕思贤才，而无伤善之心焉，是《关雎》之义也。"也就是说，《鲁诗》认为《关雎》是对周康王夫人的讽谏，而《毛诗》则认为《关雎》表现的是后妃或女性的美德。《王风·黍离》按照《毛诗》的理解，是"闵宗周也。周大夫行役至于宗周，过故宗庙宫室，尽为禾黍，闵周室之颠覆，彷徨不忍去，而作是诗也"，认为表现的是一种"怀忠抱义之士"（《诗总闻》语②）悲怆故国衰落的道德感情。《韩诗》则解曰"昔尹吉甫信后妻之谗而杀孝子伯奇，其弟伯封求而不得，作《黍离》之诗"（《曹子建集》卷十《令禽恶鸟论》③）。《鲁诗》又解曰"卫宣公之子寿闵其兄见害作忧思之诗，《离黍》是也"（刘向《新序·节士》）。可见，《韩诗》《鲁诗》诠释《黍离》，主要是发掘、追溯它的具体的历史内容。当然，《毛诗》与三家《诗》的这种诠释的理论立场上的差异是相对的，《毛诗》中常有从具体的历史内容方面对诗的旨意诠释。例如，《邶风·新台》，《毛序》曰："刺卫宣公也。纳伋之妻，作新台于河上而要之，国人恶之而作是诗也。"《毛诗》此解与三家《诗》无异义。《邶风·二子乘舟》，《毛序》曰："思伋、寿也，卫宣公之二子争相为死，国人伤而思之，作是诗也。"鲁、韩《诗》曰："卫宣公之子，伋也，寿也，朔也。伋，前母子也。寿与朔，后母子也。寿之母与朔谋，欲杀太子伋而立寿也。使人与伋乘舟于河中，将沉而杀之。寿知不能止也，固与之同舟，舟人不得杀伋。方乘舟时，伋傅母恐其死也，闵而作诗，《二子乘舟》之诗是也。"（《新序·节士》）《毛诗》此解与鲁、韩《诗》说稍异，但从历史背景中显示主题的诠释的理论立场则是相同的。

---

① 陈乔枞《鲁诗遗说考·自序》谓："《汉书·楚元王传》言'元王好《诗》，诸子皆读《诗》，申公为《诗传》，号《鲁诗》，元王亦次之《诗传》，号《元王诗》'。刘向为元王子休侯富曾孙，汉人传经，最重家学，知向世修其业，《说苑》《新序》《列女传》诸书，其所称述必出于《鲁诗》无疑。"

② （宋）王质《诗总闻》曰："……此当时东周怀忠抱义之士，来陈秦庭，以奉今主归旧都为意……"（卷四《王风·黍离》）

③ 曹植用《韩诗》。《太平御览》四六九谓"《韩诗》曰：黍离，伯封作也"，《恶鸟论》据此。

同样，三家《诗》中也多有从伦理道德角度对诗的主题的发掘。例如，《召南·羔羊》之旨，按照《毛序》的训释"召南之国，化文王之政，在位皆节俭正直，德如羔羊也"，认为《羔羊》所表现、所描绘的是君子士大夫的高尚道德品性。焦延寿《易林·离之复》引《诗》为例曰"羔羊皮革，君子朝服，辅政扶德，以合万国"。《汉书·儒林传·张山拊》引谷永疏曰"德配周召，忠合羔羊"。《后汉书·循吏列传·王涣》"蹈羔羊之义"。李贤注引《薛君章句》谓"诗人贤仕为大夫者，言其德能，称有絮白之性，屈柔之行，进退有度数也"。谷永用《韩诗》①，《易林》引诗说属《齐诗》②，《薛君章句》为《韩诗》③。可见三家《诗》也是共同认为《羔羊》主旨是一个"德"。《大雅·行苇》之旨，《鲁诗》解说"公刘仁德，广被行苇，况含血之人，已同类乎" （王符《潜夫论·边议》)④，《齐诗》释曰"慕公刘之遗德，及行苇之不伤"（班彪《北征赋》)⑤，《韩诗》诠云"公刘慈仁，行不履生草，运车以避葭苇"（赵晔《吴越春秋·吴太伯传第一》)⑥。《毛序》则曰"周家忠厚、仁及草木，故能内睦九族，外尊事黄耇，养老乞言，以成其福禄焉"。可见三家《诗》与《毛诗》对《行苇》的诠释，具体的历史内容上稍有差异，立足

---

① 陈乔枞《鲁诗遗说考·羔羊》按曰："谷永用《鲁诗》，以《文三王传》中引'中冓'及本传中'阁妻'定之。"（按：谷永上疏中有"中冓""阁妻"之词，从颜师古注中可以看出，其语义皆取自《鲁诗》。）

② 陈乔枞《齐诗遗说考·自序》谓："《易》有孟京卦气之候，《诗》有翼奉五际之要，《尚书》有夏侯洪范之说，《春秋》有公羊灾异之条，皆明于象数，善推祸福，以著天人之应，渊源所自，同一师承，确然无疑。孟喜从田王孙受《易》得《易》家候阴阳灾变书，喜即东海孟卿子，焦延寿所从问《易》者，是亦齐学也，故《焦氏易林》皆主《齐诗》说。"

③ 《后汉书·儒林传·薛汉》："薛汉世习《韩诗》，父子以章句著名。"《杜抚传》："杜抚受业于薛汉，定《韩诗章句》。"

④ 王符《潜夫论》用《鲁诗》。陈乔枞考证说："王充《论衡》、扬雄《法言》亦并以《关雎》为康王之时。'仁义凌迟，《鹿鸣》刺焉'，史迁语盖本鲁说，而王符《潜夫论》、高诱《淮南注》，亦均以《鹿鸣》为刺上之作。互证而参观之，夫固可以考见家法矣。"（《鲁诗遗说考·自序》）

⑤ 陈乔枞谓："《齐诗》有翼匡师伏之学（按：语见《汉书·儒林传·后仓》），班固之从祖伯，少受《诗》于师丹（按：事见《汉书·叙传》），诵说有法度，故叔皮（按：班彪字）父子世传家学。"（《齐诗遗说考·自序》）

⑥ 《后汉书·儒林列传·赵晔》："诣杜抚受《韩诗》，究竟其术……著《吴越春秋》《诗细》《历神渊》。"

于道德伦理的诠释理论立场则是相同的。

文学视角 《诗经》的义理诠释，除了伦理道德和历史的两种理论立场外，还有一种文学的理论立场。其特色是将先前《诗经》诠释中那些显现诗的主题的具体的、特定的历史内容化解为普通的社会生活事实；将那些被确立为是诗旨的社会层面上的伦理道德感情、观念，变解为自然层面上的人情、人性。这种立场在宋代以后的《诗经》诠释中多有表现，而朱熹《诗集传》就是其中一个代表。朱熹在《诗集传·序》中说："诗之所谓风者，多出于里巷歌谣之作，所谓男女相与咏歌，各言其情者也……若夫雅颂之篇，则皆成周之世，朝廷郊庙乐歌之辞。"这是从文学理论立场上对《诗经》总体的诠释。在《诗经》的绝大多数篇章的诠释中，朱熹和其他一些经学家的这一立场还有具体的表现。例如《诗经》首篇《关雎》，清代学者方玉润的《诗经原始》中诠解说："窃谓风者，皆采自民间者也，此诗盖周邑之咏初婚者，故以为房中乐，用之乡人，用之邦国而无不宜焉。"此与三家《诗》及《毛诗》的诠释显然是有区别的。对于《王风·黍离》之旨，清代崔述《读风偶识》训释说："今玩其辞，乃似感伤时事，殊不见其为遭家庭之变者……此诗乃未乱而预忧之，非已乱而追伤之也。盖凡常人之情，狃于安乐，虽值国家将危之会，贤者知之，愚者不之觉也，是以不知者，谓之何求。"显然，"常人之情"是不同于《毛诗》《韩诗》《鲁诗》从特定的历史内容或伦理感情的角度的诠释。四家诗解所追寻到的《新台》《二子乘舟》的特定的历史内容，似乎比较确凿，为多数经学家接受①。但宋代王质《诗总闻》却认为，《新台》描绘的是"此地之人娶妻不如始言，故下有不悦之辞，本求燕婉乃得恶疾者，为可恨也"，是一种现实生活的内容；《二子乘舟》抒写的是"思子、送者之怀"，一种人性之情。可见，仍有经学家能在四家《诗》的历史的、伦理的诠释立场之外，找到一个文学的诠释立场。《行苇》雅意，朱熹判断为"祭毕而燕父兄耆老之诗"（《诗集传》）。《羔羊》风旨，崔述训释云"此篇特言国家无事，大臣得以优游暇豫，无美其节俭正直

---

① 近人吴闿生《诗义会通》论及《新台》等诗时有谓："《序》之说诗，惟此诸篇最为有据。"（《诗义会通》卷一）

之意，不得遂以为文王之化也"（《读风偶识》），显示的也是历史和伦理道德之外的文学的诠释立场。当然，应该说，经学历史上的实际情况是，在一个经学家对《诗经》的诠释中，或者说在一部《诗经》传注疏解中，历史的、伦理道德的和文学的三种诠释的理论角度，往往是同时兼有的，在这个意义上说也是相对的，例如在《诗集传》中，从伦理道德和历史立场的诠释也是随处可见。但是作为各有自己特定内涵的三种诠释的理论立场，其区别和差异还是清晰可辨的，并且正是由这三种立场的主次强弱的不同，产生不同的观念内容，显示出不同的学术特色，在这个意义上，《诗集传》等宋代以后《诗》说与四家《诗》之间的界限，甚至可以说是对立，又总是消融不掉的。

3.《春秋》之义释模式

经学在诠释《春秋》时的理论立场的差异，最早由三传本身清晰地显示出来。

例1：《春秋·僖公十六年》：春，王正月，戊申，朔，霣石宋五。是月，六鹢退飞过宋都。

《左氏传》：十六年，春，陨石于宋五，陨星也。六鹢退飞过宋都，风也。周内史叔兴聘于宋，宋襄公问焉，曰："是何祥也？吉凶焉在？"对曰："今兹鲁多大丧，明年齐有乱，君将得诸侯而不终。"退而告人曰："君失问，是阴阳之事，非吉凶所生也。吉凶由人，吾不敢逆君故也。"

《公羊传》：曷为先言霣而后言石？霣石，记闻。闻其磌然，视之则石，察之则五。是月者何？仅逮是月也。何以不日？晦日也。晦则何以不言晦？《春秋》不书晦也。朔有事则书，晦虽有事不书。曷为先言六而后言鹢？六鹢退飞，记见也。视之则六，察之则鹢，徐而察之则退飞。五石六鹢何以书？记异也。外异不书，此何以书？为王者之后记异也。

《穀梁传》：先陨而后石，何也？陨而后石也。于宋，四竟之内曰宋。后数，散辞也，耳治也。是月也，决不日而月也。六鹢退飞过宋都，先数，聚辞也，目治也。子曰："石无知之物，鹢微有知之物，石无知故日之，鹢微有知之物，故月之。君子之于物无所苟而已。"石鹢且犹尽其辞，而况于人乎？故五石六鹢之辞不设，则王道不亢矣。民所聚曰都。

例2：《春秋》襄公二十九年：夏……阍弑吴子余祭。

《左氏传》：吴人伐越，获俘焉，以为阍，使守舟。吴子余祭观舟，阍以刀弑之。

《公羊传》：阍者何？门人也。刑人则曷谓之阍？刑人非其人也。君子不近刑人，近刑人则轻死之道也。

《穀梁传》：阍，门者也，寺人也，不称名姓，阍不得齐于人；不称其君，阍不得君其君也。礼：君不使无耻，不近刑人，不狎敌，不迩怨，贱人非所贵也，贵人非所刑也，刑人非所近也。举至贱而加之吴子，吴子近刑人也。阍弑吴子余祭，仇之也。

历史角度与书法原则 从这两个例子中可以看出，第一，《春秋》三《传》基本上有两个诠释的理论立场：历史的和书法的。《左传》多为叙述《春秋》记事的历史内容，主要是从历史的角度诠释《春秋》，《公羊》《穀梁》重于训释《春秋》记事的表达原则，是从书法的角度对《春秋》的诠释。对于僖公十六年在宋国发生的落下五块陨石和六只水鸟退飞的自然事件，《左传》捕捉和记述了当时几个重要人物围绕这一比较罕见的事件所作的议论，使《春秋》这一简单记事变得丰满起来、活跃起来。而《公羊》《穀梁》则是十分细致地解释何以用"陨石于宋五""六鹢退飞"来表达、描述这一自然事件。对于襄公二十九年发生的吴国国君余祭被守门人杀死的历史事件，《左传》的记述补充了这个守门人是越国俘虏，和余祭是观舟而被杀等重要情况，使这一历史事件的内容更充实、更明朗。而《公羊》《穀梁》则主要是讨论"阍"字的含义，何以不称阍者之名，何以把"阍"者置于"吴子"之前等属于书法的原则。第二，《公羊传》《穀梁传》的书法原则，其内涵有二，一是语言学意义上的修辞因素。如《公羊传》解释"贯石"为"记闻"，"六鹢退飞"为"记见"，《穀梁》解释"陨石于宋五"，数字置后为"散辞"，"六鹢退飞"，数字置前为"聚辞"，此皆是十分细腻的修辞分析。二是伦理道德性质的尊卑褒贬的观念因素，显然，《公羊传》和《穀梁传》在这里的训释，"石无知故日之，鹢微知故月之"，显示的就是尊卑的伦理①，"为王者之后记异"，"举

---

① 晋范宁《穀梁传集解》曰："石无知而陨必天使之然，故详而日之；鹢或时自欲退飞耳，是以略而月之。"故《穀梁传》认为此书法中蕴含有尊卑之义理。

至贱加之吴子"，体现的就是褒贬原则。比较而言，《公羊》《穀梁》对《春秋》所作的书法诠释中的这两个内涵，伦理道德观念是主要的内涵、主要的原则。在这个意义上可以说，《公羊》《穀梁》的诠释的理论立场是伦理的。应该说，这两个例子，还有三《传》中其他俯拾可得的更多的例子，显示出来的《左传》和《公羊》《穀梁》在诠释《春秋》时的历史的和伦理的两种理论立场的差异是很鲜明的。宋代经学家叶梦得曾说"《左氏》传事不传义，是以详于史，而事未必实；《公》《穀》传义不传事，是以详于经，而义未必当"（《春秋传·序》），朱熹也曾说"《左氏》考事颇精，只是不知大义；《公》《穀》考事甚疏，然义理却精"（《朱子语类》卷八十三），评断的也正是这种差异①。

记实原则　三《传》解说《春秋》，形成了历史的和书法的两种诠释立场；书法的诠释立场具有修辞的和伦理的两个有区别的内涵或原则。《公羊》《穀梁》中由书法的伦理原则而得出的某些结论，唐宋以后受到经学家的怀疑、驳斥，在此基础上，出现了诠解《春秋》书法的第三个原则：记实。《春秋·定公二年》："夏五月壬辰，雉门及两观灾。"对于《春秋》的这则记事，《公羊传》解释说："其言雉门及两观灾何？两观微也。然则曷不言'雉门灾及两观'？主灾者，两观也。时灾者两观，则曷为后言之？不以微及大也。"《穀梁传》解释说："其不曰'雉门灾及两观'，何也？灾自两观始也，不以尊者亲，灾也，先言雉门，尊尊也。"也就是说，《公羊》《穀梁》皆认为，火灾是由两观开始，延及雉门。按照一般的记事先后顺序，应先言两观，后述雉门。《春秋》记述此事之所以将"雉门"置于"两观"之前，就是为了体现贯彻尊卑的等级伦理观念。唐代经学家对《公羊》《穀梁》依据伦理原则所作的这种书法的诠释提出批驳，并提出一项《公羊》《穀梁》中所没有的，或者说不明确的书法原则。如唐赵匡说："此雉门延及两观，义理分明，据实成文耳。《公

---

① 经学家也曾指出《左传》《公羊》《穀梁》之间的差异。如范宁说"《左氏》艳而富，其失也诬；《穀梁》清而婉，其失也短；《公羊》辨而裁，其失也俗"（《穀梁传集解·序》）。宋胡安国也说"事莫备于《左氏》，例莫明于《公羊》，义莫精于《穀梁》"（《春秋传·序》）。但是，三《传》诠释的理论立场或角度之间的基本差异，仍应在《左传》和《公》《穀》之间划定。

羊》《穀梁》乃曰自两观始，违经妄说，殊可怪也。"（陆淳《春秋集传辨疑》卷十）宋刘敞说："其言及何？灾自雉门始。《公羊》曰两观微也，又曰主灾者两观也，皆非也。灾有先后，据见而书，何至颠倒先后，强出尊卑乎？"（《春秋权衡》卷十三）显然，赵匡、刘敞所提出的"据实成文""据见而书"是一项非修辞、非伦理的新的书法原则。运用"记实"的书法原则，刘敞修正《公羊》《穀梁》对宣公十六年"是月六鹢退飞过宋都"的训释说："《公羊》云'是月者仅逮是月也，不日者晦也'，非也。夫晦朔者，天之所有，《春秋》取朔弃晦，何当于义乎？《穀梁》'子曰石无知之物故日之，鹢微有知之物故月之'，非也。言是月者，宋不告日，嫌与五石为一日，故分别之耳。"又推翻《公羊》《穀梁》对宣公十六年"夏成周宣榭火"的训释说："《公羊》曰'外灾不书，此何以书，新周也'，非也。《穀梁》曰'周灾不志'，亦非也。宋灾犹志，况周灾乎？来告则书耳。"可见，记实的书法原则就"据实成文""来告则书"。在唐宋其他经学家的《春秋》经传注疏中，也可以看到运用记实的书法原则对《公羊》《穀梁》的伦理的书法原则的批驳或改释。如《春秋·定公五年》"于越入吴"。《公羊》解说："于越者何？越者何？于越者，未能以其名通也；越者，能以名通也。"孔颖达批评说："《公羊传》其意言越与于越立文不同，事有褒贬。《左氏》无此义，越是南夷，夷言有此发声，史官或正其名，或从其俗，史异辞，无义例。"（《春秋左传正义·定公五年》）这是"据实成文"。《春秋·文公三年》"秋，雨螽于宋"。《公羊》解说："外异不书，此何以书？为王者之后记异也。"这是援依褒贬的伦理书法原则。但宋代经学家赵鹏飞训解曰："外灾不书，此何以书？赴于我也。"（《春秋经筌》卷八）显然，赵氏新解是遵循"来告则书"的记实书法原则。

总之，三《传》显示出的《左传》之历史角度和《公羊》《穀梁》之书法角度两种诠释的理论立场；《公》《穀》的书法诠释立场，内含着修辞的和伦理的两个原则，唐宋的经学家又补充了一个新的记实原则，可以说，这就是《春秋》学的义理诠释的全部内容。

4. 《周易》之义释模式

在经学的义理诠释中，《易》（《周易》）——《易经》和《易传》的诠释最为纷繁复杂。但是，其基本的诠释角度或理论立场的差异也还是清晰可辨的。并且，这种差异可以追溯到，或者说根源于最早对《易》（《易经》）作出诠释的《易传》本身。①《易传》中显示的诠释角度有三。一曰义解。如《系辞》说"夫乾，天下之至健也，德行恒易，以知险；夫坤，天下之至顺也，德行恒简，以知阻"，这是从义理的、哲学的角度训释与直接揭示乾、坤等八卦、六十四卦的内涵。二曰象解。如《说卦》"乾为马，坤为地""乾为首，坤为腹""乾，天也，坤，地也"，以某种物象来表征一卦的性质。三曰数解。《系辞》谓"易有太极，是生两仪，两仪生四象，四象生八卦"，这是将揲蓍成卦的操作过程数学化，并且，将揲蓍之数哲理化，称之为"天地之数""大衍之数"，追溯八卦的深远的天道根源，即《说卦》所谓"幽赞于神明而生蓍，参天两地而倚数，观变于阴阳而立卦"。《易传》显示的释卦（占筮）体例，主要是对一卦之卦体进行总体的观察，将一卦分为上下（外内）两体或上中下"三才"②，对各爻进行分别的观察，提出当位（一三五属奇数，为阳位，为刚；二四六属偶数，为阴位，为柔）③、应位（初与四、二与五、三与上，其位相应）④、中位（上下卦之中，即二、五爻位）⑤ 等占筮原则。汉代以后，在经学对《易》的义理诠释中，《易传》所同时具有的这三种诠释角度，

---

① 《左传》《国语》中共有二十二条运用《周易》（《易经》）占筮人事或论证人事的记载。《晋书·束皙传》记述晋太康二年出土的汲县魏襄王（前318年～前296年）墓中有《易繇阴阳卦》，这些都可视为在《易传》之前的春秋战国时代的诠释《易经》的观点和著作。并且，《左传》《国语》推释卦辞所采用的取象或取义的两种基本方法，《阴阳卦》的"阴""阳"观念，都为此后的《易传》所吸收。但是，《阴阳卦》已佚失，《左传》《国语》最主要的一个解卦体例原则，是解之卦，不解本卦。《易传》与此迥然有别，主要是解本卦之象之义，属于另外的解《易》系统。

② 如《乾·文言》论"九三"曰"居上位而不骄，在下位而不忧"，《泰·象》曰"内健而外顺"，即是分卦之下三爻为"下体"（内），上三爻为"上体"（外）。《乾·文言》论"九四"曰"重刚而不中，上不在天，下不在田，中不在人"，即是以卦之初、二两爻为地，三、四两爻为人，五、上两爻为天。

③ 如《既济》（☲坎上离下），六爻皆当位，所以《彖》谓"利贞，刚柔正而位当也"。

④ 如《未济》（☲离上坎下），六爻皆应位，《彖》谓"虽不当位，刚柔应也"。

⑤ 如《噬嗑》（☲离上震下）六五爻虽不当位，但得中位，《彖》谓"柔得中而上行，虽不当位，利用狱也"。

被显化和歧化为三种显然有别的诠释的理论立场①；其体例原则也有新的发展，变得复杂起来。

象数解　汉代以来，从象与数的理论立场对《周易》（《易经》和《易传》）的诠释，构成了一个庞大芜杂的易学系统，其理论内容大体可以归纳于三个方面。

其一，建构具有内在联系、内在逻辑的六十四卦框架结构。《易经》六十四卦今天通行本是按从乾卦到未济卦的顺序排列的，这一序列，《易传·序卦》诠释为一个因果系列，即后卦对于前卦或相同，或相反。后来，孔颖达在《周易正义》中诠释为"非复（颠倒）即变（反对）"。这样的两种诠释，使得这一卦序"活"了起来，成为《易》学中的第一个具有内在联系的、可以有规律地推演的逻辑框架。发现、建构内在联系更严密、更周延的逻辑框架，从而能将宇宙中万种事象皆纳入这个框架中，并能在六十四卦的推演中逻辑地自动显现，一直是《序卦》以后象解派《易》经学家追求的理论目标。自汉至宋，象解派经学家建构的逻辑框架，重要的有下列四个。②

第一，"八宫卦"。这是汉代京房（焦延寿弟子）建构的一个十分严密的六十四卦逻辑框架。他将八经卦的重卦称为八宫（又称八纯、上世），其顺序为乾、震、坎、艮、坤、巽、离、兑。此顺序是根据《说

---

① 数解所诠释的《易》的问题比较单一，且与以后象解所发展演绎出的理论内容关系密切，学者经常将其合称为"象数"。

② 在下面将论述的四个六十四卦逻辑框架出现之前，汉代就已经有两个有内在联系和推演规则的六十四卦逻辑框架。一是马王堆汉墓出土的帛书《周易》中的六十四卦卦序，其建构规则是上卦按乾、艮、坎、震、坤、兑、离、巽（乾领三男，坤领三女）的次序，下卦以乾、坤、艮、兑、坎、离、震、巽（阴阳相间）的次序组合配成。这一逻辑框架中没有新的理论内容，似乎不是为了解释人的周围世界，只是为了便于人的记忆。古文字学家和考古学家鉴定，此帛书是汉文帝初年（前180～前170年）的作品（见张政烺《帛书六十四卦跋》，《文物》1984年第3期）。二是孟喜"卦气说"配七十二候的六十卦之次序。孟喜《易章句》已佚，其《卦气图》于《魏书·律历志》（卷一百零七下）、《旧唐书·历志》（卷三十四）、《新唐书·历志》（卷二十八上）中的记述亦有差异，故孟喜卦气六十卦的建构规则难以知晓，亦尚未被后学破释。只有宋儒李觏在《盱江集·易图序论》中以卦名释之（卦名之含义能体现某种逻辑次序）。宋儒王应麟《困学纪闻》（卷一）和清儒庄存与《卦气解》以卦画释之（将六十卦等分为若干段，每段阴阳爻数均等）。

卦》，乾坤为父母，各率三男三女。每一宫卦又率七卦，分别称一世、二世、三世、四世、五世、游魂、归魂，共六十四卦。八宫卦的演变规则是：（1）八宫本宫中的六爻皆不变为上世，初爻变者为一世，初、二两爻皆变者为二世，初爻至三爻皆变者为三世，初爻至四爻皆变者为四世，初爻至五爻皆变者为五世；（2）四世卦的第四爻回复成本宫卦的第四爻，则为游魂；（3）五世卦的下三爻（下卦）回复成本宫卦的下卦，则为归魂。在八宫卦的逻辑框架内，六十四卦从乾到归妹都能规则有序地出现。清儒惠栋《易汉学》依《京房易传》义，制《八宫卦次图》，可将上述内容清晰地显示出来。

世、游、归		八　宫　卦						
八上	纯世	乾	震	坎	艮	坤	巽	离	兑
一	世	姤	豫	节	贲	复	小畜	旅	困
二	世	遁	解	屯	大畜	临	家人	鼎	萃
三	世	否	恒	既济	损	泰	益	未济	咸
四	世	观	升	革	睽	大壮	无妄	蒙	蹇
五	世	剥	井	丰	履	夬	噬嗑	涣	谦
游	魂	晋	大过	明夷	中孚	需	颐	讼	小过
归	魂	大有	随	师	渐	比	蛊	同人	归妹

八宫卦次图①

---

① 此前，宋代吴仁杰《易图说》、清代黄宗羲《易学象数论》中都有八宫卦图式。此图式为今人朱伯崑《易学哲学史》据清代惠栋《易汉学》卷四《八宫卦次图》而绘。

第二，虞翻卦变说中的逻辑框架。从保存在唐代李鼎祚《周易集解》中可以看出，三国时虞翻的"卦变说中规则地显现六十四卦的逻辑框架，是在乾坤两卦基础上建构的。其步骤是，首先由乾坤两卦相互推移，形成十二消息卦①。虞翻说："以乾推坤谓之穷理，以坤变乾谓之尽性。"（《周易集解》卷十七）"以乾推坤"指复卦到夬卦即息卦变化的过程，"以坤变乾"指自姤卦到剥卦即消卦变化的过程，图示如下：

乾　　　坤

以乾推坤　以坤变乾

复　　　姤

临　　　遁

泰　　　否

大壮　　观

夬　　　剥

然后，在十二消息卦的基础上，分为一阴一阳之卦、二阴二阳之卦、三阴三阳之卦、四阴四阳之卦四类，按顺序每次变动一爻，最后演变出其他杂卦。其卦变图示如下（见下页）。

虞翻的演变六十四卦的逻辑结构有不够严密之处：（1）出现了八个重复卦，这是因为分类时虽排除一阴一阳和五阳五阴的全部重复（夬、剥没有立类），但没有排除掉二阴二阳和四阴四阳的部分重复；（2）不能出现中孚（☵）和小过（☵）两卦，这是因为虞翻卦变体例是阴阳爻互易，且每次只变动一爻，从十二消息卦的四阴四阳卦（或二阴二阳卦）中形成不了双阴与双阳连续的卦体。所以于此两卦虞翻不得不变例解之，

---

① 孟喜"卦气说"中以体现阴阳消长的复、临、泰、大壮、夬、乾、姤、遁、否、观、剥、坤十二卦代表十二月，前六卦阳爻逐渐增多，为阳息（阴消）过程，后六卦阴爻逐渐增多，为阴息（阳消）过程。通常就阳爻消长而言，称前六卦为息卦，后六卦为消卦，总称十二消息卦。

谓中孚为"讼（䷅）四之初也"，小过为"晋（䷢）上之三"（《周易集解》卷十二），即由杂卦推演出此二卦。

一 阴 一 阳 之 卦

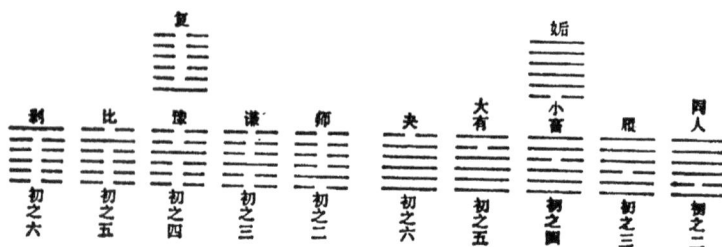

复

剥　比　豫　谦　师　　夬　大有　小畜　履　同人

初之六　初之五　初之四　初之三　初之二　　初之六　初之五　初之四　初之三　初之二

姤

二 阴 二 阳 之 卦

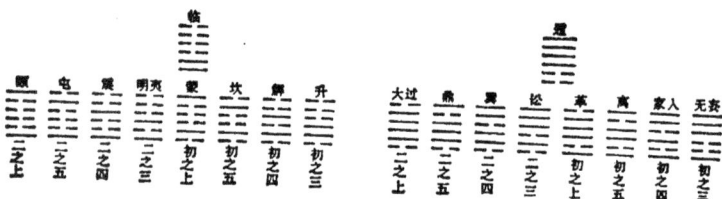

临

颐　屯　震　明夷　　坎　解　升　　大过　鼎　巽　讼　革　离　家人　无妄

萃

三 阴 三 阳 之 卦

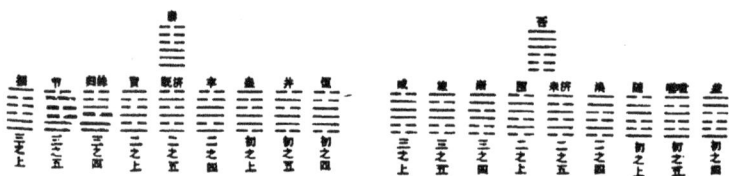

泰

损　节　归妹　贲　既济　丰　蛊　井　恒　　咸　旅　未济　渐　涣　困　噬嗑　随

否

四 阴 四 阳 之 卦

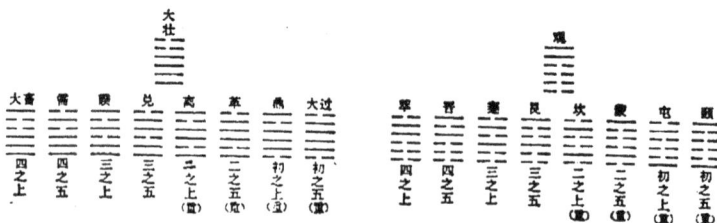

大壮

大畜　需　睽　兑　离　革　夬　大过　　萃　晋　蹇　艮　坎　蒙　屯　颐

观

卦变图①

――――――――――――

① 据黄宗羲《易学象数论》卷二《古卦变图》。

第三，李之才卦变说中的逻辑框架。宋初易学家李之才在其卦变说中建构了两个各自独立的六十四卦逻辑框架。一曰"变卦反对图"。此图式以乾坤二卦为基本卦，其他六十二卦分为四类七组，皆为乾坤二卦变易出，其图式见朱震《汉上易传·卦图》所录为：

乾坤二卦为易之门，万物之祖

乾老阳　　　　坤老阴

(1)乾坤相索三变六卦不反对图

坤体而乾来交　　　　颐　　小过　　坎

乾体而坤来交　　　　大过　中孚　　离

(2)乾卦一阴下生反对,变六卦图
坤卦一阳下生反对,变六卦图

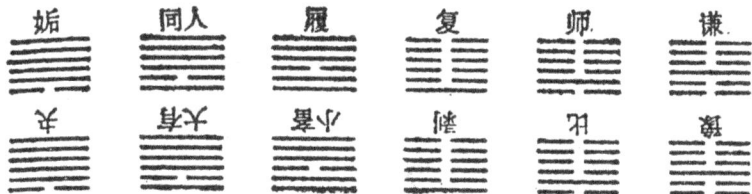

姤　同人　履　复　师　谦

李之才变卦反对图，用"反对"（颠倒）和卦变（爻变）两个契因，将六十四卦纳入一个逻辑框架，是十分巧妙的，但这个框架中也有破绽和不足：（1）系统不一。第一类六卦是用"不反对"的原则，而后三类用的是"反对"的原则；且第四类卦出现了四对重复卦，这是因为六十四卦中如孔颖达所说"非复即变"，本不只是一种颠倒（即"反对"，孔颖达

（3）乾卦下生二阴，各六变反对，变十二卦图

坤卦下生二阳，各六变反对，变十二卦图

遯	讼	无妄	临	明夷	升

（第一组反对卦图，含※标记）

睽	兑	革	蹇	艮	蒙

（第二组反对卦图）

（4）乾卦下生三阴，各六变反对，变十二卦图

坤卦下生三阳，各六变反对，变十二卦图

否	恒	丰	泰	损	贲

（第一组反对卦图，含※标记）

归妹	节	既济	蛊	井	未济

（第二组反对卦图）

称之为"复"）的对称关系，还有一种对立（即"不反对"，孔颖达称之为"变"）的对称关系。李之才的变卦反对图未能将这两种对称关系统一起来。（2）爻变的规则不一。从图式中可以看出，《反对图》中只有第二、三类的乾卦下生阴与坤卦下生阳的爻变情况是相同的，即乾卦下生阴

姤至履与坤卦下生阳的复至谦的爻变情况是相同的，乾卦下生二阴遁至革与坤卦下生二阳临至蒙的爻变的情况也是相同的。但是，在不同类卦的爻变之间，同一类卦的三变、六变之间皆显示不出任何同一性、规则性。所以"反对图"实际上是六十四卦的分类排列，不具有能在系统内部有序地逻辑出现的那种"自动"的性质。二曰"六十四卦相生图"。此图的内容是，乾坤第一次相交（一爻相交），生出复、姤二卦，复、姤二卦又各爻变出五卦；乾坤第二次相交（二爻相交），生出临、遁二卦，临、遁二卦又各爻变出十四卦；乾坤第三次相交（三爻相交），生出泰、否二卦，泰、否二卦又各爻变出九卦。图式①如下（见下页）。与"反对图"相比，李之才的"相生图"比较严谨，分类标准一致，没有出现重复，"反对图"的第一个弱点被克服了，但第二个弱点却仍然存在，卦变之间仍缺乏一致的、能"自动"显现的逻辑规则。

第四，"伏羲六十四卦次序图"。这是宋代易学家邵雍建构的六十四卦逻辑框架。他认为六十四卦是由太极生两仪（朱熹解释为阴阳，蔡元定解释为动静），两仪生四象（朱熹解释为太阳⚌、少阴⚍、少阳⚎、太阴⚏，蔡元定解释为阴阳刚柔），四象生八卦的"一分为二，二分为四，四分为八，八分为十六，十六分为三十二，三十二分为六十四"的"六变而六十四备矣"过程（《观物外篇》）。朱熹《周易本义》绘其图式如下：

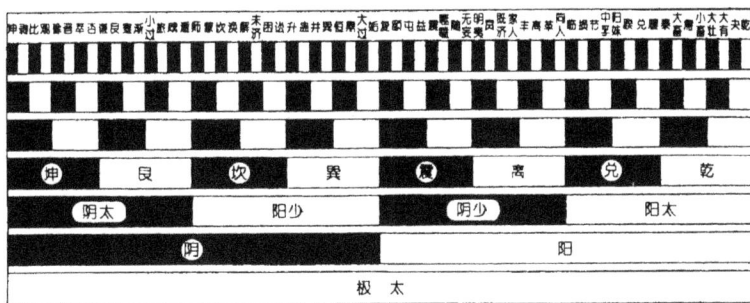

六十四卦次序图

① 李之才变卦反对图、变卦相生图最早见（宋）朱震《汉上易传》，（宋）林至《易裨传外篇》、（清）黄宗羲《易学象数论》亦有相同图式。此处图式援用今人朱伯崑《易学哲学史》所绘。

蔡元定《易学启蒙》解释此图说："八卦之上各生一奇一偶而为四画者十六，于经无见，邵子所谓八分为十六者是也。又为两仪之上各加八卦，又为八卦之上各加两仪也。四画之上各生一奇一偶而为五画者三十二，邵子

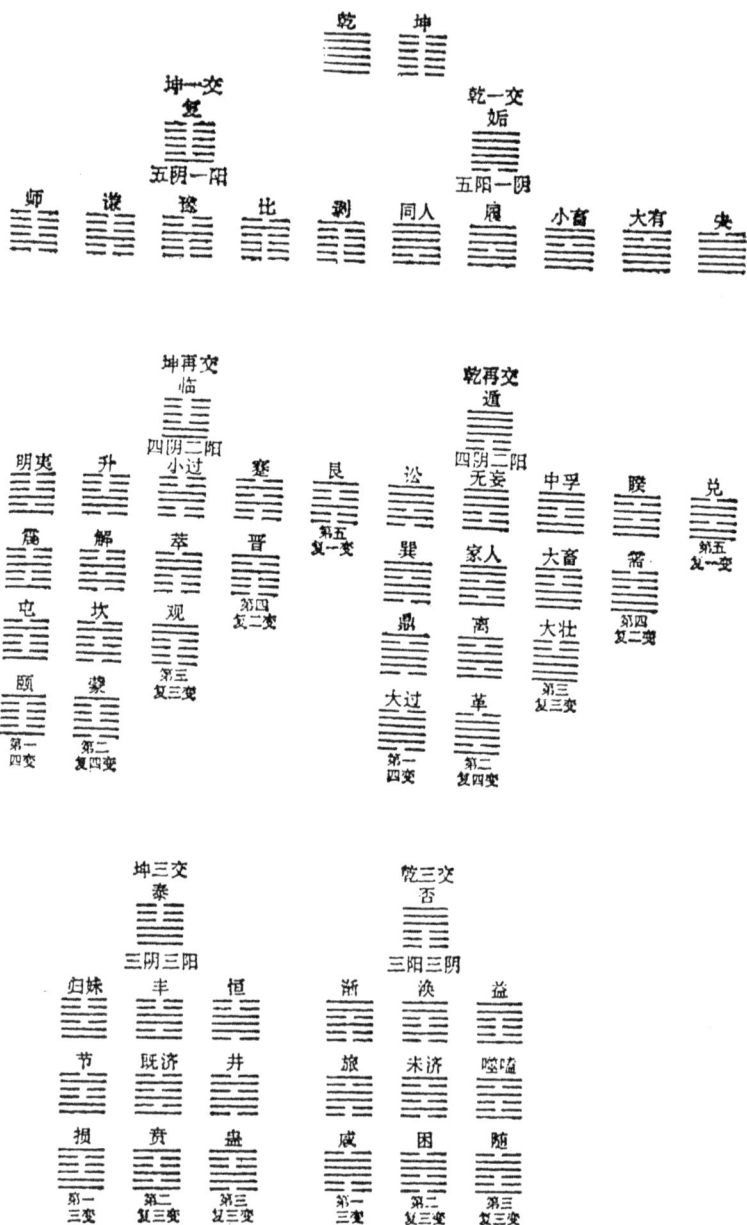

所谓分为三十二者是也。又为四象之上各加八卦，又为八卦之上各加四象也。五画之上各生一奇一偶而为六画者六十四，则兼三才而两之，而八卦之乘八卦亦周，于是六十四卦之各立而易道大成矣。"邵雍建构的这个六十四卦次序图应该说是十分严谨巧妙的，从乾至坤，体现了阳消阴长的过程，在这个逻辑框架内，任何一卦都有自己确定的位置，可以规则地"自动"地显现，是自然和逻辑的统一。这个逻辑框架如果为了描述或表现八卦方位①或六十四卦的对立定位，则可以由横图变换为圆图或方图。朱熹《周易本义》绘其图式为：

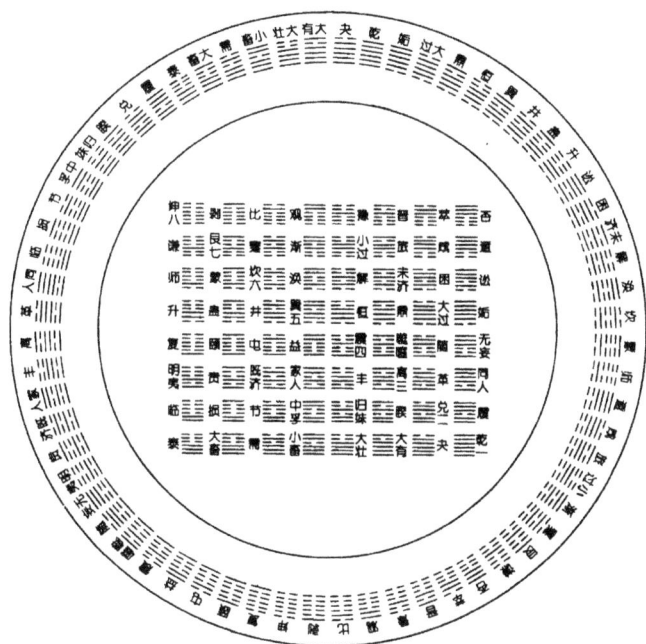

伏羲六十四卦方位图②

---

① 易学中，八卦方位有二说，一是以坎离震兑为"四正"（北南东西四方），此据《说卦》"帝出乎震"章，汉易采此说。一是以乾坤坎离为"四正"（南北西东四方），此据《说卦》"天地定位"章，宋易多采此说。宋代易学家并因此区分此为"伏羲先天八卦"，彼为"文王后天八卦"。如邵雍说"天地定位一节，明伏羲八卦也"（《观物外篇·先天象数》），"起震终艮一节，明文王八卦也"（《观物外篇·后天周易理数》）。顺便提及，易学中的八卦次序亦有二说。一是"父母生子"说，其序为乾（父）、坤（母）、震（长男）、巽（长女）、坎（中男）、离（中女）、艮（少男）、兑（少女）；此据《说卦》"乾父坤母"章，汉易采之。一是"一分为二"说，其序为乾一兑二离三震四巽五坎六艮七坤八；此据《系辞》"易有太极"章，宋易采之。
② 此图在《汉上易传》中已出现，名曰"伏羲八卦图"。

这个圆图是横图由中间折开拼成。其卦象乾南坤北，离东坎西，正是伏羲八卦的方位；其顺序，"复至乾，凡百有十二阳，姤至坤，凡百有十二阴。姤至坤，凡八十阳，复至乾，凡八十阴"（《观物外篇·先天象数》），体现了阴阳消长的过程。方图则是将横图（或圆图）分为八段，自下而上叠成八层而成。朱熹解释说"是说方图中两交股底，且如西北角乾，东南角坤，是天地定位，便对东北角泰，西南角否。次乾是兑，次坤是艮，便对次否之咸，次泰之损。后四卦亦如是，共十六卦"（《朱子语类》卷六十五）。显然，方图以对角线上是三十二个对立卦的逻辑结构，准确地定位了六十四卦。但是，从经学的角度看，邵雍六十四卦次序图有一个理论上的悖谬，就是他的形成六十四卦的推演过程中离开了经典本身，引入了系统以外的无意义的内容，即其四画十六，五画三十二，如《易学启蒙》所谓"于经无见"，无任何义蕴，或者说无理论的内涵，但却又是此过程中不可缺少的。《系辞》说"易有太极，是生两仪，两仪生四象，四象生八卦"（《系辞上》），又说"八卦成列，象在其中矣，因而重之，爻在其中矣"（《系辞下》）。可见，《易传》只考察、论述了八卦的形成，认为这是一个自然的、天道的过程，而六十四卦则是在八卦基础上排列组合而成。而邵雍《易》说，却是把八卦与六十四卦全体都作为一个统一的自然发生的过程来考察、论述的。在这个意义上，邵雍将自己的易学说成是"先天学"（全部是自然过程），《易传》易学是"后天学"（有人为内容），不失为对易学中理论差异的一种区分方法。

象解派易经学家建构的具有某种内在联系的六十四卦逻辑框架的情况大致如此。其中最纯正而严密的当数京房八宫卦，邵雍的横图、圆图、方图亦属精巧，但援依了儒家经典以外的思想观念，实际上超越了经学的范围。虞翻的卦变图虽然不够严谨，但他的《易注》却正是用这个框架网络、串通了《周易》经传的全部内容。

其二，引进义理内容。象解派对《周易》的诠释，第二个特色就是向新建构的具有某种内在联系的六十四卦逻辑框架，或《易传》旧有的逻辑框架引进或注入新的义理内容。主要是：（1）虽为《易传》所没有却是儒家其他经典中已有的五行的思想观念；（2）儒家经典之外的当时的天文、历律等科学知识。将天文律历引入《易》卦系统，在汉易中有三说可为代表。第一，"卦气说"，以卦象解说一年的节候变化。如孟喜以十二消息卦配十二个月，以四正卦（坎震离兑）的二十四爻配二十四节气（京房以六子卦的上下卦配二十四节气，每卦主两个节气），以六十卦（除四正卦）配七十二候（京房则以六十四卦配一年的日数，宋儒李溉的《卦气图》以十二消息卦配七十二候）。惠栋《易汉学》中有《卦气七十二候图》和《六日七分图》：

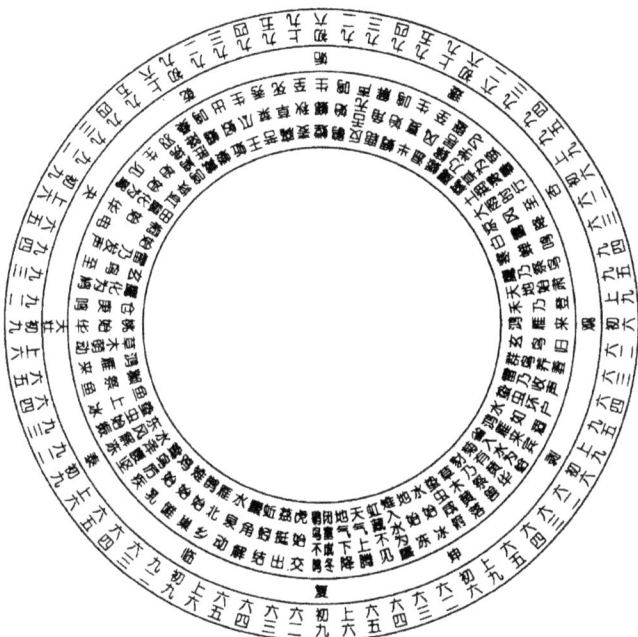

卦气七十二候图

据惠氏考定，此《卦气七十二候图》即李溉所传，"其说原于《易纬》"（《易汉学》卷一《卦气图》）。此图清晰地呈现了一年的季节、物候在阴阳消长中的变迁。将此图与《六日七分图》叠合看，则孟喜卦气论的三项主要内容也能全部显示出来。二十四节气、七十二候的历法知识，在《吕氏春秋·十二纪》《淮南子·天文训》《淮南子·时则训》中都有了明确表述，在这里被汉代象解的易学家援入了易学系统。第二，汉《易》中有"纳甲""爻辰"之说，是将干支历法和十

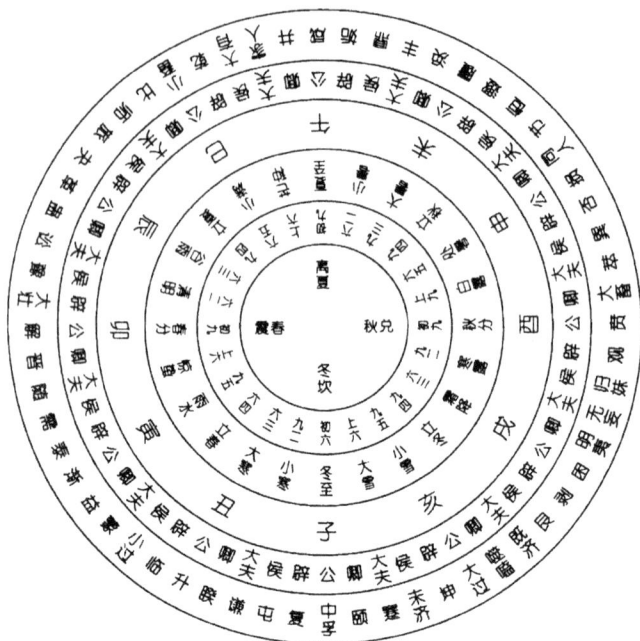

六日七分图

二律法引入卦体的做法。"纳甲纳支"是京房的易说，以十干和十二支配八宫卦各爻。图式如下①：

爻位 ＼ 八卦	乾 ☰	坤 ☷	震 ☳	巽 ☴	坎 ☵	离 ☲	艮 ☶	兑 ☱
上爻	壬戌	癸酉	庚戌	辛卯	戊子	己巳	丙寅	丁未
五爻	壬申	癸亥	庚申	辛巳	戊戌	己未	丙子	丁酉
四爻	壬申	癸丑	庚申	辛未	戊申	己酉	丙戌	丁亥
三爻	甲辰	乙卯	庚辰	辛酉	戊申	己亥	丙申	丁丑
二爻	甲寅	乙巳	庚寅	辛亥	戊辰	己丑	丙午	丁卯
初爻	甲子	乙未	庚子	辛丑	戊寅	己卯	丙辰	丁巳

八卦纳甲图

此说以十干之甲乙壬癸配乾坤父母卦之内外卦，六子卦以少男少女至长男长女次序配丙丁戊己庚辛，显然是历法与《说卦》的一种结合。以十

---

① 宋代林至《易裨传外篇》亦据《京房易传》制八卦纳甲图。此图式为今人朱伯崑《易学哲学史》所制。

二支之子寅辰午申戌六奇位支（阳支）分配入阳卦六爻，未巳卯丑亥酉偶位支（阴支）配阴卦六爻，则显然是吸收十二律法的观点。《淮南子·天文训》以十二律配十二月十二支：黄钟十一月子，大吕十二月丑，太簇正月寅，夹钟二月卯，姑洗三月辰，仲吕四月巳，蕤宾五月午，林钟六月未，夷则七月申，南吕八月酉，无射九月戌，应钟十月亥。按此说法，十一月、五月为子午，十二月、六月为丑未，京房将此配乾坤两卦之初、四爻，正表示阴阳二气之始终。阳支为奇数月，阴支为偶数月，京房则分别配以阳卦阴卦，凡此，皆与律法吻合。第三，郑玄的爻辰说是将十二支（十二辰）纳入乾坤两卦之十二爻，成乾坤爻辰，图式如下：

乾坤十二爻辰图①

郑玄爻辰说是在《易纬》爻辰基础上加以简化，用来解释《周易》经传。《易纬》之爻辰是将十二支（十二辰）纳入《周易》每对立两卦之十二

———————————

① 惠栋《易汉学》有《郑氏周易爻辰图》。此图式为朱伯崑《易学哲学史》所绘。

爻，代表十二个月，为一年。共三十二对，从乾坤到既济未济，三十二年一周期，用来计算年代和一年之节气变化（见《易纬·乾凿度》）。郑玄只取其乾坤两卦爻辰，其他各卦的爻辰，逢九从乾爻所值，逢六从坤爻所值。如郑玄解释《泰》卦六五爻辞"归妹以祉，元吉"说"五爻辰在卯，春为阳中，万物以生，生育者嫁娶之贵，仲春之月，嫁娶男女之礼，福禄大吉"（《周礼注疏·地官·媒氏》引），即以坤之六五所值（卯，二月）来训释之。从图式可见爻辰说攀援律法是十分明显的。

在汉《易》象数派中，五行观念也被引入《周易》，京房的"五行爻位说"，就是以五行配八宫卦及卦中各爻。图式如下：

爻位 ＼ 八卦	乾金	坤土	震木	巽木	坎水	离火	艮土	兑金
上爻	土	金	土	木	水	火	木	土
五爻	金	水	金	火	土	土	水	金
四爻	火	土	火	土	金	金	土	水
三爻	土	木	土	金	火	水	金	土
二爻	木	火	木	水	土	土	火	木
初爻	水	土	水	土	木	木	土	火

五行六位图①

京房五行爻位的思想一方面来自对《说卦》的取象的归纳、升华②，另一方面，更重要的是对《月令》以五行配四时十二月说的吸收。按《月令》的说法，春德在木，夏德在火，秋德在金，冬德在水，土属夏秋之间，故为中央土，其德分布于四季之中。一季有三个月（孟、仲、季），土德则散布于季月之中，又分别配以十二支则如下。

$$
春\begin{cases} 正月,寅,木 \\ 二月,卯,木 \\ 三月,辰,土 \end{cases} \qquad 秋\begin{cases} 七月,申,金 \\ 八月,酉,金 \\ 九月,戌,土 \end{cases}
$$

---

① 惠栋《易汉学》有《八卦六位图》，并注出《火珠林》。此图式为朱伯崑《易学哲学史》所绘。

② 《说卦》谓"乾为金"、"坤为地"（即为土）、"震为萑"（花，故配木）、"巽为木"、"坎为水"、"离为火"、"艮为山"（即为土）、"兑为毁折""为刚卤"（故配金）。

$$夏\begin{cases}四月,巳,火\\五月,午,火\\六月,未,土\end{cases} \qquad 冬\begin{cases}十月,亥,水\\十一月,子,水\\十二月,丑,土\end{cases}$$

京房的五行爻位就是按此季节顺序和纳支顺序，将五行分别配入八宫卦各爻。五行爻位说把先秦思想观念中的两个最重要的自然哲学观念系统——八卦与五行，在儒家思想体系中贯通融会在一起了；把《周易》取象的范围大大地扩展了，不仅八卦、六十四卦，而且三百八十四爻都有了象的含义；《周易》所网罗和可解释的事象大大地增多了，《周易》迈向无所不知，无所不晓。实际上，这正是象数派易学家努力向八卦和六十四卦的逻辑框架内引进、注入各种思想观念和知识系统所要达到的理论目标。正如京房所说："分六十四卦，配三百八十四爻，成万一千五百二十策，定气候二十四，考五行于运命，人事天道日月星辰局于指掌。"（《京房易传》卷下）

其三，创拟体例。《易传》解释《易经》的体例，诸如当位、中位、应位等，还比较简单，且主要是就一卦本身进行观察解析。象数派易学家则把《周易》全体作为一个有各种内在联系的完整的系统来观察的，所以提出了许多的新的体例，用以沟通和解释六十四卦之间和一卦各爻之间的这种联系。就沟通和解释六十四卦间联系的体例而言，汉易中的"飞伏""旁通"两说比较重要。飞伏说是京房提出的在八宫卦体系内解释六十四卦相互关联的体例。其意是说，六十四卦的背后都潜伏着对立的卦象，显现在卦面上的卦象、爻象是"飞"，隐藏的对立或相异的卦象、爻象是"伏"。其判定飞伏的规则是：（1）八宫上世各以对立之卦，即乾与坤、巽与震、坎与离、兑与艮互为飞伏。（2）每宫之一、二、三世卦以其内卦（下卦）为飞伏卦，四、五世卦以其外卦（上卦）为飞伏卦。（3）游魂卦以四世卦之上卦，归魂卦以五世卦之下卦为飞伏卦。飞伏的体例增加了一卦的取象范围和义理内涵，如京房解乾卦时说"六位纯阳，阴象在中"，解坤卦说"阴中有阳，气积万象"。这正是以乾坤互为飞伏为根据的。"旁通"是虞翻提出和用以解卦的体例，这在李鼎祚《周易集解》中有较多的记载。从虞翻所说"比（☷☵）与大有（☰☲）旁通""履（☲☰）与谦（☷☶）旁通"等来看，"旁通"是指六爻皆对立之两卦。虞翻援引旁通卦来解释经传，显得十分灵活，如"履"（兑下乾上）与"谦"（艮下坤上）两卦旁通，虞翻解释《履》卦辞"履虎尾，不咥人，亨利贞"说："履与谦旁通。以坤履乾，以柔履刚，谦。坤为虎，艮为尾。乾为人，乾兑乘谦震足（三至五爻互体为震象，互体之论见下）蹈艮，故履虎尾，兑，悦而应虎口，与上绝，故不咥人。刚当位，故通。"（《周易集解》卷三）可见，在这里虞翻是用旁通的履、谦两卦的象意来训释本卦（《履》）的卦辞的。其解《临》卦辞"元亨利贞"说"临（䷒）与遁（䷠）旁通，刚浸而长，乾来交坤，动则成乾，故元亨利贞"（卷五），则是主要以旁通卦的卦象来解释本卦的卦辞的。当然，从具体内容上看，虞翻的诠释都十分牵强附会，但重要的在于它典型地显示象数派《周易》的方法和目标：力图在最广泛的相互联系中和可把握的逻辑之网中观察、解释乃至预测一切已发生的和将发生的事象。就沟通一卦本身各爻的联系从而增益一卦本身的信息含量或义蕴而言，汉易中有"互体""升降""半象"等说。互体是指一卦中由二至四爻与三至五爻构成的卦象，这样，在一卦原有的上下二体之外，又增加互体之二体，网罗和牵入的事象无疑又增多了一倍。互体说最早可能由京房提出并用来解释经传。《系辞下》"非其中爻不备"，京房曰"互体是也"（见朱震《汉上易》卷八）。《困学纪闻》引京房曰"二至四为互体，三至五为约象"（《困学纪闻》卷一）。《大畜·象传》"利涉大川，应乎天也"，京房曰"谓二变五，体坎，故利涉大川，五天位，故曰应乎天"（《周易集解》卷六），就是用互体说（大畜䷙二变五后，二至四为坎）解释《象传》的。汉代易学家中，虞翻时有用互体说解释经传，上面已述及，其解《履》卦辞时，也援用了互体说。其解《豫（䷏）》六二爻辞"介于石"曰"介，纤也，与四为艮，艮为石，故介于石"（《周易集解》卷四），也是互体说的典型的运用。此外，从《周易集解》辑录看，郑玄较多地以互体解经传。如解《困（䷮）》之"困，亨"曰："坎为月，互体离，离为日，兑为暗昧，日所入也。今上弇日月之明，犹君子处乱代为小人所不容，故谓之困也。君子虽困居险，能说是以通而无咎也。"（卷九）解《损（䷨）》之"损"曰："艮为山，兑为泽，互体坤，坤为地，山在地上，泽在地下，以自损增山之高也，犹诸侯损其国之富以贡献于天子，故谓之损矣。"（卷八）升降之说，是谓一卦之中凡阳爻在下者，当升于五，阴爻在上者，当降居阳所遗之位。综上所述，京房解《大畜·象传》似乎就是援依阳升阴降的体例，但从《周易集解》中看，系统地运用升降说解经传的是荀爽。其有谓"乾二当升坤五，坤五当降乾二"者，如解《乾》九二《象传》"见龙在田，德普施也"曰"田谓坤也，二当升坤五，故曰见龙在田"（卷一）；有谓"初阳当升五"者，如解《复·象传》"利有所长，刚长也"曰"利往居五，刚道浸长也"（卷六）；有谓"三阳当升五者"，如解《谦》九三《象传》"劳谦，君子，万民服也"曰"阳当居五，自卑下众，降居下体，君有下国之意也。众阴皆欲捞阳上居五位，群阴顺阳，故万民服也"（卷四）；有谓"四阳当升五"者，如解《离》九四爻辞"突如其来如……"曰"阳升居五，光炎宣扬，故突如也。阴退居四，灰炭降坠，故其来如也……"（卷六）；等等。"半象"说是取卦象之一半，此为虞翻提出并用以解释经传。如解《贲（☲）》六五"贲于丘园"曰"艮为山，五，半山，故称丘，木果曰园，故贲于丘园"（《周易集解》卷五），艮之爻象为"☶"，半象则为"⚋"或"⚌"，六五即有艮之半象（"半山"）。虞翻解《需》九二爻辞有谓"震象半见"（卷二），解《小畜·象》"密云不雨"，有谓"坎象半见"（卷三），都是半象说的运用。总之，象数派易学家在《易传》固有的解经体例之外，又补制了诸多新的体例，努力使经传的全部内容都能统一地被规则化地解释。

数解　象数派易学中还有一个比较专一的特殊的理论内容，即对《易传》中出现的"数"的诠释。《易传》中的数实际上是一种对揲蓍成卦的操作过程的数学模拟描述，主要有《系辞》中的"天地之数五十五""大衍之数五十""参伍其变，错综其数""太极，两仪，四象，八卦"和《说卦》中"参天两地"。自汉至宋，作为经学的易学象数派对这几个数有以下三种内容有所不同的诠解。

其一，五行生成说。这是后汉经学家郑玄提出的一种训释，即在《系辞》的"天地之数"中注入阴阳五行、四时四方等观念，用以沟通、解释"五十五"之数与万物生成的关系。郑玄说：

天地之气各有五……天一生水于北，地二生火于南，天三生木于东，地四生金于西，天五生土于中。阳无隅、阴无配未得相成。地六成水于北，与天一并。天七成火于南，与地二并。地八成木于东，与天三并。天九成金于西，与地四并，地十成土乎中，与天五并也。（《礼记正义·月令疏》引）

郑玄的这一训释，可以图式如下：

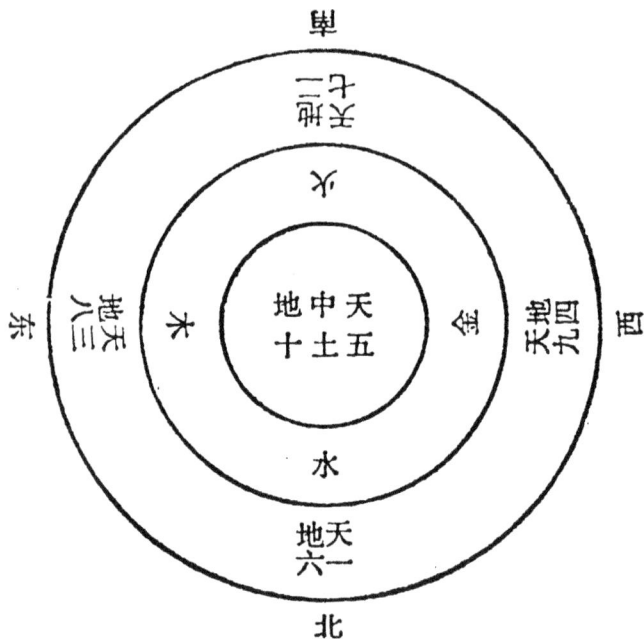

五行生成图[①]

郑玄按水火木金土的顺序[②]分别配以"天地之数"的前五个数（一二三四五），此称为"五行生数"；据奇配偶的阴与阳配的观念，又分别配

---

① 此图式援用朱伯崑《易学哲学史》所绘。

② 在汉代经学关于五行的三个不同的理论观念中，五行的排列顺序亦有不同。一是五行相生顺序：木火土金水（见董仲舒《春秋繁露·五行之义》），二是五行相胜顺序：水火金木土（见《白虎通·五行篇》），三是五行生成顺序：水火木金土，此是《洪范》中的排列顺序，郑玄将此顺序与《易传》"天地之数"结合，提出五行生数与成数的观念。

以"天地之数"的后五个数（六七八九十），此称为"五行成数"①，并分别置于北南东西四方与中央。这样，"二五（'天地之气各有五'）阴阳各有合，然后气相得，施化行也"（《春秋疏》引），天地万物就由五气（五行）生化出来了。

对于"大衍之数五十，其用四十九""参天两地而倚数"，郑玄解释说：

> 大衍之数五十有五，五行各气并，气并而减五，惟有五十。以五十之数不可以为七八九六卜筮之占以用之，故更减其一，故四十有九也。（《礼记正义·月令疏》引）
>
> 天地之数备于十，乃三之以天，两之以地，而倚托大演之数五十也。（《周易正义》引郑玄注）

郑玄的意思是认为大衍之数五十实际上就是天地之数，即由五行之气各相并（将每行之"生"与"成"两气合并为五行之一气）减去五而成。郑说的这一解释，虽然十分隐曲晦涩，但其在"五行"观念基础上对《易传》的数进行诠释的这一理论角度和方法，却是很清晰、一致的。

其二，太极图。太极图是宋代易学家周敦颐对《系辞》"易有太极，是生两仪，两仪生四象，四象生八卦"的一种特殊的训释，周敦颐引进无极、动静、阴阳、五行等观念，将此揲蓍成卦的数学模拟过程，改造为万物形成的图式过程（图见下页）。周敦颐的《太极图说》（由朱熹整理）对这一宇宙万物形成的图式过程有很简要的文字说明：

> 无极而太极。太极动而生阳，动极而静，静而生阴；静极复动，一动一静，互为其根；分阴分阳，两仪立焉。阳变阴合而生水火木

---

① 《尚书大传·五行传》有谓"天一生水，地二生火，天三生木，地四生金。地六成水，天七成火，地八成木，天九成金，天五生土"（见卢文弨辑《尚书大传续补遗》）。郑玄曾注《尚书大传》，其五行生成说可能在此基础上形成。

金土；五气顺布，四时行焉。五行一阴阳也，阴阳一太极也，太极本无极也。五行之生也，各宜其性。无极之真，二五之精，妙合而凝，乾道成男，坤道成女。二气交感，万物化生，万物生生而变化无穷焉。

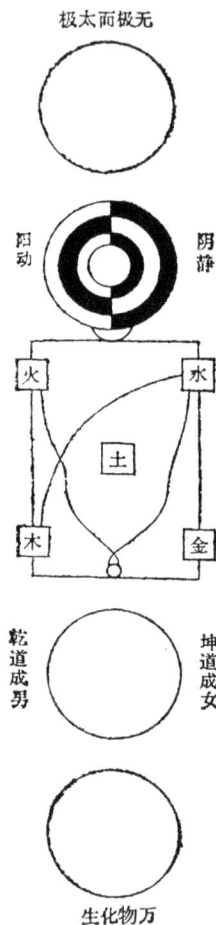

极太而极无

阳动　　　　　阴静

火　　　水

土

木　　　金

乾道成男　　　坤道成女

生化物万

周敦颐认为，具有"无极"的、本初的性质的"太极"（"易有太极"），自身运动而产生阴阳（"太极生两仪"），阴阳变合，产生五气，五气流转，即为四时（"两仪生四象"），阴阳五行的各种不同方式、成分的结合，就化生出人类和万物（"四象生八卦"，按照《系辞》的观点，八卦的功能就是"以通神明之德，以类万物之情"）。应该说，周敦颐《太极图》的逻辑思路与《易传》是吻合的，《太极图》对《易传》之数的训释是具有创造性的。当然，正如清代学者所指出的那样，周敦颐的《太极图》有道教观念的渊源，并经朱熹改动①，但这并不妨碍《太极图》作为易学中以图解数和将《易传》中的数学模式实证化的理论方向的代表。

其三，河图洛书。宋代易学中，还有一种以特殊的图式对《易传》之数作出诠释的理论，这就是将汉易中的五行生成说和九宫说②以黑白两种圆点来表示出来的河图、洛书。而何为河图、何为洛书，宋《易》中有两种对立的观点。北宋刘牧将以五行生成说为理论框架而绘制的有十个数的图式称为"洛书"，将以九宫说为模式而变换为九个数的图式为"河图"。据朱震《汉上易传·卦图》，图式如下（见下页）：

---

① 周敦颐的《太极图》有两个历史问题：①是否经过朱熹改动？清儒毛奇龄《太极图说遗议》的考证，可定论《太极图》与《图说》皆确有为朱熹所改处（《图》之第一圈原为"阴静"，《说》之首句原为"自无极而为太极"）。②渊源何自？清儒朱彝尊《太极图授受考》谓来自道教《上方大洞真元妙经》（内有《太极先天之图》），黄宗炎《太极图说辨》认为源自陈抟《无极图》，晚近学者或有异议（见《道藏辑要》），但仍推翻不了《太极图》与道教有渊源关系的基本结论。

② 九宫说是《易纬·乾凿度》中的一种关于阴阳二气运行与八卦方位之关系的观点："太一取其数以行九宫，四正四维皆合于十五"。九宫说的观念渊源可能有三：其一，"太一行九宫"表述的是当时天文学的思想。据郑玄《易纬注》，"太一"是"北辰之神名也，居其所曰太乙，常行于八卦日辰之间"，即当时天文学认为北辰（北极星）主管一年节气，"太一行九宫"意谓一年四季的气候变化；其二，"四正四维"相合于京房卦气说的八卦位置；其三，"四正四维皆合于十五"完全吻合《大戴礼记·明堂》的明堂九室之数："明堂者古有之也，凡九室，二九四，七五三，六一八。""太一"，运行于九宫的顺序，郑玄注称是坎宫一，坤宫二，震宫三，巽宫四，中宫五，乾宫六，兑宫七，艮宫八，离宫九。据此，可将九宫之数与八卦方位绘为九宫图：

巽宫 四	离宫 九	坤宫 二
震宫 三	中宫 五	兑宫 七
艮宫 八	坎宫 一	乾宫 六

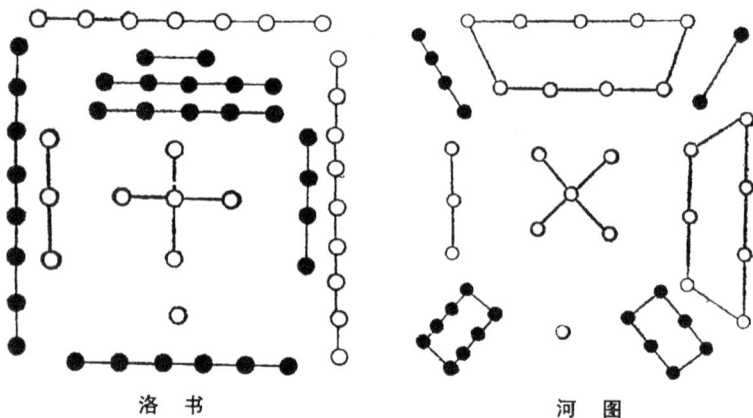

洛 书　　　　　　　　　　　河 图

刘牧解释"洛书"之数说：

> 此乃五行生成之数也。天一生水，地二生火，天三生木，地四生金，天五生土，此其生数也。如此，则阳无匹，阴无偶，故地六成水，天七成火，地八成木，天九成金，地十成土。于是阴阳各有匹偶，而物得成矣，故谓之成数也。（《易数钩隐图》）

显然，刘牧此图式主要是用来解释《系辞》"凡天地之数五十有五，此所以成变化而行鬼神也"，并且，也很显然是援依了郑玄的解释。刘牧又解释"河图"之数说：

> 昔者宓牺氏之有天下，感龙马之瑞，负天地之数，出于河，是为龙图者也。戴九履一，左三右七，二与四为肩，六与八为足，五为腹心。纵横数之，皆十五，盖《易系》所谓"参伍以变，错综其数者也"。大嗥乃则而象之，遂因四正，定五行之数。以阳气肇于建子，为发生之源；阴气萌于建午，为肃杀之基。二气交感，然后变化，所以生万物焉，杀万物焉。（《易数钩隐图》）

显然，刘牧是以河图"纵横数之，皆十五"来解释《系辞》"参伍以变，错综其数"；以"遂因四正，定五行之数"，即以四正之数（奇数）和四偶之数（偶数）相配合，即一六为水，二七为火，三八为木，四九为金，中五配十为土，成五行生成之数，用来解释《系辞》"凡天地之数五十五"。这些观点与汉易中的九宫说、五行说、卦气说基本上是一致的。《汉书·五行志》曰："刘歆以为宓羲氏继天而王，受河图则而画之，八卦是也；禹治洪水，赐洛书法而陈之，《洪范》是也。"（《汉书》卷二十七上）可以说，汉代学者一般皆以八卦为河图，五行为洛书。所以，刘牧的"图九书十"说，即刘牧以九宫说中之九个数为河图，以五行生成说中之十个数为洛书，总体上也是沿袭汉代经学的观点。但其数的表达或诠释方式却是汉代经学所无而另有源头。宋代的学者如朱震、王偁，皆认为河图洛书源自陈抟。①

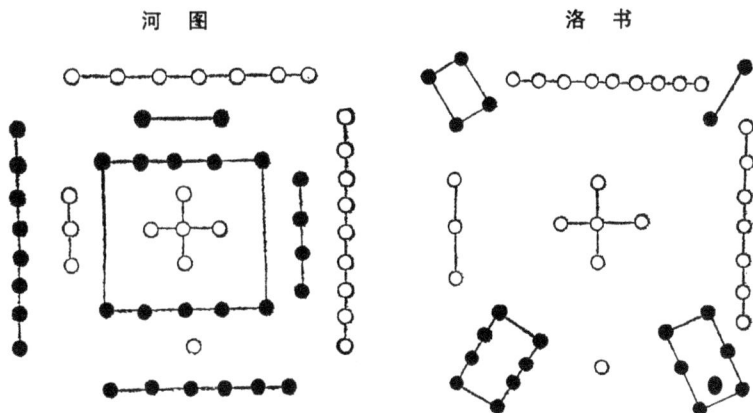

河　图　　　　　　　　　　洛　书

在南宋朱熹和蔡元定共同编定的《易学启蒙》中，却是"图十书九"，即以五行生成说的从一至十的十个数而建构起来的图式为河图，以从一至九的九个数配置入九宫图框架里的结构形式为洛书。朱熹、蔡元定对何以与刘牧不同，而以十为河图、九为洛书都有所解释。蔡元定

① 朱震《进周易表》叙述宋代《易》学传授："国家龙兴，异人间出，濮上陈抟以《先天图》传种放，放传穆修，修传李之才，之才传邵雍。放以《河图》《洛书》传李溉，溉传许坚，坚传范谔昌，谔昌传刘牧。修以《太极图》传周敦颐，敦颐传程颐、程颢。"王偁《东都事略·儒学篇》亦说："陈抟读《易》，以数学授穆修，以象学授种放，放授许坚，坚授范谔昌。"

说："故今传记，自孔安国、刘向父子、班固皆以为河图授羲，洛书锡禹……盖《大传》既陈天地五十有五之数，《洪范》又明言天乃锡禹洪范九畴"（《易学启蒙·本图书第一》）。朱熹也说："河图与《易》之'天一'至'地十'者合，而载天地五十有五之数，则固《易》之所出也，洛书与《洪范》之'初一''次九'者合，而具九畴之数，则固《洪范》之所自出也。"（《朱文公文集》卷三十八《答袁枢》）显然，朱熹、蔡元定与刘牧在这样一点上是相同的，即也是以八卦属河图，《洪范》属洛书。但在具体确定两图何者为河图、何者为洛书时，分歧就出现了。刘牧依据十个数图与源自《洪范》的五行生成图吻合，故称之为洛书；九个数图与源自八卦卦气说的九宫图相同，故称之为河图。朱、蔡则根据《易传》有"天地之数五十五"，判定有十个数之图为河图，根据《洪范》有"九畴"判定有九个数者为洛书。从历史的角度看，刘牧"图九书十"之说比较接近汉儒，比较符合易学的历史实际。但是，作为一种对《周易》的诠释方法和在解释《易传》之数所发挥的实际功能上，朱熹、蔡元定的"图十书九"之说是同样的。例如，其解"太极两仪四象八卦"曰：

> 河图之虚五与十者，太极也。奇数二十、偶数二十者，两仪也。以一二三四为六七八九者，四象也。析四方之合，以为乾坤离坎；补四隅之空，以为兑震巽艮者，八卦也……洛书而虚其中，则亦太极也。奇偶各居二十，则亦两仪也，一二三四而含九八七六，纵横十五而互为七八九六，则亦四象也。四方之正以为乾坤离坎，四隅之偏以为兑震巽艮，则亦八卦也。　（《易学启蒙·本图书第一》）

其解"参天两地"曰：

> 凡数之始，一阴一阳而已矣。阳之象圆，圆者径一而围三；阴之象方，方者径一而围四。围三者以一为一，故参其一阳而为三。围四者以二为一，故两其一阴而为二。是所谓参天两地者也。三二之合则

为五矣。此河图洛书之数所以皆以五为中也。（同上）

总之，大体上可以说，作为经学的宋《易》中的河洛之学，就是要在河图、洛书的结构里追寻《易传》中数的根源并给予一种天道的解释。

义理解　汉代以来，义理派从与象数派对立的、有区别的诠释立场对《周易》的训释，也构成一个有自己学术特色和理论内容的易学系统。西汉费直、魏王弼和北宋程颐是这一易学派别的三个最主要的代表。《汉书·儒林传》记述费直训释《周易》，谓其"徒以《彖》《象》《系辞》十篇文言解说上下经"（《汉书》卷八十八）。王弼《周易注》的特色，被同时代的孙盛概括为："其叙浮义则丽辞溢目，造阴阳则妙赜无间；至于六爻变化，群象所致，日时岁月，五气相推，弼皆摈落，多所不关。"（《三国志·魏志·钟会传》注引）论及《伊川易传》，朱熹说"已前解《易》，多只说象数，自程门以后，人方都作道理说了"（《朱子语类》卷六十七）。这些评说都表明这一易学派别的学术特色是依借《易传》所固有的，而不是新建构的逻辑框架和体例，以义理而不是象数来诠释《周易》的。易学义理派用以注入义理、诠释《周易》经传的体例，基本上是沿袭《易传》的卦体、爻位等占筮体例，但对其也有所改造，主要是将其显化、规则化，这在王弼《周易略例》中有集中的表现，其中最为重要的是，第一，确定卦义。卦义是指由一主爻所体现出来的一卦的基本的、主要的含义，王弼说："一卦之体必由一爻为主，则指明一爻之美以统一卦之义。"（《周易略例》下）王弼的《略例》中提出，可根据三种情况判定主爻①：（1）"凡彖者，统论一卦之体者也"（《略例》下），《彖传》主要是解释卦辞，故爻辞与卦辞相联系的一爻，常为主爻；（2）"六爻相错，可举一以明也，刚柔相乘，可立主以定也。是故杂物撰德，辨是与非，是非其中爻，莫之备矣"（《略例·明象》），即中爻（二、五爻）常为主爻；（3）"少者，多之所贵也；寡者，众之所宗也。一卦

---

① 朱伯崑在其《易学哲学史》中曾明确地从《略例》中归纳出判定主爻的此三种情况（见《易学哲学史》上册，北京大学出版社 1986 年版，第 249～250 页）。

五阳而一阴，则一阴为之主矣；五阴而一阳，则一阳为之主矣"（《明象》），即一卦中阴阳爻之最少者，为一卦之主。第二，区分爻位。爻位是指一爻在一卦中所处的位置，这一位置形成了爻与爻间的某些关系，义理派易学家从不同的角度对此作出不同的表述或界定。王弼说："夫应者，同志之象也；位者，爻所处之象也；承乘者，逆顺之象也；远近者，险易之象也；内外者，出处之象也；初上者，始终之象也。"（《略例·明卦适变通爻》）所谓"应"，是指初与四、二与五、三与上之间互相对应。所谓"位"，又包含：（1）五为尊位；（2）二、四为阴位，三、五为阳位两种含义。"承乘"，是谓二爻之间在下者为承载，在上者为乘驾。可见，这些关于爻位的界定，实际上也就是一种诠释原则，一种注入义理的逻辑桥梁。例如，王弼解《师·六三》"师或舆尸，凶"曰："以阴处阳，以柔乘刚，进则无应，退无所守，以此用师，宜获舆尸之凶。"显然，王弼对《师·六三》爻辞的诠释是同时运用了位、承乘、相应等体例原则的。

义理派依借这些体例的逻辑桥梁而注入《周易》经传中的义理，在王弼的《周易注》中其取义类型可划分为事理与物理。所谓事理，是指人的社会生活中的具有逻辑性、规律性的现象。例如，其解《大过·初六》"藉用白茅无咎"曰"以柔处下，过而无咎，其唯慎乎"，解《同人·上九》象辞"同人于郊志未得也"曰"凡处同人而不泰焉，则必用师矣，不能大通，则各私其党而求利焉"。应该说，这里注入《周易》经传里的义理，都是符合生活经验的逻辑的。王弼解《临》象辞"至于八月有凶，消不久也"曰"八月阳衰而阴长，小人道长，君子道消，故曰有凶"。解《损》象辞"损益盈虚，与时偕行"曰"自然之质，各定其分，短者不为不足，长者不为有余，损益将何加焉？非常之常，故必与时偕行也"。这是王弼在《周易注》中援引物理，即自然事物的规律性现象来诠释经传的表现。

与王弼相比，程颐《伊川易传》的义理内容有某种新的特色，他较多地从伦理的角度，较多地援引历史事实来诠释《周易》经传。例如，《随》卦为下震上兑（䷐），王弼解其卦义曰："震刚而兑柔也，以刚下柔，动而之说，乃得随也。"刚下柔而能愉悦，自然内涵有随和、随从之意。此是揭示训释出"随"的原始的、基本的含义。但程颐《易传》解曰："凡人君之从善，臣下之奉命，学者之徙义，临事而从长，皆随也。"显然在"随"之义中注入了伦理的观念。又如，王弼注《艮·彖》"艮其止，止其所也"曰："《易》背曰止，以明背即止也，施止不可于面施，背乃可也，施止于止，不施止于行，得其所矣，故曰艮其止，止其所止也。"此也是在"止"的原始、词义学意义上的诠释。程颐《易传》则曰："有物必有则，父止于慈，子止于孝，君止于仁，臣止于敬，万物庶事莫不各有其所，得其所则安，失其所则悖，圣人所以能使天下顺治，非能为物作则也，唯止之各于其所而已。"此训解"止"为伦理道德规范、准则，其意境较之王弼注有很大的变异。程颐《易传》还经常援引史实诠解经传。如解《豫·六五》"贞疾，恒不死"曰："六居尊位，权虽失而位未亡也，故云'贞疾恒不死'，言贞而有疾，常疾而不死，如汉、魏末世之君也。人君致危亡之道非一，而以豫为多。"解《随·九四》"有孚在道，以明何咎"曰："九四以阳刚之才，处臣位之极……居此地者奈何？唯孚诚积于中，动为合于道，以明哲处之，则又何咎？古之人有行之者，伊尹、周公、孔明是也。皆德及于民，而民随之。其次如唐之郭子仪，威震主而主不疑，亦由中有诚孚而处无甚失也。非明哲能如是乎？"以史实训释《周易》经传，易学义理派的这一学术内容，在宋代学者杨万里的《诚斋易传》中表现得更为突出，《四库提要》评曰"是书大旨本程氏而多引史传以证之"（《四库总目》卷三）。总之，事理、物理、伦理、史实是易学义理派注入《周易》经传的主要义理内容。

象数解与义理解差异之比较　以上简略地概述了易学中的象数派和义理派两个主要派别的理论内容和诠释方法。比较两派在诠释方法和理论目标上的差异，可以说，象数派努力于在其所建构的逻辑框架中和诠释体例中，使《周易》经传中所描述的万种事象和吉凶判断，自动地合乎逻辑地显现出来；而义理派则借助基本上是《易传》中所已有的体例，通过理性推理，解释、说明《周易》中的事象和各种判断。试举两派中的代表人物虞翻、王弼对经传中同一命题或论断的不同方式解释为例证：

	经传	举例	虞翻注①	王弼注②	简要分析
经	卦辞	《离》（☲离下离上）……畜牝牛吉	坤二五之乾，与坎旁通，畜养也。坤为牝牛、乾二五之坤，成坎体，颐养象③，故畜牝牛吉	柔处于内而履正中，牝之善也，外强而内顺，牛之善也，离之为体以柔顺为主者，故不可以畜刚猛之物，而吉于畜牝牛也	虞翻用卦变、旁通体例，显示出坤（牝牛之象）、坎（养之象），进而显现出"畜牝牛吉"。王弼用卦位、卦义推论出"吉于畜牝牛"
	爻辞	噬嗑（☲震下离上）初九：屦校灭趾，无咎	屦，贯趾足也。震为足，坎为校④，震没坎下，故屦校灭趾。初位得正，故无咎	凡过之所始，必始于微而后至于著，罚之所始必始于薄而后至于诛，过轻戮薄，故屦校灭趾，桎其行也，足惩而已，故不重也，过而不改乃谓之过，小惩大诫乃得其福，故无咎也。校即械也	虞翻用旁通体例推现出坎，用《说卦》取象显示足、校（桎械），并援依《易传》当位，最后显现出"屦校灭趾，无咎"。王弼则是注入通常的由小惩而得大诚的生活经验以解释"屦校灭趾，无咎"之爻辞
传	《象》	大畜（☰乾下艮上）《象》曰：……刚健、笃实、辉光，日新其德	刚健谓乾，笃实谓艮⑤，二巳之五，利涉大川，互体离坎，离为日⑥故，辉火日新	凡物既厌而退者，弱也。既荣而陨者，薄也。夫能辉光日新其德者，唯刚健笃实也	虞翻据《说卦》取象，显示刚健、笃实，用卦变、互体之体例，推示出"光辉"，最后完整显现象辞所言。王弼将人之品德修养的经验注入并用以解释此象辞

---

① 虞翻《注》分别引自李鼎祚《周易集解》卷六、五、十一、十。

② 王弼《注》分别引自孔颖达《周易正义》卷三、六、五。

③ 《易传·说卦》："坤为牛。""坎为隐伏"，虞翻据而推之，谓坎有"颐养象"。

④ 《易传·说卦》："震为足。"《说卦》"坎为弓轮……其于木也，为坚多心"，虞翻注"阳刚在中，故坚多心，棘枣属也"（《周易集解》卷十七），并推之谓"坎为校"。干宝曰："屦校，贯械也。"（《周易集解》卷五）

⑤ 《易传·说卦》："乾，健也。""艮为山"，虞翻据而推之，谓艮有笃实之象。

⑥ 《大畜》卦辞有"不家食，吉，利涉大川"。虞翻为解释此句，援用了卦变体例，二之五成家人卦（☲离下巽上），互体二至四为坎，三至五为离。据《说卦》，"坎为月""离为日"。

经传		举例	虞翻注	王弼注	简要分析
传	卦《象》	旅(☶艮下离上)《象》曰:山上有火,旅。君子以明慎用刑,而不留狱	君子谓三①,离为明,艮为慎,兑为刑,坎为狱②,贲初之四,狱象不见,③故以明慎用刑而不留狱	止以明之,刑戮详④也	虞翻据《易传》当位说,确定"君子",据《说卦》显示刑、狱之实物和明、慎之观念,用卦变体例,推出狱讼已消之象,最后显现"君子以明慎用刑而不留狱"。王弼认为,公正而明察,刑狱之事就能得到妥善而迅速的解决,显然这是根据一般的生活经验的逻辑所作的推理
	爻《象》	鼎(☴巽下离上)九二《象》:鼎有实,慎所之也	二为实,故鼎有实也。二变之正⑤,艮为慎	以阳之质,处鼎之中,有实者也。有实之鼎,不可复有所取;才任已极,不可复有所加	虞翻据《易传》中位说,显示鼎中有实,又据卦变体例显现慎之象。王弼的诠释所根据和注入的是一种"满招损",即盈实者当谦虚谨慎的生活经验和义理

可见,易学中的象数派和义理派作为两种诠释立场,其方法和目标的对立是存在的,其差异是清晰可辨的。但是,易学象数派和义理派理论目标上的这种差异,如果用先秦儒学的理论构成的角度来观察和区分,象数派追求的是一种对外在的必然即"天命"的把握,即通过《易》的周延的内在联系,逻辑地显示人世将发生的一切。义理派则是攀缘《易》

---

① 《旅》之爻中,唯三爻以阳爻当位,故虞翻称之为"君子"。

② 《易传·说卦》以"艮为山……为止",虞翻据而推之,谓"艮为慎"。以"兑为正秋也……为毁折,为附决",虞翻据而推之,谓"兑为刑"。《说卦》以"坎为盗,其于木也,为坚多心",虞翻据而推之,谓"坎为校""坎为狱"。

③ 贲(☲离下艮上)初爻变四爻即为旅。《贲·象》曰"山下有火,贲,君子以明庶政,无敢折狱",故贲卦有狱象,旅由贲变来,故"狱象不见"。

④ 详,察也。孔颖达《疏》曰:"上下二体,艮止离明,君子象此,以静止明察,审慎用刑而不稽留狱讼。"

⑤ 据《易传》当位说,二爻当以阴位为正,故鼎之九二爻变正,即当由阳变阴。如此,原鼎卦下体之巽则变为艮。

中的几乎是全观的万种事象，全面地提高人对生活的理性自觉，臻于"仁"的实现。在这个意义上，它们又都是儒学所固有的、仅构成差异而并不对立的组成部分。正是基于这样理论的观念渊源的背景，易学经学家在其注解《周易》经传的著作中，于这两种诠释方法往往是同时兼有的，例如在经学的两重镇——东汉郑玄和南宋朱熹那里，都正是这样的①。

（三）经典之考辨

经学还有一个方面的内容就是考辨，对诸如经典之作者（编者）谁属、篇目真伪、文字遗佚等的考证、辨伪。

1. 五经作者

《诗》、《书》（《尚书》）、《礼》（《仪记》《礼记》《周礼》）、《春秋》（经及三《传》）、《易》（《周易》经及"十翼"）的作者或编纂者，在经学中是一个从一开始就有歧说，并且最终也没有一致答案的问题；这种分歧既构成经学的一种历史状况，也构成经学的一个学术内容。

《诗经》作者的问题 经学中《诗经》的作者问题，实际上包括三个问题。第一，《诗经》三百五篇的编订或删修者是谁？《史记·孔子世家》谓："古者诗三千余篇，及至孔子，去其重，取可施于礼义，上采契、后稷，中述殷周之盛，至幽、厉之缺……三百五篇，孔子皆弦歌之，以求合《韶》《武》《雅》《颂》之音。"司马迁说《诗》本《鲁诗》，故《鲁诗》认为《诗经》三百五篇为孔子所删定。郑玄《诗谱序》《六艺论》亦谓三

---

① 前已引述，出现于郑玄《周礼》《礼记》注中的"爻辰说""五行生成说"，皆属易学象数派的内容。《后汉书·儒林列传·孙期》叙及后汉《易》学传授情况时谓："建武中，范升传《孟氏易》以授杨政，而陈元、郑众皆传《费氏易》，其后马融亦为其传，融授郑玄，玄作《易注》，荀爽又作《易传》，自是费氏兴而京氏遂衰。"（《后汉书》卷七十九）这表明郑玄易学亦有为义理派之立言。朱熹《周易本义》基本上是以王弼、程颐的体例和方法诠释经传，但亦并不鄙薄宋易中的象数派，尝谓"邵传羲画，程演周经，象陈数列，言尽理得"（《朱文公文集》卷八十五《易五赞》），故于《本义》中采录了河洛图式和先天易学等象数派之说。

百五篇为孔子所录①，则孔子删诗之说亦为《毛诗》所同倡。汉代经学的这一观点在唐代经学中开始受到怀疑，孔颖达说："《书》《传》所引之《诗》，见在者多，亡逸者少，则孔子所录不容十分去九，司马迁言古诗三千余篇未可信也。"（《毛诗正义·诗谱序疏》）此后，在《诗经》学中，维护孔子删诗说，多以古者国多君多必诗多立论②，如欧阳修说"司马迁谓古诗三千篇，孔子删存三百，予考之，迁说然也。何以知？今《书》《传》所载逸诗，何可数焉，以《诗谱》推之，有更十君而取其一篇者，又有二十余君而取其一篇者，由是言之，何啻三千"（《诗图总序》）。否定孔子删诗说，则以《诗》有"淫诗"为重要论据。如江永说："夫子未尝删诗，诗亦有淫声，而《世家》云'古者诗三千余篇，孔子去其重，取可施于礼义……三百五篇'，此史迁妄说。"（《乡党图考》卷二《归鲁至卒考》）崔述亦说："孔子曰'郑声淫'，是郑多淫诗也，孔子曰'诵诗三百'，是诗止有三百，孔子未尝删也。"（《读风偶识三》）朱熹说："当时史官收诗时已各有编次，但经孔子时已经散佚，故孔子重新整理一番，未见得删与不删。"（朱尊彝《经义考》卷九十八引）这是游离在肯定与否定孔子删诗两说之间的另一说法，亦为推度之论。经学在这一问题上只能讨论到这种程度，解决到这种程度。第二，《诗序》的作者是谁？在《毛诗》的每首诗前，皆有一简短文字说明该诗的时代、作者、主旨等内容的题解，经学家称之为"诗序"或"毛诗序"③，其中，在《诗经》第一篇《关雎》的序中，有一段较长的概述《诗经》三百篇全体的内容和功能的文字，经学家称之为"大序"，第一篇序中单一解说《关

---

① 郑玄《诗谱序》谓"故孔子录懿王夷王时诗，讫于陈灵公淫乱之事，谓之变风变雅"；《六艺论》谓"孔子录周衰之歌及众国圣贤之遗风，自文王创基至于鲁僖四百年间凡三百五篇，合为国风雅颂"（《毛诗正义·诗谱序·疏》引）。

② 《吕氏春秋·观世篇》："周之所封四百余，服国八百余。"唐杜佑《通典》："周初，尚千八百国，其后诸侯相兼，见于《春秋》经传者，百七十国：百三十九国知其土地所在，三十一国不知其名。"（卷一百七十一）

③ 齐、韩、鲁三家《诗》可能也有序。《唐书·艺文志》"《韩诗》，卜商序，韩婴注，二十二卷"；《四库全书提要·诗序》注"观蔡邕本治《鲁诗》，而作《独断》，载《周颂》三十一篇之序，与《毛诗》文有详略，而大皆相同"。或称"毛诗序"者，以与三家《诗》序相区别。

雎》的部分和分置于其他各篇前的序，称为"小序"①。《诗序》作者是诗经学上分歧最多的问题，《四库提要》称之为"第一争诟之端"（《四库全书总目提要》卷十五《诗序》）。晚近有学者统计，立说约有十几种之多②。归纳言之，可分为两类：一类为确指系某人所作。其中最具影响的是郑玄《诗谱》所说"《大序》是子夏作，《小序》是子夏、毛公合作，卜商意存不尽，毛更足成之"（《经典释文》卷五引沈重语），以及《后汉书·儒林列传》所说"卫宏字敬仲、东海人也……初，九江谢曼卿善《毛诗》，乃为其训。宏从曼卿受学，因作《毛诗序》，善得《风》《雅》之旨，于今传于世"（《后汉书》卷七十九）；一类为泛指汉代学者所作，如韩愈说"察夫《诗序》，其汉之学者欲自显立其传，因借之子夏"（《诗之序议》）。苏辙则认为《诗序》"类非一人之辞，凡此皆毛氏之学，而卫宏所集录也"（《诗集传》卷一）。这些立论都难以从历史典籍中、从经学本身中找到更确凿的实据，而只能停留在推测之辞的水平上，因此，在作为经学问题之一的《诗序》作者问题上的分歧是消除不了的。第三，《诗经》三百五篇的作者。《诗经》三百五篇中的绝大多数篇的作者已湮没而无法确指，可明确指出作者名氏的诗篇约有三十篇，其中为《诗序》指出的有二十多篇，此外，为《左传》《国语》《后汉书》等典籍和朱熹《诗集传》指出的有若干篇③。在《诗序》所指出二十多篇的有名氏的作

---

① 在《诗经》学中，对于从第一篇序中的何处划分出《大序》，宋代以前，陆德明《经典释文》中所引旧说，一般皆以开头"《关雎》，后妃之德也"至"用之邦国焉"等数句为《小序》；此下，从"风，风也"到最后"关雎之义也"皆为《大序》。宋代以后，自朱熹《诗序辨说》以序之中间一段为《大序》（即"诗者，志之所之也"至"诗之至也"）；序之首尾两端为《小序》（即"《关雎》，后妃之德也"至"教以化之"，"然则《关雎》《麟趾》之化"至"是《关雎》之义也"），此后学者多相承之。对于是否仅可以第一篇序中划分出《大序》，宋代以后有学者认为，每首诗序中都可区分出《小序》《大序》。一种观点认为，《诗序》中记作诗本义之语为《小序》，其余皆为《大序》（宋·程大昌《诗论》）；另一种观点则正相反，以发端命题的一二语为《小序》，以下为《大序》（宋·郑樵《六经奥论》）。

② 如胡朴安《诗经学》汇集古人十三家之说。

③ 《左传·僖公二十四年》谓《小雅·常棣》为召穆公作（《国语·周语上》谓为周公作），《国语·周语中》谓《周颂·时迈》为周公作，《后汉书·翼奉传》谓《大雅·文王》为周公作，朱熹《诗集传》判定《大雅·大明》《绵》《生民》为周公作。

者中，《小雅·节南山》有"家父作诵，以究王讻"，《小雅·巷伯》有"寺人孟子，作为此诗"，《大雅·嵩高》《燕民》皆有"吉甫作诵"之语，可以说，这四篇的作者，从《诗经》本文中得到了确证①。《尚书·金滕》谓"周公居东二年，则罪人斯得，于后，公乃为诗以贻王，名之曰《鸱鸮》"，《左传·闵公二年》谓"许穆夫人赋《载驰》"，《左传·文公元年》载秦穆公说"周芮良夫之诗曰：'大风有隧，贪人败类，听言则对，诵言如醉，匪用其良，覆俾我悖'②。是贪故也，孤之谓也"。《国语·楚语》谓"昔卫武公……作《懿》，戒以自儆也③"。《竹书纪年》成王三十二年"游于卷阿，召康公从"④，焦赣《易林·大壮之家人》"举觞饮酒，未得至口，侧弁醉讻，拔剑斫怒，武公作侮"⑤，也大致可以说，这几篇的作者从《诗经》以外的经籍中得到某种证实⑥。其他已被确指的各篇作者，实际上除了本证以外，皆无更多的证据，常被在此后的经学家质疑甚至否定。例如《小雅·何人斯》，《诗序》以为是"苏公刺暴公也。暴公为卿士，而谮苏公焉，故苏公作是诗以绝之"。朱熹在《诗集传》中评论说："旧说暴公为卿士，而谮苏公，故苏公作诗以绝之……但旧说于诗无明文可考，未敢信其必然耳。"《大雅·江汉》，《诗序》以为是"尹吉甫美宣王"，但后来的学者发觉，此诗的内容和召穆公（召虎）的平淮

---

① 《诗序》于此四篇的作者分别说，"《节南山》，家父刺幽王也"，"《巷伯》，刺幽王也，寺人伤于谗，故作是诗也"，"《嵩高》《烝民》皆为"尹吉甫美宣王也"。另外，《鲁颂·闷宫》有诗句"新庙奕奕，奚斯所作"，毛《传》"有大夫公子奚斯者，作是庙也"，班固《两都赋·序》"奚斯颂鲁"，李善注引薛君《章句》曰："是诗公子奚斯所作也。"即此诗句《毛诗》解为奚斯造此庙，《韩诗》解为奚斯作此诗。所以，若据《韩诗》，《诗经》本文中出现作者名氏的诗篇当有五篇。

② 此为《大雅·桑柔》中诗句。

③ 韦昭注：《懿》，《诗·大雅·抑》之篇也。"懿"，读之曰"抑"。

④ 《大雅·卷阿》首章即咏"有卷者阿，飘风自南，岂弟君子，来游来歌……"，中间述及山川、林木、凤鸟，末章又咏"君子之车，既庶且多，君子之马，既闲且驰"。显然，皆是出游情象。

⑤ 《小雅·宾之初筵》中有写酒醉状："宾既醉止，载号载呶。乱我笾豆，屡舞僛僛，侧弁之俄，屡舞傞傞。"

⑥ 《诗序》于此数篇的作者分别说"《鸱鸮》，周公救乱也"；"《载驰》，许穆夫人作"；"《桑柔》，芮伯刺厉王也"；"《抑》，卫武公刺厉王，亦以自警也"；"《卷阿》，召康公戒成王也"；"《宾之初筵》，卫武公刺时也"。

铭器相同①，这就推翻了《诗序》以此诗为尹吉甫所作的论断。清代方玉润说"《江汉》，召穆公平准铭器也……《序》'尹吉甫美宣王'，不知作何梦呓，盖自铭其器耳"（《诗经原始》卷十五）。

《尚书》作者的问题　经学中提出和讨论的有关《尚书》作者的问题，主要是两个：第一，《尚书》的编次或删定者。最早，司马迁在《史记》中说："孔子之时，周室微而礼乐废，《诗》《书》缺，追迹三代之礼序《大传》，上纪唐虞之际，下至秦缪，编次其事。"（《孔子世家》）司马迁似乎只是认为《尚书》是由孔子编定。后来，班固《汉书·艺文志》承其意并有所发挥，认为《尚书》是由孔子删定，"故书之所起远矣，至孔子纂焉，上断于尧，下迄于秦，凡百篇而为之序，言其作意"。《汉志》的孔子删《书》的观点②，在伪孔安国《尚书序》和孔颖达《尚书正义·序》中表述得更明确，"先君孔子……讨论坟典，断自唐虞，以下迄于周，芟夷烦乱，剪截浮辞，举其宏纲，足以垂世立教，典谟训诰誓命之文，凡百篇"。这样，认为是孔子删编《尚书》的观点，就成了唐代以前经学的传统观点。这一传统观点在宋代经学中开始受到某些学者的怀疑，如朱熹说"春秋时三坟、五典、八索、九丘之书……若果全备，孔子亦不应悉删去之。或其简编脱落，不可通晓；或是孔子所见，止是唐虞以下，不可知耳"（《朱文公文集》卷六十五《尚书》）；而在清代经学中，却又被某些学者（今文经学者）作了进一步的发挥，认为孔子不仅是删定篇目，而且是删修文字，是"作"《尚书》了。如廖平说"《春秋》因鲁史加笔削，《诗》与《书》《礼》《乐》，亦本帝王典礼而加笔削，合者留，不合者去，则《诗》《书》乃孔子之《诗》《书》矣"（《知圣篇》）。第二，《书序》的作者。经学中的传统观点，认为《诗序》是孔子所作。此观点最早也是在《尚书纬·璇玑铃》中出现。就经学而言，司马迁《史记·孔子世家》说孔子"序《书传》"，刘歆《让太常博士书》说孔子

---

①　《江汉》诗中有云："对扬王休，作召公考，天子万寿。"现存世《召伯虎簋铭》中有云"对扬朕宗君其休，用作列祖召公尝簋"，文例相同。

②　此之前，《尚书纬·璇玑铃》就提出孔子删书说："孔子求书，得黄帝玄孙帝魁之书，迄于秦穆公，凡三千二百四十篇。断远取近，定可以为世法者百二十篇，以百二篇为尚书，十八篇为《中候》。"纬学之论超出经学范围，后面将论及。

"修《易》序《书》"，此"序"皆次序、编次之意①。班固《汉志》方明确提出"孔子……凡百篇而为之序，言其作意"。东汉经学家如马融、郑玄都认为《书序》是孔子所作②。宋代以后，经学家对这一传统的观点表示怀疑。如朱熹说"《书序》恐只是经师所作，然亦无证可考，但决非夫子之言耳"（《朱文公文集》卷五十一《答董叔重》），然究竟是何人何时所作，宋以后的经学家们也判定不了。如朱熹似乎是已断定说"某看得《书小序》不是孔子自作，只是周秦间低手人作"，但时而又说"《书序》是得于屋壁已有了，想是孔家人自做底"，时而又说"亦不是前汉人文字，只似后汉末人"（《朱子语类》卷七十八）。在经学的范围内，《尚书》的编者和《书序》的作者的问题，也是一个没有可以确凿答案的问题，因为肯定性的观点是依据本身就可疑的纬文；质疑的看法，又"无证可考"。晚近学者从史学的范围内一般地判定《尚书》可能是由荀子派的儒家学者齐鲁经师在秦际编定，《书序》亦是其因史氏旧文而编撰③。这恐怕是这个问题所能达到的最好程度的解决。

三 《礼》的作者问题　三《礼》中，《仪礼》的作者，经学中有两种各有经典根据的不同的判定。一种观点认为是孔子所作。一种观点认为是周公所作。以清代学者的论述为例，前者如皮锡瑞说："《檀弓》云恤由之丧，哀公使孺悲学士丧礼于孔子，《士丧礼》于是乎书。据此，则《士丧礼》出于孔子，其余篇亦出于孔子可知。"（《经学通论·三礼·论礼十七篇为孔子所定》）后者如胡培翚说："《礼记·明堂位》'周公摄政六年，

---

① 崔适《史记探源》："《三代世表》曰：'孔子次《春秋》序《尚书》'，犹曰'序《春秋》次《尚书》也'。从孔子世家言'追迹三代之礼，序《书传》，上纪唐虞之际，下至秦缪，编次其事'，此'序'字与'追迹'之'迹'，'上纪'之'纪'，对文同义，下复总括之曰编次，皆谓'次序'之'序'，非'序跋'之'序'也。"

② 《尚书正义·尧典》："此序郑玄、马融、王肃并云孔子所作。依纬文而知也。"

③ 见蒋善国《尚书综述》第二编第三章、第三编第四章。其推断的主要判据是：①汉初最早传授《尚书》的经师伏生，《汉志》说他"教于齐鲁间"，而荀子在齐国曾"三为祭酒"（《史记·孟子荀卿列传》）。据《汉书·儒林传》谓，汉文帝时，伏生已九十多岁，则当荀子游齐时，伏生已有二十岁，故难免与荀子有些渊源关系。②《汉志》载《欧阳章句》三十一卷，又自注"《欧阳经》三十二卷"。推测此《经》三十二卷，当是指三十一卷经文，外加《书序》一卷。欧阳高不给《书序》作训，故《章句》仅三十一卷，此既证《今文尚书》有《书序》，则自当为编定《尚书》之齐鲁经师因史氏旧文所作。

制礼作乐'，故崔氏灵恩，陆氏德明，孔氏颖达，及贾氏公彦皆云《仪礼》周公所作。"（《仪礼正义·士冠礼》）《礼记》（《小戴记》及《大戴记》）的作者编者，经学中亦有两说，班固在《汉志》"《记》百三十一篇"① 下自注"七十子后学所记"。魏张揖《上广雅表》曰"周公撰《尔雅》一篇，爰暨帝刘，鲁人叔孙通始撰置《礼记》，文不违古"。清代学者据此认为"通撰辑《礼记》，此其显证"（《经学通论·三礼·论礼记始撰于叔孙通》）。班固的观点涵盖较宽，此后，如《经典释文》引刘瓛语，以《缁衣》为公孙尼子所作，《隋书·音乐志》引沈约语，以《中庸》《表记》《坊记》《缁衣》四篇为子思子所作，唐张守节《史记正义》谓《乐记》为公孙尼子撰次，皆未能逾越其范围。《礼记》为叔孙通撰次的观点的论据比较贫弱。清代经学家陈寿琪发现，臧庸《尔雅汉注》中列举汉人引《尔雅》而称《礼记》之文②，竟被视为这一论断的主要论据③。三《礼》中，《周礼》在汉代景武之际才出现④，经学中对其作者问题亦莫衷一是。但汉代学者认为《周礼》（《周官》）是周公所作的观点，仍属传统的最具影响的观点，如刘歆判其为"周公致太平之迹"（贾公彦《序周礼兴废》）。郑玄说得更明确，"周公居摄而作六典之职，谓之

---

① 此"《记》百三十一篇"，包括《大戴记》、《小戴记》（《礼记》）之总数。钱大昕谓，《小戴记》四十九，《曲礼》《檀弓》《杂记》皆以简策重多，分为上下，实四十六篇，合《大戴记》八十五篇，正合百三十一篇之数（《廿二史考异·汉书考》）。

② 清代学者臧庸《尔雅汉注·序》中列举汉人引《尔雅》称《礼记》之文，如《白虎通·三纲六纪篇》引《礼亲属记》文，见今《尔雅·释亲》；《孟子》"帝馆甥于二室"，赵岐注引《礼记》，亦《释亲》文；《风俗通·声音篇》引《礼乐记》，乃《尔雅·释乐》文；《公羊》宣十二年何休注引《礼记》，乃《尔雅·释水》文。

③ 皮锡瑞说："礼记为叔通所撰，始见于张揖，揖以前无此说。近始发明于陈寿琪。琪以前亦无此说。寿琪引臧庸说以证《礼记》中有《尔雅》尤为精确。"

④ 《周礼》之出，历史上有三种说法。一曰献王所得。《汉书·景十三王传》云"献王所得书皆古文先秦旧书：《周官》《尚书》《礼》《礼记》《孟子》《老子》之属"。河间献王刘德立于景帝前二年，薨于武帝元光五年。一曰恭王所得。郑玄《六艺论》说"《周官》，壁中所得六篇"（孔颖达《礼记正义·曲礼》引），杨泉《物理论》说"鲁恭王坏孔子旧宅，得《周官》……"（《太平御览》卷六百一十九）。恭王刘余被封于景帝二年，薨于武帝元朔二年。一曰孔安国所献。《后汉书·儒林列传》"孔安国献《礼古经》五十六篇及《周官经》六篇"。

《周礼》"（《周礼郑注·天官冢宰第一》）。此后，著名的经学家如唐代贾公彦、宋代朱熹、清代孙诒让等多有承袭其说，但除了感叹于《周礼》精密广大，故非周公不能作外，皆未能提出实质性的证明。如宋代李觏说，"觏窃观六典之文，其用心至悉，如天焉有象者在，如地焉有形者载，非古聪明睿智，谁能及此？其曰周公致太平者，信矣"（《盱江先生全集》卷五《周礼致太平论》）。相反，在历代对这一传统观点表示怀疑的经学家的论证中，却有某种具体的、实质性的论据。稍后于郑玄的林孝存（临硕）"作十论七难以排弃之"（贾公彦《序周礼兴废》），但其内容已不得而知。此后经学家的诸多质疑之论，大约有两方面内容，一是揭发《周礼》规划的制度与见于其他经典所论及的古代制度之间的矛盾。如宋儒罗璧曾说，《周礼》"言建国之制与《周书·洛诰》《召诰》异①，言封国之制与《周书·武成》及《孟子》异②，设官之制与《周书·周官》六典异③，周之制作，大抵出周公，岂有言之与行自相矛盾乎？"（《识遗》卷五《秦后六经》）二是揭发《周礼》规划的制度本身之不可信处。例如，清儒李滋然在统计《周礼》之官员总数有三十三万左右④之后说："秦汉而后，混一舆图，幅员最广，合宇内而使吏治之，设官之繁尚不如此，而谓周初封建之世，政简刑清，王畿千里，设官如此之多，周公致太平之迹，恐不如是。"（《周礼古学考》）但对周公作《周礼》的论断表示怀疑的经学家，除了某些出于非学术的政治动机而指

---

① 《召诰》"命庶殷侯甸男邦伯"，是建国有侯、甸、男三级；《周礼》则分侯、甸、男、采、卫、蛮、夷、镇、藩"九畿"（《夏官司马·职方氏》）。

② 《武成》"列爵惟五，分土惟三"。《孔传》"列地封国，公、侯方百里，伯七十里，子、男五十里，为三品"。《孟子》同此，所谓"天子方千里，公侯皆方百里，伯七十里，子男五十里，凡四等"（《孟子·万章下》）。《周礼》则王畿"方千里"，其他九畿皆"方五百里"（《夏官·职方氏》）。

③ 《周书·周官》冢宰、司徒、宗伯、司马、司寇、司空"六卿"之上还有"三公""三孤"；《周礼》则设六官（冬官亡），六官之属各六十（此举成数，实际超逾此数）。

④ 《周礼》官员数目，诸家计数结果不一，如欧阳修《问进士策三首》谓"略见于经者五万余人"（《欧阳文忠公集》卷四十八），孔广林《周官臆测》谓五官员数共八万余人。

称《周礼》为刘歆伪作外①，一般也不能明确指出《周礼》的作者，只是大体判定《周礼》创作的时代，其中或以为是战国儒外学者所作，如何休认为是"六国阴谋之书"（贾公彦《序周礼兴废》），苏轼亦说"其言五等之君，封国之大小，非圣人之制也，战国所增之文也"（《东坡续集》卷九《天子六军之制策》），或以为是秦汉儒者所作，如苏辙说"言周公之所以治周者，莫详于《周礼》，然以吾观之，秦汉诸儒以意损益之者众矣，非周公之完书也"（《栾城后集》卷七《历代论·周公》）。经学家在《周礼》作者问题上，也只是讨论和解决到如此程度。

《周易》的作者问题　经学中，对于构成《易》（《周易》）的各个部分——经卦（八卦）、别卦（六十四重卦）、经（卦辞、爻辞）、传（"十翼"）的作者问题，除了经卦，经学家根据《系辞》"古者包羲氏之王天下……始作八卦"，一般皆认为是伏羲所作外②，论及其他各部分的作者，都有分歧的看法。孔颖达《周易正义》中归纳说"重卦之人，诸儒不同，凡有四说：王辅嗣等，以为伏羲重卦；郑玄之徒，以为神农重卦；孙盛以为夏禹重卦，史迁等以为文王重卦"（《周易正义·论重卦之人》），又归纳论经文的作者之观点说"凡有二说：一说以卦辞爻辞并是文王所作，郑学之徒并依此说；二说以为卦辞文王，爻辞周公，马融、陆绩等并同此说"（《周易正义·论卦辞爻辞谁作》）③。在经学范围内，经学家关于《易学》之作者的这样三个问题的分歧，是无法消解的。从一方面说，他

---

① 如宋代胡安国、胡宏父子，为反对王安石援《周礼》变法，认为《周礼》是刘歆"假托《周官》之名，剿入私说，希合贼莽之所为"（《五峰集》卷四《皇大纪论·极论周礼》）。清末今文学家廖平、康有为，为立孔子改制之说而反对古文学家的诸立说，于《周礼》作者问题上，亦持此说。

② 例如，据孔颖达《周易正义·系辞》"河出图"疏谓"孔安国、马融、王肃、姚信等并云伏羲得河图而作易"，《易纬·通卦验》郑玄注谓"伏羲……作八卦之象"。但是，如果离开经学的立场，当然不能作如是观。从《论语》和《孟子》中可以看出，原始儒家所论及的最古的先王是尧舜，伏羲是道家著作《庄子》中才出现的人物。晚近学者考证，《易》卦（八卦和六十四卦）乃源于龟卜，和卦、爻辞同是西周初年的产物（见如屈万里《易卦源于龟卜考》）。

③ 此二说之外，清末经学家皮锡瑞认为卦爻辞为孔子所作，谓："卦爻分画于羲文，而卦爻之辞皆出于孔子，如此，则与'易历三圣'之文不背。"（《经学通论·易经·论卦辞爻辞当为孔子所作》）

们都有来自同一部经典甚至是同篇经典的根据。例如，《系辞》谓"八卦成列，象在其中矣，因而重之，爻在其中矣"，此显然可为作八卦者与重卦者同为一人之论断的论据；《系辞》又谓"包羲氏没，神农氏作……盖取诸益……盖取诸噬嗑"，"河出图，洛出书，圣人则之"，"《易》之兴也，其当殷之末世，周之盛德邪？当文王与纣王之事邪"，这些论述，显然正分别是以重卦者为神农、为夏禹、为文王的判定所攀缘。从另一方面看，这些论据又都是不充分的，不足以否定推倒对方的。所以在经学领域内，这种分歧只能永远地存在下去。同样，对于卦辞、爻辞的作者问题，也正是这种情况，正如孔颖达所说，《系辞》有谓"《易》之兴也其于中古乎，作《易》者其有忧患乎"，故"准此诸文，文王即是作《易》者"；然而，爻辞多是文王后事，诸如《升·六四》"王用亨于岐山"，《明夷·六五》"箕子之明夷"，故"验此诸说，以为卦辞文王，爻辞周公"。①《易传》十篇（十翼）的作者，宋代以前的经学家都遵从《史记》《汉志》之说②，认为是孔子作，孔颖达说"其《彖》《象》等十翼之辞，以为孔子所作，先儒更无异论"（《周易正义·论夫子十翼》）。这一传统观点，自宋代欧阳修《易童子问》，从《系辞》《文言》《说卦》中找出自相矛盾之"五说"③推断"系辞而下非圣人之作者"后，开始动摇。《隋书·经籍志》谓"秦焚书，《周易》独以卜筮得存，惟失《说卦》三篇（按：指《说卦》《序卦》《杂卦》三篇），后河内女子得之"，后世经学家如戴震，更据此谓三篇后出，"不类孔子之言"（《戴东原集》卷一《周易补注目录后语》）。这样，在经学中，经学家囿于《周易》之作"人更三圣"（伏羲、文王、孔子）的传统信念，一般仍认定《彖》《象》为孔子所作外，《易传》的其他六篇皆泛言为"孔门七十二弟子传《易》于

---

① 晚近学者根据①《周礼·春官》《礼记·曲礼》有"大卜"之官，②卦爻辞中有西周的历史故事等，一般地判定《易经》为经过编修的周初卜官筮卜记录（见如余永梁《易卦爻辞的时代及其作者》）。

② 《史记·孔子世家》曰："孔子晚而喜《易》，序《彖》《系》《象》《说卦》《文言》。"《汉志》曰："孔氏为之《彖》《象》《系辞》《文言》《序卦》之属十篇，故曰，《易》道深矣，人更三圣，世历三古。"

③ 此"五说"为，《文言》中有论《乾》德之相异二说，《系辞》《说卦》中有论八卦形成之相异三说（见《欧阳文忠全集·易童子问》卷一）。

夫子之言"（郑樵《六经奥论》卷一）①。

《春秋》及三《传》的作者问题　经学也一直为《春秋》及三《传》（《公羊传》《穀梁传》《左氏传》）的作者的问题困扰着。孟子说"世衰道微……孔子惧，作《春秋》"（《孟子·滕文公下》）。司马迁亦说"孔子……因史记，作《春秋》"（《史记·孔子世家》）。经学家一般皆据此认为《春秋》是孔子所作。例如董仲舒《对策》、贾逵《春秋序》、郑玄《六艺论》、卢钦《公羊序》皆谓"孔子作《春秋》，立素王之法"（孔颖达《春秋左传正义·春秋序》疏引）。宋代以后有经学家如郑樵说，"圣人因鲁史以修《春秋》，未敢言作也。述而不作，此圣人之本心，岂虚言哉"（《六经奥论》卷四《夫子作春秋》②，略有异于前儒之说，然而终不否认孔子是《春秋》之作者或修者③。经学对《春秋》及三《传》的作者，也是一方面既有较明确的认定，另一方面却不能回答、消除动摇这一认定的许多疑团。经学家以为《公羊传》的作者是公羊寿④。东汉何休《公羊传·隐公二年》"纪子伯者何，无闻焉尔"注："言无闻者，《春秋》有改周受命之制，孔子畏时远害，又知秦将燔《诗》《书》，其说口授相传，至汉公羊氏及弟子胡毋生等乃始记于竹帛，故有所失也。"是言

---

① 晚近学者从经学以外的新史学立场，指出《彖》《象》"义理之天"与《论语》中的"主宰之天"的矛盾，否定了《彖》《象》为孔子所作的传统观点（见冯友兰《孔子在中国历史中的地位》）；又推断"十翼"分别产生于秦汉间（《彖》《象》）、史迁之后昭宣之间（《系辞》《文言》）和昭宣之后（《说卦》《序卦》《杂卦》）三个时期（见李镜池《易传探源》）。今之学者于此尚多有异议。

② 《四库提要》谓，《六经奥论》所论有与郑樵其他论著内容相悖者，且书中有朱熹谥号，是宋末之人作而托郑樵之名（卷三十三）。

③ 晚近学者从经学之外的史学立场，根据①《春秋》前后体例不一（如僖公前于外国国君多称"人"，而不称"侯"，庄公前于外国卿大夫不称姓名），《春秋》于各国君死后之庙谥尚不知，故但书名或爵未能书其谥号（《竹书纪年》则书谥号），可以推断《春秋》是鲁国历代当世史官所记，而不是后世追记。②公羊《春秋经》与穀梁《春秋经》记载有孔子生年，左氏《春秋经》记载有孔子卒年，可以推断，《春秋》有孔子之后所修润、所增益，基本上否定了孔子作或修《春秋》之说。

④ 《汉书·艺文志》"《公羊传》十一卷，公羊子，齐人"，颜师古《汉书注》谓"名高"，此据《春秋纬·说题辞》"传我书者公羊高也"。故以公羊高为《公羊传》的作者之论，是纬学之说。

《公羊传》汉代乃始成书。此后，唐代徐彦①在《公羊传注疏》中引东汉戴宏序说，"子夏传与公羊高，高传与其子平，平传与其子地，地传与其子敢，敢传与其子寿。至汉景帝时，寿乃共弟子齐人胡毋子都著于竹帛"，将《公羊传》的传授与成书叙述得更为清晰确切，但也因此受到后代经学家的怀疑。如清代崔适说："戴宏序乃有公羊氏之世系及人名，何以前人不知而后人知之也？且合《仲尼弟子列传》《孔子世家》与《十二诸侯年表》、《六国表》、《秦本纪》、汉诸帝纪观之，子夏少孔子四十四岁，孔子生于襄公二十一年，则子夏生于定公二年，下迄景帝之初，三百四十余年，自子夏至公羊寿甫及五传，则公羊氏世世相去六十余年，又必父享耄年，子皆夙慧乃能及之，其可信乎？"（《春秋复始》卷一《公羊传当正其名曰春秋传》）。《穀梁传》的作者，《汉志》谓"穀梁子，鲁人"，唐初学者颜师古注谓"名喜"。约为同时的经学家杨士勋《春秋穀梁传序·疏》将其成书与传授记述得更为详尽："穀梁子名淑，字元始，鲁人，一名赤。受经于子夏，为经作传，故曰《穀梁传》。传孙卿，孙卿传鲁人申公，申公传博士江翁。其后鲁人荣广大善《穀梁》，又传蔡千秋。汉宣帝好《穀梁》，擢千秋为郎，由是《穀梁》之传大行于世。"根据这一叙述，《穀梁传》似乎是由穀梁淑（或赤）在《公羊传》之前写成。但是，经学中至少有这样两个事实使得经学家对这一判定表示怀疑。第一，穀梁子之名颇有异说：桓谭《新论》谓"穀梁赤"，王充《论衡》谓"穀梁寘"（《论衡·案书》），阮孝绪《七录》谓"穀梁俶'。名"赤"见《新论》为最先，故后人多从之，但一人多名而不定，则易启疑端，陆德明因此说"穀梁赤乃后代传闻"（《经典释文》卷一《序录·春秋》）。第二，《穀梁传》有援承《公羊传》之文②，有反驳

---

① 徐彦是何时代人，清代学者有不同的判定。《四库提要》因其疏中多自设问答，此为唐末之文体，故确定为唐人。洪颐煊、姚范据开卷疏"司空掾"有"若今三府掾是也"之语，"三府掾"惟北齐有此官，故判定为北齐人，谓"此疏为梁齐间旧帙"（洪颐煊《读书丛录》卷六《公羊疏》）。

② 如文公十二年"二月庚子，子叔姬卒"，《公羊传》解曰"此未适人，何以卒？许嫁矣"。《穀梁传》解曰："其曰子叔姬，贵之也，公之母姊妹也。"其一传曰："许嫁以卒之也。""其一传曰"，显然是援引《公羊传》。

《公羊传》之文①。经学家如宋代刘敞对勘《公羊》《穀梁》两传，对隐公二年"无骇帅师入极"、隐公八年"无骇卒"，以及庄公二年"庆父帅师伐余丘"三条的训释，推测《穀梁传》"似晚见《公羊传》之说，而附益之者矣"（《春秋权衡》卷十四《隐公》《庄公》）。清代学者如陈澧进而揭示出《公羊》与《穀梁》在文公十二年"子叔姬卒"、宣公十五年"蝝生"两条训解上的更加明显的相承关系，断定《穀梁传》"在《公羊》之后更无疑矣"（《东塾读书记》卷十《春秋三传》）②。"三传"中，《左传》的作者问题分歧更大，争论更多。经学中的传统观点认为《左传》（《左氏春秋》《左氏传》）是左丘明作。这一观点最早出现在《史记》中："孔子西观周室，论史记旧闻，兴于鲁而次《春秋》……七十子之徒口授其传指，不可以书见也。鲁君子左丘明，惧弟子从异端，各安其意，失其真，故因孔子史记具论其语，成《左氏春秋》。"（《十二诸侯年表·序》）③刘歆《移让太常博士书》亦谓"《春秋左氏》，丘明所修"（《汉书》卷三十六《楚元王传》）。《汉志》"《左氏传》三十卷"，班固自注曰"左丘明，鲁太史"，并序称："仲尼思存前圣之业……以鲁，周公之国，礼文备物，史官有法，故与左丘明观其史记，据行事，仍人道，因兴以立功，败以成罚，假日月以定历数，藉朝聘以正礼乐，有所褒讳贬损，不可以书见，口授弟子，弟子退而异言。丘明恐弟子各安其意以失其真，故论本事而作传，明夫子不以空言说经也。"汉代经学家所表述的关于《左传》作者的传统观点，实际包含了三项内涵：（1）《左传》为左丘

---

① 如宣公十五年"冬，蝝生"，《公羊传》云"未有言蝝生者，此其言蝝生何？蝝生不书，此何以书？幸之也。幸之者何？犹曰受之云尔。受之云尔者何？上变古易常，应是而有天灾，其诸则宜于此焉变矣"；《穀梁传》则云"非灾也，其曰蝝，非税亩之灾也"，显然是反驳《公羊传》。

② 经学中，于《公羊》《穀梁》二传，多数经学家以为《穀梁》成书立意在《公羊》之后，唯郑玄说"穀梁近孔子，公羊正当六国之亡"（《礼记正义·王制》疏引郑玄《释废疾》），似以《穀梁》在《公羊》之先。另一异说是自宋代，有学者如林黄中、罗璧以为公羊、穀梁为一人（参见皮锡瑞《经学通论·春秋·论公羊穀梁二传当为传其学者所作》一文之引述），《四库提要》评其为"殊为好异"，不足论也（《四库全书总目提要》卷二十六）。

③ 晚近学者崔适在《史记探源》中提出七条论据，证明《史记》这段文字系后人依刘歆《七略》窜入，甚是。这里姑不论，因为在经学史上，此毕竟是一种经学观点的源头，即使其有伪误。

明所作，其人姓氏为左，其名为丘明；（2）左丘明是"鲁之君子""鲁之太史"，亦是孔子弟子辈；（3）《左传》为解《经》（《春秋》）而作。杜预《春秋经传集解·序》谓"仲尼因鲁史策成文……左丘明受经于仲尼，以为经者不刊之书，故传或先经以始事，或后经以终义，或依经以辨理，或错经以合异，随义而发"，发挥的正是这一传统观点，所以《四库全书总目》概括说："自刘向、刘歆、桓谭、班固，皆以《春秋传》出左丘明，左丘明受经于孔子；魏晋以来，更无异议。"（卷二十六《春秋左传正义》）但是，实际上，这一传统观点自唐代以来，不断受到经学家或学者的怀疑和否定，尤以诸如唐之啖助、赵匡，宋之叶梦得、郑樵，元之程端学和清代今文经学家为著。他们所提出的众多的质疑论据可以归纳为四点。第一，作者之姓氏。传统的经学观点如孔颖达所说"丘明姓左，故号左氏传"（《春秋左传正义·春秋序》疏），即认为左氏即是左丘明。唐代以后的经学家辨析，认为左氏与左丘是两个姓氏，故作《左氏春秋》之左氏与作《国语》之左丘明是两个人。唐代经学家赵匡始谓左氏非左丘明："左氏解经浅于《公》《穀》，诬谬寔繁，皆孔门后之门人。但《公》《穀》守经，左氏通史……丘明者盖夫子以前之贤人。"（陆淳《春秋集传纂例》卷一《赵氏损益义》）宋代经学家叶梦得也说："左氏，鲁之史官。古者左史书言，右史书动，故因官以命氏……迁复言'左丘失明，厥有《国语》'，按《姓谱》有左氏，有左丘氏，迁以左丘为氏，则《传》安得名左氏？"（《春秋考》卷三《统论》）晚近崔适更据此将这一传统观点从其源头《史记》处否定掉："《史记·自序》云'左丘失明，厥有《国语》'，然则左丘其氏，明是其名，有《国语》而无《春秋传》。《七略》称丘明，此表曰'左氏春秋'，则左氏而丘明名，传《春秋》而无《国语》。"（《史记探源》卷四《十二诸侯年表》）由此可见，左氏与左丘明是两个人，而谓左丘明作《春秋传》是刘歆《七略》的观点。第二，作者之时代。经学传统观点认为《左传》作者左丘明是孔子同时代或稍前后的人，即春秋时人。宋代的经学家根据《左传》所记述及最晚的历史事件或人物推断，《左传》的作者是六国时人，因而也不会是左丘明。宋代经学家叶梦得指出，《左传》记事载智伯之亡并举

"赵襄子之谥"①，而"赵襄子卒去孔子卒五十三年，经终泛及后事，赵襄子为最远而非止于赵襄子，不知左氏后襄子复几何时，岂有与孔子同时非弟子而如是其久者乎？"（《春秋考》卷三《统论》）郑樵《六经奥论》列举八条论据，证明"左氏非丘明，是为六国时人无可疑者"，其第一条论据即谓"自获麟②至襄子卒已八十年，左氏与孔子同时，不应孔子卒后七十八年尚能著书"（《六经奥论》卷四《左氏非丘明辨·左氏乃六国人》）。据陈振孙《直斋书录解题》记载，宋代有某学者托王安石之名撰《左氏解》，"专辨左氏为六国时人，其验十有一事"。（《直斋书录解题》卷三）其书已佚，其十一条论据也不得而知。第三，书中之名物。唐宋以后的经学家怀疑或否定《左传》为左丘明作的传统观点的一个重要论据，是《左传》书中出现了许多春秋以后的名物、制度。叶梦得在《春秋考》中提出三条："官之有庶长、不更③，秦孝公之所名也"，"祭之有腊，以易蜡，秦惠公之所名也"④，"饮之有酎，礼之所无有而吕不韦《月令》之所名也"⑤（《春秋考》卷三《统论》）。郑樵《六经奥论》又增加数条，如《左传》曰"左师展将以公乘马归"（昭公二十五年），而春秋时以车战，尚无骑兵。《左传》言星次⑥，此准堪舆之说，而堪舆十二星次始于赵分，起于韩魏分晋之后（《六经奥论》同上）。第四，书中之预言。《左

---

① 《左传》末一条记鲁悼公四年智伯瑶围郑事，末云："智伯不悛，赵襄子由是怨智伯，遂丧之，智伯贪而愎，韩魏反而丧之。"韩赵魏灭智伯在周贞定王十六年（前453年），赵襄子卒在周威烈王元年（前425年）。

② 《春秋·哀公十四年》（前481年）春西狩获麟。哀公十六年孔子卒。《六经奥论》举此论据应成立，但计算有误。

③ 《左传·成公十三年》"战于麻隧，秦师败绩，获秦成差及不更女父"，襄公十一年"秦庶长鲍、庶长武，帅师伐晋以救郑"，不更、庶长皆官名。

④ 蜡（蜡）祭，祭神（以干肉众物祭稼穑八神）。腊祭，祭祖（以狩猎获物祭祖）。蜡祭始见载《礼记·郊特牲》"天子大蜡八"。腊祭始见《左传·僖公五年》（前655年）"虞不腊矣"。（《礼记·月令》亦有"孟冬之月……腊先祖五祀"）。唯《史记·秦本纪》谓"惠文君十二年初腊"（前326年），《广雅·释天》亦谓"周曰大被蜡，秦曰腊"，此为叶氏立论所据。

⑤ 《左传·襄公二十二年》，"见于尝酎"，《月令》乃《礼记》篇名。郑玄谓"名月令者，以其记十二月政之所行也，本《吕氏春秋》十二月纪之首章也"（《礼记正义·月令》疏引）。《月令》谓："孟夏之月……天子饮酎，用礼乐。"

⑥ 《左传》说"龙宋郑之星"（襄公二十八年），"辰为商星，参为晋星"（昭公元年）。

传》一书多有应验于战国时代的预言。叶梦得的《春秋考》也指出三条："陈敬仲入齐至田和篡齐去春秋九十余年"①，"晋分列为诸侯去春秋百余年"②，"周亡实三十一世七百余年"③。从《左传》中这些十分准确地应验于战国时代的预言中，叶梦得推断说，"余意此乃周秦之间卜筮家者流欲自神其艺，假前代之言著书以欺后世，亦左氏好奇兼取而载之，则左氏或出于周亡之后未可知"（《春秋考》卷三《统论》）。应该说，在唐宋以后的经学中，对《左传》作者是春秋时代的左丘明这一传统观点的怀疑和否定是很充分的，但《左传》作者是谁，或者说"左氏"是谁，经学家们给出的答案固然是有的，但却并不明确，或者虽明确但根据并不充分。见之于清代经学，一派经学家（今文学家）根据最早是由刘歆"校秘书，见古文《春秋左氏传》"，刘歆又"治《春秋》，引《传》文以解《经》"（《汉书·楚元王传》附《刘歆传》），认为《左传》是刘歆改造《国语》而成。如康有为说："刘歆……求之古书得《国语》与《春秋》同时，可以改易窜附，于是毅然削去平王以前事，依《春秋》以编年，比附《经》文，分《国语》以释《经》，而为《左氏传》。"（《新学伪经考》卷三上《汉书·艺文志辨伪》）崔适亦说："《传》自解《经》，何待歆引？歆引以解，则非《传》文。原其大旨，谓解《经》之文，歆所作尔。"（《春秋原始》卷一《序证·左丘明不作春秋》）另一派经学家则努力维持左丘明作《左传》的传统观点，其辩称《左传》中出现六国时人物、名物，乃"后人所续"（《四库全书总目》卷二十六《春秋左传正义》），应验之预言乃后世之"媚时主

---

① 《左传·庄公二十二年》（前651年）记陈公子完（字敬仲）奔齐，齐之懿氏卜妻之，其辞有曰："有妫之后，将育于姜，五世其昌，并于正卿，八世之后，莫与之京。"其后果至八世田和篡齐（前404年）。

② 《左传·闵公元年》（前661年）："晋大子申生将下军，赵夙御戎，毕万为右，以灭耿、灭霍、灭魏……赐毕万魏，以为大夫……卜偃曰：毕万之后必大……初，毕万筮仕于晋……辛廖占之，曰：'吉……公侯之卦也，公侯之子孙，必复其始。'"其后，韩、赵、魏初为侯在周威烈王二十三年（前403年），三家分晋在周安王二十六年（前376年）。

③ 《左传·宣公三年》："成王定鼎于郏鄏，卜世三十，卜年七百。"按：《汉书·律历志》谓"周凡三十六王，八百六十七岁"。此似乎是以从文王至赧王的王位数计算之，且未将周哀王、思王（前441年同年相继登位，相继被弑）计算在内。叶梦得"周亡实三十一世七百余年"，似乎是以从武王至赧王的世代数计算之。

者"所为（姚鼐《惜抱轩文集》卷三《左氏补注·序》）。但清代这派经学家于"左丘明"之"左"却有新说，其一，以"左氏"为官名，即叶梦得所谓左史，如俞正燮说"丘明传《春秋》而曰'左氏传'者，以为左史官言之"（《癸巳类稿》卷五《左丘明子孙姓氏论》）。其二，以"左氏"为地名，此由姚鼐"左氏书非出一人，累有附益，而由吴起之徒为之者尤多"（《惜抱轩文集》卷三《左氏补注·序》）之说引发而来①，如章炳麟说："《左氏春秋》者，因以左公名，或亦因吴起传其学，故名曰《左氏春秋》……以左氏名春秋者，以地名也，则犹齐诗、鲁诗之比与？或曰：本因左公得名，及吴起传之，又传其子期，而起所居之地为左氏②，学者群居焉（犹齐之稷下），因名其曰左氏。"（《春秋左传读·隐公篇·丘明》）在经学领域内，《左传》的作者问题就讨论和解决到如此程度。③

2. 文字订正和篇目辨伪

经典文字的三种讹误　订正经典在流传中所自然的不自觉发生的文字上的讹误，是经学考证的一项初步的内容。在儒家经典中，这种性质的文字讹误，归纳被经学家们所指出的，一般发生在三种情况下。一是形近而误。例如，《周礼·春官·鬯人》"凡祼事用概，凡甒事用散"，郑玄注"祼，当为埋字误"，孙诒让进一步疏解曰："段玉裁云：'埋，经典多用貍，与祼字略相似而误。'案：段说是也。祼事《郁人》两见，此涉彼而误。埋即貍之俗体。《大宗伯》有'貍沉甒辜之祭'，此'祼事用概'与'甒事用散'，对文则为埋字之误无疑。"（《周礼正义》卷三十七）《礼记·缁衣》"叶公之顾命曰"，清代孙希旦注曰："叶当作祭字

<hr>

① 初唐陆德明《经典释文·序录》叙及《左传》源流曰："左丘明作传，以授曾申，申传卫人吴起，起传其子期，期传楚人铎椒，椒传赵人虞卿，卿传同郡荀卿名况，荀况传张仓，张仓传贾谊……"姚说源此。

② 《韩非子·外储说右上》："吴起，卫左氏中人。"章说据此。

③ 晚近学者从史学角度对《左传》作者所作考证的结果，基本上也是两种意见。一是以顾颉刚为代表，认为在《晋史》《楚史》等列国史的基础上形成《左氏春秋》，《左氏春秋》很可能是经过刘歆的改造成为《左传》（见顾颉刚讲授、刘起釪笔记的《春秋三传及国语之综合研究》）。二是以钱穆为代表，认为《左氏传》出自吴起（见钱穆《先秦诸子系年考辨》卷二《吴起传〈左氏春秋〉考》）。

之误也。将死而言曰顾命，祭公顾命者，祭公谋文将死而告穆王之方也，今见《逸周书·祭公解篇》。"（《礼记集解》卷五十二）这也是因形近而误。二是音近而误，例如《礼记·祭法》"相近于坎坛"，郑玄注曰："相近，当为禳祈，声之误。"清代臧琳疏解说："禳字从襄，襄与相声乱，祈近皆斤声，故'禳祈'误为'相近'，注义甚精。"（《经义杂记》卷六《相近于坎坛》）《礼记·大学》"见贤而不能举，举而不能先，命也"，郑玄注曰："命读为慢，声之误也，举贤而不能使君以先己，是轻慢于举人也。"陈乔枞解释说："命，古音在十二部，慢，古音在十四部，异部声类相近，故语转声变，误而作命，此郑君据义审声以正其误者也。"（《礼记郑读考》卷六）三曰剥蚀而误。写刻在竹简上的典籍，因年代久远，字体剥蚀，亦是致误的一种情况。例如，《礼记·礼运》"其居人也由养"，郑玄注："养为义字之误也。《孝经说》曰'义由人出'。"陈乔枞进一步解释说："古简有剥蚀者，字形易于致误矣，郑君据《孝经说》'义由人出'，断养字为义字之误，训极精确。如《荀子·礼论》'不能养之'，注云'养或为食'，是蚀其上半字而误养为食。此'其居人也曰养'，郑云养当为义，是蚀其下半字而误为养也。"（同上书卷二）《礼记·祭法》"幽宗，祭星也；雩宗，祭水旱也"，郑玄注曰："宗皆当为禜字之误。禜之言营也。"此字之误，陈乔枞亦如此解释说："禜误作宗者，盖简蚀去上半字，故与'宗'形近似而讹也。"（同上书卷五）

经学辨伪的基本范围　儒家经典在流传过程中，被后人由于理解上的原因或出于某种目的，作了改动，经学家为了维护经典的神圣和真实，对此进行了考辨，揭发作伪的原委，指出经典的真貌，这就是辨伪。汉代以来，经学中的辨伪，大体可以划归入两个范围，一是考辨字句之伪。例如，在东汉马融之前，当时《尚书·酒诰》首句是"成王若曰"，马融在《注》中说，"言'成王'者，未闻也。俗儒以为成王骨节始成，故曰成王；或曰以成王为少成二圣之功，生号曰成王，没因为谥；卫贾以为戒成康叔以慎酒，成就人之道也，故曰成。此三者吾无取焉，吾以为后录书者加之，未敢专从，故曰未闻也"（《经典释文》卷四），即马融以"未闻"表示他的一种观点："成王若曰"之"成"字的三种解释都是附会之词，

"成"字是后人作伪所加①。又如《礼记·曲礼下》"男女相答拜也"，据陆德明《经典释文》记述"一本作'不相答拜'。皇（侃）曰：后人加'不'字耳"（卷十一），《礼记正义》孔颖达疏谓："男女宜别，或嫌其不相答，故明虽别必宜答也。俗本云'男女不相答拜'，《礼》'男女拜悉相答拜'，则有'不'为非。"（卷四）宋代陈澔亦谓："男女嫌疑之避亦多端矣，然拜而相答所以为礼，岂以行礼为嫌哉，故记者明言之。"（《礼记集说》卷一）可见多数经学家以俗本之"男女不相答拜"之"不"字为伪。二是考辨篇目之伪。经学中的这一考辨主要在《尚书》中进行，并且取得重要的成绩。儒家经典中，《尚书》的命运多艰，经历了几次大的劫难、变化：秦始皇焚书以后，先秦的《尚书》原本被毁；西晋末年永嘉之乱（311 年）以后，西汉初年所出现的今文《尚书》丧失；唐代前期颁布"新定五经"（贞观七年，633 年）和《五经正义》（永徽四年，653 年），西汉中期所出现的古文《尚书》又逐渐丧失。现存的只是东晋、南朝间出现的伪《孔传古文尚书》，经历了如此变迁的《尚书》，自然是很容易窜入后人的伪文的，《尚书》的辨伪内容，基本上是与这三次变迁相联系的。最早对《尚书》窜入伪文提出质疑、辨析的是东汉经学家马融，他认为当时正为世人诵习的古文《尚书》三十四篇（实相当今文《尚书》二十九篇）中的《大誓》（三篇）不是先秦原作。其怀疑的根据可以归纳为三点：一是文词"浅露"；二是篇中有神怪的内容，有悖于"子所不语"的；三是篇中无已被先秦典籍《春秋》《国语》《孟子》《孙卿》《礼记》援引的《大誓》的语句（见《尚书正义》疏引）。先秦《尚书》和汉代《尚书》皆已丧失，马融之论虽无由质对，但毕竟是《尚书》辨伪之开始。《尚书》辨伪最重要的工作和最大成绩是对五十八篇《孔传古文尚书》中伪文的揭发和考定。东晋、南朝间出现的五十八篇《孔传古文尚书》，其中有三十四篇的篇名与汉代马、郑注本相同，另外多出的二十四篇的篇名是马、郑本所没有的。但是，在那与马、郑注本相同的三

---

① 今本《古文尚书·酒诰》首句是"王若曰"，无"成"字，学者以为是晋人作伪所删。如王鸣盛谓："欧阳大小夏侯三家、卫、贾及郑马云皆有'成'字，此汉学也。马谓是后录者加之，盖以'成'谥故云然。郑以为'成道之王'，则郑意以当时号为成王，如汤称武王，文王称宁王之例，孔无'成'字，晋人删也。"（《尚书后案》卷十六）

十四篇中，《泰誓》三篇的篇名虽然相同，内容却完全不同；而在这多出的二十四篇中，《舜典》实际上就是马、郑注本《尧典》的后半部分，《益稷》实际上就是马、郑注本《皋陶谟》的后半部分。这样，《孔传古义尚书》实际上有三十三篇是马、郑注本中原有的，比马、郑注本多出的只有二十二篇，加上改换的《泰誓》三篇，共有二十五篇不同。在这新出现的五十八篇《尚书》中，最先被揭发出的伪文是《舜典》开头"曰若稽古，帝舜曰重华，协于帝。浚哲文明，温恭允塞，玄德升闻，乃命以位"二十八字。陆德明在《经典释文·尚书·舜典》"曰若稽古，帝舜曰重华，协于帝"下出注曰："此十二字是姚方兴所上，孔氏传本无，阮孝绪《七录》亦云然。方兴本或此下更有'浚哲文明，温恭允塞，玄德升闻，乃命以位'凡二十八字异。"（《经典释文》卷三）据《经典释文·序录》所述，姚方兴献《舜典》时在齐明帝建武中。可见，《舜典》中伪文刚出世，就很快、很容易地被梁、陈学者发现。但是，《孔传古文尚书》中其他为汉代三十三篇《尚书》之外的二十五篇之伪，却是在很久之后，经过宋代吴棫、朱熹，明代梅鷟，清代阎若璩、惠栋、程廷祚等许多学者的艰辛努力才被判定的。为这些学者所提出的辨别、确定二十五篇"晚书"（学者习惯称之为古文、伪古文，相对则称三十三篇为今文、真古文）是伪作的判据，大体可以归纳为三方面。一是文体之差异，这是最早为南宋吴棫、朱熹提出的质疑。如吴棫说："安国所增多之书（按：指古文）皆文从字顺，非若伏生之书（按：指今文）佶曲聱牙……其亦难言矣。"（梅鷟《尚书考异》卷一引《书裨传》）朱熹亦说："伏生《书》多艰涩难晓，孔安国壁中《书》却平易易晓……此不可晓。"（《朱子语类》卷七八）二是内容之矛盾破绽。这是指，第一，明代以后，经学家更进一步具体地指出孔安国传二十五篇伪古文，在若干重要之点上不符合历史事实，如梅鷟在《尚书考异》中指出，"《汉书》但云《古文尚书》十六篇，正与《史记》所载逸《书》得十余篇者合。既未尝以为二十五篇，亦未尝以为五十九篇也"[1]；且汉代诸儒"曾无一人一言及于二

---

① 《汉志》：孔安国得古文尚书，"以考二十九篇，得多十六篇"。《史记·儒林列传·伏生》："孔氏有古文尚书，而安国以今文读之，因以起其家，逸书得十余篇，盖尚书滋多于是矣。"

十五篇之内者，的然可知其伪矣"；且《史记》《汉志》亦未尝言孔安国作《书》传①。第二，指出伪古文在名物、制度、书法上，也有明显破绽。如阎若璩在《尚书古文疏证》中指出，唐虞时"四岳"为官名，"百揆"非官名，伪古文《周官》"内有百揆四岳"，将百揆、四岳皆认作官名（卷四第六十二）；古代礼制君前臣称名，而不称字，《太甲》篇中，伊尹屡自称其字于太甲（卷四第六十一）；古史例不书时，但《泰誓》上开篇谓"惟十有三年春"（卷四第五十四）。凡此，皆"晚书"作者遗留下的作伪之迹。三是文献之渊源。明代以后的经学家判定"晚书"之伪的另一个有力判据，就是二十五篇中的主要语句都能找到抄袭自或者说来源于秦汉典籍的十分明显的踪迹。例如。惠栋在《古文尚书考》一书中指出，从《商颂》《周诗》《易·文言》《淮南鸿烈》《尚书中候》中可以看到《舜典》二十八字的原形；《大禹谟》中的重要观念"九功六府三事""人心惟危，道心惟微"，最早分别出现在文公七年《左传》和《荀子·解蔽》中。惠栋在《古文尚书考》下卷中更几乎是逐篇逐句地追溯了"晚书"二十五篇的文献渊源。这些文献除了儒家经典《诗》《书》《易》《礼记》《左传》《论语》《孟子》《尔雅》等以外，还有《墨子》《管子》《庄子》《荀子》《韩非子》《吕氏春秋》《司马法》《国语》《汲郡古文》《淮南子》《说苑》《法言》《纬书》等范围极广泛的先秦和汉代典籍。其他宋明以后的经学家也基本上是用这样的思路和方法辨析了《孔传》之伪：一是《史记》和《汉书》中只有孔安国得到《古文尚书》后以"今文读之"和"献之"②记述，而均无孔安国作《传》的记载；二是《孔传》内容中多有显出为孔安国之后所作的破绽之处。其中对地理名物的注解表现得最为明显。如《禹贡》"浮于积石"，《孔传》谓"积石山在金城西南"。但金城郡是昭帝时设置，在武帝后，孔安国是武帝时人，当然不可能作此预言。《禹贡》"伊洛瀍涧"，《孔传》曰"瀍水出河南北山"。《汉书·

---

① 言孔安国作《传》者，始于《释文》及《隋志》。陆德明《经典释文·序录》"安国又受诏为《古文尚书传》"，《隋书·经籍志》"安国又为五十八篇作传"。

② 《史记·儒林列传》谓："孔氏有古文尚书，而安国以今文读之。"《汉书·楚元王传》谓："鲁恭王得古文于坏壁中……孔安国献之。"

地理志》和《后汉书·郡国志》皆谓瀍水出谷城县潜亭山（北山），至晋，谷城县划入河南县，《孔传》此注，显然是出自晋之后，故阎若璩质问"不知孔安国为汉武博士，抑为魏晋博士？"（《尚书古文疏证》卷六下、第九六）发生在《尚书》中的经学性质的辨伪的情况大致如此。作为经学学术内容之一的辨伪，唯有在这里所取得的成绩是突出的、独一无二的①。

3. 佚文逸篇的钩索纂辑

与对经典的文字订正和篇目辨伪的学术内容相联系，经学也有钩索、纂辑经典佚文逸篇的学术传统。由于年代的久远，加以像秦皇焚书这种文化政策和永嘉之乱这类社会动乱带来的劫难，包括儒家经典在内的古代典籍的散失是难免的。古代某一典籍的佚文逸篇一般是这样被发现和考索出来的：一是现存某一典籍的篇目、篇数少于历史文献上记载的同一典籍的篇目、篇数；二是秦或其他古代典籍中，出现了现存某一典籍中没有的文句、篇名。就儒家经典而言，篇目和经文遗佚的情况在《诗》《书》《礼》三经中比较突出。②

逸《诗》　儒家经典中，《诗经》比较特殊，它虽遭秦火而仍完整，《汉志》解释其原因说："凡三百五篇遭秦而全者，以其讽诵，不独在竹帛也。"所以经学中逸《诗》的钩索、辑佚主要不是指三百篇经文本身，而是指在汉代以后逐渐佚失的齐、鲁、韩三家《诗》说和先秦典籍中的三百篇外的逸诗。汉代说《诗》者，鲁、齐、韩今文三家，立于学官，十分显要，但汉亡三家亦衰；古文《毛诗》，虽未立学官，却久历不衰。《隋书·经籍志》谓"《齐诗》魏代已亡，《鲁诗》亡于西晋，《韩诗》

----

① 现代史学不是从辨伪的角度，而是从考实的角度对《尚书》提出问题："古文"三十三篇中哪些是原始文献，哪些是后人追记；"今文"二十五篇的作者是谁，《孔传》的作者是谁，但这些问题都还没有一致的、圆满的回答。
② 《史记·太史公自序》曰"古文《易》曰'失之毫厘，差以千里'"，今《易》（《周易》）并无此语；又曰"《春秋》文成数万"（《书古微·考异邮》称"孔子作《春秋》一万八千字"），清代学者翁元圻准此计算，今《春秋》经缺一千四百二十八字（《困学纪闻》卷六《春秋》翁注）。据此可推测，《周易》《春秋》亦有文句遗逸。

虽存，无传之者"（《隋书》卷三十二）。至北宋末，《韩诗》亦亡①。三
家诗的辑佚可以说是从南宋王应麟《诗考》开始。王氏从汉至宋代的历
史经传著作如《汉书》《续汉书》《后汉书》《说苑》《礼记注》《仪礼
注》《公羊传注》《尔雅注》《水经注》《文选注》《经典释文》《初学
记》《太平御览》《容斋随笔》中辑录了《诗经》中近二百首诗的《韩
诗》说，《鲁诗》说、《齐诗》说则甚为寥寥。明代何楷《诗经世本古
义》、清代范家相《三家诗拾遗》、阮元《三家诗补遗》陆续对《诗考》
有所增补。陈乔枞《三家诗遗说考》，首先考定汉代主要学者的诗学家
数，即其家法、师法渊源，然后从几乎是汉代全部经、史、子著作中搜
索出解《诗》之言，归入三家，凡四十卷，三家《诗》遗说网罗殆尽。
晚清王先谦《诗三家义集疏》在此基础上又加疏释，三家《诗》的辑佚
可谓完成。王应麟《诗考》还从儒家经典《论语》《孟子》《周礼》《仪
礼》《礼记》《左传》中，从先秦典籍《墨子》《管子》《庄子》《列子》
《荀子》《大戴记》《晏子春秋》《国语》《战国策》中，从汉代的经传和
历史著作如《尚书大传》《三礼郑注》《史记》《列女传》《孔子家语》
等中，辑录三百五篇之外的逸诗篇目二十四篇，逸诗文句四十四则。范
家相《三家诗拾遗》（卷二）在《诗考》的基础上"重为搜辑，补所未
及"，既有所增益，亦有所删除，其增删标准约为：必为经传子史称引
者，必为有关礼仪之周诗。范氏将其所辑逸诗分为四类：一曰篇辞俱逸
者，凡十四篇；二曰篇名存诗辞逸者，凡三十四篇②；三曰篇名诗辞俱存
者，凡十三篇；四曰诗辞存篇名逸者，凡三十二则。逸诗之辑录以
此为最。

---

① 清代经学家范家相谓："《韩诗内传》，《太平御览》尚引其文，刘安世以为少时尝
读《韩诗》，是《内传》之亡，当在北宋之末。今所存者，《外传》十卷而已。"
（《三家诗拾遗·源流》）

② 其中包括《毛诗》存其篇目而三家《诗》无其篇目之南陔、白华、华黍、由庚、
崇丘、由仪六篇。汉唐学者多以此六篇为辞逸之亡诗，如陆德明说："此六篇为武
王之诗，周公制礼，用为乐章，吹笙以播其曲，孔子删定三百十一篇，及秦而亡。
子夏序诗，篇义合编，故序存而诗亡。"（《经典释文》卷六）宋代以后，多有学者
以此六篇为无词之笙诗，如朱熹说，《乡饮酒礼》及《燕礼》举此六诗，"皆曰笙
曰乐曰奏，而不言歌，则有声而无词明矣"（《诗集传》卷九）。范氏认为"当以汉
唐旧说为是"，故将此六篇划属"篇名存诗辞亡"之逸诗。

逸《书》　　逸《书》的情况比较复杂。据学者统计，先秦各文献中引用《书》篇共达三百三十多次，所出篇名五十多篇；此外，尚多有以"书曰""某书曰""先王之教"等名目称引①。凡此，出《尚书》之外者，是否皆可视为逸《书》？若否，则哪些可划入逸《书》这里需要有一个明确界定。《尚书》是儒家经典，从经学的角度看，第一，《尚书》虽是古史，但古逸史不能被视为是逸《尚书》；第二，先秦称引"书"者或竟出篇名者甚多，但逸《书》篇目必须是被经学开创时期（汉代）已确认而此后逸失的篇目。按照这两条标准，则《逸周书》虽然是先秦古史②，并且在秦汉典籍中被以"周书"征引③，但仍不能被划属逸《书》④。而在严格的意义上，只应将（1）《尚书大传》中多出于今文二十九篇（篇数三十三）的篇目（六篇）和《汉志》记述的逸《书》十六篇；（2）属于今文二十九篇（篇数三十三）中的佚失文句，确定为是逸失之《尚书》。在不太严格的意义上，百篇《书序》⑤（实际篇目为八十

---

① 见刘起釪《尚书学史》，中华书局 1987 年版，第 62 页。

② 《汉书·艺文志》载"《周书》七十一篇"，班固注"周史记"；颜师古注"刘向云：'周时诰誓号令也，盖孔子所论百篇之余也。'今之存者四十五篇矣"。是为先秦古史，汉唐学者亦称之为"逸周书"（见汉·许慎《说文》、晋·郭璞《尔雅注》、唐·李善《文选注》）。宋明时或称之为"汲冢周书"（如《新唐书·艺文志》）。

③ 先秦典籍援引《逸周书》者，如《墨子·七患》"周书曰：国无三年之食者，国非其国也，家无三年之食者，子非其子也"，文意同《逸周书·文传解》。《左传·文公二年》"周志有之：勇则害上，不登于明堂"，见于今《逸周书·大匡解》；襄公十一年"书曰：于安思危，于始思终"，见今《逸周书·程典解》。《战国策·魏策一》"周书曰：绵绵不绝，缦缦奈何；毫毛不拔，将成斧柯"，见《逸周书·和寤解》。《韩非子·难势》"周书曰：无为虎傅翼，将飞入邑，择人而食之"，见今《逸周书·寤儆解》。《吕氏春秋·适威》"周书曰：民善之则畜也，不善则仇也"，见今《逸周书·芮良夫解》。汉代学者著作援引《逸周书》者如王符《潜夫论·实边篇》"周书云：土多人少，莫出其材，是谓虚土，可袭伐也。土少人众，民非其民，可遗竭也"，见今《逸周书·文传解》；徐幹《中论·法象论》"书曰：慎始而敬，终以不困"，见今《逸周书·常训解》；等等。

④ 清代经学家孙星衍在其《古文尚书马郑注》一书后附《尚书逸文》（上下卷），援引秦汉典籍中"周书曰"二十多则。陈寿祺批评说"以《墨子》《韩非子》《吕氏春秋》《淮南子》《史记》《汉书》《后汉书》所引《周书》，尽入《尚书》佚文，不知此《周书》七十一篇之佚文"（《左海文集》卷四《与臧拜经书》）。

⑤ 据史学家考定，今存《孔传》本《书序》基本上是汉平帝时古文尚书家在汉成帝时张霸《百篇书序》基础上编定而成，亦即马、郑注《书序》，只是篇目次第、字句略有差异（见蒋善国《尚书综述》第三编第四章）。

一篇）中今已佚失的篇目（三十一篇）亦可视为是逸《书》。

在确定逸《书》的范围后，就比较容易考察经学的这一学术问题了。经学对逸《书》的搜辑可以分为两个方面：一是逸文的辑录，一是逸篇的补缀。《汉志》中除了明确记述发现逸《书》十六篇外，还记述云："刘向以中古文校欧阳、大小夏侯三家经文，《酒诰》脱简一，《召诰》脱简二，率简二十五字者，脱亦二十五字，简二十二字，脱亦二十二字，文字异者七百有余，脱字数十。"所以，《尚书》文字、篇目有遗佚这一情况，很久就被发觉。《隋书·经籍志》有"《尚书逸篇》二卷"，其篇叙曰："又有《尚书逸篇》出于齐梁之间，考其篇目，似孔壁中书之残缺者。"似乎历史上有过对《尚书》逸篇的纂辑，但一般说来，只是在清代经学中才有对《尚书》逸文的系统辑录。清代经学家辑录的《尚书》逸文主要有：朱彝尊《经义考》卷二百六十《逸经上·书》收录逸句七十四则，江声《尚书集注音疏》内有《尚书逸文》一卷，辑逸文八十二则，孙星衍《古文尚书马郑注》后附《尚书逸文》二卷，补订江声所辑，其排列次第，"有篇名可按者列于前，无篇名而称虞书、夏商周书者次之，但称'尚书'者又次之，疑为尚书逸文者附焉"，共约一百五十多则，《尚书》逸文大体上全为孙氏所辑录①，其不足之处，在于对称"周书""书曰"者抉择欠审慎，有部分并非是《尚书》的逸文窜入②。清代经学家补缀的《尚书》逸篇主要是《泰誓》，如江声《尚书集注音疏》、王鸣盛《尚书后案》、庄述祖《尚书古今文考证》、孙星衍《尚书逸文》、王先谦《尚书孔传参正》等书中都有专辑《泰誓》的单篇。此外，还有毛奇龄以《史记》补充《舜典》之《舜典补亡》，徐时栋补辑《汤誓》逸文达二百五十字（《尚书逸汤誓考》）。

---

① 今人张西堂《尚书引论》一书附录《尚书逸文》，依孙星衍补订本又作增订，有一百七十多则。

② 孙氏《古文尚书马郑注》刊于乾隆六十年（1795年），二十年后，即嘉庆二十年（1815年）孙氏刊行《尚书今古文注疏》，最后《书序》一卷中仍附列逸文，其凡例曰："《尚书》逸文，凡见于先秦经传诸子及汉人所引有篇名可考者，各附《书序》，并存原注。其仅称书曰、书云者，或不必尽是《尚书》，或是《逸周书》及《周书六韬》，不便采入。"可见，孙氏可能是接受了陈寿祺的批评，采择逸文比较审慎了。

逸《礼》 《礼经》（《仪礼》）之逸失，在《汉志》中有明确记述。《汉志》录"礼古经五十六卷，经七十篇"（刘敞曰"七十"当作"十七"），其序曰："礼古经者出于鲁淹中及孔氏，学七十篇相似（刘敞曰'学七十'当作'与十七'），多三十九篇。"即《礼经》古文为五十六篇，今文为十七篇（今《仪礼》篇数）。此后，郑玄《六艺论》云："后得孔子壁中古文礼凡五十六篇，其十七篇与高堂生所传同，而字多异，其十七篇外，则逸礼是也。"（《礼记正义·序》引）即古文《礼经》多出今文之三十九篇已经遗散，是为逸《礼》。南宋学者王应麟曾在汉代经传中对逸礼之篇目有所钩沉，曰："逸礼《天子巡狩礼》《朝贡礼》《烝尝礼》《王居明堂礼》《朝事仪》见于三《礼》注①，《学礼》见于贾谊书②，《古大明堂礼》见蔡邕《明堂论》。"（《困学纪闻》卷五）在此基础上，晚近的古文经学家刘师培作《逸礼考》，考索出逸礼篇目十篇（在王氏逸礼考所出篇目外，又出《鲁郊礼》《禘于太庙礼》《奔丧礼》《投壶礼》《军礼》）逸文三十九则，经学中逸《礼》之辑录，于此为最。元代经学家吴澄虽曾截取《小戴记》《大戴记》、郑玄经注成《仪礼逸经》八篇（投壶礼、奔丧礼、公冠礼、诸侯迁庙礼、诸侯衅庙礼、中霤礼、禘于大庙礼、王居明堂礼），附于十七篇之后。但清代礼学家对此评价不高，如邵懿辰认为，"吴氏所辑，皆非当世通行之礼，与十七篇所记不类，且其文辞不古，甚且诞不足信"（《礼经通论·论逸礼三十九篇不足信》）。刘师培则较宽容地认为吴氏将《大戴记》之《迁庙》《衅庙》《公冠》三篇由"记"转"经"，其说"似亦可信也"（《逸礼考》）。

《周礼》（《周官》）之残缺，唐代初年的三位学者有一致说法：一是颜师古注《汉志》"周官经六篇"曰"即今之周官礼也，亡其《冬官》，以《考工记》充之"；一是陆德明《经典释文·叙录》曰"河间献王开献书之路，时有李氏上《周官》五篇，失《事官》一篇，乃购以千金，不得，取《考工记》以补之"；一是贾公彦《周礼正义·序》引马融《周官

---

① 《天子巡狩礼》见《周礼·内宰》注，《朝贡礼》见《仪礼·聘礼》注，《王居明堂礼》见《礼记·月令》《礼器》注，《烝尝礼》见《周礼·射人》注，《朝事仪》见《仪礼·觐礼》注。
② 见《新书·保傅》。

传》曰："孝武帝始除挟书之律，开献书之路，既出于山岩屋壁，复入于秘府，五家之儒莫得见焉。至孝成皇帝，达才通人刘向、子歆校理秘书，始得列序，著于录略，然亡其《冬官》一篇，以《考工记》足之。"① 即《周礼》最大而明显的残缺是《冬官》遗佚。这样，《周礼》的辑逸就集中地被吸收到补缀《冬官》上来了。宋代以来，经学家补缀《冬官》可略分为三种方法或途径，各自的典型代表是：一为南宋俞庭椿《周礼复古编》，认为《周礼》五官所属皆六十，不得有羡，其羡者皆取以补冬官，即割取《周礼》之五官（天、地、春、夏、秋）以补冬官。二为元代吴澄《周礼叙录》，认为以《尚书·周官》考之，冬官司空掌邦土，而杂于地官司徒掌邦教之中，取地官中掌邦土之官，列于司空之后，冬官可谓不亡，即取《周礼》之地官以补冬官。三为清代辛绍业《冬官旁求》，认为经传所载官名非五官所有者甚多，案其职事有合于冬官司空之职者，虽非《周礼》之文，当亦不甚相异。以此补之，则冬官虽亡而自有其不亡者，即取在《周礼》之外经传中出现不相关官名以补冬官（辛氏之书凡补五十三官）。当然，更多的经学家承认《冬官》既亡的事实，而于后人之补缀甚不以为然，以为"移易经文以就己说，此不可为训者也"。②

以上，我们从训诂、诠释、考辨三个方面粗略地考察和论述了经学的基本的核心内容。正是这些内容，构成了儒学历史发展中贯穿始终的稳定的学术基础。每当这些基本的核心内容在理论内涵上发生了变异或增新，儒学的理论形态就要变化，儒学就有了发展。

---

① 此前，晋代杨泉《物理论》说："鲁恭于坏孔子旧宅，得《周官》，阙无《冬官》，汉武购千金而莫有得者，遂以《考工记》备其数"（《太平御览》卷六一九）。
② 皮锡瑞：《经学历史·经学变古时代》。

丙篇

儒学的理论形态

汉代以后，经学构成了传统儒学的基本的学术内容、初始的形态。但是，儒学并不就是经学，经学的内容并不就是儒学的全部内容，经学的历史也涵盖不了儒学的历史。汉代以后，儒学还有另外的更加重要的内容和历史发展，这就是儒学在经学的基础上，吸收儒家经典以外的、异己的理论观念来诠释儒家经典中的固有思想，诠释原始儒学中三个理论层面上的基本观念，不断推演出新的儒学思潮，从而形成了相对独立的具有不同的理论主题、论题和主要理论观念及运思方法的新的理论形态，即出现在我国两汉、魏晋和宋明时期的三个儒学思想体系——天人之学、自然之学和性理之学（理学）。此外，儒学在现代也有其独特的学术内容和尚在形成中的新的理论形态——现代新儒学。

一　天人之学

（一）界定：汉代儒学的理论内容与学脉构成

汉代主体的、正统的儒学思潮可称为"天人之学"，它是在汉武帝以后逐渐确立起来的。这一思潮与汉代极为兴盛的经学思潮和独特的谶纬思潮既有区别又有联系，故需要先加界定。

汉代儒学的理论内容　《汉书》记载，汉武帝即位后，为使自己刘氏汉家政权"传之亡穷，施之罔极"而"欲闻大道之要，至论之极"，故下诏策问①贤良文学之士曰："三代受命，其符安在？灾异之变，何缘而起？性命之情，或夭或寿，或仁或鄙，习闻其号，未烛厥理。伊欲风流而令行，刑轻而奸改，百姓和乐，政事宣昭，何修何饬而膏露降，百谷登，德润四海，泽臻草木，三光全，寒暑平，受天之祐，享鬼神之灵，德泽洋溢，施乎方外，延及群生？"（《汉书》卷五十六《董仲舒传》）显然，汉武帝希望当时的儒家学者能在三代政权迭变、战国纷乱和暴秦灭亡的历史经验基础上，探究出某种最根本的"大道""至论"，揭示社会变迁的根源和征兆，使一代政权能在国泰民安中繁荣昌盛地保持下去。这是汉代那个时代所提出的理论要求。汉代儒学也就是响应着这一理论召唤而发展起来的。从某种意义上说，这一理论要求是任何一个经历了长期的激烈的社会动荡后而产生的政权都会提出的，并且从来也都是以"列君臣父子之礼，序夫妇长幼之别"②为思想核心的儒学所关切的主题。但是，汉代儒学对这一理论主题的解决，与原始儒学相比，却是完全有其新的独立的理论内容和特色的。汉代儒学新的理论内容与特色可以归纳为两点：第一，以经过改造的、增益了许多新内容的战国时代的阴阳五行和八卦思想为构架，纳入当时理性认识（以现代人类的认识能力看，实际上仍然是停留在经验的水平上）所观察到的全部对象，构筑了一个十分周延的，即在一切自然的与社会的事物间皆具有互动联系的有机宇宙系统，这是一种既十分粗糙又十分彻底的有机自然观；第二，在这种有机的宇宙图景中，特别明显地凸现出稳定的、具有必然性或规律性的天人感应结构，汉儒称之为"天人之际"③。汉代儒学努力追究"天人之际"的这一理论特色应该说是十分鲜明的，为学者所共识不疑。但如何指称这一特色，或者说如何称谓汉代儒学，学者们则不尽相同。荀子说"制名以指实"（《荀子·正名》），这里姑且称之为"天人之学"。

汉代儒学的学脉构成　如果把汉代正统的主体的儒学界定为是在有机

---

①　《汉书·武帝纪》："元光元年，五月，诏贤良……于是董仲舒、公孙弘等出焉。"元光元年为汉武帝即位第七年。

②　司马谈《六家要旨》对儒学理论功能之概括语，见《史记·太史公自序》。

③　如董仲舒在《对策》中说"天人相与之际甚可畏也"（《汉书》本传），在《春秋繁露·深察名号》中说"天人之际合而为一，同而通理"。

自然观背景下显现天人感应的天人之学，那么，从现今尚存的汉代文献看，这一汉代儒学思潮的历程，当以前汉武帝前后伏胜《洪范五行传》①、董仲舒《春秋繁露》、翼奉《齐诗》② 为开端，两汉间蔚为壮观的纬书将其推向高峰，后汉章帝时白虎观会议产生的《白虎通义》则是其理论的终结。

本来，在传统的学术观点中，伏胜《五行传》、董仲舒《公羊春秋》说和《齐诗》这些在汉代最早出现的"天人"儒学思潮，都是被归属于汉代经学中的"齐学"一派③，但是，正如我们在下面将看到的，由于这些经解中的基本观念——阴阳与五行的理论内涵，都不再是儒家经典所固有的了，而是援引自先秦道家和阴阳五行家的，其所显现的宇宙图景和天人互动的关系，也都是儒家经典所没有的新的理论创造。正是从这个意义上，齐学应被从严格的经学范围划分出来。然而，齐学理论论证的最终目标仍是指向儒家伦理道德的思想核心——"君臣之礼，长幼之序"，汉儒称之为"王道三纲"④，所以，毫无疑义的，"齐学"仍然是儒学，只是应该将其界定为具有新的理论形态的儒学。

纬书大约是在前汉哀平之际创作和流行的⑤，将纬书中的思想视为汉代"天人"儒学思潮的一个组成部分，一个高峰的阶段，需要将纬书与谶言的界限稍加辨析。《说文》曰"谶，验也，有征验之书，《河洛》所

---

① 《洪范五行传》为今《尚书大传》中之一篇，据郑玄《序》称，《尚书大传》为"伏胜之遗说，其徒张生、欧阳生录之也"。

② "齐诗"始传于汉景时《诗》博士辕固生，亡于曹魏时。其"四始""五际""六情"之遗说，皆见于《汉书·翼奉传》及《诗纬》。

③ 如皮锡瑞《经学历史·经学极盛时代》中说："汉有一种天人之学，而齐学尤盛。《伏传》五行，《齐诗》五际，《公羊春秋》多言灾异，皆齐学也。"传《尚书》之伏胜、创《齐诗》之辕固生、著《公羊春秋》之公羊子皆齐人也（见《史记·儒林列传》《汉书·艺文志》）。

④ 如董仲舒说："君臣、父子、夫妇之义，皆取诸阴阳之道……王道之三纲，可求于天。"（《春秋繁露·基义》）

⑤ 自刘勰以来，历代或有学者认为纬书的制作或源起在汉代以前。但鉴于后汉初之桓谭说"今诸巧慧小才之人增益图书，矫称谶记"（《后汉书·桓谭列传》）；此后，张衡亦说，"刘向父子领校秘书，阅定九流，亦无谶录，成哀之后，乃始闻之……至于王莽篡位，汉世大祸，八十篇何为不戒？则知图谶成于哀平之际也"（《后汉书·张衡列传》）。两位严正的后汉学者，去事未远，其言最为可信，故历代多数学者仍据以认定，谶纬制作兴起于哀平两汉之际。

出书曰谶"（段玉裁《说文解字注》第三篇上），《释名》云"纬，围也。反复围绕以成经"，苏舆补充解释说，"纬之为书，比傅于经，辗转牵合，以成其谊，今所传《易纬》《诗纬》诸书，可得其大概，故云反复围绕以成经"（王先谦《释名疏证补》卷六《释典艺》）。可见，在汉代的当时，就其本来的名义、内容和所归属的典籍，谶与纬的区别还是明显的。谶是隐语，预言吉凶事变，载于《河图》《洛书》，纬是解经，依附"六经"，《汉书》中有"七纬"之称①，并且，从史籍的记载也可看出，谶明显地先于纬而生②。但是，汉代以来，谶纬经常是被作为理论性质完全相同的同一理论形态加以论列的。例如，张衡在论及纬书制作的年代时所说，"至于王莽篡位，汉世大祸，八十篇何为不戒？则知图谶成于哀平之际也"，显然是将谶、纬不作区别的。明清以后方有学者将谶纬加以区分③，其中《四库提要》说得比较明确："儒者多称谶纬，其谶自谶，纬自纬，非一类也。谶者，诡为隐语，预决吉凶；纬者，经之支流，衍及旁义。"（《四库全书总目提要》卷六《易纬》按语）从现今尚存的为明清学者所辑佚的纬书中可以看到，其中确有不少隐喻秦亡汉兴甚至是汉将亡的，可以确定其性质为谶言的内容，例如，《尚书纬·考灵曜》"秦失金镜，鱼目入珠"，宋均注曰"金镜喻明道也。鱼目入珠，言伪乱真也，庄襄王纳不韦之妻生始皇也"（赵在翰辑《七纬》卷十）④，这似乎是预言秦始皇生，秦将亡。《春秋纬·演孔图》"有人卯金刀握金镜"（《七纬》卷二十三），《春秋纬·佐助期》"汉以许昌失天下"（《七纬》卷三十二），显然

---

① 《后汉书·方术·樊英传》"河洛七纬"李贤注"七纬"凡三十五篇：《易纬》六篇，《书纬》五篇，《诗纬》三篇，《礼纬》三篇，《乐纬》三篇，《春秋纬》十三篇，《孝经纬》二篇。另外，《后汉书·张衡传》注引张衡有言："《河洛》五九，《六艺》四九，谓八十一篇也。"《隋书·经籍志》谓："河洛五九，其书出于前汉，《河图》九篇，《洛书》六篇，又别有三十篇，九圣之所增演。"

② 从《史记》的记载中可以看到，在汉代以前谶语已经出现。如赵简子时，扁鹊说，昔秦穆公时，"秦谶于是出矣"（《赵世家》）。秦始皇三十二年，燕人卢生奏图书曰"亡秦者胡"（《秦始皇本纪》）。

③ 如明代胡应麟说"世率以谶纬并论，二书虽相表里而实不同……"（《四部正讹》上）。清代赵在翰说"纬自纬，谶自谶，诡号乱流，邃义悬越"（《七纬》卷三十八《总叙》）。

④ 本书援引纬书皆据清人赵在翰所辑《七纬》。该书比较严谨，每条佚文下均注明出处。故本书于所引纬书文下，但注《七纬》卷数，不再注其原始出处。

是在预言汉之兴、汉之亡。另外，纬书还有与谶言一样充满神秘色彩的诸如符瑞、神话的内容。谶与纬在某些内容上的接近与混杂，确使两者之间有时难以分辨，故自曹魏以来一直同遭禁绝①。但是，一当我们作较深入的考察，也就不难发现，纬书不仅具有比"预言"要广泛的关于天文地理、典章制度、文字训诂多方面的内容，而且在理论特质上也完全不同于谶言。纬书基本的内容都是缘经而起，为解经而发，例如在下面我们将看到，纬书对儒家的基本经典——《诗》《书》《易》《礼》，对伦理道德规范——"三纲六纪"，对儒家所倡导的基本礼制——冠、婚、丧、祭、射、乡饮酒、朝、聘等皆有所训释，显然，这些与谶言是迥然有别的。但由于纬书是用十分独特的儒家经典以外的阴阳五行观念来作诠释的，所以也不是经学，而是新形态的儒学。此外，即使从较纯粹的理论形态上看，纬书也不同于谶言。谶言是一种无论证对象的无逻辑的自显，显示的是孤立的事实；纬书则是有推理、有内在逻辑的对儒家经典的某种论述，不仅有确定性的内容，且构成一种可供考察的思想。从尚存的被辑佚出来的纬书中，随处可以看到的最突出的思想观念，正是在有机自然观背景下显现的天人感应。

　　《白虎通》选择了四十三项②为当时经学争论未决的儒家经典中的典章制度、名物义理，予以界定或诠释。《白虎通》的立论和解说，不仅在思想观念上，就是在语言表述上也多与纬书相同，有二十多次还直接标明所援引的纬书篇名，完全可以说，《白虎通》对当时歧异的经义所作出的

---

① 《隋书》卷三十二《经籍志》谓："至宋大明中，始禁图谶，梁天监已后，又重其制。及高祖受禅禁之逾切；炀帝即位，乃发使四出，搜天下书籍与谶纬相涉者，皆焚之，为吏所纠者至死，自是无复其学，秘府之内，亦多散亡。"又，东汉时谶纬号为"内学"（《后汉书·方术列传·序》"习为内学"，李贤注"内学，谓图谶之书也，其事秘密，故称内"）。《魏志·常林传》注引《魏略》曰"先是科禁内学及兵书"，故学者或以为刘宋之前的曹魏就已禁谶纬。

② 宋《崇文总目》谓："《白虎通德论》十卷，后汉班固撰。章帝建初四年诏诸儒会白虎观讲议五经同异，诏集其事凡四十篇。"宋陈振孙《直斋书录解题》称："《白虎通》十卷……凡四十四门。"宋王应麟《玉海》谓："《隋志》'《白虎通》六卷'，新旧《唐志》卷数皆同。宋《崇文总目》'《白虎通德论》十卷'，《中兴书目》'《白虎通》十卷，凡四十篇'，今本自爵号至嫁娶，凡四十三篇。"本书所谓"四十三项"，是据清代学者卢文弨的《白虎通》校本，自"爵"至"崩薨"凡四十三项。此外，清代学者庄述祖还辑有《白虎通阙文》七项。

训释或裁定，主要的理论根据、理论来源是纬书。《白虎通》也还援引了不少《尚书大传》和董仲舒《公羊春秋》中的观点和语言。当然，与现存的辑佚而成的因而显得十分芜杂散乱的纬书《尚书大传》等相比，《白虎通》比较有条理、精炼和完整，但《白虎通》毕竟在理论上是没有发展或创新的，汉代的"天人"儒学在这里走到了理论的终点。

以下，我们就根据这些典籍对作为一种儒学理论形态的汉代天人之学作总体之考察分析。

（二）基本观念

天人感应是汉代天人儒学思潮的核心思想观念，这一观念是在一种以阴阳五行和八卦为构架的有机自然观的基础上，运用感性经验知识的类推之运思方式而形成的。

1. 有机自然观

汉代儒学的有机自然观，包括两个分别以阴阳五行和八卦为框架而建构的、既有联系亦有区别的宇宙系统，其中阴阳五行的宇宙系统在汉代儒学中更显重要。

阴阳五行的宇宙系统　前面已经论及，作为代表宇宙中两种既相互联系又相互对立的基本性质的"阴阳"观念或范畴，在儒家"五经"——《易》《尚书》《诗》《仪礼》《春秋》中，还没有真正形成①，只是到了战国晚期的《易传》中，才从道家的阴阳二气生万物的思想观念中，上升为具有抽象意义的，但主要还是表示自然界两类对立事物或性质的思想范畴。所谓"乾，阳物也；坤，阴物也。阴阳合德而刚柔有体"（《系辞下》），"立天之道曰阴与阳"（《说卦》）。《尚书·洪范》有关于"五行"的明确表述："五行：一曰水，二曰火，三曰木，四曰金，五曰土。水曰润下，火曰炎上，木曰曲直，金曰从革，土爰稼穑。润下作咸，炎上作苦，曲直作酸，从革作辛，稼穑作甘。"显然，《尚书》的"五行"是指人的生存环境中的五种最基本的自然物质，或如《左传》所说，是为

---

① 《诗经·大雅·公刘》中有"即景乃冈，相其阴阳"，其"阴阳"只是表示向阳与背阴或南与北的具体含义。

"五材"（襄公二十七年）。此外，从"五经"的传记中还可以看出，先秦儒家的"五行"，还指五种伦理关系间的道德行为。这就是《荀子·非十二子》中批评子思、孟子的"案往旧造说，谓之'五行'，其僻违而无类，幽隐而无说，闭约而无解"。这里的"五行"，唐代学者杨倞注为"五常，仁义礼智信是也"。晚近的学者进一步考证，判定思孟学派的"五行"就是《中庸》中的五"达道"——"君臣也，父子也，夫妇也，昆弟也，朋友之交也"，或《孟子》中的五"人伦"——"父子有亲，君臣有义，夫妇有别，长幼有序，朋友有信"（《滕文公上》）①。但作为表征"天"的自然性质之"五材"，与表征属于人的社会性质的"五德"之间能相互沟通，有某种必然的有机联系的观念还没有形成②。将主要是表述、概括自然事物和性质的阴阳、水火木金土五行，注入某种历史政治、道德等人的社会性质的内容，是战国中晚期阴阳家（将阴阳与五行融摄一体之阴阳五行家）的理论创造。这一思潮中的人物多已湮没，其中一个最重要的人物——邹衍，还是被汉代学者记录了下来③，如：

> 邹衍后孟子……乃深观阴阳消息而作迂怪之变，《终始》《大圣》之篇十余万言，其语闳大不经，必先验小物，推而大之，至于无垠，先序今以上至黄帝……称引天地剖判以来，五德转移，各有宜而符应若兹。（《史记·孟子荀卿列传》）

> 邹子有终始五德，从所不胜，土德后木德继之，金德次之，火德继之，水德次之。（《文选·魏都赋》李善注引《七略》）

---

① 参见谭戒甫《思孟"五行"考》（见《古史辨》第五册）。1973年出土的马王堆帛书和1993年出土的郭店竹简中，都有《五行》之篇，据其内容可以确切判定，思孟学派的"五行"是指仁、义、礼、智、圣五种德行。〔见《马王堆汉墓帛书》（一）与《郭店楚墓竹简》〕

② 《尚书·甘誓》"威侮五行，怠弃三正"，其义多有歧解。汉代学者有二说，马融以"五行"为水火金木土，"三正"为建子建丑建寅（《经典释文》引）；郑玄以"五行"为四时盛德所行之政，"三正"为天地人之正道（《史记集解·夏本纪》引）。晚近学者如章炳麟等据《左传》"故有五行之官，是谓五官……木正曰句芒，火正曰祝融，金正曰蓐收，水正曰玄冥，土正曰后土"（昭公二十九年），"六正五吏"（襄公二十五年）等，将"五行""三正"解作官吏（参见蒋善国《尚书综述》第五编第六章）。此以五行（金木水火土）名五官，似但取以称号，并无深义。

③ 《战国策·燕策》《韩非子·饰邪》《列子·汤问》亦记有邹衍事迹，唯极简略。

从汉代学者的记述中可以看出，邹衍阴阳五行的学说，主要是援引当时人们的天文历法等自然方面的经验知识，用类推的方法比附、解释社会政治生活，特别是历史的运动。其中最为清晰的最重要的理论就是认为历代政权的更替变迁，是根源于土木金火水五行性质（五德）的相互制约、相次克制。在阴阳五行学说这里，认为社会生活的一切方面与自然现象之间，或者说天与人之间皆有对应的可相互沟通、感应、制约的思想观念，充分地生长发育起来。邹衍十余万言的"闳大不经"之论已经遗佚，其"深观阴阳消息""五德转移"之说已不得而知。但我们发觉《吕氏春秋》中有一段以"五气"转换为特征的历史变迁的记述：

> 凡帝王者之将兴也，天必先见祥乎下民。黄帝之时，天先见大螾大蝼，黄帝曰："土气胜。"土气胜，故其色尚黄，其事则土。及禹之时，天先见草木秋冬不杀；禹曰："木气胜。"木气胜，故其色尚青，其事则木。及汤之时，天先见金，刃生于水，汤曰："金气胜。"金气胜，故其色尚白，其事则金。及文王之时，天先见火，赤鸟衔丹书集于周社。文王曰："火气胜。"火气胜，故其色尚赤，其事则火。代火者必将水，天且先见水气胜。水气胜，故其色尚黑，其事则水。（《吕氏春秋·有始览·应同》）

这段话完全吻合《史记》和《七略》所记述的邹衍论五德终始。自黄帝以来，"从所不胜""符应若兹"的思想，可能正是邹衍的"五德转移"学说。由此推测，《吕氏春秋》十二纪（十二月令）中以五行为框架建构的一个宇宙系统也可能正是邹衍的"深观阴阳消息"之宏论①。这一宇宙系统的明显特点是在各种自然事物之间，及其与人的社会活动之间，从性质、功能、形态等不同方面确定某种相类或相通的联系，形成某种具有结构性的宇宙整体。这就是有机自然观（见附表1）。《吕氏春秋》十二纪以

---

① 《吕氏春秋》十二纪以五行为框架建构的这个宇宙系统，显然是由《管子》中《四时》《五行》两篇内容整理、充实而成。此种阴阳五行之说正是齐国固有的一种学术思潮，邹衍是齐人，可以认为，他的学说正是在这种思潮的理论土壤中孕育发展起来的。

附表1 《吕氏春秋》十二纪的宇宙系统

五德	季	月	阴阳气数	方	日躔	天干	物候（略举）	虫	音	律	数	色	味	臭	帝	神	祀	祭物	居	行	衣	食	器	政令（略举）
木	春	孟	天气下降，地气上腾	东	营室	甲乙	蛰虫始振，候雁北	鳞	角	太簇	八	青	酸	膻	太皞	句芒	户	脾	左个（青阳）	乘鸾辂驾苍龙载青旂	青衣青玉	麦羊	疏以达	赏赐卿诸侯大夫，布农事，修祭典
木	春	仲	日夜分，雷乃发声	东	奎	甲乙	桃李华，蚕虫始出	鳞	角	夹钟	八	青	酸	膻	太皞	句芒	户	脾	太庙（青阳）					养幼存孤，省囹圄
木	春	季	生气方盛，阳气发泄	东	胃	甲乙	桐始华，虹始见	鳞	角	姑洗	八	青	酸	膻	太皞	句芒	户	脾	右个（青阳）					赐贫穷，修堤坊，开道路
火	夏	孟	阳气继长	南	毕	丙丁	王菩生，蝼蝈鸣	羽	徵	仲吕	七	赤	苦	焦	炎帝	祝融	灶	肺	左个（明堂）	乘朱辂驾赤骝载赤旂	赤衣赤玉	菽鸡	高以觕	劳农劝民，循行县鄙
火	夏	仲	日长至，阴阳争	南	东井	丙丁	螳螂生，半夏生	羽	徵	蕤宾	七	赤	苦	焦	炎帝	祝融	灶	肺	太庙（明堂）					祀山川百原，门闾无闭，市无索
火	夏	季	凉风始		柳	戊己	蟋蟀居宇，腐草化为萤			林钟									右个（明堂）					令渔师伐蛟，虞人入材苇
土				中		戊己		倮	宫	黄钟之宫	五	黄	甘	香	黄帝	后土	中霤	心	太庙太室	乘大辂驾黄骝载黄旂	黄衣黄玉	稷牛	圆以揜	

续表

对应项 五德	时空 季	月（阴阳气数）	日躔	天干	物候（略举）	虫	音	律	数	色	味	臭	帝	神	祀	祭物	居	行	衣	食	器	政令（略举）
金	孟秋	凉风至，天地始肃	翼	庚辛	寒蝉鸣，鹰乃祭鸟	毛	商	夷则	九	白	辛	腥	少暤	蓐收	门	肝	总章 左个	乘戎辂驾白骆载白旂	白衣白玉	麻犬	廉以深	征不义，决狱讼，始收敛，补城郭
	仲秋	日夜分，雷始收声，阳气日衰	角		候雁来，玄鸟归												总章 大庙					申严百刑，修囷仓
	季秋	霜始降，寒气总至	房		菊有黄华，豺则祭兽			无射									总章 右个					申严号令，农民备收，举五种之要
水	孟冬	天气上腾，地气下降	尾	壬癸	雉入水为蜃，虹藏不见	介	羽	应钟	六	黑	咸	朽	颛顼	玄冥	行	肾	玄堂 左个	乘玄辂驾铁骊载玄旂	黑衣玄玉	黍彘	宏以弇	赏死事，恤孤寡，备边塞
	仲冬	日短至，阴阳争	斗		鹖鴠不鸣，虎始交			黄钟									玄堂 大庙					土事无作，筑囹圄
	季冬	数将几终，岁将更始	婺女		雁北乡，鹊始巢			大吕									玄堂 右个					修耒耜，饬国典

五行为框架建构的宇宙系统，在其后的汉代初期出现的《淮南子》和《黄帝内经》中被沿袭下来，并有两点重要扩展：一是五星、二十八宿等天象被纳入了五行框架，一是人的某些生理、心理现象被追溯至五行根源，从而拓宽、加深了阴阳五行宇宙系统内的相互联系（见附表2）。当然也有若干细节变更①。汉代儒学正是在这个已经成熟的有机自然观的理论基础上或观念背景下发展起来的。

附表2　《淮南子》《黄帝内经》对《吕氏春秋》五行宇宙系统的增益

五行＼对应项	天象					人象						
	方	五星	二十八宿	月支		脏	腑	窍	体	志	声	貌
木	东	岁星	角、亢、氐、房、心、尾、箕	孟春	寅	肝	胆	目	筋	怒	呼	苍色，小头，长面，大肩背……
				仲春	卯							
				季春	辰							
火	南	荧惑	东井、舆鬼、柳、七星、张、翼、轸	孟夏	巳	心	小肠	舌	脉	喜	笑	赤色，广䏮，锐面小头，好肩背
				仲夏	午							
土	中	镇星		季夏	未	脾	胃	口	肉	思	歌	黄色，圆面，大头，美肩背……
金	西	太白	奎、娄、胃、昴、毕、觜、参	孟秋	申	肺	大肠	鼻	皮毛	忧	哭	白色，方面，小头，小肩背……
				仲秋	酉							
				季秋	戌							
水	北	辰星	斗、牵牛、须女、虚、危、营室、东壁	孟冬	亥	肾	膀胱	耳	骨	恐	呻	黑色，面不平，大头，廉颐，小肩……
				仲冬	子							
				季冬	丑							

从《洪范五行传》、《春秋繁露》、《齐诗》、《七纬》和《白虎通》中可以看出，汉代儒学自然观的宇宙图景基本上是沿袭了、雷同于《吕氏

---

① 《淮南子》和《黄帝内经》的五行构架对于《吕氏春秋》最为明显的变更有：①在《吕氏春秋》十二纪中，中央土与四时脱节，没有对应季节，《淮南子·时则训》则将季夏月的天象、物候、物性、政事等归属；《内经》更增一"长夏"归属之。②《吕氏春秋》中十二个月之天界以日躔标明，《淮南子·时则训》则以招摇（斗柄）所指表示，且两者观察并不一致。如《吕氏春秋》观察"孟春之月，日在营室"，此当卫之分野，《淮南子·时则训》谓"孟春之月，招摇指寅"，此为燕之分野。③《内经》五行与五脏，对应为：木—肝，火—心，土—脾，金—肺，水—肾（《素问·阴阳应象大论》），与《吕氏春秋》相比，显然有所不同。

春秋》《淮南子》《黄帝内经》中以五行为框架的宇宙系统。换言之，以上所述实际上也正是汉代儒学自然观的基本内容。但深辨之，也有所不同，也有所增益和发展。

其一，宇宙本原观念。《吕氏春秋》《淮南子》深受道家思想影响，把"道"作为生成宇宙万物的最后本原。如《吕氏春秋》说"万物所出，造于太一，化于阴阳"，"道也者，至精也，不可为形，不可为名，强为之，谓之太一"（《大乐》）。《淮南子》也说"道者一立而万物生矣"（《原道训》），"洞同天地，浑沌为朴，未造而成物，谓之太一"（《诠言训》）。可见，《吕氏春秋》和《淮南子》所表述的作为宇宙本原的"道"是万物统一未分、无形至精的母体，是一种实在性的存在。一般说来，在汉代儒学，没有这种具有实在性的宇宙最后根源的观念。汉代儒学中的"万物之本"被称为"元"。董仲舒说：

> 唯圣人能属万物于一而系之元也，终不及本从所来而承之，不能遂其功，是以《春秋》变"一"谓之"元"。元犹原也。其义以随天地终始也……故元者为万物之本，而人之元在焉，安在乎？乃在乎天地之前。（《春秋繁露·重政》）

显然，董仲舒称为"万物之本"的"元"，乃是指万物从时间意义上的开始，故形容之为"原"，而不同于也可以说完全不是《吕氏春秋》《淮南子》中所表述的那种作为万物生成的具有实在性的最后的唯一的根源"道"。自《易传》开始，儒家的自然观就再也没有摆脱掉道家的影响。但是，道家的具有实在性的宇宙根源（不是宇宙或万物最基本的构成要素）或宇宙总体的"道"的观念①，始终没有被儒家接受，这是儒家与道

---

① 《老子》说"道生一……生万物"（第42章）、"道生之"（第51章），可见老子的"道"是具有某种实体性质（并不是实体）的世界最后根源。《庄子》说"道通为一"（《齐物论》）、"道无所不在"（《知北游》），可见庄子的"道"是某种既内蕴于万事万物之中，又包容一切事物和状态的世界总体性实在。在《吕氏春秋》《淮南子》中，《老子》的"道"的实体性质变得更鲜明了。

家自然观上的差别的一个最重要的划界标准①。

其二，宇宙系统内的结构关系。汉代儒学把宇宙系统的全部构成因素归纳为十项，称为"十端"："天地阴阳木火土金水，九，与人而十者，天之数毕也"（《春秋繁露·天地阴阳》），"天有十端……凡十端而毕，天之数也"（《春秋繁露·官制象天》）。在汉代儒学中，这十种构成因素之间，分别结合成三种结构关系和功能。

第一，五行——相生相胜。在《吕氏春秋》中所见到的邹衍的五德终始学说，是一种以五行相胜来表征历史演变的思想观点，换言之，这是认为五行间有一种"相胜"的结构关系。汉代儒学进而提出五行还有"相生"的关系。董仲舒将五行按木火土金水次序，并说"五行比相生而间相胜"（《春秋繁露·五行相生》）。董仲舒解释"五行相生"说："天有五行，木火土金水是也，木生火，火生土，土生金，金生水。水为冬，金为秋，土为季夏，火为夏，木为春。春主生，夏主长，季夏主养，秋主收，冬主藏。藏，冬之所成也。是故父之所生，其子长之，父之所长，其子养之，父之所养，其子成之。诸父所为，其子皆奉承而续行之，不敢不致如父之意，尽为人之道也。故五行者，五行也。由此观之，父授之，子受之，乃天之道也。"（《春秋繁露·五行对》）十分显然，如果说邹衍五行学说是以五行相胜——五种基本自然物质的相互克削的性质，来解释历史上帝王政权变迁的必然性，那么，汉代儒学则是用"五行相生"——五种道德行为来解释"父授子受"的人伦关系的合理性。汉代儒学对"五行"内涵的界定除了"五行者，五行也"之外，就是"五行者，五官也"（《春秋繁露·五行相生》）。汉代儒学的五行"间相胜"就是在这个内涵意义上解释为春官司农（木）、夏官司马（火）、季夏君官司营（土）、秋官司徒（金）、冬官司寇（水）五官失职，则间相制约、诛克。董仲舒说："司农为奸，则命司徒诛其率正矣，故曰金胜木。……司马为谗，执法诛之，执法者

---

① 《易传·系辞》中的"太极"和《春秋》中的"元"等儒家经典中具有"最后根源"内涵的范畴，汉代时在道家思想影响下，曾被经学家作实体性的解释。如郑玄训释"太极"为"淳和未分之气也"（王应麟《周易郑注》卷七），何休训释"元"曰"变一为元，元者，气也。无形以起，有形以分，造起天地，天地之始也"（《公羊解诂·隐公元年》），但经典本身是看不出这种含义的。

水也，故曰水胜火。……司营陷主子不义，其民叛，其君穷，故曰木胜土。……司徒为贼，则司马诛之，故曰火胜金。……司寇为乱，则司营诛之，故曰土胜水。"（《春秋繁露·五行相胜》）此外，汉代儒学还援用人的社会生活经验来界定、说明"五行相胜"："五行之所以相害者，大地之性。众胜寡，故水胜火也；精胜坚，故火胜金；刚胜柔，故金胜木；专胜散，故木胜土；实胜虚，故土胜水也。"（《白虎通》卷三《五行》）显然，这些与邹衍"五德终始"的"五行相胜"之义也是不同的。在五行框架内填充进伦理道德和社会政治的内容，是汉代儒学五行相生相胜思想的特色。

汉代儒学五行思想的这一特色，还直接表现为汉代儒家学者在五行与"五常"（仁义礼智信）①及五行与"五事"（貌言视听思）②五刑③之间确定了对应的结构关系。如董仲舒说："东方者木尚仁……南方者火尚智……中央者土尚信……西方者金尚义……北方者水尚礼。"（《春秋繁露·五行相生》）翼奉《五性》说："肝性静，静行仁；心性躁，躁行礼；脾性力，力行信；肺性坚，坚行义；肾性智，智行敬。"（《汉书》卷七十五《翼奉传》晋灼注引）如前所述，在汉代儒学的宇宙系统中，与肝心脾肺肾五脏分别对应的五行是木火土金水。可见，董、翼两家所确定的五行与五常的对应关系有所不同，其诠释的角度亦有不同，董仲舒似以五官的职责为解，翼奉则以五脏性能为解。见于纬书④中的对应关系亦因诠释的角

---

① "五常"一词最早由董仲舒明确提出，他在《天人对策》中说"夫仁义礼知信五常之道，王者所当修饬也"（《汉书》卷五十六《董仲舒传》）。它是由《中庸》中的五"达道"和《孟子》中的五"人伦"演变而来。在汉代，"五常"或称为"五性"，如《白虎通》说："五性者何谓？仁义礼智信也……人生而应八卦之体，得五气以为常，仁义礼智信是也。"（卷八《情性》）

② 《尚书·洪范》"敬用五事……一曰貌，二曰言，三曰视，四曰听，五曰思"，《洪范五行传》谓"貌不恭厥罚常雨，言不乂厥罚常阳，视不明厥罚常奥，听不聪厥罚常寒，思不睿厥罚常风"，并分别归之为"沴木""沴金""沴火""沴水""沴土"。

③ 《白虎通》说："刑所以五何？法五行也。大辟法水之灭火，宫者法土之壅水，膑者法金之刻木，劓者法木之穿土，墨者法火之胜金。"（卷四《五刑》）

④ 如《易纬·乾凿度》曰："运五行，先水，次木生火，次土及金。木仁火礼土信水智金义。"（赵在翰《七纬》卷一）《乐纬·稽耀嘉》曰："君臣之义生于金，父子之仁生于木，兄弟之叙生于火，夫妇之别生于水，朋友之信生于土。"（《七纬》卷二十一）《孝经说》曰："木性则仁，金性则义，火性则礼，水性则信，土性则知。"（《礼记正义·王制》疏引）此外，还有下面将论及的《易纬·乾凿度》从八卦的角度所确定的五行与五常对应关系。

度不同而略有不同，但在天人之间，即在五行与人之德性、行为之间确定某种结构性联系的理论立场则是相同的。兹列表如下：

五行 \ 汉儒各家 \ 对应项	五常					五事	五刑
	董仲舒	翼奉	《易纬·乾凿度》	《乐纬·稽耀嘉》	《孝经说》	《尚书大传·洪范五行传》	《白虎通·五刑》
木	仁	仁	仁	仁	仁	貌	剕
火	智	礼	礼	序	礼	视	墨
土	信	信	信	信	智	思	宫
金	义	义	义	义	义	言	膑
水	礼	智	智	别	信	听	大辟

第二，阴阳——尊卑、德刑、方位。在道家思想中，阴、阳是指两种最基本的"气"，"阴阳者，气之大者也"（《庄子·则阳》）。《易传》中的阴阳有了理论上的升华，抽象为泛指任何两种对立的现象，所谓"一阴一阳之谓道"（《系辞上》）。在汉代儒学中，阴阳的这些观念内涵被保留、承袭下来了，同时又增加了新的具体的内涵。阴阳作为两种气，在汉代儒学获得了属于空间结构的方位的规定性。"阳气始出东北而南行，就其位也，西转而北行，藏其休也。阴气始出东南而北行，亦就其位也，西转而南入，屏其优也。是故阳以南方为位，以北方为休；阴以北方为位，以南方为休。"（《春秋繁露·阴阳经》）阴阳作为两种对立现象的表征，汉代儒学赋予了尊与卑、德与刑等具有政治伦理性质的具体内涵。如董仲舒说："物随阳而出入，数随阳而终始，三王之正随阳而更起①，以此见之，贵阳而贱阴也。"（《春秋繁露·阳尊阴卑》）董仲舒又说："阳气暖而阴气寒，阳气予而阴气夺，阳气仁而阴气戾，阳气宽而阴气急，阳气爱而阴气恶，阳气生而阴气杀……故曰阳，天之德；阴，天之刑也。"（同上②）同样，在先秦已形成的阴阳观念中增益进方位的空间观念内涵和政

---

① 董仲舒在下此断语前论证说"阳始出，物亦始出；阳方盛，物亦方盛；阳初衰，物亦初衰"，故"物随阳而出入"。又说"十者，天数之所止也……阳气以正月始出于地，生育长养于上，而积十月"，故"数随阳而终始，三王之正随阳而更起"。

② 此据凌曙注本，卢文弨校本在《王道通三》篇。

治、伦理含义，正是汉代儒学的一种理论创造。

第三，天地人——三本一体。汉代儒学中构成宇宙系统的还有三个因素：天、地、人。汉代儒学认为这三个因素是"万物之本"，故为"三本"，而这"三本"虽各具功能，但又不可分离，不可或缺。董仲舒说："夫为国，其化莫大于崇本……何谓本？曰：天地人，万物之本也。天生之，地养之，人成之。天生之以孝悌，地养之以衣食，人成之以礼乐，三者为手足，合以成体，不可一无也。无孝悌则亡其所以生，无衣食则亡其所以养，无礼乐则亡其所以成也。……明主贤君必于其信，故肃慎三本。"（《春秋繁露·立元神》）如前所述，天地人或"天道""地道""人道"在《易传》中被称为"三材"（《系辞下》），内涵分别被确定为"天之道曰阴与阳""地之道曰刚与柔""人之道曰仁与义"（《说卦》）。显然，虽然受到道家思想影响，但本质上仍是儒家观念的《易传》是从自然之元初、万物之性质、人性之根本等不同的、似乎是各自独立的方面来界定天地人的。汉代儒学与此不同。它是把天地人作为构成一个人所必需的或一个人所具有的三个方面来加以界定的，即认为人的本性禀赋是来自"天"，人的生命的维持是依靠"地"，人赖以和物相区别的礼乐典章是"人"。也很显然，在儒家看来，对于一个人来说，这三者当然是"合以成体，不可一无也"。

由以上所论可以得出结论，汉代儒学与《吕氏春秋》《淮南子》相比，其以阴阳五行为框架的宇宙系统的特色，使系统的构成因素之间结构关系更紧密了，在这种结构关系内又增添了伦理道德的内容。

八卦的宇宙系统　汉代儒学的有机自然观中还有一个比五行宇宙系统要简略的以八卦为框架的宇宙系统，其主要是在《易传》所确定的八卦空间结构（方位）内，填入时令等内容，并给予万物发生过程一个更细致的描述。《洪范五行传》说："孟春之月孛祀于艮隅，仲春之月孛祀于震正，季春之月孛祀于巽隅。孟夏之月孛祀于巽隅，仲夏之月孛祀于离正，季夏之月孛祀于坤隅。孟秋之月孛祀于坤隅，仲秋之月孛祀于兑正，季秋之月孛祀于乾隅。孟冬之月孛祀于乾隅，仲冬之月孛祀于坎正，季冬之月孛祀于艮隅。"这是以震离兑坎为东南西北"四正"，各主一个月；以巽坤乾艮为东南、西南、西北、东北"四隅"，各主两个月。显然，这个八卦的时空框架，其八卦方位是沿袭《易传》的①，而时令的排列则是汉儒增入的。《易纬·乾凿度》有一段关于这个宇宙系统更完整的叙述：

> 震生物于东方，位在二月。巽散之于东南，位在四月。离长之于南方，位在五月。坤养之于西南方，位在六月。兑收之于西方，位在八月。乾剥之于西北方，位在十月。坎藏之于北方，位在十一月。艮终始之于东北方，位在十二月。艮渐正月，巽渐三月，坤渐七月，乾渐九月，而各以卦之所言为月也……乾坤，阴阳之主也，阳始于亥，形于丑，乾位在西北，阳祖微据始也。阴始于巳，形于未，据正立位，故坤位在西南，阴之正也。君道倡始，臣道终正，是以乾位在亥，坤位在未，所以明阴阳之职，定君臣之位也……万物始出于震，震，东方之卦也。阳气始生，受形之道也，故东方为仁。成于离，离，南方之卦也，阳得正于上，阴得正于下，尊卑之象，定礼之序也，故南方为礼。入于兑，兑，西方之卦也。阴用事而万物得其宜，义之理也，故西方为义。渐于坎，坎，北方之卦也，阴气形盛，阳气含闭，信之类也，故北方为信。夫四方之义，皆统于中央，故乾坤艮巽，位在四维，中央所以绳四方行也，智之决也，故中央为智。故道兴于仁，立于礼，理于义，定于信，成于智。五者，道德之分，天人之际也，圣人所以通天意理人伦，而明至道也。（《七纬》卷二）

为了清晰起见，《乾凿度》所描述的八卦宇宙系统，可以用图形表示如下②（见下页）。不难看出，这个八卦宇宙系统与前面所述五行宇宙系统有两点显然的不同。（1）五行与五常对应关系有所差异，此系统是土—智、水—信，而彼系统是土—信、水—礼（或智）；并且此种对应结构在这里是从阴阳消长的角度来予以诠释，而不同于董仲舒、翼奉作出解释的那种理论角度。（2）阴阳之运行，在五行系统中，以四时之方位为准，

---

① 《易传·说卦》中明确说"震，东方""离，南方""坎，北方""巽，东南""乾，西北""艮，东北"。唯兑与坤未明确指定方位，但说"兑正秋"，故可推知兑为西方，亦可推知坤为西南。

② 此图式援用朱伯崑《易学哲学史》所绘。

判定阳气位在南方而始出东北，阴气位在北方而始出东南；在此系统则以乾坤两卦方位为准，判定阳气始于西北而成于东北，阴气始于东南而成于西南；阳气以开始为位（西北），阴气以成形为位（西南），以象"君始臣终"。可见，两系统阴阳运行的观点及其诠释的理论角度都是迥然有别的。

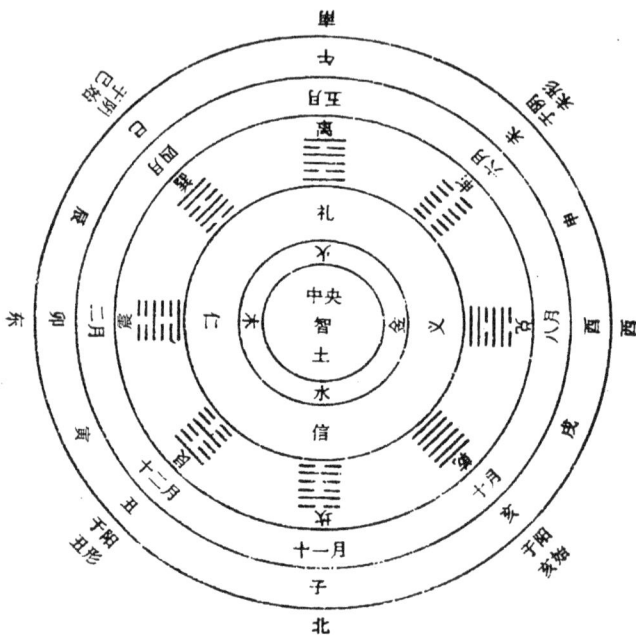

在八卦宇宙系统中，与八卦有对应结构关系的有八节、八风、八音等：

> 坎主冬至，乐用管……艮主立春，乐用埙……震主春分，乐用鼓……巽主立夏，乐用笙……离主夏至，乐用弦……坤主立秋，乐用磬……兑主秋分，乐用钟……乾主立冬，乐用枳围。（《七纬》卷二十二《乐纬·叶图征》）
>
> 艮为条风，震为明庶风，巽为清明风，离为景风，坤为凉风，兑为阊阖风，乾为不周风，坎为广莫风。（《七纬》卷二十九《春秋纬·考异邮》）

"八风"最早见于《吕氏春秋·有始》，谓八方之风："东北曰炎风，东方曰滔风，东南曰熏风，南方曰巨风，西南曰凄风，西方曰飂风，西北曰厉风，北方曰寒风。"《淮南子》中"八风"有两义：一是谓八方之风，略同《吕氏春秋》（见《地形训》）；一是谓八节之风，即四十五日一风（见《天文训》）。《淮南子·天文训》还出现了二十四节气，十分显然，《春秋纬·考异邮》所述"八风"，《乐纬·叶图征》所述"八节"，是沿袭自《淮南子》，但将其与八卦对应，则是汉代儒学的新创造。《周礼·春官·大师》"播之以八音：金、石、土、革、丝、木、匏、竹"，郑玄注："金，钟铸也；石，磬也；土，埙也；革，鼓鼗也；丝，琴瑟也；木，柷敔也；匏，笙也；竹，管箫也。"《白虎通》谓："《乐记》曰：'土曰埙，竹曰管，皮曰鼓，匏曰笙，丝曰弦，石曰磬，金曰钟，木曰柷敔'①，法《易》八卦也，万物之数也，八音万物之声也。"（卷一《五声八音》）可见，"八音"是儒家经典所固有，将其与八卦对应，亦是汉代儒学的创造。

应该说，八风、八音在这里具有周延的物候、物性的性质，八卦的宇宙系统所包容的也是一个完整的世界。兹将这一系统列表如下：

八卦＼对应项			八节	八风	八音	
					乐器	乐音
坎	水	北	冬至	广莫风	管	竹
艮	山	东北	立春	条风	埙	土
震	雷	东	春分	明庶风	鼓	革
巽	风	东南	立夏	清明风	笙	匏
离	火	南	夏至	景风	弦	丝
坤	地	西南	立秋	凉风	磬	石
兑	泽	西	秋分	阊阖风	钟	金
乾	天	西北	立冬	不周风	柷圉	木
〔注〕所出之汉代儒学文献			《乐纬·叶图征》	《春秋纬·考异邮》	《乐纬·叶图征》《白虎通·五声八音》	

---

① 陈立《白虎通疏证》："今《乐记》无此文。《艺文志》'刘向校书，得《乐记》二十三篇，著于《别录》'。今《乐记》所断取十一篇，余有十二篇，其名犹在，则此《乐记》之文，或出于十二佚篇中也。《礼》疏引《别录》佚文，中有《乐器》第十三，其《乐器》篇文欤？"（《白虎通疏证》卷三）

汉代儒学的八卦宇宙系统中，还有一个对万物发生过程或阶段的细致的描述。董仲舒说："天地之气，合而为一，分为阴阳，判为四时，列为五行。"（《春秋繁露·五行相生》）《易纬·乾凿度》说："易始于太极，太极分而为二，故生天地；天地有春秋冬夏之节，故生四时；四时各有阴阳刚柔之分，故生八卦。八卦成列，天地之道立，雷风水火山泽之象定矣。"这是汉代儒学分别在五行宇宙系统和八卦宇宙系统中对万物发生过程的描述。这些与《吕氏春秋》和《淮南子》中所表述的道家观点基本相同①，有一点区别是，汉代儒学的八卦系统中对万物由气发生的前过程（"前气过程"）描述得要比道家细致。《淮南子·天文训》中描述天地万物的发生过程是："天地未形，冯冯翼翼，洞洞灟灟，故曰太昭。道始于虚霩，虚霩生宇宙，宇宙生气，气有涯根。清阳者，薄靡而为天，重浊者，凝滞而为地……天地之袭精为阴阳，阴阳之专精为四时，四时之散精为万物。"汉代儒学的八卦系统把这个过程描述得要更细致和清晰：

> 有太易，有太初，有太始，有太素。太易者未见气，太初者气之始，太始者形之始，太素者质之始。气形质具而未相离，故曰浑沦……形变之始，清轻上为天，浊重下为地。（《易·乾凿度》）

这是认为天地生成以前经历了四个阶段。《孝经·钩命诀》则划分为五个阶段，并称之为"五运"：

> 天地未分之前，有太易，有太初，有太始，有太素，有太极，是为五运。形象未分谓之太易，元气始萌谓之太初，气形之端谓之太始，形变有质谓之太素，质形已具谓之太极，五气渐变谓之五运。

这里似乎表现了儒学努力要在自然观中做出自己的不同于道家的理论创造，这也是全部儒学中对万物发生过程或阶段最为细致的描述。

---

① 如《吕氏春秋·大乐》说："太一出两仪，两仪出阴阳，阴阳变化，一上一下，合而成章。"《淮南子·天文训》说："道始于一，一而不生，故分而为阴阳，阴阳合而万物生。"

2. 天人感应

在有机自然观基础上，汉代儒学凝成的一个最主要的思想观念就是天人感应。这是汉代最发达、最活跃的思想观念。这一思想基本的含义是天人相通，人的善与恶的不同行为，会得到来自天的祥瑞和灾异的不同反应；天的某种兆象，预示着、对应着人世的某种事态的发生与结局。追溯起来，天人感应的观念最早应该是产生于殷周之际政治权力变迁时周人的道德觉醒中，《周书》中把这一观念表述得十分清楚。周人认为，自己的胜利，是因为文王能"明德慎罚"，所以"帝休，天乃大命文王，殪戎殷，诞受厥命越厥邦厥民"（《康诰》），而夏殷之灭亡，只是由于"不敬厥德，乃早坠厥命"（《召诰》）。可以说，这种最早的天人感应观念是由宗教的和道德的两重观念的叠加合成。如前所述，殷周之际的观念变迁，且即在殷人的宗教观念中萌发的周人的道德觉醒，是儒家思想最重要的观念渊源，所以也可以说天人感应亦是儒家所固有的思想。但是在先秦原始儒学中，天人感应观念并没有充分发展起来，这是因为构成最初的天人感应思想所内含的宗教的和道德的两个观念因素，在先秦原始儒学中处于不均衡甚至可以说是不协调的状态。一般说来，原始儒学的宗教观念是比较淡薄的，而道德观念却是强烈浓厚的。"修身以事天""行法以俟命"，原始儒学努力于、专一于道德的践履，而不去深究、窥测"天"会做何种反应，"命"将如何结果。换言之，没有与道德观念相适应的宗教观念的发展，缺乏更宽广的理论基础，是天人感应观念在原始儒学中没有进一步发展的原因。

后面我们将论及汉代儒学如何对儒学三个理论层面上基本命题给出自己的新的解释，从中我们可以看出汉代儒学的宗教观念和道德观念与原始儒学相比，并没有重要的发展。但是汉代儒学的天人感应观念无疑是充分发展起来，成为汉代最发达的具有时代精神特征的思想观念，其一个主要的原因是汉代的天人感应思想获得了一个新的、在当时的科学水平上可以是坚实的观念基础——有机自然观。这个自然观的特质，是在以五行为框架和以八卦为框架建构的宇宙系统中，全部的自然事物（天）和社会事物（人）之间都有一种对应的结构联系。汉代天人感应观念正是从这种自然观中，从这种宇宙系统中形成其理论的逻辑必然性和许多具体内容。

汉儒描述的天人感应　汉代儒学文献中，特别是在纬书中所论及的天人感应十分繁多，但无条绪。若归纳言之，其可以分为两个方面。一是人（君王）的作为引起天——阴阳、五行、八卦的反应，例如：

> 王者，人之始也。王正则元气和顺，风雨时，景星见，黄龙下；王不正则上变天，贼气并见。（《春秋繁露·王道》）

> 田猎不宿……则木不曲直；弃法律，逐功臣……则火不炎上；治宫室，饰台榭……则稼穑不成；好攻战，轻百姓……则金不从革；简宗庙，不祷祠……则水不润下。（《洪范五行传》）

> 不顺天地，君臣职废，则乾坤应变，天为不放，地为不化；终而不改，则地动而五谷伤死，上及君位。不敬宗庙社稷，则震巽应变，飘风发屋折木，水浮梁，雷电杀人。入山泽不顺时气，失山泽之礼，则艮兑不应变，期云不出，则山崩，恩泽不下，灾则泽涸。夫妇无别，大臣不良，则四时易，政令不行，白黑不别，愚智同位，则日月无光，精见五色，此离坎之应也，皆八卦之效也。故曰八卦变象皆在于己。（《七纬》卷六《易纬·通卦验》）

二是天的迹象（日月星辰、风雨寒温）预兆或直接带来人世的某种事件发生。董仲舒在《春秋繁露·五行变救》中，系统、集中地论述了五行发生变态所预示或会导致的世态弊端，是这一观点的最为典型的例证。他说：

> 木有变，春凋秋荣，秋木冰，春多雨，此徭役众，赋敛重，百姓贫穷叛去，道多饥人……火有变，冬温夏寒，此王者不明，善者不赏，恶者不绌，不肖在位，贤者伏匿，则寒暑失序，而民疾疫……土有变，大风至，五谷伤，此不信仁贤，不敬父兄，淫佚无度，宫室荣……金有变，毕昴为回，三覆有武，多兵，多盗贼，此弃义贪财，轻民命，重货币，百姓趣利，多奸轨……水有变，冬湿多雾，春夏雨雹，此法令缓，刑罚不行……

此外，日月星象预兆人间变故的观点则多见于纬书中，例如：

> 月食则籴贵，臣下不忠；日食则害命，王道倾侧。故月食则正臣下之行，日食则正人主之道。（《七纬》卷六《易·通卦验》）
>
> 五星有入轸者，皆为兵大起。（《七纬》卷三十二《春秋·佐助期》）

由以上引述可见，汉代的天人感应观念笼罩了社会生活的一切方面，人世的一切现象，人的一切行为所引起的后果，皆可以从天人感应中得到解释。

汉儒之理论解释　汉代儒学所表述的这些天人之间的相互感应，现在看来，似乎都是荒诞的，但是，在当时的社会生活和科学经验的知识背景中都是可以找到根据的，换言之，是有其理论的内在逻辑的。例如，《洪范五行传》何以以"田猎不宿""弃法律""治宫室""好攻战""简宗庙"五类行为为人君之引起五行变态的不正当行为？最早，刘向在《五行传说》中给予解释说："木，东方也。于《易》地之上木为《观》①，其于王事，威仪容貌亦可观者也。""……火，南方，扬光辉为明者，其于王者，南面乡明而治，……土，中央，生万物者，其于王者，为内事……金，西方，万物既成，杀气之始也。其于王事，出军行师……水，北方；终臧万物者也。其于人道，命终而形臧，精神放越，圣人为之宗庙以收魂气，春秋祭祀，以终孝道。"（《汉书》卷二十七《五行志》第七上）可见刘向是以四时运行结合人（君王）的立政行事来解释《五行传》中的这个最重要的天人感应立论的。后来，郑玄在《五行传注》中另作解释曰："角主天兵，《周礼》'四时习兵，因以田猎'……东井，主法令也，功臣制法律者也……参伐为武府，攻战之象……虚危为宗庙……"

---

① 颜师古注："坤下巽上，观、巽为木，故云地上之木也。"汉代学者论及五行配八卦时有二说：其一为本《说卦》中的取象取义说，以乾金，坤土，震木，巽木，坎水，离火，艮土，兑金，如京房"五行交位"即采此说，此为经学；其二本《易纬》的八卦方位说，以震离兑坎为四正，分处东南西北四方配仁礼义信，中央为土，不配卦，但维系四维乾坤艮巽，故配智。此不是经学，但是儒学。

从郑玄此注中可以看出，这里对五类行为（共二十三项）的分类则是以二十八宿在天际东南西北四方分布的天文知识为依据的（中央土无对应星宿，故未论）。五星入轸预兆兵起的天人感应观点，也可以在当时的天文知识背景中找到逻辑的思路。《石氏星经》称"轸四星居中，又有二星为左右辖，车之象也"（《开元占经》卷六十三）。《史记索引·天官书》援引宋均云"轸与巽为同位，为风，车动行疾似之也。五星主行使，使动，兵车亦动也"，即是说，二十八宿中之轸宿六星，形为车之象，位居东南，与巽同位，为风，车动行疾，兵起之象。在天人感应的观点看来，五星侵入轸宿就是战争之兆了。总之，天人感应的逻辑推论的思路，潜藏在当时的经验科学知识和道德原则中。

当然，汉代儒学各家解释天人感应现象时因所运用的理论逻辑并不一致而有所不同。例如在《春秋纬·感精符》中所确定的发生在天际二十八宿的不同位置上的日食引起的人世感应和《春秋纬·潜潭巴》中所确定的发生在六十个干支日不同时间内的日食引起的人世感应，其逻辑就很特殊，基本上不能吻合或不同于《汉书·五行志》中所记述的由董仲舒、刘向作出解释的从《春秋·隐公三年》到汉平帝元始元年间的八十九次日食①。此外，在汉代儒学史文献中也有些天人感应现象只是个别事例的记述，而不存在逻辑推理过程，如"桀无道，夏出霜"（《七纬》卷十二《尚书·帝命验》），"鲁室履亩而税，贪恣太过则贯穿蝼生"（《七纬》卷三十一《春秋·汉含孳》）。还多有神异的不可逻辑地解释的内容，如"王者德洽于地，则朱草生，食之令人不老"（《七纬》卷二十七《春秋·感精符》），"王者刑杀当辜，赏赐当功，得礼之宜，则醴泉出于阙庭"（《七纬》卷十八《礼·稽命征》），"德至鸟兽则狐九尾"（《七纬》卷三十六《孝经·援神契》）。所以，如果具体地一一考察汉代儒学所描述的天人感应现象，其逻辑思路也还是有比较复杂的多种情况。但是，有两个

---

① 例如，《汉书·五行志》解释《春秋》中记载的第一次日食（隐公三年二月己巳）是"黑臣弑从中成之形也，后卫州吁弑君而立"。《潜潭巴》则说"己巳日食，地动火灾数降"（《七纬》卷三十四）。庄公二十六年十二月癸亥日食，其时太阳位在心宿，《汉书·五行志》说"董仲舒以为宿在心，心为明堂，文武之道废，中国不绝若线之象也"。《感精符》的逻辑则判定"日在心而食，兵丧并起"（《七纬》卷二十七）。

基本的理论观念却是共同的、必须具有的。第一，"天有意志"之目的论观念。形成天人感应的一个必要的前提是天必须有某种意志，能对人世的状态做出反应。汉代儒学正是这样认为的，董仲舒、翼奉都有明确的表述：

> 天高其位而下其施，藏其形而见其光。高其位所以为尊也，下其施所以为仁也，藏其形所以为神，见其光所以为明，故位尊而施仁，藏神而见光者，天之行也。（《春秋繁露·离合根》）
>
> 灾者，天之谴也，异者，天之威也。谴之而不知，乃畏之以威。凡灾异之本，尽生于国家之失。国家之失，乃始萌芽，而天出灾异以谴告之；谴告之而不知变，乃见怪异以惊骇之；惊骇之尚不知畏恐，其殃咎乃至，以此见天意之仁而不欲害人也。（《春秋繁露·必仁且智》）
>
> 凡风者，天之号令，所以谴告人也。（《后汉书》卷十六《邓寇列传》注引翼奉语）

具有人格特质的"天"的观念，是殷周宗教思想中的一个基本的观念。在先秦原始儒学中，由于当时在宗教观念中的人的道德觉醒，是一种新的思潮而十分显耀，使这一传统观念相对地处于不太活跃的状态。在汉代儒学中，在被天人感应观念笼罩着的思想舞台上，这一传统的人格"天"的观念，又被招引到前台上，成为一个主导的不可或缺的思想观念。当然，汉代儒学天人感应观念中的人格性"天"的观念，与殷周宗教观念中的人格"天"有所不同，虽然董仲舒亦曾说过"天者，百神之君也，王者之所最尊也"（《春秋繁露·郊义》），但经过原始儒学道德观念和理性的洗礼，汉代儒学的人格性"天"，似乎不再是肆意决定人间一切的主宰者、创造者，而只是一个以灾异或瑞兆与人类行为互应的自然实在。换言之，它不能被视为是对殷周宗教观念的具有越超性的"天"之继承与发展，而应被理解为是在有机自然观背景下，对原始儒学自然性之"天"的拟人的经验解释，它既不是超验的，也不是超越的。第二，"物类相召"之机械论观念。支撑汉代儒学天人感应观念的另一个基本理论观点是认为物皆同类相召、同类相动。董仲舒说：

百物去其所与异而从其所与同，故气同则会，声比则应，其验皦皦然也。试调琴瑟而错之，鼓其宫则他宫应之，鼓其商而他商应之……美事召美类，恶事召恶类，类之相应而起也……帝王之将兴也，其美祥亦先见；其将亡也，妖孽亦先见，物固以类相召也。（《春秋繁露·同类相动》）

《庄子》中有言"鼓宫宫动，鼓角角动"（《徐无鬼》），"同类相从，同类相应，固天之理也"（《渔父》）。可见，物之同类相召相应是先秦道家已经认识了的一种机械的物理现象。汉代儒学在这个观点上的重要发展，是引进、援用"气"的观念将"天"与"人"，或者说自然与人世结成为"同类"。董仲舒说：

天有阴阳，人亦有阴阳，天地之阴气起，而人之阴气应之而起，人之阴气起，而天地之阴气亦宜应之而起，其道一也。（《春秋繁露·同类相动》）

这样，汉代儒学中的天人感应不但可以从"天有意志"的目的论中得到解释，也可以用"同类相应"的机械论来予以解释。例如：

人气内逆则感动天地，天变见于星辰日食，地变见于奇物震动。（《汉书》卷七十五《翼奉传》）

行有点缺，气逆干天，情感变出，以戒人也。（《七纬》卷三十六《孝经·援神契》）

天下太平，符瑞所以来至者，以为王者承天统理，调和阴阳，阴阳和，万物序，休气充塞，故符瑞并臻，皆应德而至。（《白虎通》卷五《封禅》）

在有机自然观的背景下和天有意志、物类相召这两个基本理论观念的基础上，汉代儒学的天人感应思想得到了充分的发育生长。

3. 思维方式

类比推理　以上我们考察了汉代儒学基本思想内容的特质或特色，即在有机自然观的背景下突现的天人感应观念。现在需要进一步考察的是，汉代儒学思维方式的特质是怎样的，即在当时的生活经验和科学知识的基础上，汉代儒学通过怎样的运思过程，建构了那种以五行、八卦为框架的、一切自然事物和社会现象之间皆有某种对应的结构联系的宇宙系统，并进而形成天与人相互感应的观念。汉代儒学的思维特色可以说是在自然事物与社会现象之间，或者说在天与人之间广泛地运用了类比推理，例如：

> 天地之符，阴阳之副，常设于身。身犹天也，数与之相参，故命与之相连也。天以终岁之数成人之身，故小节三百六十六，副日数也；大节十二，分副月数也。内有五脏，副五行数也。外有四肢，副四时数也。乍视乍暝，副昼夜也。乍刚乍柔，副冬夏也。乍哀乍乐，副阴阳也。心有计虑，副度数也，行有伦理，副天地也……于其可数也副数，不可数者副类，皆当同而副天，一也。（《春秋繁露·人副天数》）
>
> 天两有阴阳之施，身亦两有贪仁之性。（《春秋繁露·深察名号》）
>
> 天亦有喜怒之气、哀乐之心，与人相副，以类合之，天人一也。春，喜气也，故生；秋，怒气也，故杀；夏，乐气也，故养；冬，哀气也，故藏。四者，天人同有之。（《春秋繁露·阴阳义》）
>
> 人头圆法天，足方法地，五脏象五行，四支法四时，九窍法九州，两目法日月，肝仁、肺义、脾信、心礼、胆断、肾智，膀胱决难，发象星辰，节象岁月，肠法纬经。（《七纬》卷三十六《孝经·援神契》）

显然，这基本上是以人的生理心理结构，在当时已确定的道德规范和已认识的自然现象间进行类比推理。汉代儒学还在这些自然现象与当时的社会政治生活之间进行类比推理，如董仲舒说：

> 人之身有四肢，每肢三节，三四十二，十二节相持而形体立矣。

天有四时，每一时有三月，三四十二，十二月相受而岁数终矣。官有四选①，每一选有三人，三四十二，十二臣相参而事治行矣。以此见天之数、人之形、官之制，相参相得也。（《春秋繁露·官制象天》）

天地之数不能独以寒暑成岁，必有春夏秋冬；圣人之道，不能独以威势成政，必有教化。（《春秋繁露·为人者天》）

汉代儒学类比推理的运思方法，不仅在逻辑上十分顺利构筑了和论证了以上所述的有机自然观和"天"的人格性质，而且在理论观念上使汉代儒学中的自然和社会这两类事物或现象都获得了新的哲学内涵。

其一，自然现象具有社会伦理性质属性。如董仲舒解说阴阳四时说："天道之常，一阴一阳，阳者，天之德也，阴者，天之刑也。"（《春秋繁露·阴阳义》）"春者天之和，夏者天之德，秋者天之平，冬者天之威。"（《春秋繁露·威德所生》）纬书训释天地、五音说："天之为言颠也，居高理下，为人经纬……地之为言媲也，承天行其义也，居下为信，道之经也。"（《七纬》卷三十五《春秋·说题辞》）"宫为君，君当宽大容众，故其声宏以舒；商为臣，臣当发明君之号令，其声散以明；角为民，民者当约俭不奢僭差，故其声防以约；征为事，事者君子之功，既当急就之，其事勿久流亡，故其声贬以疾；羽为物，物者不齐委聚，故其声散以虚。"（《七纬》卷二十《乐·动声仪》）可见，汉代儒学一一赋予了自然现象以道德或伦理的属性。

其二，社会生活中的伦理道德规范和政治制度皆具有自然性质的根源。例如汉代儒学和汉代社会将"三纲五常"确定为最基本的伦理道德规范，董仲舒追溯其根源说："阳之出也，常悬于前而任事；阴之出也，常悬于后而守空虚。此见天之亲阳而疏阴，任德而不任刑也。是故仁义制度之数，尽取之于天。天为君而覆露之，地为臣而持载之；阳为夫而生之，阴为妇而助之；春为父而生之，夏为子而养之。王道之三纲可求于天。"（《春秋繁露·基义》）三公、九卿、二十七大夫、八十一元士是儒

---

① 《春秋繁露·官制象天》曰："人之材固有四选，如天之时固有四变也。圣人为一选，君子为一选，善人为一选，正人为一选。"

家设计的一个理想的官制①，纬书援引天象论说其根据曰："立三台②以为三公，北斗九星③为九卿，二十七大夫，内宿部卫之列，八十一纪，以为元士。凡官百二十焉，下应十二子。"④（《七纬》卷二十四《春秋·元命苞》）。董仲舒还说："人之为人本于天……人之形体化天数而成，人之血气化天志而仁，人之德行化天理而义，人之好恶化天之暖晴，人之喜怒化天之寒暑，人之受命化天之四时，人生有喜怒哀乐之答、春夏秋冬之类也。"（《春秋繁露·为人者天》）显然，汉代儒学追溯社会伦理道德、政治制度及人的生活的一切方面的自然的"天"的根源，是对这些社会存在合理性的论证，是《易传》用自然现象来解释、印证道德原则的思想和方法的进一步发展。

理性内涵 汉代儒学运思中的类比推理，表面上看来，具有十分明显的，甚至比先秦原始儒学还要粗浅的感性经验的性质，但实际上，这是汉代儒学哲学理性的一种特殊的反映。董仲舒说："夫王者，不可以不知天；知天，诗人之所难也。天意难见也，其道难理。是故明阴阳入出、实虚之处，所以观天之志，辨五行之本末顺逆、小大广狭，所以观天道也……推物之类，以易见难者，其情可得。"（《春秋繁露·天地阴阳》）可见，汉代儒学具有很高的理性追求——"天"或"天道"，并且认识到达到这一哲学认识目标是很艰难的。以"阴阳""五行"等具有感性经验特色的现象，以易见难地推知"天道""天意"，是汉代儒学十分自觉地运用的一种认识方法。所以，在汉代儒学类比推理的感性经验的外表后面，是一种理性的觉悟。当然，汉代儒学这种建立在感性经验事实上的类

---

① 《礼记·王制》曰："天子三公、九卿、二十七大夫、八十一元士。"《尚书大传·夏传》云："古者天子三公，每一公三卿佐之，每一卿三大夫佐之，每一大夫三元士佐之，故有三公、九卿、二十七大夫、八十一元士。所以为天下者，若此而已。"

② 《史记·天官书》："魁下六星，两两相比，名曰三能。"《史记集解》引苏林曰："能音台。"故三能即三台。

③ 《史记·天官书》"北斗七星"，《史记索隐》引《春秋纬·运斗枢》云："斗，第一天枢，第二旋，第三玑，第四权，第五衡，第六开阳，第七摇光。第一至第四为魁，第五至第七为标，合而为斗。"北斗九星（"九魁"）宋洪兴祖谓："北斗七星，辅一星在第六星旁，又招摇一星在北斗杓端。"（《楚辞补注·远游》）

④ 宋均注《春秋纬·元命苞》："此言天子立百二十官者，非直上纪星数，亦下应十二辰。"

比推理，毕竟难免其认识上的狭隘性和思辨能力的贫弱，我们将看到，这是汉代儒学走向衰落的因素之一。

（三）功能

在以五行、八卦为框架的有机自然观的背景下凸显的天人感应观念，是汉代天人之学的基本的理论特色和思想内容。汉代儒学援用这一思想观念，对原始儒学三个理论层面上的基本论题作了新的诠释；在汉代，这一思想观念还广泛地渗透并影响了当时的社会生活，应该说，这就是天人之学所具有的理论的和实践的功能。

1. 对原始儒学基本观念之诠释

汉代儒学对先秦原始儒学在超越的、社会的和心性的三个理论层面上的中心论题命（"天命"）、礼和仁（性）作了新的理论观念背景诠释。

命之新释　如前所述，孔孟儒学的"天"有两义：一是自然义（天），一是超越义（"天命"）。汉代儒学在有机自然观背景下，在其天人感应观念中，将自然义之"天"作了拟人的、非自然的经验解释，这种观念和这种解释构成了汉代儒学最鲜明的特色。那么，在这种新的观念背景下，汉代儒学对"天"之超越义（"天命"）又将作何解释？在汉代儒学中，"命"（"天命"）仍一般地被界定为某种超越的、人力无法制约的外在必然性，如董仲舒说："颜渊死，子曰：'天丧予。'子路死，子曰：'天祝予。'西狩获麟，曰：'吾道穷，吾道穷。'① 三年，身随而卒。阶此而观，天命成败，圣人知之，有所不能救，命矣夫。"（《春秋繁露·随本消息》）但在汉代儒学中，由于天人感应——以人拟天观念的活跃，"命"也经常被确定地指称为具有人格特征的"天"之所为。亦如董仲舒在《春秋繁露》中所说"天子受命于天"（《顺命》），"受命之君，天之所大显也"（《楚庄王》），"人受命于天，有善善恶恶之性"（《玉杯》）。《纬书》中表述得更明确："命者，天之命也，所受于帝。"（《七纬》卷二十四《春秋·元命苞》）然而董仲舒又说"人于天也，以道受命，其于人，

---

① 《春秋公羊传·哀公十四年》："颜渊死，子曰：'噫，天丧予。'子路死，子曰：'噫，天祝予。'西狩获麟，孔子曰：'吾道穷矣。'"

以言受命"(《顺命》)①，并认为"天道""天志"，实际上就是阴阳出入、五行顺逆等自然和社会的一切现象。所以，汉代儒学中的"天"（"天命"），本质上仍是一个表示某种在个体之上的必然性实在的哲学观念，而不是人格神的宗教观念。汉代儒学的命之观念与先秦原始儒学基本上是相同的，但同时也有自己的新的诠释。第一，汉代儒学以人生的不同遭际为依据，将"命"的表现形态分为三种：大命（受命、寿命、正命）、随命、遭命。汉代儒学的不同文献中都论述到这个问题：

> 人始生有大命，是其体也。有变命存其间者，其政也。政不齐则人有怨怒之志，若将施危难之中，而时有随、遭者，神明之所接，绝属之符也。（《春秋繁露·重政》）
>
> 命有三科，有受命以保庆，有遭命以谪暴，有随命以督行。受命谓年寿也，遭命谓行善而遇凶也，随命谓随其善恶而报之。（《七纬》卷三十六《孝经·援神契》）②

汉代儒学认为人禀赋之命（大命）应该是无区别的，在理想的状态下，都能顺利而自然地走完自己的历程；但是，由于"政不齐"，人世是艰难的，每个人生活的环境是不同的，只有少数人的命运才能有幸地不为环境所撼动，受其正命，享其寿年，此是"大命"之人。而多数人则是"随命"和"遭命"。即只能是行善得善，行恶得恶，随行而报，或者是处在某种恶劣的社会的或自然的条件下，只能遭到恶运。汉代儒学对人的命运的这种分类描述，无疑为"命"的观念增新了具体内容，但仍是属于经验性质的归纳，"命"之超越的本质，汉代儒学的经验的方法，是不能提供新的论证的。第二，在有机自然观和天人感应的观念背景下，汉代儒学在外在必然性的"天命"面前表现了更多的人的主动性，这种主动性来

---

① 《春秋穀梁传·庄公元年》："人之于天也，以道受命；于人也，以言受命。"
② 《白虎通·寿命》谓："命有三科以记验：有寿命以保度，有遭命以遇暴，有随命以应行。"其三命说沿袭《援神契》。另外，《论衡·命义》谓："《传》曰，说命有三，一曰正命，二曰随命，三曰遭命。"其引"传曰"，亦当是儒家言，说略异。然对"命"作此细析，似源自《庄子·列御寇》："达大命者随，达小命者遭。"

自"德"之修持和对"天"之认识。首先，汉代儒学完全承袭了儒家传统的"皇天无亲，惟德是辅"（《左传·僖公五年》）观念，亦认为"天子命无常，唯德是庆"（《春秋繁露·三代改制质文》）①，并将其推向极致，认为人（君王）的德行可以免除任何显示"天意""天命"的灾变发生。如董仲舒说："五行变至，当救之以德，施之天下，则咎除，不救以德，不出三年，天当雨石。木有变……救之者，省徭役，薄赋敛，出仓谷，振困穷矣；火有变……救之者，举贤良，赏有功，封有德；土有变……救之者，省宫室，去雕文，举孝悌，恤黎元；金有变……救之者，举廉洁，立正直，隐武行文，束甲械；水有变……救之者，忧图圄，案奸宄，诛有罪，搜五日。"（《春秋繁露·五行变救》）纬书亦曰"凡异所生，灾所生，各以其政变之则除"（《七纬》卷三《易纬·稽览图上》），郑玄注曰："改其政者，谓失火令则行水令，失土令则行木令，失金令则行火令，则灾除去也。"汉代儒学的这些论述，显然蕴含着"施德变命"的思想观点，此与原始儒学的"修身俟命"有所不同。从这两个命题本身的内涵来辨析，原始儒学把个人的道德实践看得很重，对命运结局甚为淡然；汉代儒学的"施德"则有一个自觉的"变命"的目标。这在一定程度上似乎表明儒学从先秦到汉代，理论重心发生了从个人道德修养向进一步与政治结合的转变。其次，汉代儒学亦承继了传统儒学的"极数知来""天垂象见吉凶"（《易传·系辞上》）的观点，认为"吉凶有数，存亡有象"（《七纬》卷二十九《春秋·考异邮》），并且在以五行、八卦为框架的有机自然观的宇宙系统内，形成了根据阴阳五行的种种现象而推知"天命"的逻辑思路。前已引述的董仲舒所说的"明阴阳出入、实虚之处，所以观天之志，辨五行之本末顺逆、小大广狭，所以见天道也"，以及《春秋纬·元命苞》所说"五德之运，各象其类；兴亡之名，应箓次相代"（《七纬》卷二十四），就是汉代儒学中"知天"的方法的最明确的表述，即是认为认识、破释作为必然性的"天志""天道"所显现的各种迹象的含义，就可以"知天命"。《汉书·五行志》详细记述了汉代儒家学者董仲舒、刘向

---

① 卢文弨校本和凌曙注本皆作"唯命是德庆"，此据苏舆《春秋繁露·义证》作"唯德是庆"。

等用这种方法对春秋以来由灾异而显现的"天命"的训释。这一方法从理论性质上来观察，实际是用"可数也副数，不可数者副类"（《春秋繁露·人副天数》）的"天人一也"的类比推理，向自然现象注入一种具有意志性、目的性内涵的思维过程。这一逻辑思路一方面显示了汉代儒学的理性品质，因为它毕竟为解决儒学中"知天命"这一最艰难问题提供了一种基本上是属于认识论领域内的理智性质的方法，而与先秦原始儒学（如孟子）将其放置在道德实践过程来解决、实现有所不同；另一方面也暴露了汉代儒学思辨力的贫弱，因为它未能在"天"之自然义与超越义之间作出区分，以为"天"之自然义在天人感应观念下获得的解释即是"天"之超越义。

礼之根源与制度变迁　汉代儒学在社会层面上的思想观点，即对以"礼"为中心的伦理规范典章制度等的论述，当然也十分广泛，但由其在与先秦原始儒学相比而显示出的主要之点或特色却是，其一，对礼之本质的训释。先秦原始儒学一般是从礼的内容、社会功能和根源这三个方面来揭示礼之本质的。如前所论，先秦原始儒学共同认为"礼者，贵贱有等、长幼有差、贫富轻重皆有称者也"（《荀子·富国》），认为"人无礼则不生，事无礼则不成，国家无礼则不宁"（《荀子·修身》）。先秦原始儒学在人自身中追寻到了礼的根源，但有所分歧，孔子似乎是认为礼犀通着人的一种道德感情，荀子则认为"人生而有欲……是礼之所起也"（《礼论》）。汉代儒学中，如董仲舒对"礼"曾有明确的论述，"礼者，继天地，体阴阳，而慎主客；序尊卑贵贱大小之位，而差外内远近新故之级者"（《春秋繁露·奉本》）；"夫礼，体情而防乱者也"（《春秋繁露·天道施》）；"礼者因人情以为节文，以救其乱；夫堤者，水之防也，礼者，人之防也"（《艺文类聚》三十八、《太平御览》五百二十四并引"董生书曰"）。可以认为，汉代儒学对"礼"之本质的训释基本上是承袭了先秦原始儒学，特别是荀子的观点。有一点重要不同的是，汉代儒学在新的理论观念背景下，对于礼的根源在人自身（"人情"）之外，还追溯到天地、阴阳五行。这一新的特色，纬书中有更清晰的表述，"礼所以设容，明天地之体也"，"礼者，体也，人情有哀乐，五行有兴灭，故立乡饮酒之礼，终始之哀，婚姻之宜，朝聘之表，尊卑有序，上下有体，王者行礼，得天中和"（《七纬》卷三十五《春秋·说题辞》）。汉代儒学不仅如前面已经论及的对最基本的伦理规范、政治制度是以"天"的根源作为最后之论证的，就是对某些具体的政治、道德原则也是援引阴阳五行之类来说明的。如董仲舒解释四时政令说："天之生有大经也……圣人承之以治，是故春修仁而求善，秋修义而求恶，冬修刑而致清，夏修德而致宽：此所以顺天地，体阴阳。"（《春秋繁露·如天之为》）《白虎通》解释"五刑"说："刑所以五者何？法五行也。大辟法水之灭火。宫者法土之塞水，膑者法金之刻木，劓者法木之穿土，墨者法火之胜金。"（卷八《五刑》）董仲舒解释《孝经》以"孝"为"天经地义"的命题说："天有五行，木火土金水是也，木生火，火生土，土生金，金生水……由此观之，父授子，子受之，乃天之道也，故曰夫孝者，天之经也……五行莫贵于土，忠臣之义，孝子之行，取之土，此谓孝者，地之义也。"（《春秋繁露·五行对》）总之，汉代儒学对"礼"的具体内容和根源的诠释的特出之处，是阴阳五行观念成为其中最活跃、最重要的理论因素。

其二，汉代儒学在礼所涵盖的、规范的伦理关系中，对"孝"予以特别突出的论证。孔子将主要的伦理关系归纳为"君君、臣臣、父父、子子"（《论语·颜渊》）。《左传》说"孝，礼之始也"（文公二年）。显然，在先秦原始儒学中，孝只是被确定在若干主要的伦理道德实践之一的位置上。在汉代儒学中，情况有些变化。如《孝经纬》立论说"元气混沌，孝在其中"（《七纬》卷三十六《孝经·援神契》），"孝道者，万世之桎辖"（《七纬》卷三十六《孝经·钩命诀》）；《春秋·说题辞》亦说"人道人业，天地开辟皆在孝"（《七纬》卷三十五）；《孝经·钩命诀》还借孔子之口说"吾志在《春秋》，行在《孝经》"，"事亲孝，故忠可遗于君，是以求忠臣必于孝子之门"（《七纬》卷三十七）。这些论说表明，在汉代儒学中"孝"是处于全部伦理道德实践的首要的位置上，且被视为全部伦理道德实践的基础。孔子曰"三年无改于父之道，可谓孝矣"（《论语·学而》），孟子说"孝子之至莫大乎尊亲"（《孟子·万章上》）。可见，先秦原始儒学只是从一般的意义界定"孝"之内涵。与此不同，汉代儒学具体地给予不同阶级人的孝以不同的界定："天子孝曰就，就之为言成也。天子德被天下，泽及万物，始终成就则其亲获安，故曰就也。诸侯孝曰度，度者，法也，诸侯居国能奉天子法度，得不危溢，则其亲获安，故曰度也。卿大夫孝曰誉，誉之为言名也，卿大夫言行布满，能无恶称，誉达遐迩，则其亲获安，故曰誉也。士孝曰究，究者以明审为义，士始升朝，辞亲入仕，能审资父事君之礼，则其亲获安，故曰究也。庶人孝曰畜，畜者，含畜为义，庶人合情受朴，躬耕力作以畜其德，则其亲获安，故曰畜也。"（《七纬》卷三十六《孝经·援神契》）汉代儒学对孝的内涵的确定，实际上是溶进了"孝"以外的道德规范，几乎包容了全部的社会生活，从逻辑的理论上来说是不严格的，但反映了在汉代社会的伦理道德实践中，"孝"具有特殊的地位的这一时代特色。

其三，汉代儒学关于礼的思想另一个特出之处，是其论述的重点不在于更进一步去诠释礼即典章制度的本质内涵，而是创造了一种新的理论和逻辑来描述制度形态的历史演变。汉代儒学对历代礼仪典章的变迁有比较清晰的观察，他们称之为"王者必改制"，并解释说这是因为天子受命于"天"，一个新的朝代开始，王者"必徙居处，更称号，改正朔，易服色者，无他焉，不敢不顺天志而明白显也"（《春秋繁露·楚庄王》）。但汉代儒学认为典章制度之根源于"天"的内在本质，伦理道德规范的基本内容是不变的，如董仲舒所谓"若夫大纲、人伦、道理、政治、教化、习俗、文义尽如故，亦何改哉？故王者有改制之名，无易道之实"（同上）①。可见，汉代儒学所观察到的和所确认的随着一种政治统治权力更替而带来的制度的变迁，只是一种礼的形式或典章制度形态上的演变。并且，汉代儒学还认为这一变迁是循环的，周而复始的。亦如董仲舒所说："王者有不易者，有再而复者，有三而复者，有四而复者，有五而复者，有九而复者。"（《春秋繁露·三代改制质文》）② 其

---

① 苏舆解释说："申制度之可改，以明道理之决不可改。《礼记·大传》谓'不可得而变革者，亲亲、尊尊、长长、男女有别'。董子复推广于政教、习俗、文义，所以防后世之借口蔑古者周矣。"（《春秋繁露义证·楚庄王》）

② 苏舆解释说："不易者，不改道。再而复者，文质。三而复者，正朔。四而复者，一商一夏一质一文。五而复者，五帝。九而复者，九皇。"（《春秋繁露义证·三代改制质文》）

中，汉代儒学主要是建构了"三而复者"（"三正"）和"四而复者"（"四法"）两个有所区别的逻辑框架来描述、网罗自己观察到的制度形态的循环变迁。

三正（三统三微）　这是以夏、殷、周历法一年开始的第一个月（正月）的不同为标志，来区别三代制度的差异。董仲舒说："王者必改正朔，易服色，制礼乐，一统于天下，所以明易姓，非继人，通以己受之于天也。"（《春秋繁露·三代改制质文》）新的正朔表示新的纪元开始，新的一统天下开始，所以"三正"亦称"三统"，并以黑白赤三种颜色为标志。"三正"是如何确定及其何以内蕴着可显示历史演变的那种逻辑性，也是董仲舒给予了明确的解释："三正以黑统初，正黑统奈何？曰正黑统者，历正日月朔于营室，斗建寅，天统气始通化物，物见萌达，其色黑……正白统奈何？曰：正白统者，历正日月朔于虚，斗建丑，天统气始蜕化物，物始芽，其色白……正赤统奈何？曰正赤统者，历正日月朔于牵牛，斗建子，天统气始施化物，物始动，其色赤……"（同上）从董仲舒的解说中可以看出，"三正"是被分别确定为斗柄指寅、丑、子的三个月；而这三个月正是物的三种初始状态形成的时间，故汉代儒学又称为"三微"，所谓"三微成著，以通三统"（《后汉书》卷四十六《陈宠列传》）。此外，汉代儒学还进一步以天地人来确定"三正"或"三统"的内涵："天统十一月建子，天始施之端也，谓之天统，周以为政；地统十二月建丑，地助生之端，谓之地统，商以为正；人统十三月建寅，物大生之端，谓之人统，夏以为政。"（《七纬》卷二十七《春秋·感精符》）三正、三微、三统是从不同方面对同一个逻辑框架的界定。《礼纬·斗威仪》给予一个统一的解释说："三微者，三正之始，万物皆微，物色不同，故王者取法焉。十一月时阳气始施于黄泉之下，色皆赤，赤者阳气，故周为天正，色尚赤。十二月万物始芽而色白，白者阴气，故殷为地正，色尚白。十三月万物孚甲而出，其色皆黑，人得加功展业，故夏为人正，色尚黑。"（《七纬》卷十九）这些解释显示出"三正"的逻辑框架内，一方面有在时间上是发展的因素，另一方面也有在结构上是周延的因素，所以这是一个可以作终而复始的循环运动演变的系统。如《白虎通》所说"三正之相承若顺连环也"（卷七《三正》）。汉代儒学中，"三正"框架所网纳的三代礼制变迁，董仲舒《春秋繁露·三代改制质文》中有集中的叙述，试将主要内容表示如下①：

三统	三正 （斗建）	三微	衣车 马旗色	冠礼	昏礼	丧礼	祭礼	乐器	三代
黑　统 （人统）	寅（十三月，一月）	物萌达	黑色	冠于阼	逆于庭	殡于东阶	祭牲黑牡，荐尚肝	黑质	夏
白　统 （地统）	丑（十二月）	物始芽	白色	冠于堂	逆于堂	殡于楹柱间	祭牲白牡，荐尚肺	白质	殷
赤　统 （天统）	子（十一月）	物始动	赤色	冠于房	逆于户	殡于西阶	祭牲骍牡，荐尚心	赤质	周

此外，《春秋纬·元命苞》对三代礼制变迁还有一个从另外角度上的概括：

> 三王有失，故立三教以相变，夏人之立教以忠，其失野，故救野莫若敬。殷人之立教以敬，其失鬼，故救鬼莫若文。周人之立教以文，其失荡，故救荡莫若忠。如此循环，周则复始，穷则相承。（《七纬》卷二十四）

《春秋纬》所论是从教化的特色，即由一代礼制在精神内涵上的特征对三代典章制度变迁的概括，并且还特别指出了它的循环的性质。某种意义上可以说这是对"三正"内容的一种总体概括。

四法（商夏质文）　这是以由一种礼制而形成的一代风俗的总体特征，来界定和描述礼或典章制度的历史演变。汉代儒学将一代礼仪风俗的总体特征区别为商、夏、质、文四种。所谓"王者之制②，一商一夏，一

---

① 汉代儒学于"三正"内容的界说，各家相互之间及比之先儒旧说或有不同，如《礼记·明堂位》说"夏后氏祭心，殷祭肝，周祭肺"，此以相胜为义，各祭所胜之色。董说则各祭所尚之色。又如《尚书大传》说"周以至动，殷以萌，夏以芽"（《公羊传·隐元年》疏引），《公羊传·隐元年》何休注"夏法物见，殷法物芽，周法物萌"。此则可能对"萌""芽"等词义训释不同，然其夏商周循环为变的理论观点则相同。

② 卢校本、凌注本皆作"王者以制"，苏舆《义证》谓"以，疑作之"，其是。

质一文"（《春秋繁露·三代改制质文》）。质、文的概念在原始儒学中已经出现，如孔子说"质胜文则野，文胜质则史"（《论语·雍也》），推究其义，质是质地，文是文饰。显然，作为一种"质"的礼制是保持朴实，"文"的礼制则是追求华美。商、夏似乎是汉代儒学中的新概念，《说苑·修文》解释说："商者，常也，常者质，质主天。夏者，大也，大者，文也，文主地。故王者一商一夏。"可见，汉代儒学认为作为一种礼制、风尚的"商"，表现为偏向于守常，同于"质"而显示的是"天"的特质；"夏"则是善多增益，同于"文"而具有"地"的特质。在汉代儒学中，用"四法"框架来描述礼的历史演变，也可以董仲舒《春秋繁露·三代改制质文》一文为代表。其主要内容表示如下：

四法	阴阳	人伦之尚	立嗣			冠礼	昏礼	丧礼	祭礼	爵禄	明堂	衣冠	乐舞	先王
主天法商	佚阳	亲亲多仁朴	立嗣予子	笃母弟	妾以子贵	字子以父	夫妇对坐而食	别葬	先臊，夫妇昭穆别位	爵三等，禄士二品	明堂员	衣大上，冠高员	载鼓，锡舞	舜（姚氏）
主地法夏	进阴	尊尊多义节	立嗣予孙	笃世子	妾不以子贵	字子以母	夫妇同坐而食	合葬	先烹，妇从夫为昭穆	爵五等，禄士三品	明堂方	衣大下，冠卑退	设鼓，纤施舞	禹（姒氏）
主天法质	佚阳	亲亲多质爱	立嗣予子	笃母弟	妾以子贵	字子以父	夫妇对坐而食	别葬	先嘉疏，夫妇昭穆别位	爵三等，禄士二品	内员外椭	衣长前袵，冠员转	桯鼓，羽籥舞	汤（子氏）
主地法文	进阴	尊尊多礼文	立嗣予孙	笃世子	妾不以子贵	字子以母	夫妇同坐而食	合葬	先柜鬯，妇从夫为昭穆	爵五等，禄士三品	内员外衡	衣长后袵，冠习垂流	县鼓，万舞	文王（姬氏）

"四法"框架里所显示的礼的变迁是很清晰的，并且，汉代儒学还认为"四法如四时然，终而复始，穷则反本"（《春秋繁露·三代改制质文》），即这一礼制的变迁是循环的。

见于儒家经典中的三代礼制是不乏混乱和矛盾的，如苏舆说："三代殊制，见于《礼记·明堂位》《檀弓》《礼器》《祭法》诸篇者甚多。如子服、景伯、子游争立孙立弟，《檀弓》争葬之别合，曾子、子夏争殡之东西，子游、子夏之裼袭不同，《孟子》《公羊传》爵之三等五等，禄之三品二品，以及小敛之奠或云东方，或云西方，同母异父昆弟，或云为之齐衰，或云大功，皆师说所传异制。"（《春秋繁露·三代改制质文》按语）这曾是困扰儒家学者的一个重要问题，因为"异说并行，则弟子疑焉"（《白虎通》卷二《礼乐》）。汉代儒学设计的"三正""四法"框架，使这些因礼制上的差异而引起的矛盾，在三代的历史变迁中能得到一种合理的说明而消失。这是汉代儒学的具有历史感的礼的思想所产生的一个特殊的理论意义。

人性之新说与仁义、义利之新辨　汉代儒学在心性的理论层面上，在新的阴阳五行的观念背景下，对人的本性也有不同于先秦原始儒学的新的探讨。此种不同，主要之点有三。

其一，性与情之分。孔子说"性相近"（《论语·阳货》），"孟子道性善"（《孟子·滕文公上》），依据的是人心理和行为中的道德感情方面。荀子论"性恶"，特别注意人的个体的自然欲望表现。显然，对于蕴涵着的作为个体的人的全部内心世界的"性"，先秦原始儒家还只是作了笼统的、各有所重的观察。《礼记》在道家思想影响下，将"性"与"欲"（情）两个方面皆包容于人性（人心）之中，并分别以"静"与"动"界说其区别①。汉代儒学对人的精神世界有了更深入的观察。董仲舒首先说："生之自然之资谓之性。性者，质也。"接着又说："天地之所生，谓之性情。性情相与为一瞑，情亦性也。谓性已善，奈其情何？……身之有性情也，若天之有阴阳也。言人之质而无其情，犹言天之阳而无其阴也。"（《春秋繁露·深察名号》）也就是说，在董仲舒看来，人之内心的内在的本性就其禀赋自自然的资质而言，可统之为"性"，然而就其固有的内在的构成而言，却有性与情之分，并且"天两有阴阳之施，身亦两有贪仁之性"（同上），这种性、情之分实际上也就是善、恶之分。董仲舒的这一观点，在其后的汉代儒学中有进一步的发展：一是性、情的内涵被明确界定出来，如翼奉说："诗之为学，性情而已，五性不相害，六情更兴废"，此"五性"是指仁、礼、信、义、智五种道德品性，而"六情"是指廉贞、宽大、公正、奸邪、阴贼、贪狠六种禀赋性格（《汉书》

---

①　《礼记·乐记》曰："人生而静，天地之性也，感于物而动，性之欲也。"其渊源可追溯到道家思想中，如《庄子》曰"性情不离，安用礼乐"（《马蹄》），"性之动谓之为，为之伪谓之失"（《庚桑楚》）。

卷七十五《翼奉传》引晋灼、张晏注）。《白虎通》训释"五性"同翼奉，而于"六情"则说："六情者何谓也？喜怒哀乐爱恶谓六情，所以扶成五性。"（卷八《情性》)① 一是性情之善恶更明确以阴阳来区分，如《孝经纬·钩命诀》曰："情生于阴欲，以时念也，性生于阳，以就理也。阳气者仁，阴气者贪。故情有利欲，性有仁也。"（《七纬》卷三十六）《白虎通》亦说："性者，阳之施，情者，阴之化也。"（卷八《情性》)② 总之，汉代儒学对人的本性的观察比原始儒学要细致，即在阴阳观念的基础上，将其区分为性与情两个部分。实际上这是观察到了人的内心世界中自然地具有的心理感情，与经过社会生活改造而形成的道德感情是有所不同的。

其二，"善质"说与"三性"说。汉代儒学有了对人的内心世界这种比较复杂的观察，进一步便否定了原始儒学"性善"或"性恶"的简单化的看法，提出"性有善质，而未能为善"之说（《春秋繁露·实性》）。"性有善质"说与孟子"性善"说有区别。董仲舒说："性有善端，动之爱父母③，善于禽兽，则谓之善，此孟子之善。循三纲五纪，通八端之理，忠信而博爱，敦厚而好礼，乃可谓善，此圣人之善也……吾质之命性者异孟子，孟子下质于禽兽之所为，故曰性已善，吾上质于圣人之所为，故谓性未善。"（《春秋繁露·深察名号》）十分显然，董仲舒所说的"善"，是指唯人所具有的道德感情、行为，诸如动物皆有的亲亲之爱的自然感情和行为的流露，并不是严格意义上的"善"，"善于禽兽之未得为善也，犹知于草而不得名知"（同上），所以"善"必须是经过社会生活、伦理规范的陶冶才能形成，而不是"固有的"，或可以自然、自动地

---

① "情"之内涵，《礼记·礼运》已有所界定："何谓人情？喜怒哀惧爱恶欲，七者弗学而能。"然而究其源，当追溯至《庄子·庚桑楚》："恶欲喜怒哀乐六者，累德也。"

② 《春秋繁露·阳尊阴卑》云："善之属尽为阳，恶之属尽为阴。"董仲舒已以阴阳分善恶，然以阴阳分性情之善恶，当以此处《孝经纬》及《白虎通》最为明确。王充《论衡·本性》有曰："仲舒览孟、孙之书，作情性之说曰：'天之大经，一阴一阳，人之大经，一情一性。性生于阳，情生于阴。阴气鄙，阳气仁，曰性善者是见其阳也，谓恶者是见其阴也。'"然所引董说，与今书异，不确。

③ 苏舆谓："动，疑作童。《孟子》：'孩提之童，无不知爱其亲也。'"（《春秋繁露·深察名号》）

产生的，"今谓性之善，不几于无教而如其自然，质无教之时，何遽能善？"（《春秋繁露·实性》）"性有善质"说与荀子"性恶"（或"善伪"）说亦有区别。董仲舒说："善如米，性如禾。禾虽出米，而禾未可谓米也，性虽出善，而性未可谓善也。米与善，人之继天而成于外也，非在天所为之内也。天所为，有所至而止，止之内谓之天，止之外谓之王教。"也就是说，董仲舒认为人性就其质地或潜在的可能性上来看，是可以为善的，不同于荀子认为人性在本质上是情欲、是恶的；"善"是人性"内在之质"在"王教"环境下的实现，不同于荀子所判定"善者伪也"，即"善"是"礼义之道"对人欲之克服、矫正。不难看出，以董仲舒"性有善质，而未能为善"之说为代表的汉代儒学的人性论十分独特，其前一句与荀子的"性恶"论划清界限，后一句又显示与孟子"性善"说有所不同。这一汉代儒学的人性理论的独特性，还表现在对人性之内涵作情性、善恶的析离基础上，将其在人身上的具体显现区分为"圣人之性""中民之性""斗筲之性"三级；所谓"性有善质"，是就"中民之性"（"万民之性"）而言的。如董仲舒说"圣人之性不可以名性，斗筲之性又不可以名性，名性者，中民之性"（同上），"名性不以上，不以下，以其中名之"（《春秋繁露·深察名号》）。孔子曾说"唯上智与下愚不移"（《论语·阳货》），汉代儒学的三级人性的划分和以"中民之性"为可教以为善之性的观点，显然是承接了孔子这个立足于经验的判断，"三性"说离散了统一的、整体的人性。人性的这种状况，似乎难以得到根源性的、逻辑上的解释，但却容易得到经验的说明。

其三，仁义之内涵与义利之分辨。孔子的学生子路说"所学于夫子者，仁义也"（《韩非子·外储说右上》）。"仁义"无疑是儒家学说中最重要的范畴。先秦原始儒学大约是从道德感情的特征和道德行为的特征这两个方面来揭示"仁义"的内涵的，如孟子说"亲亲仁也，敬长义也"（《孟子·尽心上》），"恻隐之心仁也，羞恶之心义也"（《孟子·告子上》）。可见，作为道德行为，在原始儒家看来，"仁"与"义"的道德感情与行为虽有区别，但发源于人之内心，有其心理的根源则是相同的，故孟子曾反驳告子"仁内义外"之说（见《孟子·告子上》）。同时，仁义作为道德行为之功能，在原始儒学中也是相同而未作区别的，如孟子说：

"为人臣者怀仁义以事其君，为人子者怀仁义以事其父，为人弟者怀仁义以事其兄……然而不王者未之有也。"（《孟子·告子下》）汉代儒学对仁义内涵的揭示，显示出与原始儒家有所不同。董仲舒界定"仁"说："何谓仁？仁者惨怛爱人，谨翕不争，好恶敦伦，无伤恶之心，无隐忌之志，无嫉妒之气，无感愁之欲，无险诐之事，无辟违之行，故其心舒，其志平，其气和，其欲节，其事易，其行道，故能平易和理而无争也，如此者谓之仁。"（《春秋繁露·必仁且智》）界定"义"说："义者，谓宜在我者，宜在我者，而后可以称义。"（《春秋繁露·仁义法》）不难看出，董仲舒训释"仁"很具体，描述出"爱"的各种表现形态，苏舆评其曰"说仁字义最博，后儒所释不能外此"（《春秋繁露义证》）；而界定"义"很简略，认为"义"就是"合宜"，实际上是指对人伦关系、秩序的遵循。《礼记》有曰"义者，宜也"（《中庸》），"义者，宜此也"（《祭义》）。这可能是董仲舒"义"的定义的理论渊源，但都是从行为特征上予以解说的。汉代儒学还对"仁""义"两种品性的道德功能作了明确的区分，董仲舒说："仁之法在爱人，不在爱我；义之法在正我，不在正人……仁谓往，义谓来。仁大远，义大近。爱在人谓之仁，宜在我谓之义①，仁主人，义主我也，故曰仁者人也，义者我也，此之谓也。君子求仁义之别，以纪人我之间，然后辨于内外之分，而著于顺逆之处也，是故内治反理以正身，据礼以劝福；外治推恩以广施，宽制以容众。"（《春秋繁露·仁义法》）显然，董仲舒主要是用"爱人"与"正我"两个主要内涵特征来区分"仁"与"义"的道德功能的。《礼记·乐记》有曰"仁以爱之，义以正之"，《吕氏春秋·举难》亦曰"君子责人则以仁，自责则以义"。可见，董仲舒此论亦有所本。但是，董仲舒以往来、大小、远近、内外等多种从逻辑性质上看是对立的方面来描述这种区别，则是一种创造。这种对立的逻辑性质，使"仁"与"义"在汉代儒学这里共同构成了一个周延的道德领域，内蕴着周延的道德行为、道德功能，而这种情况在先秦原始儒学中是不存在的。在义利面前的抉择，也是儒家在个人的和心性的层面上所观察到和所要解决的问题。一般说来，先秦原始儒学并

---

① 此据苏舆《义证》本注，凌本、卢本"宜"作"义"。

不否定利，《左传·成公二年》援引孔子语曰"名以出信，信以守器，器以藏礼，礼以行义，义以生利，利以平民，政之大节也"，"利"是国家政治生活中的一个重要的环节，但是在需要处理利与义的关系时，原始儒家显示出的似乎是两种基本相同却又有所区别的态度。（1）以义制利。孔子所说"见利思义"（《论语·宪问》），"不义而富且贵于我如浮云"（《论语·述而》），表现的正是这样"义然后取"（《论语·宪问》）的态度。（2）重义轻利。孟子所说"王何必曰利，亦有仁义而已矣"（《孟子·梁惠王上》），"君臣父子兄弟终去仁义怀利以相接，然而不亡者，未之有也"（《孟子·告子下》），显然是属于这样鄙弃利的态度。汉代儒学承袭了原始儒学的义利观念，但增添了新的论证。以董仲舒为代表，他说："天之生人也，使人生义与利。利以养其体，义以养其心。心不得义不能乐，体不得利不能安，义者，心之养也，利者，体之养也。体莫贵于心，故养莫重义，义之养生人大于利……物之于人，小者易知也，其于大者难见也。今利之于人小，而义之于人大，无怪民之皆趋利而不趋义也，固其所闇也。"（《春秋繁露·身之养重于义》）董仲舒认为，利与义的追求是人来自天赋的固有，但义对于人来说是更重要的，一般人多为忘义趋利，如同"握枣与错金以示婴，婴儿必取枣而不取金也"，是识小不识大的无知的原因。可见，董仲舒是从天之根源、人之本性等根本的方面论证其渊源自原始儒学的义利观点。董仲舒最后提出了可视为汉代儒学中义利观的最著名的结论："仁人者正其道不谋其利，修其理不急其功，致无为而习俗大化，可谓仁圣矣。"（《春秋繁露·对胶西王》）[1] 经过汉代儒学的强化，在义利问题上儒家将道义置于功利之上的思想特色更加鲜明了。

2. 天人之学与汉代社会生活

汉代天人之学，特别是天人感应的思想和孝的观念，是那个时代最基本的理论观念，在当时的社会生活中发挥了重要的作用，构成了汉代某些重要社会现象的内在的精神根源。

政治生活中的自律因素与判断原则 在汉代，儒家学者的"灾异以

---

[1] 此在《汉书·董仲舒传》中为对江都王语，且语作"正其谊不谋其利，明其道不计其功"。

见天意"（《春秋繁露·必仁且智》）即灾异是天之警告的观点，是被社会普遍接受的思想观念。这一观念首先渗透进并影响了当时的政治生活，其主要表现为，汉代帝王自文帝始，在地震、日食等重大灾异现象出现后，都要下诏自责，采取若干措施，更新政治。例如汉宣帝本始四年（前70年）四月，发生大范围的地震，宣帝下诏曰"盖灾异者，天地之戒也。朕承洪业、奉宗庙，托于士民之上，未能和群生，乃者地震北海、琅邪，坏祖宗庙，朕甚惧焉。丞相、御史其与列侯、中二千石博问经学之士，有以应变，辅朕之不逮，毋有所讳。令三辅、太常、内郡国举贤良方正各一人。律令有可蠲除以安百姓，条奏。被地震坏败甚者，勿收租赋"（《汉书》卷八《宣帝纪》），并大赦天下。五凤四年（前54年）四月，发生日食，宣帝又下诏曰："皇天见异，以戒朕躬，是朕之不逮、吏之不称也。以前使使者问民所疾苦，复遣丞相、御史掾二十四人循行天下，举冤狱，察擅为苛禁深刻不改者。"（同上）宣帝在为地震、日食而发出的二次诏文中，承担咎罪，视灾异为天对自己的谴戒，要求群臣谏举失误；同时还实行其他荐举贤才、减免租赋、平冤狱、治苛吏、大赦天下等善政。从汉代的历史记载中，其他帝王在灾异现象发生时，都有同样的或大同小异的做法，如桓帝建和三年（149年）四月日食，桓帝在诏文中宣布："……《传》不云乎：'日食修德，月食修刑。'[1]昔孝章帝愍前世禁徙，故建初之元，并蒙恩泽，流徙者使还故郡，没入者免为庶民。先皇德政，可不务乎！其自永建元年迄乎今岁，凡诸妖恶，支亲从坐，及吏民减死徙边者，悉归本郡。"（《后汉书》卷七《孝桓帝纪》）即桓帝为戒于发生日食而修仁政，准许顺帝永建元年（126年）以来二十多年内因犯罪流放边远地区的人返回家乡。永兴二年（154年）二月，京师地震，桓帝下诏曰"救已修政，庶望有补，其舆服制度有逾修长饰者，皆宜损省，郡县务存俭约"（同上），此乃桓帝警于地震而欲行勤俭之政。汉代历史上有若干重臣被革职或赐死，虽皆具有某种特定的政治、经济原因，但应天救变的观念也是一个有力的推助因素。例如，成帝于永始二年（前15年）罢免丞相薛

---

① 李贤注："《公羊传》之文也。"前已述，汉代儒学以阴阳诠释刑德，如董仲舒谓"阳，天之德也；阴，天之刑也"（《春秋繁露·阳尊阴卑》），故"日食修德，月食修刑"也正是汉代儒学的观点。

宣的事由就是"变异数见，岁比不登，仓廪空虚"（《汉书》卷八十三《薛宣传》），绥和二年（前7年），丞相翟方进被赐死，主要是因为该年二月天象出现"荧惑守心"，当时天人感应的星象学认为，这一异常天象将带来的灾难，"大臣宜当之"（《汉书》卷八十四《翟方进传》），成帝令翟方进自裁的册书最后说："使尚书令赐君上尊酒十石，养牛一，君审处焉。"（同上）此后，《汉仪注》因此立下一为灾异现象发生而令重臣自杀的条例："有天地大变，天下大过，皇帝使侍中持节乘四白马，赐上尊酒十斛、牛一头，策告殃咎。使者去半道，丞相即上病。使者还，未白事，尚书以丞相不起病闻。"（《汉书·翟方进传》如淳注）因为在有机自然观背景下的汉代天人之学，对天与人的对应关系有比较系统周密的观察和规定，这就使汉代社会将天人感应观念引入政治生活，是自觉的，是有规则的。例如《春秋纬·感精符》就有对日食、地震的天人感应关系十分确定的论述："日蚀有三法：一曰妃党恣，邪臣在侧，日黄无泽，则日以晦蚀，其发必于眩惑；二曰偏权并，大臣擅法，则日青黑以二日蚀，其发必于酷毒；三曰宗党犯命，威权害国，则日赤郁忮无光色明，日以朔蚀，其发必于嫌隙。""三公非其人，则山崩三能移；九卿非其人，则江河溃，辅星角；大夫非其人，则丘陵偃墀，少微等有变；元士非其人，则谷皁毁、扶筐失，是以王者仰视象于天，俯察法于地，中择贤能以任之。"（《七纬》卷二十七）汉代历史上发生日食、地震时的"应天救援"措施都是缘此而来。这种自觉，虽然它的理性成分有限，但其真诚却是不容置疑的。如建武七年（31年）三月癸亥日食，光武帝诏书曰："吾德薄致灾，谪见日月，战栗恐惧，夫何言哉！今方念愆，庶消厥咎。其令有司各修职任，奉遵法度，惠兹元元。百僚各上封事，无有所讳。其上书者，不得言圣。"（《后汉书》卷一下《光武帝纪》）应该说，光武帝因日食而下诏自责求谏，并要群臣上书时不得称已为"圣"，其所表现的正是这种真诚。《易纬·通卦验》告诫说："月食则正臣下之行，日食则正人主之道。"（《七纬》卷六）在这个意义上可以认为，汉代儒学的天人感应观念对汉代统治者的政治行为具有一定的制约、调节作用，成为汉代社会政治生活中的一种自律因素。此外，在汉代的某些政治斗争中也显示出这一思想观念所发生的作用。如后汉和帝时窦太后临政，外戚窦宪专权，丁鸿因日食上疏曰："日食者，臣乘君，阴陵阳；月满不亏，下骄盈也……王不可以不刚，不刚则不强，不强则宰牧纵横。宜因大变，改政匡失，以塞天意。"丁鸿上书后，和帝即"收窦宪大将军印绶，宪及诸弟皆自杀"（《后汉书》卷三十七《桓荣丁鸿列传》）。一场与外戚的政治斗争，伴随一次日食的天人感应的解释而告终。安帝时，宦官樊丰擅权，杨震因地震上疏弹劾曰："地者阴精，当安静承阳，而今动摇者，阴道盛也……此中臣近官盛于特权用事之象也……唯陛下奉承皇天之戒，无令威福久移于下。"（《后汉书》卷五十四《杨震列传》）杨震因此遭樊丰迫害而饮鸩自杀，但一年后，顺帝即位，樊丰亦被诛。在这场反宦官的政治斗争中，天人感应观念也是被作为一种理论武器而使用的。据《后汉书》记述："永建三年，京师、汉阳地皆震裂，水泉涌出。四年，司、冀复有大水。雄（按：左雄）推较灾异，以为下人有逆上之征[①]，又上疏言：'宜密为备，以俟不虞。'寻而青、冀、扬州盗贼连发，数年之间，海内扰乱……"（卷六十一《左周黄列传》）。由左雄对发生在顺帝初年的这场社会动乱所作的解释和处理可以看出，天人感应观念甚至是汉代政治家在相当广泛的范围内认识和解决社会政治问题的理论工具。

祭祀的兴旺　鬼神祭祀的繁多兴旺，是汉代社会生活的一个显著现象。据《汉书·郊祀志》记述，哀帝时"一岁三万七千祠"，王莽时"用三牲鸟兽，三千余种，后不能备，乃以鸡当鹜雁，犬当麋鹿"（《汉书》卷二十五）。应劭《风俗通义》谓"自高祖受命，郊祀祈望，世有所增，武帝尤敬鬼神，于时盛矣。至平帝时，天地六宗已下，及诸小神，凡千七百所"[②]（卷八《祀典》）。凡此皆可见汉时祭祀之频繁。在全部儒学中，汉代儒学崇拜鬼神的宗教色彩是最鲜明的，董仲舒说，"祭者，察也，以善逮鬼神之谓也。善乃逮不可闻见者，故谓之察。祭然后能见不见，见不见之见者，然后知天命鬼神……故圣人于鬼神也，畏之而不敢欺也，信之而不独任，事之而不专恃。恃其公，报有德也，幸其不私，与人福也"，"君子之祭也，躬亲之，致其中心之诚，尽敬洁之道，以接至尊，故鬼享

---

①　李贤注："《天镜经》曰'大水自平地出，破山杀人，其国有兵'。"

②　《汉书·郊祀志》谓："……莽遂崇鬼神淫祀，至其末年，自天地六宗以下至诸小鬼神，凡千七百所。"

之"（《春秋繁露·祭义》）。可见，汉代儒学是把祭祀解释为接近、沟通鬼神并求得其福祐的一种行为，一种以对鬼神虔诚信仰为特质的、具有宗教性质的行为。汉代儒学对祭祀的此种解释，显然与先秦儒家不同。《礼记》说"祭者，所以追养继孝也"（《祭统》），"圣王之制祭祀也，法施于民则祀之，以死勤事则祀之……皆有功烈于民者也，及夫日月星辰，民所瞻仰也，山林川谷丘陵，民所取材用，非此族也，不在祀典"（《祭法》）①。所以一般说来，儒家是把祭祀解释为一种道德行为，是对先祖先贤、天地自然的功利性质或精神性质的价值表示崇敬的具有理性特质的道德感情。但在汉代儒学的天人感应观念浸润中，祭祀对象（鬼神）已由一种道德精神的体现，转变为某种超人的实体性存在。汉代儒学这种祭祀观念变化所蕴涵着的宗教因素增强，从理论观念上支持了汉代鬼神祭祀的兴旺。

孝的风尚　在汉代的社会生活中，孝之伦理道德实践被置于特别突出的位置。皇帝谥号前皆冠以"孝"字②，乡官有孝者③，举贤才有"孝廉"④。在儒家学说中，对"孝"的道德实践有许多解说，其中比较周延的是《礼记·祭统》之说："孝子之事亲也有三道焉：生则养，没则丧，丧毕则祭。养则观其顺也，丧则观其哀也，祭则观其敬而时也。尽此三道者，孝子之行也。"汉代社会生活中的某些规范或风俗，所反映的正是从这些方面对孝的践履。《风俗通义》谓"凡同居，上也；通有无，次也；让，其下耳"（卷四《过誉》），《汉书·地理志》谓"河内郡……薄恩礼，好生分"⑤，汉桓帝时，更相滥举，时人讥嘲曰"举秀才，不知书；举孝廉，父别居"（《抱朴子·审举》），《后汉书》赞述蔡邕"性笃孝……与叔父从弟同居，三世不分财，乡党高其义"（卷六十《蔡邕列

---

① 前已引述，据《国语·鲁语上》，此为鲁大夫展禽语。
② 《汉书·惠帝纪》颜师古注："孝子善述父之志，故汉家之谥，自惠帝已下皆称孝也。"
③ 汉时，乡官有三老、孝悌、力田。三老，高帝二年置，孝悌、力田，高后元年置。文帝前元十二年诏曰："孝悌，天下之大顺也。力田，为生之本也。三老，众民之师也。廉吏，民之表也。"
④ 《汉书·武帝纪》"元光元年冬十一月，初令郡国举孝廉各一人"，颜师古注："孝谓善事父母者，廉谓清洁有廉隅者。"
⑤ 颜师古："生分，谓父母在而昆弟不同财产。"

传》），凡此，皆显示汉代社会以父子兄弟同居为美德，而以分居为鄙行。究其内在的精神义蕴则应是"生则养"的孝的观念。为父母服三年之丧，是儒家传统的丧制①，尽管文帝后元七年曾有"短丧"之诏②，但整个汉代时期，仍以三年（实二十七月）之丧为规范，故汉律有"不为亲行三年服不得选举"的规定（《汉书·扬雄传》引应劭注），而能行三年之丧者，则为时所崇敬。如史称"原涉父死，行丧冢庐三年，由是显名京师"（《汉书》卷九十二《游侠传》），哀帝绥和二年下诏曰："河间王良丧太后三年，为宗室仪表，益封万户。"（《汉书》卷十一《哀帝纪》）汉代风俗和法令对三年丧制的推崇，也是从一个方面反映孝的伦理道德实践在汉代的社会生活中具有重要的地位。前已论述，汉代儒学的一个特色就是在社会思想层面上，在礼所涵盖的伦理道德关系中，对孝予以特别突出的论证。这样，汉代重孝的社会伦理生活，既在汉代儒学中得到了反映，同时，也从中获得了理论支持。

总之，汉代的社会生活在政治、宗教、伦理等主要方面所表现的形态或特色，都可以从汉代的天人之学中寻找到观念上的根源或影响，显现在后代人的历史视野里的情景是，天人之学虽然粗糙，但在汉代却充分发挥了作为一种哲学的社会功能。

（四）衰落

在汉代社会生活中十分活跃的、发挥了重要作用的天人之学，是随着汉代政权的衰落和灭亡而衰落和失去活力的。当然，与在各种社会危机，特别是农民起义打击下而崩溃的汉代政权的衰落、灭亡过程不同，天人之学作为儒学的一个理论形态、作为汉代的一个主导理论思潮，其衰落过程有着自己的原因和表现形式。

儒士成长环境的消失　汉代天人之学的衰落，首先是由于适宜于作为儒学的诠释和传播者的那个社会阶层——士（儒生、经师）生长发育的

① 《论语·阳货》记孔子曰："三年之丧，天下之通丧也。"
② 汉文帝仁德，悯怜"厚葬以破业，重服以伤生"，故于后元七年驾崩时遗诏丧事从简，丧服从短，"天下吏民出临三日皆释服"。朝官则"大红十五日，小红十五日，纤七日，释服"（《汉书》卷四《文帝纪》）。

社会环境已经变化、消失。《汉书·儒林传》和《后汉书·儒林列传》各
有一段对前后汉儒学兴盛期的状况的记述：

> 自武帝立五经博士，开弟子员，设科射策，劝以官禄，迄于元
> 始，百有余年①。传业者寝盛，支叶繁滋，一经说至百余言，大师众
> 至千余人，盖禄利之路然也。（《汉书》卷八十八《儒林传》）

> 光武中兴，爱好经术，未及下车，先访儒雅，立五经博士，各以
> 家法教授。建武五年，修起太学。中元元年，初建三雍②。明帝即
> 位，亲行其礼……坐明堂而朝群后，登灵台而望云物。袒割辟雍之
> 上，尊事三老五更。飨射礼毕，帝正坐自讲，诸儒执经问难于前。冠
> 带搢绅，圜桥门而观听者，盖亿万计。其后复为功臣子孙、四姓③未
> 属别立校舍，搜选高能以受其业，自期门、羽林之士悉全通《孝经》
> 章句，匈奴亦遣子入学。（《后汉书》卷七十九《儒林列传》）

从前后《汉书·儒林传》的叙述可以看出，形成汉代儒学的兴旺发达的
社会条件主要是，在位帝王对儒学的提倡、爱护、尊重；儒士专心致志于
儒家经典的讲习，且因此能获得登上仕途并不断发展的资格和机会。大致
而言，自汉武帝始以儒者为丞相④，至"孝和亦数幸东观，览阅书林"
（《后汉书·儒林列传》），是汉代儒学繁荣的时期，其间"元帝好儒，能
通一经者皆复"（《汉书·儒林传》）。宣帝诏诸儒于石渠阁，章帝会诸儒
于白虎观，讲议五经异同，"亲制临决"等，也都是汉代帝王尊儒的表

---

① 元始，汉平帝年号（当公元元年至 5 年），上溯武帝初置五经博士之建元五年（当
公元前 135 年），共计百四十多年。
② 《后汉书·明帝纪》："仰惟先帝（指光武）受命中兴……建明堂，立辟雍，起灵
台。"
③ 刘珍《东观汉记》："永平九年，诏为四姓小侯置学。"（卷二）袁宏《后汉纪》：
"永平中，崇尚儒术学，自皇太子、诸王侯及大臣子弟，莫不受经。又为外戚樊氏、
郭氏、阴氏、马氏诸子弟立学，号曰四姓小侯。"（卷十四）
④ 《史记·儒林列传》："汉兴，尚有干戈，平定四海，亦未暇遑庠序之事也。孝惠、
吕后时，公卿皆武力有功之臣。孝文本好刑名之言，及至孝景，不任儒者，而窦太
后又好黄、老之术。故诸博士具官待问，未有进者。"据此，则汉兴至孝景时皆不
任儒者。

现。其间，自武帝时公孙弘以治《春秋》，白衣登相封侯，"天下之学士靡然乡风矣"（《史记·儒林列传》）。元帝时，韦贤父子、匡衡、贡禹、薛广德分别以治《诗》《论》而位至丞相、御史大夫，此后，汉之公卿，未有不从经术进者。汉儒所谓"经术苟明，其取青紫，如俯拾地芥耳"（《汉书》卷七十五《夏侯胜传》），"遗子黄金满籝，不如一经"（《汉书》卷七十三《韦贤传》），正是儒士在这种儒学繁荣的社会环境中得意自信的表现。但是，自和帝以后，正如《后汉书·儒林列传》所述，"及邓后称制，学者颇懈，儒职多非其人……安帝览政，薄于艺文，博士倚席不讲，朋徒相视怠散，学舍颓敝，鞠为园蔬。……顺帝更修学宇，游学增盛至三万余生，然章句渐疏而多以浮华相尚，儒者之风盖衰矣"。也就是说，东汉和帝以后，在位之帝、后当权者漠视儒学，而儒生亦懈怠于经术。由于宦官外戚垄断，儒者的仕途变得艰塞，诚如顺帝时李固上疏陈事，感慨所说："一日朝会，见诸侍中并皆年少，无一宿儒大人可顾问者，诚可叹息。"（《后汉书》卷六十三《李杜列传》）这些都表明，和帝以后，先前那种孕育了儒学繁荣的社会环境条件已经发生了变化。这一情势，由于桓帝延熹九年和灵帝建宁二年两次党锢之祸的发生，及灵帝时"鸿都门学"的出现而更为加重。"党锢之祸"是宦官势力依靠皇帝的权力，对以经术出身的公卿士族势力的打击。《后汉书·党锢列传》概括其结局曰："凡党事始自甘陵、汝南，成于李膺、张俭，海内涂炭，二十余年，诸所蔓衍，皆天下善士。""党锢之祸"虽然直接打击到的是反对宦官的公卿名士，但深深伤害摧残的是他们的根——他们所由生出的儒士阶层及其经术。"鸿都门学"则是在仕途中以经术之外的艺术巧技来招引、举用士人。《后汉书·孝灵帝纪》记述"光和元年，始置鸿都门学生"，李贤注曰："鸿都，门名也，于内置学，时其中诸生，皆敕州郡、三公举召能为尺牍、辞赋及工书鸟篆者相课试，至千人焉。"《后汉书·蔡邕列传》亦谓："光和元年，遂置鸿都门学，画孔子及七十二弟子像。其诸生皆敕州郡、三公举用辟召，或出为刺史太守，或入为尚书侍中，乃有封侯赐爵者。"现在看来，就文化全面发展的角度而言，鸿都门学之设置，亦未可厚非，然而就东汉末年的社会环境来说，鸿都门学的出现，则加速了经术儒学的衰落，助长浮华交游之风，故当时以经术出身的公卿如蔡邕、杨赐皆上疏谏止曰"书画辞赋，才之小者，匡国理政，未有其能……非以教化取士之本"（《后汉书》卷六十《蔡邕列传》），"鸿都门下，招会群小，造作赋说，以虫篆小技，见宠于时，更相荐说，旬月之间，并各拔擢，而令搢绅之徒，委伏畎亩"（《后汉书》卷五十四《杨震列传》）。然而汉代儒学颓败之势既成，毕竟难以挽回，及至其末，在魏初人眼中所看到的就是："窃见当今年少，不复以学问为本，专更以交游为业。国士不以孝悌清修为首，乃以趋势游利为先。"（《三国志》卷十六《魏志·董昭传》）儒学兴旺的那种社会环境不再存在。

经学衰微 汉代儒学的衰落，还有根源于其自身的内在的因素。这种内在因素既发生在汉代儒学所依存的学术基础——汉代经学中，也潜存于汉代儒学的核心理论观念——天人感应思想中。导致汉代经学衰微的自身因素，在前是今文经学的烦琐，继后为今古文经学的混杂。《汉书·艺文志》论及汉代经学之弊说："古之学者，耕且养，三年而通一艺，存其大体，玩经文而已，是故用日少而畜德多，三十而五经立也。后世经传既乖离，博学者又不思多闻阙疑之义，而务碎义逃难，便辞巧说，破坏形体，说五字之文至于二三万言①；后进弥以驰逐。故幼童而守一艺，白首而后能言。安其所习，毁所不见，终以自蔽，此学者之大患也。"汉代经学烦琐，若如秦延君说《尧典》篇目两字，旁征博引十万言，说"曰若稽古"篇首四字，支离散漫三万言，则儒生皓首穷年，亦难以明一经。汉代经师说经，虽非篇篇句句皆如此，但汉代经学注重师法、家法②，诚如皮锡瑞所说"师法者，溯其源；家法者，衍其流也。师法别出家法，而家法又各分专家，如干既分枝，枝又分枝，枝叶繁滋，浸失其本"（《经学历史·经学极盛时代》），经学的烦芜支蔓难以避免。这在一方面，如同云礽③旷远，渐忘其祖，经学在枝枝叶叶中盘旋而易离根

---

① 《汉书·艺文志》颜师古注："桓谭《新论》云：秦近君能说《尧典》篇目两字之谊，至十余万言；但说'曰若稽古'三万言。"王先谦《汉书补注·艺文志》谓："王应麟曰：《儒林传》作秦延君，注'近'字误。"

② 如《后汉书·儒林列传》云："立五经博士，各以家法教授。"《后汉书·宦者列传·蔡伦》云："帝以经传之文，多不正定，乃选通儒谒者刘珍及博士良史诣东观，各校雠家法。"

③ 刘熙《释名·释亲属》："昆孙之子曰礽孙，礽孙之子曰云孙。"

本；另一方面经术之有成，要求儒生付出长年累岁的，并且是以磨灭掉创造性为代价的艰苦努力①。如质帝本初元年诏举明经，令称"年五十以上，七十以下诣太学"（《后汉书》卷六《孝质帝纪》），灵帝熹平五年"试太学生，年六十以上百余人"（《后汉书》卷八《孝灵帝纪》），都正是这一情况的反映。"章句渐疏，而多以浮华相尚"的汉末衰颓的儒风，在很大程度上由此逆反而起。

据《汉书·儒林传》记述，自武帝时立五经博士，至元帝时已有十四博士：《易》四（施雠、孟喜、梁丘贺、京房），《书》三（欧阳生、夏侯胜、夏侯建），《诗》三（鲁、齐、韩）②，《礼》二（戴德、戴圣），《春秋》二（严彭祖、颜安乐），是为今文经学。平帝时又立《左氏春秋》《毛诗》《逸礼》《古文尚书》博士，此为古文经学③。可见，汉代经学有今文经和古文经之分，一经之中又有数家之分。汉代经学的这一情况，具有十分辩证的性质：一方面，汉代经学的百家争鸣是其繁荣的主要表现；另一方面，经说的歧异也埋藏了经学衰微的种子。正如范晔所说："经有数家，家有数说，学徒劳而少功，后生疑而莫正也。"（《后汉书》卷三十五《张曹郑列传》论）所以，在"独尊儒术"的汉代社会，迫切需要的是对儒家经典作出一种统一的训释。现存的《白虎通义》的内容可以表明，前汉之石渠阁会议，后汉之白虎观会议，是在皇帝主持下试图对今文经学中的最主要的经义分歧作出统一解释、界说的两次努力④，而将今、古经学导向混和合流的则是郑玄所为。郑玄所引起的汉代经学的变迁，皮锡瑞有一简洁准确的评述："郑君博学多师，今古文道通为一，见当时两

① 《后汉书·质帝纪》云"令郡国举明经……各令随家法"，《后汉书·左周黄列传》云"左雄又上言：今孝廉年不满四十，不得察举，皆先诣公府，诸生试家法"，《后汉书·邓张徐张胡列传》云"徐防上疏曰：伏见太学试博士弟子，皆以意说，不修家法……诚非诏书实选本意"。可见汉时所举明经、孝廉、博士弟子，必守家法。

② 《诗》之鲁、齐、韩，则汉初已分；申公、辕固、韩婴，汉初皆为博士。

③ 汉时古文经学尚有《易》之费直一家，《礼》之《周官》（《周礼》），皆未立官，平帝时所立古文四经博士，光武时废止。

④ 白虎观会议留下的记录，《后汉书·章帝纪》称为"白虎议奏"，《儒林列传》称为"白虎通义"。据《汉书·艺文志》，石渠阁会议集有《石渠议奏》（《石渠论》）一百三十七篇（《书》之《议奏》四十二篇，《礼》之《议奏》三十八篇，《春秋》之《议奏》三十九篇，《论语》之《议奏》十八篇），今亡。

家相攻击，意欲参合其学，自成一家之言，虽以古学为宗，亦兼采今学以附益其义。学者苦其时家法繁杂，见郑君闳通博大，无所不包，众论翕然归之，不复舍此趋彼。于是郑《易注》行而施、孟、梁丘、京之《易》不行矣，郑《书注》行而欧阳、大小夏侯之《书》不行矣，郑《诗笺》行而鲁、齐、韩之《诗》不行矣，郑《礼注》行而大小戴之《礼》不行矣，郑《论语注》行而齐、鲁《论》不行矣。汉学衰废，不能尽咎郑君，而郑采今古文，不复分别，使两汉家法亡不可考，则亦不能无失。故经学至郑君一变。"（《经学历史·经学中衰时代》）郑学以一花独秀代替了汉代经学众枝并茂的局面。汉代经学，特别是汉代今文经学繁荣的时代已经过去，主要是生长在汉代今文经学土壤上的汉代天人之学也就衰败下来。

新的自然观出现　汉代天人之学的核心思想天人感应观念，在当时就受到一位最富于挑战性的思想家王充的批判。从王充的批判中可以看出，汉代天人感应观念或天人之学自身之中存在着两个导致其衰落的理论因素。第一，认识方法或思维方式的局限性。如前所论，汉代天人之学中的天人感应观念是在当时的生活经验和科学知识基础上，通过类比推理的认识方法、逻辑途径而形成的。在王充对天人感应的批判中，他所运用的正是与此相同的认识方法，而逻辑地得出的结论却与此相反。例如：

例1. 论天无意志、无作为

> 何以（知）天之自然也？以天无口目也。案有为者，口目之类也。口欲食而目欲视，有嗜欲于内，发之于外，口耳求之，得以为利欲之为也。今无口目之欲，于物无所求索，夫何为乎？何以知天无口目也？以地知之，地以土为体，土本无口目，天地，夫妇也，地体无口目，亦知天无口目也。（《论衡·自然》）

> 物，自然也。如谓天地之为，为之宜用手。天地安得万万千千手，并为万万千千物乎？（同上）

例2. 论天不能感应于人

> 天至高大，人至卑小。莛不能鸣钟，而萤火不炊鼎者，何也？钟

长而筳短，鼎大而萤小也。以七尺之细形，感皇天之大气，其无分铢之验，必也。……或曰："未至诚也，行事至诚，何天气之不能动乎？"夫至诚，犹以心意之好恶也。有果瓜之物，在人之前，去口一尺，心欲食之，口气吸之，不能取也。手掇送口，然后得之。夫以果瓜之细，员圆易转，去口不远，至诚欲之，不能得也；况天去人高远，其气莽苍无端末乎？（《论衡·变动》）

例3. 驳天以灾异谴告人君

论灾异，谓古之人君为政失道，天用灾异谴告之也……此疑也。夫国之有灾异也，犹家人之有变怪也。有灾异谓天谴人君，有变怪天复谴告家人乎？家人既明，人之身中，亦将可以喻。身中病，犹天有灾异也，血脉不调，人生疾病，风塞不和，岁生灾异。灾异，谓天谴告国政，疾病，天复谴告人乎？酿酒于罋，烹肉于鼎，皆欲其气味调得也，时或咸苦酸淡不应口者，犹人勺药，失其和也。夫政治之有灾异者，犹烹酿之有恶味也。苟谓灾异为天谴告之，是其烹酿之误得见谴告也。（《论衡·谴告》）

王充以天无口目证明天自然无为，以萤火不能炊鼎类比人不能动天，以烹酿有恶味并未招来天谴，说明灾异亦非天之谴告……可见，王充反驳天人感应观念的论证与认为"天地之符，阴阳之副，常设于身"（前引董仲舒语）、"人气内逆则感动天地"（前引翼奉语）的天人之学一样，也是在天与人、自然与社会的经验事实之间进行类比推理，虽然也很粗糙，但却足以使天人之学在理论上处于十分困难的境地：天人之学如果接受王充的批判，就等于是放弃自己的根本观点；若否定王充的批判，则实际上也就否定了自己的理论前提和逻辑原则。天人之学的感性经验的认识水平的局限性和类比推理的疏漏，在王充的批判面前总也摆脱不了被否定的处境。第二，有机自然观的动摇。天人之学把自然和社会的一切现象解释为五行相生相胜的有内在秩序的互动联系，甚至是有目的性的过程。王充用经验事实批判、否定了这一观点：

一人之身，含五行之气，故一人之行，有五常之操；五常，五行之道也。五藏之内，五行气俱。如论者之言，含血之虫，怀五行之气，夺取相贼害；一人之身，胸怀五藏，自相贼也？一人之操，行义之心，自相害也？（《论衡·物势》）

五行之气相贼害，含血之虫相胜服，其验安在？……午马也，子鼠也，酉鸡也，卯兔也。水胜火，鼠何不逐马？金胜木，鸡何不啄兔？亥豕也，未羊也，丑牛也，土胜水，牛羊何不杀豕？巳蛇也，申猴也，火胜金，蛇何不食猕猴？猕猴者，畏鼠者，嗅猕猴者，犬也。鼠水，猕猴金也；水不胜金，猕猴何故畏鼠也？戌犬也，申猴也，土不胜金，猴何故畏犬？[1]（同上）

王充以在汉代的思想观念中被视为是五行的不同表现形态的五脏、五常（仁义礼智信）、"含血之虫"等之间并无"相贼害"的事实，推倒天人之学中的"五行相胜"的观点，从而也动摇了以这种观点为基础的有机自然观（五行自然观），并提出一种新的"气"自然观（元气自然观）：

天自当以一行之气生万物，令之相亲爱，不当令五行之气反使相贼也。（《论衡·物势》）

天之行也，施气自然也；施气则物自生，非故施气以成物也。（《论衡·说日》）

有了气自然观，王充得以能在更高的理性层次上用天之自然无为的观点，对天人之学的天有意志目的的感应谴告之说进行了批判：

天地合气，万物自生……或说以为天生五谷以食人，生丝麻以衣人，此谓天为人作农夫桑女之德也，不合自然，故其义疑，未可从

---

[1] 将十二生肖配以十二支，十二支又分配于五行：水（亥豕、子鼠）、木（寅虎、卯兔）、火（巳蛇、午马）、金（申猴、酉鸡）、土（丑牛、辰龙、未羊、戌犬）。由《论衡》可证此为汉时风俗；唯其解说不得其详。宋人《蠡海集》《晒谷漫录》内有分别以阴阳、五行观念解十二生肖之说，似承汉代余绪。

也。(《论衡·自然》)

> 天无为，故不言。灾变时至，气自为之，天地不能为，亦不能知也。(同上)

可以认为，汉代儒学的天人感应观点，在这种气自然观的天道自然、无为的理论观点批判下，是彻底崩溃了。

王充不止一次地明确声明，他的这种自然观的理论来源是道家黄老，他说"天道自然也，无为；如谴告人，是有为，非自然也。黄老之家，论说天道，得其实矣"(《论衡·谴告》)；他明确承认，这种批判"虽违儒家之说，合黄老之义也"(《论衡·自然》)。王充的批判似乎预示，随着以阴阳五行为观念基础而建构起来的汉代天人之学的衰落，道家思想将再次活跃起来①，并将影响和决定儒学新的理论形态的形成及其内容特色。

二　自然之学

(一) 界定：玄学的基本含义与儒学性质

魏晋儒学生长在魏晋玄学风靡的理论环境中，被自然观念浸润，具有某种玄学特质，是魏晋儒学的一个最明显的特色。魏晋玄学的理论性质比较复杂，援用东晋王坦之《废庄论》中的话来说，是"在儒而非儒，非道而有道"(《晋书》卷七十五《王湛传》)。玄学能否作为或者是在什么意义上作为儒学的一种理论成分或形态来考察的，需加以界定。

玄学的基本含义　以何晏、王弼、阮籍、嵇康、向秀、郭象等人为代表的魏晋玄学，其学术内涵或理论性质，从魏晋六朝时人的言论中可以判

---

① 《史记·儒林列传》谓："孝文帝本好刑名之言，及至孝景，不任儒者，而窦太后又好黄老之术，故诸博士具官待问，未有进者。"《史记·外戚世家》谓："窦太后好黄帝老子言，帝及太子、诸窦不得不读黄帝、老子言，尊其术。"可见汉初黄老道家思想曾居主导地位。下章的论述将显示，活跃于魏晋玄学中的道家思想是老庄道家思想。

定为，第一，就理论思潮言，玄学是崇尚老庄思想而有别于儒学的甚至可以说是和儒学相对立的一种新思潮。如梁代刘勰说："迄至正始，务欲守文，何晏之徒，始盛玄论，于时聃周当路，与尼父争途矣。"（《文心雕龙·论说》）宋人刘义庆《世说新语》记述向秀《庄子注》"妙析奇致，大畅玄风"（《世说新语·文学》）。《晋书》记述，在向秀《庄子注》基础上"郭象又述而广之，儒墨之迹见鄙，道家之言遂盛焉"（《晋书》卷四十九《向秀传》）。阮籍、嵇康认为，"世人所谓君子，惟法是修，惟礼是克……君子之处域内，何异夫虱之处裈中"（阮籍《大人先生传》），而主张"越名教而任自然"（嵇康《释私论》）。凡此皆显示玄学思潮（"玄论""玄风"）具有鲜明的道家思想特色。第二，就学术科目言，玄学是由诠释"三玄"（《老子》《庄子》《周易》）为主要内容，而与诠释传统儒学经典（《诗》《书》《礼》《春秋》）之经学（儒学）有所区别的一种新的学术科目。"玄学"之设置，见于宋齐。宋文帝元嘉十五年，"宋征雷次宗至京师，开馆于鸡笼山，聚徒教授，会稽朱膺之、颍川庾蔚之，并以儒学兼总诸生。时国子学未立，上留心艺术，使丹阳尹何尚之立玄学，太子率更令何承天立史学，司徒参军谢元立文学，凡四学并建"（《宋书》卷九十三《隐逸传·雷次宗》）。宋明帝太始六年，"以国学废，置总明观以集学士……玄儒文史四科，科置学士各十人，正令史一人，书令史二人，干一人，门吏一人，典观吏二人"（《南齐书》卷十六《百官志》）。宋王僧虔诫子书中，言及《周易》《老》《庄》，而谓"见诸玄，志为之逸，肠为之抽"（《南齐书》卷三十三本传）。梁齐颜之推在《家训》中亦说："何晏王弼，祖述玄宗……泊于梁世，兹风复阐，《庄》《老》《周易》，总谓三玄"。（《颜氏家训·勉学》）可见，此四学中"玄学"是以《周易》《老子》《庄子》为诠释对象的。在这里，《老子》《庄子》与《周易》具有同样的经典的学术地位。撰作于六朝末期的陆德明《经典释文》将《老子》《庄子》置放于《论语》之后、《尔雅》之前，依稀反映了当时这种学术观点。南齐国子博士陆澄在致尚书令兼祭酒王俭书中，论及国学设置《周易》经学科目时说："晋太兴四年，太常荀崧请置《周易》郑玄注博士，行乎前代。于时政由王、庾，皆儁神清识，能言玄远，舍辅嗣而用康成，岂其妄然？太元立王肃《易》当以在玄、弼之间。元嘉建学之始，玄、弼两立，逮颜延之为祭酒，黜郑置王，意在贵玄，事成败儒。今若不大弘儒风，则无所立学。众经皆儒，惟《易》独玄，玄不可弃，儒不可缺，谓宜并存，所以合无体之义。"（《南齐书》卷三十九《陆澄传》）此书信大意谓，先前《周易》博士都是立自习郑玄《注》的儒生。宋元嘉建国学时，并立郑玄《注》与王弼《注》，颜延之为祭酒时，去除郑《注》，而单立王《注》。今祭酒为王俭，陆澄上书力争《周易》之郑注亦当立，即儒玄宜并存。此将《周易》由郑玄注称为"儒"，由王弼作出的训释称为"玄"，由此可见，宋齐"四学"中的"玄学"是指遵循王弼理论立场阐释"三玄"的科目，而"儒学"则可视为是指传统经学。

玄学的儒学性质　具有上述两个基本含义的玄学，似乎很难作为儒学的一种理论形态来加以考察。然而，正如下面将论述的，从魏晋玄学产生的背景及其理论内容中我们观察到，第一，玄学思潮崇尚老庄思想并不是适应道家思想发展的内在需要，而是回应儒学摆脱危机的要求；第二，在玄学中，儒学的基本范畴、命题、思想都获得了一种新的援引道家思想的解释。正是在这个意义上，我们将玄学作为儒学的一个特殊形态来考察。并且，如同前面把援依阴阳五行思想，以"天人相应"为主要观念而立论的汉代儒学称为"天人之学"一样，在这里为凸显一代儒学的特征，也是本着"制名指实"的原则，将引进道家思想的魏晋儒学称为"自然之学"，因为在这个儒学的新诠释、新形态中，"自然"的观念是最根本的观念。

（二）玄学思潮的兴起及其主要内容

1. 玄学兴起的社会政治和文化因素

后汉至魏晋的社会变迁中，加剧儒学衰落、导引玄学思潮滋生蔓延的社会政治和文化因素主要有三。

动乱的政局　魏晋是我国历史上一个国家分裂、战乱频仍、政权迭变的动荡不安时期，除了曹魏代汉、典午篡魏这样一代政权鼎替外，还有"八王之乱""荆扬之争"等一个政权内部皇权悍将的火并。此外，五胡乱华、民族纠葛也是一个乱源。汉代那种相对稳定的大一统的政治局面不复存在。所谓"理平者先仁义，理乱者先权谋"①，历史的经验确实表明，一个动乱的社会，儒学必然会因其固有的维护社会伦理秩序的理论功能被削弱、扰乱，而趋于败落。建安八年到二十二年间，曹操曾四次下令求贤，其八年的求贤令中曰"治平尚德行，有事尚功能"，二十八年的求贤令中更明确说"不仁不孝而有治国用兵之术，其各举所知，勿有所遗"（《三国志·魏志》卷一《武帝纪》裴松之注引《魏书》）。诏令十分清晰地显示，汉魏间动乱的社会环境提出了一种儒学不具备的甚至是与儒学相矛盾的理论要求。一种轻蔑鄙弃儒学的社会风气也因此而萌发滋蔓。魏明帝时，杜恕上疏议考课之制，论及时之风尚曰"今之学者，师商、韩而上法术，竞以儒家为迂阔，不周世用，此最风俗之流弊"（《三国志·魏志》卷十六《杜恕传》），其所表述的正是这种情景。曹魏时，虽有传授儒学的太学之建，但备受轻忽，徒为虚设，正如齐王曹芳时刘靖上疏所言："自黄初以来，崇立太学二十余年，而寡有成者，盖由博士选轻，诸生避役，高门子弟，耻非其伦，故无学者。虽有其名而无其人，虽设其教而无其功。"（《三国志·魏志》卷十五《刘馥传》）正始时，下诏议"圜丘"，公卿、官吏、学士二万余人，能应对者略无几人，此诚可为儒学衰落、儒士凋零之一证②。在一个动乱的社会中，抱着"兼善天下"以求一逞的儒士，常常是险恶的政治斗争中，特别是政权争夺中的牺牲品。陆沉乡里，"愿怡神无事，偃息衡门，任其飞沉，与时抑扬"③，即屈节以全乱世，成为一种不得不然的选择。《晋书》记述的阮籍人生态度的转变，可视为一典型例证，"籍本有济世志，属魏晋之际，天下多故，名士少有全者，籍由是不与世事，遂酣饮为常"（《卷四

①　后汉蒯越语，见《后汉书》卷七十四《袁绍刘表列传》。
②　鱼豢《魏略》曰："正始中，有诏议圜丘，普延学士。是时郎官及司徒领吏二万余人，虽复分布，见在京师者尚且万人，而应书与议者略无几人。又是时朝堂公卿以下四百余人，其能操笔者未有十人，多皆相从饱食而退。嗟夫！学业沉陨，乃至于此！"（《三国志·魏志》卷十三《王肃传》裴松之注引）
③　后汉荀爽语，见《后汉书》卷六十七《党锢列传·李膺》。

十九《阮籍传》)①。阮籍曾咏怀他的感受"生命无期度，朝夕有不虞"，"终身履薄冰，谁知我心焦"（《阮籍集》卷下《咏怀诗》）。嵇康亦抒愤说"人之多僻，政不由己"（《嵇中散集》卷一《幽愤诗》）。在苦难的社会生活环境中，文化修养甚高而精神危机甚深的士人，追慕清静无为、逍遥无累的老庄生活情趣和人生理想，而淡薄儒学的礼法名教，则是很自然的。《宋书·礼志》历述两晋时，泰始八年、咸宁二年、建武初年、太兴初年、咸康三年、太元九年数番议立太学，然而每议而辄止，屡建而旋废，究其原因，实是因"世尚庄老，莫肯用心儒训"（《宋书》卷十四），此亦可为证。

门阀士族制度　应该说，在中国封建社会里，具有某种特殊政治、经济势力的世家、豪门、大族，历代皆有。但是，魏晋时期的世家大族（士族），却别具特色，它是由"九品中正"制度而形成的、更加具有垄断性和相对稳定性的地主阶级中的特殊阶层。晋武帝时，卫瓘、王亮等曾上疏论及九品中正制之由来流变："魏氏承颠覆之运，起丧乱之后，人士流移，考详无地，故立九品之制，粗具一时选用之本耳。其始选也，乡邑清议，不拘爵位，褒贬所加，足为劝励，犹有乡论余风。中间渐染，遂计资定品，使天下观望，唯以居位为贵……"（《晋书》卷三十六《卫瓘传》）卫瓘所论甚是。曹魏九品中正制是在汉魏社会动乱之际，汉时所采用的基本上是在乡里土断基础上进行"察举""征辟"两种铨选人才官吏的办法无法执行情况下的补救措施，即考其初衷，"盖以论人才优劣，非为世族高卑"②。但是当后来，裁断九品人才的中正之权多被爵位、名望甚高的"著姓士族"攫据后，渐染以"党利""爱憎""货赂"，常常是"附托者必达，守道者困悴"，最终酿成"上品无寒门，下品无势族"的局

---

①　史载阮籍曾登广武，观楚汉战争之迹，叹曰："时无英雄，使竖子成名。"（《晋书》卷四十九本传）后人每将此"竖子"理解为指刘邦，李白诗《登广武古战场怀古》亦曰："沉湎呼竖子，狂言非至公。"苏轼辩曰："非也，伤时无刘项也。竖子，指魏晋间人耳……嗣宗虽放荡，本有志于世，以魏晋间多故，故一放于酒，何至以沛公为竖子乎？"（《东坡志林》卷一《广武叹》）甚是。阮籍此叹，亦可见其本有济世之志。

②　见《宋书》卷九十四《恩倖传》序记。

面①。魏晋门阀士族制度加剧了居于社会统治地位的世家大族与其他社会阶级在经济、政治各个方面的矛盾、对立，这是十分显然的。就我们这里所考察的导致魏晋玄学思潮风靡的各种社会契因来说，门阀士族制度正是促成当时社会这种精神面貌形成的基本因素。先秦儒家提出儒者之任为"修身齐家治国平天下"，向往"博施济众"的立德立功立言的不朽的圣人之业。汉代崇儒，"公卿之位，未有不从经术进者"②。儒家由己及人，由个人的德性修养到社会伦理实践的精神成长和积极入世的生活过程中，充满着由责任感、义务感和一种神圣的当然也有物质功利内容的人生目标而构成的动力。在魏晋门阀制度下，"世胄蹑高位，英俊沉下潦"③，秦汉儒者所具有的这种生活动力和精神运动被从不同方面窒息、堵塞了。一方面，门第寒微的庶族文人，仕途无门，以兼有伦理性、功利性的"治国平天下"为人生目标的儒家积极入世精神在这里低落下来，虽有高才硕学，不得其用，隐遁山林，冷淡世态，则势成必然。正如晋武帝时段灼上疏所言："今台阁选举，涂塞耳目，九品访人，唯问中正。故据上品者，非公侯之子孙，则当涂之昆弟也。二者苟然，则荜门蓬户之俊，安得不有陆沉者哉！"（《晋书》卷四十八《段灼传》）《晋书·隐逸传》中收录人物之多，《传》中记述他们疾时俗、返自然的种种行为，"或移病而去官，或著论而矫俗，或箕踞而对时人，或弋钓而栖衡泌，含和隐璞，乘道匿辉，不屈其志，激清风于束叶者矣"（《晋书》卷九十四），都正是玄学兴盛的历史证明。另一方面，出身于门阀士族等级的人，一般说来，进身之阶和政治、经济特权均得到法制性的"门第"的保障，亦如晋人王沈在《释时论》中所说"百辟君子，奕世相生，公门有公，卿门有卿，多士丰于贵族，爵命不出闺庭"（《晋书》卷九十二《王沈传》）。这一情形使得儒家伦理性和功利性的人生价值追求在这里也被漠视、削弱了。孔子曾说"富而可求也，虽执鞭之士吾亦为之"（《论语·述而》），孟子亦主张由

---

① 见《晋书》卷四十五《刘毅传》。

② 皮锡瑞《经学历史·经学极盛时代》。

③ 左思《咏史诗八首》之二："郁郁涧底松，离离山上苗。以彼径寸茎，荫此百尺条。世胄蹑高位，英俊沉下潦。地势使之然，由来非一朝……"（《左太冲集》）

"天爵"（仁义道德）生"人爵"（公卿禄位）①。可见，富与贵绝不是儒家所摒弃的人生目标，相反，通过修明经术、践履伦理而获得的富与贵，是儒家所珍视、追求的。但是，对于在"门第"保护下的门阀士族，富与贵是既得的，而无须像儒家所要求的那样通过长期的从为学、修身开始的终生的伦理道德实践去争取的。北齐颜之推曾记述南朝时凭借家世余绪荫得官位的情形说："梁朝全盛之时，贵游子弟，多无学术，至于谚云'上车不落则著作，体中何如则秘书'②……"（《颜氏家训·勉学第八》）在门阀制度鼎盛的魏晋时期，更可想而知。这样，兼有伦理和功利性的儒家"名教"的人生目标的实现，在门阀士族这里是缺乏内在精神运动过程的；如同平夷的路途，难有动人的景色，他们感受不到这种目标所具有的意义和价值。《世说新语》记有东晋殷浩的一则言论："人问殷中军：何以将得位而梦棺器，将得财而梦矢秽？殷曰：官本是臭腐，所以将得而梦棺尸；财本是粪土，所以将得而秽污。时人以为名通。"（《世说新语》卷二《文学》）史载殷浩之父殷羡为豫章太守、光禄勋，位在公卿，殷浩"弱冠有美名，尤善玄言"，后为中军将军，都督扬、豫、徐、兖、青五州军事的权臣（《晋书》卷七十七《殷浩传》），是典型的门阀士族。他说禄位、钱财为臭腐、粪土，似为谐趣通达，实是显示着这个阶层的价值失落，显示着这个阶层因传统的、原有的儒家伦理道德规范的制约和激励作用不再存在而产生的精神危机。综观魏晋门阀士族的全部言行，可以把这种道德精神危机的表现归纳为两点。一是门阀士族把既得的无任何精神价值内容的"富贵"享用、消耗到极点，表现为极度的奢侈腐化。《世说新语·汰侈篇》所记述"石崇与王恺争豪"最为代表，而西晋傅咸上疏所言"奢侈之费，甚于天灾"（《晋书》卷四十七《傅咸传》），正是两晋之世奢侈之风蔓长到何种严重程度的写照。二是门阀士族要在"富贵"之外寻求新的人生目标、新的精神上的满足，表现为极度的放任情性，纵心

① 孟子说："有天爵者，有人爵者，仁义忠信，乐善不倦，此天爵也。公卿大夫，此人爵也。古之人修其天爵，而人爵从之。今之人修其天爵，以要人爵，既得人爵，而弃其天爵，则惑之甚者也，终亦必亡而已矣。"（《孟子·告子上》）

② "下车不落"意指最低的生活能力，或谓上车不能登轼，意指年龄尚幼。"体中何如"，书信中寒暄客套语，意指最低的写作能力。"著作……秘书"乃秩位为六品之官（见《宋书》卷四十《百官志下》）。

所欲。西晋傅玄最早地观察到并概述了魏晋玄风初起的情况："魏文慕通达而天下贱守节，其后纲维不摄，而虚无放诞之论盈于朝野。"（《晋书》卷四十七《傅玄传》）生当玄学高潮中的道教学者葛洪①对此有真切具体的观察，"蓬发乱鬓，横挟不带，或袒衣以接人，或裸袒而箕踞。朋友之集……宾则入门而呼奴，主则望客而唤狗，其或不尔，不成亲至，而弃之不与为党。终日无及义之言，彻夜无箴规之益，诬引《老》《庄》，贵于率任，大行不顾细礼，至人不拘检括，啸傲纵逸，谓之体道，呜呼惜乎，岂不哀哉"（《抱朴子·疾谬》），"或乱项科头，或裸袒蹲夷，或濯脚于稠众，或溲便于人前，或停客而独食，或行酒而止亲，此盖左衽之所为，非诸夏之快事也"（《抱朴子·刺骄》）。《世说新语》也记述了魏晋门阀士族们的许多"放达"行为，其中一则记曰："王平子、胡毋彦国诸人皆以放任为达，或有裸体者。乐广笑曰：名教中自有乐地，何为乃尔也?"（《世说新语》卷一《德行》）十分显然，门阀士族慕"通达"而贱"守节"，追寻"诸夏"之外的"快事"、"名教"之外的"乐地"，实际上是鄙弃、跨越儒家的伦理道德规范。嵇康《释私论》所说"越名教而任自然"，可谓一言蔽之。从儒家的立场上看，魏晋玄学中显示的儒学危机在这里最为明显。

经学衰微与思潮变迁　魏晋玄学兴起的契因，除了生成于那个时代的独特社会条件外，还内蕴于儒学思想发展的需要中，应合着经学衰微中显现出的新的发展趋向——对道家思想的汲取。汉代经学是以两大特质或特色支撑起来的：一是有严格的今古文之分和以家法传授，一是有发达的经义诠释和章句训诂。如前已述，及至东汉后世，今古文之分和家法界限由年代久远而渐趋混淆，经义章句固守师说，既不能生长出，又未能吸收进新的学术内容，而只能"碎义逃难，便辞巧说"②，陷入烦琐，经学也就衰落下来。汉代经学的衰落及与此相连的汉代儒学的理论思想——天人感应观念权威地位的丧失，十分自然地要引起魏晋时代的儒学学术内容和精神生活的变异，带来一种在汉代儒学和儒家观念之外开拓学术局面

---

① 葛洪，字稚川，生于西晋武帝太康四年，卒于东晋哀帝兴宁元年（283～363）。
② 《汉书·艺文志》论经学流弊曰"……后世经传，既已乖离，博学者又不思多闻阙疑之义，而务碎义逃难，便辞巧说，破坏形体……"云云。

和精神生活的契机。甚至在东汉晚期的三位大儒——马融和他的两位弟子卢植、郑玄身上，就显示出了这种变异的契机，其主要是在对儒家经典的诠释中和在人生的价值取向上引进道家思想，兼容道家思想。据《后汉书》记述，马融早先曾拒绝辅政的权臣、外戚邓骘征聘，后来在饥困中，正是感悟了道家"重生"思想才应召的①。马融除遍注儒家经典外，还注解了《老子》《淮南子》等道家著作。《后汉书》又称卢植"能通古今学，好研精而不守章句"（卷六十四《卢植列传》），显示越出汉代经学学术樊篱的倾向②。儒学变异的征兆在郑玄这里表现得更明显些。《世说新语》注引《郑玄别传》称郑玄"博极群书，精历数图纬之言，兼精算术"（《世说新语》卷二《文学》），《后汉书》记述郑玄在袁绍所设宾会上以学力与辩才折服百家名士异说③，充分显示出《后汉书》传论所称"括囊大典，网罗众家"的郑玄之学绝非经学门庭之所能框限。实际上，在郑玄经解中，除了兼取汉代古文、今文经学中所固有的义理外，时或借援道家思想也是一个新的特色。最为显著的是在《周易注》和《易纬注》中引用道家"气""无为"及理想人格"至人"的观念。

① 《后汉书》谓："……融既饥困，乃悔而叹息，谓其友人曰：古人有言，左手据天下之图，右手刎其喉，愚夫不为。所以然者，生贵于天下也。今以曲俗咫尺之羞，灭无赀之躯，殆非老庄所谓也。故往应骘召。……著《三传异同说》，注《孝经》《论语》《诗》《易》《三礼》《尚书》《列女传》《老子》《淮南子》《离骚》。"（卷六十《马融列传》）

② 《后汉书·卢植列传》载卢植著有《尚书章句》《三礼解诂》，今皆佚。但从散见于诸经史典籍里的佚文中仍可以窥见其不守章句、别出新解的特色。如《礼记·月令》"天子三推，三公五推，卿诸侯九推"，传统经解如贾逵所说"此是贵贱耕发相三之数也"（《礼记正义》卷十四疏引），蔡邕解释说"卑者殊劳，故三公五推。礼，自上以下，降杀以两，劳事反之，诸侯上当有孤卿七推，大夫十二，士终亩，可知也"（《后汉书·礼仪志上》注引）。卢植则训解曰"天子及三公，坐而论道，参五职事，故三公以五为数。卿、诸侯当究成天子之职，故以九为数"（同上）。《礼记·郊特牲》"郊之用辛也，周之始郊日"，传统经学当如王肃援引董仲舒、刘向所说"用辛者，以冬至阳气新用事，故用辛也"（《礼记正义》卷二十六疏引）。卢植则训释曰"辛之为言自新絜也"（《南齐书》卷九《礼志上》）。就此二例而言，卢植经解回避了或者说削弱了汉代经学中那种根深蒂固的伦理的和天人合一的理论立场。

③ 《后汉书》谓："时大将军袁绍总兵冀州，遣使要玄，大会宾客……绍客多豪俊，并有才说，见玄儒者，未以通人许之，竞设异端，百家互起。玄依方辩对，咸出问表，皆得所未闻，莫不嗟服。"（卷三十五《张曹郑列传》）

如训释《系辞》"太极"为"极中之道，淳和未分之气也"①（《文选》卷十九张茂先《励志诗》注引）；注解《易纬·乾凿度》中"易"之"简易"的含义②时说"简易者，寂然无为之谓"，"简易无为，故天下之性莫不自得"③；解释《易纬·乾凿度》"孔子曰君人五号也，帝者天称也，王者美行也，天子者爵号也，大君者与上行异也，大人者圣明德备也，变文以著名，标题以别操"说"夫至人一也，应迹不同而生五号，故百姓变其文名，别其操行"④；注解《易纬·乾凿度》"气形质具而未离，故曰浑沦"说"含此三者而犹未有分判。老子曰'有物浑成，先天地生'"。凡此皆是开此后魏晋玄学在训解儒家经典中援用《老子》《庄子》的语言或概念、命题之先河。此外，郑玄训释《论语》"夫子言性与天道不可得而闻也"说"性谓人受血气以生，有贤愚吉凶。天道，七政变动之占也"（《后汉书》卷二十八《桓谭列传》注），此对"性"的解释与道家"性者生之质也"（《庄子·庚桑楚》）是一致的，并且也正是以后魏晋玄学中对"性"的训释。如何晏《论语注》曰"性者，人之所以受以生者也"，皇侃疏曰"人禀天地五常之气以生曰性。性，生也"（《论语集解义疏》卷三《公冶长第五》）。这一例证具有代表性地显示汉代儒学向魏晋儒学嬗变的依稀可辨的轨迹。这种在东汉晚期已见端倪的儒学引进道家思想的变异，到了魏晋时期，则蔚然成为一代风气、一种思潮——玄学思潮。

2. 展现玄学思潮的主要方面

魏晋思潮就其理论的、思想的内容而言，可以分解为三个部分，或者说三个层面。

人生实践的价值取向——儒道兼取 魏晋思潮的最鲜明特色是道家思

---

① 《老子》曰"万物负阴而抱阳，冲气以为和"（第42章），《庄子》曰"通天下一气也"（《知北游》）。

② 《易纬·乾凿度》界定"易"的含义有三："易者，易也（简易），变易也，不易也。"

③ 《老子》曰"无为"则"万物将自化……下天将自正"（第37章）。

④ "至人"为《庄子》中的理想人格，如谓"至人无己"（《逍遥游》），"至人神矣"（《齐物论》），"至人之用心若镜，不将不迎，应而不藏"（《应帝王》），"至人无为"（《知北游》）。

想的人生实践价值在与儒家思想相比较中被发现、被肯定、被践行，形成一种在中国历史上十分独特的兼容、混和儒道的精神风貌，这是魏晋时期社会政治的和文化精神的多种原因而引起的儒学思想危机的产物。魏晋思潮中，在儒道之间作比较抉择时，无疑存在着认为道家思想高出儒家的观点和倾心于道家情趣的态度。例如，正始年间沐并在《诫子俭葬书》中说："夫礼者，生民之始教，而百世之中庸也，故力行者则为君子，不务者终为小人。然非圣人莫能履其从容也，是以富贵者有骄奢之过，而贫贱者讥于固陋，于是养生送死，苟窃非礼……若能原始要终，以天地为一区，万物为刍狗，该览玄通，求形影之宗，同祸福之素，一死生之命，吾有慕于道矣。"（《三国志·魏志》卷二十三《常林传》注引《魏略·清介传》）沐并之论似乎就是从一个具体的方面判定，道家在理论上和实践上比儒家优越，道家的思想更开阔远大，更容易践履。东晋初曹毗著《对儒》，其中设问者之言曰："名为实宾，福萌祸胎，朝敷繁华，夕归尘埃，未若澄虚心于玄圃，荫瑶林于蓬莱，绝世事而隽黄绮，鼓沧川而浪龙鳏者矣。"（《晋书》卷九十二《文苑传·曹毗》）其所表达的就是赞赏道家的人生追求和处世态度的立场。但是魏晋思潮毕竟还是在以儒家为观念背景和基础之上发生的，所以更为普遍的观点是认为，道家向往自然宁静的人生态度与儒家努力伦理道德实现的人生追求是异途而同归、异旨而相补的同等意义的价值取向，同等价值的生活方式。东晋李充《学箴》所表述的可为典型："《老子》云'绝仁弃义，家复孝慈'，岂仁义之道绝，然后孝慈乃生哉？盖患乎情仁义者寡，而利仁义者众也。道德丧而仁义彰，仁义彰而名利作，礼教之弊，直在兹也。……老庄是乃明无为之益，塞争欲之门，圣教救其末，老庄明其本，本末之途殊而为教一也。"（《晋书》卷九十二《文苑传·李充》）两晋时，魏晋思潮兼容儒道的多元价值观念，在束皙的《玄居释》和谢万、孙绰围绕"八贤"优劣的论辩中有更具体表现。束皙是西晋时最称博识的学者，他回答门弟子对他提出的"鳞翼成而愈伏，术业优而不试"的疑问说："物从性之所安，士乐志之所执，或背丰荣以岩栖，或排兰闼而求入，在野者龙逸，在朝者凤集。虽其轨迹不同，而道无贵贱，必安其业，交不相羡，稷契奋庸以宣道，巢由洗耳以避禅，同重不朽之称，俱人贤者之流。参名比誉，谁劣谁优，何必贪与二八为群，而耻为七人之畴乎?"①（《晋书》卷五十一《束皙传》）束皙十分明确地认为，建功于世的后稷、契与避世自宁的巢父、许由同为不朽，从性所好，无可论其优劣。关于儒道之显隐、出处有无优劣，东晋时曾有一次小的争论，《世说新语》注引《中兴书》记述："谢万善属文，能谈论，《谢万集》载其叙四隐四显为八贤之论，谓渔父、屈原、季主、贾谊、楚老、龚胜、孙登、嵇康也。其旨以处者为优，出者为劣。孙绰难之，以谓体玄识远出处同归。"（《世说新语》卷二《文学》注引）即在谢万看来，凡此古今八人，无论隐者或显者，无论尊儒或崇道，皆可谓"贤者"，皆可为推仰，但毕竟还是或有优劣；孙绰则有更进一步的见识，认为对于玄学家来说，或隐或显，或儒或道，是"出处同归"。魏晋思潮中的儒者，或者说玄学家的这种兼取儒道的人生价值取向或生活态度主要表现有二，一是玄学家在生活作风虽表现为追慕、仿效道家的任情自然，放达不羁，但内心深处仍牢固地依恋、盘踞着世俗的或属于儒家伦理道德规范性质的情结和识解。例如在魏晋玄风思潮中，作为"竹林七贤"之首的阮籍最为旷达超俗，视世人碌碌如"群虱之处裈中"（《大人先生传》），"见礼俗之士，以白眼对之"（《晋书》卷四十九《阮籍传》）。然而据晋史记称，其为人却"性至孝，母终……举声一号，吐血数升，毁瘠骨立，殆致灭性"（同上）。他放言"礼岂为我辈设"②，但却反对儿子阮浑也学"放达"③。"竹林七贤"中的王戎、嵇康亦是如此。晋史谓王戎"不拘礼制"，但却"性至孝"；称其能"退虚名，但与时浮沉"，但又"性好兴利……家有好李，常出货之，恐人得种，恒钻其核，以此获讥于

---

① "二八"谓显功德于世的"八恺""八元"，源自《左传》："昔高阳氏有才子八人……天下之民谓之八恺，高辛氏有才子八人……天下之民谓之八元。此十六族也，世济其美，不陨其名。"（文公十八年）"七人"谓七位避世隐者，源自《论语》"子曰：贤者避世，……作者七人矣"（《宪问》），"逸民：伯夷、叔齐、虞仲、夷逸、朱张、柳下惠、少连"（《微子》）。

② 《世说新语》载："阮籍嫂尝还家，籍见与别。或讥之，籍曰：'礼岂为我辈设也。'"（卷五《任诞》）

③ 《世说新语》载："阮浑长成，风气韵度似父，亦欲作达。步兵（按：阮籍曾为步兵校尉）曰：仲容（按：阮籍之侄阮咸，竹林七贤之一）已预之，卿不得复尔。"（卷五《任诞》）刘孝标注《世说新语》引《竹林七贤论》曰："籍之抑浑，盖以浑未识己所以为达也。"

世"。(《晋书》卷四十三《王戎传》)嵇康在《释私论》中提出"越名教而任自然"，但在《家诫》中又教训儿子要过"忠""义"的严肃的道德生活①。稍后，被当时人称为"江东步兵"的张翰亦是如此，《晋书》记述："翰任心自适，不求当世，或谓之曰：'卿乃可纵适一时，独不为身后名邪？'答曰：'使我有身后名，不如即时一杯酒。'时人贵其旷达。性至孝，遭母丧，哀毁过礼。"(卷九十二《文苑传·张翰》)魏晋玄学家这种既追求放任又恪守伦理、虽企迈高远却每落尘俗、内蕴着实际上是相互冲突的矛盾的复杂情感的思想性格，是由魏晋时代的社会苦难和儒学衰落所构成的一种独特历史环境的产物。在这样的历史环境中，具有高文化修养的魏晋玄学家，一方面他们强烈追求能徜徉在浸透着苦难的社会生活之外的、无负累的自然性的生活之中，即超越实际上是以儒家纲常规范为内容的"名教"的生活；但在另一方面，他们的精神之根又深深扎在儒家"名教"的土壤里而难以挣脱。所以，这种"超越"就是不可能的，结果，无论是在整个社会的价值取向或在个人的精神生活中，都表现出兼容儒道的特色。二是魏晋时代的儒家学者，普遍地具有"博览经籍百家之书""精通庄老"的学术修养，普遍地获得在诠释儒家经典的同时兼注《老子》《庄子》或立著阐述道家思想的学术成就。《晋书·儒林传》所载人物十八位传主中即有这样的情况，如徐苗，晋史推其为当时的"儒宗"，其"作《五经同异评》，又依道家著《玄微论》，前后所造数万言，皆有义味"(《晋书》卷九十一)。徐邈"撰正《五经音训》，学者宗之"(同上)，据《隋书·经籍志》，徐邈还同时撰有《庄子音》(《隋书》卷三十四)。范宣"博综众书，尤善三礼……客有问'人生与忧俱生'，不知此语何出，宣云'出《庄子·至乐篇》'"②(《晋书》卷九十一)。可见亦甚谙熟庄老。儒家学者服膺并疏释《庄子》《老子》，更是南北朝时十分鲜明的学术风尚。主要是由六朝时儒家学者撰作的《老子》《庄子》注疏，至今仍是老庄学说史上的第一高峰。

新自然观　魏晋思潮的第二个部分或层面的内容是魏晋学者在儒家经

---

① 嵇康《家诫》中有言："临义让官，若孔文举求代兄死，此忠臣烈士之节。"(《嵇中散集》卷十)

② 《庄子·至乐》有言："人之生也，与忧俱生，寿者惛惛，久忧不死，何苦也！"

典注疏中，援用道家思想——或直接就在《老子》《庄子》《列子》的注解中对儒家思想所作出的新的诠释，用天道无为的自然观代替了汉代儒学天人感应的有机自然观，主要也是用"自然"的观念诠释先秦儒学的性、礼、天命等基本范畴和基本命题，使儒学呈现出一种新的理论形态。这是本章的中心论题，在后面再作论述。

新本体论 魏晋思潮的第三个部分或最高的层面，是魏晋学者在《老子》《庄子》《列子》等道家经典的注解中，将道家思想中的最基本的也是最高的哲学范畴"道"的本体性质丰富、深化了。魏晋玄学所确定的"道"的内涵或本质特征是：（1）"道"的最基本的形态是"无"。如王弼说："道者何？无之称也，无不通也，无不由也。况之曰道，寂然无体，不可为象。"（何晏《论语集解·述而》邢昺疏引）按照这一界定，"道"之所以是"无"，从形体上说，它是无形体；从性质上说，它是根本，万物无不由之，但却不是任何一个具体事物（"有"），只能是"无"，"无形无名者，万物之宗也"（《老子注·十四章》）。（2）"道"作为本根的量的表述是"一"。如王弼说："万物万形，其归一也。何由致一，由于无也，由无乃一。由无乃一，一可谓无。"（《老子注·四十二章》）韩伯也说："形之所宗者道，众之所归者一……一之为用，用乎道矣。"（《系辞注》）即魏晋玄学认为，"道"作为万物的根本，具有根源、主宰的那种性质，只能是一个最高的存在，而不能是万千众多的个体。"譬犹以君御民，执一统众之道也"，"极不可二，故谓之一也"（何晏《论语集解·里仁》皇侃疏引王弼说）。此外，王弼还说："道泛滥无所不适，可左右上下，周旋而用，则无所不至也。"（《老子注·三十四章》）郭象在解释《庄子·齐物论》"道通为一"时也说："各然其所然，各可其所可，则理虽万殊而性同得，故曰道通为一。"可见，在魏晋玄学中，"道"之为"一"，也有统一性、普遍性的含义。（3）"道"作为本根的存在状态是"静"。如王弼说："凡有起于虚，动起于静，故万物虽并动作，卒复归于虚静，是物之极笃也。"（《老子注·十六章》）"天地虽大，富有万物，雷动风行，运化万变，寂然至无，是其本矣。"（《周易注·复·象》）很显然，魏晋玄学是把"道"确认为一种本然状态，本然状态的扰动，就是万种事物和景象。

在魏晋玄学中，被其所观察、认识到的"道"与万物万事的关系，也就是"无"与"有"、"一"与"多"、"静"与"动"的关系，主要有三种表述方式：（1）本末关系。这是在一般的描述的意义上认定"无""一""静"是根干（"本"）、决定性的，而"有""多""动"是枝叶（"末"）、被决定性的。如魏晋玄学家认为"天地万物皆以无为为本"①（《晋书》卷四十三《王衍传》）。《老子》一书凝结了古代社会生活中的高度智慧，从理论上说，《老子》一书以当时最高的思辨能力和自然知识，从历史的和现实的生活经验中体验出作为世界本源的"道"的观念，并方方面面地从天地飘风骤雨，到赤子弱骨柔筋，从域中之"四大"，到橐籥毂辐之微物，描绘它的"无"的、"自然"的本质和景象万千的外在和表现，最终是要达到一种对"道"的哲学的识解，一种崇"道"的境界与态度，即抱一、宁静、主无为。用《老子》的话来说，就是"唯道是从"（第21章），即"圣人抱一为天下式"（第22章），"致虚极、守静笃"（第16章），"圣人无为"（第29章），"镇以无名之朴"（第37章）。王弼准确地洞察到了《老子》的这一理论意向，故说"老子之书，其几乎可一言而蔽之，噫！崇本息末而已矣"（《老子指略》）。所以在魏晋玄学中，道家思想中的"道"与万物的关系，经常地以"本末"来表述②。（2）母子关系。《老子》说"天下万物生于有，有生于无"（第40章），"道生一，一生二，二生三，三生万物"（第42章），《庄子》也说"道……生天生地"（《大宗师》），"道生万物"是道家思想中十分明确的自然哲学观点。道家宇宙生成观点中的"道"与"物"的这种关系，在魏晋玄学中常是以"母"与"子"来表述的。王弼说"母，本也；子，末也，得本以知末，不舍本以逐末也"（《老子注·五十章》）。也就是说，"道""一"是"母"，由道生成的万物是"子"。王弼注解《老子》"昔之得一者"曰："一，数之始而物之极也，各是一物之生，所以为主也。物皆各得此一以成，既成而舍以居成，居成则失其母，故皆裂发，歇竭灭蹶也。"（第39章）其意谓物皆由"一"（"道"）而生，物生成以后，即

---

① 原作"皆以无为为本"。王懋竑《读书记疑》七谓"文多一'为'字"，其是。《通鉴》八二引正少一"为"字。

② 先秦道家著作中已有近似这样的表述，如《庄子·天道》"夫虚静恬淡寂漠无为者，万物之本也"。

离其"母"而居(为"有"),最后消灭。在这里,"母子"所内蕴的道与物间的生之、长之的含义是很明显的。魏晋玄学在解释道家宇宙生成论中的道物关系时,实际上是超越了这种"母子"的感性经验的理解,也就是说,"道生万物"并不是如同母生子必然是一种既有先后又有内在的物质传递的过程,而只是一种世界存在状态从开始(无)到后来(有)的演变过程,或者也可以说从开始之前(无)到开始(有)的演变过程。如王弼《老子注》说:"凡有皆始于无,故未形无名之时,则为万物之始,道以无形无名始成万物,以始以成,不知其所以。"(第1章)"天下之物,皆以有为生,有之所始,以无为本,将欲全有,必反于无也。"(第40章)魏晋玄学在这里对万物生成发展过程从哲学上作出了最周延同时也是最简单的概括:从无到有,从有入无。(3)体用关系。《老子》说"大道氾兮,其可左右"(第34章),"周行不殆"(第25章)。《庄子》谓"道通其分也"(《庚桑楚》),"无所不在"(《知北游》),万物皆是"道"的表现。一般说来,我们可以把道家的这种观点视为是本体论的观点,即"道"是本体,万物是现象。在魏晋玄学中,是以体用来表述道家本体论观点中的这种道与物的关系的。"体"是本体,即"道""无""一","用"是表现,即"有"、万物或功能。如王弼注《老子》"渊兮似万物之宗"曰:"形虽大,不能累其体,事虽殷,不能充其量,万物舍此而求主,主要安在乎?不亦渊兮似万物之宗乎?"(第4章)注《老子》"无之为用"曰:"言无者,有之所之为利,皆赖无以为用也。"(第11章)凡此皆有以"道"("无""万物之宗")为"体",而以"形"、万物、有为其"用"之意。晋史在总述何晏、王弼思想时,对魏晋玄学的这一观点有更明确的表述:"立论以为天地万物皆以无为本。无也者,开物成务,无往不存者也,阴阳恃以化生,万物恃以成形,贤者恃以成德,不肖恃以免身,故无之为用,无爵而贵矣。"(《晋书》卷四十三《王衍传》),即"无""道"是根本,为其"体";万物万事皆其表现,为其"用"。

魏晋玄学所论述、确定的"道"的这些本质特征或内涵,都可以在《老子》《庄子》中追寻到它的理论来源,而对道与万物关系的几种表述,则可视为是对道家思想的进一步阐发。魏晋玄学在这个最高理论层面上保持了较为纯粹而浓厚的道家思想特色，经常也是在这个意义上魏晋玄学按其理论性质被判定属于道家思想体系。在魏晋玄学短暂的理论生命中①，除阮籍曾十分简单地提出过"《易》谓之太极，《春秋》谓之元，老子谓之道"（《通老论》）外，还未见有用其最高理论层面上的这些思想观念来诠释儒学的思想范畴。然而在后面我们将看到，正是魏晋玄学在最高理论层面上攀缘道家理论观念所阐发的这些思想观念——特别是以体用关系诠说的新本体论进入儒学，才有宋明理学的出现。

（三）玄学思潮中的儒学诠释

魏晋玄学思潮中的儒学理论的最显著特色是，具有一个与汉代儒学"天人合一"有机自然观迥然有别的天道无为自然观，并引进道家"自然"的观念来诠释先秦儒学的基本范畴和思想。

1. 天道无为自然观

从魏晋玄学家对《老子》《庄子》和儒家经典《周易》《论语》的注释中可以看出，魏晋玄学的自然观在主要之点上与汉代儒学是不同的。

万物之本——"无"　　如前所述，在汉代儒学中，"万物之本"被称为"元"，所谓"元者为万物之本"（《春秋繁露·玉英》），其主要含义是万物在时间意义上的开始，"元犹原也，其义以随天地终始也"，"谓一元者，大始也"（同上）。此外，董仲舒还说："《春秋》何贵乎元而言之？元者始也，言本正也。"（《春秋繁露·王道》）汉代儒学中的"元"还有某种伦理道德意义上的祖根之义。魏晋玄学将"无"视为"万物之本"，即晋史所载何晏、王弼的最具特色的立论："天地万物皆以无为本"。其含义是"物之所以生，功之所以成，必生于无形，由乎无名，无形无名者，万物之宗也"（王弼《老子指略》）。也就是说，所谓"无"，是万物之起源、万物之所由生成的那种无形无名状态，实际上，是在万物生成（"有"）之前的状态（故是"无"）。十分显然，魏晋玄学与汉代儒学在

---

①　魏晋存在有二百年的时间（220～420），一般认为魏晋玄学经历了正始、元康、永嘉三个时期的高潮（《世说新语·文学》注引袁宏《名士传》谓"正始名士""竹林名士""中朝名士"）。自郭象（永嘉六年卒，即312年）之后，乃至东晋，随着佛学兴起，魏晋玄学虽仍存在，但就不再具有新的理论创造力了。

"万物之本"观念上的区别，即"无"与"元"内涵的差别，就是其分别指称万物在形成之前的状态（无形无名）和万物在时间上的开端（原始）。前面已经判定，汉代儒学从时间之开始意义上的"元"，完全不是道家的具有实在性的万物根源或宇宙总体内涵的"道"的观念；这里也可以说，魏晋玄学主要是从存在状态意义上界定的作为"万物之本"的"无"，与先秦道家老庄的这种具有实在性内涵的"道"也是不同的。当然，魏晋玄学的"无"与老庄的"道"有极密切的观念上的联系。老庄之"道"的一个重要的性质，就是无可名状、无有形体的超验性①，也就是说，在老庄这里，无形无名（"无"）是对作为具有实在性的世界根源或世界总体的"道"的基本性质的一种规定；然而，魏晋玄学以"无"来指称"道"或"万物之本"，主要是对万物生成之前的一种共同状态（无形无名）的描述，而不是对"道"为万物根源之某种性质（超验的实在）的界定。前面在考察汉代儒学自然观时曾判定，自《易传》开始，儒家自然观就再也没有摆脱掉道家的影响，但是，道家的具有实在性宇宙根源或宇宙总体的观念，始终没有被儒家真正理解与接受，这是儒家与道家自然观上的差别的一个最重要的划界标准②。十分显然，魏晋玄学的"无"与道家的"道"的分界线也正在于此。这样，魏晋玄学描述万物最初状态的"无"，一方面与汉代儒学的表述万物之原始的"元"不同，另一方面也和汉代儒学一起共同与道家的具有实在性的"道"有区别。

天道无为 汉代儒学"天"的观念最重要的内涵或特色是"天"有意志、目的、德性。帝王之立、万物之生，皆"天意"所为，如董仲舒说"受命之君，天意之所予也"（《春秋繁露·深察名号》），"天地之生万物也以养人"（《春秋繁露·服制像》），也就是说，天道有为，并且

---

① 《老子》中反复说，"道"是"无状无物"（第14章），"视之不见，听之不闻"（第35章）。《庄子》中亦反复说，"道可传而不可受，可得而不可见"（《大宗师》），"道不可闻，闻而非也；道不可见，见而非也；道不可言，言而非也"（《知北游》）。

② 后面将论及，在宋明理学中，作为本体的"理"之观念，根源性、总体性是其基本的内涵。这是从一个最深刻的方面表明，理学（儒学）终于受到了道家本体观念的思想影响，或者说接受了这种本体观念。

"天"在事功中显示出崇高德性，亦如董仲舒所说"天覆育万物，既化而生之，有养而成之，事功无已，终而复始，凡举归之以奉人，察于天之意，无穷极之仁也"（《春秋繁露·王道通三》）。回顾历史，汉代儒学"天"的观念、明显的人格神、目的论等特征，比较接近殷周原始宗教的"天"（或"帝"）的观念，而不同于经过一种道德理性洗礼的先秦原始儒学的"天何言哉，四时行焉，百物兴焉"（《论语·阳货》）内含着天道无为义蕴的"天"之观念。当然，正如前面所论，汉代儒学的这种"天"的观念具有一种有机自然观的理论基础，与殷周宗教观念亦有所区别。魏晋玄学"天"的观念与汉代儒学的此种观念迥然不同。其初，何晏说"自然不动，而万物生焉"（《论语集注·雍也》），王弼说"天地任自然，无为无造，万物自相治理……地不为兽生刍而兽食刍，不为人生狗而人食狗，无为于万物，而万物各适其所用"（《老子注·五章》）；到"中朝"，郭象说"凡所谓天，皆明不为而自然"（《庄子注·山木》）；直至东晋时，韩伯也说"天地之道，不为而善始，不劳而善成"（《系辞注·上》）。可见，魏晋玄学有一个贯穿始终的、基本的"天"的观念——天道无为。其与先秦儒学有某种接近，而与汉代儒学鲜明对立。

宇宙结构："万物自生"与"共成一天"　　如前所述，汉代儒学将宇宙的构成分解为天地人、阴阳、五行"十端"，五行"比相生而间相胜"（《春秋繁露·五行相生》），阴阳内蕴为具有互补性质的尊卑、德刑、方位，天地人"相为手足，合以成体，不可一也"（《春秋繁露·立元神》），宇宙内的一切事物皆处于一种互动的紧密联系的结构中。在这个结构中，天人之间，"治世与美岁同数，乱世与恶岁同数，以此见人理之副天道也"（《春秋繁露·王道通三》），天人感应，如影随形，毫发不爽。万物之间，"物固以类相召""物固有实使之"（《春秋繁露·相类相动》），万物之生成，如响应声，必有其由，万事万物间处处弥漫着因果与必然。魏晋玄学显示的宇宙结构与此不同。王弼说"万物之生，吾知其主，虽有万形，冲气一焉"（《老子注·四十二章》），张湛也说"一气之变，所适万形"（《列子注·天瑞》）。可见，魏晋玄学中所显示的是一幅由"气"构成的简单混一的宇宙图景。此外，更加重要的是，在魏晋玄学这个混一的宇宙里不存在任何事物间的制约、决定因素，事物皆因其自然之性而自生、自成。可以说，"万物自生"是魏晋玄学自然观中的一个最为鲜明和一致的观点。从最早王弼所表述的"任其自然而物自生，不假修营而功自成"（《周易注·坤·六二》），到最后张湛所说"皆自尔耳，岂有尸而为之者哉"（《列子注·天瑞》），也都是这一观点。在魏晋玄学中，对"万物自生"观点论述得最为彻底而明确的是郭象，他说："物各自生而无所出焉，此天道也。"（《庄子注·齐物论》）郭象还提出一个新的哲学概念——"独化"① 来表述、概括这一被魏晋玄学所确认的宇宙结构中的根本现象。郭象"独化"的基本含义是万物生成过程中的个体绝对性，用他自己的话来解释，就是"明其独生而无所资借"（《庄子注·知北游》）。"独化"是对追溯万物生成之由而最终只能达到的一种绝对性状态的描述，而不是对某种绝对的实在或实体的界定。也用郭象的话来说，就是"若责其所待而寻其所由，则寻责无极，卒至于无待，而独化之理明矣"（《庄子注·齐物论》）。就魏晋玄学本身来观察，郭象"独化"理论的意义在于，一是避免了魏晋玄学中的一个根本命题"有生于无"可能带来的并且实际上已经发生了的理解上的混乱。如前所述，王弼的或魏晋玄学的"有生于无"是对万物生成过程的状态的描述，即任何一有形可名之物（"有"）皆是经由无形无名（"无"）的状态而来。但是，人们在理解这一命题中的"无"时，经常地十分自然地要赋予与"有"形态虽异而却同样具有实在性、实体性的那种内涵。这样，这一命题就由过程的状态描述，转变为实在过程的表述，从而陷入无法摆脱的逻辑悖论与循环之中："无"若没有像物所具有的那种实在性内涵，那么，绝不能生物（"有"）；但"无"若具有这种实在性，那么，就不是"无"，而已是"有"。并且，对这种万物生成之根源的"有"的追溯，也不会有穷尽之时。当时，裴頠著《崇有论》曰："至无者无以能生，故始生者自生也，自生而必体有，则有遗而生亏矣。夫万物之有者，虽生于无，然生以有为己分，则无是有之所谓遗者也。"（《通鉴》八二）② 可见，裴頠正是将

---

① "独化"一词最早出现在战国晚期《鹖冠子·天权》中："独化终始，随能序致。"
② 今《晋书》卷三十五《裴頠传》引《崇有论》无"夫万物之有者，虽生于无"两句，《晋书》有误。

"无"理解为具有实在性内涵的"有"的特殊形态（"无是有之所谓遗"），故不能是"有生于无"，而只能是"生者自生"。也就是说，裴頠正是从一个有歧义的理解中而产生的逻辑悖论处来批评、否定玄学的"有生于无"观点的，这自然不能折服玄学家，晋史记载说"王衍之徒攻难交至"（《晋书》卷三十五《裴頠传》）。比裴頠稍后的郭象无疑完全觉察到了"有生于无"命题可能产生的理解的分歧和逻辑的矛盾，他注解《庄子·庚桑楚》"有不能以有为有，必出乎无有"一语时说："……此所以明有之不能为有而自有耳，非谓无能为有也。若无能为有，何谓无乎？"注解《庄子·知北游》"有先天地生者物邪"说："谁得先物者乎哉？吾以阴阳为先物，而阴阳者即所谓物耳。谁又先阴阳者乎？吾以自然为先之，而自然即物之自尔耳。吾以至道为先之矣，而至道乃至无也。既以无矣，又奚为先？然则先物者谁乎哉？而犹有物无己。明物之自然，非有使然也。"这些论述表明郭象准确地观察到了"有生于无"命题所可能产生的逻辑悖论的所有方面。在这个悖论处，郭象也得出了"自有""物之自尔，非有使然"的结论，这似乎与裴頠相同，但实际上差之甚远。郭象不是以这个"自有""自尔"的观念来推倒"有生于无"的玄学基本思想观点的，而是由此导引出使"有生于无"命题摆脱逻辑困境的新命题——"独化于玄冥"。郭象注解《庄子·齐物论》"罔两待影"曰："世或谓罔两待景，景待形，形待造物。请问夫造物者有耶？无耶？无也，则胡能造物哉？有也，则不足以物众形。故明众形之自物，而后始可与言造物耳。是以涉有物之域，虽复罔两，未有不独化于玄冥者也。故造物者无主而物各自造，物各自造而无所待焉，此天地之正也。"即郭象认为，广漠宇宙中的任何事物，即使是罔两、影子，也都是独立、无所资借地生成和变化着。万物"独化于玄冥"，是郭象所观察和概括出的宇宙的基本结构和状态。所谓"玄冥"，郭象解释说："玄冥者，所以名无而非无也。"（《庄子注·大宗师》）因此，"独化于玄冥"所要表述的宇宙实际是，万物皆从其未曾有过的形态中自主、自造地显现出来。十分显然，在魏晋玄学中，郭象以"独化于玄冥"命题代替"有生于无"命题，既包孕了其义蕴，又避免了其可能引起的那种逻辑困扰。二是弥补进了魏晋玄学"气"的单一宇宙图景中所缺乏的整体或结构的理论观念因素。王弼在《老子注》中说"喜怒同根，是非同门，故不可得而偏举也"（第1章），在《周易注》中说"二气相与，乃化生也"（《咸·彖》），在《论语释疑》中说"三体（按：诗、礼、乐）相扶，而用有先后也"（何晏《论语集解·泰伯》皇侃疏引）。可见，魏晋玄学也观察到了万类事物间的互动或互济关系和由此而形成的某种宇宙内的结构性联系。毫无疑义，这是宇宙内更为明显、普遍和意义重大的现象。但是，在王弼为代表的"有生于无"的玄学自然观中，在其"万物自生"和"气"的单一宇宙图景中，没有提供任何可以沟通"自生"与"互济"的理论观念，所以这种现象得不到解释，郭象的"独化论"实现了这一点。郭象注解《庄子·秋水》"东西之相反而不可以相无"曰："天下莫不相与为彼我，而彼我皆欲自为，斯东西之相反也。然彼我相与为唇齿，唇齿者未尝相为，而唇亡则齿寒。故彼之自为，济我之功宏矣，斯相反而不可以相无者也。"郭象的观点是，事物就其生成过程来推究，莫不是"自为""自造"，无所资借而绝对独立的；然而就其存在过程中所表现出的性能、功能来观察，又都是"相为"而"不可以相无"的。在郭象看来，譬如唇齿，唇自生为唇，齿自长为齿，"未尝相为"；但唇齿生长成以后，却时时有唇亡则齿寒的、在性能与功用上的密切联系，"不可以相无者也"。当郭象观察的眼光由人之唇齿投向人之全身，又从人本身投向万物时，他说："人之生也，形虽七尺，而五常必具，故虽区区之身，乃举天地以奉之。故天地万物，凡所有者，不可一日而相无也。一物不具，则生者无由得生，一理不至，则天年无缘得终。"（《庄子注·大宗师》）也就是说，郭象最终观察到的是，宇宙中的万事万物由其各自不同的性能、功用而紧密地胶结在一起，成为一个整体——"天"："会而共成一天……天者，万物之总名也"（《庄子注·齐物论》）。这样，郭象的"独化"理论就十分巧妙地包容了"万物自生"和"共成一天"两个对立的方面，"万物虽聚而共成乎天，而皆历然莫不独见"（《庄子注·齐物论》），为魏晋玄学建造了一个周延的宇宙结构。

以上，我们考察了魏晋玄学自然观的主要之点。大体上可以说，在先秦儒学和汉代儒学自然观的背景下观察，魏晋玄学的"天"自然无为的观点较为接近先秦儒学，而与汉代儒学尖锐对立；以道家的自然观为参照系来作比较，虽然魏晋玄学自然观的观念形态、理论色彩都相似于道家，但是，在一个最重要的理论实质问题上，即在魏晋玄学中作为"万物之本"的"无"与"独化"，其哲学义蕴都是对一种状态的描述，而不是对某种实在、实体的界定，保持着先秦、两汉传统儒家思想中没有实在性或实体性的形上宇宙根源观念的那种理论特色，而与道家思想又有所区别。

2. 儒学的道家解释

魏晋玄学"在儒而非儒，非道而有道"的理论特色的一个重要表现是，儒学之三个理论层面上的基本范畴、思想，在这里得到了完全是道家理论观念——"自然"的解释。

心性的理论层面　魏晋玄学有三个命题显示其对儒学心性层面上自《礼记》以后形成的三个主要论题的回答，都是属于道家思想性质的。

其一，"性静情动"。这是魏晋玄学对人性内涵的基本的界定。追溯历史，迄至汉代，儒学就已出现了三种对人性的内蕴——性与情进行区分，实际上是确定其内涵的标准。一是善与恶。一般说来，这是先秦儒学区分性与情的标准。孟子说"养心莫善于寡欲"（《孟子·尽心下》），似乎是把"欲"视为人的心性中与善之性相对立的一种精神存在。荀子"性恶"论显然是以人之情欲为"性"之内涵的。二是静与动。《礼记·乐记》曰"人生而静，天之性也；感于物而动，性之欲也"，认为性与欲（情）的分界在于"静"与"动"，人之本然的精神状态是"性"，临事接物表现出种种反应是"情"。以"静"为本、"动"为末是道家的根本观点①。《庄子·在宥》描述"人心"种种性状，最后归结曰"其居也渊而静，其动也县而天"。所以，大抵可以判定，《礼记·乐记》以静、动分别界定性、情，其观念渊源来自道家。这是秦汉之际儒家学者吸收、接引道家思想所形成的一个新的对以后儒家思想发展有重要意义的理论观点。三是阳与阴。此乃汉代儒学援引阴阳观念对性、情内涵所作出的又一个新的界说，如董仲舒说"身之有性情也，若天之有阴阳也……天两有阴阳之施，身亦两有贪仁之性"（《春秋繁露·深察名号》），《白虎通·情

---

① 如《老子》曰："夫物芸芸，各复归其根，归根曰静，静曰复命。"（第16章）

性》界定"性者阳之施,情者阴之化"。十分显然,《乐记》动静之说和汉儒阴阳之论,其理论意图是一致的,都是试图对先秦性情之善恶内涵作进一步的诠释、充实,但其理论内容在逻辑上却是矛盾的、对立的。因为在阴阳说的立场上看,"善之属尽为阳,恶之属尽为阴"(《春秋繁露·阳尊阴卑》),而动静说的结论在逻辑上却正好与之相反。魏晋玄学用来界定性、情内涵的理论观念选择了动静说,在王弼那里,魏晋玄学的这一理论立场显示得特别清晰。王弼说"万物以自然为性"(《老子注·二十九章》),万物的本然状态即是万物之本性。这种本然状态,王弼将其界定为"无"或"静",所谓"天地虽大,寂然至无,是其本矣"(《周易注·复》),换言之,万物的本性是"静"。王弼又说"变者何也?情伪之所为也"(《周易略例·明爻通变》),也就是说,万物的种种情状负累皆是由"动"而起,亦即韩伯所谓"有动则未免乎累"(《系辞注下》)。这是王弼在普遍的、"万物"的意义上以动静分辨的"性"与"情",实际上也就是人性中的"性"与"情"。王弼说"喜惧哀乐,民之自然,应感而动,则发乎声歌"(何晏《论语集解·泰伯》皇侃疏引),"情动于中而外形于言",也就是说,人之喜惧哀乐之情,皆是人之性("自然""中")感应外物而动、动而外显之形。此外,郭象说"必将有感,则与本性动也"(《庄子注·列御寇》),其意也是认为感于物,则为性之动、欲之生。可见,魏晋玄学理解、诠释性与情的理论立场同于《乐记》,其渊源于道家。

其二,静以正情。这是魏晋玄学心性修养的基本观点。如何修养心性,就儒家来说,如何调理、消解在其看来具有"恶"的性质的"情""欲",无疑是一个主要的目标。先秦儒家孟子、荀子在这里既具有明显差别,又具有某种内在的相通。孟子说"养心莫善于寡欲"(《孟子·尽心下》),"学问之道无他,求其放心而已矣"(《孟子·告子上》),孟子把人的自我克制、对"本心固有"之善的觉悟,或者概之曰"以性正欲",视为"养性"的根本途径。荀子与此不同。荀子说"人生而有欲……制礼义以分之,以养人之欲"(《荀子·礼论》),用制度、道德等来制约、规范人之意欲及其行为,即"以礼制欲",是荀子"养性"的基本观点。《礼记》曰"礼者,因人之情而为之节文,以为民坊者也"(《坊记》），"……礼义之经也，非从天降，非从地出，人情而已矣"（《问丧》），《礼记》这种"礼以文情"观念是由荀子"以礼制欲"思想变异而来。显然，孟子完全信赖人的主观、内在的自律，而荀子则认为人的本性中不存在这种主动性，外在的制约才是有效的。然而，孟子所谓"本心"固有之"善"，即仁、义、礼、智，实际上包容着全部的伦理制度、道德规范，也正是荀子所谓"礼"。孟子的"求放心"的"以性正欲"，实际上也就是用道德、制度来制约、规范自己的行为和意欲，与荀子"以礼制欲"有内在的相通。孟荀之相通，是儒家阵营以外的观察者判定他们同出孔门的主要理由；孟荀之相异，却又使得在儒家内部孔孟正统派排斥甚至视荀子为异己亦为有据。但是，先秦以后毕竟还是孟、荀的理论冲突困扰着也推动着儒学人性观念的理论思考。一方面，孟子提出的那种认为善、道德感情内蕴于人性之中的观点，无疑是传统儒家的基本信念和儒学的基本理论前提；另一方面，荀子揭示的"人欲"又是根本否认不了的经验事实。如前所述，汉代董仲舒提出的"善质"说，认为善如米，其成有内与外，"内谓之天，外谓王教"（《春秋繁露·实性》）。显然，这是汉代儒学对孟荀两说甚为巧妙的折中、调和。魏晋玄学在新的理论背景下如何回答儒学中的心性修养问题？王弼说："不性其情，焉能久行其正，此是情之正也。若心好流荡失真，此是情之邪也……能使之正者何？仪也、静也。"（何晏《论语集解·阳货》皇侃疏引）王弼之意甚是清楚，能够以"性"制"情"则是"情之正"；否则，情意流荡，则是"情之邪"。使"邪情"归正的途径有二："仪"与"静"。《国语》曰"示民轨仪"（《周语下》）、"威仪有则"（《周语中》），所以王弼这里的"仪"，由其约定的基本的含义，可以判定是指儒家的伦理纲常、道德规范，相同于儒家的"以礼节情"的观点。《老子》曰"致虚极，守静笃"（第16章），《庄子》曰"抱神以静，形将自正"（《在宥》），十分显然，王弼以静正情的思想，即以守静为心性修养的基本方法的观点是援引自道家的。郭象也说"恬静而后知不荡，知不荡而性不失也"，"信行容体而顺乎自然之节文者，其迹则礼也"（《庄子注·缮性》），可见，在心性修养中，一面承袭儒家的具有制约防闲作用的"礼"，以规范行为；一面引进道家提倡的归依本然状态之"静"，抑息欲念、使心境宁静，是魏晋玄学中的一种基本的、共同的态度。如果说汉代儒学的心性修养的观点具有折中孟子和荀子的调和色彩，那么，魏晋玄学的心性修养思想的特出之处则是自觉或不自觉地兼收并蓄了儒家和道家的观点。并且，从理论上看道家的观点要更鲜明突出一些。

其三，"圣人无情"与"圣人有情而无累"。这是魏晋玄学对理想人格精神境界的论断。魏晋玄学中正始时期的何晏、钟会和永嘉时期的郭象都倡"圣人无情"之说。何劭《王弼传》曰："何晏以为圣人无喜怒哀乐，其论甚精，钟会等述之。"（《三国志·魏志》卷二十八《钟会传》裴松之注引）何、钟所论今已不得其详，但从何晏所说"圣人与天地合其德"（《论语集解·宪问》），大体可推测，此是依《老子》立论。《老子》曰，人法天地，天地法道，道法自然（第25章），天地于万物"生而不有，为而不恃，长而不宰"（第51章），无为无情，故"德合天地"的圣人亦无情。郭象对"圣人无情"有较明确的说明："至人无情①。夫哀乐生于失得者也，今玄通合变之士，无时而不安，无顺而不处，冥然与造化为一，则无往而非我矣，将何得何失，孰死孰生哉！故任其所受，而哀乐无所错其间矣。"（《庄子注·养生主》）郭象认为哀乐之情生于对得与失的计较、执着，圣人（"至人"）能"与造化为一"，从观念上消解彼我、得失、死生之分，从而也就消解了哀乐之情。不难看出，郭象此番论述完全承袭了《庄子》中"至人喜怒哀乐不入于胸次"的观点，"夫天下也者，万物之所一也。得其所一而同焉，则四支百体将为尘垢，而死生终始将为昼夜而莫之能滑，而况得丧祸福之所介乎"（《田子方》）。严格说来，"圣人无情"在何晏、郭象那里，虽然作为表述理想人格精神境界的主要特征是相同的，但其内涵却有所区别："与天地合德"的"无情"，是从《老子》宇宙生成论中移化来的一种自然无为的淡漠态度；而"与造化为一"的"无情"，则是立足于庄子宇宙本体论（总体性）而产生的"道通为一"的哲学悟解。魏晋玄学的"圣人无情"论与儒学心性层面上的圣

---

① "至人""神人""真人"等都是《庄子》中理想人格的名称，含义同"圣人"，如《逍遥游》谓"至人无己，神人无功，圣人无名"。郭象《庄子注》中除"至人无情"的命题外，亦有同义之"圣人无好恶也"（《山木》注），"圣人无爱若镜耳"（《则阳》注）等命题。

人观念甚有不同。《礼记》曰："喜怒哀乐之未发谓之中，发而皆中节谓之和。中也者，天下之大本也；和也者，天下之达道也。致中和，天地位焉，万物育焉。"（《中庸》）大体上可以说，儒家认为人皆有情，只是圣人之情能"发而皆中节"，能"达道"。所谓"中节""达道"，《礼记》也有明确的界定，"天下之达道五：曰君臣也、父子也、夫妇也、昆弟也、朋友也"（《中庸》），也就是说，在《礼记》看来，一种能"致中和"之情，必然表现为符合伦理道德准则，这正是儒家的"人伦之至"和"参天地"的圣人境地①。魏晋玄学中王弼对圣人心性境界的看法是"有情而无累"。何劭《王弼传》记述王弼此观点曰："以为圣人茂于人者神明也，同于人者五情也②。神明茂，故能体冲和以通无；五情同，故不能无哀乐以应物。然则圣人之情，应物而无累于物者也。"（《三国志·魏志》卷二十八《钟会传》裴松之注）王弼的结论很独特，似乎可以说，其与何晏、郭象的观点形虽异而实相通，而与传统儒学的观点形或有同而实则全异。王弼认为"圣人同于人者五情"，这显然与何、郭"圣人无情"迥异，而与儒家认为人心皆内蕴喜怒哀乐之情的观点无别。但王弼观点更重要之点是认为，圣人能运用超出众人的哲学智慧，体悟到万物在本初的或最终的状态上，皆归同于"无"，因而能不执着于物。此种"应物而无累于物"的精神境界，与何、郭"无情"境界实质上是相通的，其援依《老子》而立论③，运思《庄子》而获悟④，也分别与何晏、郭象相似，而与儒家以符合伦理道德准则为内涵的"致中和"则有本质上的差异。王弼的"圣人

---

① 儒家对"圣人"内涵有多方面的、多种的界定，其中有"圣人，人伦之至也"（《孟子·离娄上》），"圣人参于天地，并于鬼神"（《礼记·礼运》）。

② 先秦儒学有"七情"说，如《礼记·礼运》界定："何谓人情？喜怒哀惧爱恶欲，七者弗学而能。"汉代儒学主"六情"说，《白虎通·情性》谓"六情者何谓也？喜怒哀乐爱恶谓六情"。魏晋时为"五情"说，如曹植《上责躬诗表》中曰"形影相吊，五情愧赧"，唐代刘良注为"喜怒哀乐怨"。

③ 《老子》曰"道生一，……生万物，万物负阴而抱阳，冲气以为和"（第42章），此即王弼所谓"体冲和以通无"。

④ 《庄子》曰"去知与故，循天之理，故无天灾，无物累，无人非，无鬼责"（《刻意》），王弼"应物而无累于物"，犀通于此，渊源于此。魏晋之时，老子之学先盛于正始，元康永嘉，庄子之学方兴。王弼立论，诚以《老子》《周易》为主，然其亦习、亦援《庄子》，如《周易注·损》"自然之质，各定其分，短者不为不足，长者不为有余"云云，即援引自《庄子·骈拇》。

有情无累"命题典型地显示了魏晋玄学援引道家思想对儒学传统观念的诠释或改造。

社会的理论层面　在儒家理论的社会层面上,魏晋玄学所表现出的道家思想特色,主要是用"自然"的观念来诠解这个层面上的主要范畴及儒学的社会理想。

其一,"礼""孝""忠"之界说。"礼"是儒家理论社会层面上涵盖最广的范畴。《礼记》曰"凡礼之大体,体天地、法四时、则阴阳、顺人情,故谓之礼"(《丧服四制》),"礼也者,合于天时,设于地财,顺于鬼神,合于人心,理万物者也"(《礼器》),"夫礼,必本于天,淆于地,列于鬼神,达于丧祭射御冠昏朝聘"(《礼运》)。可见,儒家之"礼"是对人的全部社会生活行为的规范,其在比较完整、周延意义上的内涵构成,除有人本身的"人情"因素外,还有自然的、社会的其他多种因素,特别是显示在天地、鬼神与人之间的那种秩序、等级的伦理因素,无疑是最主要的。魏晋玄学则主要从对人本身的、人的自然之性的显现("情")的调理、节制的意义上来界定"礼"之内涵及功能,如郭象注解《论语》"导之以德,齐之以礼"曰:"德者,得其性也;礼者,体其情也。"(何晏《论语集解·为政》皇侃疏引)向秀质疑嵇康《养生论》说:"夫人含五行而生,口思五味,目思五色,感而思室,饥而求食,自然之理也,但当节之以礼耳。"(《难养生论》)在这里,魏晋玄学蕴藏着的一个与儒学不太明显但却很深刻的区别。王弼说"道不违自然,乃得其性"(《老子注·二十五章》),"圣人达自然之性,畅万物之情,故因而不为,顺而不施"(《老子注·二十九章》)。郭象亦说:"善者,过于适之称,故有善而道不全。"(《庄子注·缮性》)所以魏晋玄学之"性",只是一种本然,是"适",而不具有"善"或"恶"的品质,"情"是"性"的外显,是自然,如同"性"一样,其本身也不具有"善"或"恶"的品质。这样,玄学的"礼以体情"就完全没有儒学中根源于"性善"论的、认为"礼"是从人性之善之中长出,如"仁义之道,礼其本也"(《礼器》)命题所表达的那种思想;玄学的"礼以节情"也完全不同于儒学中根源于"性恶"论的、认为"礼"是对人之情欲的约束、规范,如"禁乱之所由生,犹坊止水之所自来也"(《礼记·经解》)命题所界说的观点。魏晋玄学所确认的"礼"是为顺应人之情的表现所必需的或应有的那些行为规范。儒学中，尤其是汉代儒学中"礼"所具有的那种神圣、永恒的色彩，在魏晋玄学中是很淡薄的，在这里，正如王弼所说"因俗立制，以达其礼"（何晏《论语集解·泰伯》皇侃疏引），又如郭象所说"礼义，当其时而用之，则西施也；时过而不弃，则丑人也"（《庄子注·天运》），"礼"的世俗性和可变性的观念是比较明确的。魏晋玄学的这种理论表现，无疑是感受了道家鄙薄儒家礼教，认为"礼者，世俗之所为也"（《庄子·渔父》），"礼义法度者，应时而变者也"（《庄子·天运》）的思想影响的结果。对于"孝"与"忠"这两个儒学伦理道德中的最重要范畴，魏晋玄学也是从人性的自然方面——情的意义上予以界定的。如王弼说"自然亲爱为孝"（何晏《论语集解·学而》皇侃疏引），"忠者，情之尽也"（何晏《论语集解·里仁》皇侃疏引）。并且，魏晋玄学还一般地认为以"情"为内涵的"孝""忠"伦理行为是自然地表现出来的，故其时有谓"君亲自然，匪由名教，爱敬既同，情礼兼到"（《三国名臣颂·夏侯太初》，载《晋书》卷九十二《文苑传·袁宏》），"孝慈起于自然，忠孝发于天成"（晋康帝《奔丧诏》，载《通典》卷八十）。魏晋玄学的这些观点，再次显示了与儒学在理论观念上的差异。第一，在儒学中，"孝"与"忠"的内涵都有甚为明确、具体的界定，"孝"一般是指人伦中具有血缘关系的异代之间、且主要是亲子之间的行为准则。《论语》载孔子论"孝"为"生事之以礼，死葬之以礼、祭之以礼"（《为政》），《礼记》记曾子之言曰："孝有三：小孝用力，中孝用劳，大孝不匮。思慈爱忘劳，可谓用力矣；尊仁安义，可谓用劳矣；博施备物，可谓不匮矣。"（《祭义》）① 从《论语》中可以看出，"忠"在广泛的意义上是指一切人与人之间的道德行为规范，故孔子有谓"居处恭，执事敬，与人忠，虽之夷狄，不可弃也"（《论语·子路》），孟子亦有解说"教人以善谓之忠"（《孟子·滕文公上》）；而在较狭的经常的意义上是指人之上下、尊卑、公私间的一种伦理准则，故孔子有谓"臣事君以

---

① 《礼记·祭义》对孝之三等次有另一表述："曾子曰：'孝有三：大孝尊亲，其次弗辱，其下能养。'"

忠"（《论语·八佾》）。《左传》中亦多次界定"无私，忠也"（成公九年），"临患不忘国，忠也"（昭公元年），并每每以此准则评价人物，如评鲁季文子（季孙行父）曰："相三君矣，而无私积，可不谓忠乎！"（襄公五年）① 评楚子囊曰："君薨，不忘增其名；将死，不忘卫社稷，可不谓忠乎！"（襄公十四年）② 《韩诗外传》亦将"忠"区分为三："有大忠，有次忠，有下忠。以道覆君而化之，大忠也；以德调君而辅之，次忠也；以是谏非而怨之，下忠也。"（卷四）凡此，皆可见儒学主要从"孝""忠"的道德理性的特定内容和道德行为的具体特征来界定的，迥异于魏晋玄学以无社会伦理内容的"情"为主要特征所作的界定。第二，儒学认为，包括"孝""忠"在内的人的伦理道德感情和行为都有一个培育的过程。《礼记》曰："圣人作为礼以教人，使人以有礼，知自别于禽兽。"（《曲礼上》）如果视此为儒学在"性恶"观念上的立论，那么，如前所述，儒学在"性善"论基础上也有同样的结论，如认为"四端固有"的孟子主张"养心""求放心"；谐调孟、荀性论的汉代儒学"善质"说，则主张"性有善质"，但"性之为善"，尚需"王教"促之。总之，在儒学看来，忠孝等道德行为及一切"礼"的行为，并不是像魏晋玄学所认定的那样是性的本然或情的自然显现，而是如同"绘事后素"（《论语·八佾》），是对"性"的提高；如同《礼记》所论"人情者，圣王之田也，修礼以耕之，陈义以种之，讲学以耨之，本仁以聚之，播乐以安之"（《礼运》），是对"情"的改造、模塑。但在魏晋玄学看来，"孝""忠"的主要内涵、特质是"情"，"发于天成"，无须这样一个社会培育过程。魏晋玄学以自然的"爱"之情和"情"之尽来界定孝、忠，不能否认与这两种伦理道德行为的特征也有吻合之处。孔子曰："予（按：宰予）也有三年之爱于其父母乎？"（《论语·阳货》）"孝"中无疑有爱之"情"，经学训诂以"事上竭诚"释"忠"③，忠者之为确乎是尽其衷肠，所以魏晋玄学是承认这些道德原则的。然而，魏晋玄学在对"孝""忠"的界

---

① 据《左传》季孙行父历宣公、成公、襄公三公，凡三十三年。
② 据《左传·襄公十三年》，楚共王薨时，求谥为"灵"或"厉"，皆恶谥，子囊谥其为"共"。襄公十四年，子囊伐吴还，将死，遗言继任者子庚城郢。
③ 《尚书·伊训》"为下克忠"，孔传曰"事上竭诚"。

定或理解中，完全漠视了其各自具有的特定伦理内容及其践履的特定规范，又必然会在实际上导致对这些道德实践的轻蔑、悖谬，甚至否定。且以晋史所记载阮籍临母丧时之情状为例："籍性至孝，母终，正与人围棋，对者求止，籍留与决赌，既而饮酒二斗，举声一号，吐血数升。及将葬，食一蒸肫，饮二斗酒，然后临决，直言穷矣，举声一号，因又吐血数升，毁瘠骨立，殆致灭性。"（《晋书》卷四十九《阮籍传》）按儒家对"孝"的生养死葬的道德的或礼仪的要求评判，阮籍十分狂悖，临母丧而纵逸情，难以称之为"孝"，这正是裴頠《崇有论》中所批评的："砥砺之风，弥以陵迟，放者因斯，或悖吉凶之礼，而忽容止之表，渎弃长幼之序，混漫贵贱之级……以不惜（按：当为'无措'①）为弘，士行又亏矣。"（《晋书》卷三十五《裴頠传》）然以玄学眼光测度，阮籍哀情真切，以致心瘁形毁，正是"孝"的表现。晋时有梅氏者撰《新论》，赞阮籍能"孝尽其亲"，为"命世大贤"（《意林》卷五）②。魏晋玄学将"孝""忠"剔除其所内蕴的社会伦理因素而作纯粹自然之情的考察、界定，十分显然，道家思想是其观念来源。《庄子》中有则讨论道德本质的记述："商大宰荡问仁于庄子。庄子曰：'虎狼，仁也。'曰：'何谓也？'庄子曰：'父子相亲，何为不仁？'……"（《天运》）在庄子看来，儒家所界定的"亲亲仁也"（《孟子·告子下》）的"仁"的道德感情、道德行为，也就是虎狼"父子相亲"的那种自然之"情"。正是这一"自然之情"的观念构成了魏晋玄学理解和界定儒学伦理道德范畴的立论基础。

其二，儒家理想社会新解。儒家的理想社会是"礼"得到完全实现的社会。孔子说"为国以礼"（《论语·为政》），"一日克己复礼，天下归仁焉"（《论语·颜渊》）。儒家之"礼"涵盖着全部的社会伦理秩序、

---

① 冯友兰说："'不惜'二字不可解，应该是'不措'。'不措'就是'无措'。'无措'是嵇康《释私论》的主要意思。"（《中国哲学史新编》第四册，人民出版社1986年版，第116页）甚是。

② 《隋书》卷三十四《经籍志》三有《梅子新论》一卷，亡。今仅见一则佚文于唐马总《意林》中："伊尹、吕望、傅说、箕子、夷齐、柳惠、颜渊、庄周、阮籍，易地而居，能行所不能行也。阮籍孝尽其亲，忠不忘君，明不遗身，智不预事，愚不乱治，自庄周以来，命世大贤，其唯阮先生乎！"（《意林》卷五）

道德规范和典章制度，礼的实现要求所有的人遵守尊卑、长幼的社会伦理秩序，除了履行一般的、共同的社会行为规范外，特别是要完全自觉地实践各自的道德准则。儒家也观察、感受到在现实中，在人的生存环境中，甚至是在人的本性中存在着、不断生长出妨碍这种政治理想实现的因素、障碍，"道之不行，已知之矣"（《论语·微子》），儒家总是生活在失望中，但也总是在奋斗中。儒家那种强烈而特殊的道德意识，使他们将传说中的尧舜时代设想为一个理想的美好的时期。孔子颂扬尧舜曰："大哉，尧之为君也！巍巍乎！唯天为大，唯尧则之。荡荡乎，民无能名焉……"（《论语·泰伯》）孔子以"则天之大""荡乎无名"来形容尧所创造的理想社会，孔安国训释前句曰"则，法也，美尧能法天而行化也"（何晏《论语集解·泰伯》），包咸注解后句曰"荡荡，广远之称也，言其布德广远，民无能识名焉"（同上）。汉儒训解孔子赞颂的"巍巍荡荡"的尧的理想社会，其意是道德教化如天广被，难以言表。应该说汉儒此解是符合儒家思想宗旨的。魏晋玄学则别出新解。王弼在《论语释疑》①中说："圣人有则天之德，所以称'唯尧则之'，唯尧于时全则天之道也。荡荡，无形无名之称也。夫名所名者，生于善有所章而惠有所存，善恶相须，而名分形焉。若夫大爱无私，惠将安在？至美无偏，名将何生？故则天成化，道同自然，不私其子而君其臣。凶者自罚，善者自功，功成而不立其誉，罚加而不任其刑，百姓日用而不知所以然，夫又何可名也？"（何晏《论语集解·泰伯》皇侃疏引）可见，王弼所理解的尧的"巍巍荡荡"的理想之治，是法天之自然无为，天下皆本然无名。这显然与儒家理想社会背离，但却吻合《老子》所表述的那种理想政治、理想社会"我无为而民自化，我好静而民自正，我无事而民自富，我无欲而民自朴"（《老子·五十七章》）。在魏晋玄学思潮风靡下的《论语》注解中，还经常可以看到对儒家政治思想的这种道家解释。如郭象注《论语》"修己以安百姓，尧舜其犹病诸"曰："修己者仅可以内敬其身，外安同己之人耳，岂足安百姓哉？百姓百品，万国殊风，以不治治之，乃得其极，若修己以治

---

① 《经典释文·叙录》和《隋志》著录王弼《论语释疑》三卷，已佚。今散见于何晏《论语集解》皇侃疏文、邢昺疏文中。

之，虽尧舜必病，况君子乎？今尧舜非修之也，万物自无为而治，若天之自高，地之自厚，日月之明，云行雨施而已，故能夷畅条达，曲成不遗而无病也。"（何晏《论语集解·宪问》皇侃疏引）儒家将"修养自己，安治天下"视为一崇高的道德目标和政治目标，郭象之见认为不修任物，无为而治，方是圣人（尧舜）的作为。此正是《庄子》所说："圣人之于德也，不修而物不能离焉，若天之自高，地之自厚，日月之自明，夫何修焉？"（《庄子·田子方》）李充注《论语》"君子怀德，小人怀土"曰"君导之以德，则民安其居而乐其俗，邻国相望，而不相与往来，化之至也"（何晏《论语集解·里仁》皇侃疏引），此以《老子》所描述的"邻国相望，鸡犬之声相闻，民至老死，不相往来"（《老子·八十章》）为"化之至"，为最高的社会理想，也显然不同于儒家所向往的那种人伦有序、百姓亲睦的实现了"礼"的"天下有道"或"仁政"的理想社会①。总的来说，魏晋玄学中所显示的理想社会，其面貌虽然还不够完整、清晰，但是道家思想色彩却是鲜明的。

超越的理论层面 儒学理论超越层面上的"天命"（"命"）观念，在魏晋玄学中也一般地被理解为是一种人所无法驾驭、改变的外在客观必然性，如郭象所说"不知其所以然而然，谓之命"（《庄子注·寓言》）。这种不可被改变性，有时也被称为"性分"（"分"），郭象说"天性所受，各有本分，不可逃，亦不可加"（《庄子注·养生主》）；也具体地被理解为在国家的存亡兴衰、人的穷达生死中所内蕴着的某种非人自身所能决定的因素，如华谭②所说："存亡有运，兴衰有期，天之所

---

① 孔子曰"天下有道，则礼乐征伐自天子出……则政不在大夫，……则庶人不议"（《论语·季氏》），子路曰"长幼之节不可废也，君臣之义如之何其废也"（《论语·微子》），此儒家"天下有道"之社会必当是人伦有序；孟子曰"仁政必自经界始……出入相友，守望相助，疾病相扶持，则百姓亲睦"（《孟子·滕文公上》），此儒家"仁政"之社会亦应是民有恒产，百姓亲密。

② 华谭，晋武帝太康时以举秀才入仕，惠帝建武时官秘书监，卒赠光禄大夫。《晋书》本传称其"博学多通，著《辨道》三十卷"（卷五十二），《隋书·经籍志》录其有《新论》十卷（卷三十四），今皆佚。佚文散见于《初学记》《太平御览》中。其有论曰："夫体道者圣，游神者哲。体道然后寄意形骸之外，游神然后穷理变化之端，故寂然不动而万物为我用，块然玄默而象机为我运。"（见《初学记》卷十七）据此可判定华谭亦属玄学思潮中的人物。

废，人不能支，徐偃修仁义而失国，仲尼逐鲁而逼齐，段干偃息而成名，谅否泰有时，曷人力之所能哉？"（《晋书》卷五十二《华谭传》）魏晋玄学对"命"的这种理解，与传统儒学基本上是一致的，但若深入分辨即可发觉，浸润了道家思想的魏晋玄学所确定的"命"之内涵与对待"命"之态度，与先秦儒学、汉代儒学均甚有不同。其一，命之内涵："气"成之性分。在先秦儒学中，"命"是以一个人之固有的、内含具有原初性质的概念"性"来界说、互训的，如孟子说："口之于味也，目之于色也，耳之于声也，鼻之于臭也，四肢之于安佚也，性也，有命焉，君子不谓性也；仁之于父子也，义之于君臣也，礼之于宾主也，知之于贤者也，圣人之于天道也，命也，有性焉，君子不谓命也。"（《孟子·尽心下》）于其意中可见，性的实现是命的作用，命的表现中有性的因素。《易传》将"性命"的外延扩展，"性命之理"不仅有"人之道曰仁与义"，还有"天之道曰阴与阳"，"地之道曰柔与刚"（《说卦》），先秦儒学未遑对"命"作更本源的追溯。在汉代儒学中，如前所述，由于宗教性观念的活跃，"命"经常被指称为具有人格特征的"天"之所为，如董仲舒说"人受命于天，有善善恶恶之性"（《春秋繁露·玉杯》）。纬书表述得最为明确："命者，天之命也，所受于帝。"（《春秋纬·元命苞》）就儒学的历史发展而言，汉代儒学对"命"的根源的这种追溯，其观念内涵虽不完全等同殷周宗教思想，但确有犀通和相似，所以未能在理论上从先秦儒学的基础上跨进一步，反而后退了一步。魏晋玄学不然，其引进"气"和"自然"的观念，给予"命"、"性"（性分）以具有新的观念因素的解释。魏晋玄学接受了道家"通天下一气"（《庄子·知北游》）和"万物殊理"（《庄子·则阳》）的观点，认为万物皆由"气"构成，如郭象注《庄子》"自本观之，生者，暗醷物也"（《知北游》）及"有生，黬然"（《庚桑楚》）皆曰"直聚气也"。同时，也认为万物是千差万别的，"物物自分，事事有别"（《庄子注·齐物论》）。这样，万物何以殊异，即其"性分"或"命"何以差别，也只能从"气"中追寻。郭象注解《庄子》"受命于地，唯松柏独也正，冬夏青青；受命于天，唯尧舜独也正，在万物之首，幸能正生，以正众生"说："夫松柏特禀自然之钟气，故能为众木之杰耳，非能为而得之也。特受自然之正气者至希也，下首则唯有松柏，上首则唯有圣人①，故凡不正者皆来求正耳。若物皆有青全，则无贵于松柏；人各自正，则无羡于大圣而趋之。"郭象此注中清晰地显示出魏晋玄学与先前儒学不同的界说"命"之内涵的两个基本观点：（1）松柏与众木之差、圣人与众人之别是禀气的不同，也就是说，人或物的"性分"或"命"的差异，其根源在于"气"。与郭象同时的袁准在《才性论》中也表述了同样的观点："凡万物生于天地之间，有美有恶，物何故美？清气之所生也。物何故恶？浊气之所施也。"②（欧阳询《艺文类聚》卷二十一）（2）人或物的"性分"或"命"的差异的形成皆是自然的，而"非能为而得之"，即非人为的。在《庄子注》的另外篇章中，郭象对此作了更为明确的表述，"天也者，自然者也，人皆自然，则治乱成败，遇与不遇，非人为也，皆自然耳"（《庄子注·大宗师》），"命之所有者，非为也，皆自然耳"（《庄子注·天运》）。显然，魏晋玄学这些思想渊源自道家对"命"的理解，即将"命"的本质内涵确定为是在一个完全自然的过程中，由"气"形成的不同的、不可改变的"性分"，既改变了先秦儒学的"性命"观念，也否定了汉代儒学的"天命"观念。"命"的超越性质在这里被大大削弱了。

其二，"知天命"新说："自审己分"。孔子说自己"五十而知天命"（《论语·为政》），无疑这既是儒家精神修养中的、同时也是其对世界理性认识中的极高的境界。先秦和汉代儒家主要是提出了两种"知天命"的方法或方式。孟子说："尽其心者，知其性也；知其性则知天矣。"（《孟子·尽心上》）即孟子认为扩充本心固有之善，即能体悟到"性"，体悟到"天命"。显然，在孟子这里，"知天命"被凸显为主要是一种道德实践的终结，而不是理性认识过程的一个阶段。然而这却正是儒学中达到"知天命"境的最基本、最具有儒学本质特色的方法、方式。《易

---

① 唐代成玄英《庄子注疏》曰："郭注曰下首唯有松柏，上首唯有圣人者，但人头在上，去上则死，木头在下，去下则死，是以呼人为上首，呼木为下首。"

② 袁准，《晋书》称其"以儒学知名，注《丧服经》"（《晋书》卷八十三）。《隋书·经籍志》除在经部录其《丧服经传》一卷外，还在子部录《袁子正论》十九卷"。今皆佚。（清）马国翰《玉函山房辑佚书》从唐宋类书中辑录《正论》佚文三十余则。

传》说"昔者圣人之作《易》也，幽赞于神明而生蓍，参天两地而倚数，观变于阴阳而立卦，发挥于刚柔而生爻，和顺于道德而理于义，穷理尽性以至于命"（《说卦》），"君子居则观其象而玩其辞，动则观其变而玩其占，是以自天祐之，吉无不利"（《系辞上》），也就是说，《易传》相信可以用《易》的方法——在八卦的逻辑结构中，通过观象、揣辞、演数，洞察、把握世界的全部状况，达到"知命"。汉代儒学继承了《易传》的"极数知来""天垂象见吉凶"（《系辞上》）的观点，亦认为"吉凶有数，存亡有象"（《春秋纬·考异邮》），在兼有五行、八卦两个结构系统的框架内构筑了更为细密的根据阴阳五行的种种现象而推知"天命"的逻辑思路。可以说，《易传》提出的并被汉代儒学经学发展了的与孟子不同的新的"知天命"的方法、方式，其主要特色是将儒学中的这个理性认识过程具体化了，甚至是程序化、术数化了。在儒学这个本来就是困难的问题面前，魏晋玄学似乎更感艰难，一方面，在道家思想影响下，魏晋玄学诠解《周易》多摈落象数而盛谈玄理①，其行止崇尚自然放任而卑弱于砥砺克己②，传统儒学所探索出的"知天命"的两条途径在这里都难为通行了；另一方面，魏晋玄学精神之根，系于儒学，所以又不能回避、更不能抛弃这个儒学中的如此重要的问题，魏晋玄学十分自然地要独辟蹊径，对"知天命"作出新的理解，找出新的途径。魏晋玄学对这个问题的认识和论述不能说是很充分的，但却是很明确的。在皇侃《论语集解义疏》"五十而知天命"文下，有包括皇侃自己在内的三位可以归属于玄学思潮的学者的诠解：（1）孙绰③云："大易之数五十，天地万物之理究矣，以知

---

① 如东晋孙盛评论王弼《周易注》曰："弼以傅会之辨而欲笼统玄旨者，故其叙浮义则丽辞溢目，造阴阳则妙赜无间，至于六爻变化，群象所效，日时岁月，五气相推，弼皆摈落，多所不关……"（《三国志·魏志·钟会传》裴松之注引）

② 如东晋干宝《晋纪总论》论晋世风俗曰："风俗淫僻，耻尚失所，学者以庄老为宗而黜六经，谈者以虚薄为辨而贱名检，行身者以放浊为通而狭节信，进仕者以苟得为贵而鄙居正，当官者以望空为高而笑勤恪……"（《文选》卷四十九）

③ 孙绰，东晋时人，晋史述其"居于会稽，游放山水，十有余年，乃作《遂初赋》以致其意"（《晋书》卷五十六），自是玄士风度。其作《喻道论》，兼容儒佛道，如谓"周孔即佛，佛即周孔，盖外内之名耳，其旨一也"；又援道解儒曰"夫缘督以为经，守柔以为常，形名两绝，亲我交忘，养亲之道也"（《弘明集》卷三），颇显玄学特色。

命之年，通致命之道，穷学尽数，可以得之，不必皆生而知之也。"（2）熊埋①曰："既了人事之成败，遂推天命之期运，不以可否系其理治，不以穷通易其志也。"（3）皇侃②曰："天命，谓穷通之分也。谓天为命者，言人禀天气而生，得此穷通，皆由天所命也。天本无言，而云有所命者，假之言也。人年未五十，则犹有横企无崖，及至五十始衰，则自审己分之可否也。"据三学者所诠解，"知天命"乃是一种对自己的人生界限的觉悟，"自审己分之可否也"。然而，这种觉悟，不是"生而知之的"，而是在"穷学尽数""既了人事之成败"之后形成的，也就是说，是随着年龄增长，由生活经历的丰富和经验的积累而得到的。三学者虽然不是魏晋玄学鼎盛时期的人物，但从其言论行止中，判定其沐浴在并承接了玄学的荫泽余韵应是无疑的。在这个意义上，把三学者对"知天命"所作的这种经验的诠解，视为魏晋玄学在先秦和汉代儒学的道德践履、逻辑推演之外的新的"知天命"的方式、途径，也是可以的。这一新的经验的方式、途径，与在魏晋玄学中超越性质被大大削弱的"命"（"天命"）的理论观念，也是正相适应的。

其三，对命之回应："任命"。魏晋玄学对"命"的内涵作"自然"的界定，使其回应"命"的态度也与先前儒家迥然不同。前已引述，孟子曾说"存其心，养其性，所以事天也。夭寿不贰，修身以俟之，所以立命也"（《孟子·尽心上》），即在"命"的面前，在生死、穷达这些人生最重要的遭遇、处境、结局已经被"确定"的情况下，也不改变、放弃自己的道德原则和道德实践，这种依凭着充分的道德觉醒而在某种超越的、不可制约的客观必然性面前保持人的独立和追求的精神，就是孟子所

---

① 熊埋，身世不详。（清）马国翰《玉函山房辑佚书·论语熊氏说》序称："《唐书·艺文志》杂家有熊理《瑞应图赞》，《南齐书·祥瑞志》引'熊襄云'，'襄'与'理'义类相叶，疑熊氏一人，理名襄字。解《论语》者或即其人。《皇疏》偶缺笔，遂误'理'为'埋'耳。"马氏所考论或为可信。

② 皇侃，梁人。《梁书》称其"尤明三《礼》、《孝经》、《论语》"，自是儒家学者。然其《论语义疏》中有谓"周孔之教唯说现在，不明过去未来"（《论语·先进》"季路问事鬼神"注疏），"重为轻根，静为躁本，君子之体不可轻薄也"（《论语·学而》"君子不重则不威"注），"文章者，六籍也，六籍是圣人之筌蹄，亦无关于鱼兔矣"（《论语·公冶长》"夫子之文章可得而闻也"注），凡此，或援道，或崇佛，皆为得魏晋玄学之风韵余绪。

表述的先秦儒家回应"命"的态度。汉代儒学对待"命"的态度有新的特色，董仲舒说："五行变至，当救之以德，施之天下，则咎除；不救以德，不出三年，天当雨石……"（《春秋繁露·五行变救》）。这就是在"天人感应"观念笼罩下形成的"施德变命"的观点。不难看出，汉代儒学的"施德变命"与先秦儒学"修身俟命"的"立命"是有明显而深刻的区别的，这种区别如果从道德实践的意义和价值的角度分辨，"立命"的"修身"实践本身就是人的生存目的、价值所在，正是这种道德实践显示人在"命"面前的独立，人不能驾驭和否定"命"，但也没有屈服于"命"。而"变命"的"施德"实践，却是一种手段，其价值显示在某种功利目标上，人在这里似乎有某种手段的主动性，但其根源却是对"命"的适应，甚至是屈从，没有真正的道德实践的独立和主动。同时，"立命"中始终保持着一种对"命"的超越的客观必然性的承诺，并以人的道德实践为对"命"的实现的唯一的途径。儒家实现超越的方式之本质内容和特色就是从这里开始形成的。"变命"的理论观念中有个破绽，这就是在得出"施德变命"这个结论前，其前提中的"命"的观念已经变更，即作为儒家传统的"命"的观念中的那种绝对的外在客观必然性已被修改，不再存在。然而，先秦儒学和汉代儒学在"命"面前总是不放弃某种努力的有为的态度却是共同的。魏晋玄学则不然，道家思想的浸润，使其对"命"抱着一种极其坦然的任其自然的无为的态度。郭象在《庄子注》中多次明确表述了这个态度，"达命之情者，不务命之所无奈何也，全其自然而已"（《养生主》注），"存亡无所在，任其所受之分，则性命安矣"（《在宥》注），"命……故当任之而已"（《至乐》注）。相对于先秦儒学和汉代儒学对待"命"之"立命"和"变命"的态度，魏晋玄学这种任"命"之自然或安于"性分"的态度就可以称为"任命"或"安命"。其主要意蕴是把作为"命"的种种表现皆淡然处之，"虽死生穷达，千变万化，淡然自若而和理在身"（《庄子注·德充符》）；皆漠然置之，"任其至分，而无毫铢之加"（《庄子注·养生主》）。"任命"的态度不是否定"命"的存在，而是使人不去感受"命"的存在；不是在"命"的面前显示人的独立或主动，而是表明人的存在可以与"命"无关。郭象还说"命非己制，故无所用其心也。夫安于命者，无往而非逍遥矣"（《庄子注·秋水》），"性分各自为者……是以善养生者，从而任之"（《庄子注·达生》）。这表明魏晋玄学"任命"的旨趣在于"养生""逍遥"，也就是说在于获得无任何劳损的生命、无任何负累的精神。其与"立命"通过道德实践而达到"知天命"的极高道德境界和"变命"通过"施德"而实现某种社会功利目标皆是不同的。魏晋玄学"任命"的态度不难从道家特别是庄子思想中追寻到观念来源，如《庄子》主张"无以故灭命"（《秋水》），"达命之情者，不务知之所无奈何"（《达生》）；认为"知不可奈何而安之若命，唯有德者能之"（《德充符》），完全可以肯定，魏晋玄学之"任命"，正是发源于此。

以上我们分别在儒学理论的三个层面上考察了魏晋玄学援用道家思想来诠解儒学范畴、命题或思想观念的情况。不难看出，这种诠释本身也构成了具有新的理论特色和相对独立的思想体系。一方面，其主要的理论观念、概念甚至语言皆渊源自道家，显现鲜明的道家色彩；但另一方面，其解说的却是儒家的命题、思想或论题，显示的不是道家思想的逻辑发展，而是儒家学说在道家观念背景下发生的理论更新。魏晋玄学的这种学术理论的特色，东晋有学者用"在儒而非儒，非道而有道"来概括，应该说还是差强人意、得其旨趣的。我们这里从儒学历史发展和思想演变的角度，将其视为是儒学历史上的一段经历，是异于汉代儒学"天人之学"的一个新的儒学理论形态——"自然之学"，也应该说是可以的。

东晋以后，主要是随着佛教的传播和兴盛，佛学在更深更广的范围内进入中国的社会生活，登上中国传统的思想舞台，撞击、影响着已渐成为中国传统思想主体的儒家学说，一代中国社会文化的精神运动和面貌，就越出魏晋玄学所能概括、笼罩的限域，儒学也因此获得了新的生长契机，酝酿新的理论发展。经过将近五百年时间的孕育，传统儒学历史上一个思想内容最为宏富的理论形态——理学终于出现了。

三　性理之学

（一）理学发育的理论环境

理学在宋代确立，绵延至清，将近千年的时间，是儒学历史上存在时间最长的一个理论形态。理学在传统儒学的性、礼、命三个理论层面上凸显了两个理论主题：一是探寻儒家所主张的伦理纲常、道德规范的最后根源，从而证明它们的合理性、永恒性；一是探究践履和完成儒家所主张的伦理纲常、道德规范的方法或途径。用理学家的话来说，即是"本体"与"功夫"。如清代学者耿介编《理学要旨》概括理学的理论内容说，"本体，理也；功夫，学也，凡皆其要也"（《理学要旨·序》）。宋明儒学的功夫、本体之学，即性理之学，或简称理学，是在扬弃汉代天人之学和魏晋自然之学的理论观念的基础上，特别是在回应佛学的挑战并吸收其理论成就的基础上来阐述这两个主题的。理学因此也是儒学历史上学术规模和理论内容最为宏大的思想体系。《诗》云："何其处也，必有与也；何其久也，必有以也。"（《邶风·旄丘》）理学生命之久、义理之丰，与其观念渊源深厚、孕育时间悠长不无关系。这里，在对理学本身做分析之前，有必要回顾一下在魏晋玄学衰落后，六朝至隋唐的数百年时间内的理论环境，实际上也是对理学形成的那种精神运动的理论契机或动因的探索。

1. 佛教、道教的理论挑战

回顾历史，在理学孕育的阶段，即六朝至隋唐时期，佛教与道教成为模塑人们的精神生活和影响社会政治的主要的观念因素，成为中国文化思想舞台上与儒家鼎立的十分活跃的角色，无疑是一个最为瞩目的现象和事实。

隋唐佛教的辉煌　佛教自东汉明帝时传入①，正是在六朝隋唐这个历史阶段经历了充分发展，并达到极度辉煌。体现佛教的这种发展与辉煌

---

① 佛教何时传入中国，历史记载与学者据以考论所见每有不同。然就最早见诸典籍记述而言有二：①出于东汉末的牟子《理惑论》，谓东汉明帝派使者十二人往西域求法于大月支，写佛经四十二章（见《弘明集》卷一），西晋王浮《老子化胡经》更确指为明帝永平七年遣使，十八年还（见《广弘明集》卷九《笑道论》第十四），此以明帝之时为佛法入华之始；②西晋初鱼豢《魏略·西戎传》谓西汉哀帝元寿元年博士弟子景卢受大月氏王使伊存授《浮屠经》（见《三国志·魏志》卷三十《乌丸等传》裴松之注引），此以哀帝之时为佛法入华之始。此后尚有若干文献论及佛法入华，所述时皆远在哀帝之前，甚不足据也。晚近学者汤用彤《汉魏两晋南北朝佛教史》一书对其一一考辨，并判定以哀帝时为佛法入华之始为是。

的基本事实是，第一，在这个时期里，如果不能说是全部的，至少可以说是最重要的印度佛教经典都被以汉语译出。据唐玄宗时著名的佛家学者智升统计，佛法自东汉传入，至此极盛时期的六百多年间，共译出佛经二千二百七十八部，七千四十六卷。①佛教作为异质文化中的内容十分丰富、派别甚为复杂的一种成熟的宗教，成功地被移植到中国文化环境中来。不仅如此，隋唐时期随着天台宗、三阶教、华严宗和禅宗的出现，佛教更实现了从印度佛学固有的理论轨道和实践方法上转移到具有中国思想特色的佛学理论和实践的路数上来的独立发展②，从而使得公元十世纪以后，佛教虽然在印度本土逐渐衰落直至消亡，但却一直能在中国文化土壤中生存下来。第二，在这个时期里，佛教赢得了国家权力的支持和从普通民众、士大夫阶层到国家君王的广泛、众多的崇奉者。在南北朝隋唐将近五百年时间的历史舞台上，约有七十位帝王出没，可以说，其间除去北魏太武帝（拓跋焘）、北周武帝（宇文邕）、唐武宗（李炎）三个皇帝因经济的、某一具体政治的原因，加以道教和佛教之间的矛盾冲突

---

① 智升《开元释教录》序云："自后汉孝明帝永平十年岁次丁卯至大唐神武皇帝开元十八年庚午之岁，凡六百六十四载，中间传译缁素总一百七十六人，所出大小乘三藏圣教及圣贤集传并及失译（按：指失译者名），总二千二百七十八部，都合七千四十六卷。"（《开元释教录》卷一）

② 中国佛教宗派一向有"八宗""十宗""十三宗"等不同划分。一般认为其中天台、华严、禅宗是最具有中国文化特色的。这一判定是由其形态的和理论内涵的两方面特征作出的。就前者言，诚如晚近学者汤用彤所概括的"盖为一有创始、有传授、有信徒、有教义、有教规之一宗教团体也"（《隋唐佛教史稿》第四章第十节）；就后者言，主要表现为对印度佛教固有的不同学派理论的综合和对中国哲学中儒家及道家思想的吸收。以天台宗为例，其所谓"天台九祖"（自龙树至湛然）、"天台三大部"（《法华玄义》《摩诃止观》《法华文句》），即为构成天台宗的法统、教义、教规等形态标志。天台宗的理论核心是由《法华经》"实相"观念发展出的"性具实相"。天台宗所观察到和解说的"实相"之"性"，一为"一念三千"之"三千"，一为"性具善恶"之"善恶"；其观相之法是"三谛圆融"。天台宗这些理论观念的形成，取舍变通了诸如《法华经》之"十如"，《华严经》之"十法界"，《般若经》之"三智"，《中论》之"三谛"，《大智度论》之"三世"，《摄大乘论》之阿赖耶识有"染净"等印度佛教经论中的固有观念自不待言，其"一念三千"所内蕴之世界总体性观念、性有善恶之观念，亦有取于中国哲学中之道家自然观和儒家伦理说。

的推助而采取了十分坚决的但为时甚短的毁佛措施外①，除去唐高祖、唐太宗等少数皇帝，虑及佛教"虽有国之常经，固弊俗之虚术"②的历史和现状的双重因素，抱着不扬不弃之态度外，其他帝王于佛教无不是尊奉之、佞信之。佛教在南北朝阶段，北朝元魏是一个极兴旺时期，魏史记载，迄至北魏末年，"略而计之，僧尼大众二百万矣，其寺三万有余"（《魏书·释老志》），后来，唐初法琳有感于此而赞曰："泊永嘉南迁，迄于陈世，三百年许，佛教东兴，未之盛也。"（《破邪论》卷上）南朝佛风广被，以萧梁一代为最，据法琳《辩正论》记载，其时共有寺院二千八百四十六所，僧尼八万二千七百余人（《辩正论》卷三《十代奉佛》）。进入隋唐，在国家统一的局面下，佛教受到更有力的支持，最终实现了走向鼎盛的发展。隋代虽然只有三十八年短暂、贫弱的生命，但佛教在隋代向全社会的传播却是空前的。据法琳《辩正论》所载："自开皇之初，终于仁寿之末，所度僧尼二十三万六千二百人，海内诸寺三千七百九十二所。"若以同时道宣《续高僧传》所记则更见其多："开皇十年，敕僚庶等，有乐出家者并听。时新度之僧，乃有五十余万。"（《续高僧传》卷十

---

① 魏武毁佛因涉嫌盖吴叛逆的政治事件，十分酷烈，史记述曰："诸有佛图、形象及佛经，尽皆击破、焚毁；沙门无少长，悉坑之……土木宫塔，声教所及，莫不毕毁矣。"（《魏书·释老志》）周武毁佛因受"沙门黑衣次当袭运"谶言之蛊惑（见《广弘明集》卷六《辨惑篇》第二之二），也很彻底。僧传有记曰："数百年来官私佛寺，扫地并尽。融括圣容，焚烧经典。《禹贡》八州，见成寺庙，出四十千，并赐王公，充为第宅，三方释子，减三百万，皆复军民，还归编户。"（道宣《续僧传》卷二十三《静蔼传》）此毁法务尽，同于魏武，但于沙门，令还俗，无坑杀。唐武废佛，诏曰："九州山原，两京城阙，僧徒日广，佛寺日崇，劳人力于土木之功，夺人利于金宝之饰，遗君亲于师资之际，违配偶于戒律之间，坏法害人，无逾此道。"（《旧唐书》卷十八《武宗》）此反佛基本动因与魏武、周武同。然其又有诏，"敕上都、东都两街各留二寺，每寺留僧三十人；天下节度、观察使治所及同、华、商、汝州各留一寺，分为三等，上等留僧二十人，中等留十人，下等五人，余僧敕还俗，寺非应留者，立期令所在毁撤"（《资治通鉴》卷二百四十八），保留少量寺、僧。此又与魏武、周武不同。据《魏书·释老志》魏太武帝诛沙门毁寺事发在太平真君七年（446年），而五年后，魏太武帝即卒。据《广弘明集·辨惑篇》，周武帝于平齐之年即建德六年（577年）春下诏废佛，而次年六月，周武帝即卒。据《旧唐书·武宗》，唐武宗于会昌五年（845年）七月下毁佛诏，次年三月即崩。可见被佛家称为"三武法难"者，其为时皆甚短暂。

② 贞观二十年唐太宗斥宰相萧瑀手诏中语（《旧唐书》卷六十三《萧瑀传》）。

《靖嵩传》）而隋时全国人口最多时也只有四千六百万①，此大略可见隋代佛化之广。中国佛教繁荣辉煌的顶峰，无疑是在有唐一代三百年的时间内。会昌五年八月，唐武宗在废佛诏中曾陈述佛教之弊端，并公布当年废佛措施所取得的结果："天下所拆寺四千六百余所，还俗僧尼二十六万五百人，收充两税户，拆招提、兰若四万余所，收膏腴上田数千万顷，收奴婢为两税户十五万人。"（《旧唐书》卷十八《武宗纪》）会昌废佛诏书从一个相反的方面显示出唐代社会那种僧尼众多的佛学繁荣的景象。唐代典籍记载，会昌年间，全国户数将近五百万②，准照隋时人口与户数的比例（5∶1）推算，也只有二千五百万人，可见唐代的僧尼无论总数和占总人口的比重数，比起隋代都有所增长。另外，会昌废佛诏书还从一个相反的方面显示出唐代佛学繁荣的一个重要条件：佛教寺院经济雄厚。若据唐代典籍记载，会昌此时寺院占地面积甚至超过了开元年间全国应受田之数。③睿宗时辛替否有言"十分天下之财，而佛有其七八"（《旧唐书》卷一百零一《辛替否传》）。代宗时，洛阳慧林寺高僧圆观有"空门猗顿"之称（《宋高僧传》卷二十《圆观传》）。凡此皆可见，唐代一直很发达的寺院经济支撑了唐代佛教的繁荣。

佛教在中土生长和发展之缘由　佛教作为异质文化中的一种宗教，能在中国文化土壤中牢固地生存下来，蓬勃地发展起来，究其根由约可以归纳为两点。第一，佛教具有某种中国文化所缺乏的思想理论内涵。佛家学者将无常、无我、涅槃三个佛学基本观点称为"三法印"，以此为界定佛

---

① 《隋书》云："炀帝嗣位……五年平定吐谷浑，更置四郡，大凡郡一百九十，县一千二百五十五，户八百九十七千五百四十六，口四千六百一万九千九百五十六。"（卷二十九《地理志上》）

② 《唐会要》记载："会昌户四百九十五万五千一百五十一。"（《唐会要》卷八十四《户口数》）《新唐书》亦记载："至武宗即位，户二百一十一万四千九百六十。会昌末，户增至四百九十五万五千一百五十一。"（卷五十二《食货志二》）

③ 《旧唐书》："开元二十八年，户部计账……口四千八百四十四万三千六百九，应受田一千四百四十万三千八百六十二顷一十三亩。"（卷三十八《地理志一》）

学和其他学说相区别的基本特质或特征①。应该说，这主要还是在佛教的印度思想背景下作出的概括。如果从以儒家为主体的中国传统思想角度观察，佛教思想最为显著的特异之处是，（1）生命观——"三世"。《宝积经》云："三世，所谓过去、未来、现在。云何过去世？若法生已灭，是名过去世。云何未来世？若法未生未起，是名未来世。云何现在世？若法生已未灭，是名现在世。"（九十四）可见，佛教教义认为，一切人类，乃至一切生物，都不仅具有现世的生命，而且在前世就曾经生存过，在来世还将以多种形态生存下去。佛教"三世"生命说，必然蕴含着这样的理论观念，或者说必然要逻辑地回答这样的问题。首先，构成三世连续性、承继性的因素是什么？佛教教义称之为"因果"或"业报"。如《涅槃经·骄陈品》云，"善恶之报，如影随形。三世因果，循环不已"，《法华经·序品》云，"善恶业缘，受报好丑"，即业是因，是前生行为之积聚，果是今生之报。其次，作为承担三世因果业报之载体的某种"实体"或"实在"是什么？在印度佛教教义中，似乎是"诸法无我"的思想阻止、消解了这一观念的产生②，而在中国佛学中，离形而独立的、不灭的"神"或"灵魂"却正具有这样的特质。如东晋一代名僧慧远说："夫神者何耶？精极而为灵者也。"（《沙门不敬王者论·形尽神不灭》）其弟子宗炳表述得更为明确："精神极则超形独存，无形而身存，法身常住之谓也。"（《弘明集》卷三《答何衡阳书之二》）佛学认为，同一个生命主体，以因果报应而在三世中以"六道"不同形态轮回出

---

① 如龙树《智度论》曰："佛法印有三种：一者一切有为法，念念生无皆无常，二者一切法无我，三者寂灭涅槃。"（《智度论》二十二）智顗《法华玄义》曰："《释论》云，诸小乘经，若有无常、无我、涅槃三法印，即是佛说，修之得道。无三法印即魔说。大乘经但有一法印，谓诸法实相，名了义经，能得大道，若无实相印，即是魔说。"（《法华玄义》八）

② 印度佛典中有谓"如来藏常住不变"（《胜鬘经·自性清净章》），"阿陀那识（阿赖耶识）执持种子及诸色根，令不坏故"（《唯识论》三），此藏此识，亦似为万法根本，然其非为实体或实在，且亦非是从生命这一特定角度的立论。小乘之部派佛教立"补特伽罗"为轮回所依，但此乃是如同"依薪立火"之假设，非为实有（见《阿毗达磨俱舍论》卷二十九《异部宗轮论》）。

现①，人的生命在佛教那里获得了一种"不朽"；但由于佛教对人生作痛苦的悲观，所以这种"不朽"非但不能慰藉人心，而且被视为人之大不幸。超脱这种"不朽"，摆脱生命形态之三世轮回，即生之痛苦，自然成为佛教宗教实践追求的目标。佛教的这些思想观念在中国固有的富有理性特质的传统思想看来，是十分怪诞的。孔子说，"未知生，焉知死"（《论语·先进》），庄子说，"人之生，气之聚，聚则为生，散则为死"（《庄子·知北游》）。其意皆谓，对于一个人来说，只有今生今世，来世是不存在的；退一步来说，即使有，也是超出人的认识和所可关切的。然而，佛教这一思想观念却为众生在短暂的今生之外争得了无限的存在时间和空间，虽然充满了恐惧，但也蕴藏着希望。尽管这一思想观念几乎得不到任何感性经验的和理性认知的证明，但一种由希望而产生的心理上的满足、充实，仍然能使这一教义得到众多的信仰。可以说，在一般理论的而非狭隘的宗教的意义上，佛教三世生命说关心了、回答了最使人生困惑而又畏惧的、被中国传统思想特别是儒家思想淡然处之的终极问题：死亡。南北朝以来，不少佛家学者或倾心佛学的学者常以此为佛学的一个理论优势，如宋释慧琳《均善论》（《白黑论》）中以"黑学道士"（释者）立论曰："周孔为教，正及一世，不见来生无穷之缘，积善不过子孙之庆，累恶不过余殃之罚，报效止于荣禄，诛责极于穷贱，视听之外，冥然不知，良可悲矣。"（《宋书》卷九十七《天竺迦毗黎国》）唐贞观时李师政作《内德论》，与其时以傅奕为代表的疑佛、反佛者争辩，亦立论曰："黄老孔墨之言，道唯施于一生，言罔及于三世……其理局而不弘矣。"（《广弘明集》卷十五）可见，就中国思想整体来看，随着佛教的传入和融入六朝以后的民众社会生活，三世生命说虽在南朝时的围绕报应论和神不灭论的辩论中遭到激烈的、抵抗②，但毕竟还是逐渐

---

① 《法华经·方便品》曰："以诸因缘，坠堕三恶道，轮回六趣中，备受诸苦毒。"佛教谓众生轮回往来道途有六：地狱、饿鬼、畜生、阿修罗、人、天，称为"六趣"或"六道"，前三者又称为"三恶道"，后三者又称为"三善道"。

② 六朝时围绕佛学报应论、神不灭论的争辩，主要有东晋时孙盛与罗含、戴逵与慧远，南朝宋何承天与宗炳、刘少府、颜延之，梁范缜与曹思文、萧琛、沈约等之间的论辩。

成为中国文化思想中的一个新的观念因素①。然而就儒学来说，这一佛学理论观念还仍是其进一步发展中需要回应的一个理论挑战。（2）世界观——"三科""五位""三界"。从一般的理论角度来观察，佛教教义中主要有两个对于构成世界万事万物的基本成分的分类系统：三科与五位。三科是指：五蕴（色、受、想、行、识），此将世界分为物质（色蕴）和精神两个部分；十二处（六根——眼处、耳处、鼻处、舌处、身处、意处，六境——色处、声处、香处、味处、触处、法处），此是以构成人的认识活动的两个方面来区分世界；十八界（六根、六境再加六识——眼识、耳识、鼻识、舌识、身识、意识），此是认为人之认识功能、认识对象和由此二者接触而产生的六识，组成了世界万有②。十分显然，"三科"分类的特色是以人的认识为轴心而辐射涵盖万物万事的。"五位"分类与此不同，在其理论视野里摄入了宇宙的全部事物或现象（"法"③），然后将其分属于五类："色法"，有物质之形者；"心法"（心王），了识事物之意识主体，"心所有法"（"心所"），相依于心王而起的各种心理活动、心理现象；"不相应法"，既不相依于色法，也不相依于心法而具有生灭变化的现象。以上四位皆有所依待，有所生灭，故可统称为"有为法"。相对于前四位，第五位则称为"无为法"，无生灭变化、无所依待的绝对存在。在印度佛教的不同派别中，对"五位"包含的事象（法）划分又有所不同④。不难看出，

---

① 在佛教蔓延的情势下，佛学"三世"观念甚为广泛地进入了中国的哲学、历史、文学作品中。例如，以儒家思想为基本特色的北朝颜之推《颜氏家训》中曾列举事例，明确肯定地认为"三世之事，信而有征"（《颜氏家训·归心》）。记录两晋南北朝的正史中，亦留下若干表现了三世轮回观念的史迹（见《晋书》之《羊祜传》《鲍靓传》、《南史》之《梁元帝纪》、《北史》之《李谐传》等）。"三世"观念渗透进隋唐以后的文学作品中更是不胜枚举，并每每与儒家社会理论层面上的德教和超越理论层面上的"命"之观念融成一体。道教著作中吸纳"三世"观的情况亦明显存在，后面将论及。

② 佛教教义对"三科"的论述见《毗婆沙论七》《法界次第初门·上之上》等。

③ 佛典中"法"有事物现象与真理道理两种含义。《大乘义章》曰："法者，外国正音名为达磨，法义不同，泛释有二：一者自体为法，二者轨则名法。"（《大乘义章》十）现象事物，皆自有成其事象之体；道理真理，自当是轨则。此处取前一种含义。

④ 如小乘俱舍宗立五位七十五法：色法十一，心法一，心所法四十六，不相应法十四，无为法三（见《俱舍论》）；成实宗立五位八十四法：色法十四，心法一，心所法四十九，不相应法十七，无为法三（见《成实论》）；大乘法相宗立五位百法：心法八，心所有法五十一，色法十一，不相应法二十四，无为法六（见《百法明门论》）。

"五位"分类法在从"有为法"到"无为法"的具有逻辑学意义上对宇宙事象的划分中，甚为清晰地显示着佛教修持从低级到高级的宗教境界发展。在佛教的宇宙结构观念中，无疑地，"三界"说是最重要的和最基本的。所谓"三界"，一曰"欲界"，是有食欲、淫欲的有情之类的居处；二曰"色界"，是欲望已经断绝，但尚有形体者的居处；三曰"无色界"，是既无欲又无形体者的居处①。也很显然，佛教的"三界"宇宙结构观念，实际上是解说、映照其宗教修持理论中所设定的具有等级性的精神境界结构。可以说，将人的认识活动和宗教修持视为宇宙构成和宇宙结构中核心的、主导的成分或因素，是佛教世界观的最重要的特色。中国传统思想的宇宙观念却与此迥然异趣。中国传统思想的宇宙构成论虽有五行和阴阳两个有所区别的系统，但却都是把某种物质性的基本元素（气）或成分（金水木火土）作为包括人在内的万物生成的基础②，基本上是在感性经验基础上为中国古代思想所观察、分辨出的宇宙基本要素中，绝对没有人的意识。在中国思想所建构的两个主要的宇宙结构即天人（自然与人为）和天地人的"三才"互补结构中③，也都没有人的意识的成分。但是，人在宇宙结构中所处的无论是对立或互补的位置，却都是由人所具有的社会伦理道德性质决定的。（3）运思方式——"八不""三是"。佛教教理在其发展过程中锻造出一种极高超的以《中论》为代表的"般若"智慧④，即对世界万事万物之有无（空）和真假的特殊的观照。《中论》所

---

① "三界"的佛学义理在《智度论》九、《俱舍论》八等中有集中论说。

② 五行比气或阴阳更多地具有感性经验色彩，万物由五行构成的观念也似乎是在先形成。据《国语·郑语》记述，周幽王时太史伯曾说："先王以土与金、木、水、火，杂以成百物。"气或阴阳构成万物的观念，在《庄子》中方有明确的表述，"通天下一气耳"（《知北游》），"阴阳者，气之大者也"（《则阳》），"万物之生恶起？……阴阳相照、相盖、相治"（《则阳》）。

③ 天人（自然与人为）的对立结构在《庄子》中有集中而明确的表述："不以人助天"（《大宗师》），"无以人灭天"（《秋水》），"不以人入天"（《徐无鬼》），"天而不人"（《列御寇》）。而天地人的互补结构则在儒家经典《易传》、《礼记·礼运》与《中庸》中有明确表述。如《易传·说卦》曰："昔者圣人之作《易》也，将以立天之道曰阴与阳，立地之道曰柔与刚，立人之道曰仁与义。"《中庸》曰："能尽人之性，则可以赞天地之化育，可以与天地参。"

④ 罗什译《大智度论》谓："般若者（罗什注：秦言智慧），一切诸智慧中最为第一，无上无比无等，更无胜者，穷尽到边。"（卷四十三）

表述的基本思想是，万物是因缘所成，故毕竟是"有"，但是"假"；万物是因缘所成，无"自性"，故是"空"，但此却是"真"。《中论》的"八不""三是"，就是要兼现、兼容地观照这两方面的情况。当然，也可以说是双遣这两种执着。从兼现万物之有、空的角度观为"八不"："不生（无）亦不灭（有），不常（无）亦不断（有），不一（无）亦不异（有），不来（无）亦不出（有）"（《中论》卷一《观因缘品》）；从兼容万物之真假的角度观为"三是"："因缘所生法，我说即是空（真谛），亦为是假名（假谛），亦是中道义（中谛）"（《中论》卷四《观四谛品》）。从中国古代思想的逻辑立场来看，印度佛学这种在对立的、矛盾的事物或现象间的运思方式是很奇特、新颖的。孔子曰，"叩其两端而竭焉"（《论语·子罕》），"中庸之为德也，其至矣乎"（《论语·雍也》）。此似乎是显示儒家在处事接物时的逻辑原则是要寻求一个稳妥的、合理的判断标准，不会两是、兼容诸如善与恶、真与假、是与非等对立的、矛盾的事物现象。儒家的这一原则实际上是一种态度。在中国古代思想中，真正能给予对立的、矛盾的事物现象以一种逻辑的解释和消化的是道家。老子说："天下皆知美之为美，斯恶已；皆知善之为善，斯不善已。有无相生，难易相成，长短相形，高下相盈，音声相和，前后相随，恒也。"（《老子·二章》）显然，在老子看来，对立的事物和现象是互为条件而存在的，相对于"无"才有"有"，相对于"假"才有"真"，如果没有"无"和"假"，"有"和"真"的观念也不会出现。但也很显然，老子并不像《中论》那样，认为同一事物或现象同时兼有有与无、真与假两种对立的性质。从根本上说，老子或道家是认为事物现象是真实存在的，有"道"的或"气"的内涵，"无"只是其一种特定的状态，完全不同于佛学般若观认为事物现象是因缘而成之"空"。应该承认，佛学的"空"观有其感性经验的和理性思考的来源，更有超越认识的真理性要求之上的某种人性的企望、祈求，是十分深刻的、感人的。《中论》所发挥的般若观是在这个逻辑大前提下，对"空"的最好的论证和最好的结论。当倾心佛学的中国学者徘徊在《中论》的"不生亦不灭"与《老子》的"有无相生"之间时，难免要倾倒于般若了。如南朝梁刘勰说："滞有者，全系于形用，贵无者，专守于寂寥，徒锐偏解，莫诣正理；动极神源，其般若之绝境乎?"（《文心雕龙·论说》）刘勰认为，魏晋玄学偏执于"有""无"，皆未达真理；般若有无双遣乃是最高智慧。刘勰早年即留连佛典，晚年出家，崇仰佛理自不待言。如果跨出佛学范围，从六朝以后的中国传统思想的历史发展来看，"八不""三是"这种双遣的运思方式，正如下面我们将要论及的，不仅直接导引了道教"重玄"哲学理论的产生，而且，这一运思方式所具有的那种细密、抽象的思辨，在自觉不自觉中也为儒家思想所吸纳，形成了理学所表现出的那种高于汉代天人之学和魏晋玄学的逻辑思维能力。总之，佛教虽然是一种异质文化，但却具有并不低于甚至在某些方面还高于中国传统思想的理论品质；正是由于这种品质，使其在进入中国文化环境后，尽管曾遭受到否定和摧残，但仍能不断地吸附优秀的中国智力，逐渐完成自身适应新的文化环境的理论变迁。同时，佛教所具有的与以儒家为主体的中国传统思想相异的甚至是其某种缺弱的理论内容，也为其进一步发展构成一个新的契机——对中国传统思想来说，异己的佛学理论既是挑战，也是资源。佛教终于深深地长入中国文化，生长和发展起来。第二，佛教的宗教功能和非宗教功能的充分发挥，使佛教作为一种信仰能在六朝以后被社会民众广泛接受而传播开来，其三世因果报应教义起了最重要的作用。应该说，在印度佛教全部教义中，三世因果之说还只是远离"三法印"根本的一个支论，但中国佛教在向民间推进时，报应论却扮演了主要的、最有力的理论角色。东晋时王谧在与当时对佛教持反对态度的桓玄辩论佛理时说："夫神道设教，诚难以言辩，意以为大设灵奇，示以报应，此最影响之实理，佛教之根要，今若谓三世为虚诞，罪福为畏惧，则释迦之所明，殆将无寄矣。"（《弘明集》卷十二《王谧答桓太尉》）此即将因果报应说判定为佛教最能影响于世俗的根本教理。东晋末释道恒在其《释驳论》中引述了一个当时流行的见解："且世有五横，而沙门处其一焉，何以明之？乃大设方便，鼓动愚俗，一则诱喻，一则迫胁，云行恶必有累劫之殃，修善便有无穷之庆，论罪则有幽冥之伺，语福则有神明之祐，敦励引导，劝行人所不能行，逼强切勒，勉为人所不能为。"（《弘明集》卷六）这一流行观点表述了那个时代人的一种真切的感受或观察，即报应说之所以能最为有力地传播佛教信仰，乃是由于这一宗教教义中内蕴一种极强的超过道德和法律的劝慰和震慑力。应该说，这是符合实际情况的。佛教教义所内蕴的这种慰藉、震慑的精神力量，在衰败的、苦难的社会环境中更容易发挥出来，唐代后期的李节曾有论述曰："夫释氏之教，以清净恬虚为禅定，以柔谦退让为忍辱，故怨争可得而息也；以菲薄勤苦为修行，以穷达寿夭为因果，故贱陋可得而安也。故其喻云，必烦恼乃见佛性，则其本衰代之风激之也。夫衰代之风，举无可乐者也，不有释氏以救之，尚安所寄其心乎。论者不责衰代之俗，而尤释氏之盛，则是抱疾之夫，而责其医祷攻疗者，徒知释因衰代而生，不知衰代须释氏之救也。"（《全唐文》卷七百八十八《饯潭州疏言禅师诣太原求藏经诗序》）应该说，这一观察和判断也是很准确的、很真实的，佛教正是在分裂的、战乱和灾难频仍的六朝时期在中国扎下根的。六朝以后，佛法之盛、佛徒之广，还有一个非宗教信仰的功利的原因。自来，佛家僧尼为宗教生活实践的需要，获得了国家承认后可以"不贯人籍"①，"调课不输，丁役俱免"②，即享有免除赋税劳役的特殊待遇。不难推断，这一本来是具有一定合理性的待遇所歧生出的某些利益，却会诱引大量困苦无着的民众涌入佛门。南朝陈徐陵将其归纳出"佛门十利"，诸如"佛法不简细流，入者则高，归依则贵，上不朝天子，下不让诸侯……寸绢不输官府，斗米不进公仓……家休小大之调，门停强弱之丁，入出随心，往还自在"（《广弘明集》卷二十七《谏仁山深法师罢道书》）。当然，完全不能以此来等量南北朝隋唐时期涌现的那么多高僧大德，但却可以说多数的僧尼是为某种非宗教的功利目标招引而来的③。《魏书》记述，"正光已后，天下多虞，王役尤甚，于是所在编民，相与入道，假慕沙门，实避调役，猥滥

---

① 梁武帝普通三年郭祖深上封事二十九条，请简括僧尼，其中有曰："僧尼……皆不贯人籍，天下户口几亡其半。"（《南史》卷七十《郭祖深传》）

② 唐高祖武德九年，下诏皇太子，其中有曰："僧尼入道，本断俗缘，调课不输，丁役俱免，理应尽形寺观，履德居真，没命沙门，清身养素……"（《法琳别传》卷上）

③ 傅奕曾讥评佛教徒曰："乃追既往之罪，虚规将来之福，布施一钱，希百倍之报，持斋一日，冀百日之粮，遂使愚迷，妄求功德，不惮科禁。"（《旧唐书》卷七十九《傅奕传》）似乎佛教的宗教目标本身也有某种"功利"的内容，但深入辨析，即可发觉，佛教所追求的最根本的诸如"涅槃"的宗教目标，自有其非常深刻的、独特的、完全超越了物质功利的理论观念基础。就报应来说，佛家是望能开启慈悲之心，非为"妄求功德"。佛教的这种非宗教性的功利目标，是在一定特殊的社会条件下才形成的。

之极，自中国之有佛法，未之有也，略而计之，僧尼大众二百万矣"（《魏书》卷一百十四《释老志》）。唐时亦有这种情况，据《僧史略》载，唐时对申请度牒加入僧籍的人数一直加以限制，文宗大和四年时稍开禁限，立见蜂拥而入之势，申请入籍者竟有七十万（宋·释赞宁《大宋僧史略》卷中《僧籍弛张》）。凡此皆表明中国佛教在南北朝隋唐时期的兴旺，与其在当时社会条件下形成的非宗教性的功利功能是分不开的。

道教走向鼎盛的内在条件　正当佛教兴盛的时期，产生于东汉末年的道教，也从隐匿于民间的、原始的教团，演变为、自我改造为官方承认的成熟的正统宗教。道教的这一转变和此后走向鼎盛的发展，就道教本身来说，这样三个条件或因素是主要的。第一，道教所固有的、世俗性质的宗教目标——修身养性、长生不死，不仅容易被一般民众，而且特别容易被生活悠闲、优越的社会上层阶级的人物所接受；尤其是在一种像魏晋六朝那样动乱多难的、儒家伦理的人生目标被玄学削弱的社会环境中更是如此。一个明显的事实是，两晋时，不仅士族多宗奉东汉流传下来的天师道（五斗米道）①，且道教新的派别上清派、灵宝派亦正是为士族人物所造②。"独有延年术，可以慰吾心"③，道教对作为人之存在的根本和负载着人之一切可能的基础——生命表现了最大的关切。第二，道教与国家权力的协调。道教通过改革，一方面以其"专以礼度为首而加以服食闭练"④ 的一般的宗教实践，另一方面也以其符命禳解的独特法术，

---

①　史载南方琅邪王氏家族王羲之"世事张氏五斗米道"（《晋书》卷八十《王羲之传》），北方清河崔氏家族崔浩"欲修服食养性之术，而寇谦之有《神中录图新经》，因师之"（《魏书》卷三十五《崔浩传》）。晚近陈寅恪考论天师道与海滨地域关系，最后慨然叹曰："东西晋南北朝时之士大夫……多数之世家其安身立命之秘，遗家训子之传，实为感世诬民之鬼道，良可慨矣！"（《陈寅恪史学论文选集·天师道与海滨地域的关系》）

②　陶弘景《真诰叙录》谓《上清经》出白杨羲、许谧、许翙，《灵宝经》出自葛巢甫，《真诰·真胄世谱》述杨羲及二许身世，皆属东晋丹阳句容士族，孟安排《道教义枢·三洞义》谓葛巢甫为葛洪从孙。葛洪亦出身于丹阳句容世贵之家（见《晋书》卷七十二《葛洪传》）。

③　阮籍《咏怀诗》之十二："北里多奇舞，濮上有微音……焉见王子乔，乘云翔邓林。独有延年术，可以慰吾心。"（《阮籍集》卷下）

④　《魏书·释老志》述寇谦之改造天师道，立新道旨曰："天道清虚，专以礼度为首，而加以服食闭练。"（《魏书》卷一百十四）

得到了国家权力的承认，甚至实现了和国家权力的接近和结合，改变了作为民间教团时被国家政权视为"挟奸诡以欺众，行妖恶以惑民"① 的"怪民""左道"② 而受到镇压禁绝的那种处境。从历史记载中可以看到，南北朝时，陶弘景"援引图谶"参与了萧梁的立国，被时人谓为"山中宰相"（《南史》卷七十五《隐逸传·陶弘景》）。寇谦之献《录图真经》，以符命之说促成拓跋魏统一北方之业，获得魏太武帝对天师道的崇信（见《魏书·释老志》）。在隋唐的历代帝王身边也都不难发现善施言计影响的、或有"摄生之道"的被宠信的道教之士③。道教经常在与国家最高权力发生的这种特殊关系中获得一种有力的保护。第三，道教宗教理论的发展。六朝隋唐时期，道教的主要经典都已形成，南朝陆修静《三洞经书目录》著录道教经典已有一千二百二十八卷④，唐开元时的《三洞琼纲》著录则有三千七百四十四卷⑤。从道教历史上看，道教鼎盛时期的理论发展，主要不是指道教经典数量的增多，而是在内容和形式上确立了此后道教经典再也没有突破的规范，这就是：（1）内容繁杂的道教典籍的三洞、四辅、十二部的分类方法，正是这个时期里的南朝道士们创立的⑥，尽管这一分类还存在着某些混乱、模糊，但隋唐以后历代整理道

---

① 曹植《辩道论》抨击道士方术语（见《曹子建集》卷十）。

② 晋代张华《博物志》称左慈等方术道士为"《周礼》所谓怪民，《王制》称挟左道者也"（卷五）。

③ 且以唐太宗为例，太宗登基之初，即对曾密告符命的茅山道士王远知甚为宠信，"将加重位"，王远知"固请归山"，太宗即为其"敕润州于茅山置太受观，度道士二十七人"（《旧唐书》卷一百九十二《隐逸传·王远知》）。太宗晚年，闻洞庭山道士胡隐遥善太阴炼形之法，约八十岁，状貌如三十许，于是"诏入内殿，问摄生之道"（《道藏·洞真部》第五十五册《历世真仙体道通鉴》卷二十九）。

④ 北周甄鸾《笑道论》："道士所上经目，陆修静目中见有经书、药方、符图，止有一千二百二十八卷。"（《广弘明集》卷九）

⑤ 此据《文献通考》卷二百二十四引《宋三朝国史志》。《三洞琼纲》卷数另有异说，见陈国符《道藏源流考·开元修道藏》。

⑥ 一般认为道教经典三洞、四辅、十二部分类体系为陆修静创，如南宋金允中《上清灵宝大法总序》云"宋简寂先生陆修静分三洞之源，立四辅之目，述科定制，渐见端绪"（《道藏·正一部》第三四八册）。但实际上可能是陆修静首创，南朝其他道教理论家补充完成。唐道士孟安排《道教义枢·三洞义》所云："又序三洞经目者，其卷数题目，具如陆先生《三洞经书目录》、孟法师《玉纬七部书目》、陶隐居（弘景）《经目》《太上众经目》《三十六部尊经目》等所明"，即显示这种迹象（《道藏·太平部》第二七七册）。

书、编修《道藏》均沿用这一体例。（2）道教经典的理论内容有了新的扩展，理论内涵获得了新的周延性。此先，道教理论的主要构架是在道家思想的基础上，吸收儒家以形成其伦理观念，又吸收诸如见之于《汉书·艺文志》中的阴阳、五行、方伎、神仙、房中、杂占等思想来充实其法术体系。六朝以后，随着佛教的兴盛，虽然佛道之间经常发生冲突，但道教理论家却从未停止过对佛学思想的摄取，使得道教理论在中国传统思想背景中最先显示出其观念构成兼容儒、释的周延性。道教学者或有抄袭佛经文句，附益己说，此甚不足道也①，但是，道教理论家将其"承负""重玄"思想嫁接到佛学的"三世"之说和"般若"理论上而得到一种新的诠释，却完全是合乎逻辑的道教哲学理论的充实与发展。"承负"是道教一开始就已形成的一种思想。《太平经》说："承者为前，负者为后。承者，乃谓先人本承天心而行，小小失之不自知，用日积久，相聚为多，今后生人反无辜蒙其过谪，连传被其灾。"（卷三十九《解师策书诀》）即早期道教认为人与其子孙后代之间存在着积善余庆、积恶余殃的承接关系。一般说来，这是对一类生活经验做出的富有道德意义的概括。东晋以后出现的《灵宝经》则认为"善恶皆有对，是以世人为恶……而不即被考者，由受先世宿福，福尽罪至，生或为阳官所治，死入地狱，覆诸茶毒，楚痛难言也"，"恶恶相缘，善善相因……身没名灭，轮转死道"（《道藏》第十六册《太极真人敷灵宝斋戒威仪诸经要诀》）。显然，道教在接受了佛教的"三世""六趣""因果""轮回"等观念后，在异代之间传递着福祸后果的"承负"的经验判断，改变成一个人因其业果而在三世、六趣间轮回的、具有佛学特色的理论思想。《老子》首章中有一著名的"重玄"论题"玄之又玄，众妙之门"，汉魏以来的诠释有二。一曰"玄，天也"，"玄之又玄"即谓"天中复有天也"（河上公《老子注》）。这是将"玄"作某种实体的解释。一曰"玄者，冥也，默然无有也"，"玄之又玄"是"失之远矣"（王弼《老子注》）。此是将"玄"理解为某种状态。六朝以后，道家理论家接触到佛学般若理论后，就在"重玄"的命题框

---

① 唐高宗麟德元年，释道世曾表奏道士郭行真、李荣、田仁会等私窃佛经文句，修改道书，请加查勘，遂付官拷打乃承，因流配远州（见道世《法苑珠林》卷五十五）。

架内，注入了新的理论内容。唐道士成玄英说："玄者，深远之义，亦是不滞之名。有欲之人，唯滞于有；无欲之士，又滞于无，故说一玄，以遣双执。又恐学者滞于此玄，今说又玄，更祛后病。既而非但不滞，亦乃不滞于不滞，此则遣之又遣，故曰玄之又玄。"（《道德经开题序决义疏》卷一）按照这种诠释，"玄"是破无与有之执，而达到"不滞"（"遣双执"），"又玄"是破"不滞"之执（"遣之又遣"）。显然，这是一种智慧。也很显然，道教这种以"双遣"释"重玄"的理论智慧，其思维的逻辑途径、观念内容都是来自佛学《中论》理论的"三是"，是一种"般若"智慧。"重玄"论题是道教思想中曾吸引了许多道教学者去攀登的一个理论高峰①，六朝隋唐道士援引在中国思想舞台上新出现的思想观念对此及"承负"所作的新的诠释，既是道教发展的表现，也是道教发展的条件——两个具有新内涵的理论支点。总之，道教作为一种完全是在中国土壤上发育生长起来的宗教，其教义内容、实践方式都正是在这个历史时期确立并达到鼎盛的发展的。

2. 三教的冲突与融合

随着佛教道教的兴起，一个新的推动中国思想向前发展、引起中国思想结构发生变动的理论契机或动力也就产生了：儒、释、道三种思想体系之间的冲突和融合。一般说来，儒学和道教没有发生直接的冲突。道教的理论和实践大约可分属为伦常的修养和生命的修持两个方面。就前者言，道教基本上认同、接受儒家的道德规范，道教的第一个理论家葛洪所说，"欲求仙者，要当以忠孝和顺仁信为本，若德行不修，而但务方术，皆不得长生也"（《抱朴子·对俗》），可以为证；就后者言，道教是充分地具体化和方术化了道家的自然观念，虽然这是儒家未曾涉足的实践领域，但是正如我们后面将论及的，理学在具体化自己的心性修养方法时，还是借鉴了可视为是道教生命修持方法最高发展的内丹法。至于论及儒家与佛家、道教与佛教之间的关系，则情况就比较复杂些了。

道教与佛教的冲突与互渗　在中国历史上，道教和佛教的冲突每每表

---

① 五代道士杜光庭《道德真经广圣义》云："梁朝道士孟智周、臧玄静，陈朝道士诸柔，隋朝道士刘进喜，唐朝道士成玄英、蔡子晃、黄玄颐、李荣、车玄弻、张惠超、黎元兴，皆明重玄之道。"（卷五）

现得十分尖锐。从围绕西晋道士王浮《老子化胡经》、南朝宋末道士顾欢《夷夏论》、名为张融的南齐道士《三破论》而展开的佛道的笔战，到多次发生在隋唐朝廷上佛道两家对面争论，都是很激烈的，其特点是互争先后，互评优劣，互为贬损①。使佛教遭受三次沉重打击的"三武法难"的发生，也是佛、道冲突的表现和结果。虽然是某种具体的政治、经济事态的契因触发了"三武"毁佛，但是，道教人物的鼓动在其中确也起了推波助澜的作用②。佛道在对立、冲突中也有相互吸收、交融。如前所论及，佛教"三世""中观"等基本理论观念被道教接受，推动了道教理论的发展，就是最为典型的。此外，道教在自己的经典创制和理论阐释中，还从佛教那里援引其至可以说是抄袭了更多的、更广泛的名词、概念和思想观念。一个有力的例证是，唐高宗麟德元年，沙门道世上表奏告，道士郭行真、李荣、田士会等私窃佛经文句修改道书③。经考问查勘属实，道士们受到流配远州的惩罚。反之，中国佛教也从道教那里感受或吸取了许多思想观念，其中，最为触目的是，道教的长生成仙的宗教目标和独特的修炼

① 道士造《老子化胡经》谓老子入胡化佛，佛徒则造《清净法行经》，谓佛遣三弟子震旦教化，儒童菩萨，彼称孔丘，光净菩萨，彼称颜回，摩诃迦叶，彼称老子（北周道安《二教论》引）。《夷夏论》谓"佛教文而博，道教质而精，精非粗人所信，博非精人所能；佛言华而引，道言实而抑，抑则明者独进，引则昧者竟前；佛经繁而显，道经简而幽，幽则妙门难见，显则正路易遵"，以道教优于佛教；沙门慧通著《驳顾道士夷夏论》，谓"圣教妙通，至道渊博……大教无私，至德弗偏"，以佛说广大，高于道论。《三破论》诋毁佛教"破国""破家""破身"，释玄光则撰《辨惑论》，讥斥道教有"五逆"和妖法、欺巧、不仁、虚妄、顽痴、凶佞之"六极"。隋唐时，佛道二教代表人物在朝廷上辩论也时有相互攻谩之词。释道宣《集古今佛道论衡》和白居易《三教论衡》皆有记述。

② 北魏太武帝毁佛的积极推动者崔浩崇信道教，如前引史称"寇谦之有《神中录图新经》，浩因师之"（《魏书》卷三十五《崔浩传》）。史记周武帝废佛，道士张宾甚为推助："有道士张宾谲诈罔上，私达其党，以黑释为国忌，黄老为国祥，帝纳其言，信道轻佛。"（《广弘明集》卷八《叙周武帝集道俗议灭佛法事》）。史载唐武宗在位时，道士"赵归真乘宠，每对，排毁释氏，言非中国之教，蠹耗生灵，尽宜除去，帝颇信之"（《旧唐书》卷十八《武宗纪》）。

③ 道世《表》谓："西京诸观道士郭行真等，东明观李荣、姚玄义、刘道合，会圣观田行惠、郭盖宗等，将隐没道书重更修改，私窃佛经，改换文句，人法名数，三界、六道、五荫、十二入、十八界、三十七品、大小法门，并偷《道安经》。并改《长安经》为《太上灵宝元阳经》。改余佛经，别号《胜牟尼经》，或云《太平经》等……"（道世《法苑珠林》卷五十五、元念常《佛祖通载》卷十二）

方法，也在一定程度上影响了、进入了中国佛学。如南朝陈释慧思《誓愿文》中说："今故入山，忏悔修禅，学五通仙，求无上道，愿先成就五通神仙，然后乃学第六神通，受持释迦十二部经及十方佛所有法藏。"又曰："我今入山修习苦行，忏悔破戒障道重罪，今身及先身是罪悉忏悔，为护法故求长寿，不愿升天及余趣，愿诸贤圣佐助我，得好芝草及神丹，疗活治众病除饥渴，借外丹力修内丹，欲安众生先自安。"（《南岳思大禅师立誓愿文》）十分明显，作为天台宗三祖的慧思明确地将道教的"神仙"、服食的宗教目标和方法纳入了他的修禅成佛的佛教宗教实践中。又如《佛说决罪福经》曰："持斋戒七日，日三过自责己过，身口意所行自归三尊，奉持八佛名，受烧香，散花燃灯，供养具满，七日布恩种德，慈心众生，养育穷志，若与清净道士，即得增寿，灭除宿罪。"此则显示，在中国佛徒制作的佛经中①，甚至将佛家的修持与道教的长生延寿目标联结起来。凡此皆表明，融入了道教的思想观念是佛教的中国特色形成的因素之一。

儒家排佛的理据　三教关系中，儒学与佛教的冲突与融合应该说是最为深刻持久和意义重大的。从东汉末年牟子《理惑论》和梁僧佑所辑《弘明集》中可以看出，这一冲突几乎是从佛教最初传入就开始了②，并且儒佛之间冲突的理论内容，不同于佛道之间高下优劣的争执，其主要是辩论佛教社会功能的利或害与佛教理论观点的真或伪③。南北朝隋唐时期，随着佛教鼎盛的发展，这一冲突发生得也更为频繁和激烈。就佛教的社会功能来说，儒学主要是从两个方面，即认为佛教对社会政治经济和伦理制度具有破坏性来否定佛教。梁武帝时，郭祖深上书谏言削减僧尼，其理由是："僧尼资产丰沃，所在郡县，不可胜言。道人又有白徒，尼则皆畜养女，不贯人籍，天下户口，几亡其半。凡僧尼多非法，养女皆服罗

---

① 《佛说决罪福经》在南朝梁僧佑《出三藏记集》（《佑录》）和隋法经《众经目录中》皆入疑伪，故可推断为中国佛徒所作。

② 牟子《理惑论》四十问中诸如"七经之中，不见其辞"，"违圣人之语，不合孝子之道"等，主要是来自儒家观点的对佛教的质疑和责难。

③ 僧佑《弘明集后序》归纳汉魏以来疑佛之论曰："一疑经说迂诞，大而无征；二疑人死神灭，无有三世；三疑莫见真佛，无益国治；四疑古无法教，近出汉世；五疑教在戎方，化非华俗；六疑汉魏法微，晋代始盛。以此六疑，信心不树。"（《弘明集》卷十四）此可见《弘明集》乃至其后唐道宣所辑《广弘明集》中的辩论是围绕佛法之利害真伪展开的。

纵，其蠹俗伤法，抑由于此，请精加检括……不然，恐方来处处成寺，家家剃落，尺土一人，非复国有。"（《南史》卷七十《郭祖深传》）荀济则上书请废佛法①，其理由是："戎教兴于中壤，使父子之亲隔，君臣之义乖，夫妇之和旷，友朋之信绝，海内散乱，三百年矣……君臣夫妇父子三纲六纪也，今释氏君不君，乃至子不子，纲纪紊乱矣。"（《广弘明集》卷七《辨惑篇第二之三》）就是分别从这两方面立论的。同时代北魏李瑒请剪裁沙门之谏言，北齐沙汰释道之诏问，皆表明了同样的观点②。此后，唐朝排佛者，代有其人，尤以初唐傅奕、中唐韩愈、晚唐皮日休为显著，然其论皆未越出此范围③。就儒佛之间的理论观念冲突而言，应该说，理学出现以前，儒学还没有形成独立而有力的对佛学的理论批判，但在东晋南北朝时，围绕由印度佛学"三世"说而滋生起来的中国佛学的报应论和神不灭论的辩论中，儒学也提供了重要的理论支持。戴逵反报应论的主要论点是"积善积恶之谈，盖施于劝教耳"（《广弘明集》卷二十《释疑论》），何承天驳六道轮回时所谓"天以阴阳分，地以刚柔用，人以仁义立，人非天地不生，天地非人不灵，三才同体，相须而成者也，故能禀气清和，神明特达，情综古今，智周万物……安得与夫飞沈蠕蠕并为众生哉"（《弘明集》卷四《达性论》）。戴逵疑"神不灭"论之赋曰："火凭薪以传焰，人资气以享年，苟薪气之有歇，何年焰之恒延"（《初学记》卷二十五）；范缜在《神灭论》中，回答论敌"敢问《经》云'为之宗

---

① 《北史》卷八十三《荀济传》谓"济又上书讥佛法"，未具引其言论。

② 北魏熙平元年李瑒上书请剪裁沙门："三千之罪，莫大于不孝，不孝之大，无过于绝祀，佛道弃家绝养，既非人理，尤乖礼情，埋灭大伦……"（《魏书》卷五十三《李瑒传》）北齐天保五年问策沙汰僧道诏书中有言："缁衣之众，参半于平俗；黄服之徒，数过于正户，所以国给为此不充，王用因兹取乏。"（《广弘明集》卷二十七《问沙汰释老诏》）

③ 唐高祖武德三年傅奕上疏，请除去释教，疏曰"佛使不忠不孝，削发而揖君亲；游手游食，易服以逃租赋……其为害政，良可悲矣"（《旧唐书》卷七十九《傅奕传》）。宪宗元和十四年，韩愈上《论佛骨表》曰"佛本夷狄之人，口不言先王之法言，身不服先王之法服，不知君臣之义，父子之情"（《旧唐书》卷一百六十《韩愈传》）。懿宗咸通中，皮日休在《原化》一文中斥佛教风靡之俗曰"至于东汉，西域之教始流中夏，其民也，举族生敬，尽财施济，子去其父，夫亡其妻，蛊蛊器器……乱于杨墨也甚矣"（《皮子文薮》卷三）。凡此立论，皆以佛教带来的对社会经济和伦理纲常的具有破坏性的后果为据。

庙，以鬼享之'，何谓也"之质难时所说"圣人之教然也，所以弭孝子之心而厉偷薄之意，神而明之，此之谓矣"（《梁书》卷四十八《范缜传》）。凡此，皆可从儒家经典中寻觅到观念根源，如《周易》曰"积善之家必有余庆，积不善之家必有余殃……《易》曰履霜坚冰至，盖言顺也"（《坤·文言》）。这里所表述的是由履霜而坚冰至的生活经验，总结出一种人生教训：积善积恶将会带来相应的福祸后果。《孝经·圣治》曰"天地之性人为贵"，《礼记·礼运》谓"人者，天地之心也"，即皆认为人与物有不可逾越的界限。显然，论者在这里正是援依此儒家观念来反驳佛学以今生作业会带来来世生命形态或命运的转换的报应论①。《礼记》记述："宰我曰：'吾闻鬼神之名，不知其所谓。'子曰：'气也者，神之盛也，魄也者，鬼之盛也，合鬼与神，教之至也。'"（《祭义》）。又曰："崇事宗庙社稷则子孙顺孝，祭者，教之本也。"（《祭统》）《周易》曰："圣人以神道设教而天下服。"（《观·彖》）很显然，论者用以与佛学以"神"为独立的、"精极而为灵者"② 的"神不灭"论观点相对峙的，正是依凭儒家的以"气"诠"鬼神"③，以鬼神之祭祀为劝教而设的理论观念。在这个意义上可以说，东晋南北朝时期围绕报应论、神不灭论的真伪的辩论，具有儒学与佛学的理论冲突的性质。一般说来，在儒、佛冲突中，佛教的态度是比较温和的。以东晋南北朝时这场辩论和唐初围绕傅奕的排佛之论的争论中的佛家之言为例，佛家用以消弭与儒学的对立的申辩主要有二。一曰佛教教义并不违背儒学伦理。慧远说："佛经所明，凡有

---

① 慧远《三报论》曰："经说业有三报：一曰现报，二曰生报，三曰后报。现报者，善恶始于此身，即此身受。生报者，来生便受。后报者，或经二生三生，百生千生，然后乃受。"（《弘明集》卷五）

② 慧远《形尽神不灭》曰："夫神者何也，精极而为灵者也。"（《弘明集》卷五《沙门不敬王者论》之五）

③ 以"气"为万物的基本构成，是道家的观点，如《庄子》说："通天下一气耳"（《知北游》），"阴阳者，气之大者也"（《则阳》），并视人之生死为"气"之聚散（见《至乐》）。援用此观念来解释"鬼神"，则似乎是秦汉之际及此后儒家的创造。所论多见于《礼记》中，除《祭义》之论外，尚有如"鬼神，阴阳也"（《郊特牲》），"人者，鬼神之会，五行之秀气也"（《礼运》）。汉儒经注中表述亦很清楚，例如，《乐记》"幽则有鬼神"，郑玄注曰"圣人之精气谓之神，贤者之精气谓之鬼"；《中庸》"鬼神之为德其盛矣乎，视之而不见，听之而不闻，体物而不可遗"，郑玄注曰"体犹生也，言万物无不以鬼神之气生也"。

二科，一者处俗弘教，二者出家修道。处俗则奉上之礼，尊亲之敬，忠孝之义，表于经文，在三之训，彰于圣典，斯与王制同命，有若符契。出家则是方外之宾，迹绝于物，隐居以求其志，变俗以达其道。变俗，服章不得与世典同礼，隐居，则宜高尚其迹。夫然，故能拯溺族于沈流，拔幽根于重劫，远通三乘之津，广开人天之路，是故内乖天属之重而不违其孝，外阙奉主之恭而不失其敬。"（《弘明集》卷十二《答桓太尉书》）稍前无名氏《正诬论》亦云："佛与周孔，但共明忠孝信顺，从之者吉，背之者凶。"（《弘明集》卷一）其后，初唐李师政为驳辩傅奕排佛之论亦曰："佛之为教也，劝臣以忠，劝子以孝，劝国以信，劝家以和，宏善示天堂之乐，惩非显地狱之苦。"（《广弘明集》卷十五《内德论·辨惑》）凡此皆可见慧远等佛家一再申明者，佛教完全承诺、遵循儒学的伦理规范，佛教因其宗教实践的需要，隐居变俗，形式上虽有悖于世俗典制，实际上仍然承认并不否定儒家的纲常准则，亦即慧远所谓："如来之与尧孔，出处诚异，终期则同。"（《弘明集》卷五《沙门不敬王者论四》）二曰佛理有不同于或超越于儒学的内容和功用。慧远就三世报应说比较儒佛之理论内容说："世典以一生为限，不明其外，其外未明，故寻理者自毕于视听之内，若能览三报以观穷通之分，则尼父之不答仲由，颜冉对圣匠而如愚，皆可知矣。"（《弘明集》卷五《三报论》）约与慧远同时的释道恒也说："沙门在世，诚无目前考课之功，名教之外，实有冥益。"（《弘明集》卷六《释驳论》）唐初，法琳为反驳傅奕，在更广泛的理论范围内比较儒佛曰："勋华周孔之教，统其要也，未达生死之源，陈其理也，不出有无之域，岂若五分法身，三明种智，湛然常乐，何变何迁，邈矣真如，非生非灭，而能道资万有，慈彼百灵，启解脱彼岸之津，开究竟无为之府，拔群生于见海之外，救诸子于火宅之中。"（《破邪论》卷上《上殿下破邪教启》）佛家此论完全没有否认儒学的功用，只是表明佛学要在儒学没有观察到的那个人生、生命领域内发挥作用。这虽然是不能证明的，不能为儒学所接受的，但却缓和了与儒学的直接冲突，并逐步进入中国的社会生活，融入中国的文化构成中。

三教融合的主要表现　以上简要地考察了南北朝隋唐期间三教（佛教、道教、儒学）间相互关系的紧张和冲突的表现，这是一方面的情况；

另一方面，在此期间，中国古代思想运动也呈现以儒家思想为基本观念背景下的三教融合的态势，其表现可以归纳为三。其一，三教作为三种具有影响、塑造社会精神生活功能的观念形态，共同地被国家权力所承认和采用。南北朝隋唐期间，虽然有若干体现国家权力的帝王对佛教或道教采取废毁的政策，如北魏武帝、周武帝、唐武宗之毁佛，梁武帝之废道①，虽然三教地位在不同朝代庙堂上先后次第之排列或有变迁，如北周武帝时辩三教先后，以儒先、道次、佛后，隋世论三教优劣有佛日道月儒星之比，唐高祖下诏序三教先后，则先老、次孔、末释②，但在更多的、经常的情况下，三教之合法地位和各自的功能价值是皆被承认的。且以唐之开国皇帝高祖为例，在其在位最后一年发布的《沙汰佛道诏》中，当其表示一面要崇尚儒学，一面要精简僧尼、道士，限制其发展，对三教政策显然显示出某种差别时，仍宣称"三教虽异，善归一揆"③。再以唐代两个最具特色的、在对佛道态度上显出某种对立的皇帝——太宗和武后为例：贞观十一年，太宗下诏令："自今以后，斋供行立，至于称谓，其道士女冠，可在僧尼之前。"（《全唐文》卷六《令道士在僧前诏》）武后天授二年则立相反的制言："自今已后，释教宜在道法之上，缁服处黄冠之前。"（《全唐文》卷九十五《释教在道法上制》）其实，太宗并未忽视佛教的作用，贞观十五年，其与僧人论佛道先后，有言曰："今李家据国，李老在前，释家治化，则释门居上。"（《集古今佛道论衡》卷丙）武后亦并重佛道，曾下令禁佛道互谤："佛道二教，同归于善，无为究竟，皆是一宗，

---

① 梁武帝原系道教世家，故早年奉道，中年即帝位后，改奉佛教，天监三年《舍道归佛诏》曰"弟子经迟迷荒，耽事老子，历叶相承，染此邪法……今舍旧医，归凭正觉，宁在正法之中，长沦恶道，不乐依老子教，暂得生天"，并宣称"道有九十六种，唯佛一道，是于正道，其余九十五种，名为邪道……若事外道心重，佛法心轻，即是邪见，若事佛心强，老子心弱者，乃是清信"（《广弘明集》卷四）云云。

② 史载北周"建德二年十二月癸巳，周集群臣及沙门道士等，周主升高座，辩释三教先后，以儒教为先，道教为次，佛教为后"（《周书》卷五《武帝纪上》）。隋之名士李士谦答"三教优劣"之问曰："佛，日也；道，月也；儒，五星也。"（《隋书》卷七十七《隐逸传·李士谦》）武德八年唐高祖下诏曰："老教孔教此土元基，释教后兴，宜崇客礼，今可先老，次孔，末后释宗。"（唐·道宣《集古今佛道论衡》卷丙）

③ 《诏》曰："朕今欲敦本息末，崇尚儒宗，开后生之耳目，行先王之典训；而三教虽异，善归一揆。"（《全唐文》卷三）

自今僧及道士敢毁谤佛道者，先决杖，即令还俗。"（《全唐文》卷九十五《禁僧道毁谤制》）又下令佛道互尊："老释既自元同，道佛亦合齐重，自今后，僧入观不礼拜天尊，道士入寺不瞻仰佛像，各勅还俗，仍科违勅之罪。"（《全唐文》卷九十六《僧道并重勅》）太宗曾谓"朕今所好，惟在尧舜之道，周孔之教，以为如鸟有翼，如鱼依水，失之必死，不可暂无耳"（《贞观政要》卷六），其崇尚儒学之态度甚为鲜明。武后虽佞佛，其《三藏圣教序》曰"朕幼崇释教，夙慕归依"（《全唐文》卷九十七），史称"武后铸浮屠，立庙塔，役无虚岁"（《新唐书》卷一百二十五《苏环传》），皆可为证。但武后的政治举措却更多的是运行在儒学的轨道上，如依三统之说改正朔①，依《周礼》改官制②，其《求贤诏》征召八种人才，实多为儒者之徒③，其指令北门学士④所撰之书，如《列女传》《孝子传》《臣轨》皆以宣扬儒家的忠孝节义伦理道德规范为宗旨⑤。完全可以说，太宗、武后对三教之厚薄或有分别，兼有所用则是相同的。有唐一代诸帝中，兼容并用三教在玄宗身上表现最为明显。开元二年贤良方正科的选举考试，玄宗曾制一题策问："穆邦家而济生死，三圣之教何

---

① 武后《改元载初赦文》曰："周公稽古，制礼于成王之日，汉高握德，改元于武皇之代，则知文物大备，未遑于上业，损益之道，谅属于中平，朕所以式遵礼经，奉成先志，今推三统之次，国家得天统，当以建子月为正，考之群艺，厥义昭矣，宜以永昌元年十有一月为载初元年正月，十有二月改腊月，来年正月改为一月……"（《全唐文》卷九十六）意谓己为盛世帝王，当以三统制改建正朔。

② 如据《周礼》，武周时将隋时以来建制的吏、户、礼、兵、刑、工六部尚书，改为天、地、春、夏、秋、冬六官。（见《全唐文》卷九十六《改元光宅赦文》）

③ 长安二年，武后下令求访八种人才曰："宜令文武官五品以上，各举所知，其有抱梁栋之才，可以丹青神化；蕴韬钤之略，可以振耀天威；资道德之方，可以奖训风俗；践孝友之行，可以劝率生灵；抱儒素之业，可以师范国胄；蓄文藻之思，可以方驾词人；守贞亮之节，可以直言无隐；履清白之操，可以守职不渝，凡此八科，实该三道……"（唐·杜佑《通典》卷十七，《全唐文》卷九十六《求访贤良诏》）

④ 史载："刘祎之上元中迁左史、弘文馆直学士，与著作郎元万顷、左史范履冰、苗楚客，右史周思茂，韩楚宾，皆召入禁中，共撰《列女传》《臣轨》《百僚新诫》《乐书》，凡千余卷。时又密令参决，以分宰相之权，时人谓之'北门学士'。"（《旧唐书》卷八十七《刘祎之传》）

⑤ 其中如《臣轨》，武后作《序》称此书"为事上之轨模，作臣下之绳准"（《全唐文》卷九十七），长寿二年更明令"罢举人习《老子》，更习太后所造《臣轨》"。（《资治通鉴》卷二百〇五。按：据《旧唐书·武后纪》载，高宗上元元年，武后奏请王公百僚皆习《老子》，每岁依《孝经》《论语》例试举人）

长？"（《全唐文》卷三百九十五沈谅《对贤良方正策》），要士人对三教在治国、治心中所具有的不同作用发表意见，正是这种态度的最初的显露。据史载，开元十年，玄宗"训注《孝经》，颁于天下"（《旧唐书》卷八《玄宗纪》上）。开元二十一年，玄宗"亲注老子《道德经》，令学者习之"（《封氏见闻记》卷一《道教》）。开元二十四年，玄宗"亲注《金刚般若经》诏颁天下，普令宣讲"（《宋高僧传》卷十四《玄俨传》）。凡此则可视为是玄宗在四十多年的政治实践中，兼顾并用三教的实际情况。南北朝隋唐国家政权对佛、道地位功能的肯定态度，可用唐代宗时一位宰臣的话来概括："释教本以助化，道家先于理国，惩恶劝善，以齐死生；薰然慈仁，美利天下，所庇者大，所益者深，故历代崇尚而弗易也。"（《全唐文》卷四百一十常衮《禁天下寺观停客制》）应该说，这既是三教在这一历史时期融合的一种表现，也是一个最重要条件。

其二，三教作为三种理论观念内容有重要差别的思想体系，在为数甚多的思想观念发源于或植根在儒学基础上的中国学者士人那里，其相互间的观念界限，已被模糊、混淆，甚至不再存在，出现了以兼容综合三教思想为特色的新的学术思潮或风气。首先，南北朝时，大家硕儒多有"善庄老、通释典"的学术修养，亦不乏将佛、道观念引进儒家经典注疏中的学术实践。例如，在梁、周两朝两地都极显耀、被视为"一代儒宗"的沈重，"学业该博，至于阴阳图纬、道经释典，靡不毕综"（《周书》卷四十五《儒林·沈重》）；陈之大儒国子祭酒周弘正"特善玄言，兼明释典，虽硕学名僧，莫不请质疑滞"（《陈书》卷二十四《周弘正传》），皆可谓代表。南北朝时，承魏晋玄风熏染，儒者疏讲和在儒家经典注疏中援引老庄已属平常，更有进者，乃是儒者亦开始注释、讲解佛家经典。与此相关连，儒家经疏中也开始浸入佛学观念。史载，北魏名儒刘献之"撰《三礼大义》《三传略例》，注《毛诗序义》行于世，又注《涅槃经》，未就而卒"（《魏书》卷八十四《儒林传·刘献之》）；梁之国子祭酒何胤，除注《毛诗》《周易》《礼记》百卷外，还"注《百法论》《十二门论》各一卷"（《梁书》卷五十一《处士传·何胤》）；陈之国子祭酒徐孝克"每日二时讲，且讲佛经，晚讲《礼》《传》，道俗受业者数百人"（《陈书》卷二十六《徐孝克传》），皆可谓特出者。南北朝时儒家经疏迄今保存比较完整的是梁朝皇侃《论语集解义疏》，从中可略窥见佛学观念渗入的情况，如《论语·先进》记述"季路问事鬼神，子曰：未能事人，焉能事鬼"，皇侃疏曰："外教无三世之义，见乎此句也。周孔之教，唯说现在，不明过去未来，子路此问事鬼神，是问过去也。"又如同篇记载："柴也愚，参也鲁，师也辟，由也喭。子曰：回也其庶乎，屡空。赐不受命，而货殖焉，亿则屡中。"在这里，《论语》记述孔子品评他的六个学生本是无疑的；但其中评说颜回"回也其庶乎，屡空"，含义不甚清晰，皇侃《义疏》中显示出了几种有分歧的解释：（1）"空，穷匮也，屡，每也。颜子庶慕于几，故遗忽财利，所以家每空贫而箪瓢陋巷也。"（2）"空，犹虚也，屡，时而，数次。言圣人体寂，而心恒虚无累，贤人（颜回）不能恒体无，心或时而虚。"（3）"颜特进（按：颜延之）云：空非回所体，故庶而数得。"大体上可以判定，第一种解释属汉儒古训，第二种解释乃玄学之见，第三种解释，在皇侃《义疏》中归属第二种解释，实际上，此乃是一种与玄学有别的佛学的训释。颜延之所体之"空"于此处未有十分明确的表述，但他曾和宗炳一起共同与何承天辩论，所以可以认为，宗炳所明确表述的"空"义，也就是颜延之的观点："佛经所谓本无者，非谓众缘和合者皆空也，垂荫轮奂处，物自可有耳，故谓之有谛，性本无矣，故谓之无谛……亦如惠子所谓物方生方死，日方中方睨，死睨之实，恒预于未生未中之前矣……故颜子庶乎屡空，有若无，实若虚也。"（《弘明集》卷三《宗炳答何衡阳书》）宗炳这里以"性本无"训释"空"，乃是东晋南北朝时中国佛学般若空观的观念①，以此"本无"之"空"来诠释《论语》颜子"屡空"之"空"，从理论归属上看，实际上已经跨出"虚心无累"之"空"的玄学范围而进入佛学的樊篱。"三世"

---

① "诸法皆空"是佛教的基本思想观念。中国佛学在两晋时对此"空"有多种具有中国思想特色的理解。晋之僧肇在《不真空论》将其概括为"心无""即色""本无"三家；南朝宋之昙济将其分为"六家七宗"："第一本无宗，第二本无异宗，第三即色宗，第四识含宗，第五幻化宗，第六心无宗，第七缘会宗。本有六家，第一家为二宗，故或七宗也。"（唐·元康《肇论疏》卷上）其中"本无宗"的观点是："无在万化之前，空为众形之始，一切诸法，本性空寂。"（隋·吉藏《中论疏》卷二末）宗炳之论近此。

"性空"等佛学的基本范畴、理论观念，能被援用来疏解儒家的思想、命题，是三教的理论界限在南北朝儒者那里并不存在，至少是混淆了的一个有力的证明。佛道理论观念涌入儒家经解，在《周易》注疏中恐怕是最为突出，唐孔颖达在《周易正义·序》中曾明确指出这一情况："江南义疏十有余家，皆辞尚虚玄、义多浮诞。原夫易理难穷，虽复玄之又玄，至于垂范作则，便是有而教有，若论住内住外之空，就能就所之说，斯乃义涉于释氏，非为教于孔门也，既背其本，又违于注。"无奈何，南北朝时十余家《周易》之义疏多遗佚，难以具体入微考究，然而仅从残存的周弘正《周易周氏义疏》若干条佚文中，亦可由一斑见大体。如其注《晋》"君子以自照明德"曰"自照已身。老子曰'自知者明'，用明以自照"（《周易正义》卷四疏引），其序《周易序卦》，归纳分类六十四卦曰："就序卦以六门主摄：第一天道门，如乾之次坤、泰之次否等，是天道运数门也；第二人事门，如讼必有师、师必有比等，是人事门也；第三相因门，如因小畜生履、因履故通等，是相因门也；第四相反门，如遁极反壮、动竟归止等，是相反门也；第五相须门，如大有须谦、蒙稚待养等，是相须门也；第六相病门，如贲尽致剥、进极致伤等，是相病门也。"（《周易正义》卷九《周易序卦》第十疏引）周氏援《老子》训释《易》之"自照"观念是很明显的①，其六十四卦之"六门"分类，也显然是感受了《华严经》派对事、理及其相互关系的理论思考及分类方法的启发②。

其次，在南北朝时期学者完整、周延的思想精神境界的观念构成中，明显地增加道家和佛学的观念因素。一般说来，完整而周延的精神境界不仅是人的精神生活宁静而充实的必要条件，而且也是一代思想演变发展的内在要求。一个纯正的儒家学者自可用儒家经典中提供的思想编织成一个周延的人生的精神境界。孔子儒学思想所具有的三个理论层面仁、礼、

---

① 《老子·三十三章》"知人者智，自知者明"。

② 《华严经》派以"六相门"观察区分事物。晋译六十卷《华严经》有曰："诸地所净生诸助道法，总相、别相、有相、无相、有成、有坏。"（晋·佛陀跋多罗译《华严经》二十三）后魏菩提流支译《十地经论》中更明确解释曰："一切诸说，十句中皆有六种差别相门……六种相者，谓总相、别相、同相、异相、成相、坏相。"（《十地经论》卷一）周弘正"序卦以六门主摄"，依稀可见与此有某种相通。

命，孟子所概括的人生实践两方面"穷则独善其身，达则兼善天下"（《孟子·尽心上》），都能使社会伦理的践履为人生主要内容、主要价值的儒家形成一个周延、完整的人生境界或精神境界。可以认为，"独尊儒术"笼罩下的汉代儒者的精神世界正是这样的。但随着魏晋玄学思潮的风靡和南北朝佛教兴盛，道家的"自然"观念和佛学的"三世"观念也成为人们精神生活中的或构成人的精神境界中新的甚至是具有主导性的因素。在玄风中，实现和保护人的自然的、生命的层面上之本质，似乎比社会伦理道德的践履和完成更迫切；在佛家，修来生脱轮回，无疑比今生现世更重要。这样，在新的思潮中，仅仅是由儒家思想观念构筑的如汉儒的那样境界不再是完整周延的了；有这种理论感受的在以儒学为主的中国文化土壤里生长的学者，吸纳道家、佛家思想也就是十分自然的了。南北朝时，用儒道两家思想观念来共同组成一完整人生实践或精神境界，以北齐刘昼《刘子》中的表述最明确、典型："夫道以无为化世，儒以六艺济俗。无为以清虚为心，六艺以礼教为训。若以教行于大同，则邪伪萌生，使无为化于成康，则氛乱竞起。何者？浇淳时异，则风化应殊；古今乖舛，则政教宣隔。以此观之，儒教虽非得真之说，然兹教可以导物；道家虽为达情之论，而违礼复不可以救弊。今治世之贤，宜以礼教为先，嘉遁之士应以无为是务，则操业俱遂，而身名两全也。"（《刘子》卷十《九流》）刘昼之论认为，道家儒家具有不同的宗旨、功能和作用范围，但并不构成对立；相反，一个完整的"操业俱遂，身名两全"的人生实践必须兼用二者。刘昼是一位有反佛倾向的学者①，故在他的人生实践和精神境界构成中，释氏之学是被排拒在外的。然而在南北朝时，多被佛教浸润的学者，则常常是把儒释或儒释道融会一体的。史载，南朝宋之学者雷次宗②与子侄书，言其操守曰："夫生之修短，咸有定分，定分之外，不可

---

① 史载刘昼从儒者习《三礼》《服氏春秋》，然"考策不第，竟无仕进"（《北齐书》卷四十四《儒林·刘昼传》）。又《广弘明集》录有刘昼上书排佛言论，如谓"佛法诡诞，避役者以为林薮"（《广弘明集》卷六《叙列代王臣滞惑解上》）。

② 史载雷次宗"少入庐山，事沙门释慧远，笃志好学，尤明《三礼》《毛诗》……元嘉十五年，征次宗至京师，开馆于鸡笼山，聚徒教授，置生百余人……后又征诣京师，为皇太子诸王讲《丧服经》"（《宋书》卷九十三《隐逸传·雷次宗》）。可见，雷次宗是一位倾心佛学的儒者。

以智力求，但当于所禀之中，顺而勿率耳……犬马之齿，已逾知命，及今毫未至憎，衰不及顿，尚可厉志于所期，纵心于所托，栖诚来生之津梁，专气暮年之摄养，玩岁日于良辰，偷余乐于将除，在心所期，尽于此矣。"（《宋书》本传）雷次宗告谓子侄，人生有命，但当顺应，自己虽已年过五十，但仍要努力于志，专气摄养暮年之乐，虔诚修望来生之路。不难判定，构成这个人生实践和体验中的"命分""养气""来生"等观念因素，正是儒道释三家的理论观念。亦不难判定，南朝齐之名士张融，遗令其死后入棺，"左手执《孝经》，右手执小品《法华经》"（《南齐书》卷四十一《张融传》），寓意亦在此。南北朝时，融会三教观念以组成一完整的人生境界，其在曾仕梁、周两朝的著名儒臣王褒《幼训》中表述得最为明确："儒家则尊卑等差，吉凶降杀，君南面而臣北面，天地之义也，鼎俎奇而笾豆偶，阴阳之义也；道家则坠支体，黜聪明，弃义绝仁，离形去智；释氏之义，见苦断习，证灭循道，明因辨果，偶凡成圣，斯虽为数等差，而义归汲引。吾始乎幼学，及于知命，既崇周孔之教，兼循老释之谈。江左以来，斯业不坠，汝能修之，吾之志也。"（《梁书》卷四十一《王褒传》）应该说，王褒对三教的基本观念差别的分辨是正确的；而将此三种本来是有界限、有某种内在冲突的观念作为人生实践中要"兼循"的准则组合到一起，则是那个时代的精神生活或理论观念的特色。还应该说，王褒认为这一特色是"江左以来，斯业不坠"，即是东晋以来逐渐形成的和相当普遍的，也是符合事实的。

最后，南北朝时期开启的兼容、综合三教思想观念的思潮，到了隋唐时期，随着道教特别是佛教的鼎盛发展，也有新的高涨和新的特色。初唐傅奕在废佛疏中曾讥讽"搢绅门里，翻受秃丁邪戒；儒士学中，倒说妖胡浪语"（《广弘明集》卷十一《辨惑篇第二之七箴傅奕〈上废省佛僧表〉》）。据史载，唐高祖将傅奕废佛疏交群臣评议时，"唯太仆卿张道源称奕奏合理"（《旧唐书》卷七十九《傅奕传》）。中唐柳宗元酬答友人的诗文中亦述及此事，其时重臣儒士"服勤圣人之教，尊礼浮屠之事者，比比有焉"（《柳宗元集》卷二十五《送文畅上人登五台遂游河朔序》）。凡此略可见隋唐时学者、名士信佛、佞佛风气之盛，比起前朝有过之而无不及。隋唐时，具有中国思想文化特色的中国佛学之天台宗、华严宗、禅宗已渐次形成，这样，不仅在前已论及的中国佛学诸宗的宗义中，而且在诸宗的宗祖或名僧的精神经历和人格中，都可以发现受到中国传统思想特别是儒家观念的濡染。如据僧史载，于弘扬天台教义最为有力者之四祖灌顶，早年"玄儒并骛"（《续高僧传》卷十九本传），九祖湛然，"家本儒墨"（《宋高僧传》卷六）。华严宗中著述最丰的四祖澄观，"翻习经、传、子、史、小学、《苍》、《雅》、天竺悉昙诸部异执，四围、五明、秘咒、仪轨，至于篇颂笔语书踪，一皆博综"（《宋高僧传》卷五本传），五祖宗密"家本豪盛，少通儒书"（《宋高僧传》卷六本传）。禅宗东土二祖慧可"外览坟索，内通藏典"（《续高僧传》卷十六本传），北禅初祖神秀"少览经史，博综多闻"（《宋高僧传》卷八本传），南禅第一弘法者神会"年幼从师传授'五经'，克通幽赜，次寻《庄》《老》，灵府廓然"（《宋高僧传》卷八本传）。凡此皆可见中国佛教诸宗祖师之观念深处无不播撒有中国思想之种子。唐时以学术称著的名僧亦是如此，如《法苑珠林》等六百多卷佛典疏解和僧史的作者道世尝自述己虽入佛门，然亦曾"少习周孔之文典，晚慕黄老之玄言"（《法苑珠林》卷一百《传记篇·述意》）。《北山录》的作者神清更是"三教俱晓，该玄览极，彝伦咸叙，万人之敌也"（《宋高僧传》卷六本传）。隋唐时的佛祖名僧自有作为佛家的那种高迈的功德、富饶的佛理，然其人格中仍不乏中国文化的、主要是儒家精神的那种特征。《论语》曰"孝悌也者，其为仁之本与"（《学而》），"孝"的伦理感情和实践，无疑地应是儒家道德人格的基本构成。我们看到，虽然佛教的宗教实践要求释徒断灭此种世俗之情，但在中国文化环境中生长的佛家，却仍多潜存这一情结并每有此行为表现。如据僧史记述，高宗显庆二年，玄奘请假返故里改葬父母，其《请表》中有谓"元奘不天，凤钟荼蓼，兼复时逢隋乱，殡掩仓卒，日月不居，已经四十余载，坟垄颓毁，殆将湮灭，追惟平昔，情不自宁"（《慈恩传》卷九）。平生曾讲《华严经》四十八遍的华严宗义学名僧灵辨"孝性谆至，出自天真，每讲遇父母恩重之文，未尝不哽塞良久，或因之废讲"（《华严经传记》卷三），凡此情景都显示为一中国儒家精神陶冶的人格。这就使得隋唐时的学者文士对佛学、佛徒怀有很强的亲近感，容易看重佛儒之间在某些具体规范、名数上的近同，而忽视其根本宗旨上的迥异。最具有代表性的是隋初颜之推所说："内典①初门，设五种禁，外典仁义礼智信，皆与之符。仁者，不杀之禁也；义者，不盗之禁也；礼者，不邪之禁也；智者，不酒之禁也；信者，不妄之禁也。"（《颜氏家训·归心》)②唐时亦有同论，如代宗时制诰文臣陈诩说"西方教行于中国，以彼之六度，视我之五常，遏恶迁善，殊途同辙"（《全唐文》卷四百四十六，《唐洪州百丈山怀海禅师塔铭》）。此后，白居易亦曾说"《毛诗》有六义，亦犹佛法之义例有十二部分也，孔门有四科，亦犹释门之有六度，儒门释教，虽名数则有异，约义立宗，彼此亦无差别"（《白居易集》卷六十八《三教论衡》）。三教融合，特别是儒佛融合的思潮，在隋唐时也因此有新的发展或特色。从隋唐时两位理论识解最高的儒家学者——王通和柳宗元那里，可以看到这一新的发展或特色是，儒佛或三教融合似乎是获得了某一共同的理论根源或基础。《中说》记载："子（王通）读《洪范谠义》，曰：'三教于是乎可一矣。'程元、魏徵进曰：'何谓也？'子曰：'使民不倦。'"（《中说·问易》）王通何以由读《洪范谠义》而推出"三教可一"的结论？北宋阮逸《中说注》解释说："《洪范谠议》，安康献公（按：王通祖父）撰《皇极说议》。《洪范》'五皇极'者，义贵中道尔，致中和，天地位焉，万物育焉。人者，天地万物中和之物也。教虽三而人则一矣。《易》曰：通其变，使民不倦。"阮氏注解诠释王通之意是，三教皆人之所为，人能持中道而通其变，则"三教可一"。应该说，阮逸的解释是正确的。王通尝谓"天地生我而不能鞠我，父母鞠我而不能成我，成我者，夫子也"（《中说·王道》），"千载而下，有绍宣尼之业者，吾不得而让也"（《中说·天地》）。王通追踪孔子，终生以作《续六经》、聚徒讲学为事，自是隋唐第一儒，然其对待九流佛道的学术立场或态度却是十分宽容的。王通说："史谈善述九流，知其不可废，而知其各有弊也，安得长者之言哉！通其变，天下无弊法，执其方，天下无善教。故曰存乎其人……《诗》《书》

① 北周释道安《二教论》谓："救形之教，教称为外，济神之典，典号为内……释教为内，儒教为外。"（《广弘明集》卷八《二教论·归宗显本第一》）
② 或先于此，北齐魏收《魏书·释老志》亦有同论："浮屠……其始修心则依佛、法、僧，谓之三归，若君子之三畏也。又有五戒，去杀、盗、淫、妄言、饮酒，大意与仁、义、礼、智、信同，名为异耳。"东晋释慧琳《均善论》（《白黑论》）中有谓"但如六度与五教并行，信顺与慈悲齐立"，是为释家亦已早发此论。

盛而秦（周）世灭，非仲尼之罪也，虚玄长而晋室乱，非老庄之罪也，斋戒修而梁国亡，非释迦之罪也。《易》不云乎，苟非其人，道不虚行。"（《中说·周公》）即在王通看来，三教九流各有其独特的性能功用，适其性者得其功，悖其性者遭其损；因性而变通皆成善教，固守方隅则为弊法。王通"三教可一，使民不倦"，其意也就是功能各异甚至是对立的三教九流可以组成一个互补的、能不断推陈出新的共同善体。但关键在于是有通变之人，通变之道——"中"。故王通期望"安得圆机之士与之共言九流哉！安得皇极之主与之共叙九畴哉！"（《中说·周公》）十分显然，在王通的"三教可一"之论中，佛教是被作为一个与中国传统思想中所固有的儒道九流完全同质的，是在建构一个富有活力的文化精神主体中具有同等功能的思想体系来看待的，与前朝在异质同功或殊途而同归的观点①基础上融会三教，是有重要差别和跨越的。柳宗元作为唐代一位最重要的崇信佛学的儒家学者②，不仅从释者的"孝""不爱官、不争能、嗜闲安"等具体的行为表现中判定"释之知道者不违且与儒合"（《柳河东集》卷二十五《送元嵩师序》），"浮图往往与《易》《论语》合"（卷二十七《送僧浩初序》），而且还从根本上认为佛家之说或禅宗之论的最后理论根源、出发点也是与儒学相合的。如柳宗元说："孔子无大位，没以余言持世，更杨、墨、黄、老益杂，其术分裂，而吾浮图说后出，推离还源，合所谓生而静者，……大鉴（按：惠能）其道以无为为有，以空洞为实，以广大不荡为归。其教人，始以性善，终以性善，不假耘锄，本其静矣。"（卷六《曹溪大鉴禅师碑》）"人性本善"是先秦儒家固有观念③，

---

① 如史载，南朝梁徐勉"以孔释二教殊途同归，撰《会林》五十卷"（《梁书》卷二十五《徐勉传》）；北周释道安《二教论》中所设客问（逸俊童子问，代表释家以外之见）曰："三教虽殊，劝善义一，涂迹诚异，理会则同"云云（《广弘明集》卷八《二教论·归宗显本第一》），皆属此种观点。

② 柳宗元曾表述其行事"以兴尧舜孔子之道，利安元元为务"（《柳河东集》卷三十《寄许京兆孟容书》），其著文"其归在不出孔子"（卷三十四《报袁君陈秀才避师名书》），无疑是位儒家学者。另外，柳宗元也多次明确表述对佛学的爱好与崇信，如谓"吾自幼好佛，求其道积三十年"（卷二十五《送巽上人序》），"佛之道，大而多容，凡有志于物外而耻制于世者，则恩人焉"（卷二十五《送玄举归幽泉寺序》）。

③ 《孟子·滕文公上》："孟子道性善，言必称尧舜。"

"人生而静"是秦汉之际儒家吸收了道家思想而形成的新的观念①，十分显然，柳宗元将佛家理论的最后根源追溯至此，比起王通是又跨越了一步。实际上这是以儒学来解释、改造、同化佛学，儒佛的理论界限在这里完全消失。王、柳之论作为论定三教关系的一种观点，后面还将论及，在宋明理学对佛学的理论批判和对儒学思想发展的审视中，被完全正确地否定了；但其作为三教特别是儒佛融合思潮在隋唐时期新发展的一种表现，作为佛教中国化在隋唐时期最后完成的一种反映，这一历史事实、历史意义是无法否定的。

其三，在社会生活的层面上，出现了由三教思想观念互相渗透、混合而组合、凝结在一起的新的文化现象。这一新的文化现象当然有很广泛的方面，但以一种出现在北朝时的佛道共奉的民俗和流行于唐时的三教礼仪兼摄的祭祀方式最具有代表性。北朝至唐时，造佛像以冀佛佑，为一代风俗②，值得注意的是，其中亦有造老君方式以求冥福者，如孟阿妃为其亡夫、亡子造老君像文曰："大齐武平七年，岁次丁酉二月甲辰朔二十三日丙寅，清信弟子孟阿妃，敬为亡夫朱元洪及息③子敖、息子推、息白石、息康奴、息女双姬等敬造老君像一区，今得成就，愿亡者去离三涂，永超八难，上升天堂，侍为道君，芒芒三界，蠢蠢四生，同出苦门，俱升上道。"（《全北齐文》卷八）又有姜纂为其亡子造老君像，其文曰："大齐天统元年，太岁乙酉九月庚辰朔八日丁亥，界官姜纂为亡息元略敬造石像一躯……父纂情慕东门，心凭置福，特为亡略敬造老君像一躯……以此胜因，追资亡略，直登净界，独步空虚，逍遥无服，飞出六尘，遨游慧体，长超八难……"（《全北齐文》卷九）从这两则造像记中不难辨析出其中所包蕴的、已融结在一起的三教思想观念。首先，以造像为一弘法善举，从而可以获得某种冥福的习俗（在这里是祈求亡灵能超度"天堂""净界"之福境，其他或如愿生者富贵、征者平安、病者患除），是以佛家因

① 《礼记·乐记》："人生而静，天之性也。"
② 清代王昶《金石萃编》中总论北朝造像碑刻曰："按造像立碑，始于北魏，迄于唐中叶。大抵所造者释迦、弥陀、弥勒及观音、势至为多。或山崖，或刻碑石，或造石窟，或造佛龛，或造浮图……以冀佛佑，百余年来，浸成风俗。"（卷三十九《北朝造像诸碑总论》）
③ 王昶谓："北碑多以子为息。"（《金石萃编》卷三十《比丘洪宝造像铭·按语》）

果业报、三世轮回的思想为根本的观念基础。然而，在这里居于"天堂"之上的是老君，而不是兜率天的弥勒佛①；于此"净界"中感受到的是"空虚""逍遥"，乃是庄子之情②，而不是佛家的"喜足之心"③，所以很显然，在这个佛学观念基础上植入的已是道教、道家的思想了；特别是"情慕东门"④，"心凭置福"，更是兼容道家之放达与佛家之虔诚两种本不相容的思想感情的明确表述；最后，妻为夫、父为子造像祈福这一庄重的法事，也正符合中国儒家传统的妻妾为夫、父为长子服斩衰重服之礼制⑤，可见这一习俗的深处还潜存着儒家的伦理道德意识。唐玄宗开元中宰相张说曾作《天尊赞》记述一趣事："蜀山刘尊师，上清品人也，兄学儒，弟奉佛，乃画三圣，同在此堂，焕乎有意哉，达观之一致也。张说闻其风而乐之，作《天尊赞》：正气生神，结虚为实，上清尊帝，中黄首出，华彩衣裳，虚无宫室，紫气乘斗，赤炉锻日，十天从化，万灵受律。莲花释门，麟角儒术，法共不二，心同得一，道心惟微，守而勿失。"（《全唐文》卷二百二十六《益州太清观精思院天尊赞》）在这里，刘尊师兄弟三人，虽手足一体，却各奉一教；三教圣人各异，却又被供奉在同一

---

① 《法华经·劝发品》谓："若有人受持诵读，解其义趣，是人命终，即往兜率天上弥勒菩萨所。"释家修行，多发愿后生住兜率天。如陈释天台三祖慧思曾发誓曰"必愿具足佛道功德见弥勒佛"（《立誓愿文》）。白居易晚年佞佛，亦"愿当来世，与一切众生，同弥勒上生"（《白居易集》卷七十一《画弥勒上生帧记》）。

② 《庄子》曰"彼游方之外者……芒然彷徨乎尘垢之外，逍遥乎无为之业"（《大宗师》），"虚无恬淡，乃合天德"（《刻意》），故"逍遥""虚空"乃属道家的精神境界。

③ 佛家解释"兜率天"曰："睹史多（兜率），此云喜足，于五欲乐生喜足心故，旧云知足。"（唐·法宝《俱舍论疏》卷八）

④ 《列子·力命》："魏人有东门吴者，其子死而不忧，吾尝无子，无子之时不忧，今子死，乃与向无子同，臣奚忧焉？"此乃显示道家"喜怒哀乐不入于胸次"（《庄子·田子方》）的放达之情。

⑤ 据《仪礼·丧服》记载，丧事服斩衰者，子为父、妻为夫、父为长子等。

厅堂；张说以一崇佛的儒臣①，却对道教之崇奉对象（天尊）与宗教实践（炼丹）盛赞不已。凡此都显示出在唐代的社会生活中，人们是不太看重三教的理论界限，三教常是混合、凝结在一起被崇奉的。儒家礼仪中浸入、混和佛教、道教礼仪也是在社会生活层面上三教融合的一个重要表现。中唐李翱曾说：“佛法之流染于中国也六百余年矣⋯⋯遂使夷狄之术行于中华，故吉凶之礼谬乱，其不尽为戎礼也无几矣。”（《李文公集》卷四《去佛斋》）其中比较重要并引起争议的是属吉礼的国忌日行香与属凶礼的七七斋。父母去世的周年纪念日称忌日，按儒家的道德传统，即使在丧服除去后，每逢忌日，亦不得有饮酒作乐等妄为，默然以致哀思，所谓“君子有终身之丧，忌日之谓也。忌日不用，非不祥也，言夫日志有所至，不敢尽其私也”（《礼记·祭义》）。佛教盛行后，唐初始有在国忌日（前朝皇帝死亡日）集僧道设斋、诵经、祈祷的“行香”之制②。文宗开成四年，礼部官员崔蠡上疏，认为行香之举“事无经据”，谏议取消。文宗下诏曰：“朕以郊庙之礼，严奉祖宗，备物尽诚，庶几昭格。恭惟忌日之感，所谓终身之忧，而近代以来，归依释、老，征二教以设食，会百辟以行香，将以有助圣灵，冥资福祚，有异皇王之术，颇乖教义之宗。昨得崔蠡奏论，遂遣讨寻本末，礼文令式，曾不该明，习俗因循，雅当整革。其两京、天下州府，以国忌日为寺观设斋焚香，从今已后，并宜停罢。”（《旧唐书》卷一百一十七《崔宁传》）文宗此诏接受了崔蠡的谏议，承认行香之俗来自释老，并下令停止。但这一融三教思想于一体的习俗，已经长入当时的社会生活，是难以禁绝的了。据唐文宗至宣宗时来中国的日本僧人

---

① 史载张说“为开元宗臣，前后三秉大政，掌文学之任凡三十年”（《旧唐书》卷九十七《张说传》），“多引天下知名士，以佐佑王化，粉泽典章，成一王法，天子尊尚经术，开馆置学士，修太宗之政，皆说倡之”（《新唐书》卷一百二十五《张说传》）。张说生平多为释氏文字，如《观世音菩萨像赞》《般若心经序》《大通禅师碑》等（见《张燕公文集》）。由其《天尊赞》中“莲花释门，麟角儒术，法共不二，心同得一”之语，亦可见其崇佛之意。

② 《唐会要》：“贞观二年五月十九日敕，章敬寺是先朝创造，从今已后，每至先朝忌日，常令设斋行香，乃永为恒式。”（卷四十九《杂录》）

圆仁记述，开成五年十二月八日是敬宗皇帝的忌日，文宗仍准敕行香设斋①，可见仅及一年，又复行旧制。武宗会昌五年废佛毁寺，甚是严厉，但因碍于国忌日需有寺僧行香，故特准天下大州可留寺一所，僧十数人不等②。宋初赞宁在《大宋僧史略》中记述行香制度源流，最后说："宣宗即位再兴斯道……行香于今不绝。"（卷中《行香唱导》）可见忌日行香之制非但唐之文宗武宗未能废止，即至宋代亦未革除。此外，七七斋之俗的流行，则是表明当时社会生活中，丧礼风俗中也浸入了佛家的内容。按照儒家的丧仪，死者葬毕，重要的丧祭是虞祭和卒哭。虞祭之意如唐贾公彦在《仪礼·既夕礼》疏中所说，"主人孝子，葬之时送形而往，迎魄而返，恐魂神不安，故设三虞以安之"，义为迎回死者魂神，使之安定。卒哭意为止哭，丧主在卒哭之祭后即"止无时之哭"，此后对死者的祭祀就改丧祭为吉祭。儒家的丧祭主要是表达生者对逝去之亲者追慕、哀思的道德感情，所谓"祭者，所以追养继孝也"（《礼记·祭统》）。七七斋是于人死后，每七天做一次设斋、诵经、祈忏的法事，共七次，其来源于佛教的三世轮回观念。佛教认为人死后七天即出现一次生的机会或形态，七七四十九天最后生成③，此间为亡者（佛家称为"中阴"）兴法事，即是为其修福除罪，得生善地④，此与儒家丧祭在观念内涵上是迥然有别的。据史载，北魏胡太后之父胡国珍死，太后下诏"自始薨至七七，皆为设千

---

① 圆仁记述"（开成五年十二月）八日，准敕：诸寺行香设斋。当寺李德裕宰相及敕使行香，是大历玄宗皇帝忌日也"（《入唐求法巡礼行记》卷三）。按：据《旧唐书·敬宗纪》："宝历二年十二月甲午朔。辛丑，帝夜猎还宫……刘克明等同谋害帝，即时殂于室内，时年十八。"可见十二月八日是为敬宗皇帝忌日。

② 《唐会要》卷四十八载："会昌五年七月中书门下奏：天下诸州府寺，据令式，上州以上并合国忌集官吏行香；臣等商量，上州已上合行香，各留寺一所，并以列圣真容移入，其下州寺并废毁。敕旨：所合留寺，舍宇精华者即留；废坏不堪者，亦宜毁除。但国忌日可在当州宫观内行香，不必定取寺名。余依。"又据《资治通鉴》卷二百四十八载："会昌七月诏上都、东都各留二寺，每寺留僧三十人，州各留一寺，上等留僧二十人，中等留十人，下等五人。八月又诏东都止留僧二十人，诸道留二十人者减半，留十人者减三人，留五人者更不留。"

③ 如佛家经典谓："……此中有若未得生缘，极七日住，若七日未得生缘，死而复生，极七日住，如是展转未得生缘，乃至七七日，自此以后，定得生缘。"（《瑜伽论》一）

④ 如佛家经典谓："命终之人，在中阴中，身如小儿，罪福未定，应为修福。"（《随愿往生经》，或译《菩萨经》）

僧斋"（《北史》卷八《外戚传·胡国珍》）。由此可推测七七斋之俗在北朝时就逐渐形成，并且显然是在儒家的伦理观念基础上注入了佛家的宗教思想。七七斋之俗在唐代更是蔚为风气，其有一事最为可证，就是像姚崇这样一位在开元之初"独当重任"的宰相，死前告诫子孙的遗书中，一面表明"释迦之本法，为荼生之大弊，吾亡后必不得为此弊法"的坚定的排佛态度；一面却也不得不放弃初衷，靡伏于此风俗说："若未能全依正道，须顺俗情，从初七至终七，任设七僧斋。"（《旧唐书》卷九十六《姚崇传》）另外，李翱所述一事也可为证："故温县令杨垂为京兆府参军时，奉叔父司徒命撰集《丧仪》，其一篇云七七斋，以其日送卒者衣服于佛寺，以申追福。翱以杨氏《丧仪》其他皆有所出，多可行者，独此一事伤礼，故论而去之。"（《李文公文集》卷四《去佛斋·序》）这表明，唐代的当时七七斋之俗已相当盛行，相当规范，故杨垂才要在《丧仪》中将其作为定式记录下来。当然，李翱从正统的儒家之丧礼立场看，因其浸润了"三世""业报"等完全是异质文化的理论观念，所以是不能被接受的。据载，宋代著名的理学家程颐曾说"某家治丧，不用浮屠；在洛亦有一二人家化，自不用释氏"（《河南程氏遗书》卷十）。明代著名理学家曹端弟子有丧，相礼者欲用浮屠礼，曹端阻止之，相礼者说："举世皆然，否则讪笑随之。"（《明儒学案》卷四十四《诸儒学案·曹端》）可见，北魏以来逐渐形成的渗入了佛家观念的一些丧礼风俗，还是穿过了儒佛之辨甚严的程朱理学时代而一直沿流了下来。一个繁荣的文化，必然有一个广泛深厚的思想观念基础。从这个意义上说，造就了多姿多彩的唐代文化的各种社会条件中，南北朝以来逐渐兴起和风靡的儒释道三教（特别是儒释）体现在作为国家意识形态、学术思想体系和社会风俗习惯等不同层面上的融合思潮，无疑是一个重要的精神条件。但是，对于儒学来说，它的进一步发展却必须冲破这一融合思潮的笼罩，必须对其自身的理论特质或精神理念有新的觉醒，从而能消化和回应佛道的特别是佛学的理论观念及其挑战。理学正是在儒学的这一思想运动过程中孕育、生长出来。

3. 唐代儒学的新觉醒

从前面已经论述的先秦儒学所显示的理论内容来看，召唤对君臣父子兄弟等社会伦理纲常和仁义孝悌道德规范的自觉的、主动的实践，并认为这种实践具有人生全部的、终极的意义，是儒学最重要的、基本的特质。隋唐儒学的新觉醒，主要表现为以儒家这种最基本的理论立场，对先秦以后，即两汉魏晋时期所出现的儒学理论形态的批判性反思，和对东晋南北朝以来广泛融入社会生活的佛道思想的批判性辨析。

评汉代天人之学之诬妄　在汉代儒学以阴阳五行为基本观念所建构的天人感应有机自然观中，具有殷周宗教性特质的那种观念仍是十分活跃的，灾异祥瑞的自然现象被拟视为天之意志表现的观念，是当时人们观察、处理社会生活中诸如个人和国家命运等最重大问题的基本理论出发点。汉代儒家学者甚至还企图用《周易》的逻辑工具来认识、掌握作为这种天意的一种表现的"数"。汉代儒学在这里离开了先秦儒学从殷周"帝""天"的宗教观念中摆脱出来时的那种道德觉醒。也正是在这个意义上，隋唐儒家学者以王通和柳宗元为代表，批评、否定了汉儒。如王通曾指斥汉晋谈象数、怪异之代表人物京房、郭璞①为"古之乱常人也"（《中说·礼乐》）。柳宗元在永州贬所回答友人吴武陵"董仲舒对三代受命之符②，诚然非耶"之问时说："非也，何独仲舒尔？自司马相如、刘向、扬雄、班彪、彪子固，皆沿袭嗫嗫，推古瑞物以配受命③，其言类淫巫瞽史，诳乱后代，不足以知圣人立极之本，显至德，扬大功，甚失厥趣。"（《柳河东集》卷一《贞符·序》）柳宗元进而明确清晰地表述了一种与汉儒迥然对立的观点："受命不于天，于其人；休符不于祥，于其仁。惟人之仁，匪祥于天；匪祥于天，兹惟贞符哉！未有丧仁而久者也，未有恃祥而寿者也。"（《柳河东集》卷一《贞符》）十分显然，在王、柳所体现的隋唐儒学觉醒的理论眼光看来，汉儒那种迷信有意志、目的之"天"

---

① 京房，西汉经学家，前已论及，是汉代《易》学中一个最严密的六十四卦逻辑结构"八宫卦"的创造者，史称其"以明灾异得幸"（《汉书》卷八十八《儒林传·京房》）。郭璞，晋人，史称其"好古文奇字，妙于阴阳历算……撰前后筮验六十余事，名为《洞林》"（《晋书》卷七十二《郭璞传》）。

② 董仲舒对策云："臣闻天之所大奉使之王者，必有非人力所能致而自至者，此受命之符也"（《汉书》卷五十六《董仲舒传》）。

③ 司马相如《封禅文》、刘向《洪范五行传》、扬雄《剧秦美新》、班彪《王命论》、班固《典引》，皆言符瑞之应。

的如同"淫巫瞽史"的表现，是"乱常"，而努力于"仁"的伦理道德实践的"圣人立极之本""圣人之道"，则是"不穷异以为神，不引天以为高，利于人，备于事，如斯而已"（《柳河东集》卷三《时令论上》）。在这里需要加以说明的是，隋唐儒学对汉儒"天人感应"观念的批评、否定，不同于汉代王充对它的批判、否定。构成王充的批判之基础和最有力之处，是他援引道家"气"自然观，认为"天之行也，施气之自然也"（《论衡·说日》），彻底推倒了汉儒"天"有意志、目的的观念。隋唐儒学对汉儒"天人感应"的批判，作为儒学觉醒的反映或结果，其所据以立论的理论观念，都是以先秦儒家的伦理道德思想为观念渊源，在王通、柳宗元这里被称为"中"。如王通曾说"执其中者惟圣人乎"（《中说·关朗》），"帝者之制……千变万化，五常守中焉"（《周公》）。时人亦评王通学术为"以大中立言"（《刘宾客文集》卷三《宣州刺史王公神道碑》）。柳宗元更是多次提出"中"，用以为判定是非、立身处世的原则，如其有赋曰："谨守而中兮，与时偕行，万类芸芸兮，率由以宁……配大中以为偶兮，谅天命谓何。"（卷二《惩咎赋》）有答友人书曰："苟守先圣之道，由大中以出，虽万受摈弃不更乎其内。"（卷三十二《答周君巢书》）柳宗元在评论传说周公因成王以桐叶封叔虞的戏言而为唐叔虞请封一事①时说："吾意周公辅成王，宜以道，从容优乐，要归之大中而已，必不逢其失而为之辞。"（卷四《桐叶封弟辩》）在自述其《非国语》旨意和立论之据时说："左氏《国语》，其文深闳杰异，固世之所耽嗜而不已也，而其说多诬淫，不概于圣。余惧世之学者溺其文采而沦于是非，是不得由中庸以入尧舜之道，本诸理，作《非国语》。"（卷四十四《非国语·序》）不难看出，王、柳等隋唐儒者提出的"中"（"大中"或"常""理"），其内涵实际上是作为儒家伦理道德规范的总体来理解和确定的，并且也正是在此意义上来使用的。这也是隋唐儒者批评、否定汉儒天人感应观念时不同于王充的那种理论基础，因此，这种批判的重点就不是分辨自然之天与人格之天的真实与虚妄，并进而以前者否定后者；而主要的是

---

① 《史记·晋世家》："成王与叔虞戏，削桐叶为珪以与叔虞，曰：'以此封若。'史佚因请择日立叔虞。成王曰：'吾与之戏耳。'史佚曰：'天子无戏言，言则史书之，礼成之，乐歌之。'于是遂封叔虞于唐。"周公为叔虞请封事未见史载。

将人的伦理道德实践推向主导的决定性的地位来压缩、否定天的意志作用。就王通、柳宗元本人来说，在他们留下的文字中，不时会看到受道家浸润的痕迹①；柳宗元甚至接受道家气自然观，也如同王充那样地否定了天有意志的汉儒观点，如他在《非国语》辨析伯阳父"三川震，周将亡"的观点时说："山川者，特天地之物也；阴阳者，气而游乎其间也。自动自休，自峙自流，是恶乎与我谋？自斗自竭，自崩自缺，是恶乎为我设？"（卷四十四《非国语·三川震》）实际上这也正是对汉儒"灾者天之谴也，异者天之威也"（董仲舒《春秋繁露·必仁且智》）观点的否定。但柳宗元更主要和更多的是在这样的理论观点上批评汉儒对先秦儒学的一种理性传统的背离："圣人之道，不穷异以为神，不引天以为高，故孔子不语怪与神，君子之谏其君也，以道不以诬，务明其君，非务愚其君。"（卷四十四《非国语·料民》）王通、柳宗元对汉代天人之学的批判、否定，是从儒家所固有的伦理道德立场作出的反思，是隋唐儒学的一种觉醒意识。

判魏晋玄学为"旁行"　以王通、柳宗元为代表的隋唐儒者这种儒家固有的伦理立场和觉醒，在对魏晋玄学的批评中更清晰地显示出来。如前所论，魏晋玄学思潮的主要代表一方面援依道家思想，在儒学的心性、社会、超越的三个理论层面上都作了不同于汉代儒学的新的阐释，构成了儒学的新的理论发展；另一方面在生活实践中追寻"名教"之外的"乐地"，鄙弃儒家的伦理道德规范的践履而刻意于情性的满足和生命的延续，又反映了儒学的衰微与危机。魏晋玄学这两方面内容在隋唐儒学中有不同的回应。隋唐儒者没有注意或认识魏晋玄学对儒学理论的发展，因而也没有建立能消化、超越魏晋玄学的具有新的理论内容和特色的儒学理论

---

① 《中说》中多次记述王通援引《老子》《庄子》词语或思想。如王通对弟子论交友说："君子不责人所不及，不强人所不能，不苦人所不好，夫如此故免。老聃曰：吾言甚易行，天下不能行，信哉。"（《中说·魏相》）回答薛收"何谓天人"之问曰："眇然小乎，所以属于人，旷哉大乎，独能成其天。"（《天地》）这里，王通引老聃言，见《老子·七十章》"吾言甚易知，甚易行；天下莫能知，莫能行"。"天人"之论见《庄子》"忘人因以为天人矣"（《庚桑楚》），"有人之形，无人之情。有人之形，故群于人，无人之情，故是非不得于身。眇乎小哉，所以属于人也，謷乎大哉，独成其天"（《德充符》）。柳宗元援依老庄处亦甚为明显，如谓"余观老子，亦孔氏之异流也……皆有以佐世"（《柳河东集》卷二十五《送元十八山人南游序》），"庄周言天日自然，吾取之"（卷三《天爵论》）。

形态或体系①。然而，隋唐儒者的儒学觉醒意识，对魏晋玄学后一方面的表现却有敏锐的感觉，并表示否定的态度。从《中说》中可以看到，王通每论及嵇康、阮籍时皆有所责难。如其评阮籍"礼岂为我辈设"之论曰"斯人也，旁行而不流，安知教意哉"（《礼乐》），评嵇康所热衷的养生、长生②之求曰"仁义不修，孝悌不立，奚为长生？甚矣，人之无厌也"（同上）。王通总评嵇康、阮籍之为人"道不足而器有余"（《中说·周公》），其意谓嵇康、阮籍虽领一代风骚，但他们的诸多追求、诸多作为，仍囿于物质的、具体的"情"的形器之间，并不理解、通晓"五常之本"的"性"或"道"、"中"③，不能体验在道德的践履中得到的感情的快慰和生命的满足④。王通曾说："以性制情者鲜矣，我未见处歧路而不迟回者。"（《中说·立命》）在王通看来，嵇、阮皆是徘徊在"情"之歧路而迟回不归的人。柳宗元对魏晋玄学中的鄙薄儒范，而放达任情或养生求寿所持之否定批判的态度，在他致亲友的书信中也有明确的表达。如在给内弟杨诲之的信中教训说"今子素善士，年又甚少，血气未定而忽欲为阮咸⑤嵇康之所为，守而不化，不肯入尧舜之道，此甚未可也"（《柳河东集》卷三十三《与杨诲之第二书》），在给友人周君巢的信中，谢绝其所赠寿药，并谓："君子之道……时动以取其宜当，而生人之性得以

---

① 例如柳宗元，其《天说》以"元气""阴阳""自功""自祸"解释天地万物的本质和存在状态，显然，此种自然观直接渊源于先秦道家，并最终亦将如道家那样要把万物或宇宙之本归结为某种实在、实体，难以保持儒家思想中没有实在性或实体性宇宙根源的理论特色，其思想中的"中""理"等观念也难以得到更高本质的升华。而魏晋玄学中"无"的哲学义蕴，却可能是这种升华的观念桥梁，宋代理学却正是实现了这种升华。

② 嵇康撰《养生说》《答难养生论》，向往"玩阴阳之变化，得长生之永久；任自然以托身，并天地而不朽"（《嵇中散集》卷四《答难养生论》）。

③ 《中说》载王通答其弟子薛收问"性"曰"五常之本也"（《述史》），赞许其弟子叔恬"《书》曰'惟精惟一，允执厥中'，其道之谓乎"之问是"知《书》"（《问易》）。

④ 王通说："乐天知命，吾何忧？穷理尽性，吾何疑？"（《中说·问易》）其所表达的就是这种体验。

⑤ 史载："阮咸，字仲容，任达不拘，与叔父籍为竹林之游，当世礼法者讥其所为。"（《晋书》卷四十九《阮籍》）

安，圣人之道得以光，获是而终，虽不至耆老，其道寿矣。今夫山泽之臞①于我无有焉。"（卷三十二《答周君巢饵药久寿书》）应该说，王通、柳宗元对魏晋玄学"越名教而任自然"②的人生追求和生活作风的批判，不仅是否定，而且是一种超越，因为在这一批判中，被王、柳所凸显的社会伦理道德规范的践履和完成，是唯一使生命具有不朽价值的人生目标之观念，固然是先秦儒家所固有的道德观念的觉醒，但也增益了思考、消化魏晋玄学生活态度的新的理论内涵。

破佛老思想之笼罩　隋唐时期佛学思潮笼罩下的儒学觉醒，韩愈、李翱可为代表。体现于韩愈的儒学意识觉醒，是他强烈地感受到并明确地指出儒学与佛老的差别。韩愈所观察到的这种差别主要有二，一是佛老思想理论中没有儒家的那种伦理道德内容。韩愈说："凡吾所谓道德云者，合仁与义言之也，天下之公言也；老子之所谓道德云者，去仁与义言之也，一人之私言也。"（《昌黎先生集》卷十一《原道》）在此种观察立场上，韩愈批评了佛老思想风靡下的社会伦理道德实践的衰败现象："古之所谓正心而诚意者，将以有为也，今也欲治其心，而外天下国家，灭其天常；子焉而不父其父，臣焉而不君其君，民焉而不事其事……今也举夷狄之法，而加之先王之教之上，几何其不胥而为夷也。"（同上）也批评了当时儒学理论中充斥着佛道思想观念的现象，如谓"今之言性者，杂佛老而言也"（《昌黎先生集》卷十一《原性》）。二是儒学有自己完全独立于佛老的理论传统。韩愈说："博爱之谓仁，行而宜之之谓义，由是而之焉之谓道；足乎己，无待于外之谓德……斯吾所谓道也，非向所谓老与佛之道也。尧以是传之舜，舜以是传之禹，禹以是传之汤，汤以是传之文武周公，文武周公传之孔子，孔子传之孟轲，轲死，不得其传焉。"（同上）应该说，韩愈所观察到和指出的儒家与佛老之差别只是在伦理道德规范这一比较肤浅的、表面的层面，完全没有触及造成这种差别的诸如万物本性

---

①　《汉书·司马相如传》谓："相如以为列仙之儒居山泽间，形容甚臞，此非帝王之仙境也，乃遂奏《大人赋》。"（卷五十七下）此"山泽之臞"，意指隐居山林、修炼性命、以求长生之人。

②　嵇康说："矜尚不存乎心，故能越名教而任自然；情不系于所欲，故能审贵贱而通物情。物情顺通，故大道无违；越名任心，故是非无措也。"（《嵇中散集》卷六《释私论》）

与世界构成等方面不同理论观念的根源；对作为儒家伦理道德核心的"仁""义"之界定也是极不准确的，如其以"博爱"诠释的"仁"，显然是在不自觉中感受了作为那个时代主流思潮的佛学之"慈悲"观念的影响①，和未作深辨地接受了"兼爱"的先秦墨家观念②。"仁"在儒家思想中是一个具有多种含义的概念。孟子说"仁者爱人"（《孟子·离娄下》），"恻隐之心，仁之端也"（《孟子·公孙丑上》），可见，从人的心理情感的角度上观察，儒家认为对他人关怀、同情的爱的感情，是"仁"的主要特征。但是儒家又在这种"爱"的自然感情里注入伦理的因素，认为爱是有差等的。亦如孟子所说："仁者无不爱也，急亲贤之为务……尧舜之仁不偏爱人，急亲贤也。"（《孟子·尽心上》）孟子曾反驳主张"爱无差等"的墨者夷之曰："夷子信以为人之亲其兄之子若亲其邻之赤子乎？"（《孟子·滕文公上》）抨击墨子"兼爱"之说"是无父也"（《孟子·滕文公下》）。在韩愈"博爱之谓仁"的界定中，儒家"仁"所特有的那种伦理内涵似乎并不存在。同样，韩愈"行而宜之之谓义"的界定也没有突出地显现出"义"是指如先秦儒家"见利思义"（《论语·宪问》）、"舍生取义"（《孟子·告子上》）所说的那种与功利行为相对立的符合道德规范、具有道德价值的行为。尽管如此，韩愈毕竟是在儒佛道合流的唐代理论思潮的文化环境中，清醒地将儒学独立出来，并首次提出抗衡佛教、道教祖师"法统"的儒家道统观念。韩愈的"道统"将感染或吸纳了道家、阴阳五行等异于先秦孔孟儒学思想观念的儒者，从先秦的荀子到汉代的董仲舒、魏晋的玄学家皆排除在外，显示出的也正是一种维护儒学独立的理论眼光和立场。李翱的儒学意识觉醒，在他的《复性书》中有很清楚的表述："子思，仲尼之子孙，得其祖之道，述《中庸》四十

---

① 佛家有所谓"四无量心"（慈、悲、喜、舍），是佛家应具备的基本心态，其中慈、悲心态是"大慈与一切众生乐，大悲拔一切众生苦"（《智度论》二十七）。

② 韩愈早年在《上宰相书》曾自谓"所读皆圣人之书，杨墨释老之学无所入于其心"（《昌黎先生集》卷十六）。后来，在《读墨子》中则说："儒讥墨以上同、兼爱、上贤、明鬼，而孔子畏大人，居是邦不非其大夫，《春秋》讥专臣，不'上同'哉？孔子泛爱亲仁，以博施济众为圣，不'兼爱'哉？孔子贤贤，以四科进褒弟子，疾没世而名不称，不'上贤'哉？孔子祭如在，讥祭如不祭，曰我祭则受福，不'明鬼'哉？……孔子必用墨子，墨子必用孔子，不相用，不足为孔墨。"（《昌黎先生集》卷十一）此混同儒墨甚为明显。

七篇以传于孟轲……性命之书虽存，学者莫能明是，故皆入庄列老释，不知者谓夫子之徒，不足以穷性命之道。有问于我，我以告之所知而传焉。"（《李文公集》卷二）可见，李翱的儒学意识觉醒就是他在当时佛家"佛性"或"心性"思潮的泛滥中①，在当时如韩愈所说学者论性多杂佛老而言的背景下②，揭举出儒学"性命"之说，并呼吁复归到这一理论轨道上来，李翱在三篇《复性书》中"告之所知"的儒家"性命之道"，归纳言之有三。一曰性情之分——性善情恶。李翱说"性者，天之命也"，而"喜怒哀惧爱恶欲，七者皆情之所为"，"人之所以为圣人者性也，人之所以惑其性者情也"（《复性书上》）。所以大致可以说《复性书》中"性"是善，而"情"具有恶的性质。二曰复性之方——诚。李翱回答"复性其方"曰："弗虑弗思，情则不生，情既不生，乃为正思……其心

---

① 佛性即佛之本性，无疑是佛学中，特别是大乘佛学中的一个重要理论主题。一般说来，佛学各派都常用自己所理解的世界最终的本质来界定"佛性"。就隋唐时的中国佛教来说，天台宗以"实相"笼络佛之世界，故"实相"即是佛性。天台宗认为，实相具假、空、中道三相，佛性具缘、了、正三因。智𫖮说："无明爱取则了因佛性，行有则缘因佛性，等七支则正因佛性。"（《法华文句》卷十上）意谓正因不染不净，缘因、了因有染有净。简言之，天台宗以实相界定的佛性兼具善恶。华严宗据"法界缘起"演成万法，以"法界"移诠佛性，宗密述其义谓"根本悉是灵明清净一法界心……此心灵妙自在，不守自性，故随迷悟之缘，造业受报，遂名众生；修道证真，遂名诸佛"（《禅源诸诠集都序》卷下之一）。此是由一真如法界（佛性）中可生出两种法门。禅宗的心性观点在《坛经》中有明确记述，要者为：①即心即佛。禅宗认为"心生万法"，故以"心"诠佛，"我心自有佛""于自心顿现真如本性"；②一心二门。禅宗认为"人性本净，于外著境，被妄念浮云覆盖，自性不得明朗"，故"自性迷即是众生，自性觉即是佛"；③不起念。禅宗标举明心见性之方法曰"我此法门，从上已来，顿渐皆立无念为宗"。中唐以后，天台、华严式微而禅宗风靡，韩愈、李翱生活的时代亦为笼罩其中。

② 韩愈所说，当是泛言，非为确指，姑且以与韩愈同时而年龄稍长之权德舆为例以见一斑。史称权德舆为"一代宗匠""经纬之臣"（《旧唐书》卷一百四十八《权德舆传》），其文集五十卷中常有佛老言。如其《唐故章敬寺百岩大师碑铭》中，称己"三十年前尝闻道于大寂"（马祖道一）谓"心之虚也，虽三际不住，而觉观湛然，得于此者，即凡成圣"，述百岩"心要"之论曰："心本清净而无境者也，非遗境以会心，非去垢以取净，神妙独立，不与物俱，能悟斯者，不为习气生死幻蕴之所累，故荐绅先生知道人理者多游焉。尝试言之，以《中庸》之自诚而明，以尽万物之性，以《大易》之寂然不动，感而遂通，则方袍褒衣，其极致一也。"（《权载之文集》卷十八）文中论心性显现佛教观念甚为昭然。亦有学者认为韩愈此说确有所指，如南宋黄唐认为，"韩文公曰今之言性者，杂佛老而言，正为柳子设也"（《柳先生集》五百家注本引）。

一动，是不睹之睹，不闻之闻，其复之也远矣。"又说："知本无有思，动静皆离，寂然不动者，是至诚也……至诚者，天之道也，诚者，定也不动也。"（《复性书中》）简言之，李翱认为复性之方是"无思"，无思即是心之寂然不动，即是"至诚"。三曰尽性之极——与天地参。复性、尽性所能达到的精神境界，李翱援引《中庸》说："唯天下至诚为能尽其性，能尽其性则能尽人之性，能尽人之性则能尽物之性，能尽物之性则可以赞天地之化育，可以赞天地之化育则可以与天地参。"如前所述，这是先秦儒家在道家思想影响下所形成的对最高精神境界的一种表述。《复性书》所论述的这些主要之点，李翱皆明确表明他是援依孔子、子思、孟子等儒家先师或《中庸》《易传》等先秦儒家经典，在学术思想（特别是心性理论）为佛学（特别是禅宗思想）覆盖的学术形势下，李翱的儒学觉醒意识应该说是很鲜明、强烈的。但是这种觉醒意识与韩愈一样，也终未能摆脱受那个时代所特有的浓厚而全面的佛教思想影响所留下的痕迹与局限。首先，李翱《复性书》的心性理论结构在内容与外貌上都与佛学，特别是禅宗有某种相似和相通。例如在前已论及的《复性书》的性情之分和复性之方——无思，其与禅宗的性、境之分和禅宗的修炼方法"无念"之间，就是很难作出区分的。甚至对某些具体问题的说明、论证方式也极为相似。如《复性书》回答"情之所昏，性即灭矣，何以谓之犹圣人之性也"说："水之性清澈，其浑之者沙泥也，方其浑也，性岂无有邪？久而不动，沙泥自沉，清明之性鉴于天地，非自外来也。"（《复性书中》）《坛经》说明性净尘染时亦举例说"天常清，日月常明，为浮云盖覆，上明下暗，忽遇风吹云散，上下俱明，万象皆现"，天清，浮云盖，水清，沙泥浑，何其相似乃尔①！《复性书》认为性、情皆为人所固有，从这一特定角度说，与天台宗"实相"意义下的"性具善恶"同属善恶混的人性论，这一人性或心性论中有一尖锐问题：既然善恶混，圣人（或佛）是否有恶？在天台宗中，此问题是这样提出和回答的：

---

① 据僧史载，李翱为朗州刺史时，曾问道于禅僧药山惟俨。"李翱问曰：'何谓道邪？'俨指天指净瓶曰：'云在青天，水在瓶。'翱于时暗室已明，疑冰顿泮。"（《宋高僧传》卷十七《唐朗州药山惟俨传》）

> 问：诸佛不断性恶，还令修恶起耶？曰：佛虽不断性恶，且能达恶，以达恶故，于恶自在，故不为恶所染，修恶不得起，故佛永无复恶。（智颛《观音玄义》卷上）

在《复性书》中问题的提出和回答是：

> 问曰：人之性本皆善，而邪情昏焉。敢问圣人之性将复为嗜欲所浑乎？曰：不复浑矣，情本邪也，妄也，邪妄无因人不能复。圣人复其性矣，知情之为邪，邪既为明所觉矣，觉则无邪，邪何由生也。（《复性书中》）

不难看出，《复性书》与《观音玄义》在此问题的提出方式和回答内容上几乎是完全相同的，即认为佛家之佛与儒家之圣，虽有恶因或情根，但一种彻底的觉悟，使其不会滋生萌发。虽然还不能从《复性书》的基本理论结构和某些具体论证上与佛家相似，就断定李翱是蹈袭佛学而否认他的儒学觉醒，但从他曾说"天下之人以佛理证心者寡矣，惟土木铜铁周于四海，残害生人为逋逃之薮泽"（《李文公集》卷十《请停修寺观钱状》），可以看出李翱对于援引佛家心性理论并非持完全否定的态度，而是似乎认为可有所取。并且，像隋唐佛学这样一种理论内容丰富、思维水平高超的思想体系，其巨大的影响对于形成那个时代独特的社会生活面貌自不待言，带动、模塑那个时代像心性这样的哲学理论问题的思考、提出和回答也是十分自然的。在这个意义上则完全可以说，《复性书》中所显现的与佛学的相似或相通，是隋唐佛学烙在李翱的儒学觉醒中的痕迹。其次，李翱《复性书》虽然能在佛学笼罩下揭举出儒家有自己的心性理论，但是他未能进一步揭示出儒家心性理论与佛家的根本区别。应该承认，不同思想体系之间有时思考某些具体问题的理路，或特定环境下的心理状态，有可能是相当接近的，但它们最终的理论结论、精神境界却总不会是相同的。就李翱《复性书》所揭举的儒家心性理论与佛家禅宗相比而言，尽管在对"性"的性质的描述和"复性"的方法上或有相似，但这一理论的最终指向，即儒家的"尽性"与佛家的"成佛"的最高精神境界，无论在其理论内涵或生活实践上都是迥然不同的。这是一种非常深刻的、各有其源头久远之理论支持的伦理道德目标和宗教目标之间的差异。《复性书》没有明确地、突出地揭示这一主要之点，李翱的儒学觉醒——一种作为唐代儒学中最富理论色彩的和对此后儒学发展具有启动作用的心性理论，正是在这里显露出局限。应该说，李翱的这种局限也是那个时代的产物，在整个隋唐时期，儒学并没有获得重要的理论进展，比起同时期佛学辉煌的理论创造，更是黯然失色。在由儒、佛、道多元理论根源形成的唐代文化和社会生活中，儒家伦理特质并未得到特出的显现，儒家道德境界未能实现"佛境"那样的理论升华，真正独立于和超越于佛道的那种儒家的生活感受和理论观察，是难以形成的。

唐代儒学内部的理论冲突　以上，我们简略地考察了以王通、柳宗元、韩愈、李翱四人为代表的唐代儒学的觉醒意识，令人惊讶的是，唐四儒在审视、反思汉魏以来理论思潮时所产生的儒学觉醒意识，却在隋唐儒学内部构成一种理论的冲突、对立。如前所述，王通、柳宗元对佛老采取宽容的、同情的和理解的态度，从总体上将佛老视为与中国传统思想甚至儒家思想同质的一种思想体系；而韩愈、李翱的儒学觉醒意识，却正表现为从儒家伦理立场上对佛老的坚决的排斥，如韩愈曾提出对佛氏要"人其人，火其书，庐其居"（《昌黎先生集》卷十一《原道》），近乎是取缔的措施。李翱在《去佛斋》一文中也表示不能允许"举身毒之术乱圣人之礼"的现象（《李文公集》卷四）。王通、柳宗元以具有儒家伦理道德总体内涵的"中""理"明确而坚定地批判、否定了引进了儒外思想的汉代的天人之学和魏晋玄学的生活态度；但韩愈、李翱对汉儒的天人合一或天人感应的观念却基本上是支持的、引以为同调的。如韩愈在与刘秀才论为史官一事时说："为史者，不有人祸，则有天刑，岂可不畏惧而轻为之哉！"（《昌黎先生文集·外集》卷二《答刘秀才论史书》）其与柳宗元论天，认为天之于人"有功者受赏必大矣，其祸焉者受罚亦大矣"（《柳河东集》卷十六《天说》引），此论与汉儒"天谴"观念几无可区别，故柳宗元曾分别辩驳曰："凡鬼神事，渺茫荒惑无可准，明者所不道……退之宜守中道，不忘其直，无以他事自恐"（卷三十一《与韩愈论史官书》），

"功者自功，祸者自祸，欲望其赏罚者大谬"（卷十六《天说》）。李翱也有与汉儒相同的将"天"人格化、伦理化的"天人一也"的观念，如李翱注解《论语》"夫子之言性与天道不可得而闻也"曰："天命之谓性，是天人相与一也。天亦有性，春仁夏礼秋义冬智是也，人之率性五常之道是也。"（《论语笔解·公冶长》）柳宗元亦曾批驳这种每援依《礼记·月令》的以阴阳五行推断社会政治的"天人合一"观念曰："观《月令》之说，苟以合五事，配五行，而施其政令，离圣人之道不亦远乎……若是者，特瞽史之语，非出于圣人者也。"（卷三《时令论上》）可以看出，唐代儒学的这种理论冲突、对立还是相当尖锐、鲜明的，唐代儒学因此也是分裂的。

总览唐代儒学觉醒，其内在冲突的或分裂的方面表明，唐代儒学在儒家的伦理道德思想之外更高、更广的理论层面上还没有形成共同的理论立场，还没有形成比伦理道德批判更强的、能消化非儒的或者说儒外的思想——特别是佛学的理论力量，还不足以形成一种独立的、新的儒学理论形态。而这种觉醒中一致的、相同的方面则显示出，儒学主要是用自己的伦理道德规范及其形上的理论观念，对异己的理论思潮或体系进行批判的，并努力通过这一批判，将儒家伦理的生活方式重新推向社会生活的主导甚至是独尊的地位，这是儒学新的生长的方向和动力。在这一方向上最困难的也是唐代儒学所欠缺的，是真正实现对儒家伦理最高的形上之理论升华，使其能够抗衡、回应佛老的涵盖一切的"佛性""道"等形上的理论观念的挑战，真正从佛老思想特别是佛学的笼罩下独立出来。宋代理学就是儒学在这个动力驱动下，在这个方向上生长出的理论成果。

（二）理学的形成

作为儒学的一种理论形态的宋明理学，它的起源虽然可以追溯到唐代在三教融混中和佛学笼罩下的儒学觉醒，但理学的真正确立，按照朱熹的判定，是宋代前期的"北宋五子"——即在朱熹辑录的记述理学道统的《伊洛渊源录》中首载的周敦颐、程颢、程颐、邵雍、张载五人的理论创造的结果。从比较严格的意义上，即以（1）实现了对儒学基本思想新的、高于汉代天人之学和魏晋自然之学的理论升华；（2）同时实现了对佛老思想的批判和消化，这两项内涵或标准来界定"理学"，朱熹的判定是符合事实的。宋代晚期黄震在回顾理学的产生与发展时说："宋兴八十年，安定胡先生（瑗）、泰山孙先生（复）、徂徕石先生（介），始以其学教授，而安定之徒最盛，继而伊洛之学兴矣。故本朝理学，虽至伊洛而精，实自三先生而始。"（《黄氏日抄》卷四十五《读诸儒书》）黄震认为伊洛之学是继承三先生之传而兴，这一观察也是正确的。朱熹曾评价胡瑗说："安定之传，盖不出章句诵说，校之近世高明自得之学，其效远不相逮。"（《朱文公文集》卷三十八《答薛季宣之一》）即是说，三先生之学只是经学，还不是理学。然而，正是在三先生作为主要代表所开创的以理性的怀疑和创新及伦理观念增强为特色的宋代新经学的基础上，北宋五子向儒学注入新的、超越了经学的根本理论观念——"理"及一系列理论命题，才形成了一种新的理论形态——理学。所以从比较宽泛的意义上，可以把三先生视为"理学之始"。①

　　分析起来，作为儒学的一种理论形态的理学的确定，可能会有多种社会的、政治的因素或条件，但就儒学本身的理论发展逻辑来说，只有两个支撑点是最重要的：超越经学和消化佛老。并且这两个支撑点之间是互融互动的，即超越经学的理学观点正是在消化、吸收佛老的理论观点的基础上形成，而理学却也正是凭借这样的理学观点去批判、消化佛老。

1. 超越经学

　　前面已经论及，疑经变古是宋代经学的首要特色。宋代经学的这一特色实际上是唐代以来佛老思想笼罩和五代残唐时伦理名教崩溃所带来的儒学觉醒的一种表现。宋代儒家学者把这些社会政治的和精神的危机的出现而又不能消除，视为儒者的"耻辱"。如孙复作《儒辱》说："卿大夫以四郊多垒为辱，士以地广大荒而不治为辱，然则仁义不行，礼乐不作，儒

---

① 朱熹在回答其弟子"本朝道学之盛何以成"的提问时曾说："亦有其渐，自范文正公以来已有好议论，如山东有孙明复，徂徕有石守道，湖州有胡安定，到后来遂有周子、程子、张子出，故程子平生不敢忘此数公，依旧尊也。"（《朱子语类》卷一百二十九）范仲淹年龄略长于三先生，为同时代人。黄震之论与朱熹之见虽稍有异而并不悖。

者之辱欤？"认为战国时有杨墨申韩之学行世，汉魏隋唐有"佛老之徒横乎中国"，所以"儒者之辱，始于战国，汉魏而下，则又甚焉"（《孙明复小集》卷三）。十分自然地，儒家学者要从儒家经典中，从阐说儒家经典的经学中寻找消解这些危机的理论思想、途径。使宋代儒家学者深感失望的是，以章句训诂为主要内容而义理薄弱的汉唐经学，完全不具有可以消化高深的佛老思想和统摄处在衰退混乱中的伦理道德的那种理论力量，如程颐所感受的那样，"汉之经术安用？只是以章句训诂为事"（《河南程氏遗书》卷十八）。对汉唐注疏的不满、怀疑也油然而生。孙复之论最为代表，他曾致信当时执政的范仲淹，评议汉唐以来的经学说："孔子既没，七十子之徒继往，六经之旨郁而不章也久矣。加以秦火之后，破碎残缺，多所亡散，汉魏而下，诸儒纷然四出，争为注解，俾我六经之旨益乱，而学者莫得其门而入。"并质疑当时朝廷的文化政策："国家以王弼、韩康伯之《易》，左氏、公羊、穀梁、杜预、何休、范宁之《春秋》，毛苌、郑康成之《诗》，孔安国之《尚书》，镂板藏于太学，颁于天下……彼数子之说，既不能尽于圣人之经，而可藏于太学、行于天下哉？又后之作疏者，无所发明，但委曲踮于旧之注说而已。"这样，多少年来未曾动摇的汉唐注疏的绝对权威被他一齐推倒。于是，他建议范仲淹"上言天子，广诏天下鸿儒硕老……重为注解，俾我六经廓然莹然，如揭日月于上，而学者庶乎得其门而入也。如是则虞夏商周之治，可不日而复矣，不其休哉！"（《孙明复小集》卷二《寄范天章书二》）可见，重新诠释经典的新经学在宋代儒家学者那里是被作为一项振兴儒学、振兴国家的伟大事业提出来的。虽然从比较宽泛的意义上和历史呈现的先后来看，可以认为宋代经学较宋代理学为早地感受到了唐代儒学觉醒以来就提出的，当然更是宋代儒学所面临的理论问题——儒家伦理精神的形上升华和回应佛老的挑战，但是，宋代经学是否通过疑经变古和经学意义上的义理增益就获得了解决这两个理论问题的那种理论力量，考察一下经学历史上被认为是宋代经学最具典型意义和影响重大的庆历时期或稍后的几个经学结论，也许可以回答这一问题。

疑经变古经学的五个论据　据南宋王应麟《困学纪闻》引述，陆游曾较完整地概括了宋代经学早期的疑经变古结论或成绩："唐及国初，学者不敢议孔安国、郑康成，况圣人乎！自庆历后，诸儒发明经旨，非前人所及；然排《系辞》、毁《周礼》、疑《孟子》、讥《书》之《胤征》、《顾命》，黜《诗》之序，不难于议经，况传注乎！"（《困学纪闻》卷八《经说》引）晚清皮锡瑞在《经学历史》中诠解说："排《系辞》谓欧阳修，毁《周礼》谓修与苏轼、苏辙，疑《孟子》谓李觏、司马光，讥《书》谓苏轼，黜《诗序》谓晁说之。"（《经学历史·经学变古时代》）这些学者或者说宋代经学是运用何种理论或逻辑得出如此骇俗的疑经变古的结论，归纳起来，他们的论据可以分为五个方面。

一曰语言不类圣人之作。欧阳修"排《系辞》"和晁说之"黜《诗序》"都使用了这样的论据。传统经学遵从《史记》《汉志》之说，认为《系辞》是孔子所作。欧阳修撰《易童子问》以两项理由判定《系辞》"非圣人之作"，其中一项即是以《系辞》多次重复"辨吉凶"而语无伦次、语乏义蕴为例，认为"《系辞》是繁衍丛脞之言也，其遂以为圣人之作，则又大谬矣。孔子之文章，《易》《春秋》是已，其言愈简，其义愈深，吾不知圣人之作繁衍丛脞之如此也"（《易童子问》卷三）。晁说之四篇《诗序论》，主要是辩驳汉儒认为《诗序》是子夏或子夏与毛公某一人所作的传统经学观点，他的诸多论据中也有一条属于语言方面的，他说"予所以疑不能明者，为其多骈蔓不纯之语，亦似非出于一手故也"（《景迂生集》卷十一《诗序论三》）。他举例说："序《子衿》刺学校废也，乱世则学校不修焉；《候人》刺近小人也，共公远君子而好近小人焉；《鸤鸠》刺不一也，在位无君子，用心不一也；《采绿》刺怨旷也，幽王之时多怨旷也，其骈蔓无益多如此。"（同上）他怀疑这样浅薄的观察和粗糙的语言会是出自一位深谙于《诗》旨的儒学先师之手。

二曰自相矛盾。这是欧阳修"排《系辞》"所援用的另一项理由。他指出，《系辞》论及八卦之形成时，一面说"河出图，洛出书，圣人则之"，一面又说"包羲氏仰则观象于天，俯则观法于地，观鸟兽之文与地之宜，近取诸身，远取诸物，于是始作八卦"。按照前一说法，八卦是"天之所降，非人之所为"；按照后一说法，八卦是"人之所为，河图不与焉"。欧阳修由此得出结论说："斯二说者，已不相容矣……自相乖戾，尚不可为一人之说，其可以为圣人之作乎？"（《易童子问》卷三）晁说之也揭发出"序《庭燎》'因箴宣王'，则《云汉》之作妄也；序《沔水》'规宣王'，则《韩奕》之作妄也；序《鹤鸣》'诲宣王'，序《白驹》《黄鸟》《我行其野》'刺宣王'，则《崧高》《烝民》之作妄也；序《祈父》'刺宣王'，则《江汉》之作妄也"，可见，《诗序》内容的"自相乖戾"，也正是晁说之用以怀疑、否定《诗序》为某一人所作的最有力的论据。

三曰不合情理。经典中的某些记述有悖于情理，也是导致具有理性精神、不为盲从的宋代儒者得出疑经结论的一个因素。可以说，宋代经学中欧阳修与二苏的"毁《周礼》"的论据都蕴含着这种因素。欧阳修揭出的《周礼》第一可疑之处是其官制。按照《周礼》的建置，仅中央官吏就有五万员以上，若再加上地方行政官吏和军队，就更为庞大，而这是远非当时民众的贡赋所能负担的，是欠缺情理的。他说"《周礼》六官之属略见于经者五万余人，而里闾县都之长、军师卒伍之徒不与焉。王畿千里之地，为田几井，容民几家，王官王族之国邑几数，民之贡赋几何，而又容五万人者于其间……此其一可疑者也"（《居士集》卷四十八《问进士策三首》）。苏轼则是从《周礼》的封国之制窥出其疑点。按照《周礼》的蓝图，王畿"方千里"，其他九畿封国"方五百里"，苏轼说："《周礼》言五等之君，封国之大小，非圣人之制也，战国所增之文也，何以言之？按郑氏说，武王之时，周地狭小，故诸侯之封及百里而止……周之初诸侯八百，春秋之世，存者无数十。郑子产有言'古者大国百里，今晋、楚千乘，若无侵小何以至此'，子产之博物，其言宜可信。"（《东坡七集·东坡续集》卷九《策问·天子六军之制》）意谓西周时地域小而封国多，"方五百里"是有违情理的。苏辙认为《周礼》有"三不可信"，在他看来，《周礼》之诸多设计中，除了王畿之制、封国之制与周之天子及诸侯国实际的疆域面积不符外，井田沟洫之制也与实情不合，他认为当时土地的划分给庶人耕种，是"因地以制广狭多少，非公邑必为井田，而乡遂必为沟洫，此周礼之不可信者三"（《栾城后集》卷七《周公》）。苏辙由此"三不可信"进而推断"《周礼》之诡异，远于人情者皆不足信也"（同上）。

四曰有违史实或经典。宋代经学中苏轼之讥《书》和李觏之疑《孟子》，皆是援依历史事实为据。《胤征·序》称："羲和湎淫，废时乱日，胤往征之，作《胤征》。"传统经学据此认为《胤征》是一篇记述夏王仲康令胤讨伐乱臣的符合伦理原则的文字。苏轼则根据《左传》和《史记》的记述①，认为此时夏王朝的政权并非在仲康手中，而是为后羿所篡夺，羲和实际上是"二于羿而忠于夏"，因此他判定《胤征》所述，乃"挟天子令诸侯"，是一篇乱伦文字（《书传·胤征》），完全推翻了传统的结论。苏轼还认为《康王之诰》记述康王临父丧释斩衰而服衮冕，是"非礼"。他对比历史上子产、叔向处此情况下的举措②，判定说："今康王既以嘉服见诸侯，又受乘黄玉帛之币，曾谓盛德之王不若衰世之侯，召、毕公不如子产、叔向乎？"（《书传》卷十七《康王之诰》）实际上，苏轼完全否定了《康王之诰》这篇经典。李觏的《常语》中多有非《孟子》之言③，他经常是援引具体的史实或事实来否定《孟子》的论断。如孟子说"仲尼之徒无道桓文之事者"（《孟子·梁惠王上》），李觏反驳说："衣裳之会十有一，《春秋》也，非仲尼修乎？《木瓜》《卫风》也，非仲尼删乎？正而不谲，《鲁论语》也，非仲尼言乎？④ 仲尼亟言之，其徒虽不道，无嫌也。"（《盱江集》卷三十二《常语上》）

五曰伦理评价的不同分寸或角度。宋代经学疑经变古结论的论据，除了以上四种实证的类型外，还有一种比较特殊的，属于价值判断本身的。在涉及对经典中记述的人或事的价值评价时，宋代经学的基本原则或标准与先前儒家并无不同，但是观察角度或掌握分寸上的差异，也会导引出不同的结论。司马光《疑孟》十一篇，或者说十一条非难孟子的议论，多

① 见《左传·襄公四年》和《史记》卷三十一《吴太伯世家》。

② 《左传·昭公十年》：郑子皮如晋葬晋平公，将以币行。子产曰："丧安用币？"子皮固请以行。既葬，诸侯之大夫欲因见新君。叔向辞之曰："大夫之事毕矣，而又命孤，孤斩焉在衰绖之中，其以嘉服见，则丧礼未毕；其以丧服见，是重受吊也，大夫将若之何？"皆无辞以退。

③ 宋余允文《尊孟辨》引《常语》非孟之言十七条，今《常语》经明人删略，仅有非孟之言三条。

④ 《穀梁传·庄公二十七年》："衣裳之会十有一，未尝有歃血之盟，信厚也；兵车之会四，未尝有大战也，爱民也。"《卫风·木瓜·序》："美齐桓公。"《论语·宪问》："子曰：晋文公谲而不正，齐桓公正而不谲。"凡此，皆为言齐桓晋文之事，美齐桓晋文之事。

可归属于这种情况。如孟子曾说："伯夷隘，柳下惠不恭，隘与不恭，君子不由。"（《孟子·公孙丑上》）司马光则认为，夷惠二人"君子邦有道则见，邦无道则隐，事其大夫之贤者，友其士之仁者，非隘也；和而不同，遁世无闷，非不恭也。苟无失其中，虽孔子由之，何得云'君子不由'乎？"（《司马温公文集》卷七十四《疑孟》）这是司马光并不认同孟子对伯夷、柳下惠的人格评价而产生的分歧。孟子曾提出用能否行其言计、待以礼貌、周以饮食三项为人仕与否的标准，即所谓"所就三，所去三"（《孟子·告子下》）。司马光非议说："君子之仕，行其道也，非为礼貌与饮食也……必如是，是不免于鬻先王之道以售其身也。古之君子之仕也，殆不如此。"（同上）显然，司马光是以"行其道"为入仕的唯一原则，他是据此而驳孟子的。

疑经变古经学跨向理学的两个理论支点　以上，我们简略地、概括地考察了宋代经学所使用的论据的情况。可以看出，虽然宋代经学由这些论据得出了与先前经学不同的结论，但这些论据同时也显示宋代经学的理论思想特质，与先前经学并无不同，即其运思方式总体上仍是停留在经验的、例证的水平上，其拥有的理论观念的范围也局限在儒家经典之内，解决儒学在宋代所面临的由唐代儒学觉醒所产生、积累、传递下来的两个理论问题的那种理论力量，在这里并未形成，并不具备。但是，宋代经学疑经变古的理性精神中所蕴含的理论创造精神及其对儒学觉醒的感受，却有力量将经学家推进一步，使其超越经学，在更广阔的观念背景下，将经学的具体结论，升越为涵盖更广，理论内涵更丰富、深刻的儒学观念。当然，并不是所有的宋代经学家都迈出了这一步，但一般说来，理学家却正是实现了这一超越的经学家。就宋代经学早期的情况来看，正如朱熹所判定的那样，胡瑗等三先生是经学家（"章句诵说"），二程等五子是理学家（"高明自得"）。当然，理学家首先也是经学家，并且理学家的经学首先也具有疑经变古的宋代经学的一般特征。如二程改易《大学》，指斥"《礼记·儒行》《经解》全不是"（《河南程氏遗书》卷十九），认为"《仪礼》难信"，"《周礼》论祭祀更不可考证"，"《尚书》文颠倒处多，如《金縢》尤不可信"（同上，卷二十二上）。张载亦怀疑《周礼》，判定"其间必有末世添入者"（《经学理窟·周礼》）。但是，更重要的是理学家跨越了经学。准确全面地、判然分明地划分或描述由经学到理学的理论观念演进的逻辑过程是困难的，但是从分别作为宋代经学和理学之理论观念代表的胡瑗和程颐在对《易》之诠解中所表现出的差异，可以看出宋代理学在超越经学基础上形成的过程中，所跨越的这样两步是具有决定性的。

其一，经学的具体学术问题演变为、升越为一般的儒学理论问题。将具有特定学术内容的经学问题，转变为具有一般理论意义或内涵的儒学问题加以论述，是经学走向理学的第一步。在胡瑗和程颐的《易》解中，对"河出图，洛出书"的不同训释，或者说对八卦制作问题的不同理解，比较明显、典型地显示了这一点：

经言	汉唐经学解	宋代经学解	理学解
河出图，洛出书，圣人则之（《系辞上》）	郑康成之义，则《春秋纬》云："河以通乾出天苞，洛以流坤吐地符，河龙图发，洛龟书成，河图有九篇，洛书有六篇。"孔安国以为河图则八卦是也，洛书则九畴是也（孔颖达《周易正义》卷七）	按下《系》曰"古者伏羲氏之王天下，仰则观象于天，俯则观法于地，观鸟兽之文，近取诸身，远取诸物"，此八卦自是伏羲观天地取诸物而成……今郑康成以《春秋纬》云河图有九篇，洛书有六篇，孔安国以为河图为八卦，洛书有九畴，皆失之矣（胡瑗《周易口义·系辞上》）	大抵须有发端处，如画八卦，因见河图、洛书。果无河图、洛书，八卦亦须作（《程氏遗书》卷十五《伊川先生语一》） 因见卖兔者，曰："圣人见河图洛书而画八卦。然何必图、书；只看此兔，亦可作八卦，数便此中可起。古圣人只取神物之至著者耳。只如树木，亦可见数。"（《程氏遗书》卷十八《伊川先生语四》）

胡瑗对"河出图，洛出书"的解释以经典本身所固有的内容为论据，坚定认为八卦是人（伏羲）所作，明确否定汉唐经学认为八卦是"河图"，是"天"之所降的观点，充分表现了宋代经学疑经变古的理性特色。但是胡瑗的经解只是改变了一个具体的经学结论，他只是在"河出图"与"伏羲取诸物"之间进行了新的选择，换言之，这一经学问题所含蕴的观念成分、理论内涵并没有增新或深化。辨析程颐关于"河图洛书"的议论可以看出其有两层意思：圣人是因见"河图洛书"，受启发而作"八

卦"，这是遵循旧说，承认此为已发生的历史事实；但就八卦的"数"的显现而言，这是十分偶然地发生的，无"河图洛书"出现，八卦也会制作，从任何事物身上，甚至一个兔子身上，都可以看出八卦，都可以因之画出八卦。如果说，程颐"河图洛书"论的第一层意思论定了八卦是谁所作和如何而作，仍然是回答一个经学问题，驻足在经学范围，那么，第二层意思就跨出了经学领域，其论断所蕴含的是八卦的共同本质那种理论观念。这种在这里被称为"数"的本质，存在于任何事物之中，既在"河图洛书"中，也在被程颐当时即景看到兔子、树木中，所以他说"只看此兔，亦可作八卦，数便此中可起"，"只如树木，亦可见数"。程颐在一答友人信中，曾更深入、明确地说明"易"的本质的问题："来书云：'易之义本起于数'。谓义起于数则非也。有理而后有象，有象而后有数。易因象以明理，由象而知数。得其义，则象数在其中矣。"（《河南程氏文集》卷九《答张闳中书》）即在程颐看来，"数"由"象"出，"象"由"理"生，所以八卦或"易"的最后本质可以归结为"理"（"天理"），"即事尽天理便是易也"（《河南程氏遗书》二上）。"理"（"天理"）的观念的确立，是超越了宋代经学的理学形成的标志。

其二，"理"之内涵由认知性向本体性升越。追溯儒学历史，在先秦儒家早期的经典"五经"中，"理"字出现较少，且皆为动词"治理"之义，如"我疆我理，南东其亩"（《诗经·小雅·信南山》），"三公论道经邦，燮理阴阳"（《古文尚书·周官》），只是到了战国以后的儒家传记中，"理"的概念或观念才出现，如孟子说"理义之悦我心，犹刍豢之悦我口"（《孟子·告子上》）。《礼记》有谓"义理，礼之文也"（《礼器》），"万物之理各以类相动"（《乐记》）。《易传》也有言"易简而天下之理得矣"（《系辞上》）。大致可以说，这些亦被后世推崇为儒家经典的先秦儒家传记中"理"的观念，是以"条理"①，即一类事物呈现于人的认知中的那种共同性、秩序性为其主要内涵，并一般地可区分为万物之理和人事之理两类。此后经学对"理"之种种解说皆据此而发，虽其纷繁，但亦未能逾越。就胡瑗而言，他在《周易口义》中训释"理"曰："地理

---

① 孟子说："金声也者，始条理也；玉振之也者，终条理也。"（《孟子·万章下》）

者，则谓山川原隰高卑上下各有条理繁盛于地，故称理也。"（《周易口义·系辞上》）他观察到或表述出的"理"也甚多，如"大易之道，载天地生成之理"，"大易之道，知其变化之理"，"吉凶之兆，动静之理"，"进退之象，盛衰之理"，"易道广大，尽生死之理"，"吉凶之验，福祸之理"，在此基础上他总括众"理"说"刚柔互相切摩，更相变化，然后万物之理得矣"，"天地二气相荡而成八卦之象，相推而成万事之理"（同上）。可见，胡瑗的"理"的观念仍然是指呈现于人认知中的那种一类事物的共同性质；他对"理"的这种内涵所能作出的理论升越还只是作为语言描述和逻辑概括意义上的"万物之理"和"万事之理"。总之，代表着宋代经学的胡瑗的"理"的观念，基本上保持着传统经学的特征。

从程颐的《伊川易传》中可以看出他的"理"的观念也经常显现出属于经学的特征，如他说"天而在上，泽而处下，上下之分，尊卑之义，理之当也"（《履》），"极而必反，理之常也"（《否·上九象》），"自古治必因乱，乱则开治，理自然也"（《蛊》），"家道穷则睽乖离散，理必然也"（《睽》），凡此理之必然、当然、自然等，其内涵实际上是指自然和社会事物的规律、规范等，亦是一类事物的存在方式，即其性状、过程等所具有的共同性在人的认知中的呈现。此与传统经学"理"的观念相同，故后人在比较胡瑗、程颐二人《易》解时曾有谓"程正叔解，颇与翼之相类"（《宋元学案》卷一《安定学案·附录》）。但是，程颐于胡瑗有极重要的不同之处，他的"理"之观念在经学的基础上升越，深化，增益了本体性的内涵。程颐说"万理归于一理"（《河南程氏遗书》卷十八），"万物皆是一理，至如一物一事，虽小，皆有是理"（《河南程氏遗书》卷十五）。可见，程颐在众理或万理中升越出一种驾驭、统摄万物、万事、万理的唯一之"理"。在《伊川易传》中，他将这种"理"表述为"体"，形容为"至微"，而将万物、万事及其显现在人的认知中的那些共同现象万理统称为"象"，表述为"用"，形容为"至著"，并总括地说"至微者理也，至著者象也，体用一源，显微无间"（《伊川易传·序》）。程颐此总括语可以这样诠释：万象皆是作为"体"的理之显现；作为"体"的理是世界万象存在的内在的根据、根源。理、象不可分，理必显于象，象必含有理。显然，程颐的这一"理"的观念具有了十分明显的本体性内涵，这是一种可为理性所表述的形而上的存在的观念，不同于能在人的认知中显现的具体事象的理念。程颐曾说："天下之事，归于一是，是乃理也。循此理乃可进学，至形而上者也。"（《河南程氏外书》第一）理学正是在这里，在对"理"的内涵由认知性向本体性的形而上的升越中，实现了对经学的超越。

理学的"理"的观念之确立是其最重要的理论创造和成就。在理学的形成时期，这一理论创造除了表现为上述的在经学传统的以认知性为主要内涵的理的观念中增益了本体性的内涵，同时，又将出现在儒家经典中并一直作为儒家思想的最高的或最基本的范畴天、命、性、心等吸纳进来，作为构成或显示理的本体性的一个方面、一种样态。最清楚的表述是程颐在回答邵伯温"孟子言心、性、天，只是一理否"之问时所说："然。自理言之谓之天，自禀受言之谓之性，自存诸人言之谓之心。"（《河南程氏遗书》卷二十二上）他曾指一木柱举例解释说："此木可以为柱，理也；其曲直者，性也；其所以曲直者，命也。理、性、命，一而已。"（《河南程氏外书》第十一）无疑地，"理"作为世界万事万物之根据、根源的那种本体性之内涵具体了、充实了。理学在这里又一次显现其于经学在理论观念上，或者说理论观察角度上有明显的变换。在经学中，天、性、命等是有区别地被分别界定的。如胡瑗的《周易口义》说："天以一元之气生万物……性者，天生之质，有刚柔迟速之别也；命者，人所禀受，有贵贱夭寿之等也。"（卷一《乾·彖》）"命谓天之所命也……然而君子之心自达于性命之理，不以困踬易其操，不以贫贱变其节。"（卷八《困·象》）可见在经学中，天、命、性、心是作为四种性质、功能有差别的事物，四个概念内涵不同的儒学范畴来训释的。显然，这种差别是从一般的认知角度作出的观察、理解。理学当然没有否定这种理解，但在理学中，在理与天、命、性同作为本体的意义上，或者说作为本体的一个方面构成的角度上，这种差别就不再存在，就不再被观察到；理学所观察和理解的是，"在天为命，在义为理，在人为性，主于身为心，其实一也"（《河南程氏遗书》卷十八），"理也，性也，命也，三者未尝有异"（《河南程氏遗书》卷二十一下）。理学和经学这一理论观念的差异，还导致对儒学中的一个重要的、概括全部精神修养的命题——"穷理尽性以至于命"(《易传·说卦》)的不同理解。一般来说，在经学中此命题是作为道德修养或境界提高的渐进过程、次序来理解的。如胡瑗的《周易口义》训解说"穷极万物之理，以尽万物之性，以至于命者也"（《周易口义·说卦》），苏轼《毗陵易传》也训解说"理者，道德之所以然……欲至于性命，必自其所以然者溯而上之"（《毗陵易传》卷九《说卦传》）。但是在理学中，既然作为本体意义上的性、命与"理"并无差别，那么，"穷理""尽性""至命"同作为达到了本体的那种修养或道德境界，也就并无高低、先后的差别。故程颐说："穷理、尽性、至命，一事也。才穷理便尽性，尽性便至命。"（《河南程氏外书》第十一）程颢也持同样的见解："穷理尽性以至于命，三事一时并了，元无次序，若实穷得理，即性命亦可了。"（《河南程氏遗书》卷二上）理学与经学在这里的差异应该说是很清晰的。正是这种差异显示出，理学实现从经学的转变、升越，其在理论观念方面的主要的契机或因素是"理"之本体性内涵的形成与充实。

以上，我们以胡瑗和程颐为代表，简要地考察分析了宋代经学到理学的理论转变，并判定就思想理论发展本身的逻辑而言，本体性的"理"之观念形成，是这一转变、升越的具有决定性的因素。无疑地，这一本体性的"理"的观念形成，唐代儒学觉醒以来所提出的儒家伦理精神形而上的升华的理论目标也应该说是达到了。

如果要结束对理学形成时期本体性观念确立的考察，似乎还有两个问题不能忘却或回避。第一，何以三先生未能而五子却能形成本体性的"理"的观念？三先生年龄略长于五子二十年①，但从历史的长河中看，他们完全是属于同时代的人，共同感受到儒学的觉醒，经历着经学的变古，是一种什么因素使他们，使经学家和理学家的理论终点并不相同？第二，是否从宋代经学中升越出来的、具有本体性内涵的观念，都能具有理

---

① 三先生中孙复年最长，据欧阳修《孙明复先生墓志铭》（《居士集》卷二十七）推算，当生于淳化二年（991年）；胡瑗最后卒，据欧阳修《胡先生墓表》（《居士集》卷二十五），是年为嘉祐四年（1059年）。五子中邵雍齿最先，据程颢《邵尧夫墓志铭》（《河南程氏文集》卷四），生于祥符四年（1011年），程颐卒最后，据朱熹《伊川先生年谱》，是年为大观元年（1107年）。

学的性质，成为理学的观念基础？具体来说，就是在北宋理学形成时期的学术舞台上，除了三先生、五子外，还有司马光、王安石、二苏，他们皆可谓宋代疑经变古经学的领风骚者。分辨起来，司马光的理论思想基本上停留在经学范围内。如他精心构制的《潜虚》，虽具有某种创造性，但其理论目标、内容皆未超越象数学的樊篱。然而王安石、二苏的学术思想却活跃得多，并且从他们的经解或其他著述中，都很明显地涌现出超越了经学的、具有本体性内涵的观念——"道"。如王安石曾说"道者，万物莫不由之也"（《临川文集》卷六五《洪范传》），"道者，天也，万物之所自生，故为天下母"（《老子注·二十一章》）。苏轼也说"自元适著，道之大全也"（《毗陵易传·系辞下》）。那么，王、苏的"道"是否是理学的观念，王、苏是否是理学家，这确实是应该回答的问题。但是，这要在我们对理学形成的另一个支撑点——消化佛老思想的考察分析以后才能回答。

2. 消化佛学

在宋代儒学的理论成长中，即超越经学的理学形成过程中，跨越最艰难也是最有决定意义的一步是消化佛老思想，特别是佛学。

佛教弥漫之势的精神因素　　如前所述，佛学作为一个异质文化中的宗教思想体系，在生命之形态、世界之构成及运思之方式三个根本方面的观念及与此相联系的宗教实践，与中国固有的传统思想观念及生活方式是不同的、相冲突的，自汉末至隋唐一直遭到来自以儒家理论立场为主的相当激烈的批评、攻击。从《理惑论》的四十问、《弘明集·后序》的"六疑"、《颜氏家训·归心》的"五谤"所归纳的世俗疑佛、排佛言论中，或者是从南北朝时郭祖深、荀济及唐代傅奕、韩愈的简括沙门、废弃佛法的疏谏中都可以看出，来自儒家观点的佛学批判，其要言之处不外乎二：一曰僧尼（有时或言及道）不耕不赋，有害国家生计，这是就社会功利而言；一曰沙门不臣不子，有坏人伦风俗，这是就伦理道德而言。这一批判中常有以佛为胡戎之法，悖于周孔之教，即所谓"华夷之辨"，广泛的意义上，也是就伦理道德立言的。至理学形成的十一世纪，佛教与佛学在这一儒学批判中已经历了八百年而未倒；非但未倒，还在唐代时实现了辉煌的发展，构成对儒学最有力的挑战，致使宋初儒者每有"儒门淡薄，收拾不住"，而于佛门之盛，则"无可奈何"之慨叹①。在理学形成的那个时代，佛学形势的重要变化是隋唐以佛理为胜的天台、唯识、华严等教宗渐次式微，而晚唐五代以来一枝独秀的、以从宗教的生活实践中获得体验为特色的禅宗，仍保持不衰，特别在士大夫阶层中备受青睐，二程于此曾有观感："昨日之会，大率谈禅，使人情思不乐，归而怅恨者久之。此说天下已成风，其何能救！"（《河南程氏遗书》卷二上）挽狂澜于既倒，唐代以来佛学笼罩下的儒学觉醒意识，儒家排击异端的思想传统，都十分自然地促使宋代理学家把他们理论批判的锋芒指向佛学，二程说："如杨墨之害，在今世则已无之。如道家之说，其害终小；惟佛学，今则人人谈之，弥漫滔天，其害无涯。"（《河南程氏遗书》卷一）在理学形成的那个时代，佛学弥漫之势的成因，就佛教思想理论方面的观察，可谓有三。其一，佛教理论中那些在思维水平上高于和在思想内容上异于中国传统思想的内容，诸如实相、法界、佛性等本体思想和心性理论，始终对中国固有思想文化土壤中生长的心智具有极大的吸引力，甚至理学家也有这种感受。如程颐在将堪称中国传统思想中思维水平和理论内容最高的庄周之学与佛学加以比较时曾说："周安得比他佛？佛说直有高妙处。"（《河南程氏外书》第十二）其二，佛教理论对人生苦难处境的深切体验和对人生归宿的强烈关怀，和在此基础上形成的为摆脱这种苦难的宗教目标、宗教实践，在甚为广泛的社会群体中，对或为现世消灾，或求来世福田，或到永恒彼岸等属于不同精神层面上的人，都具有吸附力。换言之，佛教理论创造一个使人心有所归属的境界或心理环境，这是佛教的一个重要的成功，理学家评断这是"浮屠之术，最善化诱，故人多向之"（《河南程氏遗书》卷二下）。其三，经历了数百年的在中国文化环境中的生长、发展，佛教逐渐溶进了中国的社会生活，特别是在唐代，佛学吸收了包括道家的"自然""道"和儒家的君臣伦理在内的相当广泛的中国传统思想，实现了佛教中国化的理论变异，两晋时就已出现的

---

① 张方平曾对王安石盛赞禅宗自马祖道一以来，禅师辈出，一片兴旺，而儒学则是"儒门淡薄，收拾不住"（陈善《扪虱新话》上集卷二《儒释迭为盛衰》）。欧阳修论及汉魏以来的佛教时曾说"攻之暂破而愈坚，扑之未灭而愈炽，遂至于无可奈何"（《居士集》卷十七《本论上》）。

从佛家立场提出的"殊路同归"的三教合一观念得到加强①，极为有利于消解中土人士接受、信仰佛教的心理上的隔阂、障碍。理学形成时期以二程、张载为代表的理学家，他们对佛学的理论批判，实际也正是围绕这三个方面展开的，或者说是从这三个方面来消解掉、消化掉佛学那种对于儒学来说是具有挑战性的理论力量。

儒佛之辨　佛家"三教合一"②之论，一般是从佛儒道三家（主要是佛儒二家）具有虽然相异，但却互补的理论内容和社会功能的意义上提出的。佛家对这种关系的典型的表述是"内"与"外"、"治世"与"治心"。如北朝释道安曾界定说"救形之教，教称为外，济神之典，典号为内……释教为内，儒教为外"（《弘明集》卷八《二教论》）。北宋契嵩则说"儒者，圣人之大有为者也；佛者，圣人之大无为者也。有为者以治世，无为者以治心"（《镡津文集》卷八《寂子解》）。完全可以说，许多文人学者或官僚士大夫正是响应这一观点而倾心、接近佛家的③。在佛学的这一理论挑战面前，比起先前的儒家，理学家显示了一个重要的理论发展，他们从更多的理论侧面和更高的理论层面上辨析了儒佛的差异，判定这种差异具有不可调和的对立的性质，用张载的话来说，就是"释氏与吾儒二本殊归"（《正蒙·乾称》）。理学家的儒佛根本差异之辨，主要之点可以归纳为三个方面。

其一，世界之总观：实与虚。理学家首先发现儒佛之间最大的、根本的差异在于，从总体上释氏将世界视为空无，视为虚妄，而儒家认为世界有山河大地，有人伦道德，皆为天理，为真实。应该说，佛家的这一

---

① 如东晋宗炳在《明佛论》中即说"孔老如来，虽三训殊路，而习善共辙也"（《弘明集》卷二）。此后唐时被尊为"华严五祖"的宗密的《原人论》，五代时南禅法眼宗延寿《万善同归集》，及至理学形成时的著名禅宗学者契嵩《辅教编》中都有更为明确的"三教同治""三教同归"的观点。

② 宗密为调和佛教内部教家与禅门的分歧，划分教为三，禅为三，并提出"三教三宗是一味法"（《禅源诸诠集都序》卷三），此是唐代以后佛家另一种纯粹佛学意义上的"三教合一"。本论题以下所论，与此佛教义无涉。

③ 唐之刘禹锡倾心佛法，尝言"儒以中道御群生，罕言性命，故世衰而浸息。佛以大悲救诸苦，广启因业，故劫浊而益尊"（《刘宾客文集》卷四《萍乡杨岐山广禅师碑》）。杨亿为北宋文坛领袖，亦深通禅观之学，为其雅信"西方之言，有益之化，大雄之教，不虚其传"（《武夷新集》卷六《处州龙泉县金沙塔院记》）。是为例证。

"空"或"虚"的结论并不是浅薄、简单的妄论，而是注入了它的从感性经验到本体论论证的全部的非常细密的理论智慧，是一个非常坚实的理论核心，一直是先前儒家对佛学的批判中所无力触及的。在理学形成时期，对佛学这一根本观点的最有力的批判是张载和二程分别由认知的和本体的两个层面上提出的。张载说："释氏不知天命而以心法起灭天地，以小缘大，以末缘本，其不能穷而谓幻妄，真所谓疑冰者与。"（《正蒙·大心》）二程完全赞成这样的批判，并作出响应说："释氏推其私智所及而言之，至以天地为妄，何其陋也！张子厚尤所切齿者此耳。"（《河南程氏外书》第七）张载和二程都认为，释氏视世界为空、无，如同夏虫疑冰，乃是出于一种认识上的狭隘与谬误，即以个人的有限的认识能力，否定、妄议个人所认识不到的事物为"空"为"幻"。显然，这是从认知的、认识论的角度作出批判。理学家还从更高的、本体论层面上对佛学"空"论提出一种批判。在佛家看来，万物生死成坏的变动不居，即是"一切皆空"之本质的表现或证明。二程批判说："物生死成坏，自有此理，何者为幻？"（《河南程氏遗书》卷一）二程指着虚空曰："皆是理，安得谓之虚，天下无实于理者。"（《河南程氏遗书》卷三）二程从"理"作为世界之本体的意义上观察，在变动不居的现象后面，有此变动不居之"理"；在虚空的后面，有此虚空之"理"，因此，世界无处无"理"，天下无处是"虚"。由于在佛家思想中，"空"不仅是普遍的现象，而且也是世界本体（诸如"佛性""实相""法界"）的最基本的特征或内涵，所以二程这种在本体意义上的批判才是最具决定性的批判，是在同一理论层面上的或者说同一识解度上击中要害的批判，完全避免了简单地以经验层面、认知层面上的概念语言，去数说本体层面上的观念的那种无谓、无力的妄议。虚实之别是理学在儒佛之间划出的最重要的理论分界。

其二，终极追求之本质：公与私，或义与利。二程说："佛氏只是以生死恐动人，可怪二千年来，无一人觉此，是被他恐动了。圣贤以生死为本分事，无可惧，故不论死生。"（《河南程氏遗书》卷一）可见，据理学家观察，佛家宗教目标和实践之最深刻的动机或心理因素，是发自对死亡的恐惧；超脱生死，或者说摆脱对死亡的恐惧，是佛家终极的追求。儒家则认为生死是人之本分内的应有之事，"穷理尽性以至于命"，人生完满的终结，是对包括生死在内的全部本分的实现，其中无疑最重要的是将人与万物区别开来的那种本分——伦理道德的实现。应该说，理学家的这一观察是准确的、符合事实的。儒佛之间的这种歧异，理学家一般是以公与私或义与利来分判的。程颢说："圣人致公，心尽天地万物之理，各当其分。佛氏总为一己之私，是安得同乎？"（《河南程氏遗书》卷十四）程颐亦说："佛逃父出家，便绝人伦，只为自家独处于山林，亦只是为死生，其情本怖死爱生，是利也。"（《河南程氏遗书》卷十五）即是说，在理学家看来，佛氏的终极追求，完全地是从一己的、个人的立场思虑并转化为一种宗教实践，来摆脱对个体生命的必然的、死亡的归宿的恐惧，唯一地是在个人生命形态本身中寻觅、感受人的全部意义、价值。枯槁山林，自适而已。因此，浸透了自私自利。儒家则是从个人与他人、人与物的关系中认识到并努力去完成作为人之应尽之"分"，这种观察立场和结论所内蕴的人伦内容和道德品性就是"公"；这种"分"的践履，即终极追求的实现则是"义"。需要稍加说明的是，佛学是一个十分复杂的特别是容纳着从小乘到大乘重要理论变迁的思想体系。佛教以慈悲为怀，"大慈与一切众生乐，大悲拔一切众生苦"（《智度论》二十七），对人类苦难的处境表现了深切的关怀、同情。理学家可否以"私""利"来判定佛氏？回答是，这一判定是在一个特定的、根本的意义上作出的，即佛教理论在其根源上，的确是以对人之个体生命在现世中所遭遇的以死亡为最深的种种苦境的观察为开始，继而发为断绝、出离人世、"独处于山林"的坚定决心与行为。程颐说："释氏之学，又不可道他不知，亦尽极乎高深，然要之卒归乎自私自利之规模。"（《河南程氏遗书》卷十五）在这个根本的发端的意义上，理学家的判定是可以成立的。

其三，境界之培壅：敬与静，或止与定。儒、佛在世界总观和终极追求上的差异必然导致在修持方法，即在培育各自所企望的那种心理环境、精神境界的路数上的差异。这种差异，站在理学以外观察可能很模糊，但在理学家看来却甚为分明。佛家最基本的修持是"四禅"，又称"四静虑"，理学则主张"涵养须用敬"（《河南程氏遗书》卷十八）。程颐的学生刘安节问："敬莫是静否？"程颐答："才说静，便入于释氏之说也。不用静字，只用敬字。"（同上）可见，理学家是十分明确地以"敬"与

"静"来判定儒、佛在涵养即修持方法上的差异的。然而，构成这种差异的理论观念、思想内容上的对立是什么？程颐说"才说着静字，便是忘也"（同上），"所谓敬者，主一之谓敬。所谓一者，无适之谓一。言敬，无如圣人之言，至于不敢欺，不敢慢，不愧于屋漏，皆是敬之事也"（《河南程氏遗书》卷十五）。也就是说，在理学家看来，佛家的"静"是体认无物、忘境的那种修持过程和精神状态。应该说，这一观察特别地与当时独盛于佛门的禅宗所标举的修禅方法"无念"——"于一切境上不染，名为无念"（《坛经》）是吻合的。而儒家的"敬"则是专一地践履伦理道德规范的行为和心态。不难看出，儒、佛修养方法上的差异，正是根源于和体现着他们在世界总观和终极追求上的差异。程颐说："敬则自虚静，不可把虚静唤做敬"（《河南程氏遗书》卷十五）。这是真实而重要的，如果观察不到、辨析不出佛儒静敬修持方法在根本理论观念上的歧异，敬、静在形式的差别就是很难区分的，甚至是不再存在的了。此后，有不少理学观察者，甚至也有理学家，在这里蹈了覆辙。佛儒修持方法上的这种根本差异，理学家有时也用"定"与"止"来区分。"定"（三昧）是佛家全部修持方法"三学"（戒、定、慧）的重要构成，隋慧远解释说"以体寂静，离于邪乱，故曰三昧"（《大乘义章》卷九），也就是说，"定"是佛家形成和保持安静、稳定，能不为外境所扰动的宗教心理环境的修持方法。"止"是理学家据《周易·艮》中"艮其止，止其所也"提出的一项行为原则，二程说"须要有所止"，"使万物各有止，止分便定"（《河南程氏遗书》卷六）。可见，理学的"止"的含义是谓使人、物、事各得其所，各止于或尽于其性分之内。所以，当弟子提问"佛氏所谓定，岂圣人所谓止乎"时二程就说："定则忘物而无所为也，止则物自付物，各得其所，而我无与也。"（《河南程氏粹言》卷一）程颐还进一步解释说，"所谓止，如人君止于仁，人臣止于敬之类是也"（《河南程氏遗书》卷十八），"各止其所，父子止于恩，君臣止于义之谓"（《河南程氏遗书》卷十一）。十分显然，根据理学家用此种界定意义上的"定"与"止"来判别佛儒修持方法的差异，与用"静"与"敬"所作的区分，其理论观念基本上是相同的。佛家的"定"虽然也有其具体的诸如调息、静思等操持，但总的指向是体认"空寂"，努力在心境中排除外物，是

"忘"，是无任何社会实践行为的纯粹的精神过程。而儒家的"止"，则是人、物各自性分的实现过程，特别是就人来说，更是伦理道德的实践过程。"止"与"定"在最重要、最终意义上所体现的还是儒家伦理精神与佛家"空"的宗教观念的差异。

"小佛"之论 程颐曾说："若要不学佛，须是见得他小，便自然不学。"（《河南程氏遗书》卷十九）如果说，儒佛之辨，即分辨儒佛在理论观念上的差异、对立，是理学形成时期的理学家为消化佛学、抑制佛学"弥漫滔天"之势跨出的理论批判的第一步，那么，更进一步的佛学批判，就是要破其"最善化诱"之术、"尽极高深"之说，进而树立、增强儒学的自信。二程认为，对于儒者来说，"释氏之学，更不消言，常戒到自家自信后，便不能乱得"（《河南程氏遗书》卷二上）。相对于儒佛之辨，理学家这种"须是见得他小"的"小佛"之论，是宋代儒学对佛学理论挑战的全面的、直接的回应，其于理学在消化佛学中的确立是更加重要的。理学家的"小佛"之论可以概括划分为主要的、具体的理论观点和根本的精神境界两个方面，援用理学家的话来说是一曰见其小，一曰不为所乱。

其一，见其小。理学家从其理学的理论角度观察出的佛学理论的欠缺或谬误，构成了理学"小佛"的佛学批判的主要内容。二程说："彼释氏之学，于'敬以直内'则有之矣，'义以方外'则未之有也。故滞固者入于枯槁，疏通者归于肆恣，此佛之教所以为隘也。"（《河南程氏遗书》卷四）"释氏唯务上达而无下学。"（《河南程氏遗书》卷十三）《易·坤·文言》曰"君子敬以直内，义以方外"，一般说来，"敬以直内"可以理解为心性修养，"义以方外"是指社会伦理实践。"下学而上达"是孔子之自谓①，孔安国注曰"下学，学人事；上达，达天命"（皇侃《论语义疏》引）。宽泛地理解，"下学与上达"也就是社会生活实践与形而上的超越的追求。在此种诠释的意义上，理学对佛学的批评是符合实际的。这是一个非常明显的事实，佛家基本的宗教生活方式是，为了独特的"涅槃"或成"佛"的宗教目标，在经常的和多数的情况下，无疑地是把放弃、出离世俗的伦理纲常的社会生活当作基本的、首要的出发点，同时还

---

① 《论语·宪问》子曰："不怨天，不尤人，下学而上达，知我者其天乎！"

必须迈越艰苦繁密的戒、定、慧的精神修持历程①。与先前的许多儒者一样，理学家从儒家伦理的立场上，激烈地抨击了佛学，"佛逃父出家，便绝人伦，只为自家独处于山林，人乡里岂容有此物！"（《河南程氏遗书》卷十五）但理学家亦与先前儒者不同，并没有停留在此伦理的批判上，而是从更加一般的、更高的理论层面上判定这是佛学理论和实践中的一种缺弱，二程说"释氏谈道，非不上下一贯，观其用处，便作两截"（《河南程氏外书》第十一），"彼固曰出家独善，便于道体自不足"（《河南程氏遗书》卷十三），并比喻说"释氏说道，譬之以管窥天，只务直上去，惟见一偏，不见四旁，故皆不能处事。圣人之道，则如在平野之中，四方莫不见也"（《河南程氏遗书》卷十三）。在理学家看来，社会生活的伦理纲常的理论及其实践，是一种周延的理论和完满人生所不可或缺的，佛家于道体上及人生实践上的不全、不足皆在于此。这可能是理学家最为鄙薄佛学之处。在理学家看来，佛学不仅欠缺社会伦理的理论和实践，而且于"穷神知化"的形上理论也有所不知。理学家的这一"小佛"结论，是由对一具体的、可以说是佛学中的根本观点——轮回说进行了否定性的批评后而得出的。佛学的轮回说实际上是一种很独特的生死观。它认为生死表现出生命存在的"无常"，生死中生命形态的变换显出"业报"。对佛家的"无常"说，二程批评说"有生者，必有死；有始者，必有终，此所以为常也。为释氏者，以成坏为无常，是独不知无常乃所以为常也"（《河南程氏外书》第七），又举例说"只如一株树，春华秋枯，乃是常理，若是常华，则无此理，却是妄也。今佛氏以死为无常，有死则有常，无死却是无常"（《河南程氏外书》第十）。不难看出，二程对佛学"无常"的批评是立足于感性的、经验的事实的，但是在这种感性经验中，

---

① 这是就佛教宗教实践一般的、经典的意义上说的。禅宗似乎比较简捷，有所谓"行走坐卧，应机接物，尽是道"（《马祖道一禅师语录》），"随处作主，立处皆真"（《镇州临济慧照禅师语录》），日常生活本身就是修持。但在理学家看来，禅家应是更烦劳。程颐说："学禅者常谓天下之忙者，无如市井之人。答以市井之人虽曰营利，然犹有休息之时，至忙者无如禅客。何以言之？禅者之行住坐卧，无不在道。存无不在道之心，此便是常忙。"（《河南程氏遗书》卷十五）理学家的这一识解十分机智，也很辩证。事实上，禅宗仍主要是以其戒定慧的修持工夫，显示其佛教的宗教特质的。

渗透进了一种升华了的视生死为一体的理性精神和宽广胸襟，朝朝暮暮压在佛家心头，滋生苦闷烦恼的精神顽石——死亡，在这里是被极度淡化了、熔化了。理学中，对于佛家的个体生命因"业报"在生生死死中流转的观念，最先是张载用"气"的观念予以批评的："太虚者，气之体。气有阴阳……阴阳之气，散则万殊，人莫知其一也；合则混然，人不见其殊也。形聚为物，形溃反原，反原者，其游魂为变与！所谓变者，对聚散存亡为文，非如萤雀之化，指前后身而为说也。"（《正蒙·乾称》）即在张载看来，只有作为构成万物全体的"气"的聚散，并无独立的个体生命前后世的流转。张载的这一观点，无论是在经验的或理论的层次上，都是全部理学中回应、破解佛学"轮回"观念的一个最好的、最有力的结论。通过对佛学的"无常""轮回"等基本观点的审视和批评，使理学家有理由、有根据对佛学形上理论所能达到的高度表示怀疑和轻蔑。程颢说："佛氏不识阴阳昼夜死生古今，安得谓形而上者与圣人同乎？"（《河南程氏遗书》卷十四）程颐亦说："释氏所见偏，非不穷深极微也，至穷神知化，则不得与矣。"（《河南程氏遗书》卷二十四）"穷神知化，德之盛也"，出自《易传·系辞》，是儒家对最高智慧的概括，在理学家看来，儒家的这种智慧在《周易》中有最充分的显现，因为《周易》"观变于阴阳而立卦"（《说卦》），有"通乎昼夜之道"（《系辞上》），"知死生之说"（同上），概之曰"易与天地准，故能弥纶天地之道"（同上）；而这种智慧和这些探究、网括宇宙间万物生成、变化本体之道的形上理论，却正是佛学所不具备的。张载甚至不无讥讽地说："释氏语实际，……易且不见，又乌能更语实际！所谓实际彼徒能语之而已，未始心解也。"（《正蒙·乾称》）理学家从理学角度所观察到的佛学在社会伦理和形上理论方面的"未有"或"不足"，显示了理学具有超越先前儒学的理论批判力量，实现了对魏晋以来逐渐形成的佛学理论观念笼罩的突破。但是，客观地说，佛学有自己独特的、因而也是迥异于儒家的伦理观念和形上理论，佛家因此形成一种独特的心理世界、精神境界，一种独特的宗教的生活方式。佛教赢得众多信徒，凭借的正是它的理论中所特有的，而它的理论中所没有的并不重要。佛学有它自己的理论的逻辑，这种逻辑也是人类精神全部可能性中的一种表现、一种实现。因此，作为历史上理学形成条件之一的对佛学的消化就并不是也不可能是破碎掉、取消掉这种理论的逻辑本身，而只能是消解、转变这种理论所塑造的那种是异己性质的生活方式及其影响，在这个意义上，理学辨析了儒佛的根本差异，揭示了佛学理论的缺弱，从而摆脱与突破了佛学笼罩，无疑地皆可以说是对佛学的一种消化。但是，实现这一消化的根本之处，乃是在于儒学需要升越自己精神境界中所固有的理性的伦理道德自觉，形成不弱于佛学的那种属于信仰性质的精神力量，来回应人生最高的即终极追求或归宿的问题。在中国文化中，这一问题是因佛教的拨拔方显得明亮和感到迫切的。围绕这一问题的细密思考，形成了佛学的主要优势。显然，此种背景下，儒家必须在儒学中发掘并升华、凸显有一个完全不逊于佛学的对人生的最终的安顿，才能有世人和学者对儒学的自信。理学家深知，若自信，则佛氏"便不能乱得"，"怎生夺亦不得"（《河南程氏遗书》卷十八）。理学家在这消化佛学的根本之处有最先的觉悟并贡献了重要的理论观念。

其二，不为所乱。程颐在回答弟子"学者多流于释氏之说，何也"之问时说："不致知也。知之既至，孰得而移之？知玉之为宝，则人不能以石乱之矣；知醴之为甘，则人不能以蘖乱之矣；知圣人之为大中至正，则释氏不能以说惑之矣！"（《河南程氏粹言》卷下）显然，在佛学弥漫的情势下，理学家清醒地觉悟到，唯有儒家精神境界的确立，才能排除、化解佛学之惑。略早于二程的欧阳修，感慨于"千年佛老贼中国"（《欧阳修全集》卷四十七《答李诩书》）和"甚矣，佛老为世惑也"（同上书卷一三九《集古录跋尾》卷六《唐华阳颂》），曾提出"礼义者，胜佛之本也，莫若修本而胜之，奚必曰'火其书'而'庐其居'哉？"的主张（《居士集》卷十七《本论》）。李觏亦认为，"儒之强则礼可复，虽释老其若我何"（《李觏集》卷二十二《孝原》）。可见，在理学形成以前，宋代儒学中已有超越唐代儒学，以儒家自身的伦理道德思想观念的建设和实践为根本，来回应佛学蔓延的觉悟。但是，正如朱熹在评论欧阳修等"修本"之论时所说："韩退之、欧阳永叔所谓扶持正学，不杂释老者也。然到得紧要处，更处置不行，更说不去，便说得来也拙，不分晓，缘他不曾去穷理，所以如此。"（《朱子语类》卷一三七）这种"礼义为本"的觉悟和"儒之强"的向往，内蕴的只能是经学的理论内涵和精神境界。

在这种境界上，不杂释老尚可为之，消化释老则难以为继了。佛教作为一种宗教，它所形成的精神境界和信仰的力量，具有非理性的、理性的和超理性的多重精神和理论因素，在由这种力量推动下形成的佛学弥漫之势面前，经学训释和生活习俗水平上的那种对儒学伦理道德的理解和遵循，建构不成真正能够回应的理论与逻辑，当然只能是"无可奈何"。理学家的理论贡献在于，他们从经学的基础上跨进一步，不仅如上所述在主要的、具体的理论观点上回应了佛学的挑战，而且从理论观念上升华了以理性的、伦理道德观念为主要内涵的儒家精神境界，使得儒家精神境界也具备了某种超理性的品质。较之佛教而言，这是一种无宗教那种理论性质①却有宗教那种精神力量的独特品质。理学家使儒家所固有的理性的、伦理的精神境界发生的这种转变或升越，主要是注入了两个理论观念或精神因素："乐"与"化"。二程曾回忆说"昔受学于周茂叔，每令寻颜子、仲尼乐处，所乐何事"（《河南程氏遗书》卷二上），并且认为"学至乐则成矣"（《河南程氏遗书》卷十一）。可见二程或理学家开始以"乐"为表征来追寻、认识孔、颜境界，也就是儒家的最高精神境界。那么，"孔颜乐处"是什么呢？据《论语》记载，孔子曾自谓曰"饭疏食、饮水，曲肱而枕之，乐亦在其中矣"（《论语·述而》），又论颜回曰"一箪食，一瓢饮，在陋巷，人不堪其忧，回也不改其乐"（《论语·雍也》）。显然，孔颜之乐绝不会是物质生活追求的满足。周敦颐曾解释说："夫富贵，人所爱也，颜子不爱不求，而乐于贫者，独何心哉？天地间有至贵至可爱可求而异乎彼者，见其大而忘其小焉尔。见其大则心泰，心泰则无不足。"（《通书·颜子》），即认为颜子之乐在于有一种高于、大于富贵物质生活的精神追求。这无疑是正确的。但据《河南程氏外书》记述，程颐与门人讨论"颜子所乐者何事"问题，当鲜于侁对曰"乐道而已"时，程颐即说"使颜子而乐道，不为颜子矣"（《河南程氏外书》第七）。所以在理学家看来，孔颜之乐也非简单地就是某一具体精神追求目标的达到。应该

---

① 从不同的理论层面，可以对宗教作出不同的界定。这里是从最一般的意义上，即将宗教理解为对一种实体性或实在性的超越的存在或终极目标的信仰，及与此相连有一种游离于日常生活之外、之上的行为方式来说的，并认为佛教正具有而儒学不具有这样的性质。

说，在理学形成时期，理学家没有对"孔颜乐处"这一内涵极为丰富的精神现象给予十分明确的解说，但二程对"颜子箪瓢之乐"有两次简单的界定，却在十分高的理论识度上揭示出了"孔颜乐处"的主要内涵。二程说"颜子箪瓢，非乐也，忘也"（《河南程氏遗书》卷六），又说"颜子箪瓢，在他人则忧，而颜子独乐者，仁而已"（《河南程氏外书》第一）。即在二程看来，孔颜乐处主要的精神内涵是"忘"与"仁"。也就是说，孔颜乐处是一种在最广阔的范围内对自己生命存在的价值、意义的自觉，是一种将自己完全融入境遇中的忘我的体验，一种与天地同流的境界。故二程所说"孔子所遇而安，无所择，惟其与万物同流，便能与天地同流"（《河南程氏遗书》卷六），也正是对孔子"疏饮之乐"的最好的解释。理学家的这种融入境遇的"忘我"，与道家由"道通为一"（《庄子·齐物论》）和佛家由"诸行无常"或"万法皆空"的本体论或宇宙观上导引出的"无我"不同，它内蕴和表现的是一种"仁"的道德理性和感情，正如程颢所谓"仁者浑然与物同体"（《河南程氏遗书》卷二上）。在理学中，这种"仁"的道德内涵，用二程的话来说，就是"孔子之志在于'老者安之，朋友信之，少者怀之'，使万物莫不遂其性"（《河南程氏外书》第三）。当然，周延而隽永的表述还是张载《西铭》的"民吾同胞，物吾与也"（《正蒙·乾称》）。这样，就可以总括地说，"孔颜乐处"之"乐"，是一种在升华了的道德理性与道德感情驱动下，将自己完全投入、融入境遇中的那种精神境界。在儒家这个"乐"的最高精神境界中，"富贵福泽，将厚吾之生也；贫贱忧戚，庸玉女于成也。存，吾顺事；没，吾宁也"（《西铭》），一切境遇——贫富、贵贱、生死，皆是或皆能转化为对人的生命价值的实现具有积极的、肯定的意义的存在。无疑的，这是拥有最大的、最宽厚的精神力量的境界。当理学家将对"孔颜之乐"的这种理解移植到儒家的伦理道德实践中时，也就升越了这个实践的精神境界。程颐曾说："人问某以学者当先识道之大本，道之大本如何求？某告之以君臣父子夫妇兄弟朋友，于此五者上行乐处便是……然怎生地乐？勉强乐不得，须是知得了，方能乐得。"（《河南程氏遗书》卷十八）又说："古人言，乐循理之谓君子；若勉强，只是知循理，非是乐也。才到乐时，便是循理为乐，不循理为不乐，何苦而不循理，自不须勉强也。"（同上）

从程颐所论中不难看出，理学家在这里十分明确地将儒家的或理学的精神境界（"道之大本"或"理"），界定为是有"乐"的那种精神感受的伦理实践。同时认为，这种境界的确立必须有充分的对践履伦理道德（"循理"）的自觉；这是一种在一般的"知"的自觉之上的、有"乐"的体验的那种自觉。理学家之所以产生这种对儒家伦理实践的新的观点，一个重要的原因是在佛学弥漫笼罩下，他们比唐代儒者和宋初经学家对佛学的理论力量有更深刻、切实的认识，感悟到回应这种"最善化诱"和"尽极高深"的理论和实践的挑战，儒家必须对自己的伦理道德理论有最充分的自觉和在实践上的完全融入的投入。亦如程颐所说："学者固当勉强，然不致知，怎生行得？勉强行得，安能持久？除非烛理明，自然乐循理。"（同上）即是说，儒家伦理道德的精神境界是建立在理性（知循理）的基础之上的，但是必须有高于"知循理"的"乐循理"，完全融入地立于"大中至正"境界上才能持久，才能不为所惑。总之，理学家是用"乐"的精神因素注入儒家理性的伦理精神境界，使其增益了超理性的新内涵，增益了回应佛学挑战的精神力量。此外，理学家还用"化"来界定或表述这种超理性的理学的精神境界，程颢说："人之学，当以大人为标垛，然上面更有化尔，人当学颜子之学。"（《河南程氏遗书》卷十二）孟子说："居仁由义，大人之事备矣。"（《孟子·尽心上》）所以，无疑地，"大人"是表征着儒家的已经达到了"仁义"的道德境界。在汉魏经学中一般地都认为"大人"也就是最高的"圣人"境界，如《易纬·乾凿度》曰"圣明德备曰大人也"（李鼎祚《周易集解·乾》），王肃曰"大人，圣人在位之目"（陆德明《经典释文》卷二《周易·乾》）。显然，理学家与经学不同，认为在"大人"之上还有更高的"化"的境界。然而，这是何种境界？程颐说："'大而化之'，只是谓理与己一。其未化者，如人操尺度量物，用之尚不免有差，若至于化者，则己便是尺度，尺度便是己。颜子正在此，若化则便是仲尼也。"（《河南程氏遗书》卷十五）张载也说："《中庸》曰'至诚为能化'，孟子曰'大而化之'，皆以其德合阴阳，与天地同流而无不通也。"（《正蒙·神化》）可见，理学家所界定的"化"之境界，乃是一种与天地、与"理"融为一体的精神境界。按照理学家的这种诠释，如果"大人"境界是"居仁由义"，那么，"化"的境界便是"即仁即义"；颜子"至于化"，是贤人，孔子"便是化"，为圣人。孟子曾说"大而化之之谓圣"（《孟子·尽心下》），"夫君子所过者化，所存者神，上下与天地同流"（《孟子·尽心上》），所以应该说，理学家对"化"这样的诠释，基本上是符合而没有逾越孟子的思想的。但是，为理学家在进一步论述"化"的境界如何形成时，却显示出理学中的"化"的境界增益了超理性的新的特质。经过深入的、成熟的思考的张载，对此有最明确的、反复的说明，"穷神知化，乃德盛仁熟之故，非智力能强也"，"穷神知化，乃养盛自致，非思勉之能强"，"穷神知化，与天为一，岂有我所能勉哉，乃德盛而自致尔"（《正蒙·神化》）。程颐也说："学者不学圣人则已，欲学之，须熟玩味圣人之气象，不可只于名上理会。""赞天地之化育，自人而言之，从尽其性至尽物之性，然后可以赞天地之化育，可以与天地参矣，言人尽性所造如此。"（《河南程氏遗书》卷十五）可见，理学家认为，"化"的境界是"德盛仁熟之故"，"非思勉之能强"，是"尽性所造"，而"不可只于名上理会"。也就是说，是通过高于理性的道德实践的积累而达到的。实际上，这是一种容纳、凝结一个人的包括感性经验、认知理性在内的全部经历的精神总体。从理论的逻辑上说，立在理学家的"化"的境界上，精神上会感受到与天地同流、与"理"为一的广阔和自如，困扰佛家或世人的那个苦根、那些人生难题，在这里也就不为艰难地被消解掉。张载说："世人取释氏销碍入空，学者舍恶趋善以为化，此直可为始学遣累者，薄乎云尔，岂天道神化所同语也哉！"（《正蒙·神化》）在理学家看来，比起理学与天地同体之"化"，释氏以"空"遣累是何其浅薄！可以说，以"乐"与"化"来阐述和界定儒家的最高精神境界，是理学的一个重要的理论贡献。在这里，儒家伦理精神的内涵得到极大的扩充，由己及人、由人及物浸润极广的范围。立在这个境界上的儒者，由于"与天地同流""使万物遂性"的精神觉醒，会感受到生命价值获得了随遇皆是的实现，人生总有可为欣慰的安顿；由于这种自信，在遭遇佛氏之论时，就能"见其小""不为所乱"，佛学投射下的笼罩与影响被消解了，这是在真正的、实际的意义上的儒学对佛学的消化。

援佛而非佛　通过儒佛之辨和"小佛"之论，特别是"乐"与"化"的境界的确立，理学实现了对佛学的消化。在理论上，佛学对于儒学来说，已不是一种具有挑战性、不可克服的存在了。尽管佛学"高深""善诱"，但理学有了自己的理论眼光，能不为所乱了。在这种情况下，理学自如地借鉴、援用高妙佛理来建构自己的理学观念而不失儒学本质，就是可能的了。理学的这种能力和气势犹如邵雍"读书"之说："天下言读书者不少，能读书者少。若得天理真乐，何书不可读，何坚不可破，何理不可精！"（《观物外篇下》）事实正是这样发生的，理学援佛而非佛，这不仅是理学消化了佛学后的一个效应，也是理学消化佛学的一个表现。

如前所论，作为理学理论标志的、形上的本体性的"理"的观念确立，是理学形成过程中的最重要的理论创造；理学家对"理"的本体性内涵的界定与论述，主要之点有二。一是"体用一源"，即作为本体的、唯一之"理"与作为其显现的统称为"用"的万物、万事、万理是不可分的，理必显于事，事必含有理。一是"理"包蕴着先前儒家思想中已出现的所有具有根本意义的范畴的内涵，即理与天、命、性、心"其实一也"。理学对"理"的本体性的这种十分独特的论证，追溯其理论观念渊源，不难发现，即使不是直接援引自佛学，也一定是受启迪于佛理。首先，让我们就第一点进行考察。在理学以前的中国传统思想中，无疑是先秦道家最早提出并较深入地论述了应该说是属于本体论的问题。道家认为，世界万物的最后根源是"道"，所谓"道"为"天地根"（《老子·六章》），"万物之所由"（《庄子·渔父》）；"道"具有"视之不见，听之不闻，搏之不得"（《老子·十四章》），"道昭而不道"（《庄子·齐物论》）的超验性质。根源性和超验性是中国传统思想中本体观念的基本内涵。从理论的逻辑上说，在这个本体论中，本体"道"与作为其显现的事物之间，是可以用先与后、主与次、微与显等来表述其关系或作区分的。所以当《系辞》提出"形而上者谓之道，形而下者谓之器""知微知彰""微显阐幽"，用以界定、区分《周易》中的具体事象与抽象"易"理时，就有理由推断《易传》是感受了道家思想影响的①。同样，当魏晋和唐代学者在注解《周易》时，又进一步用无与有、一与多、本与末、体与用等观念来阐述其中的"道"与

---

① 前面已论及，《易传》所建构的宇宙图景和对儒家最高精神境界的描绘，都有明显的道家思想痕迹。形上、形下之论是在一个具体方面（宇宙的构成或结构）显示《易传》的宇宙图景受到的道家思想影响。

"器"，在本体与现象间作先后、主次、微显的区分时①，仍可判定儒学本体论思想依然处在道家思想影响下，没有逾越道家本体观念中的根源和超验两个内涵的涵盖。理学家的本体观念与其先儒学受道家影响的本体观念不同之处，在于强调作为本体之"理"与其显现之现象间的不可分离性。如程颢曾说"体用无先后"（《河南程氏遗书》卷十一）。程颐更反复地说"凡物有本末，不可分本末为两段事，洒扫应对是其然，必有所以然"（《河南程氏遗书》卷十五），"圣人之道，更无精粗，从洒扫应对至精义入神，通贯只一理"（同上），"冲漠无朕，万象森然已具，未应不是先，已应不是后。如百尺之木，自根本至枝叶，皆是一贯，不可道上面一段事，无形无兆，却待人旋安排引入来，教入途辙"（同上）。可见，在理学家看来，本体与现象、至微与至显，如同洒扫应对之理（"所以然"）与其为（"其然"）是不可作本末、先后、精粗之分的，也就是"体用一源，显微无间"。从理论上说，理学与先前儒学在本体论观念上的差异，可以归结于理学的本体观念在根源性、超验性之外，又注入了新的总体性的内涵。本来，在道家的本体论思想中，是含有总体性的观念因素的，如庄子曾说"道通为一"（《庄子·齐物论》），"道无处不在"（《庄子·知北游》），"道无终始"（《庄子·秋水》），都是把"道"作为世界的总体来界定的，实际上，这是庄子和老子思想的一个重要的区别。但是，从《易传》开始，儒家在援引道家思想建构或阐发自己的宇宙图景和本体论观念时，均未能对道家本体观念中的总体性内涵有所辨析和吸收。从本体理论的角度观察，理学"体用一源"显示的正是本体的总体性内涵。然

---

① 如王弼说"道者，无之称也，无不通也，无不由也，况之曰道，寂然无体，不可为象"（《论语·述而》邢昺注引），"天地虽大，寂然至无，是其本矣"（《周易注·复·象》），此谓"道"为"无"，是"本"。韩伯《系辞注》曰"道者何？无之称也……有必始于无"，"少者多之所宗，一者众之所归，故为之主……一之为用，同乎道矣"，此谓"道"为"无"、为"一"，其与万物有先后、主从的关系。孔颖达在《周易正义》中于《卷首》曰："形而上者谓之道，道即无也；形而下者谓之器，器即有也。故以无言之存乎道体，以有言之存乎器用。"又于《系辞疏》曰："道是无体之名，形是有质之称，凡有从无而生，形由道而立，是先道而后形，是道在形之上，形在道之下，故自形外已上者谓之道也，自形内而下者谓之器也。"此亦显然是以无与有、体与用、先与后、主与从、微（形外）与显（形内）等来界定和区分"道"与"器"。

而，从二程和理学形成时期的其他理学家的著作中都看不出理学本体论思想的这种总体性观念是来自道家，相反，却有两点事实可以表明其与佛学有某种观念上的联系。（1）理学"体用一源"说的根本的理论意旨，可以肯定地说是在于升越儒家伦理道德实践的自觉性，强调日常生活行为与最终伦理道德目标的一致性、不可分割的一体性。程颐在回答门弟子"不识孝弟何以能尽性至命也"之问时，曾十分清晰地表述了这一理学的意旨："后人便将性命别作一般事说了，性命孝弟只是一统底事，就孝弟中便可尽性至命。至如洒扫应对与尽性至命，亦是一统底事，无有本末，无有精粗，却被后来人言性命者别作一般高远说。故举孝弟，是于人切近者言之。然今时非无孝弟之人，而不能尽性至命者，由之而不知也。"（《河南程氏遗书》卷十八）在禅学风靡的氛围中，理学所产生的此种"洒扫应对"通贯于"一理"，可"尽性至命"的观点，完全可能是受启迪、受感染于禅宗的"平常心是道"。广有影响的南禅道一禅师说："若欲直会其道，平常心是道。何谓平常心？无造作，无取舍，无断常，无凡无圣。经云：非凡人行，非圣贤行，是菩萨行。只如今行住坐卧，应机接物，尽是道。"（《马祖道一禅师语录》）程颐曾就此而品评说："禅者行走坐卧，无不在道，存无不在道之心，此便是常忙。"（《河南程氏遗书》卷十五）从一方面来说，这是程颐从儒学立场对禅宗以一切自然的生活行为（无造作、无取舍、无断常、无凡无圣）皆为"道"的讥嘲；另一方面，也表明这位理学家甚为熟悉禅宗思想，他的认为即使是最简单、初级的伦理生活行为（洒扫应对），皆含有"理"，皆能"尽性至命"的观点，实际上是在自觉不自觉中援用和改造了禅家的这个基本立论而形成的。（2）如果说，理学"体用一源"说在理论意蕴上与禅宗有较密切的观念上的联系，那么，形成这一理论观念的运思方式、命题形式则可能是来自华严宗。华严宗创始人法藏说："此诸界为体，缘起为用，体用全收，圆通一际。"（《华严策林》）又说："观体用者，谓了达尘无生无性一味，是体；智照理时，不碍事相宛然，是用。事虽宛然，恒无所有，是故用即体也，如会百川以归于海。理虽一味，恒自随缘，是故体即用也，如举大海以明百川。由理事互融，故体用自在。"（《华严经义海百门》）华严宗作为将中国佛教的义理推向新的顶峰的一个宗派，法藏这里所界定、论说的"法界"与"缘起"、"理"与"事"、"体"与

"用"等都是基本而重要的理论范畴，都有其独特而复杂的宗教的观念内容，然而从一般的哲学理论角度观察，法藏这里所谓"体用一际""理事互融"，所表述的则正是本体论的总体性观念，即认为本体与现象是不可分离的世界整体、总体。程颐曾比较《华严经》与《周易》说"看一部《华严经》，不如看一《艮》卦"（《河南程氏遗书》卷六），又曾评论华严宗的理事互融、缘起无有穷尽之说曰："只为释氏要周遮，一言以蔽之，不过曰万理归于一理也。"（《河南程氏遗书》卷十八）可以推断，程颐对华严宗义有所研习，虽然没有接受其佛学的理论观念，但不能排除其"体用一源"观念的形成，是从华严宗的"体用一际""理事互融"观念中获得感悟的结果。总之，理学的"体用一源"，在包括中国佛学在内的完整的中国思想背景中，就其观念的哲学内涵和命题形式而言，是更为接近佛学的。

理学对"理"的本体性的另一个论证，就是认为"理"与天、命、性、心等传统儒家思想中的具有根本意义的范畴"其实一也"，用这些范畴所含有的内容属性来充实"理"的本体性内涵。这在儒学的历史发展中，也是一个重要的理论观念转变。因为在传统的儒学中，这几个基本的范畴总是被分别地界定的，并且在儒家精神境界的形成中，体现、代表着不同的精神阶段。且以孟子为例，他说"心之官则思"（《庄子·告子上》），"人性之善也犹水之就下也"（同上），"莫之为而为者，天也；莫之致而至者，命也"（《庄子·万章上》）。在不太严格的意义上可以界定说，"心"是智慧，"性"是道德，"天"或"命"是某种超越的必然性。孟子又说："尽其心者，知其性也，知其性则知天矣。"（《庄子·尽心上》）也是在不太严格的意义上可以说，理性的认知、自觉的道德践履和对超越的体悟，是儒家精神境界形成的三个有序的基本阶段。《说卦》所谓"穷理尽性以至于命"，也正含有这样的义蕴。理学完全不是简单地沿袭这些传统的观念或命题，而是有了新的理解，给予了新的解释，最为明显的是，在"体用一源""理事（显微）无间"的总体性的本体观念中，这些具有异质、异体性质的区分、分割的界限都消失了，天、命、性、心都是从不同方面对"理"即本体的一种界定或表述。程颐谓"在天为命，在义为理，在人为性，主于身为心，其实一也"（《河南程氏遗书》卷十八），"穷理、尽性、至命一事也"（《河南程氏外书》第十一），解说得至为简捷明确。程颐还直接就孟子之言训释曰："孟子曰'尽其心者知其性也，知其性则知天矣'，心也，性也，天也，非有异也。"（《河南程氏遗书》卷二十五）从包括中国佛学在内的完整的中国思想背景中观察，理学对"理"的本体性这一论证，就其运思方式和表述形式而言，也是接近于佛学或感悟于佛学的。佛教在印度和中国的长期发展中，从原始佛教到部派佛教，从小乘佛教到大乘佛教，从印度佛学到中国佛学，滋生、繁衍了众多的流派，十分自然地，不同派别对于佛教的最高宗教目标——涅槃及作为其哲学基础的世界最终本体的性质，都有自己的理解和表述。中国佛学宗派在建构自己的理论体系时，往往需要对此加以调和的诠解和总结，以周延地表述这个宗教目标或本体观念的全部的甚至是含有对立的含义。例如天台宗创始人智𫖮解说天台佛理中具有本体意义的"实相"说："实相之相，无相不相。又此实相诸佛得法，故称妙有；实相非二边之有，故名毕竟空；空理湛然，非一非异，故名如如；实相寂灭，故名涅槃；觉了不改，故名虚空；佛性多所含受，故名如来藏；不依于有，亦不附无，故名中道；最上无过，故名第一义谛。"（《法华玄义》卷八下）此意谓，本体"实相"从不同的角度来界定，也就是涅槃、中道、妙有、虚空等等。在宽泛的意义上，这一解说也适用于华严宗的"法界"和禅宗的"本心"。这是一种具有辩证色彩的，从不同的甚至是对立的方面来界定、表述一个整体、总体的思维方式。不难看出，理学从天、命、性、心等不同方面对"理"的界定、表述，近似于或者正是蹈袭了佛学的这条逻辑思路。当有人问"如何是道"时，程颢答曰："于君臣父子兄弟朋友夫妇上求。"（《河南程氏外书》第十二）可见，根本的区别在于，理学所表述的不是佛学的宗教观念，而是儒家的伦理道德内容，理学虽援佛而非佛。

3. 余论

以上，我们考察了理学形成的两个主要理论支点——超越经学和消化佛学。理学在消化佛学中而形成的本体性的"理"的观念，不仅是对经学的超越，同时也是对汉代天人之学和魏晋自然之学的超越。在理学的"万理一理"的理论观念基础上，汉代天人之学的"天道""人道"界限被消解了。正如程颐在批评王安石"行天道以治人，行人道以事天"之论时所说，"道未始有天人之别，但在天则为天道，在地则为地道，在人则为人道"（《河南程氏遗书》卷二十二上）；作为汉代天人之学的"天人感应"（"天人合一")之立论基础的"天意",也被理学之"理"否定了,亦如二程所说:"天人之理,自有相合。人事胜,则天不为灾,人事不胜,则天为灾。人事常随天理,天变非应人事。如祁寒暑雨,天之常理,然人气壮,则不为疾,气羸弱,则必有疾。非天固欲为害,人事德不胜也。如汉儒之学,皆牵合附会,不可信。"(《河南程氏外书》第五)同样,理学"体用一源"的理论观念,也使魏晋玄学以本与末或先与后释无与有,以无与有释道与物的基本的立论逻辑被破解了,因为从这个理学观点上观察,"体用无先后","理无本末"。总之,理学获得了新的理论立场,能对汉代天人之学与魏晋自然之学的论题作出新的解释,理学作为儒学的一个新的理论形态出现了。

现在,再回过头来简要论述一下考察理学超越经学时留下的两个问题:北宋三先生(胡瑗、孙复、石介)为何未能形成本体性内涵的"理"之观念?王安石、二苏(苏轼、苏辙)的超越了经学的本体性观念是否也是理学?这两个问题从不同方面共同为儒学的发展提供了一个重要的历史经验。

变古经学何以没有到达理论终点 三先生与北宋五子(周敦颐、程颢、程颐、邵雍、张载)都是活跃在宋代早期儒学觉醒和经学变古的学术思潮中的同时代的人。他们的生活足迹也极相似,居仕为学官或军县令,讲学则授徒或著述,如是而已。然而考核起来,三先生与五子的心路却有一显著不同处。程颐在叙述程颢的理学思想形成过程时曾说,"泛滥于诸家,出入于老释者几十年,返求诸六经而后得之"(《河南程氏文集》卷十一《明道先生行状》),完全可以说,浸润于释老而后返之儒,是北宋五子共同的思想经历①。而三先生皆学于鲁②,以经传受授,学无旁骛,

---

① 五子与佛道的关系后世多有记述,然皆未可深辨,唯五子本人或其及门弟子所述则确为可信。于邵雍,程颢在《邵尧夫先生墓志铭》中称"先生之学得之于李挺之,挺之得之于穆伯长,推其源流,远有端绪"(《河南程氏文集》卷四),此可见邵氏之学有道教之源。于周敦颐,二程有两则语录可显示其与佛氏关系:"周茂叔穷禅客"(《河南程氏遗书》卷六),"周茂叔谓一部《法华经》只消一个《艮》卦可了"(《河南程氏外书》第十)。于张载,吕大临在《横渠先生行状》中叙述其为学经历:"范文正公……因劝读《中庸》,先生读其书,虽爱之,犹未以为足也,于是又访诸释老之书,累年尽穷其说,知无所得,反而求之《六经》。"(《张载集·附录》)至于程颐,由前文中所引述其论释氏之语,可见其对佛学有深切理解。

② 《宋元学案》谓:"胡瑗家贫无以自给,往泰山,与孙明复、石守道同学。"(卷一《安定学案·胡瑗》)

正如胡瑗所谓"吾平生所读书，即事君之礼也"（《宋元学案》卷一《安定学案·附录》），则无这种涉入佛老的精神历程。这一情况使得三先生与五子相比，学术思想的观念因素比较单一、纯粹，难以吸收儒家以外的特别是佛家的思想来进行新的观念组合，形成新的理论思想①。就他们在那个时代思潮中的表现来说，在反映儒学觉醒的对佛学批判问题上，他们似乎是停留在唐代儒学的水平上，如孙复说："佛老之徒横乎中国，彼以死生、祸福、虚无、报应为事，千万其端，络我生民，绝灭仁义以塞天下之耳，屏弃礼乐以涂天下之目……以之为国为乱矣，以之使人贼作矣。儒者不以仁义礼乐为心则已，若以为心，则得不鸣鼓而攻之乎！"（《孙明复小集》卷三《儒辱》）石介有同样的认识并有更激烈的主张："佛老以夷狄之教法乱中国之教法……将为之奈何？曰：各人其人，各俗其俗，各教其教，各礼其礼，各衣服其衣服，各居庐其居庐，四夷处四夷，中国处中国，各不相乱，如斯而已矣。"（《徂徕集》卷六《明四诛》、卷十一《中国论》）凡此所论，皆未能度越韩愈排佛的理论立场与见解，实际上并没有对佛教深入了解，也不具有消化佛学的理论力量。

三先生的经学以胡瑗《周易口义》《洪范口义》和孙复《春秋尊王发微》最为代表。其中疑经变古的结论，特别凸显了宋代经学的理性精神和强化伦理的理论特色。这种理性精神在胡瑗对《周易》之"易"和《尚书》之"天"的两个基本经学观念的新解中表现得最突出。汉唐以来，经学对"易"之含义一直沿袭"易有三义"之说（简易、不易、变易）。胡瑗《周易口义》变其说，认为此说源自《易纬·乾凿度》，"于圣人之经谬妄殆甚"，而主张"一义"说："大易之作，专取变易之义"（《周易口义·发题》）。谶纬是汉代经学中神秘之说的渊薮，唐代经疏仍杂引谶纬。宋代经学自觉地从经解中剔除谶纬正是从胡瑗这里开始。《尚书·洪范》曰"天乃锡禹洪范九畴"，伪孔安国注曰"天与禹洛出书，神龟负文而出，列于背有数至于九"，孔颖达疏曰："《易·系辞》云'河出图，洛出书，圣人则之'，九类各有文字，即是书也。而云

---

① 胡瑗《周易口义》中偶尔有援引《老子》语句，以为说明，非为立论。如诠释《复·象》"复见天地之心乎"曰："天地以生成为心，未尝有忧之之心，但任其自然而已，故老子曰'天地不仁，以万物为刍狗'。"（卷五）

'天乃锡禹'，知此天与禹者，即是洛书也。"（《尚书正义》卷十二）可见，汉唐经学皆将此"天"训释为某种人格性的超越的存在。胡瑗《洪范口义》完全摈弃了这一旧解，将"天"训释为帝尧："天，帝称之者，尊贵之也……帝尧洪范九畴之义，则是帝尧与之也。"应该说，胡瑗在这里将"天"由传统经说的神秘的超越人格变更为真实的儒家理想人格，是比较接近历史实际的，体现了一种理性的精神。三先生经学，也可以说全部宋代经学，强化儒家伦理的理论倾向的典型，是孙复的《春秋尊王发微》。贯穿这部经解的基本观点，正如宋代的一位学者所概括的："以为凡经所书，皆变古乱常则书之，故曰《春秋》无褒。"（王得臣《麈义》卷中《经义》）《春秋尊王发微》不仅在对具体历史事件、人物的评价上异于《公羊》《穀梁》①，而且总体的评价尺度也不再是传统的《春秋》"赏善罚恶""一字褒贬"的观点②。显然，孙复是用更加严格、苛刻的伦理原则来评断《春秋》二百四十二年的历史。后世学者对此或有非议，《四库提要》曰："宋代诸儒，喜为苛议，相与推之，沿波不返，遂使孔庭笔削，变为罗织之经……过于深求，而反失《春秋》之本旨者，实自复始。"（《四库全书总目提要》卷二十六）应该说，这一批评是正确的。这表明虽然理性和伦理精神一直是儒学发展具有推动力的理论追求，但对经学来说，它只是也只能在儒家经典中发掘思想观念来形成、充实这种理论追求，所以这一追求推动经学运动所能达到的高度是有限的。朱熹在议论理学形成时期的人物时曾说："若非后来关、洛诸公出，孙、石便是第一等人。"（《朱子语类》卷一百二十九）可以说，在宋代经学的理论水平上，三先生都是最高的了。然而，他们缺乏异己思想的砥砺，理论眼光欠缺开阔与力度，跨越不出经学樊篱，形成

---

① 如《春秋·隐公》"元年三月，公及邾仪父盟于蔑"，孙复《春秋尊王发微》曰："盟者，乱世之事……凡书盟，皆恶之也。"《公羊传》则曰："仪父者何？邾娄之君也。何以名？字也。曷为称字，褒之也。曷为褒？为其与公盟也。"又《春秋·隐公》"十有一年春，滕侯、薛侯来朝"，孙复《发微》曰："诸侯朝天子，礼也。诸侯朝诸侯，非礼也……《春秋》之法，诸侯非有天子之事不得逾境，凡书朝，皆恶也。"《穀梁传》则曰："天子无事，诸侯相朝，正也。考礼修德所以尊天子也，诸侯来朝，时正也。"凡此，皆可见其异。

② 晋代范宁曰："一字之褒，宠逾华衮之赠；片言之贬，辱过市朝之挞。"（《穀梁传注·序》）唐代徐彦曰："《春秋》者，赏善罚恶之书。"（《公羊传注疏·序》）

不了像二程、张载"关洛诸公"那样借助儒外思想而建构的"理"的本体论思想。如前所述，理学的"万理一理"的本体性内涵，"体用一源"的本体之总体性内涵，都是理学家在泛滥、浸润于佛老中有所见、有所悟而形成的。总之，是三先生与五子的思想经历或心路的不同，使他们虽然涌动在同一时代思潮中的同一理论方向上，但并没有到达相同的理论终点。

新学、蜀学何以不是理学 在理学形成时期，王安石"新学"与二苏"蜀学"则呈现另外的特色。王安石思想具有甚为复杂的观念背景，他曾自谓："某自百家诸子之书，至于《难经》《素问》《本草》，诸小说，无所不读，农夫女工，无所不问，然后于经能为知其大体而无疑。"（《临川文集》卷七十三《答曾子固》）对儒学之外的佛道等百家思想、学术的广泛涉猎，使王安石获得了高于经学家的那种理论观察力。从现今尚存的王安石的经学著述中可以看到，新学在许多具体问题上新异于汉唐经学的训释固不待言，但最重要的不同和超越之处却是在于，第一，引入道家思想。例如《周礼·天官·大宰》"九职任万民"，是将当时从事生产劳动的庶人，以其劳动方式的不同分为九种："一曰三农生九谷，二曰园圃毓草木，三曰虞衡作山泽之材，四曰薮牧养蕃鸟兽，五曰百工饬化八材，六曰商贾通货物，七曰嫔妇化治丝枲，八曰臣妾聚敛疏材，九曰闲民无常职，转移职事。"《周礼》概括得很周延，在农、林、牧、工、商等八业之外，还有个"闲民"，即无固定职业的劳动者。唐贾公彦疏曰："其人为性不营己业，为闲民；而好与人庸赁，非止一家，转移为人执事，以此为业者耳。"（《周礼注疏》卷二）大体说来，唐代经学于"闲民"之义训释甚确已足。王安石不安于此，又增新义曰："闲民，则八职所待以成事者也，故九曰闲民无常职，转移执事。夫八职之民，其事有时而用众，则转移执事，曷可少哉！盖有常以为利，无常以为用者，天之道也。"（《周官义》卷一）老子曾说："三十辐共一毂，当其无，有车之用……故有之以为利，无之以为用。"（《老子·十一章》）不难看出，王安石这里用"有"与"无"、"利"与"用"对"八职之氏"与"闲民"所作进一步的比传统经学更丰富的诠释，其义蕴之来源，显然是儒家之外的《老子》。第二，形成本体观念。在王安石对《诗》《书》《周官》三经所作新的训释中，常常表现出一种甚是明显的理论倾向，即要在对具体的名物训解中，升越出某种一般性理论观念。上面所引王安石从对"闲民"的解释中，抽引出"有常以为利，无常以为用者，天之道也"的普遍性的结论就是这一倾向的表现。此外，例如王安石在《诗义》中对"改岁"的新释也显示出这一倾向。《诗经·豳风·七月》云："五月斯螽动股，六月莎鸡振羽，七月在野，八月在宇，九月在户，十月蟋蟀入我床下……嗟我妇子，曰为改岁，入此室处。"诗中所咏"改岁"，孔颖达疏曰："改岁者，以仲冬阳气始萌，可以为年之始故。"（《毛诗正义》卷八）这一疏解援依《礼记·月令》，是可以成立的。王安石则解曰："阴阳往来不穷，而与之出入作息者，天地万物性命之理，非特人事也。"（宋·段昌武《毛诗集解》引）可见，在王安石《诗义》中，"改岁"就从传统经学的作为纪历的一年新始之义，升越为普遍的万物皆具有的"往来不穷"的"性命之理"。王安石思想或经学中这一理论倾向的最后发展，就是一种具有本体性内涵的理论观念的形成。在不太严格的意义上，王安石由对《尚书·洪范》和《周易·系辞》的理解、诠释中产生的"道"和"至理"的观念都具有这种内涵。王安石说："《洪范》语道与命……道者，万物莫不由之者也；命者，万物莫不听之者也。"（《临川文集》卷六十五《洪范传》）在另外的地方，王安石将"道"的这种作为根源的本体性表述得更明确"道者天也，万物之所自生，故为天下母"（《老子注·天下有始章第五二》），"有无之变，更出迭入，而未离乎道"（《老子注·道可道章第一》）。如果说，在王安石这里，"道"主要是本体的根源性意义上的内涵，那么，"至理"似乎就是本体的超验性意义上的内涵。王安石说："万物莫不有至理焉，能精其理则圣人也。精其理之道，在乎致其一而已。致其一，则天下之物可以不思而得也。《易》曰'一致而百虑'，言百虑之归乎一也。苟能致一以精天下之理，则可以入神矣。既入于神，则道之至也。夫如是，则无思无为寂然不动之时也。"（《临川文集》卷六十六《致一论》）不难作出这样的推论，既然精于"至理"，则"天下之物可以不思而得"，那么这种"至理"显然是超越于具体事物之上的万物普遍之"理"；既然作为精于"至理"方法的"致一"即是"百虑归一"，即是"入神"，并至于"无思无为"，那么，这种"致一"显然不是一般的经验的或理性的认知过程，而近乎是对某种超验对象的体悟。所以，"至理"与"道"一样，表明王安石经学或思想中本体性的理论观念已经形成。总之，引进道家思想，和在此基础上形成的本体性理论观念，使得王安石的经学具有不同于、超越于传统经学的更丰富的义理内容。王安石曾说："余闻之也，先王所谓道德者，性命之理而已。"（《临川文集》卷八十二《虔州学记》）所以，在王安石看来，他的观念背景广阔、"于经为能知其大体"的新经义，应是属于儒家的"道德性命"之学。王安石的追随者对此更自视甚高，如蔡卞说："宋兴，文物盛矣，然不知道德性命之理。安石奋乎百世之下，追尧舜三代，通乎昼夜阴阳所不能测而入于神……于是天下之士，始原道德之意，窥性命之端。"（晁公武《郡斋读书志·后志二》）按照这一观察，王安石更应是宋代儒家性命之学的开创者。

无疑地，"道德性命之理"也是宋代儒学主体的理学的基本论题。那么，理学家是怎样认定新学的？新学是否是理学？二程曾说："今异教之害，道家之说则更没可辟，唯释氏之说衍蔓迷溺至深……然在今日，释氏却未消理会，大患却是介甫之学。"（《河南程氏遗书》卷二上）此后的理学家亦多如朱熹，认为"荆公学术不正"（《朱子语类》卷一百三十），完全可以说，在理学中王安石新学是被作为异端、异己之学来看待的。如果剔除宋代理学家多为元祐、庆元党人，其政见每与柄政者暌离不合这一非学术的因素，而从思想理论本身来考察分辨，理学与新学之间确有两点重要的歧异。（1）义利观。如前所引述，王安石曾说："有常以为利，无常以为用者，天之道也。"王安石还说："理财乃所谓义也，一部《周礼》，理财居其半，周公岂为利哉？"（《临川文集》卷七十三《答曾公立书》）可见，王安石新学的义利观就是以有为利，以理财为义，实际上这也正是引导王安石构思变法，并不畏非议而坚定推行"新政"的根本思想。理学家的义利观与此不同。程颐说："圣人以义为利，义安处便为利。"（《河南程氏遗书》卷十六）又说："人无利，直是生不得，安得无利？且譬如椅子，人坐此便安，是利也。如求安不已，又要褥子，以求温暖，无所不为，然后夺之于君，夺之于父，此是趋利之弊也。"（《河南程氏遗书》卷十八）可见理学并不否定功利，但认为利的实现必须有义的原则；

而义的原则，是指不能违背君臣父子的伦理道德规范，即儒家的"礼"。简言之，理学是以义为利，践礼为义。不难看出，理学与新学的差别或分歧在于，在功利实践中，理学始终把伦理道德原则（"义"）放在首要的、必须遵循的位置；新学则认为功利的完成，即是义的实现。回顾历史，先秦儒家总是把利与义、义与礼互为条件、互为内涵地联系在一起。如孔子曰"见利思义"（《论语·宪问》），《左传》亦有言"礼以行义，义以生利"（《左传·成公二年》）。显然，理学的义利观与儒学这个基本的传统的理论观点是一致的，而新学则有所背离。新学的这种功利观是此后儒家学者判定王安石之学为申韩刑名之学的一个重要根据①。（2）圣人观。如上所述，理学的最高精神境界或圣人境界是"孔颜乐处"，其精神特征是一种"乐""化"，即对儒家伦理道德实践充分的自觉，完全地投入、融入。王安石对圣人境界最重要特征的界定及对其形成的看法皆与理学不同。前已论及，王安石认为万物皆有至理，"能精其理则圣人也"；其方法是"致一"，即专一思虑；其状态是"入神"，即"无思无为，寂然不动之时也"。此外，王安石还多次论曰，"夫身安德崇而又能致用天下，则其事业可谓备也；事业备而神有未穷者，则又当以穷神焉；能穷神，则知微知彰，知柔知刚，圣人知道，至于是而已也"（《致一论》），"古之圣人，其道未尝不入于神，而其所称止乎圣人者，以其道存乎虚无寂寞不可见之间"（《临川文集》卷六十六《大人论》），"思所以作圣也；既圣矣，则虽无思也、无为也，寂然不动，感而遂通天下之故可也"（《洪范传》）。概言之，在王安石看来，圣人境界是比道德实践的完成更高的"神"的精神境界；这是由"思"而达到的一种"无思无为、寂然不动"，然而却能"感而遂通，微彰刚柔皆知"的精神境界。在这里，新学的圣人观显露与理学的差异是，第一，王安石主要是从智慧而不是从德性，是从运思而不是从道德践履来界定"圣人"，即儒家的最高精神境界的。显然，此与儒家传统的理论观点"圣人，人伦之至也"（《孟子·离娄上》）并不一

---

① 如朱熹就极为同意评定王安石"学本出于刑名度数，而不足于性命道德"（《朱文公文集》卷七十《读两陈谏议遗墨》）之说。陆九渊亦认为"凡事归之法度，此是介甫败坏天下处"（《象山全集》卷三十一《语录下》）。王夫之曾断言王安石为"外申韩而内佛老"（《读通鉴论》卷二十九）。

致。二程在解释孟子"形色，天性也；惟圣人然后可以践形"（《孟子·尽心上》）一语时说："人生禀五行之秀气，头圆足方，以尚天地，则形色天性也。惟圣人为能尽人之道，故可以践形。人道者，君臣、父子、兄弟、夫妇之类皆是也。"（《河南程氏外书》第四）即在理学看来，德性、完善的道德实践应是"圣人"的行为和精神的最重要的本质的特征。应该说，理学的观点与儒家的理论传统是一致的。第二，"无思也，无为也，寂然不动，感而遂通之故"，就其本初的义蕴而言，是《系辞》作者对"易"所具有的某种总体的、全观的认识功能的描述。在理学中，这个命题经常被理学家借用来解释"理"的本体性，如二程说"'寂然不动，感而遂通'者，天理具备，元无欠少，不为尧存，不为桀亡。父子君臣，常理不易，何曾动来？因不动，故言'寂然'，虽不动，感便通，感非自外也"（《河南程氏遗书》卷二上）；也被借用来说明道德实践的"乐"与"化"的那种充分自觉，如张载说"《易》'无思无为'，受命乃如响"（《横渠易说·系辞上》），"'何思何虑'，行其所无事而已；行其所无事，惟务崇德，行其所无事，则是意、必、固、我已绝"（《横渠易说·系辞下》）。可见，虽然在理学的援用和诠释中，《系辞》的这一命题含义发生了某种变异，但并没有逾越儒学的范围。然而在新学中，王安石援引这一命题则显然是用来界定或形容"道"或圣人境界的"寂寞虚无"之内涵的，呈现的是鲜明的佛道思想的色彩，就跨出了儒学的樊篱。王安石曾说"盖有见于无思无为，退藏于密，寂然不动者，中国之老庄，西方之佛也"（《临川文集》卷八十三《涟水军淳化院经藏记》）。这更确乎可以表明，王安石用来界定圣人境界的"无思无为，寂然不动"之命题，虽然就其观念来源说，也有儒学的成分，但其观念内涵、性质，却应完全归属于佛学和道家思想。

通过以上对王安石新学与理学在义利观、圣人观上的差异的分辨，可以判定，在理学形成时期，虽然新学与理学同样地实现了对经学的超越，具有了某种本体的理论观念，但新学不是理学；新学虽然实际上也是从孔孟儒学起步，但在涉入百家之后，就失去儒学的方向，最终流向佛老。王安石青年时曾有诗曰"材疏命贱不自揣，欲与稷契遐相希"（《临川文集》卷十三《忆昨诗示诸外弟》），每以天下己任，《宋史》称其"慨然有矫世变俗之志"(《宋史》卷三二七《王安石传》)。然晚年退居金陵时,诗中却咏"能了诸缘如梦事,世间唯有妙莲花"(《临川文集》卷三十一《再次吴氏女子韵》),"何须更待黄粱熟,始觉人间是梦间"(卷三十一《怀钟山》),完全不同于、不再是理学以《西铭》为代表所抒发的那种儒学胸怀。可以说,王安石不仅是在学术思想上,而且在精神上的、其生命终极意义上的归宿也是佛老。王安石死时,宋哲宗赠其为太傅,苏轼所撰敕文中有曰"少学孔孟,晚师瞿聃"(《东坡七集·东坡外制集》上卷《王安石赠太傅制》),可视为对王安石一生精神历程的简要的概括。

二苏虽然在政治上是王安石社会改革的反对派,而与理学站在同一阵线上①,但在学术思想上却有和王安石新学相似而与理学异趣的方面。第一,二苏也有广泛涉入佛道百家的经历②,学术思想有十分复杂的观念背景。在其经学著作中,许多重要的儒学观念,都援引了道家或佛家思想来作训释。如苏轼训《易》之"贞"曰:"贞,正也,一也。老子曰:'王侯得一以为天下贞。'"(《毗陵易传》卷八《系辞传下》)解《书》之"皇极"曰:"大而无际谓之皇,庄子曰'无门无旁,四达之皇皇',至而无余,谓之无极。"(《书传》卷十《洪范》)显然,苏轼的训释不同于传统经学的简单的词义训诂,而是将某种道家的思想观念("一""无极")引入了经学。又如苏辙训《论语》"思无邪"曰"惟无思然后思无邪,有思则邪矣",释"从心所欲"曰"惟无心然后从心而不逾距,故'七十而从心所欲不逾矩'"(《栾城三集》卷七《论语拾遗》)。此与程颐的训解"思无邪,诚也"(《朱子语类》卷二十三),"从心,则不勉而中矣"

---

① 苏轼曾上书神宗,评断王安石新政如同商鞅变法,"使其民知利而不知义,见刑而不见德"(《东坡七集·东坡奏议》卷一《上皇帝书》),苏辙对王安石变法的评价亦是"介甫急于财利,而不知本"(《栾城后集》卷十二《颍滨遗老传上》)。

② 苏辙曾叙述苏轼的思想经历曰:"初好贾谊、陆贽书,论古今治乱,不为空言。既而读《庄子》,喟然叹息曰:'吾昔有见于中,口未能言,今见《庄子》,得吾心矣。'……后读释氏书,深悟实相,参之孔、老,博辩无碍,浩然不见其涯也。"(《栾城后集》卷二十一《亡兄子瞻端明墓志铭》)并曾有自述曰:"平生好读《诗》《春秋》,病先儒多失其旨,故更为之传。老子书与佛法大类,而世不知,亦欲为之注。"(《颍滨遗老传上》))亦可见其浸淫于三教中。

（《河南程氏经说》卷六）也迥然异旨。即是说，苏辙从禅宗"无念"的心性理论立场作出的训释，完全不同于理学在"中庸"的道德实践意义上的理解①。第二，在这样的观念背景基础上，二苏的经学著作中出现了某种本体性的理论观念，实现了对经学的超越。从二苏的主要理论著作《毗陵易传》中看，这个本体性的理论观念是"道"。二苏诠释《系辞》"一阴一阳之谓道，继之者善也，成之者性也"命题时说："圣人知'道'之难言也，故借阴阳以言之。一阴一阳者，阴阳未交而物未生之谓也。喻道之似，莫密于此……阴阳之未交，廓然无一物，而不可谓之无有，此真道之似也。阴阳交而生物，道与物接而生善。物生而阴阳隐，善立而道不见矣，故曰'继之者善也，成之者性也'。"（《毗陵易传》卷七）训释《系辞》"夫《易》，开而当名辨物，正言断辞，则备矣"一语时说："此解剥至道，自元适著之序也。夫道之大全也，未始有名，而《易》实开之，赋之以名，以名为不足，而取诸物以寓其意，以物为不足而正言之，以言为不足而断之以辞，则备矣。"（同上书卷八）二苏认为"道"甚难言，没有更为明确的界定，朱熹曾讥其"务为闪倏滉漾不可捕捉之形，使读者茫然"（《朱文公文集》卷七十二《杂学辨·苏氏易解》）。但大致而言，二苏这两则对《系辞》的解释，还是比较清楚地表述了蜀学的"道"的两个基本的本体性内涵："道"是万物出现以前就已存在的"廓然无一物"的状态；"道"又存在于万物"自元适著"的全过程中，此是"道之大全"。苏辙在《老子解》中将此观点表述得更为明确："古之所谓智者，知道之大全，而览于物之终始。"（《老子解》卷四《古之善为道者章》）。如此表述的蜀学的"道"，就其"廓然无一物"而言，即是"无"，就其包容从始到终、从无到有的"大全"来说，又是"一"，所以《毗陵易传》中出现的"无"与"一"的观念，实际上也是"道"的本体性内涵的一种表述或说明。如其训解"乾知大始，坤作成物"曰，"至

---

① 在这里，程颐所谓"中"与"诚"，其内涵是《中庸》中从心理状态和道德理性状态两个不同方面表述儒家最高精神境界的范畴，"喜怒哀乐之未发谓之中，中也者，天下之大本也"，"诚者，不勉而中，不思而得，从容中道"。而苏辙所谓"无思""无心"，则是禅宗"无念"的修持方法，如《坛经》云："我此法门，立无念为宗……无念法者，见一切法，不著一切法；遍一切处，不著一切处。"

虚极于无，至实极于有，无为大始，有为成物"（卷七），训释"在天成象，在地成形，变化见矣"谓"天地一物也，阴阳一气也，或为象，或为形，所在之不同，故'在'云者，明其一也。象者，形之精华发于上者也，形者，象之体质留于下者也，人见其上下，直以为两矣，岂知其未尝不一邪。由是观之，世之所谓变化者，未尝不出于一"（同上）。在这里，至虚之"无"兼为象、形之"一"，也就是"道"。似乎可以说，蜀学的"道"的本体观念主要是从本体的总体性的意义上来理解的，与王安石新学主要是以本体的根源性内涵来界定"道"有所区别；而蜀学的这种总体性的观念显然是犀通于道家的"道通为一"（《庄子·齐物论》）的庄子思想，与理学的"理"的总体性内涵明显地是感悟于或是改造了佛学观点又有所区别。第三，二苏涉入佛老后，就逐渐形成融合三教的理论倾向，并以此为蜀学的理论的终点。这一思想历程在苏轼身上表现得尤为明显。苏轼在《王大年哀辞》一文中曾自述："予始未知佛法，君为言大略，皆推见至隐以自证耳，使人不疑。予之喜佛书，盖自君发之。"（《东坡七集·后集》卷八）此为嘉祐末年苏轼初入仕时之事，也就是说，苏轼在二十七八岁方始涉足佛学。二十多年以后，苏轼在《祭龙井辩才文》一文中则明确地表述了"三教同至"的思想："孔老异门，儒释分宫，又于其间，禅律相攻。我见大海，有北南东，江河虽殊，其至则同。"（《东坡七集·后集》卷十六）苏轼在病卒前数月的《南华长老题名记》中，又最终地表述了他认为在很多方面"儒释不谋而同"的观点（《东坡七集·后集》卷二十）。比较而言，苏辙入佛更深，他曾说"予久习佛乘，知是出世第一妙理"（《栾城三集》卷九《书〈传灯录〉后》），"予元丰中，以罪谪高安，既涉世多难，知佛法之可以为归也"（《栾城后集》卷二十四《逍遥聪禅师塔碑》），皆可为证。应该说，正是在这里，二苏蜀学与王安石新学的相似和与理学的异趣有最重要的显现。主要之点在于，虽然他们曾同泛滥于佛老，但北宋五子最终返归于儒，而这一经历在王安石、二苏那里却没有发生。这一差别表现在理论上，就是佛老在理学中是以被消化了的思想资料形式出现的，而在蜀学、新学中则是被崇奉的经典理论和精神上的最终归宿；借助或援引佛老思想而形成的本体性理论观念，在理学中是用来升华儒家的伦理道德观念，而在蜀学、新学中则孕育不出这一理论过程，从而也生长不出新的儒学理论形态。程颐曾说："儒者而卒归异教者，只为于己道实无所得，虽曰闻道，终不曾实有之。"（《河南程氏遗书》卷十五）应该说，程颐的这一观察是正确的，用以评定蜀学、新学也是完全适合的。

以上，简要论述了在宋代理学形成时期何以胡瑗等三先生未能形成超越经学的本体性理论观念，而王安石新学和二苏蜀学虽已形成超越经学的本体性理论观念但不是理学的缘由。这里，主要是从理论发展的逻辑本身来显示，这种理论结局的造成，佛老思想是个重要因素。从这个特定的观察角度上看，三先生经学与新学、蜀学是那个时代学术思潮中的两个极端：三先生笃守经传，反对涉入佛老；新学、蜀学则是泛滥于佛老而不知返归。前者缺乏异己的思想砥砺和观念组合，难以建构新的理论思想；后者虽能形成对儒家观点的新的、佛老的诠释，但并不能实现用儒家理论对佛老的消化，所以最终也未能借助异己思想来将儒学推进、升越到新的阶段。理学的成功在于有幸地避免走上这样的极端。从理学的形成中，儒学发展获得的一个历史经验是：要消化和吸收异己思想，不能拒绝或沉溺于异己思想。

（三）理学的主要理论内容及其功能

清初，在黄宗羲独自撰成的《明儒学案》中，有十七个学案，载入了二百位明代理学学者；在由他及其后继者黄百家、全祖望共同完成的《宋元学案》中，立九十一个学案，入案人物将近两千位，可见，宋明理学家的队伍是多么壮观！宋明理学的理论观念也极为繁多，南宋时，朱熹的及门弟子陈淳在其《四书性理字义》（《北溪字义》）中所确定和疏解的主要理学范畴就有二十五个①，另一及门弟子程端蒙在《性理字训》界定的理学范畴也有三十个②，这三十个范畴在三传弟子程若庸的

---

① 陈淳《北溪字义》解说的二十五个（组）范畴是：命、性、心、情、才、志、意、仁义礼智信、忠信、忠恕、诚、敬、恭敬、道、理、德、太极、皇极、中和、中庸、礼乐、经权、义利、鬼神、佛老。清康熙年间四版时，又增加"一贯"一条，故今乃有二十六条目。

② 程端蒙《性理字训》界定的三十个范畴是：命、性、心、情、才、志、仁、义、礼、智、道、德、诚、信、忠、恕、中、和、敬、一、孝、悌、天理、人欲、谊、利、善、恶、公、私。

《性理字训讲义》中更增广为一百八十三条①。可以说，这些都是理学的基本论题。全部理学围绕对这些范畴、论题的论述形成一个庞大的观念体系。在儒学的历史发展上，理学的学术规模之宏大与理论内容之细密都是堪称为最的。全面地考察分析宋明理学是个很大的学术工程，我们这里只是从理学理论主题及其演变，和理学对构成儒学完整理论结构的三个理论层面或三个基本范畴（性、礼、命）的阐述这样两个论述角度，来审视作为儒学的一个理论形态的理学之历史发展和思想特色。

1. 理学的理论主题及其演变

理学虽然跨时悠长，人物众多，论题纷繁，但从基本的理论主题演变的角度来观察，其主体内容和走向却是甚为简单分明的：北宋五子初步确立了理论主题与学术规模；朱熹对理学作出成熟的、完成性的发展；此后，则是在朱学笼罩下的理学变异和衰落。

（1）北宋五子：理学规模和主题的确立

理学的理论面貌、学术规模在北宋五子时就开始确立起来。北宋五子论述的众多论题，大体上可以归属为三个方面：万物生化（天道观或宇宙论）、宇宙本体（本体论）、为学或修养方法（工夫论）。其中，本体论与工夫论尤为凸显，成为标志理学学术特征的理论主题。

三幅宇宙图景　理学在确立时期向我们展示的是三幅理论内容与哲学性质有所差异的宇宙图景。一幅是周敦颐《太极图》及《太极图说》所描绘的：

> 无极而太极。太极动而生阳，动极而静，静而生阴；静极复动，一动一静，互为其根；分阴分阳，两仪立焉。阳变阴合，而生水火木金土；五气顺布，四时行焉。五行一阴阳，阴阳一太极也，太极本无极也。五行之生也，各一其性。无极之真，二五之精，妙合而凝，乾道成男，坤道成女。二气交感，化生万物，万物生生而变化无穷焉。

---

① 元末明初朱熹五传弟子朱升又增益一条为百八十四条（见《宋元学案》卷八十三《双峰学案·程若庸·附录》，卷七十《沧州诸儒学案下·朱升及黄智孙·梓材按语》）。

（《太极图说》）

又一幅是张载在《正蒙》《易说》等著述中所描绘的：

> 太虚无形，气之本体，其聚其散，变化之客形尔……气本之虚则
> 湛一无形，感而生则聚而有象……造化所成，无一物相肖者，以是知
> 万物虽多，其实一物，无无阴阳者，以是知天地变化，二端而已。
> （《正蒙·太和》）

这两幅宇宙图景的不同之处在于：第一，就宇宙或万物本源的性质看，作为周敦颐的宇宙起始的"太极"是指一种状态（"无极"），而张载的宇宙起始"太虚"，则是一种实体（"气"）；第二，就万物生化的过程言，周敦颐认为万物是由"太极"中生出的两种实体（阴阳二气）交感而成，而张载则认为万物是"气"的对立状态（二端）交互作用而成，并且，这种对立状态，或者说"气之两体"不只是阴阳，还有"两体者，虚实也，动静也，聚散也，清浊也"（《易说·说卦》）等多种样态。理学确立时期的这两幅宇宙图景，比较起来，十分有趣，在宇宙本源的理论层面上，"太虚即气"说感性经验的成分较多，"无极而太极"说显然具有要努力摆脱并确有超越了狭隘的感性经验的那种理论意蕴；而在万物生化的理论层面上，正好相反，"二气交感"是感性经验的命题，"二端故有感，本一故能合"（《正蒙·乾称》）却是非常深刻的辩证的理性判断。

理学确立时期的第三幅宇宙图景是邵雍《皇极经世书》所描绘的。这是一个十分庞大、细腻、无所不包的图景，然其最基本的轮廓、内容可以说是：

> 太极一也，不动生二，二则神也。神生数，数生象，象生器。
> （《皇极经世》卷十四《观物外篇下》）
> 太极不动，性也；发则神，神则数，数则象，象则器，器则变，
> 复归于神也。（同上）
> 一者数之始而非数也。故二二为四，三三为九，四四为十六，五

五为二十五，六六为三十六，七七为四十九，八八为六十四，九九为八十一，而一不可变也。（同上）

与周、张的宇宙图景相比，邵雍的宇宙图景特异之处是，第一，作为宇宙本源的"太极"，其哲学性质既不是状态，也不是实体，而是某种不动的、本然的实在（"一"）。第二，对于万物生化，邵雍虽然也曾用"动静""阴阳""四象""四体"等观念作一种笼统的、模糊的过程性质的描述①，但更重要的是引进"数"的观念，援依某种逻辑框架，对天地万物品类的生成消亡、人类社会的历史变迁都予以确定性的推定。在邵雍用他所设定的"数"而建造起来的宇宙图景中，有两个"数"最为基本和重要，一为万物品类之"数"，一为万物消长和人类社会历史兴衰之"数"。邵雍是这样推演出万物之数的：他规定四个阳刚（太阳、少阳、太刚、少刚）之数各为10，四个阴柔（太阴、少阴、太柔、少柔）之数各为12，则阳刚之总数为40，阴柔之总数为48，他称之为"本数"。本数各乘以4，则阳刚之数为160，阴柔之数为192，他称之为"体数"。以阳刚之体数减阴柔之本数（160－48），得出之数（112），他称之为阳刚之"用数"；以阴柔之体数减阳刚之本数（192－40），所得之数（152），他称之为阴柔之"用数"。以阳刚之用数，乘阴柔之用数（112×152），得出之数（10724），他称之为日月星辰之"变数"，也称为"动数"（动物之数目）；以阴柔之用数乘阳刚之用数（152×112），所得之数（10724），他称之为水火土石之"化数"，也称为"植数"（植物之数目）。最后，变数乘化数得出之数（289816576），他称之为"通数"，邵雍说"通数二万八千九百八十一万六千五百七十六，谓之动植通数"

---

① 邵雍描述天地、阴阳、万物生化的过程说："天生于动者也，地生于静者也，一动一静交而天地之道尽矣。动之始则阳生焉，动之极则阴生焉，一阴一阳交而天之用尽之矣。静之始则柔生焉，静之极则刚生焉，一刚一柔交而地之用尽之矣。动之大者谓之太阳，动之小者谓之少阳，静之大者谓之太阴，静之小者谓之少阴。太阳为日，太阴为月，少阳为星，少阴为辰，日月星辰交而天之体尽之矣。太柔为水，太刚为火，少柔为土，少刚为石，水火土石交而地之体尽之矣。"（《皇极经世》卷十一《观物篇五十一》）邵伯温解释说："日月星辰，天之四象也，水火土石，地之四体也……《皇极经世》用水火土石，以其本体也，《洪范》用金木水火土，以其致用也，皆有所主，其归于一。"（王植《皇极经世书解》卷五引）

（《皇极经世》卷十二《观物篇六十一》），邵伯温解释说："动植之通数，此《易》所谓'万物之数'也。"（王植《皇极经世书解》卷八引）。至于万物生灭、历史兴衰，邵雍是用他所设计的"元会运世"的时间单位嵌入六十四卦的逻辑结构来推定的。邵雍设定一元为12会，一会为30运，一运为12世，一世为30年，这样，一元就是十二万九千六百年（129600）。邵伯温解释说"一元在大化之间，犹一年也"（《性理大全》卷八《皇极经世书二》），也就是说，万物和人类社会每在十二万九千六百年间要经历一次消长、兴衰的过程。他根据邵雍的论述制作的《经世一元消长数图》①，简捷、清晰地显示了这个过程。从这个图中可以看出，邵雍的推定是，万物在一元中，第三会的二万二千五百零一年（22501）时开始生长（"开物，星之己七十六"②），第十一会的十二万二千五百六十九年（122569）后趋于消亡（"闭物，星之戊三百一十五"③）；人类社会兴旺的顶峰时期（唐尧时）是第六会的五万六千一百五十七年（56157），此后也就走向衰落（"唐尧始，星之癸一百八十辰二千一百五十七"）。这里显示出，邵雍用"数"建构的宇宙图景，包容了理学天道观的宇宙本源、万物生化、社会历史运动三个理论层面，是理学中的一个完整的宇宙图景。这里也显示出，邵雍的理论追求是企图用"数"来掌握宇宙的全部必然性，正如邵伯温对其乃父的学术评价所说："其所著《皇极经世书》，以元会运世之数推之，千岁之日可坐致也。以太极为堂奥，乾坤为门户，包括'六经'，阳阴刚柔行乎其间，消息盈虚相为盛衰，皇王帝伯相为治乱，其肯为训解之学？"（《邵氏闻见前录》卷十九）当然，就科学理性的眼光看，必然性只能出现在全部条件或因素之中，纯粹的"数"是捕捉不住必然性的，邵雍的"数"所判定的"必然性"，离真正的必然性相距甚为遥远。邵雍以某种"数"在某种逻辑框架中的运行来发现全部必然性的理论追求与汉代象数经学

---

① 此图载《性理大全》卷八《皇极经世书二》。

② 《一元消长图》对"开物"和"闭物"的记时分别省略"辰九百零一"和"辰三千七百六十九"。

③ 《一元消长图》对"开物"和"闭物"的记时分别省略"辰九百零一"和"辰三千七百六十九"。

（易学象数派）比较接近，但邵雍数学不是经学，他的数学中的本体观念使其超越了经学。

理学的形上学：本体论 理学的本体是关于宇宙一切事物、一切存在的最终根源、根据的哲学观念。从逻辑上和实际情况上看，理学的本体论中的宇宙本体观念，都是在其宇宙论中的万物本源观念基础上发展和升越而来。理学确立时期，上面已论及的周敦颐、邵雍、张载宇宙图景中出现的"太极""气"等观念中，都涵有本体义蕴，但以二程的"理"的观念所具有的本体内涵最为清晰完整。北宋五子在对太极、气、理等范畴的阐述中所确定的理学本体观念的基本内涵，既有构成全部理学根本特色的共同的方面，也有在以后理学发展中引起纷争的分歧的方面。

其一，根源性。理学本体的根源性内涵，或者说本体的这种"品质"，是指本体是宇宙一切事物出现和存在的根源、内在根据；并且在逻辑上或者就宇宙生成的理论层面上说，是先于一切事物而出现的。北宋五子对理、气、太极的描述和界说所显现的一个最鲜明的性质正是这样。二程论证"理"（"道"）说"'一阴一阳之谓道'，道非阴阳也，所以一阴一阳者道也"（《河南程氏遗书》卷三）；又说"万事皆出于理"（《河南程氏遗书》卷二上），"实有是理，乃有是物"（《河南程氏经说》卷八《中庸解》）。不难看出，这些论述都明确判定"理"是宇宙事物产生的一种决定性、根源性因素（"所以"），就发生过程而言，理起始在事物之先。邵雍说"天地之始，太极也"（《观物外篇下》），"能造万物者天地也，能造天地者太极也"（《无名公传》），对理学中"太极"的本体根源性表述得也很清楚。邵雍还说"道为太极"，"太极，道之极也"（《观物外篇下》）。即是说，作为本体的"太极"，也就是"道"或"理"。可见，邵雍已将"太极"与"理"联系起来。在这里，邵雍表现了一个重要的由经学到理学的理论变迁。因为在汉唐传统经学里，"太极"通常是被训释为"元气"。与此相连，在这里当邵雍说"天下之数出于理，违乎理则入于术，世人以数而入术，故失于理"（《观物外篇上》）时，也表明作为理学家的邵雍，其数学实现了对象数经学的超越，因为邵雍虽然是用"数"建构了他的宇宙图景，但在更高的（本体的）理论层面上他却认为宇宙的最终根源并不是数，而是理，这与以"理"为本体、为根源的程颐的观点完全一致："有理而后有象，有象而后有数"（《河南程氏文集》卷九《答张闳中书》），"有理则有气，有气则有数"（《河南程氏经说》卷一《易说》）。在张载对"气之本体"的论述中，"气"作为本体的根源性内涵更显露得鲜明具体。张载说"凡可状，皆有也；凡有，皆象也；凡象，皆气也"（《正蒙·乾称》），"合虚与气，有性之名；合性与知觉，有心之名"（《正蒙·太和》），显然，在张载看来，任何事物、现象，从其形态（"象"）到性质（"性"），乃至人的知觉精神（"心"），追溯起来，都是源起于"气"。张载还认为运载着一切事物、现象出没的两种基本样态——"神"与"化"，究其根源也是"气"，"气有阴阳，推行有渐为化，合一不测为神"（《正蒙·神化》）。也就是说，不测之"神"与渐变之"化"原来是"气"的两种运动形式，故张载总结说："神，天德，化，天道。德，其体，道，其用，一于气而已。"（同上）在张载那里，有时也用《易》的语言将"气"解释为"太极"，曰："一物而两体，其太极之谓与。"（《正蒙·大易》）其意谓，"太极"兼有阳阳两种"气"的基本构成，又兼有虚实、动静、聚散等"气"的两类运动形态①。总之，在理学确立时期，作为表述本体的名称虽然有"理""气""太极"之不同，但其根源性内涵却是相同的。

其二，总体性。理学本体的总体性，是指本体存在、运行于一切物、事之中，一切物、事的古今之中；宇宙是本体涵盖、充盈下的整体。北宋五子在对本体的论述中所显示出的这种总体性内涵还是比较一致的、清晰的。"太极"的总体性，周敦颐的论说最为明确："二气五行，化生万物；五殊二实，二本则一。是万为一，一实万分，万一各正，小大有定。"（《通书·理性命》）即是说，在宇宙生成的层面上，阴阳"二气"与水火木金土"五行"衍生万物；然而就本体而论，"二气"与"五行"之"二本"，都根源于"太极"。换言之，万物即是一"太极"，一"太极"分存于万物之中。在张载的气本体论中，有两个命题显示出了"气"的

---

① 张载在《易说》中说："一物而两体者，其太极之谓与！阴阳天道，象之成也。""两体者，虚实也，动静也，聚散也，清浊也，其究一而已；有两则有一，是太极也。"（《横渠易说·说卦》）

总体性内涵。一曰"万物一物"。从前面已引述的张载的"气有阴阳，其散无数，虽无数，其实一而已"，"凡象皆气也"的论述中，即从事物的构成的意义上而言，"气"是万物的根源，万物是"气"的聚散，十分自然会得出的结论是"万物虽多，其实一物"（《正蒙·太和》）。二曰"通一无二"。张载说："知虚空即气，则有无、隐显、神化、性命通一无二……两体者，虚实也，动静也，聚散也，清浊也，其究一而已。"（《正蒙·太和》）这是张载从事物或现象的存在状态、性质的意义上作出的观察和概括。事物总是存在于两种对立的性质和状态中，非有则无（无形），非隐则显，非突变则渐进，非外则内①，非虚则实，非动则静，而"气"则是包容这种对立双方的统一体，因而也是一个周延的总体。张载的这两个命题从不同角度共同说明宇宙是在"气"涵盖、充盈下的整体："通天下为一物而已"（《横渠易说·系辞下》）。理学本体的总体性内涵在二程对"理"的论述中显现得最为清晰、充分。在这里，有三个命题从不同角度证说本体的总体性：万物一理、物我一理、古今一理。二程说，"一物之理即万物之理，一日之运即一岁之运"，"所以谓万物一体者，皆有此理，只为从那里来"（《河南程氏遗书》卷二上）。显然，在二程这里，万物一理或万物一体，也是以"理"为万物根源的观点的必然的逻辑结论，即是说，因为万物皆从"理"来，所以必然是"万物一理"。程颐在解释人的认知过程何以能有由个别、特殊的事物而认识到一般、普遍的道理的"豁然贯通"时，再次表述这一命题："求一物而通万殊，虽颜子不敢谓能也。夫积习既久，则脱然自有该贯。所以然者，万物一理故也。"（《河南程氏粹言》卷一）沿着这个逻辑又跨进一步，二程认为人与物之间也是共有一理。西汉扬雄曾有一著名论断"通天地人曰儒，通天地而不通人曰伎"（《法言·君子》），程颐在对此加以评论时说："此亦不知道之言，岂有通天地而不通人者哉？如止云通天之文与地之理，虽不能此，何害于儒？天地人只一道也，才通其一，则余皆通。如后人解《易》，言《乾》天道也，《坤》地道也，便是乱说。论其体，则天尊地

---

① 张载说"性通乎气之外，命行乎气之内，气无内外，假有形而言尔"（《正蒙·诚明》），"内外"是张载对"性命"所作的一种界分。

卑，如论其道，岂有异哉？"（《河南程氏遗书》卷十八）不难看出，程颐是认为，在宇宙生成的理论层面上（"论其体"），万物各有体质、性理，人伦与天文和地理，即人与天和地是有区别的；但在本体的层面上（"论其道"，即"理"），天、地、人是显示不出区别的，天道、地道、人道"岂有异哉"，"天地人只一道也"。程颐在回答弟子"观物与察己"是否应有区别、应有先后之问时，也表述了他的这种识解："不必如此说，物我一理，才明彼即晓此。"（同上）如果说，二程"万物一理""物我一理"两命题已经从同时的、横断的观察角度清晰地显示了"理"的本体总体性内涵，那么，二程还有一个从历时的、纵观的角度更进一步地显示"理"的总体性的命题：古今一理。程颐在诠释《中庸》之"诚"时说："诚者，理之实然，致一而不可易也。天下万古，人心物理，皆所同然，有一无二，虽前圣后圣，若合符节是乃所谓诚，诚即天道也。""诚一于理，无所闻杂，则天地人物，古今后世，融彻洞达，一体而已。"（《河南程氏经说》卷八《中庸解》）这里程颐在对"诚"的界定中，认为"理"所具有的贯穿、融通古今后世、前圣后圣的"万古同然"的那种性质，显然可以理解为"理"作为本体的一种历时的总体性内涵：古今一理。二程的万物一理、物我一理、古今一理这三命题，可以说是理学中本体的总体性内涵的最周延的显示或表述。在二程之"理"的这种"万物一理"总体性中，自然蕴含着"理"与万物万事之间不可分离的关系，故二程有言曰"离了阴阳更无道"（《河南程氏遗书》卷十五），"道之外无物，物之外无道"（同上书卷四）；自然也包容任何对立的两端，故二程亦有言曰"天地万物之理，无独必有对，皆自然而然，非有安排也"（同上书卷十一）。立在这种总体性的本体角度，能产生一种独特的理性的观照，如二程有所见曰，"颜子短命之类，以一人言之，谓之不幸可也；以大目观之，天地之间无损益，无进退。譬如一家之事，有五子焉，三人富贵而二人贫贱，以二人言之则不足，以父母一家言之则有余矣"（同上书卷十一），"百理其在，平铺放着，几时道尧尽君道，添得些君道多；舜尽子道，添得些孝道多，元来依旧"（同上书卷二上）。概言之，本体的宇宙是一个无古今、无损益、自满自洽的整体。在理学中，理学家经常是用天、命、性、心等不同名称从不同方面来表述本体。如张载说："由太虚，有天之名；由气化，有道之名；合虚与气，有性之名；合性与知觉，有心之名。"（《正蒙·太和》）程颐也说："自理言之谓之天，自禀受言之谓之性，自存诸人言之谓之心。"（《河南程氏遗书》卷二十二上）"在天为命，在义为理，在人为性，主于身为心，其实一也。"（同上书卷十八）实际上这正是本体总体性的一个表现：本体具有一切可能的性质，存在于一切可能的形态中。

其三，形上性。理学中的本体是万物的根源，又存在于一切事物之中；因此，本体不是任何一个具体事物，而是超越任何具体事物之上的某种存在。理学本体的这种性质或内涵，就是形上性。从以上对理学本体的根源性和总体性论述中可以看到，北宋五子关于本体的名称虽有"太极""气""理"三种提法，就其诠释中的理论概念归属来说，实际上可化约为"理""气"两种解说。并且，理本论与气本论这两种本来有重要差别的本体论，在根源性、总体性内涵的理解和阐述中也没有显示对立和冲突。然而，表现这两种本体论重要差别的那种理论对立和冲突，在对理学本体的形上性的理解和阐述中发生了。

如何界定"形上"？《系辞》曰"形而上者谓之道，形而下者谓之器"，这无疑是理本论和气本论都必须遵循的界分"形上""形下"或界定"形上"的共同根据。故张载说："形而上者是无形体者也，故形而上者谓之道也；形而下者是有形体者，故形而下者谓之器。"（《横渠易说·系辞上》）二程也说："有形总是气，无形只是道。"（《河南程氏遗书》卷六）① 可见，张载、二程皆以"无形"为"形上"的主要内涵或特征。进而，张载和二程也分别赋予自己的本体观念"气"与"理"以"无形"的形上内涵。张载说："气本之虚，则湛一无形。"（《正蒙·太和》）程颐说："理无形也，故假象以显义。"（《程氏易传》卷一《乾·初九》）迄至此，就"形上"观念本身而言，似乎还看不出张载与二程的分歧与对立。但是，再跨前一步，分辨他们的"无形"之含义时，差别就显示出来了。张载说："气聚则离明得施而有形，气不聚则离明不得施而无形。"（《横渠易说·系辞上》）显然，张载的"无形"是从感性知觉的意义上作

---

① 《河南程氏粹言》录此条为"有形皆器也，无形惟道"（卷一《论道篇》）。《粹言》为二程门弟子杨时订定、南宋张栻编次的程氏语录，经杨、张润色，多有失却原语录之真切处，惟此条"器"字比原语录下得准确。

出的界定（这里是以"离明"即视觉而言），实际上是指"气"的某种不具有可被感知的形体的状态，故张载又常称之为"未形""不形"①。这样，虽是"无形"（未形），但并非是无物；这种状态或物态，张载称之为"象"，故张载说："有气方有象，虽未形，不害象在其中。"（同上书《系辞下》）与将"形上"作"气"之无形之"象"的理解、界定相连，张载则将"道"理解、界定为"气"之运动变化的过程或性能，他说："由气化，有道之名。"（《正蒙·太和》）《系辞》曰："一阴一阳谓之道。"在张载看来，这个"一阴一阳"正是"气"之运动变化生成万物的过程或性能，所以是"道"，故张载解释说"一阴一阳不可以形器拘，故谓之道"（《横渠易说·系辞上》），"一阴一阳……语其推行，故曰道"（《正蒙·乾称》）。概言之，张载本体"气"的形上性，是"气"在太虚时处于运动变化中的无形状态。二程之"理"的形上性与此迥然有异，程颐说："离了阴阳更无道，所以阴阳者是道也。阴阳，气也，气是形而下者，道是形而上者。形而上者则是密也。"（《河南程氏遗书》卷十五）程颐这一则语录里显示出二程与张载在"形上"观念上的差异是，第一，张载认为"形上"是无形之"象"，程颐则认为是"密"。"密"之辞源自《系辞》"圣人以此洗心，退藏于密"，韩伯注曰"言其道深微，万物日用而不能知其原"，义为深奥之本原。程颐援此解释说："退藏于密，密是用之源，圣人之妙处。"（同上）程颐此诠解凸显"密"是"用之源"，故是本体；既是"圣人之妙处"，就不是物的形态。这样，程颐所理解和界定本体的形上性，即非物态的深奥本原，恰好与张载是对立的。第二，张载将"一阴一阳"理解为"气"之运动的过程或性能，故在他看来，"一阴一阳"本身就是"道"，是"形上"。程颐则认为"一阴一阳"仍是气（器），驾驭、支配"一阴一阳"者方是"道"，或者说，潜存在"一阴一阳"中的那个"密"方是"道"，所以在二程看来，"形上"是一种超越任何一种物态，即非任何一种实体形态的实在。到这里，由二程与张载在"形上"观念上的分歧，进而

---

① 如张载谓"极两两，是为天三，数虽三，其实一也，象成而未形也"，"凡不形以上者，皆谓之道"（《横渠易说·系辞上》）。

可以看出并确定他们的整个本体论在哲学性质上的差异：在任何理论层面上，作为张载的宇宙本体之"气"，都是具有感性经验的物态内涵的实体，而二程的"理"则是非物态的实在。可以说，基本上或是实在性的"理"（包括宽泛意义上的"心"）本体，或是实体性的"气"本体笼罩着全部宋明理学。

根源、总体、形上，理学本体的三个基本内涵是从不同方面对同一本体的哲学性质的显示，是不可分离和或缺的。就理学理论本身的完备性、不矛盾性而论，即就对本体三内涵所具有的周延性程度而论，理学确立时期的理本论优于气本论。这从二程对张载本体论的两点批评可以看出。第一，张载的本体之"气"，在根柢上具有一种洗脱不掉的感性经验成分，在"形上""形下"观念上，他虽然能用"无形"与"有形"将"道"与"器"区分，但在"无形"中，应是属于形下的因素（"象"）却又渗透了进来。这一理论上的矛盾被二程发觉。故程颢曾有议论说："'形而上者谓之道，形而下者谓之器'，若如或者以清虚一大为天道，则乃以器言而非道也。"（《河南程氏遗书》卷十一）张载曾说"太虚者，气体……其实湛然"（《正蒙·乾称》），所以无疑地，程颢这里的"或者"是指张载，"清虚一大"即张载的"气"。而且应该说，程颢的批评是正确的。张载认为"凡象皆气"，"形上"之"道"（无形之象）与"形下"之"器"（有形之气），实际上是难以区分的。这个批评揭示了张载"气"本体在形上性内涵上是不周延的。第二，当然，在张载气本论中，对"形上"还可以有另外的一种解释，即张载所说："太虚为清，清则无碍，无碍故神；反清为浊，浊则碍，碍则形……神者，太虚妙应之目，凡天地法象，皆神化之糟粕尔。"（《正蒙·太和》）即是说，只有"清""无碍""神"的太虚本体才是无形，才是"形上"。这种解释虽然使张载本体论避免了在形上性内涵中出现的那种"形上"中有"形下"的成分的矛盾，但是按照这一解释，本体"太虚"不能再拥有与"清""虚"相对立的"浊""实"的性质，本体总体性内涵却因此动摇了、丧失了。这一破绽也被二程发现，并提出质疑："立清虚一大为万物之源，恐未安，须兼清浊虚实乃可言神。道体物不遗，不应有方所。"（《河南程氏遗书》卷二上）从本体应是兼容对立的整体那个理学理论角度上说，二程的批评也是正确的。二程对张载的这两点批评，据朱熹的考察是后一个批评在先。朱熹说："横渠初云'清虚一大'，为伊川诘难，乃云'清兼浊，虚兼实，一兼二，大兼小'，渠本要说形而上，反成形而下，最是于此处不分明。"（《朱子语类》卷九十九）如果是这样，张载虽然摆脱了在本体总体性上的理论困难，但终未能走出发生在形上性内涵中的理论矛盾。

在理学中，作为宇宙一切存在的最终根源、根据的本体范畴，与作为构成宇宙万物的本源范畴，通过以上的论述可以看出，其理论内涵是不同的，因而其理论层次也是有差别的。同时，作为本体的"理"与"气"，虽然有共同的本体性内涵，但在哲学性质上有重要的"实在"与"实体"的差异。这两点都是我们以后在辨析、判别理学发展中出现的纷争和变异时的重要的观察点。

理学确立时期的本体观念中，还有一个极具特色的重要的内涵，即可认知性。本来，在中国固有的传统哲学中，道家已先于理学形成了完整的宇宙本体观念。可以说，道家本体观念也是由根源性、总体性和形上性三个基本内涵构成的①。但道家还认为宇宙本体具有是人的认知能力所不能认识的超验的、超理性的性质②，理学与道家的本体观念在这里显示出一个重要的区别，即理学认为宇宙本体是可被认知的。《易传》曰"穷神知化，德之盛也"（《系辞下》），"穷理尽性以至于命"（《说卦》），在理学确立时期，这里的"神""理"分别是被张载和二程作为本体来理解的。这样，本体的可认知性就是被儒家经典明确界定了的，在理学中应是毫无疑义的。理学需要说明的是，"形上"的本体如何能被认识。在这个问题上，北宋五子，特别是代表二种有差别的本体论的张载和二程，其识解基本上是相同的。综观张载、二程所论，可以认为，他们观察到的认知、明

---

① 如《老子》中称"道"是"天地根"（第6章），"为天下母"（第25章）；《庄子》说"道通为一"（《齐物论》），"无所不在"（《知北游》）；《老子》形容"道"是"无状之状，无物之象"（第14章），《庄子》描述"道无为无形"（《大宗师》）。凡此道家对"道"之根源性、总体性和形上性之表述，构成了理学本体观念形成的观念背景。

② 如《老子》中的"视之不见，听之不闻，搏之不得"（第14章），《庄子》所说"道不可闻，道不可见，道不可言，道不当名"（《知北游》），表述的正是"道"的超验的、超理性的性质。

了本体，即"穷理""穷神知化"之可能或途径主要有二。一曰心智。张载和二程都认为，人具有能不囿于见闻，超越感性认识能力的"德性之知"，可以认知"形上"的本体。张载说："大其心则能体天下之物，物有未体，则为有外。世人之心，止于闻见之狭，圣人尽性，不以见闻梏其心，其视天下无一物非我，孟子谓尽心则知性知天以此。见闻之知，乃物交而知，非德性所知；德性所知，不萌于见闻。"（《正蒙·大心》）显然，张载是将人的心智作闻见之智与德性之智的划分，而张载这里所说的"大心"即是"德性之知"，即是能产生"视天下无一物非我"观念的那种认识体悟能力。这种体认能力"不以见闻梏心"，即能不局限关于外界个别事物的耳目之知，而能作"体天下之物"的深思推理，即能"尽心"。这种体认能力所产生的万物一体的总体性观念，也就是"知天"，认识了本体。二程的见解与此极为相似。程颐说："闻见之知，非德性之知。物交物则知之，非内也，今之所谓博物多能者是也。德性之知，不假闻见。"（《河南程氏遗书》卷二十五）可见，程颐也是将人的心智作"闻见"与"德性"之分。程颐还说："不当以体会为非心，以体会为非心，故有心小性大之说。圣人之神，与天为一，安得有二？至于不勉而中，不思而得，莫不在此。此心与天地无异，不可小了它，不可将心滞在知识上，故反以心为小。"（同上书卷二上）可以说，程颐这里的"体会"也就是张载的"大心"。并且，程颐更明确地界定"闻见之知"是关于外界个别事物的具体知识，"德性之知"则是一种"圣人之神"，"与天地无异"之心，能"体会"出"与天为一"之智，即是能体认总体的、形上的宇宙本体的那种认知能力。总之，理学确立时期的理学家认为，人的心智中因有以思和由思而悟为特质（"大心""体会"）的认知能力（"德性之知"），能超越个别的闻见之感性知觉和具体知识，而形成某种"天人一体"的总体性的观念。理学因此与道家不同，对认识本体表现出充分的信心。如果将理学家的"闻见之知"理解为感性认识，"德性之知"包括理性认识和超理性的整体直观，那么，理学家信心也许是有理由的，因为这样的"德性之知"确是人类的一种能够在感性经验之上产生某种哲学理念、精神境界的真实的心智。二曰修养。二程和张载还一致认为，"明理"或"穷神知化"，即达到对"理"或"神"之本体的认识，绝不仅是通过心智的认知过程来实现，道德修养也是重要的途径。程颐在论述修养当以"敬"为主时说："敬乃是主一之义，至于不敢欺、不敢慢，尚不愧于屋漏，皆是敬之事。但存在涵养，久之自然天理明。"（《河南程氏遗书》卷十五）这表明程颐认为对诸如"与天为一"的本体之认识或境界的达到，即"天理明"，会是长期道德修养的一个自然的结果。张载则把在这一精神过程中的道德修养作用提到更高的位置。他说："穷神知化，乃德盛仁熟之致，非智力能强也。"（《正蒙·神化》）显然，在通向最高认识和境界的途径中，张载认为，践履道德比运用心智更重要。总之，理学确立时期的理学家认为作为根源、总体和形上的宇宙本体是可以通过心智和涵养被认知、被明了的，而作为这种认知、明了的结果所形成的，既是一种关于本体的哲学观念，也是一种与本体为一的精神境界。

理学本体理论之所以凸显为理学的理论主题，因为牵动儒学理论发展的两个基本问题，在这里从最高的理论层次上得到一种新的回答。一曰伦理道德根源。由前面所论及，可以在不太严格的意义上概括说，理学以前的儒学追溯到的伦理道德根源有二：一是"天"，一是人自身。就人自身作为伦理道德根源而论，孟子与荀子之所见是两个最主要并且显然是对立的观点。孟子认为伦理道德发源于人性之"善"中；荀子则从更广阔的人的背景中，但主要是以人的情欲分析了"礼义"的缘起。就"天"作为伦理道德根源而言，汉代天人之学与魏晋自然之学或玄学也是两个显然有别的代表。汉儒的"天"具有某种人格特征，而玄学的"天"即自然。这样，在汉代天人之学中，伦理道德就被喻解为源于"天"的意志或表现"天"的品性，故有所谓"王道之三纲可求于天"（《春秋繁露·基义》），"礼所以设容，明天地之体也"（《春秋纬·说题辞》）；而魏晋自然之学的"礼以体情"（何晏《论语集解·为政》皇侃疏引郭象语）观点则是以自然为人之道德伦理行为的根源。所有这些论述，实际上都是在道德之发生、形成的那个理论层面作出的回答。而理学则是从本体的理论层面上给予新的回答。在理学的确立时期，此以二程的表述比较明确、典型：

万物皆只是一个天理，己何与焉？至如言"天讨有罪，五刑五用哉！天命有德，五服五章哉！"此都只是天理自然当如此。（《河南

程氏遗书》卷二上）

今容貌必端，言语必正，非是道独善其身，要人道如何。只是天理合如此，本无私意，只是个循理而已。（同上）

何以会有"五刑五用、五服五章"之伦理道德原则，"貌必端，言必正"之行为规范？二程认为，非由天（传统儒学的"天"），非由人己，非由任何一个外在的动因根由，而只是一个"理"，只是伦理道德自身之"理"。二程的回答就是一个本体论的回答。从这里可以看出，伦理道德根源之本体的回答或论证的特点在于，虽然从逻辑上说，可以把道德的根源追溯到"理"即本体，"万事皆出于理""万物皆是一理"，伦理道德亦是由"理"而发，具有某种发生论论证的色彩；但在实际上，伦理道德本身就是"理"，就是本体，比如"为君尽君道，为臣尽臣道，过此则无理"（《河南程氏遗书》卷五），不存在由道德根源到道德表现的发生过程，不存在道德根源和道德表现之间的差异、间隔。理学的道德根源的本体论论证的理论意义在于，儒家的伦理道德因此同时获得一种合理性、永恒性的理论认定，亦如二程所说：

理则天下只是一个理，故推至四海而准，须是质诸天地，考诸三王不易之理。（《河南程氏遗书》卷二上）

天理具备，元无欠少，不为尧存，不为桀亡。父子君臣，常理不易，何曾动来！（同上）

"理"的"四海皆准""三王不易"，正是"理"作为本体所固有的那种"万物一理""古今一理"的总体性内涵，正是"理"作为伦理道德的合理性、永恒性。无疑的，儒学是以伦理道德思想为其理论核心与特色的，伦理道德之根源性、合理性、永恒性的论证，一直是儒学最重要的论题。在儒学的历史发展中，理学对这个论题所给予本体的论证是最彻底的，这个论题在理学本体的根源性、总体性、形上性内涵中十分自然地、逻辑地被解释。二曰圣人的精神境界。儒家的最高理想人格是圣人，圣人的精神境界也就是最高的精神境界，终极的精神追求。儒家经典中关于圣人的界说很多，亦由前面所论及归纳言之，儒家"圣人"的基本内涵有三：德行、智慧、事功。孟子说："圣人，人伦之至也。"（《孟子·离娄上》）《中庸》说："不勉而中，不思而得，从容中道，圣人也。"可见，圣人是践履伦理道德的典范。《易传》所谓"知进退存亡而不失其正者，其唯圣人乎"（《文言·乾》），《左传》所谓"圣人不烦卜筮"（哀公十八年），表明圣人是无有所疑的智者。孔子曾评价"博施于民而能济众者"为"必也圣乎"（《论语·雍也》），是谓圣人必有泽民惠世的事功。就儒家的本意言，圣人的三项内涵是不可分离、必是兼有的。有圣人之德行者，必有大智、大功；圣人之事功中必蕴有大德、大智。但儒家经典中界说"圣人"，常常是因人因事就某项内涵立说，未遑兼及其余；同时，儒家经典中也似乎没有这样一个概念，可以周延地涵盖"圣人"的全部意蕴。理学本体论给儒学周延地、准确地揭示和表述圣人精神境界提供了一个最好的理论观念——"理"或"天理"。程颐在诠释孟子"大而化之之谓圣"一语时说"'大而化之'，只是谓理与己一"（《河南程氏遗书》卷十五），亦曾对其弟子说"圣人与理为一"（同上书卷二十三）。张载也说："儒者则因明致诚，因诚致明，故天人合一，致学而可以成圣。"（《正蒙·乾称》）可见，这种与本体（"理""天"）为一的精神境界，在理学家看来就是圣人境界。理学确立时期，张载《西铭》的"民吾同胞，物吾与也"（《正蒙·乾称》）与程颢《识仁》的"仁者浑然与物同体"（《河南程氏遗书》卷二上），是较完整地、具体地描述这一境界的最有名的篇章。理学以本体来表述圣人境界，显示出这一境界的终极性，同时，正如张载所说，"全备天理，则其体孰大于此，是谓大人。以其道变通无穷，故谓之圣人。圣人心术之运，固有不疾而速、不行而至、默而识之处，故谓之神"（《横渠易说·说卦》），圣人境界的全部意蕴都能在本体的丰富内涵中，特别是总体性内涵中得到体现。理学以本体来表述圣人境界，也是儒学的终极追求由经验性层次（德、智、功）向超验性层次（"天理"）的升越。终极追求是一个思想体系的理论生命源泉。发生在理学中的这一重要的理论观念变迁，使儒学的终极追求的义蕴更宽泛、丰富了，能容纳更具多样性的诠释，带来了儒学一次新的理论发展。

理学的修养方法：工夫论　理学确立时期，在一种周延的本体观念背景下，儒家的终极追求或最高的圣人精神境界被诠释为与本体为一。那么，如何使精神达到"与理为一""与物同体"的境界？理学的另一主题——道德修养方法即"工夫"凸显出来。

《中庸》曰："君子尊德性而道问学。"谓君子者，当成之于心性的涵养与知识的求证。理学的修养方法或工夫大体上可以为这两方面所涵盖，这也就是为程颐所概括的"涵养须用敬，进学则在致知"（《河南程氏遗书》卷十八）。当然，由于理学家个人的生活经历和精神经历的不同，于这两方面他们可能各有所重，在一些具体的修养方法的论述上，他们也会各有所见。这里，且将北宋五子为达到圣人境界而提出的不同的所见所识，归属于这两个方面来加以考察。此后全部理学繁细的修养工夫的论述都是在此基础上发展起来的。

尊德性——涵养　朱熹在《中庸章句》中训释"尊德性"曰："所以存心而极乎道体之大也。"可见在理学中尊德性是指为达到圣人之境（"极乎道体"）的自我内在的、心性的修养工夫。理学确立时期的理学家于此有三个相互有差别或对立的提法，反映他们对圣人之境的理解与培壅此境界的方法均有不同。

一曰主静与主敬。"主静"是周敦颐的修养主张。周敦颐在《太极图说》中说："圣人定之以中正仁义而主静，立人极焉"，并自注曰"无欲故静"。周敦颐的基本思路是，本然的、"诚"的人心，就是"圣人之境"，即所谓"寂然不动者，诚也"（《通书·圣》），"圣，诚而已矣。诚，五常之本，百行之源也"（《通书·诚下》），所以排除欲念，直至"无欲"，保持心的清静而又具有伦理自觉状态，就是致圣的最根本的修养方法。周敦颐在《养心亭说》中，将孟子"养心莫善于寡欲"（《孟子·尽心下》）之说又推进一步，显示出的就是这一思路："盖寡焉以至于无，无则诚立明通。诚立，贤也；明通，圣也。是圣贤非性生，必养心而至之。"（《周敦颐集》卷八《善心亭说》）"主敬"是二程提出的养心方法。二程说："人心不能不交感万物，亦难为使之不思虑。若欲免此，唯是心有主。如何为主？敬而已矣。有主则虚，虚谓邪不能入。无主则实，实谓物来夺之。……所谓敬者，主一之谓敬，所谓一者，无适之谓一。存此涵养，久之自然天理明。"（《河南程氏遗书》卷十五）"若主于敬，则自然不纷扰。"（同上书卷十八）显然，这一方法的基本出发点，如前面所已论及的，是以本然的心为"理"之本体在人身上的体现。因而具有"善"的性质，需要以一种"敬"的"主一"即专一的态度保护、捍卫之，以免遭"物"或"邪"的侵扰。《乾·文言》曰："闲邪存其诚。"二程据此经常将"主敬"的工夫称为"闲邪"。二程说："闲邪更著甚工夫？但惟是动容貌、整思虑，则自然生敬。"（同上书卷十五）"如何是闲邪？非礼而勿视听言动，邪斯闲矣。"（同上书卷二上）可见，二程所谓"主敬"或"闲邪"的工夫，实际上就是主动自觉地以"礼"的标准来规范、约束自己的心虑与行为，直至达到与"礼"完全一致，所谓"敬即便是礼，无己可克"（卷十五）。比较周敦颐之"主静"与二程之"主敬"，就其以本然之心是"中正"或本体之"善"为立论的出发点和最终达到的"养心"目标是"诚明"或"理明"的圣人境界而论，二者是相同的；但若辨析其养心的具体方法或过程，及其境界的精神特征，则亦有所不同。这就是排欲（"无欲"）与"闲邪"之间在精神运动方向和心理状态上是有差异的。简言之，前者是通过一种内视收敛、自我反省将心境中的"不善"的欲望排除，正如周敦颐所说"君子乾乾不息于诚，然必惩忿窒欲，迁善改过而后至"（《通书·乾损益动》），"诚心，复其不善之动而已矣"（《通书·家人睽复无妄》）；而后者则是用"礼"的规范，抵御、克制物欲的产生、侵入，如此则"善"自立。亦如二程所说："敬是闲邪之道，闲邪则诚自存矣。"（《河南程氏遗书》卷十八）可以说，理学家的排欲与闲邪，即去恶与立善是从不同方向上去完成养心之事。就心理状态方面来观察，周敦颐说"无欲则静虚动直，静虚则明，明则通；动直则公，公则溥"（《通书·圣学》），"主静"的修养方法是要净化出一种平静、通达、开阔的心境。"主敬"则认为"有诸中者谓之敬"（《河南程氏遗书》卷六），"俨然正其衣冠，尊其瞻视，其中自有个敬处"（同上书卷十八），这种修养方法培壅和保持的是一种为"礼"所充盈着的整严而安详、自信而谨慎的心境。"主静"和"主敬"的理学家在理论观念上的差异，使他们即使同在圣人境界，显示的也是两种圣人气象。

这里需要说明的是，二程与周敦颐在主敬与主静主张上的差异，是理学内部达到同一"圣人"境界的途径的差异，不同于前面已论及的理学在儒佛之辩中揭示的"敬"与"静"所蕴含的根本观念上的分歧。这是因为周敦颐的"主静"至少在两个主要之点上不同于佛禅的"主静"：第一，周敦颐的主静所要达到的"中正仁义"的儒家圣人境界，完全不同于佛禅的"空无"或"佛性"境界；第二，周敦颐的达到"静"的"无欲"的修养方法，只是排除"不善"的欲念，并非是"无思"或"不思"，相反，周敦颐认为，"不思，则不能通微；不睿，则不能无不通。是则无不通生于通微，通微生于思。故思者，圣功之本，而吉凶之几也"（《通书·思》）。思而通微，无欲之静乃是理性的自觉，这与佛禅达到"佛性"境界的"无念"工夫——"与一切境上不染"，也是有区别的。程颐曾谓"才说静，便入于释氏之说也。不用静字，只用敬字"（《河南程氏遗书》卷十八），完全可以判定，程颐此静敬之分是针对佛禅而发。程颐还说"敬则自虚静"（同上书卷十五），并赞叹能静坐者为"善学"（《河南程氏外书》第十二），这表明，周敦颐所说的那种意义上的"静"，二程并不是反对的，但出于一种理学家对佛学的警惕，他还是主张用"敬"不用"静"。

二曰无意与无私意。《论语》记述曰"子绝四：毋意、毋必、毋固、毋我"（《子罕》），这是儒家道德修养的一项重要的要求与标准。张载与二程对孔子"毋意"理解的差异，反映了他们在心性修养的理论观念上的分歧。张载训释说："'毋意'，毋常心也。无常心，无所倚也。倚者，有所偏而系着处也。率性之谓道则无意也……学者亦须无心，故孔子教人绝四，自始学至成圣皆须无此，非是圣人独无此四者，故言毋，禁止之辞也。所谓倚者，如夷清惠和，犹有倚也。"（《张子语录》中）不难看出，张载认为，"毋意"就是无意、无心，就是因循本然之性，无任何执着的心意；甚至如伯夷、柳下惠之"清""和"，亦是起意，亦是有心。二程则训释曰："子绝四，毋自任私意，毋必为，毋固执，毋有己"（《河南程氏遗书》卷六），"'毋意'者，不妄意也。'毋我'者，循理不守己也"（同上书卷九）。显然，二程认为"毋意"，并非是如张载所理解的无意、无心，而是指背离儒家道德规范的意欲，因此，程颐曾对张载圣人"无心""无知"之论提出批评说"无心便不是，只当云无私心"（《河南程氏外书》第十二），"才说无知，便不堪是圣人"（《河南程氏遗书》卷十九）。

二程与张载在心性修养观念上的这种差异，在他们对孟子"必有事焉而勿正心勿忘勿助长也"一语的句读与训解中也表现出来。张载在给程颐的信中曾说：

> 孟子曰"必有事焉而勿正心，勿忘勿助长也"，此信乎入神之奥。若欲以思虑求之，是既已有自累其心于不神矣，恶得而求之哉？（《河南程氏文集》卷九）

显然，张载以"勿正心"为读，并训释其意是心性修养（"入神"），不应以思虑累其心，即主张"无思"。二程则认为"当以'必有事焉而勿正，为句，'心'字属下句"（《河南程氏文集》卷九《再答横渠先生书》），并训释曰：

> "必有事焉"，谓必有所事，是敬也。勿正，正之为言轻，勿忘是敬也。正之之甚，遂至于助长。（《河南程氏遗书》卷十五）
>
> "必有事"者，主养气而言，故必主于敬。"勿正"，勿作为也。"心勿忘"，必有事也，助长，乃正也。（《河南程氏遗书》卷二上）
>
> 有所事，乃有思也，无思则无所事矣。（《河南程氏文集》卷九《再答横渠》）

可见，二程训解"勿正"为"勿妄为"，"心勿忘"为主敬。且二程贵思，尝谓"为学之道，必本于思，思则得之，不思则不得也"，"学莫贵于思，唯思为能窒欲"（《河南程氏遗书》卷二十五）。故二程与张载不同，主张心性修养（"养气"）当运思、当主敬。二程曾评论张载："子厚高才，其学更先从杂博中过来。"（同上书卷二上）张载本体论中的"太虚"与"气"，和此处修养工夫中的"无心""无思"，都似乎显示出他思想中那种杂博的特别是感受道家观念影响的痕迹还没有蜕变净尽。

三曰"莫非己"与"无己"。如果说在修养工夫上主敬与主静、无意与无私意分别体现了二程与周敦颐、张载间的差异，那么，这里显示的则是二程之间的差异。程颢尝谓"吾学虽有所受，天理二字却是自家体贴出来"（《河南程氏外书》第十二），程颐亦曾对其弟子说："我之道盖与明道同。"（《河南程氏遗书》附录《伊川年谱》）所以，可以说在本体（"天理"）的理论层面上，二程的思想是没有区别的，他们皆认为"万物皆只是一个天理"（《河南程氏遗书》卷二上），但是，在修养工夫的理论层面上，从二程所理解、界说的圣人境界或者说圣人气象中，却凸显出某种理论观念的差异。程颢说：

> 学者须先识仁。仁者，浑然与物同体。义礼知信皆仁也。识得此理，以诚敬存之而已，不须防检，不须穷索。（《河南程氏遗书》卷二上）
> 仁者，以天地万物为一体，莫非己也。（同上）

不难看出，在程颢这里，"与理为一"的圣人境界，是以"识仁""浑然与物同体"来界定、来表述其特征的；并且，尤为特出的是，这种"与物同体"不是将己融入万物或"理"之中，而是万物皆由吾心而发，"莫非己也"。亦如程颢所说："万物皆备于我，都自这里出去。"（同上）这样，达到以"知天""赞天地之化育"为内涵的圣人境界，在程颢这里就可以表述为：

> 只心便是天，尽之便知性，知性便知天。当处便认取，更不可外求。（《宋元学案》卷十三《明道学案·语录》）
> 心具天德，何缘知性知天？尽己心，则能尽人尽物，与天地参，赞化育。赞则直养之而已。（《河南程氏遗书》卷五）①

即是说，程颢最终地认为，能"尽己心""不外求"是达到圣人之境的修养方法。程颐则说：

> 大而化，则己与理一，一则无己。（《河南程氏遗书》卷十五）

---

① 《宋元学案》将二程此条语录录入《伊川学案》，似未为精当。由下文可见程颐主张"尽性则赞化"，故此"尽己心则赞化"当为程颢语。

"赞天地之化育"，自人而言之，从尽其性至尽物之性，然后可以赞天地之化育，可以与天地参矣，言人尽性所造如此。（同上）

显然，程颐认为，"与理为一"的圣人境界，是将个体之己融化于"理"中，是"无己"。应该说，这是一种在对"理"的广大、无所不在、无所不有的本体之总体性——"万物一理"的理解的基础上而形成的哲学理性。在程颐看来，"万物皆是一理，至如一物一事，虽小，皆有是理"（同上），所以这种哲学理性又是在对一物一事之性、之理的认识的基础上形成的。因此，在程颐这里，达到"与理为一"或"与天地参"这一境界的修养方法就是穷万物之理，尽万物之性。二程修养方法在这里显现出较清晰的差别，即程颢倾向于内在的、自我的"心"的扩充，程颢说"须是大其心，使开阔"（《宋元学案》卷十三《明道学案·语录》），这一扩充的结果，是将万物消融于吾心，产生"莫非己也""浑然与物同体"的体悟。程颐则着力于对外在之"理"的探求。程颐说："物物皆有理，须是遍求，虽颜子亦只能闻一知十，若到后来达理了，虽亿万亦可通"（《河南程氏遗书》卷十九），即对万物之理的认识由少积多，最后获得一种"万物一理"的哲学理性，一种个体与"理"为一的"无己"哲学境界。

二程修养方法的这种差别还特别表现在对一个范畴——"定"和一个命题——"心即理"的诠解上。程颢说：

所谓定者，动亦定，静亦定，无将迎、无内外。苟以外物为外，牵己而从之，是以己性为有内外也，既以内外为二本，则又乌可遽语定哉？故君子之学，莫若廓然而大公，物来而顺应。人之情各有所蔽，故不能适道，大率患在于自私而用智。与其非外而是内，不若内外之两忘也。两忘，则澄然无事矣。不事则定，定则明，明则尚何应物之为累哉！（《河南程氏文集》卷二《答横渠张子厚先生书》）

程颢《定性书》所表述的"定"或"定性"的修养方法，就是如何达到"廓然大公，物来顺应"的心境或境界的方法。《定性书》主张合动静、将迎、内外为一体，是显现心之"大"；主张"内外两忘，澄然无事"，不用私智，是显示心之"公"，所以《定性书》所论本质上也是"大其心，使开阔"，即扩充吾心以包容万物，从而消融万物之间的界限，产生"万物一体"的体悟，培壅出顺应万物而不累心的精神境界。程颐则认为：

> 释氏多言定，圣人只言止。所谓止，如人君止于仁、人臣止于敬之类是也。(《河南程氏遗书》卷十八)

显然，程颐与程颢不同，他标举与"定"相对立的"止"，即他所主张、所强调的是，遇事应物应以道德原则来规范、约束、确定自己的行为、思念，而不是"物来顺应，无累其心"。当然，程颐将"止"与"定"对举，只是为了显化儒佛之辨，丝毫没有要显露与其乃兄相对立之意。程颐在回答弟子"佛氏所谓定，岂圣人所谓止乎"之问时曾说："定则忘物而无所为也，止则物自付物，各得其所，而我无与也。"(《河南程氏粹言》卷一《论道篇》)可见，程颐是以"忘物"与"以物应物"来区分释氏之"定"与儒家之"止"的。应该说，这一区分基本上是正确的。由前面所论可以看出，"忘物"与"以物应物"这两种对立的含义却同时存在于程颢的"定性"论中。程颢"定性"论在理论上的这种混乱，使得即使程颐对释氏的批评主观上不是针对他而发，客观上却显示出他们间在这个理论观念上的差异与对立，显示出程颢《定性书》中尚有未完全消化的佛老思想痕迹。故后来朱熹从严格的理学立场品评二程时说"明道说话超迈，不如伊川说得的确"(《朱子语类》卷九三)，并判定《定性书》是程颢"在鄠时作，年甚少"(同上书卷九五)，"是二十二三时作"(同上书卷九三)，意谓是程颢思想尚未成熟时之作。程颢曾说"太山为高矣，然太山顶上已不属于太山；虽尧舜之事，亦只是如太虚中一点浮云过目"(《河南程氏遗书》卷三)，表现出明显的从现实人伦中超越的思想倾向。程颐则认为"圣人尽得人道也""惟尧舜可称也"(同上书卷十八)，视伦理道德实践为最高的人生目标，显示的是坚定而纯正的儒家立场。据程门第一高足、"明道传人"谢良佐记载，程颢曾向他就"习忘以养生"表示看法说：

> 施之养生则可，于道则有害。习忘可以养生者，以其不留情也。

学道则异于是。"必有事焉而必正"，何谓乎？且出入起居，宁无事者？正心待之，则先事而迎。忘则涉乎去念，助则近于留情。（《上蔡语录》卷上）

可见，程颢在中年以后改变了他在《定性书》中的观点①，似乎是放弃了"内外两忘，澄然无事"的旧说，而主张"正心待之，先事而迎"，强调唯应以儒家的道德原则来应事接物。当然，《定性书》的观点所代表和开启的理学修养方法中的一个理论方向，是铸就而改变不了的。

程颢在"大其心，使开阔"修养方向上导引出的一个最重要命题是"心是理"。程颢说：

> 曾子易箦之意，心是理，理是心，声为律，身为度也。（《河南程氏遗书》卷十三）

"曾子易箦"见于《礼记·檀弓》的记述，即当曾子弥留之际，尚有最后知觉、最后的气力之时，仍坚持要求将高于自己身份的精美的卧席撤换下来。程颢这里的"心是理，理是心"命题，实际上是赞叹曾子这种彻底践履伦理道德的精神（"心"），就是"理"的实现；而所谓"理"也正是曾子所表现的这种道德感情与道德理性。如同其声为律，其身为度，这一行为具有了"心"与"理"合的典范的意义。程颢在诠释孟子"万物皆备于我"一语时曾说："万物皆备于我，不独人尔，物皆然，都自这里出去，只是物不能推，人则能推之。虽然推之，几时添得一分，不能推之，几时减得一分？百理具在，平铺放着，元来依旧。"（《宋元学案》卷十三《明道学案·语录》）可见，在程颢这里，"大其心"而推之，也是识得（"推出"）此"理"，而不是创造、生出（"添得"）此理，"理"本身是作为在"心"之外的一种本体的存在（"元来依旧"）。所以一般说来，程颢的"心是理，理是心"不是界定"理"之属性的本体论理论层

---

① 宋仁宗嘉祐二年（1067年），程颢中进士，翌年出任鄠县主簿，时年二十七岁。宋神宗元丰元年（1078年），程颢出任扶沟知县，于任所受谢良佐师事礼，时年四十七岁。程颢于元丰八年卒，享年五十四岁。

面上的命题，而是修养层面上的命题，其意是由心的知觉、体认能力扩张，尽其所有而达到的一种心与理为一或理与心为一的精神境界。在程颐那里，"心是理""理是心"虽然没有作为一个十分明确的命题出现，但是以"心"来界定"理"的本体论的思想观念却是存在的，因而作为一个与程颢修养论涵义的"心是理"有所不同的本体论涵义的"心是理"命题也是可被推出的。如前面已经引述，程颐曾说"心即性也，在天为命，在人为性，论其所主为心，其实只是一个道"，"在天为命，在义为理，在人为性，主于身为心，其实一也"（《河南程氏遗书》卷十八），也就是说，对于本体之"理"，从不同的角度观察，可以用"心""性""命"等不同的概念或观念予以界定。在这个意义上，"心即理""心即性"与"性即理"都是同义的表述本体（"理"）的命题。总之，在理学确立时期，本体论含义上的"心即理"命题，是从有知觉、有认识活动的人的角度对"理"的一种界定，即人之心也是作为本体的"理"的一种体现；修养或工夫含义上的"心是理"命题，则是对"心"的知觉认识性能和能动主体性的一种表述、界定，二程所说"心之所感通者，只是理"（同上书卷二下），可视为是对这一命题的确切解释。分辨理学初期"心是理"命题的两个理论角度间的差异，如同前面已提出的区别作为宇宙最终根源、内在根据的本体范畴与作为构成万物的本源范畴的两个理论层面间的差异，及区别同作为本体的"理"与"气"在内涵上的"实在"与"实体"的哲学性质上的差异，也是考察、辨析此后理学演变、发展的重要的观察点。

道问学——致知　朱熹在《中庸章句》中训释"道问学"曰："道问学，所以致知而尽乎道体之细也。"可见在理学中，"道问学"或"致知"是偏重于通过认知途径达到圣人精神境界（"尽乎道体"）的那种修养工夫。这一修养工夫，用《大学》中出现的概念来说是"格物"，用《易传》的语言来说是"穷理"，而理学家则经常统称为"格物穷理"①。理

---

① 《大学》有谓"致知在格物"，以"格物"为全部道德实践（八条目）之开始；《易传·说卦》提出"穷理尽性以至于命"，似以"穷理"为精神修养之初阶。程颐尝说"穷理格物，便是致知"（《河南程氏遗书》卷十五），又曾解释"格物"与"穷理"为同义曰"格犹穷也，物犹理也，犹曰穷其理而已也"（同上书卷二十五）。

学确立时期的理学家以二程和张载为代表，对于致知或格物穷理有两点比较一致的看法，或者说共识。第一，穷理的途径——多端。理学家认为认知本体之"理"，或者说提高精神境界的认识活动，可以有多种途径或方法。程颐说：

> 穷理亦多端：或读书，讲明义理；或论古今人物，别其是非；或应接事物而处其当，皆穷理也。（《河南程氏遗书》卷十八）

张载亦说：

> 明庶物，察人伦，皆穷理也。（《张子语录下》）
>
> 多识前言往行以畜其德，非礼勿言，非礼勿动，即是养心之术也。（《经学理窟·学大原下》）

不难看出，理学家的"穷理多端"实际上是包容着认知活动和道德实践活动两个方面的内容。一方面，也是最明显和主要的，"格物穷理"是通过读书、观察等认知途径，获得对事物之"理"的认识，亦如程颐所说"一草一木皆有理，须是察"（《河南程氏遗书》卷十八），"物理须是要穷，若言天地之所以高深，鬼神之所以幽显"（同上书卷十五），"物物皆有理，如火之所以热，水之所以寒，至于君臣父子间皆是理"（同上书卷十九）。可以概括地说，理学家的"穷理"，即求得事物的"所以然"。这表明理学的心性道德修养是以理性的认识论为基础的。另一方面，理学家的"穷理"不仅是一种认知活动，"应接事物而处其当"，即对道德规范的践履也是"穷理"。事实上，作为理学家"理"的主要内容的"当然"之理，也正是在道德实践中才能有真切的认识体验的。二程对此都有明确的说明，如程颐说"格物亦须积累涵养"，"博学、明辨、审问、慎思皆致知、知至之事，笃行便是终之"（《程氏遗书》卷十五）。程颢亦说"不可将穷理作知之事"（《河南程氏遗书》卷二上）。理学家在本质上是认知活动的"穷理"中，不忘记注入"笃行"的道德实践的内容，不认为"穷理"是纯粹的"知之事"，无疑是理学作为儒学理论形态的固有特色的显示。第二，穷理的过程

——由积累而贯通。理学家认为对本体之"理"的认知有一过程，即是由对一事一物之理的个别认识，逐渐积累最后达到对总体的、全体的"理"的贯通的体认。二程曾多次十分清晰地表述此观点：

> 所务于穷理者，非道须穷尽了天下万物之理，又不道是穷得一理便到，只是要积累多后，自然见去。（《河南程氏遗书》卷二上）
>
> 格物穷理，非是要尽穷天下之物，但于一事上穷尽，其他可以类推。（同上书卷十五）
>
> 人要明理，若止一物上明之，亦未济事，须是集众理，然后脱然自有悟处。（同上书卷十七）

可以说，二程对从个别之"理"到总体之"理"的认识过程，即从一个特殊的结论到一个一般、普遍的理论观念形成的过程的观察甚为深入、周延地指出完成这一过程的途径既可以是逻辑的（类推），也可以是非逻辑的（体悟）。张载曾说："穷理亦当有渐，见物多，穷理多，如此可尽物之性。"（《张子语录》上）显然，他对"穷理"过程的表述与二程略有不同，但也是认为这一过程的完成是由对一事一物的认识的积累（"见物多"），达到最后的贯通（"尽物性"）。本体的可被认知性是理学本体论在中国传统哲学中显示的最重要特色，而这种可认知性，正是在这里、在理学的修养工夫中被实现的。

理学确立时期的理学家，主要是在二程与张载间，在"道问学"的修养工夫上也有一个重要的分歧，即对《易传·说卦》"穷理尽性以至于命"这一表述修养过程的命题有不同的诠解，并有所争论。张载说："性尽其道，则命至其源也……先穷理而后尽性……即穷物理，又尽人性，然后能至于命。"（《横渠易说·说卦》）显然，张载将这一命题诠释为是修养逐渐提高（穷理、尽性），直至最后完成（"至命"）的过程。二程则认为"'尽理尽性以至于命'，三事一时并了，元无次序"（《河南程氏遗书》卷二上），"穷理尽性至命，只是一事，才穷理便尽性，才尽性便至命"（同上书卷十八）。即是说，在二程看来，穷理、尽性、至命是同时完成的一件事。张载因此批评二程"一时""一事"之训释曰："亦是失于太快，此义尽有次序，其间煞有事，岂有当下理会了？学者须是穷理为先，如此则方有学。"（《河南程氏遗书》卷十）二程对张载"次序"之论亦有批评："横渠昔尝譬命是源、穷理与尽性如穿渠引源，然则渠与源是两物，后来此议必改来。"（同上书卷二上）二程与张载在这里所发生的明显的自觉的对立，究其原因，是双方对这一命题中"理""性""命"三个范畴的理解、界定不同。程颐说："理也，性也，命也，三者未尝有异。穷理则尽性，尽性则知天命矣。"（同上书卷二十一下）即在二程看来，"理""性""命"是从不同意义上对同一本体的界定，因而，"穷理""尽性""至命"所表述的也就是无任何差别的同一儒家最高境界。然而从张载所说"'知'与'至'为道殊远，尽性然后至于命，不可谓一"（《横渠易说·说卦》）可以看出，他是将"至命"理解为终极的境界（"至"），因而具有本体的意义；而将"穷理""尽性"归属于"知"的过程，这个命题中的"理""性"，因而是指具体的事与物之"理"、人与物之"性"，是宇宙生成层面上的概念，而不具有本体的意义。在张载这里，这一命题的内涵被清晰地分解为"至"与"知"，即二程所指出的"源"与"渠"两个部分。张载说："须是穷理，便能尽得己之性，则推类又尽人之性，既尽得人之性，须是并万物之性一齐尽得，如此然后至于天道也。"（《河南程氏遗书》卷十）"穷理""尽性"只是达到"至命"必须经历的修养步骤"知"的阶段。二程与张载的这种差别与对立，若进一步追溯，可以说是他们在"理"与"气"本体论上的对立的必然结果，在张载"气"本论中，"理"与"性"只能作为是"气"的表现显现在低于本体的层面中。

（2）朱熹：理学的完成性发展

以上我们考察了理学确立时期北宋五子所提出、论述的基本论题及其凸显的理学主题。如果说，是这些论题、主题确定了理学的理论面貌和学术规模，那么，十分自然地，这些论题、主题的内涵的增益、演变，也就构成了理学的历史发展。

从理学的论题或主题内涵的增益、变异的理论角度来观察理学的历史发展，南宋朱熹的理学思想无疑是理学形成后的第一次发展，也是全部理学中的最重要、最成熟的发展。朱熹理学的理论进展主要是将北宋五子理学论题中的非儒的、不纯的部分及相互矛盾的部分改造过来或消解掉，并且深入而周延地论述了旧有的和他新提出的全部理学论题。下面，就沿着北宋五子所论述的三个方面的论题来考察朱熹这一理论的进展。

早期理学天道观的纯化与沟通 北宋五子的天道观中，从严格的理学立场上看，有两个需要加以儒学的理论纯化或改造的问题：第一，周敦颐《太极图说》中"无极而太极"命题，应作明确的理学的训释和界定，以显示出与道家的区别；第二，周敦颐《太极图说》和张载《正蒙》中所分别描述的两个宇宙图景需要在一种共同的儒学理论观念上的沟通融合，以消除差别对立。朱熹理学的进展首先表现在他对这样两个问题的解决。

其一，辩论"无极而太极"。周敦颐《太极图说》首句为"无极而太极"。此乃朱熹在乾道己丑年间刻印《太极图说》《通书》时，据长沙本校定的①。此后，朱熹还见到民间流传的"九江故家传本"首句为"无极而生太极"②，而洪迈等史官所修国史《周敦颐传》所载则为"自无极而为太极"③。《太极图说》首句的三种表述，"无极而生太极"与"自无极而为太极"语意明晰而相同，皆认为"太极"由"无极"而生、而来，即"无极"是产生宇宙万物的最高本源。这一观点在正统的儒家立场上

---

① 乾道己丑年朱熹作《周子太极通书后序》云："周子之书一编，今春陵、零陵、九江皆有本而互有同异，长沙本最后出，乃熹所编定，视他本最详密矣，然有所未尽也。"（《朱文公文集》卷七十五）

② 朱熹在《又延平本》一文中曾说："临汀杨方，得九江故家传本，校此本不同者，十有九处。然亦互有得失，其两条此本之误，当从九江……其三条九江本误，而当以此本为正，如《太极说》云'无极而太极'（朱熹注：'而'下误多一'生'字）。"（《周濂溪先生全集》卷七）故淳熙己亥朱熹作《再定太极通书后序》时云："后得临汀杨方本以校而知其舛陋，犹有未尽正者。"（《朱文公文集》卷七十六）

③ 朱熹在《记濂溪传》一文中说："淳熙戊申六月，在玉山邂逅洪景庐内翰，借得所修国史，中有濂溪、程、张等传，尽载《太极图说》。盖濂溪于是始得立传，作史者于此为有功矣。然此《说》本语首句但云'无极而太极'，今传所载乃云'自无极而为太极'，不知其何所据，而增此'自''为'二字也。若增此字，其为前贤之累，启后学之疑，益以甚矣。谓当请而改之，而或者以为不可……此乃百世道术渊源之所系耶，无不可改之理矣。"（同上书卷七十一）

是不能接受的。因为"无极"是道家的思想观念①，最高本源具有某种实体性（"生"），和自无生有的过程，都是道家的理论观念②。故朱熹批评这种表述"为前贤之累，启后学之疑"，既有损周敦颐作为理学家宗师的学术地位，并会引起学者的思想混乱，断定民间传本中的"生"字为讹误，要求将国史本中的"自""为"二字删去。"无极而太极"的表述，虽然不像前面两种表述那样明显地显露出道家思想色彩，但是，却仍不能排除有学者将其视为一具有道家思想义蕴的命题。例如陆九渊就认为：

> "无极"二字出于《老子》"知其雄"章③，吾圣人之书无有也。《老子》首章言"无名天地之始，有名万物之母"，卒同之，此老氏宗旨也。"无极而太极"即是此旨。（《象山全集》卷二《与朱元晦》）

显然，陆九渊正是以"无极"为道家思想观念，自无生有为道家理论观念两项判据将"无极而太极"判定为"老氏宗旨"。朱熹则努力将周敦颐"无极而太极"命题与道家思想加以区别，他的辩解，主要之点在于，第一，从思想内涵上辨析，周敦颐《太极图说》的"无极"不同于道家之"无极"：

> "无极"二字乃周子灼见道体，迥出常情，说出人不敢说底道

---

① 庄子谓："入无穷之门，以道无极之野。"（《庄子·在宥》）
② 老子谓："道生一……一生万物。"（《老子·四十二章》）
③ 今本《老子·二十八章》文曰："知其雄，守其雌，为天下谿。为天下谿，常德不离，复归于婴儿。知其白，守其黑，为天下式。为天下式，常德不忒，复归于无极。知其荣，守其辱，为天下谷。为天下谷，常德乃足，复归于朴……"清代学者易顺鼎《读老札记》指出：①对勘《庄子·天下篇》引老聃曰"知其雄，守其雌，为天下谿。知其白，守其辱，为天下谷"可推断，"守其黑，为天下式。为天下式，常德不忒，复归于无极。知其荣"六句，非《老子》原文，乃后人所窜入；②根据王弼已为"式"字等句作注，则窜改即在魏晋之初。此论甚是。惟今帛书《老子》甲乙本出，皆有"守其黑……复归于无极"句，故此文之窜改当在秦汉之际已发生。如此，则"无极"一词非《老子》所固有。然而，《庄子》中出现有"无极"一词，"无极"仍应是道家的思想观念。

理……语道体之至极，则谓之太极，语太极之流行，则谓之道，虽有二名，初无两体。周子所以谓之无极，正以其无方所、无形状。以为在无物之前，而未尝不立于有物之后，以为在阴阳之外，而未尝不行乎阴阳之中。以为通贯全体，无何不在，则又初无声臭之可言也……《老子》"复归于无极"，"无极"乃无穷之义，如庄生"入无穷之门，以遂无极之野"云尔，非若周子所言之意也。（《朱文公文集》卷三十六《答陆子静五》）

在朱熹看来，周敦颐"无极而太极"命题之"无极"所表述和内蕴的是"道体"（"太极"）的基本特质——无形状方所，却又存在于万物之中，"无极"是一个内涵深刻丰富的哲学范畴；而道家"无极"，不是一个哲学概念，只是表达、形容空间广袤、无垠的词语。在朱熹看来，周敦颐"恐人将太极做一个有形象底物看，故又说'无极'"（《朱子语类》卷九十四），以"无方所、无形状"为基本内涵的"无极"，彻底否定了作为世界最后根源"道体"的实体性，划清了与道家万物本源观念的区别，显示出理学家宗师的理论创造性。第二，从词义上辨析，周敦颐"无极而太极"命题中的"而"字，无转折次序之义。《论语》记载孔子曰"见不贤而内自省也"（《里仁》），子夏曰"博学而笃志"（《子张》），可见在儒家经典中作连词的"而"字所联结的两个语言成分间，有时是转折递进的关系，有时则只是并列的关系。理学中，如陆九渊曾说："'本立而道生'，多却'而'字。"（《朱子语类》卷一百二十四）陆九渊之意是，"本立"与"道生"是一事，不应是"本立"而后方有"道生"。可见，在理学家中有将"而"字作有次序的转折、递进的训解。按照这种训解，"无极而太极"其义也就是"自无极而为太极"，"无极而生太极"。朱熹极加辩白说"'无极而太极'，此'而'字轻，无次序故也"（《朱子语类》卷九十四），"'无极而太极'犹曰'莫之为而为，莫之至而至'，皆语势之当然，非谓别有一物也"（《朱文公文集》卷三十六《答陆子静六》）。朱熹希望说明的是，"无极"与"太极"是从不同方面对"道体"（"理"）的诠解："不言无极，则太极同于一物，而不足为万化根本。不言太极，则无极沦于空寂，而不能为万化根本。"

（《朱文公文集》卷三十六《答陆子美一》）通过语义的辨析，朱熹完全排除了作为表述"道体"之特质的两个范畴"无极"与"太极"间有先后主次之分。在这两个辨析的基础上，朱熹训释曰："'无极'者无形，'太极'者有理也。'无极而太极'，只是说无形而有理，所谓'太极'者，只二气五行之理，非别有物为'太极'也。"（《朱子语类》卷九十四）由此可见，朱熹对"无极而太极"命题的辨析、解说，最终主要地是将一个具有道家思想特色的、具有表述自无生有的宇宙生成过程的理论内涵的命题，改造成为一个表述"道体"、界定宇宙本体"理"的命题，一个纯粹的理学命题。在此辨析过程中与陆九渊发生的辩论，是影响、贯穿此后全部理学派别划分的朱陆异同之争的一个重要的本体论的方面。

其二，弥合"太极"与"太虚"。如前所述，理学形成时期，在周敦颐《太极图说》和张载《正蒙》所描述的两个宇宙图式中，最重要的差别，是被作为万物本源的"太极"与"太虚"具有并不相同的性质。从历史上看，"太极"与"太虚"作为两个词语或概念，都是最早出现于道家著作中①，进入儒学后，在汉唐经学中，一直是被作为万物原始，并以"气"（"元气"）加以诠释的②。到了理学时，北宋五子的邵雍训解曰"太极，道之极也"（《观物外篇下》），开始将"太极"与"道"（"理"）联系起来。从理论性质上说，"太极"的诠释发生了由生成论（"气"）向本体论（"理"）的变化，与张载"太虚即气"，即以"气"为其本质的"太虚"分离开来。理学早期发生的这种分裂与对立，在理学走向成熟时，即在朱熹理学中被消弭。朱熹弥合周敦颐、张载宇宙图景的差异，主要地就是以界说、训释"太极"的内涵——"理"来同样地训解、界定

---

① 如《庄子》有谓"在太极之先而不为高，在六极之下而不为深"（《大宗师》），"不过乎昆仑，不游乎太虚"（《知北游》）。

② 《易传·系辞》有谓"易有太极，是生两仪"，郑玄注曰："淳和未分之气也。"（王应麟《周易郑注》卷七）孔颖达疏曰："太极谓天地未分之前，元气混而为一。"（《周易正义》卷七）《易纬·乾凿度》有谓："天地未分，谓之太易。元气始萌，谓之太初。气形之初，谓之太始。形变有质，谓之太素。太素之前，幽清寂寞，不可为象，惟虚惟无，盖道之根。"（《太平御览》卷一引）张载之"太虚"，近于此"太素之前"。

"太虚"。朱熹对"太极"有十分明确的界说:

> 圣人谓之太极者,所以指夫天地万物之根也。(《朱文公文集》卷四十五《答杨子直一》)
>
> 所谓太极者,乃天地万物本然之理。(同上书卷三十六《答陆子静六》)
>
> 所谓太极云者,合天地万物之理而一名之耳。(同上书卷七十八《隆兴府濂溪先生祠记》)

简言之,周敦颐的"太极",在朱熹看来就是万物根源、万物本然和总体之理。朱熹对张载"太虚"也作与此相同的训解。张载曾概括宇宙的基本构成曰:"由太虚,有天之名;由气化,有道之名;合虚与气,有性之名;合性与知觉,有心之名。"(《正蒙·太和》)朱熹对此作解释说:

> "由太虚,有天之名",这全是说理。"由气化,有道之名",这说着事物上。"合虚与气,有性之名","虚"字便说理,理与气合,所以有人。(《朱子语类》卷六十)
>
> 本只是一个太虚,渐渐细分,说得密耳。且太虚便是这四者之总体,而不杂乎四者而言。(同上)

按照朱熹的理解和划分,张载所描述的宇宙构成实际上是两个层面:"太虚"(虚)是"本",是"总体",这是"理";其他则属事、物、人。这样,朱熹就将张载的宇宙图景纳入与《太极图说》相同的理论轨道,将张载"气之本体"的"太虚"改造为"理",而与被他解释为"二气五行之理"的周敦颐的"太极"没有差别的了。当然,朱熹也感觉到与"太极"相比,将"太虚"训释为"理",有某种欠缺不足,正如朱熹一次在回答弟子"横渠'太虚'何所指"之问时所说:"他亦指理,但说得不分晓。"(《朱子语类》卷九十九)前面已经论及,张载曾用"清虚一大"来形容、界定"太虚"。而当他受到程颐的诘难时,又修正说"清兼浊,虚兼实,一兼二,大兼小"。在朱熹看来,无论是张载的最初立论或修正后的立论，都不具备作为形而上的"道体"所应有的那种周延的总体性，故他批评张载说："他是拣那大底说话来该摄那小底，却不知道才是恁说，便偏了，便是形而下者，不是形而上者。须是兼清浊、虚实、一二、小大来看，方见得形而上者行乎其间……他本要说形而上，反成形而下，最是于此处不分明。"（同上）在这个意义上，朱熹认为"无极而太极"之"太极"说与"清虚一大"之"太虚"说之间又有优劣之分："'无极'是该贯虚实清浊而言。'无极'字落在中间，'太虚'字落在一边了。"（同上）朱熹用同一理论观念"理"来训释、界说"太极"与"太虚"，从而将周敦颐、张载两个宇宙图景中最重要的万物本源理论层次上的差别弥合。这样，在这两个宇宙图景的万物生成，即"理"之表现的理论层面上的差别几乎就是不存在的了。故朱熹说："《太极图》与《西铭》都相穿透，只是一个物事。"（《朱子语类》卷九十四）他还举例说："如云'五行，一阴阳也；阴阳，一太极也……二气交感，化生万物，万物生生而变化无穷'，便只是'天地之塞吾其体，天地之帅吾其性'①，只是说得有详略缓急耳。"（同上）他亦完全赞同弟子沈僩将《正蒙》与《太极图》所作的对比："太虚便是《太极图》上面底圆圈，气化便是圆圈里阴静阳动。"（《朱子语类》卷六十）可以说，理学确立时期所出现的周、张两个哲学性质上有着某种差别与对立的宇宙图景，在朱熹这里是被同化了；即使还可见有差别存在，但对立肯定是被消解了。

本体论的综合与创新　朱熹理学思想最重要的创造性的发展，是他将理学形成时期出现的显然是对立的二程之"理"本体论与张载之"气"本体论综合成一个无矛盾的、自洽的新的"理"本体论，或者说"理气"本体论，同时提出并论述了理气之先后、动静、一殊等新的本体论论题。

朱熹的本体论思想，首先是在理学确立时期的理、气两个本体论中，消解掉气本论而确认理本论。朱熹说：

> 天地之间，有理有气。理也者，形而上之道也，生物之本也。气也者，形而下之器也，生物之具也。（《朱文公文集》卷五十八《答

---

① 此两句为《西铭》中语（见《正蒙·乾称》）。

黄道夫一》)

> 未有天地之先，毕竟也只是理。有此理，便有此天地；若无此
> 理，便亦无天地，无人无物，都无该载了。有理，便有气流行、发育
> 万物。(《朱子语类》卷一)

如前所述，理学本体观念主要是由根源性、总体性、形上性三项内涵构
成。十分显然，在朱熹这里，"理"则正是具有这些内涵的本体，而
"气"不具有形上、根源的特质，因而也就不是本体。消解掉作为本体的
"气"，无疑是朱熹本体论的一个显著方面的内容，但是朱熹本体论还有
另外一个方面的内容，是确认"理"不能离"气"。朱熹说：

> 天下未有无理之气，亦未有无气之理……理非别为一物，即存乎
> 是气之中，无是气则是理亦无挂搭处。(《朱子语类》卷一)
> 若理，则只是个净洁空阔底世界，无形迹，他却不会造作；气则
> 能酝酿凝聚生物也。但有此气，则理便在其中。(同上)

理为本体，理在气化所生万物之中。朱熹本体论所包蕴的这两个主要之
点，清晰地显示出对先前理学本体论观点的扬弃与综合。就前者言，朱熹
本体论沿袭了二程"理"的观念，张载的具有实体性的"气"的本体观
念被消解、否定了；就后者言，朱熹又吸取了张载"气化"的观念，"只
此气凝聚处，理便在其中"(《朱子语类》卷一)，二程"理"本体的那
种实在性被显化、充实了。

朱熹对本体"理"的性质的进一步论述，也丰富发展了先前理学所
确立的本体论思想，同时也埋下了引起以后理学纷争的种子。这些论述可
以归属于三个论题。

其一，理气先后。朱熹本体论具有比较复杂的情形，一方面，形上
的、实在的"理"被视为本体是十分明确的；另一方面，形下的、实体
的"气"并未从本体论理论层面上消失，"气"是"理"的"挂搭处"。
"理"的性质往往是要在与"气"的相互关系中显现出来。"理气先后"
就是一个表述这种关系的本体论论题。朱熹一面说"未有这事，先有这

理"（《朱子语类》卷九五），"必有是理而后有是气"（《大学或问》卷一）；一面又说"有是理即有是物，无先后次序之可言"（《朱文公文集》卷三十七《答程可久三》），"理与气本无先后之可言"（《朱子语类》卷一）。可见，朱熹对理气先后这一论题有两种似乎相矛盾、使人感到困惑的观点。后世学者或认为朱熹理学确实存在于矛盾和混乱，或认为此乃朱熹思想先后变化发展的表现，以消除这种困惑。然而，仔细分辨则可看出，朱熹在这个论题上的两种回答，实际上是从不同的观察或论述角度作出的，始终保持理论逻辑上的一致，并无矛盾发生。这种观察角度上的差别，可以区分为，第一，本体论的观察角度与宇宙论的观察角度。如前所述，总体性是本体的基本内涵之一，从这个理论观念立场上看，宇宙是一在本体涵盖、充盈下的自满自洽的整体，无所谓先后、始终、离合。朱熹承接和改造二程、周敦颐的思想，将"理"或"太极"视为本体，故他在论及按"元亨利贞"划分、确定万物生长发育顺序的《周易》观点时说，"一理浑然，非有先后，元亨利贞便是如此，不是说道有元之时，有亨之时"（《朱子语类》卷六十八），同样，他在论及周敦颐《太极图》中的"太极"与"五行阴阳"之关系时亦说，"五行阴阳，阴阳太极，则非太极之后别生二五，而二五之上先有太极也"（《朱文公文集》卷四十五《答杨子直一》），"太极，形而上之道也；阴阳，形而下之气也……推之于前而不见其始之合，引之于后而不见其终之离也"（见《周濂溪先生全集》卷一《太极图说解》）。由朱熹所论可见，理气先后、离合，不是纯粹本体论的问题，在本体的理论层面上，本体（"理"或"太极"）"通贯全体"（《朱文公文集》卷三十六《答陆子静五》），这是不能发生因而也是不能被观察到的问题。理气先后、离合只能是本体落在宇宙论层面上产生的问题，是在宇宙论观察角度上方能显现出来的问题。第二，宇宙论中万物生成过程的观察角度与万物存在状态的观察角度。朱熹说：

> 所谓理与气，此决是二物。但在物上看，则二物浑沦，不可分开，各在一处，然不害二物各为一物也。若在理上看，则虽未有物而已有物之理，然亦但有其理而已，未尝实有是物也。（《朱文公文集》

卷四十六《答刘叔文一》）

　　自见在事物而观之，则阴阳涵太极；推其本，则太极生阴阳。
（《朱子语类》卷七十五）

显然，在朱熹看来，就事物的生成意义上说（"推其本"或"理上看"），
事物的发生皆先有其根源。"理"作为本体，是根源，自然是在先，万物
（"气"）之生成自然是在后，所以是理先气后，即先有生此万物之"理"，
后有此万物之生（气聚）；但若就事物存在状态而言（"物上看"），作为
本体之"理"，总是蕴含于事物之中，"此气之聚，则理亦在焉"（《朱子
语类》卷一），理、气又是不可分离，无有先后（"二物浑沦"）。不难看
出，作为孤立的逻辑命题，"理先气后"与"理气无先后"无疑是矛盾
的，但是，如果从朱熹所立足的观察角度来评判，这是表述理学宇宙论理
论层面上两个不同方面内容的命题，是相互补充而非相互矛盾的。或者，
在不太严格的意义上可以区分为"理先气后"表述的是"推其本"的本
体论层面上的论题；"理气无先后"表述的是"从物上看"的宇宙论层面
上的论题。

　　其二，理之动静。动静被朱熹视为是宇宙间一切存在所具有的最基本
性质，他曾说："天地之间，只有动静两端，循环不已，更无余事。"
（《朱文公文集》卷四十五《答杨子直一》）那么，作为本体的"理"是
否具有"动静"的性质？表面看来，朱熹对这个问题的回答似乎也呈现
着某种矛盾和混乱，后世学者也因此感到困惑并引起纷争。例如朱熹完全
赞同他的弟子叶贺孙对他的"太极者本然之妙，动静者所乘之机"一语
的理解"太极只是理，理不可以动静言，其动静者，乃乘载在气上"。
（《朱子语类》卷九十四）可是，当他的另一弟子郑可学问他"动静，是
太极动静？是阴阳动静？"时，他又说："是理动静。"（同上）然而，若
作较深入的辨析则不难发现，朱熹对"理"之动静的思考和论述基本上
是一致的、一贯的。朱熹在致友人的一封信中对这一论题有一次完整
的回答：

　　盖谓太极含动静则可（朱熹自注：以本体而言也），谓太极有动

静则可（朱熹自注：以流行而言也），若谓太极便是动静，则是形而上下者不分。（《朱文公文集》卷四十五《答杨子直一》）

在朱熹理学中，"太极"即是"理"，他曾界定说"太极只是天地万物之理"。（《朱子语类》卷一）所以无疑地，朱熹这里从不同角度所确定的"太极"与动静的三种关系，也就是"理"与动静的全部关系，并且很显然，这三种关系是在"本体"（本体论）与"流行"（宇宙论）两个不同的理论层面上分别发生的。前已论定，理学的本体的基本内涵是根源性、总体性和形上性。从这个本体的理论角度观察，"理"是一切事物的根源；既然一切事物皆有运动，皆有动静，则必然也有作为其运动之根源的动静之理。朱熹说："理有动静，故气有动静，或理无动静，则气何自而有动静乎？"（《朱文公文集》卷五十六《答郑子上十四》）"太极含动静"所表述的正是这个意思、这种关系。但是，就运动或动静本身来说，总是某种物化形态，故在朱熹理学中同"气"（阴阳）一样，是被作为"形而下"来界定的。如朱熹曾说"才有作用便是形下者"（《朱子语类》卷七十五），"动静阴阳，皆只是形下者"（同上书卷九十四）。所以在朱熹看来，作为"形而上"的本体之"理"，虽然具有动静之理，但不是动静本身；如果认为"太极"或"理"便是动静，就是混淆了形上与形下的界限。可见，上述朱熹信中所观察到的"理"与动静的三种关系，发生在本体论的层面上有二种："理"含"动静"，"理"不是"动静"。与这两种关系相比而言，"理有动静"（"太极有动静"）所表述的关系，其意蕴是动静之"理"，能在"天道流行"过程中，即在宇宙生成的层面上得到具体的表现、实现。朱熹说：

> 阳动阴静，非太极之动静，只是理有动静。理不可见，因阴阳而知，理搭在阴阳上，如人跨马相似。（《朱子语类》卷九十四）
>
> 太极，理也，动静，气也，气行则理亦行，二者常相依而未尝相离也。太极犹人，动静犹马，马所以载人，人所以乘马。（同上）

在朱熹看来，万物生成过程也就是"气行"，即气的运动过程；理气不可分离，既有形下的气的运动，则又有形上的动静之理。这样，动静之理终由气的运动而显现出来，就此而言，可以说"太极有动静"或"理有动静"。但是，运动的实体是气，而非太极或理，故又不能说"太极动静"或"理动静"，而只能说"理搭在阴阳上"或"理搭于气而行"（《朱子语类》卷九十四)，即理凭借阴阳或气实现动静之理。

朱熹从两个不同理论层面上确定本体"理"与作为宇宙一切存在的基本性质动静之间的三种不同关系，应该说是很细致周延的，也是很清晰的。一个容易引起混乱的地方是，在朱熹表述这三种关系的三个判断或命题中——"太极含动静"、"太极不是动静"和"太极有动静"，"动静"一词兼有两种不同的含义：或是指形上的、实在性的动静之理，或是指形下的、实体性的动静运动形态。理与动静的三种关系和"动静"的两种含义，在前面引述的朱熹与弟子叶贺孙、郑可学的对话中都显示出来了。朱熹以"是理动静"否定郑可学问话中的"是太极动静""是阴阳动静"，其意是说，作为形上的、实在性的本体"太极"（理），不能有形下的、实体性的"作用"（动静）；而作为形下的阴阳，其运动变化（动静），根源于动静之理，而不是阴阳自身，所以只有"理动静"。显然，在这一回答中，蕴含着和实际表述了"以本体而言"的两个命题、两种关系。另一"以流行而言"的命题，正是叶贺孙所表述的，所以朱熹亦表示赞同。朱熹关于理之动静的三个命题，由于具有不同的观察角度和不同含义，因此在实际上并不存在矛盾和混乱。我们将看到，感到或陷入矛盾和混乱的，是后世在此处未能作仔细辨析的学者。

其三，理一分殊。如果在不太严格的意义上说，理之"先后""动静"的论题是反映或表达本体"理"在时间、运动方面的性质，"理一分殊"则是反映、表述理之"一多"的量的性质的一个论题或命题。朱熹对这一命题有三种内涵不同的、属于不同理论层面的解释。"理一分殊"命题始见于程颐对张载《西铭》的解释，"《西铭》明理一而分殊，墨氏则二本而无分"。其意是用"理一分殊"将《西铭》所表述的儒家的伦理道德思想与墨家加以区别，即程颐认为，《西铭》既表述、规定了共同的伦理道德原则精神（"理一"），同时也表述、规定了这一原则精神在不同的人伦关系的道德实践中的具体的、特殊的规范（"分殊"），不同于墨家的"兼爱无分"。

朱熹对"理一分殊"的第一种理解或解释，基本上与此相同。朱熹说：

> 理只是这一个。道理则同，其分不同，君臣有君臣之理，父子有
> 父子之理。（《朱子语类》卷六）

十分显然，朱熹正是以一般的伦理道德原则与特定的道德行为规范来诠释"理一分殊"的。朱熹的这种理解也特别明显地表现在对《西铭》的解释中。张载《西铭》在最广阔的背景下，表述了人在与自然、社会的全部关系中及人的生命全部过程中的伦理道德责任与义务。所以朱熹说"《西铭》逐句浑沦看，便是理一，当中横截断，便见分殊。"（《朱子语类》卷九十八）张载所表述的这种儒家性质的道德理性与道德感情显现在《西铭》中，以"天地之塞吾其体，天地之帅吾其性"两句涵容最广，立处最高，所以朱熹就判定这两句是"理一处"，为"紧要血脉"（同上）；这种儒家性质的道德理性与道德感情显现在《西铭》中，又是从"乾称父，坤称母"到"吾顺吾宁"逐层展开的，所以朱熹又认为，"《西铭》一篇，始末皆是'理一分殊'"，"句句是'理一分殊'"（同上）。总之，朱熹在对《西铭》的解释中，是将"理一分殊"作为单一的伦理道德理论层面上表述一般原则与各别原则之间关系的一个命题来理解的。朱熹对"理一分殊"的第二种理解或解释，是将其作为对本体之理与生成之万物之间关系的一种表述，朱熹说：

> 天之生物，有有血气知觉者，人兽是也；有无血气知觉而但有生
> 气者，草木是也；有生气已绝而但有形质臭味者，枯槁是也。是虽其
> 分之殊，而其理则未尝不同。（《朱文公文集》卷五十九《答余方叔》）
> 人物并生于天地之间，本同一理，而禀气有异焉。（《孟子或问》
> 卷一）
> 就大本论之，其理则一，才禀于气，便有不同。（《朱子语类》
> 卷五十七）

如前所述，在朱熹理学中，理是形上的本体，气是形下的构成事物的材

料。显然，朱熹这里的"理一"正是指本体之理，而本体落在宇宙生成层面上出现的万物则是"分殊"，按照这样的理解，"理一分殊"是跨越着两个理论层面的一个命题。最后，朱熹还有一种对"理一分殊"更具特色的解释。朱熹说：

> 理一分殊，合天地万物而言，只是一个理；及在人则又各自有一个理。（《朱子语类》卷一）
>
> 万物皆有此理，理皆同出一源。但所居之位不同，则其理之用不一……物物各具此理，而物物各异其用，然莫非一理之流行也。（同上书卷十八）

显然，在这里，万物共具之理、万理同出之源是"一理"，此"一理"在万物处显现为万理，即是"分殊"，亦即是朱熹所说"只是一个道理，流出去自然有许多分别"（《朱子语类》卷九十八）。朱熹此种"理一分殊"观点，在阐释周敦颐"太极生阴阳，阴阳一太极"（《太极图说》）、"一实万分，万一各正"（《通书·理性命》）两个命题时表现最为明显，或者可以说，这一观点正是为解决这两个命题经理学改造后而带来的困难才提出的。本来，就潜存于周敦颐《太极图说》和《通书》中的本义，在宇宙生成的理论层面上，以"太极"与"一"即是"元气"这一具有道家色彩的观念来解释这两个命题，即将这两个命题的内涵，认定为是表达万物与构成万物的基本元素之间的关系，是十分显然而不难理解的。但是，在朱熹理学中，"太极"被改造为"理"（《太极图说解》），"一实"被界定为"一理之实"（《通书解》），这两个命题的内涵也就变换为"太极之理"与"万物之理"（"一"与"万"）之关系。正是在这里，朱熹援用了"理一分殊"的观念来表述、概括这种关系：

> 合而言之，万物统体一太极也；分而言之，一物各具一太极也。（《周濂溪先生全集》卷一《太极图说解》）
>
> 万个是一个，一个是万个。盖体统是一太极，然又一物各具一太极。（《朱子语类》卷九十四）

困难在于，在理学中作为本体的理，是一种总体性的实在，不是实体。因而万物之"统体太极"与一物之"各具太极"间不具有可被分割的那种总体与部分的关系，也不同于宇宙生成层面上的那种实体性的基本元素与万物的关系。这种本体论理论层面上的"一理"与"万物"关系也超出了上面所论"理一分殊"命题表述的内涵。朱熹在与弟子的答问中给予新的解释：

> 问："《理性命》章注云：'自其本而之末，则一理之实，而万物分之以为体，故万物各有一太极。'如此，则是太极有分裂乎？"曰："本只是一太极，而万物各有禀受，又自各全具一太极尔。如月在天，只一而已，及散在江湖，则随处而见，不可谓已分也。"（《朱子语类》卷九十四）

> 或问："万物各具一理，万理同出一原。"曰："一个一般道理，只是一个道理，恰如天上下雨，大窝窟便有大窝窟水，小窝窟便有小窝窟水，木上便有木上水，草上便有草上水，随处各别，只是一般水。"（同上书卷十八）

在朱熹看来，如同"月散江湖""雨落草木"，作为本体的万物共同之理与具体事物的各别之理，在实在的性质上是完全同一的，无共殊之分（同是天上月、天上水）；所谓"分殊"，只是理在不同形态处显现（江上月与湖上月，木上水与草上水）。如此自然会生出许多分别、异用（江湖水灌溉饮用，草上水滋润生长）①。朱熹这一"理一分殊"的诠释，是在纯粹的本体论理论层面上作出的，与上述骑跨两个理论层面以理、气来解释的"理一分殊"，其差别是很明显的；同样，与在伦理道德理论层面上

---

① 朱熹曾说"圣人谓之太极者，所以指夫天地万物之根也"（《朱文公文集》卷四十五《答杨子直一》），"盖所谓太极云者，合天地万物之理而二名之耳"（同上书卷七十八《隆兴府学濂溪先生祠记》），"所谓太极，乃天地万物本然之理"（同上书卷三十六《答陆子静六》）；又说"至于天下之物，则必各有所以然之故，与其当然之则，所谓理也"（《大学或问》卷一）。朱熹这里分别从"太极"与"万物"的角度界定"理"之内涵，也正是对"统体之理"与"分殊之理"的界说，亦显示"一理与分理"虽有区别，但在哲学性质上，作为一种根源性、形上性的实在（本体）仍是相同的。

的以一般伦理原则与各别行为规范为内涵的"理一分殊"也是不同的。据《朱子语类》记载，"月""水"这两条内容相近的语录，前一条为弟子周谟所记，时在朱熹五十岁以后；后一条为弟子胡泳所记，在朱熹六十九岁时。可见，"理一分珠"的"水月"解是朱熹的一个稳定、成熟的见解。同样，"理一分殊"的"理气"解、"浑沦横断"（普遍伦理与单一伦理）解，也是一直出现在朱熹学术历程中的成熟观点①。所以可以认为，"理一分殊"在朱熹这里，具有三种不同的理解和内涵，不是思想上的游移不定或矛盾混乱的表现，而是从三个不同的理论角度对理的本体性质的说明，对以理为本体的世界统一性的说明。

工夫论的承接与发展 朱熹理学的修养方法（工夫）较完整地继承了程颐"涵养须用敬，进学则在致知"的观点，此一继承关系，若分解言之，可为三。第一，朱熹亦是将理学的全部修养工夫大体上区分为心性修养（"涵养"）和事理认知（"进学"）两个方面，"学者工夫，唯在居敬、穷理二事"（《朱子语类》卷九）。第二，在"涵养"工夫中，朱熹亦以"敬"为最重要甚至是涵盖全体的修养方法，"敬之一字，真圣门之纲领，存养之要法"（《朱子语类》卷十二），"圣门之学，别无要妙，彻头彻尾，只是个'敬'字而已"（《朱文公文集》卷四十一《答程允夫六》）。朱熹解说"敬"之义曰"敬有甚物？只如畏相似。不是块然兀坐，耳无闻，目无见，全不省事之谓。只收敛身心，整齐纯一，不慇地放纵，便是敬"（《朱子语类》卷十二），此亦即是程颐以"闲邪"释"敬"之义。第三，在"进学"工夫中，即在对"致知"或"格物穷理"的解释中，朱熹亦完全沿袭了程颐的观点。程颐界说"格物"曰："格，至也，言穷至物理也。"（《河南程氏遗书》卷二十二上）朱熹在《大学章句》中援用此说，并在致友人书中明白言之："格物之说，程子论之详矣，而其所谓'格，至也。格物而至于物，则物理尽'者②，意句俱到，不可移

---

① 本书所引"理一分殊"之"理气"解，早者见《孟子或问》，为朱熹四十八岁时作；晚者见《答余方叔》，时朱熹六十五岁。本书引朱熹以《西铭》论"理一分殊"语录，"始末皆是理一分殊"云云，亦为周谟所记，时朱熹五十岁。"浑沦横断"云云，为吕焘所记，时朱熹七十岁。

② 见于《河南程氏遗书》卷二上、《河南程氏外书》第十，其语为："格，至也。穷理而至于物，则物理尽。"

易，熹之谬说实本其意。"（《朱文公文集》卷四十四《答江德功二》）

朱熹理学或工夫论的观点，也有两点与程颐不同的、显示出某种变化发展的特色。第一，朱熹较细致地辨析理学工夫论之涵养与进学（理学中，在较宽泛的意义上称之为"力行"与"致知"）之间的关系。这种关系，在朱熹看来，就其为共同达到儒家"圣贤"修养目标而言，两者是相互包含、相互促进的。"涵养中自有穷理工夫，穷其所养之理；穷理中自有涵养工夫，养其所穷之理，两项都不相离。""能穷理，则居敬工夫日益进；能居敬，则穷理工夫日益密。"（《朱子语类》卷九）"主敬者，存心之要，致知者，进学之功，二者交相发焉。"（《朱文公文集》卷三十八《答徐元敏》）在这个意义上，"涵养、穷索二者不可废一，如车两轮，如鸟两翼"，"主敬、穷理虽二端，其实一本"（同上）。然而在具体实践过程中，又有先后轻重之分。朱熹在致友人信中说："致知力行，论其先后，固当以致知为先；然论其轻重，则当以力行为重。"（《朱文公文集》卷五十《答程正思八》）无疑的，作为理学家的朱熹，这里知行之"先后轻重"，主要是就道德实践而言，正是在这个意义上，从一个角度看"义理不明，如何践履"（《朱子语类》卷九），道德实践当以知晓道德原则规范为开始；从另一角度看，"为学之实固在践履，苟徒知而不行，诚与不学无异"（《朱文公文集》卷五十九《答曹元可》），道德原则、规范的实现最终还是在于行。概言之，则是知为先而行为重。朱熹的这番缕析是程颐所没有的①。第二，朱熹通过对"静"与"定"之内涵的新的解释，消解掉理学形成时期曾经是显示程颐与周敦颐、程颢之间在心性修养方面观念差异的敬与静、止与定的对立。如前所述，在北宋五子中，周敦颐"主静"，二程"主敬"。程颐还说："才说静，便入于释氏之说也。不用静字，只用敬字。才说着静字，便是忘也。"（《河南程氏遗书》卷十八）显然，在程颐那里，"闲邪"之敬与无论是"空寂"之静（佛家）或"无欲"之静（周敦颐），都是两个具有不同精神运动方向、心理状态和在某种意义上是对立的修养方法。这一情况在朱熹这里发生了变化，变化来自

---

① 在知行关系上，程颐有"须是识在所行之先"之说（《河南程氏遗书》卷三），未见其"一本""轻重"之论。

朱熹给"静"之内涵以新的诠释、界定：

> 静坐非是要如坐禅入定，断绝思虑。只收敛此心，莫令走作闲思虑，则此心湛然无事，自然专一。及其有事，则随事而应；事已，则复湛然矣。（《朱子语类》卷十二）
>
> 今虽说主静，然亦非弃事物以求静……动时也有静，顺理而应，则虽动亦静也……事物之来，若不顺理而应，则虽块然不交于物以求静，心亦不能得静。（同上）

按照朱熹对理学中的"主静"或"静坐"的理解，"静"之内涵既不是指人之形体的凝固不动，亦不是指思虑的断灭空无，而是指无事时使心绪收束于、专一于"理"之规范，"莫令走作"；有事时，能按规范自然而行，"顺理而应"。朱熹曾解释"主敬"之修养方法说："将个'敬'字收敛个身心，放在模匣子里面不走作了，然后逐事逐物看道理。"（《朱子语类》卷十二）不难看出，在朱熹理学中，"静"之内涵与"敬"是近同的、重合的，或者准确地说，"静"是被包容、消融在"敬"之中了。故朱熹说："二先生所论'敬'字，须该贯动静看方得，夫方其无事而存主不懈者，固敬也。及其应物而酬酢不乱者，亦敬也。"（《朱文公文集》卷四十五《答廖子晦一》）在二程那里的"静"与"敬"之对立，在朱熹这里不再存在了。亦如前所述，程颢曾以"内外两忘，澄然无事"来界说"定"，程颐则认为，"释氏多言定，圣人只言止"，并以"物自付物，各得其所而我无与也"来界定"止"。显然，"定"与"止"在理学形成时期，特别是在程颐那里，是两个内涵有区别的理论观念，两种有差异的心性修养方法——"忘境"以顺物或"顺理"以应物。这种情况在朱熹这里也发生了变化，变化是在朱熹对"定"的新的解释中发生：

> "知止而后有定"①，只看此一句，便了得万物各有当止之所。知得，则此心自不为物动……当应而应便是定，若不当应而应便是乱

---

① 此为《大学》中语。

了，当应而不应则又是死了。（《朱子语类》卷九十五）

"内外两忘"①，非忘也，一循于理，不是内而非外也。不是内而非外则大公而顺应，尚何事物之为累哉？（《朱文公文集》卷六十七《定性说》）

朱熹新的解释要点有二，一是一般地将"定"的内涵与"止"的内涵统一起来，都是"当"或"理"。在朱熹看来，万物皆有"当止之所"，即各自应有之理，如果能顺乎理、止乎此，则心就能不为物所动，就是"定"。由"止"即合乎道德规范的行为，就会产生"定"的心理状态和精神境。这就是"知止而后有定"。一是特殊地将程颢对"定"的内涵界定，作相同于"止"之内涵的诠解，在朱熹看来，"内外两忘"就是"循理"，这样，程颢的"内外两忘，澄然无事"就并非是由"忘境"而是由"循理"所达到的一种无累的精神境界了。实际上，这正是程颐"顺理应物"的"止"的修养境界。不难看出，在朱熹对"定"的这种新的解释中，"定"与"止"的对立，甚至差异都被消解了。

朱熹的工夫论观点，在与陆九渊关于修养方法（"为学""教人"）的争论中也展示出来，这是在理学范围内，朱陆之间除了上面已经论及的"无极"之辩外更为重要的、对此后理学呈现的面貌有巨大影响的对立与争论②。陆九渊于北宋理学中，较多地承程颢理学观念余绪，故亦认为"理"是本体③。但是他较之程颢有一明显的转折，即认为"心即理"④。这样，以"心"为本体的陆九渊心学，在修养方法上也就很自然地、逻

---

① 程颢《定性书》中有语："与其非外而是内，不若内外之两忘也。"

② 在理学范围内的朱陆之争，修养方法之争发生在前（淳熙二年），"无极"之辩发生在后（淳熙十五年）。在理学范围之外，朱陆还围绕对两个人物的评价——朱熹《曹立之墓表》和陆九渊《荆公祠堂记》展开过争论，时在上述两次争辩之间（分别是淳熙十年、十五年初）。

③ 如陆九渊说："塞宇宙一理耳……此理之大，岂有限量？程明道谓有撼于天地，则大天地者矣，谓此理也。"（《象山全集》卷十二《与赵咏道四》）

④ 如陆九渊每谓"万物森然于方寸之间，满心而发，充塞宇宙无非此理而已"（《象山全集》卷三十四《语录》），"人皆有是心，心皆具是理，心即理也"（同上书卷十一《与李宰二》）。

辑地提出"心之体甚大，为学只是理会此……自得、自成、自道，不倚师友载籍"（《象山全集》卷三十五《语录》），"先立乎其大者"（同上书卷十《与邵叔谊》）。由承接和发展程颐而来的朱熹，视穷理与涵养为"两轮"，在致知与力行间以"致知为先"，显然与此迥然异趣。这种分歧与对立在朱陆二人的书信、语录中每每可见①，但最尖锐的一次无疑是淳熙二年在鹅湖之会②上的争论。陆九渊弟子朱亨道曾随其师参加此次会晤，并有一简明准确的记录：

> 鹅湖之会，论及教人。元晦之意，欲令人泛观博览，而后归之约。二陆之意，欲先发明人之本心，而后使之博览。朱以陆之教人为太简，陆以朱之教人为支离，此颇不合。（《象山全集》卷三十六《年谱》）

朱陆争论的为学、教人之"支离"与"太简"的问题，或者说在道德修养中，"道问学"与"尊德性"孰先孰后、何轻何重的问题，从理学以外的立场来看，可以显化为是争论积累知识和确定立场在人的世界观形成中的作用何者当为先、为主的问题。应该说，此两种完成修养的方法、路数，就其理论的内容与形式都是有差异的，但在实践上却并不能构成分裂和对立，而总是相互联系、相互补充的。然而在理学范围内，它们犀通着以心为本体或以理为本体的理学本体论立场的对立，不是一纯粹的修养方法的问题，因而这种对立和分裂就是不可避免的，就是理学本身消解不掉的了。所以在朱陆以后的理学发展历史中，一当理学家强

---

① 如陆讥朱"蠹食蛆长于经传文字之间"（同上书卷一《与侄孙濬》），朱诋陆"窃取禅学之近似，以误后生"（《朱文公文集》卷五十五《答包遵道一》）。

② 淳熙二年初夏信州铅山鹅湖寺之会，由吕祖谦发起，与会主要学者四人：吕祖谦、朱熹、二陆（陆九渊及其兄陆九龄）。吕祖谦有中原文献学术背景，立场接近朱熹，这从吕祖谦对朱陆二人的品评——"元晦英迈刚明，而工夫就实入细，殊未可量；子静亦坚实有力，但欠开阔"（《东莱文集》卷五《与陈同甫》），从陆九渊对鹅湖会上论辩对峙情况的回忆——"二公（按：指朱、吕）商量数十折议论来，莫不悉破其说"（《象山全集》卷三十四《语录》），都可以看出。

调某种理学本体论立场时，这一对立与争论就要浮现出来①，而当某学者凸显儒学的纲常立场，模糊其理学本体论态度时，这种对立就潜隐下去，甚至不再存在②。鹅湖之会使后人追思不已，朱陆在这里播下的是一粒既使理学产生纷扰，又使理学具有活力的理论种子。

（3）明代理学：对朱学的离异与突破

朱熹理学在天道观（宇宙论）、本体论、工夫论的各个理论层面上都具有综合先前的理学理论成果，并消解其中的矛盾的特色，完成了理学的成熟的发展。在这个意义上也可以说，朱熹理学是宋明理学的中心，宋明理学虽然错综复杂，却也大体上可以以朱熹为中心，分为其前、其后三个阶段或时期。北宋五子确立的理学和朱熹完成的理学已如前述。下面，就对理学的主题在第三阶段，即在朱熹理学笼罩下的明清时期的变异性发展作简略考察。

朱学笼罩之势的成因　就思想理论本身而言，形成明清理学理论面貌最具有决定意义的因素是朱熹理学的笼罩。朱熹思想对明清学术构成一种笼罩之势，究其缘由可有二。其一，朱熹不仅有对理学全部论题的深入的论述，而且有对儒家经典全面的传注训解③，朱熹的经学学术规模，如同理学一样，亦为壮观。朱熹建构的广阔的儒学学术思想领域，每每使后世儒家学者感到难以逾越。明初著名学者薛瑄说，"自考亭以还，斯道已大

---

① 例如，直至清代理学末期，仍有右陆学者如李绂，撰《陆子学谱》，力辩"象山陆子专以求放心教人，盖直接孟氏之传者……世人以训诂章句为学，失心久矣"（《穆堂别稿》卷二十四《过浩斋先生训语序》）。右朱学者如夏炘著《述朱质疑》，结论是"金溪与建安之学，判然如缟素之分黑白也，泾渭之别清浊也，嵎夷柳谷之别东西也"（卷八《陆文安公推服朱子政绩说》）。

② 例如，黄宗羲说："二先生同植纲常，同扶名教，同宗孔孟，即是意见终于不合，亦不过仁者见仁，智者见智，所谓学焉而得其性之所近，原无有背于圣人。"（《宋元学案》卷五十八《象山学案·案语》）后面将论及，清代理学末期的和会陆者皆持此论。

③ 朱熹于"五经"撰作有《周易本义》《诗集传》《仪礼经传通解》（撰成《家礼》《乡礼》《学礼》《邦国礼》《王朝礼》，《丧礼》《祭礼》二礼由其弟子黄榦续成）。于"四书"撰作有《四书集注》《四书或问》等。于《书》《春秋》两经虽未有撰作，然及门弟子蔡沈撰有《书集传》，张洽撰有《春秋集传》（今佚）、《春秋集注》。

明，无烦著作，直须躬行耳"（《明史》卷二百八十二本传）①，"朱子发挥先圣贤之心，殆无余蕴，学者但当依朱子，精思熟读，循序渐进"（《读书录》卷一），最是代表。其二，更为重要的是，自元代皇庆二年颁布《科举条例》，确定以朱学经注为科举考试的经义标准②，规定"剽窃异端邪说，炫奇立异者，文虽工，弗录"。③ 朱熹经解及通过经解而表述的理学思想因此获得了独尊的学术地位，在元、明、清的科举制度下，十分自然地，朱熹思想常常是儒者不敢或不能逾越的理论界限。清代学者朱彝尊曾对此种世态和学术情势有所记述："世之治举业者，以《四书》为先务，视《六经》为可缓；以言《诗》，非朱子之传义弗敢道也；以言《礼》，非朱子之《家礼》弗敢行也。推而言之，《尚书》《春秋》非朱子所授，则朱子所与也。言不合朱子，率鸣鼓而攻。"（《曝书亭集》卷三十五《道传录·序》）一种思想理论的形成与发展，既是时代的殷殷需要，也是学者心灵的深深投入。明清时期，朱熹思想由其内容的广大周延和地位的垄断崇高，不再具有这种理论发展的内在动力，士子学人在科举功名目的鼓动下和科举条例制约下，既不得不去了解朱学的一般义理，却又无须去作深入探究，明清理学不可能出现将朱熹理学推向新的理论水平的学术目标，不可能出现是朱熹理学新发展的学术内容。在朱熹理学笼罩下，理学的理论运动和发展契机只能是在对朱学可允许范围内的怀疑中发生。构成明代理学主要理论内容的，实际上正是在三个不同理论层面上或不同

① 元代名儒许衡亦已发此论："学问到有朱子，已经都说明了，只力行就是了。"（见李光地《榕村语录》卷二十四）

② 元仁宗皇庆二年，科举条例规定考试的经义标准是："四书"用朱熹《集注》《章句》，《易》用程颐《传》及朱熹《本义》，《书》用蔡沈《集传》，《诗》用朱熹《集注》。《春秋》用三《传》及胡安国《传》，《礼记》用古注疏（见《元史》卷八十一《选举》）。明成祖永乐十三年颁布《四书大全》《五经大全》为考试经义标准，废注疏不用（见《明史》卷七十《选举》）。但《四书大全》《五经大全》所据经注，均属朱学著作。清代科举，承袭明制，于顺治二年颁科场条例，经义标准废《大全》，而一仍皇庆之旧。唯《礼记》用陈满《集说》，《春秋》不用胡安国《传》而以《左传》本事为文而参用《公羊》《穀梁》（见《清史稿》卷一百八《选举》）。

③ 明太祖洪武二年，诏天下立学，制条约十二款，其第一款为："国家明经取士，以宋儒传注为宗……其有剽窃异端邪说，炫奇立异者，文虽工弗录。"（《松下杂抄》卷下）

的理论深刻程度和学术规模上对朱熹理学怀疑和离异的观点。

最初的怀疑　在最初也是在浅近的水平上，对朱熹理学观点的怀疑，是由被清人称为"明初醇儒"①的曹端、薛瑄提出的。曹端的怀疑主要是发生在"太极之动静"这一具体问题上，曾作《辨戾》申述之：

> 周子谓"太极动而生阳，静而生阴"，则阴阳之生由乎太极之动静。而朱子之解极明备矣。其曰"有太极则一动一静而两仪分，有阴阳则一变一合而五行具"②，尤不异焉。及观《语录》，却谓太极不自会动静，乘阴阳之动静而动静耳，遂谓理之乘气，犹人之乘马，马之一出一入，而人亦与之一出一入，以喻气之一动一静，而理亦与之一动一静③。若然，则人为死人而不足以为万物之灵，理为死理而不足以为万物之原，理何足尚而人何足贵哉！今使活人乘马，则其出入、行止、疾徐，一由乎驭之何如耳。活理亦然。不之察者，信此则疑彼，信彼则疑此矣。经年累月，无所折衷，故为《辨戾》，以告夫同志诸君。（《曹月川先生文集》卷一）

曹端在《辨戾》中表述出的疑问是，朱熹在《太极图说解》中认为"太极一动一静"，而在《语录》中又说"太极不自会动静"，信此则疑彼，不知如何是从。另外，曹端对朱熹以"人乘马"（曹端理解其意是"人不动地被载于马上"）比拟"太极不自会动静"（理不会动静），表示不能赞同，认为如此则是如同"死人"，是"死理"；应该是如同"人驭马"，人自主地行止疾徐，理是"活理"，理自会动静。曹端为自己竟发生了有违朱子思想的见解而惶疚，自称为"戾"说。应该说，发生在曹端这里的——明代理学向朱学提出的第一个疑问，是可以自行消解的，因为从完整的朱熹理学来看，这个疑问是不存在的。如前所述，"太极含动静"与

---

① 《四库提要》谓："明初醇儒以曹端及胡居仁、薛瑄为最，而端又开二人之先。"（《四库全书总目提要》卷二十九）
② 语见朱熹《太极图说解》（载《周濂溪先生全集》卷一）。
③ 语见《朱子语类》卷九十四。

"太极不自会动静"、"乘气而动静",是朱熹分别对在形上的本体层面和形下的宇宙生成层面的理之动静的判定,曹端基本上是固守在宇宙生成论的理论角度上来研判这两个属于不同理论层面的命题,所以他感到"无所折衷",并最终选择了是属于宇宙生成论层面上的观察结论,即朱熹所谓"以流行而言也",理自有动静。在这个意义上可以说,他的"动静"之疑并没有越出朱学的范围。但是,曹端"活理"之论,在理论的观念中注入了自主、自为的意蕴,这是某种具有实体性的主宰或根源才有的特征,则迥异于朱熹理本体的哲学性质。因为如前所论,朱学的本体之理,乃是一种形上的、总体性的世界之最后根源、根据,它具有实在性,但不具有实体性。所以曹端将理本体的实在性转换作实体性的解释,却是朱学所笼络不住的了。

薛瑄主要是就"理气先后"问题提出了对朱熹理学怀疑的或者说是对立的观点:

> 或言"未有天地之先,毕竟先有此理"①,窃谓理气不可分先后,盖未有天地之先,天地之形虽未成,而所以为天地之气,则浑浑乎未尝间断止息,而理涵乎气之中也。(《读书录》卷三)
> 理与气一时俱有,不可分先后。(《读书续录》卷二)
> 理气密匝匝地,真无毫发之缝隙。(《读书录》卷八)

仅就薛瑄这里的论说而言,他的"理气无先后""理气无缝隙"观点与朱熹"毕竟先有理"显然是有区别与对立的。但是,若就朱熹对"理气先后"问题完整的、全部论述来看,薛瑄所论并没有越出朱熹已观察到、论述过的理气关系的范围。如前所述,朱熹认为,在纯粹本体的层面上和在宇宙论的万物存在状态的观察角度上("一理浑然"与"从物上看"),理气之间都分辨不出先后离合;只有在宇宙论的万物生成过程的观察角度上,需作"推其本"或"理上看"的本源追溯时,才能显现出理气先后的问题。薛瑄的"理气不可分先后""不可有隙间",表述的是"理涵乎

---

① 语见《朱子语类》卷一。

气中"的理气关系，实际上正是朱熹理气观念中在宇宙论层面上的"在物上看"的观察结论。在这个意义上可以说，如同曹端在理之动静问题上对朱熹理学的怀疑可以自行消解一样，薛瑄在理气先后问题上构筑的与朱熹对立之势也并不存在。曹端、薛瑄所发生的这种理论上的错觉与误解，特殊地说，自然是他们本人对朱熹理学中超越动静、超越任何实体性之存在的本体性质的"理"的观念缺乏理论的感受和认识，而只能感受、认识宇宙生成论层面上的作为事物之本源或定则的"理"之观念①。在这个层面上，"理"作为产生事物的本源，应是自会动静的，作为事物的条理、定则，总是与"气"密不可分的。一般地说，则可视为是明代理学中遵奉朱学义旨的学者的共同学术特色，是其未能深入朱学的本体论理论层面，理论思维呈衰退之势的一种表现。如前所述，总体性、根源性、形上性的本体观念，是理学试图对世界作出更深刻的观察、解释而形成的一种哲学理念，朱熹理学综合周敦颐之"太极"与二程之"理"充实了这一理念。在朱学笼罩下，明代理学，特别是以义理已被朱熹发挥"殆无余蕴"的朱学学者，缺乏更深的心灵的投入，丧失了对深刻的本体之探求的理论需求和理论眼光。这样，朱熹理学本体论理论层面上源于本体的总体性之"理不可以动静言"结论，和源于本体的形上性之"理气绝为二物"结论，在宇宙论的理论层面上就成为不可理解和被接受的了。

《明史·儒林传》序称："原夫明初诸儒，皆朱子门人之支流余裔，师承有自，矩矱秩然。曹端、胡居仁笃践履、谨绳墨、守儒先之正传，无敢改错。"（《明史》卷二百八十二）这一观察应该说是正确的。就曹端、薛瑄而言，虽在理气动静、先后的具体问题上与朱熹理学有所怀疑、对

---

① 如曹端说："大抵一理散为万物，万物合为一理，造化以此而已，圣人以此而已。"（《曹月川先生文集》卷二《语录》）此以"理"为事物之本原。薛瑄说："天地之间，物各有理。理者，其中脉络、条理合当如此者是也。大而天之所以健而不息，地之所以顺而有常，皆理之合当如此也。以万物观之，如花木之生，春夏秋冬之各有其时，青黄赤白之各有其色，万古常然不易，此花木合当之理也。以至昆虫鸟兽莫不各有合当之理。以人言之，自一心之所存以至一身之所具，皆有降衷秉彝之性而不可易者，乃合当如是之理也。"（《读书录》卷一）此以事物之性质、定则为"理"。

立，但从总的基本的理学理论立场和学术内容来看，并未越出朱学的范围。这不仅是指作为理学家的曹端、薛瑄他们的"理"之观念实际上正是朱熹所谓"一物各具一太极""万物各有一个理"的分殊之理（分理），其内涵也正是朱熹所界定的"所以然之故与其当然之则"；而且更重要的是指他们的修养方法也完全沿袭了朱熹的观点，具有朱熹工夫论的主要理论特征。第一，曹端说："程子曰'涵养需用敬，进学在致知'，此言最停当。"（《曹月川先生文集》卷一《录粹》）薛瑄亦曰："初学时见居敬穷理二事，为学之久，则见得居敬时敬以存此理，穷理时敬以察此理，虽实二事，而实则一矣。"（《读书录》卷三）可见曹端、薛瑄一如程朱将修养工夫（"为学"）基本上划分为涵养与致知，或居敬与穷理两个密切联系的方面。第二，曹端又说"吾辈做事，件件不离一敬字，自无大差失"，"学者须要识得静字分晓，不是不动便是静，不妄动方是静"（《曹月川先生文集》卷一《录粹》）。薛瑄也认为"千古为学要法，无过于敬"（《读书录》卷六），"心静则事简，简者非厌事繁而求简也，但为所当为，而不为所不当为耳"（同上书卷三）。此则可见曹端、薛瑄一如朱熹将"敬"放在涵养的最重要位置，并且以"不妄动""为所当为"为静，实际上是在"静"的内涵中注入"敬"的性质，即是"敬贯动静"，故薛瑄晚年在总结"为学之要"时曰："静而敬以涵养喜怒哀乐未发之中，动而敬以省察喜怒哀乐中节之和，此为学之切要也。"（《读书续录》卷五）

曹端、薛瑄的理学思想在总体上、在基本的内容方面都是固守朱熹理学的樊篱。他们在理气先后、动静问题上对朱学的怀疑或离异，是由于他们对在朱熹理学中属于宇宙生成论与本体论不同理论层面上的理论观念内涵的界限辨析不清，发生了混乱而引起的。这表明明代理学的理论思考，选择的是易被感性经验理解和证实的走向，而不是艰涩的形上玄思的理路，预示着明代理学突破朱学的前景将是一个具有经验色彩和某种实体性质的气本体观念出现。

气本论再现　正是如此，明代理学对朱熹理学更深刻的一种怀疑或离异，是在本体论层面上发生的，这就是在罗钦顺、王廷相等那里表现出来的由朱熹所坚持的理本论转到为朱熹所反对的气本论。罗、王气本论是明代理学气本论的典型理论形态，其主要观念有二。

其一，气为实体性之本体。罗钦顺说：

> 通天地，亘古今，无非一气而已。气本一也，而一动一静，一往一来，一阖一辟，一升一降，循环无已。积微而著，由著复微，为四时之温凉寒暑，为万物之生长收藏，为斯民之日用彝伦，为人事之成败得失。（《困知记》卷上）

王廷相亦说：

> 天地之间，一气生生……统而言之，皆气之化，大德敦厚，本始一源也；分而言之，气有百昌、小德川流，各正性命也。（《雅述上篇》）

显然，在罗、王这里，气是万物根源，万物皆是气的变现。换言之，气是本体，正如同朱熹界定的太极或理是"天地万物之根"。但从哲学性质上看，与朱熹的理是指一种"太极而无极"的实在性不同，罗、王的气是一种具有感性或经验内容的实体，王廷相于此表述得尤为清楚：

> 气虽无形可见，却是实有是物，口可以吸而入，手可以摇而得，非虚寂空冥无所索取者。（《内台集》卷四《答何柏斋造化论十二》）

作为本体的气之实体性与作为本体的理之实在性，是明代理学气本论与朱熹理学理本论的最重要的理论界限。

其二，理为气之理。罗钦顺说：

> 理只是气之理，当于气之转折处观之。往而来，来而往，便是转折处也。夫往而不能不来，来而不能不往，有莫知其所以然而然，若有一物主宰乎其间而使之然者，此理之所以名也。（《困知记续》卷上）

可见，在罗钦顺看来，理是气之所以变化、之所以成为万物之本根的那种内在的必然原因。但是这种"理"，不是离气之外的某种独立的存在，"初非别有一物"，而是"依于气而立，附于气以行也"（《困知记》卷上），所以"理只是气之理"。王廷相也持同样的观点：

> 万理皆出于气，无悬空独立之理……万物之生，气为理之本，理乃气之载。所谓有元气则有动静，有天地则有化育，有父子则有孝慈，有耳目则有聪明是也。（《王氏家藏集》卷三十三《太极辩》）

在王廷相看来，正如有耳目实体，方有聪明之功能；有父子之人伦关系，方有孝慈之伦理原则；只是有了气，方有理，理是气所具有的、所显现的某种特定性质。不难看出，罗、王对理本身的界定有所区别，罗钦顺偏重于一般地将显示事物间的那种必然、因果界定为理，而王廷相则较具体地认定一事物之性质、条理等即是理。但在理气关系上，罗、王的识解则完全一致，王廷相的理不能"悬空独立"，理是"气之载"之观点，也正是罗钦顺的"理只是气之理"、理"附于气而行也"的观点。

与此相连，罗钦顺、王廷相对朱熹理学"天命之性"与"气质之性"之分也提出怀疑或否定。朱熹曾说，"论天地之性，则专指理言；论气质之性，则以理与气杂而言之"（《朱子语类》卷四），应该说，在理气二分的理本论立场上，既要确认"理"作为本体是万物统一的共同的根源，又要对理呈现在宇宙论层面上的万物性态，特别是复杂的人之性作出解释，这种"两性"之说是唯一具有逻辑合理性的选择；但是，从离气无理的气本论角度来研判，则是不能成立的。罗钦顺说："但曰'天命之性'固已就气质而言之矣，曰'气质之性'非天命之谓乎？一性两名，且以'气质'与'天命'对言，语终未莹。"（《困知记》卷上）王廷相也说："人物之性，无非气质所为者，离气言性，则性无处所。"（《王氏家藏集》卷二十八《答薛君采论性书》）他甚至批评朱熹说："朱子谓本然之性超乎形气之外，其实自佛氏本性灵觉而来，谓非依傍异端，得乎！"（《雅述下篇》）气本论认为"无气之上无物、无道、无理"（《雅述上篇》），所以在气本论这里，如同无气外之理，亦无气质之性之外的"本然之性"，在逻辑上是很自然、必然的。

罗钦顺、王廷相以其气为实体性之本体，理为气之理的两个气论的基本观点，完成了明代理学气本论的建构，与以理为实在、理在气先的朱学理本论划清了界限，在理学本体论的意义上突破了朱学的笼罩。这种突破，当然也是宋明理学中理论论题或主题的一种变异或发展，即朱学的宇宙论观念在明代理学中演变、升越为一种具有本体性内涵的观念。但是，罗、王的理学思想在理的另一个重要的方面——工夫论或心性修养论仍没有迈出朱学的范围。如前所述，朱熹理学将全部修养工夫区分为涵养居敬与格物穷理两个方面，并常以敬存为涵盖贯穿全部修养过程的基本修持，又常强调主敬、穷理二者"其实一本""互发"。罗钦顺说"大抵存养是君主，省察乃辅佐也"（《困知记》卷上）。王廷相说"明道善于致知，体道莫先于涵养，求其极，有内外交致之道"（《慎言》卷六《潜心篇》）。可见，罗、王也是将全部的修养工夫区分为存养与省察或明道（致知）与体道（涵养）两个方面。并且，此两方面从修持过程中看有主次之分，从最终目标看，又自可合一。显然，这是因袭了朱学的观点①。

① 罗钦顺、王廷相同作为明代理学中与朱学理本论对立的气本论者，虽然在两个基本观点上是相同的，但其理学思想仍多有差异。要言之，第一，罗钦顺说："仆虽不敏……其认理气为一物，盖有得乎明道先生之言，非臆决也。"（《困知记》附录《答林次崖》）王廷相说："张子曰'太虚不能无气，气不能不聚而为万物'，横渠此论，阐造化之秘，明人性之源，开示后学之功大矣。"（《王氏家藏集》卷三十二《横渠理气辩》）此可见罗、王气本论的理论来源有所不同。第二，在对朱学"两性"之说的态度上，王廷相用离气无理的观点予以彻底否定；罗钦顺虽有怀疑，但最终还是认为"人物之生，受气之初，其理惟一；成形之后，其分则殊"（《困知记》卷上），即以"理一分殊"说作了保留性的解释。第三，在对心、性的解释上，罗钦顺说"理之所在谓之心，心之所有谓之性，不可混而为一也"（《困知记》卷上），此与朱熹"性便是心之所有之理，心便是理之所会之地"（《朱子语类》卷五）的心性之分是相同的；但其以体用关系诠释道心、人心（见《困知记》卷上及附录《答刘焕吾》），则异于朱熹"只是一个心，知觉从耳目之欲上去，便是人心；知觉从义理上去，便是道心"（《朱子语类》卷七十八）之说。王廷相谓之人心者，自其情欲之发言之也；谓之道心者，自其道德之发言之也"（《雅述上篇》），其道心、人心之释与朱学无异；但其以性为"生之理"（有善有恶），心为"性之才"（知觉运动），其心性之分与朱学并不相同（见《王氏家藏集》卷三十二《横渠理气辩》）。

王学——对朱学的全面突破　明代理学同时在本体论、工夫论上全面地否定了朱学观点，突破了朱学笼罩的是王守仁心学，正如《明史·儒林传》所序称："姚江之学，别立宗旨，显与朱子背驰，门徒遍天下。"较之朱学，王学的学术内容要单薄得多；但其留下的可供扩展、可供诠释的理论空间却甚为深广。这里，我们选择其破解朱学、自身的理论特色和走向衰落三个观察角度来审视王学的思想内容。

　　破解朱学　王守仁心学"背驰"或者说破解朱学，归纳言之，实是两个方面。其一，是对朱学本体"理"或"太极"之客观性的消解。王守仁说：

> 　　理也者，心之条理也。是理也，发之于亲则为孝，发之于君则为忠，发之于朋友则为信。千变万化，至不可穷竭，而莫非发于吾之一心。（《阳明全书》卷八《书诸阳伯卷》）
>
> 　　虚灵不昧，众理具而万事出，心外无理，心外无事。（同上书卷一《传习录上》）

可见，在王守仁这里，"理"实际上是心之认知、知觉功能的产物，不再是如朱学所认定的那样心之外的、高于心的作为某种"万物之根""本然"的独立存在。其二，是对朱学工夫中内外之分的破除。王守仁说：

> 　　行之明觉精察处即是知，知之真切笃实处便是行……元来只是一个工夫。（《阳明全书》卷六《答友人问》）
>
> 　　格物如孟子"大人格君心"之"格"，是去其心之不正，以全其本体之正。（同上书卷一《传习录上》）
>
> 　　道问学即所以尊德性也，晦翁言"子静以尊德性诲人，某教人岂不是道问学处多了些子"，是分尊德性、道问学作两件，且如今讲习讨论，下许多工夫，无非只是存此心，不失其德性而已。（同上书卷三《传习录下》）

不难看出，在朱学中是作为一种实践过程来理解的"行"①，在王守仁这里被理解为一种认识过程；在朱学中作为是对外界事物认识过程的格物②，在王守仁这里被解释为内心修养过程；在朱学中是"交相发""两轮"关系的两种修养工夫③，在王守仁这里被解释为一种修养工夫中的目标与过程，或目的与手段的关系。而正是这三个创造性的解释破除了朱学有内外、先后、本末之分的工夫论④，工夫只是一个"知行合一"，一个"存心"，一个"不失德性"。

姚江心学与金溪心学、江门心学之差异⑤ 王守仁心学在本体论和工夫论上对朱学的破解是相当彻底的。正是这种彻底性，使其与先前的南宋金溪陆九渊心学及同时代的湛若水江门心学区别开来。换言之，在宋明理学中，王学不仅能在与程朱理学的对勘中，同时也能在心学阵营内部的相互比较中，显示自己的理论特色。在王守仁看来，陆九渊倡发明本心，"简易直接，真有以接孟子之传"（《阳明全书》卷七《象山文集序》），但其格物致知之论，"亦未免沿袭之累"（同上书卷五《与席元山》），有"见得未精处"（同上书卷六《答友人问》）。陆九渊虽提出"心即理"，确立了宋明理学中与朱熹理本论对峙的基本理论观念，但他在对"理"的内涵作界定时，认为"此理在宇宙间，固不以人之明不明、行不行而加损"，"此理乃宇宙所固有"（《象山全集》卷二《与朱元晦二》）。可见在陆九渊心学中，北宋二程以来作为本体的"理"，其客观性尚未被他的"心"消融净尽。这就使

① 朱熹解说知行曰："知与行须着并到，知之愈明则行之愈笃，行之愈笃则知之益明，二者皆不可偏废。"（《朱子语类》卷十四）

② 朱熹训格物说："夫格物者，穷理之谓也。盖有是物必有是理，然理无形而难知，物有迹而易睹，故因物以求之，使是理了然心目之间，而无毫发之差。"（《朱文公文集》卷十三《癸未垂拱奏札》）

③ 朱熹训释"尊德性""道问学"曰："尊德性，所以存心而极乎道体之大也。道问学，所以致知而尽乎道体之细也。"（《中庸章句》）又曾界定"居敬""穷理"曰："居敬是个收敛执持底道理，穷理是个推寻究竟底道理。"（《朱子语类》卷九）朱熹之尊德性、道问学以存心、致知为训，故大体相当于居敬、穷理之修养工夫。

④ 朱熹于修养工夫曾有内外、本末、先后之分，如谓"论先后，知为先；论轻重，行为重"（《朱子语类》卷九），"持敬是穷理之本，穷得理明，又是善心之助"（同上），"须是内外、本末、隐显、精粗，一一周遍，方是儒者之学"（同上书卷十八）。

⑤ 此为全部宋明理学思潮中心学一派三家：南宋金溪陆九渊、明代江门陈献章（湛若水为其传衣钵者）、姚江王守仁。三家在与程朱派的对峙中，亦显示出有差异。

他将"格物致知"训解为"研究物理"（同上书卷三十五《语录下》）。虽然陆九渊的"研究物理"并不一定与程朱之"穷理"相同，尤其是当他将格物比喻为"减担子"时（同上），更明显地是指一种内心修养工夫。但陆九渊心学之观念形态在这里确实显现了"沿袭"的痕迹，而这种痕迹在王守仁心学中就不再出现了。王守仁解说"天理"曰"此心无私欲之蔽，即是天理"（《阳明全书》卷一《传习录上》），界说"物"曰"意之所在便是物"（同上），宋代理学中，理与物之客观性在这里全部被化解，"格物"也就逻辑地被解释为格心，即"去其心之不正"。正是在这新的心学角度上，王守仁观察到并判别出陆九渊的"沿袭"和"未精"之处，宋明理学中的心本论获得了真正突破朱学的最重要的理论进展。

湛若水的心学思想是明代理学中一个与王守仁心学在理论特色和发展方向皆有不同的心本论。这一不同在湛若水致王守仁的一封信中清晰地显示出来：

> 昨承面喻《大学》格物之义，以物为心意之所著，荷教多矣。但不肖平日所受益于兄者，尚多不在此也。兄意只恐人舍心求之于外，故有是说。不肖则以为人心与天地万物同体，心体物不遗，认得心体广大，则物不能外矣。（《甘泉文集》卷七《与阳明鸿胪》）

王守仁、湛若水共同持有"心外无事，心外无物，心外无理"的心学基本观点①，但从此信可以看出王、湛心学于此间甚有差异：王守仁"心外无物"是用"心"完全消融掉外界之物的客观性（"以物为心意之所著"）之后的一个必然的逻辑结论，既然如他所说事物是"意之所在"，那么也就如他所说："天没有我的灵明，谁去仰他高？地没有我的灵明，谁去俯他深？鬼神没有我的灵明，谁去辩他吉凶灾祥？"（《阳明全书》卷三《传习录下》）其结论就是"千变万化，莫非发于吾之一心"。而湛若

---

① 王守仁著名的论断是"心外无物，心外无事，心外无义，心外无善"（《阳明全书》卷四《与王纯甫二》），湛若水对此表示赞同，认为"心外无事，心外无物，心外无理，三句无病"（《甘泉文集》卷七《答太常博士陈惟浚》），并提出自己的一个著名论断："何谓心学，万事万物莫非心。"（同上书卷二十《泗州两学讲章》）

水的"万物莫非心"的观点则主要是由扩充心的主观性（"认得心体广大"）而产生的一种体验、感悟，正如他所说："心体物而不遗，何往而非心"（《甘泉文集》卷七《答太常博士陈惟浚》），"吾之所谓心者，体万物而不遗者也，故无内外"（同上书卷七《答杨少默》）。故王、湛的差异可以简约地表述为"心无外"与"心包内外"之间的差异。在哲学的义蕴上，此是将一切外界事物皆化解为心（知觉）之表现（感知），与认为一切事物皆可包容在知觉（心）之中（皆被感知）两个观念或论断之间的差异。这种差异映现在明代理学的发展演变中，就是湛若水心学未能如王守仁心学那样摆脱、突破朱学的笼罩，开拓更大的心学规模。在湛若水心学中，就本体论而言，"心"虽然"体万物而不遗"，但万物与天理作为被"体"，即被感知被体认的对象，其客观性并没有被消融。湛若水曾界说"天理"曰："天理者，吾心中正之本体而贯万事者也，天理二字不落心事，不分内外，何者？理无内外心事之间故也。"（《甘泉文集》卷七《复洪峻之侍御》）"理只是一个理，而谓之天理者，明其为自然不由安排耳，象山从而非之，浅矣。"（同上书卷二十三《语录》）显然，此"天理"是独立于人之心意的客观实在。湛若水还曾说："夫学不过知行，知行不可离，又不可混。"（同上书卷七《答顾若溪金宪》）"鄙见以为如人行路，足目一时俱到，涵养进学岂容有二？涵养致知一时并在，乃为善学也。"（同上书卷七《答太常博士陈惟浚》）所以就工夫论而言，湛若水既未能从工夫之性质上破解朱学的知与行、涵养与致知的两种工夫之分，更又在工夫之功能的意义沿袭了朱学的两种工夫相发相助之论，凡此皆见其未能跨越朱学樊篱。湛若水在王守仁死后比较与其在学术思想经历上的差别时曾说："阳明公初主格物之说，后主良知之说，甘泉子一主随处体认天理之说。"（同上书卷三十一《阳明先生王公墓志铭》）这是完全符合历史实际的，湛若水的心学思想和整个江门学派的心学思想都是结束在"随处体认天理"中。其"随处体认"，一定程度上显现的是明代心学开风气者江门陈献章的"自然""养端倪"的心学特色①，其"天理"，潜

---

① 陈献章关于修养方法特色的著名论断是"为学须从静坐中养出端倪方有商量处"（《白沙子》卷二《与贺克恭黄门》），"学者以自然为宗，不可不著意理会"（同上书卷二《遗言湛民泽》）。

蓄着的却完全是朱学的实质。因此，湛若水心学不可能有离开朱学更远的发展，其后的江门学派的学术归向也只能是在融入王学或偏向朱学之间摆动。而王守仁心学却能在以格物说消融了朱学中本体之理的客观性和工夫论的涵养与致知或知与行的两元之分，完全地突破了朱学的笼罩后，并继以良知说将其心学推向更高的发展①；这一发展相对于明代理学气本论将朱学中宇宙论对象演变、升越为具有本体性内涵的概念而言，这里则是将理学中的工夫论观念转变为、升越为本体论观念，"一悟本体，即是工夫"（《阳明全书》卷三《传习录下》），形成了"本体工夫合一"（同上）的王学根本特色和"门徒遍天下"的风靡之势。

"良知"三义 王学的理论特色，还显现在其独特的"良知"说中。王守仁的"良知"是个内涵丰富、有多种界说但却仍是模糊而不易确定的范畴。归纳言之，这些界说大体上可分属三个方面。一是本体。王守仁说："良知者，心之本体。"（同上书卷二《传习录中》）作为心之本体的良知，王守仁似乎是指其具有超越于个人之上的人人之所同的性质，所谓"良知之在人心，无问于圣愚，天下古今之所同也"（同上）；具有是人人所固有的性质，所谓"不由见闻"（同上）、"不假外求"（《阳明全书》卷一）、"当下具足"（同上书卷二）。王守仁对良知的这种本体性有很多的描述解说，诸如"本然""本来面目""未发之中"②，良知是王守仁对其心学前期的"心即理"之"心"或"心外无物"之"心"的本体的升华。二是工夫。王守仁说"心之虚灵明觉，即所谓本然之良知也"（同上书卷二《传习录中》），"知善知恶是良知"（同上书卷三《传习录下》），

① 对于王守仁心学思想的演变，总其门人、友人所见有三。一为钱德洪所归纳的"为教三变"："居贵阳时，为知行合一之说；自滁阳后多教学者静坐；江右以来，始提致良知。"（见其《刻文录叙说》，载《阳明全书》卷首）二为王畿所总结的"学成之后又三变"："自此以后，以默坐澄心为学的；江右以后专提致良知；居越以后所操益熟，所得益化，时时知是知非，时时无是无非。"（见《龙溪文集》卷二《滁阳会录》）三为湛若水所判定"阳明公初主格物之说，后主良知之说"。比较而言，弟子之见，乃其师修养方法、境界的细微变化，王学的理论观念的阶段性发展，应以湛若水所见初主格物（实涵括心即理、格物即正心、知行合一之三说）、后主良知为的确。

② 如王守仁曾谓"凡致知者，致其本然之良知而已"（《阳明全书》卷二十七《与陆清伯书》），"'本来面目'即吾圣门所谓良知"（同上书卷二《答陆原静书》），"良知即是未发之中，即是廓然大公，寂然不动之本体……无前后内外而浑然一体者也"（同上）。

所以在王守仁心学中，作为心之本体的良知，还内蕴着知觉功能和认知、修养活动，即工夫。良知也因此内蕴着本体与工夫的合一，王守仁说"心无体，以天地万物感应之是非为体"（同上），心之知觉功能和人之修养实践，不仅是心之本体良知的表现，而且就是本体良知本身。这样，在良知说中就出现了理学中所特有的工夫向本体的升越，本体不离工夫，工夫即是本体，亦即王守仁所说："合着本体的是工夫；做得工夫的方识本体。"（同上书卷三十二《传习录拾遗》）三是境界。王守仁良知的最为复杂而模糊的内涵，是指由经历或体验而产生的一种精神境界。王守仁曾说"某于良知之说，从百死千难中得来，非是容易见得到此"（见钱德洪《刻文录余说》），"人若知这良知诀窍，随他多少邪思枉念，这里一觉，都自消融，真个是灵丹一粒，点铁成金"（《阳明全书》卷三《传习录下》）。可见在王守仁这里，良知虽是本体、是工夫，但本质上实是一种境界。良知的真正发见，本体与工夫的合一，总是以一种境界显现，即由丰富的人生经历和精神经历升华、凝结成的一种充分的道德理性自觉；在这种自觉或境界中，外在的表现儒家伦理的事事物物，似乎已被内化为自然、本然。人的经历总是不同的、多样的，此种境界的表现即良知的发见，总是因人因事而异，所以王守仁说："良知即是'易'，其为道也屡迁，不可为典要，惟变所适。"（同上）这种境界或道德理性自觉高于逻辑，难以语言表述，而只能见于事为中，所以王守仁又说："良知本是明白，实落用功便是，不肯用功，只在语言上转说转糊涂。"（同上）

王学之流弊与衰落 王守仁良知说将传统理学（程朱学）对客观之理的探寻转向对内心状态的体察，变传统理学的涵养致知之分为知行合一、本体工夫合一，在理学中引起巨大变革，学者视为"自孔孟以来，未有若此之深切著明者也"（《明儒学案·师说·王阳明守仁》）；使得如《明史》所说，"嘉隆而后，笃信程朱，不迁异说者，无复几人矣"（卷二八二《儒林传》），即在明代中后期的百年间，王守仁心学成为占据理学舞台的主要角色。但是，亦如《明史》所说，"姚江之学，流传逾百年，其教大行，其弊滋甚"（同上），王守仁心学在兴盛的同时，流弊随之出现而使其趋向衰落。《明史》所谓王学"其教大行，其弊滋甚"，实际上是指作为一种儒学理论的王学在其流传中，非但不能指导、激励人们的伦理道德实践，反而破坏着这种实践。而这种情况的发生，在王守仁的良知说中已埋下根源，并很快被王门弟子观察到或感受到。其一，王守仁以空泛之"本然"、本然之"无善无恶"来界说心之本体，这就使王学最高的精神追求和境界中的儒家善的伦理价值取向被模糊、被取消。王守仁的江右弟子邹守益说："近来讲学多是意兴，于戒惧实功，全不著力，便以为妨碍自然本体，故精神浮泛，全无归根立命处。"（《东廓文集》卷五《与余柳溪》）"全无归根立命处"，即缺乏稳定的、明确的具有道德价值内涵的精神本体，正是王学的弊端之由。王学后学所理解和企望达到的精神境界，实际上并不具备或者说丧失了儒家的伦理精神，江右再传弟子王时槐对此有所观察曰："学者以任情为率性，以媚世为与物同体，以破戒为不好名，以不事检束为孔颜乐地，以虚见为超悟，以无所用耻为不动心，以放其心而不求为未尝致纤毫之力者。"（《明儒学案》卷二十《江右王门学案五·王塘南先生时槐·语录》）其二，王守仁以心之知觉功能界定良知，认为"七情顺其自然之流行，皆是良知之用"，"流行处当下具足，更无去求，不须假借"（《阳明全书》卷三《传习录下》），这在王学后学中也开启了一个弊端，即达到良知境界所需经历的道德实践过程被削弱了，甚至被取消了。王守仁的江右门人罗洪先对此有所觉察，曾自谓曰："从前为'良知时时见在'一句误却，欠却培养一段功夫。"（《念庵文集》卷三《与尹道舆》）浙中再传弟子张元忭对良知说引起的道德践履的疲衰有更深入的观察："近世谈学者，但知良知本来具足，本来圆通，窥见影响，便以为把柄在手，而不复知有戒慎恐惧之功，以嗜欲为天机，以情识为智慧；自以为寂然不动，而妄动愈多，自以为廓然无我，而有我愈固，名检荡然，阳明之良知，果若是乎！"（《张阳和文选》卷一《与许敬庵》）

一般说来，王守仁殁后的王学形势是，浙中王门以王畿（龙溪）为代表，进一步以知觉释良知，以虚寂释良知①，更明显地表现出接近、吸纳佛老的倾向，倡"真性流行，始见天则"（《龙溪文集》卷十六《赠思

① 如王畿界说良知曰："良知本寂本虚，不学不虑，天植灵根，天浚灵源，万事万化，皆从此出，无待于外也。致知之功，存乎一念之微，虚以适度，不为典要，寂以通感，不涉思为。"（《龙溪文集》卷十七《渐庵说》）并提出"舍知觉无良知"（同上书卷十《答念庵》）。

默》），显化和发展了良知说中所固的、容易导人越出儒家规范的弊端，致有如《明史》所述"士之浮诞不逞者，率自名龙溪弟子"（卷三八三《儒林传·王畿》）。而以邹守益为代表的江右王门弟子对良知说滋生的弊端观察、感受得比较深切，他们的心学观点虽相互也有歧异，但多是围绕救除良知说流弊而发，并大体上可归纳为两个方面。其一，对良知说的本体理论之救正。主要是在良知中注入作为最终根源的确定性和道德性内涵。如邹守益完全从正面价值对良知作界定说："良知之本体，本自廓然而大公，本自物来顺就，本自无我，本自无欲，本自无拣择，本自无昏昧放逸。"（《东廓文集》卷五《复右廉伯郡守》）欧阳德驳正以知觉训释良知曰："知觉与良知名同而实异，凡知视、知听、知言、知动，皆知觉也，而未必皆善。良知者，知恻隐，知羞恶，知恭敬，知是非，所谓本然之善也。"（《欧阳南野文选》卷一《答罗整庵》）凡此皆可见江右王门在良知本体中突出了儒家传统的善之道德内涵，其旨在恢复、明朗被"无善无恶心之体"之说模糊、削弱了的良知境界中儒家伦理精神。江右王门在对良知的诠释中还增入了确定性内涵，其以聂豹、罗洪先为代表。如聂豹说："良知本寂，感于物而后知；知，其发也，不可遂以知发为良知，而忘其发之所自也。故学者求道，自其主乎内之寂然者求之，使之寂而常定。"（《双江文集》卷八《答许玉林》）罗洪先表述了相同的看法："心有定体，寂然不动……心体惟其寂也，故不可以见闻指。"（《念庵文集》卷三《答陈明水》）良知本寂说强调，作为本体的良知是一种确定的、寂然自足的根源，旨在将良知本体与作为其功能的种种外在表现（如知觉）区别开来①，没有这种确定性，没有这种区别，良知本体就会在流变的知觉功能显现中被

---

① 聂、罗"良知本寂"说的此种旨意，在当时未能得到王学同门的谅解，史称"王龙溪、黄洛村、陈明水、邹东廓、刘雨峰各致难端"（《明儒学案》卷十七《江右王门学案·聂双江先生豹》）。同门致难质疑，要之有二：一是疑其与释氏之"寂"相同，一是论其与王学心体动静、寂感合一之说相悖。聂豹申论之曰："夫禅之异于儒者，以感应为尘烦，一切断除而寂灭之，今乃归寂以通天下之感，致虚以立天下之有，主静以该天下之动，又何嫌于禅哉！"（同上书《双江论学书》）聂豹此论破解了与释氏相同之疑。又申论之曰："无时不寂，无时不感者，心之体也。感惟其时而主之以寂者，学问之功也。故谓寂感有二时者，非也；谓功夫无分于寂感，而不知归寂以主夫感者，又岂得为是哉？"（同上）聂豹此论谓从本体言，寂感无二时，但实践工夫中当以寂主感，此确是王学中的异见。

消解掉。其二，对致良知的修养工夫之救正。江右王门针对王学欠缺培养工夫的流弊，提出的修养方法是主敬与主静。邹守益说："圣门要旨，只在修已以敬；敬也者，良知之精明而不杂以尘俗也。戒慎恐惧，常精常明，则出门如宾，承事如祭。"（《东廓文集》卷七《答徐子融》）罗洪先说："良知该动静、合内外，其体统也，吾以主静所以致之。"（《念庵文集》卷一《答董蓉山》）主敬说将良知视为善之本体，主张以儒家的道德原则规范行为，"不使自私用智得以障吾本体"（《东廓文集》卷八《寄龙光书院诸友》）；主静说认为良知本寂，保持心之静才能应物不爽，所谓"本体复则万物备，所以立天下之大本"（聂豹《困辨录·辨诚》）。显然，江右王门之主敬与主静之修养工夫的重心有所差别，这是由于他们对良知的本质内涵的确认有所区别而造成的。但将某种具体的修养原则、路数贯注致良知中去，并要求为此做出努力，则是共同的；其旨在救正浙中王门"良知固不待修证而后全"① 的主张所带来的流弊，也是一致的。但是，由于王守仁殁后，王畿实为王学宗盟，江右之说于浙中之论虽能在理论上破之，但不能在实践中止之，遏制不了王学"其弊滋甚"情况的发展。此后，再加以佛禅思想的公开援入，致使以浙中为主体的王学在三传以后，则有如黄宗羲所见"新建之传扫地矣"②。王学由风靡一时的顶峰跌落下来了。

（4）理学之末

明代理学在对朱熹理学的怀疑和离异中，充实和展示了理学理论主题的全部内涵。就本体论而言，与朱熹的理本论相对立的气本论、心（良知）本论，在明代理学中获得了较完备的理论形态和思想内容；就工夫论而言，王守仁以"格物"说、知行合一说、良知说将与朱熹"双轮"

---

① 王畿说："良知者，性之灵根……盎然出于天成，本来真头面，固不待修证而后全。"（《龙溪文集》卷五《书同心册》）
② 黄宗羲在《子刘子行状》中曾叙述明代最后一位理学家刘宗周所置身于其中的王学颓败之状："当是时，浙江东之学，新建一传而为王龙溪，再传而为周海门、陶文简，则湛然澄之禅入之，三传而为陶石梁，辅之以姚江之沈国谟、管宗圣、史孝咸，而密云悟之禅又入之。会稽诸生王朝式者，又以捭阖之术鼓动以行其教，证人之会，石梁与先生分席而讲，而又为会于白马山，杂以因果僻经妄说，而新建之传扫地矣。"（《刘子全书》卷三十九）

或"全体工夫"① 有差异的陆九渊"先立其大"② 的修养工夫作了充分的发挥与发展。明代理学的气本论和心（良知）本论，可以分别视为是朱熹理学或宋代理学中的宇宙论的气的观念和工夫论中的心的观念，演变、升越为一种具有本体性内涵观念的结果。这样，从理论的逻辑上说，在理学的观念系统中，明代理学的三种本体论、两种工夫论和两种导致这种理论格局之形成的、发生在不同理论层面间的观念运动，既展现也耗尽了理学理论发展的全部可能性③。在这种背景下，十分自然的，承袭宋明理学固有主题、论题的清代理学，呈现出的就是一幅如同强弩之末、夕阳晚照的没有创造力的衰微没落的学术景象了。但就整个清代儒学来说，一种新的学术局面却也在这种历史契机中孕育着。这不仅是指前面已经论及的以乾嘉考据为特征的清代新经学，而且还是指后面将论及的在"六经责我开生面"④ 目标导引下，批评并试图突破、超越理学的那种新的儒学理论思潮。这一思潮中的主要代表如黄宗羲、顾炎武、王夫之、颜元等，都努力在理学主题、论题之外发掘和创造儒学智慧。

清代理学失去理论创造性的衰落征象，在乾嘉学派兴起前的清代前期，孙奇逢、陆世仪、李颙、陆陇其、李光地等几位有代表性理学家的理学思想中从三个不同的理论倾向上共同地显现出来。

和会程朱陆王 清代理学思想的一个显著特色是兼收并蓄宋明理学中有差异、有对立的不同的理学派别的思想观点。这一理论特色在清前期的

---

① 朱熹说："人心有全体运用，故学问有全体工夫……故圣贤教人，必以穷理为先，而力行以终之。"（《朱文公文集》卷五十四《答郭希吕四》）

② 陆九渊说："某屡言先立乎其大者。"（《象山全集》卷十《与邵叔谊》）

③ 明代理学最后一位具有创造性的理学家是刘宗周。他一方面承接了其先的气本论的理论传统，将其理气关系的理论观点进一步推演到心性关系中，认为离气无心，离心无性，使明代理学在这个走向上到达了终点；另一方面在心本论的走向上，他在心之结构中的知觉心理因素之外，发掘出好恶之意的心理因素作为本体，使得宋明理学中的心学本体论由"本心"到"良知"到"意"，在愈来愈深入细致中也走到了终点。他的"慎独"工夫论，也因此吸纳兼容了理学两派所共有的"敬""静""日用"三种修养方式。总之，刘宗周展示的是运用理学理论发展可能性所作的最后的创造，但仍没有逾越理学的基本理论格局。

④ 王夫之有题壁语："六经责我开生面，七尺从天乞活埋。"（《船山鼓棹初集·鹧鸪天》小注）

理学家孙奇逢、陆世仪、李颙等的理学思想中有比较明显的表现，具体言之，其一，判定宋明理学诸派所持不同的本体论和修养方法即工夫论观点，具有同等的理论和实践价值。例如，孙奇逢说：

> 诸儒继起，各以所见为发明，如周之"无欲"、程之"主敬"、朱之"穷理"、陆之"本心"、王之"良知"，皆从浩博中体认精微，所谓殊途而同归，百虑而一致……（《夏峰先生集》卷四《重刻四书说约序》）

李颙亦说：

> 孔颜思孟及宋之濂洛关闽，明之河会姚泾①，俱是医人的名医。（《李二曲全集》卷二《汇语》）

陆世仪亦说：

> 吾十有五而志于学，是孔子入门工夫，博文约礼是颜子入门工夫，日省是曾子入门工夫，戒惧慎独是子思入门工夫，集义是孟子入门工夫；他如周子之主静，张子之万物一体，程朱之居敬穷理，胡安定之经义治事，陆象山之立志辨义利；有明薛文清、胡余千之主敬，湛甘泉之随处体认天理，陈白沙之自然养气，王阳明之致良知，皆所谓入门工夫，皆可以至于道学者。（《思辨录辑要》卷二）

可见，在清代学者看来（正如我们在下面将论及的，当然不是所有的清

---

① 周敦颐家居庐山莲花峰下，名濂溪；程颢、程颐为洛阳人；张载生于凤翔郿县，属关中；朱熹生于闽之延平尤溪县，生平出处多在闽之建州（建安）。世简称五先生之学为濂、洛、关、闽。薛瑄（敬轩），河津人；陈献章（白沙），新会人；王守仁（阳明），余姚人，境内有姚江；吕柟（泾野），高陵人，境内有泾水。四学者大体上代表了明之理学中宗朱与宗陆两派。

代理学家），宋明理学诸派所倡所论，诸如本体之为理、为心、为气；修养工夫之主敬与主静，或穷理与发明本心、随处体认、致良知，皆有"所见"，皆为"入门工夫"，殊途同归，而皆可入于"精微"，"至于道学"，一言以蔽之，皆是"医人之名医"①。即是说，理学历史上，由于不同的历史情境和理学家个人特殊的生活与精神经历而形成的在理学理论主题上思想观念的差异、对立，在清代理学这里消失。本来，理学历史上主要理学派别理论观点的差别与对立，不仅是客观存在的，而且是十分明晰与重要的，因为围绕这些差别与对立的论辩曾经是推动理学理论发展的一个主要的理论因素。清代理学家对宋明理学有差异和对立的诸派，采取不作分辨的兼容的学术态度，表明他们不再具有处于理学进程中的那种历史的和理论的感受，而是站在理学进程的终点上，将理学作为一个已完成的、成熟的整体来认识和接受的。如孙奇逢在概述理学（儒学）的历史发展时曾说："上古则羲皇其元，尧舜其亨，禹汤其利，文武周公其贞乎？中古之统，元其仲尼，亨其颜曾，利其子思，贞其孟子乎！近古之统，元其周子，亨其程张，利其朱子……由濂洛而来，且五百有余岁矣，则姚江岂非紫阳之贞乎？"（《夏峰先生集》卷四《理学宗传·序》）即在他看来，从宋初理学肇端到明代王学形成，理学完成了一个完整的儒学发展周期。李颙在论及理学中的一个基本范畴"格物"之理论内涵发展时说："格物二字诸说纷纷，犹若聚讼，吾人生于其后，不妨就资之所近取益，不必屋上起屋，再添葛藤。"（《李二曲全集》卷五《锡山语要》）也是将理学视为一个自足自洽了的理论观念系统。在这个理学完成的终点的理论角度上，清代理学家观察到的是，理学尽管"诸说纷纷"，但旨在论证、维护儒家基本的伦理道德原则和道德实践的目标则是相同的；尽管出现过以程朱和

---

① 深辨之，陆世仪与孙奇逢、李颙对待先前理学亦有所别。其一，在修养工夫论上他曾批评曰："陆子静好言静，其学稍流于禅……静不如敬，后儒误认，或流为禅寂之言。"（《论学酬答》卷二《答王圣乘》）其二，在本体论上，孙李皆为王守仁"无善无恶"之论辩白，认为"阳明谓无善无恶是无善之可名，正是至善，何尝与性善相悖？"（孙奇逢《理学宗传·义例》）"性本冲漠无朕，不可以善言，况恶乎？无善之善乃为至善，有意为善，虽善亦私，此阳明立言之本意。"（《李二曲全集》卷四《靖江语要》）陆世仪则认为王守仁天泉论道"四语宗旨未妥"（《思辨录辑要》卷二十七），"无善无恶却隐隐走入释氏'离一切心即汝真性'一边去"（同上书卷二十六）。可见，陆世仪的理学立场倾向于程朱。

陆王为代表的两派明显的差异与对立，但其于完成儒学的道德实践，则是相容的、互补的。如孙奇逢说"朱王入门原有不同，及其归也，总不外知之明，处之当而已"（《夏峰先生集》卷二《答常二河》）。李颙亦说："周、程、张、朱、薛、胡、罗、吕、顾、高、冯、辛，乃孔门曾卜流派，其为学则古称先，笃信圣人；陆、吴、陈、王、心斋、龙溪、近溪、海门及邹孟流派，其为学也反己自认，不靠见闻，亦不离见闻，各有所见，各有所得，合并归一，学斯无偏。"（《李二曲全集》卷十五《授学纪要》)①清代理学对宋明理学中出现的理论分歧，采取兼容的学术态度或理论立场，本身正是理学衰落的一个重要表征，曾经是理学发展动力和主要表现的理学思想派别间的理论差异与对立，在清代理学这里失去了意义，清代理学家已不能在这种差异与对立中注入新的理论智慧、理论内涵，以推动理学进一步发展，开创理学新面貌。理学演流至清代，其观念渊源已经枯竭。

其二，和会宋明理学对立派别的理论观点或论题。清代理学家在将宋明理学诸派的理学观点认定为具有同等的价值而兼容的同时，常是在自觉不自觉中毫无观念障碍地将宋明理学中属于对立理论派别的、在不同理论层面或理论主题中的具有不同理论内涵的论题、范畴混合起来，以构筑自己的理学思想。孙奇逢曾说：

> 学者须先识得此心是何物，……此必用慎独功夫。（《夏峰先生集》卷十四《语录》）
> 千圣万贤俱是发明此理，只一个随时随事体认此理。（同上）
> 不睹不闻是本体，戒慎恐惧是工夫，此不待问而知。阳明曰"见得真时，戒慎恐惧是本体，不睹不闻是工夫"，是合本体工夫而一之也。初学未能合一，须认得本体分明，实实下手作工夫，久之方得融成一片。（《夏峰先生集》卷二《答王五修》）

---

① 李颙此处列举二十位宋明学者，大体代表了宋明理学之程朱、陆王两派，黄宗羲《宋元学案》《明儒学案》皆有案传。唯辛全（字复元），因刘宗周对其持极贬斥之态度，黄宗羲未予立案传，仅在《东林学案·高攀龙·论学书》附注中略作介绍。

此可见孙奇逢的理学思想，在修养工夫论上具有吸纳、糅合金溪、江门、姚江各家心学观点的特色，故清代学者评断其学，既曰"其学以慎独为宗，体认天理为要，以日用伦常为实际"（魏裔介《兼济堂文集》卷十一《孙征君先生传》），又曰"奇逢之学，原本象山、阳明"（《清史稿》卷四八六本传）。但是，孙奇逢又曾说：

> 太极者，极至之理，所以生天生地、生人生物者也。天地人物未生之先，只此一太极以立其体；天地人物既生之后，统此一太极以妙其用。寂然不动，太极之静也；感而遂通，太极之动也。动静之相续浑然处，莫非太极之流行，非动极之外复有太极也。（《日谱》卷二十二）
>
> 浑沌之初，一气而已，其主宰处为理，其运旋处为气，指为二不可，混为一不可。（《夏峰先生集》卷十二《语录》）

这里又清晰地显示出孙奇逢理学本体论、宇宙论的观点，却是离开陆王心学而蹈袭着程朱的理学思路。李颙的理学思想也是程朱、陆王两派本体论、工夫论观点混合而成的。李颙称自己的理学是"明体适用之学"，并多次解说其学的内容或完成的过程曰：

> 必以致良知明本体，以主敬穷理存养省察为工夫。（《李二曲全集》卷十五《富平答问》）
>
> 自象山以至慈湖之书，阐明心性，和盘倾出，熟读之则可以洞斯道之大源，夫然后日阅程朱诸录及康斋、敬轩等集，以尽下学之功，收摄保任，由工夫以合本体，由现在以全源头，下学上达，内外本末一以贯之，始成实际。（同上书卷五《体用全学》）

不难看出，李颙援用宋明理学中对立两派的理论观点来拼接自己的理学思想，比孙奇逢更明显、自觉，而且恰与孙奇逢相反，他的理学之本体论浸润着心学性质而工夫论则是走程朱路数。如前所述，在朱熹理学和王守仁心学中，本体论和工夫论在逻辑上是一致的，即理本论和穷理的工夫论之间，良知本体论和致良知的"工夫即本体，本体即工夫"的工夫论之间都有逻辑上必然发展的联系。孙奇逢、李颙的本体论与工夫论理学思想，实际上是将对立的朱、王的本体论、工夫论观念错位地拼接、混合，其间就失去了、不存在这种逻辑联系。这里映现出清代理学的肤浅和辨析力的衰退，他们没有感到自己和会朱、王的理学思想中存在着逻辑混乱，没有发觉其在观念源头上的深刻矛盾。似乎他们都没有真正地、深入地涉入朱熹或王守仁的各自独特的理学境界。

比较宋明理学而言，孙奇逢、李颙理学思想中的这种逻辑上的混乱与矛盾，在陆世仪那里也发生了，只是不是发生在本体论与工夫论两个不同的理论层面间，而是发生在本体论层面的理本与气本之间，或者也可以说是发生在本体论层面与宇宙论层面之间。陆世仪说：

> 太极在阴阳之先，在阴阳之中，只不在阴阳之外。在阴阳之先者，统体之太极也，不杂之太极也，必先有是理，然后有是气也，所以然之理也。在阴阳之中者，物物之太极也，不离之太极也，既有是气，即有是理也，所当然之理也。若阴阳之外，则无太极，所谓除却阴阳不是道，惟二氏则外阴阳而言太极。（《思辨录辑要》卷二十三）

> 理气是一齐有的……此就天地已生后论；朱子谓理先于气，是就天地未生前论……譬如人著新衣，忽生虮虱，此气之所成也，然必有生虮虱之理而虮虱生，衣服外面则不生矣。无是理故无是气也，岂非理先于气乎？（同上）

可见，陆世仪认为，就本体（理）作为万物"所以然"的缘起的根源而言（"天地未生前"），理在具体事物或气之先（"在阴阳之先"）；当理落实到宇宙层面上涌现出具体事物时（"天地已生后"），理气又是不可分（"在阴阳之中"）的。显然，在本体论的核心论题理气关系上，陆世仪是坚持朱学的理本论立场的，他并以此批评明儒薛瑄、罗钦顺说："朱子'理与气决是二物'云云，是说不杂阴阳之太极，整菴疑是，知其一不知其二也，薛文清见亦同此。"（《思辨录辑要》卷二十三）曾经是困扰全部明代理学的一个疑团在清代理学中却化解了①。但是，当论及在程朱理学中属于本体论的另一个论题性理气关系时，陆世仪却不自觉地踏入了气本论的樊篱，陆世仪说：

> 有气质而后有性也，不落气质，不可谓之性，一言性便属气质。
> （《思辨录辑要》卷二十六）
> 必先有气质而后有性，性无气质，无所附丽也。（同上）

不难看出，这与明代理学中的气本论者，如前已论及的罗钦顺、王廷相的离气无性观点，几乎是完全相同的。因此他也与明代理学的气本论者一样，否弃了程朱理学的"两性"之说。他在回答门人"宋儒又言性有义理之性、有气质之性，性岂有二乎"之问时，明确地说"不然"（《思辨录辑要》卷二十六），"只是一个性"（同上书卷二十八）。他认为在性的理论观点上，"禅和方外固非，分性为二者亦非"（同上书卷二十七），即以性为某种寂静之本然的佛老及以性有义理（本然）、气质之分的宋儒皆非；并进而判定"离气质而论性，必至入禅"（同上书卷二十六）。此与王廷相对朱熹的批评也极相似。从逻辑的角度观察，明代气本论由气外无理、理气不可分的观点导出离气无性，气质之性之外无"义理之性"的结论，是很自然的、一贯的；而在陆世仪这里，由理本论的理在气先、理气为二的基本观点跨到"先有气质而后有性""气质之外无性"的新结论上，其在逻辑上的混乱、矛盾则是很显著的了。深入辨析即可发现，陆世仪的逻辑混乱与矛盾发生在未能自觉两个理论层面间的论题性质的差异与转换，即当陆世仪论说"理气为二"论题时，他是立在理先气后的本体论的立场上；而当他论说"不落气质，不可谓之性"，"性无气质，无所附丽"，从而认定只有一气质之性时，他的论题已转移到本体之理落实到宇宙论的层面上了；陆世仪的混乱与矛盾还不在于在这个宇宙论层面上得出的这个结论本身，而在于以这个结论去否弃本体论层面上的结论。朱熹

---

① 下面将论及，在代表清代理学另外两个理论倾向的理学家陆陇其、李光地那里，对理气关系亦作如是诠解。而在明儒中，正如陆世仪观察所见："理先于气一语，明儒中惟昆山魏庄渠见到，余则多有未曾论及者，或者论及而终于格格者，乃知此处工夫急切，正未易到。"（《思辨录辑要》卷二十三）

曾多次论说，"气质是阴阳五行所为，性即太极之全体。但论气质之性，则此全体堕在气质之中，非别有一性也"（《朱文公文集》卷六十一《答严时亨一》），"气质之性，只是此性堕在气质之中，故随气质而自为一性，正周子所谓各一其性者。向使原无本然之性，则此气质之性又从何处得来？"（同上书卷五十八《答徐子融三》）"凡言性者，皆因气质而言，但其中自有所赋之理尔"（同上书卷六十一《答林德久六》）。不难看出，朱熹认为在宇宙论的层面上（"太极堕在气质中"，亦前引朱熹所谓"以流行而言"），如同理气不可分一样，本然之性与气质之性亦不可分，在这个意义上，也可以说只是"一性"，但追溯到本体论上的根源（"太极"或前引朱熹所谓"以本体而言"），气质之性仍自"本然之性"处来，仍先有"所赋之理"。可见，朱熹理学的"两性"之说，在逻辑上乃是其本体论层面上理气二分说的一个同值结论；就像在朱熹理学中，不能以其宇宙论层面上的"理气不可分"否定其本体论层面上的"理气决为二"一样，也不能以其宇宙论层面上的两性杂（某种意义上的"一性"）否定其本体论层面上的两性离。朱熹亦曾多次在这里提醒他的理论追随者说："才谓说性，便已涉乎有生而兼乎气质，不得为性之本体也。然性之本体亦未尝杂，要人就此上面见得其本体元未尝离，亦未尝杂耳。"（《朱子语类》卷九十五）"才谓之性，便是人生以后，此理堕在形气之中，不全是性之本体矣。然其本体又未尝外此，要人即此而见得其不杂乎此者耳。"（《朱文公文集》卷六十一《答严时亨一》）陆世仪当然是朱熹理论的追随者，他极为推崇、服膺朱熹的理气之说，认为"朱子'理与气决是二物'一语，煞是下得倒断，无本领汉决说不出"（《思辨录辑要》卷二十三），"先儒论理气，既曰理在气中，又曰理先于气；既曰即气是理，又曰理与气决是二物，凡此等处俱要看得历历分明，绝无分毫窒碍方是学问"（同上），并以此批评明代气本论的理气观是"知其一不知其二"。然而，陆世仪却正是在性理观上以宇宙论层面上的一性（气质之性，朱熹之"两性杂"）否定了本体论层面上的两性说（朱熹之"两性离"），背离了朱熹理学的理本论立场，蹈袭了被他所批评的对象的覆辙。何以陆世仪不能在性理观上将理本论的理气观坚持到底，毫无觉察在性理观上离异朱学而发生的逻辑上的混乱、矛盾？此源于他对朱熹理学中"理先气后"与"理气无先后"两个命题理解上的不准确，或者说是错误。如前所论，"理先气后"与"理气无先后"（"理在气中"）分别是朱熹理学在本体论层面上"推其本"（即"以本体而言"）与宇宙论层面上"从物上看"（即"以流行而言"）的论题，是朱熹理学对世界总体、统一的全部过程所作的深刻的、具有辩证色彩的哲学思考。但是，陆世仪却向这两个论题内注入浅近的感性经验的内容，将这表述统一过程或总体状态之不同理论层面的两命题，理解为是对世界两个具有实质不同的阶段或状态的表述，即他认为理先气后"是就天地未生前论"，理气不可分（理在气中）"是就天地已生后论"；而关于"性"的种种问题，在陆世仪看来，都是在天地生成后的世界状态中、在理在气中的论题范围内发生的；在天地未生前的理先气后论题范围内不存在性的问题，故他说"性成于形生神发之后，则必有气质而后有性"（《性善图说》），"论性断离不得气质，一离气质便要离天地。盖天地亦气质也，一离天地则于阴阳外别寻太极，于阴阳外别寻太极，则太极不落于虚空即同于一物"（《思辨录辑要》卷二十六）。从理学的理论逻辑来观察，陆世仪对世界状态作"天地未生之前"与"天地已生之后"的实质性但也是经验性的区分，致使他的理学本体论与宇宙论之间的理论联系断裂，因而感受不到更消除不了他在宇宙论层面上的论断与其本体论观念发生的矛盾、产生的悖论。在清代理学兼容宋明理学诸派的这一理论倾向中，这里又一次显露出清代理学理论水平与辨析能力的衰退。

笃守朱学 总的来说，由于国家政权的推崇①，清代理学仍是处在朱学的笼罩之下，但真正能在准确地理解的基础上笃守朱学的理学家并不多，其中即使不是唯一的也是最重要的程朱理学家是陆陇其②。陆陇其笃守朱学的主要表现是，其一，对朱学历史地位的判定。陆陇其在致友人书中反复说：

---

① 清顺治二年（1645年）颁布《科场条例》，沿袭明制，科举考试的义理标准仍以程朱理学对儒家经典的诠释为根据。

② 有清一代人祀孔庙者三人：陆陇其、汤斌、张伯行。汤斌曾致信陆陇其曰："今天下真为程朱之学者，舍先生其谁归？"（《汤子遗书》卷四《答陆稼书》）张伯行为陆陇其文集作序亦说："自本朝以来，文教既盛，理学辈出，其笃信朱子之道而力行之者，尤莫如陆稼书先生。"（《正谊堂文集》卷七《陆稼书文集序》）可见，陆陇其被其同时代的理学家推崇为程朱派理学的宗主。

陇其尝窃以为孔孟之道，至朱子而大明，其纪事载于《年谱》《行状》，其言语载于《文集》《语类》，其示学者切要之方，则见于《四书集注》《或问》《小学》《近思录》，其他经传凡经改定者，悉如化工造物，至矣尽矣，不可以有加矣。……学者但患其不行，不患其不明；但当求入其堂奥，不当又自辟门户。（《三鱼堂文集》卷五《上汤潜菴先生书》）

愚近年所见，觉得孟子之后，至朱子知之已极其明，言之已极其详，后之学者不必他求，惟即其所言而熟察之，身体之，去其背叛者，与其阳奉而阴叛者，则天下之学，无余事矣。（同上书卷六《答某》）

在陆陇其看来，孔孟儒学在朱学这里已达到登峰造极的发展，最终的完成，"至矣尽矣，不可以有加矣"；以朱学为代表的理学或儒学已没有理论上进一步发展的必要和可能，"但当入其堂奥，不当自辟门户"。所以，此后的学者对于朱学只当学之行之而已。陆陇其对朱学历史地位的这种判定，和由此而产生的对朱学的因循固守的态度，固然是在清代理学中朱学所处的崇高学术地位的一种反映，但也是清代理学衰落的一种反映，是清代理学家不能形成更新的文化观念和理论观念注入理学，以推动理学的进一步发展的表现。

其二，对异于朱学的理学派别之批评。如前所论及，对朱学历史地位的这种认为是孔孟儒学最终完成的评价，在明初程朱派理学家如薛瑄等那里已经出现，但是，亦如前所论及，明代程朱派理学家在理论思辨水平上并没有达到朱学的高度，他们将朱学本体论中对世界总体过程的形上思考作了某种经验的理解，致使非但没有能真正固守住朱学的理论立场，反而开启了明代理学中与朱学理本论相对立的气本论的理论走向。陆陇其与此不同，他对朱学有准确的理解，并在此立场上对明清理学中与朱学对立的三个主要派别或思潮——心本论、气本论、和会程朱陆王论——有所回应，有所批驳。

朱学形成后所遇到的一个最有力的挑战与对立派别，无疑是王守仁心学，陆陇其说"阳明之学不熄，则朱子之学不尊"（《三鱼堂文集》卷五《上汤潜菴先生书》），所以他对理学中朱学之外的异学批判，其矛头主要是指向王学。他说：

阳明以禅之实而托于儒，其流害固不可胜言矣。然其所以为禅者如之何？曰：明乎心性之辨则知禅矣，知禅则知阳明矣……程子曰"性即理也"，邵子曰"心者，性之郛郭也"，朱子曰"灵处是心不是性"。是心也者，性之所寓而非即性也；性也者，寓于心而非即心也，先儒辨之亦至明矣。若夫禅者则以知觉为性，而以知觉之发动者为心，其所以灭彝伦、离仁义，张皇诡怪，而自放于准绳之外者，皆由不知有性，而以知觉当之耳。何则？既以知觉为性，则其所欲保养而勿失者，惟是而已，一切人伦庶物之理，皆足以为我之障，而惟恐其或累，宜其尽举而弃之也。阳明言性无善无恶，盖亦指知觉为性也，其所谓良知，所谓天理，所谓至善，莫非指此而已……充其说，则人伦庶物，固于我何有，而特以束缚于圣人之教，未敢肆然决裂。其继起者，则直以禅自任，不复有所忌惮，此阳明之学所以为祸于天下也。（《三鱼堂文集》卷二《学术辨中》）

朱熹曾说："上蔡云：'佛氏所谓性，正圣人所谓心；佛氏所谓心，正圣人所谓意。'心只是该得这理，佛氏元不曾识得这理一节，便认知觉运动做性。"（《朱子语类》卷一百二十六）明代程朱派理学家亦曾说："《传习录》有云：'吾心之良知，即所谓天理也。'……此皆以知觉为性之明验也。"（《困知记续》卷上）可见，宋明程朱理学家早已判定，儒释性之论实际上是分属于两个不同的理论层面，理学家"性即理"命题内涵是以性为人或物的本然之则，此性就人而言，以心为其"寓"，为其"郛郭"，是本体论层面上的范畴；禅家"知觉为性"（或"作用是性"）命题表述的是人心之功能（或人生之功能），此"性"即是心（或生），是宇宙论层面上的范畴。也早已判定，王守仁"以良知为天理"也正是以心为性，以知觉为性，因而同于禅学①。陆陇其在这里从本体论角度对王学的批评，完全是固守着朱学的理论立场。重复着朱学的观点。特殊之处，是他作为曾经历明代灭亡的清代前期理学家，王学从兴起到衰落的全

---

① 罗钦顺判定王学为禅学，除据王守仁之"良知—天理"说外，还据其"格物—正意"说，认为其是"局于内而遗其外，禅学是已"（《困知记附录·与王阳明书》）。

过程都处在他的审视之中，他能比较准确具体地、确有所据地指出王学所产生的严重社会后果。他观察到王学以知觉为性的观点中潜伏着一种理论倾向，一种逻辑必然，即将人伦物则视为是人之性的束缚、负累；会导致"自放于准绳之外""不复有所忌惮"，即对伦理道德实践的削弱与破坏。应该说，这些在王学末流那里正是如此发生的。陆陇其还从工夫论的角度对王学进行了同样批评，他说：

> 《语类》曰："闻是闻前言往行，见是见目今所为"，今当依之。多闻见而择识，即是博学于文，好古敏求工夫。《大学》所谓致知在格物，《中庸》所谓博学、审问、慎思、明辨，所谓道问学，皆是这工夫。这工夫到极处便是"一以贯之""知天命""耳顺"境界。自明季姚江之学兴，谓良知不由闻见而有，由闻见而有者落在第二义中，将圣门切实工夫一笔扫去，率天下而为虚无寂灭之学，使天下聪明之士尽穷为不知妄作之士，道术灭裂，风俗颓弊，其为世祸不可胜言。(《松阳讲义》卷七《论语·子曰盖有不知而作之者章》)

朱熹曾批评陆九渊"当下便是"之说曰"看圣贤教人曾有此等语无？圣人教人皆从平实地上做去"，认为"陆子静之学，与圣人'下学上达'都不相似"(《朱子语类》卷一百二十四)。罗钦顺曾批评王学的修养工夫"局内遗外，禅学是已"。可见，陆陇其对王学"将圣门切实工夫一笔扫去"的批评，也是蹈袭着宋明理学中朱学的观点。显示特色的是，他认为王学因缺乏"下学"的工夫，带来了"为世祸不可胜言"的严重后果，他的这一观察和判断，融入了他所经由的明亡的事实和由此而产生的痛苦的感情。尽管不能将明代灭亡完全归咎于王学风靡，但由于王学在明代中后期兴起和流弊滋甚，恰与明代社会的衰微和最终灭亡同步地发生，包括陆陇其在内的清代程朱理学家还是因此形成了一种历史经验和理论判断，认为王学风靡与明代灭亡是一种因果关系。陆陇其说："考有明一代盛衰之故，其盛也，学术一而风俗淳，则尊程朱之明效也；其衰也，学术歧而风俗坏，则诋程朱之明效也。每论启祯丧乱之事，而追原祸始，未尝不叹息痛恨于姚江，故断然以今之学，非尊程朱黜阳明不可。"（《三鱼堂文集》卷八《周云虬〈四书集义〉序》）可以说，陆陇其尊朱黜王的理论动机、根据和特色都在这一历史契因之中。

陆陇其还对明代理学中与朱学理本论的理气观发生了歧异、对立的气本论的理气观提出批评。他说：

> 罗文庄曰："理一分殊四字，本程子论《西铭》之言，其言至简而推之天下之理无所不尽，持此以论性，自不须立天命气质之两名。"按整菴尊理一分殊之语可也，而便欲以此破除天命气质之名则非矣，但知理气之合，而不知理气之分可乎？（《三鱼堂滕言》卷八）

陆陇其对罗钦顺的"但知理气之合，不知理气之可分"的批评表明，一直困扰着明代理学的、被其视为是不可解的矛盾的朱学"理在气先"和"理在气中"两个命题，在陆陇其这里，形式上的逻辑矛盾被其内涵上的一致所消解，得到了皆是的理解。陆陇其在《太极论》一文中说："太极者，万理之总名也……天地万物，浩浩茫茫，测之不见其端，穷之莫究其量，而莫非是理之发见也，莫非是理之流行也，莫非是理之循环而不穷也。"（《三鱼堂全集》卷一）既然天地万物是理之发见、流行，那么，从逻辑上说，"理"（"太极"）就应是存在于天地万物之先的某种实在；理与万物（气）就应有所分。陆陇其在《理气》一文中又说："天下，一气而已；天下之气，一理而已，气不能离理，而理亦不能离气。天得之而为天，人得之而为心，古今圣贤之所发明者，不越此理气。"（《三鱼堂外集》卷二）即对于具体的天地、人物来说，理气又不可分离。陆陇其理气之论，基本上是承袭着或吻合了朱熹从"本体""流行"两个不同理论层面对这两个命题的界定与解说的。但是陆陇其对此两层面的区分和此两命题的分属并不自觉和清晰，所以他自己虽能较准确地理解和接受朱学的理气观，但不能判定困扰明代理学气本论的那个疑团，是由于在宇宙论的理论角度，经验地理解朱学本体论层面上的论题（"理先气后"）而生，因而也不能解释明代气本论者何以在工夫论（心性论）上追随朱学，而在理气观上却又离开了朱学。陆陇其不无困惑地说："整菴知心性之分而不知理气之分，不可晓。"（《问学录》卷二）"有明诸儒……整菴之学最为近之，然其论理气，必欲舍朱子而自为一说，窃所不解。"（《三鱼堂全集》卷五《答李子奇》）所以对于固守朱学立场的陆陇其来说，虽然能觉察到明代理学中的气本论对于朱学来说是一种异论，但不能破解掉这一异论，这表明清代理学中以陆陇其为代表的笃守朱学的理论倾向，其理论辨析力、消化力也是很衰弱的。

作为笃守朱学的理论表现，陆陇其除了对明代理学中与朱学发生了歧异、对立的心学、气本论进行批评之外，还对明代直至清初在理学中，一直都很活跃的和会朱陆、朱王的理论观点也提出了批评①。弘治时，程敏政撰《道一编》，纂抄朱陆往还及朱熹论及陆九渊之书信，认为两家始异终同②。正德间，王守仁集朱熹与友人论收拾身心书信三十四封，成《朱子晚年定论》，试图证明己说"不谬于朱子，朱子先得我心之同"（《阳明全书》卷三）。嘉靖时，徐阶又编撰《学则》，论尊德性与道问学为一事，朱陆无异有同③。有明一代此三种具有代表性和影响的和会朱陆、朱王之作，陆陇其皆视为混融异端之说而否定之：

> 程篁墩之《道一编》、王阳明之《朱子晚年定论》，其意皆欲以朱合陆，此皆所谓援儒入墨，较之显背紫阳者，其失尤甚……至于徐文贞《学则》一书，则又欲以陆合朱，此则所谓推墨附儒。（《问学

---

① 《宋元学案·存斋晦静息菴学案》王梓材案引元袁桷《清容集》谓："淳祐中，鄱阳汤中氏合朱陆之说，是会同朱陆之最先者。"又《草庐学案》全祖望序曰："草庐出于双峰，固朱学也，其后亦兼主陆学。盖草庐又师程氏绍开，程氏尝筑道一书院，思和会两家。"《师山学案》全祖望序曰："继草庐而和会朱陆之学者，郑师山也。草庐多右陆，而师山则右朱，斯其所以不同。"可见，理学中的和会朱陆思潮，在南宋晚时即已形成，有元一代皆显强劲。凡此，陆陇其未遑论及。

② 程敏政概述《道一编》曰："取'无极'七书、鹅湖三诗钞为二卷，……别取朱子书札有及于陆子者厘为三卷，而陆子之说附焉。其初则诚若冰炭之相反，其中则觉夫疑信之相半，至于终则有若辅车之相倚，且深有取于孟子道性善、收放心之两言。"（《篁墩文集》卷二十八《道一编序》）

③ 徐阶《学则》一书未见，《学则辩》一文存《象山全集》附录，其曰："尊德性道问学一也。朱子世以为专道问学，而其言必主于尊德性；陆子世以为专尊德性而其言不遗夫问学，此两夫子所以同也。"

录》卷一）

孙奇逢、黄宗羲、李颙是清初学者最为推崇的海内三大儒①。如前所论，作为理学家的孙奇逢、李颙是清代理学中兼容、和会程朱陆王的理论倾向的代表，黄宗羲不是严格意义上的以理学论题为其学术思想主题的理学家，但他作为一个儒家学者，调和、兼容理学中这两个主要对立思想派别关系的态度是很鲜明的。他在《象山学案》按语中最为清晰而全面地表述了这一观点："先生之学以尊德性为宗，谓先立乎其大，而后天之所以与我者，不为小者所夺。同时，紫阳之学则以道问学为主，谓格物穷理，乃吾人入圣之阶梯。二先生同植纲常，同扶名教，同宗孔孟，即使意见终于不合，亦不过仁者见仁，知者见知，所谓'学焉而得其性之所近'。原无有背于圣人，矧夫晚年又志同道合乎！"（《宋元学案》卷五十八《象山学案》）于清初三儒的和会朱陆、朱王之论，陆陇其深为忧虑而予以批评：

> 近年来，南方有一黄梨洲，北方有一孙钟元，皆是君子，然天下学者多被他教得不清楚。（《三鱼堂賸言》卷八）

固守朱学立场，主张"非朱子之道皆当绝"（《三鱼堂文集》卷八《周云虬〈四书集义〉序》）的陆陇其，此处所谓"天下学者多被他教得不清楚"，无疑是指清初广有影响的孙、黄、李三先生调和、折中朱陆之论，搅乱、模糊了天下学人的是非视听。综观孙、黄、李三先生和会朱陆、朱王之论，可以说是南宋以来这一理学思潮中的全部观点的总汇，其要有三：朱陆始异而晚同，朱陆虽异而互补，朱陆论见异而旨归同。陆陇其皆一一驳之。"晚同"之说是从朱陆思想发展演变的观察角度而立论，程敏政《道一编》、王守仁《朱子晚年定论》皆认为朱陆思想早年有所异而晚

---

① 魏象枢致李颙书曰："生平深慕而不获一晤者，孙钟元、黄梨洲、我中孚三先生耳。"（《李二曲全集》卷十六《答魏环溪先生·附》）

年终于同①，黄宗羲所谓朱陆"矧夫晚年又志同道合"正承袭此说。此说的破绽在于，判定与理解朱熹论学言论之时间与内容上屡屡颠倒其序与讹误其意。最早被罗钦顺在致王守仁书信中揭发②，此后更被陈建《学蔀通辨》的细密辨析所推翻③。陆陇其对罗、陈之论深表赞同。由于他曾就理气观批评过罗钦顺，故他又特别强调地说："整菴之学虽不无小疵，然不能掩其大醇，其论理气处可议，其辟阳明处不可议。"（《三鱼堂文集》卷五《答徐健菴》）他对陈建《学蔀通辨》更是极为推崇，每说"陈清澜《学蔀通辨》一书辨析最精"（同上书卷五《答秦定叟二》），"《学蔀通辨》辨阳明病痛，至明至悉"（同上书《答范彪西三》），"陆王之学不必多辨，有《学蔀通辨》在也"（《三鱼堂滕言》卷八）。实际上这正是他对清初和会朱陆思潮中"晚同"说的回答。"互补"之说判定，就朱陆心性修养（工夫论）思想的基本特色或突出的方面而言——南宋以来学者常将其区分为道问学与尊德性、实与虚、孔子之教与孟子之教，两者是互补互济的。清初三儒也有这样的观点。黄宗羲在《象山学案》按语中即是以道问学和尊德性为朱陆之异的标志。孙奇逢在致友人张凤翔（字逢元）信中说："尝忆先生言，建安没天下之实病不可不泻，姚江没天下之虚病不可不补，此对症针砭。"（《夏峰先生集》卷二《寄张蓬轩》）其意正是以朱王之学为一种实虚互补的关系。前已引述，李颙将程朱陆王等二十位主要的宋明理学家分别划入曾卜流派与邹孟流派，亦判定两派是"合并为归一，学斯无偏"的共济关系。被李颙概括出用来界分曾卜、邹孟两派修养方法特色的"则古称先"与"反己自认"，

---

① 元末，赵汸在《对问江右六君子策》一文中引述朱熹《答项平父》有"去短集长"之言，及陆九渊祭吕祖谦文中"追惟曩昔粗心浮气"之语，认为"二先生之言至于如是，岂鹅湖之论至是而有合耶？使其合并于暮岁，则其微言精义，必有契焉"（《东山存稿》卷二）。故后来陈建在《学蔀通辨》中追溯"晚同"说形成过程时说："盖萌于赵东山之《对江右六君子策》，而成于程篁墩之《通一编》，至近日王阳明因之，又集为《朱子晚定论》。"（《学蔀通辨·总序》）

② 罗钦顺评定王守仁《朱子晚年定论》："考之欠详，立论太果。"（《困知记附录·与王阳明书》）

③ 陈建"取《朱子年谱》《行状》《文集》《语类》及与陆氏兄弟往来书札，逐年编辑"（《学蔀通辨》卷十二《陈建传》），详为考证，最后得出与程、王相反的结论："朱陆早同晚异。"（同上书《总序》）

一般来说，也正是"道问学"与"尊德性"或"实"与"虚"的基本含义。陆陇其于此批驳说：

> 孙钟元述张逢元之言曰："建安没而天下之实病不可不泻，姚江没而天下之虚病不可不补，建安姚江虽不可并重，亦可谓识变化之方。"不佞则又有说焉，建安之学补泻备矣，偏于穷理者则泻之以主敬，偏于主敬者则补之以穷理，何病之足患耶？建安没而天下实病不可不泻，则亦以建安泻之而已，何以姚江为哉？以建安、姚江交相济为识变化，则是孔子当与佛老交相济，孟子当与杨墨交相济，可乎？（《三鱼堂文集》卷五《答范彪西三》）

> 看薛方山《考亭渊源录序》，言朱子之言，孔子教人之法也，陆之言，孟子教人之法也。不觉太息，孔孟岂有二法哉！（《三鱼堂賸言》卷八）

笃守朱学立场的陆陇其认为，"惟有居敬穷理是本原工夫"（《松阳讲义》卷八《论语·子张问明章》），"居敬穷理必无偏废之理"（《问学录》卷二），居敬（尊德性或"虚"）与穷理（道问学或"实"）构成了周延的朱学的工夫论，朱学的修养方法是自足的，其修养进程中出现的偏差，可以自我调整，无须借助于陆王。他在回答引孙奇逢为同调的范鄗鼎①"阳明白沙此种学问，或亦足救泥章句、耽支离者之万一"之论时亦说：

> 欲救章句支离之失，莫如理会朱子居敬穷理之学，内外本末交相培养，自无一病。若欲以王陈救之，恐章句支离之弊未去，而虚无放荡之病先成，为害非细。（《三鱼堂文集》卷五《答范彪西二》）

陆陇其对和会朱陆的"互补"说的否驳，撇开他视陆王为佛老杨墨异端而决不能与之合流的朱学成见不论，就理学理论本身的逻辑而言，却是符

---

① 范鄗鼎（字彪西），"辑有《理学备考》，剟取辛复元、孙钟元书十卷"（徐世昌《清儒学案》卷二十八《娄山学案》）。

合实际的。朱陆、朱王的工夫论各在自己的本体论基础上形成，其间的对立确是不可消融的，其间的"互补"或"相济"在理论上和实践上都是不可能实现的，也是完全没有必要的。因为朱陆各有自己的道问学，各有自己的尊德性。朱学有"道问学"，陆王何尝没有？陆九渊曾回答认为他不读书的批评者说："某何尝不读书来，只是比他人读得别些子。"（《象山全集》卷三十五《语录》）"某何尝不教人读书，不知此后然有什事。"（同上）陆九渊说他有自己"道问学"的方法。"旨归同"之说是观察到程朱陆王在维护、实现儒家伦理道德目标方面，具有理论上和实践上的一致性后而作出的和会朱陆的判定。黄宗羲所谓"二先生同植纲常、同扶名教、同宗孔孟"，孙奇逢所说"程朱陆王……譬之适都者，虽南北之异、远近之殊，要必以同归为止，总之学以尼山为宗"（《夏峰先生集》卷二《寄张蓬轩二》），表述得最为明断。但是，陆陇其所观察到的却相反：

> 宋之洛、闽、金溪，明之河津、余干、新会、姚江①，同师孔孟，同讲仁义，其辨在毫厘之间，而其流至于相去悬绝，若方圆冰炭之不同。（《三鱼堂文集》卷八《陆桴亭〈思辨录〉序》）

即在陆陇其看来，朱陆王之间虽同出孔孟，但在其理学观念源头处的细微差别，却最终导致在其整个理学思想体系上的明显的、不能相容的对立。这一"毫厘之间"的差别，就是心体之界定。陆陇其辨析说：

> 朱子《大学或问》曰："人之一心湛然虚明，如鉴之空，如衡之平……"此章言"喜怒忧惧四者不可有"，是言吾心当有主宰，不可被四者缚住耳；吾心之主宰者，义理是也。王阳明讲此，却云"心体

---

① 胡居仁，江西余干人。河津、余干、新会、姚江为明代从祀孔庙者四人（薛瑄先于隆庆六年从祀，胡居仁、陈献章、王守仁并于万历十二年从祀）。陆陇其于薛、胡从祀学宫无异议，而于陈、王入孔庙则以为不可："鄙意王陈之崇祀，不过明季一时之制，原未可为万世定论。"（《三鱼堂文集》卷五《答范彪西二》）

上着不得一毫留滞，就如那眼中着不得些子尘，不但是私念，便是好的念头，亦着不得些子，如眼中放些金玉屑"，其说是欲并义理而空之也。不知心为四者缚住，正由无义理以范围之耳，若有义理为之权度，四者如何缚得住？义理譬如眼中之神气，非金玉屑可比。阳明之说与朱子鉴空衡平之说相类而大相反，切不可为此等似是而非之说所惑。（《松阳讲义》卷一《大学·所谓修身章》）

自姚江之学兴，借此章"良知"二字作宗旨，因借"不学不虑"字样，便欲扫除学虑，而孟子之旨尽晦。不知孟子所谓"良知"，是指爱亲敬长之心言，阳明所谓良知，乃指一点昭昭灵灵之心言，天渊不同。孟子言不学不虑，只是就人之本心自然发见者言，非以学虑不好而必扫之也……此章孟子之意是以仁义为良知良能，姚江之徒却是要寻良知良能来做仁义，所以不同。（同上书卷十二《孟子·孟子曰人之所不学而能者章》）

不难看出，被陆陇其分辨出来的朱王在心之观念上的根本差异是，第一，朱学的"心"是义理之主宰，"爱亲敬长"之伦理感情，即是某种具有道德价值品性的精神主体；王学的"心"是"昭昭灵灵"、没有"一毫留滞"的即无丝毫道德价值色彩而只具有知觉功能的心理主体。第二，与此相连，在心性修养实践上，朱学主张以义理"为之范围""为之权度"，即对道德规范的践履，即"为仁义"；王学却要扫除一切"学虑""念头"，体认本然，去"寻良知"。陆陇其由此辨析进而判定王学是"以禅之实而托于儒"（《学术辨中》）。这样，被陆陇其观察到的就是，朱王之间在观念源头处的心体之或为道德理性，或为知觉功能的"毫厘之差"，到终点就是儒与禅的"冰炭悬绝"了。据此他针对和会朱陆的"旨同"之论一再宣言"考亭姚江，如黑白之不同"（《三鱼堂文集》卷五《答秦定叟一》），"朱子之学原与阳明迥然不同，其言有相近者，其实乃大相远"（同上书《答秦定叟二》）。应该说，陆陇其对朱陆心之观念的"毫厘之差"的辨析还是准确的，符合理学的理论实际的；但由此判定朱陆理学在其理论性质上为儒禅之"黑白不同"，则只能是理学中程朱派的卫道结论，从较宽泛的儒学角度和较严格的佛家立场来看，都是不能成立的。

陆陇其对朱学的"不可以有加矣"的判定及其对所有异于朱学的理学派别或思潮的批评，除了凸现出笃守朱学是清代理学中的一个有力的，甚至是主导的理论倾向，同时也显露了清代理学衰落的迹象。在这一判定与批评中，陆陇其将与朱学中分理学天下的王学判为禅，实际上也就是认为朱学以外无理学；不仅如此，陆陇其还认为理学以外无儒学。他曾说："世之儒者，以道学之外别有一途，可以自处，虽自外于道犹不失为儒，遂有俨然自命为儒，诋毁道学而不顾者。不知《宋史》'道学'之目不过借以尊濂洛诸儒，而非谓儒者可与道学分途也。"（同上书卷五《答徐健菴》）这样，以陆陇其为代表的清代理学就不能吸纳理学以外的更为广泛的儒学内容，更加不能吸纳儒学以外的文化思想观念，理学成了僵化的、补充不进新的理论观念因素的思想体系，这是理学衰落的一个深刻的内在因素。清代理学的衰落却也正是清代儒学新的发展的契机，故正如后面将论及的，理学之外的儒学理论和学术创造，形成了清代儒学的真正特色和成就。那么，反过来，在此学术情境下，清代理学本身有没有感受到一种创新的要求和进行了某种理论创造的努力？有的，但并不成功。

　　创新的努力　清代理学处在理学经过宋明已有成熟的、完成的发展和朱学仍居于正统地位的情势下，涌现出兼容程朱陆王和笃守朱学两个明显的理论倾向，应该说是很自然的，实际上，这正是理学的理论发展可能性已经耗尽的表现。但是，清代理学在衰落的总体背景下，也出现了试图在承接宋明理学理论基础上的创新的努力。作为理学家的李光地是代表。

　　以宋明理学旧有的理论派别——程朱陆王来界分，李光地的基本理学立场是属于朱学（程朱），如他曾说："使子静为相必用朱子，朱子为相必用子静。若论学术道理，就使子静成掀天事业，到底朱子是，子静不是。"（《榕村语录》卷二十《诸子》）但他对陆王有所区分，曾谓"陆氏之学，吾儒之学也，其闲道也犹谨，其择言也犹精，非若明之中世儒墨老庄混为一途，始也帅其意，后也言其言，靡然遂入于二氏而不可反者也"（《榕村集》卷十七《朱陆析疑》），"陆子静只在吾道上说得过些，王阳明方可谓之波、淫、邪、遁"（《榕村语录》卷二十《诸子》）。而对程朱，也有别于甚至是反对元明以来笃信朱学理学家所倡"至矣尽矣，不可以有加矣"的一味固守态度。他说：

许鲁斋云"学问到有朱子，已经都说明，只力行就是了"，此语似是而非，恰像人已无不明白，只欠得力行。其实不明白者尽多，乍见似显浅，人人与知，却中间难理会处无限。只当云熟讲深思而力行之方无弊，不是见古人不论是非，一概深信不疑也。（《榕村语录》卷二十四《学二》）

可见，李光地的理学立场既不同于清初三儒的和会朱陆，也不同于陆陇其的固守朱学，在清代理学中是独具特色的。李光地认为理学中的众多论题、命题，其"不明白者尽多"，"难理会处无限"，在理解和诠释上的差异、更新是不可避免的，因而理学在理论上的发展总是会有很多的可能、很大的空间的。他以朱熹为例说："即朱子于《四书注》，至垂绝犹改①，可见他亦不以自己所见为一定不移，何况于人？"（《榕村语录》卷十七《孝经》）显然，李光地的理学立场内蕴着清代理学另外两个理论倾向中所没有的不囿于旧说的独立思考和创新意图，他的理学思想因此有了异于程朱的新的所见所立，其要者有二。

其一，本体观念的变异。如前所述，在程朱理学中，理是本体，即朱熹所说："理也者，形而上之道也，生物之本也。气也者，形而下之器也，生物之具也。"（《朱文公文集》卷五十八《答黄道夫一》）在理与性关系上，朱熹认为"性是就人物上说"（《朱子语类》卷二十八），意即理落在、体现在人物上就是性，此亦即程颐"性即理"命题的含义。所以在程朱理学中从理论层次上分辨，大体上可以说，理是本体论层面的范畴，性是宇宙论层面的概念。在李光地理学中，性与理的内涵及其间的理学结构发生了变化。他说：

性者，生物之本也，气者，生物之具也。（《榕村语录》卷七《初夏录·太极篇》）

万物散殊，无非完其性之固有。（同上书《诚明篇》）

---

① 清代王懋竑《朱子年谱》记载朱熹生平最后一年行事曰："六年庚申，七十一岁。春正月作《聚星亭赞》。三月辛酉改《大学·诚意章》，甲子先生卒。"（卷四）此可见，朱子卒前三日尚在修改《大学章句》。

性为之主，理者其流也。（同上书卷二《经书笔记》）

所谓理者，即性命之流行于事物者尔。（《周易观象》卷十二）

李光地认为性是"生物之本""本体"，理是性在事物上的表现、"流行"。显然，与程朱理学相比，性理内涵及其在理学观念系统中的结构，在李光地这里都发生了变化。这种变化表面上看来似乎是李光地对程朱理学本体论与宇宙论两层面上的范畴作了换位或颠倒的诠释；但深入观察辨析即可发现，李光地的性、理论题完全是在宇宙论层面上展开，不再具有程朱理学中的那种本体论义蕴。李光地曾说："圣人万古之师，一切幽渺荒唐之说删去净尽，说理气只从天地说起，又只说现在的，至天地以前，天地之终，都不说。"（《榕村语录》卷二十六《理气》）《朱子语类》第一句话就是"未有天地之先，毕竟是先有此理"（《朱子语类》卷一），李光地此论显然是对以根源性为其基本内涵的朱学"理"本体的否定。李光地在回答门人"性即理也，理可是条理否"之问时，明确地说"是条理"（《榕村语录》卷二十六《理气》）。可见在李光地这里，"理"不是作为万物根源之本体，而只是具体事物秩序性、共同性被界定、被确认的，同时在李光地看来，这种"条理"构成了事物的内在确定性，也就是"性"。他以人之喜怒之情为例说："是未发之先，此理本自充满坚实于中，故及其已发，自有条理。明乎此，则知天地虽气化迁流，万端杂糅，亦有不能自主之时，却有万古不变的一个性在。"（同上）所以在李光地理学中，性之为"生物之本""性为之主"的真实含义，也正是指使具体事物保持稳定不变的那种固有性质、本性，而不是朱学理本体的那种形上意义上的根源性。他以谷种为例说："程子以谷种喻性……谷种生处尚不是性，所以生之万古不变者为性。性本无形，如大麦万古是大麦，小麦万古是小麦，不是性如此，如何不会变。有性所以有许多物事，若没有这个不会变、不肯住的，如何有这许多物事？所以性立天下之有。"（同上书卷二十五《性命》）在这种理解、界定的基础上，李光地认为应将程颐"性即理"的命题改为"理即性"，他说：

程子言性即理也，今当言理即性也……不知理之即性，则求高深之理而差于日用，溺泛滥之理，而昧于本源。（《榕村语录》卷二十五《性命》）

这一命题主谓词颠倒或换位的改变，清晰地显示了李光地理学的本体论观念的变异，理的理学性质从"天地之先"的超越的本体层面上，降落到具体事物的（日用的）宇宙论层面上来；在这个层面上，作为"本源"或"本体"的性，是指事物稳定不变的性质、本性，而不是指超越具体事物的最初的或最终的根源，因为这是"圣人都不说的"。① 这一变异与后面我们将论及的清代儒学的理论运动方向，即离开理学的形上思考而趋向经验的、科学的论证，是一致的。

其二，经典诠释之分歧。李光地与朱学在诠释儒家经典上的分歧，微文碎义处难以尽举，显著而最为重要的是在两个主要之点上对作为理学理论渊源《大学》与《中庸》的不同诠释。一是文本结构之解释。朱熹认为《大学》有错简阙文，故在《大学章句》中将其文重新编排，分为经与传两部分，并解释曰"经一章，盖孔子之言，而曾子述之，其传十章，则曾子之意而门人记之也"，又补写了"格物致知"的传文②。李光地则在承接元明以来学者的怀疑朱熹《大学章句》之论的基础上③，判定"《大学》初无经传，乃一篇首尾文字，如《中庸》之比耳"（《榕村集》卷六《大学篇》），判定"经文已备，不消补传耳"（《榕村语录》卷一

---

① 在理学中，对"性"作出某种本体性界定的尚有二人：南宋胡宏与明初薛瑄。如胡宏曰"形而上者谓之性，形而下者谓之物"（《释〈疑孟〉·辨》），"气之流行，性为之主"（《知言·事物》）。薛瑄曰"天下无性外之物，而性无不在"（《读书续录》卷二），"太极只是性"（同上书卷八）。二人所论似乎相同，然深入辨析即可发现其实有别。胡宏作为程门再传弟子，其"性"确属于本体论层面的范畴，如谓"大哉性乎，万理具焉，天地由此而立矣。世儒之言性者，类指一理而言之尔，未有见天命之全体者也"（《知言·一气》），因而可视为是对程门"理"本体的另一种表述。而薛瑄作为朱学传人，他的"性"实是宇宙论层面的范畴，如谓"天地公共之理，人得之为性"（《读书录》卷八），"性乃天命赋予人物之实体"（同上书卷二），没有越出朱熹所论定"性者，人所受之天理"（《朱子语类》卷五），"性是就人物上说"（同上书卷二十八）的范围。李光地性论之理论性质，与薛瑄同而与胡宏异。

② 朱熹《大学章句》曰："传之五章，盖释格物致知之义，而今亡矣。间尝窃取程子之意以补之曰：'所谓致知在格物者，言欲致吾之知，在即物而穷其理也。'……此谓物格，此谓知之至也。"

③ 李光地概述元明学者疑《大学章句》之论曰："方逊志采元儒之论（按：指叶李），以'知止'两节合下'听讼'一节为释格物致知之义，而去朱子补传，谓传原未失而错经文中，不必补也。蔡虚斋、林次崖是之而又升'物有本末'一节于'知止'之上。王姚江则俱非之而又有古本之复。"（《榕村集》卷六《大学篇》）

《大学》）。对于《中庸》的文本结构，朱熹根据《中庸》行文的差别——他称之为"子思立论"与"子思引夫子之言"，将《中庸》分为三十三章："《中庸》一篇，三十三章。其首章子思推本先圣所传之意以立言，盖一篇之体要，而其下十章则引先圣之所尝言者以明之也，至十二章又子思之言。而其下八章复以先圣之言明之也。二十章以下至于卒章，则又皆子思之言，反复推说，互相发明，以尽所传之意也。"（《朱文公文集》卷八十一《书〈中庸〉后》）李光地则是以《中庸》的论题——性、道、教之展开来研判其结构的，他说："《中庸》一书之旨括于首章，以后申说其义而已。"（《榕村集》卷六《中庸篇》）并编定《中庸章段》，分《中庸》为十二章："首一章全起，末一章全结。中间前五章申明性、道、教之源流，后五章申明致中和之功用。"（《四书解义·发凡》）可见李光地对《大学》《中庸》文本结构的分析迥异于朱熹。二是文义主旨。朱熹在回答门人"问《大学》大意"时说"《大学》是修身治人底规模"，"《大学》如一部行程历，皆有节次"（《朱子语类》卷十四）。即是说，朱熹认为，《大学》的主旨是确定为学之规模和为学之次序。朱熹还曾说"《大学》首三句说一个体统，用力处却在致知、格物"（同上）。所以大体上也可以说，朱熹之"三纲领"——明德、新民、止善即是"规模"，"八条目"——格物、致知、诚意、正心、修身、齐家、治国、平天下即是"节次"。不难看出，在朱熹的《大学》诠释里，"格物"被赋予很重要的作用，他每说"圣门之学，下学之序，始于格物以致其知"（《朱文公文集》卷三十八《答江元适二》），"圣门之学，以求仁格物为先"（同上书卷三十九《答许顺之十三》）。李光地则援依郑玄注本对《大学》文义主旨作出与朱熹甚有不同的诠解。第一，他说："'明德'三言者，古人为学纲领，'知止'一条者，古人工夫次第也。"（《榕村集》卷六《大学篇》）可见他不是以"八条目"，而是以知止、有定、能静、能安、能虑、能得为"大学"的"为学次序"。他诠释此"工夫次第"曰："知止者，开端浅切之事也，知止则志有定向，所谓立志以端其本。至于能静则心不为物动，能安则心不为物危，此则又有以继其志而持乎其志也。能虑即下之格物致知，能得即下之诚意。"（同上）此又可见李光地将"大学"之"工夫次序"诠解为单一的心境修养升越完善过程，不同于朱熹所谓"自格物至修身，自浅以及深；自齐家至平天下，自内以及外"（《朱子语类》卷十五），即以"大学"之"为学次序"是"修身治人"的全体过程。第二，李光地说："能虑即下之格物致知，能得即下之诚意，此两节自小学入大学之规模节次，一书之指要也。"（《榕村集》卷六《大学篇》）显然，李光地认为阐明"大学"之"工夫次第"中之"能虑""能得"的"格物"与"诚意"是《大学》的中心主旨。但是，李光地的"格物"不是朱熹在格物补传里所界定的"穷理"，而是根据郑玄注本，将其界定为"知本"。按照他的理解，古本"物格而后知至，知至而后意诚，意诚而后心正，心正而后身修，身修而后家齐，家齐而后国治，国治而后天下平……此谓知本，此谓知之致"一节所述即是"知本"，亦正是"格物"的完整内涵，故他说："圣人说出'格'字'物'字，已包尽各条件，但其归必以知本为知至，朱子之说与此颇异。"（《榕村语录》卷一《大学》）他的这一《大学》主旨观点在另一篇文章里有更清晰的表述："知本、诚意二义，尤为作《大学》者枢要所存，似不应使溷于众目中。"（《榕村集》卷十《大学古本私记旧序》）李光地与朱学在《大学》主旨上的分歧，概括言之，是将格物理解为穷理或理解为知本，格物是"大学之始"或格物与诚意是"大学枢要"之间的分歧，辨析起来虽然有些周折，但理论内涵却是属于同一理论层面上的简单的分歧。李光地对《中庸》主旨的判定与朱熹的分歧比较简单，但理论内涵却较深刻。朱熹说"子程子曰'不偏谓之中，不易谓之庸。中者，天下之正道，庸者，天下之定理'，此篇乃孔门传授心法"（《中庸章句》），可以认为这是朱学对《中庸》主旨的判定。李光地则评议说："'中庸'二字程子以不偏、不易、正道、定理诠解固妙，但只就道理上说，尚该补出个头来，人性便是道理的头。《书》云'降衷于下民'，衷即中也；'若有恒性'，恒即庸也。"（《榕村语录》卷七《中庸一》）显然，分歧在于朱学是在修养方法、境界的意义上界定"中庸"，而李光地则是从本体论的意义上予以诠释的。这一分歧在对于《中庸》中的两个极重要的命题——"自诚明，谓之性；自明诚，谓之教"的诠释中，表现得最为分明。朱熹解曰："德无不实而明无不照者，圣人之德，所性而有者也，天道也；先明乎善而后能实其善者，贤人之学，由教而入者也，人道也。"（《中庸章句》）

而李光地则诠为"实理浑然而万物皆备于我，此所以谓自诚明而为性之体；万物散殊无非完其性之固有，此所以谓自明诚而为教之用"（《榕村集》卷六《初夏录·诚明篇》），并批评朱熹"竟将性教两字便作圣贤名号，则大失经意"，"分天道、人道都是硬派，不甚贴合"（《榕村语录》卷八《中庸二》）。此外，李光地与朱熹之间，一个虽然不能说是最重要的，但却是最鲜明的分歧是对《孝经》的经典地位评价。朱熹贬斥《孝经》，判定"其中煞有《左传》及《国语》中言语"（《朱子语类》卷八十二），"怀疑是战国时人斗凑出者"（同上）。李光地则明确表示"朱子疑《孝经》，某不敢从"（《榕村语录》卷十七《孝经》），并反驳朱熹之所疑曰："程朱提出《学》《庸》《语》《孟》，直是功蔽天壤，只少一部《孝经》。《孝经》道理好到至处，朱子疑其有《左传》语，虽未知其言之先后①，总当以道理为主。"（同上）

在朱学笼罩下，李光地作为一个崇朱的，并且在当时有极高政治地位、学术地位的理学家②，他对朱学在本体论观念和经典诠释方面的变异标新，是由于，第一，在儒学的立场上，对儒学外的理论思想和朱学以外的理学思想，皆采取了宽容的为我所用的态度。李光地曾说：

　　明儒说三教源头本同，但工夫各别③。却反说了，工夫却同，只是源头不同。发愿同，为什么发愿力便不同？吾儒是大公的从天地万物道理上起见，道家却只为一己，只要神气常存。佛家看这个犹粗，只要此心光明照彻乾坤，亦是为一己。（《榕村语录》卷二十《道

---

①　李光地在另篇文章中辩说："左氏《传》出最后，大抵采摭经史，杂以传授闻见，乌知非左氏撮《易》《孝经》之意而为之辞乎？"（《榕村集》卷十八《杂著》一《孝经》）近人梁启超谓："在汉以前，《易》《诗》《书》都可独称，《孝经》则不能，故可推定其非战国之书，而属汉代之书。"（《古书真伪及其年代》）《孝经》晚出似为多数学者之共识。

②　李光地官至文渊阁大学士，极为康熙所倚重。奉康熙命编纂影响了有清一代之《朱子全书》《性理精义》。

③　明儒持此论最力者为江右王门之胡直和泰州学派之焦竑。如胡直有谓："夫觉性者，儒释一理也，而所以异者，则尽与未尽所由分也。"（《衡齐》卷二《六锢》）焦竑有谓"释氏之典一通，孔子之言立悟，无二理也"（《焦氏笔乘续集》卷二《支谈》上），"儒释之短长可置勿论，而第反诸我之心性，苟得其性，谓之梵学可也，谓之孔孟可也"（《澹园集》卷十二《答耿师》）。

释》）

"源头不同"，是李光地分辨的儒与释、道在根本理论宗旨上的差异；"工夫却同"，是他认为在修养与方法上儒释道相通。他对朱学与陆王之间的歧异也作如是观，判定对立发生在心性观念之内涵中，不在于心性修养的形式或方法上，他说：

> 陆王二子之弊，其应辨析者，固在心性人道本原之际，不在讲学持守、知行先后之间也。（《榕村集》卷七《初夏录·通书篇》）

可以认为，李光地是一位消化了佛老而有坚定儒学立场的、崇朱而又不固守朱学的理学家。他可以不避讳又能不混淆地用释道观念来比拟、说明理学概念，或借陆王之论来诠解自己变异朱学的观点。如他说："《参同契》向日分章段，其警发于吾身心者甚切。大约先黑，方白方黄而终于红，是谓之丹日之出也……吾儒工夫亦然，以《中庸》言，戒惧，黑也；慎独，白也；致中和，黄也；至天地位、万物育，红也。佛家工夫亦同，其云发大愿力，即吾儒之立志；其云悟，即吾儒之致知；其云修即吾儒之为行。"（同上）显然，此是援释道以诠儒。而他对《大学》主旨的异于朱熹的解释，则又显然是借用了陆王的观点，他说"以知本为格物，象山之说也，与程朱之说相助，则大学之教明矣"（《榕村集》卷一《观澜录·学》），"姚江曰《大学》只是诚意，诚意之至便是至善……愚谓王氏此言，虽曾思复生，必有取焉"（同上书卷六《大学篇》）。第二，接触、吸纳了理学或儒学以外的广泛的学术思想或经验的、科学的知识。李光地在为阎若璩所作的传记中曾叙述：

> 自余登朝后，识面者长洲顾宁人、宣城梅定九、鄞县万季野，知名者尚有三数辈，而先生其一也。诸君子皆博极群书，能以著述自通于后，中间有专门名家者，就其所造，古人不让也。（《榕村集》卷三十三《阎百诗小传》）

这表明他与当时理学之外的儒学思潮（清代经学）和儒学之外的广泛的学术领域（如清代史学、数学、天文、地理）中的主要代表人物，都有密切的关系，并且从他们那里吸取了理学、儒学以外的知识和理论，他曾说："使某不见顾宁人、梅定九，如何得知音韵、历算之详？"（《榕村语录》卷二十四《学二》）这样，李光地就成了可能是第一位援引某种西方科学观念来诠释儒学命题的理学家。他说：

> 凡数起于点，当初止有一点，引而长之则为线，将此线四围而周方之则为面，又复叠之教高则成体，直、方、大即是此意。直即线，方即面，大即体。惟直而后可方，惟方而后可大，故《象》曰"直以方也"，直了才能方，既直方，自然大，故曰"敬义立而德不孤"。（《榕村语录》卷九《周易一》）

《易经·坤·六二》爻曰："直、方、大，不习无不利。"最早对此"直方大"作出诠释的是《文言》，其曰："直，其正也，方，其义也，君子敬以直内，义以方外，敬义立而德不孤。"此是就人之道德品性意义上的解说，以地之形隐喻人之性。唐时，孔颖达《周易正义》疏曰："生物不邪谓之直也，地体安静是其方也，无物不载是其大也。"此是就地之性能立说，以人之道德性界定地之自然性。在《周易》的全部义解中，"直方大"基本上没有越出此二义，换言之，其在儒学的诠释观念系统中，此命题的义蕴已尽。而今，李光地以线、面、体诠解直、方、大，显然是从一个完全新的观念系统中导引出的新释。李光地曾概述他所认识的西方数学（几何）曰："至于今日而新法立焉，其于方圆围径幂积之算，不爽纤毫矣，而其书有所谓《几何原本》者，则点线面体为万数之宗，盖点引而成线，线联而成面，面积而成体，自此而物之多寡长短、方圆、广狭、大小、厚薄、轻重悉无遁形，自此而物之比例参求变化附会，悉无遁理。"（《榕村集》卷二十《杂著·算法》）可以肯定，他用以诠释《易经》"直方大"的新观念正是由此而来。

对理学、儒学以外的理论思想、学术观点、科学知识的吸收，使李光地的理学思想产生了异于朱学的变化，形成了清代理学中的一个试图创新的理论倾向。但是，应该说，这种变异或创新只是发生在对理学某些传统论题、命题或范畴之不同诠解的理论范围内。李光地曾说："《太极图说》《西铭》《定性书》《好学论》四篇相连看去……四篇相足，圣学备矣。"①（《榕村语录》卷十八《宋六子一》）这就表明，新的观念、知识并没有使李光地变异出新的理学主题、论题，更没有跨越理学一步。所以，尽管李光地学术思想具有甚为驳杂的内容，但其基本的、主体的方面仍然是理学性质的内容；尽管李光地变异了朱学，但还不属于被他称之为"君子"的顾炎武、阎若璩等所代表的那个突破、超越理学的清代儒学新思潮。

如果如前所述，陆陇其固守朱学，吸纳不进新的文化理论观念，是理学衰落的一种表现；那么，李光地援用新的理论观念、知识，也并不能使理学的内容和面貌更新，则是从一个更深刻的方面表现了理学的衰落，即理学本身已经失去了发展的可能，自然也就失去了带动儒学发展的可能。

2. 理学对传统儒学基本观念之诠释

以上，就标志理学学术特征的理论主题——本体论与工夫论的演变，论述了理学的主要理论派别和理论内容。下面，从另外一个角度，即理学对构成传统儒学完整理论结构的个体心性、社会伦理和超越的三个思想层面上的基本范畴——心性、礼、命的阐释，进一步考察理学的理论内容。

（1）理学之心性论

理学之心性思想比较在其前出现的两个儒学理论形态——汉代天人之学与魏晋自然之学，有更为丰富的内容，因为理学回应或诠解了比前两者更多的心性问题。这些问题归纳言之来自三个方面：①儒家之外的心性观点。主要是告子的"生之谓性"的界定和由此导引出"性无善无不善"的结论

---

① 《太极图说》，周敦颐作，说明从"太极"到万物、人的生成过程，此为儒学的基本的宇宙图景。《西铭》（《正蒙·乾称》之一节），张载作，儒学中的一个涵盖着个人一切境遇和人与人、人与自然间全部关系的最完整的伦理图景。《定性书》（《答张载书》），程颢作，倡合动静、将迎、内外为一体的修养方法。《好学论》（《颜子所好何学论》），程颐作，论说儒者修养（"为学"）目标是"学以至圣人之道"。

（《孟子·告子上》）①；佛禅的"人性本净"与"心性本觉"的基本观念和由其内蕴着性无善恶与以知觉为性的观点②。②先秦以来儒家圣贤或学者有分歧的心性观点。主要是孔子的"性相近"与孟子的"性善"论之间的差异，孟子的性善论与荀子的性恶论、扬雄的"善恶混"论③及董仲舒、韩愈的"性三品"说④之间的对立。③儒家经典中重要的心性命题或论题。主要是《周易》的"继善成性"⑤，《尚书》的"人心道心"⑥，《礼记》的"天理人欲"与"已发未发"⑦，这些命题或论题，或是在汉

---

① 《庄子》有谓"性者，生之质也"（《庚桑楚》），可见，道家实际上也认为性无善恶。但道家此论点不甚明朗，影响亦不大，故未能引起理学家注意。惟朱熹偶有论之（见《朱子语类》卷一百三十七）。

② 法海本《坛经》谓"性体清净，于一切境上不染"（第十五节），"本性自有般若之知"（第二十八节）；宗宝本《坛经》有谓"性中不染善恶"（《忏悔品第六》）、"菩提本自性"（《般若品第二》）。可以说，无任何道德价值之品性（如善恶），却有知觉的认识功能（当然，"菩提般若智"的内涵要比"知觉"丰富而复杂），是佛禅对性（佛性）的基本界定。禅宗七祖神会所谓"自性空寂，空寂体上自有本智"（《神会语录》），神会四传弟子宗密所谓"此心是一切众生清净本觉，亦名佛性，或云灵觉"（《中华传心地禅门师资承袭图》），表述的也正是禅宗之性的净（空、寂）与觉的两项基本内涵。

③ 扬雄曰："人之性也善恶混。修善则为善人，修恶则为恶人。"（《法言·修身》）另外，据王充谓"周人世硕以为人性有善有恶，举人之善性，养而致之则善长；性恶养而致之则恶长"（《论衡·本性》）。此可见"善恶混"之论古已有之，但理学家未遑论此。扬雄思想的主体是试图以《太玄》网络天、地、人全部的内在秩序、规律，故不属于董仲舒为代表的探究天人之际的汉代儒学理论形态。但扬雄尊孔子、尊六经，显然亦当入儒学之流；惟其思想深处潜存着道家观念，故唐宋以来儒家学者对其评价不一。宋儒如司马光尊之曰："孔子既没，知圣人之道者，非扬子而谁与？孟荀不足拟，况其余乎！"（《传家集》卷六十七《说玄》）理学家如朱熹则贬之曰："扬雄全是黄老……扬雄最无用，真是一腐儒。"（《朱子语类》卷一百三十七）

④ 董仲舒所谓"圣人之性不可以名性，斗筲之性又不可以名性，名性者，中民之性"（《春秋繁露·实性》），实际上是将人之性分为三级。韩愈界分得比较明确："性之品有上中下三：上焉者，善焉而已矣；中焉者，可导而上下也；下焉者，恶焉而已矣。"（《昌黎先生集》卷十一《原性》）此外，王充亦主张性三品说："余固以孟轲言人性善者，中人以上者也；孙卿言人性恶者，中人以下者也；扬雄言人性善恶混者，中人也。"（《论衡·本性》）但理学家于王充亦未遑论及。

⑤ 《系辞》曰："继之者善也，成之者性也。"

⑥ 《尚书·大禹谟》中记舜训禹曰："人心惟危，道心惟微，惟精惟一，允执厥中。"

⑦ 《礼记·乐记》曰："人生而静，天之性也，感于物而动，性之欲也……物之感人无穷，而人之好恶无节，则是物至而人化物；人化物也者，灭天理而穷人欲者也。"《中庸》曰："喜怒哀乐之未发，谓之中；发而皆中节，谓之和。"

魏以后出现①，或是出现虽甚早，但在汉魏儒学心性论中尚未处于凸显的、必须予以诠解的位置。理学对其所面临的这些心性问题的回应，是围绕两个论述中心展开的：一是对在儒学历史上一直争论未休的性之善恶问题的回答，二是对作为心之诸形态或内蕴的性情、天理人欲、人心道心、已发未发等范畴的界定及其关系的解说。

性之善恶　对于第一个中心论题，理学家的理论目标是要维护孟子的仁义为人之所固有的性本善说，又要对何以人的行为中每有发自情欲的恶之显露予以解释。在此论题下，宋明理学家有以二程与朱熹、胡宏、王守仁为代表的三种解说。

二程性论之同与异　理学中的二程性论较好地达到这一理论目标，而二程间却又并不相同。程颢说：

> "生之谓性"，性即气，气即性，生之谓也。人生气禀，理有善恶，然不是性中元有此两物相对而生也。有自幼而善，有自幼而恶，是气禀有然也。善固性也，然恶亦不可不谓之性也。盖生之谓性，"人生而静"以上不容说，才说性时，便已不是性也。凡人说性，只是说"继之者善"也，孟子言人性善是也。（《河南程氏遗书》卷一）②。

程颐亦说：

> 孟子言人性善是也，虽荀扬亦不知性。性无不善，而有不善者才也。性即是理，理则自尧舜至于涂人，一也。才禀于气，气有清浊，禀其清者为贤，禀其浊者为愚。（《河南程氏遗书》卷十八）

不难看出，二程都赞同孟子性善之说，都引入气的观念来解释与善相对的

---

① 南宋以来，特别是经清代学者的考证判定，现存《尚书》五十八篇中，有二十五篇"伪古文"是在东晋以后方出现，其中首篇即是《大禹谟》。

② 此段文字在《河南程氏遗书》中未标是程颢语。但后来朱熹及其弟子研习、讨论二程时，确认为明道先生之言。此段文字在《宋元学案》中入《明道学案》。

恶之形成。但二程间对性之内涵的判定与界分性之善恶的理论角度均有所不同。程颢根据"继之者善，成之者性"，直接将性定位在万物已成的形下的气之位置上，明确判定性即气，禀气清浊，则性有善恶。在这一命题或根据下，程颢没有明确表述的或感到难以表述的意思是，人之更为深刻的本质或真正的"性"，是在"人生而静"之前的、被人"继之者"的那种"善"。这样，程颢就似乎是以"人生而静"之前与后的状态，来界分性之善与恶的①。程颐则不同，他是在"理也、性也、命也三者未尝有异"（《河南程氏遗书》卷十九）的观点上对"成之者性"作出诠释的，认为"斯理也，成之在人则为性"（《河南程氏经说》卷一《易说》），"天道降而在人，故谓之性"（同上书卷八《中庸解》），即以理为性之根源或内涵，性是本体之理在宇宙层面上的实现，故性即理，无不善。显然，较之程颢，程颐在理气间是将性定位在形上的理的位置上。程颐将人因禀理而固有的、相同的善性，称为"天命之性"，人因禀气而形成的有愚贤差别的才，称为"气质之性"②，所以，程颐是以性之理与气的不同内涵来界分性之善恶的。程颐以其性与才或天命之性与气质之性的观点，分辨了孔孟之间的差异，"孟子言性之善，是性之本；孔子言性相近，谓其禀受处不相远也"（《河南程氏遗书》卷二十二上）；也分辨了孟子与告子等人间的分歧，"凡言性处，须看他立意如何，且如言人性善，性之本也；生之谓性，论其所禀也"（同上书卷十八），"才则有善与不善，性则无不善。扬雄、韩愈说性，正说着才也"（同上书卷十九）。在此基础上，程颐提出了一个应该说是理学回应历史上性之善恶问题的总结性的结论："论性不论气，不备；论气不论性，不明。"（同上书卷六）

朱熹的诠释 二程对性之善恶问题所持观点，被朱熹作了进一步的阐

① 程颢于此处表述隐晦，引起了后来理学家理解上的混乱。如朱熹的弟子就曾多次向他提出质询，说"明道'生之谓性'一章难晓"（见《朱子语类》卷四），甚至怀疑"此盖告子之言"（见《朱子语类》卷九十五）。朱熹对他们解释说"此章中间，性有两三说，须子细看"（《朱子语类》卷四），并以自己的经验见告曰："此章某旧时初看，亦自疑，但看来看去，自是分明，今定是不错，不相误，只著工夫子细看，莫据己见，便说前辈说得不是。"（《朱子语类》卷九十五）
② 程颐说"天命之谓性，此言性之理也"（《河南程氏遗书》卷二十四），"气质之性，如俗言性急性缓之类"（同上书卷十八）。

发。第一，朱熹突出、显化了程颐性论中的两个支撑点——"性即理"论与气质论。如他说"'性即理也'一语是千万世说性之根基"（《朱子语类》卷九十三），"程子论性所以有功于名教者，以其发明气质之性也。以气质论，则凡言性不同者，皆冰释矣"（同上书卷四）①。并援用程颐的那个总结性的结论，来化解儒者因儒学历史上性之善恶问题的分歧而引起的困惑。如他说"孟子之论，尽是说性善，却似'论性不论气'，有些不备；若荀扬则是'论气而不论性'，故不明"（同上），"韩愈三品之说，则是'论气不论性'"（《朱子语类》卷五十九）。第二，朱熹对程颢性论中引起后学怀疑或理解上混乱的三个隐晦之处——"人生而静以上不容说""继之者善""恶亦不可不谓之性"，一一予以明确地界说，"'人生而静以上不容说'，此只是理，'才说性时便已不是性'，此是气质"（同上书卷九十五）；"'继之者善'方是天理流行处，'成之者性'便是已成形，有分段了"（同上书卷九十四）；"'善固性也，恶亦不可不谓之性也'，此是气质之性"（同上书卷九十五）。显然，朱熹的解说是将程颢的性论统一到程颐的性论观点上来，经过朱熹诠释，二程人性善恶论的差异基本上就消失了，传统儒学的性善论在程朱这里获得了一种新的既与理学立场一致又符合经验事实的回答，这是理学性论的完整内容与理论模式——性之理、气两层面。

胡宏与王守仁之性说　不难看出，程朱理学的性论，是遵循传统儒学以道德的价值品性（善或恶）为内涵来界定人性的，并且在理学的理论结构中，是将性定位在理落于形气的宇宙论的层面上的②。若准此而言，

① 朱熹认为，理学中的气质之论"起于张程"（《朱子语类》卷四），并追溯说"告子'生之谓性'亦是说气质之性，近世被濂溪拈掇出来，而横渠二程始有气质之性之说"（同上书卷五十九），"盖自濂溪《太极》言阴阳，五行有不齐处，二程因其说推出气质之性来"（同上）。但张载、二程留下的文字中，并没有显示他们气质之说源自《太极图说》。

② 朱熹曰："未有形气，浑然天理，未有降付，故只谓之理；已有形气，是理降而在人，具于形气之中，方谓之性。"（《朱子语类》卷七十五）

理学中还出现了另外两个性（人性）论：湖湘学派①胡宏认为"性也者，天地鬼神之奥也。善固不足言之，况恶乎？"（《朱文公文集》卷七十三《胡子〈知言〉疑义》）性是超越善恶的本然，将性定位在本体的层面上；王守仁在答弟子萧惠问时说"所谓汝心，却是那能视听言动的，这个便是性，便是天理"（《传习录上》），此是以知觉，即以人之心理功能为内涵来界定人性。显然，这两种人性论各自从不同方面构成了与程朱人性论的对立，并且共同显示出某种具有佛禅色彩的观念内蕴，程朱派每就此对其提出批评。如朱熹评论胡宏性论曰："《知言》论性不可以善恶辨，则是告子'湍水'之说尔。"（《朱子语类》卷一百一）"胡氏兄弟既辟释氏②，却说性无善恶，便似说得空了，却近释氏。"（同上）罗钦顺更判定王守仁此答弟子问为公然不讳之禅说③。在下面将述及的第二个中心论题，即理学家关于心之诸问题的见解中，朱熹与湖湘学派之间亦时有此种分歧发生，这是宋明理学中与程朱陆王间在本体论、工夫论（修养方法）上的理论争论相联系而又有所区别的另一个理论争论。

心之诸问题 心之诸问题在传统儒学中并不凸显，而在理学中却是重要且歧义丛生的论题。其中，朱熹对心及其在儒家经典中出现的诸存在样态（性情、天理人欲、人心道心、已发未发等）所作细密的解说，是理学中对这一论题最为全面和有影响的结论。

---

① 胡安国及其子胡寅、胡宁、胡宏，从子胡宪、胡实及胡宏子胡大时、从子胡大原、弟子张栻等立学于湖湘，在家学和师生承传中形成了共同的学术观点、思想特色，朱熹每称之为"湖湘气象""湖南一派"（《朱子语类》卷一百一）。湖湘学派与程朱派关系密切，胡安国与程门弟子谢良佐、杨时、游酢在师友之间，胡宏曾师事杨时，胡宪为朱熹少时师，张栻则与朱熹为挚友。湖湘学派经学成就最高者为胡安国，著《春秋传》，元明两代尊之用以取士；理学造诣最深者当属胡宏，著有《知言》。全祖望评断曰："绍兴诸儒，所造莫出五峰之上。其所作《知言》，东莱以为过于《正蒙》，卒开湖湘之学统。"（《宋元学案》卷四十二《五峰学案·序录》）

② 胡宏长兄胡寅有辟佛之作《崇正辩》，其序称："《崇正辩》何为而作欤？辟佛之邪说也。"胡宏《知言》亦每每批评释氏，如谓"释氏窥见心体，故言为无不周遍。然未知止于其所，故外伦理而妄行，不足与言孔孟之道也"（《事物》），"即物而真者，圣人之道也；谈真离物者，释氏之幻也"（《往来》）。

③ 罗钦顺说："王伯安答萧惠云：'所谓汝心，却是那能视听言动的。这个便是性，便是天理。'又答陆原静书有云：'佛氏本来面目，即吾所谓良知。'渠初未尝讳禅，为其徒者，必欲为之讳，何也！"（《困知记三续》二一）

心之界定　朱熹心论首先是对心之内涵作了周延的界定。朱熹说：

> 心者，气之精爽。（《朱子语类》卷五）
>
> 心者，人之知觉，主于身而应事物者也。（《朱文公文集》卷六十五《大禹谟解》）
>
> 仁义礼智，性也，体也；恻隐羞恶辞逊是非，情也，用也。统性情该体用者，心也。（《朱文公文集》卷五十六《答方宾王四》）

显然，朱熹是从不同的角度对心作界定的。一是在理学的根本范畴理气之间，判定心之哲学本质是形而下之气，是属于宇宙论层面上的存在。这一界定划清了心与同在宇宙论层面上的性之界线，性是理落于形气，不是气，而心却是"精爽"之气。朱熹说"心比性，则微有迹；比气则自然又灵"（《朱子语类》卷五），表述的正是这种界线。这一界定也明确了对于心之诸存在样态的诠解，皆当立足于宇宙论的理论层面上。下面将看到，朱熹辨析、廓清理学心性理论上的混乱，每依据于此。二是从功能的意义上对心的界定，心是一知觉实体，主宰着人的识知、应事的一切活动。在这个界定的意义上，朱熹所说"心包万理，万理具于一心"（同上书卷九），及"人之一心，湛然虚明，如镜之空，如衡之平，以为一身之主者，固其真体之本然"（《大学或问》卷二），都是对心之知觉功能或认知活动的描述，不同于也不是陆九渊"心即理"或释氏"心即性"那样以心为本体的界定。三是对心之存在状态或结构之界定。朱熹认为，心是性与情两种因素构成之统一体。其间，"情者，性之所发"（《朱子语类》卷五十九），故恻隐、羞恶、辞让、是非道德情感即是仁、义、礼、智道德本性的表现。时时主导着此种由性、理发动表现为情感或行为，在朱熹看来，就是心作为身之主宰的存在样态，他说："性只是理，情是流出运用处，心之知觉即所以具此理而行此情者也。"（《朱文公文集》卷五十五《答潘谦之一》）他并以"智"为例说："以智言之，所以知是非之理则智也，性也。所以知是非而是非之者情也，具此理而觉其为是非者心也。"（同上）性与情在心之意识结构中的这种关系，朱熹确定为心之体与用。朱熹这一观点显示出与传统儒学在心性观念上的某种区别，因为如前所述，汉魏至唐的儒学都认为性与情为善与恶的对立关系，在传统儒学的性情对立关系中，以情为恶，显然是在以情为欲，即将"情"与《乐记》中悖于"人生而静"之性的、"感物而动"的"欲"作内涵相同之理解的基础上作出的。王弼"性其情"、李翱"灭情"之说典型地代表着这种理解①。在朱熹这里，在性与情是心之体用关系中，对情与欲皆作出某种新的解释。他说：

> 情不是反于性，乃性之发处。性如水，情如水之流。情既发则有善不善，在人如何耳。（《朱子语类》卷五十九）
>
> 性无不善，心所发为情，或有不善。说不善非是心亦不得，却是心之本体本无不善，其流而为不善者，情之迁于物而然也。（同上书卷五）
>
> 人之生，不能不感物而动，曰感物而动，性之欲也，言亦性所有。而其要，系乎心君宰与不宰耳。心宰则情得其正，率乎性之常，而不可以欲言矣。心不宰则情流而陷溺其性，专为人欲矣。（《朱文公文集》卷六十四《答何侔》）

朱熹表述得十分清楚，在性情为心之体用的关系中，情之恶不是情本身固有，而是在情之既发过程中发生的，即在心之主宰过程中，因心有不宰而使"情迁于物"发生的。同样，心有不宰，使"情流而陷溺其性"，方是欲。在朱熹看来，情非即是恶，非即是欲，所以他批评灭情之论曰："李翱复性则是，云灭情以复性则非，情如何可灭？此乃释氏之说，陷于其中不自知。"（《朱子语类》卷五十九）并重新诠释"性其情"曰："性其情，乃王辅嗣语，而伊洛用之，亦曰以性之理节其情，而不一之于流动之

---

① 王弼解《论语》有谓："不性其情，焉能久行其正。"（何晏《论语集解·为政》皇侃疏引）李翱回答"复性之方"之问有曰："弗虑弗思，情则不生，情既不生，乃为正思。"（《复性书中》）

域耳。以意逆志而不以词害意，似亦无甚害也。"① （《朱文公文集》卷五十三《答胡季随九》） 在朱熹看来，情之流为恶、为欲，皆是心失主宰，此亦是心之不善。故他在回答弟子"心有善恶否"之问时说："心是动底物事，自然有善恶。"（《朱子语类》卷五） 具有以上那些理论内涵的性无不善而心有善恶的论断，是朱熹心性论的最基本的观点。朱熹辨析心之诸存在样态的结论，和在心性理论上与理学中其他派别（湖湘学派可为代表）的分歧，都可溯源于此。

心的三对范畴之诠释 朱熹心论另一方面的内容，是在心之内涵既已界定的基础上对人心道心、天理人欲、未发已发三个论题或三对范畴的诠释。朱熹说：

> 心之虚灵知觉，一而已矣。而以为有人心道心之异者，则以其或生于形气之私，或原于性命之正，而所以为知觉者不同，是以或危殆而不安，或微妙而难见耳。（《朱文公文集》卷七十六《中庸章句序》）

> 只是一人之心，合道理底是理，徇情欲底是人欲。（《朱子语类》卷七十八）

> 以思虑未萌、事物未至之时，为喜怒哀乐之未发，当此之时，即是此心寂然不动之体，而天命之性当体具焉，以其无过不及，不偏不倚，故谓之中。及其感而遂通天下之故，则喜怒哀乐之情发焉，而心之用可见，以其无不中节，无所乖戾，故谓之和，此则人心之正，而情性之德然也。 （《朱文公文集》卷六十四《与湖南诸公论中和第一书》）

不难看出，朱熹是将六范畴皆分别诠释、界定为心的某一具体存在样态。其中，作为心之意念形式的人心道心与天理人欲的内涵基本相同，并且都是从心之知觉功能、认知活动的意义上给予界说的，朱熹答弟子"人心

---

① 如前所论述，王弼认为"万物以自然为性"，"天地虽大，寂然至无是其本"，故王弼"性其情"，其意旨是以自然清静"正"情。朱熹所谓"以性之理节其情，而不一之于流动之域"，亦即二程所谓"情者，性之动也，要归之正而已，亦何得以不善名之"（《河南程氏粹言》卷二）之意，显然是理学对王弼"性其情"的新释。

道心之别"之问时所说，"只是这一个心，知觉从耳目之欲上去，便是人心；知觉从义理上去，便是道心"（《朱子语类》卷七十八），将此二对范畴具有相同的内涵和界定角度，显示得更为清晰。同样，从朱熹对心之内涵界定的角度而言，他对未发已发或中和则是从心之意念结构意义上作出解说的，即未发是心之潜在的本然状态，是心之体，以其寂然不动，故称之为"中"；已发是心之应物的情之表现，是心之用，以其动而有节，故称之为"和"。朱熹于此也有一更为明确清晰的表述曰："思虑未萌而一性浑然道义俱全，其所谓中，是乃心之所以为体；思虑萌焉，则七情迭用，各有攸主，其所谓和，是乃心之所以为用。"（《朱文公文集》卷三十二《答张敬夫四十九》）将人心道心、未发已发归属为心的一种存在样态，并分别从知觉功能与意念结构的角度加以界说是朱熹成熟的思想。从朱熹《中和旧说序》和"中和四书"① 中可以看出，朱熹在将未发已发作心之性情或体用之解释前，曾有"莫非已发，特其未发者，为未尝发尔"（同上书卷七十五《中和旧说序》），和"已发者人心，未发者皆其性"（同上书卷三十二《答张敬夫三十五》）两种不同的理解。前种理解在已发未发间没有作出具有不同理学内涵的区别，而后一种理解则又将未发已发分属于不同的理学理论层面。朱熹发生理论转变的原因，当然不是从理学理论逻辑上的这种考虑，而是他感到这两种理解，在修养实践上都有"直以心为已发""阙却平日涵养一段工夫"的缺点（同上书卷六十四《与湖南诸公论中和第一书》）。《中庸章句序》对人心道心的界说，也是朱熹经历了两次变化后的最后的定见。最早，朱熹曾以"操存舍亡"②界分之曰："操而存则义理明而谓之道心，舍而亡则物欲肆而谓之人心；自人心收回便是道心，自道心而放出便是人心。"（同上书卷

---

① 朱熹《中和旧说序》追述纂辑与张栻讨论已发未发书信稿曰"暇日料捡故书，得当时往还书稿一编，辄序其所以而题之曰中和旧说"（《朱文公文集》卷七十五），今见于《朱文公文集》中有两篇朱熹已自注明属此（卷三十《答张敬夫》三、四），另有两篇（卷三十二《答张敬夫》三十四、三十五）清王懋竑在《朱子年谱》中认为"详其文义，实皆一时之语也"（《朱子年谱考异》卷一），判定亦属此，学者或约称之"中和四书"。

② 《孟子》中有孔子之语曰："操则存，舍则亡，出入无时，莫知其乡，惟心之谓与?"（《告子上》）

三十九《答许顺之十九》）后来，又以性理与形气区分之曰"人心出于形气，道心本于性命"（《中庸旧序》①），凡此皆将人心道心分别为出于不同根源和各自独立的心之形态，与修改后的《中庸章句序》所界说的人心道心同是心之知觉形态有所区别②。朱熹这一理论观念上的变化，也是出于要选择一种有助于理学的心性修养实践的诠释之理论要求，他每说"必使道心常为一身之主而人心每听命焉，乃善也"（《朱子语类》卷六十二），"当使人心每听道心之区处方可"（同上）。显然，以人心道心各有根源本然和独自存在的诠说，是无助于理学心性修养而悖于理学要求的，故他在答门人蔡元定书中说"人心道心之别，盖自根本而已然"（《朱文公文集》卷四十四《答蔡季通二》），在答另一门人郑可学的书中立即改正曰："此心之灵，其觉于理者，道心也，其觉于欲者，人心也。昨答季通书，语却未莹，不足据以为说。"（同上书卷五十六《答郑子上十》）

朱熹与湖湘派之辩 围绕上述理学心论的两个基本方面——心之界定和心之诸样态的界说，朱熹与同时代的湖湘学者间所发生的分歧或争论，展示了理学心论更全面的内容。

就前一方面而言，湖湘学者重新提出的在理学中已被否定的两个命题——"觉为仁"和"爱为仁"③，与朱熹"心统性情"的心之结构观念

① 朱熹门人郑可学曾致书问疑，有曰："可学窃寻《中庸序》云，'人心出于形气，道心本于性命'……愚意以为觉于理则一本于性命而为道心，觉于欲则涉于形气而为人心，如此所见如何？"朱熹回信答曰："《中庸序》后亦改定，别纸录去。来谕大概亦已得之矣。"（《朱文公文集》卷五十六《答郑子上十一》）此可见今之以知觉统人心道心之《中庸章句序》，为修改后之《中庸序》，《中庸旧序》已佚。

② 朱熹《大禹谟注》于此亦有清晰的表述："心者，人之知觉，主于身而应事物者也。指其生于形气之私者而言，则谓之人心；指其发于义理之公者而言，则谓之道心。"（《朱文公文集》卷六十五）据王懋竑《朱子年谱》"庆元四年戊午六十九岁。集《书》传、二《典》、《禹谟》、《金縢》、《召诰》、《洛诰》、《武成》诸说数篇及亲稿百余段具在，其他悉口授蔡沈俾足成之"（卷四），则此注所界说之人心道心，正乃晚年定见。

③ 追溯前此的儒者立言，有韩愈"博爱之谓仁"之说（《原道》），程颐评之曰："爱自是情，仁自是性，岂可专以爱为仁？退之言'博爱之谓仁'，非也。仁者固博爱，然便以博爱为仁则不可。"（《河南程氏遗书》卷十八）有谢良佐"儒之仁，佛之觉"之论（《上蔡语录》卷二），朱熹评之曰"上蔡说得觉字太重，便相似说禅，仁者固能觉，谓觉为仁，不可"（《朱子语类》卷六），"上蔡说仁，说知觉，分明是说禅"（同上书卷二十）。

形成对立：

> 胡实说："心有所觉谓之仁，此谢先生救拔千余年陷溺固滞之病，岂可轻议哉？"（张栻《南轩集》卷三十《答问》）"以爱名仁者指其施用之迹也，以觉言仁者，明其发见之端也。"（同上）
>
> 胡大原说："心有知觉谓之仁，此一语是谢先生传道端的之语，以提省学者也，恐不可谓有病。"（同上书卷二十九《答问》）"以爱言仁，不若觉之为近也。"（同上）

朱熹曾说："论心必兼性情，然后语意完备。"（《朱文公文集》卷七十三《胡子〈知言〉疑义》）即在朱熹看来，完整的心之结构，必是"心统性情"，其结构关系当是"性对情言，心对性情言，合如此是性，动处是情，主宰是心"（《朱子语类》卷五）。湖湘学派没有形成这样的心之结构观念，胡宏对心的界定是"心也者，以成性者也"（见朱熹《胡子〈知言〉疑义》），故朱熹评断湖湘派心论曰"旧看五峰说，只将心对性说，一个情字都无下落"（同上），在朱熹的心论立场上看来，以爱为仁和以觉为仁的观点，正是由于心之观念不完整，引起对心、性、情三概念理解上的混乱所酿成。朱熹辨析"爱为仁"曰："由汉以来，以爱言仁之弊，正为不察性情之辨，而遂以情为性耳。"（《朱文公文集》卷三十二《答张敬夫四十三》）又辨析"觉为仁"曰："心与性自有分别，灵底是心，实底是性，灵便是那知觉。"（《朱子语类》卷五）"仁本吾心之德，故谓仁者心有知觉则可，谓心有知觉谓之仁则不可。"（《朱文公文集》卷三十二《答张敬夫四十三》）质言之，湖湘学者坚持以爱为仁，以觉为仁，其咎在心之理论观念上不辨性与情，不分心与性。

就后一方面言，湖湘学者亦有两个重要论断与朱熹心论观点不同：

> 胡宏曰："窃谓未发只可言性，已发乃可言心。"（《五峰集》卷二《与僧吉甫二》）
>
> 胡宏曰："天理人欲同体而异用，同行而异情。"（朱熹《胡子

《〈知言〉疑义》）

由胡宏之论可以看出，湖湘学者与朱熹的分歧在于他们是从不同的理论层面上对心之存在样态作界说的。如前所述，朱熹成熟的心论观点，是将未发已发作为心之意念结构的体与用来诠释的，而胡宏的界说，实际上是将未发与已发分属于本体论与宇宙论的不同的理学理论层面。当然，性与心也可以用"体用"关系来表述，故胡宏又有"圣人指明其体曰性，指明其用曰心；性不能不动，动则心矣"的界说（见朱熹《胡子〈知言〉疑义》）。显然，这是本体论层面的体与用（性体），不同于宇宙论层面上的心之体与用（心体）①。"未发为性，已发为心"是曾被朱熹接受而随之又放弃、超越了的观点，他对湖湘学者此观点主要有两点评说。第一，认为此观点在修养实践上会产生只承认有心动而后的察识，否认有其先的静中涵养之弊端。正如朱熹在答一友人信中说："近看南轩文字②，大抵都无前面一截工夫，必待其发而后察，察而后存，则工夫之所不至多矣。惟涵养于未发之前，则其发处自然中节者多，体察之际亦甚明审，易为着力。"（《朱文公文集》卷四十三《答林择之二十二》）第二，指出修正此观点，须将立论的角度从性体转移到心体上。朱熹致信张栻告曰"见得此理须以心为主而论之，则性情之德，中和之妙，皆有条而不紊矣"（《朱文公文集》卷三十二《答张敬夫四十九》）。又与张栻、吕祖谦一起疑议《知言》，认为胡宏"心性体用，性动则心"之说，"恐自上蔡谢子

---

① 朱熹与友人论及体用时，曾有"若以形而上者言之……若以形而下者言之"云云（见《朱文公文集》卷四十八《答吕子约十二》）。可见，在朱熹看来，在不同理论层面上都可有体用关系存在。

② 湖湘学者中，张栻的理学观点多与朱熹接近，如对上述"爱为仁""觉为仁"两命题的理解，张栻亦认为"爱固不可以名仁""知觉终不可训仁"（《南轩集》卷三十《答问》），与朱熹基本相同。但在"察识"与"涵养"之先后问题上，张栻坚持先察识后涵养，有谓"四端之著，我则察之，岂惟思虑，躬以达之"（同上书卷三十六《良斋铭》），在逻辑上此与未发为性、已发为心观点一致，同以未发已发为心之性情，而主张察识之先亦须有涵养的朱熹观点有所区别。故朱熹有曰："近得南轩书，诸说皆相然诺，但先察识后涵养之论执之尚坚。"（《朱文公文集》卷四十三《答林择之三》）

失之①，凡此'心'字皆当作"晴'字"，并将胡宏"性不能不动，动则心矣，圣人传心，教天下以仁也"四语，修改为"性不能不动，动则情矣。心主性情，故圣人教人以仁，所以传是心而妙性情之德"（《朱文公文集》卷七十三《胡子〈知言〉疑义》），完全转换了湖湘学派的论述立场，化解了其以未发为性、已发为心的观点。胡宏关于天理人欲的两个论断，实际上分属于本体论与宇宙论两个不同层面。从朱熹的理学立场看，一个是可被接受的，一个是不能成立的。亦如前所述，在朱熹心论中，天理人欲是被作为宇宙论层面上人心的两种意念形式来界定的。胡宏"天理人欲同行异情"之说与此相近，因为这也是一个在"行"（流行）的，即宇宙论层面上的属于心体的论断。故朱熹盛赞曰："五峰云'天理人欲同行异情'，说得最好。"（同上书卷七十八）但是就本体论层面或性体观察，朱熹认为，"当见本体实然只一天理，更无人欲"（《胡子〈知言〉疑义》），所以又对胡宏"天理人欲同体异用"之说表示完全的否定："胡氏之病，在于说性无善恶，性中只有天理，无人欲，谓之同体，则非也。"（《朱子语类》卷一百一）

朱熹心论之质疑　朱熹经过艰苦思考和不断修正所形成的心之观点，还有其在与湖湘学派讨论中凸显的心之观点，构成了理学心论的基本理论范围，并为此后的多数的理学家所蹈袭：当然，也有质疑这些观点或越出这个范围的理学家，从明代理学的历史实际看，此曾在两种情况下发生。其一，混淆了朱熹心之观点的立论角度，罗钦顺可为代表。他说：

> 《虞书》之所谓"道心"，即《乐记》所谓"人生而静，天之性也"，即《中庸》所谓"未发之中""天下之本"，决不可作已发看。若认道心为已发，则将何者以为大本乎？（《困知记续》卷下）

---

① 谢良佐有谓："性，本体也；目视耳听手举足运，见于作用者，心也。"（《上蔡语录》卷二）

显然，在罗钦顺看来，道心与人心、天理与人欲、未发与已发三对心之形态范畴内涵是相同的、没有区别的，并且每对范畴间的关系都是体与用关系。他所说"若夫未发之中，仆尝即道心验之，其义一而已矣"（《困知记》附录《再答林正郎贞孚》），"若人心道心一概作已发看，是为语用而遗体"（同上书《答陈静斋都宪》），显示此意更为清晰。另外，从他所说"人只是一个心，然有体有用。本体即性，性即理，故名之曰道心。发用便是情，情乃性之欲，故名之曰人心"（同上书《答刘二守焕吾》），可以看出，这种体用关系实际上皆是指性与情的关系。用朱熹的心论观点来评量，罗氏之论混淆了，因而也未能从两个有区别的角度——心之知觉功能、认知活动与心之意识结构，来对这三对范畴作有分别的界说。从逻辑关系上看，未发已发与道心人心（同天理人欲），在内涵和外延上均有交叉，但不能重合。如果将道心人心（天理人欲）也作体用性情的解释，就会发生朱熹批评胡宏"天理人欲同体异用"时所指出的那种情况，即在本体论的理论层面上或性体中出现理学悖谬——性之体中有恶。其二，变换了朱熹心之观点立论的本体论基础，刘宗周最是典型。刘宗周在气本论的立场上给予心及人心道心、已发未发以新的界说①，他说：

> 心以气言，而性其条理也……恻隐羞恶辞让是非，皆一气流行之机。（《刘子全书》卷十九《复沈石臣一》）
>
> 须知性只是气质之性，而义理者，气质之本然，乃所以为性也。

① 刘宗周的理学思想比较复杂。大体上说，明代理学有两个基本的理论走向：一是在朱学笼罩下，由理本论向气本论、心本论的转移；一是明代中叶以后在王学风靡和流弊滋甚的情况下，心学本体论、工夫论的重建。刘宗周的理学思想正处在这两个走向的交会点上，也是在这两个走向的终点上。就后者言，刘宗周提出"意"之本体观念与"慎独"工夫论，使宋明理学中心学本体论由"本心"到"良知"、到"意"，在愈来愈深入细致中走到了终点。就前者言，刘宗周沿着罗钦顺、王廷相的气本论方向，不仅在理气论中表述了明确的气本观念，认为"天地间一气而已，非有理而后有气，乃气立而理因之寓也"（《刘子全书》卷五《圣学宗要·濂溪周子》）；而且进一步在心性论中也贯彻了气本的观点，将明代理学在这个理论走向上推到高峰。这里所述他对心之内涵的界定和心之形态的界说，表现的正是这一走向上的观点。

心，只是人心，而道者，人之所当然乃所以为心也。人心道心只是一心，气质义理只是一性。（同上书卷八《中庸首章说》）

在天为春夏秋冬，在人为喜怒哀乐，分明是一气之通，复无少差别。天无无春夏秋冬之时，故人无无喜怒哀乐之时，而终不得以寂然不动者为未发，以感而遂通者为已发可知也。盖止一喜怒哀乐而自其所存者而言谓之中，自其所发者而言谓之和。（同上书卷五《圣学宗要·阳明王子》）

不难看出，刘宗周对心之内涵的界定，对在理学中被作为心之存在样态的人心道心、已发未发的界说，皆是在气本论立场上作出的。在这个立场看来，心之本质是气，"人心一气而已矣"（同上书卷十二《学言下》）。虞廷所谓"道心"是构成人心的气之性或理，《中庸》所谓"已发""未发"是或流或止的四季之气。刘宗周还说"欲与天理只是一个，从凝处看是欲，从化处看是理"（同上书卷十《学言上》），天理人欲也是一气流行中显示的不同状态。十分自然的，在这个立场看来，朱熹心论的基本结论或命题都是可疑的，可予否定的，如刘宗周说"即性言情，前人分解曰心统性情，终是泥水不清"（《刘子全书》卷九《商疑十则答史子复》），"道心者，心之所以为心也，非以人欲为人心，天理为道心也"（同上），"朱子以未发言性，仍是逃空堕幻之见"（《刘子全书》卷十一《学言中》）。凡此皆表明，刘宗周气本论立场上的心论观点已越出了朱学范围。应该说，在罗钦顺和刘宗周所分别体现的两种情况下丛生的异于朱学的心论观点，并没有给理学心之理论的总体面貌带来改观。因为前一种情况的发生，往往是源于对朱熹思想缺乏全面、深入的理解，实际上是未能达到朱熹的理学水平高度，其质疑或新解终会在朱学理论内被消解；后一种情况产生的异论，虽然不能为朱学所消化，但由于明清理学一直处在朱学笼罩之下，气本论的心论观点难以得到充分的发展和响应。所以，理学的心论观点在后人理论视野中，最鲜明突出的仍是朱熹的观点。

（2）理学之伦理观念

充盈着浓厚的伦理道德观念，是理学思想一个显著的特色。较之前此的儒学理论形态，在理学中，儒家伦理道德观念一方面实现了本体性的升越，另一方面也实现了向日常生活层面的广泛浸润，和由人际关系向人与宇宙万物间关系的拓展。凡此皆显示出理学对这一作为儒家思想核心部分的观念的阐释，是更周延的，识解是更高的。

儒家伦理观念的本体性升越　如前所述，在儒家思想理论结构中，礼是其社会的思想层面上的最高范畴，先秦儒学曾从不同方面予以界定，但其主要内涵乃是指社会的政治伦理制度和行为规范①，先秦儒学还追溯其内在的实质或根源，认为是人之性（谦让、恭敬之心）的表现，是对人之情的节制、文饰②。理学承接了这些基本观点，亦如此界定礼曰"礼谓制度品节也"（朱熹《论语集注》卷一《为政》），"让者，礼之实也"（同上书卷二《里仁》），"礼者，因人情者也"（《河南程氏遗书》卷十一）。但不仅如此，理学对礼之根源有更进一步追溯，判定其为在人性、人情之上的本体之理（天理）：

> 二程曰：万物皆只是一个天理，己何与焉？至如言"天讨有罪，五刑五用哉，天命有德，五服五章哉"，此都只是天理自然当如此。（《河南程氏遗书》卷二上）
>
> 朱熹曰：万物皆有此理，理皆同出一原，但所居之位不同，则其理之用不一，如为君须仁，为臣须敬，为子须孝，为父须慈，物物各具此理，而物物各异其用，然莫非一理之流行也。（《朱子语类》卷十八）

可见，理学家认为人之社会层面上的伦理典章制度、道德行为规范即礼，皆是理之表现。故程颢回答门人"如何是道"之问时说："于君臣父子兄弟朋友夫妇上求"（《河南程氏外书》第十二），程颐亦说"就孝弟中便可尽性至命"（《河南程氏遗书》卷十八）。儒学之伦理道德观念在理学这里获得了具有本体性内涵的论证与界定："礼即是理也。"（同上书卷十五）朱熹在答门人书中，对此界定有一明确之解释："礼即理也，但谓之理，

---

①　如孔子有曰"为国以礼"（《论语·先进》），"不知礼无以立也"（《论语·尧曰》）。

②　如孟子有曰"辞让之心，礼之端也"（《孟子·公孙丑上》），"恭敬之心，礼也"（《孟子·告子上》），《礼记》有谓"礼者，因人情而为之节文"（《礼记·坊记》）。

则疑若未有形迹之可言，制而为礼，则有品节文章之可见矣。"（《朱文公文集》卷六十《答曾择之一》）朱熹更进一步界定说："礼者，天理之节文，人事之仪则也。"（朱熹《论语集注》卷一《学而》）

应该说，先秦儒学之"礼"的观念，在其后的每个儒学理论形态中都获得某种本体意义上的诠释，汉代天人之学谓"礼所以设容，明天地之体也"（《春秋纬·说题辞》）。魏晋自然之学认为"孝慈起于自然"（晋康帝《奔丧诏》），显然都是将儒学社会思想层面上的伦理道德的典章制度、行为规范归束、定位于各自理论体系的最高本体或根源中——"天"与"自然"。理学与之相比较，诠释的逻辑思路，即为礼寻觅一比人自身更深刻的根源，似乎并无区别，但诠释的观念内容，即本体或最后根源、最后根据之范畴的内涵却极有不同。如前所论，理学之"理"是一形上的总体性的实在，而汉代天人之学的"天"，乃是一内蕴着阴阳、五行等感性内容的某种实体，换言之，理学与汉代天人之学追溯、诠释礼之根源的理论结论间的不同，是实体性的万物根源与实在性的形上本体观念间的差异。亦如前所论，魏晋玄学的"自然"，其内涵是"无"（王弼派）或"万物自尔、非有使然"（郭象派），是一种无任何规定性的本然状态。然而，作为理学最高范畴的理，却正是以某种独具的性质或规定性显现其本体的品格的。被理学家所认定的理之规定性，主要是理之必然、当然、所以然。如程颐说："泰久而必否……当知天理之必然。"（《伊川易传·泰》）朱熹说："至于天下之物，则必各有所以然之故，与其所当然之则所谓理也。"（《大学或问》卷一）在理学中，理学家正是以伦理制度道德规范蕴含着必然、当然、所以然的性质，将其升越到理之本体层面上，论证其"即是理"。如二程说：

> 父子君臣，天下之定理，无所逃于天地之间。（《河南程氏遗书》卷五）
>
> 今容貌必端、言语必正者，非是道独善其身，要人道如何，只是天理合如此，本无私意，只是个循理而已。（同上书卷二上）

朱熹亦说：

> 君臣父子夫妇昆弟朋友，当然之实理也。（《论语或问》卷四）
>
> 洒扫应对之事，其然也，形而下者也；洒扫应对之理，所以然也，形而上者也。（同上书卷十九）

十分显然，理学正是攀缘着理之"必然""当然""所以然"，追溯、阐释伦理制度和道德规范的本体根源。此与魏晋玄学将礼归根于"无"或"自尔"之自然甚有不同。这种不同，不仅在于两者的理论观念本身，更重要的还是在于它们的理论结局。如前所述，魏晋玄学对儒家思想社会层面的这种道家观念的诠释，淡漠了甚至是否定了儒家"礼"的神圣、永恒的光彩，削弱了、损伤了儒者的伦理道德实践。理学恰相反，理学家对儒家所主张的伦理制度、道德规范之具有必然、当然、所以然的本体性特质的论证，实际上也正是对其永恒性、合理性的论证，对儒家伦理道德实践自觉性的论证。理学家认为对于人来说，"父子君臣"是"无所逃"，是"必然"，换言之，也就是认为伦理道德的制度规范是不可被改易、不可被超越的。从二程所说"父子君臣，常理不易，何曾动来"（《河南程氏遗书》卷二上），及朱熹所说"三纲五常，礼之大体，三代相继，皆因之而不能变，其所损益，不过文章制度小过不及之间"（《论语集注》卷一《为政》），可以看出，理学家正是以"理之必然"推断儒家的伦理道德在本质上具有永恒的性质。无疑的，理学家所谓"合如此""理之当然"，即是对儒家所主张的伦理道德规范的合理性的认定。理学家所谓"无私意"，则是表明此种合理性本质上是个人主观意愿之外、之上的固然，正如朱熹所解说，"父子之仁，君臣之义，莫非天赋之本然，民彝之固有"（《朱文公文集》卷八十二《跋宋君忠嘉集》），"理之所当为者，自不容己。孟子最发明此处，如曰'孩提之童，无不知爱其亲；乃其长也，无不知敬其兄'，自是有住不得处"（《朱子语类》卷十八）。理学家以"固有""不容己"进一步证说了伦理道德是当然之则，伦理道德是"循理"。如果说理学家在对伦理道德制度规范之"必然""当然"的本体性质的诠释中，同时完成了对其永恒、合理的论证，并将伦理道德实践之本质解释为"循理"，那么，理学家判定伦理道德皆有其"所以然"，则是升越了对这一实践的理性自觉的要求。朱熹说："事亲当孝、事兄当弟之类，便是当然之则。然事亲如何却须要孝、从兄如何却须要弟，此则所以然之故。"（《朱子语类》卷十八）意谓"所以然之故"是"当然之则"的根由、依据。在这个意义上，朱熹界定"当然"为"事"、"所以然"为"理"，他在向门人解释《大学或问》"所以然而不可易者"与"所当然而不容已"两句时说：

> 下句只是指事而言，凡事固有所当然而不容已者，然又当求其所以然者何故？其所以然者，理也，理如此，固不可易。今之学者但止见一边，如去见人，只见得他冠冕衣裳，却元不曾识得那人。且如为忠、为孝、为仁、为义，但只据眼前理会得个皮肤便休，都不曾理会得那彻心髓处。（《朱子语类》卷十八）

可见，理学家借助伦理道德之"所以然"的本体性观念，逻辑地对其实践过程提出应有理性自觉的要求；这种自觉，就是对伦理制度和道德规范之所以然——即其内在根据、根源的理解、认识。朱熹把这种识解的理论品格定位很高，他说："知事物之当然者，只是某事知得是如此；某事知得是如此，到知其所以然，则又上面见得一截。"（《朱子语类》卷二十三）如果缺乏这种识解，一个人的伦理道德实践，就如同只及皮肤，未达心髓，只见衣冠，未识其人，不能真正地实际地完成。朱熹所论表明，理学家运用本体论的观念重新诠释了孔子"人而不仁如礼何，人而不仁如乐何"（《论语·八佾》）命题的内涵，再一次展示儒家礼乐文化对充分的理性自觉的要求。

应该说，对儒家所主张的伦理制度道德规范的永恒性、合理性及其实践过程中应有充分自觉性的论证，是理学最根本的、最终的理论目标，理学的全部论题都直接或间接地支撑着这一目标，然而直接显示此目标的命题却是"礼即理"，直接阐释论证此命题的理论观念却是理之必然、当然、所以然。这一命题及其论证，使儒家伦理观念在理学中获得了丰富的本体性内涵。

伦理道德观念向生活层面的浸润　如果说，理学伦理道德观念的浓重，就其理论性质言，表现为在向本体性理论层面升越中，具有了永恒、合理的品质，那么，就其实践的范围言，则表现为向"三纲五常礼之大体"之外的广泛的生活层面的浸润，使理学的生活方式中处处充盈着伦理的特质。二程说：

> 洒扫应对便是形而上者，理无大小故也。（《河南程氏遗书》卷十三）
>
> 圣人之道，更无精粗，从洒扫应对至精义入神，通贯只一理。（同上书卷十五）
>
> 天下无一物无礼乐。且置两只椅子，才不正便是无序，无序便乖，乖便不和。（同上书卷十八）

据《论语》记载，精通于"礼"的子游，曾贬议以熟谙《诗》《书》为长的子夏曰："子夏之门人小子，当洒扫应对进退则可矣，抑末也，本之则无，如之何？"（《论语·子张》）可见，所谓"洒扫应对"，在传统儒学中是被视为无足义理的日常生活的末节琐事。但在二程这里却被注入形而上的理的内涵，被赋予礼或伦理的性质。在二程看来，人的一切行止，甚至将两只椅子摆放到恰当的位置，也蕴含着"序"的当然之理。二程此论显示了理学伦理观念的一个重要的发展，即将伦理道德观念延伸、贯穿生活的一切方面，要求人对伦理道德实践有最广泛、最充分的自觉。从理论的逻辑上说，二程将全部生活实践皆注入伦理的特质，是其"万事皆出于理"（《河南程氏遗书》卷二上），"天地之间无适而非道也"（同上书卷四）的理学本体论观点的必然结论。朱熹于此有进一步的阐发，他在训释《大学》"为人君止于仁，为人臣止于敬，为人子止于孝，为人父止于慈，与国人交止于信"时说：

> 圣人之止，无非至善。五者乃其目之大者也，学者于此，究其精微之蕴，而又推类以尽其余，则于天下之事，皆有以知其所止而无疑矣。（《大学章句》）

又解说《论语》"动容貌，斯远暴慢矣；正颜色，斯近信矣；出辞气，斯远鄙倍矣"曰：

动、正、出三字虽不是做工夫底字，然便是做工夫处。正如著衣吃饭，其著其吃，虽不是做工夫，然便是做工夫处。（《朱子语类》卷三十五）

显然，朱熹之论正是意在将三纲五常的基本伦理道德规范，由最主要的人伦实践，推衍到生活实践中的其余未尽方面，甚至一切方面，如着衣吃饭，因为这里也是"工夫处"，也浸润着纲常的内容。所以朱熹每告诫门人"天理流行，触处皆是"（《朱子语类》卷四十一），要"就日用事实上提撕"（同上书卷一百十八），要"随处见得那忠信笃敬是合当如此"（同上）①。

理学将生活实践伦理化的理论观点，较之以前的儒学理论形态，更充分地凸显和增强了儒学的伦理特色，以及儒学生活方式的伦理特质，就其后果而言，用伦理道德观念检验、筛滤生活中的一切方面，固然能升华、净化人的生活，这是理学家真诚希望和相信的；但实际上也会戕伤、扭曲人的生活，这则成为明清理学批判者审视理学时的一个焦点。

伦理观念向人与万物间关系的拓展　理学伦理观念浓重，就其实践范围的意义上说，不仅表现为向日常生活层面浸润，而且也表现为向人际关系以外的人与万物间拓展。若依据理学所推崇的《大学》《中庸》②，在人的全部伦理道德实践中，除了实现从格物、致知、诚意、正心、修身到齐

---

① 这里需要分辨的是，明代王学后学如王艮曾说"圣人之道无异于百姓日用"（《王心斋先生遗集》卷一《语录》），王畿亦谓"于日用货色上料理"（《王龙溪全集》卷一《复阳堂会语》），此是王学"心即理"观点在生活实践层面上的推展，认为百姓日用本身即是道，即是理。应该说，此观点潜隐着某种对儒学道德修养的削弱、背离。程朱理学以"著衣吃饭亦是做工夫处"，实际上是主张以"理"贯穿、指导百姓日用，在观念实质乃至行为表现上，均与王学后学之论迥然有别。

② 如程颐谓"入德之门，无如《大学》"（《河南程氏遗书》卷二十二上），"《大学》，圣人之完书也"（同上书卷二十四），"善读《中庸》者，终身用不尽也"（同上书卷十七），"《中庸》乃孔门传授心法"（《河南程氏外书》第十一）。朱熹《大学章句》《中庸章句》称引之。

家、治国、平天下的人自身与人际的伦理道德目标外①，还要完成在"尽人性"之后的"尽物性""赞天地化育""与天地参"②。换言之，理学还需要给人在人际之外的天地万物间以一个伦理的安排。

在理学中，处置人与万物的关系，二程之论为其确立了两种有所区别的基本立场：

> 程颢：仁者，浑然与物同体。（《河南程氏遗书》卷二上）
> 程颐：万物无一失所，便是天理时中③。（同上书卷五）

二程立论的差异在于，程颢所论是将人与万物浑然融为一体，程颐所论却是在"天理"之下，人与万物各有其所。大程对其"同体"曾有所解释：

> 观天理，亦须放开意思，开阔得心胸，便可见……诚便合内外之道。今看得不一，只是心生。天人无间，夫不充塞则不能化育，言"赞化育"，已是离人而言之④。（《河南程氏遗书》卷二上）

可见程颢的此种人与万物"无间""同体"，本质上是一种哲学的观照、体验，一种境界。在这种境界上看来，《中庸》"赞化育"之说已是将天人分裂。小程对其持论亦有所解说：

---

① 《大学》谓："物格而后知至，知至而后意诚，意诚而后心正，心正而后身修，身修而后家齐，家齐而后国治，国治而后天下平。自天子以至于庶人，一是皆以修身为本。"

② 《中庸》谓："唯天下至诚，为能尽其性；能尽其性，则能尽人之性；能尽人之性，则能尽物之性；能尽物之性，则可以赞天地之化育；可以赞天地之化育，则可以与天地参矣。"

③ 《河南程氏遗书》未注明此为程颐语，但《宋元学案》录入《伊川学案》。据《遗书》记载，程颢质疑《中庸》"赞化育"之说（卷二上），而程颐却援依此说（卷十八），可见《学案》之分判是正确的。

④ 《河南程氏遗书》亦未注明此为程颢语，但据其疑"赞化育"，当断为程颢之言。朱熹曾谓："程先生言'参赞'之义，非谓赞助。此说非是。"（《朱子语类》卷六十四）又谓："程子说赞化处，谓'天人所为，各自有分'，说得好。"（同上）此分别二程之论，亦可为证。

所谓"人者天地之心",及"天聪明自我聪明",止谓只是一理,而天人所为,各自有分。(《河南程氏遗书》卷十五)

安有知人道而不知天道者乎?道一也,岂人道自是人道,天道自是天道?《中庸》言:"尽己之性,则能尽人之性;能尽人之性,则能尽物之性;能尽物之性,则可以赞天地之化育。"此言可见矣。(同上书卷十八)

《尚书》曰"天聪明自我民聪明,天明畏自我民明威"(《皋陶谟》),《诗》云"天生烝民"(《大雅·荡》),《孝经》谓"天地之性人为贵"(《圣治》),儒家传统的天人合一观点,是具有经验色彩或内涵的,是一种认为天与人根源相通、性能相应的观念。在理学中,这种合一除得到程颢哲学观照的、作为一种精神境界的"同体"(一体)的理解外,这里程颐所论也是一种理解。他认为此种合一只是"万物一理"的本体论意义上的共有"一理",宇宙论层面上的天与人是各自有"分"的;反言之,既然人道与天道在本体论层面上是"一道",为"一理",所以尽人道亦终是尽天道,亦即是尽物性、赞化育,程颐之论是对人与万物关系作出的哲学理性的分析。此观点拓展了人的伦理道德实践范围,在践履人际的修身、齐家、治国、平天下的伦理纲常外,"万物无一失所"亦被纳入人的全部伦理实践之中。

朱熹曾批评程颢"'赞化育'已是离人而言"之说——不同意将"赞"作"赞助"之解的观点,谓之"此说非是"(《朱子语类》卷六十四),而认为程颐在"天人所为,各自有分"的意义上解读"赞化育",是"说得好"(同上)。可见,他在二程所确立的理学对待天人关系的两种有区别的基本立场间,选择的是程颐的立场。他诠释"赞化育""尽物性"曰:

圣人"赞天地之化育",盖天下事有不恰好处,被圣人做得都好。(《朱子语类》卷六十四)

赞天地之化育,人在天中间,虽只是一理,然天人所为,各自有分。人做得底,却有天做不得底,如天能生物,而耕种必用人;天能润物，而灌溉必用人；火能煨物，而薪炊必用人。裁成辅相，须是人做，非赞助而何？……至于尽物，则鸟兽虫鱼、草木动植，皆有以处之，使之各得其宜。（同上）

尽己之性，如在君臣则义，在父子则亲，在兄弟则爱之类，己无一不尽之。尽人之性，如黎民时雍，各得其所。尽物之性，如鸟兽草木咸若如此，则可以赞天地之化育。（同上）

朱熹所论更清晰地表述了理学伦理观念被拓展了的观点：使万物各得其所，各成其宜，即赞天地之化育，是人的全部实践中，或者说实现"天理"的应有的内容。

在理学中，张载的《西铭》① 于人的伦理实践范围拓展，有最重要而清晰的显示。张载说：

乾称父，坤称母；予兹藐焉，乃混然中处。故天地之塞，吾其体；天地之帅，吾其性。民吾同胞，物吾与也。大君者，吾父母宗子；其大臣，宗子之家相也。尊高年，所以长其长；慈孤弱，所以幼吾幼。圣其合德，贤其秀也。凡天下疲癃残疾、惸独鳏寡，皆吾兄弟之颠连而无告者也。（《正蒙·乾称》）

不难看出，较之程颐，张载将理学伦理观念向人与物间拓展的特点是，首先，张载以"乾父坤母"将人与万物所共处的宇宙环境定性为一个具有伦理特质的整体结构，"混然中处"的人，因此与万物间有了广泛意义上的伦理关系、伦理责任，张载曾对此作解释说"天地更分甚父母？只欲学者心于天道"（《张子语录》上），意谓天地当然不是"父母"，但学者当以处于一个大家庭中的伦理感情、态度去处置天地间的

---

① 张载曾书写其《正蒙·乾称》篇之"乾称父，坤称母……存，吾顺事；没，吾宁也"一节于学堂之右牖，称之为《订顽》，又书其"戏言出于思也，戏动作于谋也……不知孰其焉"一节于左牖，称之为《砭愚》。程颐认为其名称涵盖不周其文义，易发生诠释上的歧解，"是起争端"，故将其改为《西铭》《东铭》（事见《河南程氏外书》第十一）。

事事物物。其次，张载又在气本论的基础上作出观察，他认为"太虚不能无气，气不能不聚而为万物，万物不能不散而为太虚"（《正蒙·太和》），人与万物皆是一气之聚散，人与万物在本质上是相同的，性质上也是相通的。所以，人与人之关系同人与物之关系，在本体论的意义上是相同的、相通的。在此基础上，张载提出他拓展理学伦理观念的一个最重要的命题——"民吾同胞，物吾与也"。人不仅对他人，同时对万物也承担着某种伦理责任，亦如张载所解说"性者，万物之一源，非有我之得私也，惟大人为能尽其道，是故立必俱立，知必周知，爱必兼爱，成不独成"（《正蒙·诚明》），即人的"俱立""周知""兼爱""不独成"的"尽其道"的全部伦理道德实践，不仅在人际，也要在人与宇宙万物间实现。总之，《西铭》的"民胞物与"，将伦理道德感情贯注人与万物的关系间，最清晰地表述出理学扩展了的伦理观念。

张载的观点得到朱熹的赞同，并予以准确的阐释。朱熹四十三岁时注《西铭》，概括其主题曰"此篇论乾坤一大父母，人物皆己之兄弟一辈，而人当尽事亲之道以事天地"（见《张子全书》卷一），并详细诠释"民吾同胞，物吾与也"曰：

> 人物并生于天地之间，其所资以为体者，皆天地之塞，其所得以为性者，皆天地之帅也。然体有偏正之殊，故其于性也不无明暗之异。惟人也得其形气之正，是以其心最灵而有以通乎性命之全体，于并生之中又为同类而最贵焉，故曰"同胞"，则其视之皆如己之兄弟矣。物则得夫形气之偏而不能通乎性命之全，故与我不类，而不若人之贵。然原其体性之所自，是亦本之天地而未尝不同也，故曰"吾与"，则其视之也如己之侪辈。惟"同胞"也，故以天下为一家，中国为一人。惟"吾与"也，故凡有形于天地之间者，若动若植，有情无情，莫不有以若其性，遂其宜焉。此儒者之道，所以必至于参天地，赞化育，然后为功用之全，而非有所强于外也。（《张子全书》卷一）

朱熹判定《西铭》之主旨为"以事亲之道以事天地"，诠解"物吾与也"为"视万物如己之侪辈"，都是对张载将伦理道德感情拓展到人与万物之间的理学伦理观念的十分准确的揭示。显然，朱熹也是完全赞同这种观点的，故他称此为"儒者之道"，认为儒者不仅完成了人际的同时也完成了人物间的伦理道德实践，方是"功用之全"。从《朱子语类》中可以看到，朱熹六十岁以后在和门人讨论《西铭》时，还经常重复着这种观点①，此可表明，朱熹《西铭注》所表述的将伦理道德感情与实践拓展到人际之外的更广泛的人与自然万物间的观点，是朱熹的一个成熟的理学观点。

理学家对"兼爱""博爱"的辨析 理学伦理道德观念的增强、深化，除了显示在上述三个不同的理论的或实践的方向上，还有一个重要表现，即在理学家对"兼爱""博爱"的辨析中，人的"爱"之感情被注入了单一的也是唯一的伦理性内涵。在儒学历史上，孟子不仅最严厉地攻击了墨家兼爱是"无父"，而且也最早地判别了对儒家"仁爱"与墨家"兼爱"之间的差异。他在批评墨者夷之的"爱无差等，施由亲始"的"兼爱"说时曰："天之生物也，使之一本，而夷子二本故也。"（《孟子·滕文公上》），即孟子认为人之生，皆由己之父母，犹如万物之生，皆由天，是为"一本"；若以己之父母与人之父母无别、爱无差等，则是"二本"，则是悖于天性、人性的。爱之感情由亲及邻，并不是如夷之所理解的是施予、实行过程中的先与后，而是出于天性"一本"之由己及彼。孟子在表达仁的观念时还说"亲亲仁也"（《孟子·尽心上》），"仁者爱人"（《孟子·离娄下》）。可见，在传统儒家的爱之感情中，明显地内蕴着伦理性的差等、秩序之含义——仁爱，其与墨家"兼爱"的分界线已经是清晰的了。但理学又重新辨析了"兼爱"，这是由于杨时对《西铭》的怀

---

① 《朱子语类》卷九十八载有徐宇所录朱熹六十一岁后（光宗元年庚戌以后）语："《西铭》只是说事天，但推事亲之心以事天耳。"又载有叶贺孙所录朱熹六十二岁后（光宗二年辛亥以后）语："《西铭》大要是在'天地之塞吾其体，天地之帅吾其性'两句。'塞'是说气，……自一家言之，父母是一家之父母；自天下言之，天地是天下之父母；通是一气，初无间隔。'民吾同胞，物吾与也'，万物虽皆天地所生，而人独得天地之正气，故人为最灵，故民同胞，物则亦我之侪辈……大抵即事亲以明事天。"凡此皆与《西铭注》义同。

疑而引起的。杨时在致程颐一书信中献疑曰："《西铭》之书，发明圣人微意至深，然而言体而不及用，恐其流遂至于兼爱。"（《龟山集》卷十六《寄伊川先生》）程颐答书指正其"《西铭》之论，则未然"，并分辨《西铭》与墨子"兼爱"之区别曰：

> 《西铭》明理一而分殊，墨氏则二本而无分（自注：老幼及人，理一也；爱无差等，本二也）。分殊之蔽，私胜而失仁；无分之罪，兼爱而无义。分立而推理一，以止私胜之流，仁之方也。无别而迷兼爱，至于无父之极，义之贼也。（《河南程氏文集》卷九《答杨时论西铭书》）

较之孟子，程颐辨析仁爱与兼爱差异的结论深入之处是，首先，在孟子判兼爱为"二本"的基础上，进一步明确指出兼爱之实质和弊端是"无分"，即没有伦理原则，其极端则是"无父"。其次，程颐用"理一分殊"的理学观点更周延地诠释了儒家的"仁爱"观念，并觉察到"分"的差等原则会产生"私"的弊端，但他认为可以昂扬"理一"的仁爱原则克服之。程颐之论表明，"兼爱"与"仁爱"的差别，不是在其爱之心的公或私、爱之情的广或狭之间，而是在其源头处的性质不同。此种不同，在程颐回答另一门人鲍若雨"为仁先从爱物上推来如何"之问时，有更清楚的说明："不敬其亲而敬他人，谓之悖礼，不爱其亲而爱他人者，谓之悖德，故君子'亲亲而仁民，仁民而爱物'。能亲亲，岂不仁民，能仁民，岂不爱物？若以爱物之心推而亲亲，却是墨子也。"（《河南程氏遗书》卷二十三）即是说，在程颐看来，儒家"仁爱"之心是发自人之本性根源（"一本"）的伦理道德感情，墨子"兼爱"之情则是无本的（"二本"），是后天形成的某种政治的、功利的理念的展开。

杨时收到程颐的答书后，复信表示接受"理一分殊"的观点①。此后即以此诠释《西铭》，如谓"《西铭》理一分殊，知其理一，所以为仁；

---

① 杨时复信中有谓："今得先生开论丁宁，传之学者，自当释然无惑也。"（《龟山集》卷十六《答伊川先生》）

知其分殊，所以为义"（《龟山集》卷十一《语录二》），然亦以此质疑《西铭》，如谓"《西铭》之书，以民为同胞，长其长幼其幼，以鳏寡孤独为兄弟之无告者，所谓理一也。然其弊无亲亲之杀，非明者默识于言意之表，乌知所谓理一而分殊哉？"（同上书卷十六《答伊川先生》）鉴于此，朱熹与其门人一起辨析了杨时的这种理解和怀疑，据《朱子语类》记载：

> 刘用之问："《西铭》理一而分殊，若大君宗子、大臣家相，与夫民物等，皆是理一分殊否？"曰："如此看，亦是。但未深，当截看。如《西铭》劈头来便是理一分殊，且'乾称父，坤称母'，虽以乾坤为父母，然自家父母自有个亲疏，这是理一分殊。等而下之，以至为大君，为宗子，为大臣家相，若理则一，其分未尝不殊。民吾同胞，物吾党与，皆是如此。龟山正疑此一着，便以民吾同胞，物吾党与，近于墨氏之兼爱，不知他同胞、同与里面，便有个理一分殊。"（《朱子语类》卷九十八）

> 林子武问："龟山语录曰：'《西铭》理一而分殊。知其理一，所以为仁，知其分殊，所以为义。'"先生曰："仁，只是流出来底便是仁，各自成一个物物事底便是义。仁只是那流行处，义是合当做处。且如爱其亲、爱兄弟、爱亲戚、爱乡里、爱宗族，推而大之，以至于天下国家，只是这一个爱流出来，而爱之中便有许多等差。且如敬，只是这一个敬，便有许多合当敬底，如敬长、敬贤，便有许多分别。"（同上）

可见，针对杨时认为《西铭》之"民胞物与"表述的是"理一"，无"分殊"，因而怀疑其是墨家"兼爱"的思想感情，朱熹则认为，在"民胞物与"中，即在以天地为父母、万物为兄弟的最广泛的爱之道德感情中，也有差等，也有伦理原则，即也有"分殊"；针对杨时认为"理一"是仁，"分殊"是义，朱熹则认为仁作为一种爱之道德感情和义表现为敬之行为，其中各自有差等，即各皆有"分殊"。朱熹之论，驳正了杨时从"理一分殊"的理论角度对《西铭》的理解，消解了他从这个角度对《西铭》的怀疑，进一步显化了儒家爱的道德感情中的伦理特质，显化了儒家"仁爱"与墨家"兼爱"观念间的区别。

在理学中，前面已经论及的理学家对"博爱之谓仁"命题的辨析，同样也表现了将伦理特质注入爱之道德感情中去的那种理学思想特色。程颐说：

> 爱自是情，仁自是性，岂可专以爱为仁？退之言"博爱之谓仁"，非也。仁者固博爱，然便以博爱为仁，则不可。(《河南程氏遗书》卷十八)

朱熹在回答门人"博爱之谓仁"之问时亦说：

> 程子之说最分明。要之，仁便是爱之体，爱便是仁之用。(《朱子语类》卷一百三十七)

显然，理学家并不是非议、反对博爱，孔子说"泛爱众而亲仁"(《论语·学而》)，孟子曰"仁者无不爱也"(《孟子·尽心上》)，"泛爱""无不爱"也就是博爱①；而只是指斥、否定以"博爱"定义、界说"仁"②。在理学家看来，爱本身是一种情，一种用，是由仁之性、仁之体而发，就其观念的逻辑性质而言，仁具有高于、大于爱的内涵，"爱"是不可能周延地界定"仁"的。朱熹曾比喻说："仁是根，爱是苗，不可便唤苗做根，然而这个苗，却定是从那根上来。"(《朱子语类》卷二十)另外，儒家传统的观点认为，"仁之实，事亲是也"(《孟子·离娄上》)，据此，理学家亦认为表现仁的爱之情，并不是以其广博纯然，而是以其有差等，即由亲及邻、由人及物的伦理性为特质的，亦如朱熹所每每解释的，"仁之实，本只是事亲，推广之，爱人利物，无非是仁"，"爱亲、仁民、爱物，

---

① "博爱"一词似乎出于汉代，如有谓"先之以博爱，而民莫遗其亲"(《孝经·三才》)，"务在博爱"(《说苑·君道》)。

② 三国吴韦昭注《国语》，有谓"博爱于人为仁"(《国语注·周语下》)，似是最早以博爱界说仁。理学家多未遑论及此。唯朱熹谓"由汉以来，以爱言仁之弊，正为不察性情之辨，而遂以情为性耳"(《朱文公文集》卷三十二《答张敬夫四十三》)，于此有见。

无非仁也，但是爱亲乃是切近而真实者，乃是仁最先发去处；于仁民、爱物，乃远而大了"（《朱子语类》卷五十六）。理学家努力辨析的是，儒家的爱的观念应是具有伦理特质内涵的"仁爱"，而不是缺乏这种内涵的"博爱"。理学家对"博爱"之辨析，也有意在将儒家"仁爱"与佛家"慈悲"或悲情之爱①区别开来，避免重蹈韩愈曾经陷入的误区②。

不难看出，理学辨析"兼爱"与"博爱"，虽然分别援依的是"理一分殊"与性情体用两个内涵有所不同的理学理论观点，但却皆是向爱的道德感情中注入伦理性特质，共同凸显、阐释了儒家的"仁爱"的伦理立场。爱是一种在不同的思想文化体系或生活方式中都存在的基本的人类道德感情，在其中注入、强化伦理的特质则是儒家尤其是理学的思想特色，并且在一定意义和程度上，也成为中国传统思想、中国传统文化的生活方式的特色。

由于伦理道德观念是儒家思想的核心，所以被理学发展、增强了的儒家伦理观念，其意义也就十分重要。就社会实践言，理学笼罩下的社会生活因此被彻底地伦理道德化了；而在观念形态上，以伦理的方式处置人与自然的关系，处置人类爱之感情，则使儒学与明清以后传入中国的西方科学与宗教有了最重要判别标志，并且同时也提供了理解、消化它们的观念基础。后面对此亦将有所论述。

（3）理学对命之阐释

"命"（"天命"）是儒家生活方式中的最高存在。孔子曾说："道之将行也与，命也；道之将废也与，命也。公伯寮其如命何？"（《论语·宪问》）又说："不知命，无以为君子也。"（同上书《尧曰》）显然，孔子认为，命是某种外在客观的、超越的存在；理解、认同命是一个有道德的人所必须有的精神条件。这是儒家最早形成并一直被承继着的关于命的观念。孟子曾说"莫之为而为者，天也；莫之致而至者，命也"（《孟子·万章上》），"孔子进以礼，退以义，得之不得曰命"（同上），又说"尽

---

① 前已注引，"慈悲"是佛家的基本心态之一，所谓"大慈与一切众生乐，大悲拔一切众生苦"（《智度论》二十七）。

② 朱熹曾批评韩愈"博爱之谓仁"之论是"说得差""将用做体看"（《朱子语类》卷一百三十七）。

其心者，知其性也，知其性，则知天矣。存其心，养其性，所以事天也；妖寿不二，修身以俟之，所以立命也"（《孟子·尽心上》）。孟子之论进一步描述、凸显了命之超越、客观的性质，同时提出一种回应这种超越力量的方法或态度——"行法以俟命"（《孟子·尽心下》），即以在理性自觉的基础上，对伦理道德规范的践履和对物事理则的遵循。追溯孔孟原始儒学关于命的思想观点在于表明，诠解命之超越性内涵，何以处置此种人无法制约的异己的人生因素，是儒学理论中最深刻的论题，因为儒家生活方式的终极关切或精神归依在这里圆成。理学与在其先出现的儒学理论形态汉代天人之学与魏晋自然之学一样，对命之阐释正是围绕此而展开，但有其独具的特色。

命之内涵的理学界说　理学命之观念的内涵，在一主要之点上与先秦原始儒学、汉代天人之学、魏晋自然之学相同，即认定命具有不可被驾驭、改变的客观必然性的品质，如张载谓"天所自不能已者谓命"（《正蒙·诚明》），程颐亦谓"君子当困穷之时，既尽其防虑之道，而不得免，则命也"（《伊川易传·困》）。但是，理学家以理学观念对命之内涵、本质作新的界说时，又显示出与先前儒学有重要不同的观念变更。理学中存在着两种观察角度有所区别的对命之内涵或本质的界说。

其一，单一内涵：命与理、性为一。此观点以程颐为代表，他对此有明晰的表述：

> 理也，性也，命也，三者未尝有异。穷理则尽性，尽性则知天命矣。（《河南程氏遗书》卷二十一下）
>
> 在天为命，在义为理，在人为性，主于身为心，其实一也。（同上书卷十八）
>
> 性之本谓之命，性之自然者谓之天，自性之有形者谓之心，自性之有动者谓之情，凡此数者皆一也。（同上书卷二十五）

不难看出，程颐之论是沿缘着孟子的"尽心、知性、知天"的思路而来。程颐的创造是用理学最高范畴"天理"将此三者贯穿起来，正如他在回答邵伯温"孟子言心、性、天，只是一理否"之问时说："然。自理言之谓之天，自禀受言之谓之性，自存诸人言之谓之心。"（《河南程氏遗书》卷二十二上）可见，在程颐看来，心、性、天（命）是从不同角度对理之表述，是理在不同情境下的表现。就一个人来说，命与心、性、情等一样，同时用以构成、显示和界定其生存或生命整体的一个方面的状态、因素。他曾指着一木柱为例解说这种整体性："此木可以为柱，理也；其曲直者，性也；其所以曲直者，命也。理、性、命，一而已。"（《河南程氏外书》第十一）程颐之论，使儒学传统的命之观念在理学这里发生了一个重大转变，原来客观地存在于人之外的异己性质的命，被内化为人之生命存在中的一个因素，命即性，故他说："在天曰命，在人曰性。贵贱寿，天命也，仁义礼智亦命也。"（《河南程氏遗书》卷二十四）命获得了是人之内在因素的品性，命之外在性、异己性消失了；但命仍是某种"不得免"，仍是客观的、必然的，即仍是超越的。这种理学中的命，本质上是一种内在性的超越。

朱熹承接并凸显了程颐命与理、性为一的观点。程颐此论原是缘沿《孟子·尽心》之"尽心、知性、知天"而发，朱熹与门人研讨《孟子》时判定曰"孟子说命，至《尽心》章方说得尽"（《朱子语类》卷六十），并认为诸儒训解孟子此语，"伊川最说得完全"（同上）。朱熹认可、赞赏门人叶贺孙对天、命、性、理四者本质上为一之关系的解说："天则就其自然者言之，命则就其流行而赋予物者言之，性则就其全体而万物所得以为生者言之，理则就其事事物物各有其则者言之。到得合而言之，则天即理也，命即性也，性即理也。"（《朱子语类》卷五）而他自己对天命与人性之为一则有更简洁的表述："天之赋于人物者谓之命，人与物受之者谓之性。"（同上书卷十四）但是，朱熹论述命的问题时，更经常援用的是理学中的命之双重内涵的界说。

其二，双重内涵：命兼理气。理学中最先明确地以理、气两项内涵来界说命的应是张载①。《论语》所谓"死生有命，富贵在天"（《颜渊》），表述的正是某种外在的、超越的必然性，张载解释曰：

---

① 当然，程颐也有"气便是命也"的论断（《河南程氏遗书》卷十八），但他主要是以性理来界说命。

> 德不胜气，性命于气；德胜其气，性命于德。穷理尽性，则性天德；命天理，气之不可变者，独死生修夭而已。故论死生则曰"有命"，以言其气也；语富贵则曰"在天"，以言其理也。（《正蒙·诚明》）

张载认为命（性命）包含两个性质有所区别的内涵——理与气，气构成命之不可变的必然性的特质，而理则是表明命中可渐次完善的方面，存在着"敬德修业以成性"（《横渠易说·乾》）的自由空间，理学中命有理气双重内涵的观点，到了朱熹时有至为清晰的表述：

> 命只是一个命，有以理言者，有以气言者。天之所以赋与人者，是理也；人之所以寿夭穷通者，是气也。（《朱子语类》卷三十六）
>
> 命有两般：有以气言者，厚薄清浊之禀不同也，如所谓"道之将行将废，命也""得之不得曰命"是也。有以理言者，天道流行，付而在人则为仁义礼智之性，如所谓"五十而知天命""天命之谓性"是也。二者皆天所付与，故皆曰命。（同上书卷六十一）

朱熹之论一方面以理释命，更明确地将命界定为、归属于人之生命过程中的仁义礼智之性，巩固了在理学初期所发生的传统儒学外在必然性的命之观念的内化转变；另一方面，也是更重要的，引入气的观念，对此种必然性，即人之生命活动中的"将行将废""得与不得"之不可改变的、似乎是既定的遭际作出了一种解释。朱熹认为人之气禀的厚薄清浊，决定了人的寿夭穷通，决定了人生命过程中的"不得免"。亦如他在论及颜渊短命和冉伯牛染疾时所说："富贵、死生、祸福、贵贱，皆禀之气而不可移易者。"（《朱子语类》卷四）可见，朱熹完全没有否定儒家传统的命之必然性观点，但他用气的观念给予此种必然性以一种本质的解释。根据这种解释，此种必然性实际上也是人自身中的某种因素。传统儒学的命之异己性在理学中又一次被消解了。

　　固然，人生命过程中的命之必然性，"不可移易者"，在朱熹看来是根源于天赋之气禀，然而，这种气禀形成的本身，在朱熹看来，却并不是必然的，而是偶然的。《朱子语类》记载了朱熹就此问题答门人问：

> 问：气禀是偶然否？曰：是。偶然相值着，非是有安排等待。（卷五十五）
>
> 问：天地生圣贤，又只是偶然，不是有意矣？曰：天地那里说我特地要生个圣贤出来！也只是气数到那里，恰相凑着，所以生出圣贤，及至生出，则若天之有意焉耳。（卷四）

朱熹此论表明，他用气之观念肯定并解释了表现在人之生命过程中的命之必然性，但在其源头处又消解了这种必然性，即朱熹认为人之气禀在形成时是偶然的，不存在主宰性、决定性的必然性根源。应该说，命中是否有偶然，曾是困扰过理学的一个问题。在理学以前，传统儒学虽然认定命为必然，但却已有"正命"与"非正命"之分，注意到了命之必然显现中的复杂情况。如孟子说："莫非命也，顺受其正；是故知命者不立乎岩墙之下。尽其道而死，正命也；桎梏死者，非正命也。"（《孟子·尽心上》）显然，此是就人生最终结局的不同形态而言，但似乎也有某种"偶然"之意蕴。在朱熹以前，理学中出现了命中有偶然的观点，并且酿成理学论命中的唯一的公开分歧。张载说："人一己百，人十己千，然有不至，犹难语性，可以言气；行同报异，犹难语命，可以言遇。"（《正蒙·乾称》）即他认为，在人的生命过程中，有因气而形成的必然（命），然而在气（命）的显现中也有"行同报异"的种种差别——偶然性存在，此当称之为"遇"。程颐不赞成此见，门人刘安节问他："命与遇何异？"他答："人遇不遇，皆是命也。"又问："长平之战，四十万人死，岂一命乎？"他答："是亦命也。"又问："或当刑而王，或为相而饿死，或先贵后贱，或先贱后贵，皆命乎？"他答："莫非命也。既曰命，便有此不同，不足怪也。"（《河南程氏遗书》卷十八）可见他是认为人的一切遭遇，无论相同或差异，皆是必然性之命。朱熹时，门人林夔孙问"伊川横渠命遇之说"，要他在程张论命之分歧中作出评断，他即说："所谓命者，如天子命我作甚官，其官之闲易繁难，甚处做得，甚处做不得，便都是一时命了，自家只得去做，故孟子只说莫非命也。却有个正与不正。所谓正命者，盖天子始初命我，如事君忠、事父孝，便有许多条贯在里。至于厚薄浅深，这却是气禀了，然不谓之命不得，只不是正命。"（《朱子语类》卷四十二）显然，朱熹认为命皆是必然，"莫非命也"，此是援依孟子的观点，但又给孟子命之"正"与"不正"之分以一个具体的理学的解释，认为在命之必然的显现中，其人生结局符合义理（"条贯"）者即是正命，因气禀的差异，种种偏离义理者，则不是正命。综括言之，张程朱三位理学家的命论观点的分歧在于：朱熹所谓"气禀相值"，是发生在人之生命源头处形成禀赋时的偶然性；张载界定的"遇"，是谓在人之生命进程中，有越出命（气）之必然性的偶然性；朱熹虽与程颐一致认为，人的生命过程全部在必然性笼罩之下，但他又认为在生命的源头是有偶然性发生的，在生命进程中的必然之命又有正与不正之分。比较而论，朱熹命论的理论内涵最为丰富，逻辑最为严密，它从不同角度作出观察，因而虽同时包容了必然性和偶然性两种对立的观念因素而并不矛盾。朱熹之论所要表述、解说的命之必然性，似乎是处在因素极为众多、关系极为复杂的生存环境中的人之生命活动、过程的一次不可逆性，朱熹此种哲学观察和结论虽然仍是立足于经验基础上的，但本质上是属于科学理性性质的。儒学传统命之观念的必然性所内蕴的形上性、超越性在此被削弱了，儒学传统命之观念在理学中发生的变化，于此处最为深刻、最为重要。

较之程颐的单一内涵的命之观念，朱熹的理气双重内涵的命之观念，有更为周延的内容，不仅进一步消解了命对人的外在异己性——命即仁义礼智之性，而且对其客观必然性也给予了一个具体的解释——在生命源头偶然相值而形成的气禀，铸定了人生的必然遭际。但也不难看出，在此两种内涵有所差异的命之观念中，一个主要之点却仍然相同：命是"不得免"或"不可移易"的，是超越的。这样，对命之本质或内涵的理解、界定虽有差异的理学家，面临何以回应、处置此种无法制约、驾驭的人生因素的问题却是共同的。

对命的回应　传统儒学的命之观念，作为一种外在客观必然性的超越存在，在理学中发生了由外向内在、由某种形上性的哲学理念向似乎是可以科学观念理解的一次不可逆性的转变。这一观念的转变，使命之异己性（外在性）在理学中被消解了，但必然性并未被理学否定，而只是获得一种新的更理性的解释。这样，从传统儒学命之观念蜕变出来的理学命之观念就认为，命即在人自身之中，在人之性理和气禀之中；如何回应作为人生命过程中的一种必然性的命之存在，十分自然的，理学也要从人的生命活动本身，由于儒学的伦理道德特质，特别地要从人的道德实践本身中去寻求，用朱熹的话来说，就是"语义则命在其中"（《朱子语类》卷四十五）。具体来说，理学家有三个命题较周延地表述了理学在人生实践中对命的回应。

其一，"惟义无命"。这一命题是程颐明确提出的，他说：

> 君子有义有命。"求则得之，舍则失之，是求有益于得也，求在我者也"，此言义也。"求之有道，得之有命，是求无益于得也，求在外者也"①，此言命也。至于圣人，则惟有义而无命，"行一不义，杀一不辜，而得天下，不为也"②，此言义不言命也。（《河南程氏外书》第三）

程颐推演孟子之论，认为诸如寿夭贵贱属于"在外"的东西，得与不得，在命不在我；而行义、道德完成之"在我者"，却求则可得的。人应该把自己的努力、奋斗投入这个方向上来。可以说，"惟义无命"是理学在人生实践中对于命的最基本的态度，与程颐同时代的张载及其后的朱熹都有相同的论述：

> 富贵贫贱皆命也。今有人均为勤苦，有富贵者，有终身穷饿者，求而有不得，则是求无益于得也。道义则不可言命，是求在我者也。（《张子语录》上）
>
> "用舍无预于己，行藏安于所遇，命不足道也"③。盖只看义理如何，都不问那命了。虽使前面做得去，若义去不得，也只不做，所谓

---

① 《孟子·尽心上》。
② 《孟子·公孙丑上》。
③ 此引语为程颐门人尹焞对《论语》"用之则行，舍之则藏"一语之训释，见朱熹《论语集注·述而》。

> "杀一不辜，行一不义，而得天下，有所不为"……圣人更不问命，只看义如何，贫富贵贱，惟义所在，谓安于所遇也。（《朱子语类》卷三十四）

显然，理学家的"惟义无命"，亦即"言义不言命""命不足道"，并不是对命的否定，而是从人生的价值估量上，将义的实现置于命之上，以"求在我者"，即以对人伦物理的自觉主动遵循、实践，来回应作为一种客观必然的超越的存在。这种能在儒家思想体系和生活方式中的最崇高的超越的实在面前，显示出作为人的理性尊严和自主的人生态度，在理学家看来，就是具有最高的儒家精神觉醒——圣人境界的表现。程颐、朱熹于此更有所说：

> 圣人言命，盖为中人以上者设，非为上智者言也。中人以上，于得丧之际，不能不惑，故有命之说，然后能安。若上智之人，更不言命，惟安于义；借使求则得之，然非义则不求，此乐天者之事也。上智之人安于义，中人以上安于命，乃若闻命而不能安之者，又其每下者也。（《河南程氏遗书》卷十八）
>
> 一等人不知有命；又一等人知有命，犹自去计较。中人以上，便安于命。到得圣人，便不消得言命。（《朱子语类》卷三十四）

难得如此明确，程朱理学家正是以回应命的三种不同态度——安于义（不言命）、安于命（知命）、不知命（不安命），将人群界分为上智（圣人）、中人、其下者三等精神境界。孔子曾说"不知命，无以为君子"，曾将自己终生的结局归于"命"，所以在儒家看来，命是人对自己生存环境的一种总体上的觉悟，是人摆脱精神困扰的最后归宿，"不知命"受到理学家的贬斥是十分自然的。理学家的特出之处，是将知命（安于命）与不言命（安于义）加以区别。此种区别，程颐、朱熹在解说《论语》"用之则行，舍之则藏"一语时，表述得其为清晰：

> "子谓颜渊曰：'用之则行，舍之则藏，唯我与尔有是夫。'"用舍无预于己，安于所遇者也。或曰：然则知命矣。夫曰安所遇者，命不足

道也。君子知有命，故言必曰命，然而安之不以命，知求无益于得而不求者，非能不求者也。（《河南程氏经说》卷六《论语解·述而》）

盖知命者，不得已之辞，人要做这事，及至做不得，则曰命，是心里犹不服他。若圣贤"用之则行，舍之则藏"，更不消得说命。（《朱子语类》卷三十四）

可以看出，程朱理学家将"安于命"（知命）诠解为在人生实践中"不得已""求之无益于得而不求"后的感悟与抉择，因而缺乏充分的理性自觉和精神自主，只是"中人以上"的境界。"上智"或圣人，承认有命的存在，但在人生实践中，于得丧之际而能不惑，死生之变而有归宿，并不是因命，而是以义，在任何遭际中，无论是用舍行止，皆贯彻"义"之原则，"惟义所在"，在这种境界上，故能所遇而安，命已不足道了。也许可以说，如果在理学的理论观念中，命仍作为一种客观必然的超越的实在被认定、被阐说，那么，在理学的理性自觉的人生实践中，命却被"悬置"，被超越了，因为理学所高扬的理想的、圣人的人生实践是不言命而惟义是从，命不足道而惟安于义。理学在实践中对命之超越，在下一个命题中有更明显的表现。

其二，"天命可易"。理学家认为人的行为，特别是道德修养实践，对于命的形成或命之显现，能有某种移易的作用。程颐、张载、朱熹三位理学家之论可为代表：

命者是天之所赋与，天之报应，皆如影响，得其报者，是常理也；不得其报者，非常理也。然而细推之，则须有报应，但人以狭浅之见求之，便谓差互。天命不可易也，然有可易者，惟有德者能之。如修养之引年，世祚之祈天永命，常人之至于圣贤，皆此道也。（《河南程氏遗书》卷十五）

德不胜气，性命于气；德胜其气，性命于德。（《正蒙·诚明》）

死生修夭，富贵贫贱，这却还他气。至"义之于君臣，仁之于父子"，所谓"命也，有性焉，君子不谓命也"。这个却须由我，不由他了。（《朱子语类》卷九十八）

显然可见，三位理学家皆认为人之德行可改易天命（性命），人有某种超越于命的主动性。张载还曾说："人之气质美恶与贵贱夭寿之理，皆是所受定分。如气质恶者学即能移，今人所以多为气所使而不得为贤者，盖为不知学。"（《经学理窟·气质》）朱熹亦曾说"不能自强，则听天所命；修德行之，则天命在我"（《孟子集注·离娄上》），表述天命可易的观点更为明确。但严格说来，三位理学家此观点的立论基础却并不相同。程颐之论可以判定是渊源于"皇天无亲，惟德是辅"（《左传·僖公五年》）的儒家传统观念，他似乎不满意汉代天人之学对此所作的经验的、目的论的论证，但他也未能提出新的论证，而只是凸显这种"命之可易"完全是人的自觉努力所带来的结果——如同养生可以延年，修德可致圣贤，丝毫不涵蕴天人感应那种天有意志的观念因素。张、朱之论虽然同是援用理学的理气观念来作阐发的，但从其中显现出的他俩对命之理气双重内涵间的关系的不同理解，可以看出他俩所阐说的"天命可易"亦有差异。朱熹门人杨道夫问及张载"德不胜气，性命于气；德胜其气，性命于德"之论时，朱熹为之解释说："张子只是说性与气皆从上面流下来，自家之德，若不能有以胜其气，则只是承当得他那所赋之气；若是德有以胜其气，则我之所以受其赋予者皆是德。"朱熹的解释应该说是正确的，即是说，张载的"气质能移"谓为学修德可使人所禀赋之气质本身的构成或性质发生改易。朱熹的"天命在我"则显然并非此意，他在玉山讲学中的一段话可视为一较明确解释："气之为物，有清浊昏明之不同，禀其清明之气而无物欲之累，则为圣；禀其清明而未纯全，则未免微有物欲之累，而能克以去之，则为贤；禀其昏浊之气，又为物欲所蔽而不能去，则为愚为不肖。"（《朱文公文集》卷七十四《玉山讲义》）可见，朱熹是认为，命中可变者，并非是由气禀决定的死生富贵之必然，而是修德行义的主动性；人之修德行义并不能改易已成之气禀，但可改善气禀所形成的品性、行为。事实上，朱熹亦曾多次论及"变化气质"，如答友人书曰："今日为学用功之初，正当学问。思辨而力行之，乃可变化气质而入于道。"（《朱文公文集》卷三十《答汪尚书七》）"惟学为能变化气质耳，若不读书穷理主敬存心，而徒切切计较于今昨是非之间，恐其劳而无补也。"（同上书卷四十九《答王子合一》）又如答门人叶贺孙"气禀可变得否"之问曰"然最难，须是'人一能之，己百之；人十能之，己千之'方得"（《朱子语类》卷九十五），又答其"若读《孟子》书透，须自变得气质否"之问曰"只是道理明，自然会变"（同上书卷一百二十），等等，都是在此意义上论说的，而与张载的"德胜其气，性命于德"之气质移易有所区别①。究其由，张载谓"合虚与气，有性之名"（《正蒙·太和》），性为气之性，性命之变必先是气禀之变，在张载理学中，此应属发生在本体论层面上的质的变化。朱熹则认为，"理降而在人，具于形气之中，方谓之性"（《朱子语类》卷九十五），"天命之性，本未尝偏，但气质所禀，却有偏处，气有昏明厚薄之不同……须知气禀之害，要力去用功克治，裁其胜而归于中乃可"（同上书卷四）。即在朱熹理学中，气质之变只能是宇宙论层面上气之清浊、偏正、智愚、贤不肖等具体表现形态的变化②。完全可以说，三位理学家天命可易之论的理论内涵，虽然因理论根源（传统儒学或理学）、理学立场（气本论或理本论）的不同而有所差异，但认为人有超越于命的主动性，主张以一种积极有为的、努力于伦理道德实践的态度来回应必然性之命，却是相同的。

其三，"人事尽处即是命"。理学承认在人的全部生命过程中，有一种无法驾驭、制约的客观必然的命的存在，但理学却又认为，在理性的、自觉的人生实践中，对命的回应应该是惟义无命，天命可易。这样，必然性之命在理学的生活方式里实际上是被悬置、超越了的。理学中还有一个回应命的命题或观点，更进一步将命消解在人生实践中，这就是朱熹所说"人事尽处便是命"。《朱子语类》载有门人金去伪的一则

---

① 程颐曾有谓"学至气质变，方是有功"（《程氏遗书》卷十八），"积学既久，能变得气质，则愚必明，柔必强"（同上）。就理学范围而言，朱熹变化气质之论承接于此。

② 《朱子语类》载有门人沈僴的一则记录：问："先生说命有两种，一种是贫富、贵贱、死生、寿夭，一种是清浊、偏正、智愚、贤不肖，一种属气，一种属理。以僴观之，两种皆似属气，盖智愚、贤不肖、清浊、偏正，亦气之所为也。"曰："固然，性则命之理而已。"（《朱子语类》卷四）可见，从气的角度朱熹是同意将命之内涵分为两项，其中"富贵、死生、祸福、贵贱皆禀之气而不可移易者"（同上），而"气禀之可得变"，或"修德行之则天命在我"者，正是指气之清浊、偏正、智愚、贤不肖等性能表现。

记录：

> 问："《程氏遗书》论命处，注云：'圣人非不知命，然于人事不得不尽。'如何？"曰："人固有命，只是不可不'顺受其正'，如'知命者不立乎岩墙之下'是。若谓其有命，却去岩墙下立，万一倒覆压处，却是专言命不得。人事尽处便是命。"（《朱子语类》卷九十七）

很显然，朱熹"人事尽处便是命"的命题，将上述两个命题的内容扩展了，论旨也推进了。理学之"惟义无命"与"天命可易"两个命题，皆是以人的伦理道德实践（"义"或"德行"）为立论依据，朱熹的"尽人事"则越出了这个范围。当然，例如朱熹曾说"百行皆从仁义礼智中出"（《朱子语类》卷六），朱熹与所有的理学家一样地认为，在人生实践中，伦理道德的实践无疑是首要的、根本的；但所谓"人事"，自然是包括了此外更广泛的百姓日用之事事物物。在这个角度看，"用则行，舍则藏，如晴干则着鞋，雨下则赤脚"（同上书卷三十四），不立于危墙之下，皆是"知命"，即是说，遵循践履即使是最平常的事物之理则，也是对命的一种回应。并且，在朱熹看来，此种回应就是"顺命"，就是命的实现。在这里，与"惟义无命""天命可易"两命题在人生实践中以悬置与超越的态度回应命之必然有所不同，"人事尽处便是命"则是将命消解在人生实践中，命体现为生活中的人伦物理，就是人生实践本身。朱熹曾说"君子之所急当先义，语义则命在其中"（同上书卷四十五），即是认为义的实践本身，就是命的表现。朱熹也很赞同程颐"穷理、尽性、至命为一事"之论①，他在评判张载和二程为此论题发生的争论②时说，"若是学者，便须节节做去；若是圣人，便只是一事"

---

① 程颐有谓："穷理尽性至命，只是一事。才穷理便尽性，才尽性便至命。"（《河南程氏遗书》卷十八）

② 张载诠解"穷理尽性以至于命"一语曰："知与至为道殊远，尽性然后至于命，不可谓一；不穷理尽性即是戕贼，不可至于命。"（《横渠易说·说卦》）《河南程氏遗书》亦记载："二程解'穷理尽性以至于命'：'只穷理便是至于命。'子厚谓：'亦是失于太快，此义尽有次序……岂可以知便之至也？'"（《河南程氏遗书》卷十）

（同上书卷九十七），即从修养方法的角度说，由"穷理、尽性"到"至命"是一个渐进有序的过程；但从修养完成后的境界上说，即"人事尽处"说，人生的全部实践皆可归结为命之实现。将命融入人生实践中，以自觉的人生实践为命之实现，是理学回应命之必然的一个最积极主动的态度。

理学回应命的三个命题，都是旨在人的生命活动本身中，寻找人在必然性之前的立足之地、自由之地。虽然其理论意蕴有诸如"悬置""超越""消解"的差异，但却共同地、十分明确地将儒家生活方式中的具有人生终极意义的立足点，确定为人的伦理道德实践，或更广泛的全部的自觉人生实践。从儒学的历史发展来看，理学命之观念和回应命之态度，在与先前的汉代及魏晋儒学理论形态相比之下，最能显示出理学思想的特色：理性与德行。

理学命之观念的特色　理学命之观念的特色，可以概之曰以理性辨识和以德行回应。理学命之观念的哲学理性特色在与汉代天人之学的命之观念相比中显得最为鲜明。如前所述，汉代天人之学在传统的宗教观念甚为活跃的背景下，将命诠解为具有某种人格特质的"天"之所为，如谓"天子受命于天"（《春秋繁露·顺命》），"命者，天之命也，所受于帝"（《春秋纬·元命苞》）。理学命之观念非常自觉地、明确地剔除这种命为外在的"天"之意志的观念内容。理学将命彻底地内在化为人之性理与气禀；且如朱熹所说，"命者万物之所同受，而阴阳交运，参差不齐，是以五福、六极，值遇不一"（《朱子语类》卷四）。即是说，作为命之必然性之根源的气禀，其形成也是偶然的。理学之命不是根源于传统宗教观念的、经验性质的某种外在人格意志的主宰性，而是一种具有一定科学内涵的哲学理性，是指由众多因素"偶然相值"而形成的显现在人的生存环境和生命过程中的某种客观必然性，一次不可逆性。汉代天人之学在有机自然观背景下，还承继传统儒学"极数知来"（《周易·系辞上》）的观点，形成了一种似乎可以认识和把握命之必然性的数之观念，即认为"吉凶有数，存亡有象"（《春秋纬·考异邮》），并用《易》的框架，建构了某种可逻辑地"知天命"的思路——象数之术数。理学中，在经学的意义上，即作为一种解《易》方法，这种数的观念被理学家承接了，最为典型而重要的，无疑是邵雍《皇极经世》用以将儒家象数《易》推到了最高峰①。朱熹也认为"大抵《易》之书，本为卜筮而作，故其词必根于象数"（《朱文公文集》卷三十八《答赵提举一》）。他的解《易》著述《周易本义》《易学启蒙》都在程颐《易传》义理的基础上增加了解卜筮的象数内容②。但是，从理学的立场上，理学家对数的理论本质和功能所作的论述，则基本上否定了汉代天人之学将数视为体现并可用以把握命之必然的观念。理学家在理学立场上的数之观点，可以朱熹在回答门人钱木之"如今数学之家，如康节之说，谓皆一定而不可易，如何"之问时所说为代表：

> 也只是阴阳盛衰消长之理，大数可见。然圣贤不曾主此说。如今人说康节之数，谓他一事一物皆有成败之时，都说得肤浅了。（《朱子语类》卷四）

朱熹此论显示出理学数之观念主要之点是，第一，数是事物之理的显现。朱熹曾解释此种关系曰"有是理，便有是气；有是气，便有是数，盖数乃是分界限处"（《朱子语类》卷六十五），即在理学看来，数是一种显现事物存在过程和范围之理，而不是某种纯粹的、可脱离具体事物的在某种逻辑结构中的独立存在。第二，数的显现并不是"一定不可易"，而只是"大数可见"。朱熹曾说，阴阳"必有消退之渐，自是理势如此"（同上书卷三十四）。数显现的只是此种事物消长变化的大体走势，不能是某种逻辑推演出的必然。程颐亦有同样的观点，邵雍曾以《皇极经世》中的逻

---

① 邵伯温评价《皇极经世》曰："《皇极经世》之所为书，穷日月星辰飞走动植之数，以尽天地万物之理；述皇帝王霸之事，以明大中至正之道。阴阳之消长、古今之治乱，较然可见矣。"（《皇极经世书》一）当然，理学中以义理解《易》者并不作如是观，如其代表人物程颐评曰："尧夫之学，先从理上推意，言象数言天下之理，须出于四者（按：邵雍称四为'体'，每以四划分世界万事万物）……然未必有术，要之亦难以治天下国家。"（《程氏遗书》卷二上）

② 朱熹在一答门人书中说："《程氏易传》已甚详细，今《启蒙》所附益者，只是向来卜筮一节耳。若推广旁通则离不得彼书也。程先生说《易》，得其理则象数在其中，固是如此。然溯流以观，却须先见象数的当下落，方说得理不走作。"（《朱文公文集》卷五十六《答郑子上一》）此可见他的《易》解何以在义理中又吸纳象数之内容。

辑，推出物寿长短始终之数，推定人寿为一百二十，程颐即说："此亦是大纲数，不必如此。"（《河南程氏遗书》卷十八）这样，在理学中，就理论结构层次而论，理蕴含着数，理高于数，理学家因此认为，在对必然之命的认识中，在明理与知数之间，对理的认识高于对数的把握。如程颐说："《易》因象以明理，由象而知数，得其义，则象数在其中矣。必欲穷象之隐微，尽数之毫忽，乃寻流逐末，术家之所尚，非儒者之所务也。"（《河南程氏文集》卷九《答张闳中书》）朱熹在比较周敦颐以太极动静理论描述宇宙本源及万物生成过程的《太极图说》，与邵雍以数之倍增和"四片"的逻辑①而穷尽天地万物之数的《皇极经世》时亦说："周子从理处看，康节从数处看，都只是这理。从理上看则用处大，数目是细碎。"（《朱子语类》卷九十三）在人生实践中，理学家也因此极为鄙弃试图预知、推测命之必然的术数。程颐说："儒者只合言人事，不得言有数，直到不得已处，然后归之于命可也。"（《河南程氏外书》第五）朱熹在评论邵雍之学中论及的天地消息之理与推定的万物生死始终之数时也说："天地之理却自是当知，数亦何必知之。但有今日，都不须问前面事；但自尽，明日死也不可知，更二三十年在世也不可知，只自修，何必预知之！"（《朱子语类》卷一百）理学家认为一个人只应当遵循义理，努力完成人生实践，不必言数，亦不必知数。可见，理学不仅在理论观念上，而且也在人生实践中否定了汉代天人之学的数之观念，此与对汉代天人之学人格意志的主宰性"天"之观念的否定一样，都表现了理学命之观念的哲学理性特色。

在命之观念上，理学与魏晋自然之学或玄学也有明显差别。如前所述，魏晋玄学引入气的观念，认为万物之性或人之命的不同，是由禀气的不同而成。如华谭所说"凡万物生于天地，有美有恶，物何故美？清

---

① 邵雍"伏羲先天易"之结构的展开方式，是由一变为二，二变四，凡六变而成，故程颢谓"尧夫之数只是加一倍法"（《河南程氏外书》第十二），朱熹则称之曰："此只是一分为二，节节如此，以至无穷，皆是一生两尔。"（《朱子语类》卷六十七）邵雍在"先天易"结构内推演天地万物与人类历史之生灭始终，是在阴阳刚柔四者基础上进行。彼曰："天之大阴阳尽之矣，地之大刚柔尽之矣。阴阳尽而四时成焉，刚柔尽而四维成焉。"（《观物内篇》）故朱熹评之曰"康节以四起数，叠叠推下去"（《朱子语类》卷一百），"邵尧夫看天下物者成四片"（同上）。

气之所生也。物何故恶？浊气之所施也"（《才性论》），玄学因此将命之本质界定为自然，如郭象所说："天也者，自然者也，人皆自然，则治乱成败，遇与不遇，非人为也，皆自然耳。"（《庄子注·大宗师》）似乎可以说，传统儒学命之观念的必然性内涵，其所内蕴的那种与人的生命存在、生命过程相对立的性质，在玄学这里都被自然的观念遮隐了，甚至消解了；这样，玄学对命之回应也就不再需要人为的、儒家譬之为"绘事后素"（《论语·八佾》）的修身立命的自觉和努力，而主张采取一种坦然无为、任其自然的态度。亦如郭象所说"达命之情者，不务命之所无可奈何，全其自然而已"（《庄子注·养生主》），"命……故当任之而已"（《庄子注·至乐》）。玄学回应命的"任之"的态度，显然不是也没有否定命的存在，而只是使人不去感受命的存在，从而能获得一种无任何负累的精神自由。郭象对玄学命之观念的这一根本旨趣，也有甚为清楚的表述："命非己制，故无所用其心也。夫安于命者，无往而非逍遥矣。"（《庄子注·秋水》）凡此，理学皆与之甚有不同。理学的命之观念，虽然已将命之外在异己性消解，但并未否定其超越的客观必然性，命在理学中仍然是人的生存或生命过程中的具有对立性质的存在。理学必须有一区别于玄学无为任之的、主动自觉的回应命的态度。理学虽然也引入气的观念，用以界说命之内涵，但理学并未因此出现将命之观念导向自然主义的理论走向，而是形成"变化气质"的观点，为儒家传统的修身立命的回应命之态度提供了一个新的立论基础，即人生实践中对命的此种回应，不仅是应该的，而且是可能的。表现理学回应命之态度的三个主要命题，虽有某种义蕴上的细微区别，但以自觉的伦理道德践履和完成为其根本的出发点和本质的内容，却是共同的。此亦迥然有异于玄学以"无所用心"而摆脱命之负累，实现"逍遥"的态度。不难看出，在玄学回应命的态度映照之下，理学命之观念显现最鲜明的是伦理性质的德行特色。理学命之观念此一特色及其与玄学的差别，朱熹曾以颜渊和陶渊明为代表予以说明：

圣人更不问命，只看义如何。贫富贵贱，惟义所在，谓安于所遇也。如颜子之安于陋巷，它那曾计较命如何。陶渊明说尽万千言语，

> 说不要富贵，能忘贫贱，其实是大不能忘，它只是硬将这个抵拒将去。然使它做那世人之所为，它定不肯做，此其所以贤于人也。（《朱子语类》卷三十四）

陶渊明每有慨叹，"少年罕人事，游好在六经。行行向不惑，淹留遂无成"（《陶渊明集》卷三《饮酒二十首》），"总角闻道，白首无成"（同上书卷一《荣木·序》），向往并实践了"久在樊笼里，复得返自然"（同上书卷二《归园田居五首》），"养真衡茅下，庶以善自名"（同上书卷三《夜行涂口》）的自然主义的田园生活。所以陶渊明虽然不是玄学理论家，但他的诗作、性格和生活都深刻地感受了玄风的熏染，显现出玄学的思想特质，即援依道家思想来摆脱、消解本质上是儒家性质的精神危机①。陶诗还咏道"甚念伤吾生，正宜委运去。纵浪大化中，不喜亦不惧。应尽便须尽，无复独多虑"（同上书卷二《神释》），"岁月相催逼，鬓边早已白。若不委穷达，素抱深可惜"（同上书卷三《饮酒二十首》），"乐天委分，以至百年"（同上书卷七《自祭文》），其内蕴的回应命之态度，也正是玄学的"任之"而无为。所以朱熹将其与被他认为是体现了惟义无命、安于所遇的理学命之观念颜渊来加以比较，显示理学与玄学回应命之态度的差别，还是颇具有典型意义的。通过这两个具体人物，这种差别被更清晰地凸显出来的是，第一，玄学回应命之"任之"的态度引导人在命运面前放弃一切具有主动性、自觉性的作为；理学之"不问命"，却要求人更自觉地、有为地去完成人生实践，特别是其中的伦理道德实践。第二，玄学回应命之"任之"的态度是出于"无可奈何"的不得已，这种被命运压抑的感受，来源于生活中"无成"的失落感，内蕴着深刻的对儒家思想观念怀疑、动摇的精神危机的意识；在理学回应命的"不问命，惟义所在，所遇而安"之态度中，命虽仍是种必然，但并不能产生压抑感，

---

① 当然，就人格而言，朱熹还是将陶渊明与玄风中的其他人物区别开来，他说："晋宋间人物，虽曰尚清高，然个个要官职，这边一面清谈，那边一面招权纳货。渊明真个是能不要，此其所以高于晋宋人也。"（《朱子语类》卷三十四）陶渊明生平只有六年的仕途经历，其诗中反复咏唱"商歌非吾事，依依在耦耕"（《陶渊明集》卷三《夜行涂口》），都可为朱熹此论作证。

"命在义中"，命之必然既时时被义的实践证实着，命之必然所具有的异己性也时时被人的自觉实践所消解着、超越着。在惟义所在的理学境界中，"用行"与"舍藏"之间没有落差，人生实践中的失落感亦不会产生，只有自觉的人生实践、自觉的伦理道德的践履而带来的随遇而安的充实感和最终的慰藉感。

玄学回应命之态度，不难从道家特别是庄子思想中追溯到观念渊源，庄子曰"无以故灭命"（《秋水》），"达命之情者，不务知之所无奈何"（《达生》），显然正是一种对命采取任之、无为的回应态度。在此意义上可以说，理学命之观念，不仅在儒学范围内，从儒学理论结构的超越层面上显示出理学与汉代及魏晋儒学理论形态的差异，而且也在整个中国传统思想的背景下，从一个具体的方面显示出儒家与道家在精神观念乃至在生活实践上的根本区别。在一个更加广阔的文化背景里观察，特别是在某种具有宗教文化特质的生活方式的映照之下，理学对作为儒家生活方式中的最后精神归宿的命或天命的诠释——一方面承接了儒家传统的观点，判定命是人的生存环境和生命过程中的一种必然性，一种"偶然相值"的一次不可逆性；另一方面又推陈出新地发展了儒家传统观念，判定命之必然性就存在于人自身之中，自觉的人生实践本身，自觉的履"德"、行"义"、尽"人事"，即广泛意义上的人伦物理的实践，就是对这种必然性的最确当的回应——则是从一个最深刻的根源之处，显现了以儒家思想为主体的中国传统思想文化和生活方式的理性、辩证的特质与特色。

3. 理学与社会生活

理学以"理"（"天理"）之观念为基础，对传统儒学作了新的阐释，成为儒学历史上一个具有新的观念和论题的理论形态。但理学并不是作为一个纯粹的理论体系而存在，而是通过不同的方式、途径渗透到社会生活中去，塑造了一种十分具体的以理学为特质的儒家生活方式——一种被强化了的伦理道德的生活方式。反过来，这种生活方式又支持和巩固着理学的理论统治地位；而这种生活方式的衰退，必然带来理学的没落。

（1）理学融入社会

元明清三代的历史事实表明，理学成为国家政权的意识形态、理学浸润蒙学和进入文学，是其融入社会，并在社会生活的各个层面上发生影响的主要契因或途径。

理学成为国家政权的意识形态　理学融入社会具有决定意义的契因，是其被国家政权所认可和推崇，成为具有权威地位的国家意识形态。如果视北宋五子生活的年代十一世纪为理学的形成时期，那么，理学的这种权威的学术地位则是在二百年后，即朱熹死后的十三世纪方才获得①。在此之间，由于理学家都自觉不自觉地卷入了各自时代的政治纠纷（新政与旧制、战与和），并经常处在被贬斥的境况下，殃及其学术思想也屡遭禁绝。北宋时，程颐因属"元祐党人"，二程之学（当时或被称为"元祐学术""专门之学""道学"）被明令禁止传授②，直至秦桧死后（绍兴二十五年），"士大夫之攻程学者，自是少息矣"（李心传《道命录》卷四《张震乞申禁专门之学·案语》）。南宋时，朱熹生前被列入"伪学逆党籍"，其学术亦被称为"伪学"而遭取缔③。及至韩侂胄被诛后（开禧三年），朝廷追录学党之士，申加恩数，朱熹及二程理学的处境也摆脱困厄而日臻尊崇。此于宋代史学家李心传（乾道二年至淳祐四年）记述道学兴废之《道命录》中大端可见：

> 宁宗嘉定二年赐朱熹谥号文。（卷八《晦庵先生朱文公覆谥议》）
>
> 嘉定五年以朱熹《语》《孟》集注立于学官。（卷八《李仲贯乞下除学禁诏·按语》）
>
> 嘉定十三年赐周敦颐谥号元、程颢谥号纯、程颐谥号正。（卷九《濂溪先生周元公覆谥议》《明道先生程纯公覆谥议》《伊川先生程正公覆谥议》）

---

① 北宋五子年齿最长者邵雍生于宋真宗大中祥符四年（1011年），朱熹卒于宋宁宗庆元六年（1200年）。

② 史载，徽宗崇宁二年七月，下元祐学术政事之禁，八月颁党人姓名下监司长吏厅刻石，凡九十七人，程颐于余官为第二十三人。十一月有臣僚上疏奏准禁止程颐聚徒讲学（李心传《道命录》卷二《言者论伊川先生聚徒传授乞禁绝》）。

③ 李心传《道命录》备载庆元三年入"伪学逆党籍"者五十九人姓名、官秩，朱熹居待制十三人之首（卷七下《伪学逆党籍》），并谓"伪学之禁虽曲出侂胄，而力主其说者，宰执京镗、何澹，台谏刘德秀、胡纮也"（《道命录》卷七下《言者乞虚伪之徒姑与外祠·按语》）。

嘉定十六年赐张载谥。（卷九《魏华父为横渠先生请谥状》）

理宗宝庆三年特赠朱熹为太师，追为信国公（绍定三年改封徽国公）。（卷十《晦庵先生赠官封爵指挥》）

理宗淳祐元年下诏周、二程、张、朱五先生从祀学宫。诏曰："朕惟孔子之道，自孟轲后不得其传，至我朝，周敦颐、程颢、程颐、张载，真见力践，深探圣域，千载绝学，始有指归。中兴以来，又得朱熹精思明辨，折衷会融，使《中庸》《大学》《语》《孟》之书，本末洞彻，孔子之道，益以大明于世。朕每读五臣论著，启沃良多，今视学有日，宜令学宫列诸从祀，以副朕崇奖儒先之意。"（卷十《濂溪、明道、伊川、横渠、晦庵五先生从祀指挥》）

所以大体上可以说，理学在迈过南宋之宁宗、理宗两朝后，其在学术思想上的统治地位就逐步确立。元明两代，以程朱理学所训解的"四书""五经"为科举考试及学术著述的义理标准，则进一步巩固、加强了程朱理学的学术统治地位。据史载，元皇庆三年所立考试程式中即规定："蒙古、色目人，第一场经问五条，《大学》《论语》《孟子》《中庸》内设问，用朱氏章句集注。汉人、南人第一场明经、经疑二问，《大学》《论语》《孟子》《中庸》内出题，并用朱氏章句集注；经义一道，《诗》以朱氏为主，《尚书》以蔡氏为主①，《周易》以程氏、朱氏为主，已上三经，兼用古注疏，《春秋》许用《三传》及胡氏《传》②，《礼记》用古注疏。"（《元史》卷八十一《选举》）此后，明洪武十七年颁布科举定式，大体沿袭皇庆之制，考试的经义仍援依程朱派注疏为准。永乐十五年颁《四书五经大全》后，虽废注疏不用，然贯穿于《大全》中的是更系统的

---

① 蔡沈，朱熹门人，撰《书经集传》（参见《宋元学案》卷六十七）。
② 胡安国，著《春秋传》。胡安国从谢良佐、杨时、游酢切磋以求学统，尝言"三先生兼师友，然吾之自得于《程氏遗书》者为多"。故全祖望于《宋元学案·武夷学案序录》中称："私淑洛学而大成者，胡文定公其人也。"（参见《宋元学案》卷三十四）

程朱理学思想①。明代朝廷还每下诏文，斥责科举考试乃至学校教学、学者著述中背离程朱理学的言论观点。明人余继登《典故纪闻》曾记录嘉靖十七年一则诏书：

> 士大夫学术不正，邪伪乱真，以致人材卑下，文章政事日趋诡异，而圣贤大学之道不明，关系治理，要非细故，朕历览近代诸儒，惟朱熹之学醇正可师，祖宗设科取士，经书义一以朱子传注为主。比年各处试录文字，往往诡诞支离，背戾经旨，此必有一等奸伪之徒，假道学之名，鼓其邪说，以惑士心，不可不禁。礼部便行与各该提学官及学校师生，今后若有创为异说，诡道背理，非毁朱子者，许科道指名劾奏。（《典故纪闻》卷十七）

在明代皇帝《实录》中，还不时可见对因创新学术而有所背谬于朱学者的惩处，如：

> 永乐二年，鄱阳人朱季友诣阙，献所著书，诋毁宋儒。上怒遣行人押赴饶州，会司府县官杖之，尽焚其所著书。（《明实录·太宗实录》卷三十三）②
>
> 正统七年正月，山东东昌府通判傅宽进《太极图说》，上曰："太极图先儒已解释详明，此说僻谬背理，宜斥之，勿使传布，以误后学。"（《英宗实录》卷十八）

---

① 《四书五经大全》由胡广等儒臣在永乐十二年十一月至次年九月的十个月内草率纂成，凡二百二十九卷。据顾炎武考订，《四书大全》小有增删自倪士毅《四书辑释》，《春秋大全》全袭汪克宽《胡传纂疏》，《诗经大全》全袭刘瑾《诗传通释》（见《日知录》卷十八《四书五经大全》）。《四库提要》据朱彝尊《经义考》进一步考定，《周易大全》割裂董楷、董真卿、胡一桂、胡炳文四家之书，《书传大全》抄袭自陈栎《尚书集传纂疏》和陈师凯《书蔡传旁通》，《礼记大全》以陈澔《礼记集说》为宗，采撷诸儒之说凡四十二家（见《四库全书总目提要》卷五、卷十二、卷二十一）。此上学者皆元代朱门余绪或宗朱之后学。
② 朱季友事件的阴影一直笼罩着对程朱理学持有质疑、批评态度的学者。清初的理学批判者颜元曾自谓："觉程朱气质之说，大不及孟子性善之旨，因徐按其学，原非孔子之旧，是以不避朱季友之罪而有《存性》《存学》之说。"（《存学编》卷三《性理评》）

嘉靖二十九年十二月，广东按察司佥事林希元改编《大学经传》及《四书易经存疑》，奏乞刊布。诏焚其书，下希元于巡按御史问，寻递其冠带为民。希元，福建同安人，所著书虽间与朱传不合，自成一家言，多可取者。（《世宗实录》卷三六八）

凡此，皆显示理学被作为国家的、官方的意识形态而确立、巩固起来。

理学浸染蒙学　如果说，理学首先是通过作为科举考试、学校教学、学者著述的义理准绳之国家意识形态被确立、巩固起来，那么，理学进而通过更普遍的民众教育——童蒙教育和借助文学艺术载体的传播，实现了对社会生活更深入的渗透和发生了更久远的影响。这里，以广有影响的童蒙读物《三字经》《千字文》为例，显示理学浸润蒙学的情况。明儒吕坤说："初入社学，八岁以下者先读《三字经》以习见闻，《百家姓》以便日用，《千字文》亦有义理。"（《社学要略》）可以认为，《三字经》《千字文》都是元明时期童蒙的基本读物①，并且从中可以看到理学的浸染。

《三字经》的作者是宋元间人②。此时，理学的学术统治地位已经确立。《三字经》作为一种童稚启蒙读物，虽然不可能系统、深入地阐说理学思想，但却在一般的儒家思想立场上十分巧妙地、准确地凸显了理学特质的观点。第一，性善论。《三字经》开篇即说"人之初，性本善，性相近，习相远，苟不教，性乃迁"，其内蕴的理论观念，完全相同于理学"人性本善而已，才堕入气质中，便熏染得不好了。虽熏染得不好，然本性却依旧在此，全在学者着力"（《朱子语类》卷九十五）之说，迥异于汉唐儒学的"性三品"说③。第二，伦理道德观。《三字经》

---

① 元明时之《百家姓》，据明人李诩所见："《村学训蒙夜记》有《百家姓》一书，四言成句，单姓四百零八，复姓三十，以赵为首者，必宋人所编也。"（《戒菴老人漫笔》卷二《百家姓不同》）可知《百家姓》乃一姓氏集，除"以赵为首"显现了一个时代的权力之特征外，似别无义理内容，这里姑且不论。

② 《三字经》之作者，清人有二说：一是王应麟（见夏之瀚《小学绀珠序》），一是区适子（见屈大均《广东新语》）。王、区皆宋元间人。

③ 如董仲舒说："圣人之性，不可以名性；斗筲之性，又不可以名性；名性者，中民之性。"（《春秋繁露·实性》）韩愈说："性之品有上中下三：上焉者，善焉而已矣；中焉者，可导而上下也；下焉者，恶焉而已矣。"（《昌黎先生集》卷十一《原性》）

表述的可以说是儒家伦理道德思想核心的四个观念："三纲者，君臣义，父子亲，夫妇顺"；"曰仁义，礼智信，此五常，不容紊"；"高曾祖，父而身，身而子，子而孙，自子孙，至曾玄，乃九族，人之伦"；"父子恩，夫妇从，兄则友，弟则恭，长幼序，友与朋，君则敬，臣则忠，此十义，人所同"。三纲、五常、九族、十义虽然都是儒家有悠久渊源的传统的、基本的观念①，但是，如前所述，也是被理学所特别凸显和升越的观念，故程朱诠释之为"天下之定理"（《河南程氏遗书》卷五）、"当然之实理"（《论语或问》卷四）。《三字经》所诵"五常不容紊""十义人所同"，内蕴着和显示出的正是此种理学观点。第三，经典观与道统观。《三字经》概括全部儒家经典说："'小学'终，至《四书》，《论语》者，二十篇，群弟子，记善言。《孟子》者，七篇止，讲道德，说仁义。作《中庸》，子思笔，中不偏，庸不易。作《大学》，乃曾子，自修齐，至平治。《孝经》通，《四书》熟，如《六经》，始可读。《诗》《书》《易》，《礼》《春秋》，号'六经'，当讲求。"《三字经》此处将《礼记》中《中庸》《大学》两篇与《论语》《孟子》两书合称"四书"，置于"六经"之前，将习"四书"置于读"六经"之前，正是理学特有的划分、排列儒家经典之观点和为学次第之观点，朱熹于此有甚明确的说明："圣人作经以诏后世，欲求道以入德者，舍此为无所用其心矣。然去圣既远，讲诵失传，自其象数名物训诂凡例之间，老师宿儒，尚有不能知者，况于新学小生，骤而读之，是亦安能遽有以得其大指要归也哉。故河南程夫子之教人，必使之用力乎《大学》《论语》《中庸》《孟子》之书，然后及乎

---

① 《尚书·尧典》有谓"以亲九族"，今文家欧阳生、大小夏侯训释为"九族者，父族四、母族三、妻族二"，古文家马融、郑玄解释为"上至玄祖，下至玄孙，凡九族"（见《尚书正义》卷二）。《三字经》援依古文家的解释。《尚书·泰誓》中有谓"狎侮五常"，汉代经学家训释为"五典"，即"父义母慈兄友弟恭子孝"五种人伦原则（见《尚书正义》卷二《舜典》）。汉代的天人之学则将其诠释为仁义礼智信五种内涵更丰富的道德原则，如董仲舒谓"仁谊礼智信五常之道，王者所当修饰也"（《汉书》卷五十六《董仲舒传》）。《礼记·礼运》有曰"父慈、子孝、兄良、弟弟、夫义、妇听、长惠、幼顺、君仁、臣忠，十者谓之人义"，此乃《三字经》"十义"之所本。"三纲"为汉代儒学所创，如《礼纬·含文嘉》谓"君为臣之纲，父为子之纲，夫为妇之纲"，《白虎通·三纲六纪》谓"三纲者，何谓也？谓君臣、父子、夫妇也"。

'六经'。盖其难易远近大小之序，固如此不可乱也。"（《朱文公文集》卷八十二《书临漳所刊四子后》）完全可以说，《三字经》"'小学'终，至《四书》，《四书》熟，如《六经》，始可读"，既准确地概括了，又通俗地传播着理学的上述观点。另外，从朱熹所说"《仪礼》旧与《六经》《三传》并行，至王介甫始罢去"（《朱子语类》卷八十四），可以看出，理学或宋代儒学的"六经"是指《诗》《书》《易》《春秋》及"二礼"——《周礼》《礼记》，此与先秦、汉代儒者所指的"六经"——《诗》《书》《礼》《乐》《易》《春秋》甚有不同①。《三字经》解说"六经"，除去《易》《书》《诗》《春秋》外，即是"二礼"——"我周公，作《周礼》，著六官，存治体。大小戴，注《礼记》，述圣言，礼乐备"。故亦完全可以说，《三字经》表述、传播的"六经"观点，是理学的或宋代儒学特有的观点。《三字经》在叙说了儒家经典后接着说："经既明，方读子，撮其要，记其事，五子者，有荀扬，文中子，及老庄。"《三字经》将荀子、扬雄等儒家学者排斥在孔孟儒学正统之外，与儒外老庄诸子同流，此蕴含和传达的正是理学的道统和学统观，而与唐代儒学不同。一般说来，唐代儒学尚未形成明确和一致的孔孟道统观。如李翱曾说："六经②之后，百家之言兴，老聃、列御寇、庄周、鹖冠子、田穰苴、孙武、屈原、宋玉、孟轲、吴起、商鞅、墨翟、鬼谷子、荀况、韩非、李斯、贾谊、枚乘、司马迁、相如、刘向、扬雄，皆足以自成一家之文。"（《李文公文集》卷六《答朱载言书》）孟子与荀、扬一样，皆属"百家言"。与此同时，虽然韩愈曾有"孔子传之孟轲，轲之死不得其传焉"之说（《昌黎先生集》卷十一《原道》），开始提出孔孟道统观，但亦未将荀、扬排斥出儒学正统之外，曾说："圣人之道……其存而醇者，孟轲氏而止耳，扬雄而止耳，荀氏者抑犹在轲雄之间乎！"（同上书《读荀》）理学家尤以朱熹为代表，其道统观念则极为强烈，每认为孔子之道自孟子后

---

① 如前所述，此六者，《礼记·经解》称之为"六教"，贾谊《新书·六术》、司马迁《史记·滑稽列传》称之为"六艺"；唯《庄子·天运》最早称之为"六经"。

② 李翱说："孔子述《易》定《礼》《乐》，删《书》序《诗》作《春秋》，圣人也，奋乎百世之上。"（《李文公文集》卷八《荐所知于张仆射书》）可见唐代儒学"六经"仍与先秦及汉之传统一致，是指《诗》《书》《礼》《乐》《易》《春秋》。

一直不传，而只有二程才是孔孟道统的承接者，如谓："孔子之圣……及孟子没而其传泯焉，河南程氏两夫子出，而有以接乎孟氏之传。"（《朱文公文集》卷七十六《大学章句序》）他从极为严格的理学立场上，对荀子、扬雄、王通三位先秦、汉唐以来的大儒，亦持非议，判定"荀卿全是申韩"，"子云所见处，多得之老氏"，"文中子若究其议论本原处，亦只是自老庄中来"（《朱子语类》卷一百三十七），排拒在儒学正统之外。《三字经》所映现的正为此种道统或学统观。

《千字文》乃南朝时人所作①，用一千个不重复的字连缀表述了极广泛的博物、历史知识，其中显现出的儒家伦理道德观念也很鲜明，如谓"乐殊贵贱，礼别尊卑"，"孝当竭力，忠则尽命"，"上和下睦，夫唱妇随"。经历隋唐，其文词有何变异，难以一一确考，但有一个词的变化，却反映了其所感受到的宋明理学思潮的影响。明人李诩记述：

> 余邑先辈吴枋《宜斋野乘》云："《千字文》有'女慕清洁'，又有'纨扇圆洁'，重两'洁'字，今宜改'清洁'为'清贞'，庶不重复。"今世本"清洁"皆作"女慕贞洁"。（《戒庵老人漫笔》卷二《千字文重复》）

吴枋，史无传，但据其《宜斋野乘》引言称，慕周益公之为学（按：周必大，卒于宁宗庆元四年），并署时"甲申八月"（宁宗嘉定十七年，亦即宁宗在位最后一年），可推断其为南宋宁宗、理宗时人。李诩，江阴人，据其孙李如一为刻行《戒庵老人漫笔》所作序中言，可推定其生卒为明孝宗弘治十八年至神宗万历二十一年。所以大体上可以说，吴枋生当理学的理论统治地位最初确立的年代，而李诩则是处在理学笼罩着全部社会生活的环境下。《千字文》"女慕清洁"，显然是在最浅显的层次上对女性生活习性和女性心理特色的一种表述。吴枋将其改为"清贞"，就其鉴于《千字文》用字不当重复的体例要求而言，应该说是合理的。但是，这一

---

① 《千字文》之作者，学者多认定为梁周兴嗣撰；但亦有谓梁萧子范作、梁武帝作（参见《日知录》卷二十一《千字文》）。要之，皆为南朝时人也。

字之易却蕴含着观念上的深刻变化，即由对女性生活习惯、心理特色的表述，转变、升越为对女性的某种具有理学特质的道德要求。至明代，如李诩所见，通行本《千字文》"清洁"已易为"贞洁"，这一变异，就不再有使《千字文》"庶不重复"的文学修辞的因素，而只能是在理学笼罩下，"贞节"的伦理道德观念被强化了的结果。从隋唐到宋明，《千字文》由"清洁"到"贞洁"的一字之易，从一个具体的细枝末节处反映了理学对社会生活的浸润。所谓"春雨润物细无声"①，《三字经》《千字文》都是元明清时代流行最广的童蒙读物，如同春雨润物，在不知不觉中，这些读物中的儒家的、理学的观点在一代又一代人的破蒙时期就浸入了心田②。

理学进入文学　理学如何通过文学艺术载体，传播并融入社会生活，当然是一个需要对元明时期全部文化史进行考察的问题；但以元明戏曲为代表，来典型地显示此过程却亦是可以的，因为在中国文学史上，戏曲正是元明时期成熟起来并达到创作高峰，成为一种在民间流传最广、影响最大的文学形式。理学观念通过戏曲向民众阐发，向社会生活渗透，是一新的前此儒学所未曾有过的传播途径。这里且以最为著名的元代杂剧《窦娥冤》和元代南戏（传奇）《琵琶记》为例来说明此一情形。《窦娥冤》为关汉卿所作，描写一个冤死在黑暗吏治下的善良坚强女性，终又得到昭雪的故事。在催人泪下的悲剧情节展开中，儒家的也是理学的伦理观念实际上是一个基本的情结或症结。剧中主角窦娥的唱白中每有出现：

　　窦娥唱：我一马难将两鞍备，想男儿在日，曾两年匹配，却教我改嫁别人，其实做不得③。（第二折［隔尾］）

---

① 杜甫有五律《春夜喜雨》诗云："好雨知时节，当春乃发生。随风潜入夜，润物细无声……"

② 顺便提及，明代万历间，萧良有所撰以历史人物典故为内容的四言韵语《蒙养故事》（清顺治间杨臣诤修订改名为《龙文鞭影》），流传亦广。其中咏曰："伊川传《易》"（卷一），"朱熹正学"（卷二），可见亦尊程朱理学为正统。

③ 剧中窦娥，三岁丧母，七岁时其父窦天章因贫穷修无着，将其送与蔡婆婆做童养媳。十八岁时成亲，两年后丈夫病死。地痞张驴儿要挟逼嫁，蔡婆婆欲顺从，窦娥拒绝。

窦娥白：好马不备双鞍，烈女不更二夫，我至死不与你做媳妇，我情愿和你见官去①。（第四折）

窦娥（魂）唱：从今后把金牌势剑从头摆，将滥官污吏都杀坏，与天子分忧，万民除害。　白：俺婆婆年纪高大，无人侍养，你可收恤家中，替你孩儿尽养生送死之礼，我便九泉之下，也可瞑目②。（第四折［鸳鸯煞尾］）

当然，《窦娥冤》反映了相当广泛而深刻的元代社会生活，就我们这里的论述角度所见而言，《窦娥冤》凸显的是窦娥的贞洁与孝顺，这是构成她的善良与坚强的基本内涵或精神因素，《窦娥冤》以具体生动的人物形象、戏曲情节表现和解说了儒家的也是理学的伦理道德观念。这样，当《窦娥冤》的情节或人物作为一种典故出现在后于关汉卿的元代剧作家的剧作中时，如孟汉卿《魔合罗》三折白"这的是霜降始知节妇苦，雪飞方表窦娥冤"，马致远《青衫泪》二折［三煞］"教我空挨那没程限的窦娥冤"，王仲文《救孝子》四折［太平令］"大人呵，你下笔处魂飘魄荡，刀过处雪飞霜降"，亦即可以认为，窦娥已是人们熟知的贞孝的人物形象，理学或儒学的伦理观念已通过《窦娥冤》融入了社会生活。

儒家的或理学的伦理道德观念藉戏曲而表现、解说，进而融入社会生活的情形，在高明所作南戏（传奇）《琵琶记》中也很明显③。《琵琶记》叙写赵五娘和蔡伯喈的故事，这是一个在南宋时就已广为流传民间的戏曲故事④，据明徐渭《南词叙录》记载，南宋时有剧目《赵贞女蔡二郎》，

---

① 张驴儿欲毒死蔡婆婆，霸占窦娥，不料毒物为其父误食。张驴儿又乘机栽赃要挟逼嫁，不成，又去官府诬告窦娥婆媳毒杀己父。窦娥怜惜婆婆忍受不了刑具摧残，承认是自己药杀，被冤判斩首。

② 剧中窦娥被冤斩三年后，其父窦天章以肃政廉访使之职于离家十六年后返故里州府巡察，梦见窦娥冤魂，知悉原委，替女儿昭雪。

③ 关于《琵琶记》的作者，或有异说，最早《成化新昌县志》谓："丁若水，字咏道，元授郯山书院山长。长于乐府音律，与高则成共编《蔡邕琵琶记》行于世。"嘉靖时魏良辅《南词引证》（《曲律》）谓："《伯喈》乃高则诚所作。"此后，学者多从此说。

④ 陆游《小舟游近村舍舟步归》四绝之一咏曰："斜阳古道赵家庄，负鼓盲翁正作场。身后是非谁管得，满村听唱蔡中郎。"

其内容是"伯喈弃亲背妇，为暴雷震死"，似乎内蕴着某种报应的观念，无疑这是接近佛学而不是理学的观点。与此相较，《琵琶记》内容有一重要变动，即蔡伯喈由弃亲背妻遭到天殛的负心人，变换为值得同情的孝子，最后以"一门旌表"的团圆为结局。《琵琶记》第一出开场以四句唱词，即以剧中的四个人物来概括全剧内容："极富极贵牛丞相，施仁施义张广才，有贞有烈赵贞女，全忠全孝蔡伯喈。"显然，《琵琶记》是自觉地用剧中的不同人物，从不同方面来表现、阐扬儒家的、理学的伦理道德观念。据明人笔记记载："高皇帝微时尝奇此戏，及登极……使者以《记》上进。上览之曰：'五经'四书'在民间譬诸五谷不可无，此《记》乃珍羞之属，俎豆之间亦不可少也。"（明田艺蘅《留青日札摘抄》卷二《琵琶记》）此可见，《琵琶记》在民间有广泛的流传，微贱时的朱元璋亦曾观看过；其以儒家或理学的伦理道德观念浸润、模塑社会生活的独特功能，亦是显著的，故受到了作为皇帝的朱元璋的称赞。

元明戏曲（可略分为杂剧与传奇）由宋金戏曲（常统称之为杂剧或院本）演进而来，其间不仅有作为戏曲体裁的固有要素——诸如剧本结构、角色和曲调设定、表演程式的变化①，而且戏曲的旨趣或主题思想的演变或深化亦为重要。南宋黄庭坚论及作诗之法时，曾引杂剧创作法来比况说："作诗正如作杂剧，初时布置，临了须打诨，方是出场。"（宋孔平仲《孔氏谈苑》卷五）南宋末年，吴自牧记述所见当时之杂剧亦曰："大抵全以故事，务在滑稽。"（《梦粱录》卷二十《妓乐》）可见，滑稽诙谐、取笑逗乐是宋金杂剧的一个显著特色或艺术追求。但元明戏曲的旨趣有所变化，元末夏庭芝《青楼集志》云："唐时有传奇②，皆文人所编，犹野史也，但资谐笑耳。宋之戏文，乃有唱念，有诨。金则院本、杂剧合而为一，至我朝乃分院本、杂剧而为二……院本大率不过谑浪调笑，杂剧则不然，君臣如《伊尹扶汤》《比干剖腹》，母子如《伯瑜

---

① 大体言之，宋杂剧之诸宫调，只有说唱，元杂剧则兼有扮演；元杂剧主角独唱，传奇则各角色皆可唱，且有合唱；元杂剧常是四折，传奇则为多出。

② 唐之"传奇"乃指唐人所作短篇小说，非为元明戏曲之"传奇"。明胡应麟曾辨之曰："'传奇'之名不知起自何代。陶宗仪谓'唐为传奇，宋为戏诨，元为杂剧'，非也。唐所谓'传奇'自是小说书名，裴铏所撰。"（《少室山房笔丛》卷四十一《庄岳委谈下》）

泣杖》《剪发待宾》，夫妇如《杀狗劝夫》《磨刀谏妇》，兄弟如《田真泣树》《赵礼让肥》，朋友如《管鲍分金》《范张鸡黍》，皆可以厚人伦、美风化①。又非唐之传奇、宋之戏文、金之院本所可同日语矣。"《琵琶记》开场戏文亦提出衡量古今戏曲的标准是"不关风化体，纵好也徒然""休论插科打诨，也不寻宫数调，只看子孝共妻贤"。凡此皆可见元明戏曲具有较自觉地阐扬儒家或理学伦理观念的创作意识；此种意识及其在《窦娥冤》《琵琶记》和夏庭芝所列举的剧目中的表现，既显示了理学对社会生活的笼罩，也显示了理学通过文学艺术向社会生活的渗透、融入。

（2）理学与道德抉择

如前所述，理学强化了儒家生活方式的伦理特质；理学的此种社会功能，突出地表现在当社会生活或个人生活中发生某种危机，需要在生死义利间作出抉择时，理学观念总是有力地将人们的行为导入儒学的价值取向，以践履"三纲"的理学道德要求——忠、孝、贞为归宿。应该说，人们在君臣、父子、夫妇间的此种价值选择与道德实践，在理学形成以前的儒家生活方式中就已经存在②，但无疑地，只是在理学笼罩下的历史时期，方有最广泛的和登峰造极的表现，俨然凸显为儒家伦理的特色。唐、宋、明三代正史中《忠义》《孝义》《列女》三传记载人物渐次增多，一定意义上，正是在理学影响下，此种道德观念和实践不断增强的一种总体的显示。列表如下：

---

① 孟子曰："使契为司徒，教以人伦：父子有亲、君臣有义，夫妇有别，长幼有序，朋友有信。"（《孟子·滕文公上》）夏庭芝于此所列举十种元代杂剧，今或佚或存，要之，皆艺术地表现了儒家的人伦道德观念。

② 孔子曰"臣事君以忠"（《论语·八佾》），"弟子入则孝"（《学而》），"君子贞而不谅"（《卫灵公》）。此可见原始儒学时君臣、父子间的忠、孝的道德规范就已形成；而"贞"还不具有要求女性"贞节从一"的道德内涵。《易传》有曰"妇人贞吉，从一而终"（《恒·六五象》），《礼记》中出现"贞妇"（《丧服四制》），并谓"一与之醮，终身不改，故夫死不嫁"（《郊特牲》），李斯《会稽石刻》有语"有子而嫁，倍死不贞"（《史记》卷六《秦始皇本纪》），陆贾《新语》有曰"美女以贞显其行"（《道基》）。所以，大体可以判定，以"贞"为夫妇间的女性之道德准则，在秦汉之间方形成。

唐宋明正史	唐宋明历时	《忠义传》传主数	《孝义传》传主数	《列女传》传主数
《旧唐书》	唐 309 年(618～907)	56 人	29 人	30 人
《宋史》	宋 319 年(北宋 960～1127,南宋 1127～1279)	278 人	75 人	40 人
《明史》	明 276 年(1368～1644)	322 人(姓氏在正文中出现而在目录中未出现者未计)	立传 80 人(姓氏在正文中出现而在目录中未出现者未计),序言列姓氏里籍者 616 人(输财济人者 52 人未计)	265 人(姓氏在正文中出现而在目录中未出现者未计)

理学道德理念的悲壮实现　在由南宋到清代的理学处于一统地位的时期内，多次发生了不同民族的和局部地域性的国家政权兴灭变更，对于儒家或理学来说，两次全国性的汉人的国家统治的崩溃——宋之亡与明之亡，无疑是最重要的，因为它兼有政权意义上的社稷鼎革和种族意义上的华夷之变的双重伦理危机的内涵。践履君臣或个人与国家间的理学伦理原则，十分自然地成为这一时代社会生活中最突出而严峻的、经常要用生命来实现的道德行为。《宋史·忠义传》序称："靖康之变，志士投袂，起而勤王，临难不屈，所在有之。及宋之亡，忠节相望，班班可喜。"（《宋史》卷四百四十六）《明史·忠义传》亦序称："神、熹两朝，边陲多故，沉身殉难者，未易更仆数，迨庄烈之朝，运丁阳九，时则内外诸臣，或陨首封疆，或致命阙下，蹈死如归者尤众。"（《明史》卷二百八十九）两史所论表明，宋明国家神器的震动、颠覆，是理学时代涌现众多而壮烈忠义人物的主要背景和发生契机。然而，就导引作出此种道德抉择的个人精神因素而言，则无疑是被理学强化了的儒家的君臣伦理观念。这里且以在这两次覆国之变中，以个人生命殉国家之亡的三个典型人物——文天祥、谢枋得、刘宗周临难时所表述的道德信念来说明之。

文天祥（字宋瑞、履善，号文山），南宋德祐初应诏于江西起兵勤王抗元，屡经困厄艰辛，终兵败被俘，囚禁于燕京三年，不屈被杀。其事迹在当时即广为流传，备受尊崇，元末明初陶宗仪据其所见云："宋丞相文公天祥，其事载在史册，虽使三尺之童，亦能言其忠义。"（《南村辍耕录》卷四《挽文丞相诗》）文天祥忠义之精神，在其一书一赞中则赫然可见。文天祥在被俘解送燕京途中，曾作书致其妹，并寄《过淮》《乱离歌六首》《邳州哭母小祥》三诗，其书有曰："收柳女信，痛割肠胃，人谁无妻儿骨肉之情？但今日事到这里，于义当死，乃是命也，奈何奈何！途中有三诗，今录去。言至于此，泪下如雨。"（《戒菴老人漫笔》卷四《文信国公家书》）文天祥此"义"，明代儒者邵宝①有首古诗可谓是最贴切的解释："北风吹南冠，行行一匏瓜。作者谢骨肉，涕泪纷交加。此行已忘身，此书又忘家。身家既两忘，未忘者何耶？至哉君与臣，大哉夷与华。片纸今又灰，浩叹天无涯。"（《容春堂前集》卷三《题文山遗墨卷》）即是说，文天祥之"义"，乃是超越于个人生命与家庭之上的对国家、民族的伦理责任；文天祥"于义当死"，就是对践履这种伦理责任的自觉选择。这种自觉和作为儒家生活方式中人生价值的最终实现，在文天祥临刑时衣带中的一首赞语表述更清楚："孔曰成仁，孟曰取义②，惟其义尽，所以仁至。读圣贤书，所学何事，而今而后，庶几无愧。"（《宋史》卷四百一十八《文天祥传》）

谢枋得（字君直，号叠山），亦是一位殉节宋亡的忠义之士。德祐间谢枋得以信州知州率兵抗元，兵败后隐居不出。至元间元朝廷访求遗才，累召不赴。至元二十六年强之北行，至燕京后，绝食而死。《宋史》赞颂其为"嶔崎以全臣节，宋末之卓然者也"（《宋史》卷四百二十五本传）。谢枋得北行临别亲友时，曾赋诗一首，表述了他此种为全臣节而不食死之选择的道德信念："雪中松柏愈青青，扶植纲常在此行。天下岂无龚胜洁，人间不独伯夷清。义高便觉生堪舍，礼

---

① 邵宝，明成化二十年进士，正德中官拜南京礼部尚书，著有《学史》《简端录》，入《明史·儒林传》。清儒评其学术曰："覃精经学，颇能窥见原本，与明季诸家撷拾空谈、浮夸无实者相去迥殊。"（《四库全书总目提要》卷十八）

② 孔子曰："志士仁人，无求生以害人，有杀身以成仁。"（《论语·卫灵公》）孟子曰："生，亦我所欲也；义，亦我所欲也，二者不可兼得，舍生而取义者也。"（《孟子·告子上》）

重方知死甚轻。南八男儿终不屈，皇天上帝眼分明。"① （《南村辍耕录》卷二《不食死》） 可见，视维护纲常、践履义礼为高于、重于个人生死的那种道德理念、人生追求，亦正是谢枋得忠义之举的精神内涵。

文、谢都不能算是理学家，但他们的人生实践与理学关系甚为密切，这不仅是指使他们生命发出光彩的自觉践履对国家民族之义务责任的忠义之举，发生在君臣纲常被理学以"天理""当然之理"强化了的时代观念背景下，而且他们本人的伦理道德观念形成与理学学统也有某种直接的关联，此如清人全祖望所揭示："欧阳巽斋为朱门正嫡，其弟子为文山②。徐径畈为陆氏世嫡，其弟子为叠山③。二公生平无语录行世，故莫知为朱陆之私淑者。文山尤不羁，留情声色④，而孰知其远有源流也。"（《鲒埼亭集外编》卷四十七《答诸生思复堂集帖》）

明之亡，自甲申之变（1644 年），明室南渡，经福王弘光帝（立于南京）、唐王隆武帝（立于福州），至桂王永历帝（立于肇庆）在缅甸被执（1661 年），迁延十八年之久，其间死难之士倍多于殉宋之亡者。明遗民钱肃润（字础日）《南忠记》序称："忠臣义士何代无之，独其间有甚不甚耳。明兴三百年来，名臣传中，半由忠义，建文之难，史不胜书矣，思庙崩，从亡二十余人，甚表表焉。至弘光变，而在京死事者少，何者？将以有为也。逮事不可为，而或死于官，或死于家，或死于兵戎牢狱之中，动以千计，呜呼！明不可谓无人已。"被史家称为"海内清流领袖"⑤ 的刘宗周就是在弘光帝败走、杭州陷落后绝食而死的。刘宗周在绝食未死

---

① 今世传明代宗景泰五年黄溥所编《叠山集》录此诗改动两字："天下久无龚胜洁，人间何独伯夷清。"（卷二《初到建宁赋诗一首》）伯夷叔齐，殷孤竹君之二子，殷亡，义不食周粟，饿死于首阳山。事见《史记·伯夷列传》。龚胜，汉哀帝之光禄大夫，王莽篡位后，遣使者安车驷马迎为祭酒，龚胜不受，绝食死。事见《汉书·龚胜传》。

② 参见《宋元学案》卷八十八，全祖望所补《巽斋学案》。

③ 参见《宋元学案》卷八十四，全祖望所补《存斋晦静息菴学案》。

④ 《宋史》述文天祥于江西奉诏起兵勤王时情状："天祥性豪华，平生自奉甚厚，声伎满前。至是，痛自贬损，尽以家赀为军费。"（《宋史》卷四百十八本传）

⑤ 明末清初计六奇（字用实，号天节子）赞刘宗周曰："公以宿儒重望为海内清流领袖，尝以出处卜国家治乱，而终以节见。悲夫！"（《明季南略》卷五《刘宗周不食死》）

前，曾赴水自沉，但水浅不得死，殉节未遂。此时一门人问他："今日先生与高先生丙寅事类？高先生曰：心如太虚，本无生死，何幻质之足恋乎？先生印合何如①？"刘宗周答曰："微不同，非本无生死，君亲之念重耳。"（《刘子年谱》顺治二年乙酉六十八岁）刘宗周回答表明，他的此种死的选择，并非因为生死本轻、本无，而是因为践履君臣的伦理纲常高于、重于生死，显示了一个理学家②的终极追求之道德内涵及其与佛家、道家的本质上的区别。

理学道德选择的惨烈表现　履行父子、夫妇间的伦理规范，父慈子孝，夫贤妻顺，一般说来，是儒家生活方式中的日常行为③，但在伦理观念被"天理"强化了的理学时期，此二种伦理实践中也更经常地和突出地表现出视伦理准则的实现高于个体生命存在的道德选择。《宋史》《明史》两史《孝义传》所载孝子，多是为父母而献出健康乃至生命的人，其中尤为独特而多见的被作为孝之行为记述的是为父母而刲股割肝。《新唐书·孝友传》谓："唐时，陈藏器注《本草拾遗》，谓人肉治羸疾。自是民间以父母疾，多刲股肉以进，或给帛，或旌门间。"可见，此种行为是在唐时开始兴起④。宋承其风，"刲股割肝，咸见褒赏"（《宋史》卷四

---

① 明熹宗天启六年（丙寅年），高攀龙（字云丛、存之，号景逸）被阉党魏忠贤迫害，投湖自溺而死。高攀龙赴水自沉前夕，闻说有逮令即下，自知不免，与诸门人言谈自若，谓："吾视死如归耳，心同太虚，原无生死，何视生死为二？若临死转一念，便堕坑落堑，不是立命之学，平生讲学，此看极分明，得多少力。"（《高忠宪公年谱·熹宗天启六年丙寅六十五岁》）高攀龙与顾宪成（字叔时，号泾阳）共创东林学派，以"远宗孔圣，不参二氏；近契元公，恪遵洛闽"（《高子遗书》卷十一中《泾阳顾先生行状》）为标志。但因其处在明末王学风靡和禅学尤炽的背景下，理学思想中仍浸染有某种王学或佛老因素，此处即是一显现。程朱理学的最后一个重镇清儒陆陇其《学术辨》中对此有较深入辨析。

② 如前所述，明代理学思潮有两个基本的走向：一是在朱学笼罩下由理本论向气本论、心本论的转移，一是明代中叶以后在王学风靡和流弊滋甚的情况下，心学本体论的重建。刘宗周以"气"诠释程朱理学之心、性，又以"意"代替阳明心学之"良知"，故其理学思想恰处在这两个走向的交汇点上，也是在这两个走向的终点上。刘宗周是明代一个重要的、最后的理学家。

③ 《礼记·礼运》所确定的人伦"十义"有"父慈""子孝""夫义""妇听"等。

④ 唐时此俗兴起，除了由于人肉可以疗疾之说的误导，可能还兼有佛教盛行之背景。毁堕肢体一向是佞佛者表示虔诚之举。韩愈《论佛骨表》曾讯斥当时迎送佛骨之僧众"焚顶烧指，断臂脔身，伤风败俗，传笑四方"（《昌黎先生集》卷三十九）。韩愈《鄠人对》亦抨击以毁伤肢体为孝者是"伤于义"（《昌黎先生集·外集》卷四）。

百五十六《孝义传》序），更成时俗。明洪武帝时，礼部曾审议并从功利角度判定，此等行为"皆由愚昧之徒，尚诡异，骇愚俗，希旌表，规避里徭，违道伤生，莫此为甚"，并下诏此等行为"自今不在旌表之例"（《明史》卷二百九十六《孝义传·沈德四》）。但此后，此种行为仍绵延不灭，且每有儒者从道德角度为之辩护。明末清初计六奇《明季北略》在记述了天启崇祯年间的孝子郭亮母病时割右臂肉进母，父病时又截左臂肉进父之事后，赞曰："善乎李侍御凤翔之言曰：'亦知割股非中正，情到摧伤岂伪为？'王威宁伯钺之题舍身崖曰：'此身如何容易舍，舍时除是为君亲。'即此二说，足以论孝子矣。"（《明季北略》卷十二《孝子爇火不燃》）即从理学立场上看来，为父母而毁体舍身，内蕴着深深的伦理感情和道德理性，在儒家的父子纲常中实践了伦理原则高于个人生命的道德选择。

将伦理原则置于个人生命之上的道德选择，在理学时期的夫妇纲常中表现得更为惨烈，要求妇女从一而终的贞节道德观念，虽然秦汉时已形成，但刘向《列女传》和正史自《后汉书》始立的《列女传》，皆并非专以贞节一操选录传主，而是以孝贤、侠义、才艺等多端不一之操行入传。如《旧唐书》《宋史》两史《列女传》著录之人物，其独以从一之贞节而显者，亦仅为若干人。及至明代，此种情况则有所变化。《明史·列女传》所载夫死不嫁、夫死殉葬、未嫁守节、未嫁殉节者比比皆是，其序更称，有明一代，"列女著于实录及郡邑志者，不下万余人，虽间有以文艺显，要之节烈为多"（《明史》卷三百一）。明人陆容曾自诩曰："本朝政体，度越前代者甚多，其大者数事，如前代公主寡，再为择婿①，今无之。"（《菽园杂记》卷二）完全可以说，夫妇纲常中的妇女从一而终的贞节道德规范，只是在经历了社会生活不断被理学观念浸润的南宋、元代

---

① 陈东原《中国妇女生活史》统计：唐代公主出嫁者一百二十三人，其中再嫁者二十四人，三嫁者四人；宋代公主出嫁者四十一人，其中再嫁者二人。此统计大致与《新唐书·诸帝公主传》及《宋史·公主传》相符。

后，到了明代方被强化为一种普遍的社会意识与行为①。在理学笼罩下，从一而终的道德选择之心理历程与精神内涵，《明季北略》所记述陆贞女事显示得较清晰：

> 女，陆氏，武进人。幼许字同邑赵烛远，赵舞勺为诸生，有文名。女少颖异，十龄，手录《女诫》及《列女传》，心向往之。崇祯乙亥，赵生年十七，殁。女闻变，饘粥不入口者数日。择十二月二十四日庚子往赵，缞绖拜生枢下，哽咽几绝。子处梵课，间作小诗，检其遗编《除夕》云"夫妇一生今夕终，道义千秋今日始"，语气凛凛。《中秋》《重九》《拜像》《诵经》《焚香》诸诗俱佳，不及载。稿中一词云："世上光阴，百年一息，厚爱深情，终须一别，痴儿女绸缪偏切。何似我，生来夫妇不相识，恩义成空说。万种缘，都勾销一笔！"壬子冬，病势亟，有老尼诱以披剃，冀得少延者。女曰："吾久称未亡人②，岂复贪余年？且披剃何以入赵穴？"疾将革，戒侍婢勿恸，遂瞑。时癸未正月，卒年二十有六。（《明季北略》卷十一《陆贞女柏操》）

《北略》所述这个未嫁夫死而守节的陆贞女，是一才华横溢、感情丰富的青春女性，她曾憧憬厚爱深情的夫妇生活，但为了"道义"，在未婚丈夫早殁后，毅然地毁弃了这一切情思爱绪；为了实现这种困难的割舍，抵御现世生活中俗情的诱扰，她借助佛家帮助③，以寂灭此心。她从未见过自己的丈夫，未曾有过一日的夫妻同衾，但她认为他俩在"道义"上仍是千秋夫妇，而且要死后同穴。可见她的心并没有被佛学的空无观念所枯死，仍然为实现儒家伦理的最终追求而活着。这一事例典型、完整地显现

---

① 程颐曾说："凡为夫妇时，岂有一人先死，一人再娶，一人再嫁之约？只约终身夫妇也。"（《程氏遗书》卷二十二下）朱熹亦说："古人无再娶之礼。"（《朱子语类》卷九十）可见理学认为夫妇纲常中的从一而终的道德要求，是夫妇双方都应践履的。但在"三纲"、男尊女卑的观念背景下的理学生活方式中，此规范实际上成为妇女单方所应遵循的。

② 《左传·庄公二十八年》"未亡人"，杜预注："妇人既寡，自称未亡人。"

③ 拜像、诵经无疑是皈依佛门的生活行为。焚香就其根源论，亦属佛礼而非儒礼，故朱熹谓："谒宣圣焚香，不是古礼。"（《朱子语类》卷九十）

了为践履从一而终的贞节伦理原则而献出全部人生幸福乃至生命的道德选择。在理学的背景下，此仍应判定为是一种道德理性自觉，是人性中的自我实现的一种表现形态，并且能获得它所希望得到的回报——精神上的安宁、欣慰和幸福感。但是，正如我们在下面将论及的，当这一道德选择中的理性内涵薄弱或蜕变的时候，产生的就是愚昧和残忍了。

（四）理学的衰落与回应

理学是一个具有丰富的文化和理性内涵的儒学理论体系。但是，当理学与国家政权相结合，成为必须遵循的国家意识形态，而理性自觉精神被窒息时；当理学的理论主题被认为是已经论证完毕，而不能再吸纳进新的文化内容时，理学的社会功能，尤其是其道德功能也就逐渐蜕弱，理学也就衰落下来了。理学的衰落应该说是在明末清初时发生的。沿袭宋明理学的清代理学家，如前所述，没有任何真正是迈越先前理学的新的理论创造，因而也就未能为理学贡献新的理论支持，遏制理学衰落的趋势。当然，作为儒学的一种理论形态的理学的衰落，并不就是作为一种文化类型或生活方式的儒学的消亡。相反，理学的衰落内蕴着儒学新的发展的契机。这一契机的最先显露，就是明清之际及其后的一些最卓越的儒学学者，在对理学的衰微作出回应时，批判或重新诠释了理学，提出了有别于理学的新的儒学理论观念。

1. 理学的衰落及其内在因素

虽然理学作为一种居于权威地位的儒学理论形态，直至清代君主专制的政治制度被推翻后，方才退出历史舞台①，但理学的衰落早在明代后期就已开始，并在被清初学者称为"天崩地解"的明代统治政权灭亡、社

---

① 《清史稿·选举志》述有清一代科举之制曰："顺治二年颁《科场条例》仍（明之）旧例，首场《四书》三题，《五经》四题。《四书》主朱子集注，《易》主程传，朱子本义，《书》主蔡传，《诗》主朱子集传，《春秋》主胡安国传，《礼记》主陈澔集说……光绪二十四年，湖广总督张之洞有变通科举之奏。二十七年，乡、会试首场改试中国政治史事论五篇，二场各国政治艺学策五道，三场《四书》义二篇、《五经》义一篇。其他考试例此。用之洞议也，行之至废科举止。"（卷一百八《选举三》）清代始终皆以程朱理学为科举取士之思想理论标准，是理学居于权威地位的最重要表征。

会震动的背景下，遭受了一次猛烈的批判而一蹶不振。

（1）理学衰落的主要表现

从明后期至清初的学者观察评论中可以看出，理学衰落的主要表现是其学术基础的动摇和社会功能的衰退。

理学学术基础的动摇　清初学者颜元在总括理学之理论面貌时，曾说程朱理学是"以讲论性命、天人为授受，以释经注传、纂集书史为事业"（《存学编》卷一《明亲》），这无疑是符合事实的。所以，虽然如前所论，理学不是经学，但理学毕竟是以对儒家经典的诠释，即传注为其主要理论载体①和学术基础。这样，明后期至清初学者在一种新的具有考据色彩的经学思潮与批判意识驱动下，不断揭发出宋代以来理学传注中的疏漏、谬误，也就同时带来了对理学权威地位的怀疑、动摇。被学者从此种新的学术立场上揭发出的理学传注的疵误，大致分属三个方面。其一，文字音韵的谬训。如博洽堪称明代第一的杨慎②曾讥评宋儒之解《诗》曰：

> 《毛诗》"棠棣之华，鄂不韡韡"，鄂，花苞也，今人作萼；不，华蒂也，今人作跗。《诗》疏云："华下有萼，萼下有跗，华萼相承覆，故得韡韡而光明也。由华以覆萼，萼以承华，华萼相覆而光明，犹弟兄相顺而荣显。"唐明皇宴会兄弟之处，楼名花萼相辉，唐诗有"红萼青跗"之句，皆用此义。至宋人解之乃云"鄂然而外见，岂不韡韡乎"③，非惟不知诗，亦不识字矣，汉儒地下有灵，岂不失笑。（《升庵全集》卷四十二《棠棣之华》）

杨慎精于六书、小学，著有《六书索隐》《经子难字》，辨析古字古义，

---

① 理学的主要理论载体可谓有二：一是传注，一是语录。语录是理学家讲学的记录。顾炎武曰："今之言学者必求诸语录。语录之书始于二程，前此未有也，今之语录几乎充栋矣。"（《亭林文集》卷六《下学指南序》）但理学家讲论性命、天人，总是援依儒家经典，故语录亦可视为对儒家经典的一种诠释。

② 《明史》谓："明世记诵之博、著作之富，推慎第一。"（《明史》卷一百九十二《杨慎传》）

③ 朱熹注"鄂不韡韡"曰："鄂，鄂然外见之貌。不，犹岂不也。韡韡，光明貌。"（《诗集传》卷九）

此处"鄂不"之训，雅顺有据，宋儒传注则相形见绌，显得浅陋。顾炎武亦从音韵学角度指出宋儒传注昧于古音而改经谬读之病：

> 三代"六经"之音，失其传也久矣，其文之存于世者，多后人所不能通，以其不能通，而辄以今世之音改之，于是乎有改经之病……《易·渐》上九："鸿渐于陆，其羽可为仪。"范谔昌①改陆为逵，朱子谓之以韵读之良是，而不知古人读仪为俄，不与逵为韵也。《小过》上六："弗遇过之，飞鸟离之。"朱子存其二说，谓仍当作"弗过遇之"，而不知古读离为罗，正与过为韵也。《杂卦传》："《晋》昼也，《明夷》诛也。"孙奕②改诛为昧，而不知古人读昼为注，正与诛为韵也……（《亭林文集》卷四《答李子德书》）

看起来，顾炎武揭发出的宋儒经解中音读之讹，似乎是末节小疵，未足挂齿，但实际上却是在理学传注之基础上凿开了使之动摇的缺口。朱熹曾与其门人论解经之方曰"解说圣贤之言，要义理相接去，如水相接去，则水流不碍"（《朱子语类》卷十九），"凡看文字，端坐熟读，久久于正文边自有细字注脚出来，方是自家见得亲切"（同上），"字画音韵，是经中浅事"（《朱文公文集》卷五十《答杨元范》）。可见，理学传注多以既立之义理为基点，以己之深味体会所得为定解，而于对经典中的具有实证性的文字音韵的考辨确证，则甚为鄙薄。而新的经学思潮一个基本的学术特色，正是将对经典中字之音义的确解，置于经解的起点上。如顾炎武说："愚以为读'九经'自考文始，考文自知音始，以至诸子百家之书，亦莫不然。"（《亭林文集》卷四《答李子德书》）此前，杨慎亦已倡此论："古人恒言音义，得其音，斯得其义矣。"（《升庵全集》卷二《转注古音

---

① 范谔昌，北宋人，著有《大易源流图》《易证坠简》，皆佚（见《宋史·艺文志》）。晁公武《郡斋读书志》、朱震《周易集传》略载其旨。

② 孙奕，南宋人，撰有《示儿编》。《四库提要》评其考论之篇曰："其中字音字训，辨别异同可资考证者居多，其冗杂者可削，其精核者究不可废也。"（《四库全书总目提要》卷一百二十一）

略序》）杨慎之外明代另一最称博学者焦竑①，在为推倒南北朝以来传统的《诗经》韵读"叶韵"说②，确立"古音"说的友人陈第《毛诗古音考》一书作序时亦说："韵之于经，所关若浅鲜，然古韵不明，至使诗不可读，诗不可读而'正得失、动天地、感鬼神'之教或几于废，此不可谓之细事也。"（《澹园集》卷十四《毛诗古音考序》）新经学在这个方向上获得的每一个新解，都是理学传注浅陋或谬误的一个新证，都是对理学基础的一次撞击。

其二，名物制度考释之疏陋。如杨慎曾嘲笑宋儒不解古典中"九"之义曰：

> 《公羊传》云"葵丘之会，桓公震而矜之，叛者九国"，"九国"谓叛者多耳，非实有九国也。宋儒赵鹏飞③云："葵丘之会惟六国会，咸牡丘皆七国会，淮八国宁有九国乎？"《公羊》本意谓一震矜而九国叛，犹《汉纪》云"叛者九起"云尔。赵氏如数求之，真痴人说梦。古人言数之多，止于九。《逸周书》云"古儒九谏于王"，孙武子"善攻者动于九天之上，善守者伏于九地之下"，此岂实数邪？《楚辞·九歌》乃十一篇，《九辩》亦十篇。宋人不晓古人虚用九字之义，强合《九辩》二章为一章，以协九数，兹又可笑。宋儒读古文亦似说梦，此类甚多，不能悉著也。（《丹铅余录》卷十三）

朱熹《楚辞集注》正是将《九辩》十个段落分属九章。所以可以说，杨慎此处对"宋儒""宋人"所表示的轻蔑，也是对理学传注疏于名物考证的讥嘲。实际上，这是作为理学学术基础的理学传注被新经学突破的又一

① 《四库全书总目提要》谓"明代自杨慎以后，博洽者无过于竑"（卷一百四十六《庄子翼》）。《明史》亦谓焦竑"博极群书，自经史至稗官杂说无不淹贯，善为古文，典正驯雅，卓然名家"（《明史》卷二百八十八《文苑传·焦竑》）。

② 朱熹解《诗》据其门人李儒用说："先生说诗，率皆叶韵。"（《朱子语类》卷八十）其答门人李辉"叶韵有何所据"之问亦曰："叶韵乃吴才老所作，某又续添减之。"（同上）可见朱熹解诗亦持叶韵说。

③ 赵鹏飞，南宋人。撰《春秋经筌》，自序谓："学者当以无传明《春秋》，不可以传求《春秋》。无传以前，其旨安在？当默与心会矣。"（《春秋经筌》卷一）具有明显的疑经变古的宋代经学特色。

个缺口。朱熹曾有答友人书曰："读书玩理外，考证又是一种工夫，所得无几，而费力不少。向来偶自好之，固是一病，然亦不可谓无目力。"（《朱文公文集》卷五十四《答孙季和二》）可见理学家虽然并不完全否定传注中的考证之功，但却是将其置于无足轻重的地位。朱熹在另一答友人书中论及考辨《诗》中草木名物时更显蔑视："草木疏用力多矣……若论为学，考证已是末流，况此又考证之末流，恐自此不须更留意，却且收拾身心向里做些工夫。"（同上书卷五十九《答吴斗南四》）这种漠视实证而但求体悟的学术立场，使得理学家对儒家经典中渊源久远、纷繁纠杂的名物制度，甚至是十分重要的，也倦于或疏于考辨追究，即使博学如朱熹者亦是如此。例如，对于儒家来说，祭礼中的祭祀天地的郊祀，无疑是最重大的了，其中有一个使儒者感到混乱并纷争不已的问题：《诗》《书》有明文可证郊祀是天地合祭①；而《周礼》则谓冬至祭天，夏至祭地②。汉代以来，历代行郊祀时于天地之祭也分、合不一。朱熹说"古时天地定是不合祭，本朝后来尝分南北郊。至徽宗时，又不知何故却合为一"（《朱子语类》卷九十），"分祭是，《周礼》有圜丘、方泽之说。但《周礼》其他处又都不说，亦未可晓"（同上）。可见朱熹虽然主张分祭，但却不愿、未能予以深入的考证确论，因而难为坚信，只能游移可否。在朱熹以考证为"末流"之论映衬下，杨慎讥宋儒无据之传注是"说梦"，清楚地显示明后期出现的考据学术思潮，其推陈出新的特质，恰是将名物制度的考释，由居于经学末流移至经学的起点上。这一思潮中的另一主要角色焦竑在《郊祀分合考》一文中，考证了郊祀分合两说的经典根据及历代郊祀在一岁中既有分祭又有合祭的实际情况后总结说："不合不专，不分不尊，判合天地之大义，王者父天母地之道也。后世经学不明，妄骋己见，准《周礼》者废《诗》《书》，准《诗》《书》者废《周礼》，知其一

---

① 《诗·昊天有成命》序曰："《昊天有成命》，郊祀天地也。"《尚书·舜典》"禋于六宗"，汉儒贾逵曰："六宗者，天宗三，日月星；地宗三，河海岱也。"马融曰："万物非天不覆，非地不载，非春不生，非夏不长，非秋不收，非冬不藏，此其谓六。"（《尚书正义·舜典》疏引）儒者每援此论郊祀为天地合祭。

② 《周礼·大司乐》："冬日至，于地上之圜丘奏之，若乐六变，则天神皆降，可得而礼矣……夏日至，于泽中之方丘奏之，若乐八变，则地示皆出，可得而礼矣。"儒者亦援此论郊祀为天地分祭。

说，不知其又有一说也。"（《澹园集》卷六）焦竑还特别针对理学鄙薄考证而说："博物非君子所急也，然学者操理性之说而置名物于不问，仲尼亦尝患之，故曰多识鸟兽草木之名。夫鸟兽草木何贵？……足以订经疑，识乱始，其益非浅鲜也。"（同上书卷七《策问》）焦竑之论使这一学术思潮突破理学传注的新特质更为鲜明。

其三，义理之可疑。理学传注将发挥理学义理放在首要位置，虽然朱熹亦曾警告"今学者多是先立私意只借圣人语言起头，便自把己意接说将去，病痛专在这上，不可不戒"（《朱子语类》卷一百十七），但在新思潮批判的眼光看来，理学家恰是以私意解经，理学传注的义理深为可疑。如颜元曾著《四书正误》，驳论朱熹《四书集注》约四百则之多①，还犹有未已地说："予之《正误》也，只偶举大端耳。其实朱注之支离妄谬不可胜指。"（《四书正误》卷三《论语·述而》）其中有论《集注·论语》"司马牛问仁"章曰：

> 宋家诸先生学术，既失孔门之旧，流为训诂，训诂又好插入己意，添书中所无，使圣贤书都就自己学术。如此章何曾有"存心"意，总在"为之难"一句讨仁人真精神。盖人之尚口者，只因不为耳；人之易言、躁言，只因为之不难耳。所谓力行近乎仁也，敏而慎也，言切是为仁工夫，"为之难"是切，言工夫。《注》"心常存，故事不苟"，是上面又添出一层，将许多著手著力、身世实做的工夫，收向虚中一点，非禅而何？（《四书正误》卷四《论语·颜渊》）

孔子弟子司马牛，多言浮躁②，《论语》记载："司马牛问仁。子曰：'仁者，其言也切。'曰：'其言也切，斯谓之仁已乎？'子曰：'为之难，言之得无切乎？'"（《颜渊》）可见孔子这里对"仁"之界定（"仁者其言也切"）和对"切"之解说（"为之难"），皆是针对司马牛性格的缺点而

---

① 颜元《四书正误》现编为六卷，其中第五卷《孟子》上（《梁惠王》《公孙丑》《离娄》三章）佚失未计。

② 《史记·仲尼弟子列传》云："司马耕，字子牛。牛多言而躁。问仁于孔子，孔子曰：'仁者其言也切。'"

言。孔子此处之言的本义，是告诫司马牛要理解成事之难，勤于行而讷于言。朱熹《论语集注》之解则偏重于内心之收敛，曰"仁者心存而不放，故其言若有所忍而不易发"，"盖心常存，故事不苟，事不苟，故其言自有不得而易者"（《论语集注》卷六），云云。显然，此解与《论语》本文之义有所离异，而呈现明显的理学色彩。颜元的驳论因此是正确的。当然，还不能说颜元的四百则驳论皆如此处之论一样的正确或准确，但理学传注是如何离开经典本义而独抒理学之己见，则可于此处见其仿佛。

在新经学思潮的审视下，理学传注既贫乏于考证，又己意于义理，其方法和内容都已陈旧、枯竭，理学传注的权威因此被动摇，甚至被鄙弃。这一新思潮中的突出人物陈第的表白可以为证：

> 余少受《尚书》家庭，读经不读传注。家大人责之曰："传注，适经门户也，不由门户，安入堂室？"余时俯首对曰："窃闻经者，径也，门户堂堂经中自具，儿不肖，欲思而得之，不敢以先入之见锢灵府也。"……后读《礼》之眼，亦尝稍窥传注，大都明显易知者，先儒多发之；稍涉盘错，则置而不讲。甚至句读之间多有错误，是读与不读等也。（《尚书疏衍·自序》）

明末清初的著名学者张岱，其"不读朱注"的表白亦可以为证：

> "六经""四书"，自有注脚而十去其五六矣，自有诠解而去其八九矣。故先辈有言，六经有解不如无解。完完全全几句好白文，却被训诂讲章说得零星破碎，岂不重可惜哉！余幼尊大父教①，不读朱注，凡看经书，未尝敢以各家注疏横据胸中。（《四书遇·自序》）

可以说，在国家政治权力庇护下，程朱正统学术地位虽然及至清亡亦未坠落，但作为其理论思想载体的理学传注，其模塑一代学术和精神

---

① 张岱祖父张汝霖，乃王守仁再传弟子张元忭之子（见张岱《琅嬛文集·自撰墓志铭》及《绍兴府志·张岱传》）

风貌的那种影响力，却在明清之际兴起的新经学思潮冲击下早已开始消亡。

理学社会功能的衰退　理学是以将"三纲""五常"的伦理道德观念极度强化（"天理"），并要求在生活的一切方面贯彻（"于日用事实上提撕"）为其理论特质的，这样，启导道德的理性自觉和自觉的道德实践，就成为理学的主要社会功能。明代后期，王学"良知本心""无善无恶"之说风靡，虽然救正了程朱理学桎梏于章句经说之弊，但给理学之道德实践却带来了一种破坏性更大的结局。这一转折，顾宪成藉孔子"七十而从心所欲不逾矩"一语所作的界分甚为准确：

> 昔者孔子自叙其所进至七十曰"从心不逾矩"，盖圣学之极也……至宋大儒有作，而圣学中兴，徐而按之，入其间者大都主是谨严，可谓不逾矩矣，而矩未必一一从心，其弊也多流而拘。近儒矫之，一切扫去，转而之于洒落，可谓从心所欲矣，而心未必一一不逾矩，其弊也多流而荡。（《泾皋藏稿》卷九《奉寿安节吴先生七十序》）

王学，尤其是其后学末流，给理学道德实践带来"荡"的破坏，明清之际学者多有评议，唯以顾宪成在辨析王学"无善无恶"之论时所下判定最为严厉：

> 见以为心之本体，原是无善无恶也，合下便成一个空；见以为无善无恶，只是心之不著于有也，究竟且成一个混①。空则一切解脱，无复挂碍，高明者入而悦之，且从而为之辞曰：理障之害甚于欲障。于是乎委有如所云，以仁义为桎梏，以礼法为土苴，以日用为尘缘，

① 此为顾宪成概括的王学后学对王学"无善无恶"观念内涵的两种诠解：其一就本体言，若有善则必有恶，心性之本体超越于善恶之上，"不可以名拟议"，故"无善无恶"；其二就修养工夫言，非真无善，是谓不著于善，"无意之善而已"（见《明儒学案》卷三十五《泰州学案·周汝登·九解》）。顾宪成与之辩论的管志道亦持此解（见顾宪成《证性编·质疑》）。

以操持为把捉，以随事省察为逐境，以讼悔迁改为轮回，以下学上达为落阶级，以砥节砺行、独立不惧为意气用事者矣。混则一切含糊，无复拣择，圆融者便而趋之，且从而为之辞曰：行于非道，乃成至道。于是乎委有如所云，以任情为率性，以随俗袭非为中庸，以阉然媚世为万物一体，以枉寻直尺为舍其身济天下，以依违迁就为无可无不可，以猖狂无忌为不好名，以临难苟免为圣人无死地，以顽钝无耻为不动心者矣……此之谓以学术杀天下万世。（《证性编》卷三《罪言上》）

理学认为人性本质上是善的，而善之内涵或本质正是三纲五常的道德观念与实践。因此，顾宪成判定，王学"无善无恶心之体"之论会在各个方面瓦解理学的儒家道德实践，使理学的道德功能丧失殆尽。从逻辑上说，是正确的，并且在事实上，都是已经或可能发生的。其中正是在王学风靡背景下发生的明代覆灭，无疑是一个最有力的事实。故清初学者论及明之亡，每归咎王学曰："以明心见性之空言，代修己治人之实学，股肱惰而万事荒，爪牙亡而四国乱，神州荡覆，宗社丘墟。"（顾炎武《日知录》卷七《夫子之言性与天道》）"启、祯之际，风俗愈坏，礼义扫地，以至于不可收拾，其所其来，非一日矣。故愚以为明亡天下，不亡于寇盗，不亡于朋党，而亡于学术，学术之坏，所以酿成寇盗朋党之祸也。"（陆陇其《三鱼堂文集》卷二《学术辨上》）明代覆灭，一个有近三百年历史的国家政权的崩溃，应该说，是由一系列极具破坏性的，远比朋党、寇盗为多、为远的政治、经济因素，经过长期积累、滋浸所致，但作为由理学的道德观念和实践所形成的伦理秩序和社会秩序的瓦解，则确如清儒所论，既是在王学剥蚀下理学道德功能衰退带来的结果，也是这种道德功能丧失的表现。

在王学"无善无恶"、从心所欲①的剥蚀下，使理学道德实践呈现

---

① 王畿曰："良知是天然之灵窍，自见天则，不须防检，不须穷索。"（《龙溪文集》卷四《过丰城答问》）"从真性流行，不涉安排，处处平铺，方是天然真规矩。"（同上书卷十六《示丁惟演》）可见，顾宪成称王学"可谓从心所欲矣"，乃有据之评。

"荡"的颓状固然是显著的，程朱理学教条带来理学道德"拘"的衰退，即使在王学风靡之势下亦不可掩。王学后学或服膺王学的文苑中人物，每对此有较敏锐的感受和观察。例如王守仁的第一高足王畿说：

> 昔人奔丧，见城郭而哭，见室庐而哭，自是哀心不容已。今人不论哀与不哀，见城郭室庐而哭，是乃循守格套，非由衷也。客至而哭，客不至不哭，尤为作伪。世人作伪得惯，连父母之丧亦用此术以为守礼，可叹也已。（《龙溪文集》卷五《天柱山房会语》）

出自泰州学派门下的公安派诗人袁宏道①亦说：

> 孔子所言絜矩，正是因，正是自然，后儒将矩字看作理字，便不因，不自然。夫民之所好好之，民之所恶恶之，是以民之情为矩，安得不平？今人只从理上絜去，必至内欺己心，外拂人情，如何得平？

前已引述，清初学者朱彝尊也曾概括宋元以来在程朱理学笼罩下的社会思想面貌曰："非朱子之传义弗敢道，非朱子之《家礼》弗敢行。"（《曝书亭集》卷三十五《道传录序》）显然，在这种人们精神受到国家权力和学术权威双重压抑的背景下，随着时间推移，道德实践的理性自觉性就会逐渐衰弱，理学道德规范就会逐渐蜕变成僵死的、麻木不仁的道德教条。应该说，王、袁"循守格套""只从理上絜去"之论所观察到、揭示出的正

---

① 万历二十年（壬辰）袁宏道有诗题名《送焦弱侯老师使梁·因之楚访李宏甫先生》，诗中有云："自笑两家为弟子。"（《敝箧集》卷二）可见袁宏道事焦竑为师，于李贽亦自居于弟子之列。李贽师事王畿（见《续焚书》卷三《储瓘》），焦竑师事耿定向、罗汝元，为王艮再传（见《明儒学案》卷三十五《泰州学案·焦竑》），故李、焦皆出自泰州门庭。惟李贽是中国历史上即使不是唯一的，也是立场最鲜明的反儒思想家，在此根本的理论立场上，他与泰州学派异，袁宏道亦以此与李贽有别。据袁中道记述，袁宏道在三十岁后（万历戊戌）"学复稍变，觉龙湖等所见尚欠稳实，以为悟修犹两毂，向者所见偏重悟理，而尽废修持，遗弃伦物，偭背绳墨，纵放习气，亦是膏肓之病，遂一矫而主修，自律甚严，自检甚密，以淡守之，以静凝之。"（袁中道《珂雪斋文集》卷九《袁中郎先生行状》）

是理学道德实践中所发生的这种弊端。朱熹《家礼》①述奔丧礼有谓："望其州境、其县境、其城、其家皆哭。"(《家礼·丧礼》)《家礼》此项礼仪规定，有久远的历史渊源。《礼记·奔丧》有曰："过国至境哭，尽哀而止。"郑玄注："感此念亲。"孔颖达疏："《聘礼》云行至他国境上，而誓众，使次介假道。是国境行礼之处，去时亲在，今返亲亡，故哭尽哀戚。"可见奔丧"望境哭"，就其缘起而论，内蕴着由某种独特的生活经历而唤起的对死去之双亲的追思哀慕的道德感情。对于后人来说，当这种历史情境已经不再存在，"望境哭"只是为了就范于《家礼》之规定，而并无被唤醒的哀思时，也就流为没有道德内涵的空虚的礼仪形式了。在程朱理学权威压抑下，理学道德实践中理性因素的衰减，不仅带来作伪的弊端，而且有时还有更严重的甚至是残忍的结局。明人姚士麟有则记载：

> 海忠介有五岁女，方啖饵，忠介问饵从谁与？女答曰僮某。忠介怒曰："女子岂容漫受僮饵，非吾女也，能即饿死，方称吾女。"此女即涕泣不饮啖，家人百计进食，卒拒之，七日而死。余谓非忠介不生此女。(《见只编》卷上)

海瑞以刚正不阿、清廉爱民彪炳青史②，如果确如明人姚氏所述，他家庭生活中发生的这幕惨剧，虽尚不能玷其"忠介"之谥，但却是理学弊端在他身上烙下的痕迹。朱熹《家礼》有曰："七岁男女不同席，不共食。"(《家礼·居家杂仪》)所以可以认为，海瑞所为，正是袁宏道所非议的"只从理上絜去，必至内欺己心，外拂人情"，是理学道德功能衰退最经常的表现——由于理性精神的减弱而拘束于、屈从于道德教条。道德功能衰退的理学，像是一架秋千，总是在"荡"与"拘"两个弊端间摆行，非荡即拘，非拘即荡。明代在王学风靡的背景下覆灭，故清初学者痛定思

---

① 清王懋竑《白田杂著·家礼考》谓《家礼》非朱子著。《朱文公文集》中有《家礼序》，故元明以来流俗皆以为《家礼》为朱熹撰。这里于王氏质疑姑且不论。
② 《明史》评海瑞"生平为学，以刚为主"，为官举政"意主于利民，而行事不能无偏"(《明史》卷二百二十六本传)。

痛，每追究祸源为王学"荡"之弊①；事实上，理学"拘"之弊亦深可畏也，在清代走向衰落、崩溃的过程中，它始终是个主要的背景或因素。

明清之际的学者，还在道德实践之外更广泛范围内审视了理学社会功能的衰退：

> 今之言心者，则无事乎读书穷理；言理学者，其所读之书，不过经生之章句，其所穷之理，不过字义之从违……天崩地解，茫茫无与吾事。（黄宗羲《南雷文定》前集卷一《留别海昌同学序》）

> 今之君子则不然……舍多学而识，以求一贯之方；置四海之困穷不言，而终日讲危微精一之说。（顾炎武《亭林文集》卷三《与友人论学书》）

> 宋元来儒者却习成妇女态，甚可羞！无事袖手谈心性，临危一死报君王，即为上品矣，岂若真学一复，户有经济，使乾坤中永享治安之泽乎！（颜元《存学编》卷一《学辨一》）

明清之际学者的这种观察是完全符合事实的，作为对理学提出的理论要求也不为过分。因为宋元以来理学不仅是以一个纯粹的儒学理论形态出现，而且更重要的是还以塑造着社会整体面貌、状态的国家政权的意识形态出现。但是，衰退中的理学，由于学术空疏，昧于经世实务，正如清初学者李塨所批评的那样："高者谈性天，撰语录；卑者疲精毙神于八股，不惟圣道之礼乐兵农不务，即当世之刑名钱谷，亦懵然罔识。"（《恕谷后集》卷九《书明刘户郎墓表后》）理学除了作为科举文字中的义理标准外，也就不再具备其他具有积极意义的社会功能。衰退中但却处在权威地位的理学观念，甚至还将传统儒学中所固有的诸如"正德、利用、厚生"②的积

---

① 如陆陇其说："每论启、祯丧乱之事，而追原祸始，未尝不叹息痛恨于姚江……"（《三鱼堂集》卷八《周云虬〈四书集义〉序》）。熊赐履亦说："自姚江提宗以来，学者以不检饬为自然，以无忌惮为圆妙，以恣情纵欲、同流合污为神化，以灭理败常、毁经弃法为超脱，学术人心，敝于败坏。"（《闲道录》卷下）
② 古文《尚书·大禹谟》以舜受禹语中所述"正德、利用、厚生"为"三事"。古文尚书之真伪的问题，不是理学的辩题。理学既接受《大禹谟》中的"人心""道心"等十六字，亦当接受此"三事"。

极经世精神腐蚀、吞噬掉，正如黄宗羲所见："儒者之学，经纬天地，而后世乃以语录为究竟，仅附答问一二条于伊洛门下，便厕儒者之列，假其名义以欺世。治财赋者则目为聚敛，开阃扞边者则为粗材，读书作文者则目为玩物丧志，留心政事者则目为俗吏。徒以'生民立极、天地立心，万世开太平'之阔论，钤束天下。一旦有大夫之忧，当报国之日，则蒙然张口，如坐云雾，世道以是潦倒泥腐，遂使尚论者，以为立功建业，别是法门，而非儒者之所与也。"（《南雷文定后集》卷三《赠编修弁玉吴君墓志铭》）可以认为，衰败中的理学完全丧失了带动社会政治、经济、文化发展，消解危机，回应挑战等作为国家意识形态所应有的最重要的社会功能。在此更广阔的审视角度内，理学所表现出的如前所述的道德功能，显然要降到次要的甚至是可被异议的位置。如明末清初学者张岱在论及甲申死难将相时说："以将相大臣，事权在握，安危倚之，乃临事一无所恃，而徒以鼠首为殉者，君子弗取也。"（《石匮书后集》卷二十《甲申死难列传》）南朝辅鲁王的监国重臣张国维，在兵溃退守东阳，无力支撑，决意赴水死时怨叹曰："误天下事者，文山、叠山也，一死而已。"（计六奇《明季南略》卷六《张国维赴园池》）张岱所论、张国维所行表明，明清鼎革之际，忠义死节之士比比，这一结局中壮烈的一幕诚然是理学伦理的闪现，然而酿成此种不幸结局的根本精神因素，也正是由于理学衰退及由此而带来的世事茫然无成，至于诸担当事纲者，以区区一死，是难以塞其责的。总之，于天下事懵然无识，置四海困穷不言、不为，是理学社会功能衰退的最终的表现。

（2）理学衰落的内在观念因素

理学的衰落，如果撇开由于明代社会生活、文化环境的发展变迁，产生了新的为理学所不能适应、不能满足的精神要求这一外在因素不论，就理学本身而言，主要有两个分别存在于它的本体论和工夫论或修养方法中的内在的理论观念因素促成了这种衰落。

"天理"与"人欲"的对立 如前所论，理学从二程开始，在论证伦理道德的人性根源时，把人在社会环境中形成的道德感情、伦理行为界定为是"善"，称之为"天命之性"或"天理"；把人产生于生理本能的诸多欲望说成是"恶"，称之为"气质之性"或"人欲"。在二程看来，一方面，人之本性受之"天命"，"性之理则无不善"（《河南程氏遗书》卷二十四）；另一方面，人之身出于"气"，则"大抵人有身，便有自私之理"（同上书卷三）。二程从而提出"损人欲以复天理，圣人之教也"①（《河南程氏粹言》卷一）的理论命题。一般说来，这一命题可以视为理学中理本体论和心本体论不同派别的理学家的共同的道德信念和实践原则。如朱熹说："圣贤千言万语，只是教人明天理、灭人欲。"（《朱子语类》卷十二）王守仁也说："学者学圣人，不过是去人欲而存天理。"（《传习录上》）本来，人的社会伦理道德感情和行为，总是在一定的自然本性的基础上形成和表现出来，两者是不能分离的。理学却将这两者置于尖锐的对立状态中②。在二程以后的理学中，还有一种对"天理""人欲"比较深入的理解或界定，这就是朱熹提出的："饮食者，天理也；要求美味，人欲也。"（《朱子语类》卷十三）朱熹的这种解释，似乎是更近乎情理，似乎使理学中的"天理"与"人欲"间的尖锐对立有所缓和，但实际上是把这一对立推向更高的层次上，具有更加深刻的哲学意义。因为这样一来，"天理"与"人欲"的对立就已经不是存在于人的社会伦理行为和人的生理自然本性之间，而是表现在人的本性（包括"天命之性"和"气质之性"）与人的超越本性限制的要求发展的欲望、追求之间。理学的"天理""人欲"对立之论，应该说在逻辑上是有矛盾的，因为它在对人作了充分的肯定的同时，又对人作了彻底的否定；如果说这种矛盾通过理学家的辛勤努力，在理论上总还算是可以解释、消除的，那么在道德实践中，如同理学统治时期所实际表现出的那样，当这种原则经常被理解、体现为对自然情欲的谴责和对道德教条的屈从的时候，显然就

---

① 程氏此论，可视为根据并改造《礼记·乐记》"人化物也者，灭天理而穷人欲者也"而来。

② 罗钦顺说："夫人之有欲，盖有必然而不能容己，且有当然而不可易者。于其所不容己者而皆合乎当然之则，夫安往而非善乎？惟其恣情纵欲而不知反，斯为恶尔。先儒多以'去人欲''遏人欲'为言，盖所以防其流者，不得不严，但语意似乎偏重。"（《困知记》卷下）可见，理学中的气本论者并不认同天理人欲对立的观点。刘宗周"欲与天理只是一个"，也是从气本论立场上推演出的结论。因此在具体实践中，气本论主张"节欲"而不是"去欲"或"灭欲"（见罗钦顺《困知记三续》），主张"但能常明心（明理），不必更言无欲"（《刘子全书》卷十三《会录》）。

是人的生活本身和社会发展所不能接受、贯彻的了，理学社会生活中的"拘"与"伪"由此而生，乃至导致反儒思想家李贽所讥评的"名为山人而心同商贾，口谈道德而志在穿窬"（《焚书》卷二《又与焦弱侯》）的那种人格分裂，导致置四海穷困而不言不为的那种崩溃之势。物极必反，作为对理学道德实践"拘"和"伪"的反正，王学后学则将人的自然情性本身，甚至是人之生理心理机能本身，赋予道德价值属性，视为"至善"（或"无善无恶"），如王畿所说"良知是天然之灵窍"（《龙溪文集》卷四《过丰城答问》），"才著意处便是固必之私，不是真性流行。真性流行，始见天则"（同上书卷十六《赠思默》）。王学后学"无善无恶"之论中潜隐着的和实践上表现出对礼法的轻蔑，引发了理学生活中的"荡"之行为，故黄宗羲作历史之定评曰"虽云'真性流行，自见天则'，而于儒者之矩矱，未免有出入矣"（《明儒学案》卷十二《浙中王门学案·王畿》），乃至"非名教之所能羁络矣"（同上书卷三十二《泰州学案》）。总之，蕴含着人之伦理道德行为与自然本能、人之本能与超越本能两种对立的理学"存天理灭人欲"道德信念或原则，是理学道德实践"拘"与"荡"弊端发生的观念源头。惟其如此，正如我们后面将论及的，这一理学观念成为明清之际理学批判思潮中最为突出的锋芒指向。

知识与道德的对立　理学以论证儒家所主张的伦理道德之最终根源及其修养方法为其理论主题，因此理学对儒家思想以外的学术思想，无论佛老杨墨申韩，都采取排斥、攻击的态度；对儒家伦理道德思想之外的文化知识，也极为轻蔑。如二程认为"杨墨之害甚于申韩，佛老之害甚于杨墨"（《河南程氏遗书》卷十三）；大程"以记诵博识为玩物丧志"（同上书卷三），小程视文章、训诂、异端为"学者之三弊"（同上书卷十八），"有高才能文章"是人生"三不幸"之一（《河南程氏外书》第十二）。此后的宋明理学，承二程的余绪，经常是把儒学之外的文化知识、学术思想，放在和理学的道德实践、理论建设对立的位置上，警告知识的增长会带来道德的破坏。如陆九渊说："田地不净洁，亦读书不得，若读书，则是假寇兵，资盗粮。"（《象山全集》卷三十五《语录》）王守仁也说："知识愈广而人欲愈滋，才力愈多而天理愈蔽。"（《传习录上》）理学中最为博洽者朱熹，与陆王有所不同，他主张博学①，并认为"博文"与"约礼"即知识学养与道德践履能"互相发明"②。但从他轻议当时博学之士"只是搜求隐僻之事，欲摘奇异之说以为博"（《朱子语类》卷五十七），指责他们"不读正常底书，不看正当注疏，偏拣人所不读底去读，欲乘人之所不知以夸人"（同上），批评当时文献派盟主吕祖谦③学术浅陋，"缘他先读史多，所以看粗着眼"（《朱子语类》卷一百二十二），告诫热衷读史的弟子"读书须是以经为本……看此等书，机关熟了，少间都坏了心性"（同上），都表明朱熹之"博学"主要还是指对儒家经典的广泛吸纳，而于儒学（经学）之外的学术思想、文化知识则甚为鄙夷。理学家在知识与道德之间，在理学思想与儒学之外学术思想文化知识之间设置对立，初衷是维护理学的理论思想和道德实践的巩固发展，但实际上却是埋下了理学衰退的根由，带来了始料未及的结果。知识是人类精神进步中最活跃的因素，就像一个生命系统，如果不和外界进行物质交换，不断摄入新的能量，就必然要趋向无序、死寂一样，一个观念系统，如果不增进、摄取新的文化观念，也必然要逐渐萎缩、枯竭。如前所述，理学的最根本的理论范畴"理"，具有超越经学的、被消化了的佛道思想的观念因素，换言之，理学形成时期的二程和理学集大成者朱熹，都曾经消化吸收佛家、道家思想观念来论证理学的理论主题。但在体系庞大而周延的朱熹理学出现后，理学的理论状况逐渐发生了变化。理学家从元代许衡"学问到有朱子，已经都说明，只力行就是了"（见李光地《榕村语录》卷二十四《学二》）之论开始，后有明代薛瑄"朱子发挥先圣贤之心，殆无余蕴，学者但当依朱子，精思熟读，循序渐进"（《读书录》卷一），及章懋"经自程朱不必再注，只遵闻行知可也"（《明儒学案》卷四十五《诸儒学

---

① 朱熹谓："博学谓天地之理，修己治人之方，皆所当学。"（《朱子语类》卷六十四）
② 朱熹谓："博我以文，约我以礼，圣门教人，只此两事，须是互相发明，约礼底工夫深，则博文底工夫愈明；博文底工夫至，则约礼底工夫愈密。"（同上书卷三十六）
③ 全祖望谓："宋乾淳以后，学派分而为三：朱学也，吕学也，陆学也。三家同时皆不甚合。朱学以格物致知，陆学以明心，吕学则兼取其长，而复以中原文献之统润色之。门庭径路虽别，要其归宿于圣人，则一也。"（《鲒埼亭外编》卷十六《同谷三先生书院记》）

案·章懋·语要》）之说，直至清代陆陇其推崇朱熹传注阐发孔孟之道"至矣尽矣，不可以有加矣"（《三鱼堂文集》卷五《上汤潜庵先生书》），都认为理学的理论主题已经论证完毕。这样，理学家的理论创造实际上就停止了，他们主要的甚至是全部的文化实践，似乎就是诵习、疏解程朱理学的传注、语录，而对异己的学术思想和文化知识都抱着菲薄、排斥的态度。理学也因此成了一个既生长不出又补充不进新的文化思想内容的封闭自足的理论体系；其流弊之极，原来植根于中国古代文化基础上的理学，反而鄙弃、败坏了中国文化。此种情势诚如明代学者陈第所批评的理学家那样："瞑目端拱以谈心性，问之诗赋不知，则曰词章之末；问之史传不知，则曰政事之末；问之璇玑九章不知，则曰度数之末。三末之说兴，天下事朦朦矣。"（《松轩讲义·学周篇》）理学于是就衰竭了、枯萎了。就知识与道德的关系而言，从人类精神生活的经历来看，理学家的担心也并不是毫无根据的，然而毕竟是片面的。因为没有道德的提高，固然是驾驭不住知识的增长；但是，没有知识的增长，道德也就会凝固僵化。"非朱子《家礼》弗敢行"，就是理学的道德观念和实践，因不能吸纳新的文化内容而渐趋凝固僵化的衰落症状。

2. 批判性回应：明末清初之理学批判思潮

作为儒学一种理论形态的理学之衰微，十分自然地要引起儒家学者的忧虑，当然也要唤起他们如何使儒学从衰微中走出来的思考和努力。这一思考和努力在十七世纪后半期明代覆灭的激发下，和二十世纪前半期中华民族危机的砥砺中，推涌出两次高潮；在这两次本质上是对理学衰退作出回应的思潮中，儒家学者的理论创造，展现了儒学在理学之后的新的理论发展。但是，由于时代背景和观念渊源的差异，这两次儒学思潮的理论内容和面貌都甚有不同。概言之，前一次主要是援依原始儒学中已有的理论观念，对理学进行了否定性批判；后一次则是引进欧美的哲学观念，对理学给予基本上是肯定性的新的诠释。

（1）理学批判思潮的三种立场

发生在明代后期和清代前期（明万历以后至清嘉庆以前）的理学批判思潮，几乎吸纳了那个时代所有的最卓越的学者。这是很自然的，因为当社会处在具有法权性质的理学观念笼罩之下时，理学的弊端、颓败带给社会生活的伤害、影响，总是会被处于不同社会层面上的所有的人以不同的方式经历、感受到。稍作深入辨析则不难发现，共同活跃在此次理学批判思潮中的学者，其理论立场却并不相同；若根据其因学术理论背景、个人生活经历的差异而形成的和在批判理学时所表现出来的对儒学的不同态度，大体上可区分为三类：①反儒。其当以李贽为典型的也许还是唯一的代表。李贽思想中浸透了佛学观念①，对儒学表示极大的轻蔑和明确的反对②。李贽的理学批判主要是以自然人性（"童心"），否定理学（道学）所主张的伦理道德规范。如他说："童心者，绝假纯真，最初一念之本心也……《六经》《语》《孟》乃道学之口实，假人之渊薮也，断断乎其不可语于童心之言明矣。"（《焚书》卷三《童心说》）以人心私欲之真，断定理学是伪。如他认为"私者，人之心也。人必有私，而后其心乃见；若无私，则无心矣"（《藏书》卷三十二《德业儒臣后论》）。认为"势利之心，亦吾人禀赋之自然"（《李温陵集》卷十八《明灯道古录》卷上），故判定理学家虚伪，"口谈道德，而志在穿窬"（《焚书》卷二《又与焦弱侯》）；判定理学欺世，"欺天罔人者必讲道学，以道学之足以售其欺罔之谋也"（《初潭集》卷二十《道学》）。李贽立于反儒立场上的理学批判应该说是最激烈的。②子儒。其可以傅山和唐甄为代表。傅、唐本来多有差别③，但在当时的理学批判思潮中，他俩却很相类。傅、唐对理学的批评主要是指点理学不切实用，不成事功。如傅山说"宋人议论多而成功少，必有病根"（《霜红龛集》卷三十六《杂记一》），"理学家法，一味版拗"（同上书卷三十八《杂记三》）。唐甄也说"至于宋……儒者习为迂阔，无用于世"（《潜书·劝学》），"程朱讲

---

① 李贽在致友人书中自谓："弟学佛人也，异端者流，圣门之所深辟。"（《李温陵集》卷一《答李如真》）他以佛学之空观为最高智慧，所谓"此自在菩萨智慧，观照到无所碍之彼岸"（《焚书》卷三《心学提纲》），认为"世间万事皆假，人身皮袋亦假也"（《续焚书》卷一《与耿楚倥》）。

② 李贽尝谓"不知孔子何自可尊"（《续焚书》卷二《圣教小引》），认为"咸以孔子之是非为是非，故未尝有是非耳"（《藏书·世纪传总目前论》）。

③ 就籍贯言，傅、唐分别为晋人与蜀人。论年齿，傅、唐应是两代人（傅长唐二十三岁）。傅、唐之学脉更遥不相及，傅山尝自谓"老夫学老庄者也"（《霜红龛集》卷十七《书张维遇志状后》），唐甄曾表示"甄虽不敏，愿学孟子焉"（《潜书·潜存》）。

学而未及为政，故其言学可师也，其言政皆可疑也"（同上书《有为》）。在傅、唐的理学批判中，并没有像李贽那样提出可据以判论理学的自己的理论观点或前提，但却显示了有别于理学的学术立场，即与理学家之辟异端不同，傅、唐将诸子、释道置放在与儒学平等的学术地位上加以评量。傅山说："经子之争亦末矣，只因儒者知'六经'之名，遂以子不如经之尊，习见之鄙可见。"（《霜红龛集》卷三十八《杂记三》）唐甄亦说："老养生，释明死，儒治世，三者各异，不可相通，合之者诬，校是非者愚。"（《潜书·性功》）显然，傅、唐是认为诸子与儒学（经）具有同等的理论价值，儒学与释道各有独立的理论体系和功能，其间不存在因而也不应该分辨谁是谁非。所以可以说，傅、唐批评理学"迂阔""成功少"，不是由某个理论前提推演出的结论，而是将儒学放在与诸子同价的位置上（"子儒"）作观察比较的结果。正如傅山所说："吾以管子、庄子、列子、楞严、唯识、毗婆诸论，约略参同，益知所谓儒者之不济事也。"（《霜红龛集》卷二十六《读管子》）唐甄批驳"儒者不计功"之论，除了援引为理学所推崇的文武孔孟等儒学先王先圣的事功外，也还有属于子学的"吕望奇谋""荀况言兵"等（见《潜书·辨儒》）。傅、唐所论表明，来自子儒立场上的理学批判虽然比较温和、粗浅，但仍是这一思潮中独具特色的一个组成部分。③原儒。按年齿顺序排列的陈确、黄宗羲、顾炎武、王夫之、颜元、戴震六人，是明后期至清前期理学批评思潮中的最重要代表人物。六学者于理学中程朱、陆王两派的亲疏取舍虽有不同①，但对理学整体上持批判的态度却是一致的。并且，较之这一思潮中反儒、子儒的学术立场，六学者共同的特色是原

---

① 六学者中，陈确、黄宗羲是刘宗周的及门弟子，在修养方法上共同保持着异于程朱的王学的基本特色。如陈确说："宋儒必欲先求本体，不知非工夫则本体何由见。"（《陈确别集》卷五《瞽言四·原教》）黄宗羲表述得更明确："心无本体，工夫所至，即其本体，故穷理者，穷此心之万殊，非穷万物之万殊也。"（《明儒学案序》）当然，陈、黄间亦有所差异，即陈确将刘宗周思想中的气论观点贯彻到底，认为性理与情欲皆是一气之成，故"天理正从人欲中见"（《陈确别集》卷五《瞽言四·无欲作圣辨》），而黄宗羲则较多保留刘宗周思想中的心学余绪，认为 （转下页注）

儒。他们总是直接援依原始儒家经典，或者根据对其作出的新诠释来审视理学的弊端，驳论理学的理论观点。如陈确言其观感曰"世儒习气，敢于诬孔孟，必不敢倍程朱，时为之痛心"（《陈确文集》卷四《与黄太冲书》），颜元则宣称"去一分程朱，方见一分孔孟……程朱之道不熄，周孔之道不著"（《习斋记余》卷一《未坠集序》），都是将理学置于原始儒学对立的位置上。黄宗羲认为，理学末流的病疴在于"袭语录之糟粕，不以六经为根柢"（全祖望《鲒埼亭集》卷十一《梨洲先生神道碑文》），顾炎武则说"古之所谓理学，经学也"（《亭林文集》卷三《与施愚山书》），都是要以经学来救正理学的空疏。而王夫之、戴震正是在对儒家经典新的诠释中展示了全面的理学批判。六学者的学术观点，构成了这次理学批判思潮中的主要理论内容，在一定意义上，也可以说是儒学历史上跨越理学的一次新的理论发展。

从完整的中国思想史的角度看，这一理论思潮中的反儒、子儒立场上

（接上页注①）"以气质言人心则可，以之言人欲则不可；气质人心，是浑然流行之体，公共之物也，人欲是落在方所，一人之私也"，故"天理人欲正是相反"（《南雷文集》卷二《与陈乾初论学书》）。顾炎武、王夫之亲历明朝覆灭之难，痛定思痛，每归咎王学带来的世风颓废，如顾炎武说："以一人而易天下，其流风至于百有余年之久者，古有之矣，王夷甫之清谈，王介甫之新说，其在于今，则王伯安之良知是也。"（《日知录》卷十八《朱子晚年定论》）王夫之更为切齿说："王氏之学，一传而为王畿，再传而为李贽，无忌惮之教立，而廉耻丧，盗贼兴，中国沦没，皆惟怠于明伦察物而求逸获，故君父可以不恤，发肤可以不顾。陆子静出而宋亡，其流祸一也。"（《张子正蒙注》卷九《乾称下》）故可以说，在理学两派间，顾王是舍陆王而取程朱的。颜元、戴震既无理学学脉之承继，又无身遭国变之经历，他们从各自的学术立场上对理学两派作出的是比较超脱的、无所党向的批评，如颜元从其崇尚先秦儒学事功的角度评说，"朱陆两派俱非尧舜三事、周孔三物之道"（《习斋记余》卷一《未坠集序》），"两派学辨，辨至非处无用，辨至是处亦无用"（同上书卷六《阅张氏王学质疑评》）。戴震在兼有义理与考据的新经学立场上，既批评陆王"废讲习讨论之学，假所谓'尊德性'以美其名，然舍夫'道问学'则恶可命之'尊德性'乎？"（《戴东原集》卷九《与是仲明论学书》）也不满程朱传注"犹失六书本法，歧惑学者"（同上书卷三《答江慎修先生论小学》），"目未睹渊泉所导，手未披枝肄所歧"（同上书卷九《与姚孝廉姬传书》）。

的理学批判也是有价值的①，需要更具体的阐述的。但是，作为儒学史，或如本论题作为对儒学理论形态发展的考察，无疑是这一思潮中带来儒学发展的那些理论内容，即六学者的理学批判，才是我们论述的对象；并且，这一考察允许我们可以不去辨析六学者学术思想间的差异，而只注视他们理学批判中凸显出来的两个共同的方面：理学理论主题的批判和理学主要理论观念的破解。

（2）理学理论主题之批判

如前所述，对儒家所主张的伦理道德之最终根源及其实践方法的论证，是理学的理论主题。理学中处于优势地位的程朱理学，在本体论的意义上，将被其认为是某种超越于具体事物之上的而又是宇宙万事万物最后根源、内在根据的"理"，界定为伦理道德的根源，故其存在于"人生而静"之上，存在于"喜怒哀乐未发"之先；确定"穷理""居敬"为进行道德修养的方法。可以视为对程朱理学的一种补充，在一定情况下也是一种对立的陆王心学则认为，理即在心中，完成道德修养就是"发明本心""致良知"。从儒学的历史发展上看，理学所论丰富和提高了作为儒家思想核心的伦理道德观念的理论内涵，积极而有力地回应了佛老的理论挑战。但是，明代后期以降理学衰颓的种种症状，实际上也正是理学理论主题发生蜕变的表现和结果，理学批判者判定说：理学以"未发"言性，"仍是逃空堕幻之见"（黄宗羲《孟子师说》卷三），以"理"在"人生而静"之上，无异于"施丹垩于空虚"（王夫之《周易外传》卷二《大

---

① 此次理学批判中，李贽思想是对理学弊端最激烈、狷急的回应形式，多有可深究之处。但是，不仅是理学家，即使是批判理学的原儒立场上的学者，也多对李贽持排斥、攻击的态度。如黄宗羲说"卓吾生平喜骂人，且其学术偏僻"（《南雷文约》卷三《骂先贤》），顾炎武认为"自古以来，小人之无忌惮而敢于叛圣人者，莫甚于李贽"（《日知录》卷十八《李贽》），王夫之更多次抨击李贽，以为"近世李贽之流，导天下以绝灭彝性，遂致日月失其贞明，人禽毁其贞胜，岂不痛哉！"（《周易外传》卷七《杂卦传》）傅山坚贞的遗民气节，在当时士大夫中口碑嘉美，顾炎武推崇曰："萧然物外，内得天机，吾不如傅青主。"（《亭林文集》卷六《广师》）至于唐甄，其撰《潜书》，顾炎武弟子潘耒推之曰："人所不及见不敢言，先生独灼见而昌言之，其文高处阔肆如庄周，峭劲如韩非，条达如贾谊。汉后无子，间有仿作，萎苶不建。斯编远追古人，貌离而神合，不名'潜书'，直名'唐子'可矣。"（《遂初堂文集》卷六《潜书序》）颜元弟子王源赞曰"文驾唐宋而上"，但不满书中对崇祯为人之评断（《居业堂文集》卷二十《书唐铸万潜书后》）。

有》）；程朱之"穷理"，其实"不过字义之从违"（《南雷文定前集》卷一《留别海昌同学序》），陆王之"明心见性"，乃是"以空言代修己治人之实学"（《日知录》卷七《夫子之言性与天道》）。可见，理学理论主题的两个方面在此次理学批判思潮中都被明确而坚定地否定了。

这一批判思潮对理学理论主题的否定不仅是明确而坚定的，而且也是具体而充分的，是以新的和理学对立的儒家学术基础、修养方法和生活实践为标准而渐次展开的。

确立新的学术基础　理学的学术基础是由理学家的经说（传注、语录）构成。朱熹曾说："借经以通乎理，理得则无俟乎经。"（《朱子语类》卷十一）可见，理学家是以经为发挥义理的工具。十分自然地，理学家解经之传注、语录虽然不失为是理学的主要理论载体，但并不追求也不具有严谨训释经文、经旨的学术品质。在原儒的理学批判者看来，理学学术之空疏和谬误正是由此而来。黄、顾皆轻蔑说"言理学者，其所读之书，不过经生之章句，封己守残，摘索不出一卷之内"（《南雷文定前集》卷一《留别海昌同学序》），"今之所谓理学，不取之五经而但资之语录，较诸帖括之文而尤易也"（《亭林文集》卷三《与施愚山》）。因此黄、顾皆认为儒学必须奠立在牢固的经学基础上，"学必原本于经术而后不为蹈虚"（全祖望《鲒埼亭集外编》卷十六《甬上证人书院记》引黄宗羲语），"古之所谓理学，经学也，非数十年不能通也"（《亭林文集》卷三《与施愚山》）。理学批判思潮中确立的经学，在传统（汉代）经学名物制度训诂之基本学术内涵外，增加了或者说凸显了两项新的学术内涵。第一，经学的历史追溯。如黄宗羲说："五经之学，以余之固陋，所见传注，《诗》《书》《春秋》皆数十家。'三礼'颇少，《仪礼》《周礼》十余家，《礼记》自卫湜以外亦十余家。《周易》百余家，可谓多矣……士生千载后，不能会众以合一，由谷而之川，以川达于海，犹可谓之穷经乎？"（《南雷文约》卷一《万充宗墓志铭》）顾炎武亦说"经学自有源流，自汉而六朝而唐而宋，必一一考究，而后及于近儒之所著，然后可以知其异同离合之指。"（《亭林文集》卷四《与人书四》）第二，经典的文字音韵的考核。如顾炎武说："学者读圣人之经与古人之作，而不能通其音，不知今人之音不同乎古也，而改古人之文以就之，可不谓大惑乎……故愚以为读九经自考文始，考文自知音始，以至诸子百家之书，亦莫不然。"（同上书卷四《答李子德书》）戴震亦说"经之至者，道也。所以明道者，其词也，所以成词者，字也。由字以通词，由词以通其道，必有渐"（《戴东原集》卷九《与是仲明论学书》），"治经先考字义……有一字非其的解，则于所言之意必差，而道从此失"（同上书卷九《与某书》）。穷理必须穷经，穷经必当知史；明道必须治经，治经必先知音考字。理学批判思潮中所确立的此种新的经学，此种新的儒学学术基础，是从根本上对理学传注章句的否定，当然，也是从根本上对为其所论述的理学思想的否定。这种否定的感情与态度，正如戴震所表述的："今人读书，尚未识字……而曰傅合不谬，吾不敢知也。"（《戴东原集》卷三《尔雅注疏笺补序》）

理学批判思潮为儒学建构新的学术基础，除了在汉代经学基础上增益、发展了的新经学外，还有在汉代经学产生前儒家文献中出现的"三事六府""三物四教"① 之古学，这是颜元提出的。他说："三事六府，尧舜之道也；六德、六行、六艺，周孔之学也。古者师以是教，弟子以是学；居以养德，出以辅政，朝廷以取士，百官以举职。汉、宋来天祸儒运，章句之学行，而古圣之道亡矣。"（《习斋记余》卷一《删补三字书序》）颜元此论虽然对汉代经学也持否定的态度，但从他所说"近世言学者，心性之外无余理，静敬之外无余功，细考其气象，疑与孔门若不相似然"（同上），"唐虞之儒，和三事修六府而已，成周之儒，以三物教万民，宾兴之而已，孔门之儒，以四教教三千人而已……迨于秦火之后，汉儒掇拾遗文，遂误为训诂之学。晋人又诬为清谈，汉、唐又流为佛老，至宋人而加甚矣。仆尝有言，训诂、清谈、禅宗、乡愿，有一皆足以惑世诬民，而宋人兼之，乌得不晦圣道，误苍生至此也"（《习斋记余》卷三《寄桐乡钱生晓城》），他的批判锋芒，显然更主要是指向理学的章句之学，指向理学的理论主题。颜元用"三事六府""三物四教"审视并否定汉代以来的一切学术思想时，判定宋明理学的学术基础是"集汉晋释老

① "三事"（正德、利用、厚生）"六府"（水火金木土谷）出自《尚书·大禹谟》。"三物"（六德——知、仁、圣、义、忠、和，六行——孝、友、睦、姻、任、恤，六艺——礼、乐、射、御、书、数）出自《周礼·大司徒》，"四教"（文、行、忠、信）出自《论语·述而》。

之大成"（《存学编》卷一《上陆桴亭先生书》），故在他看来，其为害最大，必须破除。他在致最为当时学界推尊的长者孙奇逢的信中，希望他能"发明前二千年之故道，以易后二千年之新辙，则斯道幸甚，斯民幸甚！"（《存学编》卷一《上征君孙钟元先生书》）事实上这也正是颜元本人的目标和自任。

理学批判思潮为建构儒学新的学术基础而分别提出的新经学与古学，其形态和内容虽皆有所不同，但内在精神却是一致的，即要以有丰富学术内涵的经术或诸如"三事""三物"的经世实务——即实学，来救正"置四海之困穷不言，而终日讲危微精一之说"的蹈虚的理学。

改变修养途径 行（践行、习事），是理学批判者用来审视、评量理学的最重要标尺。陈确曾说"《大学》言知不言行，必为禅学无疑"（《陈确别集》卷十四《大学辨》），颜元亦说"读尽天下书而不习六府六艺，文人也，非儒也"（《存学编》卷一《学辨一》）。可见，在理学批判思潮中，是否崇尚践行被视为圣学与空寂之学的分界线①，能否践行被视为儒者与文人的分界线。理学批判者以颜元为代表，用此标准毫无犹疑地将理学、理学家划在与圣学、儒者对立的那一边。颜元的判定有二，第一，理学家从总体上是"讲说多而践履少，经济事业则更少"（《存学编》卷三《性理评》）。颜元评论《朱子语类》中朱熹两句话时进一步说明了这个判定。

朱熹曰："胡文定曰：'岂有见理已明而不能处事者！'此语好。"（《朱子语类》卷一百一）——颜元评曰："见理已明而不能处事者多矣，有宋诸先生便谓还是见理不明，只教人明理。孔子则只教人习事，迨见理于事，则已彻上彻下矣。此孔子之学与程朱之学所由分也。"（《存学编》卷二《性理评》）

朱熹曰："先生（按：李侗）居处有常，不作费力事。"（《朱子语类》卷一百三）——颜元评曰："只'不作费力事'五字，不惟赞

---

① 陈确曾致信友人曰："弟《大学辨》曰'《大学》言知不言行，必为禅学无疑'，此一篇之纲也。"（《陈确别集》卷十五《答沈朗思书》）可见陈确"《大学》首章非圣经也，其传十章非贤传也"（同上书卷十四《大学辨》）的论证中，《大学》"不言行"是其最重要的论据。

延平，将有宋一代大儒皆状出矣。子路问政，子曰：'先之，劳之。'天下事皆吾儒分内事，儒者不费力，谁费力乎……故曰'儒者，天地之元气'，以其在上在下，皆能造就人材，以辅世泽民、参赞化育故也。若夫讲读著述以明理，静坐主敬以养性，不肯作一费力事，虽曰口谈仁义、称述孔孟，其与释老之相去也者几何！"（同上）

朱熹对胡安国理（知）事（行）关系之论的赞赏，和对其师李侗生活方式的仰慕，都是从个别事例上典型地表明，理学家总是将其主要智慧和努力，投向对道德根源和践履方法的论说，在理论和实践上都表现出重识解而轻践行，乃至仅有识解而无践行，或仅有"静""敬"的涵养工夫而无经世的实践活动。所以颜元对理学的这一判定是符合事实的。理学批判思潮与理学的对立，于此处也最显鲜明，亦用颜元的话来概括："学习躬行经济，吾儒本业也；舍此而书云书云、讲云讲云，宋明之儒也。"（《习斋记余》卷六《论开书院讲学》）第二，理学家"敬""静"等心性修养实践，实际上"乃是以吾儒虚字面，做释氏实工夫，去道远矣"（《存学编》卷四《性理评》）。这一判定将理学批判又推进一步，即是说，姑且不论理学缺乏儒家的经世习事的社会实践，即使是被理学家作为"践行"来界定的心性涵养①，实际上也并不是儒家性质的道德修养实践。对颜元的这一判定，还需要作具体的分析。应该说，就理学的本质或理学创造者如程朱陆王的理学境界而论，其主静或居敬等修养工夫，都内蕴着儒家的伦理道德特质，与释氏是迥然有别的。但是，当在理学末流的理学观念和修养实践中，这种伦理道德内涵削弱甚至消失时，颜元这里的判定事实就发生了。例如黄宗羲曾记述，王学在浙东三传后，吸纳因果、禅说"而新建之传扫地矣"（《子刘子行状》），顾炎武亦观察到，"当万历之末，士子好新说，以《庄》《列》百家之言窜入经义，甚者合佛老与吾儒为一，自谓千载绝学"（《亭林文集》卷五《富平李君墓志铭》），并因而认定"今之所谓理学，禅学也"（同上书卷三《与施愚山》）。在此情势下，颜元判定理学的"静"

① 程颐说："涵养须用敬，进学则在致知。"（《河南程氏遗书》卷十八）朱熹说："只有两件事：理会，践行。""学者工夫，唯在居敬、穷理二事。"（《朱子语类》卷九）可见，程朱理学通常以"涵养"为行，"穷理"为知。

"敬"修养实践浸透了释老观念，而与儒学之"期如孔门博文约礼，身实学之，身实习之，终身不懈者"（《存学编》卷一《上陆桴亭先生书》）相背驰，就是有据的了。颜元的两个判定裁定：理学缺乏践行，理学不肯也不会作实事。应该说，这是理学批判思潮用以批判理学的一个重要而严厉的判据，理学批判者甚至以此评定在宋明理学笼罩下的中国无学、无儒："试观两宋及今五百年学人，尚行禹益孔颜之实事否？徒空言相续，纸上加纸，而静坐、语录中有学，小学、大学中无学；书卷两庑中有儒，小学、大学中无儒矣。圣道之衰，毋乃已极乎！"（《习斋记余》卷一《大学辨业·序》）

标举新的"真儒"尺度 理学将其智慧和精力倾入对道德最终根源的理论探寻和居敬穷理、主静明心的个人修养，削弱甚至遗弃了经世的思考和创造事功的努力。理学的此种表现，也成为理学批判思潮锋芒的一个主要指向。黄宗羲说："道不能达之事功，论其学则有，适于用则无；讲一身之行为则似是，救国家之急难则非也，岂真儒哉！"（《南雷文定五集》卷三《姜定庵先生小传》）显然，在理学批判者看来，有无实用的价值与经世的事功，是衡定儒学与儒者的一个最终的标尺。在这个评判角度上，理学批判思潮显示出它与理学的尖锐对立是，第一，理学批判思潮判定以论说"天理"、揣摩"静""敬"为主题的理学，无用于世、无补于身。如颜元在对理学程朱、陆王两派作出共同的价值评价时即说："两派学辨，辨至非处，无用；辨至是处，亦无用。盖闭目静坐、读讲著述之学，见到处俱同镜花水月，反之身，措之世，俱非尧舜正德利用厚生、周孔六德六艺路径。虽致良知者见吾心真足以统万物，主敬著读者认吾学真足以达万理，终是画饼、望梅。画饼倍肖，望梅倍真，无补于身也，况将饮食一世哉！"（《习斋记余》卷六《阅张氏〈王学质疑〉疑评》）第二，理学批判思潮判定推崇董仲舒"正其谊不谋其利，明其道不计其功"[①] 之功利观的理学是腐儒。朱熹与门人论及董仲舒时每说"'正谊明道'之言，自是好""无病，是儒者语"（《朱子语类》卷一百三十七），陆九渊门人诸葛千能曾对此表示异议，与之辩曰："仲舒说得不是，只怕不是义，是义必有利；只怕不是道，是道必有功。"朱熹即说："才如此，人

---

① 董仲舒《春秋繁露·对胶西王》原作："正其道不谋其利，修其理不急其功。"

必求功利而为之，非所以为训也。固是得道义则功利自至；然而有得道义而功利不至者，人将于功利之徇，而不顾道义矣。"（同上）朱熹之论表明，还不能说理学只是简单地否定功利、抛弃事功。理学的特色在于不以功利为目的、目标，而是以其为道义或道德行为自然带来的结果。理学批判思潮恰好将理学所确定的这种道义与功利间的关系颠倒过来，此亦以颜元表述得最为清晰，他在向门人解释他何以拒斥董仲舒"正谊明道"之论时说："世有耕种而不谋收获者乎？世有荷网持钩而不计得鱼者乎？抑将恭而不望其不侮、宽而不计其得众乎？这'不谋''不计'两'不'字，便是老无释空之根……全不谋利计功，是空寂，是腐儒。"（《颜习斋先生言行录》卷下《教及门》）可见，在理学批判者看来，功利是人的实践活动的基本动力，是完全合理、正当的目的和应自觉积极追求的目标，而道义或道德行为实际上只是实现功利目标的手段。因此，颜元主张将为理学所崇奉的董仲舒的"正谊明道"两语改为："正其谊以谋其利，明其道而计其功。"（《四书正误》卷一《戴本大学》）朱熹当年曾致信主张"功到成处，便是有德；事到济处，便是有理"[1] 的陈亮，希望他能"绌去义利双行，王霸并用之说，而从事于惩忿窒欲、迁善改过之事，粹然以醇儒之道自律。"（《朱文公文集》卷三十六《答陈同甫书四》）显然，理学批判者不是这样的理学"醇儒"，他们所企慕成就的是学术有所用、事功有所成的"真儒"。黄宗羲在撰成《明夷待访录》后作序称："三代之盛，犹未绝望，如箕子见访，或庶几焉。"他是多么殷切期望他的此篇从政治、军事、教育、经济多方面总结三代以来历史经验之作，能见用于世。顾炎武曾自谓其心力之作《日知录》是"平生之志与业皆在其中"（《亭林文集》卷三《与友人论门人书》），而其所盼者亦是"有王者起，

---

[1]　陈亮的学侣陈傅良曾概括陈亮的功利观曰："功到成处，便是有德；事到济处，便是有理，此老兄之说也。"（《止斋文集》卷三十六《答陈同甫》）后来黄宗羲在《宋元学案·龙川学案·按语》中亦援此显化朱熹与陈亮功利观之差异曰："止斋谓'功到成处，便是有德；事到济处，便是有理'，此同甫之说也……'功有适成，何必有德；事有偶济，何必有理'，此晦菴之说也。"南宋以永嘉（薛季宣、陈傅良、叶适）和永康（陈亮）为代表的主功利之说者，是儒学，但不是理学，故本书前此未遑论及。明末清初理学批判思潮中的学者，或有追绍南宋功利之论者，如颜元曾说："某论学，宋儒主胡文昭（胡瑗），陈文达（陈亮）次之。"（《习斋记余》卷六《读习文孝〈用六集〉五卷评语》）故于此略补记焉。

将以见诸行事，以跻斯世于治古之隆"（同上书卷四《与人书二十五》）。颜元富国安邦的经世抱负，曾以二十二字表白："如天不废予，将以七字富天下：垦荒、均田、兴水利；以六字强天下：人皆兵，官皆将；以九字安天下：举人材，正大经、兴礼乐。"（《颜习斋先生年谱》卷下）理学批判者对事功的向往，虽然在那个时代并无一点一滴的实现，但是这个精英群体的思想——以实学、实行、实功之新内涵建构的新儒学，彻底否定、跨越了以论说"天理"和"敬""静"为主题的理学，成为儒学发展进程中的一块新的里程碑，在一种特殊的、对历史之贡献的意义上，这也是他们所向往的事功的实现。

（3）理学基本观念之破解

理学批判思潮以具有实学、实用、实功之内涵的新儒学从总体上否定了理学的理论主题，这一思潮更深刻地突破了理学樊篱的理论内容，是批判、破解了支撑理学理论体系的三个最主要的理论观念。

"理"本体之批判　朱熹说："理也者，形而上之道也，生物之本也，气也者，形而下之器也，生物之具也"（《朱文公文集》卷五十八《答黄道夫一》），"理一分殊，合天地万物而言，只是一个理"（《朱子语类》卷一）。朱熹以最简洁的语言表述出的这个观点——具有超越具体事物之上性质的，作为万物最终根源的，又是世界总体的理本体论观念，是理学最重要、最具特征的观念。可以说，每个理学批判者都为批判、破解这个观念贡献了自己的理论智慧。这些批判的观点或破解的方式，大体上可以分属为语言的和哲学的两个不同的理论层面或论述角度。其一，在语言的、逻辑的层面上，理学批判者中经学之考据、训诂学术成就最大的戴震①，其对"形上""理"所作的语义分析，是最典型的代表。他说：

> 古人言辞，"之谓""谓之"有异：凡曰"之谓"，以上所称解下，《易》"一阴一阳之谓道"，则为天道言之，若曰道也者，一阴

---

① 纪昀评戴震经学学术成就曰："考证制度字义，为汉以降儒者所不及。"（《纪文达公遗集》卷八《考工记图序》）

一阳之谓也。凡曰"谓之"者，以下所称之名辨上之实，《易》"形而上者谓之道，形而下者谓之器"，本非为道器言之，以道器区别其形而上形而下耳。形谓已成形质，形而上犹曰形以前，形而下犹曰形以后。阴阳之未成形质，是谓形而上者也，非形而下明矣。器言乎一成而不变，道言乎体物而不可遗。（《孟子字义疏证》卷中《天道》）

朱熹训解"一阴一阳之谓道"说："阴阳是气，不是道；所以为阴阳者，乃道也。"（《朱子语类》卷七十四）又训解"形而上者谓之道，形而下者谓之器"曰"形以上底虚，浑是道理；形以下底实，便是器"（同上书卷七十五），"形而上者，指理而言；形而下者，指事物而言"（同上），"道是道理，事事物物皆有个道理；器是形迹，事事物物亦皆有个形迹"（同上）。这是朱熹也是理学援依《周易》对理之形上性质所作的经典的解释。按照这种解释，"形上""形下"分别是对道（理）与器（阴阳）的性质的描述、界说；理（道）之"形上"性，不仅是指其不具有具体事物（器）之形迹，而且是"虚"，即不具有具体事物的实体性质。但"器亦道，道亦器，有分别而不相离也"（同上），因为理是"所以为者"，是"本"（"本体"），是一事物之所以为一事物者的根源。所以朱熹总结说："即形器之本体而离乎形器，则谓之道。"（同上）朱熹的论说是相当严密而清晰的，是很难从逻辑进程中将它击破的。戴震的机智和巧妙在于他从逻辑的起点上来破解朱熹之论。他以语义学为工具，通过对"之谓""谓之"两词差异的分辨，认为《周易》之"一阴一阳"（阴与阳）本身即是"道"；而《周易》之形上、形下并不是描述、界说道、器，相反，是用道、器来比拟、区分阴阳之实，即阴阳（气）成形质以前（形上），变动不居，是道，成形质以后（形下），是器。按照戴震的训释，除了"阴阳"，别无本源；形上、形下只是"阴阳"流变出形质器物前后的两种状态。戴氏之论在语义学上应如何评价并不重要，重要的是在儒学历史上，出现了一个前此未有的可以否定传统理学观点的新的理论立足点。从这个语义分析的立论角度，戴震不仅如上所述消解了理学"理"本体之形上性内涵，而且还通过对"理"之训释，破解了其作为理学本体范畴之根源性、总体性内涵。他说：

> 理字偏旁从玉，玉之文理也。盖气初生物，顺而融之以成质，莫不具有分理，则有条而不紊，是以谓之条理。以植物言，其理自根而达末，又别于干为枝，缀于枝成叶，根接土壤肥沃以通地气，叶受风日雨露以通天气，地气必上接乎叶，天气必下返诸根。上下相贯，荣而不瘁者，循之于理也。以动物言，呼吸通天气，饭食通地气，皆循经脉散布周溉一身，血气之所循，流转不阻者，亦于其理也。理字之本训如是。因而推之，举凡天地、人物、事为、虚以明夫不易之则曰理。（《绪言》卷上）

戴震从"理"之六书结构中，追寻出其原始含义是"玉之文理"，进而引申为气之生物即动植物各自内在具有的生长秩序"条理"，最后推演为指称一切事物各自存在状态的"不易之则"——规律或必然。显然，根据此种训解，"理"只是指事物的固有性质，不能将其界定为是事物生成之前就存在的根源、原因，故戴震说，理于事物只是"推而极于不可易之为必然，乃语其至，非原其本"（《孟子字义疏证》卷上）；作为事物之"条理""不可易之则"的"理"，也只能通过个体事物具体表现出来，即存在于具体事物之中，不能理解为是个体事物之外、为万物所共有的某种独立存在。故戴震又说："就天地、人物、事为求其不易之则是谓理，后儒尊大之，不徒曰天地、人物、事为之理，而转其语曰'理无不在'，以与气分本末，视之如一物然，岂理也哉！"（《绪言》卷上）这样，理学本体范畴"理"中的根源、总体内涵，在戴震由语义分析角度作出的"理"之诠释中就被剔除了①。

---

① 在戴震以前，明清之际或清初的其他理学批判者，亦已开始从此语义角度破解理学的"理"之本体观念。如王夫之说："形而上者，非无形之谓。既有形矣，有形而后有形而上。无形之上，亘古今，通万变，穷天穷地，穷人穷物，皆所未有者也。"（《周易外传》卷五《系辞上》）颜元高足李塨亦说："理字则圣经甚少，《中庸》'文理'与《孟子》'条理'同，言秩然有条，犹玉之脉理，地有分理也……今乃以理置之人物以前，则铸铁成错矣。"（《中庸传注问》）

其二，在哲学的层面上，理学批判者则是援依宋明理学中的气本论①，直接地否定、摈弃了理本论。如前所述，理学中气本论的观点，主要之点是认为，气是实体性的世界本体，理只能是气之理。理学批判者可以说是不约而同地、完全一致地承接了这两个观点：

陈确说："离却气质，复何本体之可言。"（《陈确别集》卷四《气情才辨》）

黄宗羲说："通天地，亘古今，无非一气而已。"（《太极图讲义》）"理为气之理，无气则无理。"（《明儒学案》卷七《河东学案·薛敬轩先生瑄》）②

顾炎武说："盈天地之间者，气也。"（《日知录》卷一《游魂为变》）"非气则道无所寓。"（同上书卷一《形而下者谓之器》）

王夫之说："阴阳二气充满太虚，此外更无他物，在天而天以为象，在地而地以为形，在人而人以为性，屈伸通于一。"（《张子正蒙注》卷一《太和篇》）"理只是以象二仪之妙，气方是二仪之实，气外更无虚记孤立之理。"（《读四书大全说》卷十《孟子·告子上》）

颜元说："若无气质，理将安附。"（《存性编》卷一《棉桃喻性》）

戴震说："阴阳五行，道之实体也。"（《孟子字义疏证》卷中）"就事物言，非事物之外别有理义也。"（同上书卷上）

朱熹曾从本体论（"以本体而言"）的意义上说："宇宙之间，一理而

---

① 黄宗羲论及罗钦顺之学术曰"先生之论理气，最为精确"（《明儒学案》卷四十七《诸儒学案中一》），王夫之注张载《正蒙》，每谓"张子推天道人性变化之极而归于正经"（《张子正蒙注》卷五《至当》），"张子所见，深切著明，圣人复起，不能易也"（同上书卷七《大易》）。皆可见援依之情状。

② 黄宗羲在《明儒学案·序》中说："盈天地皆心也，变化不测，不能不万殊。心无本体，工夫所至，即是本体，故穷理者，穷此心之万殊，非穷万物之万殊也。"黄氏承继其师刘宗周兼容气本、心本（意）之学脉，故每多就"气"谈本体，就"心"论工夫。

已"（《朱文公文集》卷七十《大纪》），"理与气，此决是二物"（同上书卷四十六《答刘叔文一》），"气是依傍这理行"（《朱子语类》卷一）。不难看出，理学批判思潮承绪于明代理学的气本论的气之观念与理学理本论形成了尖锐的对立：原来本体位置上的"理"被"气"置换了，原来的"气依傍理"的关系也恰好颠倒过来。但是，观念上对立的形成并不意味着就是理论上否定的实现。至少就明代理学的气本论对于程朱理学的理本论来说，情况正是这样。亦如前所述，明代理学气本论之"气"，是一种感性实体。其所谓"通天地，亘古今，无非一气而已"（罗钦顺《困知记》卷上），"天地之间，一气生生"（王廷相《雅述》上篇），实际上是指一种构成宇宙万物的质料，即朱熹所称"生物之具"。显然，在朱熹理学中，这是属于宇宙论层面（"以流行而言"）上的论题和观念。在这个层面上，朱熹也有明确的理气"不可分开"（《朱文公文集》卷四十六《答刘叔文一》），"无先后次序之可言"（同上书卷三十七《答程可久》）的结论。这样，明代理学气本论虽然有一种与程朱理学理本论对立之姿态，但其气之观念中缺乏在感性质料之上的本体性理论内涵，因此，对于本体之"理"的否证性就是很弱的，甚至是不存在的。理学批判思潮较之明代理学气本论在理论上的发展，就是在"气"之观念中增益了本体性的内涵，其可以王夫之的表述为代表：

> 凡属空皆气也，聚则显，显则人谓之有，散则隐，隐则人谓之无。神化者，气之聚散不测之妙，然而有迹可见；性命者，气之健顺有常之理，主持神化而寓于神化之中，无迹可见。阴阳者，气之二体，动静者，气之二几，体同而用异则相感而动，动而成象则静，动静之几，聚散、出入、形不形之从来也。（《张子正蒙注》卷一《太和篇》）

> 气，其所有之实也。其缊缊而含健顺之性，以升降屈伸，条理必信者，神也。神之所为，聚而成象，成形以生万变者，化也。故神，气之神；化，气之化也。（同上书卷二《神化篇》）

王夫之认为气是世界的总体，是"所有之实"，他从不同方面，用对立的范畴予以周延的界定：气之形态是有与无，内蕴着性命（常理）与神化（不测）；气之实体是阴与阳，内蕴着动与静之几度。王夫之所界说的气之本体，显然与明代理学气本论不同，它不仅是构成天地间万物的感性质料，更重要更本质的是固有形成世界一切事物之功能（性命之理、神化之功）和机制（动静之几）；同时，也与程朱理学之"理"本体不同，具有"性命、神化、动静之内涵的气，仍是某种实体——阴阳，而不是某种实在——"所以阴阳者"。朱熹在解释周敦颐《太极图说》"太极动而生阳，动极而静，静而生阴"时，每谓"推其本，则太极生阴阳"（《朱子语类》卷七十五），"太极，理也，动静，气也"（同上书卷九十四）。即认为若逻辑地追溯，世界最初是由太极或理之动静而生阴阳开始的。王夫之则批评说这是"误解《太极图》者"之论（《张子正蒙注》卷一《太和篇》）。他认为正确的解释应是：

> 成而为象，则有阴有阳；效而为法，则有柔有刚；立而为性，则有仁有义；皆太极本所并有，合同而化之实体也，故谓"太极静而生阴，动而生阳"。自其动几已后之化言之，则阴阳因动静而著；若其本有为所动所静者，则阴阳各为其体，而动静乃阴阳之动静也。静则阴气聚以函阳，动则阳气伸以荡阴，阴阳之非因动静而始有明矣。故曰两体，不曰两用。（同上书卷七《大易篇》）

在王夫之看来，"太极"是包蕴着世界总体的本体，但同时也是以阴阳之气为体的实体。因此，启动世界之开始的那最初的动静既是为太极，当然也是为阴阳所固有的，阴阳或气即是世界的起点或本源，换言之，世界最终的本体是气："统此一物，形而上则谓之道，形而下则谓之器，无非一阴一阳之和而成。"（《思问录·内篇》）这样，理学理本论就被理学批判思潮中的气本论从本体论的理论层面上破解、否定了。

理与欲对立之破除　如前所述，"存天理灭人欲"一直是理学家共同的道德信念和实践原则。从中可见，天理与人欲在理学中，特别是在程朱理学中，显然是一对矛盾的理学范畴，内蕴着处于对立位置上的、不可调和的两类人的精神现象或行为。朱熹解说得至为清楚："学者须革尽人欲，复尽天理，方始是学……人欲与天理此长彼必短，此短彼必长。"（《朱子语类》卷十三）程朱理学中，天理与人欲的对立，是其本体论层面上"理与气决是二物"观点的逻辑延伸，还是朱熹表述得最为清楚，"若论其本然之妙，则唯有天理而无人欲"（《朱文公文集》卷三十六《答陈同甫八》），"才说人欲，便是气也"（《朱子语类》卷四）。当理学批判思潮以气本论破解、否定了程朱理学之理本论后，这种根源于"理气为二"的天理人欲的对立，也就不能再成立，而天理人欲不相外则成为理学批判者一项基本的共识：

> 陈确："盖天理皆从人欲中见，人欲正当处，即是理。"（《陈确别集》卷五《与刘伯绳书》）
>
> 王夫之："礼虽纯为天理之节文，而必寓于人欲以见（自注：饮食，货；男女，色。）虽居静而为感通之则，然因乎变合以章其用。唯然，故终不离人而别有天，终不离欲而别有理也。"（《读四书大全说》卷八《孟子·梁惠王下》）
>
> 戴震："古之言理也，就人之情欲求之，使之无疵之为理。"（《孟子字义疏证》卷下《权》）

理学批判者此种理欲互容、互显的观点，大同小异地、然而却是十分显然地都是其气本论贯彻到底的逻辑结论。如陈确说："由性之流露而言谓之情，由性之运用而言谓之才，由性之充周而言谓之气，一而已矣。"（《陈确别集》卷四《气情才辨》）戴震亦说："人生而后有欲、有情、有知，三者，血气心知之自然也。"（《孟子字义疏证》卷下《才》）王夫之表述得更清楚："天以其阴阳五行之气生人，理即寓焉而凝为情。故有声色臭味以厚其生，有仁义礼智以正是德，莫非理之所宜。声色臭味顺其道则与仁义礼智不相悖害，合两者而互为体也。"（《张子正蒙注》卷三《诚明》）一言以蔽之，理与欲皆一气之所生。所以，在理学批判思潮的气本论立场看来，理学理本论的那种理欲对立是不存在的①。

但是，仅仅是理欲不相外的观点，还不足以显示理学批判思潮理欲观的特色。如前所论，明代理学中有气本观点的理学家（如罗钦顺、刘宗周），也有某种天理人欲"同出"或"为一"的观点。朱熹在辨析胡宏《知言》"天理人欲同体而异用"与"天理人欲同行而异性"两命题时，一面说："五峰'同体异用'一句说得不是，天理人欲如何同得？"（《朱子语类》卷一百十五）一面又说："只是一人之心，合道理底是天理，徇情欲底是人欲，正当于其交界处理会。五峰云'天理人欲同行异情'，说得最好②。及至理会了精一底，只是一个人。"（同上书卷七十八）可见，朱熹认为只是在本体论层面上，天理人欲决然分立有别；在宇宙论层面上，就一个人来说，天理人欲亦不可分离。更能显示理学批判思潮理欲观的特色，并使之与理学气本论、理本论无可混淆地区别开来的，是其对"人欲"在人生实践中所具有的作用给予了肯定的评价：

> 陈确说："欲即是人心生意，百善皆从此生。止有过不及之分，更无有无之分。"（《陈确别集》卷五《无欲作圣辨》）

----

① 显然对于气本论者来说，如果"人欲"不能从"气"中获得一种根源的解释，则理欲之对立就不能消除。在我们这里所考察的六位理学批判者中，黄宗羲、颜元正是如此。黄宗羲曾致信陈确，质疑其"人欲正当处，即是理"之说曰："老兄言此，从先师'道心即人心之本心，义理之性即气质本性，离气质无所谓性'而来。然以之言气质，言人心则可，以之言人欲则不可。气质人心，是浑然流行之体，公共之物也；人欲是落在方所，一人之私也。天理人欲正是相反，此盈则彼绌，彼盈则此绌，故寡之又寡，至于无欲，而后纯乎天理，若人心气质恶可言寡邪？"（《南雷文案》卷二《与陈乾初论学书》）颜元的理欲之辨亦甚严，尝谓"人欲，污心之尘垢也；天理，洗心之清凉也"，"吾人天理暗长一分，人欲自暗消一分"（《颜习斋先生言行录》卷下《学问》）。颜元曾说："气质正性命之作用，而不可谓有恶，其所谓恶者，乃由引、蔽、习、染四字为之崇也。"（《存学编》卷一《上陆桴亭先生书》）据此可推断，颜元是认为"人欲"之缘起不在气质中，而在"引蔽习染"中。
② 王夫之对胡宏此语亦极为赞赏，曾谓："五峰曰'天理人欲，同行异情'，趑哉！能合颜孟之学而一原者，其斯言是夫。"（《读四书大全说》卷八《孟子·梁惠王下》）又曾训解曰："异情者，异以变化之几，同行者，同于形色之实。"（《周易外传》卷一《屯》）

王夫之说："天地所产，皆有所用；饮食男女，皆有所贞。"（《诗广传》卷二《陈风一》）"天之使人甘食悦色，天之仁也。"（《思问录·内篇》）

戴震说："凡事皆有于欲，无欲则无为矣；有欲而后有为，有为而归于至当不可易之谓理，无欲无为又焉有理！"（《孟子字义疏证》卷下《权》）

不难看出，理学批判思潮为人欲之申论，主要是，第一，人欲是正当的。如前所引述，朱熹曾说："饮食者，天理也；要求美味，人欲也。"（《朱子语类》卷十三）在理学中，人的自然本性与追求这种本性不断提高和完美实现的欲望之间在道德价值上是对立的。理学批判思潮取消了这种对立，不再作这种区分，认为饮食男女之理或甘食悦色之欲，皆是天之赋予，"皆有所贞"——皆有其应当存在的那种品格和意义。这些构成人之生活的最基本的物质内容与其精神内容（义理）一样，亦是作为人之生存方式所固有的和必需的，"理与欲皆自然而非由人为"（《张子正蒙注》卷三《诚明》），皆是正当的、无可贬损的。因而在理学批判者看来，人的生活缺乏这个方面的实现，就是不完整的，亦如王夫之所说："声色、臭味、君臣、父子、宾主、贤愚，皆吾性相，须以合一之诚，不容灭也。"（同上书卷九《乾称下》）第二，人欲是积极的。在理学中，人欲是被作为一种在现实生活中具有破坏性的、且是难以克服的"恶"来界定的。如朱熹说："以理言之，则正之胜邪，天理之胜人欲，其易；而邪之胜正，人欲之胜天理若甚难。以事言之，则正之胜邪，天理之胜人欲，甚难；而邪之胜正，人欲之胜天理却甚易。"（《朱子语类》卷五十九）理学批判思潮却作出相反的论断，认为"凡事皆有于欲"，人的一切行为、作为皆是由人欲望启动；而只有在人的行为、作为中，才有理的显现或实现——"人欲之各得，即天理之大同"（王夫之《读四书大全说》卷四《论语·里仁》），才有人的世界——"百善从此生"。因此，欲是人生实践中的一种动力因素、创造性因素，是人心中的一个最活跃的、不可能也不应该被熄灭的精神因素。

理学批判思潮从判定人欲为正当、积极之肯定评价的理论角度，对理学的理欲观提出更尖锐的批评：

> 陈确说："人欲不必过为遏绝，人欲正当处即天理也。如富贵福泽，人之所欲也，忠孝节义，独非人之所欲乎？虽富贵福泽之欲，庸人欲之，圣人独不欲之乎……君子小人别辨太严，使小人无站脚处，而国家之祸始烈矣，自东汉诸君子始烈矣。天理人欲分别太严，使人欲无躲闪处，而身心之害百出矣，自有宋诸儒始也。"（《陈确别集》卷二《近言集》）
>
> 王夫之说："吾惧夫薄于欲者之亦薄于理，薄于以身受天下者之薄于以身任天下也。故严子陵之重辞光武，吾弗知之矣；邵康节之不仕盛宋，吾弗知之矣；犹之乎王仲淹之为隋出，吾弗知之也。"（《诗广传》卷二《陈风一》）
>
> 戴震说："宋以来儒者，举凡饥寒愁怨、饮食男女、常情隐曲之感，则名之曰人欲，故终其身见欲之难制；其所谓存理，空有理之名，究不过绝情欲之感耳……此理欲之辨，适成忍而残杀之具……今之言理也，离人之情欲求之，使之忍而不顾之为理，此理欲之辨适以穷天下之人，尽转移为欺伪之人，为祸何可胜言也哉！"（《孟子字义疏证》卷下《权》）

理学批判者以历史的和现实的事实为证，判定理学严格分判天理人欲的理欲观带来的后果——缺乏责任、进取的生活态度和戕害人性的残忍、虚伪行为，虽然还不能说这就是理学理欲观固有的理论蕴涵，但在逻辑上却是可能这样发生的和在事实上已经是这样发生的了。人类的社会生活实践表明，一个人获得功名利禄，一般情况下，都不能简单地仅仅看作是人欲的实现，而必然先有某种社会责任、义务，即某种具有社会公益价值的作为的完成。理学对功利之心、之为的苛刻谴责，如朱熹指斥主张"义利双行，王霸并用"（《龙川文集》卷二十《又甲辰答朱元晦秘书》）的陈亮为"在利欲胶漆盆中"（《朱子语类》卷一百二十三），要求学者"就汉祖唐宗心术微处痛加绳削"（《朱文公文集》卷三十六《答陈同甫八》），自然会削弱人们对功名利禄之"人欲"的道德正当性、合理性的信念，但同时也会冷漠其对社会事务的热情和责任感。显然，这种人生态度如果汇成潮流，一个社会的生长活力就会被消融掉。王夫之"薄于欲者薄于理，薄于受天下者薄于任天下"之论，预警这正是理学理欲论可能带来的结局，他也因此表示不能尊重汉、唐、隋三位先贤淡泊名利而鄙弃社会责任的做法①。人类的社会生活实践也表明，一个人的精神世界，在伦理的道德理性和感情之外，还有丰富的、活跃的甘食悦色的自然感情和欲求，理学将其视为邪恶的"人欲"，而以理学之道德规范来禁锢之、灭绝之。这样，正如前面所论及的，或如明清文学作品所反映的，在理学笼罩之下，特别是在理学衰落中其理性自觉蜕变为"名教"教条的情况下，人们为断灭这种"常情隐曲之感"，而忍受精神痛苦，甚至损弃生命的生活悲剧，或为掩饰这种"人欲"感情、觅得"躲闪处"而施展欺伪的人格扭曲，就发生了。理学批判者抨击理学理欲观曾制造出残忍和虚伪，应该说是符合实际的。

孔子曾十分称赞子夏将学"礼"比喻为"绘事后素"（见《论语·八佾》），可见儒学基本上是将人的精神成长或人性完善过程，理解为是人的诸如饮食男女等自然本性逐渐被伦理化、道德化的过程，即"人欲"被改造、消除的过程。但是，"人欲"在理学批判者这里却从本体论的层面上获得了某种正当的、具有创造力的品格，因此，这一理论观点对儒学传统的人性论观念来说，也是一个新论，一个异论。我们这里所考察的几位原儒立场上的理学批判者之理欲观，虽然不仅与理学对峙，乃至与整个传统儒学也有某种差异，但在与反儒思想家如李贽的理欲观比较中显示，他们仍没有失去儒家的本质。李贽曾说："穿衣吃饭，即是人伦物理。除却穿衣吃饭，无伦物矣。"（《焚书》卷一《答邓石阳书》）如果用理学的语言概念来表述，李贽的观点可以简化为"人欲即天理"。在此种理论立

---

① 史载，严光（一名遵，字子陵）屡辞汉光武帝征召，曰："昔唐尧著德，巢父洗耳，士故有志，何至相迫乎！"（《后汉书》卷八十三《逸民列传·严光》）王通（字仲淹）处隋末乱世，"弃官归，以著书讲学为业"（《旧唐书》卷一百九十上《文苑传》上《王勃》），每赞慕"达人哉，隐居放言"，"至人乎，死生一矣不得与之变"（《中说·周公》）。邵雍（谥康节）身历宋真宗、仁宗、英宗、神宗四朝，虽多与权贵交游，却固辞仕命，他的经验是"美誉既多须有患，清欢虽腾且无忧"（《击壤集》卷十八《名利吟》）。

场上，人欲天理似乎没有、也无须区别①。原儒的理学批判者虽然在本体论的理论层面上以理欲为一气所生，判定理欲不相外，但在现实的道德实践中仍认为理欲既有区别，且必须区别。例如：

    王夫之说："天理人欲只争公私诚伪，如兵农礼乐，亦可天理，亦可人欲。春风沂水，亦可天理，亦可人欲。才落机处即伪。夫人何乐乎为伪，则亦为己私计而已矣。"（《读四书大全说》卷六《论语·先进》）

    戴震说："性之欲，其自然也；性之德，其必然也。自然者，散之见于日用事为；必然者，约之各协于中。知其自然，斯通乎天地之化；知其必然，斯通乎天地之德。"（《绪言》卷上）

可见，理学批判者用公与私、诚与伪、必然与自然等内涵相对立的观念，在天理与人欲间划出了甚为清晰的分界线。并且，理学批判者对天理人欲也有明确的取舍态度：

    王夫之说："圣贤吃紧处在人欲中择天理，天理中辨人欲。若概爱敬以为人，断甘食悦色以为禽兽，潦草疏阔，便自矜崖岸，则从古无此苟简径截之君子。而充其类，抑必不婚不宦，日中一食，树下一宿，而后可矣。"（《读四书大全说》卷九《孟子·离娄下》）

    戴震说："若任其自然而流于失，转丧其自然而非自然也，故归于必然，适完其自然。"（《绪言》卷上）

显然，理学批判者还是认为在天理人欲之间应当选择天理，遵循天理（"归于必然"），而不是如李贽之论随其本然情性之流（"任自然"）；但

---

① 朱熹曾说"某看学问之道，只是眼前日用底便是，初无深远玄妙"（《朱子语类》卷一百一十八），"正如着衣吃饭，其着其吃，虽不是做工夫，然便是做工夫处"（同上书卷三十五）。其意是谓"日用"中有理，非谓"日用"本身即是理；是谓吃穿之行为中可表现出某种伦理道德精神（"做工夫处"），非谓吃穿本身即是践履了道德原则（"做工夫"）。此与李贽"吃穿即伦物"之说义蕴迥别。

亦不是如理学家那样要求"灭人欲"，判定甘食悦色者为"禽兽"，而是主张"辨人欲"，理性自觉地实现人欲（"完其自然"）。理学批判思潮的理欲观在实践的层面上不同于理学的"存天理灭人欲"，而比较接近传统儒学的"绘事后素"，仍然保持着儒家特色。

命之新论——"命日受日新"　在儒学之超越层面上，多数理学批判者都未能逾越理学命之观念。如前所述，儒学传统的观点认为，命是显现于人生实践中的、决定死生祸福之际遇结局的那种不可被驾驭、改变的客观必然性。理学承继了这一观点，并以朱熹为代表对此作了进一步的阐释。这一阐释可以归纳为两个方面：一方面，他以既成之气禀来解释传统儒家命之观念中的必然性，认为"富贵死生祸福贵贱皆禀之气而不可移易者"（《朱子语类》卷四），"人之禀气，富贵、贫贱、长短皆有定数寓其中"（同上）；另一方面，他又以人之气禀形成时的无主宰的非决定性（他所谓"偶然相值，非是有安排等待"①），和其生命进程中的双向性（他所谓"孟子只说莫非命也，却有个正与不正"②）来解释使传统儒家感到困惑或不承认的命之偶然性。朱熹对命之两个方面的阐释，构筑了一个周延的理论范围，因而是理学批判者难以跨出的。如颜元说"所谓命一定者，不恶不善之中人，顺气数而终身者耳；大善大恶固非命可囿也，在乎人耳"（《颜习斋先生言行录》卷上《理欲》），戴震说"气化生人生物，据其限于所分而言谓之命"（《孟子字义疏证》卷下《才》），皆以"命"为从"气"中所产生的一种对人之一生实践具有制约性、必然性的因素。可以认为，此种观点在自觉不自觉中蹈袭了朱熹对命之必然性方面的阐释。又如王夫之说："若夫命，则本之天也。天之所用为化者，气也；其化成乎道者，理也；天以其理授气于人，谓之命。即其所品节限制者，亦无心而成化"（《读四书大全说》卷十《孟子·尽心下》），"孟子以所遇之得失不齐者言命③，而未尝以品物之节制（自注：此只是理）、气禀之清浊厚薄为命（自注：此程子之所谓性）"（同上），显然这是以人的生

---

① 见《朱子语类》卷五十五。
② 见《朱子语类》卷四十二。
③ 王夫之据以立论的是孟子有谓"得之不得有命"（《孟子·万章上》），"妖寿不贰，所以立命"（《孟子·尽心上》）。

命形成之气禀根源和人的生命表现之不确定性、多样性来界说命。此种解说虽有异于朱熹"气禀寓定数"之论，但却似乎仍处在朱熹对命中偶然性之阐释的樊篱之内。

然而，再作深入的考察即可发现，在儒学的超越理论层面上，理学批判思潮正是在王夫之这里实现了对理学命之观念笼罩的突破。亦如前所述，理学常以理或兼以理与气为命之内涵，理学此种界说，强化了命之内在性、非异己性，是传统儒学命之观念的一个重要转变。而王夫之则以天之气化（"天以其理授气于人"）为命之内涵，凸显了命之外在性、客观性，其与理学甚有差异。于此他曾有明确的说明"人莫之致而自至，故谓之命，其与气禀何与哉"（《读四书大全说》卷五《论语·雍也》），"命字自与理、数字不同，言命则必天有以命之矣……以天之有所予夺者而谓之命"（同上书卷九《孟子·万章上》）。王夫之在以天之气化对命之本质作了与理学不同的界定后，进而以此为基本的理论前提，更推演出一个对于理学和传统儒学来说都是未曾有过的命之观念——命日受日新。他说：

> 天日临之，天日命之，人日受之。命之自天，受之为性，终身之永，终食之顷，何非受命之时？皆命也，则皆性也，天命之谓性，岂但初生之独受乎？（《尚书引义》卷三《太甲二》）
>
> 圣人说命，皆就天之气化无心而及物者言之，天无一日而息其命，人无一日而不承命于天。（《读四书大全说》卷五《论语·雍也》）
>
> 孩提始知笑，旋知爱亲，长始知言，旋知敬兄，命日新而性富有也。君子善养之，则耄期而受命。（《思问录·内篇》）

王夫之不是狭义地将命界定为死生祸福、得失贵贱的必然性、既定性，而是将其理解为人受之于天的一种气化状态，是人的全部存在状况。在他看来，"天之与人者，气无间断，则理亦无间断，故命不息而性日生"（《读四书大全说》卷十《孟子·告子上》），即是说，天之气化不息，因而人之生命状态也就迁流不止，人之命也在变化更新。正如一个人从躺在摇篮里会笑，长到知道爱亲人，从牙牙学语，长到懂得尊敬兄长，其所表现出的人性品质的日丰日美，也正是其命的日受日新。在他看来，"命日降，性日受。性者生之理，未死以前皆生也，皆降命受性之日也"（《思问录·内篇》），因而这是一个"终身之永，终食之顷"，每日每时都在发生，直到老死才会终结的过程。王夫之的这几段文字是在他生平的不同时期写下的，表明命日受日新的观点，是他的一个一贯的、成熟的思想①，是他将气本论观点贯彻到自己理论的一切论题上的一个合乎逻辑的结论，但这却是理学批判思潮中的其他气本论者未能走到之处。

命日受日新之观点，否定、消解了命为既定的、必然性之存在的观念，不仅与理学，而且与传统儒学的命之观念，都是有歧义的、相冲突的。这对于像王夫之这样的儒家学者来说，在感情上和理智上都是希望避免的，故他总是尽可能地通过对儒家先贤某些论述的诠释，来为自己的观点找寻根据，以缩小、弥合这种差异或对立。例如，朱熹在《大学或问》中训解"顾諟天之明命"一语时，解说"天命"是"全体大用，无时而不发见于日用之间"。王夫之即援以为说曰："愚于《周易》《尚书》传义中说生初有天命，向后日日皆有天命，天命之谓性，则亦日日成之为性，其说似与先儒不合。今读朱子'无时而不发现于日用之间'一语，幸先得我心之所然。"（《读四书大全说》卷一《大学·传第一章》）《孟子》中曾以黎明清新之气（"平旦之气"）喻人之善心每有萌发，王夫之亦援之论曰："愚尝谓命日受、性日生，窃疑先儒之有异。今以孟子所言'平旦之气'思之，乃幸此理之合符也……若此者，岂非天之日命而人之日生其性乎？"（同上书卷十《孟子·告子上》）事实上，王夫之由气本论立场推出的命日生日新观点，完全是一个从理学和先前儒学理论立场上无法作出解释的新论。这一新论带给儒学和理学的理论后果是，第一，实现了对宿命论观点的彻底消解。宿命论认为人之命运，生平遭际是既定的，并

---

① 王夫之的命日受日新观点，早在其《周易外传》（三十七岁时撰成）中即出现："鬼神者（按：据前后文义，此'鬼神'指'阴阳之良'），命之日生者也。"（卷三《困》）此后在《尚书引义》（四十五岁时撰成）、《读四书大全说》（四十七岁时修订成）有更清楚的表述。晚年在篇幅不大的《思问录》（六十八岁时作）中亦多次申论此观点。王夫之于七十四岁卒。

最终要必然地、不变地实现的。命日受日新之命的观念，在理论的逻辑上恰好将宿命论的这两项主要内涵否定、消解掉。王夫之说：

> 天命无心而不息，岂知此为人生之初，而尽施以一生之具……一归于初生，而术数之小道由此兴矣。（《读四书大全说》卷五《论语·雍也》）

> 只此阴变阳合，推盈两间，自然于易简之中有许多险阻，化在天，受在人。其德，则及尔出王游衍而为性；其福，则化亭生杀而始终为命（自注：德属理，福属气）。此有生以后之命，功埒生初，而有生以后之所造为尤倍也。（同上）

在王夫之的命日受日新观点看来，命是"天以其理授气于人"。但王夫之所谓的"天"并不是有意志的主宰者，而是本体之气，是"无心而不息"的自然。这样，就气化之无心而言，天不会在一个人生命开始时，甚或开始之前，就为其生命过程设计出某种既定的程序。他认为，"谓生初之仅有者，方术家所谓胎元而已"（《思问录·内篇》），只有如"胎元"说的术数才会妄说人生结局在胚胎中就被铸定了。就气化之不息而言，人性时时在成长中，人生遭际时时在变化中，不是人生之初的情况，而是他此后的实践行为所造成的一切，酿成了他的人生终局。他认为，"为胎元之说者，其人如陶器乎？"（同上），只有如"胎元"说的宿命论者，才会视人生之运命如被烧结成的器皿，再无变更之可能。命日生日新说能将宿命论完全消解，对于儒学来说应是个极有价值的理论贡献。宿命论一直困扰着儒学。儒学不承认宇宙有最后的、有意志的主宰。如此说来，既定之宿命何由而起？可见儒学在本质上有与宿命论异趣的、矛盾的那个方面。但另一方面，儒学又有必然性的命之观念，难以抹去带有宿命论色彩的面貌。这主要是因为儒学缺少一种理论观念，来对人生命过程或人生实践的一次性、不可逆性作出解释，并误以此即是既定性、必然性。王夫之的命日生日新之观念认为，人的生命过程或人生实践，时时处在随机的形成更新中，因而，命运虽然永远现出为一次不可逆的唯一性，但实际内蕴着全部可能性的不确定性，似是必然，实是偶然。虽然是偶然因素只使某一可能性实现，但此却是有"理"的，有缘由的，可解释的，所谓"理者，天之所必然者也"（《张子正蒙注》卷二《神化》），"理者，物之固然，事之所以然也"（同上书卷五《至当》），偶然中又内蕴着某种必然。如前所述，朱熹曾在人之生命的源头处引入偶然性，而王夫之则在其整个过程中都注入了偶然性，完全实现了儒学对宿命论观点的破解。第二，改变了对命之回应的性质。如前所述，在理学中，命是作为一种超越的、客观必然性存在的，理学提出的"唯义无命""天命可易""人事尽处便是命"等回应命的态度和方法，实际上都是以人之道德实践来克服、消解其与人对立的性质，使人的生命存在于必然性之前有立足之地、自由之地。在王夫之气化无心不息、命日受日新的命之观念中，命实际上就是人的全部存在状态，人的全部现实，命不再以一种必然性与人对立，回应命的态度自然也会有所变化。他说：

> 禽兽终其身以用其初命，人则有日新之命矣。命之日新，不谙其初，俄顷之化不停也，只受之牖不盈也。一食一饮，一作一止，一言一动，昨不为今，而后人与天之相受如呼吸之相应而不息，息之也，其唯死乎！然后君子无乎而不谙乎命也，始终富有而纯乎一致也。仁义礼智参互以成德信，以其大同而协于克一，然后君子之于命，无乎不谙之有实矣，举一统百而百皆不废也。（《诗广传》卷四《大雅三二》）
>
> 《书》曰"惠迪吉，从逆凶"，与《孟子》"顺受其正"之说相为表里。"莫非命也"，则天无时无地而不命于人，故无时无地不当顺受，无时无地不以惠迪得吉，从逆得凶。若靠定初生一日，则只有迎头一命，向后更无命矣，而何云"莫非命也"哉？（《读四书大全说》卷六《论语·先进》）

在王夫之看来，人之甚至包括"一饮一食，一言一动"的一切生存状态，无不是命之表现；命之内蕴正是以人之仁义礼智为首的一切人生实践。显然，在这种观念中，命不是外在客观的必然性，人与命之紧张对立已不存在；命是自己的现实性，人完全融入与现实存在同体的命之中，不只是伦理道德实践，一切遵循"惠迪得吉，从逆得凶"之人伦物理的人生实践，皆是对命的回应，皆是"命之实"。在理学中，朱熹亦曾提出以全部的人生实践来回应命的"人事尽处便是命"的观点，但那仍是努力要将某种作为必然存在的命消解在人生实践中，以自觉的人生实践为命之实现。就理学的意义上说，此种命之实现，本质上是一种哲学悟解，一种道德境界。而在王夫之这里，"一饮一食"皆命，"无时无地不当顺受"，则是可以由"气化无心不息""命日受日新"之命的观点逻辑地推衍出的结论，属于一种科学理性性质的生活态度。

（4）理学批判思潮之评价

以上，我们以陈确、黄宗羲、顾炎武、王夫之、颜元、戴震六位学者为代表，考察了明末至清前期的理学批判思潮的总体面貌和主要思想内容，这一思潮的历史地位也可据此而判定。

启蒙的意义　约与颜元弟子李塨同时的方苞曾评述清初学术形势曰：

> 夫学之废久矣，而自明之衰则尤甚焉。某不足言也，浙以东则黄君梨洲坏之，燕赵间则颜君习斋坏之。盖缘治俗学者，懵然不见古人之樊，稍能诵书，承学治古文，则皆有翘然自喜之心，而二君以高名耆旧为之倡，立程朱为鹄的，同心于破之，浮夸之士皆醉心焉。（《望溪先生文集》卷六《再与刘拙修书》）

戴震卒后十余年间（戴卒于1777年），章学诚曾有文论及戴学的影响：

> 至今徽歙之间，自命通经服古之流，不薄朱子，则不得为通人。而诽圣排贤，毫无顾忌，流风大可惧也。（《文史通义·朱陆篇书后》）

五十年后，方东树更述其声势：

> ……后来戴氏等日益浸炽，其聪明博辨既足以自恣，而声华气焰又足以耸动一世。于是遂欲移程朱而代其统矣。一时如吴中、徽歙、

金坛、扬州数十余家，益相煽和，则皆其衍法之导师、传法之沙弥也。（《汉学商兑》卷下）

"浮夸之士皆醉心焉""流风大可惧也""声华气焰耸动一世"，三位站在维护程朱理学立场上的学者所作出的观察，显然带有某种成见，但却清楚地显示，理学批判思潮确实生成了一种新鲜而强劲的时代精神，曾经甚为广泛而有力地摇撼了当时社会以程朱理学为基础的学术思想界。这一批判精神和思想甚至还融入了近代的启蒙思潮中。例如近代改良主义运动的代表人物梁启超曾回忆说："梨洲《明夷待访录》这部书……在我们当学生时代，实为刺激青年最有力之兴奋剂。我自己的政治运动，可以说是受这部书的影响最早而最深。"（《中国近三百年学术史·阳明学派之余波及其修正》）他亦极为推崇颜元、李塨，说："颜李学派其见识之高、胆量之大，我敢说从古及今未有其比，因为自汉以后二千年所有学术，都被他否认完了。"（《中国近三百年学术史·实践实用主义》）若从儒学的历史发展的角度上观察，作为理学批判思潮学术基础的新经学，其用以训释经典三项基本方法或内容构成——名物制度的考定、文字音韵的核正、历史的追溯，较之理学的传注经学，具有明显的可以开拓、丰富经学学术内容的能力，被清代儒学吸收，造就了清代经学的空前繁荣。两千八百卷的《皇清经解》《续皇清经解》就是这次繁荣的记录。

两个误区　但是，理学批判思潮以气本论为基础构筑的以理欲不相外、性命日生日新等观点为鲜明特色的儒学理论，只是形成与理学的对立之势，还不具备真正能否定、消解掉理学的那种理论力量。这主要是因为在理学批判思潮的理论视野中，有两个误区或盲点障碍了其对理学的彻底识解。第一，理学批判思潮未能识别理学理论观念具有不同理论层面和同一理论层面上的不同立论角度。如前所述，本体论与宇宙论，即朱熹所谓"以本体而言"与"以流行而言"，是理学理论结构的两个基本的理论层面。在本体论层面上，作为本体之理，是具有形上性、根源性、总体性的实在，朱熹称之为太极，"太极云者，合天地万物之理而一名之耳"（《朱文公文集》卷七十八《隆兴府濂溪先生祠记》）。此理与气，"决是二物"（同上书卷四十六《答刘叔文一》）。但在宇宙论的层面上，在具体事物这里，理气"不可分开""未有无气之理"（《朱子语类》卷一），理是具体事物的内在秩序、规律，亦如朱熹所界定："天下之物，则必各有所以然之故，与其所当然之则，所谓理也。"（《大学或问》卷一）本体之理与具体事物之理的关系，在程朱理学看来是"理一分殊"，即朱熹所解释："合天地万物而言，只是一个理；及在人，则又各有一个理。"（《朱子语类》卷一）可见，在程朱理学中，理学最根本的观念——"理"在不同理论层面上具有不同内涵。十分自然的，程朱理学中与理之内涵相连的其他概念或观念，诸如前面已论及的天理与人欲、命之偶然与必然，在不同层面上的论题中，其内涵也会发生变化。程朱理学因此而具有一种很特殊的、难以逾越的理论周延性。这样，当理学批判思潮以一种与理学对立的姿态阐述理气关系时说"理为气之理，无气则无理"（《明儒学案·河东学案·薛瑄·按语》）；界定"理"说"理者，物之固然，事之所以然也"（《张子正蒙注》卷五《至当》），"就天地、人物、事物求其不易之则是谓理"（《绪言》卷上），此在程朱理学立场上看来，这些观点并没有越出自己在宇宙论理论层面上的论述，并未形成足以与自己决然对立的理论观念。当理学批判思潮以此理气观进一步驳论理学"理气决是二物"时说，"气外更无虚托孤立之理"，"后儒不徒曰'天地人物事物之理'，而转其语曰'理无不在'，以与气分本末，视之如一物然，岂理也哉"（《绪言》卷上），此在程朱理学立场上看来，理学批判思潮的本体之气，仍是实体性的宇宙论理论层面上的观念，因而其所论实是"以流行而言"，非是"以本体而言"，对于理学来说，这一驳论是不能成立的、无效的。亦如前所论，在理学理论结构的本体论、宇宙论两层面外，还有一个工夫论的理论层面。在这个层面上，理学对工夫论述，通常有两个立论角度：理性的认识和修养过程、超理性的境界。例如朱熹一面说"一物上有一理，物之微者亦有理，学者皆当理会"（《朱文公文集》卷七十二《吕氏大学解》），一面又说"至于用力之久，而一旦豁然贯通焉，则众物之表里精粗无不到，而吾心之全体大用无不明矣"（《大学章句·补传五章》），即是从此两个立论角度对工夫的完整论述。应该说，从对某一或一类事物具体方面的认识，最后获得一种对其整体性的把握；由个别道德行为的养成，最后达到一种完整的应事而显的道德境界，在人的智慧、精神成长中都是真实而普遍存在的。理学批判思潮多次对理学的这种完整的论述表示怀疑、反对。例如陈确说："天下之理无穷，而一人之心有限，而傲然自信，以为吾无遗知焉者，则必天下之大妄人矣，又安得一旦贯通而释然天下之事之理之日也哉！"（《陈确别集》卷十四《大学辨》）这种批评就其所立足的理性认识角度来说，是正确的；但以此来否定超理性的整体观照或境界的存在，则是困难的。第二，理学批判思潮未能辨析理学与释老的差异。理学曾十分深入地论证和明确地划分儒释之别，理学在理论本质上亦与释老迥然不同。可惜一叶障目，理学批判思潮为理学末流人物的某些混淆儒佛的个人表现所眩惑，加以其在气本论立场上对理学本体之理和"与理为一"或"全体大用"之精神境界，皆不能作出解释和认同，在此理学理论的最高层次上失去了分辨理学与释老的理论标准，只能贸然判定"释氏谈虚之宋儒，宋儒谈理之释氏，其间不能一寸"（《朱子语类评》），认为理学本体之"理"，"不过就老庄、释氏所谓'真宰''真空'者转之以言"（《孟子字义疏证》卷上），"朱子'一旦豁然贯通'之说，是诱天下而禅也"（《陈确别集》卷十四《翠薄山房帖》）。理学批判思潮陷入这一误区，也就停止了对理学深入的理解，而一种不准确的、浅薄的观察结论又最终削弱了它对理学的批判力度。

"佛手"现象 理学批判思潮拥有十分广博、新颖的学术内容，就其中著述最多的三位学者来说，全祖望称黄宗羲"著书兼辆，然散亡十九"①（《鲒埼亭集外编》卷三十一《书明夷待访录后》）。章学诚记述戴震学术在乾隆间面世时，时人"皆视为光怪陆离，而莫能名其为何等学"②（《文史通义·补遗续·与史余村》）。王夫之退伏幽栖，被世人认识较晚③，然其学术规模之大，其"光怪陆离"之新，似更在戴学之上，

---

① 近时有学者统计，黄宗羲撰著共一百一十二种，约一千三百卷；今存五十五种，一千零七十七卷。（见吴光《黄宗羲与清代学术》，载《黄宗羲论——国际黄宗羲学术讨论会文集》）

② 洪榜《戴东原行状》述戴学之广博："凡天文历算推步之法，测望之方，宫室衣服之制，鸟兽虫鱼草木名状，音和声限古今之殊，山川疆域州镇郡县相沿相革之由，少广旁要之率，钟实管律之术，靡不悉心讨索。"（《初堂遗稿》）

③ 1842年邓显鹤于湘潭刻《船山遗书》十八种，王夫之学术方开始以较完整的面貌现于世人。1865年曾国藩、曾国荃于南京刻《船山遗书》五十六种，1933年上海太平洋书店排印《船山遗书》七十种，船山之学渐显于世。

故章炳麟有评曰"当清之季，卓然能兴起顽懦，以成光复之绩者，独赖而农一家而已"（《船山遗书·序》）。应该说，理学批判思潮所内蕴的科学理性高出了那个时代。然而，就儒学之理论思想而言，由于作为理学批判思潮之哲学基础的气本论，实际上是根源自理学形成时与二程理本论有差别或对立的张载气本论；但在成熟的理学中，张载气本论已被朱熹理学所综合、消化。这样，理学批判思潮援依气本论对理学所作的批判性回应，只能形成与理学某些局部的对立观点，而建筑不成真正能消解、否定理学的宏大理论体系；若从完整的理学理论角度观察，理学批判思潮的理论观点甚至还包容在理学的理论架构之内。在此以前，这种情况在明代王学与朱学对立中也曾发生。王学以知觉界定心，以知觉之心界定理，实际上并不悖于朱学在宇宙层面上对心与理的界说①，差别与对立在于，在王学这些论题被移植、升越到本体论的层面上了。难怪明代学者张淇在经历了王学与朱学后②，亟称朱熹之学曰"毕竟盘不过此老"（见顾宪成《泾皋藏稿》卷十六《明故学谕损斋张先生墓志铭》）。吴承恩《西游记》第七回写了个故事：一筋斗能翻十万八千里的孙猴王，但还是跳不出如来佛的右手掌心。这里出现的是一个理论上的"佛手"现象，当一个理论体系的思想观点蕴含在另一个理论体系的理论观念中时，就难以完全摆脱它的笼罩、羁绊。尽管王学对朱学和理学批判思潮对整个理学的否定与对立都是自觉而明确的，但通过某个理论角度或某种诠释，仍不难在理论底蕴深厚而周延的程朱理学中找到他们所处的位置。

但是，在儒家学者对理学衰退所作出的另外一次回应中，即现代儒学援依欧美哲学对理学作诠释时，这种情形就不再存在了。

3. 肯定性的诠释：现代新儒学

"五四"以后的中国现代学术和理论思想舞台上，有三种主要的最为

---

① 在此层面上朱熹的基本界说是："心者，人之神明，所以具众理而应万事者也。"（《孟子集注》卷七《尽心上》）
② 顾宪成述其师张淇学术师承曰："先生髫年师事阳湖邵公，闻阳明致良知之说，及壮游方山薛夫子之门，学益进。"（《泾皋藏稿》卷十六《明故学谕损斋张先生墓志铭》）邵宝于《明史》有传，史称其"学以洛、闽为的"（《明史》卷二百八十二《儒林传》）。薛应旗于《明儒学案》有传，先后师事邵宝、吕柟（见《方山先生文录·与王时槐》）、欧阳德（见赵时春《方山先生文录·序》），学术思想主体呈王学特点，但多有程朱观点。

活跃的思潮：经过苏俄社会实践过滤和带有中国文化烙印的马克思主义，自欧美引进的西方哲学和政治理念（姑称为"西化派"），以及援依西方近现代哲学观念诠释的儒家思想（可称为现代新儒学）。这三种思潮都是对鸦片战争以后中华民族国力日衰、民生日蹙的颓败之势的回应，都是为挽救这种颓势而作出的理论的思考和方向的选择。但三种思潮各自社会背景或理论渊源上的差异，使它的基本理论立场和为中国摆脱当时的危机及将来的发展所设计、选择的道路是不同的，有时甚至是尖锐对立的。然而在民族振兴的根本目标上的一致，又使它们并不总是对立的、分裂的。在不同的社会政治环境下或不同性质问题的处理上，它们相互之间的关系处在变动之中。如果说"五四"前后的新文化运动中，在对待传统文化的态度上，西化派与马克思主义派曾在同一条战线上对旧文化共同表现了批判和否定的态度，那么，在用革命或改良来推动中国社会进步的道路选择上，西化派又是与新儒学的立场相同而对峙于马克思主义的了。在中国已获得了巨大胜利的马克思主义派并不否认中国传统文化是支撑中华民族长久、独立发展的重要精神基础，可见它与主张民族的复兴在于传统文化的复兴的现代新儒学也有某种共识。现代中国的面貌，在此三种思潮间的互动中最终被塑造出来的历史过程仍在进行中。

以主张民族复兴在于传统文化的复兴之理论观点、立场作为现代新儒学思潮的基本特征，只是在最宽泛的意义上，用之与现代中国西化派、马克思主义派相区别的一种界定。其实，现代新儒学思潮这一特征的真正的内涵是：①认为儒家思想是中国传统文化的核心、主要内容；②企望通过对儒家学说的现代观念的诠释和改造，使其继续能在中国的现在和未来的社会生活建设、发展中发挥核心的、基础的作用；③相信以儒家思想为核心的中国文化在未来的世界文化格局中，应有、会有自己的重要位置。现代新儒学思潮内部，就其在对儒学作新的诠释时所攀缘的理论、展示的论题和最终建构成的各自思想体系或学术内容等方面而言，现代新儒家之间也是很有差别的，但上述的基本特征或基本内涵却是共同的。

现代儒家学者具有比较宽广的理论视野和比较宽容的学术心态，一般说来，现代新儒学的论题都有新的理论内涵与外貌，并不都是以宋明理学的主题为起点或中心而展开的；但由于理学是儒学历史上一个最成熟和丰富的理论形态，新儒学在给予儒学以新诠释时，要摆脱理学的影响，脱离与理学的某种关系是不可能的。相反，在难以对新儒学思潮的内部作出明晰划分的情况下，我们却可以根据他们对宋明理学中的程朱理学和陆王心学的归依之远近或取舍之多少的不同，大体上将其区分为理论倾向主程朱与主陆王两派。在这两个理论方向上，我们各选择一个最具代表性的现代儒学家——冯友兰和牟宗三，来说明现代新儒学是如何诠释已经衰微的、凝固了的宋明理学。

（1）新理学——程朱理学的新诠释

1938～1946年，冯友兰撰作了他的统称为"新理学"的"贞元六书"（《新理学》《新事论》《新世训》《新原人》《新原道》《新知言》）。新理学的理论旨趣，援引冯氏本人所表述，其企求有二：①接着宋明理学（冯氏称为"宋明道学"）中的程朱理学讲。他在《新理学》一书里开宗明义地说："宋明以后底道学，有理学、心学二派，我们现在所讲之系统，大体上是承接宋明道学中理学一派。我们说'大体上'，因为在许多点，我们亦有与宋明以来底理学，大有不同之处。我们说'承接'，因为我们是'接着'宋明以来底理学讲底，而不是'照着'宋明以来底理学讲底。"（《三松堂全集》第四卷，河南人民出版社1986年版，第5页）换言之，新理学旨在改造、发展程朱理学。②此种"接着讲"，或者说对理学之改造、发展，主要是援依当时尚处于兴盛阶段的新实在主义和维也纳学派的逻辑实证主义，对理学的基本观念"理""气"等作出逻辑的形式的诠释。在冯氏看来，宋明理学的根本弱点是"没有直接受过名家洗礼，所以他们所讲底，不免著于形象"（《新原道》，《三松堂全集》第五卷，第146页）。克服这个弱点是新理学理论创造的出发点，故他在《新知言》里总结说："新理学的工作，是要经过维也纳学派的经验主义，而重新建立形而上学。"（同上书第五卷，第223页）这两点构成了新理学的理论特质。

新理学对程朱理学的逻辑的、形式化的诠释，就其理论思路的进展而言，大体上是经历着这样的历程。首先，新理学从最一般的、最空泛的意义上提出四个划分宇宙的概念："真际"与"实际"、"共相"与"殊相"。冯氏界说前两个概念说："真际是指凡可称为有者，亦可名为本然；

实际是指有事实底存在者，亦可名为自然。"（《新理学》，《三松堂全集》第四卷，第 11 页）又界说后两个概念说："个体是特殊底，亦称殊相。而每一类之理，则是此一类的事物所共同依照者，所以理是公共底，亦称共相。"（《新事论》，《三松堂全集》第四卷，第 217 页）① 虽然此两对概念之间有某种外延上的交叉，但实际上它们的哲学性质是有区别的，是分别归属于宇宙论（存在论）与认识论两个不同的理论层面，新理学论题的展开一般也都被定位在而未能越出这样的理论空间。其次，新理学进而提出形上地（抽象地）、周延地解释宇宙内容的四个逻辑性质的观念——理、气、道体、大全；提出解说、界定这四个观念的四组命题。冯氏界定"理"说"有某种事物，必有某种事物之所以为其种事物者"（《新原道》，《三松堂全集》第五卷，第 148 页）；界定"气"说"能存在底事物必都有其所有以能存在者"（同上书，第 150 页）；界定"道体"说"存在是一流行，总所有底流行，谓之道体"（同上书，第 152 页）；界定"大全"说"总一切底有，谓之大全"（同上书，第 153 页）。对于宇宙一切事物而言，理是其"依照"，气是其"依据"（《新理学》，《三松堂全集》第四卷，第 54 页），道体言其形成过程，大全概其存在状态。新理学拥有了形上地解释宇宙一切的周延的观念背景、观念因素。最后，就是在这两个理论层面和四个形上的（形式的、逻辑的）观念的基础上，新理学"接着"程朱理学讲，对程朱理学和传统儒学作出新的诠释，显示出重要的理论观念变迁。

程朱理学之新释 新理学对程朱理学的新诠释，大体上可以条理为两个方面。

其一，理学根本观念——理、气之逻辑层面界说。如前所述，在程朱理学中，理之基本内涵是被从本体论、宇宙论两个不同理论层面分别界说的，即朱熹所谓"以本体而言"和"以流行而言"（《朱文公文集》卷四十五《答杨子直一》）。从本体论的意义上说，理是形上性的、总体性的宇宙之最后根源，所谓"万物之一原"是也（同上书卷四十六《答黄商伯四》）。此或称为"太极"，所谓"太极云者，乃天地万物本然之理"

---

① 冯友兰晚年在其《三松堂自序》中对共相、殊相有更简捷明了的界说："共相就是一般，殊相就是特殊或个别。"（《三松堂全集》第一卷，第 231 页）

（同上书卷三十六《答陆子静六》），"所以指夫天地万物之根也"（同上书卷四十五《答杨子直一》）。从宇宙论的意义上说，理是具体事物"所以然之故，与其所当然之则"（《大学或问》卷一）。新理学的理之观念内涵是"某种事物之所以为某种事物者"，对此内涵冯氏还进一步解释说："借用旧日中国哲学家底话说：有物必有则。"（《新原道》，《三松堂全集》第五卷，第148页）显然，新理学的理之观念，是属于宇宙论层面上的观念。新理学也正是在这个理论层面上认同了程朱理学之理。冯氏说："朱子以为理是实际底事物之所以然之故，及其当然之则，我们所说理，亦是如此。"（《新理学》，《三松堂全集》第四卷，第40页）但是，即使是同在宇宙论层面上，新理学的理之观念与程朱理学亦有所不同。朱熹尝谓："一物上有一理，物之微者亦有理，大而天地之所以高厚，小而一物之所以然，学者皆当理会（《朱文公文集》卷七十二《吕氏大学解》），可见程朱理学在此理论层面上的事物"所以然"或"当然"之理，是指事物内在属性、规律、秩序，是有实际内容的。新理学认为"哲学只对真际有所肯定，而不特别对于实际有所肯定"（《新理学》，《三松堂全集》第四卷，第11页），"哲学只对真际有所肯定，但肯定真际有某理，而不必肯定其理之内容"（同上书，第17页），所以新理学的理之观念只是对事物之"所以然"作出形式的界说、逻辑的表述，无任何实际的内容。例如冯氏曾批评朱熹"阴阳五行之不失其序便是理"之论说："这是以秩序为理，秩序虽亦可称为理，但抽象底理并不是具体事物间底秩序，而是秩序之所以为秩序者，或某种秩序之所以为某种秩序者。"（《新原道》，《三松堂全集》第五卷，第146页）冯氏正是以此种逻辑的、形式的理观念与有实际内容的理观念之间的差别，在新理学与程朱理学之间划出界线。他说："惜在中国哲学中，逻辑不发达，朱子在此方面，亦未著力；故其所谓理，有本只应当为逻辑的者，而亦与伦理的相混。如视之理，如指视之形式而言，则为逻辑的；如指视应该明而言，则为伦理的。朱子将此两方面合而为一，以为一物之所以然之理，亦即为其所应该。盖朱子之兴趣，为伦理的，而非逻辑的。"（《三松堂学术文集·朱熹哲学》）

　　如果说在理之观念上，新理学虽然不是全部地，但毕竟还是部分地认同了程朱理学的观念内涵，那么，在气之观念上，新理学与程朱理学就完全无可以沟通之处了。程朱理学中对气之最明确的界定是朱熹所说："理也者，形而上之道也，生物之本也。气也者，形而下之器也，生物之具也。"（《朱文公文集》卷五十八《答黄道夫一》）并且亦如朱熹所说："阳变阴合，而生水火木金土，阴阳，气也，生此五行质也。五行阴阳七者滚合，便是生物底材料。"（《朱子语类》卷九十四）可以说，程朱理学中的气，是形而下的、实体性的构成宇宙万物的基础质料。但是，新理学的气——"事物必都有其所有以能存在者"，显然只是对构成事物（新理学之"实际"）之质料的形式上的表述，只是一个逻辑概念，正如冯氏自己所一再解说的："在我们的系统中，气完全是一逻辑底观念，不是一种实际事物。"（《新理学》，《三松堂全集》第四卷，第49页）"新理学所谓气，并不是一种实体……新理学中所谓气，不能说它是什么，只拟对于经验作形式底释义，除肯定有实际之外，对于实际，不作肯定。"（《新知言》，《三松堂全集》第五卷，第228页）不难看出，在新理学中，程朱理学的气之观念所发生的理论性质的变化最为明显、巨大，它由形而下的原初物质性实体，转变为形而上的（抽象的①）逻辑概念。

其二，程朱理学三个重要命题之逻辑层面解说。新理学对程朱理学的基础性观念——理、气作出新的诠释，使其理论内涵发生了重大的变异。与此相连，新理学也必然和必须对如果不说是全部的，至少也是一系列最重要的程朱理学命题给予新的解释，以显示"接着讲"的那种理论发展。此当以新理学对朱熹曾着力辨析的三个论题的新释最为典型。

理气先后　如前所述，在理气关系上，程朱理学有两个命题：从本体论层面上立论（"在理上看"）的"理先气后"与从宇宙论层面上立论（"在物上看"）的"理气无先后"。程朱理学此两个命题，是依据理为根源性的实在和气为构成万物的原初实体之观念而建立的。新理学在维也纳学派经验主义的影响下，排斥"本体"观念，因而不存在本体论的观察

---

① 冯氏说："我们所谓形上形下，相当于西洋哲学中所谓抽象具体。理是形而上者，是抽象底；其实际底例是形而下者，是具体底。抽象者是思之对象，具体者是感之对象。"（《新理学》，《三松堂全集》第四卷，第36页）可见新理学主要是从认识论的意义上界分形上、形下的。

角度①；在宇宙论层面上（真际、实际），新理学的理气观念只是一种无时空内涵的、形式的逻辑概念，完全不同于程朱理学的关于事物构成材料及其实际规律的理气观念，新理学因此也就不能认同程朱理学的"理先气后"和"理气不可分"的观点。冯氏说："时或空是两种实际底关系，而理不是实际底，所以不能入实际底关系之中。所谓真元之气②不是实际底事物，不能有任何实际底关系，所以它亦是不在时空底。由此我们可知，在旧理学中所谓有理气先后之问题，是一个不成问题底问题，亦可说是一不通底问题。"（《新理学》，《三松堂全集》第四卷，第59页）但是，属于宇宙论层面的新理学的真际、实际的观念，却又可以给出这样的解释：任何一个实际事物总是有其开始的，在此开始之前，此事物之理（真际）在逻辑上已是存在的了，或者说"潜存"的了③。因此，新理学可以从纯粹逻辑的立场说"理先于其实际事例而有"（同上）。新理学由此具体事物与其理之逻辑上的关系进而推出一个一般性的结论："总所有底理名曰理世界，理世界在逻辑上先于实际底世界。"（《新原道》，《三松堂全集》第五卷，第150页）这样，新理学在否定儒家传统的程朱理学从本体论层面、宇宙论层面解释理气关系的立场与结论的同时，在现代哲学观念背景下，将其转换为理（真际）与事例（实际）的关系，并从逻辑的立场上给予一种新的"先后"之诠释。

理一分殊 亦如前所述，朱熹曾对"理一分殊"命题有三种内涵不同的、属于不同理论层面或理论角度的解释：在最浅近的道德层面上，是指普适原则与具体人伦规范；在宇宙论的层面上是指事物之根源与生成之

---

① 冯氏说："维也纳学派以为哲学家说有'本体'，是由于受言语的迷惑，其实除了现象，更无本体。新理学中所谓气，并不是所谓本体，如维也纳学派所批评者。"（《新知言》，《三松堂全集》第五卷，第227页）新理学剔除了"本体"的观念。

② 冯氏为更鲜明地表示作为逻辑概念的"气"——"事物所有以能存在者"之绝对性，特称其为"真元之气"。他说："气曰真元，就是表示此所谓气，是就其绝对意义说。"（《新原道》，《三松堂全集》第五卷，第151页）

③ 冯氏在此表现了他受到的新实在论的影响。他说："有某种事物之有，新理学谓之实际底有，是于时空中存在者。'有某种事物之所以为某种事物者'之有，新理学谓之真际底有，是虽不存在于时空而又不能说是无者。前者之有，是现代西洋哲学所谓存在，后者之有，是现代西洋哲学所谓潜存。"（《新原道》，《三松堂全集》第五卷，第149页）而"共相潜存"正是新实在论用之与二元论和主观唯心论相区别的根本观点。

万事万物；在本体论层面上是指"统体一太极"与"一物一太极"，即总体之一理与分殊之万理。朱熹此三种解释，若给予综合的概括，则可以体与用关系之解释涵盖之，即"一理"是体，"分殊"是用，是理（本体）在各种境况下的显现（作用）。朱熹自己亦说："万物皆有此理，理皆出于一源，但所居之位不同，则其理之用不一……物物各具此理，而物物各异其用，然莫非一理之流行也。"（《朱子语类》卷十八）可见，以体与用之关系来诠释理一分殊命题，亦是程朱理学所固有，并且这应该是一个比较深入、周延的诠解。新理学没有本体论的观察视角，对以体用关系诠释理一分殊的程朱理学观点自然要表示不能认同、不能接受。朱熹曾有"人人有一太极，物物有一太极"之论（《朱子语类》卷九十四），其理论义蕴正是从体用关系的意义上对理一分殊的一种表述，冯氏亟加驳论曰：

> 照我们的说法，一类事物，皆依照一理。事物对于理，可依照之，而不能有之。理对于事物，可规定之而不能在之。用如此看法，我们只能说，一某事物依照某理，而不能说一事物依照一切理。用如此看法，则所谓"人人有一太极，物物有一太极"者，是一种神秘主义底说法，我们现在不能持之。（《新理学》，《三松堂全集》第四卷，第43页）

冯氏的驳论显现出新理学与程朱理学理论思想上的深刻分歧是，第一，对太极的理解。朱熹曾说："总天地万物之理，便是太极。"（《朱子语类》卷九十四），冯氏追随朱熹亦说："总所有底理，新理学中名之曰太极。"（《新原道》，《三松堂全集》第五卷，第150页）虽然二人皆以"总理"界说"太极"，但其间甚有差别。朱熹曾赋诗解说"太极"为"万化自此流，千圣同兹源"（《朱文公文集》卷五《奉酬敬夫赠言并以为别》），并训谓门人"太极者，如屋之有极，天之有极，到这里更没去处，理之极至者也"（《朱子语类》卷九十四），故朱熹的"总理"是将太极作为万理之根，作为本体来界定的。冯氏解说"太极"曰："所有之理之全体，我们亦可以之为一全而思之，此全即是太极。所有众理之全，即是所有众极之全，总括众极，故曰太极。"（《新理学》，《三松堂全集》第四卷，第40页）显然，此"太极"乃是运思过程中为总括万理而言之的表述语，是内涵为数量意义的"全"的逻辑集合概念。因而，太极是认识论层面上的而不是本体论层面上的观念。在新理学看来，没有内蕴一切理的本体的太极，只有表示总括一切理的名词术语的"太极"，所以"只能说某事物依照某理，而不能说一事物依照一切理"。第二，对太极与万理或理与事之关系的理解。朱熹曾说："若以形而上者言之，则冲漠者固为体，而其发于事物之间者为之用。若以形而下者言之，则事物又为体，而其理之发见者为之用。"（《朱文公文集》卷四十八《答吕子约十二》）即在朱熹看来，任何事物皆可追寻到、归属到它的体与用关系中，并且无论在何种层面上，"用"都是"体"之属性的显现，体与用之间是密切的、内在联系的关系。如上面所论，朱熹认为太极与万理、理与事之间正是这种体用关系。但冯氏却认为，事理相互之间"不能有之""不能在之"，质言之，是相互分离的；所谓"依照之""规定之"，质言之，也只是一种并无内在联系的外在关系。这样，程朱理学认为事物（"人人""物物"）不仅内在联系地显现各自之理，而且还可内在联系地归属到本体之理（太极）的观点，对于新理学来说，就是"神秘"的了。

冯氏的驳论表明新理学既不能认同程朱理学以太极为本体的观念，亦不能认同程朱理学以理与事为体用关系的观念。新理学的此种理论立场显然是接受了维也纳学派排斥"本体"和新实在论以认识对象间及认识主体与认识对象间为"外在关系"的思想观点影响的结果①。也正是在这样的现代观念背景下，新理学在否定程朱理学的"理一分殊"说的同时，对其作出一种新的解释：

---

① 美国新实在论者为反驳主观唯心论观点提出"外在关系"，并表述为："在'a项和b项具有R关系'这一命题中，aR在任何程度上都不构成b，Rb也不构成a，R也决不构成a或b。"（霍尔特等《新实在论》，商务印书馆1980年版，第460页）冯氏1919～1923年留学美国时，曾就读于美国新实在论者孟太格（W. P. Montague）门下。前面他解说新理学的"理"之性质时，援用了新实在论的"潜存"说，这里他认为理与事之间"不有""不在"，正是一种外在关系说观点。共相潜在说与外在关系说是新实在论观点在新理学中的主要表现。

在我们的系统中，我们仍可说"理一分殊"。先就一类中之事物说，此一类之事物，皆依照一理，虽皆依照一理，而又各有其个体，此一类之事物，就其彼此在本类中之关系说，可以说是理一分殊。就一共类之各别类说，各别类皆属于共类，而又各有其所以为别类者，此一共类中诸别类之关系，亦可说是理一分殊……此是我们所说之理一分殊。此说，是就逻辑方面说，只对于真际有所肯定；此说并不涵蕴实际事物中间有内部底关联，所以对于实际无所肯定。（《新理学》，《三松堂全集》第四卷，第 45 页）

显然，冯氏之论是从不同观察角度将"理一分殊"共同地界定为、解释为共类与别类的关系，实际上是一种逻辑层面上的种与属或认识层面上的一般与个别的关系，所以这种关系中只有一种逻辑蕴涵性质的外在联系，并无诸如体用间的那样实际的、内在的联系。冯氏对"理一分殊"的新解，再一次表明新理学"接着讲"的基本理论特色，是将程朱理学的本体论、宇宙论层面上的命题、观念，转移到认识论的、逻辑的层面加以解说。

无极而太极　亦如前所述，"无极而太极"是经朱熹校订确定而渐次被公认的周敦颐《太极图说》的首句①。宋明理学中对此命题有两种基本的解释。一是陆九渊的解释。他认为这是一个既有的道家思想命题。他说："《老子》首章言'无名天地之始，有名万物之母'，无极而太极，即是此旨。"（《象山全集》卷二《与朱元晦》）按照这种解释，"无极而太极"命题的内涵是宇宙万物由无到有的生成过程。另一是朱熹的解释，他认为这个命题是周敦颐"灼见道体"，对理学的创造性理论贡献（《朱文公文集》卷三十六《答陆子静五》），其义蕴是从不同方面对本体（理或道体）的形容、说明。他说"不言无极，则太极同于一物，而不足为万化根本；不言太极，则无极沦于空寂，而不能为万化根本"（同上书卷三十六《答陆子美一》），"无极者，无形也，太

---

① 前已述及，朱熹的时代，《太极图说》首句还有另外两种表述："自无极而为太极""无极而生太极"，后皆被朱熹证伪排除。

极者，有理也，无极而太极，只是无形而有理"（《朱子语类》卷九十四）。对"无极而太极"的不同理解，是朱陆之争中的一个重要内容。新理学排斥"本体"观念，自然也就不能形成本体理论层面的观察角度，所以虽然他宣称是"接着程朱理学讲"，但在此论题上他却不能认同朱熹，而附和了陆九渊。冯氏说："就此争辩说，象山是而朱子非。"（《新理学》，《三松堂全集》第四卷，第53页）然而，新理学所诠释的"无极而太极"，无论与宋明理学两派中的朱熹或陆九渊都是不同的。他说：

> 　　我们的系统所讲之宇宙，有两个相反底极，一个是太极，一个是无极。一个是极端地清晰，一个是极端地混沌。一个是有名，一个是无名。……太极是有名而无极是无名，由无极至太极中间之过程，即我们的事实底实际底世界，此过程我们名之曰"无极而太极"。（《新理学》，《三松堂全集》第四卷，第53~54页）
>
> 　　事物的存在，是其气实现某理或某理的流行，……总一切底流行谓之道体，道体就是无极而太极的程序。（《新原道》，《三松堂全集》第五卷，第152页）

由冯氏所论可以看出，新理学通过对"无极而太极"的新解，对程朱理学传统的本体论层面和宇宙论层面上的理论观念都有变异或发展。首先，新理学将"无极而太极"命题定位在宇宙论的理论层面上，认为这个命题是对宇宙全部过程（"一切流行"）的表述、概括，显然，此与朱熹以"无极而太极"为解说、表征本体的观点迥然不同。朱熹曾说："语道体之至极，则谓之太极；谓之无极，正以其无方所、无形状。"（《朱文公文集》卷三十六《答陆子静五》）即是说，在程朱理学中，"道体"是用"无极而太极"来陈述、界定的本体，但是在新理学中，"道体"却是指宇宙论层面上的从"无极"到"太极"（从"无"到"有"）的程序。程朱理学的本体论层面在新理学中被消解了。其次，新理学进一步将"无极而太极"的宇宙"程序"，解释为从"无名"到"有名"的逻辑过程，此与理学所理解的万物生成的宇宙过程也迥然有别。理学一般沿袭周敦颐

"二气交感，化生万物"的观点（《太极图说》）①，将宇宙过程理解为从无形体的气到有具体形态的万物之生成的实际过程。如朱熹解说天地万物之形成曰"天地初间只是阴阳之气。这个气运行，磨来磨去，磨得急了，便拶许多渣滓；里面无处去，便结成个地在中央。气之清者便为天，为日月，为星辰，只在外，常周环运转，地便只在中央不动，不是在下"（《朱子语类》卷一），"天道流行，发育万物，其所以为造化者，阴阳五行而已。而所谓阴阳五行者，又必有是理而后有是气，及其生物，则又必因是气之聚而后有是形"（《大学或问》卷一）。这种解释中显然多有受到当时科学理论水平限制的感性直观的、经验的成分。新理学剔除了理学关于宇宙生成过程的具体的、经验的内容，而赋予完全逻辑形式的解释——从"无名"到"有名"，用"无极而太极"的命题将理学宇宙论中的理论内容转移到逻辑的层面上加以解说。新理学对程朱理学理论观念的此种变异、改造，也是实现理学现代转化的一种尝试。

传统儒学三个理论层面之新释　新理学还用形式的、逻辑的诠释方法，对体现传统儒学三个思想层面的观念——心与性、道德、命作出新的解释，在与程朱理学的差异中也显示出理论上的发展。这种差异总括言之，就是理学中心性的道德性内涵、道德的绝对性、命的超越性之品性，在新理学中被消解了。

性与心之形式的诠释　较之程朱理学，新理学以形式的、逻辑的方法所诠释的性之观念，其显著的变化表现为，一是"善"之界定。冯氏解说"善"曰：

> 所谓善者，即从一标准以说合乎此标准者之谓。从此标准说，合乎此标准者是善，则此标准即是至善。我们说一个很方底物"好方"，一个很凶底物"好凶"，如果很方底物是好方，很凶底物是好凶，则方之理即是至好底方，凶之理即是至好底凶。（《新理学》，《三松堂全集》第四卷，第94页）

①　如前所述，理学形成时期出现了分别由周敦颐、张载、邵雍提出的三幅有所不同的宇宙图景，但三者却有共同的汉《易》宇宙观的理论渊源——气生万物。其中周敦颐的宇宙图景，经朱熹表彰，最具影响。

如前所述，程朱理学继承儒学传统，以"四端""义理"为善，即是说，在理学中，善是一具有特定内容的、即正面的肯定性精神倾向的价值尺度。由冯氏所论可以看出，新理学排除了传统儒学或理学中的"善"的具体的、道德性质的内涵，将其凸显为、界定为一种"中性"的、属于任何一种事物（"好"或"凶"）所具有的形式的"标准"。二是人性善恶之解说。冯氏说：

> 从真际或本然之观点看，有人之性者之义理之性，即人之所以为人者，不能说它是善底或恶底，即是无善无恶底。从实际底观点看，人之性是属于人之类之物之完全底典型，可以说是至善底。（《新理学》，《三松堂全集》第四卷，第99页）

朱熹每批评同时代的湖湘学派"善恶相对者不是性"与"本然之性无善恶"之论是"如佛言哉"（《朱子语类》卷一百九），"岂有此理！"（同上）认为人性就其义理本体意义上是善的，但同时亦赞同程颢"才说性时，便已不是性"和"善固性也，恶亦不可不谓之性"之论，认为性总是在气质中方能显现，因而性在实际表现中每是兼有善恶。新理学对人性善恶的判定恰与朱熹之论相反。这种差异的造成，主要是由于新理学的诠释转换了论题的理论角度，即将人之性的界定，由原来从本体论的价值品性作出的判断，转换为一个从宇宙论的事物存在意义上作出的判断（所以是"无善无恶"）；同时在此层面上又将"善"从一具有特定价值尺度内涵的概念，改易为、等同于无任何内容的、但却是任何事物可具有的逻辑性质的"标准"（所以是"至善"）。

虽然从形式的、逻辑的"真际"与"实际"的角度看，人性"无善无恶"，或为"至善"，冯氏将其概之曰："照我们的说法，人之性可以说是彻头彻尾地'无不善'。"（《新理学》，《三松堂全集》第四卷，第100页）但是，现实社会生活并不是"真际""实际""无不善"地展开、显现，现实生活中的人总是有"恶"之行为，或者用新理学的话来说，人对于遵循、践履社会生活的道德规范，总是"很有勉强底方面"。显然，此需要新理学从"无不善"的人性中给予一种不矛盾的解释。新理学没有回避，给予了一个完整的回答：

> 但社会底生活，道德底行为，对于人亦很有勉强底方面。主张性恶者特别注意此方面，我们亦不能说他们没有理由。人不仅有人之性，而且有人所有之性，及一个人所有之性，其中有许多显然是俱生底，而且与人之性有冲突底。人所有对于人之性之气质，亦未必是完全好底。所谓未必是完全好底者，即未必完全能为人之理之实现之所依据。因此两种原因，所以社会底生活，道德底行为，虽是顺乎人所有之人之性之自然底发展，而对于人亦很有其勉强底方面。（《新理学》，《三松堂全集》第四卷，第104页）

新理学对人性结构曾有较程朱理学更细致的分析或划分。一方面新理学根据其"依照于理，依据于气"的理气观，沿袭程朱理学亦将人性构成区分为义理之性与气质之性，冯氏界定说："一某类事物之义理之性，即某一类事物之所以为某一类事物者，亦即是某一事物之理……此事物之所实际地依照某义理之性者，此即其气质之性。"（《新理学》，《三松堂全集》第四卷，第90~91页）另一方面，为程朱理学所没有的，大体上可以说是在义理之性范围内，新理学又作出更进一步的正性、辅性、无干性的划分。冯氏说："每一事物，从其所属于之任何一类之观点看，其所以属于此类之性，是其正性；其正性所涵蕴之性是其辅性，与其正性或辅性无干之性，是其无干性。"（同上书，第92页）冯氏据此将人性构成析分为三："人之性"，即"人之所以异于禽兽者"，此为正性；"人所有之性"，即"凡是一般物，一般生物，一般动物，所同有之性，人亦有之"，此为"辅性"；"一个人特有之性"，此为"无干性"（同上书，第92~93页）。新理学对人性结构的这两种解析，虽然分别是从内涵之对立关系与涵蕴关系作出的，但其理论性质却是相同的，都是逻辑的诠释，都是简单的、形式的划分。从冯氏对人何以于社会生活与道德行为"很有勉强底方面"的解释中不难看出，新理学正是从这两种人性结构关系中追寻"恶"之根源。在新理学看来，在第一种结构关系中，是由于"气质之性未必能充分合乎其义理之性，未必能充分实现其理"（同上书，第104页），产生了恶；而在第二种结构关系中，则是当"从人所有之性发出之事与从人之性发出之事有冲突时"（同上书，第105页），产生了恶。程颐曾说："气有清浊，禀其清者为贤，禀其浊者为愚。"（《河南程氏遗书》卷十八）朱熹亦说："气之为物，有清浊昏明之不同，禀其清明之气，而无物欲之累，则为圣；禀其清明而未纯全，则未免微有物欲之累，而能克以去之，则为贤；禀其昏浊之气，又为物欲所蔽而不能去，则为愚为不肖。"（《朱文公文集》卷九十四《玉山讲义》）可见，程朱理学将恶之根源归属于人性的气质之性本身（"昏浊之气"）。新理学异乎此，将其追溯到人性的结构功能中，即气质之性未能实现义理之性时或由人之性与人所存之性发出之事发生冲突时。新理学与程朱理学的此种差异，可以说是形式的解释与实质的解释之间的差异。冯氏自己明确宣称，在论说人性善恶之起源时，"有两种方法可以解答这个问题，一种是形式底、逻辑底，一种是实际底、科学底。中国哲学家自孟荀以下，于讨论此问题时所用之方法，多是实际底、科学底，我们只用形式底、逻辑底方法以解决这个问题"。（《新理学》，《三松堂全集》第四卷，第101～102页）

在心之论题上，从程朱理学到新理学也表现出与性之论题相同的理论观念的变化。如前所述，程朱理学是用"气之精爽"、知觉、性情三个不同的观念内涵来界说心的，质言之，在程朱理学看来，心不仅是一具有知觉功能的实体，也是一具有义理道德品性的实体①。朱熹完整地界定心说："心者，人之神明，所以具众理而应万事者也。"（《孟子集注》卷七《尽心上》）其所表达的正是心的这种双重内涵，此即所谓"心之全体大用"（《大学章句·补格物传》）。新理学对心的界说甚有不同。冯氏说"人有心，人的心的要素，用中国哲学家向来用的话说，是'知觉灵明'"（《新原人》，《三松堂全集》第四卷，第529页），"有觉解是人的心的特异之处，所以我们专就知觉灵明说"（同上书，第535页）。可见，较之程朱理学，新理学心之观念的显著不同，即在于剔除了心之道德性内涵。冯氏还曾更明确地说："照我们的系统，我们的心只能知众理，而并非有

---

① 例如朱熹曾谓"虚灵自是心之本体"（《朱子语类》卷五），又谓"……仁之体存于心，若爱亲敬兄，皆是此心本然"（同上书卷五十三），正是对此心之双重内涵的分别表述。

众理，所以所谓心之全体大用，亦是没有底。"（《新理学》，《三松堂全集》第四卷，第204页）总之，在新理学中心只是一知觉实体。与此相连，程朱理学以道德性（义理）与非道德性（情欲）来划分界定的心之形态表现，如人心道心、天理人欲①，在新理学看来也就不能成立。冯氏说："凡人所有之生理底、心理底要求，皆称为欲或人欲。欲或人欲之本身从道德底观点看，皆是无所谓道德底或不道德底。"（同上书，第108页）在新理学中，此种具有道德内涵的分界标准不再存在，因而儒学、理学所论说的心之形态——人心道心，在这里只能获得一种形式的解释，故冯氏说："宋明儒所谓人心，大概是指与从人之性所发之行为冲突之行为，尚未行而为心之所知者；其所谓道心，大概是指从人之性所发之行为，尚未行而为心之所知者。"（同上）或简言之，"从人的人所有之性发出者，道学家谓之人心；从人的人之性发出者，道学家谓之道心"（《新原人》，《三松堂全集》第四卷，第546页）。冯氏之论表明，新理学只表述了人心、道心的存在形式，完全避开了对其内容作是道德性的或非道德性的判定。

道德之形式的界说　二程说"父子君臣，常理不易，何曾动来"（《河南程氏遗书》卷二上），朱熹亦说"三纲五常，礼之大体，三代相继，皆因之而不能变，其所损益，不过文章制度、小过不及之间"（《论语集注》卷一《为政》）。完全可以判言，认为先秦以来传统儒家所崇尚和践履的、实际上是特定历史阶段的、封建宗法社会的伦理制度、道德规范具有绝对唯一性、永恒不变性，是程朱理学，也是全部理学的一个基本的观点。但新理学不能认同此观点，并从两个方面表述了相反的、否定的观点。其一，是立于历史事实的评断。新理学根据儒家经典《礼运》有小康、大同之分，汉代经学家有三世、三统之说，因而得出结论说："有社会，有各种社会；有社会之理，有各种社会之理。"（《新理学》，《三松堂全集》第四卷，第116页）在此存在着多样性社会的历史事实基础上，新理学提出道德标准是相对的、变化的观点：

---

① 前已引述，朱熹曾界分人心道心、天理人欲曰"只是这一个心，知觉从耳目之欲上去，便是人心，知觉从义理上去，便是道心"（《朱子语类》卷七十八），"只是一人之心，合道理的是理，徇情欲的是人欲"（同上）。

一种社会之内，有一种社会制度。一种社会之内之人，在其社会之制度下，其行为合乎其社会之理所规定之基本规律者，是道德底，反之则是不道德底。但另一种社会之理所规定之基本底规律，及由之所发生之制度，可以与此种社会不同，而其社会中之人，在其制度之下，其行为之合乎其规律者，亦是道德底，反之亦是不道德底。两种规律不同，制度不同，而与之相合之行为，俱是道德底。似乎道德底标准，可以是多底，相对底，变底。（《新理学》，《三松堂全集》第四卷，第117页）

新理学正是在一种远较程朱理学为开阔的历史视野中，产生了此种否定程朱理学以儒家道德标准为永久、普适之观点，故冯氏说："我们说有一种社会，有另一种社会，我们承认社会有许多种，此一点亦是我们与朱子一大不同之处。"（同上书，第118页）其二，是立于方法论的批评。新理学的方法以形式的、逻辑的诠释为特色，如前所引述，冯氏每说"哲学只对于真际有所肯定，但肯定真际有某理，而不必肯定某理之内容"（同上书，第17页），"我们依逻辑可知每一类之事物必有其理，但其内容若何，须另有学问以研究之"（同上书，第203页），故新理学对程朱理学以氏族的、封建的宗法社会的"五伦"（君臣、父子、夫妇、兄弟、朋友五种基本的伦理关系）、"五常"（仁、义、礼、智、信五种基本的道德规范）具有永久普适性，每多有微词。如冯氏批评说：

　　人与人的社会底关系，谓之人伦。旧说君臣、父子、夫妇、兄弟、朋友，谓之五伦，这亦是人伦。不过我们于此所谓人伦，则不必指此。五伦是以家为本位底社会中底人伦，我们于此所谓人伦，则是指任何种类底社会中底人伦。（《新原人》，《三松堂全集》第四卷，第605页）

　　照程朱的旧说，此五常即是人所有之人之性之内容，人所有之人之性是俱生底……照我们的看法，凡无论何种社会，所皆须有之道德，其理可以说是为人之理所涵蕴。依照人之理者，其行为必依照此诸道德之理。不过此诸道德都是什么，则哲学不必予以肯定。程朱说五常即是人所有之人之性之内容，即是人之理之内容，则对于人之理

之内容，肯定过多，可以不必。（《新理学》，《三松堂全集》第四卷，第 134 页）

新理学从其逻辑分析的、形式的立场认为，所谓"人伦"，应是任何社会的"人之关系"，所谓"道德"，应是任何社会的"人之理"，因而程朱理学以"五伦"为全部、永久的人伦，"五常"为全部、永久的道德，是说得太多了，肯定得太多了，"可以不必"。本体性地论证、升越三纲五常，充盈着浓厚的伦理道德观念色彩，原是程朱理学也是全部理学的主要理论特质和特色，新理学却以一种特殊的逻辑的方式使其淡化了，隐退了。但是，这并不意味着新理学也否定理学的"五伦""五常"伦理道德观念本身；相反，当程朱理学遭到"五四"以后现代民主、科学的反封建思潮的否定性批判时，新理学却表示同情的理解，并援依此形式的逻辑的立场上的理论观点，给予辩护，反驳了这种批判：

> 民国初年，许多人以为作忠臣是为一姓作奴隶，作节妇是为一人作牺牲，皆是不道德底，至少亦是非道德底。用这种看法，遂以为以前之忠臣节妇之忠节，亦是不道德底或非道德底。这一班人对于忠节之看法，是否不错，我们现不论，不过他们用一种社会之理所规定之规律为标准，以批评另一种社会的分子之行为，这种看法是不对底。一种社会的分子之行为，只可以其社会之理所规定之规律为批评而批评之。（《新理学》，《三松堂全集》第四卷，第 118 页）

此辩词表明，新理学的形式的、逻辑的立场，一方面与传统的程朱理学不同，在儒学之社会思想层面上，不能认同理学以儒家伦理道德具有绝对性（普适、永恒）之观念；另一方面，它的精神之根仍是扎在理学的土壤中，具有一种理学家的情怀，将此伦理道德的实践视为是对在实际——具体的事和人——之上的儒家精神理念的实现，故冯氏说："中国历来多数之忠臣、孝子、节妇，之忠于名、概念之精神，极事贵纯洁，其所处盖已不在具体底世界，而在柏拉图所谓概念之世界，此则吾人所宜注意者也。"（《三松堂学术文集·中国之社会伦理》）

命说：超越性之消解　如前所述，在孔孟原始儒学思想中，命（天命）是指某种外在客观必然性的、人无法制约的超越性的存在；而在程朱理学中，这种超越性被削弱了。新理学以其运命说、境界说，进一步削弱了甚至是消解了命之超越性。

其一，运命说。亦如前所述，程朱理学曾有命即理（性）与命兼理气两种内涵有所区别的命之界说，并在后一种界说的命中，注入了偶然性的因素。新理学在此两种命之界说中选择了后一种。冯氏道：

> 命是天之所予我者，才正可以说是天之所予我者，才亦是命。此所谓命，是所谓性命之命。不过我们此所谓命，不是此意义底命，我们此所谓命，是指人的一生不期然而然底遭遇，是所谓运命之命。（《新原人》，《三松堂全集》第四卷，第666页）

新理学以"遭遇"界说命，其意旨即在以"不期然而然"的偶然性否定传统的命之思想观念的必然性。故冯氏说："世俗所谓命，是先定底。我们所谓命，则正是与先定相反底，我们所谓命，只是人的适然底遭遇。未遭遇以前，其遭遇可以如此，可以不如此。"（《新原人》，《三松堂全集》第四卷，第668页）可以体会出，"不期然而然"中，仍还涵蕴着某种结局既定性的义蕴，即冯氏所谓"人所遇之意外，虽系意外，而亦不可磨灭，不可改变"（《新理学》，《三松堂全集》第四卷，第193页），"命是力之所无可奈何者"（《新原人》，《三松堂全集》第四卷，第667页）。这就是说，新理学界说之命虽然是一种偶然性，但这是一种甚为特殊的偶然性，是一种具有无法改变其结局的偶然性。先秦儒家荀子曾以"节遇"、孟子曾以"莫之致而至"解说命，综此二说，恰好能周延地解释新理学命之观念，故冯氏引述曰："孟子说'莫之致而至者，命也'，荀子说'节遇之谓命'。'节遇'是就其遭遇适是如此说，'莫之致而至'是就其非才及力所能创造及改变说。"（同上）可见，新理学运命说否认了传统思想命之观念中的诸如"先定"的那种必然性内涵因素，但命之无可制约、改变的性质仍然存在，换言之，新理学运命说并未能完全消解传统思想中的命之超越性。新理学是以其境界说最终实现了这种完全的消解。

其二，境界说。境界说是新理学的重要的理论创造。新理学界定说："宇宙人生对于人所有底某种不同底意义，即构成人所有底某种境界。"（同上书，第549页）简言之，境界是人对于宇宙人生意义的觉解程度。新理学认为"人所可能有底境界，可以分为四种：自然境界，功利境界，道德境界，天地境界"（同上书，第550页），并分别以"顺才顺习""为利""行义""事天"四种内在性质不同的人的行为表现，作为标志此四种境界的特征（同上书，第551～553页）。应该承认，对于生活在以儒家思想为主体、由儒道墨法等固有思想共同组成的中国文化传统的生活方式中的人们，新理学境界说的概括还是准确的、周延的。新理学还将此四种人生境界按其形成的方式，援用黑格尔的分类方法，区分为二："自然境界及功利境界是黑格尔所谓自然的产物，道德境界及天地境界是黑格尔所谓精神的创造。自然的产物是人不必努力，而即可以得到底，精神的创造，则必待人之努力，而后可以有之。"（同上书，第560页）新理学认为正是在达到道德境界、天地境界的精神创造的努力中，命（或才）对人的限制被超越了，或者说命之超越性被消解了。冯氏说：

> 在道德境界中底人，其行为皆是行义底，以尽伦尽职为目的。人有大才，作大事可以尽伦尽职。有小才，作小事，亦可以尽伦尽职。无论他的才是大是小，他总可用力以达到这种目的。所以他在精神上不受才的限制。（《新原人》，《三松堂全集》第四卷，第670页）
>
> 在天地境界中底人，知天事天者，其行为以事天赞化为目的，才大者作大事可以事天赞化，才小者作小事亦可以事天赞化，所以他亦在精神上不受才的限制。（同上书，第671页）

显然，新理学对命（或才）的限制之超越，实际上是人生的哲学理性觉醒而带来的一种自由感，一种精神上的超越。新理学对道德境界和天地境界的自由感作了区别的解释。冯氏说："在道德境界中底人，尽伦尽职，只是成就一个是而已；于求成就一个是时，他可以不顾毁誉，不顾刑赏。"（同上书，第615页）即在新理学看来，道德境界的人已经觉醒到，一个人完成他作为人的道德义务和责任，就是全部的人生价值、人生目标的实现，其至就是全部的人生感受。生死祸福、得失成败、富贵贫贱这些被传统观念视为是预定的、必然的命之表现，皆不能形成使他感到是障碍、限制的那种"无可奈何"的感受。在新理学中，天地境界是最高境界，在此境界中的人，"知天然后可以事天、乐天，最后至于同天"（同上书，第627页）。冯氏说"此等境界，是在功利境界中底人的事功所不能达，在道德境界中底人的尽伦尽职所不能得底。得到此等境界者，不但是与天地参，而且是与天地一"（同上书，第632页），此"与天地一"境界产生的精神感受，即是以利害、得失、贵贱、祸福、生死为一体。新理学认为，此种感受"并不是由于他冥顽不灵，而是由于他的觉解深，眼界大"（同上书，第640页）。所以在此境界中，传统观念中的命之表现，不但不能形成是障碍、限制的感受，而且这种障碍、限制根本就不存在。故冯氏区别道德境界、天地境界实现对命（才）的限制之超越之自由感说："不受实际世界中底限制的限制，是在道德境界中底人的自由；不受实际世界的限制，是在天地境界中底人的自由。"（同上书，第679页）总之，体现命之超越性的命之不可制约性，在新理学的境界说中被消解了。

不难看出，新理学在命之观念上，即对命之界定和对命之回应，与程朱理学都有所区别。一方面，新理学在程朱理学的两种命之界定中，较多的认同、选择"命兼理气"，而少言或舍弃"命即理"；另一方面，新理学对命之回应方式，在道德境界的"尽伦尽职"之外，增加天地境界的"与天地一"，此则又是为程朱理学所未言。如前所论，理学的命之观念虽然已将命之外在异己性消解，但并未否定其超越的客观必然性，命在理学中仍然是人的生存或生命过程中的具有对立性质的存在。新理学唯一地以偶然之"遭遇"界说命，显然是歧出了程朱理学。程朱理学唯一地以"唯义无命""天命可易""人事尽处即是命"的道德实践的方式回应命，新理学则认为，"不受限制"的自由感是在"尽伦尽职"的道德感之上更高境界的回应。新理学的此番立论，显然也是歧出了程朱理学。儒家的最高精神境界（"圣人"），是以伦理的实现为主要内容的（"人伦之至"①）。

---

① 孟子曰："圣人，人伦之至也。"（《孟子·离娄上》）

此境界包括了由家庭及社会，及天地甚为宽广的领域①，理学家也认为在最高的境界里，应是"民吾同胞，物吾与也"（《正蒙·乾称》），应是"穷理、尽性以至于命，一物也"（《河南程氏遗书》卷十一）。即在理学家看来，自觉地践履世俗伦理与"浑然与物同体"（同上书卷二上）的宽广仁爱，只是儒家同一道德境界在不同境遇下的不同回应，并不是有高低区别的两种不同的精神境界。故当理学家以"仁"来解说此境界时，既说"仁者以天地万物为一体，莫非己也"（同上），也每说"义、礼、知、信皆仁也"（同上），"仁义礼智信五者，性也。仁者全体，四者四支"（同上）。新理学将其分裂为"道德境界"（表现为"义礼智信"）与"天地境界"（似为"仁"②）；并以天地境界高于道德境界，应该说是背离了纯正的儒学理论立场，是受到道家思想感染的结果。《老子》曰"失道而后德，失德而后仁，失仁而后义，失义而后礼"（第38章），"大道废，有仁义"（第18章），《庄子》曰"古之明大道者，先明天而道德次之，道德已明而仁义次之，仁义已明而分守次之"（《天道》），"道德不废，安取仁义"（《马蹄》），可见道家皆认为在"仁义礼分"（新理学称之为"道德境界"）之上有更高的"道德"或"天"（新理学称之为"天地境界"）之精神层面或社会阶段。故冯氏每援引庄子言来解说天地境界的精神感受、精神特征，称其为"游心于无穷"③"死生无变于己，而况利害之端乎"④。如前所论，在道家思想影响下而形成的魏晋玄学，对于命是以"任之"的态度回应，使人不去感受命的存在，从而能够获得一种无任何负累的"逍遥"的精神自由。新理学的"天地境界中底人的自由"

---

① 孟子曰："君子亲亲而仁民，仁民而爱物。"（《孟子·尽心上》）
② 冯氏曾界说天地境界曰："天地境界底人自同于大全，此等境界我们谓之为同天……同天境界，儒家称之为仁。"（《新原人》，《三松堂全集》第四卷，第632～633页）
③ 《庄子·则阳》："知游心于无穷，而反在通达之国，若存若亡乎？"
④ 《庄子·齐物论》："至人……死生无变于己，而况利害之端乎？"

似乎是蹈此旧辙①，它是在"与天地一"的自我精神体验、扩张中忘却被限制感，而不是在"尽人事"的实践努力和道德自觉中淡化、消解无可奈何感。

"新理学"实现的观念变革及其内在困难　从以上所论可以看出，新理学的"接着讲"，即对程朱理学作出新的诠释时，理学的根本观念及传统儒学三个理论上的观点，在这里都发生了重要的变迁。这种变迁从其理论根源上观察，可归结为二。一是新理学援用了一个经过它改造的现代西方的（新实在论）哲学概念"共相"来诠释理学的"理"之观念，将理学之"理"中被朱熹"以本体言之"和"以流行言之"所留下的那些实际的、冯氏称之为"不免著于形象"（《新原道》，《三松堂全集》第五卷，第146页）的内容，全部剔除，转变成"以逻辑言之"的表示"同"或"类"的形式的概念。但是从宇宙论（存在论）的意义上说，它却是"潜在"的，是"真际""本然"。一是新理学运用逻辑分析方法（主要是援依逻辑概念的蕴含关系），从"事物存在"这一唯一的经验事实出发②，逻辑地分析出"理""气"两个概念，又逻辑地综合出"道体""大全"两个概念，进而在此四个观念的基础上重新解释了程朱理学的主要观念、主要论题。这样，新理学就将宋明理学中的两个基本观念——理与气，从原是通过经典诠解和经验体认而预先设定的哲学本体论或宇宙论实在，转换为可以逻辑分析出的宇宙论实在。并且，新理学还从逻辑分析的立场上对宋明理学予以某种总体上的批评。新理学特别强调作为逻辑分析的哲学之思辨理智特质和形式化特质。冯氏界定哲学说："哲学乃自纯思之观点，对于经验作理智底分析、总括及解释，而又以名言说出之者。"（《新理学》，《三松堂全集》第四卷，第7页）从逻辑的形式化要求

---

① 冯氏晚年回顾新理学的理论走向时曾说："当时我也知道，程朱道学也有许多缺点，但我认为我不是'照着讲'而是'接着讲'的，在'接着讲'的时候，我认为他们的那些缺点，我都抛弃了，他们的那些优点，我都发展了。暂且不论我所认为是优点的是否真是优点，专就我的'发展'说，那是越发展越空，到后来就成为魏晋玄谈了。"（《三松堂自序》，《三松堂全集》第一卷，第260页）此虽然是就新理学形式的、逻辑的方法之总体而言，但于此亦可以推言新理学的无限制的"自由"，犀通着玄学"无所用心"的"逍遥"。

② 冯氏曾说："从如是如是底实际出发，形而上学对于实际所作底第一肯定，也是惟一底肯定，就是：事物存在。"（《新知言》，《三松堂全集》第五卷，第224页）

立场上，冯氏批评说："程朱理学是有一定权威主义、保守主义成分，但是在新理学中把这些都避开了，按照我们的意见，形而上学只能知道有理，而不知每个理的内容；发现每个理的内容，那是科学的事。"（《中国哲学简史》，第387页）从逻辑的理智要求立场上，冯氏又批评说："宋明道学家说'人之所以异于禽兽者'时，他们注重在人的道德方面，而我们说'人之所以异于禽兽者'时，我们不只注重在人的道德方面，而亦注重在人的理智方面。宋明道学家所谓'人之至者'，是在道德方面完全底人，而我们所谓'人之至者'，是在道德方面及理智方面完全底人。"（《新世训》，《三松堂全集》第四卷，第389页）冯氏从逻辑分析立场上对理学的"有权威主义""不注重理智"两点批评，应该说是对那个时代"民主"与"科学"呼声的响应。新理学对程朱理学的改造、批评，就其理论意义而言，可以认为是儒学或理学由传统观念向现代观念转变的一种尝试，一种实现。较之明末清初儒学思潮对理学衰弱所作出的否定性批判之回应，此乃是一种肯定性诠释之回应。

但是，新理学试图用形式的、逻辑的方法诠释程朱理学，重建形而上学，毕竟遇到了某种困难，也显露了某种缺弱。这种困难主要是来自新理学的形式的、逻辑的形上学与程朱理学的形上学有巨大的理论层面之间的差距。如前所述，新理学只是在认识论的意义上，以"抽象底"来界定"形上"之特质。然而作为理学"形上"的"理"，绝非仅是形式上的"抽象"，而是有宇宙之总体性、根源性等更丰富的内涵。理学形上对象的这些属本体论层面的超越经验的、超理性的理论特质，只有迈越了相当的精神经历（道德实践的和理智积累的），形成某种精神境界，通过整体直觉方法如朱熹所谓"一旦豁然贯通，吾心之全体大用无不明"，才能认肯和把握，此乃是新理学的形式、逻辑的方法，即"对经验作逻辑的释义"① 所不能观察到的，或者虽能观察到也不能作出分析的。就新理学的四个基本观念而言，新理学之"理"观念舍弃了程朱之"理"的那种本体论层面

---

① 冯氏区别哲学（形上学）与科学说："形上学的工作，是对于经验作逻辑的释义，科学的工作，是对于经验作积极底释义……在对于实际事物底释义中，形上学只作形式底肯定，科学则作积极底肯定，这是形上学与科学不同之处。"（《新知言》，《三松堂全集》第五卷，第117页）

内涵而定位在宇宙论层面，界说为实际事物的"所以然之故"与"当然之则"。但对于表述总一切材料之"气"、一切有底之"大全"、一切流行底之"道体"三个具有超越经验的某种总体性内涵的概念，新理学的形式的、逻辑的分析就感到"不可思议""不可言说"了。冯氏说：

> 新理学中的四组命题，提出四个观念，其中有三个所拟代表者，是不可思议、不可言说底，这就是说，是不可以观念代表底。气是不可思议、不可言说底，因为气不是什么，如思议言说它，就要当它是什么，是什么者就不是气。道体是一切底流行，大全是一切底有，思议言说中底道体或大全不包括这个思议言说，所以在思议言说中底道体或大全，不是道体或大全。气、道体、大全，是"拟议即乖"。（《新知言》，《三松堂全集》第五卷，第231页）

冯氏的意思是，只有是一个在人的存在（包括人之思维本身）之外的对象，才能被人观察、言说、思议。所以当人言说、思议气、大全、道体时，实际上就跨越出了气、大全、道体，就破解了具有总体性的气、大全、道体；所以是"拟议即乖"。但人可以在直觉、体验中融入大全、道体，形成一种精神境界，新理学称之为"天地境界"或"同天境界"①。显然，在只有逻辑分析方法的新理学看来，此种境界亦是不可思议、不可了解的，因而是"神秘主义"的，冯氏说：

> 同天的境界是不可思议的……同天的境界本是神秘主义底。（《新原人》，《三松堂全集》第四卷，第634页）

总之，超理性的直觉之方法与"神秘主义"之境界在新理学中是不能作出逻辑分析的，在某种意义上与新理学的理性的理论特质也是有矛盾

---

① 冯氏说："在天地境界中底人的最高造诣是，不但觉解其是大全的一部分；而且自同于大全……此等境界，我们谓之为同天。"（《新原人》，《三松堂全集》第四卷，第612页）

的。在新理学体系形成之前，冯氏对此曾有甚为明确的表述，如在 1927 年所撰《中国哲学中之神秘主义》一文中说："神秘主义乃专指一种哲学，承认有所谓'万物一体'之境界者，在此境界中，个人与'全'（宇宙之全）合而为一……姑且无论神秘主义底境界为何，但以智识底知识求之，实乃南辕北辙。"（《三松堂学术文集》，第 49、59 页）在 1931 年所撰《中国哲学史》中亦说："凡所谓直觉、顿悟、神秘经验等，虽有甚高的价值，但不必以之混入哲学方法之内……吾人虽承认直觉等之价值，而不承认其为哲学方法。"（《中国哲学史》第一章《绪论》）甚至在新理学体系中最先出现的《新理学》一书中，对于理、气、大全、道体四个基本观念，也只是分别从逻辑之分析与综合来界说的，并未确认其需用直觉方法在境界中显现。但是，新理学最终还是认肯了直觉，认肯了"神秘主义"境界之可求。如冯氏在《新理学》一书之后撰作的《新原人》中说：

> 不可思议者，仍须以思议得之，不可了解者，仍须以了解了解之……学者必须经过思议，然后可至不可思议底，经过了解，然后可至不可了解底。不可思议底，不可了解底，是思议了解的最高得获。哲学的神秘主义是思议了解的最后底成就，不是与思议了解对立底。（《三松堂全集》第四卷，第 635 页）

在新理学六书中最后完成的《新知言》中又说：

> 真正形而上学的方法有两种：一种是正底方法，一种是负底方法。正底方法是以逻辑分析法讲形上学，负底方法是讲形上学不能讲，讲形上学不能讲，亦是一种讲形上学的方法。（《三松堂全集》第五卷，第 173 页）

不难看出，新理学虽然认肯了超理性的整体直觉方法，但实际上此方法在新理学中并未获得真正的方法论的意义，并未显示其有诠释理学观念、建构"神秘"境界之功能；新理学虽然认肯了直觉或"负的方法"可显现的境界，但实际上此境界在新理学中只是"正的方法"的终点与结局①，亦未能显示其为直觉所创造的精神历程。这样，以形式的、逻辑的分析为理论特质的新理学，在理学的现代诠释中显露出的缺弱就是，未能对理学本体层面的观念作出分析，未能对理学中超理性直觉方法作出分析——而这种方法正是理学中心学一派基本的、唯一的方法。在现代新儒家中，牟宗三的"道德的形而上学"，却正是在新理学空缺的理论方向上发展起来。

（2）"道德的形上学"：宋明理学的形上学重建和派系重组

牟宗三是中国现代一位思想宏富特立的儒家学者。他在融会西方哲学思想的基础上，对构成中国哲学的儒道释三个主要理论组成都有独到的阐释，其中最为重要的当然应是他对儒学特别是对宋明理学的阐释。因为在他看来，儒学是中国传统思想文化的主流，而宋明理学则是儒学的嫡脉正传②。牟氏诠释宋明理学之理路大体是，首先确立了审视宋明儒学的新的理论视角或立场——"道德的形上学"，进而在此立场上重新鉴别、判分了宋明理学的思想派别，最后用道德的形上学的理论原则，对宋明理学各派系的主要论题或理论观念作出新的辨析、疏解。

理论立场："道德的形上学"　　道德的形上学是牟氏创造的一种独特的理论模式，即是要用道德的方法、途径来证成某种超越的、形上的本体性对象。如牟氏曾在与"道德底形上学"对比中界定"道德的形上学"说：

"道德的形上学"与"道德底形上学"并不相同，以后者重点在道德，即重在说明道德之先验本性，而前者重点则在形上学，乃涉及

---

① 冯氏说："一个完全的形而上学系统，应当始于正的方法，而终于负的方法。如果它不能终于负的方法，它就不能达到哲学的最后顶点。但是如果它不始于正的方法，它就缺少作为哲学的实质的清晰思想。"（《中国哲学简史》，第387页）
② 如牟氏曾说："说到对于中国哲学传统底了解，儒家是主流，一因它是一个土生的骨干，即从民族的本根而生的智慧方向，二因它自道德意识入，独为正大故。道家是由这本根的骨干而引发的旁枝，佛家是来自印度。"（《现象与物自身·序》）又说："宋明儒学要是先秦儒家之嫡系，中国文化生命之纲脉。"（《从陆象山到刘蕺山·序》）

一切存在而为言者，故应含有一些"本体论的陈述"与"宇宙论的陈述"，或综曰"本体宇宙论的陈述"。此是由道德实践中之澈至与圣证而成者，非如西方希腊传统所传的空头的或纯知解的形上学之纯为外在者然。故此曰道德的形上学意即由道德的进路来接近形上学，或形上学之由道德的进路而证成者。（《心体与性体》第一册，台北正中书局 1968 年版，第 9 页）

牟氏的道德的形上学作为一种理论模式是基于他对中国哲学（儒学）的独特性和宋明儒学的理论主题的感悟、体认而建构的。牟氏每说，中国哲学或中国文化、中国思想，"它的重点是生命与德性，它的出发点或进路是敬天爱民的道德实践，是践仁成圣的道德实践"（《中国哲学的特质》第二讲），"宋明儒讲学之中点与重点唯是落在道德的本心与道德创造之性能（道德实践所以可能之先天根据）上"（《心体与性体》第一册，第4 页）。儒家道德追求所指向的、所由根据的形上的根源就成了牟氏理论探索或儒学诠释的目标。实际上，牟氏所建构的道德的形上学，也只是在他的宋明儒学诠释中才唯一地得以实现或完成。其显现的主要理论内容可以归纳为二。

其一，道德超越根据之本体性质。牟氏的道德的形上学首先从宋明儒学（他亦称之为"内圣之学"）众多的范畴、观念中，拣择出"心性"，判认其为理学的理论核心；通过本体论陈述和宇宙论陈述的贯通，将其升越为形而上的实体性之本体，证成其为道德实践之所以可能的先天根据。牟氏说：

> 自宋明儒观之，就道德论道德，其中心问题首在讨论道德实践所以可能之先验根据（或超越的根据），此即是心性问题是也。由此进而复讨论实践之下手问题，此即工夫入路问题是也。前者是道德实践所以可能之客观根据，后者是道德实践所以可能之主观根据，宋明心性之学之全部即是此两问题。以宋明儒词语说，前者是本体问题，后者是工夫问题。（《心体与性体》第一册，第 8 页）

内圣之学之本质唯是在自觉地相应道德本性而作道德实践，故其

> 中心问题之所以落在心性，即是因要肯认并明澈一超越的实体（心体性体）以为道德实践（道德行为之纯亦不已）所以可能之超越根据。（同上书第二册，第252页）

如前所论，明清的理学家曾概括理学的基本内容说"本体，理也，工夫，学也"（耿介《理学要旨·序》），即理学的理论主题是论证儒家所主张的伦理道德之最后的、永恒的根源与阐述践履、实现这些伦理道德规范的方法途径。牟氏在新的观念背景下，判定宋明儒学的中心问题是讨论道德实践之所以可能的客观根据和主观根据，与此大体是一致的。但是，牟氏以心性为形上的本体（心体性体）为道德实践的超越根据，在传统理学背景下，对此种本体性或最终根据则还需要作出论证，因为正如朱熹所说"理降而在人，具于形气之中，方谓之性"（《朱子语类》卷九十五），"心者，气之精爽"（同上书卷五），在传统理学的主流理论中，性与心皆被定位在宇宙论层面上。传统理学的陆王走向上，虽然有心（本心、良知、意）的本体性升越，但在"易简工夫终久大"（《象山全集》卷二十五《鹅湖和教授兄韵》）、"做得工夫方识本体"（《阳明全书》卷三十二《传习录拾遗》）的宗旨主导下，心之本体性的论证则是被鄙弃而付诸阙如的。牟氏对心性（心体性体）之作为道德的超越根据的论证，是在中国传统哲学和康德哲学两个哲学观念有所不同的范围内展开的。

心性本体性之儒家经典证说　在中国传统哲学的范围内，牟氏主要是援依二诗（《周颂·维天之命》《大雅·烝民》）和四书（《论语》《孟子》《中庸》《易传》），完成了心性的形上的、本体的升越（心体性体），赋予了心体性体之所以可作为道德之超越根据的那种内涵或功能——道德创造之实体与生化创造之实体。《维天之命》云"维天之命，於穆不已"，牟氏认为儒家在此智慧根源处[1]实现了一种理性的转变，"天"从在其先的人格神观念中蜕变出来，"天不是人格神的天，而是於穆不已的实体义之天"（《心体与性体》第一册，第30页）。《论语》每言"仁"，《孟子》有"尽心知性"，《中

---

[1]　牟氏每谓"此两诗者，可谓是儒家智慧开发之最根源的源泉也"（《心体与性体》第一册，第36页），"'维天之命，於穆不已'是先秦儒家发展其道德形上学所依据之最根源的智慧"（同上书，第404页）。

庸》谓"天命之谓性"，《易传》说"乾道变化，各正性命"，牟氏认为儒家思想在这里有一种观念的整合或犀通，"通过孔子之言仁，孟子之言本心即性，《中庸》《易传》即可认性体通于天命实体，并以天命实体说性体也"（同上书，第36页）。这样，性之本体性就得到了证明：性体即天命实体。牟氏说：

> 就其统天地万物而为其体言，曰实体，就其具于个体之中而为其体言，则曰性体……性体与天命实体通而为一。（《心体与性体》第一册，第30~31页）

性之本体性既得到了证明，牟氏认为，"则'心'亦必相应此'性体'义而成立"（同上书，第4页），他说：

> 心即是道德的本心，此本心即是吾人之性，而与自"於穆不已"之天命实体处所言之性合一，则此本心是道德的，同时亦即是形上的。自其为"形而上的心"言，与"於穆不已"之体合一而为一，则心也而性矣。自其为"道德的心"而言，则性因此始有真实的道德创造之可言，是则性也而心矣。是故客观地言之曰性，主观地言曰心，心性为一而不二。（《心体与性体》第一册，第41~42页）

可见牟氏是认为，如果就宇宙总体而论，天命实体是就统天地万物而言（牟氏亦称之为"道体"①），性体是就具于个体而言；那么，就一个体而论，其客观方面是性体，主观方面就是其心体。这样，在牟氏的道德的形上学中，传统理学中的"性"因"性体与天命实体通而为一"完全具备了本体性的品格，"心"亦因"心性为一而不二"完成了由形下向形上，即由宇宙论层面向本体论层面的升越。

在论证了性体、心体是超越的、形上的天命实体后，在中国传统哲学范围内，牟氏进一步对此种"实体"之内涵作了明确的说明：

---

① 牟氏谓："言道体是就'於穆不已'之天命实体言，是就'为物不二，生物不测'之创生之道言；言性体是就个体言，反身自证以见吾确有能自觉地作道德实践能起道德创造之用之超越根据。"（《心体与性体》第一册，第82页）

就统天地万物而为其体言，曰形而上的实体（道体），此则是能起宇宙化生之创造实体；就其具于个体之中而为其体言，则曰性体，此则是能起道德创造之创造实体。（《心体与性体》第一册，第40页）

牟氏认为，作为道德超越根据之道体、性体、心体是道德创造的实体，是宇宙生化的实体。这是道德的形上学的最基本的理论观念。如前所论，在传统理学（程朱理学）中，作为本体、作为包括伦理道德在内的宇宙事物之最后根源的"理"，只是某种总体性的、形而上的静态的实在；在道德的形上学中，此种本体，或者说道德的超越根据，却是具有创造性能的动态的实体，此间观念的变异显然是很大的。但是，这里应该指出的是，在牟氏道德的形上学中创造实体的"创造性"，有其特定的含义。第一，作为道德超越根据（道体、性体、心体）的两种创造性功能（宇宙生化与道德创造）本质上皆是人的道德创造性。牟氏曾声明说：

依儒家只有这道德的性体心体之创造才是真实而真正的创造之意义。它既不是生机主义的生物学的生命之创造，亦不是宗教信仰的上帝之创造，因为生物学的生命之创造，是实然的自然生命之本能，不真是能创造的，就是宗教信仰所说的上帝之创造，若真是落实了，还是这道德的性体心体之创造。（《心体与性体》第一册，第179页）

在以往的人类哲学观念中，对宇宙生化作出根源性解释时，或归之于"上帝创造"，或归之于"自然发生"。在道德的形上学中这两种解释均被排除了，因为在牟氏看来，这两种"生化"的根源处都没有人的道德主体因素。所以牟氏每说：

性体心体不只是人之性，不只是成就严整而纯正的道德行为，而且直透至形而上的宇宙论的意义，而为天地之性，而为宇宙万物底实体本体，为寂感真几，生化之理。（《心体与性体》第一册，第138页）

《中庸》《易传》者是先秦儒家继承《论语》《孟子》而来之后期之充其极之发展，所谓"充其极"是通过孔子践仁以知天，孟子尽心知性以知天，而由仁与性以通澈"於穆不已"之天命，是则天道天命与仁性打成一片，贯通而为一……若以今语言之，即由道德的主体而透至其形而上的与宇宙论的意义。（同上书，第322页）

可见在道德的形上学中，道体"宇宙生化"实际上是指人的（性体）道德创造性向宇宙范围的拓展，是人之道德精神在宇宙范围的映现。第二，道德的形上学中的道德创造本质上是一种道德自觉不断展现、道德境界不断升越的过程，牟氏曾很完整地概括此过程说：

性体心体在个人的道德实践方面的起用，首先消极地便是消化生命中一切非理性的成分，不让感性的力量支配我们，其次便是积极地生色践形，睟面盎背，四肢百体全为性体所润，自然生命底光彩收敛而为圣贤底气象；再其次更积极地便是圣神功化，仁不可胜用，义不可胜用，表现而为圣贤底德业；最后，则与天地合德，与日月合明，与四时合序，与鬼神合吉凶，性体遍润一切而不遗。性体在这样体证之呈现中的起用，便是所谓道德的性体心体之创造。（《心体与性体》第一册，第179页）

显然，从人之能在精神中"消化一切非理性的成分"，到能"与天地合德"，正是精神境界升越的过程，正是人之道德理性在道德实践中的呈现。

心性本体性之康德哲学观念诠释 以上就是牟氏在中国传统哲学范围内，援依二诗四书，以互证、整合其中心、性、天命等儒家基本哲学观念和命题的陈述方式，完成了对心性之本体性的提升，和其作为道德超越根据是某种创造实体的论证。但是，如果牟氏停留在这里，那么道德的形上学所追寻的道德超越根据就仍然是属于中国传统哲学的那种本体观念。然而，牟氏不是这样，他跨出了中国传统哲学之樊篱，在西方哲学的园地里发掘可以进一步诠释儒学之道德超越根据的理论。牟氏在审视、比较了从古希腊柏拉图到现代存在主义的西方哲学历史上的主要思潮和人物后，认为"他们皆无一有'性体'之观念，皆无一能扣紧儒者之作为道德实践之根据、能起道德之创造之'性体'之观念而言实体、存有或本体……其中惟一例外者是康德"（《心体与性体》第一册，第38页）。在牟氏看来，唯有康德哲学中作为"意志自由"之"物自体"（"物自身"）可以用来诠释"性体"，而康德认为意志自由、灵魂、上帝等具有"物自体"性质的存在，只有在实践理性中始有意义的观点，和美学判断可以沟通自由与必然的论证，也分别显示出以道德实践接近本体的路数和道德界与自然界可以贯通合一的思绪，所以，可以借助康德哲学给予宋明儒学的心性之学以新的现代观念的解释，他每说：

> 康德由意志之自由自律来接近物自身，并由美学判断来沟通道德界与自然界（存在界），吾人以为此一套规划即是一道德的形上学之内容……吾人亦同样可依据康德之意志自由、物自身以及道德界与自然界之合一，而规定出一个道德的形上学，而说明宋明儒之心性之学。（《心体与性体》第一册，第9～10页）
>
> 由道体、性体、心体所展示之形上学是真正儒家的"道德的形上学"，其内容吾人可借康德之意志自律、物自身、道德界与存在界之合一这三者来规定。（同上书，第97页）

牟氏认为可援依康德哲学中的"物自身"等三个理论观念来"规定""道德的形上学"，其意是谓可借"物自身"来界定性体之本体性质①，以"意志自由自律"来显化性体之内涵，用"道德界与自然界合一"来印证性体作为创造实体之功能。较之传统理学（程朱理学），牟氏道德的形上学攀缘康德哲学，不仅使其理论形式上具有了西方哲学观念的色彩，更重要的是其本体观念和陈述方式发生了变异和转换。按牟氏之理解，所谓"物自身"，即是"物之在其自己"之概念，这是"一个有价值意味的概念，不是一个事实之概念；它亦就是物之本来面目，物之实相"（《现象与物自身·序》）。即是说，以"物自身"来诠解、界定的"本体"，即是物之真正的、现象背后的"自己"。这样，传统理学本体

---

① 如牟氏曾谓："'於穆不已'之性体……真是可以使吾人说'物自身'者。"（《心体与性体》第二册，第534页）

（如"理"）观念中的那种作为宇宙万物之根源、世界之总体的内涵就消失了。在传统理学中，本体论层面上的"理"与"理"之落于形气中的即宇宙论层面上的心性，是有界限的，是分别陈述的；但在道德的形上学中，以本体为"在其自己"（"物自身"）来理解和界定的性体，其本体与其在实践中的呈现是一而不二的，所谓"天命、天道、太极、太虚、诚体、神体、中体、性体、心体、仁体，乃至敬体、义体，其义一也"（《心体与性体》第二册，第115页）。这是一种"本体宇宙论"的陈述方式，即在"物自身"之本体观念下，消融了本体层面与宇宙（存有）层面界限的陈述方式。这是下面将论及的牟氏重新划分宋明儒学派系的主要判据。

虽然牟氏认为可用康德哲学中的三个主要理论观念（理念）来构筑道德的形上学，但是，牟氏的道德的形上学并未蜕变成或趋同于康德哲学，牟氏十分自觉地、清晰地标帜了自己的道德的形上学与康德哲学的分野。依牟氏之见，此种分野的关键或根源处"是在智的直觉之有无"（《智的直觉与中国哲学·序》），它具体表现在两个理论观念上。第一，"物自体"的哲学意义。康德认为人类无智的直觉——无须使用范畴和通过辩解而显现主体自己或顿现全体的直观①，因而绝无可能认识"物自体"，所以物自体只是一个消极的表示人类认识界限的语词（表述物有"在其自己"者）。牟氏则认为人类可有智的直觉，使物自身（如性体）在人类的精神中被实现、被给予。他说："我与康德的差别，只在他不承认人有智的直觉，因而只能承认'物自体'一词之消极的意义，而我则承认人可有智的直觉，因而亦承认'物自身'一词之积极的意义。"（同上书，第123页）第二，道德超越根据的哲学性质。在康德的道德哲学中，作为道德超越根据或根源的"意志自由"，只是一种观念上的假定、准设；在牟氏看来，作为道德超越根据的"性体"，完全是真实的、实体

---

① 牟氏曾归纳康德所论，确定智的直觉之内涵有四：①就其认知方式言，是直觉的，而不是辩解的；②就其直觉之内容言，是纯智的，而不是感触的；③智的直觉就是灵魂心体之自我活动而单表象或判断灵魂心体自己者，此是智的直觉之原初、根源性质；④智的直觉自身就能实现存在，直觉之即实现之（存在之），此是智的直觉之创造性。（见《智的直觉与中国哲学》，台北商务印书馆1971年版，第145、146页）

的存在，即是道德实践中的呈现。牟氏亦明确地表述了这种区分说："自主自律自由的意志，这道德性的最后真实，其绝对必然性，为什么不可以在道德的践履中去理解（证悟）去辨识（默识），因而使它真实地呈现于吾人之道德心灵之前呢？为什么必依条件底方式，概念思考底理性，而把它摈除于人类理性底力量之外，而视之为假设呢？康德这不恰当、不相应的思考，只表示其对于道德生命、道德真理之未能透彻，未能正视道德真理与道德主体之实践地、真实地呈现之义。"（同上书，第160页）牟氏曾将道德超越根据（性体）的哲学品性或内涵分解为道德、理、性三义，并以"云门三句"来形容：第一义，性体具有自主自律自由的主宰性——"截断众流"；第二义，性体之道德本性向宇宙层面渗透，亦为宇宙实体、形上本体——"涵盖乾坤"；第三义，性体道德本性即是生活实践中的具体的真实的呈现——"随波逐流"。以此三义来衡定康德哲学，牟氏认为"康德对于实践理性之思想义理并未能充其极，缺乏一个道德的形上学，因而他只对于实践理性之第一义能充分地展现出来（亦只是抽象地思考），可是对于其第二义、第三义则因自由只是一被预定之理念，不是一呈现之故，根本不能接触到"（同上书，第178页）。总之，在牟氏看来，康德道德哲学中虽然潜在着道德的形上学的理论胎形，但他并未能育成，即未能由道德的进路（道德实践的、智的直觉的）证成道德超越根据之形上性与实体性（真实性）。

其二，道德超越根据之证成方法。牟氏道德的形上学援依中国传统哲学的二诗四书，论定了作为道德超越根据的本体是心体性体；又援依康德哲学，以"意志自由"来诠释此性体之内涵和"物自身"来界定此本体的性质。但在康德哲学中，"物自身"只是表示认识的界限，"意志自由"亦是一准设。这样，道德的形上学的完成，还必须摆脱康德，说明智的直觉如何可能，说明作为道德超越根据之心体性体的"物自身"如何证成。牟氏认为在中国哲学的思想传统中，或者说在理学中，有这种可能和途径的显现。

逆觉体证——智的直觉　在上面提及的智的直觉之四个内涵中，第三、四义，即智的直觉是心体表象、判断其自己，智的直觉即是实现存在，无疑是实质性的。牟氏判定出现在宋明儒学中的一种修养方法——

"逆觉体证"，正是具有这种内涵的智的直觉。所谓"逆觉体证"，牟氏界定说：

> "逆觉"即反而觉识之，体证之之义。言反而觉识此本心，体证而肯认之以为体也。（《心体与性体》第二册，第476页）

显然，此是宋明儒学中陆王一派的理学观点，即"发明本心""体认良知"的修养工夫，作为是对本体"心"的证实，亦是本体（"即工夫即本体"①）。牟氏称之为"本心仁体之明觉活动"，并进一步揭示其具有智的直觉之内涵说：

> 本心仁体之明觉活动反而自知自证其自己，此在中国以前即名曰逆觉体证。此种逆觉即是智的直觉，因为这纯是本心仁体自身之明觉活动故，不是感性下的自我影响。明觉活动之反觉亦无"能"义，反而所觉之本心仁体亦无"所"义，明觉活动之反觉其自己即消融于其自己而只为一"体"之朗现，故此逆觉体证实非能所关系，而只是本心仁体自己之具体呈现。（《智的直觉与中国哲学》，第196页）

牟氏之论揭示，逆觉体证是纯智活动而不是感性活动；是智的自我反思、表象、判断自己；此种反思不是可以区分出能、所的认知活动，而是自我之体的呈现。不难看出，逆觉体证具有了智的直觉之主要的或者说全部的内涵或特质。由"逆觉体证"的存在，即认为智的直觉在中国哲学背景下②是完全可以得到说明的，是完全可能的。他甚至据此判分中西哲学之别说："康德言物自体是只取其消极的意义，因为他不承认我们人类能有智的直觉。我以中国哲学为背景，认为对于这种直觉，我们不但可以理解其可能，而且承认我们人类这有限的存在实可有这种直觉。这是中西哲学

---

① 王守仁说："合着本体的是工夫，做得工夫的方识本体。"（《阳明全书》卷三十二《传习录拾遗》）
② 牟氏除主要立足儒家外，还援依道家"无知之知"、佛家"般若"来论说中国哲学中的"智的直觉"，此处只取其以儒家为据之论。

之最大的差异处。"（《智的直觉与中国哲学》，第118页）

道德实践中呈现　牟氏也是在中国哲学背景下，回答了道德超越根据如何证成的问题。在牟氏看来，依据中国哲学提供的理论经验，道德超越根据的证成，不应如康德那样，视为是对其"绝对必然性"的理论证明的问题，而应是"性体"在道德实践中被体证、呈现的问题，简言之，"是一个实践问题，不是一个知识问题"（《心体与性体》第一册，第168页）。牟氏每说：

> 宋明儒所讲的性体心体，乃至康德所讲的自由自律的意志，依宋明儒看来，其真实性（不只是一个理念）自始就是要在践仁尽性的真实实践的工夫中步步呈现的：步步呈现其真实性，即是步步呈现其绝对的必然性；而步步呈现其绝对必然性，亦就是步步与之觌面相当而澈尽其内蕴……此实践意义的理解，当是宋明儒所说的证悟、澈悟，乃至所谓体会、体认这较一般的词语之确定的意义。（《心体与性体》第一册，第169页）

> 依原始儒家的开发及宋明儒者之大宗①的发展，性体心体乃至康德所说的自由、意志之因果性，自始即不是对于我们为不可理解的一个隔绝的预定，乃是在实践的体证中的一个呈现。（同上书，第178页）

辨识牟氏之论，可以将他的"道德超越根据的证成是一实践问题"解析为两层含义。第一，此种"实践"，实际上即是指对心体、性体的体证。牟氏曾解释说："儒者言心言性，称为内在而固有，于此建立真正道德主体性，若不采取反身逆觉方式以肯认之，进而体现之，试问教人采取何方式以体证汝所宣称为内在而固有之道德主体（心性）以明其为本耶？"（《心体与性体》第三册，第322页）心体性体的内在性、超越性，使得此种实践必须采取直觉体证的方式，而不可能采取概念或理念辩解的方式。第二，此种体证的表现形态或结果，不是对任何一对象的认知，而是

---

① 牟氏认为，宋明儒学中由北宋三子（周敦颐、张载、程颢）、陆、王、胡（宏）、刘（宗周）七人组成的一派是正统，为大宗；程（颐）朱（熹）一派是歧出，为小宗。详论见下。

性体本身之体状的呈现，亦如牟氏所解说："在此种体证与呈现中，所成的不是知识系统，而是德性人格底真实生命之系统……性体心体乃至意志自由就是这样在体证中，在真实化、充实化中而成为真实生命之系统里得到本身的绝对必然性。"（《心体与性体》第一册，第170~171页）性体以"德性人格""真实生命"证成其"绝对必然性"，也就是性体道德创造与宇宙生化创造的实现。性体在道德实践中的呈现或创造性实现，牟氏认为有两种显示：一是"性体心体在个人的道德实践方面的作用"（同上书，第179页），即前面已经论及的性体在个人道德境界由"消化生命中一切非理性的成分"到"与天地合德"的升越中的展现；一是在宇宙论的意义上，性体转化伸展为"生化之理"，融通道德界与自然界，这是性体的最高实现，儒家道德的形上学的完成，牟氏解释说：

> 儒家惟因通过道德性的性体心体之本体宇宙论的意义，把这性体心体转而为寂感真几生化之理，而寂感真几这些生化之理又通过道德性的性体心体之支持而贞定住其道德性质的真正创造之意义，它始打通了道德界与自然界之隔绝。这是儒家道德的形上学之彻底完成。（《心体与性体》第一册，第180页）

《易·系辞》拟人化地描述作为一种观察世界之系统与方法的"易"曰"易无思也、无为也，寂然不动，感而遂通天下之故"，其意是谓，"易"之性状，看来似乎无思无为，然却是犀通万物之变。牟氏认为"此是先秦儒家原有而亦最深之玄思形上智慧"（同上书，第333页），并援依周敦颐对此两语所作的诠释"寂然不动者，诚也，感而遂通者，神也"（《通书·圣》），认为"寂感真几"是为"诚体""道德实体"（《心体与性体》第一册，第333页）；又援依程颢对《大雅·文王》"上天之载，无声无臭"两语所作诠释"其体则谓之易，其理则谓之道，其用则谓之神"（《河南程氏遗书》卷一），认为"寂感真几"即是"易体"，即是"维天之命於穆不已"之"道体"（《心体与性体》第二册，第24页）。这样，在牟氏这里，"寂感真几"作为性体之体状，兼有道德的与宇宙生化的两种性质的内涵，自然界与道德界的融通，就是性体的实践呈现，此种呈现内蕴着性体的本体论与宇宙论陈述的全部内容，是道德的形上学的完成，故牟氏说："由'道德性当身'所见的本源（心性），渗透至宇宙之本源，此就是由道德而进至形上学了。"（同上书第一册，第140页）此与康德哲学显然不同，因为在康德哲学中，这种"融通"是在"自然的合目的性"之公设与对"判断力"（审美的与目的论的）之分析的基础上实现的，是一种认知意义上的实现。所以牟氏评价说："康德是以美的判断所预设的一个超越原理即目的性原理来沟通这两个绝然不同的世界的，这固是一个巧妙的构思，但却是一种技巧的凑泊，不是一种实理之直贯，因而亦不必真能沟通得起来。"（同上书第一册，第175页）

总之，牟氏以中国哲学中的"逆觉体证"等指向个人内心世界的修养方法，说明智的直觉之可能；认为道德实践能展现道德理念，即是道德超越根据的证成。可以说，此是道德的形上学之"道德的进路"的基本含义。

以上所述作为道德超越根据的性体之性质和证成，是牟氏道德的形上学的主要理论观念。这些观念，一方面自然是牟氏在康德哲学影响下，根据中国哲学——当然主要是儒学（宋明儒学）而形成的；另一方面，也是更重要的方面，这些理论观念形成后，也转化为基本的理论原则，用来判分、诠释宋明儒学。在这种诠释中，道的形上学更充实、具体了，成为现代新儒学中的一个重要理论体系。

判系——宋明理学重组　对于宋明理学的学统师承，传统的观点一般是根据其对理学本体是"理"或"心"的确认，和其对主导的修养方法是"格物穷理"或"发明本心"、"致良知"的选择，将其划分为程（颐）朱、陆王两派，所谓"学术之会，总为朱陆二派"（《宋元学案》卷五十四《水心学案·序录》）；且多以程朱之学是元明以来科举考试的义理标准，又传衍繁盛，当为正统大宗。但在牟氏的道德的形上学中，宋明儒学的思想派系被他以独特的理论标准作出与此完全不同的新的划分组合，这一独具特色的判系，构成了他的儒学诠释的重要内容。由于具体的判分理学的理论角度不同，牟氏的判系结论有三。

其一，两系之分：形上本体之哲学性质的不同理解。牟氏对宋明儒学理论思想派别基本的判分，是根据其对形上本体之哲学性质的不同理解，即是否具有"活动"之性能，将全部宋明儒学区分为两个派系：周敦颐、张载、程颢、陆九渊、胡宏、王守仁、刘宗周七人为代表的一派，与以程颐、朱熹两人为代表的一派。牟氏说：

> 朱子对于形而上的真体只理解为"存有"而不活动者，但在先秦旧义以及濂溪、横渠、明道之所体悟者，此形而上的实体（散开说，天命不已之体、易体、中体、太极、太虚、诚体、神体、心体、性体、仁体）乃是"即存有即活动"者。（在朱子，诚体、神体、心体即不能言。）此是差别之所由成，亦是系统之所以分。此为吾书诠表此期学术之中心观念。（《心体与性体》第一册，第58页）

牟氏此论显示他将宋明儒学判分为两系的判据有两层含义。第一，是"只存有不活动"与"即存有即活动"两种不同的本体观念铸成了两派最根本的差别。在牟氏看来，在程朱派那里作为本体的"理"，只是静态的"所以然"之根源，其内涵或"性能"中，不具有"活动义""创造生化义"。牟氏每说："朱子之'理'，至多是本体论的存有，而不能起妙运万物之创生之用者，此是道体义之减杀，不能起道德创造之用者，此是性体之减杀。"（同上书第一册，第81页）而对于周敦颐等七子派，在牟氏看来，其本体观念，如周敦颐之"太极"、张载之"太虚"、程颢之"天理"，皆内具有活动、创造之义蕴，如在程颢那里，"天理之为本体论的实有与天理之为宇宙论的生化真几这两者是同一的，是表示天理既是存有，亦是活动，是生化之理、存在之理，生化之理是言创生万物的真几、实体，存在之理是言'使然者然'的存在性"（同上书第二册，第56~57页）。不难看出，这种差别亦可以表述为是"本体论陈述"与"本体宇宙论陈述"的差别。第二，本体观念中有无"心"（及其表现形态"神""诚"等）之含义，或者说，"心"是否具有本体性质，是形成这种本体观念根本差别的原因。牟氏每说"心义即为活动义"（同上书第一册，第42页），"神、诚、心是活动义"（同上书，第72页）。换言之，形而上的真体（本体）活动性、创造实体性之"性能"，只有当其具有主观的、能动的"心"之性能——心升越为形上之本体时方能获得。在牟氏看来，宋明儒学中与程朱对立的那一派，已实现了心的此种升越。他认为，陆王

"心即理"，其"心"即"心体"固不待言。北宋三子之周敦颐"大哉乾元，万物资始，诚之源也"之说（《通书·诚》），即以诚为体，是为"诚体"（同上书第一册，第324页）。张载"气之性本虚而神"（《正蒙·乾称》）之说，即是规定"神体"（同上书第一册，第443页）。程颢有言曰"寂然不动，感而遂通者，天理俱备，元无欠少"（《河南程氏遗书》卷二上《宋元学案·明道学案》），这就表明"合寂感与百理为一而言天理，此天理不是脱落了神的只是理，故它是理，是道，是诚，是心，亦是神"（同上书第二册，第62页）。所以牟氏总结说："宋明儒所言的心（伊川朱子除外），总不是心理学的心，而必须是超越的道德本心也。"（同上书第二册，第547页）心升越为本体（心体），或者说本体（性体）具有心之活动义，这一理论体系就具备了本体宇宙论的陈述方式，本体不再是静态的实在（实有、存有），而是动态的创造实体，即存有即活动。而在程朱理论系统里，"心为气之精爽"（《朱子语类》卷五），"气之清明者为神"（同上书卷三），"诚者，真实无妄之谓"（《中庸章句》），具有"活动义"的心、神、诚，都是宇宙论层面上的呈现，完全不具有形上的本体性质，此即牟氏所谓"在朱子，诚体、神体、心体即不能言"。所以在牟氏看来，在程朱这里，"道（本体）只是理，而心、神俱属于气。气是形下者，理是形上者，经过这一分别之限制，道之为理只是光秃秃之理，是抽象地只是理——但理……此直线的分解思考之清楚割截所确定的'但理'，是超越的静态的所以然，而不是超越的动态的所以然。此静态的所以然之形上之理只摆在那里，只摆在气后面而规律之以为其超越的所以然，而实际在生者、化者、变者、动者俱是气，而超越的所以然之形上之理并无创生妙运之神用"（《心体与性体》第一册，第369~370页）。简言之，由于没有心之形上本体性升越，程朱本体之理只是静态的形上的"所以然"实在，不是超越的道德创造和宇宙生化实体，是只存有不活动。较之周敦颐等七子派的本体宇宙论陈述，在程朱这里，或者可以说是本体论与宇宙论分别陈述①。

---

① 如前所引，朱熹论及理（太极）动静时曾说："谓太极含动静则可（自注：以本体而言也），谓太极有动静则可（自注：以流行而言也），若谓太极便是动静，则是形而上下者不分。"（《朱文公文集》卷四十五《答杨子直一》）此"以本体而言""以流行而言"即是本体论与宇宙论的分别言。

在牟氏看来，以"只存在不活动"与"即存有即活动"两种不同本体观念，在宋明儒学中鉴别出的两系之分，其差异在工夫论上亦表现出来，他将其概括为：

> 依"只存有而不活动"说，则伊川朱子之系统为：主观地说，是静涵静摄系统，客观地说，是本体论的存有系统，简言之，为横摄系统。依"即存有即活动"说，则先秦旧义以及宋明儒之大宗皆是本体宇宙论的实体之道德地创生的直贯之系统，简言之，为纵贯系统。系统既异，含于其中之工夫入路亦异，横摄系统为顺取之路，纵贯系统为逆觉之路。（《心体与性体》第一册，第58~59页）

牟氏之论显示他判分两系工夫论的差异，亦可以解析为有联系的两个方面：学理进路的直贯与静摄，和修养途径的逆觉与顺取。直贯与静摄是说两种本体观念作为理论形态的差异。在牟氏看来，"即存有即活动"的本体观念兼有本体论层面的存有与宇宙论层面的活动之内涵、性质，呈现为以道德实践为内涵的"道德创造"与"宇宙生化"，故两层面是融一的，无隔的"直贯"。在"只存有不活动"的本体观念中，本体"只是理，神义脱落，是即丧失其创生直贯义"（同上书第三册，第55页），本体之理被"棚架"在本体论层面上，而不能直贯宇宙论层面而呈现，只能是静态的"所以然"被人主观认知，"静摄乃认知的综函摄取之意"（同上书第三册，第48页）。可见，本体应作本体宇宙论的陈述（性体）与仅可作出本体论的陈述（理），本体（创造实体）是实践呈现与本体（实在）是认知对象，就是牟氏从理论描述角度以直贯与静摄对宋明儒学两系的区分。与此相连，两系在修养途径——顺取与逆觉所表现出的走向上的差异，也正是对外在的"所以然之知"的追求与对内在的"道德创造实体"的体证之不同的表现，牟氏判分此种不同说："只顺心用而观物，即曰顺取。"（同上书第三册，第341页）而逆觉的走向恰相反，"逆觉言反而觉识此本心，体证而肯认之以为体也"（同上书第二册，第476页）。并阐释酿成此种不同的本体观念的根源说，在程朱那里，"心并不是道德的超越本心，而只是知觉运用之实然的心，气之灵之心，即心理学的心；心之具此理而成其德①是'当具'，而不是'本具'，是外在地关联地具，而不是本质地必然地具，是认知地静摄地具，而不是本心直贯之自发自律地具"（同上书第三册，第243页）；而在周敦颐等七子那里，"道德创生的实体遍体万物而为其体，乃至为其性，只能由逆觉而见，由即用见体而见，而不能由顺取而究，由然推证所以然②而见"（同上书第三册，第483页）。不难看出，牟氏从工夫论上对宋明儒学所作的两系判分，与传统观点对宋明理学修养方法的"发明本心"与"格物穷理"的区分，有近似处，但其判据并不相同。在传统观点中，一般将此种分歧追溯到主观性本体（心）与客观性本体（理）间的不同，但在道德的形上学中，这种分歧则是由实体性本体（性体兼有主观性与客观性）与实在性本体（理只是存有）之间的差异来解释的。

最后，牟氏还以宋明理学家所依恃的经典，或者说其基本观点的经典渊源的差异来判分两系。牟氏说：

> 大体以《论》《孟》《中庸》《易传》为主者是宋明儒之大宗，而亦较合先秦儒家之本质。伊川朱子之以《大学》为主，则是宋明儒之旁枝，对先秦儒家之本质言则为歧出。（《心体与性体》第一册，第18～19页）

客观地说，宋明各派儒家对《四书》及《易传》皆是尊重依恃的，特别是对于程朱来说，程颐最重要也是唯一的理论撰述正是《周易传》，朱熹理学理论思想的主要载体正是《四书章句集注》和《周易本义》，谓程朱唯"以《大学》为主"，有悖于事实。但是牟氏之论在以下两点上则是符合实际的，是他在道德的形上学中对宋明儒学作两系之分的又一判据。第

---

① 如前所述，朱熹曾从体质、性质、功能等不同角度界说心，如谓"心者，气之精爽"（《朱子语类》卷五），"心统性情"（同上），"心者，人之神明，所以具众理而应万事者也"（《孟子集注》卷七《尽心上》）。

② 朱熹曾有论格物求理曰："人莫不与物接，但或徒接而不求真理，或粗求而不究其极，是以虽与物接而不能知其理之所以然，与其所当然也。"（《朱文公文集》卷四十四《答江德功》）

一，道德的形上学的道德超越根据，亦即被牟氏判定为是周敦颐七子派的"即存有即活动"之本体观念，在其建构过程中所必须的三个步骤或者说是核心的观念成分——心升越为本体（心体），性体之为实体，实体（道体）具道德创造性和宇宙生化功能，皆是牟氏由对《论》《孟》《中庸》《易传》中的某些观念的独特诠释——互证与整合的陈述而来。如他说"孟子所言之'心'，实即道德的心，此既非血肉之心，亦非经验的、心理学的心，亦非认识的心，乃是内在而固有的、超越的、自发、自律、自定方向的道德本心"（同上书第一册，第41页），"《中庸》后半部言'诚'，本是内外不隔，主客观为一，而自绝对超然的立场上以言之的，此即诚体，即同于'於穆不已'之天命实体。诚体即性体，亦即天道实体，而性体与实体之实义不能有二亦明矣"（同上书第一册，第30页），"《中庸》只表示性体与道体通而为一，未直接表示从道体之变化中说性命之正或成，但《易传》却直接宣明此方式，乾道'刚健中正'，'生物不测'，即是一创生实体，亦即一'於穆不已'之实体"（同上书第一册，第33页）。可见，牟氏正是援引、诠释《孟子》《中庸》《易传》中的概念、命题或观念证说了"即存有即活动"之本体观念的全部内涵。而这些概念、命题或观念则是《大学》所没有的。在牟氏看来，"《大学》并不是继承《论》《孟》之生命智慧而说，而是从教育制度而说，乃是开端别起"（同上书第三册，第369页）。第二，作为程朱派重要理论特征的"格物穷理"之修养方法是源自《大学》。《大学》将修养的起点设置在"致知格物"[①]。程朱的修养方法是"涵养须用敬，进学则在致知"（《河南程氏遗书》卷十八），朱子更每说"须先致知，而后涵养"（《朱子语类》卷九）。程朱一致推崇《大学》为"初学入德之门"（《大学章句》）。这就使牟氏每可援此来区别两系，如他说"溯自先秦，孔子指点仁，孟子讲心性，《中庸》言慎独、致中和、言诚体，扩大而为《易传》之穷神知化，凡此似皆非'即物而穷理'之格物问题，而朱子必欲以泛认知主义之格物论处理之，恐终不能相应也"（《心体与性体》第三册，第394

---

① 《大学》言道德实践自高至初之序曰："欲明明德于天下者，先治其国；欲治其国者，先齐其家；欲齐其家者，先修其身；欲修其身者，先正其心；欲正其心者，先诚其意；欲诚其意者，先致其知；致知在格物。"

页），亦使他可据此言程朱"以《大学》为主"。

其二，三系之分：心性关系之不同解说。在道德的形上学中，牟氏从另外一个观察角度——宋明儒学对心与性之关系的不同回答或不同态度，将其判分为三系。牟氏说：

> 宋明理学应有三系：陆王是一系，伊川朱子是一系，胡五峰刘蕺山又是一系。刘蕺山的路子是顺着胡五峰的脉络下来的，是根据张横渠"尽心成性"的观念下来的，先是心性分设。照陆王的讲法，心即是性，心体即性体，且同时即道体。伊川朱子讲心与理为二，即是由心与性为二引申出来的……三种态度就决定了三个系统。（《中国哲学十九讲》第十八讲）

"成性"之说源出《易传·系辞》："继之者，善也，成之者，性也。"在宋明儒学中对此两语的诠释甚有歧异。二程之间的歧解已如前述，更为重要的、有影响的分歧是发生在程（颐）朱与张载之间。程颐说"斯理也，成之在人则为性"（《河南程氏经说》卷一《易说》），朱熹说"'继之者善'，方是天理流行处，'成之者性'，便是已成形有分段了"（《朱子语类》卷九十四）。可见，程朱是将"成性"解释为本体之理在宇宙论层面上的实现，是本体论、宇宙论分别言之，若形容言之，是"下降"。张载曰"性未成，则善恶混，故亹亹而继善者，斯为善矣。恶尽去，则善因以亡①，故舍曰②善，而曰成之者性"（《正蒙·诚明》），"学至于成性，则气无由胜"（《经学理窟·气质》）。可见，张载是"化气（善恶混）成性（既善则曰性）"，若形容言之，是"上升"。显然，此与程颐之见迥然异趣，一为理之静态实现，一为"气"之化解，故朱熹每谓张载"成性"之论"见得差"（《朱子语类》卷九十九）。"上升"式的"成性"论，在张载之后，又在胡宏那里出现，但有一个重要的转变，即由"气"上说转换到由"心"上说。如胡宏说"心也者，知天地宰万物以

---

① 此句字有讹误，《性理精义》"亡"作"成"，似较可读。
② 此句字有讹误，《性理精义》"曰"作"继"，似较可读。

成性者也"（《朱文公文集》卷七十四《胡子〈知言〉疑义》）；胡宏之后，刘宗周"天非人不尽，性非心不体"（《刘子全书》卷二《易衍》）之论与此近同。这一观点犀通着一种以心性为体用合一、本体动态呈现的陈述方式或理论立场，如胡宏说"圣人指明其体曰性，指明其用曰心；性不能不动，动则心矣"（见《胡子〈知言〉疑义》），刘宗周亦说"官（心）呈而性著焉"（《刘子全书》卷七《原性》）。故朱熹从其本体论宇宙论分别陈述的立场曾对胡宏作出批评，认为其论"恐自上蔡谢夫子失之"，并改正其语为"性不能不动，动则情矣"（《胡子〈知言〉疑义》）。应该说，无论是"化气成性"或"尽心成性"的理论立场，在程朱理学中都是被破解、消化了的。但是，在道德的形上学中，牟氏独特地以"物自身"贞定宋明理学之"本体"，自觉地采取"本体宇宙论"的陈述方式诠释之，这一"以心成性"的立场就特别凸显、挺立起来，它既与程朱派的"心性二"差异显然，与陆王派的"心性一"亦微乎有别。用牟氏的话来说，胡刘持"尽心以成性，心性对扬之心之形著义，而其究也亦是心性合一；陆王则无此心性对扬之心之形著义，直下即是心性是一，即是心体之无外，即是性体之昭然。此两路原是圆圈，惟自发展上，始有此两路耳，然其究也是一"（《心体与性体》第一册，第552页）。牟氏还说，对于胡宏、刘宗周"尽心成性"之论，"人为伊川、朱子与象山、阳明所吸引而忽略此一义理间架之殊特耳。吾故特表而出之，以尽宋明儒六百年传统之实"（同上书第二册，第521页）。言下之意，能冲破传统的宋明儒学观念，标出并立定此一新的系派，是他自感到欣慰的发现与贡献。

其三，"正宗"：主观性、客观性之拣择与圆融。道德的形上学的判系还有一项内容，即在宋明儒学中判定"正宗"。牟氏的判定是：

> 宋明理学三系中，陆王这一系是直承孟子而来，胡五峰、刘蕺山所继承的濂溪—横渠—明道这一系是宋儒正宗……就五峰蕺山一系而言，心性虽分设，但同时是即存有即活动，最后还是完全合一，主心即理——不过中间经过一个回环。陆王则不经过这个回环（伊川、朱子走知识的路，也没有这个回环）。所以，这两个系统可以合成一

个系统，为儒家正宗。伊川朱子不是儒家正宗，我称之为"别子为宗"。（《中国哲学十九讲》第十八讲）

牟氏认为，在儒学承传中，宋明儒学的陆王、胡刘两系共同构成"儒家正宗"；而在宋明儒学中，胡刘一系是"宋儒正宗"。显然，此与明清以来的传统观点依据其学术思想被国家意识形态认同，及由此而发生的影响确认程朱一系为正统，是完全相悖的。十分自然，牟氏此新的判定必然是依凭着另外的独特的判据。从牟氏全部所论中可以看出，此判据实际上是由两项原则构成。第一，主观性与客观性之拣择。前已引述，在牟氏看来，中国哲学（孔孟儒家哲学）的特质是对生命、德性的关怀，因而以持守、昂扬人之心性（主观性）为主导的儒学思想，应是儒学正宗。牟氏解释说："在中国哲学史上，并存着重视主观性原则与重视客观性原则两条思路。后者源于《中庸》首句'天命之谓性'与《易传》的全部思想，下至宋儒程朱一派；前者源于孟子，下至宋明儒的陆王一派。孔子不直接地从客观方面说那性命天道，而却别开生面，从主观方面讲仁、智、圣，开启了遥契性与天道的那真生命之门，主观性原则正式自此开始。孟子继仁智而讲道德的心性，主观原则益见豁朗而确立。人们常是易于先领悟客观性原则，是以程朱派虽不直承孔孟，而在宋以下竟被认为是正统。而陆王一派，虽是直承孔孟，而在宋以下却不被认为是正统。陆王承接孟子的心论，认为心明则性亦明，走着尽心、知性则知天的道德实践的道路。这才是中国思想的正统。"（《中国哲学的特质》第七讲）第二，主观性与客观性的圆融。在牟氏看来，"宋明儒学要是先秦儒家之嫡系，中国文化生命之纲脉"（《从陆象山到刘蕺山·序》），所以能将先秦儒学中之主观性原则与客观性原则融合，即是最圆满的发展，即是正宗。牟氏在审视了宋明儒学诸派后，对作为"儒家正宗"的陆王与胡刘又作比较说"象山阳明则纯是孟子学，纯是一心之申展……惟不客观地言一'於穆不已'之实体而已；而先客观地言之，再回归于心以实之，或两面皆饱满顿时即为一以言之，此即横渠、明道、五峰、蕺山之路也"（《心体与性体》第一册，第32页），此方是"主客观之真实统一之圆教"（同上书第一册，第347页）。换言之，胡刘一系又应是宋明儒学中的正宗。牟氏判定"正宗"的此两项原则，是建立在对先秦儒学和宋明儒学的学术内容及其发展的一种独特的诠释与观察的基础上的，即牟氏所说"《中庸》《易传》之言道体性体是'本体宇宙论地'言之，客观地言之，而孔子言仁、孟子言心性，则是道德实践地言之，主观地言之"（同上书第二册，第509页），和"宋明儒之发展，大体是由《中庸》《易传》开始而逐步向《论》《孟》转，以孔子之仁与孟子之心为主，证实天道诚体之所以为天道诚体而一之"（同上书第一册，第346页）。然而，将先秦儒学重镇《论语》《孟子》与《中庸》《易传》作"主观言与客观言"的笼统解释，将宋明儒学发展历程作由"客观"向"主观"转动的模糊观察，都忽略了许多具体而重要的情况，可以被许多事实所质疑和否定，牟氏"正宗"的判定会因此难以坚强挺立。

分疏——宋明理学各派之诠释　牟氏在道德的形上学的理论立场上，对宋明儒学的理论思想派别作了新的判分，进而对各系又分别作了疏解，这是宋明儒学的道德的形上学诠释的主要工程，从牟氏所撰《心体与性体》（1～3册）和《从陆象山到刘蕺山》可以看出，这一疏解十分细腻烦琐，但也十分简单分明，即牟氏理路一致地以"即存在即活动"与"只存在不活动"之对立的本体观和"逆觉"（体证）与"顺取"（认知）之对立的工夫论两项理论标准，来解析、判别宋明诸儒的主要范畴、命题、观念，并分别使之归入既已判定的两系之一中去。客观地说，牟氏的疏解中，固然有道德的形上学新视角带来的卓见，但也有道德的形上学新立场所需要的曲解。牟氏对两系九人的疏解，重点亦有所不同，以下分四组述之。

一组：濂溪、横渠、明道。牟氏认为，在北宋诸儒中，"濂溪、横渠与明道实为一组，虽前二人一言太极，一言太虚，而明道俱不言，然而皆言诚体、神体、寂感真几，则一也，皆能相应《中庸》《易传》所表示之创生实体，即活动即存有之实体一也。故对于道体之体会，彼三人者实相同"（《心体与性体》第一册，第52页）。牟氏对此三儒的疏解，主要是将其原具有本体性质的观念——太极（诚）、太虚（气）、天理，诠释为具有超越性（形上义）和创造性（活动义）的实体（道体），在全部宋明儒学的道德的形上学诠释中，其独特的本体观念——心体与性体由此确立。

牟氏对程颢"天理"的诠解甚是繁多，但就理路进程上言，实是两步。首先言"天理"不是一概念或范畴，而是一实体；再则言此是一即存有即活动的创造性实体（道体）。程颢曾谓"'天理'云者，这个道理更有甚穷已，不为尧存，不为桀亡"，又谓"所以谓万物一体者，皆有此理，只为从那里来。'生生之谓易'，生则一时生，皆完此理"（《河南程氏遗书》卷二上）。① 牟氏诠解此两则语录说："'只从那里来'，'那里'即指示一根源……天理既非一普泛之概念，亦非一独立之概念。"（《心体与性体》第一册，第68、70页）又说，前条语录"是静态地看天理之为本体论的实有，后条则是动态地看天理之为宇宙论的生化真几或道德创造的创造实体……天理之为本体论的实有与天理之为宇宙论的生化真几这两者是同一的，是表示天理既是存有，亦是活动，是即存有即活动的"（同上书第二册，第56页）。牟氏诠解此两则程颢语录所得出的结论——天理不是知性的概念，而是创造实体，涵盖了他对"天理"的其他全部阐释。不难看出，这种诠解具有十分独特的个人体悟的性质，或者用牟氏自己的语言来说，是一种"艺术性的观照"（同上书第二册，第56页）。实际上，这是一种本体论与宇宙论融一的陈述方式或理论角度。程颢曾有一句标志自己学术思想特色的名言："吾学虽有所受，天理二字却是自家体贴出来。"（《河南程氏外书》第十二）从这种理论角度观照，此语就可以阐释为："帝、天、天命、天道、太极、太虚、诚体、仁体、性体、心体、中体、神体，及至天叙、天秩、天命、天讨、天伦、天德，以及'秉彝'与'敬以直内、义以方外'，俱是他体贴'天理'二字底根据，'天理'二字是这一切之总名。"（《心体与性体》第二册，第54页）这是道德的形上学中对"天理"之作为"即存有即活动"创造实体所给予的一个最具体的解释。

在传统理学中，论及周敦颐理学思想，常是围绕两个核心问题展开：一是对一个命题——"无极而太极"的诠释，二是两个基本观念——

---

① 此两则语录《河南程氏遗书》未注明二程谁语，《宋元学案·明道学案》亦未录引，牟氏判为"自属明道语无疑"。（《心体与性体》第一册，第67、68页）此处姑依牟氏所判。

《太极图说》中的"太极"和《易通》中的"诚"相互关系的理解。道德的形上学对周敦颐思想的新诠解，也可以收束于这两个问题。对于第一个问题，道德的形上学的诠说基本上与传统理学（程朱理学）保持一致，而与道家相区别，显现出儒学特质，即将"无极而太极"训释视为对本体本身的描述，而不是对宇宙生成过程的解说。牟氏说："太极是实体词，无极是状词。无极是有穷极之遮状字，而太极则是如此遮状下之表词也，两者正是一事。如译成完整的语体语句，当为：那无限定的而一无所有者，但却亦即是极至之理。"（同上书第一册，第358~359页）此与朱熹所谓"圣人谓之太极者，所以指夫天地万物之根也；周子因之又谓之无极者，所以著夫无声无臭之妙也"（《朱文公文集》卷四十五《答杨子直一》）内涵大致相当；而与道家"无极生太极"，即自无生有的观点迥异①。对于第二个问题的诠说，道德的形上学则与传统理学（程朱理学）分道扬镳，表现出自己独特的理论立场。在程朱理学中，太极是本体之理，诚是一种"至实无妄"的修养工夫、境界②。就其是符合、实现了理的境界之意义上言，也可以诚释理、释太极。例如朱熹注解周敦颐《易通·诚》"圣，诚而已矣"一语即曰："圣人之所以圣，不过全此实理而已，即所谓太极者也。"但在道德的形上学中，作为一种修养工夫、境界的"诚"被转变为、升越为本体——"诚体"，《易通·诚》有谓："诚者，圣人之本。'大哉乾元，万物资始'，诚之源也。'乾道变化，各正性命'，诚斯立焉。"牟氏诠解说："此是以《中庸》之诚，合释《易传》之《乾彖》。就《中庸》而言，'天地之道可一言而尽也，其为物不二，则其生物不测'。'不二'即专精纯一之意，此即诚也。'诚'本真实无妄意，为形容词，其所指目之实体即天道。天道以'生物不测'为内容，即以创生为内容。此作为实体之天道，即以诚代之亦无不可。故诚亦可转为实体字，而曰'诚体'。诚体者，即以诚为体也，诚即是体，此即是本

---

① 所谓"国史本"载《太极图说》，首句为"自无极而为太极"，即是显示出一种道家观点，故朱熹亟请删去"自""为"二字。（见《朱文公文集》卷七十一《记濂溪传》）

② 例如朱熹注《中庸》"诚者天之道，诚之者人之道"曰："诚者，真实无妄之谓，天理之本然也。诚之者，未能真实无妄，而欲其真实无妄之谓，人事之当然也。"（《中庸章句》第二十章）

然、自然，而当然之天道。"（《心体与性体》第一册，第 324 页）不难看出，在牟氏这里，诚之作为工夫论、宇宙论观念向本体论转变、升越的理路或诠释方法，是向一主观的、道德的观念中注入某种客观的天道自然内涵，使之成为一本体宇宙论陈述的、主客观融一的对象，亦即牟氏所说："性与天道皆只是一诚体，性与天道是形式地说，客观地说，而诚则更是内容地说，主观地说。"（同上）同时，在道德的形上学中，较之程朱理学，太极与诚之相互关系也恰好颠倒过来。如果说，在程朱理学中，诚是理（太极）在人的修养、境界中的实现，那么，在道德的形上学中，太极却是作为创造实体的诚体之生化神用的显现。牟氏说"太极即诚体之神也，如太极真意指一极至之实际，非太极外别有实体，则太极除即是天道诚体之神外，不会是别的"（同上书第一册，第 344 页）。牟氏此论，主要是根据周敦颐所谓"水阴阳根，火阳阴根，五行阴阳，阴阳太极，四时运行，万物终始"（《易通·动静》）、"太极动而生阳，动极而静，静而生阴"（《太极图说》）等论说，将"太极"认同为是一个表述宇宙运动生化过程的观念，并作出与程朱理学不同的、新的诠释。在程朱理学中，太极之所以动静之理，是依凭某载体而显现动静，其本身并无动静相①，朱熹概之曰，于太极可言"函动静"（本体言）、"有动静"（流行言），而不可言"是动静"（见前引《朱文公文集》卷四十五《答杨子直一》）。显然，此是本体论、宇宙论分别陈述的诠释方式。但在道德的形上学的本体宇宙论陈述立场上看来，太极即是本体（诚体）的创造生化神用过程，即是动静。但此"动静"，是本体之妙用的动静，与程朱"流行"的、宇宙层面的气之动静不同。牟氏区别说："此种动而生阳或静而生阴，其实义毋宁是本体论的妙用义，而不是直线的宇宙论的衍生义……其动而生阳实只是在其具体妙用中随迹上之该动而显动相，静亦如之，非真是由其自身直线地能动而生出阳或静而生出阴也。"（《心体与性体》第一册，第362～363 页）

　　在传统的理学观点背景映衬下，道德的形上学之宋明儒学诠释在张载

---

① 朱熹《太极图说解》有曰："太极，理也，阴阳，气也，气之所以能动静者，理为之宰也。"《太极图说注》有曰："太极者，本然之妙也，动静者，所乘之机也。"（见《周濂溪先生全集》卷一）

这里所发生的转折最大、最显，其主要表现在对气及与此相连的性、心等三个理学观念的独特阐释上。"气"是张载思想中的一个本体性观念，并且在《正蒙·太和》中有内涵基本一致的三个范畴（太和、太虚、虚空）或命题予以表述，"太和所谓道，中涵浮沉升降、动静、相感之性，是生絪缊相荡胜负屈伸之始，散殊而可象为气，清通而不可象为神""太虚无形，气之本体""虚空即气"。传统理学中的多数学者皆据此将张载的"气"理解为是一种形下的、自然性质的实体，如朱熹说："《正蒙》说道体处，如太和、太虚、虚无云云者，止是说气。""以太虚太和为道体，却只是说得形而下者。"（《朱子语类》卷九十九）又如王夫之释"太和"曰："未有形器之先，本无不和，既有形器之后，其和不失，故曰太和。"（《张子正蒙注·太和》）现代宋明理学研究者或每就其"太和""太虚"之论，与程朱之理本体、陆王之心本体成鼎立之势，称之为"气本论"[1]。牟氏道德的形上学的两系之分和作为道德超越根据的本体观念，要求变更这种传统观点，即必须对张载的本体之气（太和、太虚）作出是形上的、有创造性和道德性内涵的诠释。牟氏的基本诠解是以《正蒙》中之"野马絪缊"体证"太和"之创生性，他说："横渠由野马絪缊说太和，说道，显然是描写之指点语，即由宇宙之广生大生，充沛丰盛，而显示道体之创生义。"（《心体与性体》第一册，第439页）又认为"吾人可以'清通无象之神'来规定'太虚'"（同上书第一册，第443页），进而以"神体"推出"太虚"的道德创造性内蕴，他说："清通之神即在气化之不滞处见，即在气之聚散动静之贯通处见，此即'虚空即气'也，乃是提起来视气化过程为天道创生之过程，而天道创生之过程即是仁体创生感润之过程，或神体妙运之过程，此种神体气化之宇宙论的圆融辞语是道德理想主义的圆融辞语，不是自然主义唯气论之实然的陈述。"（同上书第一册，第458页）"此种神义之最后贞定与极成是在超越的道德本心之挺立，道德的本心虽不是一独立物，然却是一独立的意义而为吾人道德实践之先天

---

① 可为代表者，如张岱年1980年在《〈中国哲学大纲〉再版序言》中写道："宋明哲学的中心问题是气、理、心三者孰为根本。气是物质性的，理是观念性的，心是精神性的。以气为本，以理为本，以心为本，形成三个主要派别。"（《张岱年文集》第二卷，清华大学出版社1990年版，第24页）

根据，为吾人道德生命之本体也。"（同上书第一册，第472页）传统观点一般是在宇宙论层面上，即以气为形下的、自然实体的意义上，将"絪缊"训释为气之变化不已的样态，"清通之神"为气之变化莫测的性能。但在道德的形上学这里，"絪缊"（太和）、"神"（太虚）皆发生了本体性的升越，成为具有创造性、道德性的道体、神体，不再是自然形态的形下存在，牟氏将此诠解与对周敦颐太极之诠解比较说："横渠不常言太极，然天德神体、太虚神体之圆一即太极也，此岂非形而上者乎？"（同上书第一册，第454页）显然，这种以本体层面（太虚神体）与宇宙层面（气）为即体即用的"圆一"，正是道德的形上学的本体宇宙论陈述方式。惟其理路是在一自然实体中注入道德性内涵，恰与其对周敦颐之诚作本体性升越时所选择的理路方向相反。

《正蒙》界说"性"与"心"曰："合虚与气有性之名，合性与知觉有心之名。"（《正蒙·太和》）可以说，属于宇宙论层面上的气与知觉，是张载性与心两观念的基本内核。牟氏对此两界说皆不予认同，批评此"性"之界定说"是滞词，是以性体之词必须另述"，又批评此"心"之界定说"此语亦不的当"，表明道德的形上学从其理论体系的需要出发，即证成性体与心体是超越的创造实体，必须通过某种诠释消解、剥离掉这个内核。牟氏对张载"性"之观念的新诠解，主要是凸显《太和》篇的界定（"合虚与气"）中的"虚"之内涵，而消隐去"气"之内涵，贞定"性与神一也"（《心体与性体》第一册，第489页）。如他说："道虽为综合词，然可偏重气化之行程言，而性则必超越分解地偏就虚体言。作为体之神德太虚对应个体，或总对天地万物而为其体言，则曰'性'。"（同上书第一册，第489页）然后再凸显"虚"（神体）之"寂感合一"的内涵，以证成性体。如他说："《太和篇》言'至静无感，性之渊源'，至静无感即是寂然不动，至寂至静，默然无有，此是性体之最深源头处。太虚神德之至寂至静并不与其感而遂通为对立，乃是即寂即感，寂感一如的。故性体之具体意义仍须就太虚神德之寂感言：即感即寂，寂感一如，此其所以为神而亦所以能成化也，亦即其所以能起道德之创造也。"（同上书第一册，第492～493页）而牟氏对张载"心"之观念（"合性与知觉"）的新诠解，则主要是将知觉的宇宙论层面上的人之认知义蕴剔除，代之以本体宇宙论意义上的神体（性体）的呈现。如牟氏说："性之名既是就太虚寂感之神（此亦曰虚体，亦曰神体）说，则心之名亦不能由外此而别有所合以立。心就是克就'寂感之神'说，寂感必然地函心义，神亦必然地函心义。'知觉'即是'寂感之神'之灵知明觉，不是吾人今日所说之'感触的知觉'，灵知明觉即是神体之朗照。"（同上书第一册，第530页）对《正蒙》中"离明"（视觉）的训释，更从一个具体问题上表现了牟氏此种诠解方式。《正蒙·太和》有谓"气聚则离明得施而有形，气不聚则离明不得施而无形"，传统理学训解为"气聚则目得而见，不聚则不得而见"（《朱子语类》卷九十九）。牟氏批评说，朱子之解"离明"，"正是视作认识论之辞语，全非"（《心体与性体》第一册，第469页）。他认为正确的诠释应是："火与目皆取象取喻之意①，而此言离明既不实指火言，亦不实指目言，乃直指神体之虚明照鉴而言也。神之充塞无间即明之充塞无间，此言离明是'本体宇宙论地'言之。此是言心之'本体宇宙论的'根据，而此神体之明亦可以说即是'宇宙心'也。"（同上书第一册，第467页）正是在此对性与心同作本体宇宙论诠释的基础上，牟氏得出"心性是一"的结论："性体寂感之神之灵知明觉或虚明照鉴即是心。依此，性体之全幅具体内容（真实意义）即是心，性体之全体呈现谓心。心体之全幅客观内容（形式意义）即是性，心体之全体挺立谓性，心性完全合一，不完全是一。"（同上书第一册，第531页）

总之，牟氏对北宋三儒的本体宇宙论的诠释，确立了超越的道德创造和宇宙生化实体（道体、性体、心体）的观念，确立了心性是一的观念，为对其后各派诸儒的诠释奠立了理论观念的基础。

二组：伊川与朱子。牟氏道德的形上学的儒学立场，是归依儒学"正宗"的，所以对被其判定为"歧出别子"的程朱一系所作出的诠释，都内蕴着批评的意味②。这一批评性的诠释，大体可归纳为分辨性诠释与

① 《说卦》："离为目……离为火。"

② 此种义理辨析性的批评与明末清初理学批判思潮（如颜李学派）的否定态度有别，因为牟氏仍肯定程朱理学的基本价值，如说"朱子之系统亦自有其庄严宏伟处"（《心体与性体》第一册，第59页），"朱子之潜德幽光，犹待发扬"（同上书第三册，第70页）。

驳辩性诠释两个方面。

其一，分辨性诠释。虽然牟氏已从总体上将程朱一系与其对立的一系以本体观念之"只存有不活动"与"即存有即活动"和工夫论之"顺取"与"逆觉"为标准作出了明确区分，但是，同作为先秦儒学后裔程朱系与正宗派中有许多概念或命题是共同的，然而其内涵在牟氏看来却是并不相同的，必须作出分辨性的诠释，将其区别开来。首先，牟氏甄别了程朱系中的"寂感"和"性动"、"心生"三个似有"活动"义的观念，以维护住划分两系本体论差别的那条"活动"与"不活动"界线。"寂感"源自《易传·系辞》"寂然不动，感而遂通"，程朱亦每有论说，如程颐曾说"天地间只有一个感与应而已，更有甚事"（《河南程氏遗书》卷十五），朱熹亦有谓"物固有自内感者，然不专是内感，固有自外感者"（《朱子语类》卷九十五）。大体上可以认为程朱解析寂感有感与应、内与外之分。牟氏判析说："今将感与应分说，则感好像是自外感，而应则是自内应。感与应分说，感、应便都是落在气上说，天地之间便都是一气之感与应而已，此非《易传》言寂感义之本意，《易传》言寂感是从诚体神体自身说，不从气上说。"（《心体与性体》第二册，第265页）牟氏又援藉程颢"感非自外"①之论对比朱子之说曰"'感非自外'意即寂体之神感神应一通全通，非是气上相对之二之有限的感应也"，而"朱子此解即完全就气说寂感，用今语言之，即刺激反应之感与应也"（同上书第二册，第269页）。简言之，在牟氏看来，正宗派言寂感是自本体之自身说即寂即感；程朱派论寂感是从气上说，故每有感与应、内与外之分。客观地说，牟氏对程朱寂感说的解析与定性都是符合实际的；但正宗派的寂感观，则是经过他的道德的形上学改造增益了的。程颐曾谓"性之动者谓之情"（《河南程氏遗书》卷二十五），朱熹论心有谓"一言以蔽之，曰生而已"（《朱子语类》卷五）。程朱此"性动""心生"，在牟氏看来，皆是就气而言，完全不具有作为本体的性体、心体所内蕴的那种活动义。牟氏甄别说，正宗派的作为创造实体的性体的动，是道体的"於穆不已"，

---

① 程颢诠解"寂然不动，感而遂通"曰："天理俱备，元无欠少……因不动，故言寂然，虽不动，感便通，感非自外也。"（《河南程氏遗书》卷二上，《宋元学案·明道学案》）

"此种性之动中并无性情之分，亦并无'仁性爱情'之形上（属理）形下（属气）之分①，此种性之动是本着道德的超越的本心性体之'动而无动之动，静而无静之静'之活动义而来。如果说其动而为情，此情亦只是本心性体之当机的具体呈现（如恻隐、羞恶、恭敬、是非之心之类）"；而程朱派的"性动或性之有动，其实义是因动者系属于性，而谓为性之动或性之有动，非性本身真会动也，性与动者之情中间有一形上形下异质之隔"（《心体与性体》第二册，第287页）。或者说，"其实义只是情依性理而动，而性理无所谓动"（同上书第二册，第490页）。简言之，在牟氏看来，程朱"性动"实是形下的情（气）动，完全不同于正宗派的性体呈现之动，在此呈现之动中，无性情之分。应该说，牟氏在这里的分辨亦是正确的。朱熹曾说"四端，情也，性则理也。发者，情也，其本则性也，如见影知形之意"（《朱子语类》卷五），程朱的确将性情作了有某种性质之差异的（如这里的"形"与"影"）的区别，而非一体之呈现②。牟氏对于朱熹"心生"之论亦如此甄别说："此就心字言生，是落于实然之气上，就其阴阳动静而言，与孟子、象山说本心为道德的创生实体之创生义不同。"（《心体与性体》第三册，第469页）因为朱熹从根本上已界定"心者，气之精爽"，"此是对于心作实然的解析，宇宙论的解析"（同上），即已界定心是实然的、宇宙论层面的存在。总之，牟氏对程朱派"寂感""性动""心生"所作的分辨性诠释，意在判定程朱派此论是在"气"的意义上而不是如同正宗派那样在本体的意义上作出的，因此，区别两系本体观念差异的界线仍然是鲜明的、不可混淆的。

再者，牟氏辨析了程朱系中的"心与理一"与"性之有形谓心"两观念之命题，并显化其与正宗派的差异，以维护其对宋明儒学逆觉与顺取两种修养工夫的区分。如前所述，在牟氏看来，在正宗派那里，"性体之全幅具体内容即是心，心体之全幅客观内容即是性"（同上书第一册，第

---

① 程颐谓"爱自是情，仁自是性"，又谓"阳气发处，却是情也。心譬如谷种，生之性便是仁也"（《河南程氏遗书》卷十八），朱熹亦有谓"仁，性也，性只是理而已；爱是情，情则发于用"（《朱子语类》卷二十）。

② 朱熹亦每说"性是体，情是用"（《朱子语类》卷五）。但此"体用"是指心而言，即"心统性情"（同上）意义上说的（宇宙论层面），有别于陆王"即体即用"之"体用"（本体论层面）。

531 页），心性是一。程朱派也多有表述心与理（性、道）这一观念的命题，如程颐说"理与心一，而人不能会之为一"（《河南程氏遗书》卷五），"心与道浑然一也"（同上书卷二十一下）。朱熹也说"心与理一，不是理在前面为一物，理便在心之中"（《朱子语类》卷五），"心包万理，万理具于一心"（同上书卷九）。牟氏认为，这两种"心性一"绝然不同，在甄别程颐"理与心一"之论时说："心理合一有二义：一是二物而待合，此合一是关联的合；一是一物而不待合，故实只是一，而不是合一，此是实体性的本心即理之自一，而不是关联地合而为一也。关联的合一是朱子义，实体性的自一是孟子义，而象山阳明继之。"（《心体与性体》第二册，第 336~337 页）在甄别朱熹"心包万理，万理具于一心"之论时又说："朱子所谓'具'或'包'是心知之明之认知地具，涵摄地具，'包'亦如之。由孟子仁义内在之'心即理'而说'心具万理'，此'具'是本心自发自律地具，是本体创生直贯地具，不是认知地具、涵摄地具，是内在之本具、固具，不是外在地关联地具。"（同上书第三册，第 357~358 页）简言之，牟氏认为两系"心性一"观念内涵之不同，就是本体固有之"自一"与认知过程中实现之"合一"之间的差别。不难看出，道德的形上学所解析出的宋明儒学中的"逆觉"与"顺取"两种修养工夫的不同，亦正是渊源于这种差别。与此相联系，牟氏又辨析了程颐"性之有形谓之心"之论（《河南程氏遗书》卷二十五），将其与胡刘系"尽心成性""性非心不体"，即性以心而形著、呈现的观念区别开来。在牟氏看来，两系以心成性或性以心形著之论，就其命题之形式意义言，皆可指谓说性在心之知觉活动中被表现出来。但由于两系"心性一"观念的差异，其心之知觉活动的内涵却甚有不同，故其形著之义亦甚有不同。牟氏甄别地说，对于胡刘系"心之觉识活动是道体本心之实践的活动，其形著性体之奥秘是道德实践地形著而全部澈尽之，朗现之，使性体成为具体而真实的性体，结果心性是一，是本体论的直贯创生之实体性的自一"；而对于程朱系，"心之觉识活动是实然的心之觉识活动，并且发而为动静之情之存在之然，心之形著而形象化性理是认知地形著而形象化之，而且是依动静之情之存在之然而推证其所以然而形著而形象化之，此是一种认知地关联的且是本体论地上溯的形著与形象化。在此，心性不能是一，纵使可以说一，亦是关联的一，而不是实体的自一"（《心体与性体》第二册，第279页）。简言之，一种是本体直贯的、道德实践的形著，即心之觉识活动，即是性体之呈现；一种是上溯本体的认知（穷理）的形著，即是通过觉识活动对性理有所认识而形著之。亦不难看出，此种不同的"形著"，犀通着"体证"与"穷理"两种不同的修养方法。牟氏对"性动"与"性形"所作的分辨性诠释，应该说是准确而深刻的，分别巩固了从本体论观念和工夫论方面判分两系的界限，在道德的形上学中是极其重要的，是其他全部命题分辨性诠释的基础。故牟氏在完成以上的甄别后总结说："'性之有形者谓之心，性之有动者谓之情'，此两语所关甚大，最为重要。必如以上之疏解，方可凸显其实义。此两语明，则以下皆可照察得分明而不至有迷惑矣。"（同上书第二册，第288页）

其二，驳辩性诠释。道德的形上学的儒学立场是归依"正宗"派的，十分自然地，被其判定为是"别子"的程朱派的理学观点，在这里要受到驳议，其中最重要、突出的是中和、仁、性三个理学观念。

中和　《中庸》曰："喜怒哀乐之未发，谓之中；发而皆中节，谓之和。中也者，天下之大本也；和也者，天下之达道也。"程朱派关于"中""中和"（"未发已发"）的训解都不能为道德的形上学所认同。程颐说"中也者，所以状性之体段……中之为义，无过不及而立名"（《河南程氏文集》卷九《与吕大临论中书》），"喜怒哀乐未发，是言在中之义"（《河南程氏遗书》卷十八）。不难看出，程朱派将"中"诠释为心之一种本然状态（就语言学意义说，是形容词或副词），不是某一本体或独立物（就语言学意义说，不是一名词或概念）；所以程朱反对"求中"之说："既思于喜怒哀乐未发之前求之，又却是思也；既思，即是已发……于喜怒哀乐未发之前求更怎生求？"（同上），但是，牟氏却认为，如同《中庸》之"诚"字可由形容词转为实体字成"诚体"一样，"在状道状性处，'中'亦可转为名词，成实体字，即可代表道或性"（《心体与性体》第二册，第361页）。他说"《中庸》以'中'为天下大本，必即是就通于天命之性体而言，必是就由喜怒哀乐之情异质地跃至超越之性体而言，而不是直认情之潜隐未分之浑融状态为'中'"（同上书第三册，第61页），"中体与喜怒哀乐之情乃异质之两层，非同质同层之一体而转者"（同上书第三册，第 102 页）。显然，是"心性一"与"本体宇宙论陈述"的道德的形上学的理论立场，使牟氏认为可以而且应该从心境中（喜怒哀乐）升越出某种本体（性体、中体）。这样，"中体"作为一种实体性真实存在被思（"求中"）亦是可以的。他说"吾固可以已发之思之活动去思那中之心境，亦可思或肯认那超越之性体或本心以为中"（同上书第二册，第 363 页），并批评程朱"'中'不可求"之论是"层次混扰，乖违名理"（同上）。道德的形上学与程朱派在"中和"（"已发未发"）论题上的对峙，表现为牟氏对朱熹"中和旧说"和"中和新说"皆持异议。如前已述，朱熹一生理学思想变迁的最为明显处，即是发生在四十岁前后的对"中和"的理解的变化，也称"中和旧说"与"中和新说"①，其内容简言之，"中和旧说"是以"已发者人心，未发者其性"（《朱文公文集》卷三十二《答张敬夫四》），而"中和新说"可概之为"未发心之性，已发心之情"②，牟氏对此两说分别从不同角度予以驳议。"中和旧说"以心、性界说中和，显然是将已发、未发定位在两个不同的层面上。牟氏从其以中体与喜怒哀乐为"异质两层"之角度考量，赞许"朱子中和旧说对于未发之中，天下之大本犹有一仿佛之影象"（《心体与性体》第三册，第 63 页）。但从其认为喜怒哀乐本身是情之观点出发，又亟批评中和旧说。牟氏说："《中庸》明是就喜怒哀乐说未发已发，而喜怒哀乐是情，非即道体（性体、心体、天命流行之体）也。《中庸》原意是就喜怒哀乐未发时见中体，非其不发自身便是中也。是则喜怒哀乐之发并不同于本心之发见，'已发'与'发见'非同义也，亦非同指也。'已发'之发是情之激发起，而'发见'则是本心中体之呈露。"（同上书第三册，第 77 页）即在牟氏看来，喜怒哀乐是情，即使其未发时，亦只能映照出"中体"，本身并不是"中体"，需要"异质跳跃"方是中体、性体。朱子

---

① 世之学者一般据朱熹《中和旧说序》将朱熹致张栻的四封书信（《朱文公文集》卷三十二《答张敬夫》之三、四、三十四、三十五）视为"中和旧说"，以朱熹之《已发未发说》《与湖南诸公论中和第一书》及致张栻另一书信（《朱文公文集》卷三十二《答张敬夫之十八》）中之观点为"中和新说"。

② 如朱熹《与湖南诸公论中和第一书》谓："喜怒哀乐之未发，当此之时，却是此心寂然不动之体，而天命之性当体具焉；及其感而遂通天下之故，则喜怒哀乐之情发焉，而心之用可见。"（《朱文公文集》卷六十四）

中和旧说以心与性界分已发未发，未能在情之未发已发间作出区分，与在中体（性体心体）与哀乐之情间作出区分之不同，结果导致观念上的混乱。所以他批评说："混喜怒哀乐之发与本心发见之发而为一，将本心发见之发看作喜怒哀乐已发之发，朱子混而同之，不亦误乎！"（同上书第三册，第78页）朱熹自己摈弃中和旧说，主要是因为感到心性两层之分，会带来修养实践上的危害——"以心为已发，而日用工夫亦只以察识端倪为最初下手处，以故缺却平日涵养一段工夫"（《朱文公文集》卷六十四《与湖南诸公论中和第一书》）。而在牟氏看来，其弊是理论观念上的将情之发与心之发混同。朱熹"中和新说"在同一"心"之层面界说已发未发，自然与道德的形上学的"异质两层"论相距更远，故牟氏说："旧说新说之别，乃是两系义理之别。旧说仍是孟子系之义理，而新说则是朱子本人顺伊川之纠结所清澈成之静涵静摄之系统。"（《心体与性体》第三册，第78页）而且在牟氏看来，此心是定位在宇宙论层面上的实然的气之心，因而完全失去超越的道德根据的性质，他说："在新说的间架下，显然有心性情三分之支柱，而心性平行而非一，真正之超越实体在性而不在心，心傍落而为平说之中性的、实然的，此即吾所说的道德意义之良心、本心之沉没。"（同上书第三册，第178页）道德的形上学与"中和新说"的分歧是根本的，因为它最终归结或表现为"心性自一"观点及本体宇宙论陈述方式与"心性可一"及本体论宇宙论分别陈述两种儒学立场的分歧。牟氏于此亦有一清楚的说明："《中和新说书》云：'人有是心，而或不仁，则无以著此心之妙，人虽欲仁，而或不敬，则无以致求仁之功'①。此两联乃是《中和新说书》中分量最重之语句，是了解并形成《中和新说书》中之间架之关键句子。若依至诚之神或孟子之本心言，焉有'人有是心，而或不仁'之说？至诚之神与本心即仁体也，又焉有'人虽欲仁，而或不敬'之疑？至诚之神与本心即敬体也，心之妙不待心外之仁以著之也，心即仁也；心之仁不待心外之敬以求之也，仁体即敬也。此是本体宇宙论的实体之创生直贯义，非心、仁、敬三者之关联义也，由此关联义而见其为静涵静摄之系统，而非创生直贯之纵贯系统也。"（同上书第三册，第180页）

---

① 此数语出《朱文公文集》卷三十二《答张敬夫之十八》一文。

仁说　程朱派仁说中有三个观念受到牟氏道德的形上学的驳议。一是仁之界定。程颐说"爱自是情,仁自是性"(《河南程氏遗书》卷十八),朱熹说"仁者,爱之理、心之德也"(《论语集注》卷一《学而》)①,大体可以说,程朱派是将仁界定为人的一种固有的、根本的道德品性,通常以爱的道德感情和行为表现出来,仁之观念可从不同意义上分解出理、性、情三个内涵。牟氏则在"仁"之观念中注入具有活动义的内涵,将其界定为具有创生意义的实体,他说"仁有二特性,一曰觉,二曰健。横说是觉润,竖说是创生。觉润即函创生,故仁心之觉润,即是道德创造之真几,综此觉润与创生两义,仁固是仁道,亦是仁心"(《心体与性体》第二册,第223~224页),"仁是人之所以为人,所以发展完成其德性人格之超越的根据,内在的实体"(同上书第二册,第228页)。并且批评程朱仁说"将一精诚恻怛之本心仁体支解为三项,此是非孟子言本心之骨干,此合下是实在论之心态,分解对列的思考方式之所凝结,乃渐教、他律、重智之道德系统也"(同上书第三册,第243页)。二是"觉"之理解。程朱派认为仁之表现是一种道德感情("爱"),反对以一种知觉形态("觉")来界说,每说"指觉为仁则不可"(《河南程氏粹言·论道》),"不觉固是不仁,然便谓觉是仁则不可"(《朱子语类》卷一百一)。牟氏则认为,自程颢以来以觉释仁之"觉"②,并非是认知之觉,而是道德觉醒之觉;是道德实体之呈现,而并非是认知。他判分说:"觉是'恻然有所觉'之觉,是不安不忍之觉,是道德真情之觉,是寂感一如之觉,是仁心之恻然之事,而非智之事,是相当于'Feeling'(觉情),而非'Perception'(取相的知觉)之意。朱子今乃一见'觉'字,便向'知觉运用'之知觉处想,不知觉有道德真情、寂感一如之觉与认知的知觉运用之觉之不同,遂只准于智字言觉,不准于仁心言觉矣。"(《心

---

① 朱熹《仁说》中亦谓:"语心之德,一言以蔽之,则曰仁而已矣……吾之所论,以爱之理而名仁者也。"(《朱文公文集》卷六十七)

② 程颢谓:"医书言手足痿痹为不仁,此言最善名状。"(《河南程氏遗书》卷二上)朱熹和他的弟子们皆认为此是宋儒以觉训仁之始,他们在讨论谢良佐"仁,觉也"(《上蔡语录》)之论时曾有评断曰:"上蔡说仁,本起于程先生引医家之说而误。"(《朱子语类》卷一百一)宋明儒中李侗、湖湘学派(如胡实、胡大原)皆祖述上蔡"觉仁"之论。王学以知觉释良知则属同调,貌异实同。

体与性体》第三册，第251页）"此不安不忍、恻然之觉显然是一个本体论的实体字，而不是一个认识论的认知字。"（同上书第三册，第277页）三是"公"之理解。程颐说："仁之道，要之只消道一公字。公只是仁之理，不可将公便唤做仁。公而以人体之，故为仁。只为公，则物我兼照，故仁，所以能恕，所以能爱。"（《河南程氏遗书》卷十五）朱熹进一步解释说："仁是本有之性、生物之心，惟公为能体之，非因公而后有也，故曰'公而以人体之，故为仁'。"（《朱文公文集》卷三十二《答张敬夫十三》）可见程朱将"公"解说为是仁性爱情或"仁之理"实现所凭借的某种外在的方式或方法、轨道。牟氏驳议此见，认为"公"是仁体之呈现，是境界。他说："仁体呈现，自然'廓然而大公，物来而顺应'①。此亦可说'公'。但此公字是仁体呈现之境界，不是就仁理而分析出的一个形式特征。工夫唯在通过逆觉使仁体呈现，不在先虚拟一'公'字，依公发情以接近之也。伊川的讲法必归于他律道德，而明道所言却是自律道德，此亦由于对仁体之体会不同也。明道依'於穆不已'之创生实体去体会，而伊川只依'仁性爱情'之方式去体会。故明道所言者是'即活动即存有'之实体，而伊川所言者却是'只存有不活动'之普遍之理也。"（《心体与性体》第二册，第301页）总之，牟氏围绕仁说与程朱派的论辩，又是从一具体论题上展示了道德的形上学与传统理学在本体论、工夫论及陈述方式上的区别。

性说（枯槁有性无性说）　道德的形上学与传统理学最鲜明的区别与对立，应该说是对枯槁有性无性的不同回答。朱熹说，人与禽兽、草木、枯槁"虽其分之殊，而其理则未尝不同；其所以为是物之理则未尝不具尔"（《朱文公文集》卷五十九《答余方叔》），而"性即理也……安得谓枯槁无性耶"（同上书卷五十八《答徐子融三》）。可见程朱派认为枯槁有性，其逻辑是，万物皆有其理，理落于形气之中而成性（性即理），则万物皆有其性。如前所述，道德的形上学不是将"性"作为静态之"理"来界定的，而是作为动态的、具有道德创造和宇宙生化功能的实体来解说的。按照此种解说，十分自然地，可以而且应该判定"枯槁无

---

①　此为程颢《定性书》中语（见《河南程氏文集》卷二《答横渠张子厚先生书》）。

性"。牟氏说："若依孟子之'就内在道德性言性'之意义，不但枯槁无此性，即禽兽亦不能有；若依《中庸》《易传》之'就於穆不已之天命流行之体说性'之义说，则禽兽与枯槁之物亦不能以此道德创生之实体（真几）为其自己之性。此实体虽创生地实现之、存在之，但却并不能进入其个体中而为其性，而禽兽与枯槁之物亦并不能吸纳此实体于其个体中以为其自己之性。"（《心体与性体》第三册，第487页）显然，牟氏并不介意道德的形上学此判定与传统理学形成的尖锐对立，但他需要对性体作为道德创造和宇宙生化之超越根据的普适性在这里被破坏作出解释。牟氏的解释有二：一者，"作为道德创生的实体之诚体、神体、乾元、通体，虽是创生地普妙万物而为其体，然并不函着亦内在地具于每一个体之中而为其性，亦不函着每一个体真能具有之以为其自己之性，其创生地、超越地为其体之义与内在地为其性之义是两回事，这两者并不能同一化"（同上书第三册，第493页）；二者，"此道德创生的实体之不能内在地复为人以外其他生物无生物之性，此所谓'不能'，亦并非逻辑地不可能，乃只是在宇宙进程之现阶段中实然地不能而已"（同上书第三册，第494页）。牟氏的解释虽是很明白，即超越实体对于个体而言，为其体与内在地为其性是不同的；超越实体的道德创造之性不能为枯槁所生，只是实然的不能，并非逻辑的不能。但这一解释等于没有解释。牟氏在原地踏步，他只是在说"枯槁无性"，但并没有回答"为何枯槁无性"。牟氏的解释有一个理论作用，即这一解释同时也是他对程朱"枯槁有性"的驳议。在牟氏看来，朱熹之论正是将道德实体对于一个体之"为其体与内在地为其性两者完全同一化"（同上书第三册，第495页），而以"存有论的解析"意义下的性（即理，枯槁有性之性）同化"自觉地作道德实践而说的那道德创造之性"（即性体，枯槁无性之性），就会带来"道体性体之为'道德创生的实体'义之丧失"（同上书第三册，第496页）。诚然，道德的形上学对人之道德性作了最充分的、至高至尊的升华，这是对中国哲学，尤其是儒家哲学精神底蕴的最深刻的发掘。但在其对"枯槁有性无性"的诠释中也显现出它有一个消解不掉的、涵盖不周的理论困难。道德的形上学的"性体"本体论基本上是以人为中心，以人之道德性渗透、铸造宇宙一切，不能为道德性所注进、塑造的地方，就是它涵盖笼络不住的地方。而传统理学的"理"本体论则在宇宙背景下观察人与万物，理可以笼罩一切，它不会发生这种困难。就此而言，较之传统理学，道德的形上学作为儒学的一种理论体系或诠释模式是新的、独特的，但不一定是更高的、更优的。

三组：五峰与蕺山。在宋明清以来的传统理学中，由于朱熹曾有对胡宏甚为严肃的批评，加以胡宏不像陆九渊那样具有鲜明的学术个性和有影响的传人，刘宗周则处于明末家国崩溃荒乱之际，势难致力于其学术的流布传衍，所以此系一直处于被压制、被遗忘的角落里①。牟氏的道德的形上学判认此系之说可作出能兼容《中庸》《易传》与《论语》《孟子》的解释，而有别于陆王单承《孟子》，将其标举出来，鉴定为正宗，辨析出其基本的理论走向或思路为："除逆觉体证之工夫入路外，其重点大体在心性对扬，以心著性，盛言尽心以成性，而最后终归于心性是一。"（同上书第二册，第431页）更特别地为其受到朱熹及其后学一派批评的观点进行辩护，对其引起混乱歧解的命题则予以厘清。其中，对以下四个论题的申论，可为代表。

"天理人欲同体异用"　胡宏关于天理、人欲之关系有一重要论断，"天理人欲同体而异用，同行而异情"（见朱熹《胡子〈知言〉疑义》）。如前所述，从朱熹的理学立场看，这一论断"体"与"行"应分属于"以本体言"（本体论）与"以流行言"（宇宙论）两个性质不同的理论层面；其在宇宙论层面上的论断是正确的，而在本体论层面上的论断是错误的，因为在朱熹的心论中（属宇宙论层面），天理人欲是被同作为人心之存在样态来界定的，而在本体论层面上（理、性），天理、人欲是绝然不同的，故他说"当见本体实然只是一天理，更无人欲"（《胡子〈知言〉疑义》），"性中只有天理，无人欲，谓之同体，则非也"（《朱子语类》卷一百一）。牟氏针对朱熹此论，重新训解了此处"体""用"之含义，以维护胡宏的论断。他说："'同体异用'，字面上虽用的体、用二字，然此处实不是普通所说的'体用'。此处之'体'显是'事体'之体，

---

① 明弘治三年程敏政刻《知言》有谓："凡书之见于朱（熹）、张（栻）、吕（祖谦）三先生《疑义》中者，皆不复出。"（《篁墩集》卷三十九《书胡子〈知言〉后》）《知言》因朱熹之批评而残缺，不复见其全貌，即是一证。

'用'是表现之用。同一事物，溺则为人欲，不溺为天理。"（《心体与性体》第二册，第454~455页）换言之，"天理人欲同体异用"也是属于宇宙论层面上的论断，"'同体异用'与'用行异情'完全为同意语"（同上书第二册，第457页）。所以，在牟氏看来，此两语"不是分解地言本体本身，而是言道体之表现"，朱子之解"完全非是"（同上书第二册，第455~456页）。

"性无善恶"　胡宏曾有谓："性也者，天地鬼神之奥也，善不足以言之，况恶乎哉？"（见朱熹《胡子〈知言〉疑义》）朱熹据以批评说"胡氏之病，在于说性无善恶"（《朱子语类》卷一百一），并判定此论"出于常总"①，而"即告子'性无善无不善'之论也"（同上）。牟氏为推倒朱熹的结论而替胡宏的辩白，申述了三层立义。一者，胡宏所谓"性"，是"性体"，是超越的形上实体。牟氏说："胡五峰论性有谓'性，天下之大本也'，'性也者，天地所以立也'，'性也者，天地鬼神之奥也'，凡此诸语句皆明表示性体为形而上的实体。"（《心体与性体》第二册，第462页）再者，此性体或绝对性之善是"至善"，既非相对善，亦非中性义。牟氏说："作为绝对体的性体自身则不是事，因此作为价值判断上的指谓词之善恶在此用不上，此即所谓'善不足以言之，况恶乎哉？'……即是说性体自身的绝对善（至善），不是说事相的相对善，故亦不与恶对，此非'性无善恶'之中性义。"（同上）所以在牟氏看来，"朱子直以'性无善恶'之中性义视之，误矣！"（同上）判决应颠倒过来，谬误的不是五峰，而是朱子！最后，牟氏追溯胡宏性论渊源，判定其源头不是佛禅常总，而应是程颢。牟氏训解程颢"善固性也，然恶亦不可不谓之性也"（《河南程氏遗书》卷一）之论时曾说："复有一义亦须一提，即善恶既只是表现上的事，则性体自己自是粹然至善而无善恶相对之相，后来胡五峰说性不可以善恶言，即根据此义说。"（同上书第二册，

---

①　朱熹追溯湖湘学派性无善恶论与东林禅师常总之观念渊源曰："龟山（杨时）往来太学，过庐山，见常总。总亦南剑人，与龟山论性，谓本然之善，不与恶对。后胡文定（按：胡安国，胡宏之父）得其说于龟山，至今诸胡（按：胡宏及其从弟胡实，从子胡大原）谓本然之善不与恶对，与恶为对者又别有一善。"（《朱子语类》卷一百一）

第 168 页）故牟氏在此申辩最后说，五峰之论，"其实客观义理上亦本于明道"（同上书第二册，第 462 页）。

"天理人欲同体异用"与"性无善恶"是胡宏的两个遭到朱熹最多最重批评的理学命题或观点，牟氏为之申辩，充分显示了道德的形上学之独立的、独特的理论立场。但是，客观地说，牟氏之辨仍未能摆脱朱熹所论的笼罩。其"同一事体，溺则为人欲，不溺则为天理"正是前面已述及的朱熹在"心"之层面上对天理、人欲的解说①，其"至善"之说，实际上也已在朱熹理论视野里出现并被破解过。《朱子语类》记载，朱熹与门人讨论湖湘学派"本然之善，不与恶对"之论时说："若论本然之性，只一味是善，安得恶来？人自去坏了，便是恶。既有恶，便与善为对。今他却说有不与恶对底善，又有与恶对底善，如近年郭子和《九图》②，便是如此见识，上面书一圈子，写'性善'字，从此牵下两边，有善有恶。"（《朱子语类》卷一百一）此湖湘派"本然之善"及郭子和《九图》之"性善"，似即是牟氏之"至善"。

在程朱理学观点笼罩下的明代理学，有两个新的理论因素或理学思潮促成了其运动发展，一是气本论，一是心本论。刘宗周生平处于明代晚期动乱之际，他的理学思想同时感受了这两种理学观念的影响，而又未遑完全熔融，显得比较驳杂。用牟氏的话来说："蕺山之辩驳言论多不如理，或多无实义，其说法多滞辞，若不加简别，必觉其为一团混乱。"（《从陆象山到刘蕺山》，第 458～459 页）但牟氏从其道德的形上学立场观察，仍判定刘宗周言论虽多滞辞，"其旨归不过是以心著性，归显于密"③（同上

---

① 朱熹说："只是一人之心，合道理底是天理，徇情欲底是人欲。"（《朱子语类》卷七十八）

② 郭雍，字子和，其父郭忠孝为程颐弟子，故当属程门后学。著有《郭氏传家易说》。事载《宋史》卷四百五十九《隐逸传》及《宋元学案》卷二十八《兼山学案》。《九图》已佚。

③ 牟氏解释说："'归显于密'，即将心学之显教归于慎独之密教也。"（《从陆象山到刘蕺山》，第 453 页）牟氏在《心体与性体》中以"心即理（性）"与"以心成性"区分儒学"正宗"之两系，在《从陆象山到刘蕺山》中论至刘宗周时，更以"显""密"区分两系："此两系为同一圆圈之两来往，而可合为一大系也。虽可合为一大系，而在进路上毕竟有不同，是故义理间架亦不同，一为显教，一为归显于密也。"（同上书，第 457 页）

书，第 458 页)，视其义理结构与胡宏应属同系，并特别辨析了刘宗周理学思想中两个主要的、感染着上述两理学思潮影响的论题。

"盈天地间一气"　刘宗周在训解周敦颐《太极图说》中有言："天地之间一气而已，非有理而后有气，乃气立而理因之寓也。"（《刘子全书》卷五《圣学宗要》）虽然刘宗周并没有表示他与其先明代气本论者——如罗钦顺、王廷相有思想渊源关系①，但此论却与明代理学气本论的两个主要观点——如罗钦顺所表述"通天地、亘古今，无非一气而已"（《困知记》卷上），与"理只是气之理"（《续困知记》卷上）完全相同。因此，判定刘宗周深受明代理学中气论思潮的影响是有据的。但是，牟氏诠解刘宗周此论，其意图恰是要将其从与气本论的关联中剥离出来，他在解析刘宗周"盈天地间一气而已矣，有气斯有数，有数斯有象，有象斯有名，有名斯有物，有物斯有性，有性斯有道。故道，其后起也"（《刘子全书》卷十一《学言中》）之论时说："此全是误解不通之滞辞。浅陋不入者将视此为唯物论矣。此只是蕺山之别扭，非其实意也。"（《心体与性体》第一册，第 396 页）可见，刘宗周此番具有明显的气本论内涵和色彩的理学言论，在牟氏看来却是"滞辞"，未达"实意"。他认为，刘宗周关于气包蕴数、象、名、物、性、道的表述，只应是一种境界的显示，而不能视为是对本体的实际陈述，如他说："此是形而上下紧收紧吸下的圆融化境，不能视作主张上的陈述"（同上）。而刘宗周的不足，即其"滞辞"所由生，就在于他缺乏这种"圆融化境"的自觉，将圆境中的形上形下无别，作了有分别的、对立的、凝固的陈述，如他说："刘蕺山之滞碍不通处即在常不自觉地将圆融而化视作一特定之主张（陈述）而以此遮彼。将圆融而化中之'无言'特定化，视作与彼分别言之各种陈述，为同一层次上相对立之陈述"（同上）。牟氏对刘宗周"气立理因之而寓"或"理即气之理，断然不在气先，不在气外"（《刘子全书》卷十一《学言中》），即"理气一"，也作了相同的"圆融化境"的诠释，他说："依以上之疏解，如拨开其滞辞，不稳之辞，乖戾悖谬之辞所成之烟雾，吾人

① 牟氏判分宋明儒时，虽将刘宗周与胡宏归属为同系，但他亦承认"刘蕺山从未一提胡五峰也"（《心体与性体》第二册，第 512 页）。

可知蕺山所谓理气一之实义是如何，其所谓'一'者，盖即形而上下紧收紧吸而即体即用。显微无间，体用一原之一滚地说之一耳。"（《心体与性体》第一册，第401页）牟氏"圆融化境"之说应是他自己的一种独特的体悟，用以诠释刘宗周之"一气""理气一"，是否真的吻合于、圆满了蕺山之所思，姑且不论，但将其与被他视为是"浅陋"的气本论区别开来，却是实现了。

"性无性"　刘宗周《原性》中有谓："告子曰'性无善无不善也'。此言似之而非也。夫性无性也，况可以善恶言。然则性善之说，盖为时人下药云。"（《刘子全书》卷七）刘宗周的性论显现了王学的痕迹，因为王守仁亦有"性之本体原是无善无恶的"之论（《传习录》卷三）和"告子'性无善无不善'，如此说亦无大差"之评（同上）。这反映了他的理学思想是在王学风靡的观念背景下形成的。同时，刘宗周的性论也表现出与告子界限不清，和某种与孟子不一的倾向，这正是牟氏所要厘清的。牟氏认为，指谓上的不可以善或恶称谓，与质地上的无善或恶之性质，是两种不可混同的"无善无恶"。他说，儒家的性或性体，"是天地万物之自性自体，已到尽头，自无话可说，非是一可以指谓语述之之对象，自是无'性'可言"，然而实际上，"此无性之性体实即绝对之至善"（《心体与性体》第二册，第213页）。而告子"言性实无这些深奥玄微之义，其言无善无不善只是中性义，材质义"（同上）。所以刘宗周认肯告子性论"似之而非"，牟氏则视为"根本是不相干之联想"（同上）。刘宗周"性无性"之论形成一个观察立场，即自性本身自体言，"这便是天命流行物与无妄之本体，亦即是无声无臭、浑然至善之别名"（《刘子全书》卷十九《答王右仲州刺书》）若离开这"无性"（至善）的"天命流行"之体而言及善，则皆是权言假借，甚至如孟子，其"汲汲以恻隐羞恶辞让是非指出个善字，犹然落在第二义"（同上）。其"性善之说，盖为时人下药""为纷纷时人解嘲"（同上书卷十二《学言下》）。牟氏批评刘宗周此等言论"皆示未能真切正视孟子性善之义"（《心体与性体》第二册，第216页），并从本体宇宙论的理论立场作出诠释曰："性体通于'天命流行物与无妄之本体'，固奥微无声臭，然性体之义并不必只限于此奥微无声臭之状态，亦在人之自觉地作道德实践中彰显。孟子说性是直下说人之内在道德性之性，说善是此性自身之善，此是性自身、善自身在道德实践中之挺立。"（同上）简言之，在本体宇宙论立场上观察，天命流行之"无性"奥体（至善），在人的内在道德性（孟子之善）呈现中被证实被贞定，所以"无性之奥体固是第一义，此内在道德性之性体亦是第一义"（同上）。"孟子道性善，犹落第二义"的观点，在牟氏看来是宋明儒学发生流弊的观念上的根源，因为这一观点"未能正视、切视道德实践中内在道德性挺立之实义，遂多涉足玄远以为妙理，以驰骋其玄谈，令人生厌；或厌其拘迂萎缩而不开朗，疲软而无力，或厌其清谈孔孟，玩弄光景，落于荡而肆"（同上书第二册，第 217 页）。应该说，牟氏此论断是正确的，符合实际的，道德信念的衰退是理学衰落的一个重要表现。牟氏在对刘宗周的批评中，用他的本体宇宙论陈述的理论进路，破解了这一遗留在宋明理学终点上的王学观点。因为如前所述，刘宗周并没有最终消化掉此观点，他只是对此观点带来的理学弊端有切身的感受①，故重建了一个与程朱学、陆王学皆有所区别的意本体论和慎独工夫论，用以纠正、克服此种弊端。在理论创造的意义上说，传统理学就是在这里终结的。

四组：象山与阳明。较之以上三组两系人物，道德的形上学对陆王的诠释比较简略，但也未显示有遇到疑难肯綮。道德的形上学显化了陆王一派唯张扬心体的理路特色："象山阳明本孟子而言本心之沛然，言'心即理'，言'致吾心之良知之天理于事事物物'，直显人之尽心、致知以彰显地明心外无物，心外无理，万物皆备于我。"（《心体与性体》第二册，第 61 页）亦指出陆王一派客观面不足之欠缺："象山于其所言之心体落实于於穆不已之天命流行之体处而一之，藉以纠正朱子之失。此步工夫，象山终欠缺。"（同上书第一册，第 411 页）"阳明惟其契'於穆不已'之体处仍嫌弱而不深透，亦其后学之所以有狂态也。"（同上书第一册，第 413 页）道德的形上学对陆王之理论特色及缺弱的揭示，应该说是符合事

---

① 在王学风靡的背景下，刘宗周主要是从王学那里观察到"无善无恶心之体"之论带来的这种弊端。他说："良知之说……及其弊也，往往看良知太见成，用良知太活变，高者玄虚，卑者诞妄，其病反甚于训诂。"（《刘子全书》卷二十一《重刻王阳明传习录序》）然而他未能破解此论，仍持有以性善之论为"第二义""时药"之见。

实的；其对陆王理学观念的诠释中，较为具体而重要的是辨析了在牟氏看来是一个为人所误的问题和自有其误的问题。

"陆学是禅"　朱熹每说："陆子静之学，自是胸中无奈许多禅何！"（《朱子语类》卷一二四）"近闻陆子静言论风旨之一二，全是禅学，但变其名号耳。"（《朱文公文集》卷四十七《答吕子约十七》）"陆学是禅"自朱熹倡论，由来久矣！道德的形上学完全否定这一论断。牟氏为陆学之申辩约为两层。一者，就立论之方式言。牟氏说："象山本孟子而言'心即理'，并不取'分解以立义'之方式，而是取'非分解以指点'之方式，即因此故，遂令朱子误想其为禅，其实这与禅何干？"（《从陆象山到刘蕺山》，第13页）陆学以"发明本心"为宗旨，即陆学对"心"（理）之证成，不是由渐进的、逐一的认知"理"而实现，而是以"发明本心"的方法，用牟氏诠释之语，即是以"逆觉体证""非分解以指点"这样一种整体直觉的、顿悟的方式证成。在牟氏看来，这种对最高本体体认的方法、方式，在不同的理论体系中都可能存在，"儒家岂不能独自发之，而必谓其来自禅耶？此岂是佛家之专利品乎？"（同上书，第15页）再者，就立论之内容言，陆九渊曾有谓："万物森然于方寸之间满心而发，充塞于此，无非此理。"（《象山全集》卷三十四《语录上》）牟氏据此判断曰："此明是孟子'万物皆备于我'之另一种表示。'满心而发'，不但是顿悟，而且由顿悟而至一体之沛然，此皆明是孟子学之基本大义，根本与禅无关涉，而朱子必以觉悟、大悟、顿悟为忌，何耶？禅不禅只当看义理骨干，岂决定于名言耶？儒释道讲到心性之学，自有其共通处。盖同以主体性为主，故其表现之方式、思路，以及发展之形态自不能免乎有相似也。只要真能见到其义理内容不同斯可矣。"（《从陆象山到刘蕺山》，第172页）禅以"无心""无念"之顿悟破解掉佛家传统的"佛性"等具有本体性内涵的观念，立一"空无"与"非空非无"之"自性"。陆学证成"心"之"发明"方式，具有顿悟性，亦与禅家或有似①，但其证成之内

---

① 牟氏甚至指出，若以"无心"为禅家标举的顿悟之特质，则陆学"发明本心"之顿悟中尚无此内涵，因为陆九渊曾有谓："人非木石，安得无心？"（《象山全集》卷十一《与李宰书》）似乎陆氏完全未解禅家"无心"之义。直到王守仁及其后学才有"作用义"而非"存有义"的"无心"。（见《从陆象山到刘蕺山》，第14~15页）

容却是孟子之"心"，即"四端固有"的、真切实际的道德义理之心。陆学与禅其间差距，何尝天壤？应该说，牟氏为陆学的申辩是正确的，"陆学是禅"是自朱熹以来对陆学与禅学皆未作深究的误解。

阳明性论三误 王守仁曾以本体、发用、流弊论性之善恶："性之本体原是无善无恶的；发用上也原可以为善，可以不为善；其流弊也原是一定善一定恶的。"（《传习录》卷三）并且将此三个论断笼络、兼容为一直受着正统儒家非议的三个人物的性论。王守仁说"告子'性无善无不善'，虽如此说亦无大差"（同上），"荀子性恶之说，是从流弊上说来，也未可尽说他不是"（同上）；而王守仁所认同的性在表现时"也原是可以为善，可以为不善"，正是被孟子否定的、为公都子所引述的战国时的一种性论①。牟氏对王守仁此三种兼容之论皆提出批评。在牟氏看来，王守仁继承孟子，其所谓"性无善无恶"乃是心之本体的至善义（道德义），而告子"性无善无不善"是材质的中性义，王守仁将此两者混同实在是不应该，他说："阳明不考其实，欲以'心之体'之'无善无恶'来傀侗告子之'无善无不善'而谓其'亦无大差'，可谓全不相应，差之远矣，谬亦甚矣，阳明所说之性，与告子所说之性，正是两层面之两种性，以此来傀侗，显然大谬。"（《心体与性体》第二册，第201页）在牟氏看来，公都子引述"性有善有不善"之论与告子"性无善无不善"之论本质上相同，"自材质义说，是中性无记；自材质之可塑造义说，是可善可恶，两说原是一说"，所以，"告子之说既非，公都子引述之说亦非"（同上书第二册，第202页）。牟氏区别说，"发用上说的'可以为善，可以为不善'，是就一性（至善之性）之表现上受气质之限定或受私欲客气之蒙蔽而说"（同上）。此显然与材质（中性）可塑造意义上所说之可善可恶是不同的。在牟氏看来，荀子"性恶"之论本质上也与告子"性无善无不善"之说相同，"亦是'生之谓性'一原则下之所函"（同上书第二册，第204页）。牟氏根据这一基本的界定判分说，从自然之性的意义上，荀子所论亦有是处，"但其所成之是，是动物性之是，是生物本能、生理

---

① 公都子曰："告子曰：'性无善无不善也。'或曰：'性可以为善，可以为不善。'……"（《孟子·告子上》）

欲望、心理情绪之是，绝不是超越的道德心性之一性之发用的流弊上的是，这与自然流弊上说决不相干"（同上）。简言之，自然之性（"生之性"）与道德之性（至善性体）在发用中的流弊并不相同。所以他批评王守仁将此两者混同，即将荀子"性恶"之论视为"是从流弊上说"，是"尤其非是"（同上）。王守仁性论中出现的三误，应该说是源起于为牟氏所指出的阳明学术欠缺处。王守仁朗现心体，"惟其契'於穆不已'之体处嫌弱而不深透"，即其客观面缺弱，所以其"性之本体"中之超越道德性内涵缺乏依托，不能充分凸显和坚强挺立，贞定不牢，易于走游，他本人既为异说所乱惑而未能自知，其后学更是出现狂态而不能自觉。牟氏道德的形上学的成就和贡献，就是在新的观念背景下，将儒家思想中的道德性内涵作了最高的升越、最牢固的贞定。

"道德的形上学"中的新与旧　道德的形上学，作为是对传统理学的一种现代的、新的诠释，它所实现的，或者说表现出的理学观念变革，最为重要而鲜明的有二。其一，理学之学脉结构。传统理学自朱熹以对"道问学"与"尊德性"之或有所重来判分他与陆九渊的差异后[①]，明清学者一直主要是以朱陆或程朱、陆王修养方法（工夫论）的不同，中分理学的天下，衡定理学家的派属。例如，黄宗羲在《宋元学案》中描述理学之分裂曰："先生（按：陆九渊）之学，以尊德性为宗，同时紫阳（按：朱熹）之学，则以道问学为主……宗朱者诋陆为狂禅，宗陆者以朱为俗学，两家之学各成门户，几如冰炭矣。"（《宋元学案》卷五十八《象山学案·按语》）东林讲席主座秦松岱观察学者之归依曰："新安姚江为两大宗，学者不宗洛闽，即宗姚江，不可自别为宗。"（见《南雷文定》前集卷四《复无锡秦灯岩书》）颜元建漳南书院，设六斋（六学科），以"课静坐、编著程、朱、陆、王之学"为"理学斋"的学习内容（《习斋记余》卷二《漳南书院记》），凡此皆可见，以程朱、陆王之学涵盖理学大体，以程朱、陆王之异来划分理学阵线，是传统儒学之公论。牟氏则以对心性关系之不同理解与阐释，将理学鼎分为三："心性二"者为程朱，

---

①　朱熹曾说："大抵子思以来教人之法，惟以尊德性、道问学两事为用力之要，今子静所说专是尊德性事，而熹平日所论却是道问学上多了……"（《朱文公文集》卷五十四《答项平父二》）

"心性一"者为陆王，"以心著性"（"尽心成性"）者为胡刘。同时，牟氏还将胡刘一系的源头追溯到周敦颐、张载、程颢，"先客观地言性，再回归于心以实之，此即横渠、明道、五峰、蕺山之路也"（《心体与性体》第一册，第32页），并以此系与陆王一系的"心性"在同具有"存在即活动"的意义上，判定"两个系统可以合成一个系统，为儒家正宗"（《中国哲学十九讲》第十八讲）。这样，在传统理学中，因本体论的差异而客观存在的那种张载"气"本体，与程朱"理"本、陆王"心"本三者之间的对立结构也不再显现。总之，牟氏以"道德的形上学"所展示的理学阵容是别开生面的。其二，儒学形上本体之内涵。如前所述，传统儒学的形上本体观念在理学中得到了最成熟的发展。理学的本体观念如程朱之"理"，是以根源性、总体性、形上性为基本内涵的最高实在（在宽泛的意义上，也包括陆王之"心"和张载之"气"），这是在儒家传统的"天"之观念基础上，不断地、潜移默化地消化、吸纳道家的"道通为一"（《庄子·齐物论》），"道无所不在"（《庄子·知北游》）和佛家"体用圆通一际"（《华严策林》）、"实相无相不相"等思想因素而形成。在道德的形上学中，牟氏借援康德的"物自体"所重新界说的本体（性体、心体），较之这一传统理学的本体观念，就发生了深刻的甚至可以说是根本的变化。第一，牟氏所定义的"物自体"是"物之在其自己之概念，是物之本来面目"（《现象与物自身·序》）。换言之，在道德的形上学中，本体（心体、性体）观念之基本内涵是"物之自己"。这样，传统理学本体观念中的总体性内涵就被消解了。所以道德的形上学不能认同、也不能解释传统理学的"万物一理"之论①，这表现为牟氏不得不反驳朱熹的作为理之总体性的逻辑结论之"枯槁有性"说，和曲折地解释自己的"枯槁有体无性"说。第二，牟氏还界定"物自身"是"一个有价值意味的概念，不是一个事实之概念"（同上）。按照这种理解，物自体与现象之间的界限，就不是如康德所认定的那样是由于人的认识能力局限所铸成，而是产生于人的道德境界上，"对无限心而言，为物自身；对有限

① 如朱熹每谓"合而言之，万物统体一太极也，分而言之，一物各具一太极也"（《太极图说解》），"只此一理，万物分以为体，万物之中，又各具一理"（《朱子语类》卷九十四）。

心而言，为现象……对执的主体而言为现象，对不执的主体而言为物自身"（《现象与物自身·执的存有论与无执的存有论》）。牟氏进而根据中国哲学所提供的大量的整体直觉的经验与理论①，肯定了人有在康德哲学中不能被确认的"智的直觉"。在此前提下，运用"本体论宇宙论陈述"方式，将物自身与现象间的关系界说描述为是"呈现"（"朗现"）的"自一"，而不是"所生"的"可一"。显然，在道德的形上学的这种对本体的界说中，传统理学本体观念中的根源性内涵，如朱熹所说的理（太极）是"所以指夫天地万物之根"（《朱文公文集》卷四十五《答杨子直一》），就被消解了。第三，传统理学在根源性、总体性、形上性三项内涵的意义上界定本体的哲学性质，正如朱熹解说"太极"时所说"以其无器与形，而天地万物之理无不在是，故曰无极而太极；以其具天地万物之理，而无器与形，故曰太极本无极也"（同上书卷七十八《隆兴府濂溪先生祠记》），即判定本体"理"是一种最高实在，而不能是任何意义上的某种实体；否则，被儒学在其形成时期破解了的具有传统宗教性质的最高人格就会重新立起。道德的形上学以"物之自己"的内涵界定本体，是对一真实个体存在之根据的最高升越，所以可以是，而且必须是一最高实体，否则就蹈空入玄失去依藉，不成"本体"。道德的形上学证成这种哲学性质为最高实体的本体，是赋予它最高的品性——宇宙生化与道德创造。这样，人的道德本性在道德的形上学中就以与传统理学不同的、具有某种现代观念色彩的方式与途径被牢固地贞定住——不是根源于总体性的最高实在，而是自律于个体性的最高实体。但它们都共同保持着儒学的本质——努力于完成对人之道德性的本体性论证。

作为对传统理学现代诠释的道德的形上学，在理论内容的诸多方面皆表现、实现了观念的变革。但是，就诠释方法而言，依旧与传统理学传

---

① 此种"认知"方式（超理性直觉）在中国传统哲学中确有丰富的表述。就儒外思想而言，诸如佛家的"般若"之知（"般若"比较复杂，既有辩证理性的因素，也有超理性直觉成分），道家的"不知之知"（《庄子·知北游》）。就理学思想本身而言，诸如陆王派的"即工夫即本体"（王守仁《传习录拾遗》），程朱派的"一旦豁然贯通"（朱熹《大学章句》）。

注、论述中所运用的义解方法相同，未能踏出新路。理学义解方法的逻辑思路大体是：首先是由对儒家经典或儒家先贤某一思想范畴或命题的个人体认开始，然后援引儒家或儒外经典有关论述互解、互证，最后整合为一结论。试以朱熹解说"无极而太极"和牟氏证成"天命实体"对比显示之：

预设之体认	互解、互证	整合（结论）
朱子：周敦颐《太极图说》"无极而太极"是对"道体"的准确表述	①引《洪范》"皇极"、《益稷》"民极"①为例，证"极"为"极至""标准"之意："若'皇极'之极、'民极'之'极'乃为标准之意。"（《朱文公文集》卷三十六《答陆子静六》）②引《系辞》"太极"解"太极"为理之至极："《大传》之太极者，何也？即两仪、四象、八卦之理具于三者之先，而缊于三者之内者也。圣人之意，正以其究竟至极，无名可名，故特谓之太极。"（同上书卷三十六《答陆子静五》）③诠定"周先生之意恐学者错认太极别为一物，故著'无极'二字以明之……无极即是无形"（同上书卷三十六《答陆子美二》）后，引《老子》《庄子》证道家所说"无极""乃无穷之义""非周子所言之意"（同上书卷三十六《答陆子静五》）	"不言无极，则太极同于一物，而不足为万化之根；不言太极，则无极沦于空寂，而不能为万化之根。"（《朱文公文集》卷三十六《答陆子美一》） "若论无极两字，乃是周子灼见道体，令后之学者晓然见得太极之妙不属有无，不落方体。"（同上书卷三十六《答陆子静五》）
牟氏：本体（道德超越根据）为涵心、性之"天命实体"	①以《诗》"维天之命，於穆不已"诠定"天不是人格神的天，而是於穆不已的实体义之天"（《心体与性体》第一册第30页）。②《论语》每言"仁"。③《孟子》有"尽心知性"。④《中庸》谓"天命之谓性"。⑤《系辞》说"乾道变化，各正性命"	"通过孔子之言仁、孟子之言本心即性，《中庸》《易传》即可认性体通于天命实体，并以天命实体说性体也。"（《心体与性体》第一册第36页）"客观地言之曰性，主观地言曰心，心性为一而不二。"（同上书第一册第41~42页）

可见，牟氏对道德的形上学之心体、性体乃"天命实体"这一基本观念的证成，与朱熹对传统理学"无极而太极"这一重要命题的论述，就论

---

① 《尚书·洪范》有谓"五，皇极，皇建其有极"；《益稷》有谓"熏民乃粒，万邦作乂"；朱熹谓《书》曰'熏民乃粒，莫非尔极'……"（《朱文公文集》卷三十六《答陆子静六》）

证方法而言，是完全相同的。在《心体与性体》和《从陆象山到刘蕺山》中，牟氏以"道德的形上学"论述了传统理学的九个主要人物及其主要观念，也大体上是采取如此的诠释模式。此种诠释方法模式中的预设体认，实际上是涵含着相当精神、思想经历的定见，故缺乏作为逻辑起始的那种基本、无可置疑的品质；互解互证中则每多有属于个人主观悟解的而未获共识的因素。明末清初的理学批判思潮中，黄宗羲曾批评理学"所穷之理，不过字义之从违"（《南雷文定前集》卷一《留别海昌同学序》），其所指出的正是理学沿此义解之路走到的困境末途。当然，道德的形上学作为对传统理学的现代诠释，内容和形式都是新鲜的，但它未能对理学诠释方法有所突破，其逻辑前提和义理取舍依违之间易被质疑、动摇处，还是存在的。在道德的形上学之观念或逻辑的源头处，最有可能招引质疑的是它缘起康德哲学而又异于康德哲学的预设体认——物自体是"价值的概念"和人可有"智的直觉"①；道德的形上学并不是要重新解说康德哲学，而是要援用康德哲学的基本观念来重新诠释宋明理学，所以在中国哲学背景下所作的这种改造是可以被理解的、被接受的，但其依凭的背景和个人体悟毕竟还是特殊的。可能引起更多的而且是比较有力的质疑的地方，是在道德的形上学对宋明理学的具体诠释中，例如支撑道德的形上学对理学作两系、三系、正宗之判分的逻辑前提——程朱之"理""只存有、不活动"的预设体认，就不能符合朱熹以"太极"为"造化之枢纽"（《太极图说解》）和以"太极"可分别"以本体言"与"以流行言"（《朱文公文集》卷四十五《答杨子直一》）的论说。又如，当牟氏将张载之"气"的内涵——"太和""太虚"体认为"道体的创生义""神体之

---

① 康德说："吾人如指一事物在其非吾人感性的直观对象，因而抽去吾人直观此事物之形相之限度内，名为本体，则此为消极的意义之本体。但若吾人以本体为非感性直观之对象，因而预想一特种之直观形相，即智性的直观，此非吾人所具有，且即其可能性吾人亦不能理解之者，则此殆为积极的意义之本体。"（《纯粹理性批判》，商务印书馆1960年版，第215页）也就是说，物自体在消极的意义上是感性直观的界限（人不可认识），在积极的意义上是"智的直观"的本体（人可思之、设想之）。总之，是认识层面上的、"事实"的概念。牟氏认为物自体是"有价值意味的概念，不是一事物的概念"。康德说："智性直观似仅属第一存在者，决不能归之依存的存在者。"（同上书，第69页）牟氏认为"人类这有限的存在实可有这种直觉"。（《智的直觉与中国哲学》，第118页）

神化"，完全消解去它的"形下"性质时，与张载同时代的二程，其后的朱熹，迄至明清之际的王夫之等大家，都会站出来对他提出质疑。宋明理学的范畴、命题、观念之基本内涵已在特定的、已逝的历史情境下铸成，后人的诠释必须接受此种限定；后人可以如此思，但不能说前人亦是或亦当如此思。在这里发生的对牟氏疏解中的质疑就是难以消除的了。

（3）小结

以上，我们对现代新儒学的两个重要的、具有代表性的理论体系——"新理学"与"道德的形上学"作了简要的论述。不难看出，较之明末清初的否定性的理学批判思潮，这两个理论体系虽各具特色，但其主体内容都是对理学（"道学"或"宋明儒学"）作出肯定性的新的诠释，都是试图将理学的形上理念奠立在更坚固的现代观念的基础上。概言之，新理学根系于现代西方哲学的科学主义的实证思潮，运用逻辑分析的方法，重新解析了程朱理学，将其形上对象（"理"）分析为是逻辑原点上的实在；道德的形上学比较靠拢现代西方哲学的人文主义思潮，以义解的、体证的方法（整体直觉或"智的直觉"），重新疏解了理学中与程朱对立的另一派系，证成理学的形上存在一种道德性的创造实体（"性体"）。现代新儒学新释了理学的基本问题，重建了理学的形上学，原来停滞、凝固在理学理论形态上的儒学又启动起来了。如果从完整的中国儒学的历史发展的角度来观察，以这两个思想体系为代表的现代新儒学，虽然亦努力维护儒学在中国传统思想文化中的主体地位，认同儒学的伦理道德价值追求①，但其论题、方法、理论都与传统儒学甚有不同。所以可以认为，这是儒学的异于汉代天人之学、魏晋自然之学和宋明心性之学的新的理论形态。当然，这一新的现代的儒学理论形态尚处在发育形成过程中。例如，就我们在这里所论及的新理学与道德的形上学而言，也都有明显的欠缺之处。新理学虽有坚实的逻辑基础（"有事物存在"），但它只能对儒学（理学）作

---

① 例如，前引牟宗三论及中国哲学传统时曾说："说到对于中国哲学传统底了解，儒家是主流，一因它是一个土生的骨干，即从民族底本根而生的智慧方向，二因它自道德意识入，独为正大故。道家是由这本根的骨干而引发的旁枝，佛家来自印度。"（《现象与物自身·序》）冯友兰亦曾藉张载语表志愿曰："'为天地立心，为生民立命，为往圣继绝学，为万世开太平'，此哲学家所应自期许也……虽不能至，心向往之，非曰能之，愿学焉。"（《新原人·自序》）

形式的定义而不能发掘其义蕴；道德的形上学深入地诠释、贞定了儒学的道德品性，但其预设体认的观念前提则易被质疑。此外，它们都还远没有具备像理学那样的影响、浸润社会生活的功能。然而，这两个思想体系还是较典型地显现了这一形成过程的基本模式或途径——援引现代西方思想诠释传统的儒学观念，亦较周延地显现了这一新理论形态的学术范围和现代观念背景——传统儒学或理学中的基本派别的理论观念和现代西方哲学的两大基本思潮。

丁 篇

总　结

在论述了先秦原始儒学、汉代以后形成的儒学发展的学术基础（经学）和主要理论形态（从汉代天人之学、魏晋自然之学到宋明性理之学）之后，我们对作为一种历史存在的儒学的考察也就完毕。最后，作为对这一漫长考察的总结，让我们再从儒学的历史存在中凸显出它的最基本的理论品格，即儒学作为一种观念体系的基本特质、理论结构和创造了一种生活方式的社会功能，并审视它的现代处境和可能的前景。

一　儒学的基本特质

儒家一开始，从孔子提出"克己复礼为仁——非礼勿视，非礼勿听，非礼勿言，非礼勿动"（《论语·颜渊》），到孟子界定"圣人，人伦之至也"（《孟子·离娄上》），都显示了儒学的宗旨、内容是在召唤着人的一种伦理性的道德觉醒和道德实践，陶冶出一种伦理性的道德人格。换言之，是一种伦理性道德观念构成了儒家思想的基本特质或特色。毫无疑义的，一个思想观念体系的特质或特色，通常都制约于、根系于它形成时的文化环境，它所由生长的精神土壤。孔子每申明"周监于二代，郁郁乎文哉，吾从周"（《论语·八佾》），"周之德可谓至德也已矣"（《论语·泰伯》）。所以，可以肯定地说，孔子儒学思想是在周的文化传统中孕育而成。审视"郁郁乎文哉"的周文化诸多方面，较之夏商二代最为凸显的有重大变异发展的成分，是周人的道德观念和宗法观念，所以亦可以更具体地说，儒学的伦理道德特质正是在周文化传统的这样两个观念基础上衍生、发展而来。

道德的关切　周人的道德观念是在殷周之际政治变迁的触发下，从原始宗教观念中觉醒而成。殷周之际，原来是处于属国地位的周氏族，竟然战胜了、取代了比它强大得多的"有典有册"的宗主国殷氏族！殷周之际的这种巨大的政治变迁，使周人在惊喜之余，也产生了深沉的忧虑和深刻的反思。这一异乎寻常的权力鼎替的原因和教训是什么？这一异乎寻常的胜利能否长久保持？从《尚书》《诗经》和金文中可以看出，周人的基本结论是"我不可不监于有夏，亦不可不监于有殷……服天命，惟有历年；不其延，惟不敬德，乃早坠厥命"（《周书·召诰》），"天不可信，我道惟宁王德延，天不庸释于文王受命"（《周书·君奭》）。其主要之点就是认为一个统治权力的兴衰命运，是由他自己的道德表现而不是由"天"之意志决定的。这样，在周人的社会生活中，道德思想（"敬德"）逐渐"换位"了殷人宗教意识所具有的那种主导地位和作用，"皇天无亲，惟德是辅"（《左传·僖公五年》引《周书》）的道德觉醒和道德追求，逐渐成为一种被社会普遍接受的思想意识和行为原则①。当然，周人这里的"敬德"，主要还是指"礼不下庶人"（《礼记·曲礼上》）的氏族贵族的道德规范，是为了保持其"天命不坠"的贵族政治行为——如"保惠庶民"（《周书·无逸》），和生活准则——如"无逸"（同上）。但是，从孔子"道之以政，齐之以刑，民免而无耻；道之以德，齐之以礼，有耻且格"（《论语·为政》）的礼教主张和"有教无类"（《论语·卫灵公》）的教育实践可以看出，孔子开创的儒学，正是努力将这种道德觉醒和道德追求，散布到氏族贵族以外更广泛的平民国人中去，将"礼"扩展为社会全体都可以和应当践履的行为准则。这样，西周氏族贵族在一种特定历史情境下的道德觉醒，在孔子儒学中转化为一种普遍的社会全体成员都应该有的生活内容和实践原则，道德的关切就开始成为儒家思想的明显特征。

人伦特质及其渊源追溯　但是，仅仅是道德观念或道德的关切还不能最终形成和显现儒学的特质、特色。回首人类古代文明中所涌现的诸如印度宗教、希腊哲学等文化类型，在它们成型过程中的某个时期，也

---

① 如《左传》记虞大夫宫之奇说"鬼神非人实亲，惟德是依"（僖公五年），《国语》记晋卿大夫范文子（士燮）说"天道无亲，唯德是授"（《晋语六》）。

都形成了某种道德观念，表现出道德的关切，即都有对如何使人自身的生命、生活获得意义、价值的思考，差异发生在对德行内涵的确定和实践方法的选择。例如就是在孔子生活的年代（前551～前479），古印度释迦族的一位先觉乔达摩·悉达多（前563～前483）创立了佛教。从作为佛教修炼方法的"道谛"（八正道）或"三学"（戒定慧）中可以看出，深刻地认识和彻底地断灭情欲是佛教德行修养的核心或基础。同时或稍后，古希腊哲学则在发生着理论主题由自然哲学向道德哲学的转变；作为明显体现这一转变的哲学家苏格拉底（前468～前399），他的主要的理论努力，就是探寻对"美德"作出一个整体的、本质的揭示。他在尝试用节制、正义、能力、勇敢诸品质来界说而感到不能周延后，最终界定"美德即知识"，"智慧的灵魂"才是"美德"的本性和完整内容。孔孟儒学的德行，或者说道德的完成，不是在个人断绝情欲的修行中，也不是在知识的增长中，而是在践履"礼"的社会生活中，在"父子有亲，君臣有义，夫妇有别，长幼有序，朋友有信"（《孟子·滕文公上》）的人伦原则实践中，在世界文化背景下，儒学道德思想鲜明地凸显出它的人伦特质和特色。

如果说，儒家道德观念是从周人氏族贵族的道德观念转化而来，那么，儒家道德观念的伦理特质，儒家的道德完成附着于、表现为人伦原则的实践的特色，则是由周人在宗法制度基础上所形成的观念蜕变而来。宗法制度，就其最一般的意义来说，是指以血缘关系来有区别、有秩序地确定一个家族成员间异代之远近与同世之嫡庶的亲疏关系。显然，父系氏族社会的家长制可能是这一制度的源头。宗法制度在周氏族取代殷氏族的政治统治权后，有了趋于严密的、成熟的发展，其主要之点有二：一是确立严格的嫡长子优先继承权，所谓"立嫡以长不以贤，立子以贵不以长"（《公羊传·隐公元年》）；二是宗族内部区分大宗、小宗，所谓"别子为祖，继别为宗（大宗），继祢者为小宗，有百世不迁之宗（大宗），有五世则迁之宗（小宗）"（《礼记·大传》）。但是，周人的宗法制度不是单纯的伦理性的血缘秩序原则，而同时也是建置国家政治制度的原则，史载西周初年，周氏族战胜殷氏族后，周王裂土封侯的情况说"昔武王克商，只有天下，兄弟之国十有五人，姬姓之国者四十人，皆举亲也"

（《左传·昭公二十八年》）①，"分鲁公以殷民六族……分康叔以殷民七族……分唐叔以怀姓九宗"（《左传·定公四年》）；诸侯（别子大宗）又将得自周王（天子）封给的土地、民众分封给卿大夫、士（小宗），所谓"天子建国，诸侯立家，卿置侧室，大夫有二宗，士有隶子弟"（《左传·桓公二年》）。可见，在周人的贵族政体下，宗法制度（宗统）与政治制度（政统）、伦理秩序与政治秩序是结为一体的。在宗法制度下，氏族的每个成员都被编织进了宗族血缘关系网络中，嵌定在大宗或小宗的某个位置上，并形成了两个基本的体现了这种伦理生活中的理性自觉的观念意识：一曰尊卑观念。在宗法的嫡长继承王位、君位、爵位制度下，庶子小宗自当甘处卑位而尊崇嫡子（宗子）大宗，所谓"自卑别于尊"（《仪礼·丧服》），"虽富贵，不敢以富贵入宗子之家，不敢以富贵加于父兄宗族"（《礼记·内则》）。可见，周人的尊卑观念虽然从贵族政体方面观察内蕴着政治权力大小的因素，但就宗法而言，则是一种反映血缘亲疏差别的伦理秩序，是一种源自伦理感情的对祖宗的尊崇，"尊祖故尊宗"（《礼记·大传》）。这种具有宗法权力内涵的尊卑伦理关系若受到破坏，就被视为是极其严重的。如桓王时周大夫辛白所说"并后、匹嫡、两政、耦国，乱之本也"（《左传·桓公十八年》），就被认为是大逆不道；如桓王时卫大夫石碏所说"贱妨贵，少陵长，远间亲，新间旧，小加大，淫破义，所谓六逆也"（《左传·隐公三年》）。二曰义务感。在宗法制度下，同宗有共同的祖先、姓氏，参加共同的祭祀，拥有共同的财产——就周氏族来说，分别占有封国（诸侯）、采邑（卿大夫）、禄田（士）②，宗族成为一种有具体的精神内容和实体形态的、在成员个体之上的共体性存在。这样，氏族成员在感到自己从这个共体存在中获得生命和权益时，也就滋生了对它负有义务和责任的意识。例如从周彝铭文中可以看到，周的贵族后裔在接受周王封赏时，每每都表述出这种道德感情，"余小子嗣朕皇考，肇帅型先文祖（按：文王），共明德，秉威仪，用绸缪奠保我邦我家"（《叔向父簋》）；"番生不敢弗帅型皇祖考丕丕元德，用绸缪大命，屏

---

① 荀子也有近似的记述说"周公兼制天下，立七十一国，姬姓独居五十三人"（《荀子·儒效》）。

② 《国语·晋语四》："公食贡，大夫食邑，士食田，庶人食力，工商食官，皂隶食职。"

王位"(《番生簋》)。这种义务感就是对自己的宗法形态的宗族、氏族或政体形态的家、国应该承担的责任——继承它的精神传统,维护它的存在,直至献出生命。例如《左传》记述晋大夫荀息接受献公托孤之命时说:"臣竭其股肱之力,加之以忠贞,其济,君之灵也;不济,则以死继之。"(僖公九年)后来,《礼记》将其概括为"国君死社稷,大夫死众,士死制"(《曲礼下》)。当然也不难看到,就氏族的贵族成员而论,这种"帅型先祖""保邦保家"的义务感责任感中,也显然内蕴着保持自己权益的功利目的。周代的宗法制度,还有一个重要的历史情况,这就是荀子所说的"持手而食者,不得立宗庙"(《荀子·礼论》),即是说,宗法制度在当时还只是在占有封国、采邑、禄田的贵族氏族中实行,不包括"持手而食者"——没有封禄的"食力"的庶人和"食官"的工商,所以,由此产生的宗法伦理性的尊卑观念和道德义务感,以及在宗法的人伦关系中实践、完成德行原则,都还是贵族的意识和行为。

儒学特质的基本展现 在孔孟儒学形成的春秋末年和战国时期,社会生活的主要动力和内容是已经发生了和正在继续发生着王室衰微、诸侯争霸和公室卑弱、大夫专政的政治权力转移。此种由严格的宗法贵族制到较开放的宗法君主制的政治变迁,使得孔孟儒学——表示"吾从周"的孔子儒学和表示"乃所愿则学孔子"(《孟子·公孙丑上》)的孟子儒学,其伦理特质虽然仍存留着周人宗法观念的形式特征——尊卑与义务,但其内涵却有了新的思想因素,在三个主要之点上显示出观念的变迁与发展。

其一,伦理生活范围由贵族向民众和由人际向人物间的扩展。在周人的宗法观念看来,自觉的伦理生活只是受到封禄的有"宗庙"的贵族才能享有的生活方式。孔孟儒学突破了这个范围界限。孔子说"民之于仁也,甚于水火"(《论语·卫灵公》),孟子说"人之有道也,饱食、暖衣、逸居而无教,则近于禽兽,圣人有忧之,使契为司徒,教以人伦——父子有亲,君臣有义,夫妇有别,长幼有叙,朋友有信"(《孟子·滕文公上》)。可见,在孔孟儒学看来,道德的伦理的生活,也是被周人贵族宗法观念排除在外的民众庶人的生活所应有的品质和应该实现的需求。孔孟儒学对伦理生活涵盖社会群体范围的扩展,实际上也就是将建构伦理生活的基点从周人宗法观念下大宗和小宗关系为主要内涵的宗族，转换为以父母、夫妇、兄弟关系为主要内容的家庭；从享有封国、采邑、禄田的氏族贵族成员，转换为包括从天子到庶人的每一个社会成员。《中庸》所谓"君子之道，造端乎夫妇，及其至也，察乎天地"，《大学》① 所谓"自天子以至于庶人，一是皆以修身为本"，以及孟子所说"天下之本在国，国之本在家，家②之本在身"（《孟子·离娄上》），"仁之实，事亲是也，义之实，从兄是也"（同上），都清晰地显示了这种转换。孔孟儒学在这里表现了对人类全体成员的关切。孔子曾说："始作俑者，其无后乎！"（《孟子·梁惠王上》）孟子在解释孔子何以对"始作俑者"发出如此严厉的诅咒时说"为其象人而用之也"（同上），即在儒家看来，任何不把人当人看待的行为都是应该受到抨击与唾弃的。儒家努力将伦理的生活，也就是践履"礼"之规范的生活赋予全体人众，就是因为在儒家看来，如同"绘事后素"，"礼"——伦理的道德的生活就是对人性的实现、提高和完善，因而也如同水火那样，是每个人迫切需要和应该得到的。由对全体人众的人性实现、完善的关切，孔孟儒学也必然表现对家庭的关注，因为对于无宗庙、无姓氏的庶人，他们的伦理生活只能从家庭关系中开始形成；而对于贵族，这种关系当然也是不能逃脱的。所以孔子以孝弟为"为仁之本"（《论语·学而》），孟子以事亲从兄为"仁义之实"，《大学》所谓"君子不出家而成教于国：孝者，所以事君也，弟者，所以事长也，慈者，所以使众也"，皆显示在孔孟儒学中，社会伦理生活的建构和个人道德的完成，都是在家庭基础上展开的。此较之在宗族基础上凸显"尊祖敬宗"的西周宗法伦理，虽还不能说是否定或抛弃，但却是有所区别

---

① 宋代理学家认为《大学》是曾子及其门人的记述，《中庸》是子思之作。虽然清代以来学者多有疑义，但大体上仍认定为孔子之后的先秦儒者的述作，故于此处引以为证，并无悖谬。

② "家"在《孟子》中有两义：一是特称有采邑之封的大夫，即郑玄所谓"家谓食采地者之臣也"（《周礼注·大司马》），如孟子所说"万乘之国，弑其君者必千乘之家"（《梁惠王上》）之"家"；一是泛称以夫妻为核心所组成的涵有父母、夫妇、兄弟人伦关系的最基本的社会生活单位，如孟子所说"数口之家可以无饥矣"（同上）之"家"。《孟子》此处"家之本在身"是就全体社会成员言，"家"当取泛称之含义。故朱熹注解此句曰："《大学》所谓'自天子至于庶人'，一是皆以修身为本，为是故也。"（《大学章句》）

的。孔孟儒学因此形成了它的伦理道德观念的本质特征，即认为个人的德行，乃至人生的价值和生活的意义，都必须在以家庭为起点所建构的社会伦理生活（"礼"）中实现、完成。如孔子所说"不知礼，无以立也"（《论语·尧曰》），"民之所由生，礼为大，非礼无以节事天地之神，非礼无以辨君臣上下长幼之位也，非礼无以别男女父子兄弟之亲、昏姻疏数之交也"（《礼记·哀公问》）①。孔孟儒学在召唤彻底的伦理自觉；有了这种自觉，虽然并不都能是孟子所说的"人伦之至"的"圣人"，但却可以获得张载所说的"存，吾顺事；没，吾宁也"（《正蒙·乾称》）的生命和生存的自由的感受——道德完成的精神感受。孔孟儒学也因此形成了它的表现其伦理道德感情的特色；这一特色可用孟子的一句话来概括："君子之于物也，爱之而弗仁；于民也，仁之而弗亲。亲亲而仁民，仁民而爱物。"（《孟子·尽心上》）孟子此论表明孔孟儒学的以"仁"为核心的伦理道德感情在其展开时，一方面，"亲亲有杀"（《礼记·中庸》），爱有差等②，仁的伦理道德感情自家庭向外逐渐推开，在不同对象上有不同的显露，儒家的道德情感是有差别的；另一方面，由己及人，由人及物，仁的伦理道德情感能浸润极广泛的范围，直至宇宙万物，儒家的道德心灵又是开放的。宋代理学家，如程颐的"理一分殊"（《河南程氏文集》卷九《答杨时》）和张载的"民吾同胞，物吾与也"（《正蒙·乾称》），更从较高的理论层次上表述了这一特色。儒家伦理道德感情展开时的这一特色表明，儒学对于人之道德意识、道德精神，理解并尊重它的人性的自然根源，同时努力把它引向高远，儒家的精神修养是一个动态的过程，指向开放的方向。

其二，尊卑观念的内涵由权位的等级性转变为伦常的秩序性。在周人的宗法政治制度所形成的尊卑观念中，主要内涵是人格的和权势的等级性。《礼记》所记述的"礼不下庶人，刑不上大夫"（《曲礼上》），显现出贵族与庶人在人格上的不平等，而"天子堂高九尺，诸侯七尺，大夫五尺，士三尺"（《礼器》），"天子宗庙七，诸侯五，大夫三，士一"

---

① 《礼记》引述孔子语属传闻，非如《论语》真实，但大体亦可信。
② 孟子曾与墨者夷之辩论，反驳他"爱无差等"之说（《孟子·滕文公上》），又攻击墨子说"墨氏兼爱，是无父也"（《孟子·滕文公下》）。

（《王制》）等制度更表明，不仅在贵族与庶民之间，而且在享有封禄的贵族之间，也是等级分明的。孔孟儒学孕育于并一直生长在这样具有等级性的尊卑贵贱人际关系的社会环境中，所以从孔子所说"吾少也贱，故多能鄙事"（《论语·子罕》）①，孟子所说"位卑而言高，罪也"（《孟子·万章下》），可以判定孔孟儒学对周人宗法政治的尊卑观念有所承接。但从孔孟的另外论说中亦不难发现，其间有两点重大的转变与差异。第一，孔子说"三军可夺帅也，匹夫不可夺志也"（《论语·子罕》），"我欲仁，斯仁至矣"（《论语·述而》）；孟子更明确说"圣人与我同类"（《孟子·告子上》），"人皆可以为尧舜"（《孟子·告子下》）。可见，孔孟儒学认为，所有的人都可以通过道德实践实现理想人格（仁人、圣人），在孔孟儒学中，所有的人在人格上都是平等的。第二，孔子说"君使臣以礼，臣事君以忠"（《论语·八佾》），孟子更进一步说"欲为君，尽君道；欲为臣，尽臣道。二者皆法尧舜而已矣。不以舜之所以事尧事君，不敬其君者也；不以尧之所以治民治民，贼其民者也"（《孟子·离娄上》）。可见，在孔孟儒学中，周人宗法政治的权位等级关系，被诠释、界定为一种伦理秩序关系。权位等级关系是单向的在下者对在上者、卑者对尊者的臣服。如《左传》所谓"天有十日，人有十等，下所以事上，上所以共神，故王臣公，公臣大夫，大夫臣士……"（昭公七年）；伦理的秩序则是一种双向的、各自承担不同的但是相互的义务责任，如《大学》所谓"为人君止于仁，为人臣止于敬，为人子止于孝，为人父止于慈，与国人交止于信"。如果没有履行或尽到这种义务责任，这种伦理关系实际上也就不再存在，故孟子说"君子视臣如手足，则臣视君如腹心；君之视臣如犬马，则臣视君如国人；君之视臣如土芥，则臣视君如寇雠"（《孟子·离娄下》）。当然，在孔孟儒学的伦理秩序中也有尊卑观念。孔子说"君子有三畏：畏天命，畏大人，畏圣人之言"（《论语·季氏》），孟子解说得更清楚，"天下有达尊者三：爵一，齿一，德一。朝廷莫如爵，乡党莫如齿，辅世长民莫如德"（《孟子·公孙丑下》），即孔孟儒学认为在这种伦理秩

---

① 《左传·昭公二十九年》记载"晋著范宣子《刑书》，仲尼曰'……贵贱无序，何以为国'……"，更能显示孔子的尊卑贵贱观念，但《左传》记孔子言属传闻，非如《论语》为所见所闻之真实。

序中，有权位的"大人"①，有贤德的"圣人"和有年齿的长者，都是应受尊崇、应处尊位的。显然，在孔孟儒学这里，尊卑观念已转化、内化为对自我在伦理秩序中所处位置的道德自觉。所谓"卑让，德之基也"（《左传·文公元年》），卑贱感是这种伦理秩序中先人后己、尊贵事长的道德感情和道德行为。孔孟儒学这种尊卑观念与同时代在希腊人格不平等的奴隶制②甚至和人性亦贵贱不同的印度种姓制③出现的那种尊卑观念不同，即它映现的不是在法律上或宗教教义上已被凝固的永远不可改易的奴隶或贱民的屈辱卑贱的生存处境，而是人性相同、人格平等的个体，在其自然生命、道德精神和社会角色成长变换的由始到终、由低到高的过程中，即亦可为大人，亦可为圣人，终可为长者过程中的不同人伦位置。孔孟及其以后的儒学因此形成了它的比较复杂的兼有保守性和批判性的双重理论性格。一方面，孔孟及其以后的儒学竭力维护从周的宗法政治制度中开始形成的这种伦理秩序，并赋予它以某种超历史的永恒的性质，不赞成、不容许通常是从这一秩序中卑者、下者那里发生的违背破坏这种伦理秩序的行为。孔子斥责季氏八佾舞于庭④，讥讽三家以《雍》彻⑤，非议晋侯召王⑥，以及此后汉代儒学所谓君臣、夫妇、父子"王道之三纲，可求于天"（《春秋繁露·基义》）之论，宋代儒学所谓"父子君臣，天下之

---

① 孔孟著述中，"大人"有两义：多指有位者，如孟子曰"说大人则藐之"（《孟子·尽心下》）；或指有德者，如孟子曰"惟大人为能格君心之非"（《孟子·离娄上》）。孔子此处将"大人"与"圣人"对举，当是指有位者。

② 亚里士多德曾典型地表达了这一观点："奴隶之本身，确为一种工具，且是一切工具中最完善的工具。"（亚里士多德《政治论》，商务印书馆1934年版，第10页）

③ 印度早期吠陀（《梨俱吠陀》）的《原人歌》认为，社会各阶级产生于"原人"身体的不同部分：口是婆罗门，两臂作成刹帝利，腿变成吠舍，脚生出首陀罗。后来，前600～前200年间，婆罗门教在其《经书》中进一步解释说，婆罗门、刹帝利和吠舍有信仰宗教和死后升天的权利，能参加宗教上重生的再生礼，故称"再生"族；首陀罗没有信仰宗教的权利，不能在宗教中重生，是宗教所不救的贱民，故称"一生"族。五世纪初中国籍僧人法显游历印度，曾描述当时贱民种姓的处境："名为恶人，与人别居，若入城市，则击木以自异，人则识而避之，不相搪突。"（《佛国记·摩头罗国》）

④ 《论语·八佾》记载："孔子谓季氏：'八佾舞于庭，是可忍也，孰不可忍也？'"

⑤ 《论语·八佾》记载："三家者以《雍》彻。子曰：'相维辟公，天子穆穆，奚取于三家之堂？'"

⑥ 《左传·僖公二十八年》记载："晋侯召王，仲尼曰：'以臣召君，不可以为训……'"

定理，无所逃于天地之间"（《河南程氏遗书》卷五），"君臣父子夫妇昆弟朋友，当然之实理也"（《论语或问》卷四）之论，即对此种伦理秩序神圣性、永恒性的理论论证，都是传统儒学的这种伦理立场的表现。但是，正如中国历史所显示的那样，随着社会的发展，从贵族制到君主制，从君主制到共和制，这种伦理秩序所规范的人际关系实际上也在不断变化甚至消失。传统儒学的伦理立场缺乏观察这种发展变化的理论眼光和回应能力，在中国历史上的这两次重要的社会政治制度变迁中，儒学的态度都是滞后于社会生活的发展的。另一方面，孔孟及其后的儒学也从这种伦理立场上获得一种对处于这一伦理秩序中最高尊位者——君主及其代表的政治秩序的批判力量。因为在这个伦理立场看来，君主也有相应的伦理义务与责任；如果君主未能履行自己的伦理义务与责任，他实际上也就抛弃、失去了在伦理秩序中的作为君的位置，换言之，他就可以被推翻，臣民就可以解除对他的臣服的义务。正如孟子在与齐宣王论及"贵戚之卿"的职责时说"君有大过则谏，反复之而不听，则易位"（《孟子·万章下》），论及"异姓之卿"的职责时说"君有过则谏，反复之而不听，则去"（同上）。这一观点如此明确的表述，也许在儒学历史上是唯孟子一人和唯此一次，但它却产生了极深远的影响，为此后所有的儒者和全部的儒学历史所接受、所表现，这就是在中国两千年的君主专制的历史中，始终未能形成绝对的万世一统的皇权观念，而与君主失措、失理作抗争的儒臣代代皆有，并每每出现通常是以仁义道德标准来抨击社会政治腐败的儒家社会批判。这是儒家为中国社会进步所注入、所贡献的一种精神动力。

其三，伦理道德实践中的主导因素由功利移位为义理。周人在殷周之际政治变迁中形成的道德观念和在宗法观念基础上形成的伦理思想，都内蕴着明显的功利动机——维护周的贵族氏族的权势地位。周人的文献中清晰地记录了他们的"敬德"是为了"奠保我邦我家"（《叔向父簋》），为了"受天永命"（《周书·召诰》）。《左传》中记述了春秋时许多贵族公侯对"礼"（伦理道德规范）的理解、阐说，亦多以其功效、功利立论，如周襄王卿士召武公评论晋侯（惠公）接受赏赐时态度不恭说："礼，国之干也，敬，礼之舆也。不敬，则礼不行，礼不行，则上下昏，何以长世？"（僖公十一年）更为典型的是《论语》记载的齐景公在听到孔子认为理想的政治应是"君君、臣臣、父父、子子"之论后所说:"善哉! 信如君不君,臣不臣,父不父,子不子,虽有粟,吾得而食诸?"(《颜渊》)儒家不否认作为伦理道德规范的"礼"具有这样的功能和"礼"的实施、践履会带来这样的功效、功利,所以孔子有"礼"为"民之所由生"之说,亦有"礼以行义,义以生利,利以平民,政之大节"(《左传·成公二年》)之论。但儒家更着力追寻的是"礼"之超越功利目标与效果之上的最终根源与价值,如《礼记》所谓"礼也者,合于天时,设于地财,顺于鬼神,合于人心,理万物者也"(《礼器》)。可以说,"礼"为人心所固有,为天理之当然,是儒学的一个基本的理论观点,儒学也因此有充足理由地论说对"礼"的践履应是无条件的,亦如《礼记》反复申述的"人之所以为人者,礼义也"(《冠义》),"礼乐不可斯须去身"(《祭义》),"礼不可以已也"(《礼运》)。这样,在孔孟儒学的道德实践中,功利的动机就被淡化,被剔除,是否符合义理,成为人之行为的根本原则;是否出于义理,成为对人的行为作道德评价的唯一标准。在先秦儒学中,孔子说:"富与贵,是人之所欲也,不以其道得之,不处也;贫与贱是人之所恶也,不以其道得之,不去也。"(《论语·里仁》)孟子亦说:"非其义也,非其道也,禄之以天下,弗顾也,系马千驷,弗视也。"(《孟子·万章上》)在汉代儒学中,董仲舒提出"正其道不谋其利,修其理不急其功"(《春秋繁露·对胶西王》),而宋明理学以天理人欲、正邪来诠释义利①,其"必以仁义为先,而不以功利为急"(《朱文公文集》卷七十五《送张仲隆序》),更是当然之则。可见,在全部儒家伦理道德的思想和实践中都贯穿了、体现了这一根本原则或评价标准。如果在一定意义上我们以行为动机将人的全部道德思想与实践区分为功利论和义务论两种基本走向,那么,孔孟儒学的伦理道德观点与实践则是彻底的与功利论相对立的义务论。当然,儒学并不是完全否定功利,从上面的引述中也可以看出,孔孟儒学在这两种意义下肯定了功利。一是儒学仍然承认在道德精神生活之外,还有功利的物质生活,认为"富与贵"仍然有为人所

---

① 朱熹与陈亮作王霸义利之辩时,致陈亮书中曾有曰:"尝谓天理人欲二字,不必求之于古今王伯之迹,但反之于吾心义利邪正之间,察之愈密则其见之愈明,持之愈严则其发之愈勇。"(《朱文公文集》卷三十六《答陈同甫六》)

欲所求的价值。二是儒学相信道德生活，即伦理道德规范的践履可以带来的功利效果，认为"礼"终能生出"利"。但是，孔孟儒学经常也在两种情况下窒息、消解着这种功利。一是在功利与内涵为伦理道德义务的礼义两种社会行为中，儒家更重视礼义。例如孔子在回答门人子贡"为政"之问时曾说，在为政立国的足兵、足食、民信三个基本条件之间，即使在不得已情况下，足兵、足食可舍弃，而民信（礼义）也是绝对不可放弃的，因为"民无信不立"（《论语·颜渊》）。二是在同一行为的功利与礼义两种动机或目标间，儒学肯定并选择礼义的动机与目标。例如孟子在评价舜之功业时说："舜明于庶物，察于人伦，由仁义行，非行仁义也。"（《孟子·离娄下》）即在孔孟儒家看来，舜的事业、功绩诚然可以视为一项巨大的、仁义的社会功利，但他并不是将"仁义"作为功利业绩目标来追求，而是将"仁义"作为无条件的须绝对遵循的道义原则来施行的。这样，在以儒家思想为主体的中国传统文化或生活方式中，就被深深烙上由儒家道德义务论所形成的重礼义而轻功利的观念烙印，并进而也在一定程度上成为儒家文化的一种性格。从儒学的全部历史来看，生活实践中的儒家道德价值取向，有两种对立的情况都曾发生：一方面，当人需从"天"与"帝"的原始宗教观念，某种超越的或非超越的外在力量的约束下解放出来的时候，儒家的德性自觉、自律都是十分有力的，这是儒学的理性和生命力的根源；但另一方面，在人之自然性质的背景下，衰退的儒家道德观念，也曾束缚、压抑人之情性与生命，儒学因此受到怀疑和否定。

总之，是全体人众的、伦理纲常的、义务的三要素构成了儒家思想的伦理道德特质，换言之，全体人众在人格平等基础上，践履纲常伦理，完成道德义务，就是儒家生活方式、儒家文化的基本内核。

二 儒学的理论结构

在儒家思想和文化中，作为特质或特色的伦理道德的思想和实践是如此凸显，以致在异质文化学者观察探究儒家文化的理论视野中，也总是它最能清晰地呈现，并受到褒贬不一的评断。褒者如伏尔泰盛赞儒风披靡的中国是"全世界最聪明最讲礼貌的一个民族"（《哲学通信》，上海人民出版社 1963 年版，第 43 页），贬者则应数黑格尔之论孔子思想"只是一些善良的、老练的、道德的教训，从里面我们不能获得什么特殊的东西"（《哲学史讲演录》第一卷，生活·读书·新知三联书店 1956 年版，第 119页）。事实上，儒学中存在着支撑这个伦理道德特质的更深广的内容或观念的理论基础，否则，这种"礼貌"就只是一种形式躯壳，这种"教训"也不会有如此顽强、长久的生命力了。这就是儒家思想从孔子开始就形成了并由后继者逐渐完善的具有心性的、社会的和超越的三个理论层面的甚为周延的理论体系，这是异质文化中的学者往往没有观察体验到的。

孔子思想中出现了三个最重要的范畴：天命（天或命）、礼、仁。一般来说，我们可以用这三个范畴来划分和界定构成儒家思想理论结构的三个层面："仁"是个体心性道德修养，"礼"是社会伦理纲常，"命"是超越于个人和社会之上的某种外在客观必然性。全部儒学就是在孔子奠定的这三个理论层面上发展。

社会的理论层面　儒学社会层面上的"礼"之观念，就其形式言，是礼仪制度即人们社会生活中不同场合下的行为举止规范；就其内涵言，则是伦理关系的原则。儒家经典将这些礼仪分类归纳为吉、凶、宾、军、嘉五种，所谓"礼有五经"（《礼记正义》卷四十九《祭统》)①，《周礼·大宗伯》具体记述了五礼的主要节目内容，孔颖达疏注概之曰"吉礼之别十有二，凶礼之别五，宾礼之别八，军礼之别五，嘉礼之别六，五礼之别总三十有六"（《周礼正义》卷十八《大宗伯》）。而《礼记·礼器》所谓"经礼三百，曲礼三千"，则是指更具体的行为仪则。孔子知晓从夏到殷到周的"礼之损益"（见《论语·为政》），以雅言"执礼"（见《述而》），要求伯鱼"学礼"（见《季氏》），与弟子们一起"习礼"（见《史记·孔子世家》），皆是指此类仪礼。可以说，熟悉、掌握这些礼仪，并以此为社会服务，正是当时儒者的职业。当然，儒家更重视的是礼的形式所内蕴的实质——伦理关系的原则。《左传》有则记事：鲁公（昭公）出访晋国，举手投足皆符合国君之仪止，晋侯（平公）对大

---

① 儒家经典中另有"六礼"之说。《礼记·王制》"司徒修六礼以节民性"，孔颖达疏曰："六礼为冠、昏、丧、祭、乡、相见。六礼为殷礼，周则五礼。"（《礼记正义》卷十三）

夫女叔齐盛赞"鲁侯善乎礼"，女叔齐说："是仪也，不可谓礼。礼，所以守其国，行其政令，无失其民者。今政令在家，不能取也……公室四分，民食于他，思莫在公，不图其终。为国君，难将及身，不恤其所，礼之本末将于此乎在，而屑屑焉习仪以亟，言善于礼，不亦远乎！"（昭公五年）女叔齐稍长于孔子，他所表述出的也正是儒家的观点。孔子说"礼云礼云，玉帛云乎哉"（《论语·阳货》），"尔爱其羊，我爱其礼"（《论语·八佾》），没有伦理内容和道德精神，徒具形式的礼仪是毫无意义的，所以孔子讥斥大夫之家"八佾舞于庭"，"以《雍》彻"，并不是其礼乐本身，而是它破坏、丧失了天子与诸侯、君与臣之间的伦理关系。儒家甚至认为，即使历史显示了所有这些礼仪制度的形式方面是有变化的，但作为其内涵的伦理关系原则是不可变的。孔子曾说："麻冕，礼也；今也纯，俭，吾从众。拜下，礼也；今拜乎上，泰也。虽违众，吾从下。"（《论语·子罕》）在孔子，礼帽之以麻或丝制成，只是材质的不同，可以随俗；拜揖之在堂上或堂下，内蕴着伦理关系与道德感情的因素，则不可改易。此最可见儒家对礼的制度形式方面的变更或可宽容，而对于其伦理本质则是亟予维护。所以正如《礼记·大传》所曰："立权度量，考文章，改正朔，易服色，殊徽号，异器械，别衣服，此其所谓与民变革者也；其不可得变革者则有矣：亲亲也，尊尊也，长长也，男女有别，此其不可得与民变革者也。"汉代儒学亦有同样的表述，"新王必改制，必徙居处，更称号，改正朔，易服色；若夫大纲人伦，尽如故，亦何改哉？故王者有改制之名，无易道之实"（《春秋繁露·楚庄王》）。儒家"礼"所确立的"大纲人伦"有一个逐渐明确和周延表述的过程。在《论语》中有君臣、父子、兄弟、师友①，《孟子》中增加"夫妇"一伦②，是为"五伦"，涵盖并规范了家庭与社会生活中的主要人际伦理关系及其原则。《礼记》的作者在此基础上进一步完善了儒家的伦

---

① 孔子答齐景公问政，曰"君君、臣臣、父父、子子"（《论语·颜渊》）。论为政（尽职），引《尚书》语"友于兄弟，施于有政"（《论语·为政》）。孔子三愿之一是"朋友信之"（《论语·公冶长》），相信"三人行，必有我师焉"（《论语·述而》）。

② 孟子与陈相辩，论及"教以人伦：父子有亲，君臣有义，夫妇有别，长幼有序，朋友有信"（《孟子·滕文公上》）。

理观念,《礼记》借拟孔子之口曰:

> 非礼无以节事天地之神,非礼无以辨君臣上下长幼之位也,非礼无以别男女父子兄弟之亲、婚姻疏数之交也。(《哀公问》)
>
> 夫妇别,父子亲,君臣严,三者正,则庶物从之矣。(同上)

《礼记》之论在家庭、社会的人际关系之外,又将超社会的人与自然(天地鬼神)的关系①摄入礼之范畴,拓宽了儒学伦理涵盖的范围。天地、君亲、师友——家庭的、社会的、超社会的,或血缘的、宗法的、超血缘与宗法的,显示儒家理论所观察到和确立的伦理关系是极为周延的。从《礼记》借拟孔子之口说"仁人之事亲也如事天,事天也如事亲"(《哀公问》),到张载《西铭》"乾称父,坤称母",超社会、超人类的对象在儒学中总是以人的伦理范围内的对象,而不是以超越于人的诸如宗教信仰的对象出现的,换言之,儒学总是以人际的伦理关系原则或仁之道德感情来融摄一切非人类的客观对象,消解其与人类的异己性、对立性,这是儒学的一个重要的理论传统,形成了儒家伦理开放的姿态。同时,《礼记》之论在全部伦理关系中,将君臣、父子、夫妇三论置于特别凸显的具有决定性的地位,也定位了儒家伦理实践的重心。此后,汉代儒学以此为源自"天"的"王道之三纲",宋儒称此为"天下之定理",君臣、父子、夫妇之伦常一直是儒学不断予以新的论证的中心论题和儒家生活方式的最重要内容。在"礼"为仪礼制度是人与人、人与自然万物之间的伦理关系的观念基础上,儒学认定礼具有"经国家、定社稷、序民人、利后嗣"(《左传·隐公十一年》②)的功能,具有"体天地,法四时,则阴阳,顺

---

① 《礼记·郊特牲》曰:"鬼神,阴阳也。"《祭义》亦记载:"宰我曰:'吾闻鬼神之名,不知其所谓。'子曰:'气也者,神之盛也;魄也者,鬼之盛也;合鬼与神,教之至也。'"可见《礼记》时的儒家是将"鬼神"与天地一样作为一种具有德性的自然存在来看待的。此后的儒家学者继承了这个理论传统,如张载说"鬼神者,二气之良能也"(见朱熹《近思录》卷一),程颐说"鬼神,造化之功也"(《河南程氏经说·易说》)。

② 此为《左传》"君子曰"语。《左传》有"君子曰"四十六则,《左传》作者的儒家思想观点,经常是借此评断语直接表述出来。

人情"（《礼记·丧服四制》）的深远根源。这些都是儒学理论结构中社会层面上的思想内容。

心性的理论层面 《论语》记载孔子之言曰："人而不仁如礼何，人而不仁如乐何。"（《八佾》）《礼记》亦记载子路之言曰："吾闻诸夫子，'丧礼，与其哀不足而礼有余也，不若礼不足而哀有余也。祭祀，与其敬不足而礼有余，不若礼不足而敬有余也'。"（《檀弓上》）可见，在孔子看来，没有人的道德理性、道德感情的注入，礼所蕴含的伦理关系是不能真正实现的。这样，儒学理论结构中的较之伦理的社会层面更深入的个体人性的、心性的层面就显露出来了。儒学在这个层面上，建构了一个有别于先前的道德规范系统，追溯了道德的人性根源。孔子以前，在周礼的伦理生活和"敬德"精神的影响、要求下，已经形成了许多道德观念或规范。稍早于孔子的周定王卿士单朝，对此曾有最为完整的表述，他认为道德表现是提升、美化人（贵族）之行为的"文"（"行之文"），并概括"文"有十一个形态："敬，文之恭也；忠，文之实也；信，文之孚也；仁，文之爱也；义，文之制也；智，文之舆也；勇，文之帅也；教，文之施也；孝，文之本也；惠，文之慈也；让，文之材也。"（《国语·周语下》）可以说，这十一个道德概念或范畴，界定了几乎可以涵盖一个人（贵族）在所有伦理关系中的道德行为。孔子儒学无疑继承了这些道德观念，它们都在《论语》中出现，但有重要的发展。第一，在众多的德行或道德规范中，孔孟儒学认为仁义礼智四种或仁义礼智信五种德行是最主要的，而其中"仁"又是所有德行的共同基础。孔子曾两次回答樊迟问仁，分别曰"爱人"（《论语·颜渊》），曰"居处恭，执事敬，与人忠"（《论语·子路》）。所以约言之，"仁"是一种以爱之道德感情为基本内涵的道德品性，同时也充盈于其他各种德行之中。后来，宋明理学对此作了进一步的明确的阐发，如二程说："仁义礼智信五者，性也。仁者，全体；四者，四支。仁，体也。义，宜也。礼，别也。智，知也。信，实也。"（《河南程氏遗书》卷二上）朱熹亦说："盖仁义礼智四者，仁足以包之。"（《朱子语类》卷六）"仁者，仁之本体；礼者，仁之节文；义者，仁之断制；知者，仁之分别。犹春夏秋冬虽不同，而同出于春：春则生意之生也，夏则生意之长也，秋则生意之成，冬则生意之藏也。"（同上）第二，孔孟儒学追溯了道德行为的人性根源。孔子在回答宰予何以须"三年之丧"时说："君子之居丧，食旨不甘，闻乐不乐，居处不安，故不为也。"（《论语·阳货》）这显示出儒家发觉自觉的伦理实践、道德行为有一种可从心理上作出解释的原因。孟子进一步以心理特征将四种基本德行一一界定出来："恻隐之心，仁也；羞恶之心，义也；恭敬之心，礼也；是非之心，智也。"（《孟子·告子上》）这就更进一步由这些具有道德感情的心理为人所固有，推出仁义礼智之德行为人所固有，推出人性本善这一儒学最重要的道德结论，"仁义礼智非由外铄我也，我固有之也……人性之善也犹水之就下也，人无有不善，水无有不下"（同上）。孟子之论显然有不周延的易被推翻的经验的成分，但他在人性之中追寻道德之根，却是理性的，并且巩固了孔子确定的儒学理论方向。

在心性的层面上，儒学以性善论使人之道德感情、道德行为得到彻底的最终根源的解释，儒学因此对人的道德完成充满信心，"人皆可以为尧舜"（《孟子·告子下》）。在这个层面上儒学理论还有进一步的展开，其表现为，第一，儒学回答了一个具有挑战性的问题：为什么人有与善（仁义礼智）相对立的恶的心理感情和行为表现？在孟子之时，告子就提出了这样的质疑，孟子的回答是"若夫为不善，非才之罪也……其所以放其良心者，亦犹斧斤之于木也，旦旦而伐之，可以为美乎？"（《孟子·告子上》）即是说，这并不是性本身资质的问题，而是因为没有好好的养护，致使良心善性逸失了的缘故。这是孔孟儒学给予这个尖锐问题的最初的回答。孟子所回答的实际上是何以由"善"之性会出现"不善"之行为的问题。但在孟子之时，真正质疑甚至是否定"性善"论的并不是这个问题，而是在人性本身，在有恻隐、羞恶、辞让、是非等"善"的心理显现的同一层次的精神层面上，何以也有如后来荀子所归纳的"好利""疾恶""好声色"等"恶"的心态存在，这是被孟子回避了而没有回答的问题。我们姑且不谈现代科学和哲学在更深的生理、心理层面上对"人性"的考察所见，就孟子所观察、描述的那个人的心理层面而论，这的确是一个否认不了的事实：人诚然有伦理道德感情，但也有自然情欲。整个汉唐儒学都未能摆脱和消解掉由这个事实而产生的困扰，论证不了、坚持不住"性善"论而改持"性三品"说①，传统孔孟儒学能以某种理论破解掉这种质疑，维护住性善说是在宋明理学中实现的。其中，以朱熹对这个问题的解释最具代表性、最为完整。从朱熹的思想体系看，他的解说是攀缘着两个命题——《易·系辞》的"一阴一阳之谓道，继之者善，成之者性"和张载的"心统性情"，分别从本体论层面（"以本体言"）与宇宙论层面（"以流行言"）上作出的。围绕"继善成性"之命题，朱熹说："继成属气，善性属理。性已兼理气，善则专指理。"（《朱子语类》卷九十四）其意是说，"继之"者是性之本体，是天道、理，是善；"成之"者是理之本体通过气质成为具体事物，此方是性，因兼有气质，则有昏明清浊的不同表现，"禀气之清者为圣为贤，如宝珠在清冷水中；禀气之浊者为愚为不肖，如珠在浊水中"（同上书卷四）。可见，朱熹引进气质的观念②，在性的层面上解释了"善"与"恶"的发生，而在更高的"理"的层面上坚持了性之本体的善性。所以朱熹每每分辩说"言其气质虽善恶不同，然极本穷源而论之，则性未尝不善也"（同上书卷九十四），"才谓说性，便已涉乎有生而兼乎气质，不得为性之本体也。然性之本体亦未尝杂"（同上书卷九十五）。依藉"心统性情"之命题，朱熹说："性无不善，心所发为情，或有不善。心之本体本无不善，其流为不善者，情之迁于物而然也……心具此性情，心失其主，却有时不善。"（同上书卷五）其意是说，心作为一知觉实体，其体是性，其用是情。所以就心之本体（性）言，是善；就心之整体（含性与情）言，有善与不善，"心有善恶，性无善恶"（同上）。与借援"继善成性"命题一样，朱熹一方面在

---

① 例如，董仲舒以德性、情欲与两者兼有之三种行为表现，将人性区分为"圣人之性""斗筲之性""中民之性"（《春秋繁露·实性》）；韩愈则更明确地说："性之品有上中下三：上焉者，善焉而已矣；中焉者，可导而上下也；下焉者，恶焉而已矣。"（《昌黎先生集》卷十一《原性》）

② 张载说："形而后有气质之性，善反之，则天地之性存焉"（《正蒙·诚明》），程颐说"性出于天，才出于气，气清则才清，气浊则才浊……才则有善不善，性则无不善"（《河南程氏遗书》卷十九）。朱熹"气质"之说源于此，故他回答门人"气质之说始于何人"之问时说："此起于张程，前此未曾有人说到此。"（《朱子语类》卷四）实际上，汉儒已开始以"气"释人性之"恶"，如董仲舒曾说："栞众恶于内，弗使得发于外者。心也。故心之为名栞也。人之受气，苟无恶者，心何栞哉？"（《春秋繁露·深察名号》）朱熹以气释性之"恶"，既未得出"三性"说，亦未得出"两性"说，此其与董、张异。

某同一层面上（本命题是"心"，前命题是"性"）解释了"善恶"之发生；另一方面在某一更高层面上（本命题是"性"，前命题是"理""天道"）保持住"性本善"的儒学传统结论。当然，朱熹或宋明理学的"性善"之论不能被现代科学证验，也不会为经历了认识论转向和语言转向的现代西方哲学所认同，但就中国古代哲学而论，它却是一个思辨的高峰，破解了自先秦告子以来围困儒学性善论的质疑。第二，在性善论的同一观念背景下，儒学中形成了两个有差别的甚至是有某种对立的道德修养方法，这就是宋明理学中程朱与陆王两个主要学派之间的差别与对立。从性善论的理论角度观察，这种差别与对立可以归结于陆王派的修养方法着眼于性善之本体（"本心""良知"），着力于对本体的体悟，所谓"发明本心""致良知"。这种体悟、证验作用（工夫），也就是本心、良知（本体）的显现，所谓"心无体，以天地万物感应之是非为体"（《阳明全书》卷三《传习录下》），所以这种修养方法是"即本体即工夫"①，没有具体的、可作分析的方法或步骤。程朱派坚持性善，但亦关注人性展现过程中的气质因素，如朱熹所说，"本然之性只是至善，然不以气质而论之，则莫知其有昏明开塞刚柔强弱，故有所不备"（《朱子语类》卷五十九），主张以"为学"不断改善气质，亦如朱熹所说："惟学为能变化气质耳，若不读书穷理、主敬存心……恐其劳而无补也。"（《朱文公文集》卷四十九《答王子合一》）所以这是一个不断积累而一旦贯通，即由工夫及本体的过程②，是一个涵养（心性的自我修持）与穷理（认识物理事理）兼用的修养方法③。程朱、陆王两派修养方法之异，学术史上在不太严格的意义

---

① 如王守仁说："合着本体的，是工夫；做得工夫的，方识本体。"（《阳明全书》卷三十二《补录·传习录拾遗》）

② 如朱熹论述心性涵养过程曰："若实有为己之心，但于此显然处严立规程，力加持守，日就月将，不令退转……及其真积力久，内外如一，则心性之妙无不存，而气质之偏无不化矣。"（《朱文公文集》卷四十三《答李伯谏二》）又论述格物穷理过程曰："必使学者即凡天下之物，莫不因其已知之理而益穷之，以求至乎其极，至于用力之久，而一旦豁然贯通焉，则众物之表里精粗无不到，而吾心之全体大用无不明矣。"（《大学章句》补传五章）

③ 朱熹说："程夫子之言曰：'涵养须用敬，进学则在致知。'此二言者，实学者立身进步之要；而二者之功，盖未尝不交相发也。"（《朱文公文集》卷五十六《答陈师德》）

上，每以《中庸》之"尊德性"与"道问学"，或《大学》之古本（郑玄注本）与今本（朱熹章句本）之别来界分之①。程朱、陆王两派异同，曾经是儒学中的一个重要的带动了理学发展的论题。总之，儒学的人性论和心性修养论使儒学的社会伦理观念得到了更深入的说明，是儒学思想结构中的更深入的层面。

超越的理论层面　儒学的理论结构，除去社会伦理的和心性修养的理论层面外，还有一超越的层面——"命"（或"天"②，或"天命"）。作为儒学最高范畴的"命"或"天"，实际上是指在人与自然之外、之上的某种非人力所能左右的客观必然性。如在先秦儒学中孔子曾说："道之将行也与，命也；道之将废也与，命也，公伯寮其如命何！"（《论语·宪问》）孟子亦说"孔子进以礼，退以礼，得与不得曰命"（《孟子·万章上》），并对"命"作出一般的比较抽象意义上的界定说："莫之为而为者，天也；莫之致而至者，命也。"（同上）后来，在宋明理学中如程颐曾解释说："君子当穷困之时，既尽其防虑之道而不得免，则命也。"（《伊川易传·困》）这是儒学所确认的唯一具有外在超越性质的客观存在（实在）。因为一般被作为某种超越的存在来理解的"神""鬼"，如前所述，在儒学中被解释为人的一种异化形态或自然的某种性质，并不具有真正的超越的性质。儒学的超越理论，其主要之点有三。第一，超越对象

---

①　朱熹曾说："大抵子思以来，教人之法惟尊德性、道问学两事为用力之要，今子静所说专是尊德性事，而某平日所论却是道问学上多了。"（《朱文公文集》卷五十四《答项平父二》）故后来黄宗羲在《象山学案·按语》中说："朱先生之学，以尊德性为宗……同时紫阳之学，则以道问学为主。"（《宋元学案》卷五十八）朱熹于郑注古本《大学》有三项修补：①就原文经与传之划分；②调整、移动若干原文位置；③补写传之第五章，释"格物致知"之义。其中调移后的文序理路优于古本，汉简可能有错乱，故可以视为合理。补撰之传文，将"格物致知"诠释、定位为修养的开始阶段，就《大学》"八纲目"次序而言，是符合《大学》意旨的；而谓由积累而贯通则是程朱派的理学观点。王守仁于《大学》，摈弃朱熹章句本，尊崇古本，斥朱熹分章补传是"支离"，以"《大学》之要，诚意而已矣"，将其诠释为贯穿于全部修养过程的因素（见《阳明全书》卷七《大学古本序》）。

②　儒学之"天"有两义，①"天地"之"天"，自然义。《论语》"夫子之不可及也，犹天之不可阶而升也"（《子路》），《孟子》"天油然作云，沛然下雨"（《梁惠王上》）中之"天"，皆是此义。如前所述，此"天"被儒家以自然性的"天地鬼神"与社会性的君亲师友一起融摄入同属于"礼"的伦理性质的关系中。②"天命"之"天"，超越义，即此处所论。

（命）的内在化。我们在世界文化史中看到，人们在生活中感悟的、被理解为是某种客观必然的根源的外在超越的存在，常常被进一步实在化、实体化、人格化为某种宗教信仰的对象。但在儒学这里，这种外在的超越从一开始就是一种可被理智体认的对象，进而通过道德实践的桥梁而内化为人的道德本性本身的那种对象。例如孔子曾说"五十而知天命"（《论语·为政》），这就表明在孔子那里，"天命"已不是信仰的对象，而是可以通过生活经验、思想积累来认识、体验的对象。《中庸》所说"天命之谓性，率性之谓道，修道之谓教"，和孟子所说"尽心知性则知天矣，存心养性所以事天也"（《孟子·尽心上》），进一步确认儒家最高的认识或精神境界——"知天命"，是在道德实践中才能达到的。最后，宋代理学家在诠释、界定"天命"时所说"在天为命，在义为理，在人为性，主于身为心，其实一也"（《河南程氏遗书》卷十八），"天之赋于人物者谓之命，人与物受之者谓之性"（《朱子语类》卷十四），正是沿缘思孟"率性修道"和"尽心、知性、知天"的思路，更进一步地将"天命"内化为人的道德本性本身。将外在性的命内化为人之道德本性本身，消解了"命"的异己性，是儒学超越理论的最大特色与最大成功。第二，对命之必然性的解释。儒学的超越理论消解了命之异己性，但并不否定命之必然性。然而它继续在这个命之内在化的理论方向上，从人之气禀中为命之必然性找出根源，作出解释。其中，当以朱熹的两次解说最为清晰。朱熹说："命有两般：有以气言者，厚薄清浊之禀不同也，如所谓'道之将行、将废，命也''得之不得曰命'是也。有以理言者，天道流行，付而在人则为仁义礼智之性，如所谓'五十而知天命''天命之谓性'是也。二者皆天所付与，故皆曰命。"（《朱子语类》卷六十一）可见，在理学看来，是人之气禀的厚薄清浊决定了人的寿夭穷通，决定了人生命、生存过程中的"不得免"。亦不难看出，在理学这种对命之必然性的解释中，命之异己性又一次被消解了。朱熹在回答门人"气禀是偶然否"之问时又说："是，偶然相值着，非是有安排等待。"（同上书卷五十五）这样，理学或儒学的命之必然性观念，就应更确切地解释和表述为，在生命源头处偶然相值而形成的气禀，铸定了人生的必然遭际。朱熹之论所要表述、解说的命之必然性，似乎是处在因素极为众多，关系极为复杂的生存环境中的人的生命活动、存在过程的一次不可逆性，而没有任何神秘的外在的因素。朱熹的也是儒学的此种哲学观察和结论，虽然仍是立足于经验基础上的，但本质上是属于科学理性性质的。第三，对命的回应。儒学的超越理论认为命即在人自身之中，在人的性理与气禀之中，消解了命之异己性（外在性），但儒学并没有否定命之必然性，而只是在理学中给予一种理性的解释。这样，对于命——一种必然性的回应、态度，也就成为儒学超越理论的一个很重要的方面。儒学的基本态度是不因超越的命运之必然而改变自己所应有的道德实践原则、方向和努力。儒家的这种态度从孔子时就已形成。孔子虽然于"道之不行，已知之矣"（《论语·微子》），但仍遵循"道"的原则奋行不已；虽遭时人"知其不可而为之者"的讥评（《论语·宪问》），亦无所怨悔。此后，孟子所谓"行法以俟命"（《孟子·尽心下》），程颐所说"知命之当然也，则穷塞祸患不以动其心，行吾义而已"（《伊川易传·困》），朱熹所称"听天命者，循理而行，顺时而动，不敢用私心"（《朱文公文集》卷六十四《答或人》），表述的都是儒家以固有的行为准则与应有的道德实践——物理之固然与伦理之当然，来回应命之必然的态度。如前所述，表现理学回应命之态度的三个命题——"唯义无命""天命可易""人事尽处即是命"，其以自觉的道德实践、人生实践为命之实现，甚至是"消融"了命之必然性，展示出儒学的一个最积极而主动回应命的态度。也许可以这样说，儒学对命的回应，既表现了一种精神，也表现了一种智慧。儒家在"必然""不可为"面前，无怨无叹而弘道不已，自然是深厚坚韧的精神品格的显示；而对于作为人类精神所遭遇的一个最巨大、最崇高的对象——某种超越的存在，儒学所采取的方法和提供的经验——将其在理性中悬置，在道德实践中消融，则应是传统宗教之外的一种卓越的哲学选择。孔子说"不知命，无以为君子也"（《论语·尧曰》），命是儒家生活方式中具有人生终极意义的存在。命之客观必然性，实际上可以理解为影响、制约着一个人的生存状态，但又尚未被人认识的或高于人的认识的一切未知因素的总体。未知是人类精神发展的一种有益的不可缺少的因素，没有未知，人类的精神渊源就会枯竭。就儒学来说也是如此，命的诠释蕴含着儒学理论发展的各种可能性。这些都表明，命之超越理论在儒家思想中具有多么重要的位置。

儒学在由仁（性）、礼、命三范畴所体现的心性、社会、超越三个理论层面构成自己的完整的理论结构的同时，也塑造了自己的理论个性特色。简略地说，在异质的世界文化背景下，儒学的超越理论使它与创世的人格神信仰为特征的，诸如印度的、基督教的传统宗教文化有明显区别；就中国固有文化范围而言，儒学的人性论、德行修养和社会伦理观念，也使它与墨家、法家、道家在其理论基础和主要特征上界限分明。例如，墨家"兼爱"是出于功利前提的结论①，而儒家的"爱""泛爱"则是伦理道德的义务原则的展开；法家的"四维"是对人之行为具有法的强制特质的规定②，儒家的"四德"或"五常"，则是发自"性善"的、有道德感情内涵的行为；道家的自然人性论视一切道德规范皆是对人性的戕害③，而儒家的性善论则认为道德行为如"绘事后素"，是对人性的提高、完善，是人性的实现。儒学所具有的这种理论完整性和理论个性，最终使其成为中国传统文化中的主体和世界文化中的独立类型。

三　儒学的社会功能

儒学诚然是一个以伦理道德观念为核心，并且有心性的、社会的、超越的三个理论层面的比较周延的思想体系。但是，在中国历史上，儒学并不是以一个单纯的伦理道德思想体系的学术面貌出现和显示功能的。由于儒家提出的君臣、父子、夫妇、长幼、朋友五伦之序的伦理思想和忠孝信

---

① 墨子论"兼爱"之前提曰："仁人之事者，必务求兴天下之利，除天下之害，今吾本原兼之所生，天下之大利者也，吾本原别之所生，天下之大害者也。"（《墨子·兼爱下》）

② 《管子》认为"四维不张，国乃灭亡"，并界说"四维"曰："何谓四维？一曰礼，二曰义，三曰廉，四曰耻。礼不逾节，义不自进，廉不蔽恶，耻不从枉。故不逾节，则上位安；不自进，则民无巧诈；不蔽恶，则行自全；不从枉，则邪事不生。"（《牧民》）

③ 《庄子》曰："性者，生之质也。"（《庚桑楚》）道家界定"性"为事物的自然、本然状态，所以《庄子》又说："待钩绳规矩而正者，是削其性者也；待绳约胶漆而固者，是侵其德也；屈折礼乐，呴俞仁义，以慰天下之心者，此失其常然也。"（《骈拇》）

义等道德规范，能充分满足以家庭为单位的农业社会和君主专制政治制度的社会生活需要，战国时就开始获得社会的认同①，汉代"独尊儒术"以后，更被历代国家政权自觉地用来作为协调社会人际关系、稳定社会秩序的基本理论工具，儒学实际上是中国历史上的国家意识形态②。儒学的此种转变，带来了功能的扩展；儒学不仅表现出其所固有道德功能，而且也增益了某种法律的和宗教性的社会功能。由伦理的特质而发挥出超伦理的功能，构成了儒学的基本历史面貌和理论特色。

儒学的道德功能　回顾前面所论，以伦理道德观念为其特质的儒学，它的道德功能应该说是十分显著的。总括言之，儒学为社会提供了"仁义礼智"的价值取向；建构了以"父子有亲、君臣有义、夫妇有别、长幼有序、朋友有信"的理想的伦理秩序为基础的社会生活秩序；并且陶冶出具有"圣人与我同类""为仁由己"的道德自我觉醒，"民胞物与"和"自任以天下之重"的道德义务感、社会责任感，"修身俟命"和"尽性即命"的道德涵养等精神内涵的儒家人格③，为中国传统文化注入一种道德意识、伦理精神，是儒学的贡献，也是儒学的主要社会功能——一种道德功能。

儒学的法律性功能　孔子曰："道之以政，齐之以刑，民免而耻；道之以德，齐之以礼，有耻且格。"（《论语·为政》）可见在原始儒家那里，礼与法的优劣不同的社会功能和儒家的取舍态度都是很清楚的。秦汉之际的儒家似乎更注视礼法间的互补关系，认为"礼者禁于将然之前，而法

① 《庄子》中藉拟一国君（魏文侯）之口曰："始吾以圣知之言，仁义之行为至矣……"（《田子方》），又藉拟一宰臣之口曰："吾所以说吾君者，横说之以《诗》《书》《礼》《乐》，从说之以《金板》《六弢》……"（《徐无鬼》），又述其所见世之趋好曰："自虞氏招仁义以挠天下也，天下莫不奔命于仁义。"（《骈拇》）《庄子》所撰虽为寓言，且意隐讥嘲，但亦映现出此时儒家之说已获得社会认同。

② 儒学之作为中国古代国家意识形态，有两个最显著的标志：其一，自汉平帝追封孔子为"褒成宣尼公"开始，孔子受到唐宋元明清历代的封谥；其二，在汉代的选举（征辟、察举）和唐代以后的科举中，通晓、谙熟儒家经典都是选拔人才的主要标准。

③ 《礼记·表记》有一对此儒家人格内涵（仁、礼、命）的完整表述："君子恭俭以求役仁，信让以求役礼，不自高其事，不自尊其身，俭于位而寡于欲，让于贤，单己尊人，小心而畏义，求以事君，得之自是，不得自是，以听天命。"

者禁于已然之后"（《大戴礼记·礼察》）①。这时，在儒学中，礼法虽非对立，其性质与功能的差别仍是显然的。但在此后，当儒学作为一种国家意识形态存在时，当它所提出的伦理规范（礼）被异化为国家意志时，儒学也就获得了法律的性质或功能。汉代以后的中国古代法律被儒学"礼"的观念侵蚀、笼罩的情况，主要表现为准礼立法和以礼为法。《管子》曰："不知亲疏远近、贵贱美恶，一以度量断之。"（《任法》）先秦法家的这种在法律面前平等的法的基本精神，在汉代以后被"定亲疏、明贵贱"的"礼"之差别原则置换②。汉律之后首先出现的魏律，即以"八议"入律③，接踵魏律的晋律，更明确提出"峻礼教之防，准五服④以制罪也"（《晋书·刑法志》）。唐律是中国古代法制承前启后的核心，《四库全书》编者评断其基本原则曰"一准乎礼"（《四库全书总目提要》卷八十二《唐律疏议》）。凡此皆可见，中国古代法律的制定，完全自觉地遵循、贯彻着儒家"礼"之精神。与此相连，在中国古代法律中，儒家的主要伦理道德规范，也直接转变为判罪、量刑的律令。在被隋唐律称

---

① 《荀子》说"以善至者待之以礼，以不善至者待之以刑"（《王制》），"治之经，礼与刑"（《成相》）。可见在《礼记》之前，荀子对于礼法功能互补已有明确表述。大小戴《礼记》中文字的思想倾向，有属于思孟派，有属于荀孟派。汉代以后的传统儒学对荀子每有异议，而对《礼记》不作分辨。故这里及本书其他论及"礼"之处，唯依《礼记》而姑不援引《荀子》之论。

② 从《礼记》中可以看出，儒家以礼之产生，缘于有差别存在，如谓"天高地下，万物散殊，而礼制行矣"（《乐记》），并多次解说礼之功能曰"夫礼者，所以定亲疏、决嫌疑、别同异、明是非也"（《曲礼上》），"非礼无以辨君臣上下长幼之位也，非礼无以别男女父子兄弟之亲、昏姻疏数之交也"（《哀公问》），"贵贱明，隆杀辨……此五者，足以正身安国矣"（《乡饮酒义》）。

③ "八议"源出《周礼·秋官·小司寇》之"八辟"，对国君或国家之亲、故、贤、能、功、贵、勤、宾八种人犯罪，另行议处。程树德谓："按《唐六典注》，八议自魏、晋、宋、齐、梁、陈、后魏、北齐、后周及隋皆载于律，是八议入律，始于魏也。"（《九朝律考》卷二《魏律考》）

④ 儒家经典里的"五服"有三义，①《尚书·皋陶谟》"天命有德，五服五章"之"五服"，传注谓指天子、诸侯、卿、大夫、士之五种文采不同礼服，孔颖达《尚书正义》疏曰："先王制为五服所以表贵贱，服有等差所以别尊卑也。"②《尚书·益稷》"弼成五服"之"五服"，传注谓指侯、甸、绥、要、荒五等封地。③《礼记·学记》"师无当于五服，五服弗得不亲"之"五服"，郑玄注谓指斩衰、齐衰、大功、小功、缌麻等亲疏不同的五等丧服。显然，《晋书·刑法志》"准五服以制罪"之"五服"当兼有①③两义。

为"十恶"的中国古代社会十项最重罪行中①，"谋反""不孝""内乱"实际上就是君臣、父子、夫妇之"三纲"，《唐律疏议》正是从儒家经典中追溯了它们的法理根据——"君亲无将，将而必诛"（《公羊传·庄公三十二年》），"五刑之属三千，而罪莫大于不孝"（《孝经·五刑》），"女有家、男有室、无相渎、易此则乱"（《左传·桓公十八年》）。甚至儒家的某些具体伦理规范也被法律化。例如《礼记》曰"父母在，不许友以死，不有私财"（《曲礼上》）。唐律即以此入"不孝"之罪曰："祖父母、父母在，而有异财、别籍，情无至孝之心，罪恶难容，违者并当十恶。"（《唐律疏议》卷一）唐律及此后宋明清律于此皆有明确的惩罚条文②。此外，中国古代在法律执行过程中，援依儒学伦理观点诠释法律条文，或补充法律条文的空缺，用以量刑、判决，即以经义决狱，也是儒学具有某种法律功能的一种表现。汉代董仲舒以《春秋》决狱最为典型。史载董仲舒以《春秋》义理判决疑难狱案二百三十二件③。实际上以《春秋》决狱在汉时尚有多人，汉代以后，其余风犹久未坠④。以《春秋》以外的其他儒家经典判决疑狱，自汉以降，也多有记载，如《史记·张汤传》谓"汤决大狱，欲傅古义，乃请博士弟子治《尚书》《春秋》，补廷尉史，亭疑法"。《魏书·世祖纪》谓："太平真君六年三月，诏诸有疑狱，皆付中书，以经义量决"。后唐大理寺卿李廷范上明宗书奏请决狱之事曰：

①　《唐律疏议》追溯"十恶"名例之源起曰："'不道''不敬'之目盖起诸汉。梁陈已往，略有其条。周、齐虽具十条之名，而无'十恶'之目。开皇创制，始备此科。自武德以来，仍遵开皇，无所损益。"（卷一《十恶》）可见"十恶"之名虽成于隋唐，但自汉以来，其实已具。《宋刑统》《大明律》《大清律例》皆有"十恶"之名例，故大体上可以说，"十恶"是自汉至清全部中国古代法律皆有的重罪之目。

②　例如，唐宋律卑幼辄用财者，十匹笞十，十匹加一等，罪止杖一百。明清律二十贯笞二十，二十贯加一等，罪亦止杖一百。唐宋律于别籍者，处徒刑三年，明清律改为杖刑一百（见《唐律疏议》卷十二《户婚》，《宋刑统》卷十二《户婚律》，《明律》卷四《户律》，《清律例》卷八《户律》）。

③　董仲舒以《春秋》决狱二百三十二事之记载见《后汉书·应劭传》，二百三十二事已佚，王应麟《困学纪闻》仅辑三事，程树德《九朝律考·董仲舒春秋决狱》钩得六事。

④　程树德《九朝律考·汉以春秋决狱之例》辑入二十三人例。其《魏律考》《晋律考》《北齐律考》内皆有"以春秋决狱"之目。唐代犹有此风，唐穆宗长庆二年刑部官员孙革奏言当以"《春秋》之义，原心定罪"的原则审判、量刑一民事案件，可以为证（见《旧唐书》卷五十《刑法志》）。

"臣请今后各令寻究律文，具载其实，以定刑辟，如能引据经义，并任所见详断。若非礼律所载，不得妄为判章，出外所犯之罪。"（《五代会要》卷十六《大理寺》）南宋朱熹曾根据《礼记·王制》"凡听五刑之讼，必原父子之亲，立君臣之义以权之"之论，上书孝宗提出决狱原则曰："凡有狱讼，必先论其尊卑上下，长幼亲疏之分，而后听其曲直之辞，凡以下犯上，以卑凌尊者，虽直不右，其不直者罪加。"（《朱文公文集》卷十四《戊申延和奏札一》）凡此皆可见在儒学具有国家意识形态地位的情况下，儒家经义也获得了相同于甚至是高出于成文法典的法律之社会功能。

儒学与宗教之特质和功能　宗教的形态与宗教的观念都处在演变、发展之中，并且，即使是同一形态的宗教，从宗教人类学、宗教社会学和宗教心理学的不同理论角度观察，对其本质的确定也不尽相同。但是，根据迄今人类历史上已出现的三个典型的成熟的世界宗教形态——佛教、基督教、伊斯兰教，在比较宽泛的浅近的意义上，还是可以对宗教作出一个基本的界定：宗教是对某种超越的具有神灵性的神圣对象的信仰，并从中获得生活的意义。这一界定可分析为三项内涵，一是宗教信仰的对象，必须是神灵性的，通常是超越的人格神。《圣经》中的"上帝"和《古兰经》里的"真主"，都是具有人格特征的，但又是超越于人性之上（神灵性）的神圣对象①。原始佛教的教义虽然不是把佛作为人格神来崇拜的，但在佛教的传衍中，佛仍是以某种有神灵性的特殊人格出现的②。二是宗教接近或达到神灵对象的方法，必须是信仰的。因为这种神灵性不可能有真正的经验基础，因而也不可能形成理性的逻辑之路。宗教的一切仪式、法轨、修持，都是信仰的一种特殊表述。三是宗教给人生一种解释，创造出一种生活意义和样态，是一种文化类型或生活方式的精神核心。这一点既是宗教必具的特质之一，也是宗教的社会功能。以这个界定来度

---

① 《圣经》开篇《创世记》即述上帝无所不能，创造天地、万物、人类。《古兰经》通篇（共114章）歌颂真主全知全能，无处不见，结束时（第112章）可视为简明的概括曰："真主是独一的主，是万物所依赖，没有生产，也没被生产，没有任何物可以做他的匹敌。"（据马坚译《古兰经》）

② 有所谓"三十二相"（《智度论》八十八）、"八十种好"（《法界次第初门·下之下》）。

量，儒学显然不具有宗教特质，但在一定意义上却具有宗教性的功能。应该说，在儒学中，天或天命、祖宗或鬼神、创始人孔子等三者都具有被崇拜的"神圣对象"的性质。然而亦如前所述，在儒学中，当"天"被从自然的意义上作为一种与"地"一起构成对于人来说是基始的物质根源来理解时，并无超越性；当"天"在超越的意义上被诠释为一种客观必然性（天命）时，也完全没有人格的和神灵性的内涵。作为是已经死去的祖先之返本归根（气）的鬼神，似乎有某种人格的、神灵性的特征，但它又完全是自然的，而非超越的①。至于孔子，只是被作为"万世师表"②的伟大人格被礼拜的。总之，儒学中的三个神圣对象，都不兼具有超越性与神灵性，因而都不能形成宗教的特质。与此相连，儒家三大祭——祭天（及日月星辰风雨山川等自然事物）、祭祖、祭孔，虽然从形式上显现为宗教特质的表征，但其实际的精神内涵并不是顶礼膜拜的宗教信仰感情，而是道德理性的追思恩德的伦理感情。《礼记》曰：

> 天地之祭，宗庙之事，父子之道，君臣之义，伦也。（《礼器》）
>
> 夫圣王之制祭祀也，法施于民则祀之，以死勤事则祀之，以劳定国则祀之，能御大灾则祀之，能捍大患则祀之，……文王以文治，武王以武功，去民之灾，此皆有功烈于民者也。及夫日月星辰，民所瞻仰也，山林川谷丘陵，民所取材用也，非此族也，不在祀典。（《祭法》）③

---

① 《礼记》对此还有一更明确的解释："宰我曰：'吾闻鬼神之名，不知其所谓。'子曰：'气也者，神之盛也，魂也者，鬼之盛也，合鬼与神，教之至也。众生必死，死必归土，此之谓鬼。骨肉毙于下，阴为野土，其气发扬于上为昭明，焄蒿凄怆，此百物之精，神之著也。因物之精，制为之极，明命鬼神，以为黔首则，百众以畏，万民以服。'"（《祭义》）

② 孔子的谥号汉代以后历代每有增益变更，但以"先师"之号、立学之礼祭奠孔子，则自汉明帝后，历代未尝变。"万世师表"乃康熙皇帝为孔庙所题殿额。

③ 《国语·鲁语上》有段文字与此同，且更显完整。清人姚际恒、崔述皆判定此为抄录《国语》（分别见《礼记通论·祭法》《崔东壁遗书·经传禘祀通考》），甚是。《国语》中此为展禽（柳下惠）语，根据孔子称"柳下惠之贤"（《论语·卫灵公》），孟子称"柳下惠，圣之和者"（《孟子·万章下》），故《礼记》此段文字虽抄自《国语》，亦仍可视为儒家言。

礼有五经，莫重于祭，祭者，非物自外至者也，自中生于心也，心怵而奉之以礼，是故唯贤者能尽祭之义。（《祭统》）

由《礼记》之论可以看出，第一，在儒学中，对于天地、鬼神的祭祀是被定位、定性在如同君臣、父子一样的伦理关系中，换言之，在儒学中不需要用异于人际伦理行为的特殊的宗教行为来处理人与超越之间的关系。第二，在儒学中，祭祀对象不再像在原始宗教中那样是作为一种完全异己的、神灵而可怖的力量出现，而是被诠释为具有善的品质，对人类的生存具有某种宝贵价值的存在。所以第三，儒学在祭祀中的精神感受或心态，完全是一种发自内心的道德感情和一种自觉的道德理性，而不是由对某种外在超越的恐惧而产生的信仰和崇拜。此即《礼记》所谓"墟墓之间，未施哀于民而民哀，社稷宗庙之中，未施敬于民而民敬"（《檀弓下》），亦即陆九渊诗所吟"墟墓兴衰宗庙钦，斯人千古不磨心"（《象山全集》卷二十五《鹅湖和教授兄韵》）。在这里，我们还可以具体地以"孝"这一行为规范为例，来对比显示儒学与宗教——姑且以基督教、伊斯兰教为代表——这种观念上的不同：

《圣经》中关于孝的诫令举例	上帝说，当孝敬父母。又说，咒骂父母的，必治死他（《马太福音》第15章）
《古兰经》中关于孝的训示举例	你的主曾下令说，你们只应当崇拜他，应当孝敬父母（第17章第23节）
儒学中对孝之根源的诠释举例①	宰我问："三年之丧，其已久矣……期可已矣。"子曰："食夫稻，衣夫锦，于女安乎？"曰："安。""女安则为之！夫君子之居丧，食旨不甘，闻乐不乐，居处不安，故不为也。今女安，则为之。"宰我出。子曰："予之不仁也！子生三年，然后免于父母之怀。夫三年之丧，天下之通丧也，予也有三年之爱于其父母乎！"（《论语·阳货》） 成圹而归，不敢入处室，居于倚庐，哀亲之在外也；寝苫枕块，哀亲之在土也。故哭泣无时，服勤三年，思慕之心，孝子之志也，人情之实也。……礼义之经也，非从天降也，非从地出也，人情而已矣（《礼记·问丧》）

---

① 孔子界定"孝"曰："生事之以礼，死葬之以礼、祭之以礼。"（《论语·为政》）《礼记》进一步阐释曰："孝子之事亲也有三道焉：生则养，没则丧，丧毕则祭。养则观其顺也，丧则观其哀也，祭则观其敬而时也。尽此三道者，孝子之行也。"（《祭统》）这里以孔子和《礼记》对丧期和居丧的解释为例，显示儒家追溯到的孝之根源。

不难看出，在宗教中孝之道德规范（其他道德规范亦同）是被设定在，或者说根由于某种最高的、外在超越的意志中，而儒学则是在人的自我人性之中、人的生存环境下形成的固有感情之中（"人情之实"）寻找这种根源。儒学在这里表现出的理性和智慧，如前所述，是因为总体上它是在一种突破了原始宗教观念的道德觉醒的理论环境中孕育成长起来的。在儒学中，此种"人情之实"再进一步的升越，如我们在宋明理学中所看到的，则是将其界说为"理"（"天理"），其内涵也只是一种"当然""实然"的客观实在（实有）①，绝无宗教的最高外在超越通常所具有的那种人格性和实体性的特质。当然，在具体的道德实践中，儒家之"孝"与上述宗教之"孝"，乃至其他道德行为，其道德感情在心理层面上的差异可能是难以区分的，甚至是不存在的。但在其根源的理论诠释和现实的表现方式上的不同，却是存在的，因为儒学和上述宗教毕竟各自创造了不同的生活方式。

从佛教、基督教、伊斯兰教三大世界宗教的历史表现来看，宗教的主要功能可以概括为整合社会和塑造精神，即宗教信仰和法规能十分有力地号召、团结、凝聚信徒，形成制度和组织，建构社会共同体；宗教信仰和修持也能十分有效地向信徒的精神世界注入善的——符合于、有益于人之群己生存条件的道德观念，和神圣的——神秘的、在人生经验之上的终极目标，将其精神导向安宁、高远②。完全可以说，正是夫妇、父子、君臣的儒家伦理思想建构了汉代以后中国传统社会的国家体制和社会秩序，形成了儒家生活方式中具有凝聚力的、以伦理关系和历史传统为内涵的实体——家庭和国家。儒学也为儒家人格设计了一个完整的精神历程：儒学以具有以爱的道德感情为内涵的"仁"为人之精神的起点或基础，在人

---

① 如二程说"父子君臣，天下之定理"（《河南程氏遗书》卷五）。朱熹亦说"如为君须仁，为臣须敬，为子须孝，为父须慈，物各具此理，而物物各异其用，然莫非一理之流行也"（《朱子语类》卷十八），"至于天下之物，则必各有所以然之故，与其所当然之则，所谓理也"（《大学或问》卷一）。

② 文化人类学或社会学中继进化学派、历史学派而起的功能学派也已观察到宗教的这两种社会功能，如英国文化人类学家马林诺夫斯基（B. Malinowski）曾说："宗教又不但专使个人精神得到完整，同样也使整个社会得到完整。"（《巫术、科学、宗教与神话》，中国民间文艺出版社1986年版，第35页）

生实践中要有"人禽之辨"和"义利之辨"的道德自觉①，要以"杀身以成仁"（《论语·卫灵公》）、"舍生而取义"（《孟子·告子上》）的、即道德完成高于生死的态度去践履修身、齐家、治国、平天下的道德义务和社会责任，最后入于超越——"知命"，至于不朽——"立德、立功、立言"②。在儒学中，"知命"是儒者应有的精神境界，"不朽"则是儒者向往的事业成就。儒学中这两个作为个体生命最高和最后的企望显示，在完整的儒家精神人格的形成过程中，特别是在其终点上，也有着永恒的追求，有着认识或体悟人之终极的追求。这种对高于现世今生的人生终极的关切，也正是宗教所固有的情怀。在此意义上，可以将儒学在中国古代社会所显示的此种有别于道德和法律的整合社会和塑造精神的理论功能，判定为一种宗教性的社会功能。当然，儒家的终极情怀与三个典型的、成熟的世界宗教所表现出的宗教的终极观念仍有重大的哲学观念上的差异。一个明显的事实是，尽管三大世界宗教由于教义的区别，赋予它们各自信仰者的终极关怀或精神慰藉也有许多具体内容的不同，但在一根本之点上却完全相同：相信一个行善的个体生命在来世或在末日将有善报③，将能与

① 可以认为，儒学道德自觉有两个层次，第一层是"人禽之辨"，如孟子说"人之所以异于禽兽者几希"（《孟子·离娄下》），程颐说"人只有个天理，却不能存得，更做甚人也"（《河南程氏遗书》卷十八）。第二层次是"义利之辨"，如孔子说"君子喻于义，小人喻于利"（《论语·里仁》），孟子说"孳孳为善者，舜之徒也；孳孳为利者，跖之徒也"（《孟子·尽心上》）。

② 《左传》记述鲁大夫叔孙豹之论曰："太上有立德，其次有立功，其次有立言，虽久不废，此之谓不朽。"（襄公二十四年）

③ 三大世界宗教皆持来世观，此是相同的，但其内容与表述却甚有不同。略言之，佛教称之为"轮回"，生命乘十二因缘以三世（过去、现在、未来）两重（过去—现在、现在—未来）因果，在世间"有情"五类间（神、人、畜牲、地狱、饿鬼，或有加阿修罗，称"六道"）业报辗转，直至摆脱轮回，进入涅槃，基督教、伊斯兰教称之为"复活"。《新约》中对复活有两种界说：一指肉体复活，"使你们必死的身体又活过来"（《罗马人书》第8章）；一指灵魂不灭，"所种的是血气的身体，复活的是灵性的身体……血肉之体不能承受上帝的国"（《哥林多前书》第15章）。《古兰经》明确训示肉体与灵魂皆在末日审判时复活："我以复活日盟誓，我以自责的灵魂盟誓，难道人猜想我绝不能集合他的骸骨吗？不然，我将集合他的骸骨，而且能使他的每个手指复原。"（第75章第1~4节）

作为全知全能的最高超越体同在①。宗教的终极关怀在于使人得到可以永生和有永恒归宿的慰藉。不难看出，这种慰藉或终极关怀，是以拒绝死亡、拒绝未知为其最深的观念基础的。孔子曰"朝闻道，夕死可矣"（《论语·里仁》），又说"未知生，焉知死"（《论语·先进》），儒学从一开始就坦然地接受死亡而淡然处之。后来，在宋明理学中，这一论题被朱熹推向明朗和彻底，他说"死便是都散无了"（《朱子语类》卷三十九）。朱熹并据此批评、否定了宋代儒学中具有道家思想倾向的以死为"归根"的观点，和可能陷入佛家"轮回"观念的以万物为气之聚散推论人之生死的观点②，他说"'归根'本老子语，毕竟无归"（同上书卷六十三），"日月寒暑晦明，可言反复。死无复生之理。今作一例推说，恐堕于释氏轮回之论"（《朱文公文集》卷五十四《答徐彦章四》），可见，传统儒学绝无"来世""复活"的观念，并且也非常明确地否定了"轮回"的观念。毫无疑义，儒学的"不朽"也绝不是如宗教所指认的人之肉体或灵魂的永在，而只是人之短暂生命所创造的影响久远的辉煌。如前所述，"命"在儒家思想虽然被界定为人生实践结局的必然性、既定性，但其本身则应被诠释为未知总体里的一次"偶然相值"。儒家的"知命"或"安身立命"，不是对某种外在超越的归依，而是对生命现在的、当下的经过人之"尽心尽性"的全部现实的努力方获得的状态的自觉、无怨的接受，

---

① 三大世界宗教的经典不仅对最高超越（佛、上帝、真主）的全知全能的神灵性有无数次的具体描写，而且对此种属性也有多次明确的表述。如佛典之颂佛曰："如来色身，实无边际；如来威力，亦无边际；诸佛寿量，亦无边际。"（《异部宗轮论》）《圣经》礼赞上帝曰"上帝万能，人难仰望"（《约伯记》第41章），"无所不知，无所不在"（《诗篇》第139篇），"万有都是本于他，倚靠他，归于他"（《罗马人书》第11章）。《古兰经》赞颂"真主对于万事确是全能的""真主对于万事全知的""真主是最后归宿"，每章皆可见。

② 从《朱子语类》中可以看出，宋代理学中对人之死亡持此两种解释的代表人物，前者为谢良佐，后者为张载。朱熹曾就张载气说评论曰："横渠辟释氏轮回之说，然其说（气）聚散屈伸处，其弊却是大轮回。盖释氏是个个各自轮回，横渠是一发和了，依旧一大轮回。"（《朱子语类》卷九十九）而朱熹此处"无归"之论，正是针对与门人讨论鬼神时，"陈淳因举谢氏'归根'之说"而发。朱熹于此还举例申论曰："毕竟是无归，如月影映在这盆水里，除了这盆水，这影便无了，岂是这影飞上天去归那月里去……人死不是散，是尽了，气尽则知觉亦尽。"（《朱子语类》卷六十三）

所谓"到无可奈何处始言命"(《朱子语类》卷三十四),因为它来自一种人无法知晓、无法左右、先于或高于人的存在和经验的根由。总之,儒家的"不朽"与"知命"的超越追求,乃是一种接受死亡、接受未知的理性自觉——认肯人无永生,人处在被无数未知因素包围而未有归宿的生存环境中的一种终极情怀,人应该而且可以在短暂而永逝的生命途程中,努力完成人际间和人与自然间伦理道德责任,超越生命的极限。现代的哲学和科学理性都深刻地观察到死亡和未知作为人类生存发展的必要条件的价值①,认为接受死亡、承认未知是一种健康的人生态度。儒学理性——显然,这是兼有认知的和道德的双重理性——在这里与现代理性保持了一致,儒学不会遭遇传统宗教与现代理性发生冲突时那种被迫需要调整、变更自己的教义诠释的艰难处境②。儒学毕竟不具有诸如三大世界宗教的传统宗教意义上的那些宗教特质,只是在整合社会生活与塑造精神世界的意

---

① 现代西方哲学分别从历史的和自然的不同角度判定死亡对于人之生存发展的意义。例如德国伦理学家、哲学家包尔生(F. Paulsen)说:"没有世代的更替就没有历史。不死的人们要导致一种非历史的生活,一种其内容任何心灵也不可能描绘的生活。因此,无论谁只要欲望生活,欲望历史的人生,也就要欲望它的条件——死亡。"(《伦理学体系》,中国社会科学出版社 1988 年版,第 286 页) 美国哲学家拉蒙特(C. Lamont) 也说:"生通过死而表现,死从生中获得存在,并且由生而取得完全的意义。在能动的和创造性的自然之流中,同一生物不能无休止地继续下去,最自私自利的人也得要宽宏大量,对别人让出自己的生命,最懦怯胆小的人也得要有足够的勇气走向死亡……自然和进化过程的这个后果,人类的确应该大大地表示感谢而不是提出抗议。"(《作为哲学的人道主义》,商务印书馆 1963 年版,第 112~114 页) 现代西方哲学也十分辩证地肯定未知(无知)所具有的认识论的、蕴含着知识增长的价值。如英国哲学家波普尔(K. R. Popper)说:"对一个问题的每一种解决都引出新的未解决的问题;原初的问题越是深刻,它的解决越是大胆,就越是这样。我们学到的关于这个世界的知识越多,我们的学识越深刻,我们对我们所不知道的东西的认识以及对我们的无知的认识就将越是自觉、具体,越有发言权。因为,这实际上是我们无知的主要源泉——事实上我们的知识只能是有限的,而我们的无知必定是无限的。"(《猜想与反驳·论知识和无知的来源》,上海译文出版社 1986 年版,第 40 页)

② 当然,就人的根本精神需要而言,正如很多哲学家和宗教思想家所论证的那样,宗教和理性也是有一致之处的。但这里主要是就人类精神发展进程中出现的一个基本的如一位历史学家所温和而客观描述的那个在近代发生的事实而言:"当物理科学的进步所引起的机械革命,正在破坏着经过数千年演变的古代文明状态的社会分等,并已在产生着一个正义的人类社会和一个正义的社会秩序的新的可能和新的理想时——在宗教思想领域中也进行着一场至少是同等重大、同等新奇的变化,就是那个引起机械革命的科学知识的增长,也正是这些宗教骚乱的原动力。"(H. G. 威尔斯《世界史纲》,人民出版社 1982 年版,第 1056~1057 页)

义上，特别是在赋予人的生命和生活具有高出于、永久于其本身的意义和价值的那种理论功能上，表现出相同于宗教的功能。这应该被认为是儒学生命力的最深刻的根源。当然，儒学在表现自己的整合与塑造的社会功能时，也有与三大世界宗教不同的特色。儒学的伦理理念以理性为基础，涵摄了人的生活全部和人类生存环境的全部①，故能对异己的文化或生活方式表现出较多的宽容的态度和适应的品质②。儒学在日常生活本身中注入了伦理的、道德的价值和意义③，儒学的精神建设没有游离于日常伦理生活、社会生活之外的特殊形态或方式。儒家的道德感情和精神力量平静地潜存在、流动于平常生活之中，但生活逆境或伦理危机都能将其强烈地激发和显现出来。这些都是儒学展示其社会功能的独特之处。

四 儒学的现代处境

我们对儒学在历史上呈现出的状况，已经总结完毕。作为本书的最后一个论题，我们要审视的是儒学的现代处境。未来总是从现在开始的，所以这也是未可限量的未来儒学起点上的论题。

新的定位 由于儒学在历史上，特别在理学时期，是一种国家意识形态，具有多种社会功能，在国家的"教化"政策推动下④，通过从科举考试制度、载道之艺文到通俗启蒙读物的多种渠道和方式，儒学浸润到士、农、工、商的各个社会群体中，从而也渗透到作为一种文化结构的诸如器

---

① 孟子曰"仁民而爱物"（《孟子·尽心上》），宋明理学家说"天父地母，民胞物与"（《正蒙·乾称》），可见儒家伦理涵摄范围的广泛与周延。

② 汉代以来佛教的广泛传播和最终融入中国传统文化，唐代以来基督教、伊斯兰教在中国的传播和与儒学共处，都显示了儒学文化的宽容。英国历史学家汤因比在和日本宗教社会活动家、学者池田大作的对话中曾说："在现代世界上，我亲身体验到中国人对任何职业都能胜任，并能维持高水平的家庭生活。中国人无论在国家衰落的时候，还是实际上处于混乱的时候，都能继续发扬这种美德。"（《展望二十一世纪》，国际文化出版公司1958年版，第288页）这可以视为是对处在异质文化中或变异环境中的儒家文化适应性的评价。

③ 孔子曰"孝悌为仁之本"（《论语·学而》），宋明理学家更说"洒扫应对与性命孝弟亦是一统事"（《河南程氏遗书》卷十八），"就日用事实上提撕"（《朱子语类》卷一一八）。可见儒学的最高道德目标只存在于伦理行为中，并在日常的生活行为中注入伦理价值与道德义蕴。

④ 汉元帝即位时下诏书有曰："宣明教化，以亲万姓。"（《汉书》卷九《元帝纪》）此后历代帝王的即位诏书中，亦多有宣称要以儒家经典教义来熏染、陶冶社会生活风貌的内容。

物、制度、风俗等各个层面上，并且在有决定意义的程度上塑造了它们的形态，在世界文化背景下，儒学凝聚成为具有独特品格的即有自己的特征和内涵的一种文化类型、一种生活方式。中华民族的兴衰荣辱，都能从不同角度上显示出与儒学的不同程度上的关联。这样，从十九世纪中叶以来，当中华民族国势衰危，在西方工业文明的政治、经济和文化的全面挑战前遭到严重挫折的时候，儒学被视为是酿成这种厄运的精神的、观念的根源，而受到以五四运动为代表的民主与科学的新时代思潮的严厉责难或否定性批判，也许就是很自然的了。但一段时间过后，当中华民族迈上复兴之路时，人们发现，儒学仍是珍贵的，仍在支撑着中华民族作为一种有悠久历史的文化类型和独立的生活方式的存在。就儒学而论，儒学也有变化，也在前进，也面临严峻的理论挑战，儒学置身在与历史上完全不同的新的境遇中。

二十世纪初以来，中国社会最大的进步是从几千年的君主专制制度下摆脱出来，建成了并在日臻完善着一个以人权、法治为基础的民主制度，启动了向当代人类社会最高发展水平前进的现代化进程。中国的社会进步，改变了儒学的地位：儒学作为国家主导的意识形态的状况已经不再存在，儒学具有法律性的那种社会功能也已经不再存在。对于儒学来说，这绝非不幸，而实在是中国社会进步带给它的一种幸运。历史上，作为国家意识形态的儒学，正如我们在理学中所看到的那样，当它完成了自己的两个基本理论主题——适应君主专制的政治制度和社会生活的伦理道德之根源（本体论）及实践方法（工夫论）——的论证后，儒学也就耗尽了它的理论发展的内在动力，停止了发展。而儒家道德的法律化，不仅阻碍了中国有自然人性意义上的、以公正与平等为主要内涵的法律观念和法律形态的成长，而且也扭曲了儒家道德本身。实际上，这是儒学丧失其固有性质的异化的表现。明末清初理学批判思潮中的"以理杀人"① 和"五四"时代新潮中的"仁义道德吃人"② 之论，都正是对凝固为国家意识形态，

---

① 戴震致友人书说，宋明理学家"其所谓理者，同于酷吏之所谓法，酷吏以法杀人，后儒以理杀人"（《戴东原集》卷九《与某书》）。

② 鲁迅《狂人日记》中描写："我翻开历史一查，这历史没有年代，歪歪斜斜的每页上写着'仁义道德'几个字，我横竖睡不着，仔细看了半天，才从字缝里看出来，满纸都写着两个字是'吃人'。"（《鲁迅全集》第一卷，人民文学出版社 1973 年版，第 281 页）

并被君主专制法制异化了的儒学的抨击、鄙弃。现在，儒学摆脱了这种状况，可以其所固有的伦理道德思想特质，作为一种文化类型和生活方式的传统精神或基本内涵来表现功能、求得发展了。

生长点与切入点　在新境遇中有了新定位的儒学，也显现出了它的新的理论生长点和融入现代中国社会进步的切入点。二十世纪儒学最重要的理论进展是吸纳西方近现代哲学思想，在儒学历史上最后一个理论形态——理学的基础上，重建儒学形上学和从最高的终极价值的意义上阐释儒学的超越层面。儒学以伦理道德思想观念为其核心或特质，因此，追寻、阐释伦理道德最终的、超越性的根源，也十分自然地成为儒学形上学的主要内容。如前面所备述，在儒学历史上，这一形上的对象一直缘沿着先秦儒学中具有超越性的"天命"（"天"）观念，并因吸纳进不同的儒外哲学思想而呈现不同形态，最后在宋明理学中达到了成熟的发展。宋明理学对作为伦理道德最终根源的形上对象虽然有两种对立的表述或界定——"理"与"心"，但它们具有的本体性——形上的超越性、总体性、根源性却是相同的；这种本体观念的形成与阐释，主要是借助对儒家经典（在理学中主要是《四书》与《周易》）的义释与和个人生活体悟也是相同的。理学在明末清初的理学批判思潮沉寂以后，就成了一个既生长不出，也补充不进新的文化思想内容的封闭自足的、枯竭的思想体系。换言之，在十七至十九世纪清王朝的两个半世纪里，儒学的理论思维内容和形态实际上是没有发展的。儒学对于与此同时在西方发生的由笛卡尔启动的西方近现代哲学的蓬勃发展毫无知觉，毫无感动。在没有感受到新的理论观念的挑战并能将其消化吸收的情况下，儒学既无理论的能力，也无理论的需要，去对其理论的最高层面、最基础的观念——伦理道德的形上根源，作出有异于理学之"理"或"心"的新的解释，儒学形上学也就不能推展出新面貌。二十世纪西方思想涌入中国，在社会生活的各个领域和不同层面上，均带来了深浅程度不等的变迁或影响，作为这种生活方式之精神根源的儒学自然地要被摇撼、浸润，但儒学需要有理论更新、观念转化的自觉意识也被唤醒。援藉西方哲学观念，重新诠释儒家精神之形上根源，也自然地成为一种首先的甚至是必然的理路选择。前面已经论及的现代儒学两个最重要的思想体系——冯友兰"新理学"和牟宗三"道德的形上学",就是这种儒学形上学重建的典型代表。冯氏援依逻辑实证主义,将程朱理学之"理"从原是通过经典义释和心路体认而预先设定的本体论层面的宇宙根源之实在,转换为可从最基始的经验事实中逻辑分析出的认识论层面的逻辑性的"类"之实在。牟氏则攀缘康德哲学,以"自由意志""物自身"——物之真正的、现象背后的"自己"来诠释、界定本体("心体""性体"),这样,陆王心学本体观念"本心""良知""意"和程朱理学本体观念"理"中的那种作为宇宙万物之根源、世界之总体的内涵就消失了。新理学和道德的形上学各自都为儒学证成了区别于传统儒学的新的形上终极的对象,还有其他的现代儒家学者①,也在现代哲学的观念背景下,借鉴或援依不同派别的理论观点,重新诠释了传统儒学的形上对象和基本理念,停滞、凝固在理学理论形态上的儒学又启动了起来。亦如前所备述,儒家对人性之善、人生之理的深刻信念,根系于一超越而非人格的实在——"天"("天命""天道")。从孔子自谓"五十而知天命"(《论语·为政》)和孟子所说"君子行法以俟命"(《孟子·尽心下》),可以看出,在先秦儒学那里,此种超越而非人格的实在,还具有外在客观必然性的性质。宋代理学家每说"在天为命,在义为理,在人为性,主于身为心,其实一也"(《河南程氏遗书》卷十八),所以可以认为,儒学中作为人性、人生根源的超越性实在,在宋明理学中被内在化了,人性、人生的最终根源即在人自身之中,超越实在的内在化,是儒家伦理道德的理性自觉达到了最高程度的理论表述。二十世纪的中国儒学在强势的西方思想、西方哲学挑战面前,为了固守住儒学阵地,需要开发儒学最深层的精神资源,故将此凸显出来,比翼西方思想中具有最高精神价值的宗教之特质,来予以现代观念的诠释,其主要工作及结论是,第一,将传统儒学具有根源性内涵的"天"诠释、定义为具有宗教义蕴的"内在超越",典型的表述是:"天道高高在上,有超越

---

① 1986年以来,以方克立、李锦全为负责人的"现代新儒学思潮研究"课题组,确认和研究了现代新儒学思潮中的三代十五位代表人物,他们是:第一代——梁漱溟、张君劢、马一浮、熊十力、冯友兰、钱穆、贺麟;第二代——唐君毅、牟宗三、徐复观、方东美;第三代——刘述先、余英时、杜维明、成中英。

的意义，天道贯注于人身之时，又内在于人而为人性，这时天道又是内在的，天道既超越又内在，此时可谓兼具宗教与道德的意味，宗教重超越义，而道德重内在义。"（牟宗三《中国哲学的特质·天命下贯而为性》）第二，在宗教本质上是人的一种"终极关怀"——对某种具有最高价值的对象的追求之观念下，将儒家的"内在超越"确认为是一种终极关怀，从而，儒学亦是具有宗教特质的观念体系。典型的表述是："把宗教重新界定为'终极关怀'，在这种情形之下，儒家的宗教性跟西方的宗教性就可以比较接近。"（刘述先《从学理层次探讨新儒家思想本质》）二十世纪的中国儒学，由传统儒学"天命"的根源性诠释出它的宗教义蕴（"内在超越"）和宗教特质（"终极关怀"），无疑是借鉴于现代西方宗教哲学观念中才能取得的理论进展。因为在中国传统的思想观念范围内，儒家的道德实践，在汉唐以来的儒佛、儒道之辨中，其与佛家、道家相较，一直定位为"外"，而不是"内"；只是在西方信仰上帝的基督教观念背景映衬下，并且其"上帝"不是像十九世纪以前理性派神学所理解的内在于世界的一切存在①，而是按照出现在二十世纪的新正统派神学所诠解的是绝对的、外在的、超越的存在②，儒学具有道德内涵的超越实在"天道"，才是"内在超越"。同样，如果按照十九世纪末宗

---

① 在这里，"理性派"是泛指十七至十九世纪欧洲那些与将基督教教义作天启信仰来解说的正统神学相对立的理性理解——包括自然的、道德的、哲学的——的宗教观点。就"上帝"观念而言，以"上帝"内在于而非独立超越于自然，人类、世界的观点，例如就有作为自然神论者的卢梭作了具有浪漫色彩的体验的表述："我在上帝创造的万物中到处看见上帝，我感到他在我心中，我看到他在我周围；但是一旦我试图发现他在什么地方，他是什么，他的本质是什么，他就避开了我，我那被扰乱的精神也就一无所获。"（《爱弥儿》第四卷，商务印书馆1978年版，第395页）而作为思辨哲学家的黑格尔则作了辩证理性的表述：在上帝与人类、主体与客体、有限与无限之间的对立中，"发展出上帝与现实的统一，意识到这种同一，就是认识了上帝的真正本质"（《历史哲学》，商务印书馆1963年版，第368页）。

② 例如活跃在20世纪二次大战间的被视为是新正统派神学第一位代表的瑞士神学家巴特（K. Barth）说"上帝对于我们是隐藏于他的道之外，但他在耶稣基督的身上显现给我们"（《论基督教信仰》，见刘小枫主编《20世纪西方宗教哲学文选》上卷，上海三联书店1991年版，第419页），"我们是人，不能谈论上帝……能够谈论上帝的只有上帝自己"（《上帝之言是神学的使命》，同上书中卷，第643、653页）。人与神的隔离和上帝的超绝，是新正统派的核心观念。

教人类学的传统观点将宗教界定为对某种具有人格特征的超越存在的信仰①，那么，儒学就不具有这样的宗教特质，也只是在二十世纪的新正统派神学的宗教观——将宗教界说为一种"终极关怀"的精神追求，即一种实践最高生活意义的心理体验的理论立场上观察②，儒学的超越实在才获得宗教特质。二十世纪儒家学者对儒学宗教性的阐发，当然不是为了造出一个传统宗教意义上的儒教——在单一的而不是羼入其他政治文化因素的儒家生活方式下，这既不可能，也无必要——而是为了发掘儒学新的理论生长点，以深刻化、崇高化儒学，培壅其精神之根和增强其贞定人们道德生活的精神力量。

新境遇下的儒学，也清晰地显示了它融入现代社会生活的切入点。这就是对儒家的一种宝贵的精神资源——儒家伦理精神的开发和转化，即将儒家由对家庭的责任感、义务感扩展开来的"民胞物与"的对社会、对自然的责任感、义务感，转化为普遍的工作行为、生活行为，从而形成儒家文化生活方式中的基本动力和秩序，并从中获得生活的意义和实现人生的价值。儒家伦理精神为中国现代化进程提供的这种精神因素特别明显。二十世纪，甚至可以追溯到十九世纪中期的中国现代化进程，都是在充满危机和挑战的十分艰难的情势下进行的，持久的动力和

---

① 例如十九世纪末，被认为是宗教学奠基者的英国学者缪勒（F. M. Mulle,）最早定义宗教曰："宗教……是指一种心理能力或倾向，它与感觉和理性无关，但它使人感到有'无限者'（the infinite）的存在，于是神有了各种不同的名称、各种不同的形象。没有这种信仰的能力，就不可能有宗教，连最低级的偶像崇拜或物神崇拜也不可能有。"（《宗教学导论》，上海人民出版社1989年版，第11~12页）著名的英国文化人类学家泰勒（E. B. Tylor）考察人类的宗教起源说："关于世界的灵魂，关于赋予生气的造物主和宇宙的主宰者，关于大神灵的概念，就是导致那些在较开化的部落中也像在原始社会中那样充满宗教哲学的万有灵观之极限的结果。"（《原始文化》，上海文艺出版社1992年版，第771页）他们皆界定宗教是对某种具有人格特征的超越存在的信仰。

② 吸纳了存在主义思想的美国神学家蒂里希（P. Tillich）是此种宗教观的代表。他说："神学的对象，是引起我们的终极关切的东西。只有这样一些命题才是神学命题，即这些命题对于其对象探讨得如此之深，以至于该对象对我们来说能成为终极关切的问题……我们终极关切的东西，是决定我们存在还是不存在的那个东西。只有这样一些陈述才是神学陈述，即这些陈述对于其对象探讨得如此之深，以至于该对象对我们来说能成为存在还是不存在的问题。"（《系统神学》，转引自 J. C. 利文斯顿《现代基督教思想》，四川人民出版社1992年版，第698、700页）

稳定的秩序无疑是这一使中华民族复兴的社会进步事业最终胜利的两个重要条件。正如我们所看到的那样，在这段历史期间，接踵发生戊戌变法、辛亥革命、五四运动等政治的、文化的社会运动，其所指向的具体社会政治目标虽各不相同，但救亡图存、强国富民的根本目标却是共同的。这些伟大的社会运动自觉而真诚的领导者、参加者们的政治思想理论和改造社会的策略虽有歧异，并且实际上还存在着尖锐的对立，但由于在这个世界环境中国家民族的险恶处境而产生的忧患感、危机感却是相同的，由此产生的为了国家民族的前途而忘我的奋斗精神、牺牲精神也是相同的。这种精神实际上就是儒家伦理道德意识中的社会责任、使命感的现代转化，它凝成了推动我们国家现代化进程的根本精神动力——为了中华民族的生存和发展，为了中华民族能自立于世界民族之林并有新的辉煌。这是儒家伦理的产生的一种社会整体的觉醒意识。诚然，社会责任感、义务感是一种在不同文化类型的观念土壤里都可以萌生、长成的道德意识，但其精神内涵或性格并不相同，例如在法国大革命中的革命家和俄国革命中的十二月党人和民主主义者那里，就可以看到一种自由主义的和民主主义的政治理念、基督教的宗教感情等孕育出来的个人社会职责观念及其强烈表现。在中国近现代社会变革和现代化进程的领导者、参加者那里，这种社会责任感则是一种献身于作为历史文化实体的国家民族的伦理感情，在中华文化中，这是儒家的精神传统。在普遍的、个人生活的层面上，儒家"齐家"和"孝"的伦理精神所具有的道德力量，也能转化为一种生活动力因素。毫无疑问的，现代化的、目的在于不断提高社会富裕和文明水平的进步事业需要全体民众积极主动的、孳孳为之的努力；也是毫无疑问的，只有财富的欲望、富裕的向往，即物质利益才能经常地和有效地将人们的这种积极性点燃发动起来。先秦儒学有"欲而不贪"（《论语·尧曰》）、"寡欲"（《孟子·尽心下》）的主张，宋明理学有"灭人欲"的号召，显然，儒家道德精神对人的这一追求中的自然性、自发性的方面有某种抑制的作用。似乎可以说，不同文化传统、不同观念渊源的道德学说都有这样的理论内容和实际功能。但是有人生价值的精神动机在儒家的"齐家"或"孝"的伦理实践范围内还是得到了一种牢固的安顿。在儒家伦理中，"孝"是一种将自己与父祖结为一个连续的生命整体的那种道德理性与道德感情①，基本内涵是以敬的心情赡养父母，以爱的态度教育子女②，这种道德义务的完成就是"齐家"。儒家心态在他谋取某项功利目标时，追逐个人的最大的生活享受的动机是微弱的——儒家道德对人的欲望中自然、自发方面的抑制作用，可能是儒家人格的勤俭的生活品质形成的一个因素；他要用他收获的功利（财富、权位、声望等），最好地完成、实现他的"孝"的道德义务——养亲教子、"光宗耀祖"的道德感情则是强烈的。儒家心态能由父母得到的乐养和儿女显示出的希望中产生一种非常充实的欣慰感、幸福感。道德和功利在这里融为一体。在儒家文化的生活方式中，这是最普遍、最基本的人生自觉。一个人的事业、生活会有许多具体目标，但最后都可以还原到、融摄到这个基本的伦理道德动机——"孝"或"齐家"的践履中。反言之，由这种道德理性和道德感情产生的力量能支撑起一切功利目标。可见，儒家道德精神在社会整体的层面上和个人生活的层面上都能产生或者说可以转化为是我们社会进步的动力、活力的那种精神力量③。儒家伦理道德精神对于我国现代化进程中的秩序的形成

---

① 《仪礼·丧服·子夏传》："父子一体也。"

② 《礼记·礼运》以"父慈子孝"为十项"人义"之首。《孝经》更明确"孝"之规范曰："孝子之事亲也，居则致其敬，养则致其乐，病则致其忧，丧则致其哀，祭则致其严。"

③ 在这里，我们当然不能不注意马克斯·韦伯的在基督教的新教（加尔文教）伦理背景下得出的一个影响广泛的论断：儒教不具有促使现代资本主义的经济制度形成的理性和动力（见《儒教与道教》第八章《结论：儒教与清教》，江苏人民出版社1993年版，第256~278页）。韦伯此论可以得到一个基本的事实的支持：现代资本主义的确是在西方而没有首先在中国形成和发展——尽管这一已经发生的事实有着远比单一的伦理思想之观念根源要复杂得多的因素。但是，这一立论本身从儒学的立场上看仍深可致疑。第一，韦伯"卡里斯玛"（Karisma）的宗教观——宗教是对任何一种具有非凡禀赋的对象（神圣的、世俗的、巫术的）的信仰崇拜，使他将儒学与新教作为具有完全相同宗教特质的对象来考察，并以新教的宗教理性和整合社会的方式来量裁儒学。实际上，如前所述，儒学的道德理性之转化为生活动力和建构社会的方式，并不相同于传统宗教。就新教而论，在韦伯看来，财富功利追求本身，也就是新教伦理之本身，或其逻辑所固有。但在儒学，功利行为有别于道德实践，但功利行为的动力可由道德实践转化而来。第二，韦伯缺乏对儒家生活方式深入的了解，他能够仅由新教的上帝预定论和禁欲主义两个基本前提推演出资本主义的市民生活方式的一切要素，或者说"资本主义精神"——符合宗教伦理的追求财富的理性，但他却不能准确观察到儒家伦理如何渗透到士之阶层以外的农、工、商阶层，（转下页注）

也有重要作用，亦如我们所看到的那样，我国现代化进程带来了，也表现为社会体制的转变和人们生活方式的变化，为了规范和建构新的社会秩序、社会行为，国家在加强法制建设的同时，还倡导"家庭美德""职业道德""社会公德"，在这一得到全社会响应的道德建设中，就有很多的儒家道德思想内容。也许可以说，这正是传统儒家伦理向现代生活伦理、工作伦理的转化或应用。此外，我们还可以从中国现代化进程以外更广阔的背景下来观察儒家伦理的现代意义。从联合国1989年发表的《学会关心：21世纪的教育——圆桌会议报告》和1992年发表的《关于环境与发展的里约宣言》中对全球人类状况的分析中可以看出，道德的衰退和自然生态的破坏是人类的生存和发展所面临的两个严重的威胁。儒学致力于唤醒人的道德自觉，唤起人们对自然有责任感的伦理感情，所以虽然不能说依靠儒学即可使人类摆脱这种危机，但可以期望，儒学的理念和实践能有助于人类遏制这种威胁的增长。视野宽广而深邃的英国历史学家汤因比曾建议："对现代人类社会的危机来说，把对'天下万物'的义务和对亲爱的家庭关系的义务同等看待的儒家立场是合乎需要的，现代人应当采取此种意义上的儒教立场。"（《展望二十一世纪》，国际文化出版公司1985年版，第427页）

面临的挑战　新境遇下的儒学跨入了新的理论生长空间，显示了融入现代社会生活的可能，但是，儒学也面临严峻的理论与实践的挑战，最为突出而根本的是以下三个方面。

其一，性善论的科学质疑。人性本善之论支撑着儒家的道德信念，是儒学最重要的理论基石。如前面所论及，在儒学历史上，儒家性善论主要有两个论述角度，或者说两个形态：宇宙论的和本体论的。前者即是孟子"仁义礼智，人心固有"之性善论，后者则是宋明理学以《易传》"继之者善，成之者性"诠解的性善论。孟子以人之有恻隐、羞恶、辞让、是非四种心理情智，证说心（性）为善，显然是不周延的，因为人之心（性）中还有如荀子所观察到的那些"恶"的情智。孟子的性善论不能在同一的"人性"层面上完全解释人的行为表现，使得汉唐儒学不得不修正

（接上页注③）如何转化为支撑完成德行同时也支撑实现功利目标的生活动力、工作伦理之过程，因而他只能感到"在儒教及其像基督教一样根深蒂固的伦理与市民的生活方式之间，缺乏一个中间环节"（《儒教与道教》，第267页）。

"性善"论为"性三品"论。宋明理学——主要是朱熹,将儒家性论划分出"继之"与"成之",即"本体"与"流行"两个层面,性之本体是理,是纯然之善;性之具体呈现,即"理具于气质之中"的宇宙论层面上的人物之性,则有善与不善①。宋明理学——亦是朱熹对"善"也作了本体意义上的界定。他说:"'孟子道性善',善是合有底道理。"(《朱子语类》卷五)宋明理学摆脱了单一地以具体的道德规范来界说"善",而用超越但又内蕴着这些具体规范的、人之行为中内在的"固然""当然"来规定"善"②。在理学性善论看来,"仁义礼智"是善,并不是指这些行为举止本身——它的具体的有价值的动机、后果,而是因为它合乎"理"(是"固然""当然"),故善。这样,性善论就可以解释为人的行为最终皆是归依固然、当然的自我选择,向着固然、当然的自律本能。总之,儒家性善论在宋明理学中获得了一种周延的本体论的形上解释,也因此获得了一种逻辑上自洽的哲学坚固性。即是说,你可以在哲学上否认它——不承认它的"理"与"气"的前提,但是你不能在逻辑上击破它——你若承认它的前提,也就推不倒它的结论。但是,在新境遇下,儒学性善论遇到了来自科学——现代实验心理学的质疑。现代心理学的两个主要派别——对人之深层心理作实验分析的精神分析学派和对人之行为作实验分析的行为学派,从不同方面一致否定人性本善。

精神分析学派的创始人奥地利精神病学家弗洛伊德(S. Freud)由对梦的实验心理的解释,进入对精神病的心理治疗,再而进入对人性的心理分析③。综括弗洛伊德成熟的、最后的观点,似乎可以说,他是在人之心理深层,从动力——为里比多(Libido)驱动的生(性)本能与死本能,意念

---

① 朱熹说:"大抵人有此形气,则是此理始具于形气之中而谓之性。才谓说性,便已涉乎有生而兼乎气质,不得为性之本体也。然性之本体亦未尝杂。"(《朱子语类》卷九十五)

② 朱熹每从事物之"固然""当然"来界说"理"。如谓"……造化发育,品物散殊莫不各有固然之理,而最其大者则仁义礼智之性"(《朱文公文集》卷七十八《江州重建濂溪先生书堂记》),"至于天下之物,则必各有所以然之故,与其当然之则,所谓理也"(《大学或问》卷一)。

③ 弗洛伊德论及其精神分析学说的理论历程时曾说:"梦的学说在精神分析史内占有一特殊的地位,标志一个转折点。有了梦的学说,然后精神分析才由心理治疗法进展为人性深度的心理学。"(《精神分析引论新编》,商务印书馆1987年版,第3页)

形态——无意识、前意识、意识和人格结构——本我（伊底）、自我、超我等三个角度来观察、描述人性的。弗洛伊德对人性本善之论明确表示否认："我们大多数人也可能很难抛弃这一信念：人具有一种趋向完善的本能，这种本能已经使人类达到了现有的智力成就和道德境界的高水平，它或许还可将人类的发展导向超人阶段。我不相信有这种内在本能，并且我无法理解，这种善良的错觉何以须得保持下去。"（《超越唯乐原则》，载《弗洛伊德后期著作选》，上海译文出版社1986年版，第45页）弗洛伊德按照他对精神病人的心理观察和分析，在人格结构中，人性的本然层面本我（伊底）就是一种本能状态，但这完全是一种混沌的、无意识的、无任何价值取向的自发状态，"伊底当然不知道价值、善恶和道德，它所有惟一的内容就是力求发泄的本能冲动"（《精神分析引论新编》，商务印书馆1987年版，第58页）。"超我"是人格结构中的道德层面①，但在弗洛伊德的心理实验分析看来，这种道德观念是后天形成的，"良心虽存于我们心内无疑，但绝非在生命开始时便已存在，它与性相反，不是初生时具备，而是后来形成的"（同上书，第48页）；并且也不是从人之本性固有中长出，而是由外界的尊严对象转化而来，"超我为最早的父母形象所铸成"（同上书，第50页），"外界的限制转投于内，超我代替了父母的职能，给自我以侦察、指导和威胁"（同上书，第48页）。这样，人之本性（本能）是向善的和人之道德感情与行为是先天的、内在的这两个性善论的基本内涵，均在弗洛伊德的立足于心理分析的人格结构理论中被否定了。性善论在以美国心理学家斯金纳（B. F. Skinner）为代表的当代心理学行为学派中又从另外一个方面——行为分析中被否定了。斯金纳在鼠、鸽动物实验基础上推演开来的行为主义的主要结论是，人的心理或观念现象，乃至人之本身，皆应还原为多重的可追溯到很远的相倚性联系（Contingencies）背景下的强化行为的结果。如斯金纳说："信念和信心，并不是心理状态，至多不过是与过去

---

① 弗洛伊德说"超我、自我及伊底是个体心灵的三个领域"（《精神分析引论新编》第56页），并大体上可以这样界定："本我"是本然的本能层面，"自我"是知觉理性层面，"超我"是道德层面。如他说"超我是一切道德限制的代表，是追求完美的冲动或人类生活较高尚行动的主体"（同上书第52页），"知觉在自我中所起的作用，在本我中由本能来承担，自我代表可以称作理性和常识的东西"（《自我与本我》，载《弗洛伊德后期著作选》，第173页）。

的事实有联系的行为的副产物。"（《超越自由与尊严》，贵州人民出版社1988 年版，第 93 页），"自我即是与一给定的相倚联系集合相对应的一系列行为，或一种行为系列"（同上书，第 200 页）。这一理论立场使行为主义逻辑地否认有独立于"环境"——由相倚联系和强化物构成的客观世界——的精神主体（"自主人"）的存在。斯金纳宣称"科学的行为分析取消了自主人，它把据说是自主人所施行的控制转交给了环境"（同上书，第 207 页），"正是在科学进步中，人们对环境作用的认识越来越深入，自主人的功能也就一个一个被揭示出来而化为乌有了"（同上书，第 58 页）；也逻辑地否认人内在地具有某种道德品性的观点，斯金纳宣称"人并非是因为他具有某种特殊品质或德行才成了道德动物；恰好相反，他是道德动物，因为他创造了一种使他道德地行为的社会环境"（同上书，第 199 页）。不难看出，儒学性善论的基本观点——人心固有仁义，人性固有向着"理"成长的自律，正是在现代心理学行为学派的行为分析中要遭到否定的观点①。

性善论在现代心理学这里受到来自深层心理分析和行为分析的质疑、否定，与它在历史上多次遭遇的思辨的或经验的质疑、否定不同，就理论性质言，它们的方法论基础——实验分析是属于近现代的实证科学，虽然它们的结论未必就是科学的、无可置疑的②。但对于儒学来说，它们确实

---

① 斯金纳曾说"我们可按照物理学和生物学的途径，直接探讨行为与环境的关系，而不必去理睬臆想的心理中介状态"（《超越自由与尊严》，第 13 页），似乎可以说，行为学派在理论和方法上都十分自觉与影响巨大的精神分析学派的对立，并不直接指向"性善论"这一具体论题，而只是在否定弗洛伊德论述的个体心灵所具有的自主、内在性的同时也否定了性善论。

② 二十世纪五十年代以后，美国心理学家马斯洛（A. H. Maslow）自称是在精神分析和行为主义之外所作"第三种选择"的心理学——或称"第三种力量心理学""人本主义心理学"（见马斯洛《存在心理学探索》，云南人民出版社 1987 年版，第 5 页），就对它们进行了批评。但是，第一，马斯洛心理学在方法上是属于经验（包括某些体验）描述和思辨分析，不具有精神分析和行为主义的那种科学性质，所以这种批评即使是正确的，也不能是很有力的。第二，马斯洛心理学对人性的分析，或是将它视为一个具有高低五个层级系列的动机——需要整体（见马斯洛《动机与人格》第四章"人类动机理论"，华夏出版社 1987 年版，第 40～53 页），或是将它诠解为超动机需要的存在价值体——十四种"高峰体验"（《存在心理学探索》第 75 页），都不是简单地把人性归结、界定为某种单一本能，而是考察它的复杂表现。马斯洛心理学论说了人性向"优美心灵"（高级需要、超越需要）成长，但并未确认"人性本善"。

是新的理论挑战。现在的情势是，性善论似乎还寻找不到实证科学——一种认知理性的支持。但它所内蕴的一种道德理性——对人性必然向着固然、当然方向作自我选择和生长的信念，却依然可以维护着它的存在。弗洛伊德曾申辩：

> 精神分析学曾多次被指责忽视了人性高级的、道德的、超个人方面。这种指责无论在历史上还是在方法上都是不公正的。首先，因为从一开始我们就把恣恶压抑的功能归于自我中的道德和美的趋势。其次，这种指责是对一种认识的总的否定，这种认识认为精神分析的研究不能像哲学体系一样产生一个完整的、现成的理论结构，而必须通过对正常的和反常的现象进行分析的解剖，来寻找逐步通向理解复杂心理现象的道路。（《自我与本我》，载《弗洛伊德后期著作选》第184页）

斯金纳也曾表白：

> 科学并未使人不成其为人，相反，它使人非小人化①。要阻止人类的毁灭，科学必须要这样做。我们乐于摆脱"人之为人的人"，惟有如此我们方能转而找到人类行为的真正根源。只有摆脱了他，我们才能从臆断转向观察，从超自然转向自然，从不可接近的转向可及的。（《超越自由与尊严》，第202～203页）

可见，当弗洛伊德与斯金纳从不同方面共同在认知理性的角度上否定"人性本善"时，他们都是认为自己在探索通向真正人性的道路，探索人性的真正根源，然而这又正是在选择着固然、当然，在道德理性的意义上共同表现着人性之善。所以，在现代科学背景下，发生在性善论中的认知理性与道德理性的分歧，不同于发生在传统宗教那里的理性与信仰的冲突，

---

① 在斯金纳《超越自由与尊严》一书中，"小人"（homunculus）与"自主人"（antonomousman）、"内在人"（innerman），皆是指他认为是不存在的、臆想的、被精神分析学派描述为可独立于"环境"的人之精神主体。

它不是"矛盾"的性质,而是一种"佛手"现象。

其二,家庭的蜕变。原始儒家经典曰"君子之道,造端乎夫妇,及其至也,察乎天地"(《中庸》),"国之本在家"(《孟子·离娄上》),"家齐而后国治"(《大学》)。即是说,儒家的道德实践是从家庭中开始的,儒家对国家民族乃至宇宙的全部伦理感情是在家庭中孕育的,是已被内化为超自觉的对家庭的伦理感情的自觉扩展;以男女姻缘和亲子血缘为基本要素的家庭,是儒家理论和实践的最基本的贯穿始终的环境。但是,现代社会生活中的许多因素正在影响、改变着儒家观念中的家庭。儒家的家庭观念特别地凸显和肯定家庭延续种族生命和建构社会伦理关系的功能价值,《礼记》中每有界说曰"昏礼者,将合二姓之好,上以事宗庙,而下以继世……成男女之别,而立夫妇之义也。夫妇有义,而后父子有亲,父子有亲而后君臣有正"(《昏义》),"天地合,而后万物兴焉,夫昏礼,万世之始也,取于异性,所以附远厚别也"(《郊特牲》)。所以在儒家看来,家庭是崇高的、神圣的,是"人之大伦"(《孟子·万章上》),"天地之大义"(《易·家人》)。在儒家的此种家庭观念下,用现代社会学对家庭结构的分类①来看,主干家庭是实现家庭之功能与价值的最好形式,因为儒家"父慈子孝"的伦理关系、教育子女与赡养父母的道德义务,只有在这种家庭结构中才能全部实现。儒家思想当然也能给联合家庭的存在提供充分的伦理道德的观念支持,但是,在儒家思想生长于其中的农业社会里,即使是理想的"五亩之宅""百亩之田"(《孟子·梁惠王上》)的农耕家庭,也难以形成支撑这种大家庭形式存在的经济力量。在家族内部区分大宗、小宗的宗法制度下,从理论上说,核心家庭只是完成向主干家庭过渡前的暂时存在的家庭形式。据史学家考证,从西汉元始二年(2年)到清宣统三年(1911年),一千九百多年间,有典籍根据可推算出的家庭人口平均数为4.95人②。此亦可表明,主干家庭是历史上儒家生活方式中

---

① 现代社会学以不同标准对家庭结构有不同的划分,这里援依按家庭成员的身份和代际层次之标准的划分:①核心家庭——两代人组成的家庭,即一对夫妇与未婚子女共同生活的家庭;②主干家庭——两代以上并且每一代人只有一对夫妇的成员组成的家庭;③联合家庭——两代以上并且一代中至少有两对夫妇的成员组成的家庭。

② 见梁方仲《中国历代户口、田地、田赋统计》,上海人民出版社1980年版,第4~11页。

的主要家庭结构形式。从儒学的立场上观察，家庭的蜕变正是发生在这样两个方面：第一，表现在家庭观念上，构成家庭的自然基础——婚姻中的爱情和爱情中的性爱，在现代家庭观念中被凸显起来。《礼记》曰："饮食男女，人之大欲存焉。"（《礼运》）又曰："男女有别，然后父子亲，父子亲然后义生，义生然后礼作，礼作然后万物安，无别无义，禽兽之道也。"（《郊特牲》）可见传统儒学虽然没有否定男女情爱的存在，但它们都是简单地被定位在生物学（动物性）的层次上，被置于与道德相对立的被其压抑的位置上。在现代观念中，诚如黑格尔所说，"两性的自然规定性，通过它们的合理性而获得了理智和伦理的意义"（《法哲学原理》，商务印书馆1961年版，第182页），男女情欲本身以其自然合理性获得了道德的品质和应被满足的权利，虽然不等同于，但却主要内蕴着这种情感的两性爱情是婚姻和家庭的基础的观念成为一种普遍的共识①。然而在儒家传统中的以"媒妁之言"建构成的婚姻家庭中，爱情的情感只是附属物②。20世纪以来的西方性观念更具有十分丰富、超越传统的内容，性在生物学的细胞层次上得到了深入的科学的解释；性行为在生理心理层面上，其生育功能之外的快乐、享乐价值被确认了③；在社会层面上，出现

---

① 例如，保加利亚哲学家瓦西列夫在他著名的《情爱论》中论定："研究和观察表明，爱情的动力和内在本质是男子和女子的性欲，这个结论得到科学的哲学方法论和对社会生活的唯物史观的证明。"（《情爱论》，生活·读书·新知三联书店1984年版，第1页）1984年，我国76位社会学学者在第一次家庭研究学术讨论会上发表的《家庭宣言》也宣布："婚姻要以爱情为基础。"（见樊静《中国婚姻的历史与现状》，中国国际广播出版社1990年版，第225页）

② 孟子曰："不待父母之命，媒妁之言……则父母国人皆贱之。"（《孟子·滕文公下》）儒家的婚姻观与古代世界其他文化类型中的一夫一妻制阶段的婚姻观一样，皆是以两姓的某种利益为基础，而不是以两性的爱情为基础，诚如恩格斯所说："古代所仅有的那一点夫妇之爱，并不是主观的爱好，而是客观的义务；不是婚姻的基础，而是婚姻的附加物。"（《马克思恩格斯选集》第四卷，人民出版社1966年版，第67~68页）

③ 例如，美国伦理学家蒂洛（J. P. Thiroux）在其《伦理学理论与实践》一书中说："人的性行为的意义和目的表现在三个方面，即生育、寻求快乐和表达爱情。"（《伦理学理论与实践》，北京大学出版社1985年版，第266页）法国哲学家福柯（M. Foucault）的名著《性史》也正是将性定位在"快感的享用"上而展开多角度的论述。（见《性史》第二卷，上海科学技术文献出版社1989年版，第157~425页）

了"不生育性结合与社会无关"等新的性伦理原则①。凡此，皆与以"人欲"解说性和以"阴阳"（天地）诠释男女的儒家观念及其内蕴着的压抑性、压抑女性的"礼"之道德规范②相冲突的，以姻缘、血缘为基本内涵的传统家庭观念也被突破。第二，表现在家庭结构上，从西方经济发达国家已经和正在发生的事实来看，在科学技术生产力发展而引起的生活方式变化和现代家庭观念的双重作用下，伴随着工业化社会形成的是主干家庭向核心家庭的蜕变，而在后工业化社会则是核心家庭趋于解体，出现了多样化的非传统的家庭形式。家庭结构在工业化背景下的蜕变，美国社会学家古德（W. J. Goode）曾有较深入的论述，他观察到"随着工业化发展，会出现三个削弱传统家庭（按：指主干家庭、联合家庭）控制制度的主要进程"（《家庭》，社会科学文献出版社1986年版，第249页），认为"夫妇式家庭（按：即核心家庭）制度的结构特点，多数是由于亲属关系不那么密切所产生的，这些特点很符合工业化的需要"（同上书，第246页）。因而他在广泛的范围内判定："第二次世界大战以后，在世界各地，

①　英国科学家霭理士（H. H. Ellis）二十世纪初完成的卷帙浩繁的对性问题的全面研究中，提出性道德的五个基本原则或支柱，其中之一即是"不生育的性结合与社会无关"（见《性的道德》，上海青年协会书局1934年版）。英国哲学家罗素（B. Russell）在二十世纪三十年代关于性的一系列言论中，也主张"婚姻作为一种制度，只是生儿育女才应受到政府的关注，只要没有孩子就应当被看成是纯粹的私事"（《我的性道德》，载《为什么我不是基督教徒》，商务印书馆1982年版，第135页）。在此以前，马克思主义的经典作家也有两性关系是"私事"的论断，如恩格斯在《共产主义原理》中回答第二十一个问题"共产主义制度对家庭将产生什么影响"时说："两性间的关系将成为仅仅和当事人有关而社会无须干涉的私事。这一点之所以能实现，是由于废除私有制和社会负责教育儿童的结果。"（《马克思恩格斯选集》第一卷，人民出版社1966年版，第213页）倍倍尔在《妇女与社会主义》一书中论及"将来的妇女"时也说："人类对于性冲动的满足，只要不损害他人，自己的身体尽可由他们自己处置。满足性的冲动也和满足其他自然冲动同样，是个人的私事。"（《妇女与社会主义》，生活·读书·新知三联书店1955年版，第469页）可见，"私事"之论，在马克思主义那里是作为以"废除私有制"为前提的人的全面解放的社会政治理想提出来的；在霭理士、罗素这里，是立足于性科学基础上对性行为作生理、心理的考察后判定的人可自然地拥有的"自由"之结论。

②　儒家思想中压制女性的观点，最具代表性的是所谓"三从"："妇人，从人者也，幼从父兄，嫁从夫，夫死从子。"（《礼记·郊特牲》）理学"存天理灭人欲"之修养教条自然也包含着对性欲的鄙贱与压抑。但对儒学的"绘事后素"——提高、完善人性的努力不能作如是观。完善人性与压制"人欲"在儒学中是有区别地同时存在着的。

所有的社会制度都在或快或慢地走向某种形式的夫妇家庭制度和工业化。"（同上书，第 245 页）在后工业社会里的家庭形态和演变趋势，一直是美国未来学家托夫勒（A. Toffler）广阔视野里的一个突出明亮的焦点，他的观察，"在第三次浪潮（按：指后工业社会）比较发达的美国，很多人已经摆脱小家庭的生活方式。如果我们给小家庭下定义是：丈夫工作，妻子管家，以及两个孩子（按：此即核心家庭）。那么有多少美国人仍生活在这种家庭模式中呢？答案是惊人的：只有美国总人口的 7%，而 93% 的人口已经不再符合第二次浪潮（按：指工业化社会）的理想模式了。"（《第三次浪潮》，生活·读书·新知三联书店 1984 年版，第 295 页）他的前瞻是"一个非常可能的结果是，在第三次浪潮文明时期，家庭将长期没有一个单一的模式。相反，我们将看到高度多样化的家庭结构。人们将不再生活在统一的家庭模式中，而是沿着个人爱好，或者方便的轨道在新模式中度过他们的一生"（同上书，第 300 页），"暂时性的婚姻将是未来家庭生活的标准特征，也许是占支配地位的特征"（《未来的冲击》，新华出版社 1996 年版，第 215 页）。如果托夫勒的展望是正确的、真实的，那么，未来的家庭将是成人任从自己的"爱好"而结合成的具有多种形式的变动着的生活体。作为儒家传统家庭的基本特质——姻缘、血缘，就不再是这种多样化家庭建构中的必要因素了[①]。根据我国社会学者 1982 年进行的中国五城市家庭调查和 1986 年进行的十四省市农村家庭调查的统计数字：核心家庭在城市家庭中的比重是 66.41%，在农村家庭中的比重为 63.6%，非传统家庭（联合、主干、核心家庭以外的其他家庭）在城市家庭中占 7%，在农村家庭中占 5.4%[②]。可以说，当代中国家庭蜕变正是表现出处在工业化进程中的特征。儒家传统家庭理念在已经发生的从主干家庭到核心家庭的蜕变中被削弱了（例如从理论上说，

[①] 据托夫勒说，在美国芝加哥一黑人居住区，发现有八十六种以上各种不同的成人间结合关系的"家庭模式"（《第三次浪潮》，第 300 页）。我国社会学家或将现代西方社会的反传统家庭类型大体区分为四：独身家庭、无婚姻的同居家庭、同性恋家庭、群居家庭。

[②] 《中国城市家庭——五城市家庭调查报告及资料汇编》，山东人民出版社 1985 年版，第 450 页；《当代中国农村家庭——14 省市农村家庭调查资料汇编》，社会科学文献出版社 1993 年版，第 82 页。

作为儒家"孝"之实践的重要内容——乐养父母，在核心家庭的功能中就不再有结构性的显现。）如果说，从工业社会到后工业社会也将是中国社会必经的途程，那么，儒家传统家庭理念是否也一定要在一次更剧烈的家庭结构蜕变——以核心家庭为主体的社会家庭结构模式的解体中覆灭呢？1989年第44届联合国大会宣布1994年为"国际家庭年"，宗旨是提高各国政府、决策者、公众对家庭问题的认识，促进各国政府制定、执行和监督家庭政策，主题是"家庭：变动世界中的动力与责任"。1993年在第48届联合国大会决定1994年开展"国际家庭年"活动的全体会议上，联合国秘书长致辞说："家庭是人类社会最古老、也是最基本的组成单位，家庭塑造和养育着我们，我们要依靠家庭的集体精神、团结精神和它们的支持。"大会主席也在主题发言中说："家庭是整个社会的支柱，如果我们想建设一个更美好的世界，我们应该从人们的成长地——家庭做起。"可见，虽然立足于科学的认知理性可以坦然地、逻辑地接受家庭的裂变与破碎，人类的道德理性仍然是十分珍视和努力维护家庭的。儒家的家庭理念如果剔除、转化其已被现代人类理性作了深刻反省的鄙视性与压抑女性的观念成分[1]——这种观念实际上是由于古代人类生产力发展水平和精神发展水平而历史地形成的，并且在古代希腊、印度和其后的基督教、伊斯兰教文化中都存在着[2]——就能积极地响应并

---

[1] 这里姑且分别以一位英国性科学家和一位美国社会学家的论断来代表这种反省。霭理士说："性冲动是一个伟大的自然的冲动，用之有节，它对于人生可以发生许多的好处。"（《性心理学》，生活·读书·新知三联书店1987年版，第338页）马尔腾（O. S. Marden）说："人类所犯一个最大的社会罪恶是男子奴役女子。"（《妇女与家庭》，商务印书馆1930年版，第4页）

[2] 例如，纪元前，作为古希腊文化之精神代表的亚里士多德曾说："男子本性上就比女子较适于发号施令，正如长者和完全成熟的人比之幼者及未长成的人较为高明一样。"（《政治论》，商务印书馆1934年版，第36页）大约与此同时在印度形成的全面体现了古代印度政治、经济、社会制度的《摩奴法典》中规定："妇女少年时应该从父，青年时从夫，夫死从子，无子从丈夫的近亲族，没有这些近亲族，从国王。妇女始终不应该随意自主。"（《摩奴法典》，商务印书馆1982年版，第130页）纪元后，《圣经·创世记》中说，女人是上帝从男人身上取下的一条肋骨造成，《古兰经》则训导"你们的妻子好比是你们的田地，你们可以随意耕种"（第二章第223节）。可见在不同的文化类型中，历史上都存在着对女性的压迫，不独儒学为然。对于性的压抑，在不同的文化类型中方式或者有不同，但以风俗礼仪、道德观念来规范它也是共同的。

有贡献于"国际家庭年"的体现现代人类道德理性的"家庭是动力与责任"主题：儒家家庭理念孕育出的人伦之情、天伦之乐——亲情、爱情，无疑会是一种珍贵的使人的生活变得美好的动力或资源；儒家家庭观念中的特质——姻缘、血缘也"天理固然"地蕴含着对他人、对社会的责任。可以认为，现代儒学完全能够接受现代人类反省历史上压抑性与女性的理性觉醒，因而儒家的家庭理念也能获得具有生命力的现代诠释，融入现代社会的发展进程。

其三，形上追求的困境。历史上，儒学的形上追求——追寻伦理道德最终的超越的根源，并不断援进阴阳五行、道家与佛学等儒外的理论观念来予以阐释，一直是儒学理论发展的动力，由此而形成的儒学形上观念也一直是儒学理论形态演变的标志。但是，在现代处境下，儒学的形上追求却陷入困境，这主要是因为儒学传统的形上观念与它浸润于其中并自觉不自觉地接受其影响的现代西方哲学观点是相冲突的。如前所述，儒学的形上观念在宋明理学中达到了成熟的发展。宋明理学对作为伦理道德最终根源的形上对象虽然有两种对立的表述或界定——"理"与"心"，但它们具有的本体性——形上的超越性、总体性、根源性却是相同的，这种本体观念的形成与阐释主要是借助对儒家经典的义释和个人生活体悟也是相同的。经历了认识论转向和语言转向①，现代西方哲学观点正是在这两个基本点上不同于儒学的形上观念。现代西方哲学思潮虽然有科学主义和人本主义两种不同的理论走向——这里姑且以这两个思潮的中坚部分逻辑实证主义和现象学为代表，但否定欧洲哲学思想史上传统的柏拉图式的探究事物或现象之后、之上的某种本质、根源的形上对象，却是共同的。逻辑实证主义在"拒斥形而上学"的宗旨下②，判定"形上"的陈述或命题，既

---

① 现代西方哲学家有一种哲学史观，认为近现代西方哲学有两次根本性的变革，第一次是由笛卡儿、康德完成的由传统本体论向认识论的转向，第二次是由弗雷格（G. Frege）、维特根斯坦体现的语言转向。虽然这是从语言哲学特定立场上作出的观察，但基本上是符合事实的。

② 例如卡尔纳普说："形而上学命题……造成一种错觉，似乎在给予知识，而实际上并不如此，这就是我们为什么要拒斥形而上学的理由。"（《哲学和逻辑句法》，上海人民出版社 1962 年版，第 14 页）

无经验内容，又不是重言命题，因而是无意义的①。现象学运动以"回到事物本身"为理论标志②，排除传统形而上学中在任何意义上存在着的本质与现象、主体与客体的分裂，作为现象学哲学的最终证成对象，无论是胡塞尔的纯粹意识的"本质"，或海德格尔的本体的"此在"，都是一种——至少在现象学的理论要求上是这样一种——前主客分化的、没有主客对立的原初的精神现象或存在状态③，都不再是传统形上学那种意义上的本质、主体。现代西方哲学在"语言转向"的背景下，多是通过语言分析的途径来接近、证成自己的哲学目标，将哲学的任务确定为是对概念、命题作语言的、逻辑形式的分析，以澄清其意义的逻辑实证主义固不待言④，语言分析也是现象学的理论基石。例如胡塞尔正是通过语言符号含义的分析，解析出"意义"的独立性，显示纯粹意识的存在⑤，海德格尔也以语言为"此在"的显现方式或展开状态⑥。显然，儒学传统的形上

---

① 例如艾耶尔说："因为重言式命题和经验假设构成有意义命题的整个的类，所以我们有理由下结论说，一切形而上学断定都是没有意义的。"（《语言、真理与逻辑》，上海译文出版社 1981 年版，第 41 页）

② 例如胡塞尔说"合理化和科学地判断事物，就意味着朝向事物本身"（《纯粹现象学通论》，商务印书馆 1995 年版，第 75 页）；海德格尔也说"现象学这个名词表达出一条原理，这条原理可以表述为走向事情本身"（《存在与时间》，生活·读书·新知三联书店 1987 年版，第 35 页）。

③ 例如胡塞尔说"心理领域中没有显象与存在的区分"（《作为严格科学的哲学》，载《现象学与哲学的危机》，国际文化出版公司 1988 年版，第 95 页），海德格尔说"此在就是它的展开状态"（《存在与时间》，生活·读书·新知三联书店 1987 年版，第 163 页）。

④ 例如石里克说："哲学不是一种知识的体系，而是一种活动的体系，哲学就是那种确定或发现命题意义的活动。"（《哲学的转变》，载洪谦编《逻辑经验主义》上卷，商务印书馆 1982 年版，第 9 页）卡尔纳普也说："所有的哲学的论题和问题都属于逻辑句法的范围；逻辑句法的方法，也就是对作为一个规则系统的语言形式结构进行分析，是惟一的哲学方法。"（《哲学和逻辑句法》，上海人民出版社 1962 年版，第 57 页）

⑤ 胡塞尔在《逻辑研究》中认为，语词符号本身可有两方面含义，另一方面它是"所指"（事实、对象），一方面是"表达"（思想、意义），两者是有区别的。"圆的四方形"，虽然无"所谓"，但仍有"意义"。此可见"意义"的独立性。

⑥ 海德格尔在其《存在与时间》一书中多次明确地表述了此观点。如谓"语言这一现象在此在的展开状态这一存在论状态中有其根源"，"言谈本质上属于此在的存在机制，一道造就了此在的展开状态"（《存在与时间》，生活·读书·新知三联书店 1987 年版，第 196、205 页）。

理念及其证成方法都难以与此契合。但是，另一方面，儒学的历史经验表明，停滞、凝固在理学理论形态上的儒学，在现代处境下，要有新的生命与生长，从现代西方哲学观念、智慧中吸取营养，则又是必需的。现代处境下的儒学，因此陷入两难的困境。儒学能否和如何化解、走出这一困境？在前面已论述的冯友兰、牟宗三对理学所作的肯定性诠释或重建儒学形上学的理论创造中，我们似乎可以看到这种可能与途径。冯、牟分别援引逻辑实证主义和康德思想重建儒学形上学的工作，一开始就处于上述的中西哲学理论观念的冲突之中，他们的理论创造性正是在深切地感受到并最终地化解了这种冲突中表现出来。康德哲学具有明显的将形上本体"悬置"的"认识论转向"的特征，在康德哲学中，"物自体"只是表示认识的界限，"意志自由"亦是一种预设。当牟氏援用康德的"物自体""意志自由"来给儒学的形上对象（"心体""性体"）以现代观念的诠释时，他好像是并不困难地、轻松地就置换了、转化了传统儒学（理学）的形上观念内涵。实际上，牟氏是付出了艰苦的思索的。因为要实现这种"置换"，必须避免、消除在康德哲学中的形上对象只是一种假设的理念的那种限制。牟氏还是在中国哲学本身中寻找到解决这一理论难题的途径。他从中国哲学中一直很发达的整体直觉的思维方法中和传统儒学的道德实践中，升华出两个观念："智的直觉"和"实践呈现"，认为"物自体"可以在人的直觉中被证成，"意志自由"或"道德的超越根据"并不是理念的预设，而是在道德实践中的呈现。"道德的形上学"因此建成。冯氏引进逻辑实证主义来诠释程朱理学遇到了同样的困难。属于"语言转向"的逻辑实证主义，其理论活动的一个主要方面和目标，就是用逻辑分析的标准和经验证实的原则来拒斥并最终取消形而上学，而"新理学的工作，是要经过维也纳学派的经验主义而重新建立形上学"（《新知言·新理学的方法》）。冯氏在这里选择的摆脱困境的途径是，接受逻辑实证主义的意义标准和证实原则，但改换其"形上"的哲学义蕴。如前所述，在"新理学"中，"形上"是与"具体"相对的认识论意义上的"抽象"，不再是逻辑实证主义所拒斥的以世界之"本体""本质"为内涵的，既非分析的又不可经验证实的"形上"。冯氏此种非本体性的而是逻辑性的"形上"观念，不是程朱理学的观念，但与传统儒学的"形而上者谓之道，形而下者谓之器"（《易·系辞上》）的原始含义还是很接近的①。此种重建的形上观念，如"新理学"之"理"，既是可被经验证实的（"有事物存在"），亦是可作逻辑分析的（"有事必有则"）。"新理学"走出了要用拒斥形上学的逻辑实证主义来重建形上学的困境，这也是从一个特定的方面尝试着实现传统儒学的现代转化。"新理学"和"道德的形上学"在重建儒学形上学过程中提供的经验是：西方哲学有它自己的发展逻辑，将儒学移植到这样的理论土壤上去生长是不可能的，但从中吸取理论观念和方法，使儒学的理论结构和思想内涵有适应现代观念的转化和成长则是必需的和可行的。儒学的形上追求根本上是对人之生命价值、人之生活意义——在儒学这里主要是伦理的、道德的生活——的维护。现代处境下儒学形上追求的困境是理论观念和方法上的，而不是这一根本理论目标上的。应该说，这一目标并不为西方现代哲学所否定，而亦是它所追寻的②。可以相信，现代处境下的儒学，能继续像"新理学""道德的形上学"那样不断形成新的形上理论观念，从而对证成人之生命价值和生活意义这一理论目标不断有新的接近。

至此，我们的儒学论述可以作出最后的结语：在迄今人类文明已经创造出的观念体系和生活方式中，儒学无疑应是属于最悠久的一种；在人类

---

① 就儒学而论，"形上形下"命题有经学和理学两种诠释。前者可以孔颖达《周易注疏》的表述为代表："道是无体之名，形是有质之称……自形外以上者谓之道，自形内而下者谓之器。"（《周易正义》卷七）形上、形下即是"无体"与"有质"之分。后者可以朱熹的表述为代表："'形而上者'指理而言，'形而下者'指事物而言……即形器之本体而离乎刑器，则谓之道；就形器而言，则谓之器。"（《朱子语类》卷七十五）即将形上、形下作本体与万物的区分。显然，"新理学"的"形上"观念与经学的理解较接近。

② 对于此，我们仍可以上述两大思潮中的两位代表人物的言论为例。如卡尔纳普说："形而上学命题的非理论的性质，本身不是一种缺陷，并不丧失它们对个人以及社会生活的高贵价值。"（《哲学和逻辑句法》，上海人民出版社1962年版，第14页）胡塞尔说"哲学和科学未来应该是揭示普遍的、人'生而固有的'理性的历史运动"，"对形而上学可能性的怀疑，对作为一代新人的指导者的普遍哲学信仰的崩溃，实际上意味着对理性信仰的崩溃"（《欧洲科学危机和超验现象学》，上海译文出版社1988年版，第17、13页）。这里，我们将二十世纪六十年代以后兴起的后现代主义思潮排除在与儒学关系的考察之外，因为这一思潮有更加复杂的性格，且其本身尚处在不断增益、修正的流变之中。后现代主义有众多的解拆中心性、整体性、本体性等具有形而上学性质对象的理论观念、话语，其与传统儒学的对立、冲突是显然的，但现代儒学会在多大程度上感受到它的影响，还有待这一思潮的成熟的发展。

未来可能的生活方式中，儒学也会是有生命力的一种。儒学有伟大的明智——从不企望超越人性，超越生命；但一直努力于完善人性，完美人生。

我们对儒学的考察也就在这里——一个回顾了儒学的历史并瞻望到它的前景的地方，一个在我们心中留下崇敬的缅怀和涌起热切的期待的地方结束。

致　谢

　　《儒学引论》书稿是我从 1990 年 11 月开始撰作，1998 年底完成的。1992 年曾被立项为国家社会科学基金年度一般项目。因此，在此书稿出版之际，我首先要对全国哲学社会科学规划办公室的支持，表示衷心的感谢！

　　《儒学引论》因为写作的时间较长，论述的问题也较多，书稿初成之时，在文字体例、篇章结构等方面，前后都每有不一致之处，讹误之处。责任编辑田士章编审花费了很大的心力，予以调整、改正，对于他所付出的劬劳，还有人民出版社哲学编辑室主任陈亚明先生、方国根先生给予的信赖和帮助，及其他为此书稿出版付出辛勤的人民出版社的人士，我亦表示诚挚的感谢！

　　最后，我还要对阅读了本书的读者表示感谢并欢迎批评指正。

崔大华

2000 年 6 月

《崔大华全集》 出版后记

2019 年 3 月，河南省社会科学院哲学与宗教研究所计划以《崔大华全集》（以下简称《全集》）的形式，出版崔大华先生已发表的论著和未发表但具有较高学术价值的作品。这项计划得到河南省社会科学院院长谷建全研究员和院领导班子的高度重视与大力支持。其后，哲学与宗教研究所原所长王景全研究员组织科研人员投入资料搜集整理工作中。我们除了向出版社提供崔先生已出版的专著（《南宋陆学》《庄子歧解》《庄学研究——中国哲学一个观念渊源的历史考察》《儒学引论》《儒学的现代命运——儒家传统的现代阐释》）、合著（《道家与中国文化精神》）和论文集（《中国传统社会思想的理路及当代价值》）外，还通过各种方式，将崔先生发表在正式期刊、辑刊、内部刊物、海外刊物上但未收入论文集的18 篇论文以及《宋明理学史》与《中国历史大辞典·思想史卷》中由他撰写的部分整理出来。在崔先生夫人李正平老师的协助下，我们还整理了崔先生写于 20 世纪 70 年代的随笔《佳羽集》和短文《雕朽集》，并从他的书信底稿中整理出 165 封书信，选 105 封收入《全集》。李正平老师还提供了崔先生不同时期的照片 100 多幅，我们选 40 多幅作为《全集》正文前的插图。

《全集》由社会科学文献出版社出版。经过紧张的编辑、排版和校对工作，《全集》的样书于 2019 年 11 月印出，并作为河南省社会科学院建院 40 周年庆典书目展览。进入 2020 年，由于新型冠状病毒肺炎疫情等不可抗因素，出版进度受到影响，但是《全集》的校对、修改工作仍继续进行。2021 年 5 月中旬，我们收到出版社发来的校样稿，哲学与宗教研究所负责人潘世杰副研究员组织七名科研人员分工校对，其中：赵胤校对第一卷，高丽杨校对第二卷，徐幼萍校对第三卷，赵志浩校对第四卷，宋艳琴校对第五卷，王思远校对第六卷，代云校对第七卷。最后再由代云对所有校对结果进行汇总、整理与完善。校对结果于 2021 年 7 月中旬向出版社反馈。

《全集》的编纂与出版得到各界人士的大力支持和无私帮助。湖南大学姜广辉先生提供了崔大华先生早年多幅照片的有关信息；西南大学高秀昌教授将崔先生发表在海外的论文拍照传给我们，并就《全集》整理、编纂中存在的问题提出了具体的指导意见；河南大学张枫林博士提供了崔先生在河南大学主持研究生答辩时的照片；河南省社会科学院杨海中研究员、丁巍研究馆员就崔先生早年的两张照片提供了详细的信息；河南省儒学文化促进会副会长周桂祥先生和常务理事李若夫教授提供了崔先生参加河南省儒学文化促进会相关活动的照片与文章；人民出版社方国根编审、大象出版社卢海山副编审、西南民族大学杨翰卿教授、上海师范大学张永超教授、遵义医科大学袁永飞博士、河南省哲学学会会长梁周敏教授、郑州航空工业管理学院鲁庆中教授、河南省社会科学院刘勇研究员与周全德研究员对于《全集》的编纂工作也提出了有益的意见。此外，在两年多的时间里，河南省社会科学院领导一直关心并多次过问《全集》的进展情况，院办公室、科研处、文献信息中心积极给予支持；社会科学文献出版社诸位领导和编辑也付出了辛勤的劳动。在此，我们对大家的积极帮助和支持，表示诚挚的谢意！

编者

2021 年 7 月